启真馆 出品

人，经济与国家

[精装版]

Man, Economy, and State

【美】穆雷·N. 罗斯巴德 著

董子云 李松 杨震 译

黄振国 校

ZHEJIANG UNIVERSITY PRESS
浙江大学出版社

穆雷·N. 罗斯巴德

修订版　序言 [1]

穆雷·罗斯巴德于 1952 年 1 月 1 日开始撰写这部代表作。[2] 1959 年 5 月 5 日，　xix
罗斯巴德给他的导师路德维希·冯·米塞斯写信，告知他"大功告成！"[①] 罗斯
巴德写就《人，经济与国家》的七年多时间，正处在自理查德·坎蒂隆（Richard
Cantillon）的那部系统性论著于 1755 年出版而诞生经济科学以来，科学经济学历
史上最为了无生气和退步的十年。[②] 鉴于整个 20 世纪 50 年代经济学思想越来越　xx
倒退，1962 年罗斯巴德这部论著的最终出版，是健全的经济学理论发展过程中的
里程碑。这一事件使这门科学免于自我毁灭。

卡尔·门格尔的拓荒之作《经济学原理》于 1871 年出版，标志着现代经济学
时代的发端。在这本小书中，门格尔提出了经济学理论研究的正确方法，阐述了
它的一些直接应用。他尤其试图找出决定他所观察到的真实市场中，人们日常支
付的价格的逻辑规律。[③] 他定下的目标是形成一套现实的价格理论，对市场现象

1　从本序言开始，本书边码为原书英文版（第二版）页码。

2　本序言大量引用了穆雷·N.罗斯巴德文稿中发现的信息与资源。罗斯巴德文稿目前存放在亚拉巴
　　马州奥本市的路德维希·冯·米塞斯研究院（Ludwig von Mises Institute, Auburn, Alabama）。除了
　　其他材料外，它包括了穆雷·罗斯巴德的信件与通信（1940—1994 年），回忆录和未发表的论文
　　（1945—1994 年），以及已出版作品的草稿。

①　Rothbard to Mises, May 5, 1959; Rothbard Papers.

②　Richard Cantillon, *Essai sur la Nature du commerce en Général, ed.* and trans. Henry Higgs（New York:
　　Augustus M. Kelley, 1964）.

③　Carl Menger, *Principles of Economics* , trans. James Dingwall and Bert E. Hoselitz（New York: New
　　York University Press, 1981）. 门格尔曾间断地为日报做经济记者和市场分析师超过 10 年。门格
　　尔生平和思想方面的概述，参见 Joseph T. Salerno, "Carl Menger: The Founding of the Aus-trian
　　School," in Randall G. Holcombe, ed., *15 Great Austrian Economists*（Auburn, Ala. : Ludwig von
　　Mises Institute, 1999）, 第 71–100 页，及其中所引文献。

的形成，提出适用于所有时间、所有地点的一个系统的解释。[①] 门格尔通过探究发现：市场价格、工资率、租金和利率，最终都可以追溯到消费者努力"经济化"稀缺手段或者"经济财货"，来满足他们最重要的需要的这种选择和行动。因此，在门格尔看来，价格、租金、工资和利率，都是个人消费者价值判断的结果，他们根据自己的主观价值或者"边际效用"（这是他的学生弗里德里希·维塞尔造的术语）在不同财货的具体单位之间选择。因为这个洞见，诞生了现代经济学。

门格尔对经济学推理所采用的逻辑－现实方法，很快便开始吸引了来自奥地利，以及后来整个欧洲大陆和各个英语国家的大量追随者。后来人们所说的"奥地利学派"，其声望和人数迅速增长，到第一次世界大战时，基于逻辑－现实方法的理论研究被认为是经济科学的前沿领域。由于种种原因，这个学派在战后令人吃惊地快速衰落，尤其是在英国和美国，但在奥地利也是如此。20 世纪 20 年代，在英国、美国乃至部分欧洲大陆，逻辑－现实方法被阿尔弗雷德·马歇尔（Alfred Marshall）的部分均衡方法蒙上阴影。列昂·瓦尔拉斯（Léon Walras）数理化的一般均衡方法于 20 世纪 30 年代引介入英语国家更是使其进一步失去光芒。不久之后，门格尔的方法几乎完全被凯恩斯革命所埋葬。于是，二战来临之际，已经不再有自觉的、形成机构的积极投身门格尔传统的教学与研究的经济学家群体。[②]

二战后，经济学出现一种新的、令人窒息的被称为"新古典综合"的正统学说，其风头在美国尤盛。这所谓的"综合"实际上是在两大战争之间压倒了门格尔式逻辑－现实方法的三种不同方法的大杂烩。它把马歇尔和瓦尔拉斯对价格决定的分析，与凯恩斯主义宏观经济学混杂在一起。前两种方法仅狭隘地注重于分析在单个市场（部分均衡）或者同时在所有市场（一般均衡）的那种不真实的均衡价格的决定机制。价格体系在协调一个面临"总需求失灵"的经济的各个部门时具有有效性，是凯恩斯主义宏观经济学所完全否定的。凯恩斯及其追随者认为"总需求失灵"的状况导致了大萧条，而且他们进一步宣称，这是市场经济特有

---

① 因此，门格尔在其《国民经济学原理》的前言（第 49 页）中写道：

我特别注重探究生产物与其生产要素的经济现象间的**逻辑联系**……目的是创立一个**基于现实**的价格理论，将所有价格现象（包括利息、工资、地租等）放在一个统一的观点之下……（强调为笔者所加）

② 早期奥地利学派兴衰的诸多因素，参见 Joseph T. Salerno, "The Place of Mises's Human Action in the Development of Modern Economic Thought," *Quarterly Journal of Austrian Economics* 2, no. 1 (Spring 1999), 35–65。

的特征。所以，新古典综合宣称，只有政府灵活地运用财政和货币政策，以维持经济中总需求或者总开支的水平，使之足以承受充分就业水平的产出，价格体系才能有效地分配稀缺资源。

这个新的正统同时推动了经济科学过度的专业化，以及与此相应的经济科学分解为一系列分门别类的子学科。即使是经济学的理论内核，现在也割裂为看似互相没有多少联系的"微观经济学"和"宏观经济学"。专业化的期刊不断涌现，继而导致研究文化的彻底改变，偏重于发表和阅读最新的期刊论文。出版的为数不多的著作，或是技术性的专著，或是非常简单的教科书；在伟大的系统性论著中阐发经济学理论的时代正走向终结。[①]

对于这场智识革命，路德维希·冯·米塞斯差不多是唯一的抵抗者。米塞斯 xxxiii 的《国民经济学》（*Nationalökonomie*）于 1940 年出版，是《人的行动》的德语版前身。他单枪匹马地复兴并极大地发展了逻辑 – 现实方法的经济理论体系。[②]尤其是他将门格尔的价值和价格理论，与自己早先重新论述的货币理论整合起来。此外，他在更为广阔的人的行动的科学中，为整个经济学理论体系提供了坚实的基础。在早前的著作中他便已解释了行动学，而在现在这本论著中又进一步进行了阐述。现在他称人的行动的科学为"行动学"（praxeology）。不幸的是，米塞斯的伟大论著几乎完全为战后的经济学界所忽视。[③]不过，尽管它没能当即激发起门格尔派科学运动的复兴，《人的行动》确实为这个学派后来的复兴奠定了基础。1962 年《人，经济与国家》的出版则将点燃这场复兴。[④]

---

① 事实上，在这部论著的前言中，罗斯巴德叹息"老式经济学'原理'论著"在一战后的衰亡，以及经济学（包括经济学理论）随后的逐渐解体，变成分门别类的若干子学科。关于加剧二战后经济学这种分化的诸多因素，参见 Joseph T. Salerno, "Economics: Vocation or Profession," *Ludwig von Mises Institute Daily Article*（November 17, 2004），可见于 http://mises.org/story/1676。

② Ludwig von Mises, *Human Action: A Treatise on Economics*,（Auburn, Ala.: Ludwig von Mises Institute, 1998）.

③ 原因参见 Salerno, "The Place of Mises's Human Action," pp. 59–761。文章塑造了战后经济学的著作与米塞斯的论著有截然不同的来源，主要讨论的是经济学理论的形式技巧，而非实质。这些著作包括：J. R. Hicks, *Value and Capital: An Inquiry into Some Fundamental Principles of Economics Theory*, 2nd ed.（New York: Oxford University Press, 1946）; Paul A. Samuelson, *Foundations of Economic Analysis*（Cambridge, Mass.: Harvard University Press, 1947）; and George J. Stigler, *The Theory of Price*（New York: Macmillan, 1946）.

④ 罗斯巴德在奥派经济学的当代复兴中的核心角色，Joseph T. Salerno 有详细的讲述，参见他的 "The Rebirth of Austrian Econom-ics—In Light of Austrian Economics," *Quarterly Journal of Austrian Economics* 5, no. 4（Winter 2002）: 111–128.

　　罗斯巴德一开始写作时并不知道他最后会写成一部全面论著。他当时的设想是写一部既适合非专业读者，又适合大学教学的书，将"米塞斯所建构起来，但或多或少预设他的读者会理解的那座大厦"呈现出来，并阐明其"一步步演绎的性质"。[①] 这之所以必要，是因为《人的行动》面向学术读者，米塞斯因而假定他的读者，对于他所说的"现代主观主义经济学"的许多概念和定理十分熟悉。因此，罗斯巴德打算"为米塞斯做麦卡洛克为李嘉图所做的事"，即让他的著作能为有能力的非专业读者理解。[②]

　　但罗斯巴德很快意识到，他最初的计划是有缺陷的，而且出于以下三个理由，他不得不将之放弃。首先，传统教科书的格式过于散乱，其对于各个话题的安排和讨论，都不适合于罗斯巴德通过一步步逻辑演绎发展经济学理论的设想。教科书的体例不足以传达"这个内在一致的体系整合并遍及见解正确的经济学学说的所有方面的那种横扫千军的感觉"[③]。其次，罗斯巴德发现米塞斯的"经济学推理法"中有许多空缺需要他来"填补"[④]。而且，通过一步步演绎，罗斯巴德还推翻了米塞斯的垄断理论。大多数门格尔传统的经济学家都持米塞斯的看法，但罗斯巴德的结论是，这个理论有无可补救的缺陷，需要彻底修正。因

此，结果是这本书"包含大量"罗斯巴德本人的"原创贡献"。再次，随着他写作的推进，罗斯巴德同时也在研究文献和广泛阅读。他逐步认识到，《人的行动》源自一个非常广阔的传统，包括了许多经济学家，而并非只有奥地利学派内部米塞斯，他著名的前辈们以及他的直系学生（如弗里德里希·A.哈耶克）。此外，罗斯巴德在阅读和写作的过程中，他日益明确地认识到，这个理论传统的各个分支——除了伟大的奥地利学派的著作以外，还包括美国和英国的许多重要贡献——尚未得到完全整合，还没有一本系统的论著全面叙述它们的原理。据此，罗斯巴德得出结论，"许多核心论点需要原创性地，或者借助于其他著作的帮助演绎得出"，因此"本书不能是简单地解释《人的行动》"。[⑤] 罗斯巴德计划的书于是在其写作过程中，从仅仅是直截了当地展现奥地利学派的公认学说的原理，

---

① Rothbard to H. Cornuelle, June 28, 1952; Rothbard Papers.

② Rothbard to H. Cornuelle, March 14, 1951; Rothbard Papers. "麦卡洛克为李嘉图所做的事"指的是 John Ramsay McCulloch 的《政治经济学原理》（New York: Augustus M. Kelley，［1864］1965）。

③ 同上。

④ Rothbard to R. Cornuelle, August 9, 1954; Rothbard Papers.

⑤ Rothbard to H. Cornuelle, June 28, 1952; Rothbard Papers.

转变为详细阐述完整的经济学理论体系，呈现许多原创的，甚至是极其新颖的演绎和定理的一部论著。

米塞斯本人很快就认识到罗斯巴德的贡献具有深刻的原创性和重要性。在他给《人，经济与国家》撰写的书评中，米塞斯写道，"罗斯巴德现在加入到了杰出经济学家的行列。因为他通过许多年睿智、敏锐的冥想，出版了这一部巨著，一部系统性的经济学论著。……罗斯巴德在他论著的每一章……都采用了他前辈们最好的理论……而且又在此之上添加了高度重要的观察……"[①]

米塞斯随后这样评值罗斯巴德的著作：　　　　　　　　　　　　　　xxvi

> ……对于人的行动的一般科学，即行动学，及其最为重要、至今阐发最为详细的部分——经济学——有划时代的贡献。所以，这些知识分支当中所有核心的研究都应当充分考虑到罗斯巴德博士所详细阐述的理论与批判。[②]

米塞斯的学术标准十分苛刻，而且众所周知鲜有学术贡献能得到他的称赞。考虑到这两点，这对于一位 36 岁的经济学家所出版的一部著作而言着实是很高的评值。[③] 更重要的是，米塞斯显然把罗斯巴德的著作看作是开启了现代经济科学的一个新时代。

罗斯巴德本人无意掩饰他认为他的论著不同或超越米塞斯的那些方面。在罗斯巴德的理论创新中，最突出的是他阐述了完整的、系统的生产理论。在此之前，逻辑现实分析中的生产理论未成体系，有若干独立的、相互冲突的思想派别，将资本与利息、边际生产力理论、租金理论、企业家精神等等做孤立的讨论。多少惊讶于生产理论这一巨大空缺，罗斯巴德评论道：

> 米塞斯关于生产理论的细节很少，所以我有很多次失败的尝试，许多努

---

① Ludwig von Mises, " Man, Economy and State: A New Treatise on Eco-nomics ," in *idem, Economic Freedom and Interventionism: An Anthology of Articles and Essays, ed. Bettina Bien Greaves* (Irvington-on-Hudson, N. Y. : The Foundation for Economic Education, 1990) , pp. 155-156.

② 同上书，第 156-157 页。

③ 后面这句话可以体现米塞斯在这方面的态度："同时在世能为经济学做出一些实际贡献的人，从来没有超过 20 个。"（米塞斯，《人的行动》，第 869 页）

力到头来都白费工夫，直到最后我才完成了让我满意的比较好的生产理论。（它与当今 90% 的教科书材料截然不同。）[①]

在《人，经济与国家》中，罗斯巴德对生产结构、资本与利息理论，要素定价，租金理论，以及企业家精神在生产中的角色做了统一、系统的详细论述。另外，罗斯巴德将生产理论作为经济学分析核心的重要部分呈现出来，涵盖了该书 12 章中的 5 章内容，占到 30% 左右的篇幅。罗斯巴德在生产理论中的一个最为伟大的成就，在于他发展了资本与利息理论，将克努特·维克塞尔（Knut Wicksell）和哈耶克的时间性生产结构分析，与弗兰克·A. 费特和路德维希·冯·米塞斯阐述的纯粹时间偏好理论整合起来。尽管这些思想派别都可以追根溯源到庞巴维克的著作，但后者的论述颇有歧义，故而引发了这两个派别之间看似无法解决的矛盾。[②] 它们随后独自发展，直到罗斯巴德揭示了它们内在逻辑上的联系。

尽管米塞斯对此书大加赞赏，称其为经济科学的划时代进步，而且许多现代奥地利学派运动的拥护者、观察者和批评家普遍承认，《人，经济与国家》确实是现代奥派经济学复兴的奠基之作，但令人惊讶的是，关于这本书有两个重大问
题，人们还从未提出，更不用说解答了。第一个问题是关于罗斯巴德的论著在何种精确的意义上可以算作是一部"奥派经济学"著作，以及罗斯巴德本人如何看待他的论著与这个学说公认的主体之间的联系。第二个问题涉及罗斯巴德如何看待自己论著中阐释的理论体系与 20 世纪 50 年代的新古典综合之间的关系。我们会看到，这些问题的答案不仅令人吃惊，而且富有很多内涵，可以用于解释奥地利学派最近的发展，评估其未来的可能性及前景。

在讨论《人，经济与国家》和奥地利学派的学说演变关系的问题之前，考察一下米塞斯对奥地利学派的态度对我们来说是有益的，因为米塞斯的态度并非我们通常想象的那样简单明了，而这显然影响了罗斯巴德的观点。早在 1932 年，米塞斯就提出，奥派经济学的所有核心观念都已经被他称之为"现代主观主义经济学"的主流经济学所吸收。[③] 根据米塞斯的说法，

---

① Rothbard to R. Cornuelle, memo: "Textbook or Treatise?"; Rothbard Papers.

② 米塞斯在《人的行动》中避开了对生产的时间跨度结构的深入分析，也许是因为他将之与向后看的"平均生产期"的概念联系在一起，而庞巴维克的书中提出的这个概念是受到米塞斯所批判的（米塞斯，《人的行动》，第 485-486 页）。

③ Mises, *Human Action*, p. 3.

> 奥地利学派与英美各个学派，以及洛桑学派……只是用不同的方式表达了相同的根本观念……它们之间的分歧、术语及呈现的独特性上的差异大过理论实质上的差异。①

现在我们一般公认，米塞斯是在德国的一个经济学会议上讲了这个观点。与会者很多都是仍具影响力的德国历史学派残余的信奉者。他们反对一切类型的经济学理论。无疑，鉴于米塞斯发言的场合，我们有理由说，他这番话是为了给经济学中的理论研究做一般性的辩护。事实上，一年之前米塞斯就曾写道，　　xxix

> 在现代经济学的领域当中，相比于洛桑学派，以及与之相关的其他学派，奥地利学派展示出了自身的优越性。不同于洛桑学派喜好的数理公式，奥地利学派一方面阐明了价值与成本之间的逻辑关系，而另一方面又避开了在我们这门科学中有误导性的函数的概念。②

尽管面对劝阻，米塞斯仍旧坚持，"奥地利学派"的标签已经过时。1969 年，他在其生涯最后一部著作中称，奥地利学派是经济学思想史中一个已经终结的篇章，其终结点大约在门格尔去世的 1921 年。根据米塞斯的观点，当时，

> 奥地利学派的所有基本思想，大体上都被接受而成为经济学理论的整体组成部分……［而且］人们不再区分奥地利学派和其他经济学。"奥地利学派"的称呼成了经济思想史上的一个重要篇章；它不再是拥有与其他经济学家不同理论的某个派别的称呼。③

我们注意到，米塞斯使用"现代主观主义经济学"来描述他认为在 20 世纪 20 年代逐渐出现的理论方法的新综合。这个标签有两个问题，它们可以解释米塞　　xxx

---

① Ludwig von Mises, *Epistemological Problems of Economics*, 3rd ed.（Auburn, Ala.: Ludwig von Mises Institute, 2003）, p. 228.

② Ludwig von Mises, *Epistemological Problems of Economics*, 3rd ed.（Auburn, Ala.: Ludwig von Mises Institute, 2003）, p. 175.

③ Ludwig von Mises, *The Historical Setting of the Austrian School of Economics*, 2nd ed.（Auburn, Ala.: Ludwig von Mises Institute, 1984）, p. 41.

斯为什么对于将马歇尔和洛桑学派包括在它的旗下持模棱两可的态度。首先，第一次世界大战之际，大部分理论经济学家至少在口头上赞成某种版本的主观价值理论，所以主观主义不再是区别不同理论研究方法的特征。其次，如我们在当代所见，主观主义一词是一个声名狼藉的多义词，甚至可以拓展到表示乔治·沙克尔（George Shackle），晚年的路德维希·拉赫曼，以及许多后现代主义和诠释学经济学家所提出的著名的虚无主义经济学理论研究方法。[①]

罗斯巴德显然沿袭了米塞斯，将"奥地利学派"理解为经济学思想史中一个重要的运动。在《人，经济与国家》的文本中，罗斯巴德不下十次为"奥地利的"或者"奥地利学派"这两个词打上引号。当他援引的是一个对于当代读者而言只有历史意义的运动时，他就会自然而然这样做。有少数几次他没有加引号，此时这两个词显然指的是历史上的学说或者争议，比如"奥地利－威克斯蒂德价格理论"，或者奥地利学派与阿尔弗雷德·米歇尔在价格与成本的相互关系上的争论。罗斯巴德唯一一次提到"奥地利学派的"，是在他第一版的前言当中。他用的短语是"'奥地利学派'经济学家"，将"奥地利学派"一词放在引号之中，而且这句话用的是过去时的动词。[②]

这里的文本解释，并不是说罗斯巴德不认为自己的著作延续了源自早期奥地利经济学家的伟大传统。事实上，罗斯巴德曾写到经济学家当中流行着错误的认识，即奥地利学派实际上已经死去，没有更多贡献了，而它所提出的每样有持久价值的东西，阿尔弗雷德·马歇尔的《经济学原理》都已经陈述和整合了。[③]

更确切地说，罗斯巴德的目的是恢复和发展一个广阔得多的学说传统，而门格尔和庞巴维克的著作毫无争议是其主要来源。比如，在他的前言中，罗斯巴德说道，"那么，这本书是部分地填补 40 年来的巨大空缺的尝试"。[④] 这里，罗斯

xxxi

---

① 对于经济学中这个虚无主义转向的概述与批判，参见 David Gordon, *Hermeneutics Versus Austrian Economics*（Auburn, Ala. : Ludwig von Mises Institute, 1986），可见于 http: //mises. org/etexts/hermeneutics. asp; Hans-Hermann Hoppe, "In Defense of Extreme Rationalism: Thoughts on Donald McCloskey's The Rhetoric of Economics," Review of Austrian Economics3（1989）: 179–214, 可见于 http: //mises. org/journals/rae/pdf/RAE3_1_16. pdf; and Murray N. Roth-bard, "The Hermeneutical Invasion of Philosophy and Economics," in idem *The Logic of Action Two: Applications and Criticism from the Austrian School*（Lyme, N. H. : Edward Elgar, 1997）, pp. 275–293。

② Rothbard, *Man, Economy, and State*, p. xcii.

③ 同上书，第 357 页。

④ 同上书，第 xciii 页。

巴德所说的"空缺"将《人，经济与国家》的出版，与以英语出版的最后三部系统的经济学论著——菲利普·威克斯蒂德（1910 年），弗兰克·费特（1910 年） xxxii 和弗兰克·陶西格（1911 年）——分隔开来。[①] 威克斯蒂德和费特的著作尤为符合罗斯巴德所说的"行动学传统"。他们的程序与他本人的一样，"在基本公理的基础上慢慢、一步步逻辑性地建立一座经济学真理的综合、内恰的大厦"。[②] 他的论著多次援引历史上的奥地利学派，主要原因在于罗斯巴德评值这个学派的成员"最好地领会了这个方法的要旨，并最为充分、准确地运用了这种方法。简言之，他们是'行动学'方法最典范的运用者"。[③]

与米塞斯的"现代主观主义经济学"相比不同的是，罗斯巴德提到的"行动学方法"，将那些采用与不采用门格尔的程序从少数几个基本现实事实逻辑地演绎经济规律的人中区分开来。米塞斯为发现支配市场现象的逻辑规律，明确而自觉地用"行动学"来阐述这个历史悠久的程序。早期奥地利学派及其追随者，乃至一些较好的古典经济学家，都曾不知不觉地采用过这种研究方法。行动学方法的出发点是人的行动这一不言自明的事实及其直接的推论。它随后引入其他经验性的假设，它们都反映人的行动的具体条件，而经济学家试图解释的历史上具体的市场现象，就源于这些行动。因此，它必然是关于真实事物的。正因为如此，"代表性企业""完全竞争市场"或者"社会福利函数"这样的虚构和臆造是无用之举；它也不关注一般均衡的存在、独特性和稳定性。

行动学方法带有高度选择性地使用想象建构，目的只有一个：系统性地阐述 xxxiii 一个统一的理论主体，其中包含有意义的命题，解释当前、过去以及未来世界的经济现象的逻辑。正如米塞斯所说，行动学方法，……只从两个视角在不现实的和不可实现的条件下研究行动。它研究的一些状况，尽管现在和过去未曾发生，但可能在未来某个时候成为现实。而且，如果较好领会现实条件下所发生的事的

[①] Philip H. Wicksteed, *The Common Sense of Political Economy and Selected Papers and Reviews on Economic Theory* , ed. Lionel Robbins, 2vols. （New York: Augustus M. Kelley, 1967）; Frank A. Fetter, *The Principles of Economics with Applications to Practical Problems*（New York: The Century Co., 1910）; F. W. Taussig, *Principles of Economics* , 2vols. （New York: The Macmillan Company, 1911）. 罗斯巴德并不认为《人的行动》是"老式原理"，因为"它预设读者先前就具备相当多的经济学知识，并且在其宽泛的篇幅当中提出了许多哲学和历史方面的洞见"（罗斯巴德，《人，经济与国家》，第 xciii 页）。

[②] Rothbard, *Man, Economy, and State*, p. xciii.

[③] 同上书，第 xcii 页。

需要，它就会考察不现实的和不可实现的条件。①

米塞斯结论道，"经济学的独特方法是想象建构……它是行动学和经济学探究的唯一方法"。②

罗斯巴德将米塞斯这句格言铭记于心，花了7年时间，在阐发一个系统的经济学理论体系的过程中，潜心运用和完善这个方法。这解释了为什么罗斯巴德认为使用行动学方法，而不是宽泛的主观主义倾向，是科学经济学的标尺和决定性的检验。在撰写本书的长期持续努力过程中，罗斯巴德因此成了行动学研究方法的大师级实践者。他不仅娴熟地运用了各种想象建构（它们的性质和具体用法，米塞斯已经在《人的行动》中有明确陈述），而且为满足演绎新公理来阐明经济现实中尚未得到解释的特征的需要，还设计了新的建构。③

xxxiv 我们不妨举一个详细的例子来说明罗斯巴德的程序。罗斯巴德大胆地分解和系统化了逻辑-现实的生产理论。为此，他假定有一个想象的专用要素世界，这个世界里的每个个人劳动者、每片土地、每样资本财货，都不可改变地用于生产单个产品，无法转用于任何其他生产过程。④ 罗斯巴德也想象了这个世界的两个变体。在第一个变体中，给定生产过程的每个阶段的协作要素共同拥有那个阶段的产品（即资本财货），由于所有资本财货的服务都体现在最终产品中，因此所有要素共同拥有出售给消费者而换取货币的最终财货。货币收入然后根据所有共同要素所有者自愿缔约的条件进行分配。在第二个变体中，单个资本家或者资本

xxxv 家联合体在向市场出售最终产品之前，预付各种参与混合过程的要素，以此换取各个阶段的资本财货所有权，以及最终消费者财货的库存以及出售它们所得的货币收入。⑤ 在这两个建构的变体当中，罗斯巴德假设了一个均匀轮转经济，以避

---

① Mises, *Human Action*, p. 65.

② 同上书，第237-238页。

③ 同上书，第237-257页。

④ 虽然这个建构极不现实，但是它不像均匀轮转经济那样是不可实现的。均匀轮转经济完全将变化和不确定性抽离掉，我们将之用于在理论上分离利息收入和从企业家利润中赚取这笔收入的资本家职能。因此，一个每种要素都适用且只适用于一个任务的世界并非不可设想或者逻辑上自相矛盾。而与此相反，均匀轮转经济其实是一个不可实现、自相矛盾的建构。比如说，它描述的是一个未来完全确定已知的世界，行动总是为了改变未来，此时却还会发生；尽管行动者未来收支的时间模式没有任何不确定性，但他们仍持有现金结余。这并不是说更接近于现实一个想象建构就越好或者越有用；一个建构是否有用，唯一的判断标准是它是否有助于我们的思维去演绎真实市场中运作的逻辑规律。

⑤ 对这一建构的解释、它的变体及其意义的阐释，参见罗斯巴德，《人，经济与国家》，第329-366页。

开企业家精神的问题。

在这一建构的协助下，罗斯巴德推演了一些生产方面重要的定理和原理。第一，协作的土地和劳动要素共同拥有对产品的所有权的情况，并没有独立的、原始的资本财货所有者；资本财货是生产过程中的中间财货，因此可分解为协作生产它们的劳动和土地投入。第二，由上可知，生产的所有收入包括工资和土地租金——资本财货只是通往最终财货的道路上的中转站，它们并不为其所有者赚取任何净租金。所有协作的劳动者和土地所有者，要获取收入，就必须从生产过程开始等待，直到其结束；之后最终产品出售给消费者。因此，第四，协作要素所有者的总收入规模，单独且完全取决于消费者对于他们的产品的需求。相对的消费者需求在不同最终财货之间的相对转换，会单独且完全地落在参与到生产这些产品的专用要素之上。

一旦我们将资本家引入这个拟构的世界，第五条原理立即变得明显了：资本家的功能在于去除要素所有者等待收入的负担，因为他们用自己积累的储蓄，为他们的劳动和土地服务的联合产品预付现在的货币。作为当下支付的工资和租金的交换，资本家为他投资的资金收取一笔利息回报。这笔利息回报建立在时间偏好的基础之上，反映他预期中**未来**货币收益相对于当前他对要素服务所做的货币支付的价值折现。反过来，要素所有者同意从他们产品的销售收入中减去这笔钱，体现在资本家付给他们的折现工资和租金，因为这些当即支付将他们从生产过程的时间维度解放出来。第六条原理是，即便在一个资本家拥有全部生产过程的世界，资本财货仍不会为它们的所有者产生净货币收入，因为资本家－所有者所取得的净利息回报，完全来自当前向劳动和土地要素所有者支付的工资和租金中所包含的折现。在一个没有资本家的世界中，只有后两者是收入的净获得者。因此，逻辑上，工资、租金和利率分光了最终产品销售的全部收入，没有剩下任何利润作为资本财货的净支付。[①]

分析罗斯巴德假设的这个完全专用要素的世界，可以得出很多有关主观成本

[①]　这个结论（生产得来的收入完全由工资、租金和利息回报分光）只有在假设人们完全确知未来市场的情况时才成立。一旦去掉这个假设，资本投资者高估或者低估互补的专用要素的可能就会出现，那么就会出现企业家利润与损失。不过，在一个完全专用要素的市场，这种利润和亏损不会拥有配置功能，因为根据定义，要素不能在生产过程之间转移。更为重要的是，我们可以明显看出，只有资本家可以获取这种收入，因此在充满不确定性的真实世界中，资本家和企业家的职能体现在同一行动者身上。

在生产和定价中所扮演的角色的见地。假定专用土地要素和资本财货在这个想象的世界中没有其他用途，我们立即可以得出的推论是，在生产中使用它们"无须成本"，且它们各自的供给曲线完全无弹性。相比之下，劳动虽然也许对于某一具体生产过程而言是专用的，但使用它是有成本的；这是因为它还有另一种生产"闲暇"的用途，而"闲暇"是一种可以瞬时生产的消费者财货。因此，在一个没有资本家的世界里，劳动同时涉及放弃闲暇和现在财货的负效用。资本家的出现减少（但没有根除）劳动的负效用。这些推论明确地论证了这样一个原理，即所有生产成本最终和本质上都是主观的。因此，闲暇偏好和时间偏好决定了生产的终极成本，这些成本完全是主观的，其中包括生产者所放弃的效用相对于从消费者获取的预期货币收入的评值。一旦这些（主观的）生产者成本全都已经发生，各种类型的消费者财货的库存，便从生产过程中形成，可向消费者出售。除非这些财货可供它们的生产者直接使用，否则的话向消费者出售这些财货是完全没有成本的，它们的相对价格仅取决于消费者价值表的结构。于是，不考虑对未来价格变动进行投机，各种消费者财货的库存的供给曲线也同样是完全无弹性的。总之，"生产成本"——即生产者已经发生的劳动和等待的负效用，或者说被放弃了的闲暇和立即享用财货的效用——在决定现有消费者财货库存的价格上不起任何作用。

　　罗斯巴德还使用他陈述的虚拟建构来推翻马歇尔派的价格理论，后者认为价格由剪刀的双刃决定：一边是消费者的主观价值，另一边是生产的客观或者实际成本。尽管马歇尔和他当代的追随者承认在短暂的瞬时中，主观价值那一刃主导 价格决定，但他们坚持认为，在显露经济的各永恒倾向的长期均衡中，生产成本那一刃占据主导，因为每个产品的价格都与其生产的平均成本一致。于是，马歇尔派的经济学家肤浅地断定，成本因此必然决定价格。不过，罗斯巴德轻而易举地证明，造成价格与平均成本在长期均衡或者均匀轮转经济（这本身并不是现实的，而是有用的想象建构）中一致的原理，与决定暂时存在且真实世界的市场进行交换的真实价格是一样的。罗斯巴德证明，长期来看，在一个所有要素都完全专用于单个生产过程的世界，在这个没有企业家错误，利润与损失完全消失的世界，对在任一给定生产过程中协作的所有要素的支付总额，严格决定并完全对应于消费者花在最终产品上的总收入减去资本家的利息回报。如果我们接受这个推理，并且将总收入和总要素支付都除以产品数量，就会发现价格与平均成本相等的逻辑方向，**尤其在长期**，是从前者到后者的。

罗斯巴德论述和运用这个完全专用要素的想象世界，是将行动学方法运用于理论研究的典范。正如米塞斯指出，

> 设计想象建构的主要原则是不考虑现实行动中某些条件的运作。然后我们便可以领会没有这些条件时的假想结果，设想其存在的影响。[①]

因此，罗斯巴德首先假定这个世界中所有生产过程都由协作要素所有，在形成最 xxxix
终产品并出售给消费者之前，它们必须忍耐没有收入的时期。通过首先分析没有资本家的情况，我们得以领会资本家的功能，即在最终产品销售之前向要素预付他所积累的储蓄。同时，我们也得以理解其收入的性质，即一种时间偏好的回报，而这在行动学推理链条中早已确立，它是行动公理的直接推论。假定资本家不存在的同时我们也假定了生产不存在货币成本，因为消费者向最终财货的共同要素所有者的直接支付是唯一的货币支付。我们从中可以看出，总货币成本本质上由消费者的这些总货币开支所决定，且与之相等，而资本家在其中发挥中介作用，向要素所有者预付了现在工资和租金。

在后面的内容中，罗斯巴德开始去掉完全专用要素的假设，将要素不同程度的专用性纳入到他的分析当中。对于生产过程中相对非专用性的要素，我们现在能够通过考察它们的存在如何改变了虚拟的完全专用要素世界的结果，而辨识出它们的影响。由于非专用要素可以转移到很大范围的生产过程中去使用，消费者需求的相对转移，其他条件保持不变，会改变它们的配置，但仅仅会暂时影响它们的价格。但是，我们已经推出的有关专用要素的几个原理，仍然支配着这个更为复杂的世界；我们也因此能够断定，某一最终产品上的总消费者开支的变动，也会冲击到任何生产过程中的相对专用要素的价格。因此，比如钻石需求相对减少的情况，其他条件不变，钻石矿的资本价值，以及熟练宝石匠的工资，也都会 xl
下降，而同时，钻石矿工和发电机的租金只会有非常小的变动，因为这些非专用要素可以转移到其他用途。此外，将非专用要素引入分析当中，也会使生产的很大一部分货币成本看似对要素资本家－雇主是给定的，而与他对具体财货的需求无关。这就使资本家通过调整生产水平来对他的成本的变化做出反应。恰如他会在其产品需求改变时做的一样。这样来看，如果没有罗斯巴德和早期奥地利经济

[①] Mises, *Human Action*, p. 238.

学家使用虚拟建构、进行长段的演绎推理，而肤浅地看待这个问题，就会认为马歇尔的双刃比喻看起来体现了实际情况。如果不孜孜不倦地运用行动学方法进行推理，就不可能认识到，最终和唯一决定所有要素价格（包括相对非专用和完全专用的要素）的，是消费者对各种生产过程的产出的需求，而资本家—企业家的竞价是此需求的中介。

　　罗斯巴德所熟练运用的这一行动学的方法，在 20 世纪 30 年代前，一直是经济学理论研究中的首要工具（尽管只是隐含且粗浅地使用）。不过，正如罗斯巴德指出的，正是"马歇尔对于'长链条推理'的怀疑"，加之"整个剑桥学派推动"进行便捷的假设，使他们更能够检验自己的理论，导致了行动学方法的逐渐瓦解，以及被实证主义所取代。[①] 到 20 世纪 50 年代早期，行动学方法和语言逻辑被实证主义和数理模型淹没。例如，战后时代引领潮流的经济学家保罗·萨缪尔森现在认为，经济学理论的任务在于"将事实组织成有用、有意义的"模式，通过这样作为复杂的现实提供经济学的描述。[②] 那么，经济学定理的建构方式应当在"操作上有意义"。根据萨缪尔森的说法，有意义的定理"只不过是有关经验数据的一个假设；我们可以想象能够驳倒它，但这只在它理想的条件下"。这样的一个定理是否为"假"，是否"微不足道"，乃至其有效性是否"不确定"，对于萨缪尔森而言都并不重要，因为它是作为一种在原理上可以经验反驳的命题。[③] 在萨缪尔森看来，定理因此可以用高度简化的数理模型表示；**如果有数据的话**，可以对它们进行经验检验。由于所需数据很难获取是大家公认的，这样一种抽象模型，我们最多只能指望它们可以"经常指出一个方向，让我们去发现复杂状态下存在的真理的一部分"，并"提供精确程度尚可的外推和内推"。[④] 不过，回顾过去，萨缪尔森慨叹粗糙的实证主义方法在经济学中少有成功。他写道：

---

① Rothbard, *Man, Economy, and State*, p. xcii. 马歇尔虽然用到了想象建构的方法，但他回避长链条的一步步推理则与米塞斯的警告背道而驰：即这是"一个驾驭起来非常困难的方法，因为很容易就导致谬误的推论。它就像是走在狭窄的峭壁上，两边是荒谬和无意义的深渊"。（Mises, *Human Action*, p. 238）

② Paul Samuelson, "My Life Philosophy: Policy Credos and Working Ways," in Michael Szenberg, ed., *Eminent Economists: Their Life Philosophies* (New York: Cambridge University Press, 1993), p. 241.

③ Paul Samuelson, *Foundations of Economic Analysis*, 2nd ed. (New York: Atheneum, 1976), p. 4.

④ Paul Samuelson, "International Factor Price Equalisation Once Again," in *The American Economics Association, Readings in International Economics* (Homewood, Ill. : Richard D. Irwin, 1968), p. 58; 以及同作者，"My Life Philosophy," p. 241。

　　我 20 岁的时候……曾指望这门新兴的计量经济学会使我们能够减少经济　　xlii
学理论的不确定性；我们将能够检验并驳斥错误的理论；我们将能够推论出
新的好理论……但最终发现，得出接近于不可辩驳的真理是不可能的，而且
客观地讲，计量经济学的发现并没有汇聚成一体，成为基于一个可检验的真
理的整体。①

　　当然，这并不意味着萨缪尔森动摇了对实证主义方法的信仰。相反，它证实
了他先前的信条，即真理具有多面性，因此"决定性事实或者概率法则中的精确
无误，最多也只能是片面、近似的"。②

　　如果说萨缪尔森并不重视把获取真理当作理论研究的目标，而支持推导操作
上有意义的定理，战后经济学中的另一位实证主义大神米尔顿·弗里德曼则在检
验经济学定理的有效性时对真理和现实主义只字不提。弗里德曼在驳斥萨缪尔
森粗糙的逻辑实证主义时，却陶醉在对一个定理假设的证伪或者"非现实主义"
中，而且提出了看起来更为复杂的替代选择——"证伪主义"。他声称这"证伪
主义"以卡尔·波普尔的科学哲学为基础。③ 马克·布劳格（Mark Blaug）简要地　　xliii
概括了弗里德曼的立场："有关经济行为的假设没有绝对正确的，而且没有理论
性的结论在任何时间地点皆有效……"④

　　尽管 20 世纪 50 年代经济学界大多形式上遵循实证主义方法，罗斯巴德为了
恢复和重建见解正确的经济学理论的大厦，博览当时的文献，寻找新的想法和洞
见，也仔细检阅了他在逻辑－现实传统中的前辈们的著作。罗斯巴德的论著引用
的著作、期刊论文、会议刊物、政府文档、博士论文，以及政策和科研研究所的
专刊中，有 150 多份出版于 1949 年《人的行动》问世到 1962 年《人，经济与国

---

① Samuelson, "My Life Philosophy," p. 243.

② 同上书，第 244 页。

③ Milton Friedman, "The Methodology of Positive Economics," in idem, *Essays in Positive Economics*（Chicago: University of Chicago Press, 1970）, pp. 1-43. 有些方法论家指出，弗里德曼的实证主义方法论，与波普尔的科学哲学只是貌合神离。例如，参见 Lawrence A. Boland , *The Foundations of Economic Method*（Boston: Allen & Unwin, 1982）, pp. 155-196.

④ Mark Blaug, *Economic Theory in Retrospect* , 4th ed. （New York: Cambridge University Press, 1986）, p. 3.

家》出版的十来年间。①罗斯巴德潜心钻研当代文献收获颇丰。他发现这些作品中许多都含有可以阐明、细化或者发展逻辑－现实理论的研究。他急切地将这些贡献整合到自己的书中。

例如，他对企业成本以及投资回报的解释的值得注意的发展，与马歇尔派的企业理论有鲜明的差异。这里，安德烈·伽柏（André Gabor）和 I. F. 皮尔斯（I. F. Pearce）合作的两篇有关"奥地利－维克塞尔派"企业理论方面的备受忽视的论文深刻地影响了罗斯巴德。②除了援引庞巴维克，罗斯巴德也援引了剑桥经济学家罗伊·哈罗德（Roy Harrod）的讨论，作为激发他灵感的源泉，开创性地辨别出资本家－企业家的总商业收入中的第四个组成部分。这个"所有权"或者"决策"租不同于隐性的管理工资，投资资本的利息回报以及纯粹利润，而是在它们之外的第四个组成部分。③他在彻底批判完全和垄断竞争学说的各种理论，以及原创性地提出竞争作为动态过程的正面理论的过程中，赞许地引用了许多当时主流经济学家的贡献，包括：G. 沃伦·纳特（G. Warren Nutter），韦恩·利曼（Wayne Leeman），马歇尔·戈德曼（Marshall I. Goldman），还有鲁本·凯塞尔（Reuben Kessel）。罗斯巴德对劳伦斯·阿尔伯特（Lawrence Abbott）1952 年出版的题为《质量与竞争》④的书赞赏有加，评价它是"近年来最为出色的理论著作之一"。⑤确实，罗斯巴德所阐释的对抗竞争理论，显然受到阿尔伯特有关竞争的质量维度的核心重要性的论述的影响。

迟至 20 世纪 50 年代，理论研究使用语言逻辑和行动学方法在学术经济学家

---

① 实际上，目前这个版本引用了一些 1962 年初版以后的文献，因为本卷包括了《权力与市场》。最初它是《人，经济与国家》的第三卷，但迟至 8 年之后才单行出版。出版商决定截短《人，经济与国家》，将之以两卷本出版背后的故事，以及罗斯巴德对此的反应，参见 Stromberg，第 lxv-lxxi 页。

② André Gabor and I. F. Pearce, "A New Approach to the Theory of the Firm," *Oxford Economic Papers 54*（October 1952）: 252-265; 同作者，"The Place of Money Capital in the Theory of Production," *Quarterly Journal of Economics* 72（November 1958）: 537-557。

③ Roy Harrod, "Theory of Profit," in idem, *Economic Essays*（New York, Harcourt and Brace & Co., 1952）, pp. 190-195. 罗斯巴德的"决策"租概念，及其对于企业家精神和企业理论的意义，详细的讨论参见 Joseph T. Salerno, "The Entrepreneur: Real and Imagined," *Quarterly Journal of Austrian Economics* 11（3）。

④ Lawrence Abbott, *Quality and Competition: An Essay on Economic Theory*（Westport, Conn. : Greenwood Press, 1973）.

⑤ Rothbard, *Man, Economy and State*, p. 666, fn. 28.

中仍相对普遍的事实，凸显了逻辑－现实传统深刻而坚实的根系。这也可以解释 xlv
为什么罗斯巴德还没有认为用"奥地利学派"这一标签将自己的论著与同代的经
济学区分开来的便利。事实上，在 1954 年 2 月的一封私人信件中，罗斯巴德表
达了他的信心，认为主流经济学理论家仍然可以回到逻辑－现实的研究运动；而
他正在撰写的著作

> 由于它大量探究了米塞斯未曾发展的那些领域，在垄断、银行业伦理和
> 政府等领域与米塞斯不同（尽管我无意在书中**提及**与米塞斯的任何具体差
> 异），以及它对流行的经济学理论的批驳，我相信它也会作为一部论著引起
> 同行的注意。①

　　尽管回顾这段历史，我们也许会将罗斯巴德这个勇敢的预测看作是年少乐观
主义的突然发作而不以为然，但它反映的绝非一个意在与正统学说彻底决裂、建
立一个非正统的思想学派的人的态度。
　　不过，从 20 世纪 70 年代起，主流经济学理论几乎沉入了谷底，退化为一系
列关系松散的与实际少有联系的数理模型。根据流行的弗里德曼－实证主义方法
论，经济学家们通过使用计量经济学方法经验测试他们的预测（或更确切地说，
"回测"）能力，推定这些模型试验性的"有效性"（永远不是真理）。至此，门
格尔派方法的最后一点残余，也从研究生经济学课程中消失了。逻辑－现实理论
研究现在完全被排除在学术期刊之外，因为这些期刊已经成了主流经济学主要的
（如果说不是唯一的）研究出口。
　　大约在经济学理论与方法发生巨变的同时，学术经济学的正式建制以外，形 xlvi
成了一股新的思想运动。罗斯巴德在《人，经济与国家》中重构逻辑－现实理论
推理法，则是直接激发了这一运动。这个运动主要由研究生和美国学术机构中的

---

① 当然，"自发秩序"的概念，只是哈耶克的众多贡献之一。这些贡献中大部分都不偏不倚地遵循
　门格尔逻辑－现实传统，探讨的是普通经济学的主题，如资本理论、商业周期理论、国际货币
　理论，以及比较货币制度。哈耶克在这些领域最为重要的著作，都收录于 *Prices and Production
　and Other Works: F. A. Hayek on Money, the Business Cycle, and the Gold Standard*, ed. Joseph T.
　Salerno（Auburn, Ala. : Ludwig von Mises Institute, 2008）。亦可参见 Peter G. Klein, "The Mundane
　Economics of the Austrian School," *Quarterly Journal of Austrian Economics* 11, no. 3（Fall 2008）。
　本文论证了正确理解的自发秩序的概念，有其门格尔的逻辑－现实经济学根源。

青年教员组成。他们不满于正统的新古典综合。肯尼迪－约翰逊的"新经济"政策未能在越战期间控制通货膨胀，也无法解决其后 20 世纪 70 年代出现的滞胀。新古典综合因此开始分崩离析。

20 世纪 70 年代中期，这场新的运动发展壮大，因此自然而然有了机构化的契机，并通过于 1974 年 6 月在佛蒙特州南罗约敦（Vermont South Royalton）举办正式的奥地利学派学术会议而推广了自身的存在。为这场新的思想运动选用"奥地利学派"的称呼，主要是出于战略考虑。由于罗斯巴德主义运动拥护的方法和学说主体与深陷沟壑的实证主义正统少有共同点，这个标签至少使人们认识到这场运动与早期边际主义思想（后来融入现代主流当中）最为伟大的一个流派的联系。这个名字也立即让这个运动与奥地利学派创始人那些著名的名字联系起来，比如卡尔·门格尔、欧根·冯·庞巴维克、弗里德里希·冯·维塞尔及学派后来的代表路德维希·冯·米塞斯和弗里德里希·A. 哈耶克。哈耶克在那年成为诺贝尔经济学奖的共同获奖人更进一步提升了"奥地利学派"这个品牌的声望。这个词语另外还有助于鉴别这场运动整体的理论导向。

xlvii 罗斯巴德和他的追随者热切地拥护这个新的称呼，开始称自己为现代奥地利学派的成员或者追随者。现在这个学派的地位是"主流经济学"的非正统挑战者。不过，尽管这个称呼在短期有显著的战略好处，把在南罗约敦会议上联合到一起的思想学派称为"奥地利学派"在长期却产生了一些严重的问题。首先，它掩盖了现代奥地利学派是在多大程度上由罗斯巴德直接激发的。事实上，可以毫不夸张地说，南罗约敦会议的 30 来个与会者，大多数遵循的是《人，经济与国家》中阐述的逻辑—现实理论主体。其次，它掩盖了我们上面讲到的事实，即罗斯巴德在写作中参考的文献范围要广泛得多，而不仅仅来自最初的奥地利学派及其直接的思想传承。再次，这个标签将将人们的注意从此处移开，即，罗斯巴德撰写这本论著的首要使命是将外来的实证主义和数理形式主义元素从现代经济科学中清除，沿着一以贯之的逻辑－现实思路重建这门学科。罗斯巴德写作《人，经济与国家》的目的，不是与标准经济学理论决裂，并建立一个反对所有形式的均衡分析、反对使用想象建构的非正统思想学派。这一点再怎么强调也不过分。事实上，如我们所见，罗斯巴德在论著中一个最为重要的贡献，即是他苦心孤诣地解释了虚拟建构和想象世界的内容，及如何用它们来推导有意义的命题，论述可观察到的经济现象的逻辑决定因。

不加限定地使用"奥地利学派"来指称后南罗约敦的这场经济学运动，最后一个，也许也是最为紧要的缺点，是它把这个不透明的语义面纱下发展起来的非常不同，有冲突的研究运动统括到一起。在 1993 年出版的《人，经济与国家》修订版前言中，罗斯巴德认识到了这个问题，他叹息道：

> 实际上，奥派经济学家已经有了很大的规模，非常广泛的讨论，因此 xlviii
> 观点的差异和许多思想分支开始出现，在某些情况下形成了真正的思想碰
> 撞。不过，非奥派经济学家，甚至本学派中的某些人都将之混为一谈，这导
> 致了严重的知识混淆，含混不清，乃至彻头彻尾的错误。这些进展中的争
> 论，好的一面是使各方都阐明和磨砺了自己的基本预设和世界观。近年来，
> 奥派经济学中明显出现了三种迥然不同、相互碰撞的范式：原来的米塞斯
> 派或者行动学范式，本书作者即遵循此范式；哈耶克派范式，强调"知识"
> 与"发现"，而不是行动学的"行动"与"选择"，现在其代表人物是伊斯
> 雷尔·柯兹纳（Israel Kirzner）教授；还有已故的路德维希·拉赫曼的虚无
> 主义观点，一种源自英国"主观主义者"和凯恩斯主义者沙克尔（G. L. S.
> Shackle）的制度主义的反理论的方法。（第 14 页）

虽然这精确地描述了 20 世纪 90 年代初奥派经济学的状况，但是形势在此之后变得愈加波动和混乱。尽管拉赫曼的分支多少丧失了影响，奥派经济学中出现了一个新的、极为折中的倾向。他们提议不加区别地将门格尔、米塞斯、哈耶克、拉赫曼、科兹纳和罗斯巴德的一些有选择的元素，与亚当·斯密的经济学、公共选择理论、新制度经济学、交易成本经济学、博弈论建模、诠释学经济学，以及人种志学和历史案例研究等任意的洞察相结合，通通归入奥派经济学或者"好的经济学"名下。不用说，现在的情况甚至比罗斯巴德写上述段落时更不尽如人意。由于头顶"奥地利"这个标签，在现在的经济学界，那些热衷以门格尔派逻辑－现实传统进行理论研究的人被视为分裂的、好斗的异端运动的一部分；而在 xlix
他们看来，这个运动，相比分析主流经济学核心的那些"普通"的问题——价值理论、价格理论、资本理论、货币理论和商业周期——更侧重于谈论元经济秘籍（meta-economic esoterica），或者设计用"自发秩序"解释复杂的历史片段。

这种混乱有将奥地利经济学的所有分支永久、完全地边缘化的危险。但幸运的是，《人，经济与国家》指出了走出这一混乱泥淖的出路。罗斯巴德这部论著的每一页，都充满着一种深刻的觉知，即他正在阐释的逻辑－现实理论体系，是

发源于边际革命的一个国际经济学传统的主流。因此他的论著并无意成为新的非正统运动，或者复兴旧思想流派的纲领；而是代表了罗斯巴德在不可动摇的行动学方法的基础上，重构正统经济学，并用这种方法实质性地发展理论的尝试。关键而言，经济科学暂时丧失了它的方向，而且开始偏离它丰富的传统，而罗斯巴德则意图使之回到正轨。因此，他从没有将经济科学的主流让位于数学建模和实证主义方法的门徒。那些人在他看来是非理性的信徒，他们绑架了经济学，而他们愚蠢的学说，终究会被丢入思想史的垃圾桶中。

罗斯巴德已经被证明是正确的。数学建模已经显示出它是徒劳而形式主义的活动，无法解释最近 20 年来冲击我们世界的国际货币危机、股票市场和房地产市场泡沫及全球金融危机。即便是专业经济学家也日益看出，实证主义扭曲的弯路在智识上已经走到了尽头。于是，奇特的非正统派别，如行为经济学、实验经济学、"幸福"文献、神经元经济学等等现在开始大行其道。有些市场导向的经济学家甚至完全抛弃了现代经济学理论，而采用像亚当·斯密"看不见的手"和哈耶克"自发秩序"这样的较不严谨的修辞和比喻。[1]

篡夺经济学主流的数理和实证主义研究的丧钟现已敲响。奥派经济学通过申明行动学方法是经济学的研究方法，恢复自身应得的地位、成为现代经济学理论的核心方向的真正代表的时机已经成熟。行动学方法惊人的果实，《人，经济与国家》阐述的综合的经济学理论结构，就摆在我们的面前。

---

[1] 当然，"自发秩序"的概念，只是哈耶克的众多贡献之一。这些贡献中大部分都不偏不倚地遵循门格尔逻辑—现实传统，探讨的是普通经济学的主题，如资本理论、商业周期理论、国际货币理论，以及比较货币制度。哈耶克在这些领域最为重要的著作，都收录于 *Prices and Production and Other Works: F.A. Hayek on Money, the Business Cycle, and the Gold Standard*, ed. Joseph T. Salerno (Auburn, Ala.: Ludwig von Mises Institute, 2008)。亦可参见 Peter G. Klein, "The Mundane Economics of the Austrian School," *Quarterly Journal of Austrian Economics* 11, no. 3 (Fall 2008)。本文论证了正确理解的自发秩序的概念，有其门格尔的逻辑－现实经济学根源。

第一版　序言

为什么要出版学者版《人，经济与国家》？[①]

对于已故的穆雷·罗斯巴德的《人，经济与国家》，那些对其意义和内容略有耳闻的人也许会问，这部著作自从 1962 年出版以来就一直在售，路德维希·冯·米塞斯研究院为什么做了一个新的学者版呢？这个决定背后有许多充分的理由。其中一个理由是，罗斯巴德的这本书对二战后奥地利学派经济思想复兴做出了一个里程碑式的贡献。

二战以及随后的冷战造就了一种国家声望空前高涨的思潮。在这种情势下，大多数经济学家认为自己的角色是建议政府如何最好地组织、管制和计划"国民"经济，是赢得战争还是保证社会正义。少数抵制这种时代精神的经济学家，也自降身段，基于与论敌相同的理论预设，提出折中的论点。不论从自由市场还是奥地利学派的角度，如此为自由社会和市场经济辩护都是非常不尽如人意的。

弗里德里希·A. 哈耶克的《通往奴役之路》（1944 年）和路德维希·冯·米塞斯的《人的行动》（1949 年）在国家主义坚如磐石的大厦内引起了人们的注意，然而这两本书的赞赏者，主要出自罗斯巴德所说的老右派运动。哈耶克的书饱受新政拥护者及其学术盟友的猛烈攻击，而米塞斯的综论遭遇的是学术界的置之不理、困惑不解或默不作声。针对有知识的读者大众对奥地利学派一无所知或者漠不关心的状况，罗斯巴德写作了这本教科书。他当时曾写信给阿尔弗雷德·D. 钱德勒（Alfred D. Chandler），认为这本教科书会是"适于大学水平阅读的少数（如

[本文括号中出现的《人，经济与国家》和《权力与市场》的页码系第二版的英文页码。]

[①] 亚拉巴马州奥本市路德维希·冯·米塞斯研究院藏罗斯巴德文稿（Rothbard Papers），包括穆雷·罗斯巴德的信件与通信（1940—1995 年），备忘录及未出版的论文（1945—1994 年），以及已出版著作的手稿，还有罕见的老右派和自由意志主义运动的材料。

果说不是唯一的）非集体主义著作之一"，而且"会是唯一一部运用米塞斯主义方法论原理的著作。米塞斯派方法论证明了历史事实不能'证实'任何理论"。①

这部教科书会一步步推导米塞斯的理论框架，从而展现经济科学的统一和优雅。它应当是易读的，表述直截了当，内容自成体系，让受过教育的读者通过充分的努力，理解奥地利学派的基础理论与应用。在写作过程中，这部教科书本身也成了一部综论——但这是后话了。

罗斯巴德的这部著作以新的形式，既实现了他为这本教科书设定的目标，又给了他充裕的空间深入探讨艰深的问题，论述他自己的原创性洞见，扩展米塞斯的体系。事实上，《人，经济与国家》是许多20世纪60年代进入奥派经济学领域的人的读物，之后作为经济科学的一本内容完备的入门书，读者可以在阅读《人的行动》之前先读这本书，或者两本一起阅读。其统一性、系统的组织以及清晰的论述使之成为奥地利学派复兴的基础文本。而十分有趣的是，这本书一直被用作研究生的教科书。

尽管主流经济学期刊对其有不利的评论，但这不妨碍《人，经济与国家》——与在它之前面世，并给它以启发的《人的行动》一样——成为某种地下经典。它卖得很好，使得纳什出版公司（Nash Publishing）1970年以人文研究所（Institute for Humane Studies，IHS）的名义重印了本书。1993年米塞斯研究院又出了一版，2001年再版。《权力与市场》也在人文研究所和加图研究所的联合赞助下于1977年重新发行。②

1962年出版的《人，经济与国家》并非完整版，而是以罗斯巴德称为"截短的"形式问世的。出于下文将会解释的原因，罗斯巴德被要求大幅缩减原计划的探讨政府干预的第三部分（或第三卷），删去了这一部分也就遗漏了讨论国家干预、概述纯粹自由市场这一选项的重要内容。现在这本学者版《人，经济与国家》包含了这些之前作为《权力与市场》出版的内容。此外，这版还有一个非常聪明的做法，那就是把罗斯巴德大量有趣的注释放在了每页的下方，而它们最理想的位置就应该在那里。

---

① Murray N. Rothbard to Alfred D. Chandler, June 25, 1950; Rothbard Papers. Alfred D. Chandler 研究商业史，曾在麻省理工学院、约翰霍普金斯大学以及哈佛商学院任教。他编辑了商业史方面的丛书，并写了若干著作，其中最著名的是 *The Visible Hand: The Managerial Revolution in American Business*（Cambridge, Mass.：Harvard University Press, 1977）。

② Murray N. Rothbard, *Power and Market*（Kansas City, Mo.：Sheed Andrews and McMeel, 1977）。

在准备这篇序言的过程中，我大量引用了罗斯巴德的书信和备忘录，将它们组织成为罗斯巴德本人在讲述他撰写《人，经济与国家》的过程。让罗斯巴德讲自己的故事可以让我们更为全面地了解本书成书的过程。罗斯巴德写作本书的意图，他实现这些意图的进展，以及他所解决的各种理论和阐述的问题，都完整地呈现出来。就我们手头所拥有的材料数量而言，这已经非常接近于让罗斯巴德本人为这个版本作序。通过恢复《权力与市场》本该拥有的地位，学者版尽可能地实现了罗斯巴德原本的写作计划。

同时，我觉得说一说本书的优点和内容是有益的。《人，经济与国家》在几代奥地利学派圈子里都可以算作是一部经典乃至标杆性的著作。这无疑应当归功于它清晰的文笔和开阔的视野，以及它在经济学领域推演人的行动的逻辑时毫不妥协的一致性。在40周年之际，将罗斯巴德这本书完整地做成一个优质的版本重新出版是再合适不过的了。

1. 罗斯巴德其人、其书

20世纪40年代中期，早慧的穆雷·N.罗斯巴德在哥伦比亚大学取得了两个学位（1945年6月5日学士学位；1946年6月4日硕士学位）并开始攻读博士学位（后于1956年10月11日取得）。如果仅仅依据罗斯巴德在哥大的所学，旁观者不可能预测到罗斯巴德日后作为一位公共知识分子，在其整个职业生涯中所追求的分析思路——不论是在经济学、历史学、政治学还是哲学领域。这样一位旁观者，根据罗斯巴德所上过的课程，也难以预见到罗斯巴德会为奥地利学派理论的复兴做出如此实质性的贡献，为它带来许多创新和原创性的思想。

1951年4月，在给威廉·F.坎贝尔（William F. Campbell）的一封信中，穆雷·罗斯巴德描述了他在20世纪40年代接受的经济学训练："我本人在哥伦比亚读的大学，当时哥大正从杜威的实用主义转向逻辑实证主义——所以我是在实证主义者的包围中成长的。"罗斯巴德上过一个"跟欧内斯特·内格尔（Ernest Nagel）学经济哲学"的课程。内格尔"采用的是萨缪尔森—实证主义的思路，竭尽全力与哥大经济学当时另一个大潮流——卫斯里·米切尔（Wesley Mitchell）和A. F. 伯恩斯（A. F. Burns）的培根式制度主义——进行方法论上的争论"。罗斯巴德补充道，"内格尔当时当然从未听说过行动学，而不幸的是我也未曾听说过"①。

　　美国经济学思想方面杰出的历史学家约瑟夫·多夫曼（Joseph Dorfman）是罗斯巴德在哥大的博士论文导师。但多夫曼本质上是一位制度主义者。罗斯巴德日后向多位通信者评值他的导师多夫曼，认为他是出色的经济学思想史家，但不算是优秀的经济学理论家。②

　　在 1972 年录制的一段采访中，罗斯巴德回忆了他在哥伦比亚大学所接受的经济学教育：

> 　　我坚定地、本能地感觉到所有经济学学派都是有错误的，说这是一种洞察或者什么也好。所有经济学理论都很让我不满意。我认为制度学派对正统英美经济学的批判是正确的，而正统派批判制度主义时也是正确的。这些批判都没有错，而且我相信简单的供求理论是正确的，但我当时确实没有一个好的理论基础。所有我接触的理论都不让我满意，而当我读到《人的行动》后，一切就归入正位，因为它里面讲得句句在理。③

　　从这些引用中可以看出，罗斯巴德在大学里的老师完全回避了奥地利学派。就如他后来写道：

> 　　我先后就读于哥大经济学本科生院和研究生院，在 1948 年春通过了口试，我阅读的只是阿尔弗雷德·马歇尔 60 年前整合到经济学主体部分的那些，对于奥地利经济学从未有所耳闻。

因此，罗斯巴德只有通过他在经济学教育基金会（FEE）的老右派联系才得以学

---

① Murray N. Rothbard to William F. Campbell, April 2, 1951; Rothbard Papers. Campbell 是持米塞斯主义观点的经济学家，但他在 Russell Kirk 的影响下，成为 Wilhelm Röpke 的"第三条道路"的立场的追随者。参见 William F. Campbell, "An Economist's Tribute to Russell Kirk", *Intercollegiate Review* 30, Fall 1994, pp. 68–71。

② Rothbard to Kenneth S. Templeton, May 5, 1955, Rothbard to Ivan Bierly, November 14, 1959, 以及 Rothbard to Harry Elmer Barnes, December 13, 1959; Rothbard Papers。

③ Walter Block and Walter Grinder. "Rothbard Tells All: Interview with Murray Rothbard", December 1972, p. 6; Rothbard Papers.

习奥地利经济学。①

　　罗斯巴德和其他一些人所称的老右派，是集中于共和党右翼，反对富兰克林·D.罗斯福（Franklin D. Roosevelt）新政的国内外政策的一个松散的运动。这场运动在全国的标志性人物是俄亥俄州参议员罗伯特·A.塔夫脱（Robert A. Taft），不过在罗斯巴德看来，他是该运动中最不"坚定"的人物。众议员霍华德·巴菲特（Howard Buffett）（共和党——内布拉斯加州）和弗兰克·乔多洛夫（Frank Chodorov），约翰·T.弗林（John T. Flynn）、伊莎贝尔·帕特森（Isable Paterson）和费利克·斯莫理（Felix Morley）等作家坚守了更为一贯的"路线"。这一路线来源于美国独有的那种综合古典自由主义和共和主义的思想。②

　　老右派的观点，如其最为激进的追随者所说，认为管得最少的政府是最好的政府；社会能够自我规范，应当对之不加干涉；而且，不受妨害的市场经济和自由贸易是自由的一部分，也是经济繁荣的关键。在20世纪50年代早期，这个方案意味着规避导致国家权力增加的战争（所谓的"孤立主义"），严格解释宪法并支持联邦主义（"州权"），且反对新政式的官僚集权、经济"计划"以及社会工程。老右派的英雄是像托马斯·潘恩（Thomas Paine）、托马斯·杰斐逊（Thomas Jefferson）、理查德·科布登（Richard Cobden）和约翰·布赖特（John Bright）这样的人物。

　　罗斯巴德差不多是哥伦比亚大学唯一的老右派。不过，他早在1946年就与老右派组织建立了联系。③ 通过经济学教育基金会（FEE），罗斯巴德得知"以

---

① Murray Rothbard, "The Betrayal of the American Right"（未出版手稿）, pp. 86–87; Rothbard Papers. 关于老右派，参见 Murray Rothbard, "Life on the Old Right", *Chronicles*（August 1994）: 15–19,reprinted in Joseph Scotchie, ed., *The Paleoconservatives: New Voices of the Old Right*（New Brunswick, N. J. : Transaction Publishers, 1999）, pp. 19–30. 二战后"右翼"智库的背景（包括经济学教育基金会），参见 Eckard Vance Toy, "Spiritual Mobilization: The Failure of an Ultra-conservative Ideal in the 1950's", *Pacific Northwest Quarterly* 61(April 1970): 77–86。1951—1962年，罗斯巴德为沃尔克基金会写了几百篇内部书评；有关他在此时期的工作，尤其可参见 Sheldon L. Richman, "Commentator on Our Times: A Quest for the Historical Rothbard", in Walter Block and Llewellyn H. Rockwell, Jr., eds., *Man, Economy, and Liberty: Essays in Honor of Murray N. Rothbard*（Auburn, Ala. : Ludwig von Mises Institute, 1988）, pp. 352–379。
② 老右派立场的大致描述，参见 Rothbard, "Life on the Old Right", and Rothbard to Thomas Fleming, memo: Books That Formed Me, January 24, 1994, 3 pgs. ; Rothbard Papers。
③ 参见 William M. Curtiss（Executive Secretary of FEE）to Rothbard, November 25, 1946; Rothbard Papers。

前我只因为他断言社会主义无法经济计算而听说过的那位路德维希·冯·米塞斯，在纽约大学一个持续开放的研讨班授课。于是我开始每周都去参加这个研讨班"①。所以，现在著名的米塞斯研讨班，罗斯巴德几乎从它在 1949 年刚开始成立的时候便在参加了。在成为米塞斯的学生以后，罗斯巴德的"右翼自由意志主义"的天性因为有了坚实的理论基础而发展成熟。他发觉米塞斯坚定的自由放任经济学及其毫不妥协的态度与自己意趣相投。大概是在 1948 年经济学教育基金会的一次讲座上，罗斯巴德第一次见到米塞斯。②

米塞斯的综述《人的行动》于 1949 年出版后不久，罗斯巴德就撰写了两篇书评。③ 罗斯巴德评值《人的行动》为"一部恢宏巨著"，展现了"经济科学的完整结构"，该结构"以行动学，也就是个人行动的一般原理为坚实基础"。④

2.《人，经济与国家》的写作

罗斯巴德最初对该书的设想

1949 年秋，沃尔克基金会（Volker Fund）的主席赫伯特·C.科尼埃尔（Herbert C. Cornuelle）请罗斯巴德写一本经济学教科书，将米塞斯的《人的行动》的主要观点介绍给受过教育的读者大众。⑤ 通过罗斯巴德的通信和他写给基金会董事的有关这本书的备忘录和报告，我们可以追踪这个项目的目的和进展。

在一封 1949 年 11 月写给赫伯·科尼埃尔的信中，罗斯巴德写道：

---

① Rothbard, "The Betrayal of the American Right," p. 87; Rothbard Papers.

② Leonard Read to Rothbard, June 24, 1948; Rothbard Papers. 这是邀请罗斯巴德参加 7 月 8 日一个会议的邀请函，路德维希·冯·米塞斯届时将会讲话。

③ Ludwig von Mises, *Human Action: A Treastise on Economics*（New Haven, Conn. : Yale University Press, 1949）; Murray N. Rothbard, "Praxeology", *Analysis*（May 1950）: 4; and "Review of Human Action", *Faith and Freedom*（September 1950）: 14–15.

④ Rothbard, "Review of Human Action", p. 14.

⑤ Block and Grinder, "Rothbard Tells All," December 1972, pp. 2-6. Rothbard 写道：
沃尔克基金会的独特理念……不仅包括资助保守主义和自由意志主义学术会议、奖学金，向图书馆分发图书，最后的直接出版图书——还涉及向学者个人颁发奖金，而不像一般的基金会那样，将资金整笔授予有建制的组织和学校（比如社会科学研究会就是这样做的）。（"The Betrayal of the American Right", p. 96.）
此外，沃尔克基金会的"对于促进和团结一大批自由意志主义、修正主义以及保守主义学术研究做出了重要的贡献"（"The Betrayal of the American Right", pp. 96–97）。

当米塞斯第一次和我讨论写一部经济学教科书作为经济学非专业人士的入门书时，他要我准备一个大纲。于是我写了大纲，他看了很喜欢。现在，他建议我写一章有代表性的内容。[1]

这封信其余内容讨论了开支、时间和各种安排。

1950年6月，罗斯巴德致信阿尔弗雷德·D.钱德勒，讨论了他对自己这本"教科书"的构想：

首先，我设想是将米塞斯的理论"定型"为大学教科书的形式，因为现在我们急需一部见解正确的经济学教科书。不过，我和米塞斯做了交流，他更倾向于一部主要面向非专业人士读者的书，而且这本书同时也适用于大学课程。这一点我完全同意，因为传统教科书的格式会妨碍本书的完成。

罗斯巴德继续写道：

我想象的这本书，至少在第一卷，应该完全撇开所有制度的和事实的材料，比如美国有多少个联邦储备银行等等。该书会完全专注于严谨、清晰地阐述经济学的基本原理，这样写的话，每部分就都是前一部分的逻辑演绎。这样，基于个人行动分析的自由市场理论会充分完成。下一部分将专注于分析我们可以想见的不同类型的政府干预，以及它们对经济的影响。这部分也同样不会夹杂毫不相关的事实材料。完成的这卷将会是经济学原理的基础卷。

此外：

另外一卷书可能用这些原理来解释世界经济史，尤其是美国经济史。可能会展示政府干预在世界历史进程中的影响的一些历史案例。[2]

---

[1] Rothbard to Herbert C. Cornuelle, November 28, 1949; Rothbard Papers. 这个样章后来被称作"货币章"。

[2] 这指的是罗斯巴德1949年某个时间写的一个系列12篇论文，其中3篇发表了："Not Worth a Continental", Faith and Freedom 1, No. 3（February 1950）: 9-10; "The Edict of Diocletian", Faith and Freedom 1, No. 4（March 1950）: 11; and "The Railroads of France", Ideas on Liberty（September 1955）: 42-43. 所有这12篇研究都收录于罗斯巴德文稿。

该书将会是

> 适于大学水平阅读的少数（如果说不是唯一的）非集体主义著作之一。它将会是唯一一部运用米塞斯主义方法论原理的著作。米塞斯主义方法论证明了历史事实不能"证实"任何理论。[1]

1951年1月初赫伯特·科尼埃尔在给罗斯巴德的回信中，十分热情地写道："棒极了，我希望后附的给米塞斯教授的信能够促进此事。"那封信询问米塞斯："您是否阅读了穆雷·罗斯巴德写的货币那章？您对它有何评论，请不吝赐教。"[2]

2月，赫伯特·科尼埃尔下一封给罗斯巴德的信引用了米塞斯对货币那章的反馈：

> 我认为罗斯巴德讲货币和银行业的那章非常令人满意。它毫无疑问证明了他写作教科书的能力比我所见到过的任何人都强。我希望他完成博士论文以后尽快继续写作。[3]

现在，科尼埃尔让沃尔克基金会向罗斯巴德提供财务支持，让项目可以开始。

1951年3月，罗斯巴德在写给赫伯特·科尼埃尔的信中说道：

> 为了充分展现计划中这本教科书的主旨，我认为概述一下目前和迄今为止仍然通行的经济学教科书是有益处的。例如，以一本今日非常流行的教科书为例，1949年第二版的鲍曼（Bowman）和巴赫（Bach）的《经济分析与公共政策》。现在无数大学使用这本教科书，其篇幅达到了931页。在这

---

[1] 这指的是罗斯巴德1949年某个时间写的一个系列12篇论文，其中3篇发表了："Not Worth a Continental", *Faith and Freedom* 1, No. 3（February 1950）: 9–10; "The Edict of Diocletian", *Faith and Freedom* 1, No. 4（March 1950）: 11; and "The Railroads of France", *Ideas on Liberty*（September 1955）: 42–43。所有这12篇研究都收录于罗斯巴德文稿。

[2] H. Cornuelle to Rothbard, January 9, 1951; H. Cornuelle to Ludwig von Mises, January 15, 1951; Rothbard Papers.

[3] H. Cornuelle to Rothbard, February 10, 1951; Rothbard Papers.

本大部头中我们看到的是一片异想天开的丛林，它几乎是所有我们能想到的流行理论和事实（大多数是错误的）的大杂烩，以一种令人惊讶的混乱的方式呈现。比如，两个人在这本基础教科书开头讨论收入，给读者展示了一张"收入水平"表（附带有图），之后一段文字转移到"浪费问题"，再讨论"中间人"，然后是一张工人职业分布的图表，接下去几页讨论价格，然后又转而讨论合伙制和公司，讨论反托拉斯法，一张两页长的关于因萨尔控股公司（Insull Holdings）的图表，诸如此类。该书后面部分也是同样的模式——图表、统计数据、理论曲线（包括"买主独家垄断""寡头买主垄断"等等整套晦涩难懂的术语）、历史珍闻，以及一点点理论，乱成一团。难怪大部分上了经济学课的学生会茫然不知所措，只知道经济学"和数字有点关系"。

罗斯巴德注意到，更早些的教科书"要好得多，尽管这算不上是很大的成就"。但即便是

　　20世纪20年代以前最为流行的教科书，伊利（Ely）的《大纲》……我们发现情况仍然无法让人满意。该书开头讨论专利和劳动分工，然后突然转入对经济史的讨论（在还没有介绍理论之前！）。我可以明确地说，英语出版的教科书里只有两本让人满意，分别是陶西格（Taussig）的《经济学原理》（1911年）和费特的《经济学原理》（1915年）。[①] 这两本书中有许多精彩的内容。不过，陶西格受到……英国新古典主义偏见的影响，导致他在讨论价值和需求之前先讨论了生产，而且过分地强调劳动与成本。费特的书也许是现有的最好的教科书。具体而言，唯有他正确地讨论了利率及其真正基础。不过，他关于效用和需求的讨论十分粗略，关于资本的讨论在某些方面也十分不足（他过分地与庞巴维克唱反调），而且还引入了一些错误的术语。没有一本教科书正确地介绍了奥地利学派对资本的"生产期"（period of production）的分析。

因此显而易见，

---

① 指的是 F. W. 陶西格，*Principles of Economics*, 2nd ed.（New York: Macmillan，［1911］1939），以及 Frank Fetter, *Economic Principles*（New York: The Century Company，［1915］1918）.

即便在 1920 年以前，也没有英语经济学教科书完整、如实地呈现当时主要在奥地利发展形成的经济学理论。从那以后，这种背离变得越发严重。不仅米塞斯的巨大贡献遭到忽视，而且经济学教科书中急速地加入了各种新的谬误的大杂烩，直到像今日教科书这样，经济学与它本能够准确地论述的主题几乎没有多少关系。

所以

我认为急需写一本可靠的教科书。我所设想的教科书将会是一个开创性的任务。我会尽我所能，以您见之于货币那章的方式，也就是逻辑性地一步步推导米塞斯主义的理论结构，建造一座经济学的大厦。每个步骤上，都会有简单的、假想的例子来启发读者，直到他慢慢地，但也无情地发现，自己有能力解决当前的经济学问题，或者进一步阅读大师们的著作。我相信通过这种步步为营的方法，初学的读者、学生或者理解力强的非专业人士能够领会最深奥的理论性概念。而由于他不得不接受每一步，那么他也不得不准备吸收和接受接下来的每一步。我之所以用"无情"这个词，是因为通过这种方法，即便是最为坚定的社会主义者，也会一步步地从简单的行动学公理出发，最终突然认识到自己的社会主义和干预主义信仰的荒谬性。他会不由自主地成为自由意志主义者。

罗斯巴德补充道：

［本书］的格式是在写作过程中形成的……此外，让我十分高兴的是米塞斯告诉我他很乐见我改变格式，而没有拘泥于《人的行动》的格式的做法。《人的行动》的话题更为分散，而且在讨论这些话题时更为扼要，假设读者或多或少具备我这本教科书将会包含的知识背景。简言之，我将努力为米塞斯做麦卡洛克（McCulloch）为李嘉图（Ricardo）所做的事情……①

---

① Rothbard to H. Cornuelle, March 14, 1951, 3 pgs. ; Rothbard Papers. "What McCulloch did for Ricardo" 指的是 John Ramsay McCulloch 的 *Principles of Political Economy*（New York: Augustus M. Kelley, ［1864］1965）。

1952 年 6 月将尽，罗斯巴德致信赫伯·科尼埃尔：

> 我很高兴地告诉您，教科书的"基础章"写得很顺利，几乎就要完成了。到目前为止我已经写了 95 页，而坦率地说我对此满腔热情。这一章有条理地发展了《人的行动》中那些假设的根本推论——第一次用逐步演绎的方式呈现和阐述了米塞斯所建构的大厦，而这些步骤米塞斯本人是假设他的读者本来就理解的。我希望不久就将稿子寄给您。后面几章会继续以演绎的方式讨论交换经济。[①]

1952 年 10 月初，罗斯巴德提交了给沃尔克基金会的一系列进度报告的第一篇，该系列报告涵盖了他关于经济学原理的教科书和其他项目的工作。这第一篇报告处理的期间是从 1952 年 1 月 1 日到 10 月 1 日。之后罗斯巴德每隔 6 个月提交一份报告。

在这第一篇报告中，他写道：

> 1952 年 1 月 1 日开始为基金会做这个项目之前，我已为路德维希·冯·米塞斯教授写好了本书预期的大纲，以及关于"不受妨害的市场中的货币与银行业"一章，约 90 页。

罗斯巴德解释说，他也写了 78 页的"受妨害市场中的货币"——本想让它独立成书——但他后来得出结论"最好将货币作为经济学思想完整结构中的一部分来探讨"。

于是，他从头开始写作第一章，为这本教科书打下理论基础：

> 我从货币那部分退回到基础章。随着我阅读和写作等等工作的展开，我开始整体构思这本教科书。我一年以前写过一个非常试探性的大纲，现在我将它拼装完整。原来的大纲采用的方法可以说与正统的教科书类似：它如下展开：经济学的本质与范围，市场的特征，消费者需求，供给，竞争性价格，垄断价格，工资，资本与利息，货币与银行业，商业周期，国际贸易，

---

① Rothbard to H. Cornuelle, June 28, 1952; Rothbard Papers.

最后概述政府干预和社会主义。

逻辑和方法论方面的考量促使他有了新的观点：

> 我意识到本书不能像原来的大纲，尤其是其他教科书那样，遵循旧的思路零散地讨论孤立的主题。这种方法有严重缺陷。内在一致的体系囊括并遍及见解正确的经济学理论的所有方面，其横扫千军的感觉是这种方法所无法体现的。我为自己设定的目标是在一个一致的、整合的结构当中，一步一步地诠释米塞斯的行动学（praxiology，原文如此）的结构，以此展现其精髓。我意识到可以从一个简单的、不言自明的假设——人的存在——出发，并从中演绎出经济学的所有命题。人的存在的实质是人的行动，一旦我们定义了行动，我们便可以通过逻辑推理演绎出所有进一步的[经济学]真理。首先，从人类的存在以及他们的行动中，我们可以演绎出少数直接的推论；其次，从这些推论中我们可以得出进一步的推论，依此类推。实际上，这是唯一必要的假设；只是为了让我们的演绎符合于现实的形式，可以在经验上得到证实，我们才进一步引入一些预设。这样做的目的是让读者步步为营。由于他必然同意最初的假设，以及每个基于普通逻辑法则得出的推定，那么他在读完这本书以后必然会接受见解正确的经济学的整个体系。

他在此处附上了第一章的大纲（此时第一章已经写了142页，还包含了一篇附录《行动学与经济学——经济学与伦理学和心理学的关系》）。他指出："文本本身最能够体现完整的步步演绎的结构。行动是选择手段以实现未来的目的，本章考察了这一定义的每个方面，研究了其意义，并使之相互联系。"

介绍另一章的大纲时，他写道，"第二章将人际关系引入分析"。首先，"分析了霸权剥削制度。社会被定义为一种自由或者强迫的人际交换模式"。

在这一章，他对于"企业家精神和生产的分析"只进行到大纲指明的程度，"因为在直接交换条件下不可能存在复杂的经济。直接交换的主要价值在于它使我们无须考虑麻烦的货币因素就可以分析交换、供给和需求，以及其基本原理"。

这里，罗斯巴德描述了他是怎么工作的：

> **程序**。每一章的工作流程如下：首先，确定该章将要涵盖的大致主题。

接下来是阅读那些看起来能提供一些洞见的著作。在阅读时我做了笔记，发展这些书所提及的重要论点。比如，基础和直接交换这两章的阅读，除了米塞斯的几部著作外，还包括边沁（Benham）、门格尔、庞巴维克、威克斯蒂德（Wickstead，原文如此）、巴斯夏（Bastiat）、伯尔丁（Boulding）和其他许多人的著作——包括老旧、晦涩的书籍和期刊论文。经过数量充分的阅读，我开始写作这两章，发现每个小节都与前面小节环环相扣。其结果是，我完成的这章在许多方面都具有原创性，因为它或是提出了全新的观点，或是将其他作者的观点以一种不同的方式整合到了整个经济学的结构当中。通常，尤其是对于教科书类型的著作而言，许多核心论点都需要原创性地，或者借助于其他著作的帮助演绎得出。虽然米塞斯已经定下了大致的框架，但本书不能简单地解释他的《人的行动》；它必须详细阐明米塞斯所发展的行动学的隐含结构。

第一稿写好以后，我开始修改……比如，今年米塞斯的研讨班预计会对我的书进行修订。而且，本书必然涉及其他领域的知识。比如，为了讨论自由市场中的契约，我必须阅读合同法，自我所有权和儿童所有权方面得阅读约翰·洛克（John Locke）的著作，诸如此类。

罗斯巴德接下去讨论了与米塞斯体系的一个差异：

修订的一个重要方面应该会是来自哲学体系。例如，在基础那章的附录里，我探讨了经济学与伦理学的关系，采纳了标准的马克斯·韦伯的立场，即不可能存在伦理科学，价值判断纯粹是武断的。我后来逐渐相信，以人的本质和什么对人的本质有利为基础的理性伦理科学是可能存在的。这一观念的修正已经导致我重写了这篇附录。就目前而言，这会引发多大程度的修订我还不知道；当然，行动学分析的总体会保持不变。不过，我已经在构思根据兰德主义哲学改写定义行动公理的第一部分。[①] 同样，我相信这种哲学会

---

① 在现有的铅印版中，这个词语看上去像是"Bandian"，应该是打字重叠所致。罗斯巴德显然想写"Randian"（兰德的），作为"理性-伦理"哲学的简写。不过，罗斯巴德在他对科学伦理学的探寻当中，并不完全依赖于兰德的体系。他的信中表明他很早就知道托马斯主义哲学。参照 Rothbard to H. Cornuelle, April 23, 1952, Rothbard Papers。这封信讨论了新托马斯主义哲学家 Livio C. Stecchini 的著作，认为它朝向"一种伦理学的哲学"。仅 1952—1957 年，罗斯巴德至少写了 7 封主题为亚里士多德主义、托马斯主义以及自然权利的信。

迫使我们改变对劳动、其乐趣与痛苦的分析——这之前是源自米塞斯对劳动的负效用和劳动的快乐等等方面的分析。

他现在计划把货币的那章一分为二："我会另辟一章，说明货币如何使经济计算成为可能，以及由此产生的度量法"，之后是"间接交换下的定价的辅助性分析，说明供求分析如何用于货币，以及在这种交换中效用、收入和成本所起的作用"。货币章的一部分会移到这章，在这之后是"消费者财货、资本财货、劳动服务以及自然资源的定价"。

在概述了探讨"详尽分析不受妨害的市场"的"第一部分"的一组计划内容后，罗斯巴德写道：

> 第二部分会一步步地介绍可能的政府干预市场的各种类型，以及这些干预的效应……商业周期将被作为政府干预的结果来说明……最后，它会分析社会主义的本质以及其经济计算之不可能性。同样，它也会分析官僚运作与盈利运作间的差异。[1]

罗斯巴德更进一步调整了他原来的大纲，决定"可以在附录中解决各种谬论"，而且"最好是忽略所有历史内容，这样也就可以将这本著作保持在纯粹理论、科学的层面。历史上的案例可以作为例证引入"，但除此之外则"应该留给读者去将学到的知识用到规律所适用的任意和所有历史情境中去"。他指出，最近他写给沃尔克基金会的一篇批判"布卢姆（Blum）和卡尔文（Kalven）论累进所得税"[2]的文章，帮助他形成了关于这部分的想法。

至此他已经写了 366 页；加上货币那章的 90 页，共有 456 页。但每章需要多少时间来写是无法预测的，因为每章都"出现各自的问题，可能需要或多或少的阅读，也需要或多或少的写作和修订"[3]。

1952 年 10 月初，罗斯巴德给理查德·科尼埃尔（Richard Cornuelle）邮寄了

---

[1] Memo to Volker Fund: Progress Report, January 1 to October 1, 1952, 13 pgs. ; Rothbard Papers.

[2] Murray N. Rothbard, "The Uneasy Case for Degressive Taxation: A Critique of Blum and Kalven", Rothbard Papers; published in *Quarterly Journal of Austrian Economics* 4, No. 1（Summer 2001）: 43–61.

[3] Memo to Volker Fund: Progress Report, January 1 to October 1, 1952; Rothbard Papers.

"基础章初稿中包含图表的部分"①。我们很快将会看到，这些图表引发了某些短暂的争议。12月底，迪克·科尼埃尔（Dick Cornuelle）致信罗斯巴德，感谢他12月29日的来信。科尼埃尔引用伦理理性主义，如下评值道："我认为它所代表的你在思想上的调整是根本而重要的。"②

罗斯巴德于1953年1月有些热情地回信道：

> 我非常高兴得知您赞同我改变自己的哲学立场，而且认同这样做的重要性。米塞斯虽然严厉地批判实证主义者（他的批判是正确的），但却接受了他们的立场中十分关键的一点——即价值完全是主观的，仅仅与不能基于理性决定的口味或"情感"有关。我所做的是回到"古典的"伦理学立场，以个人的幸福为目标（我们也必须如此），存在有一门关于伦理的"科学"，可以得出比如"道德的"行动这样的法则。③

他也同样"很高兴得知撰写这部教科书的奖金得到批准"。月末，罗斯巴德从赫伯特·科尼埃尔处得知，他每季度将得到1500美元，"以帮助您准备和撰写一部经济学教科书"。这笔奖金会一直发放到1954年年底。④

1953年1月初，赫伯特·科尼埃尔致信罗斯巴德，"您手稿中的图6给我们带来了相当大的争议"。对此，罗斯巴德回复道：

> 附函里有重寄的受到争议的图示，以及修改过的两页文本，应该把情况解释清楚了。图中尺度的参差不一要说明的，就是价值不能用任何尺度来衡量，而只能序数地进行比较——这一点我之前就应该在文本中论述清楚。这是本章的一个要点，它基于如下的事实；一个人能够也确实在比较多种多样的财货和前景，以判断它们哪个价值更大或者更小；但他只能够给它们排

---

① Rothbard to R. Cornuelle, October 3, 1952; Rothbard Papers. Richard Cornuelle 是 Herb Cornuelle 的弟弟，当时到了沃尔克基金会工作。

② R. Cornuelle to Rothbard, December 31, 1952; Rothbard Papers. 之前一封邮件，Rothbard to R. Cornuelle, December 29, 1952，似乎遗失了。

③ Rothbard to R. Cornuelle, January 3, 1953, 3 pgs. ; Rothbard Papers. Rothbard 提到 Erich Fromm 在这个（理性－伦理）联系方面可能有启发作用。

④ H. Cornuelle to Rothbard, January 28, 1953; Rothbard Papers.

序，因为不可能客观地确定一个单位来衡量这种主观的过程。所以，我故意让价值尺度上的数字的间距参差不一，以指出如下的事实，衡量价值尺度上排序的间距的任何做法都是毫无意义的。我希望修改过的文本现在说清楚了这张图的意思。①

3月第2周，罗斯巴德提交了初稿"教科书"的第三章。②

4月初，罗斯巴德提交了1952年10月1日到1953年4月1日这段时间的进度报告。在这几个月中，他完成了第二章，该章"首先将人际关系引入分析"。他写完了"可交换财货的类型"和"对抗侵犯行为的强制措施"这两个部分。关于间接交换，罗斯巴德写道：

> 现有的大多数教科书往往用一系列互不关联的内容来介绍这部分材料，这也就导致了在每章里都无法做充分的分析。只有将经济分析的各个部分作为一个完整图景的组成部分，才能正确呈现和完整理解它们，因此就必须特别细心以保证每一部分都逻辑推理自其之前的一部分。

接下来是第三章"间接交换的模式"的大纲。他已经写了61页。

然后他给出了第四章"货币与价格"的一部分大纲。至此他已经分析了消费者财货的价格。现在有了更多的大纲。他说道，他已经写了88页，对垄断进行了一些分析，之后还会有更多的讨论。接下去他会分析货币组成部分，但"我必须将这部分内容延伸并整合到之前的价格分析当中去，详细阐述财货和货币的供给与需求之间的关系"。

重要的是，"除了上面的工作以外，我也完成了第一份进度报告中提到的哲学转变，并根据它修改了已写好材料的内容"。此外：

> 最为重要的是我从头到尾修改了本书前8页——即说明作为全书基础的最初公理的那几页。经过这次修订，我去除了原来明确的哲学悲观主义表

---

① H. Cornuelle to Rothbard, February 4, 1953, and Rothbard to H. Cornuelle, March 3, 1953; Rothbard Papers. 罗斯巴德《人，经济与国家》中的图4也许来源于这些有争议的图表之一。

② Audrey M. Hanson to Rothbard, March 9, 1953, and R. Cornuelle to Rothbard, March 16, 1953; Rothbard Papers.

述，即人类一直处于不满足的状态，人只有在天堂这样不活动的安息状态下
才会快乐的观点。这种哲学观点有悖于人的自然状况，即进行生产活动时正
是人最快乐的状态。修正后的部分从行动学中去掉了哲学悲观主义。

因此，第一章中对劳动的新的讨论（6 页篇幅）"说明了根据具体情况，劳动
本身既可以是快乐的、中性的，也可以是痛苦的——虽然所有人劳动都是为了它
产生的最终产品"。罗斯巴德这里提到了他提交给米塞斯研讨班的两篇论文，它
们都与这本教科书中讨论的问题有一些联系。[1]

1953 年 10 月 5 日，迪克·科尼埃尔写信给罗斯巴德说他收到了最新的进度
报告。他评论道："我们这里的人对这个项目非常满意。尤其让他们高兴的是，
您的博士论文方面的工作同时也进展顺利。"这里，他补充道："也许是开始考虑
这部教科书出版会碰到的一些问题的时候了。"[2] 不过，在那之前，这个项目由于
罗斯巴德和科尼埃尔之间的一次讨论而发生了决定性的转折。

从教科书变为论著

他们讨论的话题无异于要彻底改变罗斯巴德这本书的方向。提出的问题是，
罗斯巴德是应该继续写这部教科书，还是要转而写一部经济学的综论。1954 年 2
月罗斯巴德写给迪克·科尼埃尔的备忘录中，我们可以发现整个事情的来龙去脉。

罗斯巴德写道："上次你来纽约造访，问到我的这个项目的定位是一部教科
书还是一部论著，从那以后我对此进行了相当深入的思考。"

"这个项目最开始的构想，"他指出，

是一步步清楚地解释米塞斯的《人的行动》。然而，随着工作的进展，
由于我必须详细阐述米塞斯有时候较为疏散的框架，所以不可避免地要做新
的、原创性的论述。我已经进展到生产理论这部分，必须要讨论全部的成
本-曲线情况，但在这个领域米塞斯所能提供的指引并不多。然而这个领域
在今日大部分教科书中都占据着相当大的篇幅，因此必须以这样或那样的方

---

[1] Memo to Volker Fund: Progress Report, April 1, 1953, 10 pgs. ; Rothbard Papers. "费雪方程式"和"稳
定货币"这些条目可见于罗斯巴德文稿。
[2] R. Cornuelle to Rothbard, October 5, 1953; Rothbard Papers. The Progress Report for October 1, 1953 似
乎遗失。

式加以讨论。米塞斯在他的论著中只是一笔带过地涉及这个问题，而且他也有充分理由这样处理。但一部更为详尽的论著，或者一部想要用作教科书的论著，就必须讨论这个问题。在对此问题深思熟虑和多次失败的写作开始之后，我逐渐得出如下结论，成本曲线的整个综合体（a）建立于不现实的假设，比如纯粹竞争假设，以及（b）——这里我从您最近的一个评论中受益匪浅——错误地将自己建立在**技术的**而非**经济的**假设之上。我确信整个对于企业规模、工厂的成本曲线等等的强调，都是对与经济学毫无联系的技术因素的错误推测（不过我相信土地与资本的区分是属于有效的经济学范畴）。此外我还确信，之所以出现这种现在教科书中被美其名曰为"企业理论"的方法路线，是因为这些经济学家希望以某种方式找到统计学上的规律和恒定的关系，因此也就是在进行他们认为的更具**经验性**而非演绎性的分析。正是由于他们不断（也徒劳地）寻求经验的验证理论，才导致了自马歇尔以来的所有新古典经济学的谬误和分化。

还有其他的问题：

出现了一个更复杂的问题。传统上讲，一部教科书应该用清晰、一步一步的方式，仅介绍已经公认的理论。但我的教科书不仅与今日**99%**的经济学家所认可的理论大相径庭，而且有一个极为重要的论点，米塞斯和其他所有经济学家都必须被修正：垄断理论。当我写作第五章的初稿时（现在我完全重写了这章以删去"企业理论"和成本曲线方法），我逐渐形成了我现在所确信的结论：即自由市场上根本不存在互相对立的"竞争性价格"和"垄断价格"。这无疑是革命性的思路，而据我所知，还没有其他经济学家曾这样讲过。确实，许多右翼经济学家坚信，在现实中的自由市场上垄断价格的例子是"无足轻重"的，比如仅限于钻石开采以及地方水务的例子。但这种**原则上**的妥协一直严重困扰着我。米塞斯采取的是"新古典"的立场，认为存在有**竞争性价格**和**垄断价格**，后者出现的条件，或是一个企业在竞争性价格上拥有无弹性的需求曲线，或是多家企业组成一个自愿的卡特尔，然后，对于这个卡特尔的无弹性需求曲线允许它限制供给，提升价格。米塞斯明确指出，一旦出现了垄断价格，"消费者主权"的原则就受到巨大打击。米塞斯的伦理学并不允许他做直截了当的价值判断，但言下之意很清楚，出现垄断价格的情况是十分不幸的。

罗斯巴德对此有不同意见：

> 我得出的结论认为这个理论完全没有任何道理。在经济学理论方面，我
> 从不敢贸然与米塞斯相左，但在这个特定问题上，我认为他没有让自己摆脱
> 旧的新古典经济学思路的桎梏。这里的关键问题在于：我们如何知道"竞争
> 性价格"是什么？如果我们在——比如说——费特的《经济学原理》中寻找
> 这一思路的说明，我们会发现一个竞争性价格，然后垄断者在这个价格上判
> 断他的需求曲线。但在现实当中我们从不知道竞争性价格是什么。竞争性价
> 格是行动的**结果**，而不是给定的。即便我们可以看到一人限制自己对某种
> 产品的投资和生产并提高价格，我们永远也无法知道这是否是从"竞争性价
> 格"到"垄断价格"还是从"次竞争性价格"到"竞争性价格"的变动。正
> 如米塞斯反复告诉我们的，一个脱离于真实行动，而却被当作真正现实乃至
> 理想的概念是无效的。因此，我们应该抛弃竞争性价格对立于垄断价格的整
> 个概念。自由市场上只有"自由市场价格"，而因为买家和卖家自由地相互
> 竞争，它相应地是竞争性的。不仅对于单个卖家是如此，对于一个**卡特尔**亦
> 然。因为我也许已经得出了甚至更具革命性的结论，即一个**自愿**卡特尔没有
> 任何过错。当多家企业合并或者组成一个卡特尔，会发生什么呢？实际上，
> 许多个人的资产汇聚到一起，根据各自的所有权和契约共同进行管理。但这
> 个过程与**组建一个普通的股份公司**，也就是不同个人依照他们自愿的契约汇
> 聚他们的资本和资产的过程有什么不同呢？没有丝毫不同。

所以：

> 也许完全摒弃"竞争性价格"这个术语，而仅用"自由市场价格"代替
> 是可取的。后者总是"最好的价格"，因为它是市场上所有人自愿同意的价
> 格。这样的话，我们就可以将之通过强制推行垄断特权等等的政府行动相
> 对比。

考虑到这些问题，"我在此书上所做的工作使得下述事实变得显而易见，这

本书不能是传统意义上的一般原理式的教科书。对于人们所接受的理论，甚至于米塞斯理论的某些领域，它过于革命性"。此外，

> 即便本书以一般原理式教科书面世，大家也不会认同它是教科书。大学教师选择教科书的方法几乎与女人选择今年戴什么帽子一样：它"流行"吗？它有没有"国民收入方法"，有没有最新的商务部统计数据等等？这种传授经济学的方法，显而易见是没有希望的，但它正是压倒性的主流方法。

这引发了如下问题：

> 那么，这部作品可以扮演什么角色呢？我提议遵循以下几条思路来考虑。首先，我们必须理解上一代经济学研究发生了什么。米塞斯的《人的行动》是第一次世界大战以来，在大学基础课程教科书（这些很难算是论著）以外，唯一一部经济学综论，我相信这么说并不夸张！这虽然听起来难以置信，但却是事实，甚至与米塞斯敌对的书评作者在《美国经济学评论》中也提到了这一点。在考虑这个问题时，我们应当注意到，经济学思想的发展也许可以分为两个阶段：一战前和一战后。前一个阶段，至少在 1870 年以后，是黄金时代。从李嘉图到费特，经济学家所著的经济学著作的类型**通常**（可能**全部**）是**综论**。由于古典主义和奥派经济学家是逻辑经济学家，所以他们完成其著作，涵盖全面领域，用的是明晰的、一步步的方式。奥派经济学家之所以比早期的古典经济学家要清晰很多，正是因为他们的思想更加清晰明了。这些著作几乎总能发展这门科学，添加新的观念，但同时足够清晰和详尽，**也**可以满足大学教师对教科书的要求。写作它们主要是为了影响经济科学，但同时也是清晰易懂的，无须多年沉浸在一大堆技术性术语当中便能理解。由于这些著作通常在方法论上十分可靠，所以它们不用数学，不用"文字化"的数学，不用违反现实的概念，不尝试"可以经验证实"的概念等等。因此，它们可以用清晰的方式呈现经济学的一般科学。

罗斯巴德进而举了一些黄金时代完成的这种综论的几个例子。

> 陶西格在他《经济学原理》前言的第 7 页关于他为这部著作设定的角

色，是这样说的："在本书中，我试图以受过教育、理解力强，而之前对这个学科没有任何系统学习的人能够理解的形式，陈述经济学的原理。尽管在这个意义上，本书是为初学者定做的，但它没有忽视经济学中的难题或者避免艰难的推理。不愿意完成需要持续注意力的推理训练，就不可能理解经济现象或者获得分析经济问题所需的理论基础。我的写作已尽可能的清晰，也仔细地陈述了我的结论所建基的理由以及结论本身，但我并没有徒劳地假装将一切都简而化之。

"……我希望本书能够配得上专业人士的关注［此书当然备受关注］；但它也是写给专业人士以外的人阅读的。尽管我没有按照教科书通常的模式写作，在构思时也没有将教师和学生的需要放在首位，但我希望这本书能够用于提供经济学实质课程的机构。"①

威克斯蒂德在他伟大的综论《政治经济学常识》的前言和导论中称："本书的最主要意图是通俗但系统性地解释经济学的'边际'理论……它不是一部历史书……它并不关心……是谁最先具体地运用了经济学的'边际'理论，但却关注于现实必然要求的这些理论的主要应用……我假定读者之前没有接触过政治经济学的著作，除了生活的一般经验所提示和说明的假设以外，我并不依赖于其他任何假设。"②

这种方法现在看来已经过时了：

一战以来，经济学走上了一条完全不同的道路。准数理和过分专业化的术语，不现实的概念和错误的理论都不断激增，以至于每部经济学理论的著作——即便是凯恩斯或者希克斯那种最为全面的论著——都变得支离破碎。经济学的这种矫揉造作、吹毛求疵和支离破碎导致今天经济学家中99%的人都不懂**经济学的事实**；他们只知道对人为孤立开来的部分的错误的吹毛求疵，诸如"货币经济学""劳动经济学""福利经济学""成本曲线"等等。

---

① 出自陶西格，Principles of Economics, p. vii, Rothbard to R. Cornuelle, memo 中引用："Textbook or Treatise?" February 1954, 4pgs.; Rothbard Papers.

② Philip H. Wicksteed, *The Common Sense of Political Economy and Selected Papers*, Vol. 1, Lionel Robbins, ed.（London: Routledge and Kegan Paul, 1933），pp. xxix 和 1, Rothbard to R. Cornuelle, memo 引用："Textbook or Treatise?"; Rothbard Papers.

只有基础教科书全面地介绍经济学的理论，但它们简直是大杂烩，普遍令人难以接受。对于这些教科书的作者来说，他们感到有义务不加批判地介绍"公认的理论"，所以就不得不把所有前后矛盾的学科碎片，与制度方面的材料生硬地混合成极端混乱和错误的框架。但是，由于"现代"理论过于繁多笨拙，不适于写成综论，而只有教科书是一般原理式的，所以这些教科书当然（相比于陶西格等人的时代）不受经济学家［economist，原文如此］同行的严肃对待。每个经济学教师都觉得自己比一般的教材高明，从来不会认为从中可以学到什么东西。其他充斥着吹毛求疵的书与期刊论文一起，被用作本科的高级课程和研究生课程的读物。**这些作品**才能得到专业内人士的尊重对待。

如果放弃写作教科书的计划，罗斯巴德就能在书中讨论这些问题：

> 所以，我为自己这本书设定的角色是以奥地利学派－自由意志主义的传统呈现一部综论——它将会清晰地覆盖经济学的全部领域。要做到这一点并不困难，因为书中的经济学将会是奥地利学派类型的，而不是那种充斥着错误的半数理吹毛求疵的经济学。在这部论著当中，我打算批驳其他经济学阵营的主要谬论。这些批驳将会是精确的，但并不会像——比如说——专业期刊论文所要求的那样详尽。我需要对之前的几章做某些改写，但幅度不大。具体来说，并不需要那么多的解释性图示。既然本书将不受一般大学教科书格式的约束，那么我就可以加入两个非常重要的哲学－经济学内容：一篇讲方法论，另一篇讲行动学与伦理学之间的关系。后者对于自由意志主义者而言是极为重要的问题，而且我也在写一篇论文详细阐述这方面的观点。自由意志主义者应当确切地知道作为经济学家我们对于政府政策可以说些什么，我们可以做出哪些伦理判断，等等——这一点极为重要。使之更重要的是，我并不满意韦伯－米塞斯否认任何科学伦理学的可能性的立场。

尽管如此，最初写作教科书的目的不会因此打消。本书将

> 延续最初的主旨，没有《人的行动》那么高深，且比它更为详尽。不过，由于它大量探究了米塞斯未曾发展的那些领域，在垄断、银行业伦理和政府等领域与米塞斯不同（尽管我无意在书中**提及**与米塞斯的任何具体差

异），以及它对流行的经济学理论的批驳，我相信它也会作为一部论著引起同行的注意。①

1954 年 8 月，罗斯巴德向迪克·科尼埃尔做的报告如下：

> 我接受奖金撰写经济学原理到了第三年的下半年。我盘点了工作的现状，以及未来的前景……一开始，本书的设想不过是清楚说明《人的行动》的理论体系，但随着工作的进展，我发现经济学推理法中仍然有许多空缺要我自己去填补。逻辑上一步步推进使我有了许多原创性的贡献。除此之外，我感到有必要改变米塞斯的立场（诸如垄断理论和消费者主权学说），也就是本书的纯洁性导向。于是，在思考了您鼓舞人心的问题之后，我决定将之写成一部论著，不过它是一部理解力强的非专业人士通过长时间集中思考可以阅读的论著，还简要但令人信服地反驳了那些主要的谬误学说。

在差不多最近一年里，我一直沉浸在分析的主体——消费和生产理论——当中。米塞斯关于生产理论的细节很少，所以我有很多次失败的尝试，许多努力到头来都白费工夫，直到最后我才完成了让我满意的比较好的生产理论（它与当今 90% 的教科书材料迥然不同）。

罗斯巴德要求把他的奖金延长一年。

> 这本书目前的状况如下：除了已给您的三章以外（我想它们其实算得上是部分，而不是章），我还在写另外三章，完成进度各不相同。讨论消费的第四章基本完成，只需要增加和改动几页。它有 125 页。"垄断－竞争"那章，也就是第六章，我已经写了 98 页，我估计已经完成了三分之二。我目前正在写作篇幅巨大的第五章，"生产理论"（其实我希望把垄断性竞争的内容也包括进来。［垄断性竞争］作为"理论"下面的普通一节）这章现在已经达到 241 页。

---

① 　Rothbard to R. Cornuelle, memo: "Textbook or Treatise?"; Rothbard Papers.

他估计还需要写 120 多页。

他也在重写货币与银行业的内容。第一部分和第二部分应当会在 1954 年年底完成。他正在思考将社会主义计算问题的讨论整合进垄断－竞争那章：

> 我刚和乔治·瑞斯曼（George Reisman）讨论了这个设想，他提出的问题是，经济中企业数量要多到什么程度才能进行经济计算。这确实是一个未知的研究领域，我不知道对这个问题我能涉及多少。在对于我们讨论问题的最近的思考过程中，我们得出的结论是，每个企业内部的"垂直整合"（为了该企业可以**在内部**分配成本等等），将必须有一个外在于该企业的该领域的市场。因此，社会主义政府无法计算是任何企业如果没有可供其参照的外部市场，就无法在自己内部部门进行经济计算的一个特例。

现在，他需要

> 规划如何组织干预主义分析的各个部分：税收，通货膨胀，管制，垄断，等等。我想要做的——尽管现在我还看不到清晰的路径——是用一种逻辑推理法呈现整个政府干预的部分，就像我在自由市场那部分所做的一样。

而通过这样做，他就可以"将它们［干预主义的问题］用统一的原理联系起来"。

这样一个总体构思使罗斯巴德计划将"对于商业周期的讨论"包括在"政府干预那部分，这也是它一直该放的地方"。他不久就会寄出的新材料此时已经达到 350—400 页。他发现"在写完一章以前同时撰写几个不同的小节"是一个好办法，因为他的思路引导他"在某章写一些内容，然后转移到之前或者之后的某章——这当归因于经济学的内在关联性"。他表达了弄一台复印机的想法。[1]

H. W. 拉赫诺（H. W. Luhnow），沃尔克基金会的主席，[2] 在 1954 年 9 月初致信罗斯巴德，通知他基金会的董事们已经同意将他的研究——写作奖金延长一年。[3]

---

[1]　Rothbard to R. Cornuelle, memo, August 9, 1954, 3 pgs. ; Rothbard Papers.

[2]　Herb Cornuelle 离开沃尔克基金会，于 1953 年年末去多尔公司（Dole Corporation）工作。

[3]　H. W. Luhnow to Rothbard, September 1, 1954; Rothbard Papers.

11 月初，罗斯巴德写信给迪克·科尼埃尔，在信中描述了他参与的路德维希·冯·米塞斯研讨班与自己写作《人，经济与国家》的联系：

> 今年的米塞斯研讨班确实是我所参加的最好的一个研讨班。我这么说的理由是他是在严格地讨论市场——与垄断、利润与亏损等等——这是他在之前的课堂上没有真正讨论过的严格意义上的交换学内容。这也对于我的写作帮助很大。我最近做了一个关于垄断性竞争以及销售成本的报告。这是米塞斯让我做的，我会将之收入我那本书的第六章。我很高兴这本书从教科书变成一部论著，因为这给了我机会来扩充内容和明确反驳张伯林（Chamberlin）等等。
>
> 我的报告得到了米塞斯和其他人的好评。之前几个礼拜米塞斯反复说："我们很快就能听到那个了不起的报告老手罗斯巴德做一个非常有趣、非常好的报告了。"这让我有点尴尬。

此外，

> 米塞斯告诉我他写信给你推荐了一批有待翻译的重要论文。这是个非常好的主意。米塞斯很早以前就在建议我阅读潘勒韦（Painlevé）有关数理经济学的概论，他称这是所有付梓的论文当中批判数理经济学的最好的一篇论文。（实际上，除了米塞斯本人的文章以外就没什么好文章了。）

不幸的是，罗斯巴德补充道，潘勒韦的短论只有在法语版的杰文斯（Jevons）的《政治经济学理论》中才能读到。[1]

1955 年 4 月，罗斯巴德提交了他的半年进度报告。他写到此书的"第二部分"接近完成，关于生产的第五章添加了 165 页内容，第二部分共计 425 页。他在"要素共同所有权那节之后添加了一个节来写关于成本的内容"。此外，

> 删除了关于"不确定性与利率"的部分，将之移到讨论货币的第七章，这是它合适的位置。取而代之的是 J 小节，影响时间偏好的力量……这个简短

---

① Rothbard to R. Cornuelle, November 5, 1954, 2pgs. ; Rothbard Papers.

的小节讨论诸如永生不死和世界末日之类的事件对于时间偏好的一些影响。

罗斯巴德重新命名了第五章第 5 节里各小节的标题："与 ERE（均匀轮转经济）不相容的自然资源，必须归类为土地而不是资本财货，有别于哈耶克的归类。"他在讨论搭便车问题以及是否会出现一个独大卡特尔的问题。"第二章增加了几页有关卡特尔和契约执行，和土地所有权方面的内容。"

有了将要包含的主题的一个提纲，他正想着"完成第五章的重新组织；写完第七章"。这将会接近于完成自由市场的经济学的写作，只还需要写一篇简短的结语讨论政府在自由市场中的角色。接下来会是第三部分：受妨害的市场的经济学。就目前而言，还不可能预见后面这个部分有多大的篇幅。我会分析不同类型的暴力和对市场的欺诈性干预的后果，以此为基础步步推进。货币性干预，以及伴随而来的商业周期、国际贸易和外汇干预、垄断授权或者准垄断特权、价格管制和税收都需要加以探讨，外加一节关于经济学与公共政策的讨论——"福利经济学"的结论，等等。

在这份备忘录中，罗斯巴德提到了他为米塞斯研讨班写的论文，以及他为汉斯·森霍兹（Hans Sennholz）的纪念文集所写的那篇《重建效用与福利经济学》[1]。他也在读克罗齐－帕累托有关经济学方法论的通信。他已经修改完自己的博士论文，重新打印了出来。[2]

罗斯巴德在 1955 年 7 月 19 日写给迪克·科尼埃尔的一封信中，对他当前阅读的经济学文献做了评论。他同时也在继续重新组织自己的手稿。

> 现在，说说我那本书。我终于开始开足马力打好那些内容好寄送给您。我最近的改动是将篇幅巨大的第五章论生产分为单独的 5 节。这五章都讨论生产，但第五章现在是"生产的结构"，第六章"利率"，第七章"要素的一般定价"，第八章"企业家精神与变化"，以及第九章"特定收入"。原来的第六章现在是第十章"垄断与竞争"。

---

[1] Murray N. Rothbard, "Toward a Reconstruction of Utility and Welfare Economics", in Mary Sennholz, ed., *On Freedom and Free Enterprise: Essays in Honor of Ludwig von Mises*（Princeton, N. J. : D. Van Nostrand, 1956）; reprinted in Murray N. Rothbard, *The Logic of Action One*（Cheltenham, U. K. : Edward Elgar, 1997）, pp. 211-254.

[2] Rothbard, Memorandum to Volker Fund: Progress Report, April 1, 1955, 11pgs. ; Rothbard Papers.

此外，

> 我在第十章最后添加了一个简短的小节，提出了新的专利和版权理论。其中我证明了版权对于自由市场不可或缺，而专利是国家授予的垄断特权。（我知道米塞斯会指责我有偏向著者的既得利益，但我发誓我并未考虑这一利益。）

> 另外，"第十一章货币已经写好"，计 146 页。（这里附上了一个大纲。）

在这章里，凯恩斯主义体系第一次从各个重要角度得到了它应得的全面审视[①]。在第 5 节，我得出了利率的另一个组成部分，因为我相信费雪－米塞斯的"购买力"成分（或者用他们的话讲，"价格"成分）有一个缺陷。之所以有这个缺陷，是因为他们讨论这个问题是根据借贷市场利率而不是"自然"利率（即商人在市场上赚取的利息差）。只要价格普遍发生变动，购买力成分就会进入利息率，只要出售价格与要素价格的变动率不同，贸易条件成分就会进入利息率。商业周期那节预先就对任何非米塞斯的理论做了简要反驳，这为本书第三部分米塞斯主义理论做了铺垫。

他还写完了第十二章——引向第三部分的过渡性的一章：

> 当然，这种纯粹的自由市场是我们最为纯粹的体系，而这一体系也是第一次出现在出版的书中。一切都以非常科学的方式完成，丝毫没有用我自己的观点来规劝读者。但是，在书中我批判了典型的自由放任右派（以及其他所有人的）立场的逻辑，他们认为我们这种纯粹的体系**不可能**存在。我没有讨论它是否应该存在的问题，但沉着冷静地证明了它**可以**存在。

此外，

> 第 2 节讨论"市场提供的防卫"，描述了最纯粹体系的轮廓。我对于奥地利学派－无政府主义体系可能存在的论证，有一部分与批判"集体需要"

[①] 1947 年，罗斯巴德为 Frank Chodorov 的时评《分析》写了一篇批判凯恩斯的文章《聚焦凯恩斯主义经济学》。前者由于若干原因未能出版。这篇论文有 20 页可见于罗斯巴德文稿，还有 7 页出自另一篇评论凯恩斯主义的手稿或论文。

理论的纪念文集论文重复。

罗斯巴德向第三部分《暴力干预市场的经济学》进发：

> 您知道，在对受妨害的市场的讨论中，我一直在探寻的是某种整体性的解释，能允许我像讨论自由市场一样讨论受妨害的市场，一切都从最初的行动公理一步步演绎出来。米塞斯展示了如此讨论自由市场的方式，但即便是他也未能以这样的方式分析干预……一直以来我都希望能够寻找到对干预的行动学的逻辑整合。现在我相信我找到了。

罗斯巴德相信他的论述"会比米塞斯更右，因为它基于'福利经济学'，其理论我已经基本在纪念文集的那篇文章里提出"。他将讨论分为几个子类："（1）'封闭性干预'；（2）二元干预；（3）三元干预。"[①]

1955 年 10 月初，罗斯巴德向沃尔克基金会的董事汇报："这本书迅速成形……取得了重大进展。在此期间，第二部分——本书的分析主体——已经完成……另外，第三部分的很大一部分……已经写好。"

他附上了一张常见的目录，以及他新的货币章剩余部分的大纲。他已经完成了差不多 1590 页。他正在推敲专利与版权的区别。他重复了写给迪克·科尼埃尔的内容，概括了第十二章的内容：

> 第 2 小节简要给出了一个可能的市场提供防卫体系或政府的轮廓——这也许是近几十年来的首次。这样做**并不是**鼓吹这种体系（因为这是一部科学论著），而是要指出这种体系**可以**存在。

他已经开始第三部分——暴力干预——的写作："这方面可以参考的之前的文献十分有限。即便米塞斯对这方面的讨论也是简略和零碎的。"因此，"我给自己定的任务是，第一次将整个部分编排进一个有逻辑的结构。遵循这个结构的逻辑过程，读者可以全面地看到干预的所有可能性"。他对侵犯行动的三分法也许实现了这个结构。在给出了一些细节之后，他写道，"这些干预的类型，每种都有

---

① Rothbard to R. Cornuelle, July 19, 1955, 6 pgs., Rothbard Papers（至少缺 1 页）。

两方面的**效应**，也就是我所说的**直接和间接**效应。包括米塞斯在内的大多数经济学家，都只讨论了间接效应。确实，间接效应需要更为复杂的分析"，但直接效应却被"忽视"了。这些直接效应是：

> 封闭性干预阻止人们做自己想做的事情——他们因此损失了效用。二元干预的做法相同，强制受害者向干预者做出牺牲，因此损害了受害者的效用。三元干预损害一个或两个潜在的交易方。政府建立在二元干预的基础上（税，通胀）。

此外："关于税收，卡尔洪（Calhoun）将社会分为纳税人与食税人，我应用了他的这一启发。我证明了通胀应该算是二元干预，因为它涉及欺骗性地发行'伪造'的仓库收据。"

至于间接效应，"不幸的是，没有奥派经济学家运用他们的理论来分析税收的转嫁和承担问题，因此我必须得出一个新的税收承担理论……"这我尚未完成。罗斯巴德继续写道："通常的理论基于旧古典经济学中价格的'生产成本'理论，假设商业上的一些税可以通过提升生产成本（因此也就是提升价格）而转嫁到消费者头上。"但奥地利学派的分析"揭示任何税都不可能向前转嫁，而只能**向后转嫁**，减少原始生产要素——土地和劳动——的**收入**"。所以，"对商业课税最终是对原始要素收入课税。当然，所有税收的最终效应一样会损害消费者。本章得出的结论是，销售税与其说是对消费课税，不如说是对收入课税"。

现在罗斯巴德给出了第十三、十四、十六章完整的大纲，大体上已经写完。第十五章写完了一部分。罗斯巴德在信中给出了已完成小节以及第十五章剩余部分的大纲。他在这段时间里一共写了 350 页。

他勾勒了他计划中的第十七到二十章，也修改并提交了自己的博士论文。[①]

在一封写给迪克·科尼埃尔的信中（同时附上了这篇进度报告），素来是乐观主义者的罗斯巴德写道："我相信再写 300 多页本书就能完成，即完成第十五章，然后撰写第十七到二十章以及导论。"他要求奖金延期三个月。

> 现在成书近在眼前，我"心潮澎湃"（或者用其他什么表述都行），迫不

---

① Rothbard, Memorandum to Volker Fund: Progess Report, October 1, 1955, 16 pgs. ; Rothbard Papers.

及待地想看到本书写成。写作此书是极为愉悦也令我受益匪浅的经历，我非常感激您还有赫伯还有基金会的诸位董事给了我做这件事的机会。从写作此书的过程中我学到的东西非常之多，我也希望读者会从中获益。你知道，米塞斯常常说，写一本书剖析一些谬误，对于一位年轻经济学家来说是再好不过的事情。但我不知道还有什么比写一部这种类型的系统性的综论更好的事情。当然，这片领域几乎没有人探索过，能够给我指引的只有《人的行动》的这个事实也给了我一个黄金般的机会。[①]

论著喷薄欲出，罗斯巴德开始寻找出版商。因此，11 月罗斯巴德致信兰登书屋（Random House）的大卫·麦克道尔（David McDowell），表示他希望他们能够讨论一下出版篇幅如此巨大的著作所涉及的问题。麦克道尔回复道他很乐意与罗斯巴德谈谈，也提到"弗兰克·梅耶（Frank Meyer）用很长的篇幅向我介绍了你这本书"[②]。

12 月初，乔治·B. 德·胡萨尔（George B. de Huszar）寄给罗斯巴德一些建议。他认为罗斯巴德应该试试给教材出版社投稿，比如哈珀（Harper）和罗尔（Row），或者那些大学出版社（比如耶鲁［Yale］）。第三种可能性是范·诺斯特兰出版社（Van Nostrand），

> 这是我知道的唯一一家可以做你设想的那么长篇幅的书的保守主义的正规出版商……莱昂纳德·里德（Leonard Read）对此的兴趣会对你很有帮助，因为这家公司的总裁是里德的好友。

德·胡萨尔也建议罗斯巴德"首先要做的是取得米塞斯、哈耶克和奈特等人对于此书价值的反馈。如果其中有一位答应写前言的话，对于出版会有帮助"[③]。

---

① Rothbard to R. Cornuelle, October 2, 1955, 2pgs. ; Rothbard Papers.

② Rothbard to David McDowell, November 17, 1955; McDowell to Rothbard, November 23, 1955; Rothbard Papers.

③ George B. de Huszar to Rothbard, December 3, 1955, 2pgs. ; Rothbard Papers. De Huszar 是一位独立学者，毕业于芝加哥大学。他曾在 Reece 委员会供职，该委员会在 20 世纪 50 年代初研究了大基金会的政治立场（参照 René A. Wormser, *Foundations: Their Power and Influence* ［New York: Devin-Adair, 1958］, pp. 344−345）, and edited *The Intellectuals: A Controversial Portrait* (Glencoe, Ill. : The Free Press, 1960)。Rothbard 与 de Huszar 一样，都对知识分子的社会学感兴趣。

就在差不多同时，罗斯巴德写信给哈罗德·W. 拉赫诺（Harold W. Luhnow），
感谢后者延长了奖金：

> 我无法缩短所需时间有两个原因：本书范围广阔，覆盖了经济学理论的
> 每个领域；并且本书很大一部分是在开辟新的领域，需要下苦功回答许多其
> 中出现的理论问题。[①]

12 月 13 日，罗斯巴德向迪克·科尼埃尔报告了他与潜在出版商的进展：

> 大约在上周，我和图书出版商的两位代表谈过了，还收到了乔
> 治·德·胡萨尔关于出版问题的一封恳切的来信。凭借弗兰克·梅耶的职务，
> 我与德温－阿代尔出版社（Devin-Adair）的汤姆·斯隆（Tom Sloane）进行
> 了谈话。我与兰登书屋的大卫·麦克道尔共进了午餐，这是一位很棒的朋友，
> 很支持自由意志主义，也非常乐于提供帮助……每个人都说，意识形态问题
> 并不是我面对的大问题，因为使出版商退却的不是这些（事实上，争议能够
> 刺激销售），而是这本书过分长的篇幅。

罗斯巴德认为兰登书屋还是有希望的。[②]

罗斯巴德 1956 年 4 月的进度报告说："这部经济学原理在此期间已经快要
完结了。这本书（打印出来）大约有 1900 页，除了差不多 80 页以外已经全部
完成。"

第十五章、第十七章以及第十八章的一半已经写好。他把总章数从二十章减
为十九章。他决定"把奴隶制和社会主义的经济学放在论政府开支的第十七章"。
第十八章和第十九章将会相当简短。他计划写个简短的前言。这期间完成的内容
的详细大纲，包括对第十七章第 6 节一个有趣的概述：

> 在所有经济学真理都被认为暂时无效的战时的特殊氛围下，维持市场的
> 效率尤其重要。价格管制、优先配给，过度利润、税收等等是弄巧成拙。战

---

① Rothbard to Luhnow, December 6, 1955; Rothbard Papers.
② Rothbard to R. Cornuelle, December 13, 1955, 3 pgs. ; Rothbard Papers.

争与政府对人民权力进行扩张。战争使国家本身陷于险境，所以引发国家的惊恐。"国防"使国家得以不承担在战争中被打败的风险增加它对公民的权力。①

第十七章附录 A 将讨论奴隶制：

> 奴隶制；奴隶价格的资本化。唯一赚取特殊收益的是捕获奴隶者，即便是他，在长期来看，也只赚取利息。所以主人并不能从奴隶那收获剥削性收益，即便奴隶遭受了剥削。国家统治者确实从剥削中获益，因为他们并不需要为他们的奴隶支付资本化了的价格。部分的国家奴役有：强制劳动——兵役，强制审判服务，代扣税征收。②

罗斯巴德现在写到了第十八章（"反市场伦理学：一个行动学的批判"）中段：

> 这一章，与我讨论税收中的正义准则的小节一起，都是将行动学扩展到对伦理目标的逻辑讨论。这并不意味着行动学可以提出自己的伦理结论；但它意味着行动学可以证明（a）各种伦理目标在理论上的不可能性，因此也就对于人的行动是无意义和荒谬的；以及（b）它们的内在不一致以及自相矛盾。③

他列出了第十八章目前已经完成部分和计划要写的几节的大纲。

他为论述公共借款的第十六章增加了 7 页内容："对逼近眼前的'政府破产'

---

① 这部分内容至今尚未在罗斯巴德文稿中不完整的《人，经济与国家》早期草稿中发现。尽管罗斯巴德的确从历史与政治理论的角度写了许多战争方面的文章，但是很不幸的是他对于战争的纯粹经济学分析已经不可挽回地丢失了，尽管罗斯巴德仅仅打算写四五页的内容（但可参见《人，经济与国家》[1970 年版]，第 806—807 页）。

② 有关奴役的部分与战争部分一样，虽然在这份 1956 年 4 月 1 日的进度报告中有过概述，但是在罗斯巴德文稿中同样无法找到。罗斯巴德在 1960 年 5 月左右写的一篇未发表的论文中的确曾回到奴役的话题上来："A Note on the Economics of Slavery", 6 pgs. ; Rothbard Papers. 这里，资本化的概念同样是核心。

③ 这第十八章成了《权力与市场》的第六章：Government and the Economy（Menlo Park, Calif. : Institute for Humane Studies, 1970）。

的警告。缩减公共债务的危险。拒付债务……印钱的通胀性小于出售政府债券，扭曲效应也更小，都是谬误。"[1]

罗斯巴德在 4 月 2 日给米塞斯的信中写到他已经向埃尔哈特（Earhart）基金会申请奖金，写一本关于大萧条的书。5 月末，他告诉迪克·科尼埃尔自己成功通过了博士论文答辩。[2] 罗斯巴德不仅同时写他这部论著的好几个章节，而且总是还有几个大的项目在同时进行。

1956 年 7 月，罗斯巴德致信哈罗德·拉赫诺，感谢后者"以及沃尔克基金会其他诸位董事点燃创作这部著作的火苗，以及这些年来不懈的支持与鼓励"。这本书现在的篇幅达 1900 页打印纸。

此后近三年间，这部经济学论著在罗斯巴德的通信中消失了。在此期间，他继续为沃尔克基金会做阅读和评值书籍的工作，也同时在撰写和发表政治评论及学术论文。他很有可能对《人，经济与国家》做了细微的改动，但没有记录可以说明他对这部论著有何大的动作。

1959 年 5 月 5 日，罗斯巴德得意地写信给他的导师路德维希·冯·米塞斯：

亲爱的教授，

　　大功告成！总算花了 7 年多的时间，我终于完成了这本综论。我非常遗憾没有副本可以给您寄来，但我复印了一份目录（简目和细目都有），附在这封信中寄给您。我希望最近能见个面，与您讨论一下这本书的一些问题。

　　您对我科学研究和私人的启发和鼓舞，还有您对我这本书的兴趣，我再怎么感激也不为过。很遗憾今年我参加您研讨班的机会很少。

　　我向米塞斯夫人问好。

　　谨上，

穆雷[3]

---

① Rothbard, Memorandum to Volker Fund: Progress Report, April 1, 1956, 8 pgs. ; Rothbard Papers.

② Rothbard to Mises, April 2, 1956; Rothbard to R. Cornuelle, May 30, 1956; Rothbard Papers. 虽然沃尔克基金会的奖金到期，但罗斯巴德及时得到埃尔哈特基金会的奖金，延续了先前支持他写作这部论著的沃尔克基金会奖金。

③ 有关奴役的部分与战争部分一样，虽然在这份 1956 年 4 月 1 日的进度报告中有过概述，但是在罗斯巴德文稿中同样无法找到。罗斯巴德在 1960 年 5 月左右写的一篇未发表的论文中的确曾回到奴役的话题上来："A Note on the Economics of Slavery", 6 pgs. ; Rothbard Papers。这里，资本化的概念同样是核心。

《人，经济与国家》的出版

为罗斯巴德的大部头寻找出版商着实是困难的事情。例如，普雷格出版社（Praeger）告诉他，这样一部书的市场"过于有限，而且手稿本身太长，我们无力承担出版它的财务风险"。9 月初，罗斯巴德询问沃尔克基金会的联络员伊万·比尔利（Ivan Bierly）：

> 鉴于商业出版商的犹豫，我打算接下来去试试芝加哥大学出版社。您觉得这是个好主意吗？我觉得这样做也不会有什么损失。（我知道我可以试试麦克道尔、奥伯伦斯基［Obolensky］等出版商，但我严重怀疑如果没有补贴他们愿不愿意出这本书。）①

于是，罗斯巴德于 10 月写信给芝加哥大学出版社。他将自己的书描述为"老式的经济学和政治经济学原理著作"。该书另一个"不同寻常的方面"在于"它是近十年来第一部、近数十年来少数几部用'新奥地利学派'传统解释经济学的论著"。他的手稿，"尽管与《人的行动》在许多观点上持不同看法，但仍然是在尝试详尽而系统地为美国公众阐释这一一般传统，也将之与其他经济学学派做比照"。在推荐方面，罗斯巴德建议的是"米塞斯教授，以及芝加哥大学的 F.A. 哈耶克和米尔顿·弗里德曼教授"②。

三周后芝加哥大学的回信并不乐观："您的读者主要有两块……它既不是一部教科书，也不是一本可供非专业人士阅读的简单、系统的经济学研究。"财务上的顾虑也是个问题："出版如此体量的著作会占用我们很大一部分预算，以至于我们觉得难以承受。"③

下个月，乔治·德·胡萨尔写信给罗斯巴德提出更多的建议："首先，我想再问您一遍，您是否已经让米塞斯写了序言，或者已经得到了他的信明确表示他会写这篇序言？"毕竟，米塞斯"还算是位名人"。他建议罗斯巴德试试俄克拉荷马大学出版社、密歇根、哈珀兄弟，甚至伊利诺伊州南荷兰（South Holland）的自由意志主义出版社。他补充道：

---

① 这第十八章成了《权力与市场》的第六章：Government and the Economy（Menlo Park, Calif.: Institute for Humane Studies, 1970）。

② Rothbard to Director, University of Chicago Press, October 5, 1959, 2pgs.; Rothbard Papers.

③ Roger W. Shugg, University of Chicago Press, to Rothbard, October 27, 1959; Rothbard Papers.

　　就我所知，作者告知出版社自己的书有哪些"读者"毫无不妥。所以在寄送手稿时您也许可以提及米塞斯、黑兹利特（Hazlitt）以及其他尤其是在经济学界有较高学术地位，而且会肯定您的手稿的人。①

　　最终，沃尔克基金会给出了解决办法。1960 年 1 月，伊万·比尔利通知罗斯巴德："董事们不久前同意将您《人，社会［原文如此］与国家》一书放入范·诺斯特兰出版社的丛书当中，而前提是我们可以在某些基本的方面取得共识，这些方面与弗兰克·梅耶在他的评论中所建议的相似，已附在信函当中。"这将意味着"您需要做一些额外的工作"。就这样，《人，经济与国家》会以两卷本出版，政治学的第三卷可能日后出版。

"第三部分"（《权力与市场》）流产

　　弗兰克·梅耶是从共产主义者转为一位"自由意志主义保守主义者"的。他当时是沃尔克基金会的顾问，同时也是为《国家评论》（*National Review*）供稿的编辑。罗斯巴德最早给梅耶写信是在 1954 年 1 月，同年 10 月或者 11 月又见了他本人。罗斯巴德一直保持着与梅耶的友谊，直到后者于 1972 年去世。不过他激烈地反对梅耶在外交政策上的冷战 - 干预主义观点。②

　　尽管如此，罗斯巴德对梅耶的备忘录（"弗兰克·梅耶对穆雷·罗斯巴德手稿的看法"）是一点也不可能高兴的，因为梅耶的看法实际上毁了他所提出的侵犯行为的纯理论——即手稿的第三部分。梅耶在备忘录中写到罗斯巴德的巨幅手稿需要一些删节。他认为自己

　　　　在这个领域有足够的眼力，可以毫不含糊地断言这本书会是本世纪两部或三部最为重要的经济学论著之一。它直接继承了门格尔、庞巴维克和米塞斯……它是一部系统详尽的经济学**论著**，考察了这个学科的所有方面，并同时严肃、详细地讨论并反驳了最有影响力的当代经济学家（如熊彼特、凯恩斯主义者等）。米塞斯的《人的行动》……过于不容置疑，因此无法深入讨论其论敌的具体内容；它又在某些方面过于抽象，难以有效地参与当代的论战。

---

①　De Huszar to Rothbard, November 27, 1959, 2pgs. ; Rothbard Papers.

②　Bierly to Rothbard, January 7, 1960; Rothbard Papers.

陶西格和费特之后没人写过综述：熊彼特和凯恩斯"都失败了。当然，哈耶克也可说是没有成功"。

梅耶继续写道：

> 同样——而且对我来说这甚至更为重要——穆雷·罗斯巴德彻底、清晰地摆脱了自由社会经济学基于功利主义哲学的那方面，我一直认为这是经济学在 20 世纪的最大弱点。相反，《人，经济与国家》以基于自然法的认识论为坚实基础，拥有建立在坚实基础上的自由经济学的整体完整性，而西方的核心传统正是建立在这一基础之上的。

这都是好的方面，因为罗斯巴德这样做，

> 首先，他的论文没有许多曾经削弱米塞斯的论述的那些内在弱点；其次，它在意识形态上开启了一条道路，来克服使米塞斯主义（Misian，原文如此）经济学家与另一支反对当代集体主义的思想阵营，也就是强调西方传统核心主题的保守主义者分道扬镳的若干分歧。

但现在他开始批判："第十二章到十九章（第三部分）应当删去。"应当用"总结这个主题中所讨论的经济学主题的单独一章来代替"这几章。"这几章根本上属于政治学领域，是用不折不扣的无政府主义观点来写的。"梅耶认为，这个部分应当单独成书。

此外，尽管罗斯巴德的架构"要求"有一个遵循那些思路（但不具体地为无政府主义辩护的）论述干预主义的章节（甚至是很长的一章），他需要"将他固执己见的（姑且让我这样说）政治学结论与他的经济学学说［分开］"。另外，他需要"去掉一些'危言耸听'"，因为它们读起来"显然是为了震惊"人们。"我这里说的是把'政府（和犯罪）的'用作是修饰非自由市场活动的形容词"的言论。也许罗斯巴德可以增加一节，评论加尔布雷斯对"富裕"的抱怨。[1]

---

[1] 弗兰克·梅耶（Frank Meyer），memo: On Murray Rothbard's Manuscript, late 1959 or January 1960, 3 pgs. ; Rothbard Papers。

罗斯巴德并没有轻易地接受梅耶的批评。他在 1960 年 1 月 17 日写给比尔利的信中，表达了他对于沃尔克基金会董事们决定"将我的书在范·诺斯特兰出版社的丛书中出版"的感激；"我当然感谢他们的信任与支持。我也想感谢您的帮助与鼓励"。不过，他想表达对删除第三部分的反对："郑重声明，我想强烈地反驳弗兰克称最后一部分是'固执己见的''政治学的'而不是'经济学的'的说法。"他认为他从没有在这部论著中鼓吹政策。认定"价格管制导致资源短缺和错配"，"绝不是我的一个价值判断或者政治立场；它纯粹是经济学分析所得出的科学的经济学结论"。某些"**支持**短缺或者错配的人，或者认为其他某些伦理上的因素比这些更重要的人，可能会同意这个结论而仍然支持价格管制"。就好比"一个官僚，即便学习了管制的经济学后果，也仍然可能因为他们自己的利益，或者因为支持社会主义道路而支持管制，**仍然可能说价格管制是好事**"。因此，他写道：

> 我强烈反对经济学家**不提出**一个内在一致的伦理学体系、一种内在一致的政治哲学，从经济学分析简单地跳跃到政治立场上。我并不**反对**伦理学和政治哲学，事实远非如此；只不过，经济学**本身**不足以得出政治结论，尽管它通过为政治哲学提供数据，对其助益良多。

他说道，他可以增加弗兰克·梅耶提到的对加尔布雷斯的批判。[1]

罗斯巴德在《权力与市场》的一篇前言草稿（1967 年左右）中写到了他原计划的分三部分的著作被"截短"的事：

> 不过，这个我写完的结构，命中注定无法完整出版。它必须大幅度删节，这主要是出于成本原因，还有来自意识形态的考虑（不过我得迅速补充一点，这并不来自出版商）。所以，对于政府干预的分析不得不大幅压缩成《人，经济与国家》的最后一章，而对于政府的分析实际上还是模糊不清的。不得不删去的基础分析之一讨论的是政府以及自由市场上的暴力的角色。贯穿全卷，我将自由市场定义为没有人侵犯其同胞的人身和财产的经济。我简要地将政府作为这种侵犯的各种形式的组织发起者来讨论。但强制在自由市

---

[1] Rothbard to Bierly, Volker Fund, January 17, 1960, 2pgs.；Rothbard Papers. Rothbard had done background research on Galbraith in 1959 for *National Review*.

场社会中的角色，还是一个讨论不甚明确但至关重要的方面。假设一人或多人决定侵犯他人的财产：那么强制或有组织的暴力的角色是什么？简而言之，纯粹自由市场可以如何完成强制保护人身与财产的任务？几乎所有政治经济学作者都轻率而先入为主地断定，自由市场不能提供防卫或强制服务，且因此要提供这些服务就需要政府的干预与侵犯。

因此，《权力与市场》"作为对于政府的分析而独立出版，它同时是对之前那部论著的一个补充卷"[1]。

罗斯巴德在 1962 年 11 月给罗伯特·勒费福尔（Robert LeFevre）的一封信中也提到了将《人，经济与国家》和《权力与市场》拆开的事情。他写道，

> 我很久以前就想写信给您，感谢您为《人，经济与国家》写的那篇精彩书评。您的书评是关于本书的（包括黑兹利特在《国家评论》上的书评，我一点也不把它放在心上）最好的书评。黑兹利特走的是《国家评论》的路线，也就是说我是一位伟大的"经济学家"（取其最狭隘的定义），但一旦我离开经济学领域哪怕是一丁点，尤其是进入到"政治学"，我都是一个古怪的呆子。黑兹利特的书评让我第一次见识到，诸如政府债务这样的问题不属于"经济学"领域。与其被攻击为过于"极端"，我更情愿一万次被批评在支持自由方面还不够（就像您在书评中的批评）。实际上，您说得十分正确，原来第三部分的原稿的内容，本会是完全"无政府主义的"。简言之，我原本计划完整、准确地定义什么是"自由市场"，而为此我要证明，这个定义的部分含义是完全的自由——防卫与司法服务，与其他所有服务一样。（我本来不需要在这本书中单独提出这个体系，它的建构方式就足以定义自由市场。）不过，还考虑到删减手稿在经济上的必要性，出版社"压缩"了这部分内容。造成这一压缩的是，至少在一开始，是弗兰克·S.梅耶。[2]

这是罗斯巴德事后对此事表达的看法。尽管如此，在当时，他必须接受出版社开给他的条件。1960 年 2 月 7 日给乔治·德·胡萨尔的信中，罗斯巴德无奈

---

① Draft preface to *Power and Market*, ca. 1967; Rothbard Papers.
② Rothbard to Robert LeFevre, November 9, 1962; Rothbard Papers（第二页缺）.

地提到，范·诺斯特兰出版社会出版自己的论著。他将要删去最后部分，但这总比删去该书的实质主体要强。[1]最终结果是，第三部分的内容会在其他赞助下于1970年出版，书名为《权力与市场：政府与经济》。

1961年1月，在给范·诺斯特兰出版社的诺曼·胡德（Norman Hood）的信中，亚瑟·戈达德（Arthur Goddard）写到他在邮寄手稿给前者，"作为估算出版成本的基础"。沃尔克基金会的伊万·比尔利会处理出版合同问题。戈达德提议将罗斯巴德的脚注移到每卷最后。12磅字体的手稿篇幅达1470页。[2]

已经离开了沃尔克基金会，到私人企业工作的赫伯·科尼埃尔，在7月给罗斯巴德写信，说道，

> 您的新书的前言和您的献词让我受宠若惊。非常感谢。完成了这几卷书，我想您一定非常有成就感。我恭喜您所获得的成就。[3]

罗斯巴德的这部两卷本著作扉页的献词是"献给路德维希·冯·米塞斯"。

3. 评《人，经济与国家》包括《权力与市场》

初步的观察

在讲述罗斯巴德的论著被学术界接受之前，说一说这部著作（包括《权力与市场》）的内容和宽广程度也许是有益的。

罗斯巴德对奥地利学派－米塞斯主义的全面领会，以及他对经济学理论所有学派的广泛涉猎是《人，经济与国家》的基础。穆雷·罗斯巴德知道并且理解他正在反驳的那些观点。从很早起，他就已经对经济学说的历史有了实质上的理解，这也预示着后来他那部《经济思想史》的写作。[4]

罗斯巴德赞成"反辉格"的历史观，尤其是在思想史领域。他并不相信观念

[1] Rothbard to de Huszar, February 7, 1960; Rothbard Papers.
[2] Arthur Goddard to Norman Hood, Van Nostrand, January 13, 1961; Rothbard Papers.
[3] H. Cornuelle to Rothbard, July 2, 1961; Rothbard Papers.
[4] Murray N. Rothbard, *An Austrian Perspective on the History of Economic Thought,* vol. 1: *Economic Thought before Adam Smith*（Aldershot, U. K. : Edward Elgar, 1997）以及 *An Austrian Perspective on the History of Economic Thought,* vol. 2: *Classical Economics*（Aldershot, U. K. : Edward Elgar, 1997）.

沿着单一的路径上升与前进，或者说更晚近的学说必然比旧的更好。相反，他认为现代主流经济学建立在错误的基础上，只能够产生更多的错误。所以，为了寻找标准文献中找不到的洞见，他利用了默默无闻、被人遗忘的文献——古斯塔夫·德·莫利纳里（Gustave de Molinari）、本杰明·塔克（Benjamin Tucker）、亚玛撒·沃克尔（Amasa Walker）、弗朗西斯·A. 沃克尔（Francis A. Walker）、莱昂·沃洛夫斯基（Leon Wolowski）、埃米尔·勒瓦瑟（Emile Levasseur）、阿瑟·莱瑟姆佩里（Arthur Latham Perry）、沃兹沃思·多尼索普（Wordsworth Donisthorpe）、奥伯伦·赫伯特（Auberon Herbert）、（他同时代的）斯宾塞·希斯（Spencer Heath），以及其他很多作者的文献。罗斯巴德从这些作者身上汲取了重要的洞见，将他们综合入奥派经济学。

《人，经济与国家》将经济学作为一个不可分割的整体呈现出来。比如，在讨论利率时，罗斯巴德写道："货币从消费者财货转移回各个生产阶段，而财货从生产的较高阶段向较低阶段转移，最终作为消费者财货出售。"（《人，经济与国家》，第 390 页）罗斯巴德的信和备忘录中预告的那种"毫不折中，步步为营的逻辑推演"确实得到了实践。

就如他所承诺的那样，这部论著系统性地展开并详细阐发了米塞斯在《人的行动》中所呈现的观念——而且是用通俗易懂的文笔。但罗斯巴德本人也有许多重要的**原创见地**和理论上的发展。这至少包括如下几个方面：（1）他的生产理论（就如罗斯巴德所言，"米塞斯在这上面着墨不多"），而且他一并推翻了"成本曲线"理论；[1]（2）他对税收以及税收承担做了彻底的分析，证明了税收"中性"的不可能性，以及税收如何向后转移至土地与劳动（向后归属）；（3）他摧毁并重构了垄断理论（《人，经济与国家》，第 629—754 页），[2]驳斥了**垄断价格**的概念，因此也就使推翻经济史中大量错误的观点成为可能（《人，经济与国家》，第 663 页）；（4）他将社会主义计算问题与生产阶段理论（《人，经济与国家》，第 613—615 页）、垄断（独大卡特尔，"计算混乱孤岛"）以及部分社会主义（国家所有制的程度）造成的问题相结合；（5）他"哲学立场"的改变，也相

---

[1] 罗斯巴德的意见参见 Rothbard to R. Cornuelle, memo: "Textbook or Treatise?" 摘录于上 , p. xlii。

[2] 罗斯巴德在垄断问题上为沃尔克基金会做了若干研究，包括 "Monopoly and Competition"［critical bibliographical essay］, 69 pgs., March 31, 1957, "Government as a Promoter of Monopoly", 13 pgs., October 1959, and "The Monopoly Problem", 68 pgs., August 1959; Rothbard Papers。这些材料他显然用在了《人，经济与国家》的写作当中。

应改变了认识论观点（相对于米塞斯的休谟－韦伯主义观点，罗斯巴德采纳了亚里士多德－托马斯主义的观点）；（6）他讨论了富人与"运气"（《权力与市场》，第 1381—1382 页）；[1]（7）他将费特的租金理论与资本相整合（"即便是米塞斯也没有看到它的贡献"）；[2]（8）他定义通货膨胀为"**没有相对应的黄金或白银可得库存增加时，任何货币供应量的增加**"（《人，经济与国家》，第 991 页）；（9）他提出了新的专利和版权理论（《人，经济与国家》，第 745—754 页；《权力与市场》，第 1181—1186 页）。[3]

除了这几点之外，罗斯巴德的贡献还有：（10）罗斯巴德原创的图表，特意设计以使之体现人的行动科学中没有"无限小的步骤"。（11）他在《人，经济与国家》第十二章，以及《权力与市场》中，将侵犯行为（罪犯或国家的暴力干预）的纯理论系统化并陈述出来的全部努力。

《人，经济与国家》和《权力与市场》：走马观花式的概览

与备忘录中一样，罗斯巴德在本书前言中哀叹综论的消逝，他说，"以前经济学被视为一个逻辑的结构……一门运用语言逻辑的演绎科学"（《人，经济与国家》，第 lxxxvii 页）。但现在，"主流的方法论抛弃了行动学，转而采用了既过于经验主义的，又过于'理论化'的方法"（《人，经济与国家》，第 lxxxviii 页）——尽管"数学无助于经济学知识"（《人，经济与国家》，第 lxxxviii 页）。[4]

他写这部论著的目的在于"将其中的经济学部分分离出来，填补它的空缺，

---

[1] 感谢大卫·戈登提醒我这一点。

[2] 参见 Rothbard to Ludwig Lachmann, February 14, 1957, 8 pgs., Rothbard Papers。在这封信中，罗斯巴德写道：

我在书中试图做的一件事……是复活弗兰克·费特的思想，不仅包括他绝伦的利息的时间偏好理论（米塞斯已经将之复活和强化），而且还包括他绝伦的租金理论。他的这个理论无人问津，甚至米塞斯也没有意识到其贡献。费特把租金当作是一个财货的任意服务的单位雇用价格（租金价格），所以租金实际上是其服务价格，而其整体价值（比如一台机器），则成了其预期未来租金的资本化总值。故而，租金不仅仅是土地服务的价格，也不是某种盈余或者差额。

（参照《人，经济与国家》，第 288—308 页。）

[3] N. Stephan Kinsella 延伸和改进了这条思路，"Against Intellectual Property", Journal of Libertarian Studies 15, No. 2, Spring 2001, pp. 1-53.

[4] 罗斯巴德显然赞赏与自己同一时期的 C. Wright Mills 对"抽象经验主义"和社会学中不切实际的"宏大理论"的批判。如罗斯巴德阅读 Mills 的 *The Sociological Imagination* （New York: Oxford University Press, 1959）所做画线和旁注所示。

阐明我所理解的米塞斯主义结构的详细意涵"（《人，经济与国家》，第89—90页）。他写道，他要吸纳弗兰克·费特"精彩但完全被忽视的租金理论——即租金是一单位服务的雇用价格的概念"，将由此得出的"费特—米塞斯主义的纯粹时间偏好的利息理论"结合到"奥地利学派生产结构理论"当中（《人，经济与国家》，第91页）。

第一章"人的行动的基础"，介绍了基于有意图的个人行动这一事实的行动学方法，人的行动通过将手段与目的相关联而进行。本章陈述了基本公理，还介绍了真实世界的假设，比如闲暇是一种财货。探讨了时间的角色，手段的稀缺性，以及"未来的不确定性"。罗斯巴德指出，行动"必然是基于人"对未来的结果"的判断所做的投机"（《人，经济与国家》，第7页）。

罗斯巴德推导了"财货"的概念及其子概念、要素，以及生产阶段，以及经济活动中时间的角色。他注意到，技术"制法"是"一种**无限的**生产要素"（《人，经济与国家》，第11页）。

消费财货和服务是为了满足欲望，但"'经济的'绝不等同于'物质的'"。收入根据生产要素（劳动、土地、资本）**预期的有用性**而归属于它们（《人，经济与国家》，第12页）。讨论了"生产期"、财货的耐久性、效用表以及欲望的排序。由于没有可以"度量"效用的单位，所以排序是序数而非基数的（《人，经济与国家》，第19页）。这一章确立了边际分析的地位。一篇重要的附录讨论了行动学与社会科学其他领域的关系。

第二章"直接交换"将暴力、"霸权关系"、奴役和战争与**社会**做了对比。这里的社会定义为"持续的［自愿的］人际交换模式"（《人，经济与国家》，第84页）。罗斯巴德避开历史上给定的社会不谈，对纯粹的、不受妨害的经济与社会的运作和结果进行纯粹经济学的分析。"真正的**合作社会**"（《人，经济与国家》，第99页）是在人们对于财货有相反价值判断的基础上产生的。不同的价值判断导致了交换以及复杂的劳动分工，而为了利用资源和人的不同特长的比较优势，专业化也不断涌现。建立在财产和契约基础上的社会，使人们有可能更为普遍地拥有"社会同情心"（《人，经济与国家》，第101页）。

在第三章"间接交换的模式"中，罗斯巴德描述了在没有货币的情况下，价格与市场的形成过程。

在第四章"价格与消费"中，他逐步推演了货币——唯一保留其物物交换特征的财货（《人，经济与国家》，第236—237页）——的出现如何改变市场，并使更大的复杂性和生产率成为可能。他驳斥了货币"流通"以及货币某种方式可以"度量"或者"比较"财货和服务的价值的概念。接着,罗斯巴德根据米塞斯的"货币回溯理论"解释了货币是如何在市场上出现的。他也顺便除掉了经济学家们假想的"无差别"问题(《人,经济与国家》,第307页)。

第五章"生产:结构"引入了"均匀轮转经济"这个思想建构(《人,经济与国家》,第320页之后)。这是一个解释工具,是米塞斯用来对比真实经济的模型。这里,罗斯巴德揭示了收入如何流向要素所有者,指出最终投入只是土地和劳动。资本家向土地和劳动所有者"预付"货币,从而得以开展涉及若干阶段的生产项目。他引入了反映真实储蓄的纯粹利率(或"社会时间偏好率")这一重要概念。

第六章"生产:利率及其决定"证明利率与不同生产阶段的"价差率"相等。只关注"'生产者'借贷市场"会忽视这一根本得多的现象。这章因此也澄清了利润与亏损的本质(参照《人,经济与国家》,第372页)。

在第七章"生产:要素的一般定价"当中,罗斯巴德梳理了诸如经济土地与地理土地等概念,以及"租金"的整个概念。市场是一系列持续的交换。他强调在市场上,"分配"并不构成独立的问题,因而不需要特别的分析(《人,经济与国家》,第477页)。

在第八章"生产:企业家精神与变化"中,罗斯巴德观察到"利润率"这种东西本身并不存在,并强调市场经济是"盈亏经济"(《人,经济与国家》,第512页)。储蓄增加会延长资本结构,使社会真实收入普遍上升。因此,人们依靠拥有更多生产阶段的生产过程来实现更高的生产力,增进经济的繁荣。所以,使更多资本投资成为可能的储蓄(而不是技术知识),决定了经济生产的限度(《人,经济与国家》,第540—541页)。资本投资提升劳动者的收入。所以实际上,他们是储蓄和投资过程的"搭便车者"。罗斯巴德这里也论证了,资本结构不断延长会使利率(即价差带来的利润。这与可能多样的二级信贷市场利率不同)在长期呈下降趋势。

第九章"生产:特定要素价格及生产性收入"展现给读者的是基本的经济学问题的强有力整合。具体而言,罗斯巴德在这一章里写道,一家独大型的、垂直整合的企业,至少要求每个内部化生产阶段都有一个外部市场。如果没有这种外部市场,这家企业就会出现一定程度的"计算混乱"(《人,经济与国家》,第599、608—609、658页)。

第十章"垄断与竞争"充满活力地推翻了现有的一切垄断及垄断价格理论。

在也许是本书中最为精彩的这一章里，米塞斯也未能幸免。[1]独大卡特尔的讨论将本章的分析与前面一章对于垂直整合企业当中的内部计算联系起来，并预示了罗斯巴德对于社会主义经济计算的不可能性的讨论（《人，经济与国家》，第659—661页）。

罗斯巴德在展开本章的过程当中批判了"完全竞争"理论，工会的各种谬论以及"位置"垄断。他定义垄断为国家授予的排他性特权，将竞争者逐出市场。他的这个创见，有很大的潜力纠正这些问题上无穷无尽的错误的历史解释（《人，经济与国家》，第667—669页）。他将这个领域有许许多多错误的原因归咎于以"一家孤立的企业"为基础进行推理，而偏离了经济学更广的教义的倾向（《人，经济与国家》，第731页）。

第十一章"货币及其购买力"迅速地摒弃了货币"流通"的概念，因为货币总是由某人持有的。所以，增加名义货币供应量不能带来任何社会效益。罗斯巴德用他的洞见以及摧毁性的讽刺，全面批判了约翰·梅纳德·凯恩斯在货币方面的看法（《人》，第776—792页）。以此，他继续了米塞斯的工作，也就是将货币理论整合到一般经济学理论当中，反对将它做分门别类的讨论。

在决定截去本书第三部分（有一部分内容与《权力与市场》相对应）之前[2]，罗斯巴德原本写过一个第十二章"政府与自由市场"。这是承上启下的一章，意在引入第三部分。这章的许多论点出现在附录B"'集体财货'和'外部效益'"当中（《人，经济与国家》，第1029—1041页）。罗斯巴德新写了一个第十二章（《人，经济与国家》，第875—1041页），来替代第三部分。这篇附录在新的第十二章末尾。

现在的第十二章"暴力干预市场的经济学"，开篇就将基于暴力的"霸权关系"与基于自愿交换的关系做了尖锐的对照。[3]国家干预后面这种和平的过程使某些人赚得效用，而另一些人损失效用，因此制造了社会冲突（《人，经济与国家》，第877—879页）。罗斯巴德得出结论，"国家行动不能增进社会效用"（《人，经济与国家》，第882页）。

---

[1] Alberto Benegas Lynch 将第十章作为 *Monopolio y Competencia*（Buenos Aires: Centro de Estudios Sobre la Libertad, 1965）单独出版。

[2] "Chapter XII: Government and the Free Market"; Rothbard Papers.

[3] Mises had developed this idea in Human Action（Auburn, Ala. : Ludwig von Mises Institute, ［1949］1998）, pp. 196–199.

罗斯巴德对干预做了分类（《权力与市场》中有更为完整的探讨）。他指出，经济学理论当中有关"分配"的整个讨论，是政府行动的结果（《人，经济与国家》，第 912 页）。罗斯巴德不留余地地批判了现有的税收"正义"理论。他的批判同时给了他空间来阐发有关税收"承担"和"转嫁"的高度原创性的讨论（这个部分也在《权力与市场》中有更为完整的呈现）。

我们在这一章也可以读到一种以经济学为基础的政治学理论的大致框架。它讨论了冲突、经济计算，并且引入了"命令中心"（command posts）这一重要概念（《人，经济与国家》，第 938—957 页）。[1] 这里罗斯巴德也写下了一个重要的洞见，他觉察到了君主制与民主选举产生的统治者，他们在经济激励上的差异。[2] 另外，根据弗兰克·梅耶的建议，罗斯巴德批判了当时十分流行的约翰·肯尼斯·加尔布雷斯的理论。

比较"新的"第十二章（第 125 页）与罗斯巴德进度报告中的大纲以及《权力与市场》（第 196 页），我们发现罗斯巴德成功挽救了原来第三部分的许多内容。整个讨论货币干预、批判凯恩斯的部分被放到了新的结论之中。

第三部分成为《权力与市场》

对于最终在 1970 年出版的《权力与市场》，我这里只做简要介绍。比较这部著作从一开始到 20 世纪 60 年代的各个打印稿的版本，我们发现每份草稿都没有多少实质性的变动。罗斯巴德最先并没有想要在《权力与市场》当中重复自己的话，而是主要将《人，经济与国家》中没有用到的旧第三部分的内容包括进去。这是第十二章（1962）与《权力与市场》视角不同而且很少重复的原因。

由于从肯尼思·邓普顿（Kenneth S. Templeton）以及人文研究所得到了更为友好的意识形态支持，第三部分剩余的内容于 1970 年作为《权力与市场》出版。[3] 罗斯巴德在他的前言中写到，这本书呈现的是"经过修订与更新后对暴力

---

[1] 参照罗斯巴德的"The Anatomy of the State"以及"War, Peace, and the State" in Murray N. Rothbard, *Egalitarianism as a Revolt Against Nature*（Auburn, Ala. : Ludwig von Mises Institute, 2000），pp. 55-88 及 115-132。

[2] 汉斯−赫尔曼·霍普在 *Democracy—The God That Failed: The Economics and Politics of Monarchy, Democracy, and Natural Order*（New Brunswick, N. J. : Transaction Publishers, 2001）中大大推进了这条思路。

[3] Murray N. Rothbard, *Power and Market: Government and the Economy*（Menlo Park, Calif. : Institute for Humane Studies, 1970）。

干预市场的全面分析"①。《人，经济与国家》的第十二章只有 15 页论述"三元干预"——即侵犯者禁止或者要求其他两人之间进行交换的情况。相比之下，《权力与市场》用了 41 页的篇幅对此做了探讨。就"侵犯者"强迫他与某个个人发生交换的"二元干预"，我们发现第十二章中有 41 页，而《权力与市场》则有 86 页。

可见，相比于《人，经济与国家》当中的讨论，这两种形式的干预在《权力与市场》中有了更详尽的探讨。尤其值得我们注意的是，罗斯巴德不留情面地解构了现有的税收及其承担和转嫁理论。有关国家"命令中心"的重要内容在后来的这本著作中没有讨论，因为罗斯巴德可以让读者参考先前这本书。但他对于无国家的市场社会的讨论——这在 1959 年的时候极具"争议"——出现在《权力与市场》的第一章和第七章当中。② 最后，"伦理学的行动学批判"这一十分强硬和重要的内容作为第六章出现。

《人，经济与国家》以及《权力与市场》的接受

1962 年年初，英国工业协会经济主任亚瑟·申菲尔德（Arthur Shenfield）致信罗斯巴德。他提到，他们曾在 1958 年普林斯顿的朝圣山学社会议上有过一面之缘。他感到阅读罗斯巴德的论著"是我一生中最愉快、最激动的体验之一……我感到像是再次阅读济慈（Keats）和查普曼（Chapman）的《荷马》"。对于"垄断与竞争"那章，他说道，"我不知道之前有什么著作可以与之相提并论；我多年来一直坚信国家通过尤其是反垄断和反卡特尔立法的手段，来管制市场是正确而且必要的，认为这是真正的自由主义路线。但即便如此，我还是要表达这样的赞美"。罗斯巴德回信说，"我对您 5 日的信十分感动"。③

申菲尔德在 7 月底再次写信，感谢罗斯巴德的回信，并补充道，

> 如果我现在是在写 7 月 5 日那封信的话，我对您的称颂会更完全，更丰富。我最近几周的闲暇都花在阅读您的大作上。它后面的部分几乎都不负期待，垄断与竞争的内容已经定下了极高的基调。这实在是一部杰作，我现在

---

① Murray N. Rothbard, *Power and Market: Government and the Economy*，p. vii. 相比罗斯巴德文稿中较早版本的草稿，出版后的书虽然有一些改动，并加入了 20 世纪 60 年代的新文献，但在解释性立场上没有实质性改变。
② 唯一值得不顾代价放入书中的只有 194 页上的分类表。
③ Arthur Shenfield to Rothbard, July 5, 1962; Rothbard to Shenfield, July 26, 1962; Rothbard Papers.

想知道当下的学界如何能努力地去忽略它。①

7月底，前国会议员霍华德·巴菲特（共和党－内布拉斯加州）致信罗斯巴德，称"我享受阅读第二卷的后半部分，因为它探讨了我至少有一点经验的领域。"对此罗斯巴德回复道，"感谢您对我这本书的亲切评值。我很高兴您喜欢它。本书是为有理解力的非专业人士或者大学生量身定做的……"他继续写道，"我知道亨利·黑兹利特会在《国家评论》上发表我这本书的书评。它肯定会比《华尔街日报》的书评要敏锐得多。"②

8月，阿尔贝托·贝内加斯·林奇（Alberto Benegas Lynch）从阿根廷寄信给罗斯巴德，称"我猜想这是继米塞斯教授的《人的行动》以来经济科学最为重要的著作。我肯定这本书需要翻译成西班牙语。我是否可以计划一下将之翻译成西班牙语的事情？"③

11月19日罗斯巴德致信前沃尔克基金会合伙人，现于丽莱（Lilly）保险任职的肯尼思·邓普顿，表示他有很大的热情继续他提出的美国史课题。他写道：

> 我也很高兴有机会离开经济学理论领域，因为我的几本书都相继出版，尤其是《人，经济与国家》之后，我相信已经把经济学方面我能说的都说了。现在我急于转移到其他课题。我天生就讨厌重复自己，无休止地利用我以前的东西——不过这似乎是许许多多学者的生活方式。④

至于罗斯巴德这部论著的接受方面，主流的评论倾向于并不有利，这是很自然的。⑤有利的评值出自路德维希·冯·米塞斯、亨利·黑兹利特、曼纽尔·克劳

① Shenfield to Rothbard, July 30, 1962; Rothbard Papers.
② Howard Buffett to Rothbard, July 31, 1962, and Rothbard to Buffett, August 13, 1962; Rothbard Papers.
③ Alberto Benegas Lynch to Rothbard, August 9, 1962; Rothbard Papers. 如上所述，1965年 Benegas Lynch 将第十章作为 *Monopolio y Competencia* 一书出版。
④ Rothbard to Templeton, November 19, 1962; Rothbard Papers. 这个历史课题发展成了4卷本《在自由中孕育》（*Conceived in Liberty*），于1975—1979年之间出版。
⑤ 参照 Victor C. Heck, "Review of Murray N. Rothbard, *Man, Economy, and State*," *American Economic Review* 53, no. 5（June 1963）：460–461, 以及 Lewis E. Hill, "Review of Murray N. Rothbard, *Man, Economy, and State*," *Southern Economic Journal* 29, no. 3（January 1963）：252–254.

斯纳（Manuel Klausner）和罗伯特·勒费福尔笔下。[①]

我们也许可以让两位作者来评值一下《人，经济与国家》。他们的书评写于这本书刚出版的时候。他们无疑是世界上最有资格评值这样一部著作的人：亨利·黑兹利特和路德维希·冯·米塞斯。

尽管黑兹利特并不接受罗斯巴德法律和政治上的结论，认为它们是后者的"极端先验论"所致，但他对于书的大部分内容都给予了高度赞扬。他写到他认为没有其他书不仅在解释利息，而且在解释所有经济活动当中，如此完整地认识到了时间的内在和普遍存在（但备受忽视）的作用。罗斯巴德不断强调，时间是所有生产不可或缺的要素，也是我们所有目的的必要但"稀缺"的手段。

此外，

> 在其他许多重要的观点上，他也有更为清晰、透彻的阐释：他出色地描述了货币经济相比于一个直接交换的经济所具有的巨大效应；他解释了为什么独立的"国际"贸易理论是画蛇添足，为什么一国的"收支平衡问题"与个人的如出一辙；他有力地展示了利息的**纯粹**时间偏好理论；他尖锐地暴露了工会的各种谬论；他优雅地解释了为什么自由市场是唯一能够产生真正的经济平衡和秩序的组织，而根本不是"无政府的"或者"无计划的"。

黑兹利特认为，罗斯巴德的书与米塞斯的论著，两者的区别在于罗斯巴德"对于米塞斯更为全面探讨的某些基本问题，讨论的篇幅要短得多。但罗斯巴德用长得多的篇幅反驳了各种对立理论……他对于统计和数理经济学家毫不留情"。对于这本书的整体，黑兹利特写道："它事实上是1949年米塞斯的《人的行动》以来，最为重要的经济学原理的综论著作。"

在米塞斯看来，罗斯巴德的《人，经济与国家》意味着"他现在加入到了杰出经济学家的行列。因为他通过许多年睿智、敏锐的冥想，出版了这一部巨著，一部系统性的经济学论著"。

米塞斯本人同黑兹利特一样，不同意罗斯巴德在法律问题上的一些观点。

[①] Ludwig von Mises, "A New Treatise on Economics," *New Individualist Review* 2, no. 3（Autumn 1962）: 39–42; Henry Hazlitt, "The Economics of Freedom," *National Review* 13（September 25, 1962）: 231–232. 另一篇赞赏的评论来自 Manuel S. Klausner: "Book Note: *Man, Economy, and State*," *New York Law Review* 38, no. 4（June 1963）: 802–807.

但是，与他在这些问题上的看法相左，并不妨碍我评值罗斯巴德的著作。他的著作对于人的行动的一般科学，即行动学，及其最为重要、至今阐发最为详细的部分——经济学——有划时代的贡献。所以，这些知识分支当中所有核心的研究都应当充分考虑到罗斯巴德博士所详细阐述的理论与批判。

1970 年第三部分剩下的内容作为《权力与市场》独立出版时，它似乎受到了大部分学术期刊的忽视。主要是自由意志主义刊物评论了这本书。彼得·维通斯基（Peter Witonski）在《国家评论》上发表的书评采用了罗斯巴德所说的"'国家评论'路线"，称罗斯巴德是富有天赋的经济学家，但在政治问题上是一个"古怪的呆子"。[1] 出于各种原因，罗斯巴德明确的政治学"自由意志主义宣言"——《为了新的自由》——反而激起了更大的回响，并且在 1973 年出版时受到了更为广泛的评论。[2]

最后一些观察

罗斯巴德的著作的一个特征是他的论述十分清晰，定义、表达和论证精确。与詹姆士·麦迪逊和卡尔·马克思之类的思想家截然相反的是，几乎没有需要写博士论文、学术论文或者厚重的著作，来讨论"罗斯巴德真正的意思"。著作更多地可以从罗斯巴德在某个具体问题上是对是错的思路展开。

这部论著能够传递给读者市场活动系统、动态、相互关联并且有序地变动的感觉——这是罗斯巴德十分赞同地指出能够见之于巴斯夏的作品的感觉（《人》，第 84 页，脚注 7）。此外，与米塞斯一样，罗斯巴德还提出了一整套有待进一步研究的明示和隐含的社会理论。罗斯巴德所阐述的社会理论，其独特之处在于个人自我所有权的概念，自愿交换相对霸权束缚（或"国家关系"），自由市场福利分析，以及不同政府形式下提供给侵犯行动者的激励结构（《人》，第 956—957页）。从罗斯巴德的批判思路中我们可以获得一个关键的洞见，即大部分（可能是所有）所谓的经济生活的"问题"，都是国家政策或者国家之存在本身所造成的。例如，他写道：

---

[1]　参照 R. A. Childs, "Review of Murray N. Rothbard, *Power and Market*," *Libertarian Forum* 2, nos. 22–23, November 15–December 1, 1971, pp. 4–7; Peter Witonski, "Rothbardian Utopia," *National Review* 23, January 26, 1971, pp. 93–94。

[2]　Murray N. Rothbard, *For A New Liberty: The Libertarian Manifesto*（New York: Collier Books, 1973）.

自由市场并不分配收入；市场上的收入自然地、平滑地从市场的生产与交换过程中产生。而"分配"这个概念本身，脱离了生产与交换，因此只能从政府的二元干预中产生。（《人》，第 912 页）

在另一处，罗斯巴德提出了一个观点，其适用范围也许超出了经济学：

那些徒劳地尝试度量交换的心理收益的作者，一直都将注意力集中于"消费者剩余"。最近他们尝试以一人的某财货被剥夺的情况下他会为此财货支付的价格为度量的基础。这些方法都是完全错误的。

因为，"这里个人的价值表与实际行动是分离的"。他们这个方案"严格来说是与人的行动没有关系的学术问题"（《人》，第 259 页）。我们不禁会认为，这个批判对于其他涉及人的行动的领域中那些类比性的假想建构具有同等效力。[①]

罗斯巴德摆脱了米塞斯的康德主义、功利自由主义，这使他得以自由地质疑**国家本身**。他因此从米塞斯为民主制辩护转向自由市场无政府主义。他"改变后的哲学立场"也与他相信一种理性的伦理科学的可行性有密切联系。在他的论著中，罗斯巴德不止一次地暗示了这个主题，但在**价值**中立地呈现纯粹经济学理论时他将之放在一边。不像其他学者那样在经济学分析中"掺杂"进未经论证、未经陈述的伦理假设，罗斯巴德时时刻刻都意识到经济学理论与伦理学的区别。为了更清晰地分析和论述，他假设了一个不受人际及政治侵犯所妨害的市场，他的"对伦理学的行动学批判"批评了那些在罗斯巴德看来未能分开两个领域的作者。

他转而在《自由的伦理》中为他的伦理立场建立基础。汉斯－赫尔曼·霍普富有见地地指出，**财产**的概念是罗斯巴德的经济学与他的伦理理论之间的桥梁。[②]借助于这个概念，罗斯巴德详细阐述了经济学与伦理学之间的关系。二者是他构建（实际上的）一个关于自由的科学这个整体目标的组成部分。

若不谈谈罗斯巴德的写作方式，对罗斯巴德这部著作的讨论就难以终结。他这部书中有让弗兰克·梅耶十分担忧的"危言耸听"——他的幽默。有归谬法以

---

① 例如反对约翰·罗尔斯的体系。后者精致地阐述了人在"无知之幕"背后所接受的社会契约。

② Hans-Hermann Hoppe, "Introduction," in Murray N. Rothbard, *The Ethics of Liberty* (New York: New York University Press, 1998), p. xii.

及罗斯巴德式伟大的反问"那又怎么样？"针对某些作者谴责所谓的垄断者限制生产，他写道："任何产品的生产必然总是受'限制'的。"比如说，那些认为咖啡不足的人，大可以去从事这个行当（《人》，第 638 页）。

或者，罗斯巴德也嘲讽了数理经济学的滥用。他把费雪"方程式"和"比率"写成了"（7 顶帽子和 1000 磅白糖）美分"比上"（帽子）（磅白糖）"（《人》，第 839 页）；或者，在讨论凯恩斯乘数时，他会突兀地问道，"年究竟与此有什么关系？"（《人》，第 871 页）；或者，他借助于凯恩斯主义的概念，以及一点简单的算术，证明一个人——读者——的"开支会刺激经济，让国民收入增加十万倍"（《人》，第 868 页）。

我还必须讲讲罗斯巴德的脚注。仔细读的话可以有很多的收获。它们富含信息，发展了正文之外的有趣论点，引导读者去阅读至今仍鲜为人知的文献。此外，它们通常非常有趣。

这部恢复原状的包含三个部分的《人，经济与国家》符合罗斯巴德最早的打算。我想把评值它的最后一句话留给罗斯巴德本人。1988 年他就米塞斯的《人的行动》曾写道：

> 这本书在行动学的方法论基础上，将经济学合为整体……它建立在必然成立的基本公理之上，即人类存在，且他们在世界中行动，使用手段来努力实现他们评值最高的目标。[1]

无疑，同样的话也可以用来评值罗斯巴德自己的这部综论。

约瑟夫·R. 斯特龙伯格

乔安·B. 罗斯巴德历史讲师

路德维希·冯·米塞斯研究院

奥本，阿拉巴马

---

① 　Murray N. Rothbard, *Ludwig von Mises: Scholar, Creator, Hero*（Auburn, Ala. : Ludwig von Mises Institute, 1988）, p. 64.

修订版前言[①]

看起来，老式的关于经济学"原理"的论著，也成了第一次世界大战不幸的
阵亡者。在一战以前，介绍和发展经济学思想的标准方法是写研究专著，阐明一
个人对于经济科学领域的洞察。这样的一部著作，有很多优点是当今世界所完全
缺失的。一方面，理解力强的非专业人士，即便之前很少或者根本没有接触过经
济学，也能够读懂它。另一方面，作者也不受束缚，不必按照教科书的体例，局
限于突兀和过分简化地汇编当下流行的学说。不论好坏，他毕竟是开创出了一个
经济学理论体系——一座理论大厦。有时候这座大厦原创而宏伟，有时候它是错
误的；但至少还有这么一座大厦，供初学者了解，供同行接纳或者批判。由于会
阻碍将经济学看作是一个整体，过分专业化的内容往往被忽略，而是被留给学术
刊物探讨。大学生也是从论述其"原理"的论著中学习经济学的；大家并不认为
有必要特别撰写一些内容来适应课程要求，无涉原创性学说的特别书籍。学生、
理解力强的非专业人士，以及前沿的经济学家都阅读这些著作，也都从中受益。

这种写作方式落幕前的最后一部著作，在其前言的一个段落中极好地展现了
它们的这种精神：

> 在本书中，我试图以受过教育、理解力强，而之前对这个学科没有任何
> 系统学习的人能够理解的形式，陈述经济学的原理。尽管在这个意义上，本
> 书是为初学者定做的，但它没有忽视经济学中的难题或者避免艰难的推理。
> 不愿意完成需要持续注意力的推理训练，就不可能理解经济现象或者获得分
> 析经济问题所需的理论基础。我的写作已尽可能的清晰，也仔细地陈述了我

---

① 原出版商注：这篇《修订版前言》摘自米塞斯研究院出版的 1993 年版《人，经济与国家》。

的结论所建基的理由以及结论本身，但我并没有徒劳地假装将一切都简而化之。

这次精彩的爆发带给我们的是威克斯蒂德（1910 年）、陶西格（Taussig）（1911 年）和费特（1915 年）的著作，而在此之后，这种类型的论著就从经济学思想中消失了。经济学陷入了令人恐惧的支离破碎的状态。其破裂程度之剧，以至于几乎不再**存在经济学**了；相反，我们看到的是形形色色毫无章法的分析片段。经济学先是被分解为各个"应用"领域——"城市土地经济学""农业经济学""劳动经济学""公共财政经济学"等等。每个分支几乎都不关注其他分支。更令人悲伤的是，原本属于"经济学理论"范畴之内的东西也被肢解。效用理论、垄断理论、国际贸易理论等等，细分至线性规划和博弈论——各在其过于孤立的分野中活动，各自拥有自己这个方面过分专业化的文献。最近，人们日渐意识到这种支离破碎的状况，因而产生了让经济学与其他所有"社会科学"相融合的含糊不清的"跨学科研究"。混乱反而更为加深，经济学非但没能扩散到其他学科，反而是若干其他学科因此侵入了经济学。不论如何，在经济学**本身**尚未成为一个整体之前，试图将经济学与任何其他学科整合起来总是过于鲁莽的。只有在经济学成为整体之后，其在其他学科中的正当地位才会得以明确。

我认为，除了一个孤例以外（路德维希·冯·米塞斯的《人的行动》），一战之后**没有**一本关于经济学原理的综论问世。也许研究方法最接近的是弗兰克·H. 奈特的《风险，不确定性与利润》，而这本书的出版早在 1921 年。在这之后，就没有一部可以勉强归为此类的著作了。

我们能够发现的以一定广度来探究经济学的唯一地方是基础性的教科书。不过，这些教科书只是真正的经济学原理论著令人失望的替代品。因为就其本质而言，它们必须只介绍当前被广为接受的学说，知名经济学家对它们的著述没有任何兴趣。此外，由于它们只能基于现有的文献，所以它们介绍给学生的，必然是支离破碎的内容的大杂烩，各章之间少有或者没有联系。

许多经济学家不认为这有什么损失；事实上，他们宣称这些发展标志着经济科学在各个方面都取得了巨大进展。知识已经发展得极为广阔，没有人能够囊括所有知识了。不过，经济学家至少应该有责任懂得**经济学**——他们这门学科主体的精要。如果真是这样，那时这些精要无疑是会被呈现的。而事实却是，经济学出现了支离破碎的状况，之所以如此正是**因为**人们不再将之视为一座理论大厦；

由于人们认为它是许多孤立碎片的堆积，因此他们也就这样来探讨经济学。

这一转变的关键可能在于以前经济学被视为一个逻辑的结构。从根本上讲，虽然有程度乃至所谓方法论的差别，但经济学仍然被视为是一门运用语言逻辑的演绎科学。基于有限的几个公理，经济学思想的大厦一步步被演绎出来。这就是 19 世纪经济学的实质，即使分析是粗浅的，或者其宣称的方法论其实是归纳性的。所以就有了经济学"原理"的论著——因为如果经济学是通过少数简单、显见的公理为基础的演绎逻辑来推演的，那么经济学家就可以将经济学理论作为一个内部相互关联的整体呈现给理解力强的非专业人士，而无损其根本的严谨性。从简单、显见的真理开始，更为复杂、较不显见的真理被一步步阐述给非专业人士。

"奥地利学派"经济学最好地领会了这种方法的要旨，并最为充分、准确地运用了这种方法。他们是——简言之——"行动学"方法最典范的运用者。不过目前，主流的方法论抛弃了行动学，转而采用了既过于经验主义的，又过于"理论化"的方法。一方面，经验主义肢解经济学程度之甚，以至于没有人想到去寻求一座完整的大厦；而矛盾的是，通过使经济学家热衷于引入公认错误的和过于简单的假设，以此使他们的理论更适于"检验"，这实际上已经证伪了经济学。阿尔弗雷德·马歇尔不相信"长的逻辑推理链条"，和整个剑桥学派在走这样的捷径方面的推动力，都对这种分崩离析贡献良多。另一方面，经济学理论中语言逻辑已经被数学所取代，因为后者看似更为精确，而且沉浸于借助物理科学所得来的荣耀中。数理经济学中占主导地位的计量经济学一支也寻求经验证实，因此加深了这两种方法的谬误。即便是在纯粹的理论整合层面，数学事实上也根本不适于描述任何有关人的行动的科学。数学其实推动了经济学的分化——分化成专题论文，其特征是矩阵、等式和几何图形组成的过分专业化的迷宫。但真正重要的问题，**并不**在于非数学家无法理解它们；关键问题是数学无助于经济学知识。事实上，最近计量经济学征服数理经济学正是承认经济学中纯粹数理的理论没有意义的标志。

那么，本书就是填补这个长达 40 年的巨大空缺的尝试。继最后一部经济学"综论"以来，经济学在许多领域有了长足进展，其方法论，也因为那些延续行动学传统研究的人，而有了不可估量的改进和增强。此外，行动学理论还有许多重大的空缺，因为参与其塑造的经济学家是如此之少。因此，本书尝试以老式著作的方式，以论述经济学的"原理"来建构经济科学的大厦——在基本公理的基础上慢慢一步步逻辑性地建立一座经济学真理的综合、内恰的大厦。本书尽可能地避免了过分专业化的讨论。简言之，之前引用的陶西格教授的说明，也正是我的写作意图；需要补充的是，我感到有必要在适当的时机，反驳一些主要的对立学说。这块内容特别需要，因为当前经济学的谬误比陶西格那个时代要更普遍。

我之前简单提到过一战以来只有**一本**综论。保罗·萨缪尔森教授曾狂喜地描述凯恩斯出版《就业、利息与货币通论》时自己还未到30的喜悦。对于路德维希·冯·米塞斯1949年出版《人的行动》我的心情是一样的。因为在这本书中，经济学终于再次成为**整体**，再次成为一座大厦。不仅如此——这本书中的经济学结构的很多部分都有米塞斯教授本人新的贡献。这里我没有篇幅展示或者解读米塞斯对经济科学的伟大贡献，那需要他文另述。不过，我们完全可以说，从今开始，除非以《人的行动》为出发点，否则经济学中能做的建设性工作会很少。

《人的行动》是一部综论，而不是老式的《经济学原理》。相反，它假设读者先前就具备许多经济学知识，并且在其宽泛的篇幅当中提出了许多哲学和历史方面的洞见。在某种意义上讲，本书旨在将其中的经济学部分分离出来，填补它的空缺，阐明我所理解的米塞斯主义结构的详细意涵。不过，不应该认为米塞斯教授需要以任何方式对本书这些内容负责。其实，他可能强烈不同意本书的许多内容。不过，我希望本书能够成功为经济科学（它在《人的行动》中实现了其最现代、最发达的形式）的宏大结构添砖加瓦。

本书从几个简单、先验的真实公理推演出整个经济学理论，这些公理是：**行动的基本公理**——人运用手段以实现目的，以及两个辅助的假定：存在**各种各样的人**与自然资源，且闲暇是一种消费者财货。第一章从行动公理开始，推导其直接的推论；这些结论用于分析"鲁滨孙经济学"——这个分析严酷地将个人置于大自然之前，它虽然备受中伤，但十分有用。第二章引入其他人以及随之产生的社会关系。分析了各种类型的人际关系，阐明了**直接交换**（物物交换）的经济学。如果不完整地界定财产权，就不可能充分地分析交换——因此第二章分析了自由社会中的财产。实际上，第二章标志着本书的主体——分析自愿交换的经济学——的展开。第二章讨论了物物交换的自由市场，随后的几章探究间接——或者说是货币性——交换的经济学。因此，分析可见，本书完整地讨论了自由市场的经济学，从自由市场的财产关系一直讨论到货币的经济学。

第三章引入货币并探究了市场上间接交换的模式。第四章探讨消费的经济学，以及消费者财货的定价。第五章到第九章分析自由市场上的生产。这一消费和生产理论的一个特征，是它恢复了弗兰克·A.费特教授精彩但完全被忽视的**租金理论**——即租金是一单位服务的雇用价格的概念。**资本化**于是就成了决定某一 lvii 财货预期未来租金的现值的过程。费特－米塞斯的纯粹时间偏好的利息理论与费特的租金理论，还有奥地利学派的生产结构理论，以及它对**原始和产成生产要素**的区分综合在了一起。我们对于生产的分析的一个"彻底"的特征，就是它与当下流行的企业的"短期"理论完全决裂，而代之以边际价值生产率和资本化的一般理论。这是动态的奥派经济学意义上的"一般均衡"分析，而非当前流行的、静态的瓦尔拉斯主义意义上的分析。

第十章阐述了一个全新的垄断理论——垄断唯一有意义的定义是国家授予的特权，只有通过这种授予才能实现垄断价格。简言之，自由市场上不可能存在垄断或者垄断价格。本章也讨论了垄断竞争的理论。第十一章则提出了自由市场上的货币理论，同时也充分地讨论了凯恩斯主义的诸多理论。

在完成了纯粹自由市场的理论以后，我转而在最后一章运用行动学的分析，系统性地讨论强制干预的各种形式和程度，及其各种后果。只有在充分分析了纯粹自由市场的建构之后，我们才能够研究强制干预的后果。第十二章提出了干预的类型学，讨论了干预的直接和间接后果，及其对效用的影响。它也对各种主要的干预类型做了分析，但当然是十分简要的。这之中包括价格管制、垄断授予、税收、通货膨胀，以及政府企业和开支。作为本章以及本书结尾的是一个简要的概述，评值比较了自由市场与干预主义及其他强制性体系。

对于本修订版，我决定保持原文和脚注不变，改动仅局限于这篇修改后的前 lviii 言。米塞斯教授于1973年去世，第二年，幸运的是，米塞斯在几乎地下状态维持其生命的奥派经济学，喷薄成为一场壮观的复兴。这场复兴伴随着之前主流的凯恩斯主义范式的普遍崩溃绝非偶然。凯恩斯主义者曾许诺，他们将轻而易举地引导经济走出通胀繁荣，以及衰退和失业的交替的陷阱；相反，他们将确保永久和稳定的繁荣，为我们带来没有通胀的充分就业。可是，在30年的凯恩斯主义经济计划之后，我们面对的是一个在凯恩斯主义范式中根本不可能存在，更别提有过什么解释的新现象：通货膨胀同时伴随着衰退和高失业率。这个令人讨厌的幽灵首次出现于1973—1974年的通胀性衰退中，此后一直反复出现，最后一次是从1990年不知到哪年的衰退。

奥地利学派在1974年的复兴还受到F.A.哈耶克当年获得诺贝尔经济学奖的刺激，哈耶克是获此荣誉的第一位自由市场的、非数理经济学家。经济学界着迷于诺贝尔奖，这重新激发了人们对哈耶克和奥地利学派的兴趣。但这个奖项授予哈耶克本身并非巧合，因为它反映了经济学家对于凯恩斯主义宏观模型的幻想破灭。

1974 年以来，奥地利学派研究者的人数，他们发表的著作和论文，以及对本学派的兴趣都大大地增加了。虽然奥派经济学家在英国比在美国所占比重要小，奥派经济学在英国受到多得多的尊重——这一点反映了两国学术界在品质上的差异。在英国的教科书以及经济学思想考察中，尽管奥派经济学不是经常赢得赞同，但他们将之作为经济学思想中可敬的一支做客观、公允的讨论。相反，在美国，尽管专业内有许多赞同者和拥护者，奥派经济学家仍然被边缘化，不被大多数经济学家注意和阅读。

不过，智识上的好奇心往往会突破这一现实，尤其是在本科和研究生当中。正因如此，奥地利学派虽然面对着严酷的体制阻碍，但却在最近 20 年繁荣壮大。

实际上，奥派经济学家已经有了很大的规模，非常广泛的讨论，因此观点的差异和许多思想分支开始出现，在某些情况下形成了真正的思想碰撞。不过，非奥派经济学家，甚至本学派中的某些人都将之混为一谈，这导致了严重的知识混淆，含混不清，乃至彻头彻尾的错误。这些进展中的争论，好的一面是使各方都阐明和磨砺了自己的基本预设和世界观。近年来，奥派经济学中明显出现了三种迥然不同、相互碰撞的范式：原来的米塞斯派或者行动学范式，本书作者即遵循此范式；哈耶克派范式，强调"知识"与"发现"，而不是行动学的"行动"与"选择"，现在其代表人物是伊斯雷尔·柯兹纳（Israel Kirzner）教授；还有已故的路德维希·拉赫曼的虚无主义观点，一种源自英国"主观主义者"和凯恩斯主义者沙克尔（G. L. S. Shackle）的制度主义的反理论的方法。幸运的是，现在有一份学术刊物《奥派经济学评论》[①]，供读者把握奥派经济学的发展动态。除此之外还有路德维希·冯·米塞斯研究院的其他出版物，会议，以及教学课程。成立于米塞斯 100 周年诞辰之际的米塞斯研究院，传承着米塞斯的精神，以及他遗赠给学界和世界的范式。有关三个奥地利学派范式的最新情况，读者可以参阅笔者的米塞斯研究院工作论文《奥派经济学的现状》（1992 年 11 月）。[②]

[①] 原出版商注：另外，《奥地利经济学季刊》已于 1998 年创刊。

[②] 原出版商注：这篇论文重刊于穆雷·N. 罗斯巴德，*The Logic of Action I: Method, Money, and the Austrian School*（Cheltenham, U. K.：Edward Elgar, 1997），第七章。

毫无疑问，路德维希·冯·米塞斯教授是我在学术上最感激的人。但不仅如此，我对他的私人敬意也永远无法言尽。他富有智慧，为人和蔼、热情、幽默，对于他的学生的创造力的哪怕最细微的迹象，他都孜孜鼓励。他的这些品格，对于认识他的人来说是终身的启发和鼓舞。他是一位伟大的经济学导师，也是伟大的经济学家，对于有机会在他纽约大学高级经济学理论研讨班学习多年，我心存感激。

我同样也不可能完全表达对小卢埃林·H.罗克韦尔（Llewellyn H. Rockwell, Jr.）的感激之情。他在米塞斯派经济学处于低谷的时候，没有捐助，没有大的支持的承诺，而是仅以观念为武器，成立并全身投入于米塞斯研究院。卢埃林为研究所的建设和扩展，以及投身米塞斯派范式的研究方面，都做了非常出色的工作。此外，卢埃林多年以来都是我亲密和珍视的挚友和学术上的同事。显然，如果没有他的努力，这个新版就不可能面世。

最后，我必须至少向另一位长期的同事，米塞斯研究院的伯顿·S.布鲁姆特（Burton S. Blumet）表示感谢。他也领导位于加利福尼亚州的伯林盖姆市（Burlingame）的自由意志主义研究中心的工作。谦虚而责无旁贷，伯顿总是智慧而博学，诚挚而友善，需要的时候总能找到他。

我不可能列出所有友人和熟识。他们多年来在奥派经济学，或者更广的政治 lxi经济学领域，以及对自由施行强制的本质方面教导、启发我。我感谢他们所有人。当然，本书的所有错误，皆由笔者负责。

穆雷·N.罗斯巴德

内华达州，拉斯维加斯市

1993 年 5 月

目录

第一章　人的行动的基本原理[①]

1. 行动的概念

　　行动（action）**的概念**是对人的研究中最显著最关键的特征。人的行动可以简明地定义为有意图的行为（purposeful behavior）。因此，人的行动非常鲜明地与那些从人的角度观察到的无目的性的运动区分开来。无目的性运动包括所有无机物的运动以及那些纯粹反射型的人的行为，那只是对特定刺激的无意识反应。与之不同，人的行动是可以被其他人有意义地解读出来的，因为它受行动人所考虑的特定目的的支配[②]。一个人的行动的意图（purpose）是他的目的（end）；达到这一目的的欲求（desire）是此人发起行动的动机（motive）。

　　所有人类都行动，这乃是人类的存在及其作为人类的本质所决定的。[③] 我们无法构想这样的人类，他们不做有目的的行动，没有欲求和力图实现的目的。不行动，不做有目的性的行为的东西，就不能再归为人类了。正是这一最基本的真理——人的行动公理——构成了我们研究的关键。行动学（praxeology）的整个领域以及它最发达的分支——经济学——正是基于对这一概念的逻辑推论的分

---

①　出版者提示：文中括号里引用的页数均指英文第二版的页数。
　　对这一主题的更多阅读，最好的文献是路德维希·冯·米塞斯的划时代著作《人的行动》（New Haven, Conn. : Yale University Press, 1949），第 1–143 页，以及全书。

②　参见同上书，第 11 页；F. A. 哈耶克，《社会科学中的事实》载于《个人主义与经济秩序》（Chicago: University of Chicago Press, 1948），第 57–76 页；哈耶克，《科学的反革命》（Glencoe, Ill. : The Free Press, 1952），第 25–35 页；以及 Edith T. Penrose，《企业理论的生物学分析》，《美国经济评论》，December, 1952 年，第 804–819 页，特别是第 818–819 页。

③　参见亚里士多德，*Ethica Nicomachea*, Bk. I，尤其是第七章。

析。[①] 人因其为人而行动的事实，是无可争辩、不容置疑的。设想这一事实的反面将会是荒谬滑稽的。它的反面——不存在有动机的行为——只适用于植物和无机物。[②]

2. 行动概念的首要推论

从人的行动概念中首先得出的真理就是：只有个体"行动人"（actor）才能实施行动。只有个人才有目的，才会行动以实现目的。没有"群体的""集体的"或者"国家的"目的或行动这回事；它们并不会实施具体个人才会有的行动。离3 开个体成员们的行动，"社会"或者"群体"就不会独立存在了。因此，说"政府"行动仅仅是一种比喻说法；实际情况是，一部分人与其他人之间存在特定关系，他们按照两者皆认为是"政府"的方式行动。[③]

这个比喻的说法绝不意味着离开了不同个人的行动，这种集体组织本身还有任何存在。同样，一个人可能作为另一个人的代理或代表他自己的家庭来缔结契约。然而，只有个人可以有欲求并行动。一个像政府这样的机构的存在，只有通过影响个人的行动才变得有意义，那些个人包括其成员和非成员。[④]

一个人拥有想要满足的未满足目的还不足以发起行动。他还需要预期某种行为将会使他能达到他的目的。某人可能欲求阳光，但是如果他意识到他做任何事都无法获得阳光的话，他就不会对这一欲求施以行动。他必须对如何才能实现他的目的有一些想法。因此，个人在他们认为可以实现其目标的方式朝其目的努力的行为就构成了行动。行动需要的条件是对其所欲求的目的的构想以及"技术思

---

① 本章仅由人的行动的存在的逻辑推论组成。以后的内容——本书结构的剩余部分——将在有限的几条辅助公理的帮助下完成。参见后面附录和穆雷 N. 罗斯巴德，"Praxeology: Reply to Mr. Schuller,"*American Economic Review*, December 1951，第 943–946 页；以及 "In Defense of 'Extreme Apriorism,' "*Southern Economic Journal*, January 1957，第 314–320 页。

② 这里无须研究从低级有机物到高级灵长目的动物行为的艰深难题；这一问题可以被视作在纯粹的反射性行为与有意识的行动之间的一条分界线。无论如何，人只有从他们能够理解的动物动机才可以理解（而非仅仅观察）这些行为。

③ 我们说只有个人才行动，并不是认为人的欲求和行动不会被其他人（可能是各种社会或群体的成员）的行动所影响。我们一点儿也没有假定过（就像一些对经济学的批评所控诉的那样）个人与个人之间是彼此孤立的"原子"。

④ 参见 Hayek, *The Counter-Revolution of Science*, 第 34 页。还可参见米塞斯《人的行动》，第 42 页。

路"或者关于如何实现这一目的的计划。

人们总会发现自己身处于一个特定的环境，或者说情势之中。为了达到他的目的，个人决定以某种方式致力改变的正是这一情势。然而，人只能利用他在这环境中所能发现的众多要素，重新安排它们以满足其目的。对任一给定的行动来说，个人的外部环境可以被划分成两个部分：他认为他无法控制因此只好置之不理的因素，以及那些他可以改变（或者更准确地说，他认为他可以改变）以实现他的目的的因素。前者可以被称为行动的一般条件，而后者，可以称之为所使用的手段。这样，个体行动人面对着一个他为了实现其目的而意欲改变的环境。为了行动，他必须有一些关于如何把环境中的某些因素作为其手段，作为其路径以实现其目的的技术思路。因而，每一个行动都涉及个体行动人为了达到其所欲求的特定目的而对手段的运用。在外部环境中，一般条件不构成人的行动的对象；在行动中被运用的只有手段。[①]

所有人类活动都要在时间中发生。人类的理智甚至无法构想一个不发生在时间过程中的存在或者行动。一个人在某一刻决定为了实现一个目的而行动时，他的这一目标（或者说目的）只能在未来的某一刻最终圆满地实现。假如其欲求的所有目的都可以在当下瞬间实现的话，那么人的目的就全都实现了，他也就没有行动的理由了；而我们已经知道，行动是人的本质所必不可少的。因此，一个行动人按照他的想法从他身处的环境中选择手段以达到一个预期的目的，只能在未来的某一刻完全实现。对任一给定的行动，我们可以区分出涉及的三个时间段：行动前的时段，行动中的时段，以及行动完成之后的时段。所有行动的目的都是使未来某个时点的状况对行动人而言比无行动介入更加令人满意。

一个人的时间总是稀缺的。他不是永生不朽的；在人世间，他的光阴是有限的。生命中的每一天只有 24 个小时供他实现其目的。而且，所有行动都必须花费时间。因此，时间是人实现其目的时必须运用的一个手段。这是一个所有人行动中必然存在的手段。

通过运用手段来选择满足哪一个目的，行动就发生了。不管选择满足哪一个目的，剩下的目的都会是未被满足的；时间是稀缺的是因为，无论选择满足哪一个目的，都必然会有其他未满足的目的。当我们必须运用一个手段而同时某些目

[①]　参见 Talcott Parsons, *The Structure of Social Action* (Glencoe, Ill. : Free Press, [1949] 1990)，第 44 页 及以下各页。

的仍无法满足时，在目的中做出选择就是必需的了。例如，琼斯在观看电视中的棒球比赛。他面临的度过下一个小时的选择有：（a）继续观看棒球比赛；（b）玩桥牌；（c）开车兜风。这三样事情他都想做，但是他的手段（时间）却是不足够的。结果是，他必须做出选择；有一个目的可以被满足，但是其他的目的将得不到满足。比如说，他选了（a）。很明显在他的排序中，目的（a）的满足比目的（b）或（c）的满足要更高。

从这个行动的例子中，可以演绎出许多推论。首先，所有的手段都是稀缺的，即，相对于它们可以服务的目的来说是有限的。如果手段无限丰富的话，那么它们就不必成为人的行动所关注的对象了。举个例子，空气在大多数情况下是无限丰富的。因此，它就不是一个手段，不会被人们当作手段来实现目的。它就不必像时间那样被分配到比较重要的目的的满足上了，因为对所有的人类需求来说，它都是足够丰富的。因此，尽管空气是不可或缺的，但它并不是一个手段，而是人的行动以及人类福利的一般条件。

其次，行动人必须分配这些稀缺手段来满足特定的目的，同时置其他目的得不到满足于不顾。这种选择的行动可以被称为经济地利用手段来服务于最欲求的
6 目的。例如，行动人必须经济地利用时间来实现最欲求的目的。行动人可以理解为是在依不同目的对其的价值来给它们排序。我们可以把行动人给目的排序描述为对不同的目的指派不同的价值排名，或者评值的过程。这样，假设琼斯对利用一个小时是按照如下顺序排列其目的的：

（第一）1. 继续观看棒球比赛；

（第二）2. 开车兜风；

（第三）3. 玩桥牌。

这就是他的价值表或者说偏好表。可供利用的手段（时间）的供应只够满足其中的一个目的，而他选择继续观看棒球赛的这一事实表明了他把棒球赛排序最高（或者说排在第一位）。现在假设他有两个小时可供支配且可以分别把每个小时用于不同目的上。假设他用一个小时观看球赛，然后用一个小时开车兜风，这就说明他的偏好表恰好如上所示。排序最低的目的——玩桥牌——没有得到满足。因此，可用的手段供给越大，越多的目的就会得到满足，而目的的排序越低，在手段供给不足的情况下，就必定无法得到满足。

另外一个推断出来的结论是：行动并不必然意味着个人是俗语所说的"积极的"而非"消极的"。行动并不必然意味着个人必须停止当下的活动而去做点别

的什么。正如上面的例子所示，尽管这个人有机会做出改变，他却选择继续之前的活动，这仍然是在行动。继续观看棒球比赛和开车兜风一样都是在行动。

　　而且，行动并不意味着个人需要花费大量时间来考虑决定怎么行动。按照个人欲求的选择，他可以很快地做出决定去行动，也可以三思而后行。他可以冷静淡定，也可以满怀热情地决定一个行动，无论哪种都不影响他做出了行动这一事实。①

　　从人类行动的存在所演绎出来的另外一个基本的推论是，未来是不确定的。这必然为真，因为如果不是这样的话，就完全否定了行动的可能性。如果一个人完全知道未来的事件，他就不会行动，因为他的行动不能改变未来的情况。因此，人在行动这一事实就意味着对行动人来说未来是不确定的。这种关于未来事件的不确定性有两个来源：人选择的行动的不可预知性，以及对自然现象知识的了解不足。人对自然现象的了解不足使得他无法预测自然现象的所有未来发展，而且他也无法获知未来的人的选择会是什么内容。由于评值在变动，而关于实现目的的最适当手段的想法也在变动，因此所有人的选择都是处于持续变动不居的状态。当然，这并不意味着人们不会尽其所能来预估未来。实际上，在运用手段时，任何一个行动人都估计他会实现其欲求目标。但是他绝不会有对未来的确定的知识。他的所有行动都必然是基于他对未来事件进程的判断之上的投机（speculations）。无处不在的不确定性使得人的行动永远有出错的可能。在行动人完成其行动之后，他可能会发现其采用的手段对实现他的目的来说是不适当的。

　　我们来总结一下目前已经学到的关于人的行动的知识：人类最显著的特征就是所有的人都行动。行动是朝向未来某时期实现目的的有意图的行为，在这一过程中一些欲望被满足，另一些未得到满足。行动包含着由于行动介入而带来较满意状况（less imperfectly satisfied state）的预期。个体行动人选择利用其环境中的元素作为手段，以实现其预想中的目的；通过把手段用于他认为价值最高的目的上（认为价值最小的目的未得到满足），行动人得以经济地使用手段；而在此过程中，理智会告诉他实现目的的最合适手段。他的方法——其所选取的手段——结果可能证明是适当的也可能是不适当的。

---

① 有些作者毫无来由地认为，行动学和经济学假定了所有的行动都是冷静、精密算计、深思熟虑的。

3. 进一步的推论：手段

用以满足人的欲望的手段被称为财货。这些财货是所有经济利用行动的对象①。这样的财货可以被划分为两类：（a）对行动人的欲望满足来说，它们是可以即刻直接使用的；（b）只有在未来的某一刻它们才可以被转化成直接可用的财货——也即，间接可供使用的手段。前者被称为消费财货或者消费者财货或是第一级财货。后者被称为生产者财货或生产要素或是高级财货。

让我们通过考察一个典型的人的目的——吃火腿三明治——来探究这些财货之间的关系。一个人欲求火腿三明治，他觉得这是一个应该被满足的欲求，并且按照他认为可以做出火腿三明治的方法来行动。消费财货是被吃的那一刻的火腿三明治。很明显，和所有直接的手段一样，这种消费财货是稀缺的；否则，它就会像空气一样一直是可以得到的，而它也就不会成为行动的对象。但是，如果消费财货是稀缺的，不是明显可得的，那么如何才能使它变得可得呢？答案是，为了在欲求的地点生产出火腿三明治——消费财货，人必须重新安排他所处环境中的要素。换句话说，人必须使用各种间接的手段，作为协作的生产要素，以转化为直接手段。所有行动中都涉及的这一必需的过程被称为生产；正是人运用环境中可得的要素作为间接手段——协作要素——最终转化为他可以直接用以实现其目的的消费财货。

让我们考察一下在现代发达经济中，生产一个作为消费财货以供消费者使用的火腿三明治的诸多协作要素的模式。非常典型地，为了给坐在扶手椅上的琼斯做一个火腿三明治，他的妻子必须耗费精力展开面包，切火腿，把火腿放在面包片之间，并且要给琼斯端过去。这所有的劳作可以称之为主妇的劳动。因此为了生产出消费财货，直接必需的协作要素就是：主妇的劳动，厨房里的面包，厨房里的火腿，以及用来切火腿的刀子，还需要人在之上生活并进行那些活动的土地空间。而且，这一过程当然需要时间，这是另一个必不可少的协作要素。上述要素可以被称为第一级生产者财货，因为，在这个例子中，这些要素在消费财货的生产过程中彼此合作。然而，许多第一级生产者财货并不是自然界中可得的，而需要在其他生产者财货的协作下把它们生产出来。例如，厨房里的面包是由以下

---

① 常见的对"经济财货"与"自由财货"（比如空气）的区分是错误的。正如上面所阐释的，空气不是一个手段，而是人类福利的一般条件，因此也就不是行动的对象。

要素协作生产出来的：零售店里的面包和把面包带回家的主妇劳动（加上始终存在的、行之于上的土地空间，以及时间）。在这一过程中，这些要素是第二级生产者财货，因为它们协作生产了第一级生产者财货。较高级的财货是较低级财货生产过程中的协作要素。

因此，任何生产过程（或者结构）都可以分解为不同阶段来分析。在较早的或者"较高级"的阶段，生产者财货必须生产出稍后用于协作生产下一阶段生产者财货的财货，最终，将协作生产出欲求的消费财货。因此，在一个发达的经济体中，一件消费财货的生产结构将会是非常复杂且有很多生产阶段的。 10

然而，我们是可以得出那些适用于所有生产过程的重要的一般性结论的。首先，每一生产阶段都花费时间。其次，生产要素可以分成两类：那些本身就是被生产出来的，以及那些在自然界（在人身处的环境中）发现时就已经是可得的。后者无须前期的生产便可用作间接的手段；为了能够让前者可以用于较晚（或者说"较低级"）生产阶段的协作，它必须首先在其他要素的协作下被生产出来。前者是生产出来的生产要素；后者是原始的生产要素。原始要素可以依次划分为两类：人类精力的耗费和由自然界提供的非人类要素的利用。前者被称为劳动；后者被称为自然或者土地①。因此，生产要素的类别有劳动、土地，以及生产出来的要素（被称为资本财货）。

劳动与土地，以一种或者其他的形式，参与到生产的每一个阶段。劳动把种子变成小麦，把小麦变成面粉，把猪变成火腿，把面粉变成面包，以此类推。出现于每一个生产阶段的不仅有劳动，也有自然。每一个生产阶段都必然有土地为其提供可用的空间；如上文所述，每一个阶段也都需要时间。而且，如果我们愿意追溯每个生产阶段到足够远的源头处的话，我们最终会到达一个只有劳动和自然存在而没有资本财货的点上。根据逻辑推论，这是必然正确的，因为所有的资本财货都必须在较早的阶段中由劳动的协助而生产出来。如果我们愿意把每一阶 11段都追溯得足够远，我们一定会到达一个最早的生产阶段的点上——没有任何产成的生产要素的协助，人将他的体力混入自然。幸运的是，行动人并不需要做这一工作，因为行动是利用现在可得的原料去实现欲求的未来目标，因而无须关心过去的事态发展。

---

① 在这里，"土地"这个术语有可能会有误导性，因为，它并不是这个词一般意义上的用法。它包括如水、石油和矿藏等自然资源。

还有一种在每个生产过程的每一阶段都必不可少的独特的生产要素。这就是如何从一个阶段推进到下一个阶段并最终获得欲求的消费财货的"技术思路"。这只不过是上述分析的一个应用；也即是说，对任何行动，行动人都必须有一些方案或者想法，告诉他如何利用事物作为手段和途径以达到欲求的目的。没有这样的方案或者想法，也就不会有行动。这些方案可以被称为制法；它们是行动人用以实现他的目标的想法。行动人把一个阶段推进到下一个阶段的每一个生产过程中，都有制法的参与。为了把生铁转变为钢铁，把小麦转变为面粉，把面包火腿转变为三明治，等等，行动人都必须有相应的制法。

制法的显著特点是，一旦学会了它，通常来说就不必再次学习了。它可以被记录并记忆下来。记住以后，它就无须再次被生产出来了；它作为一个无限丰富的生产要素而属于人了，人的行动不会用尽它，也不需要经济利用它。它就像空气那样成为人类福利的一般条件了[①]。

应该很清楚的是，生产过程的终点——消费财货——之所以有价值，是因为它是满足人的目的的直接手段。消费财货是用来被消费的，这种消费行动构成了人类欲求满足的过程。这种消费财货也许是实物，比如说面包；或者是非物质的，比如说友谊。其重要特质并不在于它是否是物质的，而在于人们是否认为它是满足欲求的一个手段。这种消费财货的功能被称为它助人满足欲求的服务。因此，物质性的面包并不因为其自身而有价值，而是因为在满足需要时它所提供的服务而有价值；正如音乐或者医疗这样的非物质东西一样，很明显它们是因为其服务而有价值。人"消费"所有这些服务以满足需要。"经济的"绝不等同于"物质的"。

同样明显的是，生产要素——各种高级生产者财货——它们之所以有价值，仅仅是因为它们在预期中有助于生产出未来的消费财货，或者它们可以生产出有助于带来消费财货的较低级生产者财货。生产要素的价值源于行动人对它们的产品（较低级的生产阶段）的评值，而所有要素的价值最终都是源自其终点——消费财货的[②]。

而且，消费财货是稀缺的这一必定事实一定会反映到生产要素领域之中。消费财货稀缺必然意味着生产消费财货的要素也是稀缺的。如果要素是无限丰

---

① 这里，我们并不去探讨行动人初始获得制法的过程，那是人的行动的对象。

② 参见卡尔·门格尔，《经济学原理》（ Glencoe, Ill. : The Free Press, 1950 ），第 51–67 页。

第一章 人的行动的基本原理 **9**

富的，那么消费财货也会是无限丰富的，实情却并非如此。这并不排除有些要素——比如制法——可能是无限丰富因此成为一般的福利条件而不是稀缺的间接手段的可能性。但是，生产的每一阶段中的其他要素一定是供给稀缺的，而这一点也解释了最终产品稀缺的原因。人类无止境地求索满足其欲望之法——即增加他的消费财货的生产——有两种形式：增加生产要素的可得供给和改进它的制法。

每个生产阶段中都有好几种协作要素，虽然这一点已经很明显，但必须意识到，对每一种消费财货，总是会对应着一种以上的稀缺的生产要素。这一点是从人的行动的真实存在推论出来的。我们根本无法构想这样的状况：只有一种生产要素生产一种消费财货；甚或从前一生产阶段促成一种消费财货。比如，假如扶手椅上的三明治并不需要先前生产阶段的协作要素的话（准备的劳动、运送、面包、火腿、时间等等），那么它就会一直处于消费财货——置于扶手椅上的三明治——的状态。为了使例子简化一点，我们假设三明治已经准备好了，放在厨房里。那么，为了从这一阶段生产出一件消费财货来需要以下的要素：（1）三明治；（2）把它送到扶手椅处；（3）时间；（4）可供利用的土地。假如我们假定该过程只需要一种要素——三明治——的话，那么我们就不得不假设三明治会不费吹灰之力魔法般地瞬间从厨房转移到扶手椅。但如果那样的话，我们也就完全不必去生产消费财货，而是处于天堂般的幻境了。同样，在生产过程中的每一阶段，一定会有一种以上（高级的）稀缺的协作要素用来生产消费财货；否则的话这一生产阶段就完全不会存在了。

4. 更进一步的推论：时间

在人的行动中，时间作为一个必须经济利用的手段是无所不在（omnipresent）的。每一个行动都有着如图 1.1 所示的时间关系：

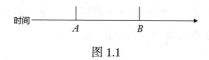

图 1.1

A 是指行动开始以前的时期；A 是行动开始的时间点；AB 是行动发生的时期；B

是行动结束的那个时间点；而 B……是行动结束后的时期。

我们把 AB 定义为生产期——从行动开始到消费财货可供利用之间的时期。这一时期可以被分为许多个阶段，每一阶段都花费一个时间段。生产期所花费的时间包括：劳动力量耗费的时间（或者是工作时间）以及酿熟期，即无须同时花费劳动的期间所需要的时间。一个明显的例子是农业。从翻土到收割庄稼之间的时间可能是 6 个月。整个时段中需要耗费劳动的时间可能是 3 周，而剩下的 5 个多月则是庄稼从自然过程中成熟的时间。另一个长时间成熟期的是陈酿葡萄酒以提升其品质的例子。

很清楚，每个消费财货都有其自身的生产期。各种不同的财货的生产期所涉及的时间之间的差异可能是（实际也是如此）千差万别的。

有一点需要强调的是，当行动人谋划行动和生产期时，他并不会追溯过去的生产过程到最初源头。在前文，我们追溯了消费财货和生产者财货到其最初源头，阐明了所有的资本财货最初都是只由劳动和自然生产出来的。然而，人行动时对过去的生产过程并不感兴趣，而只使用现时可得的手段去达到预期中未来的目的。在任何时点，当他开始行动时（比方说 A），对他来说可得的是：劳动、自然赋予的要素，以及过去生产出来的资本财货。他在 A 点发起了行动，期望在 B 点达到他的目的。对他来说，生产期是 AB，因为他并不关心他的资本财货在过去的生产中所花费的时间，也不关心它们是通过什么方法生产出来的[1]。例如，打算在下一个季度使用土地种植庄稼的农民并不关心他的土地是（或者多大程度上是）原初自然赋予的要素还是过去的土地开垦者（land-clearer）和农民改良的结果。他并不关心这些之前的土地改良者过去所花费的时间。他唯一关心的是现在的或者未来的资本（或者其他的）财货。这是行动发生于现在而着眼于未来这一事实的必然结论。因此，行动人依照他们预期中对消费财货的生产的贡献来思考和评值可得的生产要素，而绝不是依照这些要素过去的状况。

关于人的行动一个本质的且恒久不变的真理是，人偏爱以尽可能最短的时间来实现他的目的。给定某个特定的欲望满足，那么，越快实现它越好。这是因为时间总是稀缺的，而且是一个需要经济使用的手段。实现任何目的都是越快越好。因此，对任何要实现的目的，行动期——也就是生产期，行动人都希望它越

---

[1] 那么，对每一个行动人，生产期等于他的等待期——预计他开始行动后必须等待目的实现的时间。

短越好。这是时间偏好的普遍真理。在任何时点，对任一行动来说，行动人最偏向于他的目的能够在即刻的当下就得以实现。对他来说，次优的选择是在较短的未来实现目的，而目的在未来的实现看起来越遥远，其吸引力就越小。等待的时间越短，它对人的吸引力就越强①。

人的行动涉及时间，不仅与生产的等待时间有关，还与消费财货将要满足消费者欲望的时间有关。有些消费财货将会在一个较短的时期满足人的欲望——也就是实现他的目的，另一些消费财货将会在一个较长的时期满足其欲望。它们可能在较短或者较长的时段中被消费掉。这一点可见于任何行动的图示，如图 1.2 所示。*BC* 这段时间，是消费财货提供服务的持续期。它是消费财货持续服务于实现目的的时间段。各种消费财货所提供服务的持续期各不相同。也许火腿三明治的持续期是 4 个小时，这 4 个小时之后，行动人可能会欲求其他的食物或者是另一块三明治。房屋的建造者可能期望着可以利用房屋来满足他 10 年的需要。显然，行动者在计划中会考虑到消费财货可以服务于行动人目的的预期持久力度②。

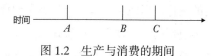

图 1.2　生产与消费的期间

一方面，很清楚的是，当其他所有条件相同时，行动人将会偏爱耐久性较大的消费财货胜过耐久性较小的，因为前者会提供更大的总服务。另一方面，如果行动人对两件消费财货所提供的服务评值相等，由于时间偏好，他将会选择耐久性较小的那个财货，因为，他可以从它那里比另外一个更快地获取到全部服务。他只需要等待较短的时间，便可以得到较不耐久的财货的全部服务。

---

① 时间偏好也可以如下表述：假如是相同的欲望满足（或者"财货"），只比较时间的长短，人偏爱现在的欲望满足胜过将来的欲望满足，或者偏爱现在的财货胜过未来的财货。一个很常见的对普遍时间偏好的驳斥是这么说的，在冬天，一个人将偏爱明年夏天（未来）的冰块胜于现在的冰块。然而，它把"财货"这个概念和某物的物质属性混淆了，而财货实际上指的是主观的欲望满足。因为，夏天里的冰提供了不同于（大于）冬天里的冰的服务，它们不是相同，而是不同的财货。在这个例子中，它是在比较不同的欲望满足，尽管该物的物理属性也许是相同的。

② 通常人们把有着较长的服务持续期的消费财货定义为耐久财货，而把那些有着较短的持续期的定义为非耐久财货。然而，很明显的是，财货之间有着数不胜数的耐久程度，因此，这样的划分只能是不科学的，是武断任意的。

　　生产期与服务持续期的概念见之于所有的人的行动中。人的行动当中还有第三个时间段。每个人都有一个时间区间（time-horizon）——从现在延展到未来——用来计划各种类型的行动。而生产期和服务持续期指的是特定的消费财货，且不同消费财货各不相同，准备期（时间区间）则是每个行动人用来计划实现自己欲望的未来时间段的长度。因此，准备期就包含了为相当多的各种不同消费财货的计划的行动，每一种消费财货都有其自己的生产期和服务持续期。这一准备期随着不同行动人的选择而各不相同。有些人做一天和尚撞一天钟，毫不考虑未来的日子；另一些人则不仅计划他们自己的一生，还为他们的子孙做计划。

5. 更多的推论

A. 目的与价值

　　所有的行动都涉及运用稀缺的手段去实现最有价值的目的。人有使用稀缺的手段实现众多不同目的的选择；而他所选择的目的就是他评值最高的那个。那些未被满足的欲望就是较不迫切的。行动人可以被视为是在一个价值表，或者一个偏好表上为其目的排序。每个人的价值表都各不相同，无论是内容还是偏好的排序。而且，同一个人在不同时间的排序表也不相同。例如，在某个时点，上述第2节所提到的行动人可能会选择去开车兜风，或者去开车兜风再去玩桥牌，而不是继续观看棒球比赛。这样的话，他的偏好表的排序将变成这样：

　　　　（第一）1. 开车兜风
　　　　（第二）2. 玩桥牌
　　　　（第三）3. 继续观看棒球比赛

此外，一个新的目的可能会出现，结果行动人可能想去听一场音乐会，而这将把他的价值表变成下面的样子：

　　　　（第一）1. 开车兜风
　　　　（第二）2. 听音乐会
　　　　（第三）3. 玩桥牌

（第四）4. 继续观看棒球比赛

行动人选择在价值表中包含哪些目的，对这些不同目的进行排序就构成了评值的过程。行动人每次在众多目的中排序并选择时，就是在判断它们对自己的价值。

为这种所有行动人都拥有的价值尺度赋予一个名称将会是很有帮助的。我们完全不关心人的目的的具体内容，而只在乎众多目的按照它们的重要性被排序这一事实。这些偏好尺度的称呼有许多，比如幸福，比如福利，比如效用，比如满足，再比如满意度。我们为价值尺度选取哪一个名字并不重要。无论如何，我们都可以说，只要一个行动人实现了他的某一目的，他就增加了他的满意程度，或者他的满足程度，或者幸福，等等。反之，当某人认为自己的状况更糟糕了，他实现的目的越少，那么他的满足程度、幸福、福利等等，就下降了。

绝对没有度量幸福或者满意程度增减的可能，认识到这一点至关重要。不仅是不同人之间的满足变化无法度量、比较；就算是某一个人，也不可能度量其幸福程度的变化。要使任何度量成为可能，就必须有永久固定不变、客观给定的单位，这样其他的单位才可以与之比较。在人类评值领域并没有这样的客观单位。个人必须主观地判断某个变动的结果对他来说是更好还是更糟。他的偏好只能通过简单选择或者是排序的形式来表达。例如，因为他去听了音乐会而没有玩桥牌，他可以说"我情况更好了"或者"我更幸福了"（或者是打算去听音乐会的话，那就说"我的情况将会更好"），但如果他试图为他的偏好赋予单位并说"我选了这个而没有选择玩桥牌，我更幸福 2.5 倍"的话，那将是完全没有任何意义的。2.5 倍什么呢？不存在可以用于比较目的的幸福的单位，因此，也没有相加、相乘的单位。因而，价值不能被度量；价值或者效用不可以加、减，或者相乘。它们只可以被排序出更好或者更差。一个人可以知道他是否以及会否更快乐或者较不快乐，但绝不知道"更快乐多少"，他的快乐不可用可度量的数量来表示[1]。

所有行动都是以一个较不满意的状况换取一个更加满意的状况的努力。行动人发现（或者预期发现）自己处在一个不完美的状况，通过努力实现他欲求最迫切的目的，预期进入一个更好的状况。他无法度量其满足的增加，但他却知道自

[19]

———————

[1]　相应地，价值表中目的被排序的数字是序数的，而非基数的数字。序数只可被排序，它们不可用于度量过程。因此，在上述的例子中，我们最多只能说，去听音乐会的价值高于玩桥牌，而这两者中的任何一个的价值都高于继续观看棒球比赛。我们不能说去听音乐会的价值"两倍于"观看比赛；数字 2 与 4 并不能用于相加、相乘等等。

20 己的哪一个欲望比其他欲望更加迫切，他也知道他的状况何时得到了改善。因此，所有行动都涉及交换——以一种状况 X，交换为一个行动人预期更满意的状况 Y（也因此在他的价值表中排序更高）。如果他的预期是正确的，那么，在他的偏好表上 Y 的价值将会高于 X 的价值，则他在他的满足状况或者效用上获得了净增益。如果他的预期是错的，那么他所放弃的状况 X 的价值就会高于 Y 的价值，他也就遭受了净损失。这种心理上的收益（或者利润）和损失不可以单位的形式进行度量，但是，作为某个行动——交换的结果，行动人总是知道他是否获得了心理上的收益或者遭受了心理上的损失[①]。

人类行动人对手段的评值与他们对其相信的这些手段所能服务的目的的评值严格一致。很明显，消费财货是以人们预期它们所能满足的目的来在价值上排序的。例如，一个火腿三明治或者一栋房子所贡献享受的价值将决定人们眼中火腿三明治或者是房子本身的价值。生产者财货价值以它们在消费财货生产中的预期贡献来判断。较高级生产者财货的价值以它们在生产较低级生产者财货中提供的预期服务来判断。因此，那些用于实现较高价值目的的消费财货的价值，将会高于那些服务于实现较低价值目的的消费财货；而那些用于生产较高价值消费财货的生产者财货的价值，将会高于其他的生产者财货。因此，价值归属于财货的过程

21 程和生产过程的方向是相反的。价值来自目的，到消费财货，再到各种一级生产者财货，再到第二级生产者财货，以此类推[②]。价值的最初源头是行动人对目的进行的排序，这些排序之后按照消费财货和生产者财货预期的服务各种目的的贡献能力，将价值归属到消费财货，之后再到各级生产者财货[③]。

B. 边际效用规律

事物作为手段的价值，是以它们实现被行动人评值为较迫切或不那么迫切的目的的能力所决定的，这一点是显而易见的。人的行动所涉及的手段的每个物质单位（直接或者间接的）是单独被评值的。因此，行动人只对他具体行动所涉及的，或者他认为会涉及的手段的单位感兴趣。行动人并不是在总体的"煤炭"与"黄油"之间选择或评值，而是在特定单位的煤炭或黄油之间抉择。在选择得到

---

① 以下是一个因错误行动而招致损失的例子，某人去听音乐会，结果发现它一点也不愉快有趣。然后行动人意识到继续观看棒球比赛或者玩桥牌将会是更快乐的。

② 本书的很大部分在于揭示在一个复杂的现代经济体中，这种价值的归属过程是如何完成的问题。

③ 这是对困扰经济学界多年的财货价值来源的问题的解答。

母牛还是马匹的时候，行动人并不是在牛类与马类之间选择，而是在特定的单位之间选择——例如，两头母牛相对三匹马。具体行动涉及的每个单位是单独被评值的。只有当人的行动同时涉及几个单位时，它们才被整体评值。

评值特定单位不同财货所涉及的过程可以由下面这个例子来说明[①]。一个拥有两头母牛、三匹马的人必须要在放弃一头母牛或者是放弃一匹马之间做出选择。如果这样，他也许决定保留马匹，表明在现有库存状况下，对他来说一匹马的价值高于一头牛。另一方面，他可能会面临这样的选择：要么保留下他的所有母牛，要么保留住他的所有马匹。比如，他的马厩和牛棚可能着火了，他面临的选择是，只能救出一个棚子里的牲口。如果这样，可能对他来说两头母牛比三匹马更有价值，那么他就会选择去救母牛。在他的库存单位间选择时，行动人可能偏爱财货 X 胜过财货 Y，但当他必须在各种财货的整个库存间做出选择的时候，他可能会选择 Y。

这个根据所涉及的特定单位进行评值的过程，为困扰经济学家数百年的"价值悖论"问题提供了解答。价值悖论表述如下：既然"面包"明显比"白金"更有用，那么人们怎么会对面包的评值低过白金呢？答案是，行动人评值财货时并不根据抽象的类属，而是根据可得的特定单位。他并不想知道"整体的面包"对他来说价值是高还是低于"整体的白金"，而只关注，在现有给定的可得的面包与白金的库存情况下，对他来说"一块面包"的价值是否高于"一盎司白金"。因此，在大多数情况下，人们偏爱后者也就不足为奇了[②]。

如上所述，价值，或者效用不可以被度量，因此也不能相加、相减，或者相乘。这一点对同一财货的特定单位和对其他所有价值比较一样成立。例如，如果黄油是服务于人的目的的对象，我们知道，两磅黄油的价值会高于一磅黄油。这一点将会永远正确，直至满足人的欲望的黄油在数量上变得无限丰富，从而从一种手段变为人类福利的一般条件。即使那样，我们也不能说两磅黄油比一磅黄油"更有用或更有价值两倍"。

"某种财货的特定单位"这一关键概念包含着什么意思呢？在这些例子中，从行动人的角度来看，这些财货的单位之间是可以互换的。那么，在这种情况

---

① 参见路德维希·冯·米塞斯，《货币与信用原理》（New Haven: Yale University Press, 1953），第46页。

② 另参见 T. N. Carver，《财富的分配》（New York: Macmillan & Co., 1904），第4-12页。进一步关于可用库存规模对人们对特定单位价值评值的影响的讨论请见下文。

下，任何一磅黄油都与其他磅黄油被评值的完全相同。个人对母牛 A 与母牛 B 的评值相同，对他来说，选择救哪一头牛并无任何不同。同样，马 A、马 B 与马 C 也被评值为相等，行动人并不在意他必须选择的那匹马是具体哪一匹。当一种物品以这种方式，其每个同质的单位都可以提供相同的服务，我们就把这可得的库存称之为供给。一种财货的供给是指可得的特定单位，其中每单位都可以完全互相替代。上述的个人拥有两头母牛、三匹马的可得供给，以及数磅黄油的供给。

假如在行动人看来某一磅黄油比另一磅黄油品质更高，那会是什么情况呢？如果那样，从行动人的观点来看，这两磅"黄油"实际上是不同的财货，因而两者得到的评值也会不同。这两磅黄油现在是不同的财货，它们不再是同种财货的供给中的两个单位。同样，行动人一定是对每一匹马或者每头牛评值得一样。如果他偏爱某一匹马胜过其他的马，或者偏爱某一头牛胜过其他牛，那么，它们（马或牛）就不再是相同财货供给中的单位了。他的马彼此之间也就不再是可以互换的了。假设他对马 A 的评值高于其他的马而认为马 B 和马 C 毫无差别的话，那么他就拥有两种不同财货的供给了（先忽略牛）：即："A 级马——一个单位"，"B 级马——两个单位"。如果某个特定单位与其他所有单位的评值都不同的话，那么这种财货的供给就只有一个单位了。

24　　　　对人的行动而言有意义的不是财货的物质属性，而是行动人对该财货的评值，需要再次指出的是，认识到这一点非常重要。比如，一磅黄油与另一磅黄油，一头牛与另一头牛之间在物质形态上并无可见的差别。但只要行动人选择对它们评值不同，那么它们就不再是同种财货的供给构成了。

一种财货的供给单位彼此之间可互换并不意味着具体的每个单位实际上得到的评值也一样。当它们在供给中的位置不同时，它们得到的评值可能也确实会不同。例如，假设一个孤立的个人成功地找到了一匹马，接着第二匹，再找到第三匹。每一匹马可能都是一样的且彼此之间可以互换。第一匹马将用来满足一匹马所可以服务的最迫切的欲望；这一点是如下一条普适性真理的推论：行动是利用稀缺的手段去满足尚未满足的欲望中最迫切的那个。当找到第二匹马时，它就用于满足剩下的欲望中最迫切的那个。然而，这个欲望的排序一定是低于先前那匹马所满足的欲望的。同样，得到的第三匹马也许可以和其他两匹提供同样的服务，但它会用于满足剩下欲望中最高的那一个——然而，这一欲望还是比之前的欲望排序更低。

重要的考量是即将得到或者失去的那个单位与行动人已有的可得库存量之间的关系。比如，如果某财货（什么财货都可以）一个单位都没有，那么，第一个单位将会用于满足这种财货能够满足的最迫切的欲望。如果这一个单位的供给增加了第二个单位，那么后者就会被用于满足剩下的最迫切的欲望，但这个欲望比起第一个满足的欲望是不那么迫切的。因此，对行动人来说，第二个单位的价值就小于第一个单位的价值。同样，供给中第三个单位（加在原有的两个单位的库存上）的价值就会小于第二个单位的价值。对个人而言，选择哪匹马作为第一个，哪匹马作为第二个，或者哪几磅黄油用来消费并不要紧，但他所首先使用的那些单位会是他评值更高的。因而，对所有人的行动，随着某种财货的供应量（库存）的增加，所增加的那个单位的效用（价值）将会下降。

现在让我们从供给减少而非增加的角度来考察一下。假设一个人拥有 6 匹马（马与马之间可以互换）的供给。它们将被用于满足他的欲望。假设他现在必须放弃一匹马。这时的必然结果是：手段供应量较少就无法给他提供较大供应量所能提供的同样多的服务。这一条规律是财货是手段这个事实的推论①。所以，X 个单位的某种财货的效用总是大于 $X-1$ 个单位的效用。由于效用无法度量，断定某一价值比另外一种价值大多少也就是不可能的。现在，出现了这样一个问题：由于他被剥夺了一个单位，那么是哪一个效用，哪一个目的被迫放弃了呢？很明显，他放弃的是较大库存时可以满足的最不迫切的欲望。因此，如果这个人用一匹马骑乘取乐，而他认为这是六匹马所满足的欲望中最不重要的，那么，损失一匹马将会导致他放弃骑乘之乐。

供给的效用所涉及的原理可以用图 1.3 的价值排序来阐释。我们所考察的是任一手段，它都可以分成多个同质的供给单位，每一个单位都是可以互相转换的，都可以与其他单位提供同样的服务。就其所可以满足的目的来说，供给必定是稀缺的；否则它就不成其为一种财货，而是一种人类福利的一般条件。为了简化起见，我们假设手段可以满足 10 个目的，每单位手段能服务其中的一个目的。假如该财货的供给是 6 个单位，那么，对评值个人来说按重要性排在前面的 6 个目的就会得到满足。而排在第 7 位到第 10 位的目的则得不到满足。如果我们

25

26

---

① 只有当"财货"不是一个手段，而是一个人类福利的一般条件时，这一点才不成立。在那种情况下，对人的行动来说，减少一个单位供给不会带来任何不同。然而如果那样，它就不再是一个财货，也无须人的行动加以经济利用了。

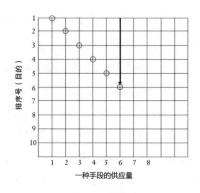

图 1.3　价值表

假设这些财货是相继得到的，那么，第一个单位就会用于满足目的 1，第二个单位就会服务于目的 2，以此类推，第六个单位就会用于目的 6。圆点显示的是各单位怎样被用于满足不同的目的，而箭头指的是这一过程发生的方向，即，最先供应最重要的目的，其次供应次重要的，以此类推。这一图表说明了前面所述的规律：较多单位供给的效用（价值）大于较少单位供给的效用；而随着供应量的增加，新增每一单位的效用越来越小。

现在，假设行动人面临这样的情况：他必须从他的库存中放弃一个单位。他的总库存就是 5 个而非 6 个单位了。很明显，他会放弃满足排序于第六的目的，而继续满足比较重要的目的 1—5。由于各单位之间可以互相替换，所以对他来
27 说，放弃 6 个单位中的具体哪一个是无关紧要的；这里的要点是，他将要放弃满足第六个目的。由于行动只关注现在与未来，而不关心过去的情况，因此对行动人来说，哪个单位是他之前最先获得的并不重要。他只计较现时的可用库存。也就是说，假设他之前获取的第六匹马（名字叫作"Seabiscuit"[①]）被他用于骑乘要乐。再假设现在他必须失去另一匹马（名曰"Man o' War"[②]），而这匹更早获得的马被用于（对他来说）更重要的任务——拉马车。他还是会放弃第六个目的，只需简单地把 Seabiscuit 从骑乘要乐转移到拉马车的目的上即可。之所以会这样是因为两个原因：各单位之间是明确的可以互相替换的，以及过去的事件不会对现在与未来的结果产生任何影响，行动人因之不予考虑。

———————

① 译注：Seabiscuit 是出生于 20 世纪 30 年代的一匹名驹，曾于赛马场夺冠。
② 译注：Man o' War 是 Seabiscuit 的祖先。

因此，行动人将放弃之前的库存（在这个例子中，是 6 个单位）所能够满足的排序最低的那个欲望。他必须考虑放弃的这一单位被称为边际单位。它是"处于边际上"的那个单位。这一库存所满足的最不重要的目的被称为边际单位所提供的满足，或边际单位的效用——简称为：边际满足，或者是边际效用。假如边际单位是一个单位的话，那么这一供给的边际效用就是损失这一个单位所要放弃的那个目的。在图 1.3 中边际效用在目的中排在第六。如果供给由四个单位组成，而行动人必须放弃一个单位的话，那么边际单位的价值，或者说边际效用，其排名就是第四。如果整个供给只有一个单位，而这个单位必须被放弃的话，那么边际单位的价值就是排名第一、排序最高的目的的价值。

现在我们能够完整得出上文揭示的重要规律了，只不过用一种不同的表述方式：财货的供给越多，其边际效用越低；财货的供给越少，其边际效用越高。这条经济学的基本规律是从人的行动的基本公理推导出的；这就是边际效用规律，有时候也被称为边际效用递减规律。这里再一次强调一下，"效用"并不是可以用于度量（比如相加、相乘等等）的基数的量。它只能是在人的偏好中以更高或更低的形式表示出来的排序的数字。

边际效用规律适用于所有财货，无论财货单位的大小如何。在具体的人的行动中，是要涉及财货单位的大小的，但不管怎样，这条规律都同样适用。比如，在某些情况下，行动人只能把一对马，而不是一匹马作为其库存增减的单位，那他就会建立一个新的、较短的目的排序表，其中涉及更少的供给单位数。那样，他仍会以相同的过程给每个目的指派手段，而如果他必须失去一个供给单位的话，他会放弃价值最低的那个目的。其目的就会用一对马而不是一匹马的用途来排序。

要是某个财货无法按照行动的意图分成若干同质的单位的话，又会如何呢？在人的行动中，确实有必须把财货看成一个整体来对待的情况。在这样的情况下边际效用规律还适用吗？这条规律当然适用，因为那时，我们就把供给看成是由一个单位构成的。这样的话，边际单位的大小就等于行动人所拥有或渴望拥有的整个供给的大小。边际单位的价值就等于整个财货所可以服务的排序第一的目的的价值。比如，如果一个人必须把他的 6 匹马整个库存处理掉，或者是一下获得 6 匹马的话，6 匹马就会被当作一个单位。他的供给的边际效用就等于 6 匹马作为一个单位所可以服务的排序第一的目的。

像上面那样的，如果我们把供应减少的情况改成供应增加的情况，我们回想起这种情况下得出的规律是：随着供给量的增加，每一个新增单位的效用减少。

28

29　　而这一新增单位正好就是边际单位。这样的话，如果供给不是从 6 匹马减为 5 匹，而是从 5 匹增加到 6 匹的话，新增马匹的价值就等于排序第六的目的——比方说是，骑乘娱乐——的价值。这与供应从 6 个单位降到 5 个单位的情况是一样的，同一个边际单位，有着相同的效用。因此，前面得出的规律只不过是边际效用规律的另一种形式。财货供给越大，其边际效用越低；供给越小，其边际效用越高。行动人考虑这些时，不管边际单位是从整个库存中减掉还是增加进去，这一规律都成立。如果某人的某财货供给量是 X 单位，而他考虑着增加一个单位，那么这个单位就是边际单位。如果他的供给是 X + 1 个单位，而他考虑着失去一个单位，那么这也是他的边际单位，其价值和前者是相同的（假定两种情况下他的目的以及目的的排序相同）。

　　我们已经探究了在人的行动中适用于每一种财货的效用规律。现在我们必须指出各种不同财货之间的关系。很明显，人的行动涉及不止一种财货。这一点已经被明确地证明过了，因为已经说明存在不止一种生产要素，因此也就存在着不止一种财货。图 1.4 说明了人的行动中不同财货之间的关系。这里要考虑的价值表所涉及的两种财货——X 和 Y。对每一财货，边际效用规律都成立，每一财货的供给与价值之间的关系由图表来展示。为了简单起见，我们假设 X 是马，Y 是母牛，该个人的价值表如下所示（水平线经过每一目的，以显示出两种财货所满足的目的排序之间的关系）：目的 Y-1 排序最高（也就是说，牛 1）；然后是 X-1，X-2，X-3（马 1，马 2 和马 3），Y-2，Y-3，X-4，Y-4，X-5，Y-5，X-6，X-7，Y-6，Y-7。

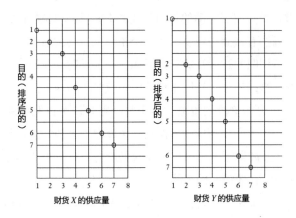

图 4　价格表

　　现在，这个人的价值表反映了他对这两种财货的各种选项的取舍选择。假设 30
他的库存是：$3Y$（母牛）和 $4X$（马匹）。他面临的选择是，要么放弃一头牛要么
放弃一匹马。他会选那个导致他损失尽可能价值最小的目的选项。由于每一财货
的边际效用等于他会被剥夺的最不重要的目的的价值，于是他会比较 X 与 Y 的边
际效用。在本例中，X 的边际单位排在 $X-4$ 的位置上，而 Y 的边际单位排序在 $Y-$
3 的位置上。然而，在他的价值表中，目的 $Y-3$ 的位置排序高于 $X-4$。因此，在
这个例子中，Y 的边际效用高于（或者是大于）X 的边际效用。由于他会放弃最
低可能的效用，那么他会放弃一个单位的 X。因此，面对在多种财货中放弃一种
财货的选择，他将会放弃在他价值表中有着最低边际效用的那个财货。设想另外
一个例子：他的库存是三匹马和两头牛。他的选项是放弃 1 个 X 或者 1 个 Y。在
本例中，Y 的边际效用排序在 $Y-2$，而 X 的边际效用排序在 $X-3$。但是在他的价
值表中 $X-3$ 的位置高于 $Y-2$，因此，这时候 Y 的边际效用低于 X。他就会放弃一 31
个单位的 Y。

　　如果此人必须在他的库存上要么增加一个单位 X，要么增加一个单位 Y，那
么相反的情况就会出现。比如，假设他的库存是四个单位的 X 和四个单位的 Y。
他必须在增加一匹马或者是一头牛之间做出选择。那么他将会比较所增加单位的
边际效用，即，还没得到满足的欲望中最重要的那一个的价值。那样，X 的边际
效用排序在 $X-5$；Y 的排序在 $Y-5$。但在他的价值表中，$X-5$ 的位置排在 $Y-5$ 之
上，因此他将会选择前者。因此，面临在诸种财货中增加单位的选择时，他就会
选择他价值表中边际效用最高的那一个。

　　另外一个例子：前面我们看到了，处于境况（$4X$，$3Y$）的一个人，如果面临
着放弃一个单位 X 或者一个单位 Y 的选择，他就会放弃一个单位的 X（它有着较
低的边际效用）。换言之，他偏爱境况（$3X$，$3Y$）胜于（$4X$，$2Y$）。现在假设他处
于境况（$3X$，$3Y$），面临的选择是增加一个单位的 X 或者一个单位的 Y。由于增
加的 X 的边际效用大于 Y 的，他就会选择增加一个单位的 X，以达到境况（$4X$，
$3Y$）而不是（$3X$，$4Y$）。读者可以推算出行动人库存所有可能的组合情况下的假
想选择。

　　很明显，在选择放弃（或者增加）X 还是 Y 的这个行动中，实际上，行动人
必须把两种财货放在一个统一的价值表上。如果他不把 X 和 Y 放在同一个价值表
中比较的话，他就无法确定 X 的第四个单位的边际效用高于 Y 的第四个单位的
边际效用。在多于一种财货之间做出选择的行动，这一确定的事实就意味着，这

些财货一定是排序在行动人的同一个价值表上以进行比较的。行动人也许不会也确实不能度量出效用间的差异，但是他必须要在同一个价值表中对所有财货做出排序。这样，我们实际上得以把由两种手段所服务的目的在一个如下的价值表中排列：

32

目的（排序）

1— Y-1
2— X-1
3 — X-2
4— X-3
5 — Y-2
6 — Y-3
7 — X-4
8— Y-4
9— X-5
10 — Y-5
11— X-6
12— X-7
13 — Y-6
14— Y-7

这一原理可以从两种财货扩展到任意数量的财货。不管有多少种财货，某个人都会在其库存中拥有具体单位的财货组合。他也许面临着放弃一个单位的某种他可以选择的财货。通过把各种财货和相关单位所服务的目的进行排序，行动人将会放弃对他来说边际效用最低的单位财货。同样，给定任一财货组合的库存，并面临着增加一个单位的可用财货的选择，行动人将会选择增加边际效用最高的财货。换句话说，所有财货都按照它们所服务的目的在同一个价值表中被排序。

如果行动人一个单位的某种财货都没有的话，也并不会影响这条原理的成立。比如，假如他手里一个单位的 X 或 Y 都没有，而他必须选择增加一个单位的 X 或者一个单位的 Y 的话，他就会选择边际效用最大的那一个，在本例中是 Y。

33

这一原理很容易推广到有 n 种财货的情形里。

这里必须重申的是，价值表并不会脱离具体行动的选择而凭空存在。比如，如果行动人拥有库存（3X，4Y，2Z，等等），而他从中增加和减少的选择在此背景下发生，他并不需要为自己构想出一个假想的价值表以决定在库存是（6X，8Y，5Z，等等）的情况下他该如何选择。没有人可以肯定地预测他的选择，除了可以确定它们必然符合边际效用规律，这是行动公理的推论。

上面所提到的价值悖论的解释现在完全清楚了。如果一个人偏爱一盎司的白金胜过偏爱五条面包的话，他是在可得供给的基础上在两种财货的单位数量间选择。以可得的白金与面包供给为基础，一单位白金的边际效用大于一单位面包的边际效用[①]。

6. 生产要素：回报律

我们已经得出了以下结论：任一财货的每一单位的价值等于它在该时点的边际效用，而这一价值是由行动人欲望排序表与其可得的财货供应之间的关系所决定的。我们知道财货有两种类型：消费财货（它直接地服务于人的欲望）和生产者财货（它辅助生产过程并最终生产出消费财货）。很清楚，消费财货的效用是其所直接服务的目的。生产者财货的效用是其在生产消费财货时所做出的贡献。伴随价值从目的归属到消费财货，到各级生产者财货，任一生产者财货的效用是其对产成品（较低级生产者财货或者是消费财货）的贡献。

正如上面所论述，消费财货必须被生产出来这一事实意味着生产要素的稀缺性。如果每一阶段的生产要素都是不稀缺的，那么下一个较低级的阶段将有无限数量的可用生产要素。同样，我们得出结论：在每一个生产阶段，其产品都必须由一种以上的稀缺的高级生产要素生产出来。如果生产过程只需要一种要素的话，那么生产过程本身就不再是必要的了，而可得的消费财货也就会无限丰富。因而，在每一个生产阶段，产成财货都需要由一种以上的要素辅助生产出来。这些在生产过程中合作的要素被称为补足要素。

生产要素像消费财货一样以同质供给的单位可以得到。行动人以什么原则来

34

[①]　关于边际效用整个问题的讨论，参见欧根·冯·庞巴维克的《资本实证论》（译注：此书中译本书名误译为《资本实证论》，原书名中 positive 是正面的意思，并无实证的含义。）（New York: G. E. Stechert, 1930），第 138-165 页，特别是第 146-155 页。

评值一个单位的生产要素呢？如果他必须放弃某一单位要素，他就必须放弃一定的产品，他会基于评值为最不重要的产品供给的一个单位来评值这一单位的要素。换句话说，他对每一要素单位的评值会等于其边际单位所提供的满足——在此处就是它的边际产品的效用。边际产品指的是损失一个边际单位要素而要放弃的产品；而它的价值，要么由下一个生产阶段的它的边际产品决定，或者，如果它是一个消费财货的话，就由它所满足的目的的效用来决定。因此，一个单位的生产要素被赋予的价值就等于它的边际产品的价值，或者是它的边际生产力。

由于人希望尽可能多地满足他自己的欲望，也希望在尽可能短的时间内满足欲望（见上文），那么，在生产的每一个阶段他都会努力使用固定单位的生产要素生产最多的产品。只要财货是由同质的单位构成的，它们的数量就可以以这些单位来度量，当它们的供给过多或过少时，行动人是可以知道的。因此，尽管价值和效用不可以度量，不能加减乘除，等等，但是某个供应中同质的单位的数量却是可以度量的。一个人知道他有多少匹马或者多少头牛，他也知道四匹马在数量上两倍于两匹马。

假设一个产品 P（可以是生产者财货也可以是消费财货）是由 X, Y, Z 这三个补足的要素生产出来的。这些都是更高级的生产者财货。由于财货的供应在数量上是可以确定的，而且因为本质上数量化的原因将导致可以数量上观察到的结果，我们便总可以说：a 数量的 X，混合 b 数量的 Y 以及 c 数量的 Z，生产出 p 数量的产品 P。

现在，让我们假设保持数量 b 和数量 c 不变。那么数量 a 和由此得出的 p 的量可以自由改变。实现 p/a 最大值的 a 的值，即，对该要素的产品的最大平均回报，被称为 X 的最优量。回报律表述如下：补足要素的量保持不变的话，对可变要素而言始终存在着一个最优量。如果可变要素的数量从最优量增加或者减少的话，那么平均单位产量（p/a）也会随之降低。降低的数量程度视乎每个情形中的具体情况而定。在低于最优数量时，随着可变要素的供应增加，可变要素的产品平均回报会增加；在高于最优数量时，它就会下降。由于在最优点上回报会最大，因此，上述情形也称作回报递增和回报递减状态。

这个最优点一定会存在这条规律可以由反证法得以证明。如果没有最优点的话，平均产品就会随着要素 X 的增加而无限制地增加。（随着要素数量的减少，它却不能无限制地增加，因为要素量为 0 的时候，产品量也会为 0。）然而，如果只增加 a 就可以一直增大 p/a 的话，这就意味着，只需要增加 X 的供应就可以获得任意欲求数量的 P 了。这也就意味着要素 Y 和 Z 的供应比例能够减小到非常小；而它们供应下降的影响可以由增加 X 的供应来弥补以增加生产。这也就表示，要素 X 可以完全地替代要素 Y 与 Z，那么，只要要素 X 充裕的话，后两者的稀缺对行动人来说将不再是个问题。然而，它们的稀缺性无关紧要也就意味着 Y 和 Z 不再是稀缺的要素了。只剩下一个稀缺的要素 X。但是我们已经知道，在每一个生产阶段都会存在不止一种要素。因此，多种生产要素共存本身就意味着每一要素的产品平均回报必定有一个最大的，或者说最优的值。

在某些情形中，要素的最优量可能是生产过程中可以有效协作的唯一数量。例如，就像大家所熟知的化学方程式，两个氢和一个氧恰好可以产生一个单位的水。如果氧的供给固定为一个单位，那么，只要氢的供应小于两个单位，就完全无法产生任何东西；而超过两个单位的氢则完全是浪费的。两个氢配一个氧这样的组合不仅仅是最优的组合，也是生产过程中氢起作用的唯一的量。

对一个可变量要素来说，平均产出和边际产出的关系可以通过表1.1中假设的例子来说明。这是一个可变量要素回报的假想图，其他要素固定，而回报量则

表 1.1

要素Y b单位	要素X a单位	总产品 p单位	平均 单位产品 p/a	边际产品 $\Delta p/\Delta a$
3	0	0	0	...
3	1	4	4	4
3	2	10	5	6
3	3	18	6	8
3	4	30	7.5	12
3	5	40	8	10
3	6	45	7.5	5
3	7	49	7	4

随着可变量要素的变化而变化。直到 X 为 5，产出达到峰值 8 个单位之前，平均单位产出一直在增加。对可变要素来说，这就是它的最优点。边际产出是由于边际单位的增加而引起的总产出增加的量。对要素 X 任何给定单位的供给，失去一个单位的 X 会引起总产出的减少量就等于边际产出。

37   例如，如果 X 的供应从 3 个单位增加到 4 个单位，而总产出从 18 个单位增加到 30 个单位，那么这增加的 12 个单位就是 X 处于 4 个单位时的边际产出。同样，如果 X 的供应从 4 个单位减少到 3 个单位，总产出一定会从 30 个单位减到 18 个单位，那么边际产出还是 12 个单位。

很明显，产生最优平均产出的 X 的量并不一定就等于产生该要素最大边际产出的量。通常情况下，边际产出比平均产出先达到其峰值。要素的平均产出以及其边际产出之间所固存的数学关系是这样的：在平均产出增加（回报递增）时，边际产出大于平均产出。相反地，当平均产出减少（回报递减）时，边际产出小于平均产出[1]。

38   其结论是，当平均产出最大时，它等于边际产出。

很清楚的是，当只有一个可变量要素时，行动人很容易确定适合该要素产生最优回报的要素比例。然而，如果所有的要素供应量都是可变的，那么行动人如何制定一个最优的要素组合呢？如果 X, Y, Z 的一个组合可以产生 X 的最优回报，而另一个组合则产生 Y 的最优回报，以此类推，那么行动人该怎么决定选择哪一个组合呢？因为在数量上他无法比较 X 与 Y 和 Z 的单位，他怎么才能决定这些要素的最优比例呢？这是人的行动的一个根本问题，我们将在后续内容里探讨解决方法。

7. 生产要素：可转变性与评值

生产要素是依照它们预期中对最终消费财货的生产所起到的贡献来被评值的。然而，各要素的专用性程度（即，要素可以用于生产的提供服务的消费财货的多样性）是不同的。某些财货是完全专用性的——只能用于生产一种消费财货。比如在古代，曼德拉草的提炼物被认为可以治疗疾病，因此曼德拉草是一种完全专用的生产要素——它只用于这一个目的。当人们的观念改变时，曼德拉草

---

[1] 其代数证明，参见乔治·斯蒂格勒的《价格理论》(*New York*: *Macmillan&Co.*, 1946)，*pp.* 44-45。

被认为毫无用处，这种草也就完全失去了它的价值。其他生产者财货可能是相对来说非专用性的，它们可以用作多种用途。它们绝不会是完全非专用性的——那等于说，它们可以用于生产所有的消费财货——因为如果那样的话，它们就变成了一般的福利条件，可以无限制丰富地用于所有目的，也就无须经济地使用它们了。然而，稀缺的要素（包括相对而言非专用性的要素）必须被用于满足最迫切的用途。正如消费财货的供给会先满足最迫切的欲望，后满足第二迫切的欲望一样，以此类推；在生产消费财货的时候要素的供应将被行动人最先分派到最迫切需要它们的地方，然后分派到较不迫切的用途，以此类推。某个要素供应损失一个单位，将会导致它现在所能满足的最不重要的用途被放弃掉。 39

　　一个要素的专用性越小，那么，它从一种用途到另一种用途的可转变性就越大。由于曼德拉草不能移作他用，所以失掉了它的价值。而像铁或者木材这样的要素，却可以轻易转到很多其他的用处上。一方面，如果某类消费财货被废弃掉，钢铁产出可以被转换到另一条消费财货的生产线上。另一方面，一旦钢铁原料被制造成一台机器，它就不可以那么灵活地转换用途了，而常常是彻底专用于这种机器所制造的产品。当要素由于消费财货的价值降低而大幅损失其价值时，如果可能的话，它们会被转换到其他拥有较大价值的用途上去。如果没有更大用处的地方以供该要素转移的话，那么，就算其产品的价值降低了，它仍然会搁置在这条生产线上；或者，假如消费财货没有任何价值的话，就会全部停止该要素的使用。

　　举例言之，一方面，假设雪茄作为一种消费财货突然失去了它们的价值，它们不再为人们所欲求了。那些制造雪茄的机器不能移作他用，因此变得毫无价值。然而，烟叶会失去一部分价值，但是它们可以被转换到香烟的生产上去，因此价值损失会很小。（尽管部分土地可以回收利用，从烟叶的种植转换到棉花的种植生产。然而，对烟草欲求的失去仍将会导致其生产要素的价值大幅度地损失。）

　　另一方面，假设，在雪茄失去其价值之后的某个时刻，这种商品又重新得到了公众的青睐，恢复了其先前的价值。已经被认为是毫无价值的制造雪茄的机器将会重新获得其失去的价值。同时还有烟草、土地等等，从雪茄转换到其他用途 40 的要素将会又回到雪茄的生产中来。这些要素的价值会增加，但是和之前失掉价值时一样，它们的幅度没有那些完全专用性要素大。这些例子说明了这样一条一般性规律：产品价值的变动对专用性要素所造成的影响大于对相对非专用性要素所造成的影响。

为了进一步说明可转变性和评值之间的关系，让我们假设有这样的补足要素：10 个 X、5 个 Y 和 8 个 Z 可以生产出 20 个 P 的供应。首先，假设这些要素都是完全专用性的，没有一个要素可以被其他的要素代替。然后，如果失去了某个要素的供应（比如说 10 个 X），那么就会损失所有产品，而其他的要素也就变得没有价值了。如果那样，那个要被放弃或失去的要素的价值等于全部产品——20 个 P 的价值，而其他的要素价值为 0。一个由完全专用的要素所生产的例子是一双鞋子；失去一只鞋的价值就相当于失去整双鞋的价值，因为如果丢掉一只的话另一只鞋子就会变得毫无价值。因此，10 个 X、5 个 Y 和 8 个 Z 的要素联合生产一个产品，假设其价值排在行动人价值表的第 11 位上。失去一个要素，其他的补足要素就会变得完全没有价值。

其次，现在让我们来假设每种要素都是非专用性的：10 个 X 可以被用于另一条生产线上生产另一个产品，比方说，这种产品在价值表上的排序是第 21 位，5 个 Y 在另一个用途中可以生产出排在行动人价值表第 15 位的产品，而 8 个 Z 可以用于生产一个排在第 30 位的产品。在这种情况中，失去 10 个 X 将意味着不能满足排序第 11 位的欲望，Y 和 Z 将被转移到它们的第二大价值的用途上去，排序于第 15 位和第 30 位的欲望将会被满足。我们知道，行动人总是偏爱满足第 11 位的欲望胜过满足第 15 位和第 30 位的欲望；否则的话，要素就不会首先用于生产 P。但是，现在价值并没有全部损失掉，因为其他的要素仍然可以在其他的用途上产生回报。

41　可转换要素被分派到不同生产线上所遵循的原则与消费财货被分派到它们所服务的不同目的的原则是相同的。每个单位供给会被分派到满足那些尚未满足的最迫切的欲望当中去，即其边际产品价值最高的地方。损失一个单位要素将只会使行动人不能满足其现在可以满足的最不重要的用途，即，边际产品价值最低的那个用途。这种选择和前面所讲的例子中比较一个财货与另一个财货的边际效用类似。考虑所有用途，排序最低的边际产品就会被当作是该要素任一单位的边际产品的价值。因此，在上面的例子中，假设 X 是有多种不同用途的可转换要素。如果一个单位的要素 X 的边际产品是 3P，另一种用途中其边际产品是 2Q、5R 等等，那么行动人就会把 X 的这些边际产品放在他的价值表中排序。假设其排序是这样的：4S，3P，2Q，5R。在这种情况下，假设他要舍弃一个单位的 X。他就会放弃用来生产 R 的一个单位 X，因为其边际产品排序最低。就算这种损失发生在 P 的生产中，他也不会放弃 3 个 P，而是把一个单位的 X 从较低价值的用途 R

的生产中移出，并损失 5 个 R。因此，正如行动人宁愿放弃骑马兜风，而不会舍弃马车拉货，他会把马匹从前者转移到后者的用途中；那么他（举例言之）失去了一捆用于盖房子的木材，他就会放弃对他来说较低价值的服务——比如说，做个雪橇——中所用到的一捆木材。因此，一个单位的某要素的边际产品价值就等于它的边际用途的价值，即，边际产品在他的价值表上排序最低的要素所提供的服务。

现在，我们可以进一步看清楚，如果产品是由专用性要素和可转变要素生产的，为什么随着 P 的价值变化或它的生产条件变化，可转变要素的价值变化少于专用性要素，这个一般规律是成立的。一个单位可转变要素的价值并不是由它在一种产品中的利用情况所决定，而是由考虑它服务的全部用途的边际产品价值决定。因为一个专用要素只能用于生产一种产品，它的价值就只等于那种产品的边际产品的价值。所以，在评值的过程中，在任何给定的生产过程中，专用要素都比非专用要素对环境变化反应更加敏感[①]。

和最优比例的问题一样，由消费财货到生产要素的价值归属过程会引发许多的疑问，这些问题留待下文讨论。由于不能拿一个产品和其他产品进行比较，而不同要素单位间也不能比较，那么，在现代经济中，涉及无数种产品及其对应的可转变、非可转变要素的生产结构异常复杂，价值是如何进行归属的呢？我们将会看到，对孤立的鲁滨孙式的行动人来说，价值归属是容易的，但在一个复杂经济体中，要实现这种价值归属和要素的分派过程都需要特定的条件。特别是，产品与要素的不同单位必须是（当然，不是价值上）可度量和可比较的。

8. 生产要素：劳动 VS 闲暇

在最欲求的产品间安排生产和在一种产品与另一种产品间度量的问题可以暂置一边。显而易见，每一个人都渴望最大化单位时间内他所生产的消费财货。他试图尽可能多、尽可能早地满足他的重要的目的。但是为了增加他的消费财货的生产，他必须减少稀缺生产要素的稀缺程度；他必须让这些稀缺要素的可得供给增加。自然赋予的要素受限于他所处的环境，因此是不能增加的。这使得他只能

---

① 若想在这一论题上进一步阅读，参见庞巴维克的《资本实证论》，第 170-188 页；哈耶克的《科学的反革命》，第 32-33 页。

选择要么增加他的资本财货的供给，要么增加他的劳动耗费。

也许有人会说，还有一种提高产量的方式：改进其生产所欲求财货的技术知识（改善他的制法）。然而，制法仅仅是设定了其生产所能增加的外部极限；实际的增长只能通过增加其生产要素供应来达到。因此，假设鲁滨孙赤手空拳地来到一座荒岛。他也许是一个能干的工程师，拥有满腹用来为自己建造一座大厦所需的知识。但是，没有必要的可用要素供应，仅有这些知识还不能够建造出大厦来。

那么，增加每单位时间生产的一种方法就是增加他的劳动耗费。然而，这种增加的可能性首先严格受限于现存的人的数量和每天小时数。其次，它受限于每个劳动者的能力，而这种能力是因人而异的。而最后，劳动的供给还有第三个限制：不管工作本身是否让人获得满足，劳动都伴随着一种可欲求财货——闲暇的丧失[1]。

我们可以想象这样一个世界：在其中，闲暇不是可欲的财货，而劳动仅是一种需要经济使用的稀缺要素而已。在这样的世界中，全部的可用劳动的供给将会等于人们能力允许的可以耗费的劳动总量。每一个人都急于尽最大可能的努力去工作，因为增加工作会导致所欲的消费财货的生产增加。除维持和保存工作能力的必要时间以外的全部时间都将用于劳动[2]。这样的一种情形是可以想象的，而基于此的经济分析也是可行的。然而，从经验的观察我们知道对人的行动而言，这样的情形是非常罕见的。对于几乎所有行动人来说，闲暇都是消费财货，会与预期中可以获得的其他的消费财货相权衡，那些其他消费财货包括可能从劳动中获得的满足。一个人劳动越多，他可以享受的闲暇就越少。因此，增加劳动就会减少可用的闲暇的供给及其带来的效用。所以，"人们只有在他们认为劳动产出的价值高于缩减闲暇所导致的满足的减少的时候才会去工作"[3]。在自愿进行在生产性活动上的能量耗费中，劳动所带来的满足"回报"可能包含劳动本身带来的满足。当劳动中不存在这样的满足时，那就只是预期中劳作所带来产品的价值与舍弃闲暇的负效用——舍弃的闲暇所带来的效用相比较。当劳动本身就提供内

---

[1] 这是本章中第一个不是由行动公理所推论出来的命题。它是一个辅助性的假设，是基于对实际的人的行动的经验性观察。它并不是由人的行动所演绎出来的，因为它的反面是可以想象的，尽管一般来说并不存在。另一方面，上面所说的因果之间的数量关系的假设在逻辑上就已经暗含在行动公理当中了，因为确定的因果关系的知识对任何一个行动决策来说都是必不可少的。

[2] 参见米塞斯的《人的行动》，第131页。

[3] 同上，第132页。

在满足时，其产品所产生的效用包括劳动本身所提供的效用。然而，随着劳作量的增加，劳动本身所提供满足的效用在降低，而继之的最终产出单位的效用也会降低。随着劳动量与最后产出量的增加，它们的边际效用都会减少，因为这两种财货都适用边际效用的普遍规律。

在考虑耗费他的劳动时，人不仅考虑劳动所能服务（其他要素也是如此）的价值最大的目的，这些目的可能包含由生产性劳动本身所带来的满足，他还要权衡为了获取消费财货——闲暇——而需要避免劳动支出的可能。闲暇，像任何其他财货一样，适用边际效用规律。第一个单位的闲暇满足他的最迫切的欲望；下一个单位的闲暇服务于一个次之的高价值的目的；第三个单位就服务于更低价值的目的，以此类推。随着供给的增加，闲暇的边际效用降低，而这一效用等于他失去一个单位闲暇所要放弃的目的的价值。但是在那种情况中，随着劳作数量的每一次增加，工作的边际负效用（以闲暇的放弃表示）也在增加。

在某些情形中，劳动本身可能是极其令人不快的，不仅仅是因为闲暇的失去，还由于特定劳动所依存的特定环境让行动人觉得不适。在这些情况中，劳动的边际负效用包括由于这些环境所产生的负效用加上由于闲暇失去所带来的负效用。与失去的闲暇一样，劳作之痛苦因为能够带来的最终产品而得以忍受。随着用于劳动的时间增加，特定工作带来的不快可能会加强，而并不足以抵消由于失去的闲暇越来越多所带来的边际负效用的增加。

因此，对每个人和每种劳动，需要权衡该努力的预期产品的边际效用与对最终产品和放弃的闲暇的评值，还有该努力的边际负效用，这负效用包括工作本身带来的满意或不满意。劳动本身可能带来积极的满足，也可能带来纯粹的痛苦或者不适，或者它可能是中性的。然而，如果劳动本身提供的是积极的满足，这种满足就和获得最终的产品的期望纠缠在一块，不能分离开来。没有最终产品，人就会觉得他的劳动毫无意义、没有用处，而劳动本身就不再提供积极的满足了。那些纯粹的为活动而活动不是劳动，而是玩乐，它们本身就是消费财货。作为一种消费财货，玩乐像所有财货一样适用边际效用规律，而用于玩乐所耗费的时间将会被用来和可以获取的其他财货的效用相比较①。

---

① 闲暇是全部没有用于劳动的时间，而玩乐可以被视作能带来满足的一种形式的闲暇。关于劳动和玩乐，参见弗兰克·A. 费特的《经济学原理》（New York: The Century Co., 1915），第 171-177 页，第 191 页，第 197-206 页。

因此，在耗费劳动时间时，人会权衡劳动所带来的负效用（包括放弃的闲暇加上源于劳动本身所带来的不适）与他使用该时间生产所欲的财货所贡献的效用，也就是边际产品的价值（包括了未来财货和工作本身所带来的快乐）。每小时，他都会把他的努力用在他的价值表中边际效用排序最高的那个财货上面。如果他不得不放弃一个小时的劳动，他就会放弃在他价值表中边际效用排序最低的那个单位的财货。任何时候，他都会在他的价值表上比较产品的效用以及进一步工作的负效用。我们知道，随着一个人所花费的努力的增加，其努力获得的财货的边际效用会下降。另一方面，每新增一份努力，这份努力的边际负效用都会继续增加。因此，只要劳动回报的边际效用超过了辛苦劳作的边际负效用，人就会花费时间劳作。当劳动的边际负效用大于辛苦努力获得的财货的边际效用时，人就会停止工作[①]。

47　　那么，随着人所消费的闲暇的增加，闲暇的边际效用会下降，而其所放弃的财货的边际效用会增加，直到所放弃的产品的边际效用变得大于闲暇的边际效用时，这个行动人就会重新开始工作。

这个对劳作规律的分析是从行动公理的推论以及闲暇是一种消费财货这一假设推论而来的。

9. 资本的形成

既然自然赋予的元素受人所处的环境的限制，而他的劳动受劳动的可用供给量及其负效用的限制，那么增加每单位时间内他的消费财货的生产就只有通过增加资本财货的数量这一种方式了。要提高他的生产力，他必须从未受协助的劳动和自然开始，将其劳动力混合进自然元素以形成资本财货。这些财货并不能直接服务于他的欲望，而必须通过进一步的劳动转化为较低级的资本财货，并最终成为所欲求的消费财货。

为了清晰地阐明资本形成的性质以及资本在生产过程中的地位，让我们从假想的荒岛上的鲁滨孙·克鲁索这个例子开始推演吧。我们假设，鲁滨孙着陆后发现没有任何资本财货可资利用。可资利用的东西只有他自己的劳动以及自然赋予他的元素。很明显，没有资本，他只能满足极少数他所选择满足的最迫切欲望。

[①]　参见 L. 阿尔伯特·哈恩的《常识经济学》（New York: Abelard-Schuman, 1956），第 1 页及之后页。

我们假设在没有资本的协助下，仅有的可用财货是莓果和闲暇。假设他可以在一个小时内采摘到 20 颗可以食用的莓果，而在此基础上，每天要工作 10 小时来采摘莓果并享受 14 小时的闲暇。很清楚，没有资本的协助，这仅有的可以为他所消费的财货是那些生产期最短的财货。闲暇是一种几乎可以瞬间就生产出来的财货，而莓果则需要一个相当短的生产期。20 个莓果需要一个小时的生产期。对他来说，除非他获得资本财货，否则他是无法得到较长生产期的财货的。

通过使用资本，较长期的生产过程使得生产力有了两个方面的提升：（1）它们可以在每个单位时间内生产出更多的同一财货；（2）它们可以让行动人消费到那些在较短期的生产过程中根本无法得到的财货。

举个第一方面提高生产力的例子，鲁滨孙可能会觉得，如果他能用一根长棍子的话，他就可以从树上打下大量的莓果而不是徒手去采摘。用这种方式，他就能够把他每小时的产量增加到 50 个莓果。他要怎样才能获取这样一根棍子呢？很明显，他必须花费劳动以获取材料，转化它们，把它们做成棍子的形状，等等。我们假设，完成这项任务需要 10 个小时。这意味着，为了获取这根棍子，鲁滨孙必须放弃 10 个小时的消费财货的生产。他要么牺牲 10 个小时的闲暇，要么牺牲 10 个小时采摘莓果（每小时采摘 20 个，也就是 200 个莓果）的时间，或者是牺牲掉二者兼而有之的组合。他必须牺牲 10 个小时的消费财货的享用，并且耗费他的劳动以生产出一件并不能直接为他所用的资本财货——棍子。只有在耗费 10 个小时完成任务后，他才能用这一资本财货作为一个间接的协助手段来帮他进一步生产。在此期间，他必须放弃他的欲望满足。他必须限制他 10 个小时的消费，并在此期间把他的劳动从生产直接用于满足的消费财货转移到资本财货的生产当中，而资本财货只有在未来才能发挥它们的用处。消费的节制被称为储蓄，而把劳动和土地转移到资本财货的形成的这一过程则称之为投资。

现在我们清楚了资本的形成过程。决定是否限制他的消费并投资到资本财货的生产中，行动人必须权衡下述因素：较长生产过程所增加的生产力所产生的效用是否高过我为了获取未来的消费财货而必须牺牲的现在的财货的效用？我们已经在前文知道了时间偏好这一普遍的事实——人总是偏爱较早而非较晚得到欲望满足。行动人想要在每单位时间获得更多的满足，但事实是，要做到这一点，他必须放弃现在的满足以增加未来的生产，在这里行动人必须在两者间求得平衡。他偏好现在胜过未来说明了等待对他来说是负效用的，而这一负效用需要与由资本财货和较长生产过程最终所带来的效用相比较。他怎么做决定取决于他的价值表。举例言之，有可能他觉得棍子只能每小时给他带来 30 个莓果，且需要 20 个小时制造棍子，那么他就不会做这样的储蓄－投资决策了。相反，如果制造棍子需要 5 个小时，而有了棍子后每个小时可以给他带来 100 个莓果的话，他可能就会很乐意做出这样的决定了。

如果他决定投资 10 个小时以增加他的资本财货，就有很多方式来节制他的消费。正如前文所述，他可以节制莓果和闲暇组合的消费。为了简便起见，先不管闲暇，那么他可能会决定一次性拿出一整天，一个莓果都不生产，在这一天内完成棍子的生产。或者，他也许会决定采摘莓果 8 个小时而非 10 个小时，并且把一天中剩余的 2 个小时用于制造棍子，在这种情况下，棍子的完工需要花 5 天时间。他选择哪一种方案取决于价值表的特征。无论哪一种情况，他都必须节制 10 个小时劳动所值的消费——200 个莓果。他节制消费的比率取决于他提高生产的迫切程度与他想保持现时莓果供应的迫切程度的比较。

理论上，先劳动获得消费财货，再积累消费财货，然后再全时劳作于资本财货，这种方式与同时从事资本财货和消费财货的生产的方式之间基本上没有什么区别。然而，在其他条件相同的情况下，其中一种方式很可能会被证明是具有更高生产力的。例如，如果行动人可以持续不断地专注于一个任务，他可能就会耗费较少的时间来完成它。如果那样，他就会倾向于选择前一种方式。相反，如果积存莓果会导致莓果腐败变质的话，就会导致他选择后一种方式。在他的价值表中，各种因素将会得到权衡，并最终影响他的决定。

我们假设鲁滨孙做出了他的决定，5 天后，他开始使用棍子。那么，在第六天及此后，每天都会产出 500 个莓果，而他也收获了他在资本财货中所做投资的果实。

鲁滨孙可以用他提高了的生产力去增加他的闲暇时间，也可以增加他的莓果的产出。例如，他可能会决定把他的每天劳动量从 10 个小时缩减到 8 个小时。由于有棍子，鲁滨孙每天的莓果产量可以从 200 个增加到 400 个，同时，他每天的闲暇时间将从 14 个小时增加到 16 个小时。很明显，鲁滨孙可以把他提高的生产力以多种组合的形式分配到财货本身的产出增加和闲暇的增加上去[1]。

比起提高每单位时间的产量来，更重要的是，资本的作用在于可以让人获得

---

[1] 在这个意义上，棍子可以被称为"节约劳动的工具"，尽管这一术语是有所误导的。仅仅就行动人选择以闲暇的形式来享受提高的生产力的意义上，才可以称之为"节约劳动"。

他本来根本没有办法得到的财货。一个较短的生产期能让克鲁索获得闲暇和一些莓果，但是没有资本的协助，他就完全无法实现任何其他的愿望。要获取肉的话，他就必须有一把弓和箭；要获取鱼的话他就必须有一个鱼竿或者网，要弄到一个庇护之所他就必须有原木材料或者帆布，以及一把砍木头的斧头。要满足他的这些欲望，他就必须克制自己的消费并且把他的劳动投资在资本财货的生产上。换句话说，比起采摘莓果来，他必须着手更长的生产过程；在他可以利用资本财货来生产消费财货之前，他必须先拿出时间来生产资本财货。每一次他下决定着手形成资本，都是他在其价值表上权衡了预期中提高后的生产力所带来的效用，和他对现在的满足相对于未来满足的时间偏好所带来的负效用的结果。

51

很明显，每个人对现时财货的偏好，成为阻止其无休止地将土地和劳动投资于资本财货的原因。其他条件相同，如果人不是偏好现在的满足胜过未来的满足的话，他就永远也不会消费；他就会把所有时间和劳动都投入在提高未来财货的生产当中。但是"永不消费"是荒谬的，因为所有生产的目的都是消费。因此，任何时候，只要他们关于制法的知识允许，所有人都会投资较短的生产期以满足他感觉最为迫切的欲求；更进一步的资本形成将会需要较长期的生产过程。在其他条件（即尚未满足的欲望的相对迫切程度以及行动人的制法知识）相等的情况下，任何进一步的投资，其生产过程都会比现在正进行的生产过程更长。

这里，需要重点了解的是，"一个生产期"不仅仅包括在制造实际资本财货上耗费的时间，而是指从生产资本财货伊始到消费财货被生产出来的等待时间。在棍子和莓果的例子当中，这两个时间是同一的，但这仅仅是因为棍子是第一级资本财货，也就是说，它距离消费财货的产出，只有一个生产阶段。让我们举一个更复杂的例子——鲁滨孙为了砍伐木材帮自己建造一个房子而制作一把斧头。鲁滨孙必须判断他将得到的房子值不值得其间他所放弃的消费财货。比方说，鲁滨孙要花费 50 个小时制造一把斧头，之后，在斧头的帮助下，他要再花费 200 个小时去砍伐并运输木材以建成房子。现在鲁滨孙需要决策的较长生产过程有三个阶段，总共 250 个小时。首先，劳动和大自然生产出了斧头——二级资本财货；然后，劳动加上斧头再加上自然赋予的元素，生产出了原木——一级的资本财货；最后，劳动和原木混合在一起生产出了所欲求的消费财货——一栋房子。这个生产过程的长度就是从行动人必须开始劳作到消费财货得以完成之间的全部时间段。

52

在讨论生产过程的长度时，值得再一次注意的是，行动人对过去的历史一样没有什么兴趣。生产过程的长度对行动人而言是从其行动开始的那个点起的等待时间。例如，如果鲁滨孙足够幸运找到了一把前人遗弃的状况良好的斧头，他就会把他的生产期看作是 200 个小时，而非 250 个小时了。斧头也就成为他的环境所赋予他的东西了。

这个例子说明了一个关于资本财货的基本道理：资本是通往享受消费财货之路上的中转站。拥有资本财货的人就在通往所欲的消费财货的路上处于领先位置。没有斧头的鲁滨孙距离他想要的房子有 250 个小时；有了斧头距离就只有 200 个小时了。假如他到达时，木材原料就已经被准备好堆在一起的话，那么他距离他的目标就更近一步了；而假如房子一开始就在那里的话，他就会即刻达成所愿。无须更进一步节制消费，他会距其目标更近一点。因而，资本的作用在于使人们在时间上更接近其要生产消费财货的目标。不管生产新的消费财货还是生产更多已有的财货都是如此。例如，在上述的例子中，没有棍子的话，鲁滨孙距离获得 500 个莓果产出有 25 个小时；有了棍子的话，他就只距离 10 个小时了。在那些因为资本而获得新财货——没有资本的话，就无法获得这些财货——的情况中，资本是通往欲求消费财货的道路上必不可少同时也更便利的中转站。

很明显，任何资本的形成，都必须要有储蓄——在现时节制消费财货的享用——并把等量的资源投资到资本财货的生产中。这种消费财货的享用——欲望的满足——被称为消费。储蓄有可能是可得的消费财货增加了的结果，行动人决定把其中的部分储蓄下来而非全部消费掉。无论如何，消费量都必定少于所拥有的量。如果荒岛上的收成改进了，而鲁滨孙发现就算没有棍子的帮助，他也可以在 10 个小时内采摘 240 个莓果，他可能就会在 5 天内每天存下 40 个莓果，使得他可以把劳动投资在棍子上面，这样他就不必从原来的 200 个莓果中削减他的消费了。储蓄指的是相对于可用来消费的量节制的消费；它并不必然意味着要较之前的消费水平消费量的实际减少。

所有的资本财货都是会腐败的。不腐败而能永久存在的极少数产品实际上就成了土地的一部分了。除此之外，所有的资本财货都是会腐败的，都会在生产过程中耗尽。因而我们可以说，在生产过程中，资本财货被转化到它们的产品里去了。从物理上来看，对某些资本财货来说，这一点是相当明显的。举个例子，很明显，当 100 磅批发状态的面包被混合进其他的要素以生产出 100 磅零售状态的面包时，前一个要素立刻且完全地被转化成后一个要素。资本财货被耗尽这个事实非常一目了然。在每个生产事件中全部资本财货都被用尽了。但是，另一些资本财货虽然也被用光了，但并非转瞬发生的。一辆送面包的卡车可能拥有 15 年的寿命，比如说，总共可以把 3000 磅批发的面包转化成零售环节的面包。在这个例子中，我们可以说，在每个面包的生产过程进行时，卡车的 1/3000 就被用掉了。同样，一个把小麦转化成面粉的磨坊可能有 20 年的使用寿命，这样我们会说每一年面粉的生产用掉磨坊的 1/20。每个不同的资本财货都会有不同的使用寿命，因此有着不同的耗尽（或者叫作，折旧）率。资本财货的使用期限各不相同。

让我们回到鲁滨孙和棍子的例子。我们假设棍子的使用寿命是 10 天，而鲁滨孙也是如此预估的，棍子用坏后，鲁滨孙的产量回到了之前的每小时 20 个莓果的水平。他又回到了起点。

这样，在棍子投入使用之后，鲁滨孙就面临着一个选择。他的"生活水准"（比如说，现在是每天 500 个莓果加上 14 小时的闲暇时光）得到了改善，而他不会愿意接受棍子用坏后产量下降到 200 个莓果的状态。因而，假如他想要维持其生活水准不变的话，他就必须在这 10 天中制造出另一根棍子，这样，当旧的棍子用坏时就可以以新的代替。制造另一个棍子的行动需要进一步的储蓄行动。为了投资以替换的棍子，他必须储蓄——相较于生产出来的可用财货他需要节制消费。比如，他就必须再一次储存 10 小时劳动所值的莓果（或者是闲暇），并把它们都投入到生产一件只有在将来的生产过程中才间接有用的财货中。假设他是把每天莓果生产中的 1 个小时挪到另一根棍子的生产中来完成这一任务的，这样，他在 10 天中把他的莓果消费节制到了每天 450 个。尽管他的状态优于之前没有资本协助的状态，但他仍然较最大可消费量有所节制。

因此，通过储蓄并投资在一个替代棍子上，10 天以后，资本的结构得以延续。此后，鲁滨孙再次面临这样的抉择：要么获得每天最大产出的 500 个莓果并在 10 天之后回归到每天 200 个莓果的水平，要么为了在第二根棍子用坏之前准备一个替代品而开始第三次储蓄行动[①]。

如果鲁滨孙不打算更替第一根或者第二根棍子，他为了避免忍受现在的储蓄而愿意接受未来的产量下降的话，他就是在消费资本。换句话说，他就是选择了

55

[①] 很多作者（比如 J. B. 克拉克，弗兰克·H. 奈特）倾向于假设资本财货一旦被生产出来，就会以某种神秘的方式不需要进一步的储蓄行动就可以自我再生产出来，因此很有必要强调：独立的储蓄行动是财货的更替延续所必需的。

消费而不是储蓄并维持其资本结构和未来的产出率。消费资本使得鲁滨孙可以把现在每天的消费从 450 个莓果增加到 500 个，但是在未来的某一刻（在这里是 10 天后），他将被迫把他的消费削减到 200 个莓果。很清楚，使得鲁滨孙消费资本的是他的时间偏好，在这个例子中，是指他偏爱更多现在的消费胜过于更多未来消费中的损失。

因此，任何一个行动人，在任何时点，需要选择：（a）增加他的资本结构；（b）维持他的资本不变；（c）消费他的资本。选择（a）与选择（b）涉及储蓄行动。储蓄的过程，依赖于行动人权衡其等待的负效用（由他的时间偏好决定）和未来增加的消费财货所提供的效用。

讨论资本财货的用尽以及更替时，我们可以发现：在协助生产时，资本财货很少先是维持其全部"能量"，然后突然失去其全部使用效力。用本哈明（Benham）教授的话来说就是："资本财货通常并不是保持其完善的技术状况，之后像神奇的'单驾马车'一样，突然就垮掉了。"[1] 鲁滨孙的莓果产量不是 10 天中每天 500 个然后第 11 天回落到 200 个，而很可能是在棍子变得完全没用之前就会以某一速度下降。

还可能有另外一种有效维持资本的方法。鲁滨孙可能会发现，通过花费一点时间来修复棍子，去除其易损坏的部分，等等，他就可以延长棍子的使用寿命并较长时间地保持他的莓果产出量。简言之，他可以通过修复来增加他的资本结构。

这时他会再一次权衡未来增加的消费财货和现在为了修复而必须花费劳动所做努力而损失的消费财货。因此修复资本财货涉及独立的储蓄行动以及对储蓄的决策。举例言之，鲁滨孙完全有可能打算要替换一根棍子，并为此而付出劳动，而认为修复这个棍子是不值得的。他具体选择哪一种行动取决于他对各种可能的产出的评值以及他的时间偏好率。

一个行动人决定投资于什么对象取决于将来的消费财货的预期效用、它的耐久性，以及他等待的时间长度。比如，他可能一开始投资于一根棍子而此后觉得不值得对第二根棍子进行投资；他反而觉得，为了得到一所房子最好现在就开始制造一把斧头。或者他可能一开始制造了弓箭用于狩猎，但此后开始造栋房子。由于某一财货的边际效用会随其供应增加而降低，因此他拥有的某一消费财货的供应越多，他就越有可能把他的新增储蓄花费在其他消费财货上，因为对他投入

---

[1] 参见 Frederic Benham, *Economics*（New York: Pitman Publishing, 1941），第 162 页。

的劳动和等待时间来说，第二种财货现在拥有较高的边际产品效用，而第一种财货的边际效用则比较低。

一方面，如果两种消费财货在日常使用中有着相同的预期边际效用，且它们的等待时间也相等，但是其中一个比另一个使用更加耐久的话，那么，行动人就会选择投资前者的生产。另一方面，假如两种预期中的消费财货的总体用处是相等的，而他们的生产期长度也是相同的，那么就会投资使用较不耐久的那个财货，因为其总服务会比另一个较早地提供出来。同样地，在两种消费财货中选择哪一个来投资时，如果是其他条件相等的情况，如上所述，行动人会选择较短生产期的财货。

只要行动人当下认为每一单位储蓄和投资的边际产品的效用大于不储蓄时可获得的现时消费财货的效用，他就会不断地把他的资源储蓄并投资在各种预期中的未来消费财货上。后者——所放弃的现在的消费财货——的效用就是"等待的负效用"。一旦后者的效用大于通过储蓄而可在未来获得的更多财货的效用，行动人就会停止储蓄。

考虑到欲望的相对迫切程度，正如上文所述，人会倾向于投资那些生产过程最短的消费财货。因此，任何给定的储蓄要么会被投入于维持现在的资本结构，要么会在越来越远的生产阶段——也就是较长的生产过程——中增加其资本。于是，任何新增的储蓄（超过维持其资本结构所需的储蓄）都会倾向于拉长生产过程，并且会投入于越来越高级的资本财货上。

在现代经济当中，资本结构中的财货距离最终消费财货差不多是无限远的。58
在上文中我们看到了一个像火腿三明治这样相当简单的财货的生产中所涉及的一些生产阶段。铁矿中的工人要比琼斯扶手椅上的火腿三明治遥远得多。

上文出现的关于度量的难题显然在储蓄与投资方面很可能也会导致巨大的困难。当资本财货与消费财货的数量众多的时候，行动人如何知道他们的资本结构什么时候增加了或者被消费了呢？鲁滨孙显然是知道他的莓果数量变多或者变少的；但是在一个复杂的现代经济体当中，有着不可计数的资本财货和消费财货，又该如何做出这样的决定呢？这个问题的答案（依赖于各种财货在同一单位上的可度量性［commensurability］）将留待下文讨论。

由于观察到使用资本财货导致了产出的增加，人们会很容易地得出结论：资本财货有着独立的生产能力；也会认为有三类生产性力量参与了消费财货的生产：劳动、自然和资本。这是一个很容易得出的结论，但它是完全错误的。资本财货自身并没有独立的生产力量；最终的分析会让我们知道，资本财货完全可以被还原为劳动、土地（是它们生产出资本财货的）和时间。资本财货是"储存起来的"劳动、土地和时间；它们会被转化为消费财货，是通往它们将最终转化为的消费财货的享用之路上的中转站。在这条路上的每一步骤中，为了能把生产过程进行下去，资本都必须由劳动在自然资源的联合协作下进行加工。资本并不像其他二者那样是一个独立的生产要素。对这一事实，庞巴维克有一段精彩的说明：

> 下面这个譬喻可以使问题变得很清楚。一个人对另外一个人投了一块石头，杀死了他，是不是这块石头杀死他的呢？如果这问题是随便地提出来的，可以毫不迟疑地回答说：是的。但如果犯人在法院里申辩说，杀死这个人的不是他而是石头，那么怎么样呢？如果这样来理解这句话的意义，我们是不是还可以说石头杀死了这个人，而宣告犯人无罪呢？现在经济学家就是用这样的强调方式来探讨资本的独立生产力的……我们不是要问附属的中间原因，而要问最终的独立的因素。问题不是资本在获得生产后果的过程中起不起作用——正像石块对杀人起不起作用一样——而是，如果承认有生产结果的话，是否其中某一部分是完全地或特殊地由于资本而得来的，而不能归功于其他两种公认的基本要素、自然和劳力。

庞巴维克对这个问题的答复是否定的，他指出资本财货纯粹是生产过程中的中转站，每一个可能的生产阶段中都需要劳动和土地的力量起作用：

> 如果今天我将自己的劳动同自然力混合起来，用黏土制造出砖来；明天我又将自己的劳动同自然的赐予混合起来，从而得到了石灰；后天又制造出了灰泥，于是建造了一道墙。能不能说，墙的某些部分，我同自然力都没有做工作呢？而且，在一件需要很长时间才能完成的工作——比如说建造一幢房屋——还没有全部完成以前，那就必然是在某一时刻先完成四分之一，然后完成二分之一，然后又完成四分之三。人们能够将这些不可避免的阶段叫作房屋建造的各不相干的必要条件，并认为为了建造一幢房屋，除了建筑材料和劳动之外，我们还需要一幢完成了四分之三的房屋吗？将工作进行中表面上具有资本形式的这些中间步骤，提高成为同自然和劳动并列的独立的生

产因素，也许在形式上不那么使人注目，但它实际上是丝毫也不正确的[①]。

不论生产过程中包含了多少阶段，也不管资本财货距离最终的消费财货有多远，这一点都是成立的。

因为对资本财货的投资包含了对未来的期待，行动人必须要应对的风险之一是未来环境的不确定性。直接生成消费财货涉及较短的生产期，因此它所遭受的不确定性没有较长的生产过程的那么大，随着生产期的延长，不确定性也会变得越来越重要[②]。

假设鲁滨孙在决定是否投资一个棍子的时候，相信自己有很大机会可以找到一片莓果充裕的树林，该树林他在没有棍子的协助下每小时可以提供的莓果产量也可以达到 50 个或更多，且莓果的位置低到棍子无须使用的程度。在这种情况下，他找到树林的可能性越大，那么他就越有可能决定不去生产对他来说没有帮助的棍子。越是怀疑棍子准备好后的用处，他就越有可能不去投资生产棍子，也就更可能会去投资另一种财货或者是以消费代替储蓄。我们可以说预期中投资的未来效用上有个"不确定性折扣"，该"折扣"如此之大，以至于使得行动人决定不做投资。在这个例子中不确定性因素和时间偏好因素都是不利于投资的，行动人需要将其与未来产出的预期效用相权衡。

另一方面，不确定性也可能会成为投资的激励。假如鲁滨孙认为莓果会在短时间内急剧腐烂，且如果真的腐烂了，那么在没有资本协助的情况下的莓果产量就会极其危险地降低。如果莓果突然萎缩腐烂，那么就算是对维持他现在较低水平的产出量来说，棍子也是极其需要的。棍子的实际用处比他预期的大的可能性会增加他的投资的预期效用，鲁滨孙认为这种可能性越大，他就越有可能会去投资生产棍子。因此，不确定性因素会产生两个相反方向的影响，这取决于涉及的具体情况。

我们可以用经时间偏好率和不确定性因素折现后的相关效用的权衡来解释决定是否做出一项资本形成的整个行动。为了简化起见，我们先这样假设，在制作

61

---

① 庞巴维克，《资本实证论》，第 95–96 页。也参见米塞斯的《人的行动》，第 480–490 页和第 476–514 页。

② 这种不确定性是主观的感受（"预感"或者是估计），它并不能以任何方式加以测量。许多流行的作者努力把数学上的"概率论"应用到未来历史类事件的不确定性上，这种努力完全是徒劳无用的。参见米塞斯，《人的行动》，第 105–118 页。

棍子的时候，鲁滨孙放弃了 10 小时的现在财货，也就是 200 个莓果，三天后他可以获得投资成果 1500 个莓果。如果这 1500 个莓果是当下可用的，那么毫无疑问他就会为了获得 1500 个莓果而放弃 200 个莓果。现在财货的 1500 个莓果在他的价值表上可能排在第 4 位，而 200 个莓果排在第 11 位：

> ┌─ 4 现在的 1500 个莓果
> └─ 11 现在的 200 个莓果

62　　现在，在现在财货 200 个莓果和三天后的 1500 个莓果之间，鲁滨孙会如何抉择呢？由于所有的选择都是在一个价值表上进行的，因此鲁滨孙必须把三天后的 1500 个莓果的效用和现在的 200 个莓果的效用进行比较。如果前者的效用较大（在他的价值表上排序更高），他就会决定储蓄并在棍子上进行投资。如果后者较大，他所放弃的 200 个莓果的价值大于预期中三天后的 1500 个莓果，那么，他的时间偏好胜过了新增供应的效用，他就不会做出储蓄－投资的决定。比如，行动人的价值表可能是这样的：

（a）　　┌─ 4 现在的 1500 个莓果
　　　　　├─ 11 现在的 200 个莓果
　　　　　└─ 12 三天后的 1500 个莓果

或者，其价值表也有可能是这样的

（b）　　┌─ 4 现在的 1500 个莓果
　　　　　├─ 11 三天后的 1500 个莓果
　　　　　└─ 12 现在的 200 个莓果

在情形（b）中他就会决定投资；而在情形（a）中他不会投资。我们可以把三天后 1500 个莓果的价值叫作未来财货的现在价值。行动人按照其时间偏好率对预期中的未来财货进行折现。在行动人的价值表中，其预期中的未来财货的现在价值会和现在财货的现在价值进行比较，储蓄和投资的决定依此结果而定。很

63 明显折现率越高，未来财货的现在价值就越低，而行动人则越有可能放弃投资。相反，折现率越低，行动人价值表上未来财货的现在价值就越高，且越有可能大于所放弃的现在财货的价值，因此行动人也就越有可能会决定投资。

因此是否决定投资取决于以下两者哪个更大：未来财货的现在价值与所放弃的现在财货的现在价值。未来财货的现在价值依次由以下两个因素决定：未来财货现在马上就可以得到的价值（也就是说，"预期中未来财货的未来价值"），以及时间偏好率。前者越大，未来财货的现在价值就越大；后者（未来财货相对于

现在财货的折现率）越大，其现在价值就越小。

在任何时点，由于可以生产的产品有各种不同的潜在的效用，因此他有一系列的投资决定可以做出[①]。而且他还有一个将预期中未来效用折现到现在价值的确定的时间偏好率。在任何阶段做投资决定时，他具体会储蓄和投资多少是由未来财货的现在价值和所放弃的消费财货价值相比较来确定的。一方面，由于他的投资决定是一个接一个地做出的，因此他会选择把他的资源先分派到拥有最高现在价值的投资当中，再分派到第二高价值的投资当中，以此类推。随着他（在任一时点）不断地做出投资，其投资的未来效用的现在价值会降低。另一方面，由于他正在放弃越来越多的现在消费财货的供应，他所放弃的消费财货（闲暇及其他）的效用会增加——这是基于边际效用规律的推论。等到他放弃的财货的价值 64 超过了未来可以获得的效用的现在价值时，他就会停止储蓄和投资。这决定了所有时点行动人的储蓄投资比率。

很明显前文述及的难题再次出现了：在一个复杂的现代经济体中，行动人面对难以计数的潜在的财货，他是如何决定并且比较其时间偏好率的呢？答案还是一样的：复杂的经济体是建立在其中所有不同种商品（现在的也好，未来的也好）都是可以进行共同单位度量的基础上的，而这一点将在下文里来探讨。

现在，行动人的决定总是这样或那样地涉及不确定因素。行动人权衡环境中所有不同因素的微妙程序是一个复杂的过程，这一过程按照其对环境的理解由其心智完成。每一个行动人都完全是根据个人的判断、主观的估计来做决定的。"最佳"的决策并不能事前精确地，或者说数量化地由客观的方法来决定。预测人行动的过程当中的未来状况这一过程是所有行动人必然进行的。必须对未来行动中的相关状况及其可能变化进行猜测的过程被称为企业家行为。因此，至少在某种程度上，每个人都是企业家。每个行动人都在做关于其即刻的行动的不确定情况的估计。

因此，企业家才能成功或者失败的概念是从行动的存在中推论出来的。较成功的企业家是正确预测到其行动所发生的环境中的变化，并相应进行投资的人。鲁滨孙决定不生产棍子，因为他的判断告诉他，他很快就能找到一片莓果林，且

---

① 他必然总是面临着可以使他获得更多未来产出的一系列投资决定，这一点是由人的行动的公设推论出来的。如果不是这样的话，那就意味着人不能（更严谨地说，人认为他不能）通过行动改变他的命运，那样也就不会有行动了。由于我们无法想象没有行动的人类存在，因此其结论就是"投资机会"是始终存在的。

他随后真的找到了，这时的鲁滨孙就是一个比较成功的企业家。相反，不那么成功的企业家，在对其行动所发生的环境中的相关变化的预测中会犯严重的错误。假如鲁滨孙未能给自己弄到一根棍子来应对莓果的枯萎的话，他就是一个不成功的企业家。成功的行动人、成功的企业家，是那些做出正确预估的人；而不成功的企业家则是做出错误估计的人。

现在，假设行动人已经做了一个投资决定，且资本财货已经按照预期目的完成，而变动的环境显示他犯了大错。那么行动人便面临着怎么处理这些资本财货的问题。其答案取决于这些资本财货的可转变性。如果该财货在其原本计划使用的场合变得没有价值了，尽管在早先投资生产它时是犯了错的，但现在行动人持有着该财货，就必须充分利用它。如果行动人可以很方便地把该资本财货转移到另一个用处，他就会那么做。比如，如果鲁滨孙发现新的果园使得他用来摘莓果的棍子变得毫无用处，他也许就会把棍子当手杖来用。假如他早就知道棍子会无助于莓果采摘，他就不会去投资生产它，但是现在他仍然拥有着棍子，他就会把棍子用到能够用得上的最迫切的用途上。另一方面，他可能会觉得完全不值得花时间去替换一根棍子，现在这根棍子只适用于作为手杖了。又比如，在他工作了50个小时并且生产出来一把斧子之后，他可能发现了先前的居民遗留下来的房子。然而，斧子在移作他用时，价值损失得却不是很大——比如说，可以用来制作狩猎的弓箭，或者用来制作捕鱼的小船。很有可能斧子在这些用处的价值依然很大，因此鲁滨孙仍然会更新斧子并维护其正常使用。

很清楚，资本财货（或者，就事而论应该说是耐久消费财货）积累的库存对当下的行动施加了一个保守的力量。现在的行动人会受他（或者其他人的）过去行动的影响，即使该行动某种程度上是错误的。比如，鲁滨孙就有可能会找到一个由先前居民制作好的、可用的斧子。也许它并不是鲁滨孙所认为的最合用的类型。但是，如果斧子是合用的话，他就会把它当作资本财货来使用，且在他选择以一把新的斧子替换掉它之前，会一直使用着，直到斧子被磨坏。相反，他也许会觉得斧子太钝了，以至于用处不大，这样他就会马上开始制作一把他自己的新斧子。

历史导致的保守性对位置问题（位置问题是同一个问题的另一层面）也有着相似的影响。比如，鲁滨孙可能会在荒岛的某个地方建好了自己的房子，清整好了一片土地，等等。此后，有一天他环岛漫步，他可能发现岛的另一边的某个地方更便于捕鱼、采果等等。假如他不曾投资资本财货或者耐久消费财货，他就会立刻搬到那片更富饶的地域上。然而，他已经投资了一定的资本财货：有一些资本财货——比如斧头——可以很容易地转移到新的地方去；其他一些资本财货——比如打理好的土地和房子——无法转移到新的处所。因此，他就不得不在他的价值表上权衡搬到新处所的有利和不利之处：较丰富的鱼、水果与建造一间新屋、重新打理一遍土地等等相比较。举例来说，他也许会决定留在现在这个屋子处、在房子损耗到一定程度前对其打理，而不去制造其替代品，然后再搬到新的位置。

假如行动人决定放弃不可转变的资本——比如说棍子或者是清整好了的土地——而愿意生产其他的资本财货和消费财货，那么，他并不是（像一些人所想的那样）任凭其资源"未被利用"而被浪费掉。当鲁滨孙放弃他清整好的土地或者是棍子或者是房子（此处房子也可以被认为是资本）的时候，他之所以放弃不可转变的资本是因为他要把自己的劳动和会给他带来更大的效用的自然元素或者是资本财货混合。同样，假如他不愿深入丛林获得大片莓果，这并不是说他"浪费掉了"不可转变的土地和莓果的供应，而是因为他认为比起其他利用自己的劳动和时间的方式，这样做带来的效用小得多。存在没有被利用的资本财货这个事实说明了该行动人或者先前的行动人在过去犯了错，但是这也表明行动人预计把 67 自己的劳动移作他用比起按照最初的打算继续使用资本财货或者把资本财货挪作他用会带来更大的效用[①]。

这些讨论提供了关于分析行动人如何利用原始自然赋予的生产要素的线索。在许多情况下，行动人在自然赋予的不同要素中进行选择。比如，假设鲁滨孙在他对小岛的探索过程中，发现适合其定居的许多片土地当中，有些地方的莓果产出很丰裕（先不考虑这些土地的其他消费财货生产），有些地方则产出较少，而有些地方土地贫瘠用处不大。一方面，在其他情况一样的情形下，他肯定会定居在最肥沃——"最好"的土地上，并且按照其产出的效用、该片土地上投资有用资本财货的可能性、他对闲暇的评值等等来决定他对土地要素的使用。较贫瘠的地区会保持未被利用的状态。如上所示，这种开发是预期中的；对存在"未被利用的资源"没有任何理由感到惊讶。另一方面，如果较好的地区被用尽耗光，那么，鲁滨孙就会继续利用仅次于最好的某些地区，直到产出供应的效用无法超过其所放弃的闲暇的效用（"次优"包括所有的相关因素，比如说生产力，通往最

[①] 关于"未被利用的生产能力"这一古怪概念，参见 Benham，《经济学》，第 147–149 页。

优地区的便利程度，等等）。

潜在可用但因为它无法"补偿"行动人所放弃的效用而没有被行动人使用的
地区，被称次边际地区。此时此刻它们不是行动的对象，但是行动人心里绸缪着
可能未来利用到它们。

在那些自然赋予的元素被人类劳动使用，"改良"和维护的情况当中，这些要
素实际上因此变成了资本财货。比如，那些被人的劳动清理过、耕耘过……的土
地就变成了资本财货。这种土地是生产出来的财货，而不再是原初赋予的财货了。
是否改进土壤，改进多少，或是否维护它，又或是否以未来的损失为代价（腐蚀）
榨取最大现在消费财货，这些决策和所有资本形成的决策基础是完全一样的。它
们取决于对预期中未来产出的效用和现在所放弃的消费财货的效用的比较。

很清楚，资本的形成以及所伴随的生产期的延长扩展了行动人的准备期。资
本的形成延长了未来他提供欲望满足的时期。行动包含了对未来将要感知到的欲
望的预期，包含了对这些欲望相对迫切程度的估计，还包含了满足它们的规划。
人们投资的资本越多，他们的准备期就趋向于越长。可以直接现在就消费的财
货是现在财货。未来财货是行动人现在对未来某个时点可以享用的消费财货的预
期。未来财货可能是一个对未来消费财货的要求权，或者是会在未来转化为消费
财货的资本财货。因为资本财货是通往消费财货道路上的一个中转站（而自然赋
予的要素是起点站），因而资本财货和自然赋予的要素都是未来财货。

同样，通过延长产出的消费财货的服务耐用时间，可以延长准备期。举例言
之，一栋房子比一堆莓果拥有更长的耐用期，因此鲁滨孙在他对房子的投资中会
大大延长其准备期。耐久消费财货只是日复一日地被部分消耗掉，所以每一天所
被消耗的那部分就是现在财货，而剩余的供应则是未来财货。比如，如果建好的
一栋房子可以使用 3000 天的话，一天的使用就会消耗掉它的 1/3000，而剩下的
将在未来被消耗掉。房子的 1/3000 是现在财货，而剩余的部分则是未来财货[1]。

需要补充的是，还有另外一种延长生产期的方法，就是留待未来而非现在
消费掉的消费财货库存的简单积累。举例言之，鲁滨孙可能存了 100 个莓果的库
存，几天或者一周后再消费。这通常被叫作单纯储蓄，以区别于资本家储蓄——

---

[1]　参见庞巴维克，《资本实证论》，第 238–244 页。

后者储蓄参与到资本形成的过程当中①。然而，我们将会知道，这两种储蓄类型没有本质的差别，简单储蓄也是资本家储蓄，因为它也会导致资本的形成。我们必须牢记这个至关重要的事实："财货"这个概念是指行动人相信其不同单位都可以提供相同服务的东西。它并不是指财货的物理或者化学性质。我们记得已经批判过的针对时间偏好这一普遍事实的流行的错误驳斥——在任何冬天里，人们偏爱未来的夏季的冰块胜过现在的冰块。这并不是人们偏爱未来消费胜过同种财货的现在消费的例子。假如鲁滨孙在冬天拥有一些冰块库存，并且打算"储蓄"若干冰块到第二年的夏天，这意味着"夏天的冰"是不同于"冬天的冰"的财货，它们带来的满足程度不同，尽管它们的物理特征是一样的。莓果的例子或者任何其他财货的例子同依此理。假如鲁滨孙决定延迟消费其莓果库存中的一部分，这必然意味着这一部分的莓果如果稍后消费的话，会比现在就消费带来更大的欲望满足——实际上，大到足够克服他对现在的时间偏好。造成这种差别的原因难以计数，包括预期中的口味和未来日子中的供应情况等等。无论如何，"一周之后才吃的莓果"变成了比"现在吃的莓果"更高价值的不同财货了，而从今天转移到下周才消费的莓果数量则由（随着供应增加）下周的莓果边际效用的递减，今天莓果（随着供应减少）的递增的边际效用，以及时间偏好率来决定。比如说，这些因素的结果导致鲁滨孙决定为此保留 100 个莓果。如果那样，这 100 个莓果就是从消费财货中移出，并转移到资本财货里了。然而，它们是那类像酒一样只需要酿熟期而不需要耗费劳动（除掉可能额外的留存和剔选莓果的劳动之外）就可以转化为消费财货的资本财货。

因此，消费财货库存的积累很明显也是构成资本形成的储蓄②。储蓄下来的财货马上变成资本财货，随后成熟为有更高价值的消费财货。这两种储蓄类型不存在本质的差异。

10. 作为一种交换的行动

我们已经说明所有的行动都涉及交换——行动人为了预期中更满意的状态而

①　简单储蓄不能和早先的那个例子相混淆，早先那个例子说鲁滨孙储蓄了消费财货的库存，当他把劳动用于资本财货的生产时才消费掉。

②　像所有其他的投资情况一样，生产期等于储蓄行动和未来消费行动之间的时间段。

71 放弃另一个状态①。现在我们可以根据本章中已经给出的众多例子来详细阐释一
    下这一道理的含义。行动的每个方面都涉及在众多的选项当中做出选择——为了
    获取一些财货而放弃另外一些财货。不管选择发生在何种情况下——无论是耐久
    消费财货还是资本财货的使用；储蓄或者是消费；劳作抑或是休闲；等等——都
    是这种在众多选项中的选择，这种为了一件事物而放弃另外一件事物的行动。在
    任何情况下，行动人都会选择相信会给他带来在其价值表中最高效用的选项；在
    任何情况下，行动人都会放弃他认为将会被证明是较少效用的选项。

    在进一步深入分析各种选择的范围之前，很有必要强调的是：人必定是一
    直在行动着的。因为人总是处在能够改善自己命运的处境中，就算是"什么都
    不做"也仍然是行动的一种形式。"什么都不做"——或者说把他的所有时间都
    花在休闲上——是一种会影响其消费财货供给的选择。因此，人必定总是要做选
    择，总是在行动的。

    由于人始终在行动，不管考虑中的选项的类型怎样，他必定总是要力图达到
    其价值表中的最高点。在人的价值表上，必定总是有尚待改善的余地；否则的
    话，人的所有欲望都完全被满足了，行动也将消失了。由于这是不可能的，所以
    这就意味着：对每一个行动人来说，其处境总是可以进一步改善；相比他所放弃
    的，他将获得的价值会更高，也即是说，产生心理利润。他所放弃的可以称作他
    的成本，也就是，为了达致一个更好的处境而放弃的效用。因而，一个行动人的
    成本就是他所放弃的享用消费财货的机会。相同地，由于行动可以被看作他的心
72 理收入，或者心理回报，因此他预期中将获得的（较大的）效用就会等于由于这
    一行动而消费的财货的效用。因此，在任何一个行动的开端，行动人都会相信行
    动的过程可以在众多选择中最大化他的心理收入或者心理回报，也就是达到他价
    值表中的最高点。

    附录 A　行动学与经济学

    这一章中阐述了部分行动学的分析——这一分析构成了经济理论的主体。该
    分析把人的行动的存在事实作为其基本的前提。一旦我们确立了人的行动是人类
    存在的必然属性的话，行动学（及其分支，经济学）剩下的任务就是推演行动概
    念的逻辑推论了。经济分析的形式是这样的：

    ———————

    ①　见上文。

（1）确立 A——行动公理。

（2）如果 A，那么 B；如果 B，那么 C；如果 C，那么 D；等等——通过形式逻辑法则推论。

（3）因此，我们断言 B，C，D 等等（为真）。

经济学并不对人的目的的内容提出什么规范律例，意识到这一点异常重要。我们举的案例，比如火腿三明治、莓果等等，都仅仅是说明性的例子，并不意味着我们在给定的任意时点上对人的目的的内容有所主张。行动的概念意味着利用稀缺的手段在未来的某一时间满足最迫切的欲望，而经济理论的真理则包含了目的与手段之间的形式关系，并不指涉其具体的内容。一个人的目的可以是"利己的"或者是"利他的"，可以是"高雅的"或者是"低俗的"。人们也许重视"物质财货"和舒适的享受，或者他们更看重苦行禁欲的生活。经济学不关心人们的具体目的，其规律的应用与这些目的的性质无关。

因此，行动学就区别于心理学和伦理哲学了。因为这些学科都研究个人的主观思维决策，所以许多观察者相信这些学科在本质上是同一的。事实完全不是如此。心理学和伦理学研究人的目的的具体内容；它们问，为什么人会选择如此这样的目的，或者人们应该看重什么价值？行动学和经济学处理任意给定的目的，以及从人有目的且运用手段达到目的这一事实抽绎出来的形式推论。因此，行动学和经济学得以与其他的学科分离、区别开来。

因此，一切以心理学或者生理学为基础的边际效用规律都是错误的。举例来说，许多作者把边际效用规律建基于所谓的"欲望满足规律"上，按照这个规律，一个人可以在某个时间段吃很多勺的冰激凌等，而此后会厌倦生腻。不管在心理学上这是否是真实的，但它与经济学完全无关。这些作者得出错误的结论，在供给的开始，第二个单位比第一个单位更加令人快意，因此，边际效用在下降之前可能会增加。这是完全谬误的。边际效用规律并不依赖任何心理学或者生理学的假设，而是基于下面这个行动学的事实：财货的第一个单位被用于满足最迫切的欲望，第二个单位用于满足第二迫切的欲望，等等。必须牢记，这些"单位"必须是提供同等潜在服务的。

例如，下面这个论点就是错误的：这个问题涉及的财货是鸡蛋。一个人有可能需要四个鸡蛋来烘焙蛋糕。在这个一例子中，比起第一个鸡蛋来，第二个鸡蛋被用于较不迫切的用处，而比起第二个鸡蛋来，第三个鸡蛋用于更不迫切的用途。然而，由于第四个鸡蛋才能让蛋糕生产出来，否则的话，就烘焙不出蛋糕来，因此第四个鸡蛋的边际效用比第三个鸡蛋的边际效用大。

74　　这个论点忽视了一个事实："财货"并不是有形物质，而是其中任一单位物质都提供相同服务效力的供给。由于第四个鸡蛋的服务效力并不等同于第一个鸡蛋，二者也是不能互相替代的，这两个鸡蛋并不是同一供给中的单位，因此边际效用规律并不适用于这个情况。在这个案例中，为了把鸡蛋当作一种财货的同质的单位，必须把每一组的四个鸡蛋当作一个单位来看。

　　为了概括行动学和其他学科之间的关系与差异，我们可以如下描述它们：

　　　　·为什么人选择不同的目的：*心理学*。
　　　　·人的目的应该是什么：*伦理哲学，以及美学*。
　　　　·如何运用手段达到目的：*技术*。
　　　　·人的目的是什么及曾经是什么，他们是如何用手段达到他们的目的：
　　历史学。
　　　　·人利用手段达到各种各样所选择的目的这一事实的形式推论：*行动学*。

　　行动学和经济分析之间的关系是怎样的呢？经济学是行动学的一个分支——到目前为止是唯一一个被充分阐释的分支。行动学是人的行动的一般的形式理论，经济学包括对孤立个人（鲁滨孙经济学）的行动的分析，特别是阐释人际交换（交换学）的分析。行动学的其余部分是一个未经开发的领域。已经有人努力去发展一套战争和暴力行动的形式理论了，而以政府为形式的暴力行动则由政治哲学和行动学在探究自由市场中的暴力干涉时处理。博弈论也被着手探究了，在对投票的逻辑分析上已经有了一个很有意思的开端。

75　　由于行动学和经济学是基于少数公认的前提所做出的逻辑推理链条，因此有人建议，为了使其成为真正的科学，必须用数理逻辑符号的形式来表达它[①]。这

---

① 参见 G. J. Schuller, "Rejoinder," *American Economic Review*, 1951 年 3 月，第 188 页。一个回复请见 Murray N. Rothbard,《重建效用与福利经济学》在 Mary Sennholz 编辑 *On Freedom and Free Enterprise: Essays in Honor of Ludwig von Mises*（Princeton, N. J. : D. Van Nostrand, 1956），第 227 页。还可以见 Boris Ischboldin,《对数量经济学的批判》*Review of Social Economy*, 1960 年 9 月，第 110-127 页；和 Vladimir Niksa,《现代经济理论中数量化思维的角色》, *Review of Social Economy*, 1959 年 9 月，第 151-173 页。

种做法体现了一种对数理逻辑，或者说"逻辑学"的作用的一种古怪的误解。首先，每一个文字命题都有所意涵正是文字命题的最大特点。相反，在形式逻辑中使用的代数和逻辑符号本身是无所意涵的。行动学断言行动公理是真实的，从这个（同一些经验公理——比如资源和个体的多样性的存在等）出发，通过逻辑推理的法则，演绎出所有经济学命题，其中的每一命题都是文字的，有意涵的。如果使用逻辑符号，每一个命题都会失去其意涵。因而，逻辑符号更适用于物理学，物理学和人的行动的科学相反，其结论不是人所共知的公理。在物理学中，其前提只是假设性的，而逻辑演绎也是从这些假设出发。在这一领域并不需要每一步推论中有有意义的命题，因而，符号和数学语言会更加适用。

简单用文字语言就可以阐释经济学，再将其翻译成逻辑符号，最后又再次把命题译回文字，这样的做法毫无意义而且违背了基本的奥卡姆剃刀科学原则，这一原则要求在科学中尽可能简化，如无必要，则勿增加重复累赘的实体和步骤。

和人们所想象的相反，使用文字逻辑并不劣于使用逻辑符号。正相反，后者仅仅是基于前者的一个辅助工具。因为形式逻辑处理必然的、基本的思维定律，这些定律必须要由文字来表述，而符号逻辑只是一种使用形式文字逻辑作为基础的符号体系。因此，行动学和经济学无须因为使用了文字逻辑——这是符号逻辑的基础，而且在每一步骤中都是有所意涵的——而觉得有任何的矮人一等①。

附录 B　论手段与目的

总有这样的非难：任何一种在逻辑上区分手段与目的的理论都是不现实的，因为这两者经常互相混淆。但是，只要人有意图地在行动，他就会朝向目的而努力。实际上，不管他采取何种途径，他都必然要运用手段来实现它们。目的与手段之间的区别是所有人——确切地说是所有有意图的行动的必然逻辑区分。很难看出否认这一根本事实会有什么意义。唯一的理由是这种非难所关注的只是某个具体的目标——而不是具体的行动路径——本身成为目的，而其手段本身也成了其他过程的目的。当然，这种事经常会发生。然而，就像上文所处理的那样，把它们合并起来分析并不是什么难事。比如，一个人可能做某个工作，不仅仅是

---

① 参见 René Poirier,"Sur Logique,"in André Lalande, *Vocabulaire technique et critique de la philosophie*（Paris: Presses Universitaires de France, 1951），第 574–575 页。

为了报酬，也因为他很享受这份工作或者工作环境。此外，任何对钱的欲求都是
对达到其他目的的手段的欲求。这种对行动学的批评把对目的和手段在范畴上
的必要且绝对的区分与在特定的具体资源或者行动过程中经常出现的重合给弄混
淆了。

第二章　直接交换

1. 人际间关系类型：暴力

第一章的分析是基于行动公设的逻辑推论，其结论对所有人的行动都成立。然而，上述规律的这些应用还只限于"鲁滨孙经济学"（孤立个人考虑自身行动）。在这些情况里，并不存在人际间的交互行动。因此，其分析结果可以直接应用于处于 n 个小岛或者其他地域的 n 个鲁滨孙。下一个任务是把分析结果应用、拓展到个人之间的交互行动当中。

让我们假设鲁滨孙最后发现，比如说杰克逊，也孤立地生活在这个岛的另一端。那么，发生在他们之间的交互行动有哪些种类呢？其中一种行动是暴力。比如，鲁滨孙可能非常强烈地憎恶杰克逊，他决定杀死或者伤害他。如果那样，鲁滨孙可以通过实施暴力实现他的目的——杀死杰克逊。或者鲁滨孙也许会决定掠夺杰克逊的房子以及他收集的兽皮，而杀死杰克逊只是实现这个目的的手段。不论如何，结果都是鲁滨孙损害杰克逊以获得自身的满足，而杰克逊至少遭受了巨大的心理损失。基于威胁使用暴力或者恐吓的行动与之根本上是相似的。比如，鲁滨孙可以用刀刃挟持住杰克逊并抢夺走他积累的兽皮和物资。两种情况都属于暴力行动，都是一方以另一方的受损来获益。

下面这些因素，单独或一起发挥作用可能使鲁滨孙（或者杰克逊）克制不去暴力侵犯他人：

（1）他也许会觉得对他人使用暴力是不道德的，即，在他的价值表中，克制住暴力侵犯他人这样一个目的，排序高于暴力侵犯可以获得的资本财货或者消费者财货这样的利益。

（2）他也许认为发起一个暴力行动将会确立一个糟糕的先例，从而导致他人拿起武器来对抗他，结果他可能不是胜利者，反而会成为受害者。如果他要发起一个必须损人才能利己的行动的话，那么他就必须面对这样的事实：这种行动可能会导致他成为输家。

（3）即使他觉得他的暴力行动最终会战胜对方，他也许会认为"战争的成本"大于他战胜的净收益。比如，在积累用于战争的武器（用于战争用途的资本财货）的过程中，用于作战（战争可以被定义为两个或两个以上的敌对方施加暴力对抗的行动）的时间和劳动精力的消耗的负效用预期中可能高于胜利所获的战利品。

（4）即使鲁滨孙觉得相当有把握战胜，且相信作战的成本将会远远低于战利品的效用，这种短期的增益也有可能比不上他长期的损失。比如，在"生产期"（＝战争筹备期＋作战本身的时间）之后，他战胜杰克逊所得的战利品——兽皮与房子——只会短期增加他的欲望满足，但是，一段时间之后，他的房子就会衰败而兽皮也会变得毫无价值。那时，他可能就会觉得，由于他杀掉了杰克逊，他就永远失去了杰克逊继续存活下来所能带来的诸多好处。这些好处可能是友谊，也有可能是其他形式的消费财货或者是资本财货。下面将会展示在不诉诸暴力的情况下杰克逊会怎样向鲁滨孙提供服务，但是，无论如何，鲁滨孙都会因为预计长期结果的负效用远高于预期中短期的增益而放弃使用暴力。相反，他的时间偏好可能非常高，导致他短期的增益高于其判断的长期损失。

鲁滨孙也有可能完全不考虑战争的成本和长期的后果而发起暴力行动，在这种情况下，他的行动将被证明是错误的，也就是说，他所利用的手段不适用于去最大化其心理收益。

不是杀掉他的对手，鲁滨孙可能发现更有益处的方法是奴役他，以持续的暴力恐吓逼迫杰克逊同意将其劳动服务于鲁滨孙而不是他本人的欲望满足[1]。在奴役关系中，奴隶主像对待他的牲口或者其他动物一样对待他的奴隶，把它们当作满足他的欲望的生产要素，奴隶的衣食住行也仅是为了能够使其继续维持对奴隶主提供服务。不错，奴隶是接受这样的安排的，但是这样的安排是在为奴隶主工作或者是被暴力伤害两者之间做出选择的结果。这种情况下的劳动质量上是有别于不受暴力胁迫下的劳动的，同自由的劳动或者是自愿的劳动相比可以称其为强

---

[1]　关于从谋杀到奴役的转变过程的论述，参见弗兰茨·奥本海默的《国家》(《论国家》)（New York: Vanguard Press, 1914, reprinted 1928），pp. 55–70 and passim。

制的劳动。假如杰克逊同意在鲁滨孙的命令下作为奴隶继续工作，这并不意味着杰克逊是其奴隶身份的一个积极拥护者。这仅仅意味着杰克逊相信，反叛其奴隶主并不会使得他自己的境况改善，因为反叛的成本包括：可能的加之于其身的暴力痛苦，战斗准备以及作战所消耗的劳力，等等。

那些认为由于奴隶主所提供食物等，奴隶有可能是奴隶制度的热心支持者的观点，罔顾了以下这个事实：如果那样，奴隶主就完全没有必要使用暴力和暴力胁迫了。杰克逊只是自愿地为鲁滨孙服务，而这种关系就不再是奴役了，而是下文中要考虑的另一种关系①②。奴隶的状况比起他没受到奴隶主的暴力胁迫的状况总是要更糟糕的，这一点是非常清楚的，因此，奴隶主总是在损害奴隶而使自己受益。 82

奴役中的人际关系是常说的霸权关系③。这是一种命令和顺从的关系，命令的实施依靠暴力的胁迫。奴隶主将奴隶作为一件工具、生产要素来使用，以满足他的欲望。因此，奴隶制或者霸权制度的定义是人必须在暴力胁迫下按照另一些人的命令劳动的制度。在霸权制度下，顺从听命的人——"奴隶""农奴""侍卫"，或者"臣服者"——只有下面两个选项可供抉择：（1）让自己臣服于奴隶主或者"独裁者"；（2）使用他自己的暴力或者通过拒绝服从命令来对抗这样的一个暴力制度。如果他选择了前者的话，他就归顺于霸权统治者了，此后所有的 83 决定和行动都由其统治者做出。臣服者一旦选择了顺从其统治者的话，其他的选择就由统治者来做出了。臣服者作为被动的生产要素为其奴隶主所用。奴隶做出了这样的（持续的）选择行动之后，他就会从事于被强制的劳动，而只有独裁者可以自由地选择和作为了。

暴力行动可能导致以下几种结果：（a）不分胜负的战争，没有任何一方会成为胜利者，在这种情况下，战争会间歇性地持续很长一段时间，或者暴力行动会停止，而和平会建立起来（战争消除）；（b）胜利者会杀掉失败者，那样二者之

---

① 不错，一个人——不管他是谁都不可能绝对保证在一个自愿的协定下终身服务于另外一个人。比如，现在杰克逊有可能会同意为了食物、衣物等回报而在鲁滨孙的命令下劳动终身，但是，他无法保证在将来的某个时点他不会改变他的主意而离开。在这种意义上，一个人自身的身体和意志是"不可让渡的"，也就是，不可能放弃未来时段的意志给予他人。
② 这样的安排并不是"安稳"的保障，因为谁也不能保证可以持续地拥有这类财货的稳定供应。这仅仅意味着 A 相信，比起他自己来，B 更有能力提供这些财货。
③ 参见米塞斯，《人的行动》，第 196-199 页，对奴隶和牲口之间的一个比较，同上，第 624-630 页。

间就不会有进一步的人际行动；（c）胜利者也许仅仅劫掠完失败者之后就离去，回到孤立的状态，或者是间歇性地暴力突袭劫掠；（d）胜利者会利用暴力胁迫建立一个针对失败者的持续性的霸权暴政。

在情形（a）中，暴力行动已经被证明是失败的，错误的；在（b）中，不会有任何进一步的人际互动；在（c）中，劫掠和彼此孤立交替轮流出现；而在（d）中，建立了持续的霸权关系。

这几种结果中，只有（d）构成了一种持续的人际关系模式。这些关系是强制性的，包含了以下的强制"交换"：奴隶被当作生产要素以换取食物和其他的物资；奴隶主获取生产要素以换取补给和供应。任何一种持续的人际交互模式都可以被称为一个社会，很清楚的是，只有在情形（d）中出现了一个社会[1]。在鲁滨孙奴役杰克逊的情形中，其所建立的社会完全是霸权性的。

因此，"社会"这个词指的是人类之间的人际交换的模式。以为"社会"与它自身包含某些独立力量一样是"真实存在的"明显是很荒谬的。个人构成了社会，个人的行动决定了所建立的社会模式的类型，除了构成它的个人，社会也就没有任何实在的存在了。

在第一章中我们知道所有的行动都是一种交换，而我们现在可以把交换分为两类：一种是自我交换。自我交换是由那些不包含人际的服务互换的交换构成的。因而，孤立的鲁滨孙的所有交换都是自我交换。另一方面，在奴隶制的情况当中，涉及了人际交换，在此交换中每个人放弃某些财货是为了从其他人那里获得另一些财货。然而，在这种强制性的交换中，只有统治者一个人从交换中获得了利益，因为他是唯一一个做出了自由选择的人。因此，奴隶主为了让臣服者进行这种交换，他必须施加暴力胁迫，很明显后者因为这种交换受损了。奴隶主为了以损害奴隶为代价让自身受益，把奴隶当作生产要素来使用，这样的霸权关系可以称为剥削。在霸权性的交换中，统治者为了其自身利益而剥削臣服者[2]。

---

[1] 当然，此时此刻，我们还没去判断一个社会的建立或者这样的一个社会是好的，坏的，还是中立的发展。

[2] 有时候，这种体制会被称为"强制下的合作"，但是我们偏向于把"合作"一词限制于描述自愿选择的结果。

2. 人际行动的类型：自愿交换和契约社会[1]

从现在开始，我们将分析建立在纯粹的自愿行动——完全不受暴力或者暴力胁迫的妨碍——基础上的社会的运作。我们将考查纯粹自愿而没有任何霸权关系的人际行动。接着，在我们得出无妨碍的市场的规律之后，我们将探究霸权关系——建立在暴力或者暴力胁迫基础上的行动——的性质和结果。我们将指出对自愿行动进行暴力干涉的各种结果，也会考查通往一个集权，完全奴役或者说彻底臣服的体制之路的后果。目前，我们将把讨论限制在对不受人与人之间存在的暴力妨碍的行动的分析。

自愿互动的主要形式是自愿的人际交换。A 放弃某财货给 B，以换取 B 所放弃给 A 的财货。交换的本质在于，双方之所以这样做是因为他们都预期交换可以使其受益；否则的话，他们就不会接受这样的交换。要发生交换，一个必要的条件是，两件财货在交易双方各自的价值表上有着相反的评值排序。比如，假设 A 和 B 是两个交换者，A 把财货 X 给予 B 以换取财货 Y。这样的交换如要发生的话，那么在交换之前，他们的价值表应该如下所示：

A	B
1—— （财货 Y）	1—— （财货 X）
2——财货 X	2——财货 Y

（括号里的财货表示交易方的库存中没有该财货；没有括号的财货意味着交易方的库存里有它。）A 拥有财货 X，而 B 拥有财货 Y，每一个人对对方的财货的评值都高于自己的财货。交易完成后，A 和 B 在他们各自的价值表上都转换到了更高的位置上了。

因此，发生交易的条件就是，交易双方对财货有着相反的评值排序，而且每一个交易方都知道对方及其占有财货的存在。如果不知道对方有这些财产存在，那么对这些财产的交易也就不会发生。

---

[1] 关于交换的分析，参见门格尔，《经济学原理》，第 175-190 页。关于交换行动的生动的讨论，参见弗里德里克·巴斯夏，《政治经济和谐论》(Santa Ana, Calif. : The Register Publishing Co., 1944)，第一卷，第 96-130 页。

86 　　很清楚的是，被交易的东西肯定是财货，是对得到一方有用的东西。财货可以是现在财货也可以是未来财货（或者是对未来财货的要求权，可以认为其等价于未来财货），可以是资本财货或者是消费财货，可以是劳动或者是自然赋予的要素。无论如何，交易的对象必须是用来满足人类目的的稀缺的手段。因为，如果对所有人它们都是无限充裕的话，它们就会成为人类福利的一般条件而不再是人的行动的对象了。如果某物是人类福利的一般条件的话，那就无须为了获取它而放弃什么，它也就不再是交换的对象了。

　　一方面，如果所谈论的财货是独一无二的，只有一个单位供给的财货的话，那么交易什么时候，是否能够达成就变成一个很简单的问题了。假设 A 有一个花瓶而 B 有一台打字机，每个人都清楚对方所拥有的财产，再假设 A 对打字机的评值更高，而 B 对花瓶的评值更高，就会有交易发生。相反，如果 A 和 B 其中有一人对自己所有的财产的评值都高于另一人所有的财产的话，那么交易就不会发生。同样，假如双方都不知道对方有花瓶或者打字机的话，交易也不会发生。

　　另一方面，假如财货的供给是可用的同质单位的话，问题就会变得复杂多了。这时候，边际效用规律就成为决定两种财货交易到何种程度的关键因素[①]。假如琼斯和史密斯手里有确定数量的财货 X 和财货 Y，那么，为了让琼斯以一个单位的 X 来换取一个单位的 Y，必须满足下面的条件：对琼斯来说，所增加的一
87 个单位的 Y 的边际效用必须大于其所放弃的一个单位的 X 的边际效用；而对史密斯来说，其所增加的一个单位的 X 的边际效用必须大于其所放弃的一个单位的 Y 的边际效用。如下图所示：

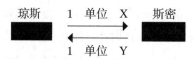

发生的条件是：

对于琼斯来说，Y 的增加的边际效用大于 X；

对于斯密来说，X 的增加的边际效用大于 Y。

（当然，财货的边际效用是无法在琼斯和史密斯之间进行比较的，因为它们是无法度量的，两个价值表也无法合并成一个度量尺度或者一个价值表。）

---

① 严格来说，边际效用规律也适用于供给只有一个单位的情况，在上面的例子中，我们也可以这样说，假如对 A 来说，财货 Y 的边际效用大于财货 X 的边际效用，而对 B 来说则相反的话，交易就会发生。

　　然而，因为边际效用规律，随着琼斯继续用 X 换取史密斯的 Y，X 对于琼斯的边际效用在增加。而因为同样的规律，随着琼斯的 Y 的供应的增加，新增单位的 Y 的边际效用持续下降。这样，琼斯最终会达到一个点，如果再拿 X 去换取Y 的话，X 的边际效用就会大于新增单位的 Y 的边际效用，这样他就不会再交易下去了。而史密斯也会处于同样的一种状况。随着他不断地以 Y 换取 X，对他来说，由于边际效用规律在起作用，使得 Y 的边际效用在上升，而新增单位的 X 的边际效用在下降。他最终也会达到一个点，再交易的话会在价值表上降低而不是提升他的处境，这样他就会拒绝进一步的交易了。由于交易需要双方参与，所以，琼斯和史密斯会不断地以 X 换取 Y，直到他们中的一个人达到了那个再交易下去就会受损而不是获利的点为止。

　　那么，假设琼斯的初始状态是，他的财产（财货的库存）包括五匹马和零头牛的供给，而史密斯的初始财产是五头牛和零匹马。如果可能的话，进行多少次 88一头牛换取一匹马的交易已经反映在两个人的价值表上了。

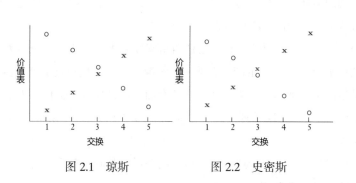

图 2.1　琼斯　　　　　　　图 2.2　史密斯

　　比如，假设琼斯的价值表如图 2.1 所示。当琼斯以一匹马换取一头牛时，圆点代表对新增牛的边际效用的评价。十字表示随着琼斯做交易他所放弃的每匹马的不断增加的边际效用。琼斯会在第三次交换之后停止交易，这时他的财产包括两匹马和三头牛，因为进一步交易会让他的处境变得糟糕。

　　另一方面，假设史密斯的价值表如图 2.2 所示。圆点代表史密斯每新增一匹马的边际效用，而十字表示每放弃一头牛的边际效用。史密斯会在两次交换之后停止交易，那么琼斯也就不得不在两次交换之后停止交易了。交易就会以琼斯拥有三匹马和两头牛的库存，而史密斯拥有三头牛和两匹马的库存而告终。

　　在一个发达的经济体中，交易的重要性再怎么强调也不会过分。人际交换对生产活动有着极大的影响。交易的存在意味着财货和财货单位对其生产者来说不仅仅有直接的使用价值，还有交换价值。换句话来说，行动人可以用一些财货来换取对他来说用处更大的其他财货。只要可以换取比这些财货的直接用处更有价值的东西——也就是说，只要该财货的交换价值大于其直接使用价值的话，人就会去交易该财货。在上面的例子当中，对他们的所有者来说，琼斯用于交换的头两匹马和史密斯放弃的头两头牛的交换价值大于它们的直接使用价值。相反，从那时起，他们各自的财产对其所有者来说，其使用价值大于其交换价值[①]。

交换的存在以及其可能性给生产者为了"市场"而不是他们自己生产打开了方便之门。每个人不再是在为了他自己所需而独自生产财货的孤立状态中努力最大化自己的产量了，他现在可以生产那些预期中有交换价值的财货，并以之与其他人交换那些对他来说更有价值的财货了。很明显，因为这为财货的效用打开了一个新的途径，每个人都得以提升他的生产力成为可能。那么，根据行动学，我们知道在交易当中每一方都只会从中得到好处，且每一方都必然会从交易中得到利益；否则的话他就不会进行交易。从经验上，我们了解到，交换经济使得每一个参与者的生产力和欲望满足得以极大的提高。

因而，任何人要么是为了他自己的直接需要而生产财货，要么是为了与其他人交换他所欲求的财货而生产。在前一种情况下，他是他自己的产品的消费者；在后一种情况下，他为了服务于其他消费者而生产，也就是，他"为了市场而生产"。很清楚的是，无论哪种情况，在无妨碍的"市场"上，是消费者在指挥着生产的过程。

在任何时候，一件财货或者一个单位的财货对其所有者来说可以具有直接的使用价值或者是交换价值，或者两者兼而有之；哪一种价值更大，也就决定了他的行动。对其所有者来说只具备直接使用价值的财货是那些孤立经济中的财货，或者按某人要求专门打磨的镜片这类财货。另一方面，这类眼镜片的生产者或者外科手术器材生产者在其产品上无法得到任何直接使用价值，而只有交换价值。像前面提到的交换的例子一样，很多财货对其所有者来说既有直接使用价值又有交换价值。对后一种财货来说，条件的改变会导致直接使用价值在行动人的价值排序上代替交换价值，反之亦然。比如，如果一个人有一些酒，而他对酒失去了兴趣，以前酒对他而言较大的使用价值就会改变，而酒的交换价值就会高于它的

[①]　关于使用价值和交换价值，参见门格尔，《经济学原理》，第226–235页。

使用价值——这时其使用价值几乎为零。同样，一个成年人可能会把他小时候拥有的玩具娃娃拿去换东西，因为现在玩具娃娃的使用价值极大地下降了。

另一方面，财货的交换价值可能会降低，以导致它们的所有者直接使用它们而不是拿去交易。比如，一个女帽商可能为了交易的目的而制作了帽子，然而，帽子的一些瑕疵可能会让它预期中的交换价值降低，以至于女帽商人决定把这顶帽子留给自己来戴。

导致直接使用价值和交换价值之间关系改变的一个极其重要的因素是可得的财货供应数量的增加。由边际效用规律，我们知道一件财货可得的供应的增加会导致其直接使用效用的降低。因而，可得的供应单位越多的话，其边际单位的交换价值就越有可能大于其直接使用价值，其所有者也就越有可能拿它去交易。琼斯库存中的马匹越多，史密斯所拥有的牛越多，他们就越渴望以牛易马。相反地，供给减少的话就会增大其使用价值占据主导地位的可能性。

自愿的人际交换网络形成了社会；它也形成了大家所熟知的市场交互关系模式。仅由市场形成的社会有一个不受妨碍的市场或者说自由市场——一个不受暴力行动干涉的市场。一个基于自愿交换的社会被称为契约社会。和基于暴力统治的霸权社会相比，一个契约社会基于个人之间自由建立的契约关系。个人间做交易的协定称为合同，而一个基于自愿合同的社会就是一个契约社会。这是一个不受妨碍的市场的社会。

在一个契约社会里，每个人因其所达成的交换合约而获益。每个人在其每一步骤都是可以自由做出自己的决定的行动人。因而，在一个不受妨碍的市场上人们的关系是"对称的"；每个人都有相等的权力为自己做出交易的决定，在这个意义上，每个人也是平等的。霸权关系则不然，那里权力是不对称的——除了在刺刀的胁迫下服从这个某种程度上算做的决定以外，臣民的所有决定都是由独裁者做出的。

因而，不受妨碍的市场的契约社会的典型的特征就是：自我负责，免于暴力，对自己的决策拥有全权（对其他人发起暴力行动的决定除外），以及使所有参与的个人受益。一个霸权社会的典型特征是：暴力统治，个人自决的权力交给独裁者，以及为了奴隶主的利益而剥削臣服者。下面我们会知道，现实的社会可以是彻底的霸权社会，可以是彻底的契约社会，或者是两者在不同程度上兼而有之，杂糅混合而成的；这些不同的"混合经济"以及彻底的霸权社会的性质以及结果将会在下文分析。

91

在我们进一步深入考察交换过程之前，必须了解，一个人为了交易某物，他必须先占有，或者拥有它。他放弃财货 X 的所有权是为了获得财货 Y 的所有权。一个人或者多个占有人的所有权意味着对其拥有财货排他性的控制和使用，而其所拥有的财货被称为财产。免于暴力意味着没有人可以使用暴力或者以暴力威胁来夺取他人的财产，因而每一个人的财产都是安全的，或者说是免于这类侵犯处于"安全状态"的。

什么样的财货会成为财产？很明显，只有稀缺的手段才成为财产。一般福利条件，由于它们对所有人都是充足的，就不会成为任何行动的对象，因而也就不会被占有或成为财产。在自由市场上，说一个人"拥有"空气是没有意义的。只有当一个东西是稀缺的，才会使人为了自己的使用需要而必须去获取它，或者说获取它的所有权。一个人只有一个办法取得对空气的所有权，那就是使用暴力强制性提出这样的主张。这样的行动在一个不受妨碍的市场上是不会发生的。

在一个自由不受妨碍的市场上，一个人可以用以下方法把稀缺的财货变成自己的财产：（1）首先，每一个人都对其自身拥有所有权，对他的意志，他的行动，以及使用自己劳动的方式拥有所有权。（2）其次，他可以通过两种方式获得稀缺的自然赋予要素，要么是为了他自己需要的用途而占有迄今为止还未被人使用的要素，要么是受赠于他人——追根究底，此人也必须是占有的迄今为止未被利用的要素[1]。（3）再次，他可以通过两种方式获取资本财货或者是消费财货，要么是通过把他自己的劳动混合到自然赋予的要素中生产出来，要么是受赠于他人。与前面一样，来自他人的馈赠最终也可以追溯到某个行动人利用它自己的劳动进行的财货的生产。很明显，通过馈赠而得到的可以是自然赋予的要素，资本财货，以及耐久消费财货，因为不耐久的消费财货很可能会被立即消费掉。（4）最后，他可以用任一类型的要素（劳动服务、自然赋予的要素、资本财货、消费财货）来和其他的任一类型的要素进行交换。很清楚的是，馈赠和交换作为财产的来源最后必定可以追溯至：自我拥有权，对未被利用的自然赋予要素的占有，以及资本财货和消费财货的生产，这和一个自由经济体系中获取财产的最终来源是一样的。要发生财货的馈赠和交易，就必须有个人行动人以这些方式中的一种来获得它们。因此，这些事件的逻辑顺序是这样的：一个人拥有他自己；他将未

---

[1] 理论上，接受某人馈赠的要素仅仅是把问题往后推了一个阶段。在某个时间点上，行动人必须从未被利用的要素的领域里占有它，就像鲁滨孙占有小岛上未被利用的土地一样。

被利用的自然赋予要素占为己有；他利用这些要素生产出为他所有的资本财货和消费财货；他用掉消费财货并／或者把它们和资本财货给予其他人；他用一些财货换来他人用同样方式所占有的其他财货①②。这些就是在自由市场上获取财货的方式，包含除暴力方法以及其他的对他人财产的侵略性掠夺以外的全部方法③。

一般福利的条件在自由市场上不会作为财产被占有，跟它们不同，在生产中所利用的稀缺财货必定总是处于某个人的控制之下的，因此必定总是某个人的财产。在自由市场上，财货将属于要么生产它们，首先利用它们，要么是受赠之以礼物的人。同样，在一个暴力和霸权关系的体制下，某个人或者某些人必定管控和指挥着这些财货的使用。不管法律如何定义所有权，实际上谁在行使着这些功能，谁就作为自己的财产拥有这些财货。这一点适用于有形财货，同样适用于人和他们的劳务。在自由市场上，每个人都完全拥有他自己，而在一个彻底的霸权关系的体制下，人是其他人所有权的对象，只有不反抗所有权人的权威这个决定是例外。因此，暴力的或者霸权政治制度不会也不能消除财产——财产源于人的行动的基本规律——而只可以把财产从一个人或者一群人（生产者或者说自然的自我所有人）那里转移给另一群人。

我们现在可以在下面的列表中简单地概括一下人的行动的各种类型：

人的行动
一、孤立状态（自我交换）
二、人际行动
　　A. 侵犯行动

①　关于自我拥有权和财产的获取，参见约翰·洛克的经典论述《政府论：下篇：论政府的真正起源、范围和目的》，在 Ernest Barker 编辑的《社会契约》（London: Oxford University Press, 1948），第15-30 页。
②　自我拥有权的问题由于儿童问题而变得很复杂。儿童不能被视为自我所有权人，因为他们还没有指导他们行动的必要的理性能力。因此，小孩子必须生活在其父母的支配性权威之下以等到他们年龄大到足以成为自我所有权人，这一事实和我们纯粹自由市场的假设并不矛盾。因为儿童并不能自我所有，因此凌驾于他们头上的权威将会归为某人所有；在一个不受妨碍的市场中，它会归属为其生产者——他们的父母所有。另一方面，在这个独一无二情形里，父母的财产并不是独占的；父母不能随心所欲地伤害儿童。出生后不久，儿童开始获取人类的理性能力并且开始其完全自我所有的潜在发展过程。因此，在自由市场上，儿童以和成年人同样的方式免受暴力行动的威胁。关于儿童，同上，第30-38 页。
③　更多关于自由市场上侵犯和非侵犯行动的论述，见下面的第 13 节。

        1. 战争

        2. 谋杀，侵袭

        3. 抢劫

        4. 奴役

     B. 非侵略行动

      1. 馈赠

      2. 自愿交换

本章及随后内容将专注于对非侵略型社会——特别是由自愿人际交换所组成的社会——的分析。

95　**3. 交换和劳动分工**

在描述人际交换得以发生的必要条件（比如相反的评值）时，我们隐含假定被交换的是两种不同的财货。如果鲁滨孙在小岛的一隅只生产了莓果，而杰克逊在其所在地也只生产了相同的莓果的话，那么他们之间就没有发生交易的基础了。假如杰克逊生产了 200 个莓果，而鲁滨孙是 150 个莓果的话，那么，假定他们之间会交换莓果将会是很荒唐的[①]。涉及莓果的唯一一种自愿人际行动就是一个人把它当作一件礼物送给另一个人。

如果交易者必须交易两种不同的财货的话，这就意味着相对于其欲望，双方的财货组合比例一定是不同的。在获取对方生产的不同财货方面，他必须是相对有所专长的。这种每个人的专业化的出现可能是因为以下三个不同的原因之一，或者是这三个原因的混合而成所导致的：（a）在自然赋予要素的组合和获取方面的差异；（b）在给定的资本财货和耐久的消费财货之间的差异；（c）技术上和不同劳动类型合乎己意方面的差异[②]。这些因素，再加上财货的潜在的交换价值和使用价值，将会决定行动人所从事的生产方向。如果是为了交换而生产，那么交换价值就会在其决策中扮演主要的角色。比如，鲁滨孙可能会在他所栖身的岛的

[①]　很有可能鲁滨孙和杰克逊为了彼此好玩会把 50 个莓果来回地传来传去。然而，这就不再是真实的交换了，而只是共同参与了一个令人愉悦的消费财货——游戏或者玩耍。

[②]　（b）基本上可以被分解为（a）和（c），是（a）和（c）生产了其产品。

一边发现丰富的农作物。这些资源，再加上他在农耕方面有较好的技能以及由于
他热爱农业而导致的这个工作较低的负效用，就会促使他从事农业耕种，而杰克
逊在狩猎方面有更好的技能，狩猎活动的更多的野味供应会诱使他从事于狩猎和
设置陷阱。交换对交换双方来说都是生产性的过程，它意味着生产的专业化，或
者是劳动的分工。

96

在一个社会里，劳动分工到什么程度取决于产品的市场程度。后者决定了生
产者将能够获取的财货的交换价值。比如，如果杰克逊知道他可以拿其捕获的部
分野味来交换鲁滨孙的谷物和水果的话，他很有可能就会把他所有的劳动都用在
狩猎上。那样，他就能把他的劳动时间全部专注于狩猎，而鲁滨孙就会致力于农
耕，而他们的"剩余"库存就会被用来交换，直到前文所分析的最大限度为止。
相反，举例言之，如果肉对鲁滨孙只有很小用途的话，杰克逊就不能交易那么多
肉了，他就被迫自给自足，像生产肉一样生产他自己的谷物和水果。

很清楚的是，从行动学上看，交换以及劳动分工的确定事实表明，它们在各
方面必定比孤立自足的劳动更有生产力。然而，单纯的经济分析并不能告诉我们
劳动分工会给社会带来巨大的生产力的提升这一知识。这是基于更进一步的经验
考察，也即是，人类以及其周边环境的巨大的多样性。由于自然界中不同的基础
生物和非生物单位的叠加组合，导致了巨大的多样差异性这一事实。前面所述的
会导致专业化的因素尤其存在着多样性：自然资源的位置以及类型，人类的能
力、技能和口味。用冯·米塞斯教授的话来说就是：

也可以把这两个事实看作一个相同的事实，即，导致世界无限差异化、
无限复杂的自然的多样性。假如地球表面每一处的物质生产条件都相同的
话，假如每个人……都和其他人相同的话……劳动分工就不会为行动人带来
任何益处了[①]。

97

很容易明白，交易的前提是每一个交易方对他用来交易的财货的生产能力具
有较大的优势——这种优势可能是自然赋予的要素较佳所致，也有可能是生产者

① 米塞斯，《人的行动》，第157页起。关于多样性的普遍性问题，还可参见 F. A. Harper, *Liberty, A Path to Its Recovery*（Irvington-on-Hudson, N. Y. : Foundation for Economic Education, 1949），第 65–77页，第139–141页。

的能力较佳所致，而交易也会提升参与者的生产力。如果个人放弃了孤立自足地满足自己的欲望的努力，每个人都把他的工作时间专注于他比较擅长的专业的话，很明显，每种产品的总生产力都将会提升。如果鲁滨孙在每个单位时间里可以生产较多的莓果，而杰克逊可以捕杀较多的野味，那么很清楚，如果克鲁索全心全意投入莓果的生产，而杰克逊则专注于打野味，此后两人再以部分莓果交换部分野味，则两条生产线的生产力都会得到提升。除此之外，在一条生产线上全职的专业化很有可能会提高每个人在其生产线上的生产力，并强化每个人的相对优势。

比较迷惑的情形是这样的：一个人在所有的生产线上都比另外一个人强。举例言之，假设鲁滨孙在莓果和野味的生产方面都比杰克逊优秀。在这样的情形中还有交换的可能性吗？乍一看，答案可能是没有，而双方会持续地彼此孤立下去。实际上，专注于他拥有最大相对优势的生产线上，以其产品来换取杰克逊所专长的产品会给鲁滨孙带来好处。很明显，较差的生产者由于交换到了较优生产者的产品而受益。然而，由于较优的生产者可以让他自己专注于他拥有最大生产优势的产品中，他也得到了好处。比如，假如鲁滨孙在生产莓果方面有很大的优势，而在野味的生产方面有很小的优势的话，如果他把时间专注于生产莓果并用生产出来的莓果交换杰克逊的野味产品的话，他仍然可以从中受益。博尔丁教授提到过一个例子：

一个医生同时也是极好的园丁，他会更愿意雇佣一个在园艺方面逊于他本人的人，因为这样他就可以把更多的时间投入到他的医疗事务当中了[1]。

这一重要的原理——就算交易中的一方在两条生产线上都有优势，仍然会发生让双方受惠的交换——被称为协作法则，或比较成本法则，或者是比较优势法则。

由于无处不在的多样性提供了专业化的机会，而就算交易一方在两种工作方面都占优势时，有利于交易的条件仍然会出现，这就极大地促进了劳动分工以及市场的扩展。随着越来越多的人在交换网络中被联系起来，进一步"扩展"的是每一种产品的市场，当生产者在做决策时，产品的交换价值就会比其直接使用价值越来越占据主导地位。比如，我们假设在荒岛上有五个人，每个人都专精于一

---

[1] 肯尼斯·E. 博尔丁，《经济分析》（1st ed.；New York: Harper& Bros., 1941），第30页；同上，第22-32页。

条生产线，在其专业领域内他有着相对或者绝对的优势。假设每一个人都专注于
生产下列产品：

A·····················莓果
B·····················野味
C·····················鱼
D·····················鸡蛋
E·····················牛奶

　　随着更多的人参与到市场过程当中，每个行动人的交易机会都极大地增加　　99
了。就算每一特定交换只是发生在两个人之间，只是涉及两种财货，这一点仍然
成立。那么，如图 2.3 所示，可能会出现这样的交换网络：如今在生产者的决策
当中，交换价值占据了极大的主导地位。鲁滨孙（假设是 A）现在了解到，如果
他专门生产莓果，他并不是只能依赖杰克逊接受他的莓果才能获取其他产品，而
可以用莓果和其他人的产品进行交易。杰克逊突然对莓果失去兴趣并不会让鲁滨
孙变得穷困，也不会像以前那样使他失去所有其他的必需品了。此外，莓果现在
还可以给鲁滨孙带来更多种多样的不同的产品，每一种都远比以前更加充裕，还
有了之前没有的品种。生产力会更大，市场会更大，而市场中所有的参与者都会
更加注重交换价值。

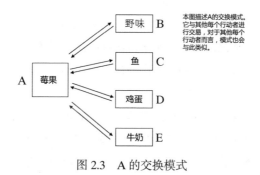

图 2.3　A 的交换模式

　　很明显，这种基于市场的契约社会才是真正的合作社会，这一点将在关于间
接交换的下文中进一步论述。每一个人都专注于他最合适的岗位，为了在交换中
服务他自己，每一个人都为别人服务。由于为了交换而生产，每一个人都自愿而　　100
非强制地与他人合作。与一个人或者一群人剥削其他人的霸权社会形式相比，契
约社会让每个人在市场中都可以通过惠及他人使自己获益。这一行动学真理有趣

的一点是，这种惠及他人的发生与参与交换的人的动机无关。

比如，就算他可能丝毫也不关心，甚至极其憎恶其交易对手，杰克逊仍可以专精于狩猎并以野味交换来其他产品，然而不管其动机如何，其交易对手都会因为他的行动而受益，这是他自利行动的间接但必然的结果。一个人在追求自己福利的时候也使其他人受惠，正是这一非凡的过程导致亚当·斯密惊叹，似乎有一只"看不见的手"在指挥着市场进程①。

因此，在解释社会的起源的时候，并不需要去联想什么神秘的纽带或者是人与人之间的"归属感"。通过运用理智，个人认识到劳动分工的更高生产力带来的交换的利益，而他们也会继续推进这一有利的过程。实际上，友谊之感情以及情感联系更有可能是（契约）社会合作体制的结果而不是其原因。举例言之，假设劳动分工并不是生产性的，或者是人们并没有认识到其生产力。如果那样，就只会有极少的或者没有交换的机会，而每一个人都只能试图在自给自足的孤立状态下获取他的财货了。其结果毫无疑问将会导致人们为争取占有稀缺财货的剧烈斗争。因此，在这样一个世界里，每一个人对有用财货的所得将会是其他一些人的所失。这样一个孤立的世界几乎是不可避免地伴随着暴力和无止境的战争。由于每一个人要有所得只能来自他人之所失，暴力行动也就会是极其普遍的了，而互相的敌对情绪将会在这个世界里占据主导地位。就像动物争夺骨头一样，这样一个战争世界将只会导致人与人之间的仇恨与敌意。生活也就成了残酷的"为了生存而斗争"。相反，在一个自愿的基于互利双赢的交换的社会合作的世界里，一人之所得也是另一人之所得，很明显，这就为社会同情心以及人类友谊的发展提供了广阔的发展空间。正是和平协作的社会为人与人之间的友爱情感创造了有利条件。

交换产生的双赢互利为那些想要成为侵略者的人（以暴力行动对抗他人的倡议者）提供了一个重要的激励（就像上面鲁滨孙的例子一样），激励他们抑制侵略，并和平地与其他人合作。人们因此认为参与专业分工并交换获得的利益比战争带来的利益要大。

---

① 亚当·斯密的那些批判者以及另外一些经济学家指责斯密"假设"了一个上帝或者自然为了所有市场参与者的利益而利用"看不见的手"在指挥着市场的过程，他们完全没有达到目的。市场提升每个个人参与者的福利这一事实是基于科学分析的一个结论，而非科学分析所基于的假设。"看不见的手"仅仅是用于评论这一过程及其结果的一个比喻。参见 William D. Grampp，《亚当·斯密与经纪人》，*Journal of Political Economy*，1948 年 8 月，第 315-336 页，特别是第 319-320 页。

由劳动分工所形成的市场社会的另一个特征是它的持久性。过一段时间，人的欲望就会更新重复，这样他们就必须每过一段时间重新为自己获得财货的供应。鲁滨孙想要稳定的野味供应，而杰克逊可能会想要持续的莓果供应，等等。因此，随着人们专精于不同工作并且持续地在这些领域里进行生产，劳动分工所形成的社会关系倾向于持久化。

有一种不那么重要的交换不涉及劳动分工。那就是对某些任务的相同类型的劳动的交换。比如，假设鲁滨孙、杰克逊和史密斯都要清理他们的木料场。如果每个人都独自完成清理自己木料场的工作，将会耗费一段很长的时间。然而，如果每个人都共同努力花一些时间为其他人滚木料，那么滚木料这项工作的生产力就会极大地提升。每个人都可以在一个较短的时间段里完成这项工作。而这一点对于那些独自一人的则完全无法胜任，但多人协商一致运作却可以完成的工作尤其成立，比如说滚动沉重的木料。在这些情况下，每一个人都在其他人的木场里放弃他自己的劳动以换取其他人在他的木场里的劳动，而后者对他来说是更有价值的。这样的交换包含了同种类型劳动的混合——而不是不同类型劳动的分工——以完成那些凭单个人的能力无法胜任的工作。然而，这种"滚木料"式的合作只会暂时地基于特定工作而维持其联盟，并不会建立专业化以及劳动分工所建立的持久的交换纽带和社会关系①。

劳动分工的巨大范围并不局限于上面例子那样每个人都生产整个特定产品的情形。在生产一件特定的消费财货所必需的不同生产阶段，劳动分工都可能带来个人的专业化。因此，由于更广阔的市场的允许，使得不同的个人专注于不同的生产阶段，例如上一章中所讨论的火腿三明治的例子。由于有些人和地域专注于生产铁矿石，有些专注于生产不同类型的机器，有些专注于烤面包，有些专注于包装肉类，有些专注于零售三明治，等等，这一切使得总的生产力得到极大的提高。发达的市场经济的本质在于，伴随着这些专业化出现的合作交换架构。②

4. 交换的条件

在分析交换条件的问题之前，最好回想一下交换的原因——每个人对其所得

① 参见米塞斯，《人的行动》，第157-158页。
② 这些生产阶段的专业化需要采用间接交换，我们将会在下文中讨论它。

到的财货的评值高于对其所放弃财货的评值。这个事实足以消除以下谬论：假如鲁滨孙和杰克逊以 5000 个莓果交换一头牛的话，在这头牛和 5000 个莓果之间就有某种"价值的相等"。价值存在于个人心中的评值里，而这些个人之所以会交易恰恰是因为他们中的每个人对牛和莓果都有不相等的评值。对鲁滨孙来说牛的价值比 5000 个莓果更高；对杰克逊来说牛的价值更小。否则的话，交易就不会发生。因此，对每一个交换来说都有一个双重的价值不等，而不是相等，因此并不存在以任何方法可以"度量"的"相等的价值"①。

我们已经明白了交换得以发生的条件以及在给定条件下交易可以进行的程度。那么问题就出现了：有没有什么原理决定着交易发生的价格呢？为什么鲁滨孙以 5000 个莓果兑一头牛的比率和杰克逊交易呢，为什么不是 2000 个莓果兑一头牛呢？

让我们以假想的 5000 个莓果兑一头牛的交易为例。这就是其价格，或者说是交换比率（5000 个莓果兑一头牛）。如果我们以一种商品来表达另一种商品，那么我们就得到了这种商品的价格。因此，某种财货以另一种财货来表达的价格就是交换中的另一种财货的量除以第一种财货的量。如果两头牛交换 1000 个莓果，那么牛以莓果来表达的价格（"牛的莓果的价格"）就是每头牛 500 个莓果。相反，莓果以牛来表示的价格（"莓果的牛的价格"）为每个莓果 1/500 头牛。价格是以一种商品来表示的两种商品之间的交换比率。

在对交易的分析中其他的有用的概念是"卖"和"买"。比如，在上面的例子中，我们可以说，鲁滨孙在交易中卖出了 1000 个莓果而买进了两头牛。相反，杰克逊卖出了两头牛而买进了 1000 个莓果。出售的是指交易中所放弃的财货，而购买的是指所收到的财货。

让我们再一次把注意力放在交换的目的上。我们记得，在第一章里说过，所有行动都是为了最大化心理收益，而为了实现这一点，行动人会努力让行动的心理收益超过心理成本，这样他就可以获取心理上的利润。这一点在人际交换中一点也不假。在这样的人际交换中，双方的目标都是最大化收益，只要预期中的心理收益大于心理成本，交易就会发生。任一交易中的心理收益就是交易中获取到的财货的价值。这就等于购买者在其库存中所增加财货的边际效用。交易中的心

---

① 参见米塞斯，《人的行动》，第 204-206 页；以及门格尔，《经济学原理》，第 192-194 页，第 305-306 页。

理成本的问题就较为复杂了。心理成本包括了行动人为了达成这一交易而放弃的一切。心理成本等于他所使用资源的可用用途里的次优用途。

举例言之，假设杰克逊拥有五头牛，而他正考虑着是否要在交易中卖掉一头牛。按照牛的可能的用途进行排序，他的决定所基于的他的价值表如下所示：

1. 鲁滨孙的出价 5000 个莓果
2. 史密斯的出价 100 桶鱼
3. 琼斯的出价 4000 个莓果
4. 牛被直接使用的边际效用

在这个例子当中，上面三个选项涉及牛的交换价值，而第四个是直接使用的价值。杰克逊将会和鲁滨孙做交易以最佳地利用他的资源。交易中的鲁滨孙的 5000 个莓果将会成为他的心理收益，而他失去的 100 桶鱼将会构成他的心理成本。在上文，我们已经知道，所得到的财货的边际效用必须大于所放弃的财货的边际效用，交易才能发生。现在我们知道了，任一特定的交易要发生，所得到的财货的边际效用还要大于其所放弃的边际效用——其所放弃的边际效用可能会在另一类交易当中获取。

很明显，对同一种财货，杰克逊总是会偏爱那些能够提供更多单位的报价。换句话说，出售者总是会偏爱其财货尽可能高的售价。杰克逊偏爱鲁滨孙的每头牛换 5000 个莓果的报价，胜过琼斯的每头牛换 4000 个莓果的报价。也许有人会反驳道，有可能不是总是如此的，也许会被其他的因素抵消掉。比如，预期中来自琼斯的 4000 个莓果可能会比预期中来自鲁滨孙的 5000 个莓果的评值要高，假设：（a）由于较远的路途所带来的财货交付所造成的劳动和时间等的心理负效用，使得后者觉得，就算以莓果计的价格鲁滨孙出的比较高也缺乏吸引力；（b）对鲁滨孙特殊的友谊之情或者对琼斯的厌恶之情改变了杰克逊的价值表上的效用。然而，进一步的分析会证明这些并不是使之失效的因素。行动人总是偏爱以其他财货来表示的他的财货的较高的售价这一规律始终成立。必须重申的是财货并不是由其物理特征来定义的，而是由其对行动人来说具有同等服务效力的单位来定义的。现在，就很清楚了，一个来自较远地方的莓果，由于它会产生运输它的劳动负效用，因此它和较近的莓果并不是同种财货，就算在物理上它们是相同的莓果。第一种莓果比较遥远这一确切事实意味着它和其他的莓果的服务效力

105

不一样，因此它们不是同种财货。要一个"价格"与另一个可比，那么必须是同一种财货。比如，假如比起鲁滨孙5000个莓果的报价，杰克逊更偏爱以4000个莓果的价格把自己的牛卖给琼斯的话，这并不意味着他为自己的产品选了一个较低的以同一种财货（莓果）来表示的价格，而是说，他选择了以一种财货（来自琼斯的莓果）来表示的价格没有选择以另一种完全不同的财货（来自鲁滨孙的莓果）来表示的价格。同样，如果由于友谊或者敌对之感，使得接受鲁滨孙的莓果和接受的琼斯的莓果有性质上的不同的话，那么两包莓果对杰克逊来说就不再是有相同服务效力的了，因此它们对他来说就是两种不同的财货了。如果这种情感使得他为了4000个莓果而出售给琼斯而不是为了5000个莓果而出售给鲁滨孙的话，这并不意味着他为了同一种财货而选择了一个较低的价格；他是在鲁滨孙提供的莓果和琼斯提供的莓果两种不同的财货之间进行选择。因此，任何时候行动者都要把自己的产品卖出一个尽可能最高的以收到的财货来表示的价格。

对买方来说，很清楚事实正好相反。买方总是以尽可能最低的价格购买。这一真理可以在刚刚讨论过的例子中探究到，当杰克逊是牛的出售者的时候，他也是莓果的购买者。由于所讨论的财货——莓果——是可以比较的，因此他会在尽可能最低的价格上购买——也就是偏爱每个莓果换1/5000头牛，而不是每个莓果换1/4000头牛。如果杰克逊选择后一价格，两种莓果就不再是同种财货，而是不同的财货。假如，购买者为了买莓果而不得不跋山涉水走很长的路或者是从一个他讨厌的人那里买得的话，那么这种财货就和他可以在较近的地方买到或者从一个朋友那里买到的莓果不同了。

5. 价格的决定：均衡价格[①]

在经济分析中一个最重要的问题就是：在自由市场上，什么原理决定着价格的形成？为了解释所有过去、现在、未来的人际交换中的价格的决定，人的行动的基本假设中的逻辑演绎可以告诉我们什么？

最方便的方法是从孤立的交换的情形出发，在这种情形里两个孤立的当事人参与了两种财货的交换。举例言之，约翰逊和史密斯在考虑一项可能的交易：前

---

① 参见庞巴维克的《资本实证论》，第195-222页。也可参见费特的《经济学原理》，第42-72页；以及门格尔的《经济学原理》，第191-197页。

者的一匹马换后者所拥有的几桶鱼。问题是：在这一交易中，关于两种财货之间的交换比例的确定，经济分析可以告诉我们什么？

一个人会基于两种财货在其价值表上的相对位置来决定是否进行一项交易。比如，假设鱼的拥有者史密斯的价值表如图 2.4 所示：

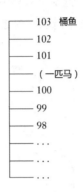

103　**桶鱼**
102
101
（一匹马）
100
99
98
…
…
…

图 2.4　史密斯的价值表

（任意所欲求的数量的排序都可以被分配到各种不同的数量，但是这里并无此必要。）

很明显，史密斯愿意放弃 100 桶或者更少数量的鱼来从约翰逊那里得到一匹马。100 或者少于 100 桶鱼对史密斯的价值要小于一匹马。相反，101 或者更多桶的鱼对他来说价值要大于一匹马。因此，假如史密斯所提供的以鱼来表示的马的价格是 100 桶或者更少的话，那么史密斯就会做这笔交易。如果价格是 101 桶或者更多的话，那么交易就不会达成。

假设约翰逊的价值表是这样的（图 2.5）：

108

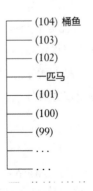

(104) **桶鱼**
(103)
(102)
一匹马
(101)
(100)
(99)
…
…

图2.5　约翰逊的价值表

那么，约翰逊不会为少于102桶的鱼而放弃他的马。如果为他的马所提供的报价少于102桶鱼的话，他就不会做这笔交易。在这个例子中，很清楚，不会有交易达成；因为约翰逊的最低售价为102桶鱼，对史密斯来说，保有鱼比获得马更有利。

因此，交易要达成，卖方的最低出售价格一定低于这一财货的买方的最高购买价格。在这个例子当中，它必须低于每匹马100桶鱼的价格。假设这一条件满足了，那么约翰逊的价值表就是如下所示（图2.6）：

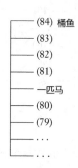

图 2.6　约翰逊的价值表

109　　　约翰逊就会为了81桶或者多于81桶的任何数量的鱼而卖掉马。那么，81桶就是他对马的最低出售价格。基于约翰逊的这个价值表和史密斯如图2.4所示的价值表，他们将会达成的马的（相反也是鱼的）价格是多少？由于交易必定对双方都是有益的，因此关于这个问题的分析结论是：在孤立的交易中，财货的价格将会确立在最高购买价格和最低出售价格之间的某个点上，也就是说，马的价格会处于100桶鱼和81桶鱼之间。（同样，每桶鱼的价格也将会在1/81匹马和1/100匹马之间。）我们无法知道价格具体设定在哪个点上。这取决于每个特定情形中的数据材料，取决于特定的占优势的条件，尤其取决于两个人的议价技巧。很清楚的是约翰逊会试图让马的价格设定得尽可能高，而史密斯则会尽可能低地定价。这是基于下面这一原理：产品的卖家总想获得最高的售价，而买家则总想获得最低的买价。我们无法预测出双方具体达成的价格点，只知道价格就在两点之间的范围内①。

① 当然，如果是其他价值表，最后的价格也许会确定在我们所说的那一点上，或者是在一个狭窄的范围之内。比如，假如史密斯的最高购买价格是87，而约翰逊的最低出售价格是87的话，那么价格就只能定在87上了。

现在，让我们逐步去掉我们关于孤立的交换的假设。首先，让我们假设史密斯有一个竞争者布朗，一个也想要约翰逊的马并且可以提供鱼的对手。其次，假定布朗提供的鱼和史密斯提供的鱼在服务效力上是等同的。再次，假设史密斯的价值表和以前一样，而布朗的价值表是这样的：对他来说，马的价值比 90 桶鱼大，但比 91 桶鱼的价值小。那么，三个人的价值表就如图 2.7 所示。

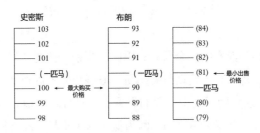

图 2.7　三个人的价值表

布朗和史密斯在为了购买约翰逊的马而竞争。很明显的是他们两者中只有一个人能交换到马，而由于他们的财货对约翰逊来说是等同的，因此后者的交易决策将由为马匹提供的报价高低来决定。很明显约翰逊会和提供最高报价的潜在的买家做交易。他们的价值表决定了只要每匹马的价格落在 81 桶鱼到 90 桶鱼的范围之间，史密斯和布朗彼此之间就可以持续地竞价。比如，如果史密斯给约翰逊的报价是每匹马 82 桶鱼的话，布朗可以通过抬高报价到每匹马 84 桶鱼来竞争，以此类推。然而，布朗的最高购买价格被超过以后，这一过程就会停止。假如史密斯对马匹的报价是 91 桶鱼的话，对布朗来说再进行交易就不划算了，而他也就退出了竞争。这样，交易中的价格就会高到排除掉"能力较差的"或者"较不迫切的"买家——他的价值表不允许他提供和其他"较有能力的"买家一样高的报价。我们并不确切地知道价格会是多少，但是我们知道的是，价格会因为讨价还价而设定在最有能力的买家的最高购买价格或之下，且高于第二有能力的买家的最高购买价格。价格会在 100 桶鱼到 91 桶鱼之间，而交易会由史密斯来达成。我们了解到，在决定价格的设定位置时，新增一位产品的竞争买家会让议价空间相当程度地变小。

这一分析可以很容易地扩展到一位卖家和 n 个买家（每一个人都在交易当中提供相同的商品）的情形中去。比如，假设有 5 位要买马匹的潜在买家，他们都提供鱼，他们的价值表如图 2.8 所示：

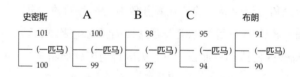

图 2.8　五位潜在购买者的价值表

　　由于只有一匹马能卖给一个买家，因此，买家们彼此之间会竞价到买家一个个退出竞争为止。最后，史密斯只有出价 100 桶鱼才能胜过 A（也就是第二有能力的竞争者）。在这个例子当中，我们看到，一旦各种价值表是给定的话，交易中的价格会独一无二地确定在 100，因为低于这个价格，A 会继续竞价下去，而高于这个价格的话，将没有任何一个买家愿意达成交易。无论如何，就算给定的价值表不能像这个例子那样独一无二地决定价格，新增的更多竞争者也会极大地让议价空间变得更小。一般性的规律仍然成立：价格会落在最有能力的买家的最高购买价格和第二有能力的竞争者的最高价格之间，其中包括前者的最高价格，但不包括后者的最高价格[①]。

　　同样明显的是：议价空间的变小是向上发生的，而这有利于产品的卖家。

　　有许多卖家而只有一个买家的单边竞争的情形正好与上面那种情况相反，只需把上面的例子反过来，考察鱼的价格而不是马匹的价格。由于更多的鱼的卖家在为了和一位买家达成交易而竞争，鱼的价格的确定区域会变窄，然而这一次是向下变窄并有利于买家。随着更多的卖家的加入，每一个人都为该产品而比其竞争者提供更低的价格，以图战胜其对手。卖家们彼此之间会不断地压低价格，直到除了一位卖家外所有的人都退出市场为止。在多位卖家和一位买家的情形当中，价格会确定在这样一个点上：在第二有能力的卖家的最低出售价格到最有能力的竞争者的最低出售价格之间——严格来说，是在前者的最低出售价格点以下，向下到后者的最低出售价格点之间（含最低出售价格）。在上面的最后一个例子当中，这个点会被拉下来独一无二地确定在后者的最低出售价格点上，也就是每桶鱼换 1/100 匹马。

112

---

① 拍卖就是典型的某财货有一位卖家而有许多买家的市场。参见 Boulding，《经济分析》，第 41-43 页。

目前为止，我们已经考察了一位买家和多位卖家的情形，也考察了一位卖家和多位买家的情形。现在我们要研究的是基于一个盘根错节的交换网络的复杂的现代经济中极其重要同时也是唯一的情形：众多买家和卖家的双边竞争。那么，让我们来考察一个有任意数量的竞争买家和卖家的市场。可以考察任何一种产品，但我们假想的例子将会继续以马换鱼（马和鱼对所有的参与者来说都是相同财货的同质单位）进行下去。以下就是基于不同买家各自的价值表上的评值而得出来的最大购买价格的列表：

马的买家	最大购买价格
X1	100 桶鱼
X2	98
X3	95
X4	91
X5	89
X6	88
X7	86
X8	85
X9	83

以下是市场上不同卖家的最低出售价格的列表：

113

马的卖家	最低出售价格
Z1	81 桶鱼
Z2	83
Z3	85
Z4	88
Z5	89
Z6	90
Z7	92
Z8	96

我们确认马的"最有能力的买家"是史密斯，他的购买价格是100桶鱼。约翰逊是"最有能力的卖家"，他是最低出售价格最小的卖家——其最低出售价格是81桶鱼。问题就是找到马匹交易的价格将会被决定的规律。

现在，让我们先从X1（史密斯）的情况入手。很清楚的是在100桶鱼兑换一匹马这个价位上达成交易对史密斯是有利的。然而，对史密斯来说以尽可能低的价格购买到财货则是更有利的。他并不会跟他的竞争者为了竞价而竞价。他会试图以他力所能及的尽可能低的价格获取财货。因此，史密斯就会倾向于在他的竞争者所提供的最低的价格上开始竞价，为了避免自己被挤出市场之外而必须抬价时他才会抬高价格。同样，约翰逊在81桶鱼的价格上出售的话也会获利。然而，他感兴趣的是把他的产品卖个尽可能高的价钱。为了避免自己被挤出市场之外卖不出东西而必须降价时他才会降价。

很明显，买家会倾向于从提供尽可能低的价格开始讨价还价，而卖家倾向于从寻找他们想要获得的尽可能高的价格开始。无疑，在一个"新的"市场上（这里的市场状况不大熟悉），这种预备式的"市场试验"过程会更长，而在一个"旧的"市场上，这一过程会更短。因为在"旧的"市场上，市场参与者对过去的价格形成过程的结果相对比较熟悉，因而能够对其将来的结果估算得更加接近。

114

我们假设买家从82桶鱼换1匹马的低价开始报价。这是一个每个买家都很愿意去购买的价位，但是只有一个卖家，Z1，愿意在82这个价位上出售。Z1只有因为无知，没有意识到他本可以获取更高的价格，才会在82这个价位上与某个买家达成交易。同样由于无知，其他买家也有可能不会为了这匹便宜的马抬高出价，从而让某个买家捡到一个大便宜。但是，这种情况并不太可能发生。最有可能发生的是：Z1不会在这样一个低价位上出售马匹，而由于其中1位买家想要在这个价位上达成交易，因此其他的买家会马上抬高报价。就算交易由于莫名其妙的原因在82这个价位上达成了，很明显这样的价格并不会持续下去。因为其他的卖家不会在这个价位做交易了，随着买家们不断抬高报价，此后的交易价格将会进一步抬高。

现在，我们假设由于买家们在抬高报价，而卖家们了解到这一市场信息，这样交易就不会在这个价位上达成了。就像先前的例子中一样，随着买家报价的提高，能力最低的买家会开始退出市场。84这个价位会吸引两位卖家进入市场，却会把X9从买方中淘汰掉。随着报价的抬高，在给定价格上出售方所提供的商品量和购买方需求的商品量之间的不均衡会逐渐减少，但是只要后者大于前者的

话，买家之间互相的竞价过程就会持续推高价格。在每个价位上，出售方所提供
的商品量叫作供给，购买方的需要量叫作需求。很明显，在82这个价位，市场
上的马的供给是1个；市场上对马的需求是9个。只有1位卖家愿意在这个价位
上出售，而所有9位买家都愿意在这个价位上买进。根据上面的最大购买价格和
最低出售价格的表格，我们可以列出每个假想价格上财货的需求与供给数量。

表2.1反映了随着价格上升以及价格上升导致的买家的退出，不断有新的卖
家进入到市场当中。正如上面我们所了解到的，在任一价位上，只要需求超过供
给的话，买家们就会继续竞价，而价格就会持续上升。

表 2.1

价格	供给量（匹马）	需求量（匹马）	价格	供给量（匹马）	需求量（匹马）
80	0	9	91	6	4
81	1	9	92	7	3
82	1	9	93	7	3
83	2	9	94	7	3
84	2	8	95	7	3
85	3	8	96	8	2
86	3	7	97	8	2
87	3	6	98	8	2
88	4	6	99	8	1
89	5	5	100	8	1
90	6	4	101	8	0

假如价格是从其最高点开始，情况就会相反。比如，假如卖家先要求的价位

是一匹马卖 101 桶鱼，就会有 8 位卖家急于出售，而没有一个愿意交易的买家。价格在 99 时，卖家们会发现有 1 位愿意接受这一价位的买家，但是这样的交易

116 不太可能会发生。这个买家会意识到在这样一个高价位上购买毫无理由，而只要有卖家想在 99 这个价位上出售的话，其他的卖家就会急切地降低报价。这样，当价位过高，供给超过需求时，供给方竞相降低报价就会驱使价格下行。随着尝试性报价的降低，越来越多的卖家会退出市场，而更多的买家则会进入市场。

只要需求量大于供给量，买家竞相抬高报价就会驱使价格上升，而只要供给大于需求的话，卖家们竞相降低报价就会驱使价格下降，那么，很明显，商品的价格最终会在需求量等于供给量——也就是供给等于需求时静止下来。在这个价位且只在这个价位上，市场是出清的，也就是说，买家没有动机去进一步抬高报价，而卖家也没有动机去降低报价。在我们的例子中，最后的价格或者说均衡的价格就会是 89，在这个价位上，5 匹马会被卖给 5 位买家。均衡价格就是财货拿出来，交易就倾向于达成的那个价格①。

明确点说，商品会在这个价位上被卖给最有能力的 5 位买家：X1，X2，X3，X4 和 X5。其他的能力较弱的（或者说不那么迫切需要的）买家会被排除在市

117 场之外，因为他们的价值表并不允许他们在这个价位上买入马匹。同样，卖家 Z1—Z5 会在 89 的价位上出售；而其他的卖家会被挤出市场，因为他们的价值表不允许他们在这个价位上交易。

在这个马和鱼的市场中，Z5 是能够留下交易的卖家中能力最弱的一个。Z5 的最低出售价格是 89，他正好能够以 89 的价格出售。他就是边际卖家——处于边际上的卖家，只要价格稍微下降的话，他就会被排除出市场。另一方面，X5 是能够留在市场中交易的买家中能力最弱的一个。他就是边际买家——只要价格稍微往上涨一点，他就会被挤出市场。对其他的买家来说，比交易所必需的出价付更多是愚蠢的，因此他们也会支付和边际买家一样的价格，也就是 89。同样，

---

① 均衡点有可能并不是独一无二地决定在一个具体的价位上。比如，假设供给方与需求表如下所示：

P	S	D
89	5	6
90	6	5

供需之间的不均衡范围很小，但是供需相等的点却不存在。在这种情况里，假如财货的单位是可以进一步分割的，那么让市场出清的价格就会被设定在 89 和 90 之间，比如说是 89.5 桶鱼兑一匹马。但是，假如被交易的两种财货都是不可进一步分割的，比如是牛换马，那么均衡价格就会要么是 89，要么是 90，而这就是最接近均衡的点，但不是均衡点本身。

其他的卖家也不会以低于他们所能达成交易的价格出售；他们会以让边际卖家也能够留在市场上进行交易的价格出售。

很明显，能力更强的或者"更迫切需要的"买家（和卖家）——边际以上交易者（包括边际交易者）——会从这样的交易中获得心理剩余，因为相比如果价格更高（或更低）的情况，他们的状况更好。然而，由于财货只能在每个人的价值表上排序，因此，无论是个人还是人与人之间的心理增益都是无法度量的，除了知道心理剩余的存在以外，与之相关的没有什么可以说是有价值的。（举例言之，我们甚至无法这样说：交易中 X1 获得的心理剩余大于 X5 获得的心理剩余。）被挤出市场外的买家和卖家被称为次边际交易者。

均衡价格所导致的"市场出清"状态的重要的特征是：只有在这个价格上，所有愿意达成交易的买家与卖家都可以达成交易。在这个价位上，5 位马匹的卖家找到了 5 位需要马匹的买家；所有愿意在这个价位上买卖的人都可以达成交易。而在其他价位上，要么会有落空的买家，要么就有受挫的卖家。比如，在 84 这个价位上，8 个人愿意在这个价格上买入，但是只有 2 匹马可买。在这个价格上，还有大量的"未被满足的需求"或者说过度的需求。相反，比如说在 95 的价位上，有 7 位卖家急切地愿意提供马匹，但是只有 3 个人愿意购买。这样，在这个价位上，就有"未被满足的供给"或者说过度的供给。过度的需求和过度的供给的另一个说法是商品的"短缺"和"过剩"。所有的商品都是稀缺的，撇开这个事实不谈，一个低于均衡价格的价格给需求者制造额外的短缺，而一个高于均衡价格的价格相对于购买需求制造欲售商品的过剩。我们已经知道了，市场过程总是趋向于消除这些短缺和过剩并最终确立一个价格，在这个价格上需求者能找到他的供给，而供给者能找到对他的需求。

买家抬高报价，而卖家降低报价，这些过程在市场中不断地发生，虽然在某些特殊案例中表面上看起来只有卖家（或者买家）在单方面地报价，意识到这一点是很重要的。比如，零售店铺里出售的商品的价格可能只是由个体经销商在"标价"。但是，就像其他任何商品一样，同样的竞价过程在不断地进行。一方面，如果卖家把价格设定在均衡价格以下，买家们就会蜂拥而至来抢购，而卖家们会发现短缺不仅造成还将伴随着想购买商品而不得的急切的买者排起的长龙。意识到他可以从他的商品获得更高的价格，卖家们就会相应地抬高他们的报价。另一方面，假如卖家把商品的价格定在均衡价格之上的话，卖不出去库存的过剩就会出现，而为了"消除"多余财货的积存并在市场沽清他们就会降低商品

118

价格。

买家标价且看起来是他们在设定价格的情况与此类似。一方面，假如买家的报价在均衡价格以下的话，他们就会发现在这个价位上无法满足他们的所有需要。结果，他们不得不抬高他们的报价。另一方面，假如买家设定的价格太高的话，他们就会吸引卖不出库存的卖家，这些卖家们会利用这一机会降低价格并在市场沽清。这样，不管市场的形式是怎样的，由于买卖双方的互相竞价，市场过程的结果总是会趋向于建立均衡的价格。

我们假设了在均衡价格确立之前，市场上没有初步的交易，很明显，假如我们去掉这一假设的话，并不会改变分析的结果。就算出于无知或者是犯错，交易会在 81 或者 99 的价位上达成，这样的价格也是暂时的，转瞬即逝的，而商品的最终价格会趋向于其均衡价格。

一旦市场价格被确立，很明显这个价格就必然会是整个市场的统一价格。实际上，所有的买家和卖家都会和他们的边际竞争者出同样的价格这一事实就已经意涵了这一点了。对某一商品来说，任何时候在市场上都存在着确立一个唯一价格的趋势。比如，假设市场价格被确立在 89，而一个狡猾的卖家想诱使一个买家以 92 的价格购买。很明显，当买家知道他可以在常规市场上以 89 的价格买到的话，他就不会花费 92 的价格。同样，假设卖家知道他可以毫无困难地在 89 的价格上沽出，就没有卖家愿意低于该市价售出。举例言之，假如有一个对市场状况不了解的卖家以 87 的价钱卖出 1 匹马，那么买到这匹马的买家就很可能会以卖家身份进入到市场当中，并以 89 的价钱售出这匹马。套利获利（通过买进卖出来获取某财货的价差）的驱动会很快在整个市场上建立起财货的唯一价格。只有在供给和需求的状况出现变化，打破了均衡价格，在市场还没出清之前导致了过量供给或者过量需求的情况下，这一市场价格才会出现变化。

均衡价格是如何由供给和需求状况所决定的清晰描绘如图 2.9 所示。

很明显地，随着价格的上升，那些具有较高的最低卖出价格的供应者会进入市场，而具有较低的最高买入价格的需求者将会开始退出市场。而随着价格的下降，需求量必定是要么保持不变，要么上升，绝不会下降。同样，随着价格的下降，供应方的供应量必定总是会下降或者是保持不变，绝不会上升。因此，随着价格的下降，需求曲线必定总是垂直或者是向右倾斜，而随着价格的下降，供给曲线必定总是垂直的或者是向左倾斜。两条曲线会在均衡价格点相交，在这个点上，供给和需求是相等的。

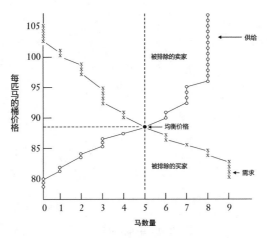

120

图 2.9　均衡价格的决定

　　显而易见，一旦供求曲线的交点区域被确定下来了，是处于边际（均衡点区域）的买卖双方决定交易的均衡价格以及交易量是多少。

　　在任意给定价格下的供应量表格被称为供应表，而其图像表示（本文为了清晰起见以连接点的形式来表现）被称为供给曲线。同样，对每一市场和每一产品，其需求的表格被称为需求表，而它的图像表现形式被称为需求曲线。给定供求交叉点，则此交点上方和下方的供求曲线可以是各种各样你可想象得到的不影响其均衡价格的不同形状。因此价格的直接决定者是边际买家和边际卖家，但是边际之上的人们的评值则对决定哪些买家和卖家处于边际点有重大影响。远超边际之上的被排除的买家和卖家的评值对价格没有直接的影响，只有当市场供求状况发生变动，使得这些人靠近供求交点的时候才会对价格有重大影响。

121

　　因而，给定一个交叉点的话，供求曲线的图形（由图中实线和虚线表示）至少会是图 2.10 所示的各种变体中的一个。

　　到目前为止，为了简明易懂起见，我们假定了每个需求者和每个供应者都限定于只有一个单位的财货——马，我们一直关注它的价格。现在，我们可以除去这个限定条件，通过让供应者和需求者交换其所欲求的任意数量的马匹来完成我们对真实世界中的交易的分析。不难发现，除去我们隐含的局限条件并不会对我们的分析产生本质性的改变。比如，让我们回到约翰逊的例子，约翰逊卖出一匹马的最低价格是 81 桶鱼。现在我们假设约翰逊有几匹马的供应。他愿意以 81 桶鱼的最低价格卖出一匹马——第一匹马，这是因为，在他的价值表上，他把马放

122

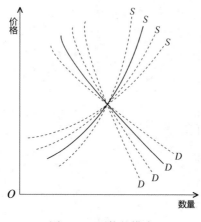

图 2.10　可能的模式

在 80 桶鱼和 81 桶鱼中间。如果要卖掉约翰逊的第二匹马，他的最低卖出价格会是多少呢？在这一章的前面部分，我们已经了解到：根据边际效用规律，随着一个人财货库存的减少，其剩余财货的每一单位所附的价值都会提高；相反，随着他的财货库存的增加，每一单位的边际效用都会降低。因此，第二匹马（或者严格讲，是失去第一匹马后剩下的每一匹马）的边际效用就会大于第一匹马的边际效用。就算每一匹马和其他马匹所能提供的服务是相同的，这一点仍然成立。同样，失去第三匹马的价值将会更大。另一方面，当附着于每匹所放弃的马的边际效用在增加的时候，交易所获的新增的鱼的边际效用却在递减。这两个因素共同作用的结果必然导致每匹依次卖出的马的最低卖出价格升高。因此，假设第一匹马最低卖出价格是 81 桶鱼。当要发生第二次交易时，放弃第二匹马的价值就会变得更大，而交易所得的一样的鱼的价值将会变小。其结果是，约翰逊的最低卖出价格会上升，比如说，上升到 88 桶鱼，低于此价格他就不会卖出马匹。因此，随着卖家库存的减少，他的最低卖出价格上升。约翰逊的价值表可能如图 2.11 所示。

　　根据这张价值表，我们可以建构出约翰逊的单个的供应表。如果价格低于 80 桶鱼，他就一匹马也不会供应，价格在 81 到 87 之间，他会供应一匹马，当价格处于 88 到 94 之间时他会供应两匹马，价格在 95 到 98 之间时他供应三匹马，当价格大于或等于 99 时，他会供应四匹马。市场中的每个卖家都是如此（只有一匹马用来出售的卖家，其供应表的建构如前文所述）。很明显只需要把各种不同单个卖家在市场中任意价格下的供应累加起来，我们就能得到整个市场的供应表。

图 2.11　约翰逊的价值表

前文所述关于市场供应分析的本质保持不变。因此，在这种情况下构造市场供应表就和有四个卖家，各供应一匹马，每个的最低卖出价格分别为 81，88，96 和 99 的例子一样了。同一个人供应较多的新增单位，而不是由多个不同的人来供应，这一事实并不会改变分析的结论。它只是再次印证了随着价格上升供给曲线必定是垂直的或者是向右倾斜的这一规律，也即是说，随着价格的上升，供应必定总是保持不变或者是增加。因为，价格的上升除了会导致新的供应者进入市场之外，还会让同一供应者提供更多单位的财货。因此，边际效用规律的运用再次印证了关于供给的这一规律：在价格升高的情况下，供给不可能下降，而必然会增加或者保持不变。

对需求的分析则与此恰好相反。假定我们允许买家可以购买其所欲求的任意数量的马匹。我们还记得，史密斯对第一匹马的最高买进价格是 100 桶鱼。假如他想要购买第二匹马的话，新增的马匹的边际效用会小于第一匹马的边际效用，而他所放弃的同等数量的鱼的边际效用会增加。如果随着所购物的增加，其边际效用递减，而所放弃的财货的边际效用上升的话，这两个因素的结果是导致每匹依次购买的马的最高买进价格降低。比如，史密斯的价值表可能如图 2.12 所示。

可以给市场上的每个买家做出他的个人需求表，而把这些个人需求表加总则可以得到市场上所有买家的总的需求曲线。

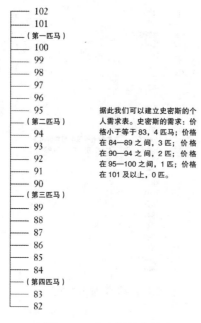

```
— 102
— 101
—（第一匹马）
— 100
— 99
— 98
— 97
— 96
— 95
—（第二匹马）
— 94
— 93
— 92
— 91
— 90
—（第三匹马）
— 89
— 88
— 87
— 86
— 85
— 84
—（第四匹马）
— 83
— 82
```

据此我们可以建立史密斯的个人需求表。史密斯的需求：价格小于等于83，4匹马；价格在84—89之间，3匹；价格在90—94之间，2匹；价格在95—100之间，1匹；价格在101及以上，0匹。

图 2.12　史密斯的价值表

很明显，市场需求曲线的本质同样不会有什么改变。史密斯的个人需求曲线，其最高买进价格同上，理论上和四个买家，分别拥有83，89，94和100的最高买进价格时的需求曲线是相同的。允许买家需求量超过一个单位以上的结果是引入了边际效用法则再次印证了前文所述的规律：随着价格的下降，需求曲线是向右倾斜的，也即是说，随着价格的下降，需求必定是要么增加要么保持不

125　变。再加上价格降低会引入先前被排除在市场之外的买家，因此，随着价格的下降每个人都会倾向于需求更多的单位，因为根据边际效用规律，随着购买单位量的增多，最高买进价格会降低。

我们来概括一下人际交换中决定价格的各种因素。市场趋向于给其中的每一财货都建立一个唯一价格，而这一价格将是由市场供求表交点所决定的均衡价格。在这个价格上成交的人是边际以上的或者是边际买家和卖家，而那些能力不足的，或者说次边际的人则被排除在买卖之外，因为他们的价值表不允许他们做

126　出交易。他们的最高买进价格太低了，或者是他们的最低卖出价格太高了。市场中所有个人的最低卖出价格和最高买进价格决定了市场本身的供求表。而前者是由所有人将要买进或卖出单位财货在其价值表上排序的位置决定，价值表上的排

序受到边际效用规律的影响。

边际效用规律之外，还有另一个因素影响着个人价值表上的排序。很明显在任意价格下约翰逊所供给的数量都受限于他的有效财货库存。比如，约翰逊或许愿意在 99 的价格上供应第四匹马，但是假设他已经耗尽了自己的可用马匹库存的话，那么再高的价钱也无法使约翰逊给出更多的供应来。至少，只要约翰逊没有更多的可用库存可资售卖，那么这一点就成立。因此，在任何时候，可用财货的全部库存为市场中财货能供应的量设定了最高上限。相反，全部的购买物库存给任何个人（或者市场）所需求的所售物的总量设定了一个最高上限。

市场供求表决定均衡价格的同时也确定了两种财货的均衡交易量。在我们前面的例子当中，对整个市场而言，均衡交易量是 5 匹马和 5×89，或者说 445 桶鱼。

6. 需求弹性[1]

需求表告诉我们在每一个假想的价格上，有多少单位的买进财货会被购买。从这个表我们也可以很容易知道：在每个价位上，卖掉的出售财货的总量。比如，从表 2.2 中，我们知道在价位 95 上，3 匹马会是有需求的。如果在 95 桶鱼的价格上，3 匹马有需求的话，那么在交易中所提供的出售财货的总量将会是 3×95，或者说 285 桶鱼。那么，这就是在这个价位上市场所提供的出售财货的总支出。

在每个假想的价格上，被出售的财货的总支出如表 2.2 所示。

表 2.2

价格	买方	
	需求量（匹马）	销售财货总支出（桶鱼）
80	9	720
81	9	729

---

[1]　参照 Benham，《经济学》，第 60–63 页。

续表

价格	买方	
	需求量（匹马）	销售财货总支出（桶鱼）
82	9	738
83	9	747
84	8	672
85	8	680
86	7	602
87	6	522
88	6	528
89	5	445
90	4	360
91	4	364
92	3	276
93	3	279
94	3	282
95	3	285
96	2	192
97	2	194
98	2	196
99	1	99
100	1	100
101	0	0

图 2.13 是总支出曲线的图形表示。很明显，这是从需求曲线推论出来的必然结论，因此这也是对应买家在每个假想价格下的支出曲线。

总支出曲线的一个显著特征与其他的曲线（比如需求曲线）相反，那就是，随着价格的增加或减少，它可以朝不同方向倾斜。曲线具体的倾斜状况，取决于决定曲线位置的两个因素。支出 = 价格 × （买进财货的）需求量。然而，我们知道，随着价格的下降，需求必定是要么增加要么保持不变。因此，价格的下降倾向于和交易量的增加抵消掉，其结果是随着价格的变化，卖出财货的总支出要么增加要么减少。

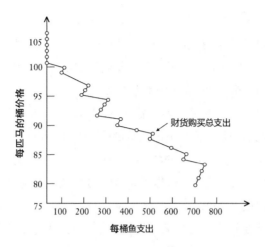

图 2.13 总支出曲线

就任意两个价格而言，我们都可以比较买家要花费的卖出财货总支出。如果比起较高的价格来，低价导致总支出更大的话，那么在这两个价格之间总支出曲线就可以被定义为有弹性的。如果低价导致总支出变小的话，那么在这个区间内曲线是无弹性的。或者我们可以说在前面那种情况下其弹性大于 1，而在后面那种情况下其弹性小于 1，而如果两个不同价格下其总支出相同，则是单位弹性的情况，或者说弹性等于 1。因此，弹性概念的数值精度是无足轻重的，我们只需要使用"无弹性"、"有弹性"和"中性"（针对最后一种情况）的说法就可以了。

举一些例子来澄清这些概念。比如，一方面，假设我们来考察 96 和 95 价格下的总支出表。价格为 96 时，总支出为 192 桶鱼；价格为 95 时，总支出为 285 桶鱼。价格较低时总支出较大，因此在这个区间内总支出表是有弹性的。另一方面，我们来看看价格为 95 和 94 时的情况。价格为 94 时，总支出为 282。因而，这里的总支出表是无弹性的。因此，很明显，在两个假定的价格之间其需求曲线是否有弹性是有一个简明的几何特性的：如果较低价格下支出曲线朝右拐的话，那么其需求曲线是有弹性的；如果支出曲线向左拐的话，需求曲线则是无弹性的。

弹性这一概念并不需要只限定于两个相邻的价格之间。支出表上的任意两个价格都可以用来比较。很明显，对整个支出曲线的考察表明前述的需求曲线基本上是有弹性的。除了极少数缺口，在其大部分范围内是有弹性的。如果我们比较任意两个相隔很大的价格的话，很明显，在较高价格下其支出更少。如果价格足够高，任何财货的需求都会降到 0，因此支出也降到 0。

均衡价格下需求曲线的弹性特别有意思。价格上升一步到 90，曲线很显然是有弹性的——较高价格下总支出更少。价格下降一步到 88 的话，曲线仍然是有弹性的。这个特殊的需求曲线，其均衡价格附近都是有弹性的。当然，其他的需求曲线，在其均衡价格处也可能是无弹性的。

130　　和你可能想到的相反的是，和"需求弹性"不同，"供给弹性"的概念没有任何意义。假如我们用每一价格下的供给量乘以价格的话，我们就可以得到交易中卖家所需要的鱼（卖出财货）的数量。然而，很容易发现随着价格的增加，这个量总是在增加的，反亦反之。价格为 82 时，卖家需要量为 82，价格为 84 时是 168，价格为 88 时则是 352，等等。这是因为供给量是随价格同向运动的，这与需求不同，需求量是与价格逆向运动的。因此，供给永远是"有弹性的"，因此供给弹性的概念就没有任何意义了[①]。

7. 投机和供求表

在最终的分析中，我们发现市场价格是由供求表相交决定的。现在来进一步考察具体这些表的决定。我们能否得到关于供求表本身的形状和位置是如何决定的结论呢？

131　　我们还记得，在任意给定价格下，个人所能买或卖的财货数量是由卖出财货和买进财货在其价值表上的位置决定的。如果增加一个单位的买进财货的边际效用大于他必须放弃的卖出财货的边际效用的话，他就会对该财货有需求。另一方面，如果另一个人的价值表上对这两种财货的评价是相反的，他就会成为卖家。我们已经知道，基于此并由边际效用规律所强化，当价格降低时，市场需求曲线

①　某些作者对供给弹性的关注，源自于他们对效用、供给和需求整个分析的错误方法。他们认为，对人的行动可以用"无限小"的差异来分析，因此把数学上优雅的微积分等概念运用在经济问题上。然而，这样处理是错误且有误导性的，因为人的行动中的所有事情都必须被当作是离散的一步步来处理。举例言之，如果 X 的效用比 Y 的效用只少那么一点点，以至于可以认为它们是相同的或者说差异可以忽略不计，那么人的行动就会认为它们是相同的，也就是说把它们看作是相同的财货。因为度量效用在概念上是不可能的，因此，哪怕是画出连续的需求曲线都是有害的。在供求表的研究中，为了简化起见画出连续的曲线无伤大雅，但数学上的连续概念和微积分是不适用的。因此，"某个点上的弹性"（价格降低的微分除以需求量的微分）看上去是个很精密的概念，实则完全是混乱的。正是这种把数学的优雅来代替人类行动的现实的错误做法给予了"供给弹性"概念跟需求弹性概念一样的重要性。

不可能降低，而当价格下降时，供给曲线不可能上升。

让我们来进一步分析众多买家和卖家的价值表。我们在前面已经知道了价值的两种来源，某财货可能有直接使用价值以及交换价值，哪个价值高由行动人决定。因此，某个人在交易中需求一匹马可能是因为以下两个原因之一：马对他而言有直接的使用价值，或者他相信马在交易中会有价值。如果是前者，那么他就会消费马的服务；如果是后者，那么他买它就是为了在以后的交易中获利。举一个前文提及的例子，现有的市场价格还没达到均衡——比如说现在是每匹马 85 桶鱼。很多需求者可能会意识到，这个价格是低于均衡价格的，因此他们可以以 85 的价格买进，最后再以更高的价格转卖出去以套利。

之前的分析还没有触及没达到均衡价格之前买卖是否发生的问题，现在我们可以完善它了。现在我们明确地假定，表 2.1 中所示的需求表是指消费者直接使用的需求。其需求曲线平滑的表示见图 2.9，为了简明易懂起见，我们可以把它画成图 2.14 所示。我们可以说，这是对直接使用的需求曲线。那么，对这条需求曲线来说，通过在不同价格进行实际的购买接近均衡状态，然后短缺或者过剩使得买卖双方拉高压低价格，直到最后达至均衡价格。然而，如果买家能预见最终均衡价格，他们就不会以更高的价格买进（即使这是最终价格，他们也不会买进），而是会静待价格的跌落。同样，假若价格低于均衡价格，如果买家能预见到最终价格，他们会倾向于为了在最终价格上再次转卖而买进一些财货（比如说是马匹）。因此，如果交换价值也发挥作用，而且大量买家根据他们的预期行动，需求曲线就会如图 2.15 所示那样改变。仅根据使用需求确立的原需求曲线是 *DD*，而包括了对均衡价格的预期的新的需求曲线是 *D'D'*。很清楚，这样的预期 133 使得需求曲线变得更有弹性，在低价时买进的会更多，而高价时买进的会更少。

132

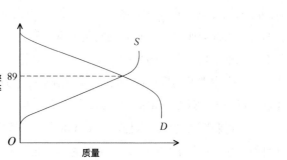

图 2.14 简化后的需求曲线

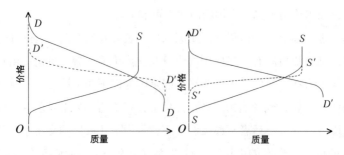

图 2.15　根据预估调整后的需求曲线　图 2.16　根据预估调查后的供给曲线

因此，虽然均衡价格下的最终需求，也就是消费的需求是一样的，交换价值的引入可以在预期价格高于均衡价格时限制需求，而在预期价格低于均衡价格的时候增加需求。

现在，我们来研究商品卖家的情况。图 2.9 中的供给曲线先不管可能的均衡价格，给出了任意价格下的供给量。这样，我们可以说，根据这样一条供给曲线，销售会在通往均衡价格的途中发生，而短缺和过剩将会指明通往最终价格之路。另一方面，假设很多卖家预见到了最终的均衡价格。很明显，只要价格低于预期的均衡价格，哪怕这是最终价格，他们也不会做交易。相反，只要价格高于均衡价格，他们就会卖出更多，因为他们可以通过在高于均衡价格上卖出马匹，然后在均衡价格上买回来套利。由于有这样的预期，供给曲线可能会如图 2.16 所示那样变化。预期到均衡价格的结果是，供给曲线从 SS 变成 S'S'。

让我们来假设一种不大可能的情况：所有的需求者和供给者都准确地预测到了最终的均衡价格。在这种极端情形下，市场中的供求曲线会是怎样的？它将会是这样的：当价格高于均衡价格（比如说 89）时，没有人会对财货有需求，而供给者则愿意供应他们的所有库存。当价格低于均衡价格时，没有人会愿意供应财货，而每个人都会如图 2.17 所示对财货的需求都会尽其购买所能的多。这种所有人都准确预期的情况在人的行动领域中不大可能发生，但是，这种情况凸显了一个事实：供求中涉及的预期或者说投机元素越多，市场价格就会越快地达到均衡。显然，行动人对最终价格的预期越多，任何价格下的供求与均衡价格偏离得越远，短缺和过剩爆发得就越激烈，而最终价格也会越快确立。

到目前为止，我们假定的是，投机性的供给和需求，对均衡价格的预期都是正确的，且我们发现这些正确的预期加速了均衡的确立。但是，如果大多数预期都是错误的呢？举例言之，假如需求方倾向于假定的均衡价格低于其真实水平。这会改变均衡价格或者会阻碍价格达到均衡价格吗？假定供求表如图 2.18 所示。假设基本的需求曲线是 DD，然而需求方预期的均衡价格较低，因而改变并把需求曲线降低到 $D'D'$ 了。给定的供给需求为 SS，这意味着供求表的交点变成了 Y，而不再是 X 了，比如说是 85 而非 89 了。然而，很明显这个价格只是一个临时的静止点。只要价格还设在 85，需求者就会发现在这个价格上出现短缺，他们就会愿意购买更多，而需求方的提价将会使得价格再次上升到真正的均衡价格。

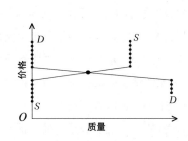

图 2.17　最终价格预测全部正确　　图 2.18　错误预期调整后的需求曲线

　　供给方预期错误暴露的过程是一样的，因为市场的力量冷酷地朝着真实的均衡价格的确立而动，并不受投机错误的影响，投机错误将暴露自己并被清除掉。一旦供求方发现他们预期错误的价格并不是真的均衡价格，而短缺和 / 或过剩出现，那么他们的行动就会再次趋向于建立均衡点。

　　市场上买卖双方的行动都和心理的收入、利润、成本相关。我们记得，每个行动人的目标都是心理收入的最大化，因此较其次优选择，也就是其成本获得心理利润。一个人是否买进取决于买进是否是他在给定资源下的最优选择，这个例子里鱼是最优选择。在任一行动中他的预期收入都将和他的预期成本，也就是他的次优选择相比较。在这个例子中，其收入要么是（a）从马匹的直接使用目的中获得的满足，或者是（b）预期中在一个对他效用最大的更高价格把马转卖出去。他的成本是以下三者的最高者，要么是（a）所放弃的鱼在直接使用上的边际效用，或者是（b）鱼换取其他财货的（可能的）交换价值，或者是（c）预期的未来以更低的一个价格买进马匹。假如预期的收入更大，他就会买进马匹；假如预期的成本更大，他就不会买入。预期的收入是新增马匹对买家的边际效用；预期的成本是所放弃的鱼的边际效用。对收入和成本来说，都是其使用价值和交换价值中的更高的那个成为该财货的边际效用。

　　现在我们来考察一下卖家。和买家一样，卖家也试图通过取得高于心理成本的收入来最大化其心理收入，他的成本也是他行动所必须放弃的次优选择的效用。卖家会权衡新增的卖出商品（在这个例子中，是鱼）的边际效用和所放弃的买进商品（在这个例子中，是马）的边际效用，以此来决定在任意特定价格下是否出售财货。

　　卖家的心理收入是以下几个选项中的效用较高的那个：（a）卖出财货的直接使用价值；（b）在未来用鱼以更低价格买进马匹再交易的投机性的价值。卖家行动的成本将会是以下几个选项中所放弃的最高的效用：（a）所放弃马匹的直接使用价值；（b）在未来以更高价格卖出的投机价值；（c）以马匹换取其他财货的交换价值。假如预期中的收入更大的话，他就会出售；而如果预期的成本更大的话，他就不会卖出。这样我们发现，卖家和买家的情况是类似的。行动或者不行动都是依照对其产生最高效用的选择的评价而来的。这些效用在个人买家和卖家们的两组价值表上的位置决定了市场价格和该价格下的交易数量。换句话说，对任何财货而言，决定其价格和交易量的都是且只是效用。决定供求表性质的是且只是效用。

　　因此，那种认为在决定价格时，效用和"成本"共同且独立地发挥作用这种流行的假设是错误的。"成本"只是任何行动当中必须放弃的次优选择的效用，因而成本是个人价值表上效用的不可缺少的一部分。当然，这个成本总是对未来事项的当下考量，即使这个"未来"是即刻来临的。因此，购买中所放弃的效用可能是行动人在数小时内对鱼的直接消费。或者它也可以是用来换取一头牛的机会，牛的效用可以在很长一段时间内享受到。不消说，正如前文中所显示的那样，任何行动中收入与成本的当下考量都是基于预期中未来收入与成本的现在价值的。关键在于，在任何行动中所得和所失的效用都是指未来某个时点的，哪怕是转瞬即至的未来时点，而过去的成本在人的行动当中不起任何作用，因此也不影响定价。这一基本真理的重要性将在下文中解释清楚。

8.库存和总持有需求

　　对于某些问题的分析，有另一种处理供给和需求表达方法比上文提到的更有效。在市场的任何角落，供应者都在提供他们财货库存的一部分并保留剩余的部分。比如，在 86 的价格下，供应方向市场供应 3 匹马，并将剩余的 5 匹马保留在其库存中。这种保留是由前面提到的因素之一交换的可能成本导致的：要么是因为财货（比如说马）的直接使用比起换来的鱼的直接使用具有更大效用；要么是，剩下的马可以用来交换一些其他的财货；要么是最后卖家预期最终价格会比现在更高，所以他可以通过推迟出售来获得利润。市场中卖家所保留的数量被称为他们的留存需求。这与上文所研究的交易中对财货的需求不一样；这是对持有库存的需求。因此，"对持有某财货的库存的需求"这一概念始终包含了两个需求因素；它包含了非占有者在交易中对财货的需求，再加上占有者持有库存的需求。交易中对财货的需求也是一种持有的需求，因为，不管买家打算将来如何处置该财货，从它被买家以交易的方式所拥有和占有开始，买家就必须持有这些财货。这样我们就可以得到一个对财货的"总持有需求"的概念——以区别于前面的交换需求的概念——虽然持有需求中包含了交换需求加上卖家的留存需求。

假如我们知道现存的财货的总库存（此处是 8 匹马），通过研究供求表，我们可以得到"持有的总需求"——或者是市场的总需求表。比方说，价格为 82 时，买方需求 9 匹马，通过交易，卖方所保留的马匹数量——也就是卖方的持有的需求——为 8-1=7。因此，市场中持有马匹的总需求为 9+7=16 匹。另一方面，当价格为 97 时，卖方 1 匹马也不会保留下来，他们的留存需求因而为 0，而买方的需求是 2 个。该价格下持有的总需求是 0+2=2 匹马。 138

表 2.3 显示了表 2.1 中的供求表所衍生出来的总持有需求，暂且认为其总库存固定不变。图 2.19 显示了总的持有需求以及总库存。

显然，总需求曲线向右倾斜的特性比需求曲线更加明显。因为随着价格的下跌需求表会增加或者保持不变，而随着价格的下降，卖家的留存需求表也会倾向于上升。总需求表是两表叠加的结果。很明显，随着价格的下跌，卖家的留存需求会上升，这和买家的需求曲线上升原因是一样的。在较低的价格，买进财货在直接使用或者是未来交换其他财货的价值相对地在上升，而卖家则倾向于从交易中保留更多的财货。换句话说，留存需求曲线是供给曲线的反面。 139

另外一个有意思之处在于：在价格处于均衡为 89 的时候，总持有需求是 8，等于现存的总库存。因而，均衡价格不仅使市场中的供求相等；它还让将被持有财货库存等于包括买家和卖家在内的人们想要持有的量相等。总库存包含在前面表格里，一个固定的数字 8。

表2.3

价格	库存总需求 （匹马）	总库存 （匹马）	价格	库存总需求 （匹马）	总库存 （匹马）
80	17	8	91	6	8
81	16	8	92	4	8
82	16	8	93	4	8
83	15	8	94	4	8
84	14	8	95	4	8
85	13	8	96	2	8
86	12	8	97	2	8
87	11	8	98	2	8
88	10	8	99	1	8
89	8	8	100	1	8
90	6	8	101	0	8

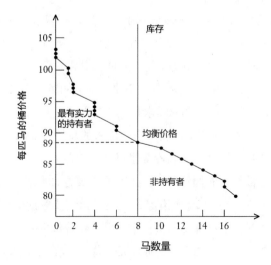

图 2.19　库存及总持有需求

140　　　很明显，市场总是倾向于确立一个价格使得总持有需求量等于总库存量。假
设某物的价格高于这个均衡价格。比方说价格是 92，这时库存量为 8 而总持有需
求为 4。这意味着有 4 匹马，其持有人不想持有它们。很显然，总有人占有着这
批库存，因为所有的财货都必定是人的财产；否则的话它们就不会是人的行动的

对象。由于任何时候所有的库存都由某人占有，因此库存大于总需求这一事实就意味着经济中存在着一种不平衡，有些所有者对其占有库存这件事是不满意的。为了卖掉这些库存，他们会倾向于降低价格，而价格会一直降到库存等于持有需求。相反，假如价格低于均衡，比方说是 85，在这个点上库存是 8 而总需求是 13。对稀缺库存的热切的非占有者的提价会推高价格，直至其达到均衡。

假如人们正确地预测到了均衡价格，那么投机因素会倾向于使总需求曲线变得更加"有弹性"、更平坦。当价格高于均衡点时，很少有人愿意保存库存——买家需求的很少，而卖家则急不可待地想处理掉财货。相反，在低于均衡价格时，持有的需求将会远远大于现存库存；买家需求量很大，而卖家则不大愿意卖掉他们的库存。总需求和总库存之间的差异越大，那么讨价还价就会更快带来均衡价格。

在均衡价格上，正如我们前面所了解到的，最有能力的（或者说"最迫切的"）买家会和最有能力的卖家达成交易。现在我们发现，交易过程最终会导致库存进入到那些最有能力的占有者手中。我们记得，在出售八匹马的例子里，最有能力的买家——X1—X5 从最有能力的卖家——Z1—Z5 手中买进了财货。交易终了后，占有者为 X1—X5 而被排除在交易之外的卖家是 Z6—Z8。最终占有八匹马的正是这些人（X1—X5），而这些人正是最有能力的占有者。当价格为每匹马 89 桶鱼时，这些人是那些在其价值表上偏爱 1 匹马胜过 89 桶鱼的人，而他们会按照这一偏好来行动。对其中的 5 个人来说，这意味着他们用自己的鱼来交易马匹；对其中的另外 3 个人来说，这意味着他们拒绝了为了鱼而舍弃他们的马。市场中的另外 9 个人是能力较差的占有者，而最终他们占有鱼而不是马（即使开始他们占有的是马）。在这些人的价值表上 89 桶鱼的排序在 1 匹马之上。他们中的 5 个人是马匹的最初占有人，他们以马换鱼；另外 4 个人则只是保留自己的鱼而不用之购买 1 匹马。

对供求分析而言，总库存需求的分析是一个很有用处的辅助。每一种分析方法适用于不同领域。总库存需求分析的一个相对的缺憾在于，它无法解释买家和卖家之间的区别。在考察总需求时，我们从实际的交易当中抽绎出来，因此它并不能——这与供求曲线形成对比——决定交易量。它只揭示了均衡价格，而没有演示出均衡交易量。可是，这样的分析更加彰显了一个基本的真相：价格只是由效用决定的。供给曲线可以被分解还原为一条留存需求曲线以及物理库存的数量。因此，库存需求的分析显示：供给曲线并不是基于某种独立于个体价值表

141

上的效用的"成本"得出的。我们发现，价格的基本决定因素是市场中所有个人（买家与卖家）的价值表，而物理库存仅仅是呈现于这些价值表上的[1]。

很明显，在那些有用财货直接交换的例子当中，哪怕目前而言买家或者卖家们的财货效用是由个人的主观交换价值决定的，但财货效用的唯一最终来源是其直接使用价值。假如对马的占有人而言其主要效用是可以在交换中带来鱼或者牛，而后者（鱼或者牛）对其占有者而言的主要价值是在交易中可以获得的马，以此类推，每种财货效用的最终决定是其对个人消费者贡献的直接使用价值。

9. 连续的市场与价格的变动

那么，我们要怎样总结对假想的马和鱼的市场的分析呢？我们从存在的8匹马库存（以及一定数量的鱼的库存）入手，以及能够确立两种财货发生交易条件的不同人的价值表上马和鱼的相对位置情况。原初的占有者中"最有能力的卖家"卖出他们的马匹库存，而最初的非占有者中的那些"最有能力的买家"用他们的鱼的库存单位来购买。他们销售的最终价格是由人们的不同价值表最终决定的均衡价格，这个价值表也决定了该价格下产生的交易量。最终的结果是，每种财货都按照其在价值表中的相对排序易手到那些最有能力的占有者手中。交易达成之后，相对而言最有能力的占有者拥有财货的库存，而该财货的市场归于完结。

随着均衡状态的到来，交易把财货转移给了那些最有能力的占有者，因此没有了进一步交易的动机。市场终结了，对任何财货就不会再有"支配市场价格"的活动，因为不存在交易的动机。然而，在我们的经验里，几乎所有商品的市场都是在持续不断地更新的。

只有在至少两个人——其中一人是某财货的占有者，而另一人是另一种财货的占有者——的价值表上所考量的两种财货的相对位置发生变化，市场状况才会更迭翻新。于是，交易就会发生，而交易量和最终的价格由更新后的供求表组合的交点来决定。这会根据具体情况在旧的均衡价格或者在一个新的价格上确定一个不同的交易量。也有可能新时期的新的供求表组合和旧的相同，因而其确立的

---

[1] 关于总库存总需求的分析，参见 Philip H. Wicksteed, *The Common Sense of Political Economy and Selected Papers*（London: Routledge and Kegan Paul, 1933），第一卷，第213-238页；第二卷，第493-526页，第784-788页。也可参见 Boulding, *Economic Analysis*, 第51-80页。

交易量和价格与旧市场的是一样的。

　　市场总是趋向于快速地达到其均衡状态，而市场越大，市场参与者的交流越充分，任意供求表组合确定这一位置就会越快。此外，专业投机的增加会趋向于改善对均衡点的预期，从而加速均衡状态的到来。然而，在那些供求表本身变化之前，市场还没达到均衡的情况下，市场就无法达到均衡点了。市场在旧的均衡还未达到之前就变得持续地朝向新的均衡状态运动了[①]。

　　供给和 / 或需求表变化导致的变动类型可以如图 2.20 所示。

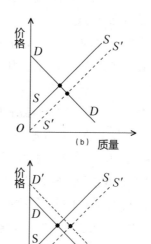

图 2.20　供给和需求表的变动

　　这四幅图表现了供求表变动所可以衍生出来的八种情形。必须强调的是，这些图表可以适用于市场已经达到均衡而稍后情况更迭了的状态，也可以适用于一

---

① 在前文所述的市场均衡的情形中不大可能会发生这种事情。一般而言，在发生一定量的交易之后，市场趋向于通过确立其均衡价格来快速"出清自身"，并导向一种被称为简单静止的状态——各种变动都已经发生完成的状态。然而（正如在下文中将看到的），这些均衡市场价格将会依照需求表和生产库存量的结果依次趋向于朝某个长期均衡的状态运动。这种最终的静止状态下的供给曲线涉及商品生产的最终决策，并不同于市场的供给曲线。在到达"最终状态"的运动过程中，诸如需求曲线等状况会一直变动，因而会把一个新的最终状态确立为市场价格的目标。最终状态是永远也无法达到的。参见米塞斯，《人的行动》，第 245 页。

个持续的市场情况，在达到旧的均衡点之前供和 / 或求的状况就发生了新的变化。实线表示旧的供求表，而虚线表示变动后的新的供求表。

所有图表中的线被假设为直线纯粹是出于方便的考虑，因为只要遵守上文中关于供求表倾斜的限制（比如需求向右倾斜等等），那么这些曲线可以是任意形状的。

145　　在图（a）当中，市场上个人的需求表增加。每个假想的价格下，人们都愿意比之前增加更多的财货到其库存中——不管这些人是否已经占有一定数量的财货。供给表是保持不变的。结果是，新的均衡价格比旧的更高，而在新的均衡状态下发生的交易量比旧的更多。

在图（b）中，供给表上升，而需求表保持不变。每个假想的价格下，人们都愿意从库存中处理掉更多的库存。其结果是，新的均衡价格比旧的更低，而均衡交易量更多。

图（a）和图（b）也描绘了当需求曲线下降而且供给曲线下降，其他表保持不变时所发生的情况。我们所需要做的是把虚线当作是旧的表，而把实线当作是新的表。在图（a）中，我们发现需求表减少导致了价格的下降以及交易量的下降。在图（b）里，我们发现供给表的减少导致了价格的上升和交易量的下降。

对图（c）和图（d）来说，一表必须保持不变而另一表变动的限制被去掉了。在图（c）中，需求曲线下降，供给曲线上升。这肯定会导致均衡价格下降，虽然交易量的变化依赖于两表变动的相对比例，因而仅仅知道供给表上升、需求表下降是无法预测到交易量的变化情况的。另一方面，供给表下降加上需求表上升必定会导致均衡价格的上升。

146　　图（d）显示了供求都增加必定会导致交易量的上升，虽然价格涨跌与否取决于相对变动的比例。同理，供求都减少会导致交易量的下降。图（c）中交易量的变化，和图（d）中价格的变化取决于所考察的具体曲线的形状和具体变动状况。

从这些图得出的结论可以概括如表 2.4。

如果存在一个时期到另一个时期的需求和供给表变化，那么紧接着的问题就是解释这些变动本身的成因。需求表上的变化完全是因为市场中个人买家们的价值表上两种财货（买进财货和卖出财货）的相对效用排序的变动。举例言之，需求表的增加意味着买家们的价值表上买进财货的位置的普遍上升。发生这种情况要么是因为（a）该财货的直接使用价值的上升，（b）以卖出财货交换其他财货的机会变得更少——比方说，以鱼表示的牛的价格更高的结果，要么是因为（c）

指望财货价格进一步下跌的投机性等待的减少。我们已经详尽讨论了最后一种情形，且发现它是可以自我纠正的，它促使市场更快地趋向真实的均衡。因此，我们现在可以忽略掉这种情况，并得出结论：需求表的上升要么是因为财货直接使用价值的上升，要么是因为以交易中买家提供的卖出财货来表示的其他潜在的买进财货的价格变得更高了。需求表的下降原因恰恰相反，直接使用价值的降低或者是因为以该卖出财货来购进其他买进财货的机会更大了。后者意味着比如说鱼在其他的交换领域中的交换价值更大。其他类型交易的机会的变动可能是因为其他买进财货的价格变得更高或者更低了，也有可能是因为市场中出现了供鱼交换的新型商品。市场中突然出现的前所未有的以牛换鱼的机会拓展了鱼的交易机会，并且会导致以鱼表示的马的需求曲线的普遍下降。

147

表2.4

如果		那么	
需求表 和	供给表	均衡价格 和	交易数量
增加	不变	增加	增加
减少	不变	减少	增加
不变	增加	减少	增加
不变	减少	增加	减少
减少	增加	减少	
增加	减少	增加	
增加	增加		增加
减少	减少		减少

　　当然，市场供给曲线的变动也是因为卖家价值表上相对效用排序发生了变动。然而，这一曲线可以分解为物理库存量和卖家的留存需求表。假如我们假定所比较的两个时期内物理库存量保持不变，那么供给曲线上的变动完全是由于留存需求曲线的变动所导致的。供给曲线的下降是因为对库存的留存需求在增加，而这要么是因为（a）对卖家而言该财货的直接使用价值在增加，（b）和其他买进财货的交易机会变大，要么是因为（c）未来价格会更高的投机性预期加强了。和讨论需求曲线时同理，这里我们可以忽略掉最后一种情形。相反，留存需求的降低要么是因为（a）对卖家而言该财货的直接使用价值减少了，或者是（b）和其他买进财货的交易机会下降了。

因此，假若总库存保持不变的话，供给和需求曲线的变动只是因为卖方或买方持有财货的需求发生了变化，而这又是因为两种财货的相对效用发生了转换。比如，上文图 2.20（a）和（b）中，需求表的增加和供给表由 $S'S'$ 到 SS 的减少都是因为总持有需求的增加。前者的总持有需求增加来自买家，后者则来自卖方。其相关图表如图 2.21 所示。两种情况下总持有需求都增加了，比如说从 TD 变成了 $T'D'$，导致均衡价格增加。相反地，如果需求下降，且 / 或者供给增加，这就意味着总持有需求的普遍减少，结果导致均衡价格的下跌。

148

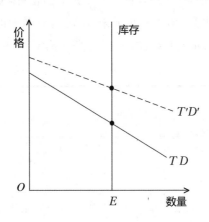

图 2.21　总持有需求的增加

总需求－库存表无法传达关于交易量的任何信息，而只是揭示均衡价格。因此，在图（c）中，两条虚线都表示持有需求的降低，因而我们可以很确定总持有需求在降低，因此价格会下降。（把虚线转化为实线，就可以得到相反的情形。）然而，在图（d）中，由于供给表的增加表示持有需求的下降，而需求的增加意味着持有需求的上升，因此我们无法肯定总持有需求的净效应，因此也无法确定均衡价格。

149　　从供求分析开始到现在，我们都在假定物理库存保持不变。比如，我们假定存在八匹马，且考察了马匹库存将归于不同占有者手中的原则。以上的分析适用于所有财货——所有以一种现存库存来交换另一财货库存的情况。对于某些财货而言，这是所能进行的全部分析。这种分析适用于那些库存固定且无法通过生产来增加的财货。它们或者是由人一次性地生产出来，或者是由自然赋予的，但人的行动无法增加其库存。比方说，伦勃朗死后，其画作就是这样的财货。这样的画作在个人的价值表上排序非常高使得它可以很高的价格交换其他财货。然而，其供应永远也无法再增加，而且其交易和定价只是依据先前所分析的现存库存的交换，由许多价值表上该财货和其他财货的相对排序来决定的。或者假定一定数量的钻石被生产出来，此后任何地方都没有钻石了。这再一次变成了现存库存交换的唯一问题。在这些情况中，不存在更多的生产问题——在某一时期内决定生产出多少库存来。然而，对绝大多数财货而言，决定生产多少是非常关键的问题。实际上，本卷剩余部分都将集中于对生产问题的分析。

现在我们继续深入探究从一个时期到另一个时期当前库存发生变化的情况。一个库存从一个时期到下一个时期的增加的可能原因是同时新生产出来一定数量的财货。这一新生产出来的量构成了库存的增加。比如，上文提及的马匹市场开始后的三天，2匹新的马或许被生产出来，因而增加了当前库存。如果买家的需求表和卖家的留存需求保持不变的话，那么图2.22所示的图形揭示了将要发生的情况。

现在我们继续深入探究从一个时期到另一个时期当前库存发生变化的情况。增加了的库存会降低财货的价格。在旧的均衡价格下，人们发现他们的库存超过总持有需求，其结果是压低价格以卖掉财货会降低价格至新的均衡。

按照供求曲线，库存的增加在需求和留存需求表保持不变的情况下相当于供给表上统一增加库存增加的数量，此例中是2匹马。供给量就等于之前的总量再加上新增的2匹。在旧的均衡价格下，库存过多的占有者们为了卖出新增的库存必须彼此压低价格。如果我们重新回到表2.1中，我们会发现供给表增加2匹马将会把均衡价格降低到88，在此价格下需求是6，而新的供给也是6。

这种情形如图2.23所示。

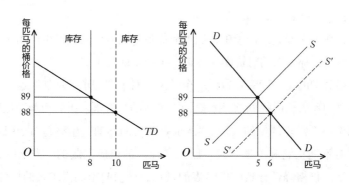

图2.22　库存增加的效应　　图2.23　供给表增加的效应

新增的库存体现在供给曲线的统一上升，以及价格下跌和交易量增加的结果。

151 　　当然，现实中没有什么理由去假定库存增加必定伴随着不变的留存需求曲线。但是为了研究交互影响形成现实历史结果的各种因素，就有必要分离出每个因素，并假设其他因素保持不变以考察该因素的影响。比如，如果供给的增加被相同时间的等量的留存需求的增加吸收掉的话，那么供给曲线就完全不会增加，且价格和交易量会保持不变。（在总需求－库存表中，这一情形会体现为库存的增加，伴随相抵消的总需求曲线的增加，从而使价格保持在原有水平。）

　　从一个时期到另一时期中库存的减少可能是因为库存被消耗掉了。比如，假设我们只考察消费财货的话，那么一部分库存可能会被消费掉。因为财货在消费过程中普遍被消耗掉，如果在这段时期没有足够的生产，那么现存的总库存会减少。比如，从一个时点到另一时点，或许有1匹新马会被生产出来，但是可能会死掉2匹马，其结果是市场中现存的马少了1匹。需求保持不变，库存的降低恰好会引起相反的效果，正如我们把图表中的虚线转换为实线所看到的那样。在旧的均衡价格下，持有需求是超过可得的库存的，而其结果是价格被抬高到新的均衡点上。库存的减少导致了供应表的一致下降，其结果是交换财货的更高价格和更少的数量。

　　通过把某时期的库存（假定一个时期的定义是库存保持不变的时段）和上一时期的库存如下联系起来，我们可以概括一下库存、生产和时间之间的关系：

152 　　假定：S_t 为某时期（t）的库存

S_t-n 为时期（t）n 个单位时期之前的时期（$t-n$）下的库存

P_n 为时期 n 财货的生产量

U_n 为时期 n 当中用掉的财货数量

　　那么：$S_t=S_t-n+P_n-U_n$

　　比如，在上文提到的例子中，假如原始库存为8匹马，而生产出来1匹新马却死掉2匹马，那么新的财货库存就是8+1-2=7匹马了。

　　这里很关键的是，读者要警惕一个常见的对于"需求的增加"这一术语的混淆。在本书中不管何时提到这一术语始终表达的是需求表上的增加，也即是，在每一假想价格上需求的量的增加。"需求表向右的移动"始终趋向于引起价格的上升。绝对不能把它和（举例说）因为增加后的供应引起的"需求的数量的增加"相混淆。价格降低导致的供给表的增加，会引起市场需求量的增加。然而，这绝不是需求表的增加，而只是在同一需求表上的攀升。这只是因为相较于更有吸引力的价格，需求的量更大。这种在同一需求表上的简单运动绝对不能和每一可能价格下需求表的增加相混淆。图 2.24 中的图表凸显了这种差别。

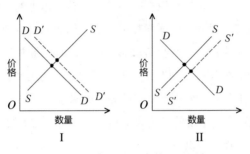

图 2.24　需求表和需求数量的增加

图 I 指的是需求表上的增加，而图 II 指的是由于供给增加同一需求表上的攀升。两种情形下，都是不同个人的价值表决定了最终的结果，但是假如在把"增加"或"减少"这样的词使用在需求上而不搞清楚概念之间的区别的话，那会引起很大的混淆。

10. 专业化和库存的生产

我们已经分析了当前库存的交换和财货库存变化的影响。仍然有一个问题：库存本身的规模是按照什么样的原则确定的？除了那些自然直接赋予的消费者财货或者生产者财货以外，所有的财货都必须由人生产出来。（哪怕是那些看起来是自然赋予的产品也必须被人搜寻并利用，因此最终仍是人的努力的成果。）任意财货供应的规模都取决于财货过去和现在的生产速率。因为人类对大多数财货的欲望是持续不断的，因此使用导致的财货用光必须被新的生产所补充。于是，对生产速率及其决定的分析就成为人的行动分析中的重中之重了。

目前我们无法对此问题给出一个完整的答案，然而，关于生产我们可以得出某些一般性的结论。首先，因为任何人在不同时间点上既可以是当前库存的买家，也可以是卖家，那么在库存的生产中必定存在着专业化。在前文中我们已经探讨了专业分工的这种无所不在，而随着一个交换经济的进一步展开，专业化过程也会进一步推进。我们已经了解到专业化的根源在于人的能力的多样性以及自

154   然资源分布的多样性。其结果是，财货先通过生产来取得，再由生产者出售以换取一些其他财货，那些财货也是以同样的方式生产出来的。任何新库存都是由该财货的原初生产者第一次出售出去的。做出购买的买家使用它们要么是为了财货的直接使用，要么是为了稍后可以在较高价格下转卖出去的投机性预期而持有这些财货。因此，在任何时候，新增库存都会由它们的原初生产者出售。出售旧的库存的人是：（a）因为过去的留存需求而蓄积旧库存的原初生产者；（b）因为在更高价格下转卖出去的投机性预期而买下库存的先前的买家；（c）那些财货的直接使用在其价值表上的相对效用下降了的先前的买家。

    于是，在任何时点，市场的供给表都是由以下卖家的供给表累加而形成的：①

    （a）财货生产者提供的供应。

    1. 新库存最初库存。

    2. 由生产者在以前留存下来的旧库存的供应。

    （b）先前买家所提供的旧库存的供给。

    1. 那些由预期可以在较高价格转卖出去的投机买家所提供的销售。

    2. 那些为了财货直接使用而购买，但之后其价值表上该财货相对效用降低了的买家所提供的销售。

155   任何时间的市场需求都由以下需求表总和构成：

    （c）为了直接使用而购买的买家。

    （d）为了以较高价格转卖的投机性买家。

    由于财货是由服务效力相同的单位构成的，因此买家一定对他买进的到底是旧的库存还是新的库存毫不关心。如果不是如此的话，那么"库存"就是指两种不同的而非同种财货了。

    （b）类卖家的供给曲线已经在前文充分分析了，比方说库存与投机性买家和效用位置变化了的买家的留存需求之间的关系。然而，关于财货最初的生产者（a）类卖家的供给表我们还能得到什么结论呢？

    首先，生产者手中新生产出来的财货库存对任一时点而言也是固定不变的。比方说，铜的生产者决定 12 月份生产出 5000 吨铜。在该月的月末他们的新生产出

---

①   供给表的累加是一个很容易想象的过程：如果价格是 X，（a）类卖家会供应某财货 T 吨，而（b）类卖家会供应 T' 吨，那么该价格下，总的市场供给就是 $T+T'$ 吨。同样的过程适用于每一个假想价格。

的铜的库存就是5000吨。他们或许会后悔做这样的决定，并相信假若可以重新决定的话，他们会生产出（比方说）1000吨的铜。但他们已经有了这些库存，因此必须尽可能最优地利用它们。由于专业分工的缘故，原初生产者的特点是他们的产品对他们自己而言的直接使用价值很有可能是几乎不存在的。专业化过程越深入，则产品对其生产者而言的可能的使用价值越小。举例言之，想象一下，一个铜制造商他个人使用能消费多少铜呢，而福特家族生产的巨量汽车又有多少是对其有直接使用价值的呢？因此，在生产者的供给表中，他们的留存需求中直接使用的因素不复存在。对生产者而言唯一的留存——保持持有——其库存的理由是投机——预期未来该财货的价格会更高。（在直接交换中，也存在着换取第三种财货的交易机会——比方说不是我们例子中的鱼而是牛。）

　　现在，如果我们做一局限假设：市场中没有（b）类卖家，而生产者没有现在的或者累积的过去留存需求，那么市场供求表可以由图 2.25 的 SS、DD 来表示。这样，由于没有留存需求，因此供给曲线就会是位于新的库存水平上的一条垂直的直线（SS）。然而，更有可能的是：低于均衡点的价格会趋向于唤起预期未来高价的生产者的持有需求（被称为"扩张存货"），而均衡之上的价格会导致由于过去留存需求所蓄积的旧的库存被释放（被称为"缩减存货"）。在这种情况下，供给曲线就会是我们更熟悉的形状（上文中的虚线——S'S'）。

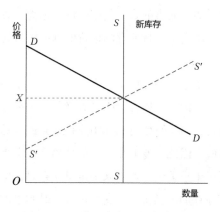

图 2.25　A 类生产者的新库存影响

　　由于卖家的计算导致了直接使用价值的消除，意味着所有的库存最后都会被卖出去，因此最终生产者不会在出售中保留任何库存。生产者会在他们预期的他们能够获得的市场价格最高的那个时点——即，在预期市场对既定库存的需求最大的时点——卖掉他们的财货①。当然，生产者能够留存库存的时间长短取决于财货的耐久性；举例言之，像草莓这种高度易腐坏的财货是无法长期留存的，因而它的市场供给曲线很有可能是垂直的。

假设市场中一种财货已经达到了均衡价格。如果这样，投机性留存需求的因素就不存在了。然而，相比于当前库存再次交易的市场，新增生产的市场是不会终结的。因为在每一连续时期内人的欲望是会不断恢复的，因此每一时期也要生产出来新的库存，而假设库存量不变且需求表给定的话，那么在相同的均衡价格会持续卖出相同数量的财货。比如，假如铜的生产者在一个月内生产了5000吨的铜；这些铜以前述的图表中的均衡价格 OX 被卖出。均衡交易量就是 OS。接下来的一个月中，假如又生产出5000吨，那么均衡价格会保持不变。假如生产得更多的话，那么就会如我们前文所了解到的，均衡价格会变低；如果生产得较少的话，那么均衡价格会更高。

假若投机性因素也从需求表中排除掉的话，那么很明显，该需求表就只由财货直接使用的效用所决定（与卖出商品的效用相比）。财货的价值中仅有的两个部分是它的直接使用价值和它的交换价值，因此需求表是由直接使用的需求加上未来可以高价转卖的预期所引起的投机需求组成的。

158　　　假如我们排除掉后一个因素的话（举例说，在均衡价格上），那么需求的唯一终极来源就是财货对购买者而言的直接使用价值。因而，假若我们抽离掉市场上的投机因素的话，那么决定某财货库存的市价的唯一因素就是其对购买者而言的相对直接使用价值了。

很明显，正如上文所显示的那样，生产必然是发生于一段时期之中的。为了在未来的某天得到一定量的新增库存，生产者必须首先采取一系列的行动，运用劳动、自然和资本财货，而从开始行动和中途行动到最后的库存被生产出来的这一过程必然要耗费时间。因此，专业化生产的精髓就在于生产者对未来市场状况的预期。在决定是否于未来某天生产出来一定量库存时，生产者必须做出判断估计自己以后能卖出其库存的市场价格。这一市价有时候也可能是处于均衡的，但均衡状态持续极短一段时间都是不太可能的。当财货的需求曲线不断变化（因为价值表的变化无常）时，尤其是如此。在库存的生产中，每一个生产者都会为了

---

① 当然，严格来说，生产者的计算中必然会考虑到储存的成本。

获取最大化的心理收入进而获取心理利润而运用其资源——他的劳动和有用的
财货。他总是难免于犯错的，而对市场的预期出现错误会给他带来心理损失。因
此，为了市场而做的生产的精髓就是企业家精神。关键的结论是需求表及其决定
的未来价格不是也永远不可能被生产者自动且确切地知悉。他们必须尽其所能来
预计未来的需求状况。

企业家精神也是投机性行动的买家和卖家的主要特征，他们专注于对未来更
高或更低价格的预期。他们的全部行动由预期未来的市场价格的努力构成，而他
们的成功取决于他们预期的准确或者错误程度。因而，正如我们上文中所了解到
的，正确的投机会加快朝向均衡的运动，而错误的投机则趋向于自我更正，这些
投机者的活动趋向于加快均衡状态的到来。

财货的直接使用者在购买的时候也必须预期他们对该财货的欲求。在购买的
时候，他们对该财货的实际使用实际上是在未来的某刻，即使是转瞬即至的未
来。财货在他们的价值表上的位置是对预期中在未来时间其价值的（经过时间偏
好的折现后）估计。买家关于该财货未来对自己的价值的预测很有可能是错的，
而财货越耐久，犯这种错误的可能性越大。因此，马的买家对其未来评值的预测
比起买草莓的人更有可能犯错。因此，企业家精神也是买家活动的特征，即使
是为了直接使用也是如此。然而，在专业化生产者的情况中，企业家精神主要呈
现的形式是预计他人未来的需要，这显然比预测自己的评值要难得多，也更具有
挑战。

人的行动是分阶段发生的，因而在每一阶段行动人都必须根据预期中的未来
前景尽可能最好地利用他的资源。逝者已矣。对人的行动不同阶段所犯错误的作
用，我们可以放在相对简单的、为了直接使用而购买的情形中考察。比方说他
对自己未来使用的预计是这样的：他以 100 桶鱼（这恰好是他购买牛奶的最高价
格）换得某财货——比如说是 10 夸脱牛奶。假设买完之后，由于某种原因，他
发现自己的评值发生了变化，现在牛奶在他的价值表上的位置比以前低得多了。
如今他面对的问题是尽可能最好地利用这 10 夸脱牛奶。过去他用自己 100 桶鱼
的资源犯下错误的这个事实并不会消除他现在最好地利用 10 夸脱牛奶的问题。
如果现在的价格还是 100 桶鱼的话，那么当下他最佳的选择就是转卖掉牛奶并重
新获得 100 桶鱼。如果现在价格高于 100 的话，他就获得了投机性收益，因为他
转卖掉牛奶可以得到更多的鱼。而如果牛奶的价格跌落，但其价值表上换来的鱼
还是要高于 10 夸脱牛奶的话，那么卖掉牛奶获得少于 100 桶鱼还是会最大化他

159

160

的心理收益的。

由于两次交易他遭受了 X 桶鱼的净损失，假如有人批评这个人的行动的话，将会是非常荒唐的，认清楚这一点非常之重要。诚然，假如他以前能够准确地预测到后来的发展，他就不会做出最初的那笔交易。因此，回过头看他最初的交易就可以称为是错误的。但是一旦第一笔交易做出了，就算过去犯了错误，他必须尽可能在现在和未来最好地利用这些牛奶，因此他进行的第二笔交易在当时的情况下就是他最优的选择。

另一方面，假若牛奶的价格跌落到其最新的最低买进价格之下的话，那么他现在最好的选择就是以牛奶最有价值的直接使用方式来利用牛奶。

同样，某个生产者可能决定生产一定数量的库存，而生产出来以后，结果市场的情况是让他对自己的决定感到后悔的。然而，库存一旦被生产出来，他就必须尽力最好地利用这些库存，并从中获取最大的心理收益。换句话说，假如我们从他的行动的开始——当他在生产中投入自己的资源时——来考察，由于这笔投资并没有从他的资源中产生最优的有效结果，因此事后看他的行动是一项心理损失。然而一旦库存被生产出来以后，这就是他的可得可用资源了，而现在以最佳可能的价格卖出去可以使他赚得净心理收益。

现在，我们可以总结一下预期的（心理）收益和预期的（心理）成本，这些是任何两种财货直接交换中买卖双方决策里起作用的因素。

买家收益	卖家收益
要么是	要么是
*A. 购买财货的直接使用	*A. 卖出财货的直接使用
或	或
B. 预期稍后在更高价格的卖出	B. 预期稍后在更低价格的购买价格更
（其价值表中价值更大的那一个）	低（其价值表中价值大的那一个）
买家成本	卖家成本
要么是	要么是
A. 卖出财货的使用价值	A. 购买财货的使用价值
或	或
B. 预期以后在更低价格的购买	*B. 交换第三种财货
或	或
*C. 交换第三种财货	C. 以后以更高价格的卖出
（其价值表中价值更大的那一个）	（其价值表中价值大的那一个）

假定我们排除掉暂时的投机性因素，那么我们所需要考虑的就是：收益 A，成本 A，买家的成本 C；以及收益 A，成本 A，卖家的成本 B。同样，假如我们把卖家当作是专业化的原初生产者，那么成本 A 就从卖家那边被排除掉，生产率在所积累库存中占的比例越大的话，越是会如此。假如我们还记得的话，由于交易总是涉及两种财货，因此对某物而言的买家们其实就是另一财货的卖家，因此买方的决策因素中也会排除掉成本 A。最终只有带星号的因素会保留下来。买卖双方的收益都是预期中所获取财货的直接使用；其成本都是由于本次交易而丧失的和第三种财货的交易。

正如我们所表明的那样，在做关于库存生产的最初决策时，所涉及的收益和成本的顺序是不同的，而这将会留待在下文中探讨。

11. 可交易财货的类型

162

为了简明起见，本章前面所举的可交易财货的例子主要是取自有形的商品，比如说马、鱼、鸡蛋等等。然而，这些商品并不是可以用来交换的全部类型。A 可以用他的个人服务来换取 B 的商品。举例言之，A 可以为农民 B 提供自己的劳力服务以换取农产品。而且，A 可以用直接作为消费财货的自己的个人服务来交换其他的财货。比如，一个人可以用他的医嘱或者他的音乐演奏来换取食物或者衣物。这些服务与那些具化为有形的、物质的商品的财货一样是正常的消费财货。同样，个人劳力服务和有形的资本财货一样是生产财货。事实上，有形的财货并不是以其物理成分而是以其对使用者提供的服务而被赋予价值的，不管该使用者是消费者还是生产者。行动人赋予面包价值是因为其提供了滋养的服务，赋予房屋价值是因为其提供了庇护的服务，赋予机器价值是因为它提供了生产低级财货的服务。分析到最后，有形的商品也是因为其提供的服务而被赋予价值的，而这与无形的个人"服务"是同样的。

因此，经济学并不是一门专门研究"物质财货"或者"物质福利"的科学。经济学是一般地研究人满足其欲望的行动，尤其是研究每个人将财货交换作为手段"获得"自己的欲望满足的过程。这些财货可以是有形的商品也可以是无形的个人服务。不管它是哪种类型的财货，供求原理、价格确定的原理对任何财货而言都是同样适用的。前面的分析适用于所有的财货。

比如，我们的分析已经涉及下列的可能交换类型：

163 　　（a）一种商品交换一种商品；比如说马交换鱼。

　　（b）一种商品交换一种个人服务；比如说医嘱换黄油，或者是农业劳动换食物。

　　（c）一种个人服务交换一种个人服务；比如两个移居者共同滚木，或者是医嘱换园艺，或者是授课换音乐演奏[①]。

　　假如是有多个竞争的同质单位的情形，那么供求表是可以加总的；假如交易中的一方或双方是孤立的或者是唯一的交易者，那么价格决定的区域将会如上文所述一样确立。比如，假如一个算数教师与一个小提琴家在商量交换各自的服务，那么他们各自的效用排序会确立价格决定的区域。假如几个可以提供同质服务的算数教师和小提琴家们组成这两种财货的市场，那么市场价格将由供给需求表的加总和相交来形成。假如需求者并不把几个不同个人的服务当作相等质量的话，那么需求者们就会单独对之进行评值，而每一服务也会被单独定价[②]。那时供给曲线就是仅是一个人所拥有的商品单位供给。当然，这个人的供给曲线是向右上倾斜的。在市场上，只有一个人是某财货的供给者时，他的供给曲线就等于是市场的供给曲线。

164 　　交易只是实物的交换，这种误解的一个很明显的理由是许多无形的财产因为其自然本性是无法被交易的。一个小提琴家或许可以拥有自己的音乐才华，并以服务的形式的若干单位来换取物理学家的服务。然而，其他无法交换的个人品质，或许也是被欲求的财货。比如，布朗可能有一个欲求的目的：获得史密斯的真心认可。这是一个无法以其他财货购买到的特殊的消费财货，因为他想要的是真心的认可而不是用钱可以买到的表面上的认可。在这种情况里，消费财货是无法交换的史密斯的财产；或用某种方法可以得到它，但不是通过交换。关于交换，这种无形的财货是史密斯不可分割的财产，也即是，它无法被放弃。另外一个例子是就算一个人可以让渡他的很多服务和财产，他也没法永久性地让渡他的意志。如上文所提到的，一个人可能不愿意接受通过和另一个人签署合同为其劳动余生这样的终身奴役。他可能会在未来的某天改变主意，而那时，在一个自由市场中从其改变主意之后没人可以迫使他继续工作下去。因为，一个人对其意

[①]　关于服务的重要性，参加 Arthur Latham Perry, *Political Economy*（第 21 版；New York: Charles Scribner's Sons, 1892），第 124-139 页。

[②]　当然，这并不是说，几个不同服务质量的小提琴家的存在会影响消费者对每一小提琴服务的评值。

志的自有权是不可分割的，在不受妨碍的市场里，没人可以凭借他对另一人命令的服从而迫使他继续遵守协定，即使是过去他接受了这样的协定①②。另一方面，当可以让渡的财产被转移出去后，当然，它就成为交易中得到它的人的独有并有排他权限的财产，而最初所有者此后的反悔也无法对该财产提出要求权。

165

　　因此，交换发生于可分割的财货之间；它们可以是不同耐久程度的消费财货；也可以是生产财货。它们可以是有形的商品也可以是无形的个人服务。还有一些其他种类的基于这些可分割财货的可交换项目。举例言之，假设琼斯为了妥善保管而把某财货——比方说1000英斗小麦——存储于仓库中。他仍保持财货的所有权，而只是为了妥善保管把它的物理占有转移给了仓库所有者格林。格林给了琼斯一张小麦的仓库收据，并保证小麦在这里是为了妥善保管，且任何时候只要收据所有人向仓库出示收据的话，他就有收回小麦的要求权。为了换取这种保管小麦的服务，琼斯会付给他一笔确定的约定数额的其他财货，比方说绿宝石。因此，这种要求权是来自商品与服务的交换——绿宝石交换储存服务，而这一交易的价格是根据前文分析的原理决定的。然而，现在，仓库收据作为一种对小麦的要求权出现了。在一个不受妨碍的市场上，要求权会被当作是绝对安全可靠会被兑现的，因此琼斯将可以交换要求权来代替小麦的实物交易。他可能会找到交易的对方，想要用马来购买小麦的鲁滨孙。他们达成了一个价格，然后鲁滨孙接受对仓库的要求权，把它当作小麦真实转移的完美的代替品。他知道，当他想要用小麦的时候，他可以在仓库中赎回（redeem）这一要求权；因此，这里的要求权的功能就是财货代替品。在这个例子当中，要求权的对象是现在财货，因为任何时候所有者想要的话就可以赎回。

　　这里所说的要求权的性质和功能很简单。要求权是财货所有权的索取凭证。更为简单的例子是：财产——比方说一块农田——所有权通过转移书面地契（或者被视作要求权的所有权证明）从A转移到B。然而，当所有权被细分，而细分

166

---

① 如果他通过诸如协议这样的手段获得了其他人的财产，那么在自由市场上，他就必须归还这一财产。比如，假如A答应为B终身工作以换取10000克黄金，如果他终止该协议并停止工作，他就必须归还相应比例数量的财产。

② 换句话说，他无法签订一个可强制执行的合同来约束自己的未来个人行动。（关于在一个不受妨碍的市场中的合同的执行，参见下面的第13节。）这也适用于婚姻契约。由于人的自有权无法让渡出去，因此在一个自由市场上假如一个男人或者一个女人不想再继续一段婚姻的话，那么就不能强迫他或她继续这段婚姻生活。这一点无关于之前的协定。因而，婚姻契约就像个体的劳动契约一样，在一个不受妨碍的市场上是可以根据任何一方的意志而终止的。

后的权益（pieces）在人们之间发生转移，情况就会更复杂了。比如，我们假设哈里森是一个铁矿的所有者。他决定分割所有权，并把分割后的权益，或者说股份卖给其他人。假设他制作了100股——其总体构成了铁矿的全部所有权——然后卖出90股给许多其他人。那么拥有两股的人就成了矿井2/100的所有人。由于在一个直接交换状态中，这类活动的可操作空间极其小，因此对这种情形的分析将留待下文。然而，很明显2/100的所有者对这一共同所有的财产拥有按照其比例份额指导、控制、从中获得收益的权利。换句话说，股份是某财货部分所有权的凭证，或者说是对其部分所有权的要求权。这一按比例份额使用某种财货的产权一样可以在交易中买卖。

第三类要求权是在信用交换（或者说信用交易）中出现的。到目前为止，我们已经探讨了各个接收方以一种现在财货交换另一种现在财货的交易，现在财货是能够现在或任意想要的时间可以使用的财货。在信用交易里，现在财货交换的是未来财货，更确切地说，对未来财货的要求权。举例言之，假设杰克逊想马上得到100磅棉花。他与彼得斯做了如下的交易：彼得斯将给杰克逊100磅棉花（现在财货）；而作为回报，杰克逊会给彼得斯一个对从现在起一年后110磅棉花的要求权。这是对未来财货的要求权，这未来财货是从今天起一年后的110磅棉花。以未来财货表示的现在财货，每磅现在的棉花的价格是1.1磅未来的棉花（从今起一年后）。这样的交易中的价格是由价值表和供求表交点决定的，这和现在财货交易的情况是一样的。对信用交易定价的进一步分析必须留待下文；这里可以指出的是：正如前文所解释的，对同质的财货来说，每个人对预期中较早时间得到的财货的评值更高。根据个人的时间偏好率，现在财货（由能够产生相等满足单位构成的财货）始终比未来的同样财货的价值更高。很明显，由个人价值表上的相对位置最终决定的各种不同的时间偏好率，将会作用以确定信用交易的价格。此外，债务人（现在财货的接受方）总是必须在未来偿还更多数量的财货给债权人（接受要求权的人），因为同样数量的单位，现在财货比未来财货更有价值。债权人为债务人提供当下享用财货的服务，而债务人通过在未来偿还更多数量的财货来回报这一服务。

当要求权最终到期的时候，债权人赎回要求权并得到财货本身，因而终结了要求权的存在。然而，在这期间要求权是存在的，因此可以在交换中用来买卖其他财货。比如，彼得斯（债权人）或许会决定把要求权（或者说借据）卖给威廉以换取一辆货车。这一交易的价格还是由供求表决定。对借据的需求是基于它作为对棉花要求权的安全可靠性。比如，威廉以货车表示的对借据的需求（或者说彼得斯的持有需求）基于：（a）货车的直接效用和交换价值。（b）他根据以下两个理由折现后的棉花新增单位的边际效用：（1）距要求权"到期"日的时间长度；（2）对借据安全性的估计。比如，对任意给定财货的要求权所剩余的到期时间越短的话，在市场上它得到的评值趋向于越高。同样，假如因为可能无法赎回而导致人们认为最终的兑付并不是绝对安全可靠的，那么对要求权的评值会特别依据人们就其无法赎回的可能性的估计而变低。票据被转移出去后，它就成了新的所有者的财产了，新的所有者就成了债权人，在要求权到期时有权赎回这个要求权。

　　因此，当一个要求权被转移交换其他财货（或者要求权）时，这本身并不是一个信用交易。一方面，信用交易在债务人那边形成了一个未完成支付的状态；在这个例子中，彼得斯为换取其他财货的回报而支付要求权给威廉，然后这一交易完成。另一方面，杰克逊由于最初的交易（在到期日债务人支付他之前同意的支付给债权人之前，都保持为未完成状态）仍然保持着债权人身份①。

　　因而，几种不同类的要求权是：对现在财货的——表现形式诸如仓库收据或者是某财货的共同所有权股份；和对未来财货的——信用交易中出现的。这些要求权是所有权的凭证，或者是（如后面所举的例子）以后会成为所有权凭证的东西。

　　因而，除了上文所提及的三种交易类型之外，还有另外三种其他类型，它们的内容和原理已经包含在本章前面的分析中了：

　　（d）商品换要求权；这种交易的例子是：（1）商品存单交换仓库收据——对现在财的要求权。（2）信用交易：用商品交换对未来商品的要求权。（3）以别的类型的商品来购买某商品的股份。（4）以商品来购买债务人的借据。所有这四种情形都在上文中阐述过。

　　（e）要求权换服务；例子有：用个人服务来换取借据或者仓库收据或者股份。

　　（f）要求权换要求权；例子有：用一张借据交换另一张借据；用股份换取

①　在信用交易中，所交换的现在财货和未来财货并不必须是同一种商品。比如，某人可以现在卖出小麦以换取一定数量未来某天的玉米。然而，本文中所举的例子凸显出了时间偏好的重要性，也是现实中很有可能发生的。

一张借据；用一种类型的股份换取另一种股份；用仓库收据换取其他类的要求权。

随着所有财货被分类为有形商品、服务，或者对财货的要求权（财货代替品），本章的效用分析和供求分析可以适用于所有 6 种可能的交易类型。在每种情况里，价值表的形成会涉及不同的具体考量——比如说信用交易中的时间偏好；而这使得我们可以发现不同种具体类型的交易的更多结论。然而，本章中给出的分析程度涵盖了所有可能的财货交易。在下文中，当间接交换被引入，现在给出的分析仍然适用，但是进一步的分析则由信用交易（时间偏好）、资本财货和消费财货交易、劳动服务交易（工资）所涉及生产和交换问题所构成。

12. 财产：生地的占有

正如我们前面所阐述的，所有财产的起源最终都可以被追溯为：人把自己的劳动和未被利用的自然赋予的要素"混合"起来生产出资本财货或者是消费财货这种方式来对未被利用的自然要素的占有。通过对赠予和交换的追溯，我们必然也会追溯到一个人和一块无主的自然资源。在一个自由社会里，任何未被使用的自然部分都是无主的，因此是可以通过人的首次使用或者说在资源中混入自己的劳动而为人所拥有的。

170   个人对自然赋予要素的权利是如何确定的呢？假如哥伦布登陆一个新大陆，他宣称整个新大陆，或者只是"其目力所及"的区域都为他所拥有是否是正当的呢？显然，这和我们所假设的自由社会里的情形不同。哥伦布或者鲁滨孙在宣称自己拥有土地之前必须先使用这块土地——以某种方式"培育"这块土地。这种"培育"并不必须是耕耘土壤，虽然那是培育的一种可能的形式。假若自然资源是土地的话，他可以清理它用于建一栋房子，或者是一块牧场，或者是成为木料场等等。如果现有的土地比有限的劳动供给所能使用的土地更多，那么未被使用的土地就必然保持无主状态直至其第一个使用者的出现。任何对一片没人使用的新资源宣称所有权的企图，都会被认作是对该资源的第一次使用人的财产权的侵犯。

然而，为了持续地享有土地的财产权，并无必要持续地使用它。假设，琼斯使用了一些新的土地，此后发现它是无利可图的，因此对它废置不用。或者假设，他清理了一块新的土地，并因此获得了对它的所有权，但是之后他发现在生产中该土地不再有用，并任其保持荒废状态。那么，在自由市场中，他会否失去所有权呢？不会的，因为只要他的劳动曾经被混入进自然资源中，它就会持续成为他所拥有的土地。他的劳动不可复原地被混进了土地中，因此土地就永远是他的，或者说永远受他支配了。在下文中我们会发现：劳动是否曾经被混入土地这个问题与它的市场价格或者资本价值毫无关系；在交换学中，关注的并不是过去。但是，在财产所有权的建立中，这一问题至关重要，只要有人混进过自己的劳动，此人及其继承人就拥有了自然赋予的要素，而假如任何其他人要夺取它的话，那就是一种侵犯性行动了。

如沃洛斯基（Wolowski）和勒夫瑟（Levasseur）所说：

> 自然资源因为人之利用而被占有；它为他所拥有，成为其财产。这一财产是合法的，它成了一项与他自由运用自己能力一样神圣的权利。之所以成为他的财产，是因为它完全来源于他，除了作为他的存在的衍生（emanation）之外不可以是其他的东西。在他之前，除了物质之外几乎不存在其他的东西，因为有他，且通过他，才有了可以交换的财富。生产者在变得有价值的东西中遗留下了属于他个人的成分（fragment），因此可以看作是人的能力作用于外在自然界的延伸。因为作为一个自由的人，他是属于他自己的；现在，其原因是他自己本身，其结果仍然是他的，更确切地说，那个原因是生产的推动力，那个结果是生产出来的财富。他的所有权是由他的个人标志如此清楚地打下烙印的，哪个人敢提出异议呢？[1]

有一些批评家——尤其是亨利·乔治主义者——声称，虽然一个人或者他的代理人可以有权拥有他自己劳动的产品或者是交换得来之物，但是他对原初的、自然赋予要素、"自然的赐予"是无权拥有的。因此一个人对这种赐予的占有就成了所谓的对所有人都应平等使用的共同遗产的侵犯。然而，这是一种自相矛盾的说法。一个人如果没有自然赋予要素（哪怕是所站立之空间）的协作，他就无法生产出任何东西。因此，为了能够生产并拥有任何资本财货或者消费财货，他必须占有并使用原初的自然赋予要素。仅仅靠他的劳动是无法生产出产品的；他

---

[1] Léon Wolowski and Émile Levasseur, "Property," *Lalor's Cyclopedia of Political Science, etc.*（Chicago: M. B. Cary & Co., 1884），第三卷，第392页。

必须把自己的劳动和原初的自然赋予要素混合起来。因此，假如土地或者其他的自然赋予要素不成为人的财产的话，他就无法从自己劳动的果实中获得任何财产。

而且，在土地问题上，很难想象会有比第一个把土地从简单的无价值之物转换成生产场地的培育更应得的权利安排。因为这是第一个使用者所做的。他获取了之前无主、未被使用并因此对任何人都没有价值的要素，并把它转换成生产资本财货和消费财货的一件工具。虽然说，此类财产共产主义的问题将会在本书的稍后部分再来探讨，但是实际上我们很难想象，为什么仅仅因为新生儿出生这个事实，就应该自动地把世界土地整除后的部分授予给他。因为第一个使用者把自己的劳动混合进了土地，而不管是新生儿还是其祖辈都没有对土地起任何作用。

假如我们考虑一下动物的情况，我们对这个问题就会更加明了了。动物是"经济意义上的土地"，因为它们和现有的原初物质土地——生产中的自然赋予要素——是相同的。然而，难道会有人否认发现牛、驯养牛、使用牛的人对牛的权利吗？而这恰恰是土地的例子中发生的。以前没有价值的"荒"地——就如野生动物一样——被人获取并转化为对人有用的财货。在这两种情况中，劳动的"混入"产生了同样的权利。

我们也必须牢记"生产"所蕴含的本质。当人"生产"时，他并没有创造物质。他利用给定的物质，使之形变、重新排列以成为他所欲求的财货。简而言之，他把物质朝着消费的方向推进。他对土地或者动物的发现并把它们投之使用也是这样的一种转化。

因此，虽然说现在一片土地上所附着的价值非常大，但它之所以是"经济意义上的土地"仅仅是因为过去人在土地上劳作的无数努力所致。在我们考察权利的合法性时，土地始终体现了过去的劳动这一事实就变得极其重要了①。

假如从原初的自然赋予要素的意义上来说，动物也是"土地"，那么水和空气也是"土地"。我们已经知道了，"空气"是无法被占有的，它是人类福利的条件而不是可以为人所拥有的稀缺财货。然而，这只是针对通常条件下供呼吸用的空气而言的。举例言之，如果某人想要改变，或者说"调节"其空气的话（译

---

① 对此生动的讨论参见 Edmond About 的 *Handbook of Social Economy*（London: Strahan & Co., 1872），第 19-30 页。哪怕是城市用地也体现了大量过去的劳动，参见 Herbert B. Dorau and Albert G. Hinman, *Urban Land Economics*（New York: Macmillan & Co., 1928），第 205-213 页。

注：用空调给空气升温或降温），那么他们就必须为这一服务付费，而"调节后的空气"就成为由其生产者所拥有的一件稀缺的财货了。

而且，假如我们了解到，"空气"作为诸如无线电波和电视图像传输的媒介，只有有限数量的波长是收音机和电视机所可用的。那么这一稀缺的要素就是可以被占有且可以为人所拥有的。在一个自由社会，这些频道的所有权所归属于个人就如土地或者动物一样：第一个使用者获得了这一财产。1000千赫波长的第一个使用者——琼斯——就会成为其波动领域内该波长的绝对拥有者，而他也有权持续地使用它、遗弃它、卖掉它等等。任何其他在其所有者的波长上设定发射机的人都会被当作那些入侵他人土地或者是偷窃他人牲畜一样的侵犯他人产权的罪犯[1][2]。

对水而言同样是如此。虽然在（小的）湖泊和水井的例子里，人们退而认为它是可以被拥有的，但是大多数人还是把水——至少是河流和海洋的水——当作是不可被占有、不可被拥有的。今天，公海——涉及海洋航线方面——或许不能被占有，这的确是真的，这是由于对航道而言，公海是足够充裕的[3]。但是，对海洋中的捕鱼权来说则不是如此。相对于人的欲望来说，鱼绝对不是数量无限丰富可用的。所以，它们是可以被占有的——它们的供应和来源正如捕鱼本身。实际上，不同国家之间经常就"捕鱼权"而争吵。在一个自由社会里，对海洋领域捕鱼权的占有是由该海域第一个使用者拥有的，此后，可以使用它或者卖给其他人。包含鱼的水域的所有权恰好和有动物可猎的土地或者森林的私人所有权类似。有人提出责难：水会流动，并不像土地一样具有固定的位置。这完全是无效的非难。土地也是会"移动"的，比如沙尘暴下的土地被迁离。最关键的是，根据经纬度水域一定是可以画线分区的。于是，这些边界可以给个人所有的领域划定界限，而人们也充分认识到鱼和水是会从一个人的财产移动到另一个人那里。

174

[1] 假如为了能够清晰地传输信号，某个频道必须是频道带宽中一定数量的波长，那么财产就按照这样的频道带宽归属于第一个使用者。

[2] 科斯教授阐述了20世纪20年代联邦无线电波的霸占，在确立这种霸占的过程中，法院根据的是习惯法的原则，与其说这一霸占缓和了之前的"广播大混乱"，还不如说它在无线电波领域垄断了私有产权的获得。Ronald H. Coase, "The Federal Communications Commission," *Journal of Law and Economics*, 1959年10月，第530-532页。

[3] 很快就很明显的是，飞机的空中航道正变得稀缺，而在一个自由社会里，航道会由第一个使用者所拥有——因此避免了大量的空难发生。

财产的价值取决于人们对此的认识①。

另一个争论是说：第一个使用者对所有权的占有会导致自然赋予要素的配置
不经济。比方说，假如一个人只可以维护、培育（否则他就无法使用）5 英亩的
某块土地，而最有效率的配置或许是 15 英亩的单位数量。但是，在自由社会中
所遵循的先使用者先享有所有权这一原则并没有意味着所有权必然会以这种配置
而告终。正相反，在这种情况里，拥有者们可以把他们的资产汇聚在一个共同的
生产组织当中，也可以是最有效率的个人所有者买下其他人的产权，致使生产中
最终的每单位土地大小是 15 英亩。

必须补充一下，这里所提出的自由社会中的土地所有权理论——即先使用者
先享有所有权——和 19 世纪末 J. K. 英戈尔斯及其追随者所提出的另一个表面上
看似乎相似的土地所有权理论之间毫无共同之处。英戈尔斯主张，只有实际的占
用者以及土地的亲自使用人才享有持续的所有权。这与第一个使用者享有的最初
的所有权相对立。

首先，英戈尔斯的方法会引起极其不经济的土地要素的配置。较小的"农
场"的占有是没有效率的，虽然如此，这样的土地还是被迫投入使用，而且会阻
碍土地进入到其他消费者需求很大的使用线中。某些土地会被人为强制地退出使
用，因为土地无法由所有者亲自使用，所以只好搁置不用。而且，这个学说是
自相矛盾的，因为它事实上完全没有允许所有权的存在。所有权的一个基本条件
（condition）在于有权买卖，并按照所有者（们）觉得合适的方式来处置它。由于
小土地的占用者们没有权把土地卖给没有占用着的大地主，因此小土地占用者们
实际上并不是土地的所有人。结果是，在最后的分析里，英戈尔斯关于所有权问

---

① 流动的水应根据第一个使用者的使用率成比例地为其所有——也即是，由"占有者"而非"河滨
居民"的所有权安排。然而，之后该占有者就对他的财产拥有绝对的控制，可以转移他的份额，
等等，而这在有些地方（比如说西部的各州，现在是接近者占有所有权占有主宰地位）中是无
法做到的。参见 Murray N. Rothbard, "Concerning Water," The Freeman, 1956 年 3 月，第 61–64
页。也参见 Jerome W. Milliman 教授极其优秀的文章，"Water Law and Private Decision-Making: A
Critique," *The Journal of Law and Economics*, 1959 年 10 月，第 41–63 页；Milliman, "Commonality,
the Price System, and Use of Water Supplies," *Southern Economic Journal*，1956 年 4 月，第 426–
437 页。

题的主张回到了乔治主义者的应该由社会（所谓的国民）拥有土地的观点了[①]。

13. 反对财产侵犯的强制

　　本书主要是针对任何人身或财产不受使用暴力或偷窃所妨碍的市场社会的分析。创造这一状况的最好手段问题目前不予以考量。这一状况的建立到底是由每个人制止住对他人的侵犯行动还是建立一个代理机构来迫使每个人放弃这样的行动，对目前的目标而言是无关紧要的。（侵犯行动可以被定义为不经他人同意以暴力、偷窃或者是欺诈夺走他人的人身自由或者财产的行动。）不管这样的强制是由每个人还是由某种机构实施的，我们在这里可以假定由于某种方式，这样的状态——一个不受妨碍的市场的存在——得以维持住了。

　　在维持自由市场的这种状态时，其中一个问题是强制机构——不管是个体还是组织——在交换契约当中的作用。为了维持一个不受妨碍的市场状态，何种类型的契约要被强制执行呢？我们已经了解到，在这样的市场中，出让一个人意志的契约是不能被强制执行的，因为每个人的意志在本质上是不可分割的。另一方面，如果个人签订了这样的契约，并在交易中接受了他人的财产，那么当他决定终止协定的时候他就必须丧失部分或者全部的财产。我们会发现，欺诈可以被当作是偷窃，因为一个人接受了他人的财产但是却没有履行交易中他的那部分义务，从而是未经他人同意而拿走他的财产。这种情况为自由市场中契约的角色及其执行提供了一个线索。契约必须被当作关于现在与未来的两件财货的两个人之间达成的一致同意的交易。人们可以任意地达成他们想要的随便什么财产契约；而由于自由社会的存在，所有的契约——其中的财货性质上是可以分割的——都必须被实施。不能履行契约必须被当作是对他人财产的偷窃。比如，当一个债务人以未来的支付承诺作为交换来购买一件财货时，在双方同意的契约被履行，支付完成之前，该财货都不能视作他的财产。直到那时，它都仍然是债权人的财

[①]　关于 Ingalls 及其学说，参见 James J. Martin, *Men Against the State*（DeKalb, Ill.：Adrian Allen Associates, 1953），第 142-152 页，220 页起，246 页起；还可以参见 Benjamin R. Tucker, *Instead of a Book*（2nd ed.；New York: B. R. Tucker, 1897），第 299-357 页，Ingalls 最有能力的追随者的观点。虽然和乔治主义有着潜在的共同点，且犯了大量的经济学错误，但 Ingalls-Tucker 对乔治主义者的立场提出了很有意思且有效的批判。这些有价值的批判通常因为过分的善意而被经济学家们归之于乔治主义者的学说里。

产，而拒付就相当于对债权人财产的盗窃。

这里有一个很重要的情况，由于所做的承诺未被信守，因此这个契约没有被履行。在自由市场中仅仅因为是承诺而强制它不是强制机构的分内之事；其分内之事是制止对财产的盗窃，而契约之所以要被强制执行是因为他是隐性的盗窃。

承诺支付财产的凭证是一个可强制执行的要求权，因为实际上该要求权的持有人是其所涉及财产的所有人，而未能兑现该要求权就相当于是对财产的盗窃。与之不同的情况是，在没有预付款的财产交易中，承诺奉献自己的个人服务。比如，假设有一个电影演员同意在一年内为某个电影制片商拍三部电影。在接受到任何交易中的财货（薪水）之前，他中断了合同并决定不再完成这一工作。由于他的个人意志是不可分割的，在自由市场上不能逼迫他去完成该工作。其次，由于他还没收到交易中电影公司的任何财产，他不是盗窃，因此在自由市场上该契约不能被强制执行。在不受妨碍的市场上关于导致"损失"的任何诉讼不会被受理。基于对演员会信守协议的预期，电影公司可能会做出相当大的计划和投资，这一事实对电影公司来说或许是个不幸，但它不能因为自己缺乏远见、企业家精神贫乏而指望该演员来补偿。它之所以受损是因为对此人投注过多的信任。演员并没有接受并持有电影公司的任何财产，因此他没有任何以财货形式补偿电影公司的"损失"的责任[1]。在自由市场上任何此类的强制补偿都是对演员产权的侵犯，而不是对侵犯的反击。比起违背承诺来信守承诺或许是更道德的，但是自由市场的状态是，维护每个人的人身权利及财产权，而不是强制执行一些更高的道德标准。任何此类基于道德准则的强制执行——已经越过了对侵犯行动的免除——其本身就构成了对个体人身权和财产权的侵犯，也构成了自由市场中的干涉[2]。

---

① 哪怕该演员在过去的合同中答应了他会补偿损失，这一点仍然如此。因为这仍然只是一个承诺；他并没有隐性地拿走他人的财产。自由社会中强制执行机构的目标不是用强制力去维持承诺的信守，而是去矫正对人身和财产的侵犯。

② Frederick Pollock 爵士这样描述了早期的英国契约法：以前，许多债务的确是可以收回的。但这并不是因为债务人承诺过偿还贷款；而是因为这笔钱仍然被当作是属于债权人的，就好比是同一块硬币，只不过是处于债务人的保管之下。债权人为追回钱款提出诉讼……正如过去要求占有土地的形式一样……到布莱克斯通（Blackstone）的时代，据说债权人在债务中拥有财产——债务人允诺给他的财产。按照这种思维方式，授予信贷就不再是依赖于之后提出要求……债务人履行一项行动的权利了，而仅仅是对自己占有的特定钱财随时可运用的权利提出了终止，就好比是房屋的所有者终止了他对房子的占用的权利。原告权利的基础并不是契约或者承诺，而是被告对原告钱财的不合法地拖欠。（Sir Frederick Pollock, "Contract," *Encyclopedia Britannica* ［14th ed. ; London, 1929］, VI, 339-340. ）

然而，比如说，电影公司鉴于演员破坏契约而要求演员赔偿一定数量，而假 179
如他拒绝补偿的话，电影公司可以以后拒绝聘请他，还可以向其他未来潜在的签
约方（比如说电影公司）通告该演员的劣迹，这样的行动当然也是符合自由市场
的原则的。未来他做交易的前景很有可能因为其劣迹而受损。比如说，自由市场
上会允许出现"黑名单"。自由市场上另一种合法的行动是杯葛——不管出于何
种理由，A 呼吁 B 不要与 C 做交易。由于 A 和 B 的行动完全是自愿且非侵犯性
的，因此在不受妨碍的市场上没有理由禁止杯葛。相反，任何针对杯葛的强制行
动都是针对自由人的权利的侵犯。

如果契约债务中的拖欠行动相当于盗窃的话，那么在不受妨碍的市场上强制
执行机构对其的处理就和对盗窃的处理一样了。很明显——举例言之，在盗窃的
情况中——把失窃财产归还给其所有人将会是强制执行机构的主要工作。对违法
者的惩罚是它的次要考虑。比如，假设 A 从 B 那里偷走了 100 盎司黄金。等到
执法机构逮捕到 A 时，他已经把 100 盎司黄金花掉了，而又没有 100 盎司黄金的
资产可以拿来偿还。执法机构的主要目标是迫使 A 偿还 100 盎司黄金。因此，执
法机构不是单纯地把窃贼关押监禁起来，而是迫使窃贼去劳动，并以其收入来偿
还所盗窃的数量加上对所耽误时间的赔偿。这里到底是在监狱内还是在监狱外强
迫劳动是无关紧要的。要点是，在自由市场上对他人权利的侵犯者放弃了他自己
同等程度的权利。在自由市场上对财产侵犯者惩罚时的首要考虑是迫使其送还相 180
等的财产[1]。与之不同的是，假如 B 主动决定原谅 A 并将这一财产作为礼物给
予后者；他不想去"起诉"窃贼。如果那样的话，执法机构就不会对窃贼采取行
动，因为现在这种情况下他是这一礼物财产的接受人。

这一分析为自由市场上对违约债务人的处置给出了一个研究线索。假如一个
债权人决定忘掉他的债务且不提出诉讼，那么他实际上把他的财产作为礼物给予
了债务人，因此没有进一步强制执行契约的必要了。假如债权人坚持保有他的财
产的话会怎样呢？很明显，假如债务人可以还得起所要求数量的钱款但他拒绝偿
还的话，那么他就是纯粹的诈骗犯了，而执法机构以此来处置他的行动。它的主
要目标是确保债务人的资产被转移到其合法所有人——债权人手中。但是假如债

---

[1] Wordsworth Donisthorpe, *Law in a Free State*（London: Macmillan, 1895），第 135 页。在罗马，一
个人可以通过我们应称之为民事诉讼的程序来索回其失窃财物，或者复原其所失带来的损害，而
一点也不会因为盗窃而影响到窃贼和公众之间的关系。先赔偿后惩罚是其原则。

务人手头没有财产或他有但不愿意偿还的话呢？这会使他就像破产法的情况那样获得特殊优待的权利且强行免除债务吗？当然是不行的。在对债务人的处置时，首要考虑的事情是债务人持续且首要的责任是偿还债权人的财产。唯一可以消除这种处置的方式是，债务人和债权人达成协议——作为初始契约的一部分：假设债务人做了某些投资，而在到期日无法拥有财产的话，债权人会免除这一债务；简单来说，他授予了债务人部分的财产共有的权利。

在一个我们上文所描述的那种自由市场里，没有"流通票据"存在的可能。当政府把某物指定为"可流通的"，那么假如 A 从 B 那偷来了它并在 C 不知其为赃物的情况下把它卖给了 C，那么 B 无法从 C 那里索回该财物。尽管事实是 A 是个窃贼，没有该财物的财产权利，但 C 却被政府认定为合法所有人，而 B 则完全没办法索回他的财产。票据流通法很明显是对财产权利赤裸裸的侵犯。假如财产权被彻底地捍卫住，那么偷窃就无法如此这般地了结。买家就应该自担风险地购买并确保财物不是赃物；如果他还是买了赃物，他就必须设法从窃贼身上取得赔偿，而不是让合法所有人受损。

卡特尔协定如何呢？在自由社会中要强制履行吗？假如 A、B、C……之间没有任何财产交易，而只是内部约定对他们的财货生产设定一个定额，这样的协议当然不是非法的，但是这样的协议也不应是可强制履行的。它只算是一个单纯的承诺而不是一个可强制执行的隐性盗窃的情况[1]。

对个人财产权至上的自由社会一个很常见的责难是：它忽略了"外部不经济"或者"外部成本"的问题。但是，所有"外部不经济"的情况其实是政府——强制机构——未能充分捍卫个人财产权利的例证。因此，这种"责难"并不是针对私有财产制度的，而是针对政府未能捍卫财产权免受各种微妙形式的侵犯——也即是说，未能维持住一个自由的社会。

政府失灵的一个例子是烟尘问题，也就是一般而言的空气污染问题。如果工厂排出废气到空气中，伤害了其他人的人身和财产，那么这就是一种侵权行动。它等同于故意破坏别人的财产的行动，而在一个真正的自由社会中，经由受害人起诉，这种行动要受到法院判决的惩罚。因此，空气污染并不是一个绝对财产权

---

[1] 在自由市场中卡特尔协定不可被强制履行的理由和普通法中对所谓的"抑制贸易的"协定的敌视没有任何关系。但是却和"大亨轮船案"（Mogul Steamship Case）（1892）中英国普通法精神最终所起到的作用很相似。参见 William L. Letwin, "The English Common Law Concerning Monopolies," *University of Chicago Law Review, Spring* 1954，第 382ff 页。

制度固有缺陷的例证，而是政府方面捍卫财产权失败的例子。要注意，在一个自由社会里，空气污染的赔偿并不是由国家的行政机构制定烟尘控制法规来完成的。正确的赔偿之道是惩罚并禁止对他人人身和财产进行污染损害的司法行动①。

在自由社会里，正如我们所说的，每个人都是自我拥有的。没有人可以拥有他人的身体或思想，那是奴役的本质。而这一状况完全推翻了诽谤——即诋毁（书面诽谤）或者中伤（口头诽谤）——法的依据。因为诽谤不合法的依据是每个人都拥有"他名誉中的财产"，因而，对他或者他的人品进行恶意的或者不真实的攻讦（或者更有甚者，符合实情的攻讦）伤害了他的名誉，因此必须受惩处。然而，一个人并不拥有"名誉"这种实在财产。他的名誉仅仅是其他人对他的看法，也即是，它纯粹是他人主观思维的作用。而一个人无法拥有他人的思维或想法。因此我不能因为公开批评他而侵害到他的财产权。此外，由于我也无法拥有他人的思维，因此我也无法强迫他人因为我的批评而看低此人②。

183

前文的结论应该会果断地提醒我们：在一个自由社会中强制机构所反制的对象是针对有形人身和财产的侵犯，而不是对财产价值的损害。因为人所拥有的是有形财产，在货币价值——这是他人为其财产支付的结果——中，他并不享有所有权。比如，一个人对工厂的破坏或者抢劫是一种对有形财产的侵犯，且是非法的。与之不同的是，一个人从购买这家工厂产品转向到购买其竞争厂商产品的行动会降低前者财产的货币价值，但是这种行动当然是不应被惩罚的。自由社会的原则条件恰恰是：某财产所有人对其他人的财产没有不当的要求权；因此，他对其财产的价值没有既得的权利，而只是对其有形存在享有权利。至于财产的价值，则必须在自由市场上抓住其机会。举例来说，有些人认为，必须合法地阻止那些"不受欢迎的"企业或人迁入自己的区域，因为这会或者将"降低现存财产的价值"，我们对此的回答如下。

一种我们还没有讨论的获取财产的方式是欺诈。欺诈的情况是指：在一致同

184

---

① 噪声也是一种对他人的侵犯行动，通过声波传输侵害到他人的耳膜。经济学家对"外部不经济"的讨论，只有一个是不错的，那就是米塞斯《人的行动》第650-653页的精妙讨论。关于在自由社会中，司法行动和行政行动之间区别的鉴别，以及财产权的良性控制和政府强制之间区别的鉴别，参见 Donisthorpe，《自由国邦中的法律》，第132-158页中对各种因素掺杂在一块的经典论述。

② 同样，在自由社会中勒索也不是非法的。因为勒索只是以接受钱财来换取不公开他人某些信息的服务而已。里面完全不涉及对人身或财产的暴力或胁迫。

意的交易中其中一方故意拒绝完成契约中他的义务。这样，他得到了另一人的财产，但他却要么没有给出约定好的财物，要么给出去的少于他所同意的数量。我们已经知道，债务人故意不还钱给债权人相当于直接对债权人的财产进行偷窃。

欺诈行动的另一个例子是这样的交易：史密斯答应给琼斯 15 盎司的黄金以换取一箱特定数量的瓷器。当他给出金子之后，收到了包裹，史密斯发现，自己只收到了一个空箱子而不是交易中两人约定好的财货。琼斯虚假地描述了他所卖出的东西，这还是相当于直接偷窃了史密斯的财产。因此，这种交易是不实的，假如对方没有被骗的话，是不会缔结当前形式的契约的，因此，这不是一种自愿的交换，而是单方面的偷窃。这样，我们就把明确的暴力和欺诈的隐性暴力从我们对市场——自愿的人际交换模式——的定义中排除出去了。目前我们只进行对不受欺诈和暴力妨碍的市场的分析。

我们这里还没有讨论何种强制机构应该被设立，或者它将使用何种手段，而只是讨论强制机构所反制的行动以及何种行动是被许可的。在自由市场上，一人对另一人财产——要么是其人身，要么是其有形财货——的所有侵犯行动都会遭到执法人或执法机构的反制。我们这里假设，在社会中不存在侵犯行动，既不是因为没有人做这样的事情，也不是因为某些强制机构成功地反制并制止了它们。那么，问题就成了界定侵犯性行动——与非侵犯性行动相区分——的问题了。而这里所举的各种典型例子就是在进行这种界定。每个人都有权拥有他自己的人身以及通过生产，通过对无主要素的占有，通过接受馈赠，或通过自愿交换而获取的财产。关于自由、非侵犯，或者"自决主义"社会的根基，没有人比英国政治哲学家奥伯伦·赫伯特（Auberon Herbert）在一个短篇中描述得更清晰了：

（1）每个人生而拥有一个独立的心灵以及独立的身体，这一重大的自然事实意味着每个人拥有对这一心灵和身体，以及运用它们的所有权；仔细推敲会发现，任何不同的结论都是没有道理的。

（2）这种自有权意味着要限制对它进行的暴力、欺诈性侵害。

（3）因此，个人有权用武力保护自己以对抗暴力或者欺诈性的侵犯，而他们也可以把这种自我防卫的行动委托给名为政府的特殊机构……

把我们的自决主义准则浓缩成一句话，就是："除非一个人强制侵犯了另一个非侵犯性的人的主权，否则他的主权必须保持完整状态。"

在详尽阐述第一点时，赫伯特继续写道：

　　"如果有一件东西我们能确定地以之为基础的话，那就是每个由其身体和心灵组成的人都是一个独立的实体——从这里我们必定得出结论：这种实体属于他们自己而不是属于彼此。正如我所说的，其他的结论是不可能的。假如这些实体不是属于他们本人的话，那么我们就会推论出最荒谬的结论。A 或者 B 不拥有他自己，但他可以拥有或者部分地拥有 C 或者 D。"①

---

① Auberon Herbert，　在 A. Herbert and J. H. Levy, *Taxation and Anarchism*（London: Personal Rights Assn., 1912），第 24, 36–39 页；and Herbert, "A Cabinet Minister's Vade Mecum" in Michael Goodwin, ed., *Nineteenth-Century Opinion*（London: Penguin Books, 1951），第 206–207 页。

第三章　间接交换的模式

1. 直接交换的局限性

之前一章我们了解了交换是如何使每个参与者受益，以及市场上的劳动分工是如何提升生产率的。不过，至今为止讨论的交换，都只是直接交换（或者说，物物交换）——一件有用的财货换取另一件，以供交换的参与方直接使用。在经济分析中讨论直接交换固然重要，但社会中发生直接交换的领域极为有限。例如，在非常原始的社会里，鲁滨孙可以以田地的部分产出为交换，雇佣杰克逊耕种。可是，直接交换社会不可能有较为先进的生产体系，也不可能有在较高生产阶段的资本积累——事实上，除了最为原始水平的生产以外根本不存在生产活动。比如，假设 A 是房屋建筑商；他依合同造一座房子，雇佣了泥水匠、木匠等等。在直接交换的状态下，怎么有可能给这些人发工资呢？他不能把一块块的房子给每个劳动者。他会不得不出售房屋，换来每个劳动者和每个原材料销售商愿意接受的一系列有用财货。很显然，生产无法开展，困难难以逾越。

除了无解的生产问题以外，消费者财货的简单、直接交换也存在着这个缺乏"需求巧合"（coincidence of wants）的问题。因此，假设 A 出售一批鸡蛋，他想交换的是一双鞋。B 有鞋，但不想要鸡蛋；两个人不可能进行交换。想出售最简单商品的人都必须找到不仅仅是想要购买这种商品的人，那个人还得在出售他正想要取得的商品。因此，每个人的商品的市场受到极大的限制，任何产品的市场范围都非常小，而且劳动分工的领域也是可以忽略的。而且，拥有较难分割的商品（如犁）的人更艰难。假设拥有一副犁的 D 想要换取鸡蛋、奶油、鞋子和很多其他商品。显然，他不能把他的犁切分成好几块，用这些换取鸡蛋、奶油等等。每块犁对他人的价值几乎为零。在直接交换的体系下，一副犁在交换中几乎没有适销性，即便有人生产，其数量也会很少。

所有这些困难都使得直接交换的制度几乎没有可行性。而且除此之外，这样的社会无法解决各种估量（estimation）的问题；这些问题，即使是鲁滨孙，也不得不面对（如第一章所见）[①]。没有共同的单位标准，也就无法估量各种要素应该进入哪条生产线。生产汽车更好，还是拖拉机，还是房子，抑或是钢铁？用更少的人力，更多的土地生产某种产品更高产，还是更少的土地，更多的人力？资本结构得到维持了，还是被消费了？这些问题都是无法回答的，因为一旦生产阶段超出了直接消费，便没有办法比较不同要素或产品的有用性或生产率。

结论显而易见。任何文明社会都不能建基于直接交换之上。直接交换与鲁滨孙式的与世隔绝，只会产生最为原始型的经济[②]。

189

2. 间接交换的出现

只有间接交换（一人在交换中购买商品，并不是为了像购买消费者财货那样直接用于满足他的需要，也不是为了用于生产消费者财货，而仅仅是为了再次用于交换，换取另一种他确实需要消费或用于生产的商品）能够克服直接交换的巨大难题。乍一看，这似乎是笨拙而迂回的操作。而实际上，它是任何超越原始水平的经济所不可或缺的。

例如，让我们回到 A 的案例。他有一批鸡蛋，想换得一双鞋。鞋匠 B 在卖鞋，但不想要比他库存更多的蛋。A 无法通过直接交换获得鞋子。如果 A 想要购买一双鞋，他必须找出并取得 B 在交换中需要的商品。如果 A 发现 B 要的是奶油，A 可以用鸡蛋换取 C 的奶油，然后用这些奶油换 B 的鞋子。这样的话，奶油就是间接交换的媒介。对 A 而言，奶油比鸡蛋更有价值（假设是用 10 打鸡蛋交换 10 磅奶油，然后换一双鞋），并不是因为他想消费奶油，或者用奶油在之后的生产阶段生产一些其他财货，而是因为奶油为他在交换中获取鞋子提供了极大的便利。因此，对于 A，奶油比鸡蛋更适销，有更为优越的适销性，故而值得购买。图 3.1 表示了这种交换的模式。

[①] 参见，例如，之前的第一章，第 57–58 页。

[②] 市场社会与原始社会下人的生存条件的一个生动而准确的对比，参见 About, *Handbook of Social Economy*，第 5–17 页。

190

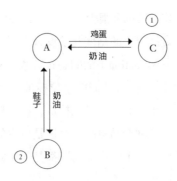

图 3.1　间接交换的模式

　　或者想一下那副犁的主人 D，通过使用一种交换媒介而带来的巨大益处。D 想取得很多商品，但却发现他的犁适销性十分有限，他可以用犁换取一定量适销性更好的商品，如奶油。奶油比犁更适销——因为不像犁，它有分割后不会失去完整价值的特性。D 现在用奶油作为间接交换的媒介，取得各种他想要消费的商品。

　　正如资源、人所欲求的财货和人的技能极为参差多态是人类的基本经验，各种商品适销性千差万别也同样如此。一个商品受更多人的需求，分为小单位而不丧失价值的特性，耐久性，以及远距离的可转运性都将增加它的适销性。显然，人们会因此极大地拓宽自己的产品和财货的市场范围，因为他们用这些东西换取更适销的商品，并以之为媒介换取他们所欲求的财货。比如，犁的生产者 D 的交换模式可用图 3.2 表示。

191

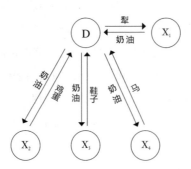

图 3.2　用较不适销的商品交换更为适销的商品

D 首先用他的犁交换 X_1 的奶油，然后用奶油交换各自他想使用的财货，与

X_2 交换的是鸡蛋，与 X_3 交换的是鞋子，与 X_4 交换的是马，以此类推。

随着某个社会中人们选择作为交换媒介的适销商品的增多，他们的选择会很快集中在少数可用的最具适销性的商品上。例如，如果 D 看到鸡蛋比奶油更适销，他会转而用犁交换鸡蛋，然后用鸡蛋作为他在其他交换中的媒介。显然，当人们选择的交换媒介集中在少数商品上，市场对这些商品的需求大幅增加。只要是被用作交换媒介的商品，就有额外的一部分需求——不仅仅是直接使用它们的需求，还有把它们用作间接交换媒介的需求。这种作为媒介的需求叠加在直接使用需求之上。人们选出的媒介在复合需求上的这种增加，也大大增加了它们的适销性。因此，如果奶油渐渐成为最适销的商品之一，更多人也因之选它作为媒介的话，其市场需求的这种增加也使其适销性本身（最初使奶油可以用作交换的媒介的正是这种适销性）大大增加。整个过程是逐渐积累的，最适销的那些商品的适销程度大大提升，进而激励更多的人用它们作为交换的媒介。这个过程持续下去，使得交换媒介和其他商品的适销性差别日趋扩大，直到最后有一种或两种商品远比其他所有商品适销，作为交换的媒介普遍使用[①]。

192

经济分析不关注具体哪种商品被选作交换媒介。这是经济史的主题。不管某个社会中何种商品被选作交换媒介，间接交换的经济分析都是有效的。历史上，许多不同商品曾经被作为交换媒介通用。每个社会里的人们都倾向于选取可以获得的最适销商品：弗吉尼亚殖民地的烟草，西印度的糖，阿比西尼亚的盐，古希腊的家畜，苏格兰的钉子，古埃及的铜，还有许许多多其他商品，包括珠子、茶叶、玛瑙贝和钓钩[②]。很多世纪以来，黄金和白银（硬币）逐渐演变为使用最为普遍的交换媒介。使它们具有高适销性的因素包括作为装饰品的巨大需求，较其他商品的稀缺性，便于分割而且极为耐用。在最近的数百年间，它们的适销性使之在世界各地成为普遍通用的交换媒介。

我们把一种作为交换媒介而普遍使用的商品定义为一种货币。显而易见，虽

---

① 就一般媒介的出现过程的进一步分析，参见米塞斯，《货币与信用原理》，第 30–33 页，和《人的行动》，第 402–404 页。也可参见门格尔，《国民经济学原理》，第 257–263 页。对此的历史描述，参见 J. Laurence Laughlin, *A New Exposition of Money, Credit, and Prices*（Chicago: University of Chicago Press, 1931），第一卷，第 3–15，28–31 页。

② 参见亚当·斯密，《国富论》（New York: Modern Library, 1937），第 22–24 页；门格尔，《国民经济学原理》，第 263–271 页；以及 Laughlin, *A New Exposition of Money, Credit, and Prices*，第 15–23，38–43 页。

193 然"交换媒介"是一个清晰的概念，而且间接交换和直接交换能够明确区分，但
是"货币"的概念就不是那么精确了。一种交换媒介何时变成"通用"或"普遍
使用"是难以严格界定的，一种交换媒介是否是一种货币只能由历史探究和历史
学家的判断来决定。不过，为了简单起见，而且既然我们已经看到市场上有很大
的推动力使一种交换媒介成为货币，我们从此开始将把所有交换媒介称为货币。

3. 货币出现的一些意义

　　市场上货币的出现极大地拓展了专业化和劳动分工的范围，无限扩大了所有
产品的市场，使得一个文明的有生产力的社会成为可能。货币的出现，不仅消除
了需求巧合和财货不可分割的问题，还使个人得以无限地延伸生产阶段，生产所
需财货。复杂和较高的生产阶段成为可能，专业化可以遍及一个生产过程的每个
环节和出产财货的类型。比如，汽车生产商可以先出售一辆汽车，换得货币（比
如奶油或黄金），然后分别用一部分货币来换取劳动、钢铁、铬、橡胶轮胎等等。
钢铁生产商可以分别用一部分货币换取劳动、钢铁和机器等等。然后，各种劳动
者，土地所有者，等等，在生产过程中取得货币以后，可以根据他们的需要，以
之为媒介用于购买鸡蛋、汽车或衣服。

　　现代社会的整个模式建立在对货币的使用的基础上，货币的使用极其重要，
随着分析的深入，这一点会变得更为明显[1]。有些作者想只分析直接交换来阐述
194 现代经济学学说，然后在分析的最后某处引入货币，便以为大功告成，他们显然
是错误的。恰恰相反，直接交换分析只有作为间接交换社会分析的引导性的辅助
才是有效的；直接交换社会的市场或生产的范围都极为有限。

　　由于人的技艺以及自然资源的千差万别，劳动分工因而可以带来巨大的益
处。货币的存在则可以将生产分割成多个细小的分支，每个人出售他的产品获得
钱，然后用这笔钱去购买他欲求的产品。在消费者财货领域，医生或教师可以出
售他们的服务获得钱，用得来的钱购买他们需求的财货。在生产中，一个人可以
生产一种资本财货，出售它获得钱，然后用获得的钱购买劳动、土地和生产他的
资本财货所需的更高级的资本财货。如果除去要素的货币开支，货币收入还有剩

---

[1]　有关货币对文明社会的重要性，可参见 Wicksteed，*The Common Sense of Political Economy and Selected Papers*，第一卷，第 140 页及之后。

余，他可能用这笔钱购买他自己所需的消费者财货。比如，一方面，在所有产品的所有生产阶段，一个人使用土地和劳动要素，用货币换取它们的服务以及所需的资本财货，然后出售产品得到钱。这些钱流入下一个更低的生产阶段协助财货的生产。这个过程一直延续到最终消费者财货出售给消费者为止。另一方面，这些消费者通过出售他们自己的财货（或是耐久的消费者财货，或是为生产提供的服务）购买货币来取得它。为生产提供的服务可以包括劳动服务、土地服务、资本财货或是来自从之前提供过这些服务的人的继承[①]。

　　因此，几乎所有交换都交换货币，货币在整个经济体系中留下了它的印记。消费者财货的生产者，还有耐久消费者财货的所有者，资本财货的所有者和劳动服务的出售者，都出售他们的财货换成货币，然后用货币购买他们所需的生产要素。他们利用剩余的货币收入购买社会中其他人所生产的消费者财货。因此，每个人都以生产者和所有者的身份供应财货（商品和服务），并要求换得货币。以生产者的身份（同样也以消费者身份）购买生产要素，他们供应货币，并要求换取多种多样的财货。因此这样的经济是一个"货币经济"，几乎所有财货都以货币商品为参照，并与之交换。这个事实，对于任何超过最原始水平的社会而言都至关重要。我们不妨通过下面的方式总结一下货币经济中复杂的交换模式：

195

人的身份为生产者	
出售：	购买：
消费者财货	生产者财货
生产者财货	劳动
劳动	土地
土地	资本财货
资本财货	
换取货币	支出货币
人的身份为消费者	
购买：	
消费者财货	
支出货币	

[①]　下文会进一步讨论生产过程中的货币收入。这里请务必注意，由于资本财货的所有者和出售者必须在其生产中购买土地、劳动和资本财货，归根结底，资本的所有者只是作为财货的一段时间的持有者获得收入。

196 ## 4. 货币单位

我们已经知道，任何财货如果可以被分成彼此同质的单位，它就是"有供应"（in supply）的。财货只能以这种单位购买和出售，而那些无法分割、独一无二的财货可以描述成只有一个单位的供应量。有形商品通常按照重量单位交易，如吨、磅、盎司、格令、克等等，货币商品也不例外。货币是社会中最普遍交易的商品，总是按照其重量单位进行买卖。重量单位和其他度量衡一样，各种单位之间都可换算。比如，1 磅等于 16 盎司，1 盎司等于 437.5 格令或 28.35 克。因此，如果琼斯以 15 磅黄金的价格出售了他的拖拉机，我们同样可以说他以 240 盎司黄金或 6804 克黄金等等的价格出售了拖拉机。

显然，任何交易所选用的货币商品的单位与经济分析无关，纯粹是出于交易各方的便利。所有单位都是重量单位，可以通过乘上或除以某个固定数值换算成磅，盎司等等，因此任何一个单位都可以用同样方式换算成另外一个单位。比如，只要市场需要，1 磅黄金就等于 16 盎司黄金，而且当然可以与 16 盎司黄金交换。从下面这个例子可以看出单位的名称或大小在经济上不相关。假设得克萨斯的居民在交换中使用一种被称为休斯敦的单位。1 休斯敦等于 20 格令黄金。而马萨诸塞的居民使用等于 10 格令的亚当斯。两地的居民分别会这样进行交换和计算，例如，琼斯的车卖"2000 休斯敦的黄金"（或更简单的"2000 休斯

197 敦"）；或者，他觉得鸡蛋的货币价格是"每打 1/2 休斯敦"。另一方面，史密斯用"10000 亚当斯"购买一幢房子。使用不同的名称明显会使事情变复杂，但这在经济上是无关紧要的。"休斯敦"仍然是一种黄金的重量单位，是"20 格令黄金"的缩略名。显而易见，在市场上，1 休斯敦可以换 2 亚当斯[①]。

为了避免不必要的麻烦，也是为了让分析更清楚，本书中货币单位的名称会

---

① 视习俗、语言等的不同，单位的名称可以而且也确实是任何可以想象的东西。例子有道拉尔（dollars）、法郎、马克、舍客勒（shekels）等等。"道拉尔"源于波西米亚伯爵 Schlick 所铸白银钱币的盎司重量的惯用名。这位生活在约阿希姆塔尔（Joachimsthal）的伯爵于 1518 年开始铸造以盎司计的银钱。他铸造的钱币规格一致、成色高纯，享誉全欧洲。这些钱币逐渐被称为"约阿希姆塔尔币"（Joachimsthalers），最后简称塔尔币（thalers）。"道拉尔"出自"塔尔"。参照 Charles A. Conant, *The Principles of Money and Banking*（New York: Harper & Bros., 1905），第一卷，第 135-140 页；门格尔，《国民经济学原理》，第 283 页。

使用普遍接受的重量单位（如盎司、克等），而不使用仅在某些地方有意义的偶然名称（如道拉尔和法郎）。

很明显，一种商品的单位越有价值，在日常交易中使用的单位就越小；正因为如此，铂金是按照盎司交易，而铁则按吨交易。与之类似的，高价值的货币商品（像黄金和白银）通常会采用较小的重量单位交易。不过，这里这个事实也一样没有特别的经济意义。

任意商品的一单位重量的交易形式取决于它对某个具体的、欲求的目的的有用性。比如，铁可以以条块状出售，奶酪则做成矩形、三角形等等。其他商品都会以适合生产或消费的形式进行交易，货币则会以适合交换或在达成交换之前进行留存的形式进行交易。历史上，货币的形状数不胜数[①]。在最近几个世纪，大块黄金和白银一直被用于留存和大额交易，而较小的圆形金属块，也就是众所周知的硬币，则在较小的交易中使用。

5. 货币收入和货币开支

在一个货币经济中，每个人都出售其所拥有的财货和服务，换取货币去购买需要的财货。每个人随时可能将这种采用货币进行的交换记录下来。我们可以称这样一份记录是他在那个时段的收支平衡表（balance of payments）。

他可能记录下在某段时间里与他人进行的售出财货换入货币的交易。例如，假设布朗先生记下了1961年9月的交易。假设他向琼斯先生出售了木匠的服务，为他建了一栋房子，又在这个时段向琼斯和史密斯先生出售了做杂务的服务。同时，他还将一个旧收音机卖给了约翰逊先生。他所收货币（即以出售财货和服务而购买的货币）的账目如下：

[①]　例如，人们曾用来进行交易的黄金，有未经加工的金块，一包一包的金砂或金首饰及其他装饰品的形式。中非的铁质货币也是货币形状的一个有趣的例子。铁是一种有价值的商品，比如用于制造锄头。因此货币也就被做成能够分为两部分的形式，可以轻易地塑造成锄头。参见 Laughlin, *A New Exposition of Money, Credit, and Prices*，第40页。

198

1961年9月詹姆士·布朗

购入货币	出售财货和服务
20盎司黄金	为琼斯做木匠活
5盎司黄金	为琼斯和史密斯做杂务
1盎司黄金	卖给约翰逊旧收音机一部
26盎司黄金	

199　　　　从这笔账上，我们可以知道，布朗在此期间通过出售财货和服务，购入了26盎司黄金。这一购入货币的总和是他在这段时间里的总货币收入（money income）。

很明显，一个人在某个时期取得的货币收入越多，也就能够在他想要的财货上花费更多。其他情况保持不变（这是一个重要的限定，我们在后面还会对此进行讨论），他会争取在未来任意时间段内尽可能多地赚取货币收入。

布朗先生通过出售他的劳动服务和一件耐久的消费者财货而取得收入。在不受妨碍的市场中还有其他方式获取货币收入。土地的所有者可以将之出售，用于农业、出租、工业和其他目的。资本财货的所有者可以将之出售给那些有意将之作为生产要素的人。有形的土地和资本财货可以被卖断为货币，或者，所有者可以保留所有权，但出售在一段时间内对它的服务的所有权。由于购买所有财货都是为了它所能带来的服务，因此也就没有理由认为某段时间内的一件财货的服务是无法购买的。这当然要在技术允许的情况下进行。因此，一块土地、一台播种机或一幢房子的所有者可以在一段时间里把它们"租出去"，换取货币。通过这种租用（hire）的手段，物主（房东、地主）可以保留财货的合法所有权，而在那段时间里承租人（tenant）实际拥有财货的服务。租用期一结束，财货就被返还给原来的所有者，他可以使用或出售该财货的剩余服务。

除了出售财货和服务外，一个人还可能收到别人作为礼物送给他的货币。他并没有购入这些作为礼物收到的货币。他在任意时段的货币收入等于他购入的货币，加上他以礼物形式取得的货币。（遗产，也就是死时的遗赠，是礼物的一种常见形式。）

因此，1961年6月到12月格林先生的货币收入账目可以是：

货币收入	出售财货和服务	200
购入		
28盎司黄金	向琼斯先生出租土地	
300盎司黄金	向弗雷斯特出售（其他）土地	
15盎司黄金	向伍兹先生出售打谷机	
获赠	礼物	
400盎司黄金	继承叔叔遗产	
743盎司黄金		

正如我们从前文所知道的，一个人为了先取得可以出售为货币的财货或服务，就必须首先自己生产或从已经生产了（或是已经从原始生产者那里买来了）财货或服务的人处购买。如果他得到了货币，这必然是原始所有者通过生产某种财货等方式而取得的。因此，归根结底，第一个出售资本财货或耐久的消费者财货的人是原始生产者，而后来的购买者必然是生产了他们自己的某些服务，才取得了购买这些财货的货币。出售劳动力的人当然是当时直接提供服务的。出售净地的人必然原来就已占有了他所发现和改造的未利用土地。在一个货币经济的不受妨碍的市场里，商品和服务的生产者将他们的财货出售为货币商品，然后利用他们取得的货币去购买其他想要的财货。

所有人都是这样取得货币的，除了市场上生产原始黄金的人——那些开采金矿然后出售的人。不过，与所有其他有价值的商品一样，货币商品的生产，本身就需要利用土地、劳动和资本财货，而这些必须用货币支付。那么，开采金矿的人不是收到了货币礼物，而是必须积极地寻找和生产黄金，从而取得他的货币。

人们利用通过这些不同方式取得的货币购买各自需要的财货。他们这样做是 201 在扮演两种角色：消费者和生产者。作为消费者，他们购买自己需要的消费者财货；如果是耐久的消费者财货，他们可以买断整个财货，也可以租用它在具体时间段内的服务。作为生产者，他们使用货币购买生产消费者财货或低级资本财货所需的生产要素的服务。有些要素他们会买断，以利用它们预期的未来所有服务；对于有些要素他们则会租用其在具体一段时间内的服务。比如，他们可以购买有"原材料"功用的资本财货，购买一些被称为"机器"的资本财货并租用其他的。或者，他们可以租用或购买他们工作所需的土地。通常情况下，与消费者不能租用短命的、不耐久的财货一样，生产者也不能租用在生产过程中会很快耗尽的资本财货（称为"原材料"或者"存货"）。在自由市场上，他们不能买断劳动力，这在之前一章已经解释过了。由于个人意志是不可分割的，在一个自愿的社会里，他也就不能违背他目前的意志被迫为别人工作，因此便不会出现购买他未来意志的契约。因此，劳动服务只能通过现收现付（pay-as-you-go）的"租用"购买。

每个人都可以记一笔账，记下他在任意时间段里用货币购入其他财货的情况。他在这种交换中所放弃的货币总量是他在那段时间里的货币开支（money expenditures）或货币支出（money outlays）。这里必须要注意的是，他的开支账目和他的收入账目都可以逐条列记，或是分为若干类目。因此，在之前布朗的账目中，他可以将其收入分为劳动收入 25 盎司，和出售收音机收入 1 盎司。类目的范围是宽是窄完全取决于记账者的便利。当然，总计永远不会因为选取的归类方法而改变。

与货币收入等于出售财货和服务而购入的货币加上作为礼物收到的货币一样，货币开支等于购入财货和服务而出售的货币，加上作为礼物送出的货币。比如，布朗先生 1961 年 9 月的货币开支账目可能是这样：

1961年9月詹姆士·布朗货币开支

出售货币	购买财货和服务
12盎司黄金	食物
6盎司黄金	衣服
3盎司黄金	房租
2盎司黄金	娱乐
送出货币	
1盎司黄金	慈善
24盎司黄金	

在此账目中，布朗纯粹作为消费者支出货币，这段时间内他的总货币开支是 24 盎司。如果他需要，他可以将这个账目进一步细化，如：苹果，1/5 盎司；帽子，1 盎司；以及其他项目；等等。

这里需要指出的是，一个人在任意时段内的总货币收入可以被称为他的出口（exports），他出售的财货可以被称为"出口的财货"（goods exported）；另一方面，他的总货币开支可以被称为他的进口（imports），他购买的财货和服务是"进口的财货"（goods imported）。这些术语对生产者或消费者购入的财货均适用。

现在让我们对布朗先生 1961 年 9 月的收入和开支账目做一下观察和比较。布朗的总货币收入是 26 盎司黄金，他的货币开支是 24 盎司。这必然意味着，他在这段时间里收入的 26 盎司中，有 2 盎司还没有花掉。这 2 盎司仍然留在布朗先生手中，因此成了他的黄金库存的一部分（不管他之前有多少）。如果布朗 1961 年 9 月 1 日的货币库存是 6 盎司黄金，他在 1961 年 10 月 1 日的货币库存就是 8 盎司黄金。某人在任意时间点上拥有的货币库存，我们称之为他那时的现金持有（cash holding）或现金余额（cash balance）。布朗没有在财货和服务上花掉的这两盎司收入成了他 9 月到 10 月的现金余额的净增加值。因此，在任何时段，一个人的货币收入等于他的货币支出加上他的现金余额的增量。

如果我们将这一收入－开支账目细分到更小的时间段，在较长一段时间内现金余额的变化情况很有可能与简单的"增加了 2 盎司"有很大不同。比如，假设布朗所有的货币收入于 9 月 1 日和 9 月 15 日分两批进账，他的开支则每天变动。结果是，他的现金余额在 9 月 1 日大幅上升（比方说）13 盎司，计有 19 盎司。然后，现金余额每天都逐渐减少，直到 9 月 15 号又等于 6 盎司。接着它再次大幅上升至 19 盎司，最终在月底减少到 8 盎司。

布朗在市场上的供应与需求的模式清楚了。布朗在市场上供应了多种财货和服务，为了换取需求的货币。有了这笔货币收入，他在市场上需求多种财货和服务，并以供应的货币来换得。货币必须先进入现金余额，然后才能花掉[1]。

另一方面，假设布朗 9 月份的花销是 29 盎司而非 24 盎司，那么布朗之前的现金余额就要缩减 3 盎司，剩下 3 盎司的现金持有。这样的话，该时段他的货币开支等于他的货币收入加上现金余额的减少值。总结一下，下面这个公式对任意时段任意个人而言永远有效：

货币收入 = 货币开支 + 现金余额的净增加值 − 现金余额的净减少值

或者，在上面这个公式中，可以用"出口"替代"收入"，用"进口"替代"开支"。

---

[1]　在收入连续而开支数量不连续（或者其他任何货币收支模式）的情况下也是如此。

为简单起见，让我们假设一个社会中货币商品的总库存一直保持不变。（这并不是一个不切实际的假设，因为新开采的金矿与现有库存相比是很小的。）那么，显然，货币就像所有有价值的财产一样，在某个时点上肯定由某人所有。在任意点，所有个人的现金持有总额等于该社会中的总货币库存。比如，如果我们设想布朗生活在一个五人聚居的村庄，9 月 1 日他们五人各自的现金余额是：6, 8, 3, 12 和 5 盎司，那么这个村庄在那一天的总货币库存是 34 盎司。如果数据许可，我们可以对全球做一个相同类型的加总，然后就能够发现世界的总货币库存了。现在很明显的是，由于 9 月份布朗的现金余额增加了 2 盎司，肯定有其他某人或几个人的现金库存减少了 2 盎司作为抵消。既然货币库存没有发生改变，布朗的现金余额的增加肯定是通过他人现金余额的减少而取得的。同样，如果布朗自己的现金余额少了 3 盎司，其他某人或多人的现金余额肯定会多 3 盎司。

现金余额的增减都是所涉个人的自愿行动，认识到这一点十分重要。在每个时段，都有一些人决定增加他们的现金余额，而另外一些人决定减少，每个人都做出他觉得能够对自己最有益的决定[①]。不过，几世纪以来，有十分流行的谬论宣称收入大于开支（出口大于进口）的人有"贸易顺差"（favorable balance of trade），而那些开支大于收入（进口大于出口）的人遭受了"贸易逆差"（unfavorable balance of trade）。这样的一种观点暗示收支平衡的积极而重要的部分是"贸易"部分，也就是出口和进口，而个人现金余额的变化只是被动的"抵消因素"（balancing factors），起维持总收支平衡的作用。换句话说，这种观点假设一个人是毫无顾虑地花钱购买财货和服务的，而他的现金余额的增减只是事后才想到的事情。恰恰相反。每个人都在他的市场行动过程中积极地决定着现金收支的变化。比如，布朗决定靠出售他的劳动服务增加 2 盎司的现金余额，而放弃购买 2 盎司的消费者财货。反过来，在后来的一个例子里，当他一个月里花掉的钱比他赚取的多 3 盎司时，他是因为觉得自己的现金余额过多，想要花掉一些，购买消费者财货和服务。因此任何人都无须去担心别人的收支平衡。某人只要愿意减少他的现金余额（而且其他人愿意用财货购入他的货币），他的"不利"的贸易均衡（贸易逆差）就会持续下去。当然，最大的限度是他的

① 本节仅限于讨论用于消费者财货的开支。后面一节会讨论生产者在生产者财货上的开支。不过，我们将会看到，即使是生产者所遭受的并不希望的现金余额损失也纯粹是自愿行动的结果，只不过这些行动到后来看是错误的。

现金余额缩减到零。不过，最有可能的是他在此之前就已停止减少现金余额了^①。　206

6. 生产者的开支

前面一节我们集中讨论了全部货币开支都用在消费者财货上的布朗先生的例子。他的货币收入，除了出售旧的，以前生产出来的财货外，来源于他所出售的当前的生产性劳动服务。他的开支完全用于消费；他的收入几乎全部来源于他的劳动服务的产出。每个人都肯定是消费者，因此上述对消费者开支的分析适用于所有人。多数人都通过出售他们的劳动服务赚取收入。不过，如果我们除去之前生产的财货（因为肯定有某人原来生产了这些财货），那么所有其他货币收入必然来源于生产新的资本财货或消费者财货。（这与土地或土地服务的出售者不同，他们的所有权之前必然来自发现和改造未被占有的土地。）

资本财货和消费者财货的生产者与只出售劳动服务的人的情况不同。例如，只出售劳动服务的布朗先生不需要花任何钱来购买资本财货。他只需要依靠他在他所需要的消费者财货上的开支，便能取得能量去市场上生产和出售劳动服务。但资本财货和消费者财货的生产者就没有那么幸运了。他们是所有文明社会的核心，因为单凭劳动服务只能生产很少——一个人要生产一种消费者财货，就必须　207
先取得劳动服务，以及土地和资本财货的服务，然后才能利用可得的技术知识生产那种消费者财货。回推问题，我们发现，要生产一种资本财货，未来的生产者必须获取必要的土地、劳动和资本财货。每个这样的个人生产者（或个人合伙的团体）都先获取需要的要素，然后对要素进行组合，生产出一种资本财货。这个过程经许许多多人重复，直至生产的最低阶段，产出消费者财货。资本财货的生产者必须通过货币购买所需的要素（土地、劳动和资本），并将完成的（较低级）资本财货出售为货币。这一资本财货又被用于生产更低层级的资本财货，后者又被出售为货币。这个过程持续不断，直到消费者财货的最终生产者将消费者财货出售给最终的消费者。

图 3.3 是这一过程的简化图示。

---

① 还有的说法是，一个人如果把大多或全部的收入花在食品和衣服上，他肯定也有"不利的贸易平衡"，因为他的货币开支肯定在某个最小量上。但是，如果他用完了所有现金余额，那么不论他买的是什么财货，他的生活条件如何，他就不能继续有"不利的平衡"了。

208

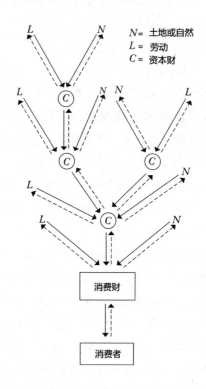

图 3.3　指向最终消费者的生产过程的各阶段

　　实线箭头描述的是交换中财货的运动，生产者在每个阶段购买要素，将之制造成较低级的资本财货，然后卖给较低级的生产者。指向相反方向的虚线箭头描述的是货币在此交换中的运动。一种资本财货的生产者使用他拥有的货币购买生产要素。之后他用这些要素，同时还有租用的劳动服务，来生产更低级的资本财货。产品归他所有，直到出售给另一位生产者。消费者财货的生产者也要经历同样的过程，不同的是，他最终是将产品出售给最终的消费者。

　　现在，让我们称那些将自己的钱投资到购买要素（或是买断，或是租用）中去的生产者为资本家（capitalist）。资本家之后生产和拥有各个阶段的资本财货，将它们交换成货币，直到他们的产品抵达消费者。因此，参加生产过程的人是资本家和土地及劳动服务的出售者。由于只有资本家花钱购买生产者财货，因此我们在这里可以称他们为"生产者"。

　　很明显就是每个人在生产时都必须预期到他的产品的销售。所有对生产的投资都对后来向较低级生产者以及（最终来说）消费者出售的预期。

显然，消费者要购买消费者财货，他的现金余额中必须有钱。同样的，生产 209
者必须有对要素进行投资所需要的原始资金。消费者是从哪里得到这笔钱的？正
如之前已经展示过的，他可以通过收到礼物或出售之前生产的财货取得这笔钱，
但归根结底，肯定是通过出售某种生产性服务取得的。读者可以检查一下虚线箭
头的最终目的地，即劳动服务和土地服务的出售者。这些劳动者和土地所有者可
以通过如此获得的钱，去购买生产体系的最终产品。资本家－生产者也在生产过
程的每个阶段取得收入。显而易见，决定这些收入的原理需要我们仔细考察，这
我们会在后面讨论。这里可能注意到的是，归于资本财货所有者的净收入并不简
单等于该资本财货在生产中的全部贡献，因为这些资本财货还是其他要素的产出。

那么，生产者是从哪里取得他们投资用的货币的呢？明显，来源只能是一样
的。个人除了可以将从生产中获取的收入用于购买消费者财货外，还可以购买生
产要素，作为生产者参与某种财货的生产性过程。该财货不再仅仅是他们的劳动
服务。那么，为了获取投资用的货币，一个人就必须约束自己可能的消费开支，
储蓄货币（save money）。储蓄下来的货币首先进入他的现金余额之中，然后被投
资用于购入预期的未来能够销售的产出财货的生产要素。明显的是，投资只能来
自个人约束可能的消费开支而储蓄的资金。生产者限制自己的消费开支，积攒他
们的钱，然后"去做生意"，用他们的资金投资购入可以在未来产出产品的生产
要素①。

因此，尽管所有人都要将他的部分货币收入用于消费，有一些人决定成为资 210
本或消费者财货的生产者，并储蓄货币投资到所需的要素中去。所有人的收入都
可以用于消费，投资于财货的生产或增加他的现金余额。对于任意时段，一人的
货币收入 = 他的消费开支 + 投资开支 + 现金余额增加量 - 现金余额减少量。（投
资开支不妨定义为用于生产要素投资的货币开支总额。）

让我们回到弗雷德·琼斯先生的假想案例，看看他 1961 年 11 月的"收支
平衡表"。假设这个月里他从各个来源取得的收入是 50 盎司。他在该月决定花
18 盎司购买消费者财货，2 盎司用于增加现金余额，还有另外 30 盎司投资生产
某种财货的"生意"。有必要强调的是，这笔生意可以涉及任何财货的生产；可

---

① 生产者也可以借用他人储蓄的资金，但为了分析的清晰，这一节忽略了整个借贷的过程。我们会
在下文中分析贷款。

以是一家钢铁厂，一座农场，或是一家鞋零售店。也可以是在一年中的某个季节购入小麦，好在另一个季节出售。所有这些都是生产性企业（enterprise），因为在每个例子中，都产出了一种财货，即，财货越来越接近最终的消费者。因为投资总是预期着日后的出售，投资者在企业经营中也发挥了企业家精神（entrepreneurship）。

让我们假设琼斯把储蓄下来的资金用于投资一家造纸厂。他11月份的收支账目如下表。当然，这些数字只是用于说明一种可能的情形；还有很多其他情形可能出现。例如，如果要做更大的投资，现金余额就会减少得更多。投资支出总是预期着未来的销售的。先购买要素，加工成产品，然后才被企业为获得货币而出售。"生意人"花费资金是因为预期能够在未来某日以一定价格出售产品。假设琼斯投资30盎司，预期能够将他的要素加工成产品（在这个例子中是纸），然后在1962年11月的某天以40盎司的价格售出。如果他的预期正确，那么他那时会成功地以40盎司售出纸张，他的收入账目，只要是包括1962年11月的那个日期的时段，都会有"出售纸张得40盎司"一项。

1961年11月，弗雷德·琼斯（Fred Jones）

收入	支出
来自出售土地⋯⋯⋯⋯20盎司	食品⋯⋯⋯⋯⋯⋯⋯⋯⋯7盎司
来自出售建筑物⋯⋯⋯30盎司	服装⋯⋯⋯⋯⋯⋯⋯⋯⋯4盎司
---------------------------------	居住⋯⋯⋯⋯⋯⋯⋯⋯⋯4盎司
50盎司	娱乐⋯⋯⋯⋯⋯⋯⋯⋯⋯4盎司
	消费支出⋯⋯⋯⋯⋯⋯⋯18盎司
	购买报纸机器⋯⋯⋯⋯⋯12盎司
	购买木噗⋯⋯⋯⋯⋯⋯⋯12盎司
	购买劳动服务⋯⋯⋯⋯⋯12盎司
	投资支出⋯⋯⋯⋯⋯⋯⋯30盎司
	现金余额增加⋯⋯⋯⋯⋯2盎司

	总额⋯⋯⋯⋯⋯⋯⋯⋯⋯50盎司

211

　　显然，其他条件保持不变，一个投资者会试图从投资中获取尽可能大的净收 212
益，正如，每个人在其他类型的销售中也都试图获取尽可能大的收入。假设琼斯
的30盎司有投资于不同的生产线或生产过程的机会，他预计其中一种一年后会让
他净赚40盎司，另一种37盎司，还有一种34盎司，等等。琼斯会选择预期回报
最大的投资。那么，作为企业家和消费者的人的关键区别就在于消费者没有让卖
出大于买进的驱动力的。一个人的买入是他购买的消费者财货，也就是他的活动
的目的。他所买入的财货为他提供满足。与此相反，商人只"买入"生产者财货，
这些财货，根据定义，对他们而言是无直接用途的。他要获利就只有通过出售这
些财货或者这些财货的产品，因此他的买入只是他后来进行"卖出"的必要手段。
因此，他试图取得最大的净收益，或换句话说，取得卖出与买入之间的最大剩余。
他的商业收入越大，就可以花更多的钱购买（即买入）他想要的消费者财货。

　　不过，显然，将人整体考虑，他没有什么特别的欲望让卖出大于买入（或者
说，保持"有利的贸易平衡"）。他在做生意时努力使生产者财货的买入较卖出更
多；然后他用这笔剩余买入消费者财货，满足个人需要。在总收支表上，他也许
会像上面的布朗先生那样，根据自己合适和最为欲求的方式，选择增加或减少他
的现金余额[①]。让我们看一下琼斯先生开始做生意以后的例子。在某个时段，他
可能决定从自己的现金余额中减少5盎司。即便他竭尽所能通过生意获取最大的
净收益（也就是尽可能地从这个来源增加他的现金余额），总的来说他当然可能
决定减少他的现金余额。比如：

弗雷德·琼斯 213

收入	支出
来自商业……………150盎司	在商业，用于
	生产要素（生产者财货）……100盎司
	用于消费者财货……………55盎司

	155盎司
	现金余额减少………………5盎司

[①] 有些作者部分是因为混淆了个人的总体行动和他作为生意人的行动。他们从生意人的行动外推出去，得出如果"国家"的出口大于进口就会更富裕的结论。

7. 收入最大化和资源分配

我们已经看到，在货币经济中，其他条件保持不变，人会试图获取尽可能高的货币收入：如果他们是投资者，他们会试图取得最大的净回报；如果他们出售劳动服务，他们会以尽可能高的回报出售。他们的货币收入越高，他们就有越多的钱可以用于消费者财货上的开支。在我们着手更深入地分析货币经济之前，有必要考察"其他条件保持不变"这个限定条件。

在第一章，我们考察了一个真理，即人在每个行动中都试图取得最大的效益，也就是实现在他们的价值表上尽可能高的目的。这也可以称作是在尝试"最大化心理收益"或"心理收入"。这是行动学的真理，是对所有人类行动普遍有效的规律，而不需要任何限定条件。现在，间接交换或者说一个市场经济的建立，使每个人都能够大量取得他在孤立状态或通过物物交换方式所不能（或几乎不能）取得的消费者财货。正如我们在这一章已经展示过的，这些消费者财货是通过生产和出售一种财货换取货币，然后用货币购得的。不过，虽然有了这一步

214

的发展，也绝非所有什么财货都可以在市场上购买和出售。有些财货可以通过这种方式取得，但有些不行，就像我们在第二章中已经解释过的，有些财货是不能从一人分割开的，因此也就不能交换。它们不能进入货币关系；它们不能用货币买卖。这个事实并不意味着人们因此蔑视或看重它们。对某些人而言，许多无法交换的消费者财货十分珍贵，在他们的价值表上占据一个较高的位置。对另外一些人，这些财货与那些可以进行交换的消费者财货相比意义很小。一个人的价值表的排序完全取决于他的自愿选择。与一些不可交换财货相比，有些人倾向于赋予可交换的财货更高的价值。将这归咎于"货币"是毫无意义的。货币经济中并没有任何力量迫使人做这样的选择；货币只是让人们能够大幅增加他们能取得的可交换财货。市场让每个人自行决定他是看重货币和货币能够购买的财货，还是看重其他不可交换的财货。

事实上，货币经济的存在的效果恰恰相反。因为，根据我们已经知道的效用定律，一个单位的任意财货的边际效用随着其供给的增加而减小，而货币的出现导致可交换财货的供给大幅增加，这就显然会使不可交换财货带来的享受远远大于没有货币经济时的情况。可交换消费者财货更为充裕的事实本身，就让每个人从不可交换财货中获取更大的效用。

要在价值表上为可交换财货和不可交换财货排序，我们有很多可能的例子。

假设一人拥有一块包含一座历史纪念碑的土地。他出于审美角度对这座纪念碑盛赞不已。再假设有人向他提出用一笔钱买下这份财产。他知道购买者想要拆除纪念碑，土地另作他用。要决定是否出售这份财产，他必须衡量对他而言，维持纪念碑不动的价值和通过出售获得的钱可以最终买到的消费者财货的价值。何者更为重要取决于这个人在那个特定时点的价值表的构成。但明显的是，他若是已经拥有更为充裕的消费者财货，这会（与给定的那笔钱相比）提升（不可交换的）审美财货对他而言的价值。因此，指责货币经济引导人们轻视不可交换财货的重要性是错误的，货币经济恰恰带来相反的效果。穷困潦倒的人，相对于可交换财货而言偏好不可交换财货的可能性，比"生活水平"高、拥有较多可交换财货的人要小得多[①]。

　　这样的例子对于人的行动而言十分重要，但对于这本书的剩余部分重要性不大，因为剩余部分主要关注到的是分析间接交换体系下的市场。在这一对货币交换的研究中——即行动学的分支，我们所说的交换学（catallactics）——对这个问题没有更多可说的了。不过，另外一些有关这种选择的例子对交换学而言更为重要。设想这样一个情景：一人收到三份购买他的劳动服务的报价，分别是每月货币收入 30 盎司、24 盎司和 21 盎司。现在（这里我们回到了这个小节一开始的问题），他显然会选择接受 30 盎司的报价，前提是心理的（或更具体地说，不可交换的）要素在三个选项中都"相等"。如果三个选择不同的工作条件对他而言是无差别的，那么除了货币收入和闲暇之外，也就没有因素会影响他的选择；如果这个人肯定要工作，他会选择 30 盎司的收入。相反，他很有可能对工作本身和不同的工作条件有十分不同的喜好。因此，赚 30 盎司的工作也许是在一家他并不喜欢的公司，或是要做他并不喜欢的某种劳动。而提供 24 盎司的工作可能有这个人十分喜爱的积极特征。我们已经在第一章中看到，评估劳动不仅仅根据货币收入，还要根据个人对工作本身的好恶。一个人对工作本身的估值是不可交换的积极或消极财货，因为它们对于行动人来说，与劳动本身是不可分离的。它们可以与金钱上的考虑做权衡，但不能被交换或忽视。因此，在上面这个例子中，除了要衡量预期的货币收入之外，那个人还需要权衡不同工作的不可交换

215

216

[①]　"不可交换"和"可交换"财货的说法比"理想"（ideal）和"物质"财货要优越得多。后一种归类，除了未能体现出两种财货的本质不同外，还有两方面的错误。首先，正如之前所说的，很多可交换财货是无形的服务，而非有形的、"物质"的东西。其次，许多受一些人重视的不可交换财货在另外一些人看来很难说得上是"理想的"，因此我们需要一个粉饰较少的术语。

"消费者财货"在其价值表上的位置。实质上，他在权衡比照的是两个效用"集合"（bundle）：（a）每月 30 盎司收入的效用加上做在他看来不道德的行当或工作环境不佳，对比（b）每月 24 盎司收入的效用加上他喜欢的工作。每个人都会根据各自的价值表做出选择；有的人也许会选择 30 盎司收入的工作，另一些人也许会选择 24 盎司收入的工作。对交换学而言的重要事实是，一个人总是在货币收入加上其他心理要素的集合中做出选择，只有在他的心理要素对他的选择保持中性的情况下他才会最大化他的货币收入。如果不是，那么经济学家就必须时刻考虑这些因素。

另一个类似的例子是预期投资者。假设一个投资者面对将他积攒的钱投资于
217 不同生产项目的选择。他可以，比如说，在其中一个项目中投资 100 盎司，预期每年获取 10% 的净回报；第二个项目的净回报率是 8%；第三个项目 6%。若其他不可交换的心理要素相等，他会选择投资于他预期获得最大净货币回报的生产线——在这个例子中也就是回报率 10% 的那条生产线。不过，如果假设他十分厌恶带来 10% 回报的产品，而更热衷于预计产生 8% 回报的过程和产品。这里我们再次看到，每项未来的投资都带有一种积极或消极的心理因素，而且是不可分割的。生产一种产品的愉悦感和生产另一种产品的厌恶感是行动人在决定进行何种投资时需要权衡的不可交换消费者财货（积极的或消极的）。他权衡的并不是简简单单的 10% 对 8%，而是"10% 加上一种讨厌的生产过程和产品"对"8% 加上愉悦的生产过程"。选择哪一个投资取决于他个人的价值表。因此，在企业和劳动的案例中，我们都必须说，在不可交换因素对不同选择保持中性的条件下，企业家会选择使他的未来货币收入最大化的行动。当然，无论在什么情形下，每个人都会力图最大化他的价值表上的心理收入，这个价值表包含所有可交换和不可交换财货[①]。

在选择能够最大化他的心理收入的行动时，人因此会考虑到所有相关可交换的和不可交换的因素。在考虑是否要工作，做什么工作时，他肯定也要考虑到几乎是人普遍欲求的消费者财货——闲暇（leisure）。假设，根据货币回报和连带的不可交换价值，前例中的劳动者选择做 24 盎司回报的工作。随着他工作的继续，
218 他所赚取的单位时间货币工资（不论是每月 24 盎司还是每小时 0.25 盎司等等）

---

① 因此，古典经济学家（尤其是约翰·斯图亚特·密尔）以及他们的批判者，认为经济学必须假定一个虚构的、只对获取货币收入感兴趣的"经济人"的观念，是完全错误的。

的边际效用会下降。由于货币是一种财货，货币收入的边际效用随着获取的货币增多而递减。人欲求货币只要是为了非货币性的用途（例如装饰）或是为了增加他的现金余额的用途（后面会讨论货币需求的构成），那么货币库存的增加就会导致其边际效用的下降，这与其他财货的情况并无二致。只要货币需求是为了购买消费者财货，那么"价值 1 盎司"的消费者财货随着获取数量的增多，效用也会减少。花在消费者财货上的第一个盎司的钱会满足一人价值表上排序最高的需要，然后再花费的一个盎司花在次高排序的财货上，以此类推。（当然，这对于一种比 1 盎司贵的财货而言是不对的，但这个问题，我们只需要增加货币单位的大小，让每个单位都可以购买相同的财货就可以解决。）因此，货币收入的边际效用会随着收入的增加而递减。

另一方面，随着劳动投入的增加，可能拥有的单位闲暇的库存减少，一人所放弃的闲暇的边际效用增加。正如在第一章中看到的，当劳动收获的边际效用在个人的价值表上不再大于闲暇的边际效用时，劳动的供给便会停止。在货币经济中，一旦单位时间内，当货币收入增量的边际效用不再大于为工作更多时间而放弃的闲暇的边际效用时，劳动便会停止[1]。

因此，人依据最大化他的心理收入的原则，在闲暇和生产性劳动之间分配时间，在为钱劳动和在不可交换物件上劳动等等之间分配时间。在劳动和闲暇之间取舍时，他权衡工作的边际效用和闲暇的边际效用。

同样，作为预期投资者，人不仅要权衡每项预期投资的货币或其他方面的利益，还要权衡是否需要投资。每个人分配他的货币资源，有且只有三种方式：用作消费开支、用作投资支出和增加现金余额。回到之前提到的那位投资者，现在考虑了所有因素，他发现 10% 的项目在他的价值表中效用最高。但之后他必须决定：究竟要不要投资？还是去购买消费者财货，或是增加现金余额？进行投资的边际效益是未来的货币回报，要与它所涉及的不可交换效用或负效用做权衡。货币收入的好处是他在未来会有更多的钱购买消费者财货。如果他现在有 100 盎司的钱进行投资，一年之后他可能会有 110 盎司，这可以用于购买消费者财货。另一方面，不利于他进行投资的考虑是时间偏好的事实，即他目前要放弃可能的

219

---

[1] 当然，具体的结果因人而异，也因选取考察的时间单位而异。以每小时收入来看，劳动停止的时点会很快出现；以每年的收入来看，它可能永远不会出现。换句话说，不论他每小时货币收入有多高，他都会在一定小时后停止工作，而除非他有极高的年收入，他才有可能一年不工作。

消费——这我们在第一章中解释了。如果我们假设 1 盎司货币在现在和一年后的购买力相同（这个假设在下文中会去掉），那么现在 1 盎司货币的价值总是比一年后的 1 盎司更高。原因很简单，享受一个给定的财货总是越早越好。因此，在决定是否要投资时，他必须在增加的回报与他目前（而非未来）的消费欲望之间做出权衡。他必须决定：如果我认为现在的 100 盎司比一年以后的 100 盎司有价值，那现在的 100 盎司和一年以后的 110 盎司相比又是如何呢？他会依据他的价值表做出决定。同样，他还要权衡增加现金余额的边际效用（我们会在下面考察它的构成）。

220

因此，一个人的库存（他所拥有的货币资源）中每单位货币商品总是根据他的价值表而被分配到这三类的用途中去。他将越多的货币分配到消费，他所消费的财货的边际效用就会越低。在财货上多花的每一个单位货币都会用于满足迫切程度更低的需求。而且，每这么多花费一个单位，他可得的投资财货库存和现金余额就会减少，因此，根据边际效用定律，放弃的这些用途的边际效用增加。对于另外的每种用途来说，情况也是如此；他在某种用途上花费越多，那种用途的边际效用就越少，而他所放弃的其他用途的边际效用就越高。每个人分配自己的货币资源，其原则都会与第一章中分配自己的马匹的假想行动人的原则相同；每个单位都会被用到尚未实现的最有益的目的上去。每个人正是依照这些原则——最大化心理收入——分配自己的货币库存的。每个人都会根据他的价值表判断投入到各个用途中的每个货币单位分别可以带来的边际效用。这些判断也将决定他的货币开支如何分配（体现在他的收支表上）。

正如在投资支出的一般类别中有不同的项目，预期带来不同的回报，消费者财货在一般的消费类别中也是多种多样的。一个人根据何种原则分配他的开支，在多种多样可得的消费者财货中做出选择？原则与之前是相同的。他花在消费者财货上的第一个单位货币满足的是他评值最高的目标，接下来一个单位满足下一个评值最高的目标，以此类推。多购买一份消费者财货会减少该财货对这个人的边际效用，增加其他所有放弃的财货的边际效用。再次值得一提的是，在消费类别中，一个人会通过将每个单位货币分配用于在他的价值表中拥有最高边际效用的财货来分配他的货币资源。他对相对边际效用的判断决定了他如何分配货币开支。显然，我们可以去掉上上句话中"在消费类别中"的字样，从而得出决定人在不同类别内或类别之间如何分配货币的原则。

221

现在还能进一步将我们的分析一般化。每个人，在每个时点上，都拥有一定库存的有益财货，即一定库存的资源（或称资产）。这些资源包括的也许并不仅仅是货币，而且还有消费者财货、非人力的生产者财货（土地和资本财货）、人的劳力，以及时间。他会根据与他分配货币相同的原则分配这些资源中的每一种。这样的话，每个单位都投入到了在他的价值表中有最高预期边际效用的用途之中。

这里我们必须注意的是，进行投资的"雇主"（他用钱购买劳动服务，然后试图出售由此生产的产品）不一定完全依赖于购买人力劳动服务。在很多情况下，投资的人也直接参与产品生产的工作。在某些情况下，投资者用储蓄资金购买生产要素，然后雇佣某人的劳动，让他指导具体生产操作。在另外一些情况下，投资者也将他的劳动时间花在生产过程的细节之中。明显的是，他的这种劳动与并不拥有、并不出售产品的雇员的劳动没有不同。

决定一个预期投资者是会将他的劳动用于自己的生产投资（即他会"自我雇佣"），还是仅仅会投资他的钱，然后到别处以雇员身份出售劳动的原则是什么？显然，原则仍然是从行动中获得最大的心理收益。因此，让我们假设，琼斯发现，他所认为的最好也是回报最高的投资项目，如果他不参与到项目本身，而是雇佣他人领导和管理，在来年估计可以为他带来 150 盎司的货币收入。他同样估计，如果他自己领导这个项目，而不是雇佣一个经理的话，他会从项目中每年多收入 50 盎司。那么，在他投入劳动的情况下，从这个项目中获取的净收入会是每年 200 盎司。他的管理能力比他所替代的人越强，这个数字就会越高，反亦反之。在这个案例中，200 盎司的净收入将会包括 150 盎司的投资收入，以及 50 盎司做领导管理工作的劳动收入。他是否要这么做取决于（先不考虑闲暇）他是否能在别处出售他的劳动，获得更大的收入。这个"更大的收入"当然指的是心理收入，但如果我们在这个案例中假设不可交换要素是中性的，那么"更大的收入"也就指更大的货币收入。如果，其他条件保持不变，琼斯为另一个投资生产者劳动，可以赚取 60 盎司，那么他会接下这个工作，然后雇佣其他人为他的投资劳动。那么他的总货币收入就会是：投资项目收入 150 盎司，向一生产者出售劳动服务收入 60 盎司，总计 210 盎司。当然，如果有不可交换心理要素的抵消作用，例如他十分倾向于自我雇佣，为自己工作，那他也许会接受 200 盎司的收入。

从这个讨论中可以明显地看出，有关生产性劳动者的一般概念仅限于在工作场地或流水线工作的人，这是完全错误的。劳动者是所有在生产性过程中付出他们的劳动的人。一方面，付出劳动为的是获取货币收入（可能权衡了其他心理要素）。如果是向一个投资的雇主（他拥有各种相互协作的要素最终生产的财货）出售劳动服务，它可以是任何一样所需的任务，从挖掘工到公司总裁。另一方面，劳动收入可能是进行投资的企业家"自我雇佣"的成果。这种类型的劳动者同时也是最终产品的所有者，他从出售产品中获得的净货币回报会包括他的劳动收入和他投资货币的回报。企业越大，生产过程越复杂，管理中就越有可能发展出专业化的技能，因此也就会减少企业主自我雇佣的可能性。企业越小，生产方法越直接，自我雇佣则有可能更为普遍。

我们到目前为止具体探讨了分配劳动和货币的原则。一个人可能拥有的可交换资源（交换学感兴趣的正是可交换资源）可能还有消费者财货和非人力生产者财货（土地和资本财货）。

一人库存中的消费者财货是耐久的消费者财货。不耐久的财货和服务已经在消费它们的过程中消失。现在，正如我们在第二章所看到的，任何财货对于其所有者而言，都有直接使用价值或交换价值，或者两者兼具。在任何时候，一样消费者财货的所有者都要通过他的价值表判断它的交换价值或最高的直接使用价值哪个更大。在货币经济中，交换价值的问题简化了，因为财货会与极为重要的货币做交换。在他的价值表上，他会将最高直接使用价值的效用与通过交换该财货可以获取的货币总量的效用做比较。例如，假设威廉姆斯先生有一栋房子；他认为出售这栋房子可以获得 200 盎司黄金。现在他要判断直接使用这栋房子在他的价格表上相对于它的交换价值的排序。这样，他可能有三种直接使用房子的方式：（甲）住在里面；（乙）一部分时间住在里面，另一部分时间让他的兄弟居住；（丙）一部分时间住在里面，而不让兄弟住进来。他权衡了每种可能性，在价格表上也许会有如下排序：

威廉姆斯的价值表

排序

1. 直接使用（甲）

2. 以 200 盎司货币出售

3. 直接使用（乙）

4. 直接使用（丙）

如果是这样，威廉姆斯会决定住在房子里，而不出售它。他的决定只由他的价值表决定；换做其他人可能会把交换排到第一位，因此出售房子。

显然，对于任何给定财货，其出售者会试图取得尽可能高的货币价格（这不需要任何限制条件）。对此的证明类似于第二章中我们给出的一个证明，即一个给定财货的出售者总是试图以最高的价格交易；只不过现在，市场简化为单纯的财货与货币的交换，因此这里重要的是货币价格。一个人从出售一种财货中可以获得的货币收入，恒等于出售的货币价格乘以此财货的单位数量。因此，如果一个人以 200 盎司每栋的价格出售一栋房子，他从出售这个财货中取得的总货币收入是 200 盎司。不过，他希望以最高的价格出售并不意味着他总能以那个价格出售财货。对他而言，一个财货的最高货币价格可能还低于直接使用它的心理价值，正如威廉姆斯的例子那样。不过，如果出售房子的货币价格提升为 250 盎司，房子的交换价值的排序可能会高于直接使用（甲），那么他就会出售房子。

显然，如果消费者财货的所有者同时也是其原初生产者，那么这些财货的直接使用价值对他而言可能几乎不存在。专门从事生产和拥有房子或电视机或洗衣机的生产者发现这些存货的使用价值对他而言实际上并不存在。对他而言，交换价值是唯一重要的因素，他的兴趣只在于通过这些库存获取最大的货币收入，因此也要以最高的价格出售每件财货。可能影响这位预期投资者或某个生产线上的生产者的不可交换要素可以忽略不计，因为他已经有了一定库存的财货，而这必然意味着他已经在最初进行投资或职业选择时将不可交换要素考虑在内了。因此，对于一种消费者财货的生产者而言，要让这笔收益最大化他的心理收入，就是用最高的货币价格出售这种消费者财货。

什么时候所有者会出售财货，什么时候他又会出租财货的服务？显然，他会选择他相信会为他带来最高货币收入（或更确切地说，最高货币收入现值）的做法。

那么，拥有非人力生产者财货的人又是怎样呢？他会如何分配这些财货，从而取得最高的心理收入？首先，根据定义明显的是，生产者财货对他而言没有消费者财货那样的直接使用价值。但它们拥有作为生产者财货的直接使用价值，在将一个产品进一步转变为消费者财货的过程中，它们是生产要素。任意给定的一种生产者财货的库存，或该库存的任意单位，都可能有交换价值，因为它可以转换成另一种拥有交换价值的产品，它们也可能兼具直接使用价值和交换价值。同样，对于生产者财货的所有者来说，不可交换因素对他的影响通常可以忽略。他

已经为生产或购入这些财货进行投资或者工作的事实意味着他已经考虑到了工作
本身可能具有的积极或消极的心理价值。而且，在间接交换的经济中，由于物物
交换的领域很小，用生产的财货交换货币才是重要的。因此，生产者财货的所有
者会热衷于判断哪种情况可以带来更高的货币收入，是直接将财货换成货币，还
是通过生产过程将它们加工成一个更低层级的产品并出售。

我们举一个生产者财货所有者面临选择的例子。假设罗伯森投资并因此拥有
了如下要素：

10 单位生产者财货 X

5 单位生产者财货 Y

6 单位生产者财货 Z

他的技术知识告诉他，他能够将这三种相互协作的要素 X，Y 和 Z 转化成 10
单位的最终产品 P。（当然，不同的"单位"纯粹是不同财货的物理单位，因此
各个之间是完全不能按共同尺度比较的。）他估计他可以以每单位 15 盎司的价格
出售 P，总共的货币收入是 150 盎司。

另一方面，他看到他可以出售（或转售）这些要素，直接换取货币，而不需
要自己来把它们转化为 P，情况如下：

10 单位 X，每个单位的价格为 6 盎司黄金，存货 X 的货币收入——60 盎司

5 单位 Y，单位价格为 9 盎司黄金，货币收入——45 盎司

6 单位 Z，单位价格为 4 盎司黄金，货币收入——24 盎司

分别和直接地出售每种生产者财货的库存，总共可以获得的货币收入为 129
盎司。不过，罗伯森必须还要考虑到，在转化这些要素为 P 的过程中，他需要购
买劳动力服务。这是需要货币支出的。在一个自由的经济内，他无法拥有一个劳
动者的库存。如果他在劳动力服务上的开支小于 21 盎司，那么他进行要素转化，
出售 P 并获取 150 盎司是有利润的；而如果所需开支超过了 21 盎司，那么他直
接出售生产者财货更为有利。

当然，在这两个可能发生的交易中，尽可能地以最高价格出售而从每种财货
中取得最高的货币收入符合所有者的利益。

现在，让我们假设罗伯森已经决定要进行生产，并且已经有了 10 个单位的
P 存货。他没有立即投入生产活动，而是将 P 作为一个要素来生产另一个产品。
因此，这位所有者的选择只有一个——以他所可以取得的最高的货币价格出售产
品。不过，如果 P 是耐久的财货，他还有一个选择，那就是暂不出售。这样做的

条件是他相信 P 未来的货币价格会更高，而且更高的价格应该能够弥补等待对他的损失（他的时间偏好）以及在售出之前留存 P 的开销。

　　一个生产者财货的所有者（不论这财货对他而言是产品还是要素）可以将之出租而不整个出售。自然，财货应当相对耐久，这样，出租才有可行性。和消费者财货的例子一样，这里的所有者依然会根据他对哪个选择会带来最高货币收入（确切地说是最高现值）的判断来决定，是直接出售财货还是在一段时间内出租它的服务。

　　至此我们分析了一定库存消费者财货或生产者财货的所有者，为了取得他评值最高的结果（即最大化他的心理收入）而采取的行动。对他而言，不可交换的要素的重要性通常可以忽略，因为它们已经在投资中考虑。如果我们不考虑某些所有者直接使用的耐久消费者财货的价值，所有者的目标会是最大化他们从财货库存中获取的货币收入。销售财货取得的货币收入等于财货的货币价格乘以出售的数量。这也就意味着卖家希望以尽可能高的货币价格出售。 228

　　讲到这，我们至少可以开始简单地回答我们在第二章还没有充分的信息来回答的问题：在一种给定财货所有者的行动一定的情况下，是什么决定了那种库存财货的规模？现在我们可以明显地看到，除了人力以外，这些财货肯定是某人在先前生产的（或者是像纯粹由自然赋予的要素，是先前发现并改造的）。进行先前的生产的人，或是当前的所有者，或是过去的某个人，然后当前的所有者通过交换或者受赠，从他那里得到了这一财货库存。过去的投资必然是出于我们之前看到的原因而做出的：通过投资在未来取得货币回报的预期足以补偿投资者抑制现在的消费，等待未来再进行消费付出的牺牲。这位先前的投资者预期他将能够出售财货，换取一笔货币收入，大于他在生产中购买要素的开支。就让我们以拥有 10 单位存货 P 的罗伯森为例。他是如何取得这批存货的？他把钱投资于购买生产它的要素中，然后生产出 P，希望以此实现一定的净货币收益（即出售 P 的货币收入会大于他投资到各种要素中的开销）。那么，先前生产出来的要素 X，Y 和 Z 是如何出现的呢？过程是相同的。各种投资者参加到了生产这些要素的过程中来，预期能够从投资中获取一笔净货币收入（投资的总货币收入大于总货币开支）。这种投资决策解释了在任意社会中任意给定时点上所有库存的生产者财货和耐久消费者财货的存在。另外，所有者或者先前的某个人通过发现并在生产过程中使用先前未曾用过的要素来获取和积累纯粹自然赋予的财货。货币商品的库存，与消费者和生产者财货的库存一样，都是某位进行投资的生产者的投资决策 229

的结果。那位生产者预期，这份投资带给他的货币收益会高于货币开支。另一方面，任何人所拥有的个人能量（personal energy）的库存是他作为人的本质中固有的。

至此我们已经分析了一个人可能拥有的各类可交换资源；为了最大化他的心理收入，他会如何使用这些资源，以及这种最大化在何种程度上涉及尝试从资源中获取最大的货币收入。在分析销售所带来的货币收入的决定因素时，我们已经知道这些因素是财货数量以及货币价格，我们也刚知道了应该如何解释任意财货的"给定库存"所涉及的数量。我们还没有解释的是货币价格。我们目前为止所知的是，任意财货（即消费者或生产者财货，或劳动力服务）的卖方都希望将之以尽可能高的货币价格出售。所有者的价值表上的不可交换财货也许会改变这条规则，但通常情况下，这种改变只对劳动力服务的卖方而言显得重要。

到目前为止，我们一直将人当成是一件给定财货的分配者或者出售者来考虑。如果人是一件财货的买家呢？（这里我们可以回顾一下本章之前部分的讨论。）作为买方，他把钱用于投资开支和消费开支。在讨论一个人的消费开支时，我们看到他是根据考虑的财货的"单位价值"来选择的。但单位价值又是由什么决定的呢？1 盎司货币值多少鸡蛋，或者帽子，或者黄油等等？这只有通过买家需要为财货支付的货币价格来决定。如果一人可以以 1/10 盎司的价格购买 1 打鸡蛋，那么 1 盎司货币就值 10 打鸡蛋。明显的是，作为拥有货币的消费者财货的买方，他会寻求以尽可能低的货币价格买入某种财货。显而易见的是，对于一个拥有货币并想要购买消费者财货的人来说，他想要购买的财货的货币价格越低，他的心理收入就越大；这是因为他可以因此购买更多的财货，让相同数量的货币实现更多的用途。买方因此会寻求以最低的价格购买财货。

因此，在其他条件保持不变的情况下，一个人作为财货的卖方，通过以最高可得的货币价格出售财货而最大化他的心理收入；买方则是通过以最低可得的货币价格购买财货。

现在让我们总结一下本章的分析结果。我们看到了在市场中，通用的交换媒介是如何从直接交换中产生的；我们注意到了间接交换的经济中货币交换的模式；我们描述了每个人所拥有的货币收入和货币支出模式。然后，我们考察了一个货币经济里，最大化心理收入的过程牵涉到哪些因素，最大化的原则是如何引导人在不同身份中（作为不同类型资源的所有者以及作为劳动者或投资者）的行动的。我们知道了，这种对最高价值的目的的追求，与在不同案例中最大化货币收入有多大程度的关联，以及在多大程度上与之无关。我们刚刚得出结论，这种对心理收入的最大化，总使得一件财货的卖家寻求最高的货币价格出售，买家则寻求最低的货币价格；可能出现的例外是，有劳动者因为附属于他的工作的不可交换条件，而放弃了可以用他的劳动力换取更高的货币价格的可能性，或者是有投资者出于对一条生产线本身的喜爱，而放弃了更大的预期收益。如果抛开这些例外，那么，同时作为消费者和生产者的每个人，只要追寻这条原则——"在最便宜的市场上买入，在最贵的市场上卖出"，就可以实现价值最高的目的。

　　尽管我们知道，人试图最大化自己的心理收入，因此也就要最大化自己的货币收入，但是在其他条件保持不变的情况下，我们仍然不知道，他实际取得的货币收入是以什么为基础来决定的。我们知道不可交换价值只是由每个人的价值表决定的。但尽管我们知道，在其他条件不变的情况下，一个人会以更高而非更低的货币价格出售一种服务或者一件财货，从而获得更多而非更少的货币收入，我们依然还不知道是什么决定了货币价格究竟是多少。什么决定了消费者财货、劳动力服务、资本财货、自然赋予的要素的货币价格？什么决定了整个耐久财货以及"出租"的服务的货币价格？而且，既然投资在决定每种财货的给定库存中起到了巨大的作用，那么又是什么决定了从财货中取得的总货币收入与用在生产它们所需要素上的货币开支之间的差额（spread）？只有对出售产品所得的货币收入与用于要素的货币开支之间差额的预期使人决定是否进行投资与生产。另外，各种价格之间，如果有关系的话，会是怎么样的？

231

　　用另一种方式来说，所有人类行动，都是使用稀缺的资源，以期实现评值最高的尚未实现的目的，也就是最大化心理收入。我们已经看到了孤立状态下的个人，以及直接交换中的个人是如何做到最大化的——尽管这两种情况只可能在极端有限的情况下存在。我们看到了最大化在一个大得多的规模上、在市场经济中是如何实现的；我们也看到了，从根本上说，在货币经济中，心理收入最大化的具体组成部分，有不可交换的价值，财货库存，以及这些财货可以在市场上交易的货币价格。我们解释了不可交换价值的作用，并十分简单地讲解了每种财货的给定库存是如何决定的。我们现在就需要探究间接交换分析中的经典问题：货币价格的决定。通过分析货币价格，我们能够更进一步地去探究预期销售所得的总货币收入与要素开支之间的"差额"是如何产生，又是如何决定的。是这个"差额"引导了人们投资于财货的生产。

第四章 价格与消费

1. 货币价格

我们已经看到了在间接交换的经济中，财货的货币价格扮演着极为重要的角色。生产者和劳动者的货币收入与消费者的心理收入取决于这些价格的配置情况。价格是如何决定的？在本章的研究中，我们要引用到第二章里几乎所有的讨论。在第二章中我们了解到在直接交换的条件下，一种财货以其他财货来表示的价格是如何确定的。之所以投入如此多的精力去考察在现实中出现很少的直接交换，是因为同样的分析同样适用于间接交换。

在物物交换的社会里，确立价格的市场（假设这个体系可以运作）包含着无数个一种财货交换另一种财货的市场。随着货币经济的建立，需要的市场数量大大减少。人们开始了纷繁复杂的财货与商品货币交换，商品货币与纷繁复杂的财货交换。之后，每个单个市场（一些单独的物物交换除外）都将货币商品作为两者之一包含在内。

如果忽略借贷和要求权（之后会考虑到）不计，那么下面几种类型的交换就要通过货币完成。

旧消费财货	通过货币
新消费财货和服务	通过货币
资本财货	通过货币
劳动服务	通过货币
土地要素	通过货币

对于耐用财货来说，人们可以将每个单位卖断，或者可以在某个时间段内出租它的服务。

我们还记得，在第二章中我们分析过，一件财货相对于另一件财货的价格等于在交易中另一件财货的数量除以前一种财货的数量。如果在某次交换中，150 桶鱼换 3 匹马，在那个交换中用鱼表示的马的价格，"马按鱼计的价格"，就为每匹马 50 桶鱼。现在，假设在一个货币经济中，3 匹马可以交换 15 盎司黄金（货币）。在这样的交换中马的货币价格就是每匹马 5 盎司。因此，在一次交换中，一个财货的货币价格就等于可以交换的黄金单位数量除以财货单位数量而得出的数值比率。

为了展示货币价格在任意交换中可以如何计算，我们假设进行如下交易：

15 盎司黄金换 3 匹马

5 盎司黄金换 100 桶鱼

1/8 盎司黄金换 2 打鸡蛋

24 盎司黄金换 X 的 8 小时劳动

这些各种交换的货币价格就是

$$\frac{15\,盎司}{3\,匹马} = \frac{5\,盎司}{1\,匹马}$$

$$\frac{5\,盎司}{100\,桶鱼} = \frac{1\,盎司}{20\,桶鱼} = \frac{^{1}/_{20}\,盎司}{1\,桶鱼}$$

$$\frac{^{1}/_{8}\,盎司}{2\,打鸡蛋} = \frac{^{1}/_{16}\,盎司}{1\,打鸡蛋}$$

$$\frac{24\,盎司}{8\,小时\,X\,的劳动} = \frac{3\,盎司}{1\,小时\,X\,的劳动}$$

每一行里最后的那些比率就是在每次交换中每个财货的货币价格。

很显然的是，当所有交换都使用货币以后，货币价格就充当了所有交换比率的共通分母（common denominator）。比如，根据上面的货币价格，任何人都可以计算出，如果 1 匹马可以换 5 盎司黄金，1 桶鱼可以换 1/20 盎司，那么 1 匹马可以间接地交换 100 桶鱼，80 打鸡蛋或 X 五分之三个小时的工作，等等。现在人们不需要无数个单独的市场来交换各种财货，所有财货都可以交换成货币，不同财货之间的交换比率，观察它们的货币价格就可以一目了然。这里我们必须强调的是，这些交换比率只是假想的，之所以能够计算，也只是因为它们能与货币交换。只有通过使用货币，我们才能够估算这些"物物交换比率"，也只有经过那些财货对货币的中间交换，一件财货最终才有可能以假想的比率与另一件财货交换[①]。很多经济学家错误地相信，货币可以在一定程度上从货币价格的形成中抽象出来，其分析也可以准确地描述事物，就"好像"交换真的以物物交换的方式出现。随着货币和货币价格遍及到所有的交换中，要分析间接交换的经济中价格的形成，就不能把货币从中抽象出来。

就像直接交换的情况一样，市场上总会有为每件财货确立货币价格的倾向。我们已经看到基本的原则是卖方试图以尽可能高的货币价格出售他的财货，买方试图以尽可能低的货币价格购买财货。买卖双方的行动总是会，并很快会在市场上的任意给定时间确定出一个价格。比如说，如果 100 桶鱼的"统一"市场价格（"ruling" market price）是 5 盎司黄金，也就是说各个买家和卖家相信，可以按照每 100 桶鱼 5 盎司的比率卖出和买入他们想要买卖的鱼。这样的话，就没有买方会支付 6 盎司黄金，也没有卖方会接受 4 盎司黄金换 100 桶鱼的价格。这样的行动会覆盖市场上所有的财货，建立起一条原则，即对于整个市场社会来说，每一件同质财货都倾向于在一个给定时间以一个特定货币价格交易。

那么是什么力量在决定每件财货的一致货币价格呢？我们不久就可以看到，正如在第二章里证明的，决定因素是个人的价值表，它是通过供给和需求表（demand and supply schedules）表达的。

我们必须记住，用鱼和马进行直接交换时，决定"马的鱼价格"的过程同时也是决定"鱼的马价格"的过程。那么在货币经济的交换中，什么是"货币的财货价格"（goods-price of money），它们是如何决定的？

让我们来思考一下之前所罗列的财货换货币的交换。这些市场上的交换确定了 4 种不同财货的货币价格。现在让我们把这个过程反过来，用交换中财货的数量除以货币的数量。我们可以得出：

$$\frac{1/5\ 马}{1盎司}\ ;\quad \frac{20桶鱼}{1盎司}\ ;\quad \frac{16打鸡蛋}{1盎司}\ ;\quad \frac{1/3\ 小时X的劳动}{1盎司}$$

[①] 有一些直接交换是例外，因为它们可能是在两个财货在市场上的假想交换比率的基础上进行的。不过，这些交换相对来讲很孤立，并不重要，而且取决于两种财货的货币价格。

这样的清单或数组"数组"（array）不断继续下去，遍及到所有财货对货币的交换。任意财货的货币价格反过来，就是以那种财货计的货币的"财货价格"。在某种意义上，就货币的价格而言，唯独有货币这种财货，仍然保持着与每个财货曾在物物交换体制中所处的那种相同的状态。在物物交换中，每个财货都只有以每个其他财货计的统一市场价格：鸡蛋的鱼价格，电影的马价格，等等。在一个货币经济中，每种财货，除了货币以外，现在都有一个货币计的市场价格。另一方面，货币仍然有一个接近于无限的"财货价格"的数组，这一数组建立起了"货币的财货价格"。把这数组整体考虑，我们就得出了一般的"货币的财货价格"。因为我们只要思考一下财货价格的整个数组，就会知道 1 盎司货币可以买到多少想要的商品组合，也就是说我们可以知道货币的 1 盎司价值（它对于消费者做出决定十分重要）会是多少。

或者，我们也许可以这样说，任意财货的货币价格揭示了这个财货在市场上的"购买力"会是怎样的。假设一个人拥有 200 桶鱼，他估计鱼的统一市场价格是每 100 桶 6 盎司黄金，所以他可以用 200 桶鱼交换 12 盎司。100 桶鱼在市场上的"购买力"是 6 盎司货币。同样，1 匹马的购买力可能是 5 盎司，以此类推。任意财货的库存的购买力，等于它在市场上可以"购买"到的货币数量，因此也就是由它所能够取得的货币价格所直接决定的。事实上，一个单位任意数量的某种财货的购买力等于它的货币价格。如果 1 打鸡蛋（这是一个单位）的市场货币价格是 1/8 盎司黄金，那么这打鸡蛋的购买力也就是 1/8 盎司。同样，上面提到的 1 匹马的购买力是 5 盎司，X 1 小时的劳动是 3 盎司，等等。

那么对于除了货币以外的所有财货，它们的单位购买力就等于它们在市场上能够获取的货币价格。货币单位的购买力是什么？显然，要确定 1 盎司黄金的购买力，就只有看这 1 盎司可以购买或有助于购买的所有财货。货币单位的购买力，由社会中以这个单位计的所有具体财货价格的一个数组所构成[①]。它由一个

237

238

[①] 很多经济学家把"货币单位的购买力"解释成某种"价格水平"，一个由某种"所有财货总和"的平均值构成的可以度量的实体。但多数古典经济学家并不赞同这一错误的观点：当他们谈论到货币价值或价格水平，而不加任何明确限定的时候，他们指的是商品和服务的价格数组。在他们看来，这些价格完全是特殊的，而且他们也无意用此暗指某种统计学上的平均值。（Jacob Viner, *Studies in the Theory of International Trade*［New York: Harper & Bros., 1937］，第 314 页）也可参照 Joseph A. Schumpeter, *History of Economic Analysis*（New York: Oxford University Press, 1954），第 1094 页。

巨大的上述类型的数组组成：每盎司黄金 1/5 匹马，每盎司黄金 20 桶鱼，每盎司黄金 16 打鸡蛋，等等。

很明显的是，货币商品及其购买力的决定因素为第二章中的那张供给需求表（demand and supply schedules）带来了一个必须解决的问题；它不可以仅仅复制在物物交换条件下的供给需求表，因为对货币的供求情况是特殊的。在考察货币的"价格"及其决定因素之前我们必须首先绕一个大弯，来探究一下经济中所有其他财货的货币价格是如何决定的。

2.货币价格的决定

首先，让我们拿一个典型的财货来分析它在市场上的货币价格的决定因素。（这里读者可以参考第二章关于价格的更为详细的分析）。让我们选取一种同质的财货，A 级黄油，与货币进行交换。

根据个人的价值表所决定的行动决定了货币价格。例如，一个典型的购买者价值表可能如下排列：

239

```
┌──── 7粒黄金
├──── （第1磅黄油）
├──── 6粒黄金
├──── 5粒黄金
├──── （第2磅黄油）
├──── 4粒黄金
├──── 3粒黄金
├──── （第3磅黄油）
└──── 2粒黄金
```

此人并不拥有，但想要拥有的数量已经用括号标记出来；其他都是他已经拥有的东西。在这个案例中，这位购买者愿意为他第 1 磅黄油支付的最大购买货币价格是 6 粒黄金。如果黄油的市场价格是 6 粒黄金或者更低，他就会用这些黄金

去交换；如果市场价格是 7 粒黄金或者更高，他就不会去购买。他购买第 2 磅黄
油的最大购买货币价格要低不少。这样的结果永远为真，这是从效用定律推导出
来的；随着他拥有越多磅的黄油，每磅黄油的边际效用递减。另一方面，随着他
花掉了越来越多的金粒，对他而言，剩下的金粒的边际效用不断增加。这两股力
量都会驱使额外一个单位的最大购买价格会随着购买量的增加而降低[①]。从这个
价值表，我们可以编制出这位购买者的需求表（demand schedule），展示他在市
场上会以每个假想的货币价格消费多少财货。如果我们希望用图像形式看到他的
需求表，我们也可以画出他的需求曲线。上面讨论的这位购买者的个人需求表展
现为表 4.1。

240

表4.1

市场价格 每磅黄油的黄金粒数	需求（购买）数量
8	0
7	0
6	1
5	1
4	2
3	2
2	3
2	3

我们注意到，由于效用规律，随着假想价格的下跌，个人的需求曲线要么是
"垂直的"，要么是向右倾斜的（即随着货币价格的下跌，他所需求的数量必然不
变或增大），而不会向左倾斜（即他的需求量不会因此而减少）。

[①] 出于便利，文中的表格是简化过的，在严格意义上并不正确。因为，假设这个人已经为 1 磅黄
油支付了 6 粒黄金。当他决定再购买 1 磅黄油的时候，所有货币单位在他的价值表上的排序会提
升，因为他现在的货币库存比原来要少了。我们的表格因此没有完全刻画出货币的边际效用随着
货币被使用出去而提升的情况。不过，改正这一点缺陷不仅不会改变，反而会加强我们的结论，
即最大需求价格随着数量的增加而降低，而且会比我们简化后的情况降得更多。

如果每个购买者的需求表都如此排列，那么显而易见，多个购买者的存在倾向于大大地加强这种行为。对于不同人的价值表，有且只有两种可能的归类：或者是相同的，或者是不同的。有一种极为不可能出现的情况是所有人的相关价值表都是相同的（这之所以极为不可能是因为人类有巨大的多样性），那么，比如购买者 B，C，D 等等都会有相同的价值表，因此，他们的个人需求表也与刚刚描述的购买者 A 相同。那样的话，总市场需求曲线（个体购买者的需求曲线的总和）的形状，尽管在加总的数量上会大许多，但是会与购买者 A 的曲线相同。但购买者的价值表通常肯定是不同的，也就意味着他们愿意为任意给定磅黄油所支付的最大购买价格会有差异。所以，随着市场价格下降，有越来越多的不同数量单位的购买者进入市场。这个效应大大地加强了市场需求曲线的向右倾斜特征。

为了举例说明一下市场需求表如何从个人的价值表形成，让我们使用之前描述过的购买者 A 的价值表，并假设市场上还有另外两位购买者 B 和 C，他们的价值表如下：

通过这些价值表，我们可以得出他们的个人需求表（见表 4.2）。我们注意到，纵使每个人的需求表千差万别，它也不可能随着假想价格下跌而向左倾斜。

现在我们可以加总 A，B 和 C 三人的个人需求表，得出一张市场需求表。它得出的是在市场上，所有的买家会以某个给定的货币价格购买财货的总量，A，B 和 C 的市场需求表如表 4.3 所示。

表4.2

买方B		买方C	
价格 粒/磅	需求量 磅黄油	价格 粒/磅	需求量 磅黄油
7	0	5	0
6	0	4	0
5	1	3	1
4	2	2	3
3	2	1	5
2	2		
1	4		

表4.3

加总市场需求表	
价格	需求量
7	0
6	0
5	5
4	2
3	4
2	5
1	9

图 4.1 是这些表格和它们加总所得的市场需求表的图像表示。

243

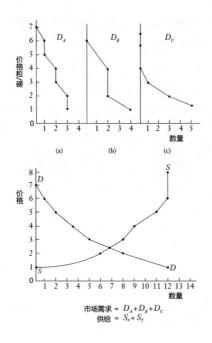

图 4.1　市场需求和市场供给表增加的效应

　　编制市场供给表的原则与此类似，虽然价值表背后的因果推动力会是不同
的[①]。每个供给者在他的价值表上为每个将要出售的单位和通过交换能够获取的
货币数量排序。所以，一个出售者的价值表可能如下：

244

---

① 有关市场需求表，参照 Friedrich von Wieser, *Social Economics*（London: George Allen & Unwin, 1927），第 179-184 页。

如果市场价格是 2 粒黄金，这位出售者不会出售黄油，因为即便是第 1 磅黄油在他的价值表上也比获取 2 粒黄金要排得高。在 3 粒黄金的价格上，他会出售 2 磅，每磅在他的价值表上都低于 3 粒黄金的位置。如果价格是 4 粒黄金，他会出售 3 磅，依此类推。显而易见的是，随着假想价格的下跌，个人供给曲线肯定是垂直的或者向左倾斜的，即价格越低，供给也更少（或者不变），但绝不可能增加。这自然相当于说，随着假想价格的上升，供给曲线或者是垂直的，或者向右倾斜。在分析价格与供给的关系时，发挥作用的仍然是效用规律；随着出售者售出了他的库存，其对他而言的边际效用倾向于提升，而他所获取的钱的边际效用会下降。当然了，如果库存对于出售者来说没有边际效用，而且如果随着他所获取的钱增多，钱的边际效用下降十分缓慢，那么，效用规律可能不会因为市场上的种种情况而改变他的供给量。这样的话，他的供给曲线也许在其大部分范围内是垂直的。那么，供给者 Y 可能有如下的价值表：

在 1 粒黄金的最低价格以上，这位出售者会愿意出售他的库存中的每一个单　245
位。他的供给曲线形状如图 4.2 所示。

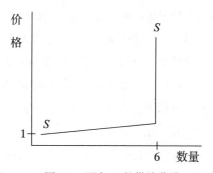

图 4.2　买方 Y 的供给曲线

在出售者 X 的例子里，对于第 1 磅和第 2 磅黄油，他的最低出售价格是 3 粒黄金，第 3 磅黄油 4 粒黄金，第 4 磅和第 5 磅 5 粒黄金，第 6 磅 6 粒黄金。出售　246
者 Y 对于第 1 磅和之后每 1 磅的最低出售价格是 1 粒黄金。不过，价格下跌而供给曲线却向右倾斜是不可能的，也就是说，更低的价格不可能带来更多供给的单位。

为了阐述的需要，让我们假设市场上黄油的供给者就是这两个人，X 和 Y，他们的价值表如前所述。那么，他们个人的供给表和加总的市场供给表见表 4.4。

表 4.4

供给数量			
价格	X	Y	市场
8	6	6	12
7	6	6	12
6	6	6	12
5	5	6	11
4	3	6	9
3	2	6	8
2	0	6	6
1	0	0	0

市场需求曲线已经在上面的图 4.1 中画出了。

我们注意到，市场供给和市场需求曲线的交点（即供给量与需求量相等时的价格）在这里位于两个价格之间。必然是由于财货单位的不可分割性造成的。例如，如果一个黄金颗粒单位是不可分割的，那就没有办法设置一个中间价格，市场均衡价格就会是 2 或者 3 粒黄金。相对于使市场恰好可以出清的理想价格（也就是使潜在的供给者和需求者都满足的价格）而言，这已经是最好的近似了。不过，我们不妨假设货币单位还能细分，因此均衡价格就会是 2.5 粒。这样不仅可以简化我们对价格形成的阐释，而且还是一个十分实际的假设。这是因为货币商品的重要特征之一，正是它可以被分割成微小的单位，在市场上进行交换。正是货币单位的这种可分割性，允许我们在供给和需求表的每个点之间连上连续的线条。

市场上的货币价格会倾向于被定在均衡价格——在上面这个案例中是 2.5 粒黄金。如果是更高的一个价格，供给量会大于需求量；结果导致一部分供给量无法出售，然后出售者为了出售他们的库存会降低价格。因为市场上只能存在一个价格，而且购买者总是在寻找对他们最有利的条件，所以结果就会是价格的普遍下降，向均衡点靠拢。相反，如果价格低于 2.5 粒黄金，那么在这个价格上，就会有潜在的购买者，他的需求得不到满足。这些需求者于是开出更高的购买价格，而出售者是在寻求他可以取得的最高价格的，所以，他们将市场价格向均衡点抬升。因此，人们需求最大效用的事实推动货币价格确定在某个均衡点上。在这个点上会发生更多的交换。未来交换中的货币价格会一直停留在均衡点上，直到需求或供给表发生改变。需求或供给条件的改变确定一个新的均衡价格，市场价格会再次向它移动。

均衡价格会是什么取决于供给和需求表的配置，影响这些表的原因会在下面做进一步考察。

任意财货的库存，是指那种财货存在的总量。有一些会供给到交换中去，剩下的则会被留存起来。在任意假想价格上——让我们回忆一下——将购买的需求和供给者留存的需求加在一起，可以得出买卖双方持有该财货的总持有需求[①]。总持有需求（total demand to hold）包括当前不拥有财货的人的交换需求，以及当前的财货所有者留存持有财货的需求。由于随着价格的提升，供给曲线只能是垂直的或者上升的，出售者的留存需求会随着价格的上升而减少或者消失。不论如何，总持有需求会随着价格的下跌而增加。

当留存需求增加，总持有需求——这是一条更具弹性的曲线——的上升会大于常规的需求曲线，因为它加上了留存需求的部分[②]。因此，一种财货的市场价格越高，市场上的人们持有和拥有它的意愿就越小，并更迫切地要出售它。反过来，一种财货的市场价格越低，拥有它的意愿就越大，出售它的意愿就越小。

总需求曲线有这样的特征，它总是与市场上可得的有形库存在需求和供给表相交的那个均衡价格上相交。因此总需求和库存曲线尽管不能揭示交换的数量，但是可以得出与其他曲线相同的市场均衡价格。不过，总需求和库存曲线确实表明了这样一个事实，即因为现有库存的所有单位都必然由某人所有，所以任意财货的市场价格倾向于成为那个使保留库存的总需求与库存本身相等的那个价格。那样的话，库存就会在最迫切或最有能力的所有者手中。这些人是最迫切地需求财货的。只要价格微微上涨就愿意出售他的库存的所有者是边际所有者：只要价

---

① 读者可以回顾一下第二章讨论"库存和总持有需求"的部分。

② 如果出售者方面没有留存——需求，那么总持有需求与常规需求表相同。

格轻微下跌就会购买的非所有者是边际非所有者①。

249 图 4.3 是一种财货的供给、需求、总需求和库存的曲线图。

  总需求曲线由需求加上留存供给（reserved supply）组成；随着价格下跌，这两个部分的曲线都向右倾斜。曲线 S 和曲线 D 的交点与曲线 TD 和库存曲线的交点得出的均衡价格是相同的。

  不过如果没有留存需求，那么供给曲线会是垂直的，与库存曲线相同。图 4.4 表示了这种情况。

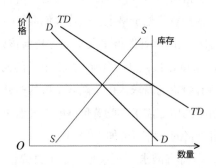

图 4.3 供给、需求、总需求和库存的曲线

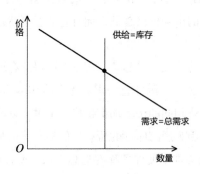

图 4.4 留存需求缺失的效应

---

① 这两条曲线总是会得出相同的均衡价格，证明如下：令在任意价格上，需求量 =D，供给量 =S，现有库存量 = K，留存需求量 = R，总持有需求 = T。根据定义，下面两式总是为真：

$$S=K-R$$

$$T=D+R$$

现在，在 S 和 D 相交的均衡价格上，S 显然等于 D。但如果 S=D，那么 T=K-R+R，即 T=K。

3. 供给和需求表的决定

因此，市场上每一种财货的市场价格，是由个人购买者和出售者的供给和需求表决定的。他们的行动会促使市场上出现统一的在供求相交的点上的均衡价格。只有当供给和需求表发生改变，均衡价格才会改变①。现在问题就来了：需求和供给表本身的决定因素是什么？我们可以得出哪些有关价值表和它所产生的这些表的结论？

首先，第二章中对投机买卖的分析可以直接应用于货币价格的例子。这里我们无须重复分析②。总而言之，只要投机者能够正确地预测均衡价格，需求和供给表就会反映如下事实：如果高于均衡价格，需求者会购买比均衡价格时更少的财货，因为他们预计货币价格后来会下跌；如果低于均衡价格，他们会增加购买量，因为他们预计货币价格会上升。同样，出售者如果预期现在的价格不久就降低，便会增加出售；如果他们预期价格要上涨，他们便会减少出售。投机的一般效果是让供给和需求曲线更有弹性，也就是说，在图 4.5 中，由 DD 移向 $D'D'$，以及从 SS 移向 $S'S'$。参加这种（正确的）投机的人越多，曲线就越有弹性，也就意味着市场会更快地达到均衡价格。

我们也看到了明显的投机失误会很无情地自我纠正。如果投机性需求和供给表（$D'D'—S'S'$）明显偏离了正确的均衡价格，而因此在另一个价格上相交，那么，这个价格未能让市场供求平衡的事实很快就会显现出来。只有投机表的均衡点和供求表减去投机成分的均衡点相同，市场才会再次将价格（和出售的数量）带到真正的均衡点上去。因为如果投机表将鸡蛋的价格设定为 2 粒黄金，而没有投机的供求表会设定为 3 粒黄金，在 2 粒黄金的价格上，需求量就会超过供给

250

251

252

---

① 当然，在那些边际购买者和边际出售者的评值之间有一个区域的情况下，这个均衡价格更有可能是一个区域，而非单个价格。可参见之前第二章中我们对一位购买者和一位出售者的分析。在这种罕见的，也就是买家和卖家都很少的情况下，存在一个在其间任何价格市场均会出清的一个区域，这里是"讨价还价技巧"发挥作用的空间。不过，在货币经济范围广泛的市场中，即使是一个买家和一个卖家进行交易，他们也很有可能有一个确定的价格；或者，他们的最大购买和最小出售价格之间的区域十分狭窄。

② 参见第二章，第 130–137 页。

量，买家的竞价最终会把价格带到 3 粒黄金①。

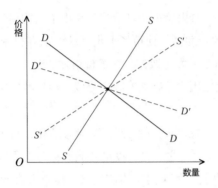

图 4.5　供给和需求曲线投机的效应

其次，让我们把投机先放一边，回到购买者的需求表。假设他在他的价值表上把一种财货的单位排在若干盎司黄金之上。他需求这种财货可能的缘由有哪些呢？换言之，这种财货对他的效用的来源是什么？对于任何人而言，购买财货的效用都可能有三种来源②。其中之一是（a）购买者预期未来可以在更高的货币价格上出售。这是投机性需求，通常是十分短暂的——是发现更为根本性的需求因素的有用路径。这一需求我们刚刚分析过了。需求的第二个来源是（b）作为消费者财货直接使用；第三个来源是（c）直接作为生产者财货使用。来源（b）仅对于消费者财货而言；（c）对于生产者财货而言。前者是被直接消费的；后者被用于生产过程，与其他协作的要素一起，被加工成更为低级的资本财货，然后出售为货币。因此，第三个来源仅仅是对于进行投资的生产者而言的，他们购买生产者财货；第二个来源来自消费者。如果我们把暂时性的投机来源放在一边，（b）是个人对所有消费者财货的需求表的来源，（c）是对所有生产者财货的需求的来源。

消费者财货或者生产者财货的出售者又是怎样的呢——为什么他在交换中需求货币？出售者需要货币，是因为货币对他的边际效用。出于这个原因，他把获

253

---

① 这一点还有第二章的分析反驳了一些经济学家的观点。他们认为投机只不过是"自言清白的"，它歪曲了潜在的供给和需求因素的作用，在市场上确定虚假的均衡价格。真相恰恰相反；在估计当前因素时所犯的投机性错误是自我纠正的，人们的预期可以更快地确立真实的均衡市场价格。

② 可将此分析与对直接交换的分析做对比，参见之前的第二章，第160-161页。

取货币排在拥有他所出售的财货之上。货币的效用的组成部分和决定因素将在后面一节中分析。

所以，一种财货的买家，之所以对这种财货有需求，是因为它在消费或生产中有直接的使用价值；卖家需求货币，是因为其在交换中的边际效用。不过，这并没有穷尽我们对市场供给和需求曲线的成分的描述，因为我们还没有解释财货在出售者价值表上的排序，以及货币在购买者价值表上的排序。当出售者保留他的库存而不出售，他对此财货的留存需求从何而来？我们已经看到，在任何时点上一种财货的留存量，是在一给定价格上出售者拒绝出售的库存数量。出售者有留存需求，原因有二：（a）预期未来可以在更高的价格上出售，这是之前分析过的投机性因素；（b）出售者需要直接使用此财货。第二个因素通常并不适用于生产者财货，因为出售者生产生产者财货的目的是出售，通常也没有准备立即将之直接用于进一步生产。不过，在有些情况下，在进一步生产中直接使用财货的选择确实是存在的。例如，原油的生产者可以出售原油，或者在市场价格跌至某个最低出售价格以下的时候，可以将之用于在自己的工厂中生产汽油。就我们这里正在讨论的消费者财货而言，直接使用也同样是有可能的。特别是出售者出售的是他之前直接使用的原来的消费者财货——比如旧房子、画等等（价格下降转为自用——译者注）。不过，随着货币经济中专业化的飞速发展，这些情况变得并不常见了。

如果我们把暂时的因素（a）放在一边，而且认识到（b）在消费者或生产者财货的情况中并不总是存在，那么我们可以很明显地看到，许多市场供给曲线会接近于垂直的形态。在这样一种情况下，生产者在对生产进行投资并取得财货库存之后，通常愿意在他所能得到的任何价格上出售，而不论市场价格可能多么低。 ²⁵⁴ 这当然绝不等同于说，如果出售者预期进一步生产的产品售价非常低，他也会对进一步生产进行投资。在后一种情形中，问题在于决定目前要投资多少，用于生产一种财货并在未来某个时间点上出售。对于促成日常的均衡价格的市场供给曲线的情形，我们讨论的是已经给定的库存以及对这一库存的留存需求。另一方面，就生产而言，我们讨论的是有关接下来用多少库存去生产的投资决策。我们一直在讨论的是市场供给曲线。这里出售者的问题是如何使用给定的库存，这些库存是已经生产好了的。与生产有关的问题会在第五章及其后的内容中讨论。

市场上还可能有的一个情况是先前的购买者可能会重新进入市场，重新出售一种财货。很明显，他要能够这样做，那种财货必然是耐久的。（比如，小提琴演奏的服务就是不耐久的，因为购买它的听众不能再次销售。）这种财货的总库存于是就会等于生产者的新供给，加上生产者的留存需求，加上原来持有者的供给，再加上原来所有者的留存需求（即原来购买者保留的数量）。随着价格的上升，原来所有者的市场供给曲线会增加或者垂直；随着价格的下跌，原来所有者的留存需求曲线会增加或保持不变。换言之，他们的供给和需求表的行为与同为供给方的生产者相似。我们把生产者和原来所有者的供给曲线相加，就能得到市场总供给曲线。总持有需求表则等于购买者的需求，加上生产者和原来所有者的留存需求（如果有的话）。

255 　　如果财货是齐本德尔式椅子，是不能再生产出来的，那么市场供给曲线与原来所有者的供给曲线相同。没有生产就没有新增的库存。

　　显然，原来库存对新生产的比率越大，在其他条件不变的情况下，原来所有者的供给与新生产者的供给相比会更为重要。总的倾向是，财货的耐久度越高，原来库存就越为重要。

　　有一种类型的消费者财货，它的供给曲线我们会在后面有关劳动和收入的部分讨论。这种财货即个人服务（personal service），诸如医生、律师、音乐会小提琴手、服务员等等的服务。正如我们之前已经指出的，这些服务当然不是耐久的。事实上，它们生产出来就立即被出售者消费了。不同于实物（比如"商品"），它们是供给者本人的努力直接释放出的结果，他在做出决定时就立刻生产了这些服务。服务的供给曲线取决于提供服务的人决定是否生产——即做出个人的努力，而不是出售已经生产了的财货。在服务领域不存在"库存"，因为财货生产的同时就被消费而消失了。"库存"的概念显然只适用于有形物。不过，个人服务的价格是由供给和需求力量相交所决定的，这与有形财货的情况相同。

　　对于所有财货，均衡价格的确立趋向于确立一种休止状态（state of rest）（交换停止）。价格确定以后，会有销售发生，直到库存根据价值表进入最有能力的所有者的手中。不过，如果新的生产在持续，那么因为从生产者那里有新的库存流入市场，市场也会持续。新库存的流入改变了休止状态，为新的交换提供了舞

256 台；生产者急于出售他们的库存，也有消费者乐于购买。相反，当总库存固定下来，不再有新的生产的时候，休止状态很有可能变得十分重要。任何价格的变动或者新的交换的发生，会是评值变动的结果。即，市场上至少有两个人的价值表上货币和财货的相对位置发生了改变，使得他们进一步进行财货与货币的交换。当然，如果评值变动不居（在一个变动的世界里它们几乎总是变化的），原来库

存的市场仍然会是持续的^①。

市场是间断而不是连续的财货十分罕见，一个例子是齐本德尔式椅子，它的库存十分有限，货币价格又相对较高。库存总是被分配到最迫切拥有它的所有者手中，交易并不频繁。只要有一个收藏者认为他的齐本德尔的价值低于一定量货币，而另一个收藏者认为手里的这笔钱的价值低于获取这件家具，交换就有可能发生。不过，大部分财货，甚至是那些无法再生产的财货，由于评值连续的变化，以及市场中大量的参与者，因而都有一个活跃的、持续的市场。

总而言之，购买者决定在不同范围的价格内购买消费者财货（撇开之前分析过的投机性要素），是因为他们对这些财货有直接使用的需求。他们决定不购买，是因为他们对货币的留存需求让他们更倾向于保留货币，而不是将之花在那种财货上。出售者，不论何种情况，都是因为他们对货币的需求而供给财货；他们留存一定的库存是由于（排除对价格上涨的投机）他们对那种财货的直接使用需求。因此，决定任意的和所有的消费者财货的供给和需求表的一般性因素，是市场上所有人在自己的价值表上权衡对直接使用财货的需求和对货币的需求（或者是用于留存，或者是用于交换）。尽管我们下面还要进一步探讨投资－生产决策，显而易见的是，做出进行投资的决定是由于对预期的未来货币收益的需求。如果一人决定不投资的话，也正如我们上面已经看到的，是因为对当前使用一定量货币的需求占据了上风。

257

4. 交换的收益

正如在第二章中考虑的情况，在均衡价格出售财货的卖方，他们的价值表使他们成为最有能力、最为迫切的卖方。同样，在均衡价格购买财货的会是最有能力或者最为迫切的买方。当价格是每磅黄油 2.5 粒黄金的时候，卖方会是那些对于他们而言这笔钱比 1 磅黄油更有价值的人；买方则是拥有与卖方相反的评值的人。那些根据自己的价值表不能出售或购买的人，是能力欠佳，或较不迫切的购买者和出售者，我们不妨称他们是"次边际"买方或卖方。"边际"购买者和"边际"出售者是那些供给、需求表恰好让他们留在市场中的人。边际出售者的最低出售价格刚好是 2.5 粒黄金；略微低一点的价格就会将他逐出市场。边际购

---

① 参见之前的第二章，第 142-144 页。

买者的最高购买价格刚好是 2.5 粒；略微高一点的价格就会将他逐出市场。根据
价格一致性规律，所有交换都在均衡价格上（一旦均衡价格确定之后），也即边
际购买者和边际出售者的评值之间进行，由需求和供给表以及他们的相交决定边
际点。从人的行动的本质来看，所有购买者显然会从交换中获益（或者认为他们
会获益）。那些没有购买财货的人认为他们会因为交换而损失。这些命题对于所
有财货而言皆为真。

258　　　　一些经济学家过分强调通过交换，最有能力的买方和卖方取得的"心理剩
余"。他们还尝试度量或比较这些"剩余"。愿意用 4 粒黄金购买相同数量财货的
买家因为他可以以 2.5 粒的价格购买显然获得了主观收益。对于愿意以 2 粒出售
相同数量财货的卖家而言也是如此。不过，"边际以上"（supramarginal）买卖者
的心理剩余是不能和边际买卖者的相比较或者以之度量的。因为我们必须记得，
边际购买者或出售者也获得了心理剩余，这是从交换中获得的，否则他就不会交
换。每个人的价值表纯粹是序数的，没有任何办法度量排序之间的距离；任何有
关这种距离的概念都是错误的。因此，我们无法对不同人的剩余做比较和度量，
说一个人主观上比另一个人获益更多是没有理论依据的[①]。

　　我们不妨用下面的方式证明度量效用或获益的不可能性。假设鸡蛋的市
场均衡价格被定在每打 3 粒黄金。下面是一些选定的购买者和潜在购买者的价
值表：

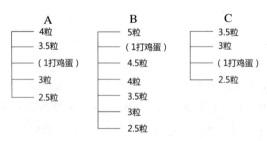

259　　　　我们将货币价格分割为 0.5 粒黄金的单位；为了简化讨论，我们假定每个购
买者都在考虑购买一个单位——即 1 打鸡蛋。C 显然是次边际购买者；在他的价
值表上，3 粒黄金高于 1 打鸡蛋，所以他是不可能购买到鸡蛋的。而 A 和 B 会进
行购买。现在，A 是边际购买者；他刚好能够购买这打鸡蛋。如果价格变成 3.5

[①]　在某些情况下，我们也许可以像历史学家那样，用并不精确的判断做出比较。不过，作为行动学
　　家或者经济学家，我们是不能这样做的。

粒黄金，他就会因为他的价值表上的排序而退出市场。相反，B 是边际以上的购买者：即便 1 打鸡蛋的价格提升到 4.5 粒黄金，他也仍然会购买。但我们能否说 B 从他的购买行动中获益比 A 多？我们是不能这样说的。正如上面已经解释过的，每个人的价值表都是纯序数的，是一种排序。即便 B 认为鸡蛋的价值高于 4.5 粒黄金，A 认为 3.5 粒黄金的价值高于鸡蛋，我们仍然没有用于比较两人心理剩余的标准。我们最多只能说的是，价格如果在 3 粒黄金以上，B 从交换中仍然可以获得心理剩余，而 A 成了次边际的，没有剩余。但是，即便我们暂且假设排序之间的"距离"的概念是有意义的，那正如我们所知的，3 粒黄金的价格上，A 的剩余可能比 B 的有更大的主观效用，即便后者在 4.5 粒的价格上仍然能得到剩余。效用在人与人之间是无法比较的，不同价值表上货币和财货的相对排序不能用于做这种比较。

那些徒劳地试图度量从交换中取得的心理收益的经济学家，一直集中于讨论"消费者剩余"。最近的尝试是试图以一个人面临失去某财货而愿意为该财货支付的价格为度量的基础，这些方法是完全错误的。在 80 粒黄金和 50 粒黄金的价格上 A 都会购买一件西服，而 B 可能并不会以高于 52 粒黄金的价格购买的事实，正如我们已经看到了的，并不能允许我们度量心理剩余，也不能允许我们说，A 的收益无论如何就比 B 的收益"更大"。即便我们能够确认边际和边际以上的购买者，我们也不能宣称其中一方的收益大于另一方。这个事实是驳斥所有尝试度量消费者剩余或者其他心理剩余的做法的无可争辩的理由。

这种度量程序还有其他几个根本性的方法论错误。首先，它把个人的价值表与具体行动分离开来。但经济学研究的是真实行动的普遍真相，而不是行动人内心的心理活动。我们是以真实行动为基础推导出一个具体价值表的存在的；我们对在真实行动中没有显现出来的那部分价值表一无所知。一个人如果面临失去财货的全部库存的威胁而愿意为之支付多少钱的问题，完全是一个与人的行动没有关系的学术问题。和所有其他类似的理论建构一样，它在经济学中是没有立足之地的。此外，这个特别的概念是古典经济学谬误的死灰复燃。古典经济学研究一种财货的全部供给，似乎它与个人行动有什么关系。我们必须理解，只有边际单位与行动有关，而一个单位财货的边际效用，与财货总供给的效用是根本没有决定性的联系的。

的确，一种财货的供给的总效用，会随着供给量的增加而增加。这可以从财货的根本性质中推导出来。10 个单位的某种财货，在个人的价值表上会比 4 个单位的排序更高。但这种排序与当供给量是 4, 9, 10 或者其他任意数量时的每个单位的效用排序完全没有关系。无论财货单位的规模如何，这一点总是为真。我们能够确认的只是平常的序数关系而已，即 5 单位财货会比 1 单位有更高的效用，并且第一个单位的效用会高于第二个单位，第二个高于第三个，依此类推。但我们没有确定的办法将单个效用加总成"一包"效用[①]。事实上，总效用只有当实际的决策涉及整个供给时才有真实相关的意义而非假想的概念。如果那样，它仍然是边际效用，但现在边际或单位的规模是财货的全部供给。

261

只要有为交换而生产，就必定会出现"消费者剩余"。如果我们同时考虑所有消费者的财货（在逻辑上是可行的），而尝试以某种方式衡量这个"剩余"，这种做法的荒谬性会更为暴露无遗。还从没有人这样尝试过[②]。

5. 货币的边际效用

A. 消费者

我们还没有解释一个非常重要的问题：货币在不同人的价值表上是如何排序的。我们知道财货单位在这些价值表上的排序是由这些单位的边际效用的相对排序所决定的。就物物交换而言，相对排序显然是人对直接使用各种财货的边际重要性的评值的结果。不过，就一个货币经济而言，货币商品的直接使用价值被它最为主要的交换价值所掩盖了。

在第一章第五节有关边际效用规律的部分，我们知道了，一个单位的一种财货的边际效用，是由如下方式决定的：（1）如果这个单位为行动人所有，该单位的边际效用等于他赋予最不重要的目的（或用途）的排序价值，这是他在失去该单位时所要放弃的目的；（2）如果该单位还不为他所有，增加该单位的边际效用等于该单位能用于最为重要的目的的价值。以此方式，一个人首先把他的一种财货的各个单位库存用于对他而言最为重要的用途，然后是次重要的用

262

[①] 更多有关这些问题的讨论，参见罗斯巴德，《重建效用与福利经济学》，第 224-243 页。也可参见米塞斯，《货币与信用原理》，第 38-47 页。

[②] 有趣的是，那些尝试度量消费者剩余的人，公然将消费者预算日渐"庞大"的所有财货或任意财货排除在考量之外。这种做法有其便利之处，但不符合逻辑，掩盖了这种分析的根本困难。不过，这是经济学中典型的马歇尔传统。当今首要的马歇尔派经济学家的明确论述，参见 D. R. Robertson, *Utility and All That* (London: Goerge Allen and Unwin, 1952)，第 16 页。

途。而他要放弃的话，则先是放弃最不重要的用途。现在我们在第三章中知道了每个人在各种用途之间是如何分配他的货币库存的。货币商品有多种不同的用途，而且货币经济、劳动分工以及资本结构越是发达，越是先进，用途的数量也就倍增越多。一个人必须考虑是把货币用于种种消费者财货，还是种种投资项目，是在当前消费，还是获取未来的预期收益、增加现金余额的问题。我们说，每个人都把每个单位的货币商品首先分配到其最重要的用途中去，然后是第二重要的用途，依此类推。这样就决定了在每种可能的用途和开支线（lines of spending）上的货币分配。和其他商品的情况一样，最不重要的用途是最先被放弃的。

在这里我们感兴趣的不是对货币的边际效用面面俱到的分析，尤其是现金余额的决策，我们会在后面探讨。这里我们感兴趣的是与消费决策有关的货币边际效用。每个人都是一个消费者，因此分析适用于参与货币交换关系之中的每个人。

消费者希望分配到不同开支线上的每一个新增单位能够服务于最有价值的用途。他的心理收益（psychic revenue）是边际效用——财货所能服务的最为重要的用途的价值。他的心理成本（psychic cost）是他必须放弃的第二重要的用途——他必须牺牲这一用途来实现最为重要的目的。因此，我们将任意行动的成本定义为为此所放弃的最高排序的效用。

一个人从一交换行动中获得或期待获得的效用，是增加所购财货的边际效用，即将获得单位的最重要用途。他所放弃的效用，是他在交换中放弃的财货单位所能产生的最高效用。一方面，当他是一名购买财货的消费者时，财货增加对他而言的边际效用，是他能够让这些财货单位实现的最高价值的用途；这是他预期从交换中取得的心理收益。另一方面，他所放弃的是对他所"出售"或放弃的若干单位货币的使用。那么，他的成本，就是他使用货币本来能够服务的最重要用途的价值[①]。每个人在行动中都力图取得一个大于其心理成本的心理收益，从而也就取得了心理利润；对于消费者的购买行动来说同样如此。如果他做出的选择是错误的，那么错误就会显露出来，他意识到自己本来可以做得更好，采取另外的、他已经放弃了的行动。

现在，根据边际效用规律，对于消费者而言，多购买一个财货的边际效用必

263

---

① 参见之前的第二章，第 161 页。

然递减。另一方面，由于他在出售中放弃了一种财货的单位，这种财货的边际效用对他而言会变大，这也是同样的规律在起作用。对于直接的财货而言显然是这样，但对于货币呢？

毫无疑问，货币不仅仅是一种有用的财货，而且是一个货币经济中最为有用的财货之一。每次交换实际上都需要它作为媒介。我们已经看到，一个人最为重要的一项活动，就是将他的货币库存分配到他所需要的不同用途中去。因此，显而易见，货币与其他商品一样，也遵循边际效用规律。货币是一种可被分割为许多同质的单位的商品。实际上，这种商品被选作货币的一个原因，就是它有很好的可分割性，可以被分割成相对小的同质单位。一个人会把第一个单位的货币分配到对他而言最为重要、最有价值的用途之中；第二个单位的货币会被分配到第二个最有价值的用途之中，依此类推。一人放弃任意单位的货币，必然要牺牲货币正在服务的，或者本可以服务的价值最低的用途。因此，货币与其他商品一样，随着其库存的增加，其边际效用下降；而随着其库存的减少，其对人而言的边际效用增加①。增加货币库存的边际效用，在排序上与货币单位可以取得的最高价值目的相等；货币的边际效用则与如果这些单位的货币被放弃而将会牺牲掉的价值最高的目的的价值相等。

货币可以实现的各种目的有哪些？它们有：（a）货币商品的非货币性用途（比如说黄金作为装饰的用途）；（b）在许多不同种类的消费者财货上的开支；（c）投资于各种生产要素的组合；（d）增加现金余额。这几种宽泛的用途分类，每种都涉及许许多多种类和数量的财货，而每一种用途的选择都在个人的价值表上被排序。显然，消费财货的用途是：它们可以为个人的欲望提供直接的满足，因此也是在他的价值表上直接排序的。同样显而易见的是，当货币用于非货币性目的时，它本身就成了一种直接的消费者财货，而不是一种交换媒介。投资的目的在于通过目前投资于资本财货，获得更高水平的未来消费。这我们在后面会进一步讨论。

保持或者增加现金余额的用处是什么？这个问题我们会在下文中探究。但这里我们也许可以说，人们对现金余额的需求来源于他们对购买无论是资本还是消费者财货的正确时机的根本的不确定性。同样重要的原因还有人对他自己未来的价值表并不确定，有在手上保留现金以满足可能发生的变化的需要。不确定性的

---

① 对这一点的进一步讨论，参见后面的附录 A，"货币之递减的边际效用"。

确是所有人类行动的根本特征，变动的价格和变动的价值表是这种根本的不确定性的几个方面。比如，如果某人预测不久的将来货币单位的购买力会提升，他就会倾向于把他的购买推迟到那一天，而现在先增加他的现金余额。相反，如果他预测购买力会下降，他就会倾向于在当前购买更多的东西，减少他的现金余额。 265 这种普遍的不确定性的一个例子是，人们经常会有在手头保留一定数量现金的需要，为的是应对可能的某些方面意料之外开支的不时之需或者紧急情况。这种情况下他的这种"安全感"表明货币的价值并不只是仅仅在交换中才有；由于它极大的适销性，仅是持有它就对个人有益。

一个人的现金余额中的货币为他提供着一种服务，这也就证明了某些经济学家在"流通"的货币和"闲置积存"的货币之间进行区分是错误的。首先，所有货币总是在某人的现金余额之中。它从来不会在某种神秘的"流通"中"移动"。一定量的货币可能一开始在 A 的现金余额中，然后 A 从 B 那里买了鸡蛋，它就转移到了 B 的现金余额中。其次，不论任何给定单位的货币在一个人的现金余额中停留了多久，它一直在为他提供服务，因此绝不是"闲置积存"。

消费品交换中所涉及的边际效用和成本是什么？当一个消费者花 5 粒黄金买 1 打鸡蛋，这意味着他预期 5 粒黄金的最有价值用途就是获取 1 打鸡蛋。这是 266 增加 5 粒黄金对他的边际效用。这个效用是他预期从交换中取得的心理收益。那么，交换的"机会成本"（或者简单地说，"成本"即他所放弃的次好选择）是什么呢？这也是他可以用 5 粒黄金服务的最有价值的用途。这可能是如下几个选项之一，是在他的价值表上排序最高的那个：（a）在某些其他消费者财货上的开支；（b）将货币商品用于直接消费；（c）为增加未来的货币收入和消费，在某些生产要素的投资线上的开支；（d）增加他的现金余额。我们要注意的是，由于这一成本涉及的是一个边际单位（无关规模）的决策，这同样也是决策的"边际成本"。这一成本是主观的，并在个人的价值表上排序。

决定将货币花在一件具体的消费者财货上的成本（或者说放弃的效用）的本质，在成本等于从另一个消费行动中本可以得到的价值的情况中有明显的体现。如果成本是一个人所放弃的投资，那么他所放弃的是预期的消费在未来的增加，以个人的时间偏好率表示。时间偏好我们在后面还会有深入的探讨。不论如何，一方面，一个人购买一种具体财货（比如鸡蛋），买得越多，继续增加的财货对他的边际效用就越低。这当然符合边际效用规律。另一方面，他在鸡蛋上花的钱越多，则不论次好的财货是什么（比如黄油），放弃它所放弃的边际效用就越大。

因此，他在鸡蛋上花的钱越多，他从鸡蛋中获得的边际效用就越少，购买鸡蛋的边际成本（也就是他必须放弃的价值）就越大。最终，边际成本大过了边际效用。此时，购买鸡蛋的边际成本变得大于增加这种商品的边际效用，他于是转而购买黄油，然后同样的过程又继续下去。一个拥有任意库存币的人，首先会考虑消费品上的开支，他在每个财货上的支出遵循着这条规律。在一些情况中，消费一种消费者财货的边际成本变为在某些生产线上的投资，然后这个人可能会向生产要素投资一些钱。直到当它的边际成本（以放弃的消费或现金余额衡量）大于预期回报的现值，这种投资会停止。有时候，最高价值的用途是增加现金余额，那么直到从这种用途中得到的边际效用小于放弃某些其他用途的边际成本，增加现金余额才会停止。一个人的货币库存，正是以这种方式，在所有最有价值的用途中进行分配的。

也是以这种方式，个人建立起了对每种消费者财货的需求表，市场上个人需求表的总和决定了市场需求表。给定了所有消费者财货的库存（我们会在接下去的几章里分析这里的"给定"），它们的市场价格也就确定了。

有些人可能会想，也确实有很多经济学家认为，货币在这里起到了度量的作用，具有可比性。不过，货币并没有这种功能。货币的边际效用对不同人来说是不同的，就像任意其他财货的边际效用对于不同人也是不同的。1 盎司货币可以在市场上购买各种财货，且这种机会向所有人开放的事实，并不能告诉我们有关不同人会如何对这些不同的财货组合进行排序的信息。价值或排序的领域是无法度量或者比较的。货币只是为每件财货定了货币价格，使价格能够相互比较。

每个人在各自价值表上进行排序和比较的过程确定和决定了消费者财货的价格，这一点看似已无须进一步分析。不过，问题远没有这么简单。忽略和回避其中涉及的难题，已困扰经济学多年。在物物交换的体系下，是不会有分析上的难题的。每个人都会对所有可能的消费者财货进行排序和比较，然后形成一种财货表示另一种财货的需求表，等等。相对效用会确定个人的需求表，把这些加总起来就得出了市场需求表。但是，在货币经济中，分析上出现了一个严重的难题。

为了决定一种财货的价格，我们要分析该财货的市场需求表；后者反过来又取决于个人的需求表；个人的需求表又是由个人对财货单位和货币单位的价值排序（由货币的各种不同用途给定）决定的；而那些不同用途又取决于其他财货的给定价格。在假想对鸡蛋的需求时，我们必须假设黄油、衣服等等的货币价格是给定的。但是，如果是这样的话，既然价值表和效用本身就取决于货币价格的存在，那么我们如何用这些价值表和效用来解释货币价格的形成呢？

B. 货币回溯（the money regression）

显然这个至关重要的循环（circularity）问题（鸡生蛋蛋生鸡）不仅与消费者的决策有关，而且与货币经济中任何交换决策都有关。比如，让我们考虑一下一定消费者财货库存的出售者的情况。在一个给定的货币报价上，他需要决定是出售他的库存单位还是留在手上。他之所以迫切地想要出售财货取得货币，是因为货币将会为他派上用场。他会把货币用在对他而言最为重要的用途上，这将会决定他对货币的评值——或者是增加货币的边际效用。但是，货币增量对于库存出售者而言的边际效用，是以货币已经是货币，而且可以轻易地用于购买出售者想要购买的其他财货（包括消费者财货和生产要素）为基础的。出售者的边际效用因此也依赖于经济中之前所存在的不同财货的货币价格。

同样，对于劳动者、土地所有者、投资者或者一种资本财货的所有者而言：在出售他的服务或劳动时，货币增量具有边际效用，这是他决定出售财货的必要的前提条件，因此也是他用财货换货币的供给曲线的决定因素。不过这种边际效用总是取决于之前存在的一系列货币价格。因此，出售任意财货或服务换取货币的人对他将要取得的货币的边际效用与继续持有财货或服务的边际效用进行排序。花钱购买财货或服务的人肯定是将保留货币对他而言的边际效用与获取财货的边际效用进行了排序，并认为后者大于前者。许多买方和卖方的这些价值表决定了个人的供给－需求表，也就是决定了所有货币价格；不过，为了在价值表上对货币和财货进行排序，货币肯定已经对每个人而言有一个边际效用，而且这个边际效用肯定是以先前存在的各种财货的货币价格为基础的[①]。

路德维希·冯·米塞斯教授在他著名的货币回溯（money regres-sion）理论中

[①] 确实，想要获得或给出货币的人，当然首先是关注于其未来的购买力和未来的价格结构。但他除了通过观察在最近的过去货币购买力的配置情况外，别无他法对货币的未来购买力形成判断。（米塞斯，《人的行动》，第 407 页）

270　提出了解决这个十分重要的循环问题的方法①。要解释货币回溯的理论，我们可以考察在我们分析的每个部分中所考虑的时间段。让我们定义"一天"为足够决定社会上所有财货的市场价格的时间段。那么，在第 X 天，每件财货的货币价格由当天买卖双方的货币和财货供求表的相交确定。每个买家和卖家，根据货币和给定财货对他而言的相对边际效用对两者进行排序。因此，第 X 天结束时的一个货币价格是由第 X 天开始时就存在的货币和财货的边际效用所决定的。但正如我们之前所看到的，货币的边际效用是基于之前存在的货币价格的数组。人们需求货币，认为它是有用的，是因为其已经存在的货币价格。因此，第 X 天一件财货的价格是由第 X 天财货和货币的边际效用所决定的；其中，第 X 天货币的边际效用，反过来又取决于第 X-1 天的财货价格。

271　　　所以，货币价格的经济分析并非循环的。如果今天的价格取决于今天货币的边际效用，后者则取决于昨天的货币价格。因此，每一天的每个货币价格中，都包含有一个时间成分（time component），故而这个价格部分的是由昨天的货币价格所决定的。这并不意味着，昨天鸡蛋的价格部分确切地决定了今天鸡蛋的价格，或者昨天黄油的价格决定了今天黄油的价格，等等。相反，对今天每个具体价格至关重要的时间成分，是昨天所有财货的货币价格的一般数组，因此当然也就是社会上的个人对货币单位的评价。不过，如果我们考虑今天价格的一般数组，在它们的决定过程中至关重要的时间成分就是昨天的价格的一般数组。

　　　这个时间成分完全来自货币侧的决定性因素。在一个物物交换的社会，任意

---

① 参见米塞斯，《货币与信用原理》，第 97-123 页，以及《人的行动》，第 405-408 页。也可参见熊彼特，《经济分析史》，第 1090 页。在米塞斯提出解决办法之前，这个问题阻碍了经济科学的发展。由于不能解决这个问题，很多经济学家对是否可能对货币价格建构一种令人满意的经济学分析感到绝望。他们不得不放弃对货币价格进行根本性分析，而将财货的价格与它们的货币成分完全分离开来。在他们这种错误的做法中，他们假设单个价格的决定，与没有货币参与的物物交换的情况是完全相同的；而货币的供给和需求决定了一个想象虚构的所谓"一般价格水平"（general price level）。经济学家们开始分门别类地专攻"价格理论"和"货币理论"。在价格理论里，货币起到的实际作用是不被提及的，而只关注于某个具体价格及其决定因素。而在货币理论里，单个价格消失了，它只讨论一个神秘的"价格水平"，只关注"经济的整体"，而没有将之与个体组成部分联系起来。这就是所谓的"微观经济学"和"宏观经济学"。事实上，这种错误的预设会不可避免地得出错误的结论。经济学在对现实进行分析时，在分析的进行过程中为了提炼将不同的主题分开来讨论是合理的，也是必需的；但如果这种分开讨论违背现实，那就是不合理的，否则最终的分析结果就不能正确地描述各个个体部分及其联系。

给定时点的价格中都并没有时间成分。当人们用马与鱼进行交换的时候，市场上的人们只是在商品的直接用途的基础上决定各种相对边际效用。这些直接用途是直接现时的，而不需要任何之前就在市场上存在的价格。因此，直接财货（诸如马和鱼）的边际效用没有之前的时间成分。物物交换的体系中也就没有循环的问题。在这样一种社会中，如果由于某种原因，所有先前价格的市场和知识都消失了，虽然当然在一开始的时间里会有混乱，每个人都要考虑自己的价值表，然后尝试估计他人的价值表；但要迅速地重新建立起交换市场并没有太大的困难。货币经济的情况是不同的。由于货币商品的边际效用取决于之前存在的货币价格，现存市场和有关货币价格的知识的消失会使直接重建一个货币经济变得不可能。经济会被摧毁，然后回到极为原始的物物交换状态，新的货币经济只有在此之后，才可能像以前那样缓慢地重建起来。

　　现在也许可以提出这个问题：虽然货币价格的决定中没有循环性，但是其部分原因是向过去回溯上去的，这是不是在将没有解释过的因素无限制地回推？如果今天的价格部分地由昨天的价格决定，而昨天的价格由前天的决定，依此类推，这不就是在把回溯无限地往回推，所以并没有对价格的决定因素的这一部分做出解释？

　　对此的回答是回溯并不是无限的。是否到达其终止点的判断依据就是之前对货币经济的条件和物物交换状态的条件之间所做区分。我们记得货币的效用包含两种主要的因素：货币作为交换媒介的效用，以及直接使用货币商品的效用（例如将黄金用于装饰）。在现代经济中，货币商品完全发展为一种交换媒介以后，它的媒介用途往往掩盖住其在消费中的直接用途。对黄金的货币需求远远超过了用它做珠宝的需求。不过，后一种用途和需求一直存在，并且对货币商品的总需求施加一定的影响。

　　在货币经济中，任意一天黄金的边际效用（因此也就是对它的需求）在参与决定每天的货币价格。黄金的边际效用和今天对它的需求取决于昨天存在的货币价格数组，这又取决于昨天黄金的边际效用及需求，依此类推。现在，随着我们将时间向上追溯，我们最后必然会到达一个初始点，那时人们刚开始将黄金作为交换媒介来使用。让我们设想一下人们超出纯粹的物物交换体系，开始将黄金作为交换媒介的第一天。在那一天，每件其他财货的货币价格（或者更确切地说——黄金价格）部分地取决于黄金的边际效用。这个边际效用有一个时间成分，即先前在物物交换中决定了的黄金价格的数组。换言之，当黄金最初开始被

272

273

用作交换媒介的时候，它发挥这种作用的边际效用，取决于先前存在的通过物物交换所确定的黄金价格数组。但如果我们再往回追溯一天，也就是到物物交换的最后一天，各种财货的黄金价格，和其他所有价格一样，是没有时间成分的。它们像其他所有物物交换价格一样，是单独由那天的黄金和其他财货的边际效用所决定的，而黄金的边际效用，由于它当时仅仅用于直接的消费，所以没有时间成分。

我们因此完备地解释了货币价格（黄金价格）的决定，而没有循环性和无限回溯。对黄金的需求参与了每个黄金价格的决定，今天对黄金的需求，只要它被用作交换媒介，就拥有一个以昨天的黄金价格数组为基础的时间成分。这个时间成分可以上溯到物物交换的最后一天，也就是黄金开始被用作交换媒介之前的那一天。在那一天，黄金没有作为交换媒介用途的效用；对黄金的需求只是直接使用它，所以那天和那天之前所有日子里的黄金价格的决定，并不包含任何时间成分[1][2]。

274　　回溯过程的这一时间性因果关系模式（causal-temporal pattern）也许可以用图4.6来描述。连续的几天分别以 1，2，3 等表示。箭头描述了每个时间段上决定市场上财货的黄金价格的因素。在每段时间上，财货的黄金价格根本上是由个人的价值表上黄金和其他财货的相对边际效用所决定的，黄金的边际效用是以前一个时段的黄金价格为基础的。这个时间成分（用箭头表示）可以一直往回推，直到物物交换的时期，此时的黄金只用于直接消费或生产目的，而非交换媒介。在那一天，对之前黄金价格的时间性依赖和时间箭头消失。在这张图中，第 1, 2, 3 天是物物交换体系的时期，从第 4 天起，黄金被用作交换媒介。

回溯理论的重要成就之一在于它确立了这样一个事实，即货币必然是像第三章中所描述的那样，从一种已经有直接使用需求的商品中发展出来，然后人275 们越来越普遍地将这种商品当作交换媒介来使用。我们必须从一个之前存在的以其他财货表示的价格数组，来判定对于一种作为交换媒介的财货的需求。因

---

① 我们越上溯，就越接近最初物物交换的日子，对黄金的需求中交换用途的需求相比于直接用途就变得越来越弱，直到最后我们回溯到物物交换的最后一天它完全消失，时间成分也随之消失。

② 我们应当注意到，回溯的关键终止点并非黄金的"货币"用途停止的时刻，而是其交换媒介用途停止的时刻。显然，"一般"交换媒介（货币）的概念在这里并不重要。只要黄金起着交换媒介的作用，黄金的价格就会继续拥有时间性的成分。当然了，对于一种被有限地用作交换媒介的商品而言，其效用所考虑的只是一个有限的价格数组。

此，一种交换媒介只能按照我们之前的描述和图 4.6 的模式出现；它只能来源于一种之前在物物交换的情况下被直接使用的商品，因此拥有一个以其他财货表示的价格数组。货币必须从一种之前就拥有购买力的商品（比如黄金和白银）中发展出来。货币不可能由某个"社会契约"或政府法令突然之间无中生有地创造出来。

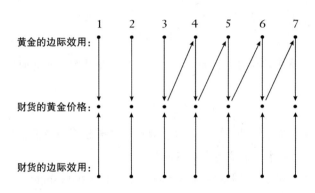

图 4.6　货币回溯的时间性因果关系模式

另一方面，从这里的分析中我们并不能推出，如果现有的一种货币丧失了其直接用途，人们就不会再作为货币使用它。比如，如果黄金在成为货币以后，突然之间丧失了其在装饰和工业上的价值，它也未必会丧失其货币用途。一旦一种交换媒介被确立为货币，市场上就会连续不断地设定货币价格。如果在第 X 天黄金失去了其直接用途，之前在第 X-1 天确定的货币价格仍然存在，这些价格构成了第 X 天黄金的边际效用的基础。同样，由此在第 X 天确定下来的价格构成了货币在第 X+1 天的边际效用的基础。从第 X 天起，人们对黄金的需求可以只是对其交换价值的，而根本没有直接使用它的需求。因此，尽管货币从一种有直接用途的商品中出现是绝对必然的，但是直接用途在那种商品成为货币之后并不必然一直存在。

现在，我们已经根据个人的价值表，完备地解释了消费者财货的货币价格。对于这些价值表，我们的解释到对每种财货用途的主观评值的内容为止。经济学关心的并不是这些目的的具体内容，而是在给定任意目的的基础上对各种行动现象的解释。我们已经将这些现象追溯到对有用的财货的主观评值上。因此，经济

276

学在这一领域的任务，已经完全达成了[1]。

C. 效用和成本

我们不妨如下总结消费者财货的买卖双方（或更确切地说，潜在的买卖双方，参照第二章，第190页）在做出决定时的效用和成本考量：

卖方：

收入：货币单位增加的边际效用 = 最有价值的预期用途的价值排序
成本：

或者
(1) 直接使用该财货的边际效用——要放弃的最高价值的用途（取一个人价值表上排序更高者）
(2) 持有并预期在未来以更高价格出售的边际效用

如果两种成本项目都不存在，那么这次出售是无成本的。

买方：

收入：财货单位增加的边际效用 = 财货单位排序最高的直接用途
成本：货币单位的边际效用——在交换中必须放弃的最高价值的用途

---

[1] Patinkin 教授批评米塞斯，称他宣称回溯理论的基础建立在如下的观点之上：货币的边际效用指货币所交换的财货的边际效用，而非持有货币的边际效用。他因此批评米塞斯在《货币与信用原理》中持有后一种观点是与回溯理论不一致的。事实上，米塞斯所采用的货币边际效用的概念，指的正是持有货币的效用，而米塞斯有关回溯理论的观点说的是另外一回事，即持有货币的边际效用本身是以货币可以（以先行存在的财货的货币价格）交换财货的居先事实为基础的。因此，我们就有必要通过回溯理论破解这个循环的问题。简而言之，持有货币要有边际效用，就需要有已经存在的财货价格。Patinkin 教授在他自己的理论里试图证明循环是合理的，但他的论证显得十分薄弱。他在分析市场（市场的"试验"）的时候从效用入手，在分析效用的时候从价格入手（个人的"试验"），但他依然身陷循环的陷阱而不能自拔。因果关系的方法论（相反于相互决定的数理类型的方法论），能够很快揭示出这一点。Don Patinkin, *Money, Interest, and Prices*(Evanston, Ill. : Row, Peterson & Co., 1956)，第 71~72，414 页。

行动人的目的总是在于通过让他的边际收入超过边际成本而从一个行动中获 277
取一笔心理利润。只有在做出决定、采取行动、评估结果之后，行动人才能知道
他的决定是否正确，即他的心理收益是否真的超过了他的成本。他也有可能发现
他的成本大于收益，因此是在交换中有损失的。

我们很容易就能区别两个"观点"（vantage points），行动人分别进行事前
（ex ante）和事后（ex post）的判断。事前，指的是他必须选择行动方案的状态；
这是人的行动最相关和决定性的考量。行动人考虑他的各种选项及其相应后果。
事后，指的是他对过去行动的记录下的观察；这是对他过去的行动及其结果的判
断。那么，在事前，他总会采取最为有利的行动，并且总会有一笔心理利润，心
理收益大于心理成本。事后，他可能因行动而获利或损失，这取决于他作为一个
企业家原来的行动是否正确。显而易见，他的事后判断主要有用于他考虑未来行
动时进行事前的权衡。

假设一位最终消费者购买了一件产品，然后发现他买错了，这件财货对他几 278
乎没有价值。比如说，一个人买了一块蛋糕，之后发现自己根本不喜欢这个蛋
糕。事前，蛋糕（预期的）效用大于他在购买中放弃的货币的边际效用。事后，
他发现他的选择是错误的，如果他能够重新选择，他是不会购买那块蛋糕的。购
买的责任在消费者，他必须承担自愿交易产生的损失和收益。当然，没有人能够
重回过去，但是他可以使用知识，比如，去避免再次购买这种蛋糕。很明显，那
块他买下的蛋糕，一旦买到手，即使花费了他几粒黄金，也有可能是价值不大或
者完全没有价值的。这块蛋糕的成本是因为花费 3 粒黄金而放弃的边际效用。但
这个在过去发生的成本，并不能赋予现在的蛋糕任何价值。这虽然是显而易见
的，但是经济学，尤其是在 19 世纪，经常以各种形式的"成本"价值理论，忽
视了这个真相，而陷入困境。这些成本理论宣称，财货的价值是由过去获取它们
时发生的成本或牺牲所赋予的。但事实恰恰相反。显而易见，只有个人希望现在
直接使用财货，或者是现在预期可以在未来将之出售给这样的人，财货才得以被
赋予价值[①]。

对于上述购买者情况的总结，我们也许可以略作修正。试想购买者并非最终

---

① 正如 Wicksteed 所说，"预期价值指挥着人们的努力，但过去的努力并不控制价值"，而且你所拥
  有的东西的价值，并不受到你为了得到它而抛弃或放弃的东西的价值的影响。但你为了取得一样
  东西所愿意放弃多大程度的好处，是由你预期当你取得了那样东西以后它所能带给你的价值决定
  的。（ Wicksteed, *Common Sense of Political Economy*, 第一卷，第 93，89 页。）

279 的消费者，而是一个预期未来价格会上涨的投机性购买者。那样的话，对他而言，大于仓储成本的持有财货并期望在未来更高的价格上出售的边际效用是更高的收益。

D. 计划以及选择的范围

货币的出现极大地拓宽了每个人的可选择范围，这应该是十分清楚的了。货币单位所能满足的其他各种用途，比单个财货可以发挥的用途数量要多得多。马或者房子有几种用途，原材料可以用于很多生产领域，但货币可以用于交换社会上每一种可以交换的财货，不论是有形的商品，还是无形的服务，一种消费者或资本或自然财货，还是对这些财货的要求权。货币起到了大幅拓宽选择范围的作用；它本身则成了被分配到可供选择的目的中最有价值的目的之上的关键性手段[①]。

在此，我们也许有必要思考一下每个人是如何行动的。他总是会将手段配置到各种可供选择的目的中根据他的价值表排序最有价值的那些。他的行动（这是概括的说法），和他在交换中的行动（这是具体的说法）都总是他做出某些预期的后果，预期着它可以实施的最满意方案。他总会选择的那条路，他预期在未来某个时点（有时候可能十分接近现在，几乎转瞬即至）能够实现排序最高的可能目的，因此从这一行动中得到心理收益。如果他的行动被证明是错误的（所以选择另一行动本会带给他更大的心理收益），那么他就遭受了损失。事前他评估自己的形势，包括现在和预期未来的，并在评值中进行选择，努力根据他所知

280 的解决问题的办法实现排序最高的目的，然后以这些计划为基础选择一系列行动方案。计划是他对未来行动的决策，建立在他对目的的排序以及他自认为拥有的有关如何达成目的的知识基础之上。因此，每个人都无时无刻不在计划。这里的计划范围十分广泛，可以是令人瞩目的新钢铁车间的投资，也可以是一个小男孩决定花两分钱买糖果，然而它们都是计划无疑[②]。因此，声称自由市场的社会是"无计划"的是错误的；相反，每个人都为自己计划。

---

① 我们在后面的第十一章里将会看到，货币在市场上确立之后，它独一无二的地方在于，其供给的增加并不会带来普遍的效益。

② "计划"并不必然意味着对决策及其后续行动的深思熟虑。人做出决定可能几乎是瞬间的事情。但这仍然是有计划的行动。由于所有行动都是有目的而不是反射的，所以在行动之前必然总是有一个采取行动的决策以及评值。因此，计划无时不在。

但"混乱"不是因为个人的计划似乎彼此并不协调而产生吗？恰恰相反，首先，自由市场的交换体系从一开始就让个人的计划彼此协调起来，因为交换是双方都获利的行动。其次，这本书着力于解释和分析决定一个货币经济中各种交换现象的原理和秩序：价格、产出、开支等等。货币经济展现给我们的是一个复杂的、系统性的图景，完全不能说是混乱的；而且，这一点是可以从人的行动和间接交换的基本存在推论出来的[①]。

6. 消费者财货价格之间的相互关系

因此，在任意时点上，消费者面对着市场上先前存在的各种消费者财货的货币价格。他根据自己的效用表决定他对多种财货和货币的不同单位的排序，而这些排序决定了他会在各种财货上花费多少钱。具体而言，他会将钱花在各个财货上，直到再增加一个单位财货的边际效用不再大于市场上的货币价格对他所有的边际效用。这是一个市场经济中消费者行动的规律。他把钱花在一样财货上，新增单位的这种财货的边际效用就会下降，而放弃的货币的边际效用上升，直至他停止在那种财货上花钱。如果即便一个单位的财货的边际效用也抵不上其货币价格的边际效用，个人就根本不会购买那种财货。

281

个人对每种财货的需求表，进而也就是所有购买者的总市场需求表，便是以这种方式确定的。市场需求表的形态决定了转瞬即至的将来的货币价格。因此，如果我们假设行动可以被划分为包括许多"天"的期间，那么，个人购买者参考第1天结束时存在的价格，然后设定他们的排序以及需求表，这些需求表又会决定第2天结束时的价格。

现在，读者又回到了之前第二章第9、10小节的讨论。当时我们分析的是物物交换的条件，但也可以用同样的思路分析货币价格。在每天的结束，需求表（或更确切地说，总需求表）和当天存在的财货库存确定了那一天的市场均衡价格。在货币经济中，这些因素决定那一天中各种财货的货币价格。第二章中展示的对财货价格变化的分析，在这里也是直接适用的。在货币经济中，最为重要的

[①]　经济学"无论如何也必须包括和蕴含有关社会成员会自发管理他们自己的资源以及他们会自发与他人发生的关系的方式的研究"。Wicksteed, *Common Sense of Political Economy*, 第一卷，第15-16页。

市场是自然地持续的，因为财货每天都在源源不断地生产出来。供给和需求表的变化，或者总需求表和库存数量的变化，对市场价格有着直接的、与物物交换经济中相同的方向性影响。市场总需求表比之前一天增加会提升当天的货币价格；可得库存的增加则会降低价格；等等。与物物交换条件下一样，每种财货的库存，在每天的结束，都已转移到了最迫切的持有者手中。

282

至今为止，我们一直将注意力集中在每种消费者财货的货币价格的决定上，而对这些价格之间的关系关注得不多。不过，我们应该能清楚地看到它们之间的相互关系。可得的财货，与在现金余额中持有货币商品的可能性一起在每个人的价值表上排序。然后，根据排序及效用规律，个人将他的货币单位分配到他认为最有价值的用途中去：购买各种消费者财货，投资于各种要素，以及增加现金余额。我们在这里先不讨论消费和投资的配比，以及增加现金余额的问题，留给下文，而只考虑消费者财货的价格间的相互关系。

消费者财货间的相互关系的规律是：任意给定财货的替代品越多，对那种财货的需求表（个人的以及市场的）就越有弹性。一方面，根据"财货"的定义，两种财货不可能互相是"完全替代品"，因为如果消费者将这两种财货视为完全相同的，根据定义它们就应该是同一种财货。另一方面，所有消费者财货都是相互的部分替代品。一个人在他的价值表上对数不清的可得财货排序，并权衡每种财货递减的效用。他这样做，也就是把这些财货当作相互的部分替代品。改变对一种财货的排序，必然会因为所有排序都是序数的和相对的，而改变所有其他财货的排序。一种财货的价格上升（比如由于财货生产不力）会将消费者对之的需求转移到其他消费者财货上去，它们的需求表也就会随之上升。反过来，一种财

283

货的供给量增加，继而导致其价格下降，会将消费者需求从其他财货吸引过来，降低其他财货的需求表（当然，不同财货的需求表的降低程度是不同的）。

认为只有技术上类似的财货才会是相互的替代品是错误的。花在猪肉上的钱越多，可以花在牛肉上的钱就越少；或者，花在旅行上的钱越多，可以花在电视机上的钱就越少。假设市场上的猪肉由于供给量的减少而价格上升；牛肉的需求量和价格很明显会因为这个变化而受到影响。一方面，如果猪肉的需求表在这个变动范围内是大于单位弹性的，那么较高的价格会导致在猪肉上花的钱更少，更多的钱转移到像牛肉这样的替代品上。牛肉的需求表会上升，牛肉的价格会趋于上升。另一方面，如果猪肉的需求表是非弹性的，那么在猪肉上花的钱越多，就会导致对牛肉的需求表的下降，进而也就导致其价格的下跌。不过，这种替代财

货的相互关系，是所有财货在一定程度上都具备的，因为所有财货都是相互的替代品，每种财货都要竞争消费者的货币库存。当然，有些财货，相比另外一些财货，彼此之间是更为"近似"的替代品，它们之间的相互关系也就比其他财货之间更强。不过，替代的近似程度取决于消费者的具体情况以及他的偏好，而不是财货之间在技术上的相似性。

因此，作为各自替代品的消费者财货有如下关系。当财货 A 的库存上升，因此 A 的价格下降时：（1）如果对 A 的需求表是有弹性的，对 B，C，D 等等财货的需求表会有下降的趋势，进而导致它们的价格下跌；（2）如果对 A 的需求表是非弹性的，对 B，C，D 等等的需求表会上升，进而导致它们的价格上涨；（3）如果需求表恰好具有中性（或单位）弹性，即花在 A 上的货币数量没有变动，那么也就不会对其他财货的需求和价格产生影响。

随着货币经济的发展，以及文明的旺盛，人们可以获得的财货种类大大扩展，因此可以相互替代的财货数量也大大增加。由此，尽管各种消费者财货的弹性仍然各不相同，可能相差巨大，但对它们的需求会有变得更有弹性的趋向。替代品的成倍增加倾向于使单种财货的需求曲线更有弹性，因而使第一类的关系成为最主要的。进而言之，新类型的财货进入市场，显然会从其他替代产品中吸收货币性需求，并带来第一类的反应。

Philip Wicksteed 在这段话里中肯地说明了消费者财货之间的替代性的相互关系：

> 显而易见，当一位妇女走进市场，而不知道她是要购买新鲜土豆还是鸡肉的时候，她在市场上发现的价格可以影响她的决定……因为如果她进行购买，价格是她所要放弃的选择的最首要也是最明显的体现。但同样显而易见的是，不仅仅这几件具体的东西的价格，还有许多其他东西的价格会对这个问题造成影响。如果优质的、没有坏的、只是放的时间长一些的土豆价格很低的话，市场上人们很有可能因为有这样一种划算的选择，而不为新鲜土豆支付高价……如果家庭主妇在考虑开一次邻里聚会，晚宴要用两只鸡来招待客人，她出于对客人的尊重，可能会用几磅鳕鱼替代（尽管这两种并无差别）。这种情况下，影响她的选择的，不仅仅是鸡的价格，还有鳕鱼的价格……
> 但鸡和鳕鱼之间的价格差距是由什么决定的？这很有可能取决于与鸡或

284

285　　鳕鱼没有明显联系的一些东西的价格。一对望子成龙的父母，也许愿意大幅缩减其他东西上的开支，专供孩子念书。这种双亲招待客人的方式可能比习俗所要求的更为简单，而同时为他的孩子支付法语或者小提琴课的学费。在这些例子里，土豆是购买新鲜的还是不新鲜的，或者是用鸡还是鳕鱼，甚或二者都不用来招待客人，都可能受到质量较令人满意的法语或音乐课的价格的影响[1]。

　　尽管所有消费者财货都在消费者的购买中相互竞争，有些财货也是彼此的互补品。有些财货的用途有十分紧密的联系，消费者对它们的需求的变动往往也有十分紧密的联系。高尔夫杆和高尔夫球就是一对互补消费者财货的例子，对它们的需求往往同升同降。例如我们这样假设，高尔夫球供给量增加，使其价格下跌，这不仅会使高尔夫球的需求量增加，也会使高尔夫球杆的需求表上升。高尔夫球杆的价格因此有上升趋势。也就是说，如果两种财货互补，当 A 的库存增加，其价格因此下降，B 的需求表会上升，其价格趋于上升。由于一种财货的价格下跌总是会增加其需求量（根据需求规律），这也就总是会刺激起对一种互补财货的需求表，并因此抬升其价格[2]。因为这个效应前面那种财货的需求弹性变得无足轻重。

286　　总结一下消费者财货之间的这些相互关系：

可替代财货：

如果 A 的库存增加，A 的价格下跌，根据 A 的需求曲线：

非弹性：对 B，C，D 等的需求及它们的价格上升。

有弹性：对 B，C，D 等的需求及它们的价格下降。

中性：对 B，C，D 等没有影响。

互补财货：

如果 A 的库存增加，A 的价格下跌，那么对 B，C，D 等的需求，及它们的价格上升。

（除非 A 的需求曲线是垂直的，那样不会对其互补财货产生影响。）

所有财货之间都有相互替代性，而只有很少是互补的。当财货之间也具有互

---

[1]　Wicksteed, *Common Sense of Political Economy*，第一卷，第 21–22 页。

[2]　例外是对这种财货的需求曲线完全垂直的情况，此时对互补财货不会有影响。

补性的时候，互补效应会与替代效应混合起来，具体例子的性质将决定哪一种效应会更强。

　　我们对消费者财货相互关系的讨论，只分析了库存或供给侧的变动所产生的效果。需求表（而非库存）发生改变，会带来不同的效果。假设财货 A 的市场需求表上升——也就是向右移动。这意味着，在所有假定价格上，A 的购买量——因此也就是在 A 上花的货币——增加。但是，给定社会中货币的供给量，这意味着其他一种或多种财货的需求表会下降①。在财货 A 上花更多的钱，就意味着在财货 B，C，D 等上花的钱更少。后面这些财货的需求曲线"向左移动"，它们的价格会下跌。因此，所有财货相互之间所具有的可替代性，产生的效应是对财货 A 的需求增加（并导致其价格的上涨），会导致财货 B，C，D 等的需求表下降，以及价格下跌。我们如果意识到，个人的价值表决定了需求表，并且一个单位 A 的边际效用的增加，意味着其他消费者财货的效用相对下降，就能够更完整地明白这种关系。

　　至于两种财货是互补品的话，往往会出现另一种效应。如果对高尔夫杆的需求表上升，伴随此的往往还有对高尔夫球的需求的增加，因为两者都是人们打高尔夫球的相对需要增加的结果。当需求侧发生变动，互补财货的价格往往会同升同降。在这种情况下，我们不应该说 A 的需求增加导致了其互补品 B 的需求增加，因为这两种需求的增加都是对包含了这两种联系紧密的财货的消费"包"（package）的需求增加。

　　我们现在也许可以总结一下消费者财货之间，由于库存变化和需求变化所引起的两种相互关系（这里我们可以忽略供给者的留存需求，因为这个投机性因素趋近于对根本的决定因素——消费者需求的正确估计）。

　　表 4.5 表示了财货 B，C，D 对于财货 A 的决定因素的改变所有的反应。它们对 A 的关系，可能是替代品，也可能是互补品。加号指的是它们的价格与财货 A 的价格有相同的变化方向；减号指的是变化方向相反。

---

① 我们在这里忽略由于现金余额和 / 或者投资的下降造成需求上升的情况。

表4.5

B，C，D等价格的变化		
如果A和财货	如果A的库存变化	如果对A的需求变化
对于彼此可替换	如果对A的需求是弹性的 + 如果对A的需求是非弹性的 − 如果对A的需求是中性的 不变	−
对于彼此互补	−	+

在某些情况下，人们对一种财货的旧库存的估值可能与新库存不同，因此前者可能变成单独的一种财货。因此，尽管人们可能认为保存完好的旧钉子与新钉子无异，但二手福特汽车和新的就不能相提并论了。不过，这两种财货之间当然会有紧密的联系。如果新福特汽车的供给表下降，而价格上升，消费者会倾向于购买二手福特汽车，使后者的价格也上升。因此，技术上类似的新旧商品往往可以相互替代，它们的需求与价格也是紧密相连的。

建立在每种消费者财货与其他财货的关系相对独立的"假设"之上的消费理论，在经济学文献中已着墨太多。而实际上，正如我们所看到的，对各种财货的需求必然是相互关联的，因为它们都排列在消费者的价值表上。每种财货的效用是彼此相对而言的。这些对财货和货币的排序价值，形成了以货币表示每个特定财货的个人，进而总的需求表。

7. 耐久财货及其服务的价格

289   为什么一个人要购买消费者财货？正如我们在第一章里已经看到的，他之所以需要并寻求消费者财货，是因为行动人相信，它能够满足其迫切的、有价值的需要，能够让他实现他认为有价值的目的。换言之，财货之所以有价值，在于人们预期中它所能提供的服务。由此可见，有形的商品，诸如食品、服饰、住宅等等，与无形的个人服务，诸如医疗与音乐会演出，在消费者的生活中是同样的。

消费者根据它们的服务所带给自己的满足程度来评估它们的价值。

每种类型的消费者财货都会在单位时间内提供一定量的服务。我们不妨称之为单位服务（unit services）。当这些单位服务是可交换的时，人们就可以各自出售这些服务。另一方面，如果一种财货是有形商品，并且具有耐久性，出售者就有可能将之整个卖给消费者，消费者预期未来从中获取多个单位服务。单位服务和耐久财货的市场之间和价格之间有什么相互关系呢？

显然，如果其他条件不变，较为耐久的财货比较不耐久的更有价值，因为它包含了更多未来的单位服务。比如，假设有两台电视机，对观看者提供的服务是相同的。但是，A 的预期使用寿命是 5 年，B 的是 10 年。那么，尽管它们提供的服务相同，但 B 可以向消费者提供的服务是 A 的两倍。所以在市场上，B 的价格会趋向于是 A 的两倍[①]。

对于非耐久财货，分别出售财货的服务还是财货本身的问题并不存在。由于它们只在相对短的时间里提供服务，它们几乎总是整体出售的。黄油、鸡蛋、谷物等等，都是包括其服务整体地、一次性地出售出去。很少有人会想到去"租用"鸡蛋。相反，个人提供的服务则从来不会整体出售，因为在自由市场上是无法执行奴隶契约的。比如，无人能够买断医生或者律师或者钢琴师终身，让他们按照买者的意志提供服务，而无须再支付任何费用。所以，个人提供的服务总是以单位出售的。

应该单独出售服务还是将财货整体出售的问题，只有在耐久财货（诸如住宅、钢琴、礼服、电视机等）的情况下才会出现。我们已经明白，人们所出售的，不是一种财货的类别（如"面包"或者"鸡蛋"），而是其供给的同质单位，如"几片面包"或者"几打鸡蛋"。在当前的讨论中，一种财货既可以完整的物理单位的形式——一幢房子、一台电视机等——也可以一段时间内的服务单位的形式出售。出售一种耐久财货的服务单位，可以被称为出租、租出或雇用。服务单位的价格称为租金（rent）。

由于财货本身便只是由预期服务单位所构成的集合（bundle），把我们的分析建立在服务单位的基础上是合理的。决定一种消费者财货的一个服务单位的需求

---

① 严格说来，这并不正确，我们需要添加一条重要的限定条件。因为根据人的时间偏好，现在的服务比未来相同的服务更有价值，离现在较近的服务比较远的更有价值，所以 B 的价格会小于 A 的价格的两倍。

和价格的，显然与本章之前的分析所得出的原则是相同的。

对于一件耐久的消费者财货而言，由于它可以在一段时间内发挥作用，因而包含了许多服务单位。比如，让我们假设一幢房屋预期有 20 年的使用寿命。假设这幢房屋的租金的市场价格（它是由市场的供求表所决定的）为每年 10 盎司。这样的话，如果出售房屋本身的话，市场价格应该会是多少？由于年租金价格是 10 盎司（并且我们预期租金会一直为此价格），房屋的购买者会获得 20 × 10 或 200 盎司的预期租金收入。这栋房屋整体出售的价格必然倾向于等于 200 盎司的现值。方便起见，这里我们假设没有时间偏好的现象，所以这 200 盎司的现值也就等于 200 盎司。那么，这幢房屋整个的售价应当趋近于 200 盎司。

291　　　一方面，假设整体出售这幢房屋的市场价格是 180 盎司。那样的话，会有很多人争相购买这幢房屋，因为以 180 盎司购买然后收取 200 盎司的总租金是有利可图的。这种行为与投机性购买者购买一件财货并期望以更高的价格重新售出的情况类似。另外，此类房屋（或者如果市场认为没有其他房子与此为同一种财货）所有者不会愿意以此价格出售，因为出租比出售要有利的多。因此，在这些条件下，在 180 盎司的价格上，对于出售中的这种房屋，需求会大大超过供给，多余需求抬升价格，使之接近 200 盎司。另一方面，假设市场价格在 200 盎司之上。这样的话人们对此房屋会缺乏购买需求，因为与其将之一次性购买下来，还不如支付租金来得实惠。相反，房屋的持有者则会乐于出售而非出租房屋，因为出售的价格更好。价格高于 200 盎司时多余的供给会将价格拉至均衡点。

因此，尽管每种类型的市场价格都是像本章之前部分所述的那样决定的，市场还决定了价格间的关系。我们看到耐久消费者财货的单位服务的价格，与财货整体的价格之间有必然的关系。如果在某个特定时间里，那种关系被打乱，或者没有起效，市场上的个人的行动会将之确立起来，因为在此之前市场中存在获得货币收益的预期，而从中渔利的行动不可避免地会消除投机的机会。这也就是说，"套利"（arbitrage）与确立市场上一种财货的唯一价格具有相同的意义。如果一种财货有两个价格，人们会涌向更为便宜的市场进行购买，直到供求在两个

292　　市场上发挥作用，确定下一个"均衡"价格，消除套利的机会。就耐久财货及其服务而言，市场倾向于确立一种均衡 – 价格关系（equilibrium-price relation）。财货整体的市场价格等于其预期（未来）租金收入或租金价格总和的现值。

预期的未来租金收入，当然并不一定可以简单地通过现在的租金价格推算出来。实际上，由于价格在不断变动，未来的租金价格也总是会变动的。一个人在

购买一件耐久财货时，他购买的是向未来延伸的一段时间里这件财货的服务；因此，未来的价格比当前的价格更受到他的关注；他只是以后者作为前者的参考罢了①。现在，我们假设市场上的个人普遍估计这幢房屋的租金在接下去的十几年里会比现在的租金低得多。房屋的价格那么就不会是 20×10 盎司，而是某个相应更小的金额。

至此，我们应当将"整个财货的价格"定义为其在市场上的资本价值，即便这可能与"资本财货"的概念混淆起来。任意财货（不论是消费者财货、资本财货还是自然赋予的要素）的资本价值，是其作为耐久财货在当前市场上出售的货币价格。这个概念适用于包含未来服务的耐久财货②。一件消费者财货的资本价值会趋同于预期单位租金的现值之总和。

任意时点的资本价值取决于人们对未来租金收入的预期。这些预期有误的话会发生什么？比如，设想市场预期这幢房屋的租金价格在未来几年内会上涨，因此将其资本价值定在 200 盎司以上。我们再假设实际上租金价格下跌了。这意味着市场上原来的资本价值过高地估计了房屋的租金收入。那些以（比如说）250盎司出售的人获利，而那些买下房屋想要将之出租的人在交易中亏本。因此，投机性交易的结果就是，那些预测准确的人获利，不准确的亏本。

显然，要获取这种货币利润，仅仅靠预测准确是不够的，而且还要比别人预测得更准确。如果所有个人都做出了正确的预测，那么原来的资本价值就会因为最终较低的租金价格而变得低于 200 盎司（比如说是 150 盎司）。那样的话，就不会有这种货币利润出现③。应当清楚认识到，盈亏都是市场参与者自由选择采取行动的结果。以事后被证明过高资本价值买来的一件财货出租的人，只能怨怪自己对他的投资的货币回报过于乐观。以一个高于最终租金收入的资本价值出售财货的人则因为他的远见卓识而得到奖励，这奖励是所有参与者自愿决策的结果。而正由于根据判断的准确与错误程度，成功的预测者实际上可以获得奖励，不成功者受到惩罚，市场趋向于确立和维持人类所能够达到的尽可能高的预测

① 需要牢记的是，严格说来，并不存在什么由市场确定的"当前"价格。一个人在考虑一财货的价格时，想到的是市场中最近有记录的交易中参与者们议定的价格。"当前"价格事实上通常就是最近的过去（比如半小时前）有记录的历史价格。行动人感兴趣的总是在未来各种时间里各种价格会是什么样的情况。

② 有关"价值"这个术语的不同用法，参见本章的附录 B，"论价值"。

③ 货币利润和损失的概念，以及它们与资本化之间的关系会在下面进行探究。

准确度。

一方面，市场上资本价值与预期中未来租金的总和之间的均衡关系，是市场无时无刻不在推动确立的。它类似于供给和需求所确定的一种财货的逐日的市场均衡价格。另一方面，当前资本价值与实际未来租金之间的均衡关系，只是由市场对成功预测者的鼓励而产生的一种较长期间里的倾向。这种关系是一种最终均衡，类似于确定逐日价格所趋向的目标的那个最终均衡价格。

要研究资本价值和租金价格，我们还需要加上供求分析。单位租金价格的决定并不是问题。不过，资本价值的价格决定，就需要因为它对租金价格的依赖（或者说两者之间的关联）而进行调整。现在，耐久财货的需求，不仅包括直接使用的需求，还包括在未来将之出租的投资的需求。如果一人感觉一种财货资本价值的市场价格，低于他可以从其未来租金中获得的收入，他会购买这种财货，并作为供给者进入租赁市场。同样，对整个财货的留存需求，不仅包括为了直接使用它或者为了在未来以更高价格出售，还包括为了在未来出租该财货。如果一耐久财货的持有者相信出售价格（资本价值）低于出租收益，他不会将整个财货供给到市场上，而是将之出租。在市场所确定的财货的资本价值上，总库存会出清（clear），所有对此财货的这些总需求会处于均衡。购买者的留存需求，会像之前一样，取决于他们留存货币的需求，而财货整体或者其单位服务的出售者，会要求购买者以货币为交换。

换言之，对于任意消费者财货，持有者可以选择直接消费它，或者将之出售、换取货币。就耐久的消费者财货而言，持有者可以对此财货做以下任意一件事：直接使用它，整体出售它，或者出租它——即在一段时间里出售其单位服务。我们已经知道，如果直接使用该财货在其价值表上排序最高，那么他会使用这个财货，而不供给至市场。如果整体出售该财货排序最高，那么他就会作为供给者进入该财货的"资本"市场。如果将之出租排序最高，那么他就会作为供给者进入该财货的"租赁"市场。哪一种选择在他的价值表上排序更高取决于他对各种选择会产生的货币收入的估计。在资本和租赁市场中，供给曲线的形状都会是向右和向上倾斜或者垂直的。这是因为预期收入越大，保留用于直接使用的财货数量就越少。显然，两个市场上的供给表是相互联系的。一旦它们之间确立了均衡价格关系，它们也会趋于均衡状态。

类似地，任意时点一种财货的非持有者，会有如下选择：（a）不购买该财货，保留货币；（b）买断该财货；（c）租用该财货。他们会选择价值表上排序最高的一种方式，这排序又部分地取决于他们对货币的需求，以及他们对哪种方式购买更实惠的估计。如果他决定购买，他就会在他们所估计的更廉价的市场进行购买；然后，他们可以直接使用该财货，或者在更贵的市场上将之出售。比如，如果房屋的资本价值是 200 盎司，而一位购买者估计，其总租金价格将会是 220 盎司，他就会将之买断，然后可以选择是直接使用它，或者作为供给者进入租赁市场，以获取预期的 220 盎司租金收益。后面的这次选择也是取决于他的价值表的。这是之前已经解释过的套利行为的又一个例子，它的效果是将两种类型的耐久财货市场的需求曲线联系起来。

这里我们有必要指出在有些情形中，租赁契约本身就带有资本契约的特征，包含了对未来收益的估计。长期租赁契约就是这样的例子。假设 A 计划向 B 以每年固定的价格出租一幢房屋，为期 30 年。那么，租金价格就不再是变动不居的，而是由最初的契约所固定（fixed）了的。我们在这里再次看到，需求和供给表是根据不同个人对同种类型财货的各种其他租金的变动的估计来设定的。因此，如果有两幢相同的房屋，人们预测房屋 A 在未来 30 年中变动的租金总和会是 300 盎司，那么房屋 B 的长期租金价格会趋向于每年 10 盎司。这里，两幢房屋的市场之间也有类似上述的联系。当前所确定的长期租金的价格，趋同于同种财货预期波动租金的总和的现值。如果人们普遍估计租金总额会是 360 盎司，那么在 300 盎司的价格上市场会供不应求，租赁的供给也会减少，直到长期租赁价格抬升至每年 12 盎司，也就是两者的租金总和相等的时候。在这里也是一样的道理，未来无时不在的不确定性，使更有能力的预测者获得收益，能力欠佳的遭受损失[①]。

年份	1	2	3	4	5	6	7	8	9	10
预期租金	10.0	10.0	10.0	10.0	10.0	10.0	10.0	10.0	10.0	10.0
现值	9.0	8.1	7.3	6.7	6.0	5.4	4.9	4.4	4.0	3.6

（假设第一年
付款在现在
一年后支付）
这些现值之和 = 59.4盎司 = 资本价值，与未来租金的总和100盎司相比。

---

① 参照 Fetter，*Economic Principles*，第 158–160 页。

在实际当中，由于存在时间偏好，未来租金的现值总是在这些租金的总和上打一定比例的折扣。如果不是这样的话，极为耐久、几乎不会用坏的财货的资本价值将差不多是无限的。一块预期在未来好几百年中延续并有需求的地产，其出售价格会高得无法估量。这之所以不会发生，原因就在于时间偏好根据时间的长短，降低了未来财货的现值。我们会在下文中讨论时间偏好率是如何得出的。不过，下面我们将看到时间偏好对一件财货的资本价值的影响。假设有一件耐久财货，预期可以用 10 年，每年预期的租赁价值为 10 盎司。如果时间偏好率是每年 10%，那么未来的租金及其现值如下：

时间越往后推移，复合折现就越大，最终使遥远年份的租金现值几乎可以忽略不计。

与相对准确地预测不确定情况不同，时间偏好因素并不能给人们带来货币上的收入或损失。认识到这一点十分重要。如果时间偏好率是 10%，以 59.4 盎司购买上面提到的财货，持有它，并在之后 10 年里出租，获取 100 盎司的租金收入并不构成货币利润。现在的货币比未来的货币有溢价，这个人只是取得了市场估计等于 59.4 盎司当前货币的未来收益。

概言之，如果要总结耐久消费者财货领域的企业家们的行为，我们不妨说，当他们相信当前该财货在市场上的资本价值小于未来他们将会收到的租金的总额（根据时间偏好折现）时，他们会倾向于将资金用于直接投资购买（现有的）耐久消费者财货。当他们相信当前资本价值大于折现的未来租金总额时，他们会直接出售该财货。更好的预测者获得利润，较差的预测者蒙受损失。只要预测是准确的，这些"套利"机会就会趋于消失。

尽管我们已经在选择卖断而不租赁的例子中，分析了企业家行为的套利利润和损失，但我们还没有完全揭开决定着企业家收入（即生产者在生产过程中力图获取的收益）的规律。我们会在下文中分析这个问题[①]。

298

---

① 有关耐久财货的价值的讨论，参见庞巴维克精彩的分析，《资本实证论》，第 339–157 页；Fetter, *Economic Principles*，第 111–121 页；以及 Wicksteed, *Common Sense of Political Economy*，第一卷，第 101–111 页。

8. 福利比较与消费者的终极满足

我们虽然注重于分析货币经济中的人的行动，但是不能因此认为第一章中呈现的普遍真理不再有效。恰恰相反，在第一章中，我们之所以将这些真理用于分析孤立的鲁滨孙式情形，是因为在逻辑上我们是以这种情形为基础，然后才能够分析货币经济中更为复杂的相互关系。不过，第一章中阐述的真理，不仅通过其逻辑推论对货币关系适用，也同样对货币经济中所有不涉及货币的情形适用。

第一章中的分析还在另外一层意义上直接适用于一个货币经济。在对交换的分析中，我们首要关注的也许是消费者如何（以个人的价值表为依据）将货币分配到其最有价值的用途中去。不过，我们不能忘记，消费者货币开支的终极目标是什么。这个目标即是实际使用购买的财货实现他赋予最高价值的目的。因此，为了分析市场的目的，一旦琼斯购买了 3 磅黄油，我们就不需要关心黄油了（假设琼斯没有重新进入市场出售黄油的机会）。我们将黄油的零售称为消费者财货的销售，因为这是黄油生产路径中最后一次对货币出售。现在，财货已经在最终消费者手中。消费者在价值表上权衡，并最终决定购买。

严格意义上说，如果我们把人类行动看作一个整体，我们就不能忽略这次购买并非黄油的终点这一事实。黄油必须要运送到琼斯的家中。然后，他将黄油的各个单位分配至价值最高的用途：黄油土司、蛋糕中的黄油、黄油面包等等。比如，要将黄油用到蛋糕或三明治里去的话，琼斯夫人得先烘焙蛋糕并准备三明治，然后把它端到琼斯就餐的桌子上去。我们可以看到，第一章的分析始终有效，即消费者手中有用的财货——比如马、黄油或其他东西——根据它们的效用被分配到价值最高的用途中去。同样，我们也可以看到，实际上，最后一次对货币出售的黄油并非消费者财货，而是资本财货——虽然它所处层级低于其先前的任何一个生产阶段。资本财货是必须进一步与其他要素结合，才能提供消费者财货的制成财货，而最终为消费者提供终极满足的是消费者财货。从完整的行动学观点看，终极消费者只有在吃或者"消耗"黄油之时，黄油才真正成为消费者财货。

从严格意义的行动学立场（包括了对人类行动的各个方面完整的形式分析）来看，不应该将最终销售给消费者的财货称为"消费者财货"。不过，从包含了传统经济学——即交换学（catallactics），货币化交易的科学——的行动学的分支的观点来看，将最终销售的财货称为"消费者财货"有其便利之处。这是财货在

299

货币关系中的最后一个阶段——在多数情况下也是生产者可以将货币投资于要素

300　的最后一个点。在对前述限定心中有数的前提下，将在最后一个使用货币的阶段上的财货称为"消费者财货"是可取的。我们必须时刻记得，如果没有最终的阶段，以及消费者最终对财货的分配，整个货币交换过程就没有了存在理由。经济学不应该单纯因为终极的消费阶段超越货币关系之外而忽视它；终极消费阶段才是社会中的人们进行货币交易的终极目标和目的。

注意到这一点可以消除很多思维疑惑。比如，让我们来看一下消费者收入的问题。在第三章中，我们分析了消费者的货币收入以及最大化心理收入的终极目标，并在一定程度上说明了两者之间的联系。每个人都试图最大化心理收入，这在他的价值表上包括了巨量的所有的消费者财货（既有可交换的，也有不可交换的）。可交换财货通常处于货币关系之中，因此可以使用货币购买，而不可交换财货则不行。我们已经说明了，个人最大化的是心理而非货币收入的事实的一些后果，及其对精力或劳动开支和生产者财货投资所带来的限定。除此之外，心理收入是纯粹主观、无法度量的。而且，从行动学的立场看，我们甚至不能将一个人的心理收入或效用与另一个人的做序数的比较。我们不能说 A 的收入或"效用"大于 B 的。

我们可以——至少在理论上——度量货币收入，也就是把每个人获得的货币量加总，但这绝非度量心理收入。况且，货币收入还并不能像我们可能想的那样，确切地体现每个人纯粹从可交换消费者财货中获取的服务的量。某一年中 50 盎司黄金的收入就所提供的服务而言，也许不会，通常也确实不会与其他某年份的 50 盎司收入相同。货币对其他商品的购买力在不断变化，而要度量这些变化是不可能的。

301　当然，如果以历史学家而非经济学家的观点看，我们可以比较不同时期之间的"真实"收入（而非货币收入），做出不精确的判断。比如，如果琼斯某年中取得了 1000 盎司收入，之后一年取得了 1200 盎司，而两年间价格普遍上涨，那么琼斯的"真实收入"（根据用货币可购买的财货而言），提升得可能远没有名义货币收入那么快，甚至也许是下降的。不过，正如我们还会在下面看到的，并不存在度量（乃至确定）货币的购买力及其变动的准确方法。

即便我们仅关注同一个时期，货币收入也不是一个确实可靠的指针。例如说，有许多消费者财货，既可以通过货币交换，也可以通过货币关系以外的手段取得。比如，在食品、租金和房屋养护上，琼斯每个月可能要花 18 盎司，而史密斯只需要花 9 盎司。花费的差别并不必然意味着琼斯获取了两倍于史密斯的服务。琼斯可能住在一家旅店里，旅店提供这些服务都要收钱。史密斯则可能已经结婚，可以通过货币关系以外的方式获得家务和烹饪服务。尽管史密斯的货币开支更低，但他从这些服务中获取的心理收入可能等于或者大于琼斯的心理收入。

如果我们仅关注货币关系中的财货，仍然不能度量心理收入。A 和 B 也许住在同种类型的房子里，但作为旁观者的经济学家如何能从中推导出这两人从房子中得到的享受的量相同呢？显然，享受的程度非常有可能是不同的，但单单根据收入或财产的事实，我们并不能知道这种差异的方向或程度。

由此可以得知，货币边际效用递减的规律只是对每个人的评值而言的。不可以在人与人之间做这种效用的比较。因此我们不能像有些作家那样，宣称额外一个美元对一个穷人的价值大于它对洛克菲勒的价值。如果洛克菲勒突然变穷，每个美元对他而言会比现在更有价值；同样，如果穷人突然变富，他的价值表保持不变，每个美元对他而言会比现在的价值要低。但这与尝试比较不同个人的享受或主观评价有很大的不同。洛克菲勒当然有可能比贫穷（但十分禁欲的）的个人更享受每个美元带来的服务。

302

9. 有关效用的一些谬误

许多研究效用的学者都认同这样一套学说，即消费者采取行动，从而使任意财货对他而言的边际效用等于该财货的价格。为了理解这个论点，让我们考察一下琼斯先生在考虑购买一套或多套西装时的偏好表（我们也要假设，每套西装的质量相同，是相同的"财货"）。假设他的价值表如下：

我们再假设市场价格是每件西装 2.9 粒黄金。琼斯不会购买 1 件或者 3 件，而会购买 2 件。他会购买到西装对他的递减边际效用小于递增的货币边际效用为止[①]。这是显而易见的。现在，如果一位经济学家用高度可分割的财货作为讨论对象（例如黄油），采用的货币单位也十分小（例如便士）的话，他很容易就会不假思索地得出结论，认为每种财货的消费者会如此行动以使在市场价格上货币总量的边际效用和财货的边际效用相等。不过，可以明显看出，从来就没有这种"相等"（equalization）的过程。举西装的例子来说，第二套西装的排序仍然显著地高于 2.9 粒黄金的排序。因此也就不存在相等。即使对于最具有可分割性的财货而言，排序的差异仍然会存在，而不会有两种效用的相等。一个人也许以 10 分钱每盎司的价格购买 11 盎司的黄油，直到在他的效用表上没有东西排在第 11 盎司和 10 分钱之间；但这仍然不是相等的，排序上仍然有差别存在，最后购入的 1 盎司排在比最后花的一笔钱更高的位置上。当然，消费者试图花钱使这两种效用尽可能地接近，但它们不可能相等。

此外，每件具体财货的边际效用，在购买完成之后，排序上是各不相同的。因此，让我们以作为货币单位的黄金颗粒来进行思考。让我们假设各种财货给定的市场价格如下：

鸡蛋——每打 1 粒；
黄油——每磅 1 粒；
面包——每条 1 粒；
糖果——每块 1 粒。

现在，每个人将要购买每种商品，直到商品单位的边际效用超过 1 粒黄金的边际效用的最后的点。对于某人而言，这也许意味着购买 5 磅黄油、3 条面包、2 块糖果等等。这意味着第 6 磅黄油或第 4 条面包的边际效用都低于放弃 1 粒黄金的边际效用。不过，每件财货的边际效用仍然会在排序上与其他每件财货不同，也不会彼此相等。

另外，甚至有更奇怪的理论认为在均衡状态下，各种财货的边际效用比率等

[①] 我们这里忽略了因为货币效用的增加使排序可能出现的变动，因为没有必要将问题变得如此复杂。

于它们的价格比率。我们根本不用详细了解这些论者是如何得出这种观点的，就能够清楚地看到其荒谬之处，因为效用并非数量，因此不能够被除。

这些谬误都源于一条相关联的谬误：认为个人会采取行动，使任意财货的每种用途中所会具有的边际效用相等。应用到货币上，这也就是说对于每个人、每个开支领域而言，一个单位的货币的边际效用相等。这是不正确的，正如我们刚刚看到的，各种财货的边际效用并没有相等。一种财货连续的几个单位被分配到最被需要的目的之中，然后是其次被需要的满足，依此类推。如果财货有多种用途，每种用途可能需要用到多个单位，在每种用途中，一个单位的边际效用随着供给的增加而持续下降。随着新财货的购入，每个购入了的财货的边际效用递减，一个人有可能将他的钱首先分配到一种用途之中，然后另一种，再然后又分配到第一种用途之中。不过，这些情形中都没有边际效用的相等。

也许，用下面这段也许出自这种思路的原创者的话，可以最好地展示这种边际效用相等的教条：

> 令 s 是某种商品的总库存，并令此商品有两种不同的用途。那么，我们可以用 x_1 和 y_1 来表示分别用于这两种用途的数量，条件是 x_1 加 y_1 的和等于 s。我们可以设想一人持续地花费少量的这种商品；现在，人的天性使之有不可避免的倾向去选择看似在此时可以为他提供最大利益的行动方式。因此，当一人对自己所决定的分配保持满意时，我们能够推出，已经不再有分配上的变动可以为他带来更多的满足；这等同于说，商品的增量在各个用途中产生的效用相同。令 Δu_1，Δu_2 为效用的增量，分别可能通过在两种用途中增加商品消费而出现。分配完成后，应当有 $\Delta u_1 = \Delta u_2$……同样的道理……显然适用于任意的两种用途，因此也就同时适用于所有用途。从中我们可以列出一系列等式。一般性结论是，该种商品，如果由一个完全理智的人消费，在消费之后必然产生最大的效用[①]。

这里主要的错误在于将效用看作是一定的数量，一个有关商品增量的确切函数，并且按照无限小的步骤讨论问题。两种分析的过程都是错误的。效用并不是

305

[①] W. Stanley Jevons, *The Theory of Political Economy* (3rd ed.; London: Macmillan & Co., 1888), 第 59-60 页。

数量，而是排序，一种商品被连续使用的数量永远是不连续的单位，而不是无限小的单位。如果这些单位是不连续的，那么每个单位的排序就各自不同，也就不可能相等。

有关效用的讨论，之所以会出现很多错误，就是因为将之假设为某种数量（至少原则上是可以度量的）。在我们提到消费者"最大化"效用时，我们所说的并非是将某种东西的库存或数量最大化。我们所说的是个人价值表上排序最高的位置。同样，相信效用是一种数量又假设它可以分割为无限小的单位，致使人们错误地将边际效用看作是一种财货的多个单位的整体"总效用"的导数。实际上，这种关系以及所谓的"总效用"并不存在，有的只是较大规模单位的边际效用。单位的规模取决于具体行动所需[①]。

从中可以看出，在经济学中使用数理方法有着一个重要危险，因为这种方法本身就带有偏见，假设了连续性或者无限小的步骤。多数经济学家认为这个假设不仅没有大碍，而且可以是很有用的拟构，并指出其在物理学领域的巨大成功。他们忽视了物理世界和人类行动世界之间存在着巨大差异。问题不是简简单单地吸收物理学所形成的一套微观度量工具。因为关键性的差异在于，物理学研究的是没有生命的对象，它们运动但不行动。物理学家可以通过探究发现这些对象的运动是由具体的、数量清楚的规律所支配的，而且可以用数学函数的形式将这些规律表达出来。由于这些规律精确地描述了运动的绝对轨迹，引入简化的连续性以及无限小步骤的假设因而也就没有害处。

然而，人类并不是像无生命物体那样运动的。相反，他们有意图地行动，运用手段达成目的。考察人的行动的原因因此与考察物理对象的运动规律是有极大不同的。尤其是，人是以那些与他们行动有关的东西为基础而行动的。人无法看到无限小的步骤；因此这对于他们而言没有意义，对于行动而言也没有关系。比如，如果人能够区分的一种财货的最小单位为1盎司，那么盎司就是基本单位，我们也就不能简单地设想将1盎司分为更小的部分，假设其无限的连续性。

数理经济学家忽视了效用理论中的关键问题，即单位的规模。在数理连续性的假设之下，这根本不是一个问题，因为他们在数学上将单位构想为无限小的，因此几乎是没有规模的。但是，在对人类行动进行行动学分析时，这就成了

① 参见本章后的附录A，"货币之递减的边际效用"，以及罗斯巴德，《重建效用和福利经济学》（"Toward a Reconstruction of Utility and Welfare Economics"）。

一个基本的问题。单位的适当规模随着具体情形而变化。适当规模的单位在此情形中成为边际单位。规模不尽相同的单位，其效用之间只有一种简单的序数关系存在。

按照效用相等以及无限小步骤的假设研究人类行动的倾向，在最近有关"无差别图示"（indifference maps）的著作中也十分明显。当代数理经济学在消费理论中的几乎整座理论大厦都是建立在"无差别"假设之上的。其基础是讨论两种财货的组合的大规模类别，在这两种财货之间，个人对它们的评价是无差别的。进而言之，它们之间的差异是无限小的，所以就可以画出平滑的曲线及其切线。这套理论的关键谬误在于，"无差别"并不能成为行动的基础。如果两个选项对于一人真的毫无差别，他就不能在它们之间做任何选择，因此也就不会在行动中有所展现。我们所注重的是分析人的行动。任何行动都展示出了以偏好为基础的选择。做出某种选择就表明对某种选择的偏好胜于其他选择。所以，在经济学或其他行动科学中，无差别的概念都是没有用的。例如，一个人会使用 5.1 还是5.2 盎司的黄油如果对他是无差别的事，因为此时的单位对他而言太小不值得考虑，因此他不会做出选择。他会使用整盎司为单位的黄油，而不会以十分之一盎司为基本单位。出于同样的道理，人的行动中也不存在无限小的步骤。步骤必须对人类有意义；因此它总是有限而间断的。

之所以会出现以"无差别"为基础进行推理的错误，是因为那些作者没有看到，心理学领域中十分重要的问题，在经济学所属的行动学领域当中可能是没有意义的。心理学研究的是个人的价值表如何或为何形成的问题，为此就需要考虑个人面对各种选择，是有明确倾向的，还是趋向于"无差别"的态度。但是，行动学是一种以行动的存在本身为基础的逻辑科学；它所关注的是在普遍意义上解释真实行动，而不考虑真实行动的具体内容。所以，它对价值表的讨论是一个从人的行动的性质中得出的推论，而并不是在观察心智的内在运作。那么，对于行动学而言，一个人在决定选择 A 还是 B 的时候，是坚定地做出选择，还是通过抛硬币得出结论与主题无关。这是一个心理学问题；行动学只关注他做出选择的事实。比如，他选择了 A，因此 A 在他的偏好表上的排序高于 B。效用理论并不关注心理学，或者心智的内部运作，而是另一门以行动的存在所产生的逻辑结果为基础的独立科学的一部分。

行动学的基础同样也不是行为心理学。事实上，行动学在涉及心理学的领域，其原理是与行为主义相反的。正如我们已经看到的，行动学绝不是简单地像

308

我们观察和记录石头的运动那样观察行动的。行动学的基础就是对人的行动和无机物的运动做出根本上的区分，即，人的行动有达成某些目的的动机。人使用手段和资源来实现这些目的。行动学没有将心智置之事外，因为它根本上基于的是行动的基本公理；行动则是由人的心智引发并实施的。不过，行动学并不关注这些目的的内容、实现它们的手段和它们的顺序；它注重的是分析这些目的的存在所具有的逻辑意涵。

有些将价值表从真实行动中人为分离开来的论者，已经开始尝试通过问卷来发现人的无差别图示。且不说这些尝试难免于行动学的责难（因为无差别在行动学上是无效的），那些论者事实上没有认识到价值表可能也确实在不断变化，因此这种问卷与经济学没有什么关系。经济学感兴趣的，并非问卷所采集的价值表，而是真实行动所反映的评值。正如路德维希·冯·米塞斯对于所有将行动与价值表分离的尝试所说的：

> ……价值表只是建构起来的思维工具。它只有在实际行动中才体现出来；只有观察实际行动才能查知它的情况。因此我们不可以将之与实际行动相对立，用它作为实际行动的评判标准①。

由于人的行动中不可能存在无差别，那么两种选择在个人的价值表上就不可能拥有相同的排序。如果它们真的排序相同，那它们就无法成为选择项，并因此与行动无关。也就是说，选择在每个人的价值表上的排序不仅是序数的，而且是不会并列的；即，每种选择都有不同的排序。

无差别论者为了证明无差别对人的行动的相关性，举出了著名的布里丹之驴的例子。这则寓言讲的是一头既饥饿又口渴的驴站在相等距离、相同吸引力的草堆或水源之间。既然这两堆草或两处水源在各个方面都具有相同的吸引力，这头驴也就无法选择任何一边，肯定会饿死或渴死。他们认为这个例子可以证明无差

① 米塞斯，《人的行动》，第102页。Bernardelli博士公允地写道："如果有人抽象地问我，我对祖国的爱是否大过对自由的渴望，我多少对如何回答有点不知所措，但要真在周游祖国和丧失自由的危险之间做出选择，我的需求的强度是如何排序的，将成为仅有的决定性因素"。（Harro F. Bernardelli, "What has Philosophy to Contribute to the Social Sciences, and to Economics in Particular?" *Economica*, November, 1936, 第451页。）同样可参见在前面第四节我们对"消费者剩余"的讨论。

别与人的行动有很大的关联，也指出了无差别是如何通过行动而被揭示出来的。熊彼特则称这头驴是"完全理性的"，为概念增添了混乱[①]。

首先，我们实在是无法想象还有什么做法比这头驴更不理性的了。它面对的不是两个选择，而是三个。它的第三个选择就是在原地等死。即使让无差别论者自己来看，他们无疑也会认为这第三种选择的排序，在行动人的价值表上是低于另外两种的。它不会选择饿死。

如果左边的水源和右边的水源具有相同的吸引力，驴或行动人对两者之一并无特别偏好，那么他可以凭巧合（比如抛硬币）来决定去哪边喝水。他必须也必然会选择一边。这里我们再一次需要关注选择所揭示的偏好，而不是偏好的心理学分析。如果抛出的硬币指示他去左边的水源，那么左边的水源最终在行动人的价值表上排到了更高的位置，这是他最终向左走去的行动所揭示的。这样看来，布里丹之驴的例子，远不能算作是对无差别的重要性之证明，而却出色地证明了无差别在分析人的行动中不可能起到任何作用的事实。

另一种试图说明无差别分析的合理性的尝试，是假设一人在一段时间中，选择 A 和 B 的时间相等。这种选择的变化被认为证明了此人对两种选择是无差别的。不过合理的解释应该是什么？显然，在一些时候，这人更偏好 A，另一些时候他更偏好 B。不存在他对两种选择无差别的情况。选择的改变表明偏好表发生了改变，而并不说明此人对不变的价值表上的选择无差别。当然，如果我们是在研究心理学，那么我们可以讨论他的偏好强度，并根据此人的性格，推断他在两个选项之间是相对无差别还是有显著偏向的。但在行动学当中我们既不在意他的价值表的具体内容，也不在意他的个性。我们感兴趣的是选择所揭示的价值表。

311

附录 A　货币之递减的边际效用

有些经济学家虽然承认边际效用递减的规律对其他所有财货有效，但却唯独拒绝将其应用于货币。比如说一个人会将每盎司的货币都用于他最偏好的用途。不过，假设购买一辆汽车需要 60 盎司黄金。那么，获取第 60 盎司黄金的价值，相比获取第 58、59 盎司黄金要大得多，因为第 60 盎司黄金使他如愿以偿。

我们在上面第一章中讨论过"鸡蛋边际效用递增"的论证，并指出了它的概

[①]　熊彼特，《经济分析史》，第 94 页脚注及第 1064 页。

312 念性错误①。这里的论证犯的错误与之相同。在先前我们看到，因为第 4 个鸡蛋也许可以使人能够做成蛋糕（他只拿之前的三个鸡蛋是做不成的）而断定鸡蛋的边际效用增加了。我们看到，一种"财货"（进而也就是那种财货的"单位"）是按照其任意数量的、提供相等服务性供给的单位而定义的。相等服务性供给是一个关键的概念。第 4 个鸡蛋与第 1 个鸡蛋的服务性并不相等，因此也就不可以互换。所以，我们不能以单个鸡蛋为单位。一种财货的单位必须具有相等的服务性，效用规律也只适用于这种单位。

在货币的例子里，情形是相似的。货币商品的服务性更在于它的交换用途，而非其直接用途。因此，这里的货币"单位"，就其对个人价值表的相关性而言，必然与交换价值中的其他单位同质。如果再增加 1 盎司就可以购买一辆汽车，那么从上面的讨论来看，货币商品的"单位"应该是 60 盎司，而不是 1 盎司。

因此，我们十分有必要解释一下"非连续性"。这是因为人们可能进行大额买卖，使效用规律以及偏好与选择所适用的货币单位的规模发生变动②。每个人在现实中都是这么做的。比如说，假设一个人在考虑如何利用 60 盎司黄金。为了讨论的简洁，我们假设他有一个选择是将 60 盎司划分为每份 5 盎司的单位。我们将此称为选项 A。如果是这样，他决定他会根据自己的效用表上的排序由高到低分配每个单位。他会将第 1 个 5 盎司用在 5 盎司所能服务的价值最高的用途

313 上；接下来 5 个盎司，用在价值第二高的用途上，依此类推。最后，他的第 12 个 5 盎司会被用在价值排序第 12 的用途上。不过，现在也有选项 B 供他选择，也就是将 60 盎司一并用于其价值表上最有价值的单个用途上。这是他以 60 盎司货币为一个单位，能够得到的排序最高的单个用途。现在，这个人要在两种选项之间选择。他比较一次性花 60 盎司（比如说买一辆车）在排序最高的单个用途上的效用与"一揽子"效用（在 a 上花费 5 盎司，在 b 上花费 5 盎司，等等）。既然此人知晓自己的偏好表——否则他就不能选择任何行动——那么就像我们认为他能够为每个 5 盎司的用途排序一样，我们也不难推断他能够对一揽子的效用和购买一辆车的效用进行排序。换言之，他要以 60 盎司为单位决定在自己的价值表上，哪种选择排序更高：购买一辆车还是购买一揽子 5 盎司单位（或其他规

---

① 见第一章。

② 参照 Wicksteed 对单位规模的精彩讨论，*Common Sense of Political Economy*，第一卷，第 96-101，84 页。

模）的东西。不论如何，这 60 盎司最终被分配到此人相信价值排序最高的用途上，他的每个货币性交换决策都是如此。

这里我们有必要强调各个 5 盎司单位的边际效用与 60 盎司单位的效用，除了纯粹序数排序上的关系以外，没有任何其他数量关系，甚至我们所设想的那个一揽子分配组合也是如此。我们最多只能说 60 盎司带来的效用会明显高于任意一个 5 盎司所带来的效用。但我们没有办法确定它们在数量上的差异。进而言之，这个一揽子分配的效用究竟是大于还是小于购车的效用，只有个人自己才能决定。

我们已经多次说明，效用只能排序而无法度量。一种财货的大规模单位和小规模单位的效用之间是没有数量关系的。同样，一个与多个相同规模的单位之间也没有数量关系。因此，也就不可能通过加总或合并边际效用，而得出某种"总效用"；后者只能是一个大规模单位的边际效用，它与小单位的效用没有数量关系。

正如路德维希·冯·米塞斯所说：

> 只有在涉及具体的评估的行动时，才能正确地论及价值……只有在讨论某个人必须在某些可得的经济财货的总量间做出选择的特定情形下，才有总价值可言。与其他各种评估行动一样，其本身是完整的……在对一定库存的总体进行评估时，其边际效用，即其最后可得单位的效用，等于其总效用，因为这里的总供给是一个不可分割的数量[①]。

那么就是说，存在有两种效用规律，它们都遵循人的行动的不容置疑的条件：其一，给定一种财货的单位的规模，每个单位的（边际）效用随着单位供给量的增加而递减；其二，一个较大单位的（边际）效用大于较小单位的（边际）效用。第一条是边际效用递减规律。第二条我们称为总效用递增规律。这两条规律之间以及所涉及的对象之间的关系只是纯粹的排序关系，即序数关系。比如，4 个鸡蛋（或者 4 磅黄油、4 盎司黄金）在价值表上比 3 个鸡蛋更有价值，

---

① 米塞斯，《货币与信用原理》，第 46–47 页。同样可参见 Harro F. Bernardelli, "The End of the Marginal Utility Theory," *Economica*, 1938 年 5 月，第 205–207 页；以及 Bernardelli, "A Reply to Mr. Samuelson's Note," *Economica*，1939 年 2 月，第 88–89 页。

314

后者又比 2 个鸡蛋更有价值，2 个又胜过 1 个，等等。这体现了第二条规律。一
个鸡蛋会比第二个鸡蛋更有价值，第二个鸡蛋则胜过第三个，依此类推。这体
现的是第一条规律。但这些东西之间，除了这种排序的关系外，没有其他数量
关系①。

　　一种财货的单位必须在服务性上同质的事实意味着，就货币而言，给定的货
币价格数组保持不变。一个货币单位的服务性既包括其直接使用价值，也包括更
为重要的交换价值。后一种价值取决于货币购买成千上万种不同财货的能力。我
们在研究货币回溯以及货币边际效用时，已经看到对货币商品的评值及其边际效
用，是以一个已经给定了的各种财货的货币价格结构为基础的。显然，不论在何
种情况下应用前述规律，货币价格同时必须保持不变。因为，如果真的发生改
变，比如第五个单位的货币因为货币价格变动的影响，价值高于第四个单位，那
么"单位"所提供的服务就不再是相等的了，因此也就不能被视为同质的。

　　正如我们之前看到的，货币单位用于购买数量不一的各种财货的能力称为货
币单位的购买力。这种货币的购买力由某个具体时间的市场上所有给定货币价
格（按照每个货币的单位的财货价格予以考虑）的数组构成。我们也在前述回溯
理论中看到，今天的货币单位的购买力是由今天的货币和财货的边际效用所决定
的。这两种边际效用都体现在需求表中。而今天的货币的边际效用，直接取决于
昨天的货币购买力②。

316　附录 B　论价值

　　经济学已经将"价值"这个术语用得如此广泛，以至于现在放弃它将会是不
明智的。然而，由于使用这个术语的方式多种多样，所以存在着毫无疑问的混
淆。更重要的是区分清楚这个术语在评值（valuation）与偏好意义上的主观用法，
和在市场上的购买力或价格意义上的"客观"用法。在本章之前，"价值"一
词在本书中指的是在个人的"价值表"上对财货进行排序的个人主观的"评值"

---

① 我们必须牢记"总"和"边际"并没有像在微积分中所有的那种相同的含义（或相互关系）。这
　里的"总"是"边际"的另一种形式。未能认识到这一点是杰文斯和瓦尔拉斯时代以来经济学受
　到诸多困扰的原因。
② 有关货币购买力以及货币供求的决定，进一步的分析参见后面的第十一章，"货币及其购买力"
　的部分。

过程。

在本章中，"资本价值"（value of capital）一词指的是对市场上以货币计量的耐久财货的购买力。如果一幢房子在市场上能以 250 盎司黄金出售，那么它的"资本价值"（capital value）就是 250 盎司。这与主观类型的价值有着明显的不同。当一个人主观地评值一件商品的时候，他是在其价值表上，对之做相对于其他财货的排序。当一件商品在发现其资本价值的意义上被"评估"（evaluate）时，评估者估计的是该商品能以多少货币出售。这类活动被称为评值（appraisement），它区别于主观的评值。如果琼斯说："下个星期我将以 250 盎司的价格出售这个房子。"那么他就是在"估价"它的购买力，或者说，"客观的交换价值"（objective exchange-value）为 250 盎司黄金。所以，他不是在自己的价值表上对房子和黄金进行排序，而是在估计未来某一点上房子的货币价格。在下文中我们将看到，估价在一个间接交换的经济中对整个经济体系的基础性作用。不仅仅是消费品的出租和出售依赖于估价以及对货币利润的期望，所有投资的生产者（他们是整个生产体系的基石）的活动亦是如此。我们将看到，"资本价值"一词，不仅用于耐久的消费者财货，而且用于所有非人类的生产要素——即土地和资本财货，无论单个还是各种组合。所有这些要素的使用和购买取决于企业家们对它们在市场上以货币收入计量的最终收益的估价，我们将看到，它们在市场上的资本价值将趋向于等于未来货币收入的折现总额①。

317

———————————

① 关于估价与评值，参见米塞斯，《人的行动》，第 328–330 页。

第五章　生产：结构

1. 行动的一些基本原理

　　对复杂的货币市场经济中的生产活动——这些行动最终使人取得消费财——进行的分析是相当错综复杂的。因此，现在最好总结一下第一章中推演出来的一些最适用的基本原理。在第一章，我们只是把这些原理应用于鲁滨孙经济。然而，实际上它们对任何形态的经济都是适用的，而且这些原理也是分析现代复杂经济必不可少的关键。这些基本的原理包括：

　　（1）每个人行动都是为了使其预期中的心理收入，或者说获取的效用超过其行动的心理成本。后者是其放弃的，而本来有手段可以实现的次优选择的效用。对个人来讲，心理收入和心理成本都是纯主观的。由于所有的行动都要涉及某财货的供给单位，所以我们不妨把这些主观评值称之为边际效用和边际成本，边际意味着行动是分步进行的。

　　（2）每个人都在现在这一瞬间基于现在的价值表而行动，以达到预期中未来
的目标。于是，每个人都在通过行动来达到未来的某个让自己满意的状态。每个行动都包含至其行动所指向的未来时点的时间范围。他根据自己的技术思路，运用现在给定的手段，以实现未来的目的。

　　（3）比起在未来获得某个目的的满足，每个人都偏爱且力图在现在就获得该目的的满足。这是时间偏好规律。

　　（4）每个人按照财货对他而言的效用来分配所有财货。某财货的单位库存会被首先配置到它能满足的最高价值的用途当中，然后配置到第二高价值的用途当中，依此类推。一种财货的定义是指，它由一个或多个单位可以互换的供给构成。因此，每个单位和其他每个单位受到的评值始终相同。假如某供给中的一个

单位要被放弃掉或者是被用掉的话，那么，一个单位财货所能满足的最低价值的用途必须被放弃。因而，财货供给中每个单位的价值都等于该财货现在最低价值的用途的效用。随着每种财货库存的增加，这一边际效用在递减。库存中所增加一个单位的边际效用等于一个单位财货第二高价值用途的效用，也就是指，还没被满足的目的中最高价值的那个。这使得我们获得了边际效用规律和财货配置的规律。

（5）生产出一种产品的生产要素的技术组合中，假如一个要素变动而其他要素保持不变，那么，会存在一个最优点——该要素生产出最大平均产品的点。这就是回报律。这是基于人的行动存在的真切事实推论而来的。

（6）而从第二章我们了解到，市场中的任意财货的价格都趋向于在整个市场中一致。价格是由供求表决定的，而供求是由市场中人们的价值表决定的。

2. 均匀轮转的经济

分析货币市场经济中的生产活动是高度复杂的事情。我们只有使用均匀轮转经济这个思想建构，才可以解释这些生产活动——尤其是价格的决定、要素的回报和配置，以及资本的形成。

这一建构是按照如下步骤展开的：我们意识到真实世界中的行动是持续变动的。个人的价值表、技术思路，以及可得的手段数量始终在变动。这些变动不停地把经济推向不同的方向。价值表发生变化，消费者的需求就会从一种财货转移到另一种财货。技术思路会发生变化，而要素可以以不同方式使用。两种类型的变化都对价格产生不同的影响。时间偏好的变化，会对利率和资本结构产生一定的影响。关键性的一点在于：在任一变化的影响完全发挥出来之前，其他的变化就开始介入了。但是，我们必须运用理性来考察假如没有新的变化介入会发生什么状况。换句话说，假如价值表、技术思路和给定的资源保持不变，会发生什么状况？那时的价格、生产及两者间的关系会是怎样的？假如评值、技术和资源——不管其具体形式如何——保持不变。在这种情况下，经济会趋向于均匀轮转的状态，也即是，同样的活动趋向于以同样的模式不断重复下去。每种财货的生产速度保持不变，所有的价格保持不变，总人口保持不变，等等。因此，假如评值、技术和资源保持不变，我们就会面临两种相继的状态：（a）通往不变的、均匀轮转经济的过渡期；（b）均匀轮转经济本身不变的循环。后一阶段就是最终的均衡状态。这和每天市场上由供求相交所确定的均衡价格是有区别的。最终均衡状态是经济始终趋向于逼近的状态。假如我们的给定条件——评值、技术和资源——保持不变，经济会朝最终的均衡位置运动并以之为终点。然而，在现实生活当中，给定条件是始终在变动的，因此，在达到最终的均衡点之前，经济运动必定要改变方向，朝着其他的最终均衡位置运动。

因此，最终的均衡位置始终是在变动的，所以最终的均衡位置在现实中一个都不会达到。但是就算现实中永远不会达到均衡状态，它仍然有很现实的重要意义。首先，这就像是被狗追的机器兔子一样。现实中一直追不到，且一直在变动，但是它说明了狗移动的方向。其次，市场体系是如此的错综复杂，以至于除非我们先在均匀轮转的世界（里面没有变动，且给定的条件都会充分发挥其影响）里分析出要素价格和收入的决定，否则我们无法分析出一个持续变动的世界里的要素的价格和收入。

当然，在目前的研究阶段中我们对我们知识的伦理价值判断毫无兴趣。对均衡位置我们不会贴上任何伦理标签。它是一个用于科学地解释人的活动的概念。

读者可能会问，既然我们已经且将要对经济学中的各种不现实的和反现实的假设提出很严肃的批评，那么为什么要允许使用最终均衡这种"不现实的"概念呢？举例言之，如我们将要了解的，"纯粹竞争"这个理论——在今天的著作者中是如此的流行——就是基于不真实的前提。而依据这些所得出的理论不仅被不加批判地运用于真实世界，而且实际上被用作批判真实世界"偏离"了理论的伦理基础。"无差异类别"和无限小步骤的概念是错误假定的又一例证，这些假定被作为高度复杂的理论结构的基础。然而，均匀轮转经济这个概念，当被谨慎使用时，是不该受到这些批判的。因为这是一个始终存在的推动力，均匀轮转经济是真实体系一直朝之运动的目标，也就是最终静止位置。在那个位置上，基于给定的真实存在的价值表，所有人都到达了现有技术和资源条件下自己价值表上的最高位置。因此，这个概念是有效且具有现实的重要意义的。

然而，我们必须时刻牢记，虽然最终的均衡是任何时间下经济朝之运动的目标，但是市场给定条件的变动会改变这一位置，从而转变经济运动的方向。因此，在动态世界里最终均衡位置毫无伦理上的优越性。实际上，由于欲望未被满足（否则的话就不会有行动），这样一种无变化的状态应该说是最不幸的，因为它意味着进一步的欲望满足是不可能的。此外，我们必须记住，最终的均衡位置趋向于（尽管实际上不可能出现）市场活动的结果，而不是市场活动的条件

（condition）。举例言之，太多的学者觉察到了在均匀轮转经济中企业家利润和亏损会归于零，但他们却不知何故推论道这应该是市场上任何正常活动的常态。这几乎是对市场最大的误解，或者说是对均衡概念最大的误用。

在运用这个概念时另一个危险是，它纯粹是静止的概念，本质上是无涉时间的，它的条件太适合运用数学了。数学是基于等式的，而等式描述的是两个或者两个以上的"函数"之间的相互关系。当然，这些数学程序本身是不重要的，因为它们并没有建立起因果关系。它们在物理学中是最重要的，举例说，因为物理学是通过对我们必须认为是无动机的物质微粒来研究所观察到的一定的运动规律。这些微粒按照一定的、可观察的、精确的定量规律而运动。在阐释这些变量间的规律以及在形成对观察到的现象的理论解释时，数学是必不可少的。在人的行动中，情况如果不是彻底相反的话，那也是完全不同的。在物理学中，因果关系只能被当作是假设性的，且之后需要通过相关的精确可观察到的规律性来近似验证；而在行动学中，我们清楚知道起作用的成因力量。成因力量就是人的行动，由某些目的所指引、有动机、有意图的行为（behavior）。这种行动的普遍特性是可以被逻辑分析的。我们并不研究变量之间"函数的"数量关系，而是研究人的理性和意志所引导的特定行动，而这并不是"被决定的"或者说不能归因于外在力量的。此外，由于人的行动的给定条件一直在变动，所以在人类历史中不存在精确的数量关系。在物理学中，数量关系，或者说规律，是永恒不变的；在人类历史中，过去、现在或将来的任何一个时点，它们都被认为是有效的。在人的行动领域中，没有这样数量上的永恒不变。对人类历史不同时期都有效的固定数量关系并不存在。人的行动中唯一的"自然规律"（假如我们可以用这个过时但就这种恒定规律而言最贴切的字眼的话）是定性的而非定量的。举例言之，这些就是从行动学和经济学中推导出来的规律——行动这个事实，运用手段达到目的，时间偏好，边际效用递减，等等。①

因此，在那些无动机变量之间存在着固定数量关系的领域中，数学等式是合适且有用的。它们在行动学和经济学中却非常不适当。在后一领域，对行动及其

① 另一个不同之处我们已经讨论过了：数学，尤其是微积分，很大程度上依赖于无穷小量的假设。在研究没有动机的事物的行为领域，这样的假设或许是完全正当的。但是人的行动恰恰是不关注无穷小量的，因为如果它们是无穷小，那就和人没有关系了。因而，经济学研究的行动必定总是以有限、不连续的步骤发生的。因此，在人的行动研究中做出和物理学微粒研究中一样的假设是不正确的。在人的行动中，我们形容这种假设不仅是不现实的，而且是*反现实的*。

经由时间的过程进行文字、逻辑的分析则是适当的方法。毫不意外，"数理经济学家"的主要工作是试图运用等式的方法描绘最终的均衡状态。因为在这一状态中，由于经济活动只是在重复其本身，因此运用函数等式似乎更加扩展了对其状况的描述。然而，这些等式最多只不过是在描述这一均衡状态而已。

　　数学能做的并不多于文字逻辑能做的，除此之外，由于违反了奥卡姆剃刀科学原理——科学要尽可能简单清晰，因此数学的这种使用本身就包含了巨大的错误和缺陷。首先，它并不能描述经济趋向最终均衡状态的过程。只有对构成原因的人的行动的文字、逻辑的分析才能完成这一任务。很明显，这项任务是很重要的，因为它是对人的行动的至关重要的分析。行动沿着一个路径而变动，但在一个无变动的均匀轮转经济中是无法描述出这一点的。真实世界是不确定的，而且我们很快将了解到，我们甚至无法追问静止、均匀轮转经济分析的逻辑结论。均匀轮转经济的假设只是一个在对真实行动的分析中帮助我们的辅助工具。由于数学描述静止状态还算凑合，因此数理经济学家往往过分专注于这一静止状态，从而提供了特别有误导性的行动的图景。结果，均匀轮转经济的数学等式只是描绘了一个静止的没有时间的状态。[1] 它们和物理学的数学等式大大不同，物理学等式描绘了经由时间的过程，恰恰是凭借这种在元素的运动中对永恒的数量关系的描述使得数学在自然科学中发挥了很大的功用。经济学则大为不同，在经济学中，数学顶多只能是不太适当地描述了一个无关时间的最终结果。[2]

326

---

[1]　数理经济学家，或者是"计量经济学家"多年来在分析均衡条件之外去分析均衡的过程的努力一直徒劳无功。计量经济学家 F. Zeuthen 最近承认，这样的尝试是不可能成功的。数学所能描述的只能是最终的均衡点。参见 F. Zeuthen 在第 16 届欧洲计量经济学会会议上的发言，《计量经济学》1955 年四月，第 199–200 页。

[2]　对数学在经济学中的使用的一个精彩的批评，参见米塞斯，《人的行动》，第 251, 347–354, 697–699, 706–711 页。也参见米塞斯，《对经济问题的数学研究的几点看法》，*The Studium Generale* VI, 2（1953），（Springer Verlag: unpublished translation by Helena Ratzka）；Niksa, "The Role of Quantitative Thinking in Modern Economic Theory"；Ischboldin, "A Critique of Econometrics"；Paul Painlevé, "The Place of Mathematical Reasoning in Economics," in Louise Sommer, ed., *Essays in European Economic Thought*（Princeton, N. J.: D. Van Nostrand, 1960），第120–132 页；and Wieser, *Social Economics*，第 51 页。关于经济学的逻辑方法的讨论，参见米塞斯，《人的行动》以及 J. E. Cairnes 被忽视的著作 *The Character and Logical Method of Political Economy*（2nd ed. ; London: Macmillan & Co., 1888）。也参见 Marian Bowley, *Nassau Senior and Classical Economics*（New York: Augustus M. Kelley, 1949），第 55–65 页。本书中假如用到数学的话，那也是恪守卡尼斯所规定的原则：为了用其他方法来展示经济学教义而运用几何图表或者数学公式，这是可能的，我也不想否认这一点……我所力图反对的是杰文斯教授和其他人所提出的这样的一个说法——通过这些（转下页）

在人的行动科学中，"函数"这一数学概念的使用尤其不适当。一方面，行 327
动本身并不是任何事物的函数，因为"函数"意味着确定的、独一无二的、机械
的规律以及被决定的。相反，数学的联立方程——在无动机的运动的物理学研究
中——强调的是互为因果、互相决定。另一方面，在人的行动中，已知的构成原
因的行动的动力是单向地在决定着其结果。这种由数学导致的在人的行动研究当
中的误解体现在乔治·斯蒂格勒教授对欧根·庞巴维克——一个最优秀的经济学
家——的连续抨击的例子中：

……然而，效用和需求函数连续的假定（该假定只在很小程度上是不真实
的，而本质是分析性的研究方法）始终没有得到承认。一个更重要的缺陷在于，
庞巴维克未能理解到一些现代经济理论的最重要元素——互相决定和均衡的概
念（借由联立方程理论的运用而产生的）。互相决定、互为因果被旧的成因 -
结果的概念所拒斥。①

这里所展示的"缺点"倒不是庞巴维克的，而是那些像斯蒂格勒教授那样徒
劳、错误地试图在数理物理学——尤其是，古典力学——的模型上构建经济学的
人的。②

（接上页）方法，经济学知识可以得到延伸；数学可以被运用到经济学真理的发现当中，正如它可
以被运用到机械学和物理学真理的探究当中一样；而除非它能够表明，要么心理感觉可以由精确
的数量形式来表达，另一方面，要么它可以表明，经济现象不依赖于心理感觉的话，否则我是不能
承认这一结论是有效的。（Cairnes,*The Character and Logical Method of Political Economy*, 第 iv-v 页。）
① 乔治·斯蒂格勒，《生产与分配理论》（New York: Macmillan & Co., 1946），第 181 页。关于卡
尔·门格尔对互相决定概念的抨击以及他对数理经济学的总批判，见 T. W. Hutchison, *A Review
of Economic Doctrines, 1870—1929*（Oxford: Clarendon Press, 1953）， 第 147-48 页。 以 及 Emil
Kauder 的有意思的文章，"Intellectual and Political Roots of the Older Austrian School," *Zeitschrift
für Nationalökonomie* XVII, 4（1958），412ff.
② 斯蒂格勒给上面的段落加了个注脚，作为对庞巴维克的致命一击："庞巴维克并没有受过数学的
训练。"斯蒂格勒，《生产和分配理论》。必须认识到，数学只是逻辑和理性的仆人，而非其主人。
并不是说必须受过数学的"训练"，才能认识到在人的行动科学中数学的无用和不适当，举例言
之，仅受过农业技术的"训练"，我们照样可以知道农业技术在邮轮的甲板上是英雄无用武之地
的。实际上，受过数学的训练，却对人的行动科学的认识论问题缺乏足够的关注，很可能会在运
用数学到后者的过程中产生悲剧性的结果——正如所展示的这个例子。庞巴维克作为一个经济学
家的伟大在这个节点上并不需要做出辩护。对庞巴维克饱蘸热情的颂词，参见约瑟夫·A.熊彼特，
《欧根·冯·庞巴维克，1851—1914》, in *Ten Great Economists*（New York: Oxford University Press,
1951），第 143-190 页。对庞巴维克作为一名经济学家的声誉进行纯粹武断且无根据的毁损，参
见 Howard S. Ellis, "Review of Schumpeter's book in *the Journal of Political Economy*, October,
1952，第 434 页。

328　　　　回到均匀轮转经济的概念上来，数理经济学家的错误在于把它当作是现实存
在的甚至是理想的状况，然而，它只不过是一个能够让我们分析市场和市场上人
的活动的思维概念罢了。它之所以必不可缺是因为它是行动和交换的终点（尽管
是始终变化的）；相反市场给定条件不可能保持不变那么久，以使得均匀轮转经
济出现。我们无法逻辑一致地构想一个没有变动或者没有不确定性，从而没有行
动的状态。举个例子，均匀轮转的状态是无法和货币——整个交换体系核心的媒
介——的存在相容的。因为，人之所以需求且持有货币商品，仅仅是因为它比其
他的商品更适销，也即是，因为货币持有人更有把握可以交易货币。在一个价格
和需求永远保持不变的时间里，这种对货币的需求将是不必要的。货币之所以被
需求、被持有仅仅是因为它给予了更大的发现市场的把握，仅仅是因为不远的
329　　将来的人的需求是不确定的。举例言之，假如每个人都准确地知道他将来全部的
支出——在均匀轮转的体系中是知道的——那么他持有货币现金余额是没有意义
的。他会把货币用于投资，以便恰好是需要花费的那天才取回所需要的数额。但
是假如没有人想要持有货币，那就不会有货币也不会有货币价格体系。整个货币
市场会瓦解掉。因此，均匀轮转经济是不现实的，因为它实际上是无法在现实中
建立的，而且我们甚至无法逻辑一致地构想出它的建立。但是，均匀轮转经济的
观念在分析真实经济的时候是必不可少的；通过假想一个所有变化都已发挥殆尽
的世界，我们得以分析出真实变动的方向。

3. 生产结构：一个专用性要素的世界

　　理解生产过程的关键在于要素的专用性问题，我们在第一章已经触及了这一
问题。一个专用的要素适用于唯一一种产品的生产。完全非专用要素则可以同样
地适用于所有可能产品的生产。很明显，要素不可能都是完全非专用的，因为如
果那样的话，所有的要素就都是完全可互换的了，也就是说，只需要一种要素
了。然而，我们已经知道了，人的行动就意味着不止一种现存要素。假如我们正
确地按照价值而非技术来考虑"生产中的适用性"，那我们甚至无法想象出一个
完全非专用要素的存在。① 实际上，假如我们分析这个概念就会发现，说某要素

---

① 关于生产理论方面根据技术而非评值来处理问题的作者把经济学文献搞得无以复加的混乱。关于
　　该问题的一篇杰出的论文，参见莱昂内尔·罗宾斯，"Remarks upon Certain Aspects of the Theory of
　　Costs," *Economic Journal*, March, 1934，第 1-18 页。

在纯粹技术意义上是"同样适用的"是没有意义的，因为没有办法比较一个产品与另一个产品的物理数量。假如 X 可以用于生产 3 个单位的 A 或者 2 个单位的 B，我们是没有办法可以比较这些单位的。只有消费者的评值建立了被评值的财货的级次，它们的相互影响才能确定消费财的价格。因此，（相对而言）非专用要素被配置到消费者评值最高的产品当中。很难想象出完全非专用，且在所有生产过程中都得到相等评值的财货。所以，我们的主要区分在于只可以用于一条生产线的专用要素，以及可以用于不止一个生产过程的非专用要素。

330

现在，让我们暂时考察一下每种财货都是只由几种专用要素生产出来的世界。在这个世界中——虽然不大可能，但是可以构想得到的世界——每一个人，每一片土地，每一件资本财都必然不可逆地专用于一个特定产品的生产当中。从一条生产线转到另一条的任何财货都没有其他的用处。因此，在整个生产领域内只有极少或者没有"经济问题"，也即是，没有把稀缺手段配置到多个可选择性目的的问题。当然，消费者还是不得不把他们稀缺的货币资金配置到最偏好的消费财上。在非市场领域，每个人——还是作为消费者——必须把他的时间和精力配置到各种不同消费财的享受当中。在可交易财货的生产领域，每个人还是要做一种配置：多少时间用于劳作以及多少时间用于闲暇。但是，哪一片土地用来耕作的问题不会存在，一片土地用来做什么的问题不会存在，如何配置资本财的问题也不会存在。要素的运用全都依赖于消费者对最终产品的需求。

这种完全专用要素的世界里的生产结构有点像图 5.1 所示。在这幅图中，我们看到了两种代表性的消费财：A 和 B。每个产品——在图的底部以实心的矩形来表示——是由紧邻的较高阶层——标注为 P_1，或者是第一级的生产财——所生产出来的。第一阶层的资本财转而在协作要素——第二阶层的要素——的帮助下生产出来，依此往上类推。该过程以此逻辑一直往上继续，直到资本财完全由土地和劳动要素生产出来，虽然这个阶段并没有在图中标注出来。连接圆点的直线表示要素的因果模式。在该图表中，所有的要素都是完全专用的，因此生产过程阶段中所用的财货不能用于别的阶段，也不能用于别的财货的生产。中间的箭头表示的是下方结果的因果方向，从最高阶的生产财经由中间的阶层，最终得出消费财。每一阶段，劳动利用自然赋予的要素生产出资本财来，然后资本财再次与劳动和自然赋予要素混合，转化为越来越低级的资本财，直至得到消费财。

331

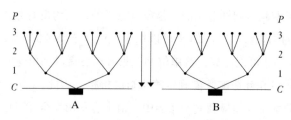

图 5.1　只有专用性要素的世界下的生产结构

现在我们已经追溯了生产工作的方向，我们还必须追溯货币收入的方向。货币收入的方向是相反的，从消费者返回到生产者。消费者在市场决定的价格下购买消费财的库存，这使得生产者得到了一定的收入。生产理论的两个关键问题是：货币收入被配置的方法以及生产要素价格的确定。首先，让我们只考察一下生产的"最低"阶段，在该阶段完成了最终的产品。在这个阶段中，许多的要素——现在我们都假设为专用的——通力协作生产出了消费财。这样的要素有三类：劳动、原初的自然资源和生产出来的资本财。① 我们假定，在某一天，消费者购买了若干数量的财货 X，花了（比如说）100 盎司黄金。给定该财货出售的数量，那么总数量的价格就等于出售该财货所获得的（总）收入。这 100 盎司会怎样分配到生产中的要素呢？

首先，在消费财被出售之前，我们必须做一个有关所有权问题的假设。很明显，这个所有者（或所有者们）成为 100 盎司黄金收入的直接收入者。我们讲，在最后的生产阶段，有 7 种要素在参与生产：两种类型的劳动，两种类型的土地，以及三种类型的资本财。关于产品的最终所有权（在它被卖给消费者之前），有两种可能的形式：（a）这些要素的所有拥有者共同拥有最终产品；（b）每个要素的所有人把其要素的服务卖给某个其他人，而后者（他自己可能也贡献了要素）在稍后某刻把财货卖给消费者。虽然，后者几乎是普遍的情况，但是由分析第一种情况入手会比较方便。

___

① 我们必须马上附注一下，这样做并不意味着我们在采用陈旧的古典谬误——把这每一组的要素都处理成同质的。很明显，它们是异质的，而且为了定价目的和在人的行动当中皆如此处理。只有相同的财货——对人的评值来说是同质的——会被当作一个相同的"要素"来看待。而在生产者看来，所有的要素（因为它们对收入的贡献）都是同样的。然而，"土地、劳动和资本财"这样的分类，对生产问题的更深入分析（尤其是对不同收入回报的分析，以及对生产的时间关系的分析）而言是必不可少的。

332

不管采用哪种方法，拥有最终产品的都是"资本家"，因为他们是资本财的所有者。然而，把"资本家"一词限制于那些储蓄货币资本、以之购买要素的人会比较好。根据这个定义，第一种情况下不会有资本家，在那种情况中要素的所有者是产品的共同所有者。不管采用哪种方法，"产品所有者"这个词足以指代资本资产的所有者。产品所有者也是"企业家"，因为他们承担了调整不确定性未来状况的重要的企业家责任。然而，仅仅称他们为"企业家"，又会滑入这样的危险：忽视了他们也是资本家和产品所有者，也忽视了他们在均匀轮转经济中仍然履行此一功能。

333

4. 由要素所有者所享有的产品共同所有权

我们先考察一下由最终的协作要素所有者享有共同所有权的情况。[①] 很明显，100 盎司的黄金共同归于所有者们。现在我们纯粹任意地指定 80 盎司总量，归于资本财的所有者，而 20 盎司总量归于劳动和自然赋予要素的所有者。显然，不管如何配置，在不受妨碍的市场上，会根据每一个所涉及的要素所有者之间的自愿契约协定来分配。现在，很清楚，劳动者和地主一边的货币收入所发生的情况，和另一边资本财所有者货币收入所发生的情况是有重要区别的。因为资本财必须相应地由劳动、自然资源和其他资本财生产出来。因此，虽然个人"劳动"能量的贡献者（当然，除了一般用语中的"体力劳动者"之外，还包括管理的能力）赚得了一笔纯回报，但资本财的所有者在之前就已经为该生产或者为了购买他所有的要素而支付了一笔货币。

现在很清楚了，由于只有生产要素才可以从消费者那获得收入，因此消费者财货的价格——也即是，来自消费者财货的收入——就等于归于用于生产的要素的价格之和，也即是归于要素的收入。如果是共同所有权的话，这一点就是自明之理了，因为只有一种要素可以从财货的售卖中获得收入，就像 100 盎司等于 100 盎司那么简单。

334

但是，假如是我们随意分配给资本财所有者 80 盎司的话，情况会如何？它

---

① 必须理解，"生产要素"包括了把产品推向消费阶段的每一服务。比方说，"营销成本"，广告等这类服务是和其他要素一样有效的生产性服务。对"生产成本"和"销售成本"虚假区分的错误已经由米塞斯彻底地阐释清楚了，《人的行动》，第 319 页。

们最终会归于何人？由于我们在共同所有权的例子中，假定了所有的产品都是由它们的要素所有者所有的，这同样适用于（同样是产品的）资本财，第二级生产中的要素共同拥有资本财本身。比方说，三种第一级资本财的每一件都是由五种协作要素生产出来的：两种类型的劳动、一种类型的土地、两种类型的资本财。所有这些要素的所有者共同地拥有这 80 盎司。比方说，第一级资本财各自所获得的如下：

资本财 A：30 盎司

资本财 B：30 盎司

资本财 C：20 盎司

于是，每一资本财的收益由第二生产阶层的 5 种要素的所有者拥有。

概念上很清楚，在最后的分析中，没有人可以作为资本财所有者收到回报。因为通过分析，每一资本财都可以将其本身分解为原初的自然赋予要素以及劳动要素，很明显没有任何货币会归于资本财的所有者。最后所有 100 盎司将会被专门分配给劳动者和自然赋予要素的所有者。比如，归于资本财 A 的 30 盎司会被分配给 5 种要素所有者，而归于协助生产财货 A 的第三级资本财的（比方说）4 盎司会转而分配给土地、劳动以及第四级的资本财要素，以此类推。最终，所有的货币都只被分配给了劳动和自然赋予要素。图 5.2 中的图示展示了这一过程。

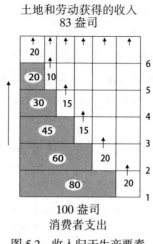

土地和劳动获得的收入
83 盎司

100 盎司
消费者支出

图 5.2　收入归于生产要素

　　在图的底部，我们看到 100 盎司黄金从消费者转移到了生产者。这些货币的一部分给了资本财的所有者，一些给了地主，一些给了劳动者。（在这个例子当中，给予此群体与给彼群体的比例是任意假定的，而且它对该分析而言无关紧要。）归于资本财所有者的数额列在图中的阴影部分，而归于劳动者和自然要素所有者的总数额包含在图中的清晰部分。在最底部，第一个矩形中，向上的箭头标注出了土地和劳动要素的所有者所收到的 20 盎司，紧跟着的是图顶部的相同的朝上箭头，顶部的直线表示最终由各种要素所有者收到的货币。顶部直线（100 盎司）的宽度必须等于底部直线（100 盎司）的宽度，因为最终由要素所有者收到的货币必须等于消费者花费的货币。

336

　　上升到直线 2，我们跟进这归于第一级资本财所有者的 80 盎司钱款。我们假定，60 盎司归于第二级资本财的所有者，而 20 盎司归于第二级劳动和自然赋予要素。20 盎司清晰部分再一次由朝上的箭头来标注，以表示最终由要素所有者所收到的货币，而且它等于该图顶部直线所划分的部分。随着我们在资本财级序中一步又一步地往上推，该过程不断重复。当然，在每一点上，资本财所有者所获得的数额变得更小，因为越来越多的份额归给了劳动和自然要素所有者了。最终，在可想象的最高阶段，资本财所有者所赚得的剩下的所有 20 盎司会只归于土地和劳动要素，因为，最终我们必定会达到一个没有已生产出来的资本财而只有劳动和自然的生产阶段。结果是，100 盎司最后全部分配给了清晰的空格，分配给了土地和劳动要素。左边的大箭头表示的是货币收入向上的一般进程。

　　消费者财货的销售收入等于消费者在该财货上的花费，这一点是不言而喻的，在生产的每一阶段同样不言而喻的是：资本财售卖的收入等于归于其生产要素的收入。

　　在我们已经考察过的世界里，不管什么阶段，所有的产品由它们要素的所有者共同拥有，很清楚，在最高阶段第一步工作完成了。土地和劳动的所有者投资他们的土地和劳动来生产出最高级（该例子中是第五级）资本财；然后这些所有者们把该财货转交给次一级的劳动和土地所有者；这些人生产了第四级的资本财，而该资本财又相应地与该阶段的劳动和土地要素协作生产出更低一级的财货，以此类推。最后，达到了最低的阶段，而最终的要素通力协作以生产出消费者财货来。然后消费者财货被卖给消费者。[①]

337

[①]　关于生产结构，参见维塞尔，《社会经济学》，第 47 页及之后。

假如是共同所有权的情况的话，那么就不会出现单独种类的资本财所有者。所有生产出来的资本财都由用于生产的土地和劳动要素所有者拥有；下一级的资本财是由下一阶段的土地和劳动要素所有者与先前的协作要素所有者等人一起拥有。总而言之，任何生产线上的全部资本财结构都是由土地和劳动所有者共同拥有的。把最终产品售卖给消费者的所得收入只归于土地和劳动的所有者；收入归之于他们的单独的资本财所有者群体是不存在的。[①]

生产过程很明显是要花费时间的，而生产过程越复杂，要花的时间越多。在这些时间当中，所有的要素都必须是在无法赚得任何回报的情况下发挥作用的；它们必须只在未来的预期收入中运作。它们只在较远的未来某刻收到收入。

在一个完全专用要素的世界里，要素所赚得的收入完全依赖于消费者对特定最终产品的需求。如果消费者在该财货上花了 100 盎司，那么要素共同地赚得这 100 盎司。如果在该财货上花了 500 盎司，那么要素共同地赚得这 500 盎司。如果他们在该产品上不花钱，那么生产者就犯了一个巨大的企业家错误：致力于生产一种消费者不会购买的产品，要素赚得也就完全为零了。要素所有者所赚得的共同货币收入以相同的程度随着消费者对该产品的需求而波动。

这时候，有个问题自然而然就出现了：赚得零回报的要素所有者会怎样？他们一定会"挨饿"吗？理论上，我们没法回答这种关于具体个人的问题，因为经济学只阐释关于生产中"功能性"收入的道理，而不涉及一个给定个人的全部收益。换句话说，一个具体的人，可能在该财货上毫无所得，但同时可能在另一片土地的所有中赚得了一大笔回报。假如在其他领域没有这样的所有权的话，那么这个人可能在追求无法带来金钱回报的独自的生产，或者，假如他积蓄了货币现金余额的话，他就可以通过削减余额来购买财货。此外，假如他有这样的现金余额的话，他就可以在其他的生产线当中投资到土地或者资本财或者投资到拥有这些要素的生产组织当中。在我们的假设中，他的劳动可能是专用的要素，但是他的货币则可以适用于每一条生产线。

如果我们假设最糟糕的情况——一个没有现金余额也没有资本财产的人，他

[①] 实际上，一人或者多人可以成为任何要素的所有者。比方说，原初的要素也可以由几个人共同所有。这并不会影响我们的分析。唯一的变化是，要素的共同所有者必须根据自愿的契约来分配要素的收入。但是分配的类型保持不变。

的劳动是生产拥有极少或者没有消费需求的产品的专用性要素。① 他难道不就是市场的存在以及市场上普遍存在的专业化所导致误入歧途的案例吗？为了服务消费者，他难道就没有牺牲自己的幸福和生存吗？就算人们选择市场得到了认可，难道这样的选择不会给许多人造成悲剧吗？

答案是，对市场过程进行这样的苛责是没有根据的。因为哪怕是在这种不可能发生的情况里，个人不会比他处于孤立状态或者以物易物的情况糟到哪里去。假如他发现通过市场过程无法达到他的目的，他随时可以返回到孤立状态中去。我们把这种可能情况当作是荒诞不经的，这一事实本身就是市场给每个人带来巨大好处的明证。经验上，我们实际上可以确定地说，没有现代发达的市场而返回到孤立状态的话，绝大多数个人根本无法得到以资生存的足够的可交易财货。然而，选择始终保留给那些——出于任何理由——偏爱孤立状态胜过从市场体系中获得巨大利益的人。因此，失意之人针对市场制度的埋怨当然是打错了板子的、错误的。在不受妨碍的市场上，任何人或者群体是可以在任何时间自由地放弃社会市场，自由地撤回到任何其他可欲的合作形式安排的。人们可以退到个人孤立状态，或者是某种群体孤立的状态或者还可以从头开始再次创造他们自己的市场。不管怎样，在自由市场上，他们的选择完全是他们自己的，而他们是根据自己不受暴力使用或者胁迫所妨碍的偏好来做决定的。②

"最恶劣情况"的例子使得我们可以分析一个对自由社会最流行的责难："人们只剩下了挨饿的自由。"首先，这样的责难是如此的普遍，从这一点我们就可以很容易地得出结论，在社会上有足够多的有仁慈心的人会给这些不幸的人予以馈赠。其次，还有一个更为基础性的反驳。"挨饿的自由"这个论点的基础混淆了"自由"和"可交易财货的富足"。这两者必须保持概念上的区分。自由只可以有意义地被定义为免于人际束缚。荒岛上的鲁滨孙·克鲁索是绝对自由的，因为没有别的人妨碍他。但他并不必定会过上富足的生活；实际上，他很有可能经常处于挨饿致死的边缘。人是否过上贫穷或者富裕水平的生活，这取决于他和他的先人对付大自然并且把自然赋予的资源转换成资本财货消费财的本事。于是，这两个问题逻辑上被区分开来了。鲁滨孙是绝对自由的，但是要忍饥挨饿，某个

339

340

_____

① 实际上，这样的事情并不会发生，因为，正如我们上文所看到的，劳动始终是一个非专用的要素。

② 因此，我们的观点是，"消费者主权"这个词是非常不恰当的，而"个人主权"是个更适于描述自由市场体制的词。关于"消费者主权"概念的分析，参见下面的第十章。

人在某个时刻作为奴隶，因其主人而过得富足（虽然不大会发生），这当然是有可能的。然而，这两者之间有个重要的联系，如我们上文所知道的，自由市场倾向于为它的所有参与者带来富裕，而我们将在下文发现，市场上的暴力干预和霸权性社会倾向于导致普遍的贫困。因此，一个人"自由地挨饿"并不是自由市场的罪愆，而仅仅是自然的本态：每个孩子都两手空空来到世间，没有资本或者自己的资源。恰恰相反，正如我们下文将要进一步发现的，在自由社会里正是自由市场提供了减少或者说消除贫困的唯一手段，并且带来了富足。

5. 成本

这里，让我们再次往我们的分析中引入"成本"这个概念。上文中我们已经知道了，任何抉择的成本——或者"边际"成本——都是因为该抉择而必须放弃的第二高的效用。当一个手段 M 必须在目的 E1、E2 和 E3 之间分配，而 E1 在这个人的价值表上评值最高时，这个人就会力图配置该手段，以便达到他评值最高的目的，而放弃那些评值较低的目的，尽管他会尽可能多地用其可用手段来实现他的目的。假如他把其手段配置给 E1 和 E2，那就必须放弃 E3，E3 就是他的决定的边际成本了。如果决策时他犯了错误，实现了 E3 而非 E2，那么事后看——回过头来看——我们就认为比起他本可以采取的选择来，他遭受了损失。

在要素所有者做决策时，所涉及的成本是什么呢？第一，必须强调一下，这些成本是主观的，因此无法由外部观察者精确地确定，也无法由外部的会计人士事后测算。[①]第二，很明显，由于诸如土地和生产出来的资本财这样的要素只有一个用途，也即是，用于该产品的生产（因为是完全专用的），因此在生产的利用当中它们是不涉及任何成本的。根据我们的问题而言，要素的所有者的唯一一个其他选择就是让土地闲置不用，赚取零回报。然而，劳动的使用是有成本的，该成本与劳动者所放弃的闲暇的价值一致。该价值当然也是无法以货币度量的，因此必然因人而异，因为两个或者两个以上的人的价值表之间不能进行比较。

---

① 参见 G. F. Thirlby 关于成本的精彩讨论，"The Subjective Theory of Value and Accounting 'Cost,'" *Economica*, February, 1946，第 33 页；尤其是 Thirlby, "Economists' Cost Rules and Equilibrium Theory," *Economica*, May, 1960，第 148-153 页。

最终的产品一旦被生产出来，就适用前文的分析，而很清楚，在大多数情况下，以市价（不管价格是多少）销售财货是无成本的，极端的情形除外，如：生产者自己直接消费或者是预期不久的将来价格会上涨。销售是无成本的，这是基于一个恰当的视角——在行动的相关瞬间的行动着的人的视角。假如他提前知道了现价的话，他就根本不会从事劳动，这个事实就表明了他做了一个糟糕的差劲判断，但是它并不影响现在的情形。对现在来说，所有的劳动已经用过了，而产品已经完成了，已经发生过最初的——主观的——成本了，且它随着最初的决策而成为过去。对现在而言，除了在市价下销售财货没有其他的选择了，因此售卖是无成本的①

342

因此，很明显，一旦产品被生产出来，"成本"对产品价格就毫无影响了。过去的成本转瞬即逝，与现在的价格决定毫不相干。常常发生的"低于成本"销售的怪事现在就得到了合理的解释了。在"成本"的准确意义下，很明显是不会有这种销售发生的。一个已经生产出来的财货的销售很可能是无成本的，若非如此，而价格低于其成本的话，那么卖家就会持有该财货而不是卖掉它。

没有人否认成本会在生产中产生影响。然而，它的影响并不是直接作用在价格上的，而是影响到将要生产的数量，或者更准确地说是，影响到要素被利用的程度。在我们的例子中我们已经知道了，土地和资本财会最大程度切实可行地被使用，因为任其闲置无法带来任何回报。②但是人的勤苦劳动要承担所放弃的闲暇的成本。他预期从其劳动中能获得的货币回报，在他决定于产品上投入多少劳动或者是否投入劳动时，是起决定性作用的因素。货币回报连同所放弃闲暇的成本在他的价值表中被排序，而他的决定是关于他要在生产中投入的劳动量的。因此，决定被生产出来的（库存）数量的因素之一就是成本在个人价值表上的高度。当然，这一库存以后会在市价的决定中起作用，因为消费者是按照边际效用递减规律来对库存评值的。然而，这和"成本要么决定价格，要么和效用协同作

343

① 如Thirlby所说，"成本是瞬息之间的。特定抉择所涉及的成本随着决定的做出而失去了其意义，因为这一决策消除了行动的其他选择。"Thirlby, "Subjective Theory of Value,"第34页。以及杰文斯：
　劳动一旦花费了就对任何物品的未来价值没有丝毫影响了：逝者已矣。在商业里过去了的就永远地过去了，我们每时每刻都完全从头开始，根据未来效用的观点来判断事物的价值。工商业本质上是面向未来的，而不是回顾过去。（杰文斯，《政治经济学理论》，第164页。）
② 毋庸置疑，是存在着例外的，比如说，所有者可以从土地或者资本财的闲置中得到享受——比如把它作为野生森林的愉悦享受。那么，在做关于土地使用的决定的时候，这些选择也是成本。

用一起决定价格"的说法存在天壤之别。我们可以简要地概括一下价格规律（这里能说的只是关于专用要素和共同所有权情况下的价格规律，然而，以后我们会发现，对任何生产安排来说此理亦成立）：个人——在其价值表上——根据财货的效用对给定的财货库存进行评值，从而确立了消费者财货的价格；该库存是根据之前生产者的决策而生产出来的，生产者在他们的价值表上权衡了预期中来自消费者的货币收入和生产中所涉及的主观成本（仅仅是他们自己所放弃的效用）。在前面的情形里，效用评值一般（虽然并不是始终如此）是由消费者做出的；在后一个情形里，做决策的是生产者。价格的决定因素很清楚只是对给定情况和选择做评值时的个人的主观效用。不存在"客观的"或者"实在的"决定价格（或者共同决定价格）的成本。[①]

344　　如果我们更进一步研究生产中的劳动者成本的话，我们会发现，其所牵涉到的不仅仅是所放弃的闲暇的问题。还有另一个——虽然在这种情况下两者会夹缠在一块——因素：为了换取未来回报的预期所放弃的现在财。因此，在闲暇——劳动因素以外，在这种情况下，劳动者必须在赚得回报之前等上一些时间，而他们必须在现在或者在获得回报之前的许多时段中放弃他们的闲暇。因此，时间是生产中的一个至关重要的因素，而对它的分析必然遍布于所有生产理论。

　　首先，当要素所有者开始一个生产过程时，其结果必然在未来实现，他们放弃了闲暇，或者其他的消费财，而这些消费财他们本可以不工作而享受，或者可以从较短的生产过程中较早地赚得。其次，为了把他们的劳动和土地投资在一个生产过程当中，他们必须把他们的当下消费限制到少于其最大可能值。所需要放弃的东西要么是直接的消费要么是可以在较短生产过程中所得到的可能的消费。由于对未来消费的预期，当下的消费被放弃掉了。因为我们知道时间偏好的普遍

① 很悲哀，这些真理——主要是由"奥地利学派（包括一些英国人和美国人）"在近四分之三个世纪以前提出的——几乎完全被流行的折中教义所淹没，这些折中说法认为"真实成本"和效用以某种方式共同决定价格，且"长期来看，成本实际上"会更起作用。阿尔弗雷德·马歇尔就经常把效用和成本平庸地比作"两条剪刀的刀刃"，以此代替分析。关于英国思想界在过去百年未能吸收新生的主观价值方法，Emil Kauder 提出了一个很有意思的解释。他把这解释为以斯密和洛克为代表的加尔文教派背景的英国古典学者相对于主观效用和幸福，对劳动和真实成本的重视。这里特别有意思的是他指出马歇尔强烈的福音派背景。他的研究中有一个隐含的观点：古典学者们未能采用主观主义路径的第二个主要的原因是他们对恒定价值度量的追求。这种追求体现了"科学工作者"对效仿自然科学的方法的渴望。Emil Kauder, "The Retarded Acceptance of the Marginal Utility Theory," *Quarterly Journal of Economics*，1953 年 11 月，第 564-575 页。

规律的存在：对任意特定满足而言，人们偏爱较早的胜过较晚的，一个相等的满
足，人们偏爱尽可能早的。财货当下的消费会被放弃掉只能是因为对更大的未来
消费的预期，溢价的程度视乎时间偏好而定。这种对当下消费的限制就是储蓄。
（见第一章中的讨论。）

　　在一个产品全部由要素所有者共同拥有的世界里，土地和劳动最初的所有者
必须由他们自己来储蓄；就算是在一个货币经济中，也无法用货币形态来表示总
的储蓄。土地和劳动的所有者放弃了一定量的现在或较早的消费，为了投资他
们的时间和劳动以生产最终的产品而储蓄了不同的数量。他们的收益是最后赚
得的，比如说一年后，那时财货被卖给消费者，而共同所有者收到 100 盎司。然
而，我们不可以说，这里的储蓄和投资是以货币来进行的。

6. 为资本家所有的产品所有权：混合阶段

　　到目前为止，我们已经讨论了：土地和劳动（也即原初要素的）所有者限制
其可能的消费，并把他们的要素投资到一个生产过程当中，而一定时间之后，该
生产过程生产出来可以卖给消费者换来货币的产品。现在我们来考察一下要素所
有者不拥有最终产品的情况。这怎么可能发生呢？让我们先忘掉生产过程的各种
不同阶段，并暂时假定所有的阶段可以混合成为一个阶段。因此，一个人或者共
同行动的一群人可以在当下付钱给土地和劳动的所有者，以此买下他们要素的服
务。此后，要素起作用并生产出产品来，该产品按他们的协议条款归属于产品所
有者这一新群体。这些产品所有者购买了土地和劳动要素的服务，同时后者开始
贡献于生产；然后他们把最终的产品卖给消费者。

　　这些产品所有者，或者说"资本家"对生产过程的贡献是什么？答案是：储
蓄和限制消费——是资本家而不是土地和劳动的所有者做了这些事情。资本家最
初储蓄了他们本可以花在消费财上的（比方说）95 盎司。然而，他们克制住消
费，反而把货币预先给了原初的要素所有者。他们为后者工作时的服务而付钱给
后者，因此在产品实际上被生产出来并卖给消费者之前预付了货币给他们。因
而，资本家对生产做出了至关重要的贡献。他们把原初要素的所有者从必须牺牲
现在财货并等待未来财货的过程中解救了出来。资本家反而从他们自己的储蓄
（也即是，用来购买现在财的货币）中为原初要素的所有者提供了现在财。作为
对供给此现在财的回报，后者把他们的生产性服务贡献给资本家，资本家就成了

345

346

产品的所有者。更准确地说，资本家成了资本结构，生产出来以后的整个资本财的结构的所有者。我们的假定保持不变：一个资本家或者一群资本家拥有任意财货生产的所有阶段，资本家们随着"岁月"的流逝，持续地把现在财预付给要素所有者。随着时期的延续，最高级的资本财最先被生产出来，然后被转化为较低级的资本财，等等，最后成为最终的产品。在任意给定时间，这整个结构由资本家们所有。当一个资本家拥有整个结构时，必须强调一下，这些资本财对他没有任何好处。比方说，假设一个资本家已经在几个月时间内预付了 80 盎司给某条生产线上的土地所有者和劳动者。因此，他拥有大量的第五级、第四级和第三级资本财的所有权。然而，这些资本财对他来说没有任何用处，只有到财货进一步起作用且得到最终的产品并卖给消费者才有用。

347 通俗的文学作品说资本家有巨大的"权力"，认为他拥有大量资本财具有巨大的意义，使得他在经济中拥有优于其他人的地位。然而，我们发现，情况远非如此；实际上，其反面倒有可能是真的。因为资本家节约了可能的消费，并雇用要素的服务以生产其资本财。这些要素的所有者已经得到了货币，若非资本家的行为他们就不得不储蓄并等待（且要承担不确定性），而资本家只拥有一堆资本财，除非能进一步加工并成为卖给消费者的产品，否则这堆资本财对他毫无价值。

资本家购买要素服务的时候，到底发生了什么交易呢？在交易中，资本家为了得到要素服务（劳动和土地）——在生产中起作用并给他提供资本财——而给出去货币（现在财）。换句话说，他们提供给他的是未来财。他为之支付的资本财是通往最终产品——消费财——的中间站。因此，在土地和劳动被雇佣来生产资本财的时候，这些资本财，以及土地和劳动的服务是未来财；他们是未来财货——那时可以用来消费的财货——收益预期的体现。在第一年购买了土地和劳动服务的资本家致力于生产一个产品，该产品最终会成为以供第二年销售的消费财，资本家在交易中为了未来的财货——未来从最终产品销售中得到的货币收入的现在预期——是在预先支付货币（现在财）。一个现在财被用来换取一个预期中的未来财。

在我们这个例子的情况中，我们假定了资本家不拥有原初的要素，这不同于先前的情况——这些要素的所有者共同拥有产品。在我们现在的例子中，资本家最初拥有的是货币，为了生产出通过土地和劳动协助最终转化为消费财的资本

348 财，他们用货币购买土地和劳动。在这个例子中，我们假定了，资本家在任何时

候都不拥有任何协作的劳动或者土地要素。在实际生活中，当然可能有且确实有既以其管理能力参与到生产过程中，他自己又拥有其所经营的土地的资本家存在。然而，理论上有必要把各种不同的功能分隔开来。我们可以把这些只拥有资本财货（出售之前）最终产品的资本家叫作"纯资本家"。

现在再给我们的分析加上另一个暂时的限制，也即是，所有的生产者的财货和服务都只是租赁的，而不是彻底买断下来的。这个假定很便于分析，会一直保留到去掉专用性要素的假定之后。这里我们假定了，纯资本家不会整个买下一个本身能够产生若干单位服务的要素。他们只能租用每单位时间内要素的服务。这种情形恰好类似于上文第四章第7节中所描述的情况，在那种情况中，消费者买下或者"租赁"的是财货服务的单位，而不是整个财货。当然，在自由市场中，就劳动服务而言，出现的情况始终是雇佣或者租赁。劳动者——作为一个自由的人——是无法被人买下的；也即是，用一笔钱买下他未来预期中的总服务，而此后，他永远听从其买主的命令，这是不可以的。这是一种奴隶状态，而正如我们所了解到的，在一个自由市场上，即便是"自愿为奴"，由于个人意志的不可让渡性，因此也不可以被强制执行。然而，劳动者不能被买下来，但是他的服务可以在一段时间内被购买；也即是，他可以被租用或雇佣。

7. 现在和未来财：纯粹利息率

我们把对生产性服务和要素的定价分析的主要部分推迟到之后处理。然而，此时此刻，我们可以发现，劳动和土地服务的购买正好是相类似的。经典论述中讨论生产性收入时，把劳动当作是赚取工资，而土地赚得地租，认为这两者服从于完全不同的规律。然而，实际上劳动和土地服务的所得是相似的。两者都是原初的生产性要素；而假如土地是被租用而非买下的情况，那么两者都是按照每单位时间被租用而不是被买断。经济学的著作者一般把购买劳动和土地并期望从最终产品中获得未来货币回报的资本家称为"企业家"。然而，他们只是在真实的不确定性的经济中才是企业家。在一个均匀轮转经济中，所有的市场行为都是无止境地在重复过去，从而不存在不确定性，企业家职能不复存在。那里不存在可资预期的不确定未来，也不需要对未来做出预测。那么，把这些资本家只叫作企业家是隐含地意味着：在均匀轮转经济中没有资本家的存在，也即是，没有储蓄货币并雇用要素服务，由此获得资本财或者卖给消费者的消费财的群体。然而，

349

实际上，均匀轮转经济中不存在纯资本家，是没有道理的。就算最后的回报和消费者需求是确定的，资本家们仍然要把现在财提供给劳动和土地的所有者，从而免除他们等待未来财货被生产出来且最后转化成消费财的负担。因此，在均匀轮转经济中他们的作用仍然存在，提供现在财，并在生产过程时期内承担等待未来回报的任务。让我们简单地假定，资本家支付出去的总额是 95 盎司，而最终的销售所得是 100 盎司。归于资本家的 5 盎司是对他们提供现在财并等待未来回报这一职能的报酬。简而言之，在第一年，资本家以 95 盎司买进未来财，然后在第二年当它已经成为现在财时以 100 盎司卖出已经转化完成了的产品。换句话说，在第一年时，（确定的）预期中的 100 盎司收入的市场价格只有 95 盎司。很明显这起因于这样的一般事实：时间偏好以及当下的给定财货对未来获取它的现在的预期有一个溢价。

在货币经济体中，由于货币参与到所有的交易当中，因此所有情况下未来财对现在财的折价都以一种财货——货币——来表示。这是因为货币商品是现在财，而且对未来财的要求权差不多都是以未来的货币收入来表示的。

在我们的讨论中，生产要素都被假定为完全专用于一条特定的生产线。然而，当资本家储蓄货币（"货币资本"）时，他们可以不受限制地购买任意生产线的要素服务。货币——一般的交易媒介——恰恰是非专用性的。举例言之，如果储蓄者发现它可以在上述的生产过程中投资 95 盎司并在一年后赚得 100 盎司，而在某个其他的生产过程中他可以投资 95 盎司并在一年后赚得 110 盎司的话，他就会把他的货币投资在赚取较大回报的生产过程当中。很明显，他认为必须投入的那条生产线，就是其投资中可以给他赚得最大回报率的那条生产线。

为了使他比较不同时期的不同潜在投资以及所涉及的不同货币总额，回报率这个概念是很必要的。对于他储蓄的任意数量的货币来说，他都想赚取最大数量的净回报，也即是，最大的净回报率。回报的绝对数额必须折合成时间单位，而这一点可以通过决定每单位时间的回报率做到。比方说，500 盎司的投资两年后获得 20 盎司的回报，其回报率是每年 2%；而同一投资，一年后获得 15 盎司的回报，则其每年的回报率为 3%。

在均匀轮转经济中，市场数据发挥完它们自己的影响后保持无变动的状态，每一条生产线上的货币资本的投资的净回报率都是相同的。如果资本家在一个生产过程中可以赚得每年 3%，而在另一个过程中可以赚得每年 5%，它们就会终止对前者的投资，而对后者投资更多，直至两者的回报率一致。在均匀轮转经济中，没有企业家成分的不确定性，因此净回报率就是现在和未来财之间的纯交换比率。这个回报率就是利率。在均匀轮转经济中，所有时期和所有生产线上的纯利率都会一致，且保持恒定不变。①

假设，某时刻，几条生产线上所赚得的利率是不一致的。如果资本家们普遍赚得 5% 的利息，而一个资本家在一条特定的生产线上获得了 7%，那么，其他的资本家们就会进入到这条生产线，通过抬高要素价格从他那竞争这些生产要素。比如说，如果一个资本家为了 100 的收入而为要素支付 93，那么与其竞争的资本家就会出价 95，为了这些要素的使用而出价高过第一个资本家。此后，第一个资本家被迫迎战其他资本家的竞争，最终他将不得不把他的出价提高到 95（为了简化起见，忽视掉基于投资数额而非基于 100 的百分比中的变化）。当然，在资本家和拥有相同生产线——相同"产业"——的企业之间，相同的均等化过程也会发生。那么，在经济中，始终存在着驱向一致的利率的竞争压力。必须指出，这种竞争并不只是发生在相同产业或者生产"相似"产品的企业之间。由于货币是交易的一般媒介，且可以投资到所有产品当中，这就把竞争延伸到了生产结构的所有角落。

关于利率决定的更全面的讨论会在下文第六章进行。但是这里有一点是非常明了的。古典著作者在他们关于生产中收入－所得过程的讨论中犯了巨大的错误。他们认为，工资是劳动的"报酬"，地租是土地的"报酬"，而利息是资本财的"报酬"，这三者被认为是一起协作的独立的生产要素。但是这种关于利息的论述完全是错误的。正如我们已经了解且将要在下文进一步了解到的，资本财并不是独立地生产性的。它们可以归结为土地和劳动（还有时间）的产物。因此，资本财并不产生利息收入。我们上文已经知道，和这里的分析保持一致的是，并没有所谓的收入归于资本财的所有者。②

如果土地和劳动要素的所有者共同拥有产品的话，他们就能收到所有的收入（比方说，100 盎司），那为什么这些要素的所有者愿意以比其"全部价值"少 5 盎司的价格出卖他们的服务呢？这难道不是某种形式的资本家的"剥削"吗？答

352

---

① "纯利率"这个词对应的是米塞斯"原始利率"这个词。参见米塞斯的《人的行动》各处。

② 这里，读者可以参考经济思想史上的一部伟大的著作，欧根·冯·庞巴维克的《资本与利息》（New York: Brentano's, 1922），里面概述了正确的利息理论；尤其一点，书中出色地剖析了各种各样错误的利息理论。这并不是说笔者赞同庞巴维克在其《资本实证论》中所提出的利息理论的全部论断。

案还是：资本家并不因为其对资本财的所有或者因为资本财可以产生某种形式的货币收入而赚得收入。资本家在交易中把现在财提供给要素所有者而购买未来财以赚取收入。利率和利息收入的起因，是时间因素——不同个人的时间偏好，而不是所谓的资本财的独立的生产力。

因此，资本家赚取其利息收入是因为：通过预付其生产的成果而把现在财服务提供给要素的所有者，由此购买获得他们的产品，然后在以后它们变成现在财的某刻卖出这些产品。因此，资本家在交易中为了得到未来财（资本财）而提供现在财，他们持有这些未来财，并对之施加经营运作，直至它们变成现在财。他们为了未来更多的货币而在当下放弃货币，而他们所赚取的利率就是未来财相比于现在财的贴水或者说折扣，也即是，现在财对未来财而言应得的溢价。我们在下文会发现，现在财和未来财的这一交易比率不仅在生产过程中是一致的，而且在整个市场体系中的每一处都是一致的。它是"社会时间偏好率"。它是市场上所有人对该财货的评值结果产生的"时间的价格"。

在特定的时间-交易市场中，这一贴水，或者说纯利率会如何被决定，将在下文中探讨。这里我们只是经由观察简单地得出结论：存在着某个贴水，所确立的该贴水在整个经济的每一处都是一致的，而且这一贴水就是基于未来财相比于现在财的确定的预期上的纯利率。

8. 货币成本，价格，以及阿尔弗雷德·马歇尔

因而，在均匀轮转经济中，卖给消费者的每一财货都会以某一"最终的均衡"价格和某一总销量被出售。这些销售款项中的一部分会以利息收入的形式归于资本家，剩下的部分归于土地和劳动的所有者。生产者的支付款项一般也被称为"成本"。这些支付很清楚地是货币成本，或者说是货币支出，但是它们明显和所放弃的主观机会的心理意义上的"成本"不是同一回事。货币成本可以是事后的也可以是事前的。（当然，在均匀轮转经济中，事前和事后的计算始终是相同的。）然而，当心理成本尽可能多地以货币计算来估价时，这两个概念是有关联的。比方说，付给要素的可能是95盎司，这被当作成本记账，而赚得5盎司利息的资本家会把100盎司作为其机会成本，因为他本可以投资到其他的地方并赚取5%（实际上，稍微高于5%）的利息。

如果我们暂且把要素的支付和利息包含在货币成本里，①那么在均匀轮转经 354
济中，货币成本等于每一条生产线中每一家企业的货币总销售额。当一家企业的
回报多于利息时，它赚取了企业家利润，当它的回报少于利息时，它遭受企业家
亏损。在我们的生产过程中，消费者将支付 100 盎司（货币销售额），而货币
成本是 100 盎司（要素加上利息收益），所有其他的财货和生产过程都有相同的
相等关系。实质上，这意味着在均匀轮转经济中不存在企业家利润或者亏损，因
为不存在市场数据的变动，或者说不存在可能变动的不确定性。如果总货币销售
额等于总货币成本的话，那么很明显可由此推论出：每单位销售的总货币销售额
等于每单位销售的总货币成本。这是由基础的算术法则推论出来的。但是按照定
义，每单位的货币销售额等于该财货的货币价格；而我们可以把每单位的总货币
成本称作该财货的平均货币成本。因此也可以得出：在均匀轮转经济中每一财货
的价格都等于其平均货币成本。

虽然很不可思议，但是真的有很多经济学著作者从这一点推论出莫名其妙的
结论。他们推断道：在"长期中"（也即是，在均匀轮转经济中），成本等于销
售额或者说"成本等于价格"这个事实意味着成本决定价格。上文所谈论的财货
价格是每单位 100 盎司，据说，这是因为成本（平均货币成本）是每单位 100 盎
司。这被当作是"长期"的价格决定规律。这似乎是再清楚不过了，然而真相
恰恰相反。最终产品的价格是由消费者的评值和需求决定的，而该价格决定了 355
成本的多少。假如消费者对上文提到的产品的评值使得它的价格是 50 盎司而非
100 盎司，比方说，这是由于他们的评值中发生变动所致，此后，恰恰是在"长
期"中，当不确定性的影响消除后，"生产成本"（在这里，是要素报酬加上利息
报酬）会等于最终的价格。我们已经在上文中知道了，要素收入是如何受消费者
需求的支配并按照这一需求而波动的。要素的报酬是销售给消费者的结果，它并
不预先决定后者。因此，生产成本是受最终的价格支配的，而不是最终的价格受
生产成本的支配。非常讽刺的是，恰恰是在均匀轮转经济中，这一成因结果现象

---

① 严格讲，这个假设是不正确的，而在这一节里我们做这样的假设只是为了简化起见。因为利息对
个人投资者而言可能是一种机会成本，但是它不是一种货币成本，对全体资本家而言它也不是一
种机会成本。关于这种经济学文献中广泛持有的错误的意涵，参见 André Gabor and I. F. Pearce,
"The Place of Money Capital in the Theory of Production," *Quarterly Journal of Economics*, 1958 年
11 月，第 537-557 页；and Gabor and Pearce, "A New Approach to the Theory of the Firm," *Oxford
Economic Papers*，1952 年 10 月，第 252-265 页。

（causative phenomenon）将会是最为清楚的。因为在均匀轮转经济中我们可以很清楚地发现：消费者支付且决定了产品的最终价格；所支付给要素和利息的是且只是这些报酬；因此支付的报酬数额以及总"生产成本"是由价格决定的，而不是相反。货币成本是基本的、决定性因素的对立面；它们依赖于产品的价格和消费者需求。

在不确定性的真实世界，看清楚这一点更为困难，因为在产品售卖之前预先为要素支付了报酬，因此，资本家－企业家投机性地把货币预付给了要素，预期出售给消费者之后能够收获包含利息加上利润剩余的货币。[①] 他们是否如此行事取决于他们对消费者需求和未来消费者财货价格情况的预测。当然，在目前市价下的真实世界中，企业家利润和亏损的存在始终会阻挠着成本和收入、成本和价格之间的相等，而很明显，所有的价格都只由对库存的评值——"效用"——而非货币成本决定。然而，就算大多数经济学家认识到在真实世界（所谓的"短期"）中成本不能决定价格，他们还是被单个企业主把"成本"当作决定因素的习惯所误导，于是他们把这种方法运用到均匀轮转经济的情况当中，因而运用到经济固有的长期趋势当中。他们的巨大错误——下文会进一步讨论——源自于从单个企业主而非一名经济学家的立场上看待经济。对单个企业主来说，要素的"成本"主要是由他以及他自己的销售之外的力量所决定的；然而，经济学家必须知道货币成本是如何被决定的，要考虑经济中的所有相互联系，必须认知到货币成本是由反映了消费者需求和评值的最终价格所决定的。

在下文当我们考察一个既有非专用也有专用要素的世界时，这一错误的源头会变得更加清楚。然而，在更为复杂和更接近现实的情形里，我们分析的要点及其结论还是保持不变的。

古典经济学家们受制于最终产品价格由"生产成本"决定的谬见，或者更确切地说，他们在这一学说和"劳动价值理论"之间摇摆。劳动价值理论把劳动的货币成本抽离出来，并把生产成本的这一部分当作是价格的决定因素。但像古画这样的财货已经存在且无须进一步生产了，古典学者们对这类财货的价格决定含糊其辞。价格与成本之间正确的关系——如我们上文所概述的——已经伴随着其他对经济学的杰出贡献由"奥地利学派"经济学家，包括奥地利的卡尔·门格尔、欧根·冯·庞巴维克、弗里德里希·冯·维塞尔，以及英国的 W. 斯坦利·杰文斯

---

① 参见门格尔，《国民经济学原理》，第 149 页及之后。

发展出来。正是随着 19 世纪 70 年代和 80 年代奥地利学派的著作出世，经济学真正确立成为一门科学。[①]

很不幸，在经济科学当中，知识所发生的退步几乎和其进步一样平常。奥地利学派在此问题及其他方面所带来的巨大进步被阿尔弗雷德·马歇尔的影响所掩蔽、逆转。他试图复原古典学派，并将之与奥地利学派整合，与此同时贬低后者的贡献。很不幸，马歇尔而非奥地利学派的方法对后来的学者产生了最大的影响。这一影响一定程度上是由经济学家中流行的这个神话所导致的：奥地利学派实际上已经死亡，没有更多的贡献了，而它所提供的有价值的每一样东西，都已经由阿尔弗雷德·马歇尔的《经济学原理》所表述和整合进去了。

马歇尔试图通过折中妥协来复原古典学者的生产成本理论：在"短期中"——在当前的市场环境中，消费者的需求决定价格。但是在长期，在重要的可再生产的财货中，生产成本是决定价格的。据马歇尔所说，效用和货币成本都决定价格，这就像一把剪刀的两个刀片一样，但是在短期中一个刀片更重要，而在长期中，另一刀片更起作用。他得出结论：

> 就一般而论我们所考虑的时期愈短，我们就愈需要注意需求对价值的影响；时期愈长，生产成本对价值的影响将愈加重要……任何时候的实际价值，即一般所谓的市场价值，受那些一时的事件和一些间歇性和短期性的因素的影响往往比受那些持久性的因素的影响要大些，但在长时期内这些无常间歇性和不规则的因素所产生的影响在很大程度上是相互抵消的；因此，在长时期内持久性因素完全支配着价值。[②]

其所意涵的意思相当清楚：如果你要研究的是"短期"市场价值，那你就是只识皮相的，且只阐述了间接的暂时性因素——到此为止是符合奥地利学派的。但是如果你想研究"真正基础性的"问题，真正持久且不变的价格成因的话，你

---

① Emil Kruder 非常有意思的研究表明，奥地利学派边际效用理论的要点（价格决定成本，而非成本决定价格或者两者互相决定这一观点的基础）已经由 17 和 18 世纪法国和意大利的经济学家所提出，而英国古典学派把经济学引入歧途，只是靠奥地利学派才把经济学从这条歧途中解脱了出来。参见 Emil Kauder, "Genesis of the Marginal Utility Theory," *Economic Journal*, 1953 年 9 月，第 638-650 页；以及 Kauder, "Retarded Acceptance of the Marginal Utility Theory"。

② 阿尔弗雷德·马歇尔，《经济学原理》(8th ed. ; London: Macmillan & Co., 1920)，第 349 页及之后。

就必须与古典学者一致，专注于生产成本。从此，奥地利学派忽视"长期"，以及"片面的忽视成本"的印象就被烙印在经济学界。

马歇尔的分析由于巨大的方法论缺陷而更加糟糕——实际上，这源自于关于"短期"和"长期"的几乎无望的方法论上的混乱。他认为"长期"是真实存在的，把它当作是潜藏在间歇性的、基本上不重要的市场价值的波动之下的不变、持久、可观察到的元素。他承认（第350页）："然而，就算是最持久的成因也会变动。"但是他明确表示它们的变动远远小于间歇性市场价值的变动；实际上，在这里他点明了它们的长期的性质。于是，他把长期的市场数据当作是潜藏在短暂的市场价值之下的，某种程度上类似于潜藏在变化波涛之下的基本海平面。[1] 因此，对马歇尔来说，长期的市场数据是某种可以被观察者发现且标注的东西；实际上，由于它们的变动比市场价值慢得多，因此它们可以被更加精确地观察到。

359　马歇尔的长期的概念完全是错误的，而这掏空了他的整个理论结构基础。长期——根据其本质——绝不会也绝不可能存在。这并不意味着"长期"或者均匀轮转经济的分析是不重要的。恰恰相反，只有经由均匀轮转经济这个概念，才使得我们可以对一些诸如企业家利润、生产结构、利率以及生产要素定价的重大问题进行交换学的分析。均匀轮转经济是市场运动所趋向的目标（虽然实际意义上时刻在偏离）。但这里所争论的是，它并不是像真实的市价那样可观察的，或者说真实存在的。

我们在上文已经了解到了均匀轮转经济的特征。均匀轮转经济是当现存的市场数据（评值、技术、资源）保持恒定不变时开始出现且持续存在的经济状况。它是经济学家的理论建构，使得他能够指明任意给定时间上经济体运动所趋的方向；它也使得在他对真实世界经济的分析中可以隔离出各种不同的元素。为了分析一个变动世界中的决定因素，他必须理论上想象地建构一个无变动的世界。实际上，这一做法远不同于其反面：认为长期是存在的或者说长期是以某种方式比真实的市场数据更持久或者更恒定不变地存在。正相反，实际的市价是唯一始终存在的，而它们是自身持续变动的实际市场数据（消费者需求、资源等等）的结果。"长期"并不是更为稳定的；它的数据必定伴随着市场上的数据而变动。在"长期"中，成本等于价格这个事实并不意味着成本实际上真的等于价格，而只

---

① 这一类比，尽管没有在《经济学原理》这本书里使用，但经常被古典经济学家同样错误地用来形容价格和"价格水平"。

是表明其趋势所在，这一趋势在真实世界中会持续不断地被马歇尔所指出的市场上间歇性的变动所打断。[①]

　　总而言之，均匀轮转经济的"长期"并不是真实存在的，并不是某种意义上比真实市场更持久、更应珍视的东西，而只是一个非常有用的理论建构：能够使得经济学家指明任意给定时间下市场运动的方向——尤其是，如果市场数据保持不变时市场所趋向的消除利润与亏损的方向。比方说，均匀轮转经济概念在比较利息与盈亏的分析中就特别有用。但是市场数据是唯一真实存在的实体。

　　这并不是否认（奥地利学派从没否认过）主观成本（从机会成本和所放弃的效用意义上来讲的）在生产分析中的重要性。特别是，劳动和等待——以时间偏好率来表示——的负效用决定了有多少人的劳动能量以及有多少他们的储蓄会进入到生产过程当中。从最宽泛的意义上来讲，这将决定或者帮助决定将要生产出来的所有财货的总供给。然而，这些成本其本身是主观的效用，因此，"剪刀刃"的两个刃都是受个人的主观效用所支配的。这是一种一元论，而不是二元论的成因解释。此外，成本对要生产的每一财货的相对库存量没有直接的影响。消费者将会评值各种不同的可用财货库存。生产能量和储蓄有多少会进入到某种特定财货库存的生产，而又有多少会进入到另一财货的生产，换句话说，每种产品的相对存货量是相应地依据企业家对哪里可以发现最大货币利润的预期来决定的。这些预期基于预测中消费者的需求方向。

　　经由这种预期，非专用的要素会进入到（其他条件相同）那些其所有者能赚得最高收入的财货的生产当中。这一过程的预期将会在下文介绍。

　　马歇尔对主观成本的处理也是极其错误的。首先，他没有采取机会成本的理念，而是采用了以可度量单位计算的可以加总的"真实成本"的概念。其次，生产的货币成本成为企业家为了"引起足够的工作和等待供给"来生产产品供给而不得不支付的"必要的供给价格"了。这些真实成本于是被当作是支持生产货币成本的基础、持久性的元素，并使得马歇尔可以更多地论述持久、长期、常态状况了。[②]

360

361

[①]　关于马歇尔的这一错误，参见 F. A. Hayek, *The Pure Theory of Capital*（Chicago: University of Chicago Press, 1941），第 21, 27-28 页。在这里马歇尔犯了著名的"概念实在论"的错误：把理论的建构误当作是真实存在的实体。至于其他的例子，参见 Leland B. Yeager, "Some Questions on Growth Economics," *American Economic Review*，1954 年 3 月，第 62 页。

[②]　马歇尔，《经济学原理》，第 338 页及之后。

马歇尔此处的大错，以及遍布于其追随者和今天学者著作中的错误，是从孤立的单个企业主或者是孤立的单个产业的观点专门地看待成本，而不是从经济的所有相互关系来看待整个经济。马歇尔研究的必然是不同财货的特定价格，而他试图表明：在长期中所谓的"生产成本"决定了这些价格。但是，把特定的财货和劳动 vs. 闲暇以及消费 vs. 等待成本联系起来，这完全是错误的，因为后者只是适用且散布于整个经济体系中的普遍现象。用来吸引一个非专用要素的必要价格就是该要素在其他地方可以赚得的最高价格——机会成本。它在其他地方能获得收入主要是由其他地方的消费者需求状况所决定的。一般而言，所放弃的闲暇和

362　消费者成本只有助于决定用之于生产中的劳动和储蓄的多少，也就是其总库存。所有这些问题将会在下文进一步处理。

9. 定价和议价理论

我们已经知道，对所有财货来说，卖家的总收入款项趋向于等于给要素的总支付，而这一相等关系会在均匀轮转经济中成立。在均匀轮转经济中，整个经济中资本家们会赚得相同一致比率的利息收入。来自生产和售卖给消费者的收入剩余会由原初要素——土地和劳动——的所有者赚取。

我们接下来的任务是分析要素服务价格的决定以及利率的决定，在真实经济中，它们会趋向于接近均衡价格，在均匀轮转经济中则会达到这一价格。到目前为止，我们的讨论集中在资本财的结构，我们把它当作一个混合的生产阶段来处理。很明显存在着很多不同的阶段，然而我们上文了解到，生产中的收入最终会分解为——在均匀轮转经济中当然也是这样——原初要素（土地和劳动）的收入。此后，我们将把分析扩展到生产过程当中包含许多阶段的情形，而且我们将要捍卫这种蕴含时间因素的生产分析，反对那种最近非常流行的观点：在现代环境下，生产是"无时间的"，而原初要素的分析对发展水平低下的时代来说或许是有用的，但是对现代经济而言是没有用的。作为该分析的必然推论，我们将进一步拓展生产过程中对资本和时间的性质的分析。

在一个完全专用性要素的世界里，生产性要素的定价过程会是怎样的？我们假定，只能获得其服务而非整个的财货。由于自由社会的性质，对于劳动而言，这一点是成立的；对土地和资本而言，我们是在假定资本家产品所有者雇佣或者

363　租赁而不是完全拥有任何生产性要素。在我们上文的例子中，95 盎司会归要素

所有者们共同所有。我们可以依据什么原则来决定共同收入是如何在各种不同的单个要素服务之间分配的呢？如果所有要素都是完全专用的，那我们可以诉诸通常所称的议价理论。我们处于一个和第二章两人物物交换非常类似的状况。由于我们所面对的并不是一个相对确定的价格，或者说份额，而是拥有价格的"边际对"（marginal pairs）之间较宽范围的交换比率。其中一方的最大价格与另一方的最低价格离得很远。

在我们现在的例子中，比方说，有 12 种劳动和土地要素，对该财货的生产来说每一种都是不可或缺的。此外，这些要素没法被运用到任何其他地方的其他生产线。这些要素所有者要解决的问题是在总的共同收入中每种要素的比例份额。每个要素所有者的最大值目标都略少于从消费者那里得到的收入的100%。最后的决定如何是无法由行动学揭示的。实际上，没有什么议价理论；所有能说的只是：由于每一个要素的所有者都想参与并赚取相当的收入，因此所有人都最有可能会达成某种自愿的契约协定。如果要素共同拥有产品的话，那这就是一种正式的合伙协议；或者如果一个纯资本家购买了要素服务，其结果就是相应的。

经济学家一直对这种议价的情形不满，因为经济分析无法进一步对此说些什么了。然而，我们必须不受诱惑，不能把这种情况谴责为某种"剥削"或者是糟糕的，从而把经济分析的无能为力转说成是经济的悲剧。各种不同个人无论达成何种协议，都是对他们每一个人有益处的；否则的话，他们就不会接受这样的协议。①

在确定比例份额的你争我夺中，通常人们假定劳动要素的"议价能力"小于土地要素。这里"议价能力"这个词中唯一有意义的是：一些要素所有者对其要素可能有个最低的底线价格，低于这个价格它们就不会参与到生产当中。如果是那样的话，这些要素最低只能接受最低价格，而没有最低价格、没有底线价格的要素，只要收入哪怕稍微大于零，它们就会参与生产。现在很明显，每个劳动要素的所有者都有某个最低出售价格，低于这个价格他就不会工作。在我们的例子中，假定了（我们将会知道，该假定是完全不现实的）每一要素都是专用的，劳动者也就不能在其他类型的工作中赚得回报。但是他始终可以享受闲暇，而这

364

---

① 在庞巴维克以后，关于议价的讨论几乎没什么价值。参见庞巴维克，《资本实证论》，第 198-199 页。可以在 J. Pen 的 "A General Theory of Bargaining," *American Economic Review*，1952 年，第 24 页开始可以了解关于议价的讨论。Pen 自己的理论没什么价值，因为它直接基于效用可度量的假定上。同上，第 34 页。

为劳动服务设定了一个最低的供给价格。与之不同的是，土地的利用无须牺牲闲暇。除了极端罕见的情况，土地所有者可以从凝视其空置土地中享受到宝贵的美学愉悦之外，土地除了给其所有者在生产中带来货币回报之外没有其他的收入。因而，土地没有底线价格，而地主将不得不接受几乎为零的回报也不会任其土地空置。因此，劳动所有者的议价能力总是高于土地所有者的议价能力。

在真实世界中，劳动——正如我们下文将要了解的——是唯一非专用的要素，因此，议价理论绝不能运用于劳动收入。①

因此，当两种或两种以上的要素对某一具体生产线来说是专用的时候，关于从其产品中获得的共同收入的分配问题，经济分析没有更多可说的；这是他们之间自愿议价的问题。在极端的情况中，两种或以上的要素在每一用途中都必须以相等的比例被使用时，议价和模糊的定价甚至也会出现在这些非专用的要素之间。如果是这样的话，那么对任何个别的要素来说，也不存在明确的定价，而结果只能由相互的议价来确定。

举例言之，假如某个机器——包含了两种必需的零件——可以在生产的好几个领域中使用。然而，这两个零件在使用时必须以某个固定的比例结合。假如两个（或更多）人拥有这两个零件，也即是，两个不同的人以他们的劳动和土地生产出来的不同零件。组合后的机器会被卖给，或者被用于能带来最高货币收入的生产线。但是，只要涉及这两个要素——两个零件，该机器所确定的价格就必然是加总的价格。每一零件的价格以及给两个所有者的收入分配必然是由议价过程决定的。经济学这时无法决定个别的价格。之所以会这样是因为就算混合后的产品可以被用于若干不同用途中，但要素的比例始终是相同的。②

议价理论不仅极少运用于真实世界，而且随着经济从物物交换演化到发达的货币经济，不同评值之间的模糊区域，以及由此而来的定价上的模糊区域的重要性趋向于极大地降低。可用财货的数量和种类越多，拥有不同评值的人数越多，那么模糊区域就变得越是可以忽略不计。③

---

① 大部分著作中的讨论与此相反，在市场定价的解释中议价只在关于劳动收入的讨论中占有重要位置。

② 参见米塞斯，《人的行动》，第 336 页。

③ 定价中的模糊区域都必然是由同时存在的完全垂直的供给曲线以及对财货或服务完全垂直的市场需求构成的，因此均衡价格处于一个区域内而非一个点上。如 Hutt 所说，"它完全取决于一条不常见且极不可能的需求曲线以及一条完全僵硬的供给曲线……的偶然的巧合"。W. H. Hutt, *The Theory of Collective Bargaining* (Glencoe, Ill. : The Free Press, 1954)，第 90 页，以及第 79–109 页。

此时，我们可以为我们的讨论中引入另一个特殊的、直接由经验所得的因素：在这个世界里，劳动是远比土地稀缺的要素。就像鲁滨孙的情况一样，在现代经济的情况中，人们能够选择哪些土地被利用于不同用途，而哪些土地任其闲置——发现它们是闲置的"无地租"的，也即是不产生收入的土地。当然，随着经济的发展，随着人口和资源利用的增加，这种过剩的土地会有减少的趋势（除非有新的、肥沃的土地被发现）。

第六章　生产：利率及其决定

1. 多阶段：纯利率[①]

　　目前为止，我们对生产结构的处理是合并为一个阶段。一家或者数家企业都拥有垂直整合了的产品生产（包括所有专用要素）的所有阶段，直到最终产品被卖给消费者。这当然是不现实的假设。我们现在应该考察真实世界中的生产状况，在真实世界中（a）要素有非专用的也有专用的，且（b）随着要素持续发挥作用，并从生产过程的较高阶段推进到较低阶段，生产会被划分成许多阶段。[②]现在不再假定一家企业——一群资本家——购买了要素并保有产品的所有权直至出售给消费者，我们假定在一定的时间间隔之间（interval），存在着不同的企业，不同的资本家群体，且在每一阶段到达间隔时，产品被另一个或者一群资本家用货币买走。至于到底存在着多少独立的生产阶段，又或者各个生产阶段之间的时间间隔有多长，对此并无必要做出限制性假设。为了便利起见，我们回到前文的例子以及图 5.2 的图形当中。我们将假定，产品和服务的交易发生在图中的每个标注出来的线上。仅仅出于便利起见，我们还要进一步假定，每一生产阶段花费同样的时间长度。

　　现在，资本家或资本家们不再是在生产的最后阶段才收取服务的一个总的利

---

① 本章的讨论研究的是由时间偏好决定的纯利率。至于市场利率中购买力成分的作用，参见第十一章关于货币的讨论。

② 关于生产理论和生产阶段，参见 F.A. 哈耶克的重要著作，尤其是 *Prices and Production*（2nd ed.；London: Routledge and Kegan Paul, 1935）；以及 *Profits, Interest, and Investment*（London: Routledge and Kegan Paul，1939）。

息收入了，而是在每个生产阶段获取利息收入。[①] 假如每一阶段耗时一年，那么该财货的整个生产过程耗时 6 年。当这些阶段全部合而为一，或者说垂直整合了时，那么一个企业家（或者一群企业家）就提前 6 年预付了原初要素所有者现金，然后他在之后时段等待获取自己的收入。（严格来讲，由于随着产品被推进到其最终形态，劳动与土地必须持续发挥作用并得到报酬，于是，最早被雇佣的劳动和土地会在——比方说——第一年得到报酬，而最晚被雇佣的就会在第六年年底得到报酬。）然而，在分隔开生产阶段的情况下，每个资本家都只是预付现金一年。

我们看一下图 6.1 中的图形。我们必须稍微修改一下前面的图。增加了 100 盎司这一较低的一栏，而在这最低的阶段中，归属于资本家的利息收入是由指向左侧的箭头来表示的。这样，向上的箭头表示的是该阶段归于原初要素所有者的货币金额，而阴影区指的是归属于较高级资本财要素——即中间产品——所有者的金额。图 5.2 里的图表并没有描绘利息收入，而只是表示了归属于原初要素所有者的所有收入；我们的讨论还未涉及时间因素。

这张基础图表描绘的生产结构和支付是这样的：消费者为我们所考察的财货花费了 100 盎司。这 100 盎司中，5 盎司成了消费财出售者的利息收入，而 95 盎司被付给要素所有者。在我们的例子中，15 盎司是由于土地和劳动的使用而支付的，而 80 盎司用于购买较高级资本财要素服务。在第二个阶段，资本家们从他们产品的出售中得到了 80 盎司的收入。

这 80 盎司中，16 盎司用于购买土地和劳动要素，而 4 盎司成为第二级资本家们的利息收入。剩余的 60 盎司被用于购买更高级的资本财。同样的过程如此重复下去，直至最高的生产阶段，最高级的资本家们收到 20 盎司的收入，为他们自己保留了 1 盎司，并支付 19 盎司给土地和劳动要素。土地和劳动要素加总后的收入是 83 盎司；总利息收入是 17 盎司。

[①] 参见庞巴维克，《资本实证论》，第 304-305，320 页。

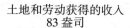
土地和劳动获得的收入
83 盎司

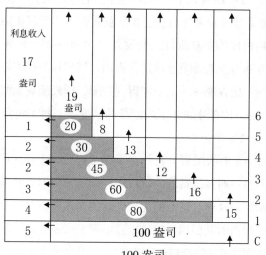

图 6.1　收入归于生产的不同阶段的要素

370　　　　在前文讨论利息的部分，我们已经展示了：货币始终是非专用的，其结果就是在均匀轮转经济中，货币投资的利息回报（纯利率）在经济中处处都是相同的，无论产品的类型及其生产的特定条件如何。这里我们发现这一原理得到了扩充。不仅每种财货的利率必须是一致的；而且每种财货的每个阶段的利率也必须是一致的。在我们的图表中，产品所有者（即资本家们）收到的利率回报在每一阶段都是相等的。在最低阶段，生产者投资了 95 盎司在要素（资本财以及原初要素）上并从消费者那里收到了 100 盎司——净收入为 5 盎司。这表示该投资的回报为 5 / 95，或者说大约 5.2%。在我们所考察的均匀轮转经济中，不存在由于不确定性导致的利润或者亏损，所以，这一回报表示的是纯利率。[①] 下一较高阶段的资本家投资了 60+16 或者说 76 盎司在要素上并得到了 4 盎司的净回报，还是大约 5.2%。每一投资阶段都依此类推。若非由于我们例子中的算术异常，每一阶段的利率都是一致的。在最高阶段，资本家在土地和劳动上投资了 19 盎司，

---

①　在我们举例的均匀轮转经济中，纯利率是唯一的利率，因为，（之后我们将看到）偏离纯利率的唯一原因就是不确定性。

并收到了 1 盎司的净回报，仍然是 5.2%。

生产过程中每一阶段的利率都必定相等。因为，假设较高阶段的利率比较低阶段的利率高。那样，资本家就会放弃较低阶段的生产，并转移到利息回报更大的较高阶段。这种转移的影响如何呢？我们可以通过强调利率不同的推论来回答这一问题。阶段 A 比阶段 B 的利率高，这意味着进入到阶段 A 的要素价格合计与其产品卖出价格之间的价差比阶段 B 中的价差（按百分数算）更大。比方说，假如我们在图 6.1 的图表中比较一下阶段 4 和阶段 1，我们发现前者的价差是 43—45，而后者的价差是 95—100，每一阶段的净利息回报大约是 5.2%。但是，现在我们假定，阶段 4 的要素价格合计是 35 而不是 43，而阶段 1 的要素价格合计是 98。（当然，这里所说的要素价格合计是不包括利息收入的。）资本家投资阶段 4 可以获得 8 盎司——或者说 23%——的净回报，而阶段 1 的投资者赚得大约 2%。资本家会开始停止阶段 1 的投资，并转移到阶段 4 当中。这种转移的结果是，对阶段 1 中要素的总需求减少，因此阶段 1 中所利用的要素价格降低。同时，阶段 4 当中更大的投资提高了其中要素的价格，所以总价从 35 开始增加。阶段 4 的产品开始增加，而增加的供给降低了出售价格——从 43 开始降。这些套利行为一直持续到两个阶段中的价差百分比相等。

371

利率等于不同阶段中的价格差比率，理解这一点非常重要。太多太多的作者把利率只当作借贷市场的借贷价格。事实上，正如下文我们将要进一步发现的，利率遍及所有的时间市场，而生产性的借贷市场严格意义上只是具有派生重要性的一个附属时间市场。[①]

不仅任一给定产品的每一阶段的利率相等，而且，在均匀轮转经济中所有产品的所有阶段中都遍布着同样的利率。在不确定的真实世界中，企业家行为的趋势始终指向建立遍及经济中所有时间市场的一致利率的方向。利率一致性的理由

372

---

① 在大量对 J. M. 凯恩斯的《就业、利息与货币通论》的评论中，没有人注意到凯恩斯批评米塞斯这一观点论述的非常具有启迪意义的一段文字。凯恩斯断言，米塞斯的"怪异"新颖的利息理论把"资本的边际效率"（一项投资的净回报率）和"利率"搞"混淆"了。关键在于："资本的边际效率"就是真正的利率！它是时间市场的价格。恰恰是这个"自然"利率，而非借贷价格成了多年来利息理论的核心问题。而这一学说的要点是由庞巴维克在《资本与利息》当中首先提出的，因此凯恩斯本不应该感到惊讶（译注：指凯恩斯把米塞斯的利息理论当作诡异的新学说）。参见约翰·梅纳德·凯恩斯，《就业、利息与货币通论》(New York: Harcourt, Brace & Co., 1936)，第 192-193 页。正是凯恩斯对借贷市场这一相对不怎么重要的问题的过分关注构成了凯恩斯主义利息理论的一个最大的缺陷。

很清楚。假如财货 X 的阶段 3 赚得 8% 而财货 Y 的阶段 1 赚得 2%，那资本家就会倾向于结束后者的投资，而转移更多投资到前者当中。作为对供求变动的反应，价格差会相应地变动，然后利率变得一致。

现在，我们可以去掉关于各阶段长短相等的限制性假设了。任意产品的任一阶段都会根据生产技术和工业需要的组织结构而或长或短。比如，对任意特定阶段来说，生产技术可能需要一年的收获期。与此不同的是，一家企业或许"垂直整合"了两个阶段，在卖出产品以得到货币之前，把货币预付给了涵盖两个阶段时段的要素所有者。任意阶段中投资的净回报都会根据该阶段的长度自行调整。比方说，假设经济中一致利率是 5%。这是对某一时期单位——比如说一年——而言是 5%。在均衡状态中，一个涵盖两年时段的生产过程或者投资，会赚得10%，这相当于每年赚 5%。对任意时间长度的生产阶段来说，此理亦同。因此，阶段的参差不齐或者阶段的整合丝毫不影响均衡的过程。

373　　"土地、劳动和资本"赚得"工资、地租和利息"的古典三分法必须彻底修正，这一点已经很清楚了。资本是一种独立的生产性要素，或者资本以土地和劳动为其所有者赚取收入同样的方法为其所有者赚得收入，这种说法是不正确的。正如前面我们所发现以及下文将进一步讨论的，资本并不是一种独立的生产性要素。在生产中资本财是至关重要、起决定性作用的，但是从长期来看，它们的生产可以归属于土地、劳动和时间要素。此外，土地和劳动内部并非同质的要素，它们只是各种独特不同种要素的类型范畴。因而，每一块土地和每一劳动要素都有自己的物理特征，在生产中都有自己的服务效力；因而，正如下文要详述的那样，每一要素都获得自己的收入。资本财也有着无限的多样性；但是在均匀轮转经济中，它们不赚取任何收入。赚得收入的是未来财向现在财的转换过程；因为时间偏好的一般事实，比起现在的欲望满足来未来的欲望满足总是要打折扣的。资本投资者所完成的，是从购买要素服务的日期一开始，到产品被售出的日期而结束的对资本财的拥有和持有。这就相当于用货币购买未来财（生产资本财的要素服务），之后在晚些时点为了换取货币而卖掉现在财。后者发生于消费财被出售时，因为消费财是现在财。当中级的、较低级资本财为货币出售时，那被卖出的就不是现在财，而是距离近些的未来财。换句话说，资本财从较早的、距离未来更遥远的阶段朝向消费阶段被推进到一个较晚的或者距离未来较近的阶段。这一转换过程的时间会适用一个时间偏好率。比方说，如果市场的时间偏好率——即利率——是每年 5%，那么市场上的某现在财价值 100 盎司，从现在起一年后的对它的要求权价值就会是 95 盎司。从现在起一年后的 100 盎司的要求权的现在价值就是 95 盎司。基于此，可以计算出各个时点上财货所值；比方说，对未来一年半之后的要求权大约值 97.5 盎司。结果是一定时段的利率是一致的。 374

因此，资本家们将现在财预付给要素的所有者以换得未来财；然后，在未来，他们卖出酿熟为现在财或者距离未来更近的未来财以换得现在财（货币）。他们把现在财预付给要素所有者，作为回报，等到这些要素——未来财——转化成比之前更接近现在的财货。因此资本家的作用是时间上的作用，而他们的收入正是体现了相对于未来财的现在财贴水的收入。然而，这种利息收入并不是源自于具体的、异质的资本财，而是来源于对时间的一般投资。[①] 它源自于放弃现在财以购买未来财（要素的服务）的意愿。这种购买的结果是，要素所有者因为只在未来才完成的产品而于当下就获得了他们的货币。

这样，资本家们限制了他们的当下消费，并利用这些货币储蓄以供给只能生产未来财的要素所有者货币（现在财）。这是一种资本家供应给要素所有者的服务——时间的提前——且后者也自愿地以利息形式支付此服务。

2. 纯利率的决定：时间市场[②]

375

很清楚，在复杂的货币经济中，利息在生产体系中扮演着至关重要的角色。那么利息是如何被决定的？我们已经知道了，（我们现在所关注的）纯利率在经济中所有生产过程的所有阶段都趋向于相等，因此在均匀轮转经济中会一致。

纯利率的水平是由现在财对未来财交换的市场（我们将了解到，这是一个遍及经济系统中很多部分的市场）所决定的。相对于物物交换——在那里每一种商品都有一个独立的现在—未来市场——的麻烦的情况，作为一种一般交易媒介的货币的出现极大地简化了现在—未来市场。在货币经济中，现在—未来市场（或者我们可以叫作"时间市场"）完全以货币来体现。货币明显是最完美的现在财。因为，除了货币金属本身的消费价值以外，货币商品是整个社会中唯一完全适

---

① 如庞巴维克所言：

利息……可以从任何资本中获得，不论是哪种资本组成的财货种类：既可从不可生殖的财货也可从自然结实的财货；既可从易腐败的也可从耐久的财货；既可从可被替代的也可从不可被替代的财货；既可从货币也可从商品获得。（庞巴维克，《资本与利息》，第 1 页）。

② 参见米塞斯，《人的行动》，第 521–542 页。

销的财货。它是其所有者想要的任意时候交换消费财的捷径。因而它是一种现在财。由于消费财一旦被卖掉，一般不会再次进入到交换网络关系，因此，在市场上货币是极具优势的现在财。此外，由于货币是所有交易的媒介，它也是时间市场上的交易媒介。

以之换取货币的未来财是什么呢？未来财是现在预期中会在未来某个时点变成现在财的财货。它们因此拥有现在价值。由于时间偏好的一般事实，某特定财货的现在所值大于它在未来某刻变成一个可用现在财的现在预期。换句话说，当下的某财货现在的所值大于其作为一个未来财的现在价值。由于货币是一般交换媒介，因而对时间市场及其他市场而言，货币是现在财，而未来财是未来获取的货币的当下预期。它是由时间偏好规律——现在的货币所值大于同等数量未来货币的现在预期——所推论出来的。换句话说，未来货币（如我们所叫作的，对未来的货币的现在预期）相对于现在货币的交易总是要打折扣。

未来财相对于现在财的折扣（或者，反过来，现在财对未来财要求的溢价）就是利率。比如，在时间市场上，100盎司的黄金交换从现在起一年后获取105盎司黄金的预期，那么年利率就大约是5%。这是未来对现在货币的时间折扣率。

我们特别指出的"未来得到货币的预期"到底是什么意思？为了解释利率决定中的所有因素，我们必须很仔细地分析这些预期。首先，在真实世界中，这些预期——就像跨越一定时间的任何预期——始终是多少不确定的。其次，在真实世界里，这种始终存在的不确定性必然导致利息和利润－亏损因素交织在一块，并创造了下文将进一步分析的错综复杂性。为了把时间市场与企业家要素分离开来，我们必须考察均匀轮转经济的确定的世界——在那里未来均被预期到了，而整个经济中纯利率是相等的。而纯利率就是现行的时间折扣率——现在财价格相对于未来财价格的比率。

那么，进入到时间市场的特定类型的未来财是什么呢？有两种类型。一种是对未来某时点若干数量货币的书面要求权。这种情况下时间市场的交易如下：A把货币给B以换得对未来货币的要求权。用来指称A——未来货币的购买人——的术语一般叫作"贷款人"，或者"债权人"，而B——未来货币的出卖人—被称为"借款人"或"债务人"。理由是，这种信贷交易——对比于现金交易——在当下是保持未完成状态的。当一个人用现金买一套衣服时，他转移出去货币以换得衣服。这个交易就完成了。在信用交易中，他只是接收到一张可以使他在未来某刻要求若干数量货币的书面借据，或者票据。该交易要在未来才能完成，而那时 B——借款人——通过转移约定好的货币给债权人来"偿还贷款"。

虽然借贷市场属于非常明显的时间交易类型，但它绝不是唯一的，或者哪怕主要的时间交易。有很多更微妙，但更重要的遍布在整个生产系统中的时间交易类型，但这些类别却经常不被人当作时间交易。这就是对生产者财货和服务的购买——经过一段时间的变形，最终呈现为消费财。资本家购买生产要素的服务（或者说，正如我们稍后将发现的，要素本身）时，他们是在购买将其产品折现为现在价值的若干数量和价值的净产品。因为购买的土地、劳动和资本服务是最终形态要变形为现在财的未来财。

举例言之，假设一个资本家-企业家雇佣了劳动服务，再假设可以肯定该数量的劳动服务将会给产品所有者带来 20 盎司黄金的净收入。下文我们将会发现，给该服务的报酬趋向于等于其产品的净价值；但它赚得的是以至销售时间间隔折现后的产品。因此，假如劳动服务从现在起五年后将收获 20 盎司，那么很明显劳动的所有者不能指望现在就提前从资本家那里得到全额的 20 盎司。他收到的是现行的贴水（利率）折现后的净收入。而利息收入将被承担了预付现在货币任务的资本家所赚得。此后，在收回他的货币之前，资本家要等待五年直至产品完成。

378

因此纯粹的资本家——他在生产系统中履行了预付资本的功能——扮演了一个中介的角色。他把货币（一种现在财）卖给要素所有者以换取他们要素的服务（预期中的未来财）。他持有这些财货，并不断雇佣劳动加之于其上，直至它们被转变成消费者财货（现在财）——此后把消费者财货卖给公众换取货币（现在财）。他从现在财的出售中得到的收入相比于他为未来财的支付的溢价就是该交易中所赚得的利率。

因此，时间市场并不限于借贷市场。它遍及复杂经济的整个生产结构。所有的生产要素都是未来财：它们为其所有者提供了正被推向最后消费目标——该目标是所有生产活动的原动力——的预期。这是一个时间市场，这里出卖未来财并不像借贷市场那样构成信贷交易。这种交易本身已经完成，无须任何交易方的进一步支付。在这种情形里，未来财的买家——资本家——赚取其收入是通过把这些财货转变为现在财，而非通过向未来财原初卖家兑现借据要求权。

因此，时间市场——现在财交换未来财的市场——是几种组成部分的集合。在这个市场的一边，资本家用他们的货币储蓄（现在财）来交换许多要素的服务（未来财）。这是时间市场的一部分，且是最重要的部分。另一边是消费者的借款

379　市场，在这个市场中，储蓄者在信贷交易中贷出他们的货币，以换取一张未来货币的借据。储蓄者是现在货币的供给方，而借款人是（以借据形式的）未来货币的供给方。这里我们只研究那些借钱以花费在消费财上的人，而不处理那些为了投资于生产而借用储蓄的生产者。因为为了生产贷款而借用储蓄的人在时间市场上并不是独立的作用力，而完全是依赖于生产系统中所决定的现在财和未来财之间的利息贴水，该贴水等于消费者财货和生产者财货价格之间的比率，也等于生产者财货各阶段之间的比率。这种决定关系参见下文。

3. 时间偏好和个人价值表

在进一步考察时间市场的组成部分之前，让我们探究一下此事的真正根源：个人的价值表。正如我们在定价和需求问题中所了解到的，个人的价值表为市场上所有事项的决定提供了一把钥匙。对利率来说，这也一点不假。此处的钥匙是个人的时间偏好评值表。

让我们考察一个从经济体系中他可扮演的任意特定角色中抽象出来的假想的个人。这个人的货币必然是边际效用递减的，因此，他获得的每一新增单位货币在他的价值表上都会排序更低。这必然是正确的。相反，同样根据货币的边际效用递减规律：他所放弃的每一相继单位货币在他的价值表上都会排序更高。同样的效用规律也适用于未来的货币——即未来货币的预期。某财货较大的量比较小的量拥有更大效用，这一一般规律对现在财和未来财均适用。我们可以用如下假想的个人价值表来说明这些一般规律：

380
约翰·史密斯

……………………（未来的 19 盎司）（从现在起 10 年后）

……第 4 个单位的 10 盎司

……………………（未来的 18 盎司）

……………………（未来的 17 盎司）

……………………（未来的 16 盎司）

……第 3 个单位的 10 盎司

……………………（未来的 15 盎司）

……………………（未来的 14 盎司）

……………………（未来的 13 盎司）

……第 2 个单位的 10 盎司

……………………（未来的 12 盎司）

……第 1 个单位的 10 盎司

……………………（未来的 11 盎司）

……（新增的第 1 个单位的 10 盎司）

……（新增的第 2 个单位的 10 盎司）

……………………（未来的 10 盎司）

　　在这个价值表上我们发现所有可能的选项都在一个表上排序的事实的例子，而效用规律的真理被例示出来。"第 1 个单位的 10 盎司"指的是放弃的第 1 个单位的 10 盎司（这里是任意选取的单位）的排序。所放弃的"第 2 个单位的 10 盎司"的货币排序更高，依此类推。"新增的第 1 个单位的 10 盎司"是指此人正考虑的获得下一个单位的 10 盎司的排序，用括号是表示在目前他还没有占有该财产。上文我们有了约翰·史密斯关于时间的价值表，即他的时间偏好表。那么，假设市场利率是 3%；也就是说，他可以通过卖出 10 盎司的现在财来获得 13 盎司的未来财（这里考察的是从现在起 10 年后）。想知道他会怎么做，我们可以参照他的时间偏好表。我们发现 13 盎司的未来货币受他偏好胜过其第 1 个单位的 10 盎司也胜过第 2 个单位的 10 盎司，但是在他的评值中，第 3 个单位的 10 盎司位置更高。因此，当市场利率为每年 3% 时，这个人会储蓄 20 盎司的黄金，并在时间市场上卖掉它们以换取未来的货币。在时间市场上他是最多可供 20 盎司的现在财供给方。[①]

　　假如市场利率是 2%，那么 12 盎司的未来财就会是 10 盎司现在财的价格，于是约翰·史密斯会成为 10 盎司现在货币的供给人。他绝不会成为未来货币的供给人，因为在他的特定情形里，多余 10 盎司的未来货币的排序均高于"新增的

[①]　这是高度简化了的价值表描绘。为了展示起见，我们忽略了这个事实：新增的第 2 个单位的 13 盎司未来财价值小于第 1 个单位的 13 盎司未来财，而第 3 个单位的 13 盎司小于第 2 个单位，依此类推。因而，现实中，未来财货的需求表会比这里所描绘的低。然而，该分析的本质并不受此影响，因为我们可以假设我们想要的任意大小的需求表。唯一重要的结论是：给定需求曲线的形状，那么随着市场利率的上升，个人会需求更多的未来财，而这一结论对真实情况和我们简化了的版本同样成立。

第 1 个单位的 10 盎司"。

举例言之，假设詹姆斯·鲁滨孙有如下的时间 – 价值表：

詹姆斯·鲁滨孙

……………………（未来的 19 盎司）（从现在起 10 年后）

……第 2 个单位的 10 盎司

……………………（未来的 18 盎司）

……………………（未来的 17 盎司）

……第 1 个单位的 10 盎司

……………………（未来的 16 盎司）

……………………（未来的 15 盎司）

……………………（未来的 14 盎司）

……（新增的第 1 个单位的 10 盎司）

……………………（未来的 13 盎司）

……………………（未来的 12 盎司）

……（新增的第 2 个单位的 10 盎司）

……………………（未来的 11 盎司）

……（新增的第 3 个单位的 10 盎司）

……………………（未来的 10 盎司）

382 　　　假如市场利率是 3%，而鲁滨孙的评值如上的话，那么就没有任何储蓄会供给到时间市场。相反，未来的 13 盎司会低于"新增的第 1 个单位的 10 盎司"，这意味着鲁滨孙愿意以 13 盎司的未来货币换取 10 盎司的现在货币。因此，和史密斯形成对照，鲁滨孙成为未来货币的供给者。如果利率是 1% 的话，那么他会供给 22 盎司的未来货币以换取 20 盎司的现在货币，所以在较低价格下他对现在货币的需求会上升。

　　　可以注意到的是：相较于 10 盎司的现在财，我们没有列出小于 10 盎司的未来财。原因在于，每个人的时间偏好都是正的，即 1 盎司的现在货币始终会比小于或等于 1 盎司的未来货币更受人偏好。因此，不存在零或者负的纯利率之类的问题。许多经济学家犯了大错，认为利率决定了时间偏好表和储蓄率，而不是相反。这是完全错误的。这里所讨论的利率仅仅是假想的表，而它们表明并显示了每个人的时间偏好表。正如我们马上要了解到的，时间偏好相互作用以及由此而来的时间市场上的个人的供求表总体决定了市场上的纯利率。这与个人的评值决定对财货的总供求表，继而决定市场价格的方式相同。再一次，效用且只有效用——这里是以时间偏好的形式——决定了市场结果；这种解释并不基于偏好和市场结果的某种"相互决定过程"。

继续我们的分析，让我们基于约翰·史密斯和詹姆斯·鲁滨孙上文的时间价值表，绘制关于他们在时间市场的位置的时间表。约翰·史密斯的时间表见表6.1。詹姆斯·鲁滨孙的时间表见表6.2。

鲁滨孙的时间表有特别的意义。查看他的时间－价值表，我们发现在9%的利率下，19盎司的未来货币处于第2个单位的10盎司现在货币之上，因此也在第1个单位之上。在此利率下，他在时间市场上的现在货币的供给，即他的储蓄，等于20盎司。因为他对第1个单位（10盎司－我们为这里的讨论而随便选取的单位大小）的评值处于16和17盎司未来货币之间，当市场利率为6%时，16盎司的回报对他来说价值小于第1个单位的10盎司。因此，在这样的利率下，他不会成为一个储蓄者，不会成为现在货币的供给者。相反，他也不会成为未来财的供给者（即在时间市场上的现在财需求者）。要成为未来财的供给者，他在当前利率下对不得不放弃的未来货币的评值就要低于他对得到的现在货币的评值。换句话说，他放弃的预期中未来的货币在他的价值表上对他而言必定比"新增第1个单位的10盎司"的效用要小。而当市场利率处于4%—6%的范围内时，就不会是这样，因为他不得不供应的14—16盎司的未来货币的价值会大于他在该交易中所获得的新增的10盎司现在货币。在鲁滨孙的例子中，临界点发生在假想的利率降至3%，因为未来的13盎司价值小于新增的10盎司现在货币，因此他将会在时间市场上供应未来的盎司。假如利率是1%，那么他会供应20盎司的未来财。[①]

应该很明显的是，任何时候，一个人要么是净储蓄者（即未来财的净需求者），要么是未来财的净供给者，要么就根本不在时间市场上。这三个类别是互斥的。

图6.2以图形形式描绘了史密斯和鲁滨孙的时间表。纵轴表示利率，横轴表示货币。对现在财的供给也是对未来财的需求，而对现在财的需求也是对未来财的供给。

———————————

① 读者可以把价值表底端的未来货币的括号去掉，因为鲁滨孙既考虑供应它们也考虑需求它们。

表 6.1

利率（%）	现在货币的供给＝未来货币的需求＝储蓄黄金（盎司）	未来黄金的供给＝现在货币的需求黄金（盎司）
9	40	0
8	30	0
7	30	0
6	30	0
5	20	0
4	20	0
3	20	0
2	10	0
1	0	0

表 6.2

利率（%）	现在货币的供给＝未来货币的需求＝储蓄黄金（盎司）	未来黄金的供给＝现在货币的需求黄金（盎司）
9	20	0
8	10	0
7	10	0
6	0	0
5	0	0
4	0	0
3	0	0
2	0	0
1	0	0

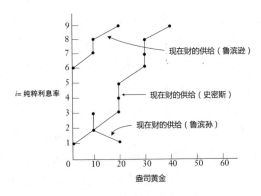

图 6.2　时间偏好表的对比

　　我们不能比较人与人之间的效用或者评值，但是我们当然可以说鲁滨孙的时间偏好表比史密斯的更高。换句话说，比较两个人对特定单位的某财货所赋予的排序或者效用是没有任何意义的，但是我们可以（假如我们知道的话）比较纯粹基于他们表现出来的时间偏好的他们的时间表。鲁滨孙的时间偏好表比史密斯的高，也就是说，在每一个假想的利率下，鲁滨孙的评值都会使他放弃较少的现在财来交换未来财。[①]

　　让我们更进一步探究一下典型的个人时间偏好表，或者说时间 – 供求表。首先，单位并不一定要选为 10 盎司。因为货币可能是最易于分割的财货，把它分割成非常小的规格是可能的。此外，由于市场套利的存在，就未来财进行的当下投资的回报利率对所有不同大小的单位来说都是相等的。因此我们甚至可以对每个人设想一条相当平滑的曲线。

　　个人的时间偏好表的一个必然的特征是：在市场上已经有某个数量的现在货币被供应出来之后，最终，再高的利率（no conceivable interest rate）也无法使他购买更多的未来财了。道理在于，随着人所拥有现在货币的减少、未来货币的增加，此人价值表上前者的边际效用会增加，而后者的边际效用会减少。尤其一点，每个人都必须在当下消费，而不管利率是多少这一点都严苛地限制了他的储蓄。因此，在某点之后，人对现在财的时间偏好变得无限大，而表示他对现在财的供给的线条会变成垂直向上的。在价值表的另一端，时间偏好的存在意味着，

386

---

①　同理，尽管我们不能比较效用，但我们可以（假如我们知道的话）比较个人对财货的需求表。

在某个最低利率下，人就不会储蓄了。供给曲线交于纵轴上哪一点，这取决于个人的评值；但是由于时间偏好规律的作用，它必然会交于纵轴的某点。人不可能会偏好 10 盎司或者少于 10 盎司的未来货币胜过偏好 10 盎司的现在货币。[①]

387   个人的供给曲线交于纵轴的点之后的形态如何完全取决于个人的时间偏好。在某些情况下，比如上文的约翰·史密斯的情况，相比未来货币的边际效用，货币对他的边际效用降低得太快了，使得他不能作为一个在低利率下对现在财的净需求者参与市场。换句话说，在这一领域史密斯的时间偏好率太低了，以至于他不能成为现在财的需求者和未来财的供给者。与之不同的是，鲁滨孙的时间偏好表比较高，以至于在低利率下，他成为供应未来财换取现在财的人。（参见图 6.2。）（上面两个不能，都是指史密斯时间偏好低于市场，无法成为现在财需求者。）

当然，一方面，我们可以按照惯例用绘图的方式画出一个具有代表性的个人的供求曲线来，就如我们在图 6.2 中所做的那样。另一方面，我们也可以修正这个图，以便制作出一条时间市场上该个人活动的连续曲线来。我们可以把这条曲线叫作"个人的时间市场曲线"。从较高利率到其与纵轴交点的曲线就是真正的个人现在财的供给曲线。但是低于纵轴交点，它就变成他的需求曲线，并继续向横轴的左边延长（参见图 6.3）。

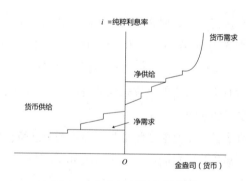

图 6.3 个人的时间市场曲线

[①] 有人可能偏好在未来而非现在使用货币，把这样的例子作为对时间偏好的反驳是错误的。这并不是这里所讨论的时间偏好问题，而是财货使用的可得性问题。假如某人想要把钱"存"到未来某刻再使用，他可以"积存"货币而不是把它花费在某个未来财上，而这期间，所积存货币始终是可得的。我们从积存的问题抽象出来，积存问题将在关于货币的内容中探讨；无论如何，在确定性的均匀轮转的世界里，积存的问题完全不存在。

市场上的每个人都有类似的时间市场表，反映着他独有的价值表。每个人的 388
表都是这样的：利率较高时，趋向于有更多的净储蓄，利率较低时，储蓄较少，
直到这个人成为净需求者。对每个人来说，在每个假想的利率下，净储蓄、净需
求或者离开市场的可能都存在。利率变动不大，可能不会引起变化（垂直曲线），
但是绝对不可能出现更低利率下供给更大或需求更小的情况。

所有人的时间市场表在市场上加总后构成了以未来财表示的现在财的市场供
给表和市场需求表。供给表会随着利率的上升而上升，而需求表会随着利率变高
而降低。

图 6.4 就是一个典型的加总了的市场表。加总市场中所有人的时间市场上的
供求表，我们就得到了 SS 和 DD 这样的曲线。DD 是以未来财供给表示的现在财 389
的需求曲线；它随着利率的降低向右倾斜。SS 是以未来财需求表示的现在财的供
给曲线；它随着利率的上升向右倾斜。两曲线的交点决定了均衡利率——在均匀
轮转经济中所趋向的利率。此外，这一纯利率仅仅是由社会中的个人的时间偏好
决定的，而没有任何其他的因素。

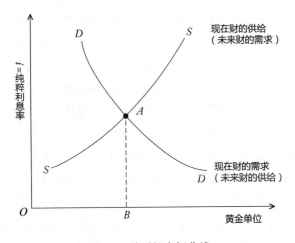

图 6.4　总时间市场曲线

两曲线的交点确定了均衡利率——BA，以及均衡储蓄量——OB。OB 是会被
储蓄并投资到未来货币中的货币总数量。利率高于 BA 时，所供给的现在财会超
过交换中所供给的未来财，而超出的储蓄会彼此竞争直至以未来财表示的现在财
价格降至均衡。如果利率低于 BA，未来财供给者对现在财的需求就会超过储蓄

的供给，而需求的竞争会把利率向均衡方向推高。

或许在关于利率的讨论中比经济学其他方向的研究所犯下的错都多。在经济学中，经过了相当长的一段时间，人们才认识到时间偏好在纯利率的决定中所起的至关重要性；而经济学家们认识到时间偏好是唯一的决定因素则花费了更长的时间。由于不愿意接受这种一元论成因的解释，经济学被困扰至今。①

390　**4. 时间市场和生产结构**

与其他市场一样，时间市场是由单个个人构成的，这些个人的供求表加总形成了市场的供求表。时间市场（货币市场也是如此）的错综复杂性在于：它被细分和再细分成各具特色的子市场。这些子市场汇聚为一个总市场，但是这些子组成部分是很有意思的，它们本身就极其重要，值得进一步的分析。当然，这些子市场本身也是由个人的供求表组成的。

如上文所表明的，我们可以把现在—未来市场细分为两个部分：生产结构和消费者借贷市场。我们先看生产结构。显然可以通过再次考察有代表性的生产－结构图来探讨。图6.1就是这样的图，但有个重大的差异。之前，这个图表示的是任意特定消费财的典型的生产结构。现在，同样一张图用来表示的是所有财货的总生产结构。货币从消费财沿着生产的各阶段上溯，而财货则从较高级的生产阶段流向较低级的生产阶段，最终作为消费者财货被卖掉。专用性和非专用性要素的存在，并不改变生产的模式。因为生产结构是被加总在一起的，所以特定产品的专用程度在对时间市场的讨论中是不相关的。

不同财货的不同生产过程花费不同长度的时间，这一事实不构成问题。之所以如此，是因为从一个阶段到另一个阶段的流量可以被加总为任意数量的过程。

然而，把整个经济的生产结构加总起来可能会涉及两个更严重的问题。第一
391　个难题是：在不同生产过程中，每一阶段并不一定会出现资本财对货币的交换。一家企业或许在其内部"垂直整合"了一个或者多个生产阶段，因此把现在财预付了更多的时段。然而，下文我们将发现，这根本不会造成问题，正如在特定的

---

① 时间偏好的重要性首次见诸庞巴维克的《资本与利息》。时间偏好的唯一重要性只被极少数经济学家所领会，尤其是弗兰克·A.费特和路德维希·冯·米塞斯。参见费特，《经济学原理》，第235-316页；同上，《利息理论，新与旧》，《美国经济评论》，1914年3月，第68-92页；以及米塞斯，《人的行动》，第476-534页。

生产过程中不会造成问题一样。

第二个难题是耐久资本财的购买和使用。我们已经假设，且还要继续这样假设：资本财或者土地不会被人购买——他们只是被雇佣，即从他们的所有者那里"租用"。耐久财的购买确实把情况弄复杂了，但是再一次，正如我们将要看到的，这并不会导致我们的分析中任何实质性的变动。

图 6.5 中的生产结构图省略了表示各部门之间支付金额大小的数字，以 *D′S* 和 *S′S* 代替来表示现在—未来交易（"时间交易"）所发生的点以及进入这些不同交易的群组。*D′S* 表示现在财的需求者，而 *S′S* 是为了未来财而供应现在财的人。

让我们从底部（消费者在消费财上的支出）开始。货币的移动由箭头来表示，货币从消费者移向消费财的出售者。这并不是一项时间交易，因为它是现在财（货币）交换现在财（消费财）的交易。①

这些消费财的生产者必然是投资于要素服务以生产这些财货并出售其产品的资本家。他们在要素中的投资是由对土地要素、劳动要素（原初要素）以及第一级资本财（产出要素）的服务的购买所构成的。在这两大类交换（早于消费财的最终出售的生产阶段所做的交换）中，现在财都被用于交换未来财。在两种情况中，资本家都在供应现在货币以换取其收益在未来实现从而属于未来财的要素服务。

392

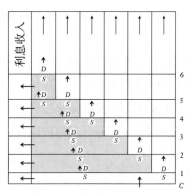

消费者支出

D = 用未来财表示的现在财的需求　　　*S* = 为了未来财而供应的现在财

图 6.5　所有财货的总生产结构

---

① 消费者或许会在未来在物理上消耗掉这些财货的全部或者部分，这一点并不会影响我们这个结论，因为任何进一步的消费都发生在货币关系之外，而这是我们以后要分析的。

　　因此，生产消费财的资本家——我们可以称他们为"第一阶段的资本家"——在进行投资时，参与了时间交易。那么，时间市场的这一特定子部分的组成成分为：

　　　　现在财的供给：资本家 1
　　　　未来财的供给：土地所有者、劳动者、资本家 2（对现在财的需求）

　　资本家 1 是生产消费财的第一阶段的资本家。他们从生产者—所有者—第二阶段的资本家，或者说资本家 2 那里买来资本财。相应的 $S'S$ 和 $D'S$ 表示了这些交易，而向上的箭头表示了货币支付的方向。

　　在下一阶段，资本家 2 不得不购买生产要素的服务。他们供给了现在财，并购买了未来财——相对他们要生产的产品来说，这些财货距离未来更遥远。[①] 这些未来财是由土地所有者、劳动者和资本家 3 所供应的。概括一下，在第二阶段：

　　　　现在财的供给：资本家 2
　　　　未来财的供给：土地所有者、劳动者、资本家 3

　　这些交易由相应的 $S'S$ 和 $D'S$ 标示出来，而向上的箭头表示在这些交易中货币支付的方向。

　　这一模式一直持续到最后一个阶段。在这最终阶段——本例中是第六阶段——第六阶段的资本家会把未来财供应给第五阶段的资本家，但也会把现在财供应给劳动者和土地所有者以换取后者距离未来极其遥远的服务。于是，两个最高阶段的交易如下所示（用 N 而非 6 来指代最后阶段）：

[①] 较高级的要素未来的程度（degree od futurity）较大，这并不会引起重要的复杂化。如我们上面所说，较远的未来财只需要由市场以一较大数额进行折现就行了，尽管所用的年利率是相同的。无论财货的未来程度多高，利率，即未来财每单位时间的折现率是保持不变的。这一点有助于解决上文提到过的一个难题——企业对一个或者多个生产阶段的垂直整合。如果均衡利率是每年 5% 的话，那么，一个阶段的生产者将会在其投资中赚到 5%，而将现在财预付了三个阶段——三年——的生产者将会赚到 15%，即每年 5%。

第五阶段：　　　　　　　　　　　　　　　　　　　　　394

现在财的供给：资本家 5

未来财的供给：土地所有者、劳动者、资本家 N

第 N 阶段：

现在财供给：资本家 N

未来财供给：土地所有者、劳动者

现在我们可以概况一下任意生产结构 N 个阶段的时间市场：

现在财供应者	未来财供应者（现在财的需求者）
资本家 1	所有土地所有者
资本家 2	所有劳动者
资本家 3	资本家 2
…………	资本家 3
…………	…………
…………	…………
资本家 N	资本家 N

　　为了清楚地阐释生产结构的作用，我们回想一下图 6.1 中所给出的带数值的例子，并汇总时间市场上各种组成部分所供给和接受的现在财的数量。这里我们可以把同样的图表应用在加总的生产结构上，虽然在此例中读者或许更愿意用黄金盎司的倍数为单位。生产过程的持久期不同、垂直整合的程度不同，这些都不会对加总造成困难，这使得我们可以在单个生产过程和整个经济上几乎毫无阻碍地交替使用该图表。此外，均匀轮转经济中所有阶段和所有财货的利率都相等，这一点尤其使得我们可以加总所有财货的类似阶段。比如利率是 5%，那么我们可以假设，某财货的某个阶段中，资本家支付给要素所有者 50 盎司，那么产品出售的所得是 52.5 盎司，而我们也可以假设该时期，整个经济的支付是 5000 盎司，那么收到的是 5250 盎司。相同的利率意味着相同的投资回报率。不管是单　　395
独考察某财货，还是把所有财货合在一起考察。

　　那么，图 41 中对现在财的供求如下，现在该图表被当作一个加总了的整个经济来处理：

（储蓄者）　　　　　　　　现在财的需求者

现在财的供给者　　　　　　未来财的供给者

资本家 1……95 盎司→ 15 盎司 土地和劳动所有者；资本家 2…………80 盎司

资本家 2……76 盎司→ 16 盎司 土地和劳动所有者；资本家 3…………60 盎司

资本家 3……57 盎司→ 12 盎司 土地和劳动所有者；资本家 4…………45 盎司

资本家 4……43 盎司→ 13 盎司 土地和劳动所有者；资本家 5…………30 盎司

资本家 5……28 盎司→ 8 盎司 土地和劳动所有者；资本家 N………20 盎司

资本家 N……19 盎司→ 19 盎司 土地和劳动所有者…………

————————　　　　　　　————————

318 盎司　83 盎司　　　　　　235 盎司

　　每一阶段中，水平的箭头指的是从储蓄者所供给的货币移向该阶段接受的需求者的运动。

　　从这个表中，很容易推导出不同参与者的净货币收入：如果我们包含时间市场上所有交易的全部时期的话，那么就是他们的总货币收入减去他们的货币支出。土地和劳动所有者的情况很简单：他们在交易中收到货币，付出了经由他们的要素所生产出来的未来财；这些货币是他们从生产系统中得到的总的而且是他们的净货币收入。土地和劳动所有者的净货币收入总额是 83 盎司。这是生产的每一阶段不同的土地和劳动所有者的货币收入总额。

396　　资本家的情况就复杂多了。他们为了换取未来财而支付出现在财，之后再为了货币而把转变中更近的未来产品卖给更低阶段的资本家。他们的净货币收入是通过从他们在整个生产阶段的时期内的总收入中减去他们的货币支出而得到的。我们例子中的不同资本家的净收入如下：

　　生产资本财的资本家的净收入

　　资本家 2………………80−76=4 盎司

　　资本家 3………………60−57=3 盎司

　　资本家 4………………45−43=2 盎司

　　资本家 5………………30−28=2 盎司

资本家N·················20–19 = 1 盎司

————————

12 盎司

生产资本财（由 2 到 N 级）的资本家的总的净收入是 12 盎司。那么，资本家 1 的是多少呢？他们很明显不仅没有净收入，而且有 95 盎司的亏空？正如我们从图（图 6.1）中所发现的，他们并不是从资本家的储蓄中得到补偿，而是从消费者的支出——总计 100 盎司——中产生资本家 1 的 5 盎司的净收入。

这里必须强调一下，生产结构和时间市场的一般模式在不确定的真实世界中与在均匀轮转经济中是一样的。差别在于进入每一部门的数量以及不同价格之间的关系。我们之后将发现差异所在；举例言之，在真实的市场中，每一部门的资本家的回报率是不一致的。但是支付的模式，供求双方的构成，是一样的。

在分析生产结构的收入–支出余额表时，经济问题的作者们发现，我们可以把各种不同的收入合并起来，只考虑净收入。容易犯的错误是简单地把不同资本家之间的交易作为"重复"抵消掉（write off）。如果该例子中这样抵消的话，那么市场上的总净收入就是：资本家，17 盎司（12 盎司是资本财资本家的，而 5 盎司是消费财资本家的）；土地与劳动要素，83 盎司。总计净收入因此是 100 盎司。这恰好等于这段时间的消费者总支出。

总净收入是 100 盎司，而消费是 100 盎司。因此，这里没有新的净储蓄。我们将在下文详细研究储蓄及其变动。这里的要点是，正如定义所示，在均匀轮转经济的无尽循环中，净储蓄为零意味着总储蓄仅够用于保持生产性资本结构的原样不变，保持生产过程的运转，以及保持每个给定时期内产出的消费财数量恒定不变。

考察净收入和净储蓄当然是合理且常常有用的，但是并非总是有启发意义的，而它的使用在当今的经济学中被极度地误导了。"国民"净收入数字（最好是研究使用货币的市场社会中的整个"社会收入"而不是把范围限制于国界）的使用使一个人会认为维护生产结构的非常重要的因素是消费者的支出。在我们均匀轮转经济的例子中，各种不同的要素和资本家收到他们的净收入，并把它投入到消费，这样维护了生产结构和未来的生活水平，即消费财的产出。这些概念的推论是很明显的：资本家的储蓄对增加和深化资本结构来说是必要的，但是就算没有任何储蓄，单单是消费者支出也足以维持住生产性资本结构的原样不变。

397

这一结论看起来似乎是很清楚的：毕竟，难道消费者支出不是经济活动的支柱及其最后结果吗？然而，这个论点是可悲的错误。在资本家的支出中并不存在单纯的自动行为，尤其是当我们离开均匀轮转经济的确定世界，而正是在真实世界中这一概念的错误造成了巨大的破坏。因为，随着生产被分成不同阶段，消费支出足以维持资本结构是不正确的。当我们考察资本结构的维持时，我们必须考察现在—未来市场上供应现在财的所有决策。这些决策是可加总的，它们并不会互相抵消。因此，经济中的总储蓄并不是零，而是在生产过程中提供给未来财所有者的所有现在财的总和。这是资本家 1 到资本家 N 的供给的总和，总计为 318 盎司。这是全部的总储蓄——生产中提供给未来财的现在财供应——而且也等于全部的总投资。投资是花在未来财要素上的货币支出额，因此必然等于储蓄。生产的总支出是：100（消费）加上 318（投资 = 储蓄），等于 418 盎司。来自生产的全部总收益等于资本家 1 的总收入（100 盎司）加上其他资本家的总收入（235 盎司）再加上土地和劳动所有者的总收益（83 盎司），也等于 418 盎司。

我们的生产结构表中所描述的，是一个赚得 418 盎司黄金总收入——100 盎司花在消费，而 318 盎司被储蓄并投资于生产结构中的某些阶段——的经济体系。在这一均匀轮转经济中，赚了 418 盎司然后又支出了 418 盎司，没有任何净"积存"或"去积存"，即从整体看，这段时期中的现金余额没有任何净增加也没有净减少。[1]

因此，需要用来维持资本和生产结构原样不变的并不是储蓄，我们发现，仅仅保持住生产结构的原样不变，较大比例的储蓄和投资——在我们的例子中，储蓄是消费支出额的三倍——是必需的。当我们考察谁获得收入而谁有权力决定消费还是投资时，其对比是很清楚的。净收入理论家隐含地假定了，只有要素所有者以其净收入做出的关于消费 vs. 储蓄——投资的决策才是重要的。因为资本家的净收入被认为是相对金额较少的，这一方法只赋予资本家在维持资本中较小的重要性。然而，我们发现，维持资本的是总支出和总投资，而不是净投资。因此，每一生产阶段的资本家通过他们的储蓄和投资，通过将其总收入大量储蓄而在维持资本中发挥了至关重要的作用。

具体地讲，让我们看看资本家 1 的例子。按照净收入理论家的说法，他们的作用是相对较小的，因为他们的净收入只有 5 盎司。但是他们的总收入实际

---

① 现金余额的积存和去积存问题将会在关于货币的第十一章探讨，现在暂时不予考虑。

上是 100 盎司，而正是他们关于储蓄多少而又消费多少的决策才是决定性的。当然，在均匀轮转经济中，我们仅仅说他们储蓄并投资了 95 盎司。然而，当我们离开均匀轮转经济的领域时，我们必须意识到，这一投资并不是什么自动发生的事情。并不存在他们必须再投资这一数额的自然规律。举例言之，假设资本家 1 决定通过把 100 盎司全部支出于他们的消费而非投资 95 盎司来打破均匀轮转经济的平滑运转。很明显，基于市场的整个生产结构会被破坏。所有的较高级资本财所有者无法得到任何收入，而所有较高级的资本过程，所有比最短生产过程稍长的生产都必须被放弃。我们在上文已经发现，且在下文将更详细地了解，文明的进步依赖的是延长生产过程的新增资本。只有通过在较长生产过程中使用更多的资本，较大数量的财货生产才可能发生。如果资本家从储蓄－投资转为消费的话，那么所有的这些生产过程都必须被放弃，而经济将会退回到只能运用最短最初级生产过程的原始状态。生活水平、产出财货的数量和种类会灾难性地降回到原始社会的水平。[①]

400

为什么会有这种突然撤回储蓄而代之以消费的情况呢？在自由市场上唯一的理由是资本家时间偏好表突然且大量地上升，以至于就未来满足而言现在的满足变得更有价值了。他们较高的时间偏好意味着当前的利率不足以吸引他们以之前的比例来储蓄和投资。因此，在其总收入中，他们消费更大比例而投资更少。

每个人——基于他的时间偏好表——在其货币收入中用于储蓄的数量和用于消费的数量之间做决定。加总的时间市场表（由时间偏好决定）决定了（总）储蓄和消费之间的加总的社会比例。很明显，时间偏好表越高，消费对储蓄的比例越高，而较低的时间偏好表将会降低这一比例。同时，正如我们已经了解到的，经济中较高的时间偏好表会导致较高的利率，而较低的表会导致较低的利率。

由此很明显，市场上个人的时间偏好本身同时决定了市场的均衡利率以及（个人的以及加总的）消费和储蓄之间的比例。[②] 后两者是同一硬币的不同两面。

401

在我们的例子中，时间偏好表的上升导致了储蓄的绝对且成比例地下降，以及利率的上升。

---

①　参见科纳特·维克赛尔，*Lectures on Political Economy*（London: Routledge and Kegan Paul, 1934），第一卷，第 189–191 页。

②　更多关于利率，也即价格差额或者说价格差异，与投资和消费比例之间的关系，参见下文。

净产品数字的谬误导致经济学家将一些"总值"包括进他们的产品和收入计算中。如今，最受经济学喜爱的概念是"国民生产总值"及其对应概念，国民支出总值。这些概念之所以被采用是因为净收入概念所遇到的明显错误。[①] 然而，现在的"总值"数字是高度不合逻辑的，因为它们并不是真正的总额，只不过是部分的总额而已。它们只是包含了耐久资本财的资本家的总购买以及他们自己拥有的耐久资本财的消耗——大约为其所有者所确定的资产折旧额。我们将会在下文更充分地考察耐久资本的问题，但是现在只需要知道耐久和不那么耐久的资本之间没有重大的差异就足矣了。两者都在生产过程期间被消耗掉，且两者都必须用较低级资本家的总收入和总储蓄来支付。因此，在评值生产结构的支付模式时，不能把非耐久资本财的消费从投资中剥离出去。只挑选耐久财是完全不合逻辑的，耐久财本身只是其非耐久服务折现的化身而已，因此耐久财和非耐久财没有区别。

维持资本结构的原样不变不需要储蓄，好像它是自动维持的，这种观点由于"净值"方法的使用而得到了加强。如果零储蓄足以维持资本的话，那么好比在说资本的总价值是一个不会减少的永久实体。这种资本永久性的观念遍布于经济学理论当中，尤其是经由 J. B. 克拉克和弗兰克·H. 奈特的著作，并通过后者的影响塑造了美国当下流行的"新古典"经济学理论。为了要维护住这个学说，就必须拒斥对生产的阶段分析，而实际上，也就拒斥了生产中时间的影响。[②] 在生产期这个概念以及在个人时间偏好表对利率和投资－消费比率的决定中，均强调了无处不在的时间的作用。奈特的学说否认生产中时间的任何作用，坚称"今时今日的"（现代复杂的经济中）生产是无时间的，而时间偏好对利率没有任何影响。这一学说被贴切地称为"资本的神话学"。与其他的错误一起，它导致了这样一

402

① 关于总产值和净产值，参见 Milton Gilbert and George Jaszi, "National Product and Income Statistics as an Aid in Economic Problems" in W. Fellner and B. F. Haley, eds., *Readings in the Theory of Income Distribution*（Philadelphia: Blakiston, 1946），第 44-57 页；以及 Simon Kuznets, *National Income, A Summary of Findings*（New York: National Bureau of Economic Research, 1946），第 111-121 页，尤其是第 120 页。

② 如果认为永久性是虚构的实体——资本的加总价值——的属性，那么它就成了一个与劳动一并的独立的生产要素，并赚得利息了。（译注：原文的意思是如果资本的加总价值有永久性，就不可能上溯分解为其他要素，因此是一个独立要素。）

种信念：不存在与资本的重置和维护相关的经济问题。①②

　　由净收入分析方法直接促成的一个常见谬误认为：在生产系统中重要的支出类别是消费者的支出。很多作者走得很远，以至于把商业繁荣直接和消费者的支出联系起来，而商业衰退则是和消费者支出下滑相关联。对"商业周期"的考察将会延至下文，但是很明显，经济繁荣和消费者支出之间只有极少或者说没有任何关系；实际上正确的说法几乎是其反面。对于商业繁荣而言，关键的考察因素是各不同阶段之间的价格差——即赚得的利息回报率。正是利率引导资本家们储蓄并把现在财投资到生产性要素中。利率，正如我们已经说明过的，是由社会上个人们的时间偏好配置所确定的。与资本家回报有关的并不是支出在消费上的总货币量，而是各不同阶段产品价格和要素价格总额之间的差异（margins）、差额——在整个经济中该差额比例趋向于相等。

　　实际上，完全没任何必要去担心消费者支出的维护。总是必定会有消费的；正如我们所知，在储蓄特定数量的货币之后，每个人总要花费其货币资产的最低限度用于当下的消费。人的行动的事实保证了这样一个最低限度消费。而只要存在着货币经济，只要货币被使用，它就会被花费在消费者财货的购买上。花费在资本的各生产阶段与全部的比例为关键的考察——经济中消费者财货的真实产出——提供了一个线索。但是，货币支出的总数额却没有给出任何线索。我们将会在下文中，系统性地研究货币及其价值。然而，很明显所支出的单位数量可以是千差万别的，这取决于流通中的货币商品数量。消费支出可能是100或者1000或者10000盎司黄金，除了可用货币单位数量或多或少之外这没有任何意味。消费上支出的总货币量对经济可以购买的财货数量没有给出任何线索。

　　因此，关键性的考虑在于时间偏好及由其产生的消费者财货与生产者财货（投资）之间的比例。前者的比例越低，资本结构上的投资越大，而过一段时间，消费者财货的供给越丰富，且经济的生产力越高。同一硬币的另一面是时间偏好

---

① 关于资本"净值"方法的谬误至少可以上溯至亚当·斯密并延续至今。参见哈耶克，《价格与生产》，第37-49页。这本书是基于庞巴维克和米塞斯各自的生产理论和商业周期理论，对生产结构、总储蓄和消费的分析以及将之应用于商业周期的杰出的贡献。也参见哈耶克，"The Mythology of Capital," in W. Fellner and B. F. Haley, eds., *Readings in the Theory of Income Distribution* （Philadelphia: Blakiston, 1946），第355-383页；idem, *Profits, Interest, and Investment*，各处。

② 对于 J. B. 克拉克类似观点的批评，参见弗兰克·A. 费特 "Recent Discussions of the Capital Concept," *Quarterly Journal of Economics*, November, 1900 年，第1-14页。费特简要地批评了克拉克解释消费财利息的失败，批评了他永久资本基金的假设，以及他关于生产中"同步性"的假设。

对确定利率的价差以及经济中资本家储蓄资－投资者的收入的决定性影响。我们已经知道了减少投资对第一级生产的影响，而下文我们将充分地分析时间偏好降低对生产和利息的影响，以及货币数量的各种变化对时间偏好和生产结构的影响。

然而，在继续对时间偏好和生产结构的分析之前，让我们先完成以下对时间市场组成成分的考察。①

时间市场上现在财的纯粹需求者是各种群体的劳动者和地主——原初生产要素服务的出售者。下文会知道，它们在市场上的价格将会被设定在等于按现行利率折现的其单位的边际价值产品。利率越高，他们服务的价格越低，或者更确切地说，它们的边际价值产品（被认为是产出完成的现在财）被折现的越多。比方说，如果某个劳动或者土地要素的边际价值产品是每单位时期 10 盎司，而利率是 10%，那么如果最终产品是一年后才产成的话，那么要素赚得的价格就大概是每年 9 盎司。更高利率会导致更低价格，而更低利率会导致更高价格，但是最高价格会稍微低于完全的 MVP（边际价值产品），因为利率不会完全消失。

405 　　通过原初生产性要素表示的现在财需求表似乎对利率中的变动是高度无弹性的。基于一个非常大的基数，以不同利率的折现可能对要素所有者造成很小的差异。② 利率的较大变动，会给资本家造成巨大的差异且会对利息收入和各种不同长度的生产过程的营利性造成巨大的差异，但对原初生产要素所有者的收入的影响是可以忽略不计的。

在时间市场上，我们把所有要素归结到一块来考虑；时间市场的利率遍布于现在资－未来市场的所有特定领域，包括所有的土地和劳动服务的购买。因此，当我们考察特定要素在市场上的供给，我们是在一般地考察它，而不是在考察它的某一特定用途的供给表。一块同质的土地或许有三种可能的用途：比方说，种植小麦，牧羊，或者是作为钢铁厂的厂址。它这三种用途中每一种的供给表都是有弹性的（相对平坦的曲线），且会以其可以在次优用途——即其折现后的边际

---

① 参见庞巴维克，《资本实证论》，第 299-322，329-338 页。

② 然而，只要他是耐久财的所有者和出售者的话，利率就会造成巨大的差异。当然，土地几乎在定义上就是耐久的——实际上，一般是永久的。到目前为止，我们只研究了要素服务的出售——也即是要素的"雇佣"或"租用"，而抽离出了包含未来服务的耐久财的出售和估价。耐久性的土地，正如我们将要了解的，是"资本化了的"，也即是作为一个整体的要素的价值是其未来边际价值产品折现后的总额，而利率会对其产生显著影响。然而，耐久土地的价格和需求现在货币的土地服务的供给表是无关的。

价值产品是第二高的用途——中获得的金额所决定。在现在的分析中，我们不考虑要素对特定行业或用途的供给曲线；我们考察它对合计的所有使用者的供给曲线，即它在时间市场上为了交换现在财的供给曲线。因此我们是考察同质土地要素的全部所有者（或者如果该土地要素是独一无二的，因为它经常如此，那就是一个所有者）的行为。土地很可能没有留存价格，即对所有者来说它有极小的主观使用价值。少数地主或许会对凝视未被利用土地的原始美感的可能性予以很高评值；但是实际上，这种对土地的留存需求的重要性多半是可以忽略不计的。当然，如果所有者可以使用土地来为自己种植食物的话，留存需求就会大得多。

劳动服务对于利息折扣很有可能也是无弹性的，但是有可能弹性小于土地的，因为劳动存在着留存需求、主观使用价值，哪怕是在总的劳动市场上。这种特殊的留存需求源自于作为一种消费者财货的闲暇的价值。劳动服务的较高的价格会引发更多的单位劳动进入到市场，而较低的价格会增加闲暇的相对优势。然而，这里再一次，利率相对大的变动所造成的差异也没有多大，因此总的劳动供给曲线（更确切地说，是对每一同质的劳动要素的供给曲线）趋向于对利率是无弹性的。

因此，两类对于未来财的现在财的独立需求者就是地主和劳动者。时间市场上的现在财供给者很清楚就是资本家，他们从自己可能的消费中储蓄下来，并把其储蓄投资在未来财上。然而有人会提这样的问题：资本家难道不是既供给现在财，又需求现在财的吗？

不错，在对一个生产阶段投资之后，资本家们以他们的产品作为交换来需求现在财。这一特定需求对利息的变动是无弹性的，因为这些资本财也有可能对其生产者来说是没有主观使用价值的。然而，这一需求绝对是衍生出来的，不是独立的。需求现在财的所有者的产品当然是一种未来财，但是它比起那些所有者为了生产它而购买的财货来，它是一个距离未来更近的阶段。换句话说，资本家3把他们的未来财卖给资本家2，但是他们从资本家4——此外，还有地主和劳动者——那里买入了未来财。因此，每一阶段的每个资本家所需求的财货比起他提供的产品来是距离未来较远的，而他在整个生产阶段中提供现在财直至其产品的形成。因而他是一个现在财净供给者，是一个未来财的净需求者。所以，他的活动是受他作为一个供给者的角色所指导的。他将能够赚得的利率越高，即价格差越高，那么他就趋向于投资到生产越多。如果他实质上并非现在财的供给者的话，这一点就不成立。

他作为一个现在财供给者和一个现在财需求者角色之间的关系可以通过图 6.6 中的图示来阐明。

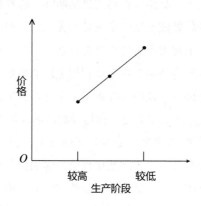

图 6.6　累加要素价格与各生产阶段的关系

该图是便于表示生产结构的另一形式。横轴上表示的是不同的生产阶段，朝左的最远的圆点是最高的阶段，而那些往右较远的圆点是较低的生产阶段。那么，从左往右，生产阶段更低并最终达到消费财阶段。纵轴表示价格，而它可以交替地用来表示一种特定财货的生产结构和一般意义上所有财货的生产结构。每一阶段所表示的价格是每一阶段要素的累加价格——不包括资本家的利息回报。因此，在每一向右的阶段中，圆点的水平都会更高，其间的差额就表示那一阶段的资本家的利息回报。在该图中，相邻的两个阶段中资本家的利息回报被表示出来了，而直线斜率表示这一回报是相等的。

现在让我们在图 6.7 中再现一下上面的图示。[①] 原来的生产结构图由 A、B、C 点来标注。资本家 X 在价格 A 处购买要素并在点 B 处卖掉他们的产品，而资本家 Y 在 B 处购买，并在 C 处卖掉他们的产品。让我们先考察这里所描绘的最高阶段——资本家 X 的阶段。他们在 A 点购买了要素。这时，他们把现在财供应给要素所有者。资本家 X 当然更喜欢要素的价格更低些；比方说他们更愿意支付价格 A' 而非 A。在他们的出售价格被决定之前，还无法确定他们的利息差。因此，为了换取利息回报他们作为现在财的供给者的活动并不随着他们对要素的购买而

---

①　当然，严格来讲，斜率并非是恒定不变的，因为回报是以百分比形式相等，而不是绝对的数量上的相等。然而，为了展示分析的简化起见，在这里斜率被当作是恒定不变的来处理。

真正完结。很明显，他们确非如此。资本家必须在他们从现在财的供给中获取他们的利息回报之前把要素转化为产品并出卖他们的产品换取货币。未来财的供给者（地主和劳动者）一获得现在货币，就立即完成了他们的交易。但是直到再次获得现在货币，资本家的交易才完结。他们对现在财的需求因此严格地依赖于他们之前的供给。

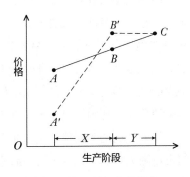

图 6.7　单一利息率的趋势

正如我们所述，资本家 X 在 B 点把他们的产品卖给下一级别的资本家。他们自然更喜欢其产品有较高的出卖价格，因此点 B' 会比 B 更受欢迎。如果我们只观察这一销售的话，我们很容易声称：作为现在财的需求者，资本家 X 更喜欢一个较高的价格，从而对其产品的折现更低，即较低的利率。然而，这将是一个一知半解的观点，因为我们必须看看他们的两次交易，如果我们要考察他们的完整交易的话就必须要如此。他们更喜欢较低的买点和较高的卖点，即一个更为陡峭的斜线，或者说较高的折现率。换句话说，资本家更偏爱较高的利率，从而始终会作为现在财的供给者。当然，这一特定变化（$A'B'$ 的价格差）的结果是紧接着的较低一级的资本家——资本家 Y——顺着 $B'C$，承受一个变窄的价格差。当然，如果资本家 Y 承受较低的利息回报的话，资本家 X 是完全乐意接受的，只要他们的回报上升就好。每一个资本家都关注于提高他自己的利息回报，而并不必定关注一般利率的提高。然而，正如我所知，一个阶段和另一阶段或者一个生产过程和另一个生产过程之间的利息回报上的任何差异都不可能持久。如果建立了 $A'B'C$ 的状况，那么资本家们就会从 Y 阶段涌出，并涌进 X 阶段，增加的需求会把价格抬高到 A' 之上，在 B' 处的销售会增加而需求会降低，而在 C 处的供给会降低，直至最后使得各处利息回报都相等。始终存在着这样一种均等化的趋势，而这样的均等化实际上会在均匀轮转经济中完成。

5. 时间偏好，资本家和个人的货币库存

当我们说社会中所有个人的时间偏好表决定了利率以及储蓄－消费比率的时候，我们指的是所有个人，而不是指某种被称作"资本家"的独立类别。由于生产结构是按照不同的类别——地主、劳动者及资本家——来分析的，因此很容易错误地得出结论，社会中有明确地分了阶层的三群人对应于这些分类。实际上，在市场的经济分析中我们关注的是个人的功能而非这整个人本身。事实上，绝没有什么区别于劳动者和地主的专门的资本家类别。这不仅仅是因为老生常谈的事实：哪怕是资本家也必定是消费者。还因为更关键的事实：所有的消费者只要他们愿意都可以成为资本家。如果他们的时间偏好表如此支配，他们就会成为资本家。像上文所显示的时间市场图表适用于每一个人，而非仅仅适用于某些精挑细选出来被称作资本家的群体。整个时间市场中的各种总供求表的交互作用确定了市场的均衡利率。在这个利率，有些人会成为现在财的供给者，有些人会成为需求者，表示其他人的供求表的曲线如果和他们的原来线恰好彼此一致，那么他们就根本不会出现在时间市场上（译注：大家偏好表相同就没有借贷的意思）。那些其时间偏好表所在比率允许他们成为供给者的人会成为储蓄者——他们就是资本家。

411　　如果我们提出如下这个问题，资本家的作用就彻底清楚了：他们是从哪儿得到他们储蓄和投资的货币的呢？首先，他们可以从我们称之为"当前"的生产中获得货币；即他们可以从他们作为劳动者、地主和资本家的当前生产能力中接收到货币。他们收到货币之后，他们就必须决定在不同财货以及消费和投资之间如何配置货币。其次，资金来源可以是在以前的生产循环中所赚取的货币并在之前"积存"现在"去积存的"。然而，我们在现阶段的分析中暂且忽略掉积存和去积存。仅剩的另一个来源——第三个来源是新货币，而这也会留待后面再讨论。

因此，目前我们考察的储蓄中的货币只能是来自新近从生产中所赚得的报酬。一些报酬是作为资本家所获得的，而一些是作为原初要素的所有者赚得的。

读者这时或许会发现一个很明显的悖论：一个劳动者或者一个地主作为现在财的需求者，他们怎么可能转身成为用于投资的现在财的供给者呢？这看起来特别令人费解，因为上文我们已经说过，一个人不可能同时既是现在财的需求者又

是供给者，一个人的时间偏好表可以使他归于一个阵营或者另外一个阵营，但不可以同时归于两个阵营。对这一困惑的解答是：这两个行动并不是同时进行的，虽然在均匀轮转经济的无尽循环中这两个行动在轮到他们时是以同种程度完成的。

　　让我们再现一下典型的个人时间偏好表（图 6.8）。当市场利率为 OA 时，该个人会供给 AB 的储蓄；当市场利率为 OC 时，他会需求的货币量为 CE。然而，这里我们更细致地分析一下横轴。O 点是原点。在这个点上个人会权衡他的行动过程，即，当他求教于，可以说是其时间偏好表时，他所处的位置。尤其是，这是与初始时间他的货币库存规模有关的位置。在点 O 时，他拥有一定量的货币库存，而他在考虑他愿意为了换取未来财放弃多少他的库存或者是当放弃未来财时他愿意取得多少新库存。一方面，假设他是一个储蓄者。随着曲线向右移动，为了交换未来财他放弃的他的现在货币库存越来越多；因而，他的最低利息回报变得更大。那么，曲线向右移动得越远，他最终的货币库存越低。另一方面，考察当他是现在财的需求者时的同一个人。随着曲线向左推进，他增加他的现在财库存并放弃掉未来财。那么，考察一下原点的两边，我们就会发现：曲线越向右，他所拥有的库存越少；曲线越向左，他的库存越大。

412

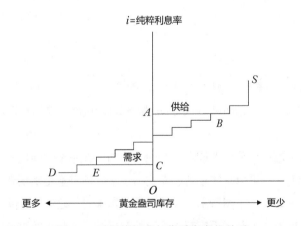

图 6.8　时间偏好表与货币库存的关系

　　因而，给定其时间偏好表，一定会是：拥有的货币越多，他处于越大供给的位置，拥有的货币越少，他会处于一个较大需求的位置。在劳动者或者地主卖掉他的服务之前，他拥有一定的货币库存——他显然不会降低至某一最低限度以下的现金余额。他卖掉其服务之后，他从生产中获得了货币收入，从而增加了他的

413

货币库存。此后，他把这笔收入在消费和储蓄－投资之间进行配置，而我们假定不存在积存或者去积存。那么，此时，当他在配置时，他所处的位置和所处的时间点与之前大大不同了。因为现在他的货币库存中有一笔相当大的新增额。

让我们考察一下两个不同原点的个人时间市场图表（图 6.9），即两个不同的货币库存规模，一个是他赚取收入之前（I），一个是赚取收入之后（II）。

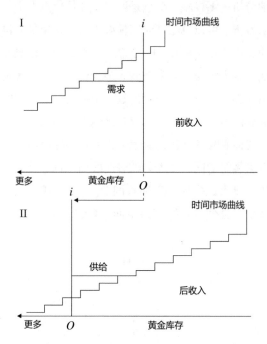

图 6.9　个人货币库存改变如何影响其货币的储蓄和消费分配

414　　　这里我们发现一个劳动者或者一个地主是如何在一个时间点——在其货币库存的一个位置上——可以是需求者，而在另一个时间点上是供给者。有很少货币库存的时候——如第一个图所示——他是一个需求者。之后，他从生产领域获得了货币，大大地增加了其货币库存，从而他配置其货币收入的决策的起始点向左移，致使他可能因为他的收入成为供给者。当然，在许多情况下，他仍然可以作为一个需求者或者他完全不参与时间市场。用个词来区分这两种状态，我们可以把他的初始状态叫作"收入前状态"（在他出售其服务换取货币之前），而后者叫作"收入后状态"——当他配置其货币收入时的状态。他的真实行动与两个原点都息息相关。

我们上面已经知道了，地主收入前对货币的需求实际上很可能是无弹性的，或者说垂直的，而劳动者的需求则很可能是更有弹性的。在收入后的状态中一些个人会在市场利率下成为供给者；一些会成为需求者；一些人会是中立的。图 6.10 中的四个图表描述了各种不同的收入前和收入后的时间偏好状况，每一状况适用相同的市场利率。

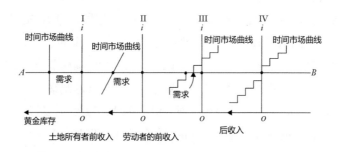

图 6.10　给定利息率，不同个人的时间市场曲线

横贯页面的直线 *AB* 是我们假定的由个人时间偏好表而得到的均衡市场利率。　415 在此利率下，（图 I 和 II）显示了地主和劳动者对现在货币的需求（收入前），而图 III 和 IV 描述了该利率下的需求者和该利率下的中立者——在时间市场上既不会供给也不会需求货币的人。后面两个都是处于收入后的状况。

我们得出结论，任何人只要他愿意都可以成为资本家。他可以只从之前的资本家投资的成果中得到其资金，或者从过去"积存"的现金余额中得到，也可以只从他作为劳动者或者地主的收入中得到。当然，他也可以从几个这些来源中得到其资金。唯一阻碍一个人成为资本家的东西是他自己高企的时间偏好表，换句话说，是他对当下消费财货的较强烈的欲望。马克思主义者及其他假定了一个严格阶级区分——一个社会中虚构的阶级结构——的人犯了巨大的错误。同一个人在同一时期，可以同时是一个劳动者、一个地主以及一个资本家。①

有人或许会辩称：只有"富人"可以承担得起成为资本家，即那些拥有较大货币库存的人。这个论点看起来似乎很有道理，因为从上文的图表中我们发

---

① 这个错误源自于一个由亚当·斯密引入经济学的非常类似的错误。参见 Ronald L. Meek, "Adam Smith and the Classical Concept of Profit," *Scottish Journal of Political Economy*，1954 年 6 月，第 138–153 页。

现，对任意给定个人以及给定的时间偏好表，较大的货币库存会导致较大的储蓄供给，而较小的货币库存会导致较少的储蓄供给。其他条件相同，那么相同的道理适用于货币收入方面的变动——这构成了货币库存的增加额。然而，我们无法假定，一个拥有 10000 盎司黄金（收入后）资产的人必定会比一个拥有 100 盎司黄金的人储蓄更多。我们无法在人与之间比较时间偏好，恰如我们不能得出关于其他类型的效用的人际规律。就一个人而言我们可以断言为经济规律的，我们不能在比较两个或者两个以上的人时断言。除了他的货币库存的特定规模外，每个人都有自己的时间偏好表。每个人的时间偏好表，一如其价值表上的其他因素，都是完全由他自己决定的。我们都曾听说过无人不知的勤俭节约的法国农民，与之相对比的是经常债台高筑的有钱的花花公子。常识性的观察下，一般是有钱人储蓄更多，这或许是个有趣的历史判断，但是它没有为我们提供任何科学的经济规律，而经济科学的目标是为我们提供这样的规律。只要一个人有一定数量的货币，而只要他以任何程度参与到市场社会中他就必定持有一些货币，他也就可以成为一个资本家。

6. 收入后的需求者

到目前为止，我们已经分析了时间市场上地主和劳动者对现在财的需求，以及资本家的衍生的需求。我们可以把这一总需求叫作时间市场上对现在财的生产者需求。这是来自那些在生产推进过程中出卖自己服务或者出卖他们拥有的财产的服务的人的需求。这一需求如我们所定义的，全部是收入前需求，即它发生于从生产系统中获取货币收入之前。它们的形式都是出售要素服务（未来财货）以换取现在财货。但是在时间市场上对现在财的净需求还有另一个组成成分。这就是收入后的成分；它是甚至在获得生产性收入之后仍然有的需求。这一需求很明显不可能是一个生产性的需求，因为用于生产的未来财的所有者产生这一需求先于他们的出售。恰好相反，它是一个消费者需求。

这种时间市场的细分是如下进行的：琼斯出售 100 盎司的未来货币（比方说，从现在起一年后）给史密斯以换取 95 盎司的现在货币。这一未来货币的形式并不是由一个生产要素所创造的预期；相反，它是一个由琼斯承诺在未来一年后的时点上支付 100 盎司货币的借条。他以这个对未来货币的要求权来交换现在货币——95 盎司。未来货币相对于现在货币的折扣恰好等于我们之前研究过的时间市场的其他部分中的折扣，只不过在当前的这个例子中更加明显而已。市场上最终确定的利率是由整个时间市场上总的净供给和净需求表决定的，而我们已经知道，这些则是由市场上所有人的时间偏好决定的。比方说，在上面的图 6.10 中，图 III 中我们面对的情况是一个市场利率下的净（收入后的）需求者。他的需求所采取的形式是出售一张未来货币的借条——通常被称为"借入"现在货币。与之不同，时间市场曲线如图 IV 中所示的人有着这样的时间偏好情况：在他收入后的状态中，现行利率下他既不是净供给者也不是净需求者——他完全不参与时间市场。

因此，净借款人是那些在现行利率下比他人拥有相对较高时间偏好率的人，实际上是高到使他们将于该利率下借入一定数量。这里必须强调一下，我们正探讨的只是消费借贷——借入是为了增加琼斯用于消费的货币库存的现在使用。琼斯出售未来货币在另一方面是与地主和劳动者的出售不同的；他们的交易已经完成，而琼斯还没有完成他的交易。他的借条创造了一个由买主（"贷款人"）史密斯行使的对未来货币的要求权，而史密斯——为了完成他的交易并赚取他的利息收入——必须在之后的时点出示他的票据并要求应得的货币收入。

总而言之，时间市场的组成成分如下：　418

I. 为换取未来财的现在财供给：（所有的）储蓄

II. 未来财供给者对现在财的需求：

   a. 生产者需求

     地主　　　　　　劳动者

   b. 消费者需求

     借款的消费者

这些需求会被加总起来，而不考虑他们是收入前还是收入后的；它们都出现于一个相对较短的时期中，而在均匀轮转经济中则会持续重现。

虽然消费和生产需求被加总起来以确定市场利率，但是如果我们理论上把这两个需求分开来的话，就可以发现一个对生产系统有重大意义的点。图 6.11 中的图表描述了时间市场上利率的确定。纵轴是利率；横轴是黄金盎司。曲线 *SS* 是储蓄的供给表，由个人的时间偏好决定。曲线 *CC* 是对现在财的消费借款需求表，由各种假想利率下的净需求（收入后）加总而得。曲线 *DD* 是未　419

来财供给者对现在财的总需求，它由曲线 *CC* 加上一条没显示出来的曲线——原初生产要素，即土地和劳动，所有者对现在财的需求——构成。曲线 *CC* 和 *DD* 都是由个人的时间偏好决定的。均衡利率由市场确定在曲线 *SS* 和 *DD* 的交点——*E* 点上。

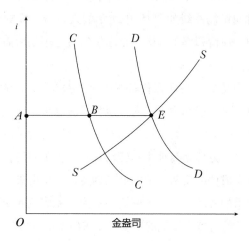

图 6.11　时间市场上均衡利息率的决定

　　处于 *E* 的交点决定了两个很重要的结果：利率，确定在 *OA*，以及总的储蓄供给 *AE*。然而，对生产系统而言一个至关重要的问题是曲线 *CC* 的位置：在任意给定利率下，*CC* 越大，那么，竞争并从生产中夺走转入消费借贷的总储蓄量就越大。在我们的图中，进入生产中的投资的总储蓄是 *BE*。

　　社会上对现在财的生产和消费的需求的相对强度取决于市场上各种不同个人的时间偏好表情况。我们已经知道了，对现在财的生产性需求趋向于对利率无弹性；与之不同，消费借贷曲线很可能会展现出较大的弹性。因此，在需求侧，时间偏好上的变动主要在消费需求表上得到体现。当然，在供给侧，时间偏好的上升会导致曲线 *SS* 向左转移，伴随的是，在每一个利率下储蓄和投资的都会更少。时间偏好的变动对利率以及生产结构的影响将会在下文进一步探讨。

　　很明显，维持生产结构的总储蓄是"生产性的"储蓄，即用于生产投资的那些，而这并不包括那些用于消费者借贷的"消费"储蓄。从生产系统的观点出发，我们可以把消费者进行的借款视作是去储蓄（dissaving），因为这是一个人的消费支出超过其收入的金额，这有别于储蓄——一个人的收入超过他的消费的金

420

额。如果是那样的话，可以说，由于消费者借款人的去储蓄，使得借出去的储蓄被抵消了。

时间市场的消费者和生产者细分是市场上利率均等化过程的一个极好的例证。投资和给消费者的货币贷款的回报之间的联系并不明显。但是从我们的讨论中很明显可以知道两者都是同一个时间市场的组成部分。同样也应该很明显的是，消费贷款市场的利率和生产性投资上的利率回报不会出现长期的偏离。两者都是同一个时间市场的不同方面。举例言之，如果消费借贷的利率比投资的利率回报高的话，那么储蓄就会从购买要素形式的未来财转移到购买更有利可图的借条上。这一转移会导致未来要素的价格下降，即投资的利率会上升；而消费者借贷的利率会下降，因为在消费者借贷中有更多的储蓄在竞争。因此，市场的日常套利会趋向于使得两个市场部分的利率相等。这样，经济中的所有领域的利率都会趋向于相等，这种相等发生在三个维度上——在每个生产过程中"横向"相等，在每个生产阶段中"纵向"相等，以及和生产结构一样的消费借贷市场中的"在深度上"相等。

7. 生产者借贷市场重要性的神话

我们已经完成了对均匀轮转经济中纯利率的决定的分析，一个真实世界中的市场趋向于达到的正是这一利率。我们已经表明了在时间市场上利率是如何由时间偏好决定的，而且知道了时间市场的各种组成成分。这个说法对许多读者来说明显是极其费解的。生产者借贷市场在哪呢？学者们总是撇开其他的市场而着重强调这一市场。事实上，"利率"一般指的是货币的借贷，包括给消费者和生产者的贷款，但是尤其强调后者——通常数量较大且对生产更重要。给潜在生产者的货币贷款利率被认为是具有重大意义的利率。实际上，流行的新古典学说认为生产者借贷市场决定了利率，而这一决定过程如图6.12所示：SS是进入到借贷市场的储蓄供给，而DD是生产者或企业家对这些借贷的需求。据说它们的交叉点决定了利率。

可以注意到的是，这种方法完全忽视了生产者总储蓄，以及甚至更多的原初要素所有者对现在财的需求。资本家基本上被描绘成现在财的需求者而不是现在财的供给者。按照这一新古典的学说，是什么决定了SS和DD表呢？曲线SS公认是由时间偏好决定的；与之不同的是，曲线DD被认为是由"边际资本效率"，也即是，预期的投资上的回报率所决定的。

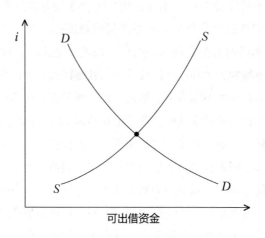

图 6.12　新古典主义的利息率决定理论

　　这一方法严重地漏掉了关键点所在，因为它是以普通商人的肤浅眼光来看经济的。商人在生产者借贷市场上从个人储蓄者那里借钱，而他是根据其预期中的"利润"率或者说回报率来判断借多少钱。经济学作者假定，商人拥有一些现成可得的投资项目（has available a shelf of investment projects），其中一些可以带给他（比方说）8%的回报，一些 7%，一些 3%，等等，在每一个假想的利率他会为了投资那些回报一样高或者更高的项目当中而借钱。换句话说，如果利率是 8% 的话，他就会借钱来投资到那些会给他带来超过 8% 回报的项目上；如果利率是 4% 的话，他将会投资到更多的项目——那些可以给他带来超过 4% 以上回报的项目，以此类推。那么，随着利率的降低，对每个人来说，储蓄的需求曲线乃至市场上的总需求曲线会像需求曲线通常那样向右倾斜。交叉点确定了市场利率。

　　表面看，这个分析方法似乎是有道理的。常常可以看到：一个商人预测到了不同的投资上有着不同的回报率，他在市场上从不同个人储蓄者那里借钱，而他一般被当作是"资本家"或者企业家，而贷款人被认为只是储蓄者。这使得把图 6.12 中曲线 DD 称之为资本家或企业家对货币（现在财）的需求似乎是有道理的。这一方法似乎避开了难以理解的错综复杂的状况而简单干脆地专注于生产者借贷的利率——从储蓄者到商人的贷款——这是他们和大多数经济学作者所感兴趣的所在。经济学家们通常会不厌其详地讨论的正是这一利率。

这一分析方法尽管很流行，但是在该分析的过程中将会显示，这一方法是彻头彻尾错误的。首先，让我们稍微更进一步考察一下这条曲线 *DD* 的构造。所谓的各自拥有不同回报率的现成可得项目的基础是什么？为什么一个特定的投资会产生净货币回报？通常的回答是，每一轮新的投资都有一个"边际价值生产率"，比如说 10%、9%、4% 等等，不消说，最高生产力的项目会最先投资，而此后，随着储蓄的增加，进一步的投资的价值生产力会越来越小。这就为所谓的随着储蓄增加利率降低向右倾斜的"商人需求曲线"提供了依据。这里面最重要的错误是经济学中很古老的一个错误——货币投资的价值——生产力归属。毫无疑问，投资提高了生产过程的物质生产力，也提高了每个人每工时的生产力。实际上，这也是投资和随之而来的生产期的延长会发生的原因。但是这和价值生产力或者投资上的货币回报——尤其是在均匀轮转经济的长期中——有什么关系呢？

举例言之，假设若干数量的物质要素（我们先不管这一数量是如何可被度量出来的问题）每时期生产 10 单位的某产品，卖价是每单位 2 盎司黄金。现在我们假定，较高级的资本财上的投资达到了这样一个程度：生产力翻了 5 倍而相同的原初要素现在可以每时期生产 50 个单位了。较大的产品供应的卖价会变小；我们假定它减半到每单位 1 盎司。每时段的总收入从 20 提升到 50 盎司。这是否意味着价值生产力提升了 2.5 倍呢，就像物质生产力提升了 5 倍那样？当然不是！因为，如我们所知，生产者并不是从收到的总收入中获益，而是从他们的卖出价格和其总要素价格之间的价格差中获益。物质生产力上的提升无疑会增加短期的收益，但是这指的是不确定真实世界中的利润和亏损的情况。长期的趋势绝不会是这样的。发生在均匀轮转经济中的长期趋势是朝向价格差均等化的。当该生产者所支付的累计要素价格从（比方说）18 盎司增加到 47 盎司的时候，怎么可能会有永久性的收益呢？这恰好是市场上会发生的状况，因为在这些有利可图的情况下，竞争者会竞相投资。价格差，也即是利率，会再次变为 5%。

因此，生产过程的生产力与商业投资的回报率没有本质的联系。这一回报率取决于不同阶段之间的价格差，而这些价格差会趋向于相等。正如我们已经详细了解到的，价格差的大小，即利率的大小是由经济体中所有个人的时间偏好表决定的。

　　总而言之，新古典学说认为，利率（主要是指生产者借贷市场的利率）是由时间偏好（决定了个人储蓄的供给）和投资的边际（价值）生产力（决定了商人对储蓄的需求）——进而由投资中可以获得的回报率决定的——共同决定的。但是，我们已经知道，这些回报率实际上就是利率，而它们的大小是由时间偏好决定的。新古典主义者只在一个层面是部分正确的——生产者借贷市场上的利率依赖于投资的回报率。然而，它们很难理解到这一依赖性的程度。很明显，这些将均等化为一个一致比率的回报率构成了生产结构中至关重要的利率。[1][2]

425　　抛弃掉新古典的分析后，我们或许会问：那么，生产性借贷市场以及其中确立的利率的角色是什么呢？这一角色是完全彻底依赖于上面所决定的利率的，而且正如我们已经知道的，一方面在投资回报率中得到体现，另一方面在消费者借贷市场上体现出来。后两个市场是普遍的时间市场独立且重要的子市场，而对生产系统来说前者是至关重要的市场。

　　知道了这些就能明白，生产者借贷市场的角色完全是附属且依赖性的。实际上，从基础分析的观点来看，完全没必要有生产者借贷市场。为了检查这个结论，我们来考察一下一个没有生产者借贷市场的商业活动。出现这样的状况需要什么呢？需要个人们的储蓄，消费的比他们的收入少。然后他们把这些储蓄直接投资到生产结构中，投资的激励在于投资项目上的利息回报率——价格差。这个

426　利率，与消费者借贷市场的利率一起，由我们上面所描绘的时间市场的各种成分所决定。如果这样，就没有生产者借贷市场。就不存在从储蓄群体向另一投资者群体的借贷。而很明显生产结构中的利率仍然会存在；决定它的是与通常经济学家对生产者借贷市场的讨论无关的因素。

---

[1]　对各种形式"生产力"利息理论的精彩剖析（认为投资赚取利息回报是因为资本财是有价值生产力的这一新古典观点），参见 Frank A. Fetter 的文章："The Roundabout Process of the Interest Theory," *Quarterly Journal of Economics*, 1902 年，第 163-180 页，庞巴维克非常不幸堕入的生产力利息理论在这里被驳倒了；"Interest Theories, Old and New," 第 68-92 页，这提供了时间偏好理论深远的发展，连带批判了欧文·费雪对生产力学说的折中；也参见 "Capitalization Versus Productivity, Rejoinder," *American Economic Review*, 1914 年，第 856-859 页，以及 "Davenport's Competitive Economics," *Journal of Political Economy*, 1914 年，第 555-562 页。费特在利息理论中的唯一一个错误是否认费雪的断言：时间偏好（或者如费雪所称的"不耐"）是人的行动的一个普遍且必要的事实。关于这一重要真理的论证，参见米塞斯，《人的行动》，第 480 页及其后。

[2]　关于凯恩斯未能理解到这一点，参见本章以及上文的注释。

8. 股份公司

很清楚，生产者借贷市场绝不是核心要素，它的重要性甚微，而我们可以很容易假定一个完全没有这种市场的运行的生产系统出来。但是，有人或许会反诘道，这对一个原始经济来说或许不错，那里每一个企业都是只由一个资本家——投资者所有，他投资的是自己的储蓄。在我们储蓄与投资独立分离的复杂的现代经济中，各过程由不同群体的人们参与，分散的个人进行储蓄，相对较少的企业管理者进行投资这里会是什么样的情况呢？因此，我们现在来考察一下第二种可能的情况。到目前为止，我们还没有详细探讨每一要素或生意是由一个人还是由多人共同拥有的问题。现在我们来考察一下其中要素由多人共同拥有的经济，就像在现代世界里常见的情况，而我们将会发现这会给我们的分析带来什么样的区别。

在研究生产者借贷市场上的这种共同所有公司的影响之前，我们必须先离题一下，分析这些公司本身的性质。在共同所有的企业中，并不是每个个人资本家都做出自己的投资决策并做出他自己的所有投资和生产决策，而是不同的个人把他们的货币资本汇聚到一个组织，或者说商业企业当中，并且对他们的共同储蓄投资共同做出决策。然后该企业购买土地、劳动和资本财要素，之后把产品卖给消费者或者是更低级的资本家。因此，企业是要素服务，尤其是产品被生产出来并可供出售时的共同所有者。在产品被卖出换为货币以前企业一直是产品的所有者。把他们的储蓄的资本贡献给企业的个人们顺次成为以下的共同所有者：（a）最初的货币资本——汇聚在一起的储蓄；（b）要素的服务；（c）要素的产品；（d）产品出售所获得的货币。在均匀轮转经济中，他们的资产所有权遵循同样的一步接一步的模式，一个时期接一个时期，没有变化。在真实运作的共同所有企业中，企业所拥有的生产性资产种类繁多。通常任何一个企业都会参与各种不同的生产过程——每一个生产过程都涉及一个不同的时间段——而且在任何一个特定时点里企业很可能都参与每一生产过程的不同阶段。一家企业很可能持续地生产以至于产出是持续的，而且每天都可以出售新的产品单位。

那么，很明显，如果企业持续做生意，那么任一时点它的经营都是投资和出售产品的混合。在任何时点，它的资产都由即将要投资的现金、刚刚购买的要素、刚开始的产品，以及刚从产品出售中获得的货币的混合构成。肤浅地看，结果似乎是企业是自动持续下去的，而生产似乎以某种方式是无关时间、瞬时完成、在要素投入后立即接踵而至的。

当然，实际上这个观点是完全没有任何根据的。不存在什么投资和生产的自动持续性。生产是持续的，那是因为所有者在持续做出进行下去的决策；如果他们认为这样做是无利可图的，那么在任何时点，他们就可以也确实更改、削减或者完全停止经营和投资。而生产从初期的投资到最后的产品是需要花费时间的。

根据我们的探讨，我们可以把任何一家企业（不管是共同所有还是个人所有）所拥有的资产类型划分如下：

428

    A. 货币

    B. 生产性资产

        要素的混合，比如土地和资本财，

        体现着未来的服务（下文会分析这个）；

        各个阶段的产品；完成的产品

市场对这整个资产包进行货币估价。以后会详尽解释这是如何进行的。

在此，让我们回到一个简单的案例：一次性的投资，在一个时点投资到要素中，而一年后产出的产品才出售掉。这是我们对生产结构的最初分析中所涉及的假设；而下面会发现，同样的分析可以适用于不同生产阶段资产混合的更为复杂的情况，甚至适用于那些一家企业从事几个不同的生产过程并生产不同财货的情况。让我们考察一群个人把他们储蓄的货币资本汇聚到 100 盎司的规模，用 100盎司黄金购买要素，获得了一个产品，并在一年后以 105 盎司出售该产品。这个社会里的利率就是每年 5%，而这笔投资的利息回报率和该环境一致。现在问题产生了：个人所有者们是根据何种原则来相互分配他们的资产份额的呢？情况几乎总是这样的：每个人都对知道共有资产中自己的份额特别感兴趣，因此企业最终会以全部所有者共知的分配原则建立。

首先，有人或许会倾向于说，这不过是一个议价的情况而已，就像所有的要素所有者共同拥有产品的情况一样。但是前面的情况并不适用于这里。因为在前文探讨的情形中，没有任何原则可用来把一个人的所有权份额和其他人的区分开来。一整群人为生产过程工作、贡献他们的土地，等等，而除了议价之外没有任何办法可以把出售产品的收入在他们之间进行分配。这里，每个人都在最开始贡献了若干数量的货币资本。因此，分配比例从一开始就自然地确立了。我们比方说，100 盎司的资本是由如下的五个人贡献的：

A·····················40 盎司
B·····················20 盎司
C·····················20 盎司
D·····················15 盎司
E·····················5 盎司

换句话说，A 贡献了资本的 40%，B 是 20%，C 是 20%，D 是 15%，E 是 5%。那么企业的每个所有者拥有所有资产的百分比与他最开始贡献的相同。这对生产过程的每一个步骤都成立，最后会从产品的出售中获得货币亦然。从销售赚取的 105 盎司要么会被再投资进生产过程，要么会从生产过程中"缩减投资"。无论怎样，这 105 盎司的所有权会按照投入资本的相同的百分比来分配。

　　企业的这种自然结构本质上就是一家股份公司的结构。在股份公司里，每个投资者——所有者都会收到股份——按照其在公司总资本中投入数量的比例的所有权证书。比方说，如果上文中的 A、B……E 组成一个公司，他们可能发行 100 股，每一股代表 1 盎司的价值，或者资产。A 得到 40 股；B 是 20 股；C 是 20 股；等等。产品出售之后，每一股都会比其初始或者说票面的价值多值 5%。

　　假设在出售之后，或者实际上在出售之前的任何时点，另一个人——F 想要投资这家公司。假设他想投资 30 盎司的黄金。如果那样，该公司的货币储蓄投资就会从 100（如果是销售前的话）或者 105（如果是销售之后的话）增加 30 盎司。新的 30 股会被发行出来并交给 F，而该企业的资本价值会上升 30 盎司。在大多数情况下货币收入会持续不断地再投资，在任何一个时点一家企业资产（包括现金、土地、资本财以及产成品）的资本价值等于所有生产性资产的评估价值。在任意给定时点，企业的资本价值由于新的投资而得以增加，由于产成品出售后的所有者再投资而得以维持。

　　资本的股份就是众所周知的股票；股本的总票面价值就等于在公司创立时最初所支付的金额。从那时起，资产的总资本价值就随着赚取收入而变动，或者在不确定的世界里，随着所遭受的亏损而变动，且随着资本再投入公司或者从公司中撤回资本而变动。股本总价值相应地变动，而每一股的价值相应地与最初的价值不同。

所有者群体将如何决定公司的事务呢？那些必须共同做出的决定会通过某种投票安排来完成。可预见的被使用的自然的投票安排是每一表决权股票拥有一份投票权，而根据多数票来决策。这正是股份公司以及其现代形式——股份有限公司（corporation）所采用的安排。

当然，某些股份公司的安排会根据所有者的意愿而与此不同。合伙人关系可以由两个或者更多人根据不同的原则来缔结。然而，一般来讲，如果一个合伙人收到了多于其投入资本的比例份额的话，这是因为他对企业贡献了更多他的劳动或者他的土地，因此相应得到报酬。我们将会知道，支付给"经营合伙人"的劳动的工资水平大概等于他在别的地方从劳动中可以赚得的，而由合伙人所贡献的土地或者任何其他拥有的原初要素的报酬也适用此理。由于合伙人关系几乎总是限于很少人，其关系也或多或少是私人的，因此它不需要有股份公司的正式模式。然而，合伙人关系的运作趋向于相当类似。它们为特殊的协定安排提供了更多的空间。比如，有一个合伙人或许因为他被其他人尊敬爱戴而比其资本份额得到的更多；实际上其性质就好像是其他合伙人给他的礼物一样。股份公司更严格地遵守一个正式的原则。

股份公司的巨大优势在于，它为新的储蓄资本投资提供了一个更加现成的渠道。我们已经知道了，通过新股发行来吸引新的资本是多么的方便。对任何想从企业中撤回他的资本的所有者而言也是更方便的。这种撤资的较大便利极大地提升了投资于公司的魅力。稍后，我们将探究在不确定的真实世界中股票份额的定价。在这个真实世界里，关于一家企业资产的评估价值，以及关于企业每一股份的货币评估价值，存在着巨大意见分歧的空间。然而，在均匀轮转经济中，所有的货币价值评估都会一致——这种评估的原则下文将会解释——因此股票份额的评估价值会被所有人认为一致，且会保持不变。

虽然股份公司的股票市场为积累储蓄提供了一个现成的渠道，但股票市场是完全依赖于价格差的。资本家们的储蓄或去储蓄是由时间偏好决定的，而后者确定了经济中的价格差。投入企业的资本价值，即其生产性资产，等于以利率折现后的资本的未来报酬的总额。如果价格差是5%的话，那么股票市场所产生的利息回报率（每股收益与股票市价之间的比率）就会趋向于等于时间市场上其他地方所决定的利率——在这个例子中，就是5%。

我们仍然有一种一个资本家供应他们的自有储蓄资本的情况，这些储蓄被用来购买那些预期有净货币回报的要素。股份公司或者股份有限公司所带来的唯一的复杂之处在于：许多资本家共同贡献并拥有该企业的资产，而一定数量的所有权之价格将会由市场来调节，因此每个人的股份所产生的利率都是相同的，正如它和整个企业的利率相同一样。如果整个企业以 100 盎司的总价购买了要素，并在一年后以 105 卖出产品，获得了百分之五的回报，那么，比方说这家企业五分之一的所有权股份将以 20 盎司的总价出售，并可以每年赚得 1 盎司的净回报。因此，部分股本的利率趋向于等于整个资本所能赚得的利率。[①]

在股份公司中，对于所拥有的总股份，多数决原则并不意味着少数所有者权益被践踏。首先，全部资源的汇聚以及其运作的基础对所有参与方都是自愿的。其次，所有的股东，或者说所有者都共有一个单一的兴趣——他们的货币回报和资产的增加，虽然说，他们对达到这一目标的相关的手段当然可以是有分歧的。再次，少数的成员可以卖掉他们的股份并从公司中撤资出来，只要他们想要如此的话。

实际上，合伙人可以以任何他们乐意的方式来安排他们的投票权和所有权，而这样的安排可以有许多变化。有这样一种群体所有权形式——不管拥有的股份数量是多少，其中的每个所有者都拥有一票——这被很荒唐但是准确地命名为"合作社"。很明显，合伙人关系、股份公司以及股份有限公司都是合作性机构。[②]

很多人认为，经济学的分析虽然适用于个人所有的企业，但是对股份公司的现代经济并不成立。这是大错特错的。股份有限公司的引入并没有从根本上改变我们对利率或者对储蓄－投资过程的分析。在一个股份有限公司中，"经营权"从所有权的分离又如何呢？在一个合资股份企业中，所有者雇佣管理性的劳工来

margin: 432

margin: 433

---

① 股份，或者说财产权的单位"拥有可互换的特性；一个单位完全和另一个单位相同……我们可以对一组权利进行数学的划分。这种可互换的性质使得有组织的商品和证券市场或交易成为可能……有了财产权的……这种互换单位，我们就有可能快速地变换所有权，变换团体中的会员资格。……如果出现一系列的市场关系，单位财产就有了一个快速的变现价值。它的所有者可以很方便地继承指挥财富使用的现金权利。"（Hastings Lyon, *Corporations and their Financing* ［Boston: D. C. Heath, 1938］，第 11 页。）因此，财产的股份和整个财产就会很便于市场销售。

② 关于这个所谓的"合作社运动"的文献的质量相当差。最好的是 K. E. Ettinger 的《石油工业中的合作社》，ed. （New York: Petroleum Industry Research Foundation, 1947）尤其是 pt. I，路德维希·冯·米塞斯的《合作社运动之观察》。

监督他们的员工，而个人所有者一般是他们自己来履行管理性的劳动，这自然是如此的。一个经理与其他任何工人一样都是受雇的劳动者。一家公司的总裁，与挖沟人一样，是被所有者雇佣的；而且，他与挖沟人一样在生产过程中耗费了劳动。下文就会知道，管理性劳动的价格是以决定其他劳动的价格同样的方式来决定的。在市场上，独立所有者的收入也包含了这种管理性劳动的工资，而股份公司所有者当然不会得到这样的工资。因此，我们发现股份有限公司构成的现代世界不仅没有推翻经济学分析，反而通过分离、简化了生产中的功能——尤其是管理性功能而有助于经济学的分析。

434　　　　除了资本供应职能以外，股份有限公司的资本家们也承担了企业家职能：在指导生产过程迎合消费者的要求中是至关重要的指引性要素。在不确定的真实世界里，需要明智的判断来预计市场如何运作，以使现在的投资将会带来未来的利润，而非未来的亏损。我们将进一步探讨利润和亏损的性质，但是在这里只需要知道，真实世界中积极的企业家因素有价值是因为不确定性的存在。我们已经探讨了纯利率的决定，利率总是趋向于它，而在均匀轮转经济的确定世界中利率就等于它。在均匀轮转经济中，未来的所有技术、市场需求和供给等等都是已知的，投资的功能就变成纯粹的被动和等待了。那里仍然会有监督或者管理性劳动功能，但是这可以放在劳动要素的价格中分析。然而，因为未来事项是已知的，均匀轮转经济中不再有企业家职能。

　　　　最后，有些人宣称，股份公司导致了储蓄和投资的分离。股东储蓄，而经理人来投资。这完全是谬误。经理人是股东雇佣的代理人，他要服从后者的命令。任何个人股东对多数所有者的决策不满的话，都可以处理掉他的所有权份额。因此，实际上是股东在储蓄，然后股东来投资资金。[1]

　　　　有些人认为，由于大多数股东对他们公司的事务并不"感兴趣"，因此他们没有实际上控制这家企业，而是把控制权交到了受聘经理人的手中。然而，一个股东的利益确确实实是他自己偏好的事情而且是处于他自己的控制之下的。如果他不感兴趣，他就会允许经理人继续他们现在的运作；然而，最根本的控制权仍然是他的，而且他对其代理人是有绝对的控制权的。[2] 有个很有代表性

435 的观点宣称：

① 参见米塞斯，《人的行动》，第 301-305，703-705 页。
② 近年来的代理人之争仅仅只是这种控制权的一种戏剧化的明证。

作为一个群体的股东的股息最大化并不必定是企业唯一且最高的追求。相反，管理人员会追求长期收益和企业竞争地位以及他们自己作为经理人的声誉的提高。[①]

然而，"提高长期收益"就等于是最大化股东的收益，难道还有别的事情可以提高经理人的"声誉"吗？其他的理论家则陷入了十足的玄想，他们把"股份有限公司"——一个我们用来形容由真实个人所拥有的机构的概念性名称——当作是"真实"存在且其自身在行动。[②]

9. 股份公司和生产者借贷市场

我们现在准备着手分析股份公司对生产者借贷市场的影响。

我们看一下上文提到的总股本和总资本价值为 130 盎司，由 6 个股东所有的企业。该企业为其所有者赚取每年 5% 的净收益，而这就是经济中所有企业所赚取的利率。

我们已经知道了企业通过卖给 F 新的股本来将其资本扩张 30 盎司的过程。我们来看一下当进行一笔生产性借贷的时候发生的情况。假设企业从生产者借贷市场借入 20 盎司，期限为 5 年。发生了什么呢？该企业以一个未来财——未来支付货币的承诺——换取了现在的货币。现在的货币是由储蓄者 G 提供的。很明显，G 储蓄了这笔钱，且在这笔交易中是资本家，而共同的股东 A—F 现在是在供应未来财；此外，是股东在生产系统中投资了新的资本。表面上看，这似乎是一个储蓄和投资分离的确实案例。

然而，我们来进一步看一下这笔交易。G 把价值 20 盎司的新的资本供给给这家企业，为期 5 年。所有者 A—F 得到这笔新增资本并把它投资到未来财，也即是生产要素。换句话说，就这 20 盎司来说，A—F 是债权人储蓄的中间投资人。这笔借贷的利率会是多少？很明显，在均匀轮转经济中这一利率是等于 5% 的，

436

① Edgar M. Hoover, "Some Institutional Factors in Business Decisions," *American Economic Review, Papers and Proceedings*，1954 年 5 月，第 203 页。

② 举例说，参见 Gerhard Colm, "The Corporation and the Corporation Income Tax in the American Economy," *American Economic Review, Papers and Proceedings*，1954 年 5 月，第 488 页。

也即是，它完全取决于遍布于生产结构价格差中的利息回报率。道理很明显。我们已经知道了生产结构中的利率是怎样决定的；我们已经假定每一处的利率都是5%。现在，假设在借贷中该公司提议给 G 的报酬是 3%。很清楚，如果他在同一家企业或者在其他企业作为股东可以得到 5%，G 就不会以 3% 的回报贷出 20 盎司。另一方面，该企业不可能支付给 G 超过 5%，因为它在投资上的净回报只有5%。如果企业在利息上支付的最大值是 5%，而债权人会接受的最低值也是 5% 的话，那么很明显就会在 5% 上发生交易。

很明显，从本质上来讲，G——预期的借贷市场上的债权人——和投资于股份的人 F 没有什么不同。两者都是储蓄货币而非把它花在消费上，而两者都希望

437 卖出他们储蓄的资本以换取未来财并赚得利息。F 和 G 以及其他每个人的时间偏好表都在时间市场上加总到一块以得出利率；在市场利率下 F 和 G 都是净储蓄者。那么，利率是由不同的时间偏好表决定的，而一方面储蓄表和另一方面的对现在财的需求表确定了最终的利率。需求表由（且只由）劳动者和地主的生产性需求以及借款消费者的消费需求构成。F 和 G 都是净储蓄者，热衷于投入他们的资本以获取最高的回报。F 投资其资本的方法和 G 投资的方法之间没有什么本质的不同；投资股份和借钱给企业之间的差异主要是技术性的。发生在后一情形中的储蓄和投资的分离是完全无关紧要的。由总储蓄和要素所有者的总需求所确立的投资上的利息回报完全决定了生产者借贷市场上的利率以及股票的回报率。从基础分析的观点来看，生产者借贷市场是完全不重要的；甚至试图构建这一市场的供求表也是无用的，因为它的价格是在别处被决定的。[①] 储蓄的资本是通过股

438 票还是通过借贷的渠道进入投资，这是不重要的。唯一的差别在于法律的技术性上。实际上，哪怕债权人和所有者之间的法律差异也是可以忽略不计的。G 的贷款把该企业资产的资本价值从 130 增加到了 150。所投入的 150 要回报每年 5% 或者 7.5 盎司。我们来考察一下这个情况并且看看这一资本的真正所有者是谁（见图 6.13）。

[①] 弗兰克·费特精彩地写道："合同（利息）是基于且趋向于与经济中的利息（也即是，不同阶段的"自然利息"的价格差）相一致的……我们试图通过财货的经济性质在逻辑上解释的正是经济中的利息。合同利息是一个次要的问题——一个商业和法律的问题——它是关于财货的占有所产生的收入利益归谁所有的问题。它与所有权问题紧密相连。"（费特，《近来关于资本概念的讨论》，第 24-25 页。）

图 6.13　股份公司资产的所有权分布

　　在这个图中，左侧的矩形表示任意时间点的资产。在右侧的矩形中，我们看到，这些资产中的 130 盎司是由所有者资本来代表的，而其中的 20 是由负债——也即是，欠给债权人的借条——代表的。然而，这里说的"代表"是指什么意思呢？它的意思是这样的，举例言之，如果该企业要清算或者停业的话，那么其资产中的 20 盎司会用来偿还给债权人，而 130 盎司会给到其法定的所有者。它还意味着，每年会付出 7.5 盎司作为净收益，而 6.5 盎司会给到其法定所有者，1 盎司会给债权人，每个都是其储蓄的 5%。实际上，每一群体都在其投资上得到 5%，理由在于，难道债权人不是股东那样的投资者吗？事实上，难道债权人不是该企业资产的 20 盎司价值的所有者吗？难道他们不按照比例拥有这 20 盎司的收益吗？相比于股东，债权人所没有的所有权功能是什么呢？甚至从法律的观点看，债权人对一家合资公司的资产拥有首先要求权，且他们会比股东先得到偿还。因此他们是这些资产理所当然的所有者。有人或许会说，由于他们不是股东，因而他们无法对合资公司的决策进行投票表决，但是存在着很多股份公司发行无投票权股票的情况，这样的股票持有人不对公司事务进行投票，虽然他们可以收到其按比例的收益价值。

　　我们必然得出结论：经济上甚至在基本法律上讲，股东和生产性债权人之间没有差异；两者都是同样的资本的供给者，两者都收到一般时间市场上所决定的利息回报，两者都拥有其比例的公司资产。两者之间的差异只是技术上的、语义上的。的确，我们的讨论目前为止只适用于均匀轮转经济，但是我们将看到，在有不确定性和企业家精神的真实世界中，虽然情况更复杂了，我们的分析的实质

439

并不会改变。[①]

　　在近期的经济学文献中，对股东和债权人本质上相同的认可越来越多，这有别于认为它们之间有着尖锐的差异的旧有传统。但是奇怪的是，新的文献恰恰是以错误的方式在解释这种同一性：不是把债权人当作股东，而是把股东当作债权人。换句话说，正确的方式是把债权人当作企业事实上的部分所有者；但是新的文献把股东只当作是企业的债权人，这与把受聘经理人描述成企业的真实控制者和所有者的新传统一致。经理人不知何故被描绘成拥有企业并且支付利息给债权人，且支付股息给股东，就像任何要素的支付一样——作为一种勉强付出的生产成本。实际上，经理人只是受聘的股东代理人，而后者才决定他们收入的多少用于企业的再投资以及多少会以"股息"的形式"从企业中取出"。

　　对"股息"和"未分配利润"通常所做的区分就经济分析的目的而言是无用的。一方面，未分配利润并不必定用于再投资；它们或许不会用于投资而作为现金余额而持有并在以后作为股息支付出去。另一方面，股息并不必定要用于消费；它们可能会被投资于其他的企业。因此，这一区分是有误导性的。利润要么用于再投资，要么不用于再投资；而所有的合资公司的利润都是由个人所有者的利润构成的。

　　在进入到实际的生产者借贷（或者消费者借贷）市场之前，可以通过中介为渠道来集资储蓄。发现生产性的投资是企业家的任务之一，而通常对所有相关的个人而言，把自己的货币借给或者投资给其他专门设立的专于投资的机构而不是自己来决定适当的投资渠道会方便得多。这些机构可以充当聚集分散的个人的小额储蓄的渠道，这些个人自己的投资太少了以至于发现市场的成本不划算。然后这些机构专业地用较大量的总金额进行投资。典型的例子是投资信托公司，把它自己的股票卖给许多个人然后用这些资本来买其他公司的股票。在均匀轮转经济中，个人储蓄通过中介赚取的利息等于直接投资所赚取的利息减去中介服务的成本，这一价格将像其他价格一样在市场上决定。比方说，如果整个市场的利率是5%，而中介服务的成本是1%，那么，在均匀轮转经济中，那些通过便利的中介方法来汇集他们储蓄的人将从他们的储蓄所投资的项目中获得4%的利息回报。

[①] "债权人始终是债务人事实上的合伙人，或者是被典当被抵押财产的事实所有者。"米塞斯，《人的行动》，第536页。也参见费特《近来关于资本概念的讨论》第432页。

因此，我们发现生产者借贷市场作为一个独立的决定因素在市场利率或者生产系统的建立过程中是无足轻重的。

在许多情形中，用不同的术语来指称合约贷款市场上的利率以及由于价差导致的投资项目上以红利形式表现的利率是很方便的。前者我们可以叫作合同利率（其中的利息在制定合同时是固定不变的），而后者可以叫作自然利率（也就是经由生产过程中的投资的"自然的"利息收入，而不是交易合同中所明确约定的）。当然，这两个利率在均匀轮转经济中会一致。

贯穿于我们的分析，我们已经做了一个可以被修正的隐含假设：个人总是试图获得最高的利息回报。正是在此基础上，我们才探究了套利行为以及均匀轮转经济中最终的一致性。我们假定了每个投资者都试图从他的投资中赚取得越多越好。这可能并不是总是成立的，而经济学的批评家们始终不知疲倦地指责经济学家忽视了非货币目的。然而，经济学并没有忽视这些目的。实际上，行动学的分析中明确地包含了它们。正如我们反复指出的，每个人都试图最大化他的心理收入，而只有在其他的心理目的都是中立的时候这才会转化成最大化他的货币收入。可以很容易地看出，经济学是可以包含非货币目的的。假设社会上的利率是5%。但是，假设有一条生产线对包括投资者在内的很大一批人来说都是令人厌恶的。举例言之，在某个社会中，制造武器是令人讨厌的，单纯的套利并不能使得军火工业上的回报与其他行业的回报相等。这里我们指的并不是武器消费者的厌恶，当然消费者的厌恶会体现为对该产品的需求降低。我们指的是生产者，尤其是投资者的特殊的厌恶。由于这种心理厌恶，投资者会从军火工业中要求得到比其他行业更高的回报。举例来说，尽管普遍的利率是5%，很可能他们会要求在军火工业中得到10%的利息回报。那么，什么要素将必须支付这一增加的折现呢？如果我们说，非专用要素——也即是那些可以用在别处的要素（或者，严格来讲是其服务可以被运用的要素）——的所有者必定不会在军火工业中接受比其他行业较低的货币回报，我们这样说并没有过早地得出后续分析的结论。那么，在均匀轮转经济中，在这个行业所决定的它们的价格就和其他行业中的相等。实际上，如果要素所有者与投资者一样对从事军火行业有特定的厌恶，那么它们的价格甚至会更高。那么在每一生产阶段更低价格的负担就会落到该行业纯粹专用要素身上，这些要素只要存在于生产系统中的话就必须只用于该行业。在均匀轮转经济的长期中，这些要素不会是资本财，因为资本财总是需要被再生产出来，而同样的资源可以或快或慢地抽离出这个行业，这取决于每一情况中资本

442

财的耐久性以及其生产过程的长度。这种专用要素可能是劳动，但是经验上不大可能，因为劳动几乎始终是可以转用于几个职业的非专用性要素。因此承担较低回报的很可能是专用性土地要素。

当大多数投资者因为这样或者那样的原因都特别渴望进入某一行业，就会出现相反的情况。如果是那样，他们就会在该生产过程中接受比其他生产过程较低的利息回报。虽然说，如果要素所有者也特别想要从事于该行业的话，那么价格可能会较低，市场上竞争的力量会再次使得非专用性要素在不同行业的价格相同。在不同生产阶段专用性要素——一般来说是土地——所有者因此获得了较高的价格。

那么各个子市场中以及各种形式中的利率始终是趋向于相等的。在均匀轮转经济中，利率会每一处都一致地相等。然而，这一结论必须稍加修正为：利率会根据"心理"成分而不同，这成分或正或负——具体如何取决于投资者对某一特定生产过程是否存在着剧烈的厌恶或者是喜爱。[①] 我们可以说，在特定喜爱的情况当中，投资者是在"消费"投资特定生产过程的享受并为之付出了较低回报的价格；在特定厌恶的情况当中，他们是就某一特定厌恶而收费。然而，必须强调一下，如果只有一个人特别喜欢或厌恶某一特定的领域的话，是不会发生这些回报上的差异的，而只有当在某一方向或其他方向上存在着严重的加总的强烈偏好时才会发生。这种类型的消费——正的或者负的——是和生产过程纠缠在一起并随着生产直接发生的，因此它与那种在生产过程终端才发生的一般的消费是不同的。

10. 影响时间偏好的因素（力量）

行动学绝不能为一个人的时间偏好提供一个终极的解释。这是由每个人心理上决定的，因此在最后的分析中经济学家只能将之作为一个极据（data）。但是，基于其他条件均同的假设，行动学的分析可以提供关于时间偏好的一些真理。比方说，如我们上面所知道的，每个人都有一个关于他的货币库存的时间偏好表。较低的货币库存会导致对其占有的任意剩余货币单位而言的较高的时间偏好，直

[①]　在消费者借贷市场也会出现类似的心理成分——举个例子，比如说大家普遍强烈地喜爱或者厌恶某个特定的借款人。

到最后，当货币库存——更确切地说是用来消费的货币——足够低时，其时间偏好会上升到无限大。这里的一个因素——某人的货币库存——是变动的，而他的价值表相反是被假定为保持不变的。因此，我们可以以这种方法来判断某个决定因素——货币库存——发生变动带来的影响。

实际上，和他的时间偏好相关的并不是他的货币库存，而是其货币库存的真实价值。当然，在均匀轮转经济中，货币单位的购买力保持不变，这两者就是一回事。其他条件相同的情况下，他的真实收入的上升——他的货币库存的真实增加——将会降低其时间偏好表上的时间偏好率。当然，从历史角度来看，他的时间偏好表没有任何理由会保持不变。但是，给定一个不变的时间偏好表，他相关的时间偏好率会下降，认识到这一点是非常重要的。

在时间偏好表的决定中还涉及其他的因素。举例言之，假设人们确定在不久将来的某个日子世界会毁灭。这会如何影响时间偏好表和利率呢？那样的话，人们就会停止为未来的需要做准备，除最短的生产过程以外，就会停止对任何生产过程做投资。相比起现在财来，未来财会变得毫无价值，而纯利率会飙升到几乎无穷大。相反，如果由于某一种新药的发现人们变得万寿无疆健康永驻（永生不死且健康无病）的话，那么时间偏好就会趋向于非常低，投资就会有大幅的增加，而纯利率将会急剧地降低。

11. 利率的时间结构

445

很明显，自然利率是非常灵活的；它们会趋向于一致，且随着企业家预期的改变而迅速改变。在真实世界里，各种要素和中间产品的价格，以及最终产品的价格始终处于持续波动状态，正如股票价格和股票的利息回报一样。同样明显的是，短期借贷利率很容易随着条件的改变而改变。随着自然利率变动，短期的新增借贷会很快顺应这一变动。

然而，在长期生产者借贷的情形中，似乎出现一个难题。在经济系统中，有一个一清二楚的刚性的因素，而这一要素只有在过相当时段之后，它才会与投资中的自然利率一致。毕竟，某自然利率下缔结的为期20年的借贷的利率在这20年期间是保持不变的；这难道不是一个无法随着环境和评值的变动而变动的固定的因素吗？这个似是而非的观点是错误的。长期的借条也可以在市场上买卖。这些长期的借条的大部分被称为债券，而它们是可以在成熟且灵活的债券市场上交易的。一开始的固定利率是无关紧要的。比方说，在 5%，或者说每年 5 盎司的固定利率下缔结了一个 100 盎司的长期借贷。如果一般利率上升了，人们就会趋向于卖掉他们的债券——这些债券只为他们带来 5% 的收益——并把他们的货币投资到别处——或是整个企业，企业的股票，或是短期借贷中。这种上升的出售债券的意愿——增加的供给表——会使债券的价格下降，直到买家得到的利息和其他地方的一般利率相等为止。比方说，如果一般利率从 5% 上升到 10%，债券的价格就会从 100 跌到 50，以使得固定的每年 5% 的回报提供 10% 的利息收益。在债券投资中关键的要素不是初始利率（所谓的债券"面值"上的固定回报），而是债券的市场价格上的利息收益率。另一方面，利率的普遍降低会把债券价格抬升至票面价格之上，并把收益率推到 5% 以下。随着债券赎回日期的到来，债券的市价无疑会快速地向其票面价值逼近，直到最后以面值卖出，因为赎回的金额就是借贷的初始面值，或者说是本金。

在均匀轮转经济中，很明显所有期间的利率都相等。然而，在预期的未来利率会变动的情况里，这种朝向相等化的趋势会被打断。虽然对这一话题所给予的注意令人吃惊的少，但是流行的理论是：在借贷市场上，如果在不久的将来中预期的利率有变动的话，那么就不会有朝向相等化的趋势了。[①] 假设利率现在是 5%，而预期它会不变。那么所有的到期贷款的利率都会相同，即 5%。然而，假设预期利率在不久的将来会稳定地上升，比方说每年增加 1%，从现在开始的 4 年后会涨到 9%。如果是那样的话，由于预期短期利率（比方说持续一年或一年以下的借贷利率）在接下来的四年时期中会上升，那么对应这段时期的现在的长期利率——比方说，为期五年的借贷的现在利率——就等于预期中这段时期内未来的短期利率的平均数。比方说，五年期的借贷的现在利率是 5% 加上 6% 加上 7% 加上 8% 加上 9% 再除以 5，等于 7%。长期利率是相关时期的短期利率的平均数。因此，当预期短期利率上升时，长期利率会相应地高于现在的短期利率，而当预期短期利率会降低时，就会相应地低于现在的短期利率。（参见图 6.14）

[①] 比方说，参见 Friedrich A. Lutz, "The Structure of Interest Rates," *Readings in the Theory of Income Distribution*，第 499–532 页。

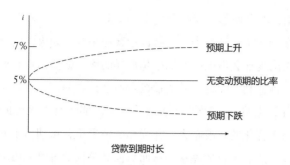

图 6.14　用平均短期利息率理解长期利息率

　　然而，这完全是以尚在争论的问题为依据的理论。假设预期利率会上升；为什么这只局限于短期利率的上升呢？为什么这样的预期不会同样地适用于长期利率以致使它们也上升呢？[①] 这个理论所依据的是一个尚待证明的相当站不住脚的假设，也即是，短期利率和长期利率没有相等的趋势。利率中的变动只发生于短期，这个假设完全是未经证实并且违背我们的如下结论：短期和长期利率趋向于一起变动。此外，这个理论基于一个隐含的假设：个人们在"短期中"会乐意于以 5% 的利率作为贷款人，而他们的同伴投资者却可以在长期市场中获得 7%，而这仅仅是因为他们预期最终：如果他们处于短期市场的话，他们将赚得平均数 7%。是什么阻止了现在的贷款人在短期市场中卖掉他当下赚得 5% 的借款，买入 7% 的长期借款，两年后等待假想中的短期利率上升至 7% 以上，然后再进入短期市场，赚取 8% 或者 9% 的利率呢？如果他这样做的话，他就不只是像前面图示假定的那样赚取 7%（或是直接在长期市场中或是在短期市场中赚取 5%—9% 的平均数）；他将赚得 7% 加上 7% 加上 7% 加上 8% 加上 9%，或者说平均每年 7.6%。通过努力这么做，他将完成一个从短期到长期的不可抗拒的套利运动，前者的利率会随着市场中贷款的出售而上升，而在长期市场利率会降低，直至整个时间结构的利率一致。

　　同样的过程也发生于预期未来下跌的情况当中。对任何时段而言，长期利率都不可能低于短期而保持均衡，因为市场上会有一个从长期到短期的现时运动，

[①]　本书开始写作以后，Luckett 教授发表了部分程度上对 Lutz 类似的批评。参见 Dudley G. Luckett, "Professor Lutz and the Structure of Interest Rates," *Quarterly Journal of Economics*, 1959 年 2 月，第 131-144 页。也参见 J. M. Culbertson, "The Term Structure of Interest Rates," ibid., 1957 年 11 月，第 485-517 页。

直至所有时间结构的利率都相等而套利运动停止。

于是，利率趋向于在其整个时间结构中普遍一致。如果预期利率在紧接着的将来会变动，会出现什么情况呢？如果是那样的话，就会出现和商品投机买卖情况类似的过程。预期利率即将上升的投机者就会抬高利率，或者预期下跌就会压低利率。很明显，上升或下降的预期越早发生，那么对投机者的影响相应地越大，且对利率当下变化的影响越大。在商品的情形里，预期需求和价格上升，人们就会保留库存，然后再释放库存，从而致使其更快地过渡到由潜在的供需力量所最终确立的价格。同样，利率的情况里，货币会趋向于从投资中扣留下来并保留为现金余额，直至利率达到预期的较高的水平为止，或者如果预期利率降低的话，会缩减现金余额并增加投资。这一行动会加速向新的基本时间偏好标准所决定的利率的过渡。就像关于商品价格的投机错误会导致亏损并推动进一步向"真实的"潜在价格的变动那样，在这里这样的投机错误也是会自我纠正并使得利率达到由潜在时间偏好所决定的水平。

因此，利息的时间结构图会更倾向于图 6.15 所描绘的那样。

图 6.15　利率的时间结构

一旦我们认识到基本利率是投资上的自然利率而非生产者借贷市场上的利率，那么区分长期和短期利率的谬误就变得很明显了。我们已经知道了借贷市场的报酬率和股票市场报酬率本质上的同一性。如果我们考察股票市场，那么很明显，在利率上短期和长期投资之间没有任何区别。不同的企业从事于不同长度的生产阶段；然而，由于股票市场使得所有投资的利率相等，时间结构中的差异被抹煞得如此彻底以至于对很多著作者而言理解生产期这个概念变得非常困难。然而，由于股票市场和借贷市场的运作本质上是相同的，因而很明显在短期和长期利率之间的成因性解释中没有任何差异。那些假定长期利率和短期利率的性质之

间有本质差异的作者们是受了一个惯常的倾向的误导，这一倾向把时间市场只限 450
制于借贷市场，而实际上借贷市场只是一个非独立的市场而已。[①]

　　在真实的市场实践中，很可能会发生的情况是：或者短期借贷市场或者长期
市场会首先变动，而另一市场会随之变动。到底哪一市场会首先明显变动是由具
体的情况决定的。[②]

附录　熊彼特与零利率

　　已故的熊彼特教授开创了一个利息理论，认为在均匀轮转经济中会保持零
利率。从上文的讨论中我们可以很清楚地知道，为什么利率（均匀轮转经济中
的纯利率）永不可能为零。利率是由全部为正的个人时间偏好决定的。为了维
护他的观点，熊彼特不得不像弗兰克·奈特那样宣称：在均匀轮转经济中资本
永久地维持其自身。如果没有了资本维持的问题，那么似乎也就不必为了维
持资本结构而支付利息了。这一观点——上文已经探讨了——很明显是出自
J. B. 克拉克的静止状态，而且似乎是完全遵循定义而来的，因为在均匀轮转经济
中根据定义资本的价值是维持不变的。然而，无论如何，这都不是一个解答；关
键的问题是：这种恒定不变是如何得以维持住的？唯一可以得到的答案是，它是 451
由受利息回报率所引导的资本家的决策所维持住的。如果支付的利率为零，那么
彻底的资本消耗就会随之发生。[③]

　　米塞斯与罗宾斯对熊彼特的零利率理论的令人信服的批判——我们上文已经
尝试介绍了——受到了熊彼特的两位追随者的攻讦。[④] 首先，他们否认在熊彼特的
均匀轮转经济中是根据定义假设了资本的恒久维持；而说它是"从该体系的条件

---

① 值得一提的是，Charls Walker 在关于利率时间结构的经验研究中，发现了利率之间有不可阻挡
的相等的趋势，但是他为了试图论证这是"利率并不必定相等"理论的一个证据而不得不加上
其假设。Charls E. Walker, "Federal Reserve Policy and the Structure of Interest Rates on Government
Securities," *Quarterly Journal of Economics*，1954 年 2 月，第 19–42 页。

② 参见米塞斯，《人的行动》，第 541 页。

③ 参见米塞斯，《人的行动》，第 527–529 页。也参见莱昂内尔·罗宾斯，"On a Certain Ambiguity in
the Conception of Stationary Equilibrium," in Richard V. Clemence, ed., *Readings in Economic Analysis*
（Cambridge: Addison-Wesley Press, 1950），I, 176 ff.

④ Richard V. Clemence and Francis S. Doody, *The Schumpeterian System*（Cambridge: Addison Wesley
Press, 1950），第 28–30 页。

中推论出来的"。这些条件是什么呢？首先，是关于未来的不确定性的缺失。这确实似乎是任何均匀轮转经济的条件。但是 Clemence 和 Doody 补充道："时间偏好是不存在的，除非我们把它当作一个特殊的假定引入进来，那样的话，只要我们愿意它可能是正的也有可能是负的，然后就没有什么需要进一步讨论的了。"抱着这样的对时间偏好的看法，那还确实是没有东西需要讨论了。纯利息——要求的利息支付——的整个基础是时间偏好，而如果我们随意地假定时间偏好或者是不存在的或者是没有可识别的影响的，那么很容易会得出纯利率为零。这两位作者的"论据"仅仅是由忽略强大、普遍的时间偏好事实所构成的。[①]

---

① 就像所有试图否认时间偏好的理论家的情况那样，Clemence 和 Doody 匆匆地忽略掉了消费者借贷。正如弗兰克·费特多年前所指出的，只有时间偏好可以把消费者利息和生产者借贷的利息整合成一个单一统一的解释。消费者借贷很明显和利息的"生产力"解释无关，而且很明显是由于时间偏好所致。参见 Clemence and Doody, *The Schumpeterian System*，第 29 页。

第七章　生产：要素的一般定价

1. 折现的边际价值产品的归属

到目前为止，我们已经研究了均匀轮转经济中会决定的利率，即真实世界中总是趋向于决定的那个利率。现在我们要以同样的方式来研究不同生产要素的定价，即在真实世界中它们趋向于的价格，也就是在均匀轮转经济中它们的价格。

任何时候提及生产要素的定价，我们所指的都是它们单位服务的价格，即它们的租金。为了先搁置对（作为一系列未来单位服务的体现的）"整个"要素的定价的考察，我们已经假定商人不会买断整个（无论是土地、劳动，还是资本财）要素，而只是购买这些要素的单位服务。从现在开始将延续这个假设。以后，我们会去掉这个限制性的假设并考察"整个要素"的定价。

在第五章我们知道了，当所有要素都是专用的时候，我们无法提出任何定价的原理。事实上，在那种情况下，关于生产要素的定价，经济分析可以说的只是，要素所有者之间自愿的议价会解决这个问题。只要要素都是完全专用的，那么经济分析几乎不能对其定价的决定再多说什么了。那么，为了使我们能够对要素定价更有把握，必须满足什么条件呢？

对此问题当前流行的做法是把它归之于每单位产品所利用的组合要素比例的固定或可变性。如果要素只可以某一固定比例组合来生产一定量的产品，那么据说就没有确定的价格；如果为了生产一定量的产出，要素的比例是可变的，那么每一要素的定价可以被分离开来且可以被确定。我们来检视一下这个观点。假设一种产品价值 20 盎司黄金，是由三种要素生产出来的，每一种要素对该生产来说都是完全专用的。假设要素的比例是可变的，因而价值 20 盎司黄金的产品可以由 4 单位要素 A、5 单位要素 B，以及 3 单位要素 C 来生产，也可以由 6 单位要素 A、4 单位要素 B，以及 2 单位要素 C 来生产。对于这些要素的定价，除了由议价决定以外，这种可变性如何帮助经济学家阐述更多呢？价格还是由议价来决定，而且很明显要素比例的可变性并不能帮助我们确定每一特定产品的特定价值或份额。由于每一要素都是完全专用的，因此我们无法分析确定一个要素的价格是如何得出的。

在当今的文献中，错误的强调比例的可变性，以之作为要素定价的基础是流行的分析方法的结果。该方法考察一个典型的单一企业及其出售价格和给定要素的价格。然后，假定要素的比例是可变的。相应地，我们可以发现，如果要素 A 的价格相对于 B 的价格上涨，企业就会在生产其产品时使用更少的 A，而使用更多的 B。由此，可以推断出每一要素的需求曲线，并确定每一要素的定价。

这一方法存在大量谬误之处。首要的错误在于，基于给定要素价格的假定来解释要素定价的逻辑。正相反，当我们在分析之初就假定要素价格是给定的，那我们就没法解释要素的价格了。[1] 然后再假设某个要素的价格发生变动。然而，这样的变动怎么会发生呢？市场中不存在没有前因而自发的变动。

这确实是市场看待一家有代表性的企业的方法。但是专注于单一一家企业及其所有者的反应，对生产理论而言并不是恰当的研究方法；正相反，它很有可能产生误导，恰如上例。在当今的文献中，这种过分关注单一企业而非经济中企业间相互关系的方法，导致了极其复杂晦涩以及大量无价值的生产理论大厦的建立。

可变与固定比例的全部讨论实际上是技术性而非经济学的考虑，而这一事实本该警醒到那些依赖可变性作为其定价解释的要诀的著作者们。[2] 我们纯粹从行动学得到的技术性的推论是第一章之初推导出来的回报律。在任意给定的产品生产中，其他要素固定，根据回报律，存在着一个要素比例的最优值。这一最优值可能是财货能被生产出来的唯一比例，或者它也可能是许多比例中的一个。前者就是固定比例的情形，后者是可变比例的情形。两种情形都可以归之于更加一般的回报律之中，而我们将会发现要素定价的分析只是基于这一行动学规律，而不

---

[1]　倾向于以互相决定关系来替代因果关系的数学癖好容易产生循环推理。参见罗斯巴德，《重建效用与福利经济学》，第 236 页；以及 Kauder, "Intellectual and Political Roots of the Older Austrian School"。

[2]　很明显，时期越长，要素比例的可变性趋向于越大。从技术上讲，调整各种不同的要素需要不同的时间量。

会基于更多的限制性的技术假定。

　　实际上，关键的问题并不是（译注：要素之间比例的可变性，并非要素本身用途的）可变性，而是要素的专用性。[①] 因为要发生可确定的要素定价，必须存在着非专用的要素——在几个生产过程中都有用的要素。正是这些非专用的要素的价格是可确定的。在任意特定情形中，如果只有一种要素是专用的，那么它的价格也是可确定的：价格为共同的产品价格与非专用要素价格总额之间的剩余差额。然而，当每一生产过程中存在着多于一种专用要素时，只有加总的剩余价格是可确定的，而每一专用要素的价格各自只由议价来决定。

456

　　为了得到定价的原理，让我们先跳跃到结论再来探究得到此结论的过程。每一个资本家都会试图在至少小于其折现边际价值产品的价格上使用一种要素（确切地讲，是该要素的服务）。边际价值产品是归于（或者说归属于）该要素一个服务单位的货币收入。之所以是"边际的"价值产品，是因为要素的供给是以单个的单位计的。这一 MVP（折现的边际价值产品）以社会时间偏好率，即现行的利率来折现。举例言之，假设一个单位某要素（比方说某 1 英亩土地的一天所值，或者是某劳工劳作的一天所值）经由归属，可以为企业生产 1 件一年后可以20 盎司黄金出售的产品。该要素的边际价值产品就是 20 盎司。然而这是一件未来财。未来财的现在价值，现在被购买的正是这个现在价值，等于经由现行利率折现后的边际价值产品。如果利率是 5%，那么折现后的边际价值产品就等于 19盎司。那么对雇主（资本家）而言，要素单位现在所值的最大值为 19 盎司。资本家会愿意在低于 19 盎司的任何价格购买该要素。

457

　　现在假设资本家所有者或一家企业的所有者为每单位该要素支付 15 盎司。恰如我们以后会详尽地了解到的，这意味着资本家赚取了每单位 4 盎司的纯利润，因为他从最后的出售中获得了 19 盎司。（他在最后的出售中获得了 20 盎司，但是其中 1 盎司是他的时间偏好和等待的结果，并不是纯利润；19 盎司是其最终出售的现在价值。）但是，看到这种情况，其他的企业家就会进入这一缺口获取这些利润。这一过程持续到该要素赚取其全部 DMVP（折现的边际价值产品），

---

①　这证明了米塞斯的结论是有道理的，《人的行动》，第 336 页，相对于——比方说——乔治·斯蒂格勒的《生产与分配理论》中的分析。米塞斯添加了一个关键的限制条件：如果要素在所有其非专用性的生产过程中，都具有相同的固定比例，那么这里也只有议价才可以确定它们的价格。

那样就不会剩下任何纯利润。结果是，在均匀轮转经济中每一个可分离开的要素都会赚取它的折现的边际价值产品，而这就是它的价格。因此，每一要素将赚取它的折现的边际价值产品，而资本家因为用自己的储蓄购买未来财而赚取现行的利率。正如我们已经知道的，在均匀轮转经济中，所有的资本家将赚取相同的现行利率，而不会赚取任何纯利润。一种财货的出售价格必定等于其要素的折现边际价值产品的总额加上投资上的利息回报率。

很明显，如果某要素服务的特定单位的边际价值，是可以被分离开且可以被确定的，那么市场中竞争的力量将会促使它的价格等于均匀轮转经济中其折现的边际价值产品。价格高于某要素服务的折现的边际价值产品，资本家就不会再支付；由于竞争的企业家行动通过较高的开价而竞走这些要素，所以任何较低的价格都会被抬升。这些行动会导致在前一种情形下亏损消失，在后一种情形下，纯利润会消失，这时就达致了均匀轮转经济。

458　　当一种要素是可分离开的，即如果它的服务在估值中是可以和其他的要素分离开来的时，那么它的价格将会始终趋向于被设定为等于它的 DMVP。如果是像上文提及的注释 3 那样，要素很明显是不可分离开的，它必然总是要和一些其他的特定要素以固定的比例组合在一起。如果是这样的话，那么要素产品只能被给予一个加总的价格，而单个价格只能通过议价来确定。同样，正如我们所叙述的，如果要素对产品而言是完全专用的，那么，不管它们的组合的比例有怎样的可变性，该要素也是不可被分离开的。

因此，非专用的要素一定是可以被分离开的；如果某专用要素是要素组合中唯一的专用要素，那么它是可以被分离开的，在这种情况下，它的价格就等于产品的价格和非专用要素价格总额之间的差额。然而，市场是通过何种程序来分离开并确定生产所产生的收入的份额（一定单位的某要素的边际价值产品）的呢？

让我们重温基本的效用规律。一单位任意财货的边际价值是什么呢？它等于个人对如果去掉这一单位就必须保持未满足状态的那个目的的评值。如果一个人拥有 20 单位的某财货，而该财货所提供服务的用途在他的价值表上从 1 到 20 排序（1 是序数中最高的），那么他的一个单位的损失——不管损失的这个单位此时是用于哪个目的——就意味着在他价值表上排序第 20 的用途的损失。因此，一个单位的该财货的边际效用在此人的价值表上排序于 20。将获得的任何更多的单位会用来满足下一个尚未得到服务的最高的目的，即排序 21 的目的——该排序必然低于那些已经得到服务的目的。那么，财货的供给越大，其边际效用的价值越低。

相同的分析也同样适用于生产者财货。一个单位某生产者财货将会按照如果失去一单位该财货所损失的收入来评值。这可以由企业家对其"生产函数"的知识——即技术上要素可以被组合以生产特定产品的各种不同方法，以及他对其产品买家的需求曲线的预估——即他们将会愿意为其产品支付的价格——来决定。现在，假设一家企业以如下的方式来组合要素：

$$4X+10Y+2Z \rightarrow 100\text{ 盎司黄金}$$

4个单位的X加上10个单位的Y加上2个单位的Z生产出一件可以售得100盎司黄金的产品。现在假设，企业家预估如果移除一个单位的X的话，将会发生如下的情况：

$$3X+10Y+2Z \rightarrow 80\text{ 盎司黄金}$$

失去一个单位的X，而其他要素保持不变，导致了20盎司黄金的总收入损失。那么这就是在这个位置和这种用途上，该单位的边际价值产品。[①]

这一过程同样是可逆的。比方说，假设该企业现在以后面的比例生产并获得了80盎司的黄金。如果为其要素组合增加第4个单位的X，并保持其他要素的数量不变，那么它会赚取额外的20盎司黄金。所以，这里这一单位的MVP一样也是20盎司黄金。

这个例子隐含地假设了要素比例可变的情况。要是比例必须固定的话又会怎样呢？如果是那样的话，失去一个单位的X将会要求等比例的Y、Z等等也被移除掉。以3X为基础的要素的组合就会如下：

$$3X+7.5Y+1.5Z \rightarrow 75\text{ 盎司黄金}$$

（假设最终产品的价格无变化）

因而，由于是固定的比例，该变动要素的边际价值产品将会更大，在这个例子中是25盎司黄金。[②]

---

① 严格来讲，我们这里应当探讨的是折现的MVP，但是为了简化问题目前只探讨MVP。

② 这里我们假定：同等数量的要素产生同等数量的产出。这一条件是否真的成立呢（有时候，它被以虚矫的数学语言描述为"生产函数是否是线性且同质的"）？如果我们理解到下面这个命题的话就可以很容易地解决这个著名的疑问：等量的原因产生等量的结果。实际上，这是重要的事实上的工艺学公理。任何看上去有悖于此规律的例子都只是表面上看起来如此；实际上，假定出来的例外情形总是要涉及一些"不可分割性"，在这些情况中，某一要素事实上是无法随其他要素等比例变动的。

让我们暂且忽视掉每一生产过程中 MVP 的变动，而只考察不同生产过程之间的 MVP 的变动。这是很必要的，因为，毕竟在某要素的 MVP 可以被分离开之前，它必须可以用于超过一种生产过程。那么，不同生产过程的 MVP 不可避免地会不同，因为各种不同的要素的生产组合和产品价格是不同的。因此，对每一要素而言，在不同的生产过程中都存在着一组可能的投资，每一种投资的 MVP 不同。这些 MVP（或者严格讲，折现的 MVP）可以按照降序排列。举例言之，要素 X 的：

25 盎司

24 盎司

22 盎司

21 盎司

20 盎司

19 盎司

18 盎司

等等

461 假设我们从该要素零供给的经济开始，然后增加一个单位。这一单位会被用于何处呢？很明显，它会被运用于具有最高 DMVP 的用途上。原因在于，各种不同生产过程中的资本家们会为该要素的使用而彼此竞争。然而，DMVP（折现的边际价值产品）为 25 盎司的用途可以从其他竞争者那里竞争来这一单位要素，而且它只有为该单位支付 25 盎司才能最终做到这一点。当第二个单位的供给进入到社会中，它就会去到第二高的用途当中，且它会收到 24 盎司的价格，而随着新的供给单位的增加，相同的过程会发生。随着新的供给的增加，一单位的边际价值产品会下降。相反，如果某要素的供给（即，经济中的总供给）减少，一单位的边际价值产品会增加。当然，同样的规律适用于 DMVP，因为它只是 MVP 经由一个公因数——市场纯利率——折现而来的。因此，随着供给的增加，越来越多组的该要素可用用途会得到利用，而 MVP 会被压得越来越低。

通过图示，我们可以在图 7.1 中看到这种情况。线条 PP 是某要素的边际价值产品（或者折现的边际价值产品）曲线。随着向右移动，它总是会下降，因为462 新的供给单位总是会进入到那些最能产生收入的用途当中。水平轴上的是该要素供给的数量。当供给是 OA 时，那么其 MVP 是 AB。当供给更大，处于 OC 时，那么其 MVP 较低，处于 CD。

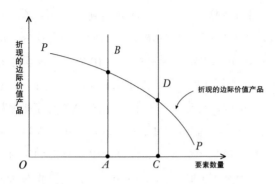

图 7.1　要素供给对其边际价值产品的影响

　　让我们假设，在经济中有 30 个单位的要素 X 可用，而对应这一供给的 MVP 是 10 盎司。那么，第 30 个单位的价格就会趋向于是 10 盎司，而在均匀轮转经济中就是 10 盎司。这是根据要素价格趋向于等于其 MVP 得出来的。然而，现在我们必须回想一下：在市场中，任意财货的所有单位的价格在这整个市场中有不可避免地一致的趋势。像任何其他财货那样，这必定适用于生产要素。事实上，这一结论正是根据我们已经考察过的基本的效用规律得出来的。因为，根据定义，要素的单位是可替换的，因此在任意时间点上一个单位的价值将等于每一其他单位的价值。某财货每一单位的价值等于一单位现在所服务的排序最低的用途的价值。在当前的例子中，该要素的每一单位都会被定价为 10 盎司黄金。

　　举例言之，假设服务于我们数组中排序最高用途的要素单位的所有者会要求得到 24 盎司而非 10 盎司作为其价格。如果是那样的话，那条生产线中的资本家就可以拒绝雇佣这一要素，转而出价竞争在排序最低的用途中所使用的要素单位，比方说通过支付后者 10.5 盎司。留给那个要求 24 盎司的要素所有者的唯一选择是，在排序最低的地方以 10 盎司的价格来替换其他的要素。事实上，所有的要素都会转移，直到他们可以在整个市场上为他们的服务取得一致的价格为止。

　　因此，X 的价格被确定为 10 盎司。它是由供给的 MVP（确切地说，是 DMVP）——它随着供给的增加而减少，反亦反之——决定的。让我们假定 Y 也是一非专用要素，而 Z 是专用于上文已考察过的特定过程的要素。让我们进一步假定，经由相同的过程，Y 的 DMVP 及由此而来的 Y 的价格被确定为 2 盎司。

在此，我们必须再次引入每条生产线中的生产的概念。我们一直在讨论要素的 MVP 从一个用途转移到另一用途。在我们的例子中，一单位的 X 在特定用途中或许拥有 20 盎司的 MVP（或者 DMVP）；然而它的价格——根据排序最低的它被使用的用途的 MVP 所决定的价格——是 10 盎司。这意味着，在这个用途中，资本家以 10 盎司来雇佣为其赚得 20 盎司的要素。由于这一利润的激励，他会雇佣更多的该要素单位，直至在这一用途中的 MVP 等于排序最低的用途中的 MVP，即要素的价格——10 盎司。对于其他的每一用途而言，会发生相同的过程。那么，在每条生产线中，任意要素的 DMVP 始终有相等的趋势（而在均匀轮转经济中会实现这一点）。我们马上会知道，为什么哪怕是每条生产线中要素购买的增加都会降低这条生产线中的 MVP。

那么，假设 X 和 Y 的价格分别为 10 盎司和 2 盎司，而所有资本家都安排他们的生产使得每条线上的每一要素的 DMVP 等于这一价格。再假设，这一特定用途中的均衡点是这样的组合：

$$3X+10Y+2Z \rightarrow 80\ \text{盎司}$$

代入给定的 X 和 Y 的价格：

$$30+20+2Z \rightarrow 80\ \text{盎司}$$

$$2Z \rightarrow 30\ \text{盎司}$$

$$Z \rightarrow 15\ \text{盎司}$$

因此，Z=15 盎司。

专用要素 Z 的价格——在其他要素之后——因此被确定为 15 盎司。

很明显，消费者需求变动对专用要素的影响——在两个方向上都——远远大于它对非专用要素的雇佣价格的影响。

现在可以理解为什么在要素价格分析中很容易误从企业的角度来考察，认为要素的价格对企业本身而言是外在给定好了的，而企业只是依照这些价格来调整自己的生产而已。然而，从理论上看，应该很明了的是：整体上讲，MVP 数组才是决定性的因素，而 MVP 排序最低的生产过程会以要素价格为媒介（打个譬喻说）把它的信息传递给各种不同的企业——每一企业都会把该要素使用到其DMVP 与其价格一致的程度。但是最终的决定因素是 DMVP 表，而不是要素的价格。为了区别开来我们可以把某要素所有 MVP 的全部数组称为某要素的总的

DMVP 表，而对任意特定生产过程或阶段中的具体的 DMVP 数组，可以称之为该要素具体的 DMVP 表。正是总的 DMVP 表决定了该要素供给的价格，而此后每一生产过程中具体的 DMVP 表协调一致使得该要素的 DMVP 等于其价格。上面的图 7.1 是一个总表。具体的 MVP 是所有可能选择的最宽数列——总的 MVP 表——的子数组。

简言之，生产要素的价格是像下面这样决定的：当要素是可分离开的，那么它的价格就会趋向于接近它的折现的边际价值产品，而在均匀轮转经济中会等于它的 DMVP。可分离开的要素是指它是非专用的，即可以被用于不止一个生产过程当中，或者它是某生产过程中唯一的专用性要素。非专用的要素价格会等于由其 DMVP 表——给定经济中不同要素供给单位，DMVP 的所有可能的数组——所决定的 DMVP。由于最能产生价值的用途会被最先选择，而最不能产生价值的用途会被最先放弃掉，因此随着供给增加，总的 MVP 曲线会降低。不同生产过程中的不同的具体 MVP 会被安排到近乎等于由总的 DMVP 表所设定的要素价格。专用要素所被归属的 DMVP 等于产品价格和非专用要素价格总额之间的剩余差额。

一单位某财货的边际效用是由一个人递减的边际效用表对该财货一定量供给或库存的评估所决定的。同样，市场中某消费者财货价格的确立是由——递减的——加总的消费者需求曲线和给定的财货供给或库存之间的交点所决定的。现在我们要做的是进一步探究该问题并找到两个一般性问题的答案：什么决定了市场上生产要素的价格？以及什么决定了将产出的财货数量？本节中，我们已经知道了，要素的递减的总的（折现）边际价值生产力曲线与经济中该要素给定的供给（库存）之间的交点决定了要素的价格。

465

2. 折现的边际价值产品的决定

A. 折现

假如 DMVP 表决定了非专用要素服务的价格，那么什么决定了 DMVP 表的形状和位置呢？首先，根据定义很清楚，DMVP 表是折现了的 MVP 表。其次，关于折现，没有什么神秘的；正如我们已经阐明了的，要素的 MVP 是依照市场中现行的纯利率来折现的。MVP 表和 DMVP 表之间的关系可以用图 7.2 来表示。

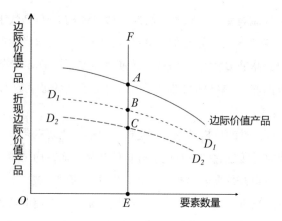

图 7.2　要素供给变化时利率变化对 DMVP 的影响

　　要素的供给是处于给定数量 *OE* 上的线条 *EF*。实线是处于不同供给上的 MVP 表。供给 *OE* 的 MVP 是 *EA*。现在，用虚线 D_1D_1 来表示某一利率下的折现的边际价值产品表。由于它是折现后的，所以它一律低于 MVP 曲线。以绝对数量来看，在图的左侧它相对更低，因为相同百分比的下降意味着数量越大，绝对下降数越大。供给 *OE* 的 DMVP 等于 *EB*。*EB* 就是均匀轮转经济中要素的价格。现在假设经济中的利率上升，这当然是时间偏好表上升的结果。这意味着每一假定的 MVP 的折现率更大，而且其绝对水平更低。新的 DMVP 表由虚线 D_2D_2 来表示。相同供给下该要素的新价格是 *EC*，低于之前的价格。

　　因此，DMVP 表的决定因素之一是折现率，而我们上文知道了折现率是由个人的时间偏好所决定的。折现率越高，DMVP 就趋向于越低，进而，要素的价格也越低；利率越低，要素的 DMVP 及价格越高。

　　B. 边际物质产品

　　那么，是什么决定了 MVP 表的位置和形状呢？什么是边际价值产品呢？它
是归于一单位某要素的收入金额。而该收入取决于两个因素：（1）产出的物质产品；（2）产品的价格。如果市场估算 1 小时要素 X 可生产 20 盎司黄金的价值，这可能是因为该要素 1 小时生产 20 个单位的物质产品，而该产品可以以每单位 1 盎司黄金的价格出售。又或者得到相同的 MVP 是因为产出 10 个单位产品，而每单位产品可以以 2 盎司黄金出售，依此类推。简言之，某要素服务单位的边际价

值产品等于它的边际物质产品乘以该产品的价格。[①]

下面，我们来研究一下边际物质产品（MPP）的决定因素。首先，对 MPP 而言并不存在像 MVP（边际价值产品）那样的总表，原因很简单：不同财货的物质单位是不可比的。一打鸡蛋、一磅黄油和一匹马怎能以物质单位来比较呢？然而，同一种要素可以用在所有这些财货的生产当中。因此，只有对于具体单位——对于该要素所能参与的每一具体生产过程——来说才可以有 MPP 表。对每一生产过程来说，都存在着该要素一定形状的边际物质产品表。在那一生产过程中，一个供给的 MPP 等于归属于一个单位该要素的物质产品数量，即，如果去除一个单位的该要素所损失的产品的数量。如果在该过程中的该要素供给增加了一个单位，而其他要素保持不变，那么该供给的 MPP 就变成新增这一单位要素所能获得的新增物质产品了。与该 MPP 表相关的要素供给并不是社会中的总供给，而是每一生产过程中的供给，因为 MPP 表是对于每一生产过程单独建立的。

（1）回报律

468

为了进一步探究 MPP 表，让我们回想一下第一章中所阐明的回报律。

根据回报律——人的行动的一个颠扑不破的真理——如果一个要素的数量发生变动，而其他要素的数量保持不变，那么存在着每一单位要素物质产品最大化的一个点。每一单位要素物质产品可以称为平均物质产品（APP）。这条规律进一步说明，该要素供给更多或更少，其 APP 都必定更低。我们可以如图 7.3 来表示一条典型的 APP 曲线。

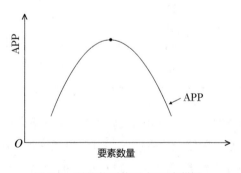

图 7.3　平均物质产品与要素供给

[①] 严格来讲，这并不正确，但是该陈述中的技术性错误并不会影响本文中的因果分析。其实，这一论点是得到了加强的，因为 MVP 实际上等于 MPP × "边际收入"，而边际收入始终小于或等于价格。参见下文的附录 A "边际物质产品和边际价值产品"。

（2）边际物质产品与平均物质产品

APP 与 MPP 之间的关系是怎样的呢？ MPP 是指其他要素既定不变，一个要素增加一个单位所能生产的物质产品数量。APP 是指其他要素既定不变，总产品与变动要素的总量之比。为了说明 APP 和 MPP 的意义，我们来考察一个假想的例子：其中，其他要素的所有单位保持不变，而一种要素的单位数量是变动的。在表 7.1 中，第一列中列出了变动要素的单位数量，而第二列是这些变动单位与其他要素的固定单位组合后产出的总的物质产品。第三列是 APP= 总产品除以该要素的单位数，即一个单位该要素的平均物质生产力。第四列是 MPP= 增加一个单位的变动要素所产生的总产品数量的差额，即这一排的总产品减去上一排的总产品：

表 7.1

变动要素的单位数量	总产品	平均物质产品	边际物质产品
0……	0	0	0
1……	3	3	3
2……	8	4	5
3……	15	5	7
4……	22	5.2	7
5……	27.5	5.5	5.5
6……	30	5	2.5
7……	28	4	−2

首先，相当清楚的是，在 MMP 为负的区域里绝不会有要素被使用。在我们的例子中，使用 7 个单位该要素的时候就会出现这种情况。6 个单位的该要素，与既定的其他要素组合，产生了 30 个单位的产品。新增加一个单位导致损失了两个单位产品。当使用 7 个单位的时候，该要素的 MPP 为 - 2。很明显，要素绝不会在这一区域中被使用，而且无论要素所有者也是产品所有者，还是资本家雇佣了要素从事生产该产品，这一点都是成立的。花费精力或者金钱

于新增要素上，只得到总产品数量的下降，这是无意义且与人的行动原则相违背的。

在这个表格里，我们遵循回报律，APP 开始时（当然）是与零个单位的要素一样为零，上升到一个顶点然后下降。从我们的表中我们也观察到规律：（1）当 APP 在增加的时候（除了第一步起点处，TP、APP 和 MPP 都相等）MPP 高于 APP；（2）当 APP 降低时，MPP 低于 APP；（3）在 APP 最高点处，MPP 等于 APP。我们现在将运用代数方法证明这三条规律始终成立。[①]

470

把 F 作为变动要素的任意单位数量，其他要素既定不变，而 P 为该组合产生的总的产品单位。那么 P/E 就是平均物质产品。当我们增加 ΔF 单位该要素时，总产品增加了 ΔP。与这一增加相对应的该要素的边际物质产品为 $\Delta P/\Delta F$。对应于要素的更多供给的新的平均物质产品为：

$$\frac{P+\Delta P}{F+\Delta F}$$

现在新的 APP（平均物质产品）可能比之前的更高或者更低。我们假设新的 APP（平均物质产品）是更高的，因此，我们处于 APP（平均物质产品）上升的区域中。这意味着：

$$\frac{P+\Delta P}{F+\Delta F} > \frac{P}{F}$$

或者 $\dfrac{P+\Delta P}{F+\Delta F} - \dfrac{P}{F} > 0$

471

合并式子：$\dfrac{FP+F\Delta P-PF-P\Delta F}{F(\Delta F+F)} > 0$

然后，必定：$FP+F\Delta P-PF-P\Delta F > 0$

$$F\Delta P-P\Delta F > 0$$

$F\Delta P > P\Delta F$

[①] 有人或许会问，在我们责难了在经济学中使用数学方法之后，为什么我们现在在运用数学方法。原因在于，对于这个特殊的问题，我们是在探讨一个完全技术性的问题。我们这里不是在探讨人的决策，而是在探讨对于人的因素是给定的世界的必要技术条件。在这个外在世界中，特定量的原因产生特定量的结果，正是在这个在整个行动学体系内非常有限的领域——像通常的自然科学那样——尤其便于使用数学方法。平均和边际之间的关系明显是代数关系，而非目的——手段的关系。参见斯蒂格勒的《价格理论》第44页及随后页中的代数证明。

所以 $\dfrac{\Delta P}{\Delta F} > \dfrac{P}{F}$

因此，MPP 大于旧的 APP。因为它更大，这意味着存在着一个正数 k，使得：

$$\frac{\Delta P}{\Delta F} = \frac{kP}{F}$$

现在，根据如下一个代数规则，如果

$$\frac{a}{b} = \frac{c}{d}$$

那么

$$\frac{a}{b} = \frac{c+a}{d+b}$$

因此，

$$\frac{\Delta P}{\Delta F} = \frac{kP + \Delta P}{F + \Delta F}$$

由于 k 是正的，

$$\frac{kP + \Delta P}{F + \Delta F} > \frac{P + \Delta P}{F + \Delta F}$$

因此，

$$\frac{\Delta P}{\Delta F} > \frac{P + \Delta P}{F + \Delta F}$$

472　　简言之，MPP 同样是大于新的 APP 的。

换句话说，如果 APP 在增加，那么在此区域，边际物质产品是大于平均物质产品的。这就证明了上述的第一条规律。现在，如果我们回到我们的证明并用"小于"号替换掉"大于"号，并进行同样的步骤，我们可以得到相对的结论：当 APP 在减少，边际物质产品低于平均物质产品。这证明了我们关于边际和平均物质产品之间关系的三条规律中的第二条。但是如果当 APP 增加时 MPP 大于 APP，减少时 MPP 小于 APP，那么可以得出结论：当 APP 处于其最大值时，MPP 必定既不大于也不小于，而是等于 APP。而这证明了第三条规律。我们发现，我们的表格的这些特性适用于所有可能的生产情况。

图 7.4 中的图形描绘了一组典型的 MPP 和 APP 表。它显示了 APP 与 MPP

之间的各种关系。两条曲线都从原点开始，在接近他们的原点处完全相同。APP
曲线上升直至达到一个顶点 B，然后下降。MPP 曲线上升得较快，以至于高于
APP，较早地达到它的顶点 C，然后下降直至它与 APP 相交于 B。从那时起，
MPP 曲线下降得快于 APP，直至最后它横穿横轴并在某个点 A 处变为负值。没
有企业会在 OA 的区域以外内运营。

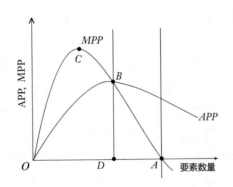

图 7.4　边际物质产品与平均物质产品的关系

现在，我们来进一步探究一下 APP 增加的区域，O 到 D 之间。为了简化起
见，让我们采用另一个假想的表（表 7.2）。

表 7.2

要素的单位数量	总产品	平均物质产量
2	10	5
3	18	6
4	25	6.2

这是平均物质产品表增加部分的一个片段，在 4 单位时达到顶点，APP 为
6.2。问题是：一家企业以正确的投入产出组合确定于这一区域的可能性有多大
呢？我们来看该表的最上一行。两个单位的变动要素，加上一组我们可以称之
为 U 个单位的所有其他要素，产生了 10 个单位的产品。另一方面，在该要素的
APP 最大值处，4 个单位的该要素加上 U 个单位的其他要素，产生了 25 个单位
的产品。我们已经在上文知道了，相同数量的因会产生相同数量的果，这是一个
本质上的基本真理。因此，如果我们把第三行中所有要素的数量减半的话，我们

就会得到半数的产品。换句话说，两个单位的该要素混合 U/2——每一其他要素的各单位均减半——会产生 12.5 个单位的产品。

474 考虑一下这个情形。从最上一行中我们发现，两个单位的可变要素加上 U 个单位的既定要素，产生 10 个单位的产品。但是从最下一行推算，我们发现，两个单位的可变要素，加上 U/2 个单位的既定要素，产生了 12.5 个单位的产品。很明显，与 OA 以外的情形一样，在 OD 区域内配置要素的任何企业都是在做最不明智的决策。很明显没有人想要在要素（"其他的"要素）上花费更多的精力或金钱而获得更少的总产出，或者就此而言，相同的总产出。显然，如果生产者留在区域 OD 中，那么他就处于其他要素的边际物质生产力为负的领域内。他本可以达到的处境是：去除一些其他要素而可以获得更多的总产品。同样，在 OA 区域之外，如果他放弃一些当前的变动要素的话，他本可以获得更多的总产出。因此，某要素 APP 增加的区域意味着其他要素 MPP 为负的区域，反亦反之。因而，生产者绝不愿意在 OD 区域中或者在 OA 以外的区域内配置其要素。

生产者也不会把要素分派在其 MPP 在 A 或 B 的点上。实际上，只有当变动要素是自由财货的时候才会被分派在边际生产力为零的位置。然而，根本不存在自由财货；存在的只是无关人的行动，因此不是生产力表中的因素的人类的福利条件。相反，只有当其他要素是自由财货因此在该点上的边际生产力为零时，变动要素的 APP 才处于其最大值 B。只有当所有其他的要素都是自由的且可以不予考虑时，生产者才可以仅仅关注于只最大化一个要素的生产力。然而，正如我们第一章所知，生产不可能只有一个要素。

因此，结论是必然的。要素总是会以这样的方式在生产过程中使用：它处于减少的 APP 以及减少但是为正的 MPP 区域当中——在图中的点 D 和点 A 之间。

475 因此，在每一生产过程当中，每一要素都会在递减的 MPP 和递减的 APP 的区域当中使用，以使该过程中使用的新增要素单位会降低 MPP，而减少的单位会提升它。

C. 边际价值产品

正如我们已经发现的，任意要素的 MVP 都等于它的 MPP 乘以其产品的出售价格。我们刚刚得出结论：每一要素都会在每一生产过程中其递减的边际物质产品的区域中得到使用。那么边际价值产品表的形状是什么样的呢？随着要素供给增加，而其他要素保持不变，结果是总的物质产品的产出更大。给定消费者的需求曲线不变，较大的库存会导致市场价格的降低。因此，随着 MPP 减少产品价格会下降，而随着 MPP 增加产品价格会上升。结果是该要素的 MVP 曲线总是会下降，而且会以比 MPP 曲线更快的速度下降。对每一特定的生产过程而言，任何要素都会在递减的 MVP 的区域中使用。[①]这与前面的基于效用规律的结论互相关联起来了：一般而言，各种生产过程中的要素会以其 MVP 递减的方式得到运用。因此，它的（不同用途之间以及每一用途之中的）总的 MVP 是递减的，且它的各个特定 MVP 是递减的。因而它的 DMVP 同样是递减的。

正如我们所知，任意要素的一个单位的价格在市场都会被确立为等于其折现的边际价值产品。这指的是由包含所有不同要素用途的总表所决定的 DMVP。现在，生产者会以所有用途中其 DMVP 相等的方式来使用该要素。如果其中一种用途中的 DMVP 大于另一用途中的，那么前一条生产线中的雇主就处在可以抬价竞走更多该要素，并使用更多的该要素的状态，（根据边际价值产品递减的原理）直至扩张的用途中的 DMVP 递减到等于收缩的用途中递增的 DMVP 的那个点为止。该要素的价格就会被设定为等于（在均匀轮转经济中所有具体用途中都会一致的）总的 DMVP。

因此，通过把要素放在其所有相互关系中来考察，我们无须预先假定价格本身已经存在就能够解释其单位服务的定价。将分析聚焦于从企业利弊角度来审视的情形就会犯这样的（译注：预先假定价格存在的）错误，因为单个企业很明显是会在市场上发现某个要素的一定的价格的。如果对要素份额的评值是可分离开的，那么市场所确立的该要素的价格会等于按其至产品产出之间的时间长度以利率折现后的边际价值产品。如果要素是非专用的，或者在生产过程中只有这一个要素是专用的，那么该要素就是可分离开的。这里的 MVP 是由包括要素不同用途的总 MVP 表以及经济中该要素的可用供给所决定的。随着要素供给的增加，该要素的总 MVP 表会递减；总表是由该要素各种用途的具体 MVP 表所组成的，而具体 MVP 表进而是由递减的边际物质产品表以及下降的产品价格混合而成的。因此，如果要素供给增加，而经济中的 MVP 表保持不变，那么 MVP 以及基于它的要素价格会下降；而其他情况相同，随着要素供给的减少，要素的价格会上升。

对单个企业而言，市场上所确立的要素价格是其在别处的折现的边际价值产

---

① 这一规律适用于所有要素——专用的和非专用的。

品的信号。这就是该企业使用这一产品的机会成本，因为它等于不把该要素单位使用在别处所损失的价值产品。在均匀轮转经济中，所有的要素价格都等于折现的边际价值产品，结果是，要素价格与（机会）"成本"相等。

477　　　边际生产力分析的批判者争辩道：在"现代复杂世界里"所有要素都在生产产品中协作，因此不可能确立任何部分产品对各种协作要素的归属。因而，他们断言，针对要素的产品"分配"是可以从生产中分离出来的，且是按照议价理论武断地进行的。诚然，无人否认在生产财货时有许多要素通力协作。但是大多数要素（及所有劳动要素）是非专用的，且在一个生产过程中存在超过一种完全专用要素是极其罕见的，这个事实使得市场可以分离开价值生产力，且趋向于按照这一边际产品来支付给每一要素。因此，在自由市场上，每一要素的价格并不是由"武断的"议价来决定的，而是趋向于严格地依照其折现的边际价值产品来确定。随着经济的专业化越高、越复杂，调整越精细，这一市场过程的重要性就越大。对要素用途开发得越多，出现的要素种类越多，那么相比于单纯的议价，市场"归属"过程就越重要。因为正是这一过程使得要素以及生产流程按照消费者最迫切的需求（包括生产者自己非货币的欲求）进行有效配置的过程。因此，在自由市场过程中，不存在生产与"分配"之间的分离。不存在这样一个地方，"产品"被武断地搁置在那里，然后某人会或可以从那里将他们在不同人之间"分配"。相反，人们生产财货并把它们卖给消费者以换取货币，他们再转而把货币用于消费或者为了增加未来的消费而用于投资。不存在什么孤立的"分配"；有的只是生产及其必然结果——交换。

478　　　即使为了阐述起见，本文中没有明确说明，读者也应该始终明白：用来确定价格的 MVP 表是折现了的 MVP 表——以至最后消费者产品产出所剩余的时间长度所折现的最终的 MVP。这是要素所有不同用途中相等的 DMVP。这一事实的重要性在于，它解释了相同或不同财货的各个生产阶段中的非专用要素的配置。比如，如果某要素的 DMVP 是 6 盎司黄金，如果该要素被用于几乎与消费同时发生的过程当中，那么它的 MVP 就是 6。假设纯利率是 5%，如果该要素用于一个 5 年以后会完成最终消费的生产过程当中，那么 DMVP 为 6 就意味着 MVP 为 7.5；如果它用于一个 10 年期的生产过程，那么 DMVP 为 6 就意味着 MVP 为 10；以此类推。距离最终产品完成的运作时间越长，那么必须由预付了现在财从而使得生产过程的整个长度成为可能的资本家所赚得的每年利息收入差额就会越大。这里 MVP 所折现的金额之所以更大，是因为较高的生产阶段比其他阶段距离最终消费更远。因此，为使在较高的生产阶段投资成为可能，那么它们的 MVP 必须比较短的生产过程中的 MVP 高得多。[1]

3. 要素收入的来源

我们的分析使得我们现在可以解决经济学中一个由来已久的争论了：资本和消费——哪一个才是工资的来源？或者，我们应该换个说法，哪一个才是原初要素（劳动和土地要素）收入的来源？很清楚，资本投资的最终目的是未来的消费。从这个意义上讲，消费是必要的先决条件，没有它就不会有资本。此外，对每一具体财货而言，消费会通过市场需求来支配各种产品的价格以及（非专用的）要素从一个生产过程转移到另一个生产过程。但是，消费本身并不提供任何东西。任何消费都必须有储蓄和投资，因为如果完全没有生产过程和资本结构的话，只能得到极少的消费——或许只能直接摘莓果吃。[2]

479

对于劳动或土地要素生产并直接出售消费者财货，是不需要资本来支付给它们的。它们是由消费直接支付的。这对鲁滨孙采摘莓果来说是成立的。对于一个高度发达的资本主义经济中处于最后生产过程阶段的劳动和资本，这一点也是成立的。在这些（包含了个人服务售卖给消费者时所赚取的纯粹劳动收入的）最后的阶段中，要素没有事前折现而是直接赚取了 MVP。所有参与该生产过程的其他的劳动和土地要素都是由生产和消费该产品之前所储蓄下的资本来支付的。

古典的理论认为工资是由资本支付的，而亨利·乔治、J. B. 克拉克以及其他人认为工资是由每年消费的产品来支付的，我们得终结两者之间的争论，前者的理论在绝大多数情形中是正确的，而社会中资本存量越大，这种情形就会越占压倒性。[3]

4. 土地和资本财

因此，每一种要素的单位服务的价格等于其折现的边际价值产品。这对所有

---

[1] 参见庞巴维克在《资本实证论》第 304–312 页中精彩的论述。关于 DMVP 相对 MVP 的更多讨论，参见下文附录 B，"罗尔夫教授与折现的边际生产力理论"。

[2] 参见维克赛尔，《政治经济学讲义》，第 I 卷，第 108 页。

[3] 参见同上书，第 189–191，193–195 页中的精彩分析。

要素而言都是成立的，不管它们是"原初的"要素（土地和劳动）还是"产成的"要素（资本财）。然而，正如我们所知，资本财的所有者没有净收入，因为资本财的价格包含了在它们的生产中协作的各种生产要素的价格。因此，从根本上讲，只有土地和劳动要素的所有者以及就其"时间"服务而言的资本家才获得净收入。然而，定价原则——等于折现的MVP——适用于任何要素，不管是资本财还是其他财货，这仍然是成立的。

让我们回到图6.1。这一次，为了简单起见，我们假设，所探讨的是一个售价100盎司的一单位消费者财货，且假设生产它的每一具体要素均为一个单位。比方说，在第1排中，80指的是一个单位的某资本财。我们先来考察一下第一排。资本家1以80盎司购买了一件资本财，且（我们假定）一劳动要素是8盎司而一土地要素是7盎司。三种要素的共同MVP是100。然而他们的总价格是95盎司。剩余部分是因为时间因素而归于资本家的贴息。因此折现的MVP总额是95盎司，而这恰恰是三要素所有者所收到的总额。劳动要素服务的折现的MVP是8，土地服务的DMVP是7，资本财服务的DMVP是80。这样，每一要素都以其得到的价格而获得其DMVP。但是资本财方面的情况如何呢？它以80盎司被出售，但是它是必须被生产出来的，而且这一生产要花费货币来支付给各种要素的收入。因此资本财的价格被还原为（比方说）另一土地要素——支付了8盎司；另一支付了8盎司的劳动要素，以及支付60盎司的资本财要素。所有这些要素的价格以及由此而来的收入会再一次考虑时间而折现，而这一贴息由资本家2所赚得。这些要素收入的总额是76，而每一要素服务再次赚得其DMVP。

每一资本财要素都必须被生产出来，而且在均匀轮转经济中必须持续地被生产出来。因是之故，我们发现，资本财要素虽然获取了其DMVP但并没有为所有者赚得净收入，而必须依次为生产它的各要素支付货币。最终，只有土地、劳动以及时间要素赚得净收入。

这种分析受到了以下观点的严厉批判：

这种把每一事物都追溯到土地和劳动（以及时间！）的"奥派"方法或许是一种有意思的历史学处理，而我们也认同：如果把生产和投资追溯得足够远的话，我们最终会到达只以其赤手双拳开始生产资本的原始人的世界。但是，这和我们眼前的现代复杂、大量资本已经存在且可运用的世界有什么关联呢？在现代世界不存在没有资本协助的生产，因此奥地利学派对资本的整个分析对现代经济是没什么价值的。

我们无意于历史分析，而是关注对复杂经济的经济分析，这是毫无疑问的。行动人尤其对其资源的历史来源毫无兴趣；他是为了将会在未来实现的目标而在当下行动。[①] 行动学的分析认识到了这一点且探讨的是为满足不同未来程度（从瞬时到遥远）的目的而在当下行动的个人。

的确，资本与生产理论大师庞巴维克的论述由于为生产结构赋予了历史性的解释而引起了混乱。尤其是他的"平均生产期"概念，该概念试图建立当下的生产过程运作的平均时长，但是却追溯到了生产时间的伊始。在其理论的最薄弱的一部分中，庞巴维克妥协道："一个小孩用小刀削一根手杖，严格来说，只是在继续几世纪以前把铲子第一次插入矿穴中以制造刀片的矿工所做的工作。"[②] 此后，他试图以平均生产期来挽救生产结构的现实意义，并坚持认为：几个世纪前的努力对当下产品的影响太小了（太久远了），可以忽略不计。

然而，米塞斯成功地改良了奥地利学派的生产理论，致使其摆脱了对高度几乎无限的生产结构以及对"平均生产期"这种神秘概念的依赖。

正如米塞斯写道：

> 行动人不是用历史学家的眼光来看他的情况。他不关心现在的情况是怎样开端的。他所关心的只是充分地利用今天可用的手段尽可能地消除未来的不适……他拥有一定量的物质生产要素可资利用。他不过问这些要素是自然赋予好的还是过去生产过程中的产物。在它们的生产中用了多大数量的自然赋予，也即是，原初的物质生产要素和劳动，以及这些生产过程耗费了多少时间，对他而言都无关紧要。他对那些可用的手段的评值，完全是看它们在他改善未来情况的努力中所能提供的帮助。生产期和服务持续期，对他而言，是计划未来行动的两个元范，而不是学术思考的概念……只要行动人在不同长度的生产期之间进行选择，这些元范就会发生作用……
>
> ……[庞巴维克]没有充分认识到生产期是行动学的一个元范，而它在行动中所起的作用，完全在于行动人在长短不同的生产期之间所做的选择。过去为生产今天所使用的资本财而花费的时间之长短，是不值得计较的。[③]

482

483

---

① 这被门格尔所认识到。参见 F. A. 哈耶克在 Henry W. Spiegel 所编辑的 *The Development of Economic Thought*（New York: John Wiley，1952），第 530 页及其后中的"卡尔·门格尔"。

② 庞巴维克，《资本正面论》，第 88 页。

③ 米塞斯，《人的行动》，第 477、485 页。另见门格尔，《国民经济学原理》，第 166-167 页。

但是，如果对过去不予考虑的话，我们怎样才能运用生产结构分析呢？如果生产结构必须在时间上几乎无限地往后追溯，那么它如何才能应用于均匀轮转经济呢？如果把我们的方法立基于当下的话，我们难道不是必须遵循奈特主义放弃掉生产结构的分析吗？

一个具体的争论点在于土地和资本财之间的分界线。通过藐视追溯生产期至好几个世纪的观点，奈特主义者完全放弃了土地的概念而只把土地列为资本财的一部分。这一变更当然彻底地改变了生产理论。举例言之，奈特主义者正确地指出了这一事实：现在的土地中"混合"了许多种类和数量的过去劳动：隧道经过挖掘，森林经过清理，土壤经过了基本的改良，等等。他们声称，实际上不再有纯粹的"土地"了，因此这一概念形同虚设。

然而，正如米塞斯所展示的，我们可以修正庞巴维克的理论而仍然保留土地和资本财之间的关键区别。我们不必像奈特主义者那样在倒掉澡盆中的脏水——平均生产期——时也倒掉其中的婴儿，即土地。我们可以修正"土地"的概念。到目前为止，我们一直仅仅假定土地是原初的、自然赋予的要素。现在，为了使我们的注意力集中于现在和未来而非过去，我们必须对此进行修改。不管一片土地是否是"原初的"纯粹土地，实际上在经济意义上是无关紧要的，只要已经对之做出的改变是永久的——确切地说，只要对之做出的改变不必再生产和重置。[1] 由水渠灌溉的土地或者是砍掉树木的土地变成了一个当下的、永久不变的给定物了。由于它是当下的给定物，在生产过程中不会用光耗尽，且无须重置，因此它成为按我们定义的土地要素。在均匀轮转经济中，这一要素会不受限制地持续释放其自然力，且不用进一步的投资；因此在我们的分析中，它是土地。一旦如此，且区分了永久和非永久的改变，我们就发现，生产结构不再在时间上无限地往回追溯，而是终止于一个较短的时间段内。[2] 资本财是那些在生产过程中不断用光耗尽，且必须由劳动和土地要素工作以重置的财货。当我们考虑到

① "无须重置"作为土地相对于资本财的标准并不等同于"永久不变"。"永久不变"是"无须重置"的一个子集。很明显，永久性的改良无须被重置。然而，可耗损的自然资源，比如煤炭、矿石等等，并不是永久性的，但也属于无须重置的。关键的问题在于，一种资源是否是必须被生产出来的，如果是，它只赚取总租金。如果它不是或不能被生产出来的，那么它也会赚得净租金。被耗费的资源明显无法被重置，因此属于土地，而不是资本财。参见下文关于可耗损资源的内容。

② 在本节，我们可以使用"永久的"和"非永久的"，因为很明显任何均匀轮转均衡当中都不含有正被耗损的资源。更多关于可耗损资源的讨论，见下文。不考虑可耗损的资源，那么"永久的"就等同于"不可再生产的"。

物质的耗尽与重置时，很明显，如果不去从事维护和重置的话，那么用不了许多年，整个资本财结构就会崩塌，而甚至在现代、高度发达的资本主义经济中，这也是正确的。当然，"资本主义"发展的程度越高，生产中的阶段越多，那么所有资本财耗尽所花费的时间越长。[①]

我们所讨论的"永久性"当然指的是财货的物质的永久性，而不是其价值的永久性。后者仰赖于消费者永在变化的欲望，绝不能被称为是永久的。比方说，可能会有一独一无二、永久适于做葡萄酒厂的土地要素。因此，它是土地，且无限期地为土地。如果某一天，消费者们可能完全失去了对葡萄酒的青睐，那么这块土地就变得毫无价值且不会再被使用了，它仍然是一个永久的要素，因此是土地，虽然现在是处于边际之下的。应该指出，"永久性"是与人的行动的当下考虑相关的。一片土地不必维护就可以产生出来永久的边际（物质）产品，而该地区可能突然火山爆发或者受飓风侵蚀，因而就破坏了其永久性。然而，这种可能的自然界事件事前与人的行动是无关的，因此从行动的观点来看，这块土地被正确地当作是"永久的"，直至自然变动发生为止。[②][③]

因此，贯穿本书所使用的"土地"概念完全有别于流行的土地概念。在本节中，让我们通过把前者叫作经济土地，把后者叫作地理土地来区别二者。经济的概念包括了所有自然赋予的价值来源：通常被当作自然资源，土地、水以及空气，只要它们不是自由财货。另一方面，被认为是"土地"的价值的很大一部分——即那些必须使用劳动来维护的部分——实际上是资本财。

农业用地是资本财的例子，这或许会让那些可能视其为永久有生产力的读者大吃一惊。这完全是错误的；（地理）土地的边际物质生产力随投入维护或改良土壤的劳动量而大为不同——对比于导致土地腐蚀及较低 MPP 的对土壤的这种使用

485

486

[①] 参见维克赛尔，《政治经济学讲义》，第 I 卷，第 186 页以及全书各处；以及哈耶克，《资本的纯理论》，第 54-58 页。

[②] 这里的永久性或非永久性的问题与宇宙学上物质及能量的永久性问题没有关系。参见米塞斯，《人的行动》，第 634 页。

[③] 斯蒂格勒批评说，基于永久性或起源的土地和资本财之间的各种区别——正如这里所讨论的——是物理上的而不是经济学上的。这些批评是不得要领的。没人否认，随着时间流逝，这些同质的要素在价值上会剧烈变动。但是某一特定要素是否是原初的或者是被人改进而来的，是否是永久的，还是需要维护的，这是一个物理学的问题，而且也是一个与经济分析密切相关的问题。当然，奈特主义的论点——由于没有土地是原初的，因此所有土地都是资本财——同样也是物理学领域的论点。斯蒂格勒，《生产与分配理论》，第 274 页。

或不使用。基本的土壤（这里我们指的是若停止维护现在仍然维持的土壤，而不是耕作之前久远过去的那种土壤）是土地要素，而最终产品——通常被当作是农业用地——通常是包含了这一土地要素的资本财。

关于土壤，斯科尔和罗格如此说道：

> 土地——谷物、蔬菜、草和树木从其表层 12 到 18 英寸中获得几乎所有的养分——是极其易毁损的。表层土壤可能被冲掉或者吹走（风化），或者其有机和矿藏成分会被溶解掉从而用不了几年使得植物无法吸收（过滤掉），除非在其使用中施以很多的照料。因此可以说，所有土壤……其维护都需要储蓄。[1]

在通常称之为"城区用地"中可以更为清楚地示例出土地的不被损毁性。因为在城市区域中的土地（而这还包括城郊土地、厂区土地等等）很清楚地显示出了其最基本的不被损毁性的特征之一：它的物理空间——其地表的部分。因为地表区域——极端情况除外——作为每一片表层地理土地的地理位置是永远固定的。地理土地的这种永久固定、稳定、按照位置而定的特性被称为土地的地点方面，或者如米塞斯的恰当的说法是"供立足空间的土地"。由于它是永久的和不可再生产的，因此它很明显是归入到经济土地的类别。永久性还指它物理空间的特性；当然，其地点的价值总是容易变动的。[2] 今天市中心曼哈顿所处的位置和 16 世纪其所处的位置是同一片土地位置——同一地理位置，然而附于其上的货币价值改变了。

假设，一片当前未被利用的土地可以用于不同的农业用途或城市用途。如果那样的话，人们就会根据其作为不可再生产的经济土地的两个价值来做出选择：在因为其原土肥力所产生的折现的 MVP 和其作为城市用地的折现的 MVP 之间选择。一块土地是否现在就用于农业和已用于农业是否维持该用途或用于建筑用地用途，如果一定要对此做出选择的话，那么其选择的原则是一样的。农业或城市土地的边际价值回报由土地所有者——"地主"——细分为资本维护及改良的

---

[1] John V. Van Sickle and Benjamin A. Rogge, *Introduction to Economics*（New York: D. Van Nostrand, 1954），第 141 页。

[2] 然而，尽管位置是永久不变的，但是土地本身却必定因人准备将其作为城市用途而被改变。参见上文，第二章。

487

利息回报以及基本经济土地的折现边际价值回报。

本书中"基本土地"（或者"地面土地"）在农业的情形中指的是没有维护的土壤，在城区土地的情形中，指的是没有在折旧的上层建筑的纯粹地点。因此，基本土地（土壤或者地点）为其所有者赚得的最后单位价格，或者说租金，等于　488
其 DMVP。劳动和投资运作于这片基本土地，创造出了完成的资本财。这一资本财，像所有资本财一样，也赚取等于其 DMVP 的单位租金。然而，这一收入会被细分（在当今市场中而非作为历史考察，这样说很贴切）为基本土地的租金以及所投资本的利息回报（当然，还有劳作于此基础土地上的劳动的回报，即等于其折现的边际价值产品的劳动工资或者说"租金—价格"）。我们对此资本财土地有诸多命名："地理土地"，"一般意义上的土地"，"最后的土地"，"完成的土地"。与此不同的是，当我们简单地说道"土地"时，我们始终指的是真正的经济土地——当下的自然赋予要素。

5. 资本化与租金

在整个经济学文献当中"租"是最混乱的主题之一。因此，我们必须重述前文所阐明的租的含义。我们用"租"来意指任何财货服务的单位价格。摒弃把租这一概念只用于土地的偏见是很重要的。或许最好的指引方法是牢记住众所周知的"租出"这一做法。因此，租就和雇佣是一样的：它是任意财货的单位服务的出售和购买。因此，像适用于土地和任何其他要素的价格一样，它也可以适用于劳动服务的价格（叫作"工资"）。租的概念适用于所有财货，不管是耐久财还是非耐久财。在完全非耐久财——首次使用就完全消失——的情形中，它的服务　489
"单位"就等同于"整个"财货本身的大小。当然，对耐久财而言，租的概念更值得关注，因为其单位服务的价格是可以与"整个财货"的价格区别开来的。到目前为止，在本书中，我们一直假定，耐久的生产者财货不会被买断，只有它们的单位服务在市场上交易。因此，我们对定价的全部讨论都在探讨租金的定价。很明显，租是基础的价格。边际效用分析已经告诉我们，人是以单位而非整体来评值财货的；因而，单位价格（或者说"租"）就是市场上的基础价格。

在第四章，我们分析了租的定价以及耐久消费财"作为整体的财货"的价格。该原理和生产者财货的原理完全相同。单位服务的租用价值是最基础的价值——

在市场上最终由个人的效用表决定。"整个财货"的价格——又名财货的资本价值——等于以（那时我们含糊地称为时间偏好因素，而现在我们知道是利率）折现的预期的未来租金的总和。因而，资本价值，或作为整体的财货价格就完全取决于该财货的租用价格、其物质耐久性，以及利率。[①] 很明显，只有当财货是耐久的而不会一经使用就马上消失时，财货的"资本价值"概念才有意义。如果它马上就消失了，那么就只存在纯租金——没有独立的整个财货的价值判断。当我们使用"整个财货"一词时，我们指的并不是经济中全体该财货的总供给。我们指的——举例言之——并不是某一类型房屋的总供给，而是指可以租出一段时间的一栋房屋。我们探讨的是"整个财货"的单位，而这些单位是耐久的，必定大于可以租出一段时间的组成它们的单位服务。

　　"资本价值"——即"整个财货"的价格——的确定原理被称为资本化，或者是租的资本化。该原理适用于所有的财货，而不仅仅是资本财，我们必须不被术语的相似所误导。比方说，资本化适用于耐久的消费者财货，比如房屋、电视机等等。它也适用于所有的生产要素——包括基本土地。正如已经证明的，生产要素的租用价格，或者租，等于它的折现的边际价值产品。"整个要素"的资本价值等于其未来租金的总和，或者说是其 DMVP 的总和。[②] 该资本价值就是这"整个财货"在市场上交易的价格。一单位的"整个财货"（比如一栋房子、一架钢琴、一台机器、一亩地等等）正是以该资本价值在市场上出售。很明显，如果没有"整个财货"的市场或者价格的话，也就无所谓资本化了。资本价值是由市场基于租、耐久性以及利率所确定的估值。

　　资本化可以是针对某"整个财货"的许多单位，也可以是一个单位。我们来考察下第四章第 7 节中的例子，将之一般化使其不仅适用于房子，还适用于所有耐久的生产者财货。该财货是一个 10 年期的财货；预期的未来租金是每年 10 盎司（消费者财货由消费者的效用决定，而生产者财货由边际价值产品决定）。利率是每年 10%。该财货的现在资本价值就是 59.4 盎司黄金。然而，该"整个财货"本身就是较大供给中的一个单位；诸多房子、机器、工厂等等中的一个。不管怎样，由于某财货的所有单位拥有相等的价值，两栋这样的房子，或者两台这

---

① 参见上文，第四章。关于资本化，参见费特，*Economic Principles*，第 262-284，308-313 页；以及庞巴维克，《资本实证论》，第 339-357 页。

② 把租的定义等同于 MVP 而非 DMVP 通常会更加方便。如果那样的话，整个要素的资本价值就等于折现的其未来租金的总和。

样的机器等等的资本价值总和恰好等于一个单位的两倍，或者说 118.8 盎司。由
于是在以货币单位来加总租或 DMVP，因此可以不断对它们进行加总，以确定较
大总量的耐久财货的资本价值。事实上，在对资本价值进行相加时，我们无须局
限于对同种财货的相加。我们要做的是：把任何我们愿意估价的耐久财组合的资
本价值相加。比方说，假设一家企业，琼斯建筑公司，希望在市场上出售它的所
有资产。这些资产——必然是耐久的——构成如下：

3 台机器。每一机器都拥有 10 盎司的资本价值（基于折现的边际价值产
品的总和）。因此总资本价值是 30 盎司。

1 栋建筑，资本价值为 40 盎司。
4 亩地。每一亩拥有 10 盎司的资本价值。总计为 40 盎司。
这些资产的总资本价值是：110 盎司。

但是，在加总这些资本价值时，我们必须牢记，这些只有在它们以市场价格
或潜在市场价格表达时才是有意义的。许多著作者陷入了这样的一个陷阱：认为
以同样的方式，他们可以加总一国或世界的全部资本价值并得出一个有意义的数
字。然而，国民资本或世界资本的估算是完全无意义的。世界，或者国家并不能
在市场上出售它的所有资本。因此，这样的统计工作是言之无物的。对资本化这
一目标——对潜在市场价格的正确估算——而言，它们没有可能的参照。

我们已经表明，资本化适用于所有的生产要素，确切地说，适用于所有对包
含了它们的整个财货而言存在着市场的所有要素。我们可以把这些市场叫作资本
市场。它们是交易耐久的生产者财货的全部或部分所有权的市场。我们以资本财
为例。一个资本财的租等于其 DMVP。该资本财资本化了的价值是其未来 DMVP
的总和，或者说是折现了的其未来 MVP 的总和。这是该财货的现在价值，而且
也是该财货在资本市场上的出售所得。

因为资本化过程贯穿经济的所有部门，还因为它足够灵活可以包含不同类型
的资产——比如某个企业的总资本资产——因此，它在经济中至关重要。该资
本的所有权股份的价格会被确定为该资产总资本价值的比例份额。这样，给定
MVP、耐久性以及利率，那么资本市场的所有价格就得以确定，而这就是均匀轮
转经济中的价格。在市场上单个资本财货（机器、建筑物等等）的价格正是以这

种方式被确定的。加总这些价值以确定一组相同或不同的资产的价格时，用的也是这一方式。股票市场的股价会按照它们所代表的该企业总资产的资本化价值的比例来确定的。

我们已经说明：在市场上可以作为"整个财货"来买卖的所有要素都是资本化了的。这包括了资本财、地面土地以及耐久的消费者财货。很明显，资本财货、耐久的消费者财货可以且的确是资本化了的。但是地面土地呢？它是怎样资本化的呢？

上文我们已经详尽地了解到，要素的最终收入归于劳动和地面土地的所有者以及作为利息归于资本家。如果土地可以被资本化，这难道不就意味着土地和资本财归根究底是"实际上的相同东西"吗？后一问题的答案为否。[1]像劳动收入一样，基本的土地要素的收入是最终的、不可继续还原的，而资本财必须不断被生产、再生产出来，因此它们的收入始终可以被还原为地面土地、劳动和时间的收入，这一点仍然是正确的。

493 　　基本土地可以被资本化，是因为一个很简单的理由：它可以在市场上"作为一个整体"被买卖。（这对劳动而言是无法做到的，除非在一个奴隶制度——当然，这在完全的自由市场是无法发生的——之下。）由于可以且确实在这样资本化，那么出现一个问题：这些交易中的价格是如何确定的。这些价格就是地面土地的资本价值。

比起资本财来，土地的一个主要特点是，它的一连串未来租金一般而言是无穷无尽的，因为，不管是基本土壤还是地点，物理上都是不会毁灭的。在均匀轮转经济中，这一连串未来租金当然是始终相等的。顺便说一句，任何土地都一直被买卖，这一事实正是时间偏好的普遍性的证明。如果不存在对于现在的时间偏好，那么一连串无限的未来租金就永远也不能被资本化。一片土地就必定会拥有一个无穷大的现在价格，因而永远不能被卖掉。土地确实拥有价格，这一事实就是一个证据：始终存在着时间偏好，且未来租金被折现而降低为一个现在价值。

就像任何其他财货的情况那样，土地的资本价值等于其折现的未来租金的总和。举例言之，可以用数学方式来证明：如果我们拥有一个预期永远赚得的恒定租金，那么该资产的资本价值就等于每年的租金除以利率。[2]现在很明显，在这

[1] 费特在资本理论中的主要错误在于他相信：资本化意味着废弃了资本财货土地之间的所有差异。
[2] 参见 Boulding, *Economic Analysis*，第711-712页。

样的土地上，投资者每年都得到市场利率。换句话说，如果每年租金是 50，而利率是 5%，那么资产就会售得 50/0.05，或者说 1000。以 1000 盎司购买该资产的投资者就会每年从中赚得 50 盎司，或者说市场利率 5%。

因此，土地的"资本化"就正如资本财、资本所有的企业中的股份，以及耐久的消费者财货一样。所有这些所有者趋向于获得相同的利息回报率，而在均匀轮转经济中，所有人将会获得相同的回报率。简言之，全部被拥有的资产都会被资本化。当然，在均匀轮转经济中，所有资产的资本价值会保持不变；它们也会等于折现后的其单位租金的 MVP 的总和。

上文中，我们发现，土地和资本财的关键区别在于：前者的所有者卖掉未来财换取现在货币，后者的所有者预付了现在的货币，购买未来财，而且后者在较不远的未来卖掉他们的产品。这仍然是成立的。不过我们必须问这样一个问题：地主是如何拥有这块土地的？答案是：（除非他或他的祖先发现了未被利用的土地并将之投入使用）他必须从别人那里买下它。如果他这样做，那么在均匀轮转经济中，他必定是以其资本化了的价值购买它。如果他以 1000 盎司的价格购买了这块土地，且以租金形式每年收到 50 盎司，那么他赚取的是利息，*且只是利息*。他在生产过程中卖掉未来财（土地服务），但是他也得先用货币买入整个土地。因此，他还是一个赚取利息的"资本家投资者"。

因此，"纯地租"（即不只是先前投资的简单回报因此无法被资本化的租金）似乎只被那些亲自发现未被利用的土地的人（或者从发现者那里继承到土地的人）所赚得。然而，即使是他们也没赚得纯地租。假设，一个人发现了无主的价值为零的土地，然后用篱笆围住它等等，直到如今它可以无限期地产生每年 50 盎司。因为他没有从别人处购买这块资本化了的土地，难道我们不能说他赚取了纯地租吗？但是这会忽略掉经济生活中最重要的特征之一：隐性收入。就算此人没有购买这块土地，但这块土地现在的价值等于在市场上可获得的一定的资本价值。该资本价值是，比方说，1000 盎司。因此，此人可以在任何时候以 1000 盎司出卖该土地。他拥有并出租其服务所放弃的机会成本就是以 1000 盎司出售该土地。他每年赚取 50 盎司，这不错，但是其代价是不以 1000 盎司卖掉整个土地。因此，他的土地实际上和市场上买来的土地一样被资本化了。

因此，我们一定会得出如下结论：除了劳动者以工资的形式——在生产性的均匀轮转经济中唯一的收入是工资（用来表示劳动要素价格和收入的术语）和利息——之外，没有人得到纯租金。但是土地和资本财之间仍然存在着关键的差别。因为我们发现，基础的、不可还原的因素是土地的资本价值。资本财的资本价值仍然还原为工资和土地的资本价值。在一个变化的经济中，还有另一种收入来源：地面土地资本价值的增加。典型的例子是：发现未被使用的土地然后出卖其服务的人。最初，该土地的资本价值为零；它毫无价值。现在该土地变得有价值是因为它赚得地租。结果是，其资本价值上升至1000盎司。他的收入，或者说收益，包括资本价值上1000盎司的上升。当然，这在均匀轮转经济中是不可能发生的。在均匀轮转经济中，所有资本价值必然保持不变；这里，我们发现，货币收益的一个来源是土地资本价值上的上升，这种上升是由预期中土地租金收益的增加所致。[1] 如果在这个从0至1000的具体变动之后，经济变成了均匀轮转经济，那么这一收入就是"一次性的"事件，而不是持续、往复循环的东西。该土地的资本价值从0上升到1000，而所有者可以随时获得这一收入。然而，一旦获取这一收入之后，就无法再次获得了。如果他以1000盎司卖出该土地，下一个买家不会从资本价值的上升中得到任何收益；他只获得市场利息。只有利息和工资是不断获得的。只要均匀轮转经济持续下去，资本价值上就不会有进一步的收益或损失。[2]

496　6. 自然资源的消耗

到目前为止，我们故意在对土地要素的讨论中省略掉了一个范畴。起初，我们把土地定义为原初的、自然赋予的要素。然后，我们说，由人双手改良但现在是永久存在的土地也必须被视为土地。因此，土地就成了交换学上永久的、不可再生产的资源，而资本财是非永久的因而为了重置必须再次生产。然而，有一类资源是不能重置但也是非永久的：正被消耗的自然资源，比如铜矿或钴矿。一方面，这里的要素肯定是原初且自然赋予的；它无法由人生产出来。另一方面，它不是永久性的，而是会消耗的，因为对它的任何使用都会使得未来的使用量绝对变小。它是原初的，但是非永久性的。应该把它归类为土地还是归类为资本财呢？

我们分类程序的关键性检验是问一下：为了再生产该财货，是否必须用到劳

---

[1] 在长期中，资本财的资本价值的增加是不重要的，因为它们会分解为工资的上涨与地面土地资本价值的增加。

[2] 资本价值上由变动所带来的收益问题会留待下文进一步探讨。

动和土地要素？在永久性要素的情况下，这不是必需的，因为它们不会用光耗尽。然而，如果是自然资源的情况，我们必须也给予否定答案，因为这些财货虽然是非永久的，但就算它们会损耗，也不能由人再生产出来。因此，自然资源属于"土地"范畴之下的一个特殊的子集。①

表 7.3——改编自哈耶克教授的一个表格——展示了我们对于各种资源是属于土地还是资本财的分类。②

表 7.3

资源	永久性	非永久性 （可消费的）
原始的 （不可生产的）	土地	土地
生产过的 （可生产的）	土地	资本财

哈耶克批评了把可再生产性作为分类资本财的标准。他宣称："有意义的……不是某一现存资源可以由其他在技术意义上近似于这些资源的东西所重置，而是，要想收入流不下降，它们必须由某些东西来重置——不管是相似的还是不相似的。"③然而，这把对价值的考虑与物质的考虑搞混了。这里我们是在试图为物质的财货进行分类，而不是去探讨它们可能的持续波动的价值。关键点在于，可耗损的资源不能被重置，虽然其所有者很想这么做。因此它们赚得一个净租金。哈耶克还提了一个问题：如果可以通过收集雨水来创造一条新的河流，那么这河流是否是"土地"。这里哈耶克再次把对物质的具体财货进行分类的问题误解为维持一个"恒定的收入流"的问题。这河流是土地，因为并不需要对它进行物质上的重置。很明显，哈耶克的批评对卡尔多的定义是有效的。卡尔多把资本定义为经济意义上生产它会有利可图的可再生产的资源。如果是那样的话，那么废弃的机器就不再是资本财了。（它们难道会是"土地"？）正确的定义应该是：可以物质

---

① 参见 Fred R. Fairchild, Edgar S. Furniss, 以及 Norman S. Buck, *Elementary Economics*（New York: Macmillan & Co., 1926），第二卷，第 147 页。

② 哈耶克，《资本的纯理论》，第 58 页。

③ 同上，第 92 页。

再生产的资源。培育人造水果等等的可能会使所有土地成为"资本"——哈耶克
的这个批评再一次误解了（物质上再生产它的需要和可能性的）问题。因为，基
本土地——而不是其产物——无须再生产，它被排除在资本财的范畴之外。

自然资源无法被再生产，这一事实意味着它们赚得了一个净租金，且它们的
租金并不被进入到其生产过程的土地和劳动要素吸收掉。当然，从该净租金中，
它们为其所有者赚得了社会的一般利率，赚取的利息与其资本价值相关。自然资
源的资本价值上的增加最终归于资源所有者自己那里，而不会被土地和劳动要素
以收益吸收。

资本化可耗损的资源没有任何问题，因为正如我们所知的，对于无论是有限，
还是无限的一连串未来租金收入，资本化都可以发生。

但是，所有对可耗损资源的分析都会面临一个突出难题，而这使之与所有其
他类型财货区别开来。这个难题就是：在均匀轮转经济中不能存在这样的资源的
使用。因为均匀轮转经济的基础就是，所有经济数量在无尽的往复循环中永远持
续不变。然而，这在可耗损的资源的情况下是不会发生的，因为每当使用它，该
财货在经济中的总库存就会减少。于是，下一刻的状况就不可能和之前的相同
了。这只是在把均匀轮转经济概念不是作为分析中的辅助建构，而是自由经济必
须被迫模仿的某种类型的理想时，所遇到的无法逾越的困难的一个例子。

对于可耗损的资源，是可以有贮存需求的，就像对市场上任何其他的财货的
库存，存在着投机贮存需求一样。然而，这种投机并非不道德的；它是有明确的
作用的，即把稀缺的可耗损资源配置到那些当消费者对其需求最大的时候的那些
用途上。投机者——等待着直到未来某刻使用该资源——通过把消费者的使用转
移到它们的需求大于现在的某刻来使消费者受益。就像地面土地的情况，永久性
的资源属于第一个发现和使用者，而通常这些初始的资本收益由最开始投资于资
源发现的生意的资本的利息所吸收。只有在新资源的发现是一贯、持续的生意时，
才会出现这样的（被利息）吸收。但是该生意——根据定义不可存在于均匀轮转
经济中——不可能是完全一贯的。

诸如煤炭和原油这样的矿产很明显是可耗损资源的主要例子。像森林这样的
自然资源又如何呢？森林尽管是由自然过程生长出来的，但是如果采取维护且培
育更多树木等措施是可以由人"生产出来的"。因此，必须把森林归类为资本财
而不是可耗损的资源。

有一个针对自由市场行为的常见攻击，是基于乔治主义者的对把自然资源因

为投机目的而保留在市场之外的莫名惶恐。我们已经在上文探讨了这个所谓的问题。另一个恰好与之相反的常见攻击是：自由市场会浪费资源，尤其是可耗损的资源。据说，后世子孙会因为当代人的贪婪受劫掠。该推论会导致这样的行动学结论：不能消费任何资源。因为，任何时候，当一个人消费掉（这里我们是在包含了生产中"用光耗尽"的更广意义上使用"消费"一词）可耗损的资源时，他就使得他自己或者其后代可使用的库存更少了。任何时候用掉任何数量的可耗损资源，留给未来的就会更少，这是生活的一个事实，因此，任何这样的消费都可以一样称之为"对未来的劫掠"——如果你选择用这样不寻常的含义来定义劫掠的话。[①]一旦我们允许任何数量的可耗损资源的使用，我们就必须抛弃"劫掠未来"的观点，并认可市场上的个人偏好。认为市场会过度使用资源与认为市场会太慢地使用资源同样没有道理。市场会趋向于严格按照消费者的需求的速率来使用资源。[②]

在第一卷中，我们阐发了孤立的个人、物物交换以及间接交换的基础性经济分析，我们现在将在第二卷中通过探讨变动经济、特定类型要素、货币及其价值、垄断与竞争的"动态问题"来进一步推进这一分析，并且以必须更概述的方式来探讨自由市场中暴力干预的后果。

附录 A　边际物质产品与边际价值产品

为了简化起见，我们把边际价值产品（MVP）描述成等价于边际物质产品（MPP）乘以价格。因为我们已经知道，要素必须在递减的 MPP 的区域中被使用，而要素供给的增加会导致价格的下降，分析的结论是，每一要素都会在导致 MVP 降低的供给增加的区域中使用。然而，首句中所做的假设并不完全正确。

那么，我们来探究一下得出 MVP 的 MPP 的乘数是什么。MVP 等于从新增一个要素单位中所获得的收入增加，或者是从失去一个要素单位中减损的收入。

500

---

① 之所以说这是不寻常的含义，是因为劫掠一般被特别定义为在不得到他人同意的情况下夺取他人的财产，而不是某人使用自己的财产。

② 正如斯蒂格勒在针对市场上"浪费的"资源的诉讼中所说的，"如不把'浪费的'与'无利可图的'作为同义词，而要贴切地定义'浪费的'，是个很有意思的问题"。斯蒂格勒，《价格理论》第 332 页。对自然资源的讨论以及对"自然资源保护"学说的批判，参见 Anthony Scott, *Natural Resources: The Economics of Conservation*（Toronto: University of Toronto Press，1955）。

因此，MVP 等于从一个状态到另一状态之间——即由于增减一个单位要素所导致
的状态中的变动——的差额。因此，MVP 等于 R_2-R_1，其中 R 是产品售卖所得的
总收入，而较高的下标表示生产中所利用的某要素更多。这一要素增加的 MPP
是 P_2-P_1，其中 P 是产出产品的数量，较高的下标还是表示所用要素的更多。

因此：根据定义 MVP=R_2-R_1.

根据定义 MPP=P_2-P_1.

收入是由产品出售所得；因此，对需求曲线上的任意给定点来说，总收入等
于产出并卖出数量乘以产品的价格。

因此，$R=P \cdot p$ 其中 p 是产品的价格。

因而：$R_2=P_2 \cdot p_2$

$R_1=P_1 \cdot p_1$

现在，由于要素是经济财货，因此其他要素不变，某一要素使用的任何增加
都必然会增加产出数量。很明显，企业家使用无法带来产品增加的更多要素是没
有意义的。因此，$P_2>P_1$。

另一方面，产品的价格随着供给增加而下降，结果：

$P_2<P_1$

现在，我们来试图探究一下 MPP 乘以什么才等于 MVP。这一未知数等于：

$$\frac{\text{MVP}}{\text{MPP}} > \frac{R_2-R_1}{P_2-P_1}$$

可以把它叫作边际收入，等于收入上的改变量除以产出上的改变量。

很明显，这个数字——我们可称为 MR（边际收入）——不会等于 p_2 或 p_1
也不会等于两者的平均数。简单地以分母乘以 p_1、p_2 两者之一或者两者全部会揭
示出这并不构成分子。那么 MR 和价格之间的关系是怎样的呢？

价格是平均收入，即它等于总收入除以产出并卖出的数量。简言之

$$p=\frac{R}{P}$$

然而，在上文关于边际和平均产品的讨论中，我们发现了"平均量"和"边际
量"之间的数学关系，而这对收入和生产力一样都成立：即在平均量增加的范围
内，边际量大于平均量；在平均量减少的范围内，边际量小于平均量。但是本书
前面，我们已经确立了：需求曲线——即价格或者平均收入曲线——总是随着数
量增加而下降。因此，边际收入曲线也下降且总是处于平均收入，或价格之下。

然而，让我们来通过阐明"对任意两个状态来说，p_2 大于 MR"来加强我们的论证。由于 p_2 小于 p_1——因为当供给增加时价格下降——因此 MR 小于两个价格这一命题得到了证明。

首先，我们知道 $p_2<p_1$，这意味着

$$\frac{R_2}{P_2} < \frac{R_1}{P_1}$$

现在，我们可以把点 1 当作起始点，而此后假设变动到了点 2，结果：

$$\frac{R+\Delta R}{P+\Delta P} > \frac{R}{P}$$

如此，转换为上文生产力证明中我们用过的相同符号。现在这意味着

$$\frac{R}{P} - \frac{R+\Delta R}{P+\Delta P} > 0$$

503

合并两个分项，再交叉相乘，我们得到

$R\Delta P - P\Delta R > 0$，

或者

$R\Delta P > P\Delta R$，

结果是

$$\frac{R}{P} > \frac{\Delta R}{\Delta P}$$

（这里我们证明了 MR 小于 p_1——两个价格中较高的那个。）

现在，这意味着：存在着某个未知、始终为正的分数 1/k，它乘以较大的那个就等于最后不等式中较小的比率（MR）。于是，

$$\frac{R}{KP} > \frac{\Delta R}{\Delta P}$$

现在，通过代数变换，

$$\frac{\Delta R}{\Delta P} = \frac{R+\Delta R}{KP+\Delta P}$$

而由于 k 是正数，

$$\frac{R+\Delta R}{P+\Delta P} = \frac{R+\Delta R}{KP+\Delta P}$$

但是，这确定了

$$\frac{R+\Delta R}{P+\Delta P} > \frac{\Delta R}{\Delta P}$$

也即是，MR 小于 p_2。证明完毕。

所以，当我们严格考察：乘以 MPP 得到 MVP 的是 MR（边际收入），而不是价格的话，我们发现我们的结论——生产始终发生于 MVP 曲线下降的区域内——得到了加强而不是削弱。比起 MPP 来，MVP（边际价值产品）甚至下降得比我们设想的更快。此外，我们的分析并没有被大幅修正，因为在我们修正的分析中并没有引入新的基础的决定因素——MPP 和消费者需求曲线确立的价格之外的决定因素。有鉴于此，我们可以继续把 MVP 等于 MPP 乘以价格当作一个对真实结果的合理、简化了的近似说法。[①]

附录 B　罗尔夫教授与折现的边际生产力理论

当今经济思想流派中最流行的是计量经济学、凯恩斯主义、制度主义以及新古典经济学。"新古典"指的是由 19 世纪后期主要的经济学家们创立的范式。今天占据主流的新古典族系可以在弗兰克·奈特教授的体系中发现，该体系最大的特征就是攻击时间偏好的所有概念。由于否认时间偏好，将利息回报只基于所谓的资本的"生产力"，奈特主义抨击折现的 MVP 学说而代之以鼓吹纯粹的 MVP 理论。这一方法最清晰的阐释可见于奈特的追随者，厄尔·罗尔夫（Earl Rolph）教授的一篇论文。[②]

罗尔夫把"产品"定义为"当下有价值的活动"的任何直接产物。这些包含了只会在未来被消费掉的财货上的劳作。

> 因此，开始一座大楼的建造的工人和设备第一天可能只在地面上完成了几个桩，但是他们的直接产品正是这些，而非将完成的整个建筑。因此，要素得到其边际产品的价值这一学说指的是这种直接产品。生产和产出产品的同时性无须任何简化的假定。这是对明显事实的直接观察。每一活动都有其直

[①] 有一个奇妙的观点：把 MR（边际收入），而非价格，当作是乘数会莫名其妙地损害市场上消费者欲望满足的最大化。该假设没有任何靠谱的正当理由。

[②] Earl Rolph, "The Discounted Marginal Productivity Doctrine" in W. Fellner and B. F. Haley, eds., *Readings in Theory of Income Distribution*（Philadelphia: Blakiston, 1946），第 278–293 页。

接成果。

很明显，没有人否认人劳作于财货上并同时把资本往前推动一点点。然而，其直接成果在任何意义上是产品吗？应该很清楚：产品是指最终产品——卖给消费者的财货。生产体系的全部目的在于实现最后的消费。所有中间的购买都是基于消费者最终购买的预期的，否则就不会出现。每一活动都可能有其直接"成果"，但是，如果要素所有者自己直至最终消费阶段共同拥有他们的所有产出的话，那么它们并不是能从某人那里取得任何货币收入的成果。如果是那样的话，很明显它们不会立即得到支付；因此，它们的产品不是直接的。市场上，它们立即（而即使这样也不是严格意义上的立即）得到支付的唯一原因是资本家们预付了现在财以换取他们预期有溢价或者利息回报的那些未来财。因此，支付给要素所有者的是它们边际产品的折现价值。

此外，奈特-罗尔夫方法是一种向实际成本的价值理论的倒退。该理论假定，当下的努力无论如何总是会带来当下的成果。然而是何时带来呢？在"当下有价值的活动"中。然而这些活动怎么变得有价值呢？只有它们的未来产品如预期那样被卖给消费者才变得有价值。然而，假设人们在某一特定财货上工作了多年并由资本家支付，此后最终产品没有被消费者购买。资本家们承受了货币亏损。根据边际产品的立即支付发生在哪里呢？这样的支付只是资本家对未来财的一种投资。

506

之后，罗尔夫转向了折现方法的另一个所谓的重大错误，即"要素的非协作学说"。这意味着，有一些要素——在其支付中——得到了其产品的折现价值，而有一些要素没有得到。然而，罗尔夫却陷于一个误解；在任何一个见解正确的折现理论当中都没有非协作的假定。正如我们上文所言，所有要素——劳动、土地以及资本财——得到它们的折现边际价值产品。在最后的分析中，关于资本财所有者的区别在于，他们并不得到任何独立的支付，因为资本财被分解为生产出它们的要素，最终是土地和劳动要素，以及资本家预先支付中所涉及的时间的利息。① 罗尔夫认为涉及非协作是因为土地和劳动要素的所有者"得到了折现的份

---

① 罗尔夫把这一错误归咎于科纳特·维克赛尔，但是这样的一个混淆并非维克赛尔所致，维克赛尔参与了关于资本和生产结构以及生产中时间作用的杰出讨论。维克赛尔正确地阐明了只有劳动和土地才是最终的要素，因此资本财的边际生产力被还原为劳动和土地要素的边际生产力，结果是货币资本赚得利息（或者说，折现）差额。

额"，而资本"得到了未折现的份额"。但是，这是陈述该结论的一种错误方式。土地和劳动要素所有者得到了折现后的份额，而资本（货币资本）所有者得到了折现。

维克赛尔关于这些以及相关问题的讨论是具有根本重要性的。举例言之，他认识到，只有从单个企业的观点而非以其所有相关联系来考察整个市场时，资本财才是完全彻底地同土地和劳动要素协作的。当今的经济学推理——对它的损害——甚至比他那个时代的著作者更加专注于孤立的企业的研究而不是相互关联的市场。（维克赛尔，《政治经济学讲义》，第 I 卷，第 148-154，185-195 页。）

罗尔夫论文的剩余部分主要集中于试图证明在对要素所有者的支付中不涉及时滞。罗尔夫假定每一企业内都有"生产中心"的存在，该中心——实际上被分解为瞬间即发的步骤——瞬间生产然后也隐含着瞬间就得到支付。这种曲解性且不现实的建构是完全不得要领的。就算有分解开来的"生产中心"，但关键点在于：某个人或者某些人必须顺着生产路线——不管以何种次序——预付现在货币，直至最终的产品被卖给消费者。请罗尔夫描绘一下一个（他否认存在的）无人预付现在财（货币资本）的——视乎情况而定，分解的或者整合的——生产体系。那么，就算劳动者和地主多年无报酬地工作于中间产品，直至最终产品准备好供应消费者，让罗尔夫去劝告他们无须忧虑，因为他们在工作时隐含地得到了支付。因为这是奈特-罗尔夫观点的必然逻辑推论。[1]

---

[1] 罗尔夫前后一致地以拒斥任何时间偏好对利息的影响来结束他的文章，关于利息他是以奈特主义谱系中生产新资本财的"成本"来解释的。

第八章 生产：企业家精神与变化

1. 企业家利润与损失

在之前几章展开了我们对市场经济的基本分析之后，现在我们要开始探讨其更加动态和具体的应用，以及对市场的干预所带来的后果。

在均匀轮转经济中，生产者的价格和收入的终极范畴只有两个：利息（整个经济中保持一致），以及"工资"（ wages ）——它是各种劳动要素的服务价格。然而，在一个变动的经济中，不只是工资率和利率这两个因素会变动，另外还出现了一个可正可负的收入范畴：**企业家利润与损失**（entrepreneurial profit and loss）。我们应该集中分析经济上更为重要的那类企业家——**资本家－企业家**（capitalist-entrepreneurs）。正是他们对生产过程中使用的"资本"（土地和 / 或者资本财货）进行投资。他们的作用正如我们之前所述的：向要素所有者预付货币并在之后使用财货直到**较接近当前的产品**在后来被售出。我们也已详细地得出了均匀轮转经济的规律：要素价格等于贴现边际价值产品（DMVP, discounted marginal value product）；每种要素将被配置至最具价值生产力的用途上；资本价值等于 DMVP 的总和；利率是一致的且只由时间偏好支配；等等。

与之不同的是，在动态的现实世界中，任何未来的评值或事件都是未知的，都必须由资本家来进行预估、猜测。要对未知的未来进行投机，预期未来的产品能够以有利可图的价格出售，资本家必须预付现在货币。因此，在现实世界中，判断的才能和预测的准确对资本家所获得的收入产生极为重要的影响。企业家的套利行为使得经济趋势总是朝向均匀轮转经济，但由于现实的不断变化、价值表和资源的变动，均匀轮转经济永远不会到来。

资本家—企业家在现在购买要素或者要素服务，而他的产品必须在未来售出。他总是时刻关注着价格偏差（discrepancy），关注着可以赚得高于当前利率的领域。假设利率是5%；琼斯可以花100盎司购入某个生产要素组合；他相信他能够利用这个生产要素组合在两年之后以120盎司的价格售出一种产品。他预期的未来回报率是每年10%，如果他的预期实现了，那么他将实现10%而不是5%的年回报率。他的实际回报率与一般利率之间的差异就是他的**货币利润**（money profit）（下文我们将直接称之为"利润"，除非讨论要求我们具体区分货币利润和心理利润）。在这个例子中，琼斯的货币利润是两年每年10盎司，或者说是每年额外5%。

那么，是什么使这些利润得以实现，使事后的利润达到了生产者事前的预期？实际上是因为这个过程中的生产要素的价格被低估，资本化不足（undercapitalized）：就购买生产要素的单位服务而言是价格低估；就生产要素被整个购买而言是资本化不足。两种情况下市场的一般预期都出现错误，低估了要素的未来租金（MVP）。然而，这个企业家比他的同行更有远见，并且将洞察付诸实践。他以利润的形式收获先见之明的奖励。他的行动、他对生产要素的价值被普遍低估的认识，将导致利润的最终（或更准确地说倾向于）消除。通过在这个具体生产过程中扩大生产，他提升了这些要素的需求和价格。随着受10%回报率吸引的竞争者加入相同领域竞争，上述趋势会加强。不仅需求增加会**提升**要素价格，而且产出的增加也会**降低**产品价格，结果是回报率趋向于跌回到纯利率。

在这个过程中，企业家发挥了什么作用？在追求利润过程中，他发现，与其潜在价值产品相比，某些要素的价格被低估了。通过认识到这一价格偏差并对之采取行动，他将生产要素（当然是非专用要素）从其他生产过程转移到这个生产过程。他察觉到要素价格并没有充分反映它们潜在的DMVP；通过出价购买和雇佣，他们能够将要素从DMVP较低的生产配置到DMVP较高的生产中。通过预测要素在哪里更有价值，他们更好地服务了消费者。因为要素价值更高完全是由于消费者对于它们的需求更强烈，即它们能够更好地满足消费者的欲求。这正意味着更大的贴现的边际价值产品。

显而易见，谈论无论什么水平的现行**利润率**都没有任何意义。没有利润率不是瞬息万变、转瞬即逝的。因为任何已实现的利润都会因为它所引发的企业家行为而趋于消失。那么基本**比率**就是**利率**，它是不会消失的。如果我们从一个动态经济开始，并假定价值表和原始要素还有技术知识都是全部给定的，那么其结果将是利润被消除，达致一个只有纯粹利率的均匀轮转经济。然而，品位和资源的不断变化持续地转移着最终均衡目标，并设定企业家活动所指向的新的目标——均匀轮转经济中的最终趋势将再一次是利润的消失。这是因为，均匀轮转经济意味着不确定性的消失，而利润则是不确定性的结果。 512

大量作家和经济学家只考虑经济中的利润，而几乎不考虑损失。这是一个严重的错误。经济不应该被描述为"利润经济"，而应该是"损益经济"。①

当一个企业家对他未来的出售价格和收入做出了错误的预估，就会出现损失。比方说，他以 1000 盎司买入要素，并将它们制成产品，然后以 900 盎司出售。他没有认识到，与要素的 DMVP，即他的产出的价格相比，要素在市场上的价格被高估，**资本化过度了**。

因此，每个企业家都是因为他预期能够获取利润而投资于一个生产过程，换句话说，**他相信，与要素的未来租金相比，要素的价格被市场低估，资本化不足**。如果他的判断被证明是对的，他将获得利润；如果他的判断被证明是不对的，例如，市场实际上高估了要素的价格，他将遭受损失。

损失的本质必须被仔细界定。假设市场利率为 5%，一个企业家以 1000 盎司的价格购入要素并在一年后以 1020 盎司出售产品。此时他是"亏损"还是"盈利"了呢？起先，他看起来并没有亏损，毕竟他不仅赚回了本钱，还多赚得了 20 盎司，也就是 2% 的净回报或净收益。然而，细致观察一下，就会发现，他原本 513 可以在其他地方从他的资本中赚得 5% 的净回报，因为这是现行的利息回报。比如说，他原本可以通过向其他任何一家企业投资或借款给消费者以实现这一回报。但是，在这次投机活动中他甚至没有赚够利息收益。因此，他投资的成本，不仅仅是他用于购买要素的 1000 盎司，还包括他所放弃的赚取 5% 的利息，也即 50 盎司的机会。因此他实际上损失了 30 盎司。

当我们试图设定**损失率**（rate of loss）时，"利润率"（rate of profit）这一概念的荒谬性就愈加明显了。显而易见，使用"损失率"毫无意义；企业家会果

---

① "在对此领域的一般性讨论中……我略过的一件事是，对词的任何使用都确认利润指利润或损失且实际上也可能是作为收益的损失。"Frank H. Knight, "An Appraisal of Economic Change: Discussion," *American Economic Review, Papers and Proceedings*, May, 1954, p. 63. 奈特教授对利润理论的伟大贡献与其在资本和利息理论方面的错误形成的鲜明的对比。见其著名的著作, *Risk, Uncertainty, and Profit*（3rd ed.；London: London School of Economics, 1940）。利润理论的最好呈现可能是米塞斯的,《利润和损失》in *Planning for Freedom*（South Holland, Ill.：Libertarian Press, 1952）, pp. 108–151。

断地放弃正在亏损的投资，将他们的资本转移到别处。随着企业家们撤离此生产领域，要素的价格下跌（因为供给减少），产品的价格上涨，直到此生产部门（branch of production）的净回报（net return）与所有生产部门相等，而这个净回报即为均匀轮转经济的一致利率（uniform interest rate）。因此，很明显，整个经济中的回报率均等化，产生一致利率的过程，**正是均匀轮转经济中引起利润和损失消失的同一个过程。**换言之，在一个利率为5%的真实经济中，生产线A为某个企业家带来了10%的净回报，生产线B实现了2%，其他生产线实现了5%，那么，A就获得了5%的纯利润，B遭受了3%的纯损失。投资生产线A的企业家准确地预估了市场对他的要素估价低于要素真实的DMVPs；投资生产线B的企业家却错误地认为他的要素价格在市场上是被低估的（或至少是估价正确的），但后来他不幸地发现，相对于他选择的用途，这些要素的价格实际上是被高估的。在均匀轮转经济中，所有未来的评值都是已知的，因此也就不存在价格被低估或高估，也就没有企业家的利润或损失；有的只是一个纯粹利率。

514 　　在现实世界中，盈利和亏损几乎总是与利息回报互相交织在一起的。我们对它们的区分，在概念上是成立的，而且十分重要。但在实际当中，这样做绝非易事，也是无法量化的。

　　现在让我们来总结一下均匀轮转经济的实质，即所有生产要素都被配置到其DMVPs最高的领域，这些是由消费者的需求表所决定的。在劳动分工和专业化的现代世界，做决定的几乎总是消费者自己，这实际上把资本家排除在外，因为他们消费自己产品的量少到可以忽略不计。那么，给定资源（具体而言是劳动和土地要素）库存的"自然"事实，为经济系统做决策的正是消费者。消费者通过购买和不购买决定了生产什么产品，数量多少，同时也决定着所有参与生产的要素的收入。而且，每个人都是一名消费者。

　　这个"规则"的一个明显例外出现在资本家或者劳动者对某一特定生产线具有强烈的偏好或厌恶的时候。在均匀轮转经济中，某一极受厌恶的生产线的均衡回报率（the equilibrium rate of return）会远远高于一致利率；反之，备受喜爱的生产线的均衡回报率会低于一致利率。不过，这些偏好必须足够强烈，可以影响相当数量的潜在投资者或劳动者的投资或生产行动，才能使回报率发生变化。

　　利润有社会功能吗？许多批评家基于均匀轮转经济中不存在利润（或损失）这一点，抨击企业家们在现实世界中盈利，好像他们的所作所为是有害的或者至少是没有必要的。利润难道不是经济中出现了某些问题或者某种失调现象的指

标吗？答案是：是的，利润是失调现象的一个指标，但和通常所指的意义恰恰相 515
反。正如我们在上文中所知，**利润是追求利润的企业家发现并纠正失调现象的一
项指标**。这些失调现象不可避免地与变化万千的真实世界共生并存。一个人要获
取利润，只能凭借他超凡的远见和判断力去发现某个失调现象——具体而言是市
场对某些要素价格的低估。通过投身这种境况，并获得利润。他唤起了每个人对
这一失调现象的关注并引发最终消除它的力量。如果我们一定要谴责某个人，那
也不应该是**追求利润的企业家**，而是那些蒙受损失的人。因为损失是一个信号，
说明他通过配置与消费者欲求相比价格被高估的要素，进一步增加了失调现象。
相反，获得利润的企业家则是在将要素配置到相对于消费者欲求价格被低估的地
方。一个人获得的利润越多，他所扮演的角色就越值得赞赏，因为这就意味着他
独自发现和纠正的失调现象也越多。反之，一个人损失得越多，他就更应受到谴
责，因为他对失调现象的贡献也就越大。①

当然，我们不应对显然错误的失败者太过苛刻，他已经以损失的形式受到了
惩罚。这些损失使得他远离他在生产中扮演的差劲角色。如果他在他参加的所有
生产过程中总是失败者，那么他将彻底失去企业家这一角色，做回一名工薪族。
事实上，市场对高效的企业家的奖励，对低效者的惩罚是与他们的贡献相称的。
这样，一直都具有先见之明的企业家的资本和资源会持续增长，而鲁莽的企业家
们的资源逐渐缩水。前者在生产过程中扮演越来越重要的角色，后者则被迫彻 516
底放弃企业家这一角色。然而，这个过程并没有必然的自我加强的趋势。若一个
先前优秀的企业家突然犯了严重的错误，他将遭受相应的损失；若一个先前蹩脚
的企业家做了一次准确的预测，他将获得相应的收益。市场并不会因为某企业家
过去的成功而多敬他三分，不论他的成功是如何伟大。而且，一个人投资的规模
并不是企业家能够取得丰厚利润或避免惨痛损失等等的保证。资本并不必然"产
生"利润。只有明智的企业家决策才可以。一个人做了不稳健的投资可能会损失
一万盎司黄金，与一个人投入 50 盎司于可靠的投资可以带来利润，二者是一样

① 我们可以做出这样的价值判断，当然，前提是我们认为纠正失调和服务消费者是"好"的，制
造失调是"坏"的。这些价值判断根本不是行动学的真理——尽管绝大多数的人可能不赞同这一
点。那些在服务消费者时偏好失调现象的人恰恰持有相反的价值判断。

确定的。[1]

除了市场的惩罚以外，我们不能再谴责遭受损失的不幸的企业家。他自愿承担企业家风险，并因他糟糕的判断遭受了与其错误相应的损失。置身事外的批评家们没有权利进一步谴责他。正如米塞斯所说：

> 没有人有权利怪罪那些在做生意中犯错的企业家们，强调如果企业家们更具技巧和远见，人们本应得到更好的服务。如果抱怨者更有头脑，为什么他自己不填补空缺并抓住机遇赚得利润呢？做事后诸葛亮确实容易得很。[2]

517　**2. 净投资的影响**

考查了均匀轮转经济及其与特定的企业家利润和损失之间的关系后，让我们转向这个问题：在经济中，何时会有**合计利润**或**合计损失**？这与另外一个问题相联系：在经济中，合计储蓄或合计投资水平的变化会产生什么样的影响？

我们先从第五章及第六章中所描述的均衡经济入手。生产发生在总共长达 6 年的过程中；总收入为 418 盎司黄金，总储蓄－投资（gross savings-investment）为 318 盎司，总消费为 100 盎司，净储蓄－投资为零。在 100 盎司的净收入中，83 盎司由土地所有者和劳动所有者获得，17 盎司由资本所有者获得。由于自然利率的一致，生产结构保持不变，其引起的价格差与经济中的合计个人时间偏好表一致。正如哈耶克所述：

> 生产结构是否保持不变，完全取决于企业家觉得仍然将出售产品所得回报的一部分再投资于生产同类的中间财货是否有利可图。这是否有利可图一方面取决于这一具体生产阶段的产品所取得的价格，另一方面则取决于为生产的原始手段和来自之前生产阶段的中间产品所支付的价格。资本组织现存程度的持续性，相应地取决于每一生产阶段的产品所支付和取得的价格。因

---

[1] 有关所有这些问题，参见米塞斯，《利润与损失》；有关资本自动产生利润的谬误在公共效用管制中的角色，参见 Arthur S. Dewing, *The Financial Policy of Corporations*（5th ed. ; New York: Ronald Press, 1953），I，第 308–353 页。

[2] 米塞斯，*Planning for Freedom*，第 114 页。

此，这些价格是决定生产方向的真实而且重要的因素。[①]

如果在某个时期，存在由时间偏好表下降引起的净储蓄，将会发生什么？比　518
如，假设消费由 100 降至 80，节省的 20 盎司进入了时间市场。总储蓄增加了 20
盎司。在这转变的过程中，净储蓄从 0 变为 20；不过，在储蓄达到这一新水平
之后，将会出现新的均衡，此时总储蓄等于 338，净储蓄为 0。从表面上看，似
乎又一无所有了。消费不是从 100 降至 80 了吗？那么，以最终消费为基础的整
个生产活动复合体又会怎样？这不会给所有部门带来灾难性的萧条吗？而且，缩
减了的消费如何能支持在生产者财货上增大的开支额，使之有利可图呢？哈耶克
恰当地将后者称为"储蓄悖论"（paradox of saving），即储蓄是扩大生产的必要
和充分条件，然而同时，这样的投资本身却似乎为投资者们播下了金融灾难的
种子。[②]

如果我们观察上文中的图 5.2，显而易见资本家 1 的货币收入金额会急剧下
降。资本家 1 总共将得到 80 而不是 100 盎司。资本家 1 分配给原始要素和资本
家 2 的金额也相应减少。因此，从最终消费者开支开始，有推动货币收入和价格
下跌的动力沿着生产结构传递下去。然而与此同时，**另一股力量**也同时发挥作
用。这 20 盎司并没有凭空消失在整个体系中，而仍处于经济中被投资的过程中。
遍布整个经济的它们的所有者，寻求让他们的投资获得最大的利息回报。新的储
蓄使得总投资与总消费之比从 318 ：100 变为 338 ：80，"更缩小的"消费基数　519
必须支持生产者更大金额的支出。这怎么可能发生（特别是在较低层级的资本家
们的合计收入必然因此下降之后）呢？答案是：只有一种方法——把投资进一步
顺着转移至更高层级的生产阶段。我们通过简单研究就能明白，那么多投资能够
从较低阶段转移至较高阶段并在每一阶段保持一致（更低的）的利息差异（累计
价格差异［cumulative price spreads］）的唯一方法，就是**增加经济中生产阶段的
数量**，即延长生产结构。净储蓄，即增加的总储蓄，对经济的影响是延长和窄化
生产结构，而且这个过程是可行的、自我维持的（self-supporting），因为在每个
阶段，它始终保留着必要的价格差异。图 8.1 展示了净储蓄的影响。

---

① 哈耶克，《价格和生产》，第 48-49 页。
② 参见哈耶克，《储蓄悖论》，《利润，利息和投资》，第 199-263 页。

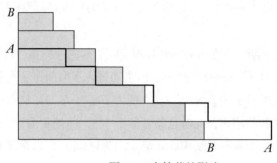

图 8.1　净储蓄的影响

在这张图中，我们可以看到生产结构的变窄和延长。粗线 *AA* 是原先结构的
520　轮廓。最底下的矩形（消费）由于新储蓄的增加而变窄。随着我们逐阶向上——
图中的阶梯表示的是利息差——与原先结构相比，新的生产结构 *BB*（阴影部分）
变得相对越来越窄，只有上面几级才比原先的结构更宽，最后还增加了新的更高
的阶段。

你会注意到在新生产结构 *BB* 中的阶梯（不同阶段之间的差距）比 *AA* 中的
明显要窄得多。这并不是偶然的。如果 *BB* 中的阶梯和 *AA* 中的一样宽，那么结
构便无法延长，总投资将会减少而不是增加。然而结构中变窄的阶梯到底意味着
什么？基于我们据以作图的假设，它等同于利息差的下降，即自然利率的下降。
但是，在前文中我们已经知道社会中较低的时间偏好率带来的结果恰恰是利率的
降低。因此，降低的时间偏好意味着储蓄投资对消费之比的升高，并导致价差缩
小和同等的利率下降。

521　　　可以用图 8.2 来描绘利息差下降的情况。

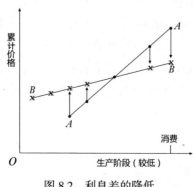

图 8.2　利息差的降低

在这张图中，我们画出了在各个生产阶段上的累计价格。图中越往右，生产阶段就越低级，直到消费阶段为止。AA 是原先的曲线，其最高点代表最高累计价格——最终被消费掉的产品的价格。靠左边的这些点表示较高阶段时较低的累计价格，每个点之间的差异代表了利息差，也就是不同阶段的利息回报率。BB 是在储蓄增加后，描述新情况的曲线。消费已经减少了，因此 B 中最右边的点比 A 中最右边的点低，箭头描述了这一变化。BB 曲线上靠左边的点自然比最右边的点低，但是，程度与 AA 曲线上的对应点相比要小，因为利率更低意味着两个阶段的累计价格之间差距更小。往左的下一个点，有相同的利息回报率，会在大致相同的斜线上。因此，由于 BB 曲线比 AA 曲线更为平坦——因为较低的利息差——它在某点处与 AA 曲线相交。并且，在交点的左侧（即较高级的生产阶段），它的价格比 A 高。箭头同样表明了这一变化。

在图 8.1 中我们已了解到额外储蓄，即正的净储蓄，对生产结构和利率的影响。在这里我们发现利率的变化使累计价格的差距减小，因而合计消费降低。紧接着的下一个更高阶段的累计价格差距更小，直至两线相交，而较高阶段中的价格也比之前要高。让我们来考虑多个阶段中的价格变化和它们发生的过程。一方面，消费需求的降低导致投资资本从离消费最近的阶段转移出去，所以引起较低阶段中的价格下跌。而另一方面，在较高阶段中，由于新储蓄的作用和从较低阶段转移来的投资的影响，对要素的需求扩大。在较高阶段中增加的投资支出提高了这些阶段中的要素价格。较低消费需求在较高阶段的影响好像趋于消失了，而且越来越多地被增多的投资资金所抵消。

哈耶克清楚地描述了由总储蓄增加所引起的降低价格差的再调整过程。正如他所述："最终的影响将是，经过了较低生产阶段价格下跌和较高生产阶段价格上升之后，不同生产阶段之间的价差（price margins）将会普遍减小。"①

不同部门的累计价格的变化会导致那些进入到要素累积过程的具体财货的价格的变化。当然，这些要素即资本财货、土地和劳动要素。又由于资本财货是生产出来（和再生产出来）的要素，最终可以归结为后两者。显而易见，在较低阶段中，较低的合计需求会导致那些阶段中各种要素价格的下降。**专用**（specific）的要素由于无处转移，不得不承受降价的冲击。而非专用要素却可以也确实转移到其他地方，转移到对要素的货币需求扩大的较早生产阶段。

---

① 参见哈耶克，《价格和生产》，第 75-76 页。

在此联系中，资本财货的定价最终是无关紧要的，因为资本财货被分解为土地、劳动和时间的价格，并且曲线的斜率，即利率差，表明了资本财货的定价方式。那么，最终重要的要素是土地、劳动和时间。时间因素已经详尽考查，解释的是利息差。正是土地和劳动要素构成了在生产中被转移或保留的基本资源。有些土地是专用的，有些则不是；有些能够用于生产过程的几种不同类型，有些则只能用于一种类型。而劳动，几乎总是非专用的；确实有极少的人可以想象只能执行一种任务。[①] 当然，对于任意要素的非专用性，存在着程度上的差别，较低专用性的要素更容易在不同的阶段或产品之间转移。

因此，那些只专用于某一阶段和过程的要素的价格，将会在较后的阶段下降，在较前的阶段上升。那么，那些包括所有劳动要素的非专用要素会怎样呢？它们往往会从较后阶段向较前阶段转移。首先，各个非专用要素的价格会有差异：它在较低阶段中价格偏低，在较高阶段价格偏高。其次，在均衡状态下，正如我们之前一再发现的，任何要素在整个经济中肯定拥有一个一致的价格。较低阶段中的较低需求及其带来的较低价格，结合较高阶段中的较高需求和价格，使得要素从后向前转移。转移直到要素价格再次达到一致价格时才停止。

我们已经了解了新储蓄对于不同阶段财货价格的影响，即从消费到投资的转移。那么，较高水平的总储蓄的变化会对要素价格产生怎样的总效应？在这里，我们碰到的是自相矛盾的情况。净收入（net income）是指最终归于要素（土地、劳动力、时间）的货币的总金额。在任何均衡情况下，净储蓄根据定义为零（因为净储蓄意味着过去一段时间中总储蓄的变化），净收入等同于且仅等同于消费。如果我们再回头看看前文中的图 6.1，可以发现原始要素和利息的全部收益只能来源于净收入，而不是总收入（gross income）。让我们来考虑一下已经变化为较高水平储蓄的新的 ERE（暂时忽略变化过程中的有关情况）。总储蓄＝总投资从 318 增加至 338。但是消费却从 100 降至 80，而正是消费在均衡情况下提供了净收入。净收入就像是支付给原始要素的货币价格和收入来自的"基金"。并且，此"基金"已经减少了。

净收入基金的接收者为原始要素（劳动和土地）以及时间的利息（interest on time）。我们知道利率降低，这是生产系统中由于降低的时间偏好引起的储蓄和投

---

① 当然，一个劳动要素的生产力在不同类型的任务中是不同的。没有人质疑这一点；否则，劳动要素会是完全非专用的，而我们已知这是不可能的。"专用的"在这里指对某一生产过程完全的专用性。

资上升所带来的必然结果。然而，利息收入的绝对金额等于总投资乘以利率。总投资增加了，所以经济分析不可能确定利息收入是下降、增加还是保持不变。任何结果都是有可能的。

同样，关于总原始要素收入是什么情况，也是无法确定的。在进步经济（progressing economy，总投资不断增加的经济）中，两种力量向不同方向拉动着经济的发展。一方面，总净收入货币基金在下降；另一方面，如果利息下降的幅度足够大，利息收入的下降幅度则有可能超过总净收入的下降幅度，所以实际上总要素收入增加。这是有可能发生的，但在经验上是相当不可能的。

可能出现的一种情况是要素和利息的总净收入会下降。如果总原始要素收入下降，由于我们已隐含地假设了原始要素的供应是给定的，因此这些要素价格以及利率也会"普遍"下降。

原始要素的收入和价格的整体变化趋势可能是向下的，这确实是个令人惊讶的结论，因为很难想象这样一个进步经济，其中要素价格，如工资率和地租，持续地下降。虽然如此，我们关心的不是要素的"货币"收入和价格，而是要素带来的"真实"收入和价格，即要素的财货收入。如果货币工资率或工资收入下降，消费者财货供应上升，这些财货的价格下降幅度更大，结果将是要素"真实"工资率和"真实收入"的提高。正是确实发生的这一切解释了进步经济中工资和租金下降这一悖论。以货币表示，可能存在着下跌（并不是在所有可想象的情况下）；但是在真实意义下，却总是上涨的。

真实工资率和收入的上涨是由储蓄和投资增长总是会带来的要素边际有形生产力的提高（marginal physical productivity of factors）。[1] 较长生产过程中提高的生产力使得资本财货的有形供给增加，最重要的是，生产力的提高带来消费者财货价格的下降，使得消费者财货的供给增加。所以，即使劳动和土地的货币价格下跌，消费者财货的货币价格的下跌幅度总是更大的，因此，真实的要素收入会增加。从下面的讨论可知，在进步经济中，上述情况总是如此。

在任何时候，某一原始生产要素服务的工资或租金将会等于它的 DMVP。而

525

---

[1]　见后面对这一点的讨论。历史上，增长中的资本主义经济恰巧与货币供应的扩张同时出现，所以对于文中描述的上述"纯粹"的过程，我们很难找到经验证证。一定不要忘记，自始至终我们都隐含假设"货币关系"——对货币的需求，特别还有货币的供给——一直保持不变。第十一章会考查货币关系变动的影响。这里唯一放宽假设的地方是让阶段的数目增加，这倾向于相应程度地增加货币需求。

DMVP 等于 MVP（marginal value product）除以一个直接决定于利率的折现系数（discount factor），设为 d。MVP 又约等于要素的 MPP（marginal physical product，边际物质产品）乘以出售价格，即消费者财货产品的最终价格。因此，要素服务

$$价格 = \frac{MPP \times P}{d}$$

526　　在这个讨论中，我们考虑的是消费者财货价格的整体或者总和。原始要素的"真实"价格等于货币价格除以消费者财货的价格。严格说来，没有精确的行动学手段，可以在货币的购买力变动的基础上，度量这些总和或者"真实"收入。但是，即使我们无法做出准确的定量度量，我们可以针对这些要素给出一些定性的表述。

要素服务的真实价格因此 $= \dfrac{MPP \times P}{d \times P}$

约分 P，得到：

要素服务的真实价格（大致上）$= \dfrac{MPP}{d}$

现在，进步经济有两个主要特征：由于生产力的提升以及生产过程的延长，使得原始要素的 MPP 上升；由于时间偏好的下降以及总投资的增加，折现或者利率下降。这两个因素——MPP 上升和 d 的下降——驱使进步经济中要素服务的真实价格上升。

结论即是，在一个进步经济，也就是在一个总储蓄和投资增加的经济中，货币工资和地租很有可能下降，但**真实**的工资和租金会上升。

立即出现的一个问题是：要素价格下跌，但总收入保持不变，而且总投资甚
527 至会增长，这怎么可能呢？答案是，投资增长将增加生产阶段的数量，将生产阶段往后推，并采用更长的生产过程。正是这增加的"迂回性"（roundaboutness），使得任何资本的增加——即便没有伴随着技术**知识**的进步——都会导致原始要素平均的有形生产力提升。特别是总投资的增加，可以提升最高阶段的资本财货的价格，从而鼓励创造新的阶段，引导企业家将要素投入到这个新的、蓬勃发展的领域。可以说，总投资基金的大部分被高级资本财货更高的价格，以及由此产生的这些财货周转的新阶段所吸收。①

———————

① 随着每个黄金单位必须在更多的阶段"周转"（turn over）更多次，货币需求也不断增加，因此造成了价格"总水平"的下降。

3. 变动经济中的资本价值和合计利润

正如我们所知，净储蓄可以增加经济中的总投资。总投资的这些增加首先是由业务增加企业的利润形成的。这些利润特别会在较高生产阶段形成，旧有资本转到新资本投资的地方。一个企业产生利润，其资产的资本价值也以相同金额增加，正如同损失会减少其资本价值一样。那么，新投资的首要影响也就是导致经济中出现**合计利润**（aggregate profits），集中于更高生产阶段的新的生产过程。然而，随着经济开始向新的均匀轮转经济转变，这些利润越来越多地**归属**（impute）于这些企业家在生产中必须购买的要素。最终，若没有其他干扰性的变动发生，结果会是经济中的利润消失，处于新的均匀轮转经济状态，真实工资和其他真实租金上涨，土地的真实资本价值提升。后面的这个结果当然完全符合之前的结论，即进步经济会导致土地的真实租金上涨，以及利率的下降。这两个要素，合在一起，驱动土地的真实资本价值上升。

租金的真实价值的进一步上升，可能被预期到，也可能未被预期到。未来租金的上涨被预期的部分已经在整片土地的资本价值中体现并折现了。遥远未来的租金上涨可能被预期到，但这对于当前土地的价格没有明显的影响。原因很简单，时间偏好所使用的日期过于遥远，超出了现在的有效"时间范围"。真实价格的上升如果没有被预见到，那么，这当然是出现了企业家错误，市场在当前价格资本化不足。[①] 因此，贯穿整个土地占有的历史，来自**基本土地**（basic land）的收入只可能以三种方式获得（我们这里暂时忽略土地的**改良**）：（1）通过纠正他人的预测错误而取得的企业家利润；（2）作为利息回报；（3）对于土地的首先发现者和使用者来说的资本价值上升。

第一个类型的收入是显而易见的，并不稀罕，在企业经营的所有领域都普遍存在。第二个类型的收入是土地赚得的一般收入。由于资本化这个市场现象，来自土地的收入大部分是投资的利息回报，这与在其他商业领域一样。因此，土地所给予的收入中，唯一特殊的成分是第三类，由首先使用者取得，因为他的土地价值从零开始变为正数。在此之后，土地的购买者必须支付其资本化的价值。换句话说，想要用土地赚取租金，一个人要么购买它，要么发现它；若是前者，他

528

529

---

① 有关类似于这里描述的资本化收益的观点，参见 Roy F. Harrod, *Economic Essays*（New York: Harcourt, Brace & Cp., 1952），第 198–205 页。

赚取的只是利息，而不是纯粹租金。资本化价值可以不时地上升下去，只有发生某些新的、未被预期的情况（或者人们对未来的情况有了更好的了解）才需要预先折现。若是这种情况，之前的所有者因为未能准确预测新情况而错失利润从而蒙受企业家损失，而现在所有者赚取了一笔企业家利润。

那么，土地唯一特殊的地方就在于，它是在某个具体时间点上被发现然后被第一次投入市场的，所以**首先使用者**由于他对土地最初的发现和使用，赚取了纯粹租金。土地资本价值在此后的一切上升，在价值上可以解释为或是预测更准确而带来的企业家利润，或是利息回报。

首先使用者只在最开始获得收益，而并非在之后他实际出售土地的任意日期。资本价值上升之后，他拒绝出售土地就意味着机会成本——放弃的以其资本价值出售土地的效用。因此，他的真正收益是在他的土地的资本价值上升的较早时候取得的，而不是他以货币形式"收取"收益的较晚的时候。

如果我们暂时不考虑不确定性和企业家利润，并假设市场能够正确地预知所有未来的变化这个极不可能出现的情况[①]，那么土地租金价值的所有未来上升在土地最初被发现和使用时就会被资本化在土地的价值中。首先发现者会立即收获净收益，而在此之后，他和他的继承人或者买家所赚取的就完全是通常的利息回报了。当未来的价格上涨太过遥远，以至于无法影响资本化价格时，这仅仅是一个时间偏好的现象，而并不是市场的调整过程神秘地崩溃的信号。完全的折现从没有发生过这一事实是因为不确定性的存在，结果是企业家收益通过上升的土地的资本价值而持续形成和增长。

因此，这次我们从土地所有者的视角看到，资本价值的合计收益与合计利润是一回事。合计利润先出现在较高层级的企业，然后向下渗透，直至提升真实工资以及土地所有者，尤其是拥有较高层级生产阶段所使用的土地的所有者的合计利润。（当然，在进步经济中，专用于较低阶段的土地会受到资本价值下跌——损失——的冲击。）

我们唯一还没有讨论的，也就是既非利润又不是利息的来自土地的收入，是土地的首个发现者的原始收益。但是，**这里同样**既不存在资本化，也不存在纯粹收益。拓荒（pioneering）——寻找新的土地，即新的自然资源——不是一门特殊的生意，对其投资需要资本、劳动和企业家能力。预期的寻找和使用的租金在进

---

① 这与假设均匀轮转经济不同，因为后者中**没有需要预测**的变动。

行投资、支付勘查和整形以供使用的费用时就已考虑在内。因此，这些收益也被资本化到原始投资，而它们的趋势会是接近于投资的通常利息回报。与这个回报有偏差则构成了企业家利润与损失。因此，我们的结论是，来自土地的收入实际上没有任何特殊之处，生产系统中的所有净收入归于工资、利息和利润。

进步经济的标志是合计净利润。当从一个储蓄－投资水平向一个更高的水平转变（因此这是一个进步经济）时，经济中——尤其是在较高的生产阶段——赚取的合计利润增加。增加的总投资，首先增加获得净利润的企业的合计资本价值。随着较高生产阶段的生产和投资增加，以及新储蓄的影响持续，利润消失，归属为真实工资率和真实地租的上涨。后一种影响，加之利率的下降，导致土地的真实资本价值上升。

如果出现相反方向的转移——比例发生变化，总储蓄和投资下降，消费增加——又会出现什么情况呢？大部分内容我们只需要逆向追溯前面的分析——即，假设情况是从 338：80 转变为 318：100。在向新的均衡转变过程中，会出现 20 盎司的**净去储蓄**（net dissaving），因为总储蓄从 338 降为 318。也会有相同金额的**净去投资**（net disinvestment）。造成这一转移的原因是市场上个人的时间偏好表的升高。这会提高利率，扩大生产阶段当中累计价格之间的利息差。它会拓宽消费基数，但减少可用于储蓄和投资的货币。我们只需将上面的图示反过来，设想相反的转变，即生产结构变短变宽，生产阶段数目减少，价格曲线变陡。利息差变大，但投资基数减少。一方面，消费者财货的价格会变得更高，因此各个较低的阶段中的要素的需求也会增加；另一方面，面对较低阶段对货币的吸引，投资基金的萎缩，以及这些基金从较高向较低阶段转移，人们会普遍抛弃较高阶段。较高阶段的专用要素会受到收入降低以及被完全抛弃的冲击，在较低阶段的专用要素则会取得收益。

以货币计，净收入和消费会增加，因此，合计的要素收入也会增加。利率上升，但总投资基数下降。以实际看，重要的结果是，由于最具生产力的生产过程——最长的那些生产过程——被弃置，劳动（还有土地）的有形生产力降低。每个阶段较低的产出，资本财货较低的供给，以及随后导致的消费者财货产出降低造成了"生活水平"的降低。货币工资率和货币租金可能会上升（尽管由于更高的利率这很可能不会发生），但消费者财货的价格会因为财货的有形供给减少而进一步上升。①

① 以货币衡量的货币价格的普遍上涨，是因为货币需求下降，这是货币单位可以"周转"的生产阶段的数量减少的结果。

我们将总资本投资正在减少的情况定义为**退步经济**（retrogressi-ng economy）。① 投资减少首先表现为经济当中出现合计损失，特别是那些最高的生产阶段，消费者正在流失的企业蒙受损失。随着时间流逝，由于企业渐次离开这个行业，放弃这个现在没有利润的生产过程，这些损失趋于消失。损失因此会以较低的真实工资率和较低的真实租金的形式归属于要素。加之更高的利率，导致土地的真实资本价值降低。专用于这些生产线的要素会受到尤其严重的打击。

为什么在进步经济中会有合计利润，在退步经济中会有合计损失，这可以用下述方式证明。要产生利润，市场上的生产要素就必须资本化不足（undercapitalization）或者折现过度（overdiscounting）。要出现损失，市场上的要素就必须过度资本化（overcapitalization）或者折现不足（underdiscounting）。但是，如果经济是平稳的，即，从一个期间到另一个，总投资一直保持恒定不变，那么资本的总价值也会保持恒定不变。一条生产线上的投资可能会增加，但只有另外某处投资减少这才可能。因为合计资本价值保持恒定，所以任何利润（错误的资本化不足的结果）都必然会被相等的损失相抵消（错误的过度资本化的结果）。相反，进步经济则有新储蓄所带来的额外的投资基金，这会为经济体系中任何地方都没有资本化的新收入提供来源。这些构成了这个变动期间的合计净利润。在退步经济中，投资基金减少，在经济中留下了要素过度资本化的净领域。在此变动期间，它们的所有者蒙受合计净损失。②

因此，我们分析的另外一个结论是，在**平稳经济**（stationary economy）中合计利润将等于合计损失，即，盈亏会等于零。这个平稳经济与在我们分析中扮演重要角色的均匀轮转经济是不同的建构。在平稳经济中，不确定性并未消失，也没有遍及于整个体系所有成分的永不终结的恒定循环。事实上恒定的只有一样：总投资资本。显然，若给定数据恒定，平稳经济（与其他各种经济一样）倾向于

533

① 进步和退步经济的定义与米塞斯在《人的行动》中给出的定义不同。在这里它们被定义为社会中资本的增加或者减少。而米塞斯的定义则是社会中人均总资本的增加或是减少。现在这个定义关注于分析储蓄和投资，讨论人口的增减是这个主题一个十分不同的阶段。不过，当我们在对经济情况做历史性的"福利"评估时，人均生产的问题就变得重要了。

② 市场是有可能预测到投资变动的。如果对于投资增加或者减少预期准确，那么合计利润或者损失会在投资发生实际变动之前以资本价值增益的形式而产生。在经济退步的过程中出现了损失是因为先前采用的过程必须被弃置。已经开工的那些最高的阶段被迫弃置的事实，即说明了生产者没有完全预见到这次转移。

演变成为均匀轮转经济。在一段时间之后，市场的力量会逐渐消除所有**个人**的利润和损失，同样还有合计利润和合计损失。

这里我们可以暂停一下，来简单思考一下那个老问题："资本收益"（capital gains）——资本价值的增加——是收入（income）吗？如果我们充分认识到，利润和资本收益，以及损失和资本损失完全是一回事的话，答案也就显而易见了。没有人会从货币收入中排除商业利润。资本收益也同样如此。当然，在均匀轮转经济中，既不存在资本收益，也不存在资本损失。

现在让我们回到退步经济和资本投资减少的情况。从储蓄向消费的转移越大，影响也就趋向于越为激烈，生产力和生活水平的下降就越大。这样的转移可能也确实发生的事实可以用来轻易地反驳那个十分流行的假设，即我们的资本结构，受某种神奇的恩典或隐藏之手的帮助，一旦建成就可以永在永生地自我再造。无须资本家积极的储蓄行动即可维持这一资本结构。①② 罗马帝国的废墟是这种假设的谬误的无声的证明。③

拒绝维持资本价值，即净去储蓄的过程，被称为消耗资本（consuming capital）。虽然精确地度量社会中的资本价值是不可能的，但这仍然是一个非常重要的概念。"消耗资本"当然不是指很多批评者所讽刺的"吃机器"，而是指未能维持现有的总投资和现有的资本财货结构，把这些基金的一部分用于消费支出。④

弗兰克·H. 奈特教授曾经是认为资本会自动永久存在的思想流派的领袖。奈

534

535

---

① 纳克斯（Nurkse）对于生产结构分析的批判，基于的正是这个假设，以及一个完全没有依据的"消费者财货行业"和"资本财货行业"的二分法（事实上，生产消费者财货的正是资本财货的各个阶段，而不是武断的二分法）。参见 Ragnar Nurkse, "The Schematic Representation of the Structure of Production," *Review of Economic Studies*, II（1935）。

② 事实上，现在流行的假设是，一只隐藏的手用某种方法保证资本会连续不断地自动增长，所以要素生产力也会以"每年 2—3 个百分点"上升。

③ 来自现代的一个例证：
奥地利在推行全球流行的政策上很成功。奥地利在五个方面都极具建树：它增加了公共开支，它上调了工资，它增进了社会福利，它扩张了银行贷款，它促进了消费。有了所有这些成就之后，它处在毁灭的边缘。（Fritz Machlup, "The Consumption of Capital in Austria," *Review of Economic Statistics*, II［1935］，第 19 页。）

④ 人们通常认为，只有耐久资本财货的折旧基金可以用于资本消耗。但这忽视了很大一部分资本——所谓的"循环资本"（circulation capital），也就是迅速从一个生产阶段转到另一个阶段的较不耐久的资本财货。由于每个阶段都从其销售这些或那些财货中取得基金，生产者并不需要持续重新购买循环资本。这些基金同样可以立即用于消费。两种关于资本的正确的和流行的思路的对比，参见哈耶克，《资本的纯理论》，第 47 页及之后。

特在他对利润理论和企业家精神的分析中对经济学贡献良多，但他的资本和利息理论误导了一代美国经济学家。奈特在对庞巴维克和哈耶克的"奥地利学派"投资理论的批判中简要地总结了他自己的理论。奈特称前者包含两个谬误。一个是庞巴维克将生产看作是具体财货的生产，而"在现实当中，被生产和消费的是服务"。然而，真正的问题并不在此。不可否认，事实上也是我们在此所强调的，财货价值**取决于它们的服务**。但同样不可否认的是，具体的资本财货结构，必须先生产出来，然后才能从中获得服务。他所谓的第二个纠正——这里我们直接来到资本消耗的问题——是说，"任何服务的生产，包括此过程中所使用的东西的维护，而这又包括任何耗竭了的东西的再生产……实际上是维护的一个细节"。[①]这显然是不正确的。至少在与我们讨论有关的情形中，服务是东西所提供的，生产它们就需要耗竭一些**东西**，也就是资本财货。而这个生产并不必然"包括"维护和再生产。这所谓的"细节"是一个完全分开的选择领域，涉及在之后的日期创造更多的资本，以替代被耗竭的资本。

退步经济的情况是我们涉及的可以称为"危机状态"（crisis situation）的例子。危机状态也就是从总和上看企业正在蒙受损失的状态。废弃生产的那些最高阶段而导致的生产下降加重了这一情况的危机一面。麻烦源自"储蓄不足"和"投资不足"，即人们的评值转变，**现在**不选择做足够的储蓄和投资，以保证过去开始的生产过程**继续**下去。不过，我们对于这种转变不能简单批判，因为在给定的现有条件下，人们是自愿决定让他们的时间偏好变高，决定当前消费更多的比重，甚至不惜以降低未来的生产力为代价。

因此，一旦总投资上升到一个更高的水平，它就不是自动维持下去的。生产者必须维持总投资，而要实现这一点，他们的时间偏好必须保持在较低比率，并且继续愿意储蓄总货币收入中的较大部分。此外，我们已经证明，这种维持和未来的进步，无须货币供应量的任何增长或者货币关系中的其他变动即可发生。事实上，即便所有产品和要素的价格都下跌，经济进步也可以出现。[②]

---

① 弗兰克·H. 奈特，"Professor Hayek and the Theory of Investment," *Economic Journal*, March, 1935, p. 85 n。也可参见奈特，*Risk, Uncertainty, and Profit*，第 37–39 页。

② 意识到这一点的作者很少。参见哈耶克，《储蓄悖论》，第 214 页及之后，第 253 页及之后。

4. 资本积累和生产结构的长度

我们一直在证明，投资延长生产的结构。现在我们可以思考一下对此思路的一些批评。

庞巴维克是生产结构分析伟大的创始人，可不幸的是，他把资本积累等同于采用"更为迂回"的生产方法，因此留下了被误解的空间。比如，回想他著名的鲁滨孙的例子。鲁滨孙如果想要能够比在没有任何资本时抓到更多鱼，就必须首先织（然后维护）一张网。庞巴维克称："资本的迂回方法多产但漫长；它们为我们带来更多、更好的消费财，但只能在一个稍晚的时间。"[1] 将这些方法称为"迂回"绝对是自相矛盾的；因为难道我们不知道，人总是努力用尽可能最直接、最简短的方式来实现他们的目的吗？正如米塞斯所阐明的，与其说是迂回的生产方法的更高的生产力，"不如更确切地说，更高有形生产力的生产过程需要更多时间（更长的过程）。"[2]

现在让我们假设，我们面对一系列可能的生产过程，各自有不同的有形生产力。我们也可以根据它们的长度，即根据从资源投入到最终产品产出之间的等待时间，来对各个过程进行排序。其他条件相同，最初投入与最终产出之间的等待期间越长，负效用越大，这是由于在实现满足之前逝去的时间必然越多。

最初被使用的过程，会是（在价值上和有形上）最有生产力**并且**最短的。没有人坚持认为**所有**长的过程就一定比**所有**短的过程更有生产力。[3] 然而，问题在于，对于所有短的**并且**极具生产力的过程，人们肯定会最早投资和建立。给定任意当前的生产结构，一项新的投资不会投入到一个**更短**的过程中去，因为更短而且更有生产力的过程早已经被选择了。

正如我们已经知道的，人类走出极为原始的水平只有一种方法：通过对资本投资。但是，这不是很短的过程能实现的，因为生产最有价值的财货的短的过程

---

① 庞巴维克，《资本实证论》，第 82 页。

② 米塞斯，《人的行动》，第 478–479 页。

③ 参见哈耶克，《资本的纯理论》，第 60 页及之后。同样，有许许多多长的过程根本没有生产力，或者生产力低于短的过程。人们显然根本不会去选择这些较长的过程。总之，尽管所有新的投资都会投入到更长的过程之中，这肯定不意味着所有较长的过程都更具生产力，因此值得投资。庞巴维克对此的束缚，参见欧根·冯·庞巴维克，《资本与利息》，第三卷：*Further Essays on Capital and Interest*（South Holland, Ill.：Libertarian Press, 1959），第 2 页。

会被人们最先采用。任何资本财货的增加的作用只能是延长结构，即使采用更长、更具生产力的过程成为可能。人们会投资于相比之前采用的过程更长更有生产力的过程。这些过程更具生产力的形式有两个：（1）生产**更多**之前生产的某种财货，且／或（2）生产某种较短过程根本不可能生产的新财货。在这个框架内，这些较长的过程是为了达成目的所必须使用的**最为直接的**过程——而不是更迂回的过程。因此，如果在没有资本直接抓的情况下鲁滨孙可以每天抓到10条鱼，而用网每天可以捕到100条鱼的话，织一张网不应该被视为一种"更为迂回的捕鱼方法"，而应该是"每天捕到100条鱼最为直接的方法"。此外，不论有多少劳动和土地，没有资本，人是不可能生产出一辆汽车的；因此就需要一定量的资本。必要数量的资本的生产即是获取一辆汽车最短、最直接的方法。

539　　　　因此，任何新的投资都会进入到更长、更有生产力的生产方法当中。不过，如果没有时间偏好，那么人们会不考虑时间，而投资最有生产力的方法，而且资本的增加不会导致更具生产力的方法被使用。时间偏好的存在制约了人们使用更有生产力但更长的过程。任何均衡状态都会基于时间偏好（或者说纯粹利率），而这一比率将决定储蓄和投资的资本的金额。时间偏好对生产过程的长度，因此也就对最大产量设置了一个限度，从而也就决定了资本。所以，时间偏好的下降，以及必然的纯粹利率的下降，意味着人们现在更乐于等待一定量的未来产出，即比之前以更大比重投资更长的过程。时间偏好以及纯粹利率的上升意味着人们等待的意愿减少，他们将会在消费者财货上花费更多比重，而更少投资较长的生产过程，所以最长的生产过程中的投资必须被放弃。①

　　　　在投资转向一种比之前需要的财货较不那么有用，但比其他一些财货有更短的生产过程的一类财货时，投资增加延长生产过程这一规律出现了一条限制条件。这里，这一过程中的投资之所以被选中，不是因为过程的长短，而是因为它
540 次优的（价值）生产力。但即便是在这里，生产结构也被延长了，因为人们等待新的和旧的财货比之前等待旧的财货的时间更长。新的资本投资总是会延长整体的生产结构。

　　　　如果一项技术发明使得投资更少的资本就能有更具生产力的过程，情况又会

---

① 这应该很明了了，正如米塞斯透彻地指出，原始［纯粹］利息并不是对资本或者资本财货的需求和供应相互作用而在市场上决定的一个价格。它的高低并不取决于这些需求和供给的程度。其实是原始利息决定了资本和资本财货的需求与供应。它决定了多少可用的财货供给投入于最近将来的消费，多少用于供应未来更遥远的时期。（米塞斯，《人的行动》，第523-524页）

怎么样？这难道不是增加的投资**缩短**生产结构的例子吗？到此为止，我们一直假设技术知识是给定的。然而在动态世界中，它不是给定的。技术进步是变化的世界最为激动人心的特征之一。那么这些"节约资本"的发明，又是怎么回事呢？贺拉斯·怀特（Horace White）在批评庞巴维克时引用了一个有趣的例子。[①]燃油最早由船只在北极猎鲸来生产，从鲸鱼提炼加工出鲸鱼油，等等。这显然是一个漫长的生产过程。之后的一项发明让人们得以在陆地钻孔获取石油，因此极大地缩短了生产周期。

经验上，大多数发明都没有缩短有形生产过程，且不说这个事实，我们必须指出，投资和生产力在任意时间所受的约束是**储蓄的资本的稀缺性**，而非技术知识的状态。换言之，总会有大量未被使用的可用而且闲置的技术方案。一项新的发明并不是立即、即时得到社会中所有企业的采用的事实便可证明这一点。因此，任何进一步的投资都会延长生产过程，其中很多过程因为有更优秀的技术而更具生产力。一项新的发明不会使自己自动进入生产，而必须首先进入闲置的行列。此外，要让新的发明投入使用，就**必须投资更多的资本。猎鲸船是现成的；油井和机器等等必须从头造起。**即便是新发明的方法，也只有通过在较长的过程中做进一步的投资，才会带来更大的产出。换言之，现在要取得更多燃油的唯一办法，是投资更多的资本到石油钻探行业的更多机器和更长的生产周期中去。正如庞巴维克指出的，怀特的批评只有在发明可以逐步地节约资本的情况下（这样的话，产出总是会随着过程的缩短而增加）才是有效的。但是，那样的话，空手去钻油，而不借助于资本，就必须比用机器钻油更具生产力。

庞巴维克做了一个类比：有一项农业发明用到两个不同等级的土地上；其中一个等级之前产生的边际产品是 100 蒲式耳小麦，较差的那个等级产出 80 蒲式耳小麦。现在假设使用发明将较低等级的土地的边际产品提升到 110 蒲式耳。这是否就意味着，较为贫瘠的土地**现在**比肥沃的土地出产更多，而农业发明的效果即是让较为贫瘠的土地比肥沃的土地更有生产力呢？可这正类似于怀特的观点，他认为发明也许会让较短的生产过程变得更具生产力！正如庞巴维克所指出的，很明显错误的根源在于：发明同时增加了这**两块**不同等级土地的有形生产力。较

541

[①] 欧根·冯·庞巴维克，"The Positive Theory of Capital and Its Critics, Part III," *Quarterly Journal of Economics*，1 月，1896，第 121–135 页。亦可见同作者，*Further Essays on Capital and Interest*，第 31 页及之后。

好的土地变得**更加**好。同样，也许一项发明确实能让一个较短的过程比之前一个较长的过程更具生产力，但这并不意味着它就优越于**所有**较长的过程；较长的过程，利用了发明，仍然会比较短的更具生产力。（用机器钻油比不用机器钻油更高产。）

542　　在经济学理论中，技术发明获得的地位言过其实。人们往往认为生产受制于"技艺水平"——技术知识——因此任何技术上的改进都会立即在生产中体现出来。当然，技术确实为生产设下了限制；如果没有生产如何运作的技术知识，也就根本不可能运用任何生产过程了。但是，尽管知识是一个制约，**资本**是一个更严格的制约。逻辑上显而易见的是，虽然资本不能超越现存可用知识的限度参与生产，但知识却能够，也的确在没有其应用所需资本的情况下存在。技术及其改进因此在投资和生产过程中并不扮演**直接**的角色；技术，虽然重要，但总是必须通过资本投资才能工作。正如我们之前所说，即便是最为激动人心的节约资本的发明（比如石油钻探），也唯有通过储蓄和投资资本才能投入使用。

　　正如米塞斯所指出的，我们只要看看"落后"或者"欠发达"国家，就能清楚地看到，相比储蓄下来的资本的供应，技术在生产中的重要性相对较弱。[1]这些国家缺乏的不是西方技术方法的知识（专业知识"know-how"）；这学起来容易得很。以人或书的形式传授知识的服务，他们能够毫无困难地购买。他们缺乏的是使先进方法发挥作用的储蓄资本的供应。光看着美国拖拉机的图片，非洲农民不会获益多少；他们缺乏的是用于购买拖拉机所需要的储蓄资本。这是对他们的投资和生产的重要制约。[2]

543　　因此，商人对更长、更具有形生产力的过程进行的新的投资会选自一系列之前就已知道但由于时间偏好的缘故而未能利用的过程。时间偏好以及纯粹利率的下降将意味着投资者可动用的储蓄资本扩张，因此也就是较长的过程扩张，时间对于投资的约束减弱。

　　一些批评者反驳说，并非所有净投资都会用于延长结构——新的投资也可以

---

[1] 米塞斯，《人的行动》，第492页及之后。

[2] 从这个讨论来看，"第四点计划"和"技术援助"无益于促进落后国家的生产应该是很明显的了。正如庞巴维克在讨论先进技术时评论道："知道有机器存在，也乐于享受利用机器所带来的好处，但却不拿出足够的资本购买那些机器的人总是有成千上万。"庞巴维克，"The Positive Theory of Capital and Its Critics, Part III，"第127页。亦可见同作者，*Further Essays on Capital and Interest*，第4-10页。

复制现有的过程。不过，这个批评不得要领，因为我们的理论没有假定净储蓄必然会被投资于某条特定生产线的某个确实更长的过程。已经现存的较长过程得到更多的投资，与此同时，现存较短的过程投资减少，可以延长**合计**生产结构。将消费转移到这种投资，也同样可以实现一个更长的生产结构。比如，在上面提到过的鲁滨孙的例子里，假设鲁滨孙现在投资**第二张网**，这可以让他每天一共抓150条鱼。即便这第二张网也许生产力不及第一张，但现在生产结构仍然是延长了的。从他必须要造和再造他的总资本，直到获得产出为止的整个总期间，已经显著延长。他现在必须再次减少当下的消费（包括娱乐），去做他第二张网。[1]

5. 新技术的采用

544

那么，在任意给定时间，总会有大量可用的、更有生产力的技术还没有被仍在使用旧方法的企业所采用。是什么决定了这些企业采用新的、更具生产力的技术的程度呢？

企业不立即抛弃旧的方法，从头开始的原因是因为它们和它们的前人已经投资了某个资本财货结构。随着时间、品位、资源和技术的变化，事后来看，这项资本投资很大一部分变成了企业家错误。换言之，如果投资者当初能够预见到价值和方法的变动，他们会以十分不同的方式投资。然而，现在投资已经做出了，其形成的资本结构是建成他们所必需的资源供给过去的遗留产物。由于**当前的**成本只是当前和未来所放弃的机会，而且覆水难收，现存的设备必须以最为有利可图的方式加以利用。因此，如果投资者们当年预测到了卡车和飞机竞争的兴起，545毫无疑问美国19世纪晚期对铁路的投资会少很多。[2] 不过，既然现存的铁路设施

---

[1] 如哈耶克所述：

人们常常认为人均资本数量的所有增长……都必然意味着某些商品现在会由比以前更长的过程来生产。但只要不同行业所使用的过程有不同的长度，这就绝对不是一个必然的结果……如果投入从使用较短过程的行业转移至使用较长过程的行业，任意具体行业的生产阶段的长度不会有任何改变，任意具体商品的生产方法也不会有任何改变，只不过是具体的投资的投入单位的期间延长了。不过，具体投资的投入单位期间所发生的这些改变，与如果这些期间是具体生产过程长度变动的结果具有完全相同的意义。（哈耶克，《资本的纯理论》，第77-78页。）亦可见哈耶克，《价格与生产》，第77页，以及庞巴维克，*Further Essays on Capital and Interest*，第57-71页。

[2] 而且如果土地补助和其他政府对铁路的补贴更少的话！比如，参见 E. Renshaw, "Utility Regulation: A Reexamination," *Journal of Business*, October, 1958，第339-340页。

还保存完好，关于利用到何种程度的决定必须基于当前和预期的未来的成本，而非过去的费用或者损失。

如果新机器或者新方法的优越性足以补偿购买机器所需的额外开销，旧机器就会被新的、更好的机器所替换。厂房从旧址迁移至更优越的新址（优越之处在于能够更好地获得要素或者消费者）也是同样的道理。无论如何，采用新技术或者新厂址受到已经给定的（且专用的）资本财货结构之有用性的约束。这意味着，在任何时候那些最能够满足消费者欲求的过程和方法会得到采用。投资一项新技术或者新厂址无利可图的事实意味着，从满足消费者需要的角度来看，以废弃旧设备为代价而将资本用于新过程是一种浪费。所以，设备或者厂址因破旧而废弃不用的速度并非由商人武断地决定；它决定于消费者的评值和欲求，是消费者决定着各种财货的价格和营利性，以及生产这些财货的必要的非专用要素的价值。①

通常而言，自由市场的批评者从两个自相矛盾的观点攻击自由市场：第一，他们认为自由市场过度地减缓了技术改进的速度，它本能够也本应该更快；第二，它过度加快了技术改进的速度，因而搅乱了社会的平和发展。我们已经知道，只要企业家知识和远见允许，自由市场的生产会使要素得到最好的配置，以满足消费者的愿望。生产力通过新技术和新厂址的改进会与使用现存旧工厂所放弃的价值产品的机会成本相权衡。② 通过"选择"和"奖励"好的预测者，"惩罚"差的，这一市场过程将最大可能地保证企业家的预见能力。

546

---

① 参见米塞斯，《人的行动》：

并非每样技术改进都立即运用到所有领域的事实没有比如下事实更显而易见的了，并非所有人在市场上出现新车或者新的流行款式时就会丢掉自己的旧车或者旧衣服。（第504页）亦可见同上书，第502-510页。具体来说，只要运行成本低于安装新设备的总成本，旧设备便会继续使用。此外，如果旧设备的总成本（包括对资本财货损耗的置换成本）更大，那么企业会随着旧设备的损耗而逐渐将之抛弃，并投资于新的技术。详细的讨论，可见哈耶克，《资本的纯理论》，第310-320页。

② "技术统治论者"（Technocrat）谴责市场根据投资的（边际）**价值——生产力**，而非它们的（边际）**有形生产力**来奖励他们。但我们这里看到了一个有形生产力更高但价值生产力更少的技术的例子，而且其理由充分：已经生产出来的给定的特定资本财货给旧技术一个优势，使得旧技术在设备废弃之前的"实际支出的"运营成本低于新项目的总成本。继续使用旧技术他们还有利可图让消费者获益，因为要素用于别的地方更有价值的生产过程。

企业家与创新

在已故的熊彼特教授的刺激之下，人们一直认为，企业家精神的实质是**创新**（innovation）——创制新方法，开发新产品的勇敢的创新者打破平和的、不变的商业常规。当然，不可否认发现和创制获取一种产品更有生产力的方法或是开发有价值的新产品是有其重要性的。不过，在分析上，这个过程的重要性有被夸大之嫌。这是因为，创新只是企业家进行的活动之一。正如我们上面所知，大部分企业家并非创新者，而是处于在可用技术机会的一个大框架内进行资本投资的过程当中。产品的供应受制于资本财货而非可用技术知识的供给。

企业家活动源自**不确定性**的存在。企业家是市场偏差的调整者，使消费者的欲求得到更好的满足。当他创新的时候，他也是一位调整者，因为此时他正在调整的市场偏差是以一种新方法或者产品的可能展现出来的。换言之，如果普遍的（自然）利息回报率是5%，而一位商人预估他如果创制一个新的过程或者技术可以赚得10%的回报，那么，与其他情况一样，他就发现了市场中的一个偏差，并开始纠正它。通过开启和生产更多的新过程，他履行着企业家的职能，向消费者的欲求（即他所预估的消费者未来的欲求）做调整。如果他预估准确并获得收益，那他和其他人会继续进行这种活动，直到偏差被消除，这一领域不再有"纯粹"利润或者损失为止。

6. 储蓄 – 投资的受益者

我们已经知道，储蓄和投资的增加导致劳动和土地要素所有者的真实收入增加。后者反映为土地资本价值的上升。不过，土地要素的收益仅限于某一些具体土地。即便存在合计收益，其他一些土地也许仍会损失价值。之所以如此是因为土地通常是相对专用的要素。对于完全的非专用要素，即劳动，相反则有真实工资非常普遍的上涨。这些劳动者是增加了的投资的"外部受益者"（external beneficiaries），即，他们无须购买便能享受到他人行动的益处。投资者自己又获得了什么收益呢？长期来看，利益并不特别大。事实上，他们的利息回报率是降低了的。不过，这并不算损失，因为这是他们时间偏好改变的结果。事实上，他们的真实利息回报很有可能增加，因为扩张经济中利率的下跌可能被货币单位的购买力上升抵消了。

因此，投资者获得的主要收益是短期的企业家利润。这些利润由那些预见到

在某个领域有利可图的投资者赚得。过了一段时间以后，随着更多投资者进入这
一领域，利润趋于消失，尽管变动的数据总是向有冒险精神的投资者展现新的获
得利润的机会。但是，工人和土地所有者赚得的短期收益更为确定。企业家－资
本家承担在不确定的市场中进行投机的风险；他们投资的结果可能赚得利润，可
能盈亏平衡，一点利润都没有，也可能蒙受完全的损失。没有人能够保证他们的
利润。[1] 的确，合计的新投资会带来合计的净利润，但没人能够确定地预测利润
会在哪些领域出现。相反，随着新的投资提高较长过程中的工资和租金，新投资
领域的工人和土地所有者立即获得收益。即使投资从结果看来是不经济、不盈利
的，他们仍获得收益。因为在那种情况下，满足消费者方面所犯下的错误由资本
家－企业家的沉重损失承担。与此同时，工人和土地所有者赚得了一笔收益。然
而，这并不能算是真的收益，因为整体上消费者的真实收入因为（生产了错误的
财货的）企业家错误而受损。不过，显然因犯下这些错误而遭受损失冲击的是企
业家。

7. 进步经济与纯粹利率

　　显然，进步经济的一个特征必然是纯粹利率的下降。我们已经知道，要让更
多的资本被投资，作为时间偏好普遍下降的反映，纯粹利率必须下降。如果纯粹
利率保持不变，就说明不会有新的投资和去投资，时间偏好大体稳定，经济处于
平稳状态。纯粹利率的下降是时间偏好下跌、总投资增加的必然结果。纯粹利率
的上升是时间偏好上升和净去投资的必然结果。因此，经济要不断向前发展，时
间偏好和纯粹利率就必须不断下降。如果纯粹利率保持不变，资本只会维持在相
同的真实水平之上。

　　由于行动学从不确立定量规律，所以我们也就没有办法确定纯粹利率变动与
资本金额的变动之间的任何**定量**关系。我们只能断言其定性关系。

　　应当注意哪些是我们**没有**表达的。我们没有断言纯粹利率是由可用资本财货
的金额或者价值所决定的。我们因此并没有得出结论说，由于利息是"资本的价
格"（或者出于任何其他理由），资本财货金额或者价值的增加必然降低纯粹利
率。我们的断言恰恰相反：即较低的纯粹利率增加可用资本财货的金额与价值。

---

[1]　我们在后面会看到，精算风险可以上"保险"规避，但市场的企业家不确定性不能。

这条因果原理的方向与通常所相信的正好相反。因此，纯粹利率可以在任意时间变动，受时间偏好决定。如果它变低，投资资本的库存会增加；如果它上升，投资资本的库存会减少。

纯粹利率发生变动对于资本库存有反向的影响，并非从不确定的、复杂的经验数据所得出来的推论，而是从公认的公理演绎而发现的。[①] 例如，这条规律并非通过观察落后国家的**市场利率**高于发达国家而推论出来的。显然这个现象至少还有一部分是由于落后国家有更高的企业家风险成分，而并不**必然**是纯粹利率的差异所造成的。

8. 市场利率中的企业家成分

我们已经知道，在均匀轮转经济中，遍及整个经济的利率会是一致的。在真实世界中，还有额外的**企业家**（或者"风险"）**成分**，在个别有风险的投机中，根据风险的程度，**附加**到利率上。（由于"风险"在精算上有一种"确定"的意涵，我们不妨称其为"不确定性程度"。）比如，假设经济中基本的社会时间偏好率，或者**纯粹利率**是 5%。资本家会以 100 盎司购买未来财货，在一年之后以 105 盎司出售更接近未来的未来财货。这样，5% 的回报就是"纯粹"回报，即，它是假定 105 盎司**必然**会获得的回报。纯粹利率，换言之，脱离于任何企业家的不确定性，它测度的是当前财货对未来财货的溢价，其前提是未来财货是**确定**可以得到的。

当然，在真实世界，没有东西是绝对确定的，因此纯粹利率（时间偏好的结果）不可能单独出现。现在，假设在一具体的投机或者行业中，可以十分确定一年之后出售一件产品可以获取 105 盎司。那么，如果社会时间偏好率是 5%，资本家－企业家将愿意为要素支付 100 盎司，并取得 5% 的回报。但是，假设还有另外一个被企业家们认为是风险非常大的可能的投机项目。其产品预期以 105 盎司出售，但该产品的价格绝对有可能下跌。这样的话，企业家们就不会愿意为该要素支付 100 盎司。他们承受着额外的风险，应当得到补偿；要素价格可能最后是 90 盎司。因此，一个给定投机项目事前看起来越有风险，资本家在进行投资

551

[①] 米塞斯在《人的行动》第 530 页所做的限定显然适用于资本数量决定纯粹利率的理论，而并不适用于当前这个论断。

前所要求的预期利息回报也就越高。

因此，在市场上，利率的一个完整结构会是在纯粹利率上叠加而成的，随着每项投机预期风险的高低而变。与这个结构相对应的，是借贷市场上利率与此相似的多样性，这是由于借贷市场通常是从财货市场衍生而来的。[1] 当然，**长期来**

552　**看**，在数据不变的情况下，趋势将会是人们逐渐意识到，某些投机项目持续产生高于 5% 的回报。于是这项投机的风险成分便会下降，其他企业家会进入到这种类型的投机，利率会趋向于回落至 5%。因此，利息结构各不相同的风险并不会使利率趋于一致的倾向失效。相反，任何多样性都算得上是不确定性的各种"风险"的一个指数，这种风险仍然在市场上存在，除非数据冻结，均匀轮转经济实现，它才会消失。如果数据真的保持不变，那么均匀轮转经济的一致性也就随之出现。正是因为数据一直在变，因此也就在不断更替旧的、创造新的不确定性，我们才没有均匀轮转经济的那种一致性。

9. 风险，不确定性和保险

企业家精神处理的是未来不可避免的不确定性。然而，某些形式的不确定性可以转化为**精算**风险。奈特教授已经发展了对"风险"和"不确定性"的区分。[2] 当一个事件是大量同质事件的一类中的一员，且对于这类事件的发生频率，人们有足够确定的知识时，"风险"就出现了。比如，也许有一个生产螺栓的企业，它从长期的经验得知，这些螺栓中有几乎固定比例的次品，比如 1%。它不会知道哪个具体螺栓是次品，但它知道次品总数量所占的比重。这种知识可以将次品的百分比转化成企业运作的确定的成本，尤其是当这个企业中有足够多这样的情况发生时。在其他情形中，一个给定的损失或灾害相对于企业的运作而言可能很大，但并不频繁（比如火灾的风险），但是，在企业数量庞大的情况

---

[1]　贷款市场与"自然市场"的偏差，取决于偿还贷款的条件等等所确定的差异。如果人们明确认定贷款是企业家性的，所以在没有故意犯罪的情况下，借方如果没有偿还贷款不会被视为犯罪的话，这两个市场会是相同的。不过，正如我们已经在上面第二章讨论的，如果不存在破产法、借方违约被视为犯罪的情况下，显然所有贷款的"安全性"相比于"自然"投资是增加的，贷款的利率也会相应下降。然而，在自由社会中，借方和贷方完全可以在签订合同时自由约定，借方不负犯罪责任，那样贷款就真的会变成企业家性的了。或者，他们可以就划分收益或损失做任何他们想要的安排。

[2]　奈特，*Risk, Uncertainty, and Profit*，第 212–255 页，尤其见第 233 页。

下，它也可以被看作是"可度量的"或者精算的风险。在这样的情形下，企业 553
可以自己共担风险，或者，有一个专门的企业（"保险公司"）为它们组织这一
活动。

保险的原理是企业或者个人都面对风险，而这些风险汇总起来，形成了一类
同质的事件。因此，一千个企业的类中，没有一个企业知道谁家自己会否发生火
灾；但会有 10 家遭受火灾是众所周知的。这样的话，每个企业都去"投保"、共
担风险也许是有利的。每个企业都会支付一定的保费，蓄积到一起去补偿那些发
生火灾的企业。

作为竞争的结果，组织保险服务的企业，其投资会取得通常的利息回报，不
多也不少。

风险和不确定性的差别，米塞斯已经精彩地分析了。他已经证明，它们可
以分别归入更为宽泛的两个范畴之中："类概率"（class probability）和"事件概
率"（case probability）。[1]"类概率"是对于"概率"一词唯一科学的用法，也是
唯一可以用数字表达的概率形式。[2]论述概率的文献鱼龙混杂，没有人像路德维
希·冯·米塞斯那样让人信服地定义了类概率这一概念：

> 类概率指的是：对于有关问题，我们知道或认为知道整类事件或现象的
> 行为的一切；但是，对于具体单个事件或者现象，我们只知道它们属于这
> 一类。[3]

可保险的风险是类概率的一个例子。商人知道一个总数量的螺栓中会有多少 554
个螺栓是次品，但他们不知道具体哪些螺栓会是有缺陷的。人寿保险中，死亡率
表反映的是人口中每个年龄组的死亡率，但它们不可能知道具体某个人的寿命
预期。

保险企业有它们的问题。只要知道了有关单个事件的一些信息，它们就会
将这些事件分解为若干个子集，从而保持类的同质性（即目前所知的类中所有

①　米塞斯，《人的行动》，第 106–116 页，也包括了有关"概率计算"应用于人的行动时的谬误的
　　讨论。

②　参见理查德·冯·米塞斯，*Probability, Statistics, and Truth*（2nd ed. ; New York: Macmillan & Co.,
　　1957）。

③　米塞斯，《人的行动》，第 107 页。

个体成员在有关属性上的相似性）。因此，一个年龄群中的一些子集可能由于他们的职业而有较高的死亡率；这些子集会被分离出来，两类情况收取不同的保费。在知道子群体的差异的情况下，保险公司仍旧向所有人收取相同保费的话，那么这将意味着健康的，或者"风险较低"的群体将会补贴风险较高的群体。除非前者就是想要给后者这样的补贴，否则的话，这个结果不可能在竞争性的自由市场中维持下去。在自由市场中，每个同质的群体都会趋于根据其精算风险，加上一笔保险公司的利息收入和必要成本来相应地支付保费。

大部分不确定性是不可保险的，因为它们是独特的、单个的事件，而不是一个类的成员。对于每个人或每笔生意来说，它们都是独特的事件；它们也许会与其他事件有相似之处，但并不与它们同质。个人或者企业家对于具体事件的结果有所知晓，但并非完全知晓。正如米塞斯所定义的：

> 事件概率指的是：对于一个具体事件，我们知道某些决定其结果的因素；但还有其他决定性因素我们是一无所知的。[1]

对于企业家而言，预估未来的成本、需求等等，都是独一无二的不确定性事件，他们必须用上特定的理解方法和个人对于形势的判断，而无法借助于客观可度量或可保险的"风险"。

用诸如"赌博"或者"打赌"之类的词语形容风险或者不确定性的情境并不准确。这些词语在情感上有贬义的含义，其理由在于：它们指的是为了享受不确定性本身而**创造新**风险或者不确定性的情形。赌色子还有赌马都是打赌者或者赌徒故意创造出来的新的不确定性，若是没有他们的创造，这些活动本就不会存在。[2] 但是，企业家并非为找乐子而创造不确定性。恰恰相反，他尽最大可能消除不确定性。他所对付的不确定性是市场形势固有的，事实上也是人类行动的本质中所固有的；必须有人与这些不确定性打交道，而企业家则是最有能力，或者最有意愿的候选人。同理，赌场或者赛马场的**运营者**不是在创造

---

[1] 米塞斯，《人的行动》，第 110 页。

[2] 赌博与打赌之间有一定区别。赌博指的是对类概率的事件下赌注，比如投色子，我们不知道什么样的单个事件会发生。打赌指的是对于独一无二的事件下赌注，而且打赌双方都知道有关这一事件的一点信息——例如赛马或者总统大选。不过，不论是哪种情况，下赌注者都是在创造新的风险或者不确定性。

新的风险；他是一位试图判断市场形势的企业家，他既非赌徒，也非打赌者。

利润与损失是企业家**不确定性**的结果。精算风险会转化为商业运营的成本，与利润或损失无关，除非精算的估计有误。

第九章 生产：特定要素价格 与生产性收入

1. 引言

至此，我们已经分析了市场上利率和生产要素价格的决定。我们还讨论了企业家精神在变化世界中的作用，以及储蓄和投资的变化带来的后果。现在，我们回过头来分析专用的终极要素——劳动和土地——并进一步详细讨论企业家收入。在第七章中分析一般要素的定价时，我们研究的是均匀轮转经济将达到的价格，这是其一直趋向于达到的状态。在第八章中，我们对企业家精神的讨论揭示出这一趋向是资本家—企业家追求利润和规避亏损的结果。现在，让我们回过头来看看特定要素并分析其定价、供给和收入，以及对基于其上的变化着的经济的影响。

2. 土地、劳动与租金

A. 租金

我们一直在分析中使用"租金"这个术语来指称财货服务的雇佣价格。这一价格是支付给单位服务（unit services）的，有别于提供服务的全部要素（the whole factors）的价格。由于所有的财货都有单位服务，所有的财货都将赚取租金，不管它们是消费财货还是任何形式的生产者财货。耐久财货的未来租金趋向于被资本化，并体现在其资本价值中，进而体现为得到它们当下需要花费的货币。结果是，这些财货的投资者和生产者都趋向于从他们的投资中获取单纯的利息回报。

全部财货赚取总租金（gross rent），因为全部财货都有单位服务以及它们的价格。如果一件财货被"租出"了，它就会从租费中赚取总租金。如果它被买走，那么其现在价格就体现折现的未来租金，并且将来它会通过贡献于生产而赚取这些租金。因此，全部财货获得总租金，这里不存在这一要素与另一要素之间任何分析上的差异。

然而，净租金（net rents）仅仅由劳动和土地要素赚取，而不能由资本财货赚取。[①] 因为某一资本财货赚取的总租金将会被归属于支付给要素所有者的总租金，正是这一要素产生了它。所以，以净租金来说，只有劳动和土地要素——即终极要素——赚取租金，而在均匀轮转经济中，这些将与时间的利息一道，是经济中的唯一收入。

马歇尔的理论认为耐久资本财货会暂时地获得"准租金"（"quasirents"），而永存的土地则获得全部租金（full rents）。这一理论的谬误一清二楚。不管其耐久性如何，资本财货都会像土地一样获得总租金，不论是在变化中的真实世界还是在均匀轮转经济中。在均匀轮转经济中，它们根本得不到净租金，因为这一切都被归属于土地和劳动。在真实世界中，它们的资本价值是变化的，但是这并不意味着它们赚取了净租金。相反，这些变化是资本财货所有者作为企业家所得到的利润（profits）或亏损（losses）。因此，如果真实世界中的收入是净租金（归属于劳动和土地要素所有者）和企业家利润，而后者在均匀轮转经济中消失，因此在任何世界中都没有"准租金"概念存在的空间。这种特殊类型的收入哪里都不存在。

工资（wage）是用于描述对劳动要素的单位服务的支付。因此，工资是租金的一种特殊情况；它是劳动的"雇用费"（"hire"）。在一个自由市场上，这一租金当然不可能被资本化，因为全部劳动要素——人——不可能被以一定价格购买和出售，而其收入属于其所有者。然而，这正是奴隶制下真实发生的事情。事实上，工资是自由市场上唯一不能被资本化的租金的源泉，因为每个人都必然地是一个拥有不可让渡的意志的自我所有者。

因此，工资和土地租金的一个区别就是，后者可以被资本化并转化为利息回报，而前者却不能。另一个区别则是完全经验性的，对人类而言绝非不容置疑地为真。它仅仅曾经是一个历史－经验的真理，即相对于土地要素而言劳动要素一直相对稀缺。土地和劳动要素能够按其边际价值生产力顺序进行排序。土地要素

559

---

① 净租金等于所得总租金减去付给要素所有者的总租金。

相对过剩的结果是并非所有的土地要素都会被投入使用，也就是说最贫瘠的土地要素将被闲置，以使劳动可以自由地用于最有生产力的土地上（例如，最有生产力的农业土地、城市地皮、鱼苗孵化场、"自然资源"等等）。劳动者会首先使用最具价值生产力的土地，然后是生产力次优的土地，依此类推。于是，在任何给定的时点，总会有一些土地——最具价值生产力的——被耕种和使用，而另有一些土地则不被使用。在均匀轮转经济中，后者将成为免费土地，因为其租金回报为零因此其价格亦将为零。[①] 前一类土地将是"边际以上的"（"supramarginal"），而后一类土地则是"边际以下的"（"submarginal"）。目前正被使用的最贫瘠的土地处于二者的分界线上；这便是"边际"土地（"marginal" land），将赚取接近于零值的租金。

560　　认识到边际土地仅仅会赚取接近于零值而并非零值的租金，非常重要。[②] 原因在于，在人的行动中并不存在无限的连续性，而行动并不会以无限小的步伐进行。拥有数学头脑的作者倾向于以此种术语来思维，以使得在被考虑的这一点之前和之后的各个点都趋向于合而为一。然而，只有该土地能赚取一点租金，使用边际土地才会支付一份租金，虽然支付的更少一点。在诸多不同地块的边际价值产品（MVPs）数组中存在巨大的非连续性的情况下，边际土地可能会大赚一笔。显然，并不存在对诸如"接近""大量"等术语的行动学的精确标准。我们所能确信的只是，如果我们对数组中土地的边际价值产品进行排序，边际以下的土地的租金将为零。除了说边际土地的租金比边际之上的土地更接近于零值以外，我们无法判断其租金是多少。[③]

　　现在，我们已经在上文中看到，当一种要素的总供给增加时，其边际价值产品便会减少，反之则会增加。经济中的三类主要要素是土地、劳动和资本财货。

---

① 不过，假如人们预期那块土地在不远的将来赚取租金的话，其资本价值将是正的。

② 正如弗兰克·费特（Frank Fetter）在载于《经济学季刊》（*Quarterly Journal of Economics*，1901 年 5 月）上的《旧的租金概念的消失》（"The Passing of the Old Rent Concept"）一文中所说： 任何有限数量的产品的最后一单位产品将……不得不支付其相应的租金。在严格的理论条件下，未支付租金而得到的唯一产品，将会是极其微小的一份——用盎格鲁-撒克逊的俗话说就是根本没有。产品的有限单位（unit）不能表现为一个无租金的部分。"（第 489 页）

③ 此处，"边际""边际以上"等术语的用法不同于上文的用法。我们不涉及某一同质财货或要素的供需问题，而是在这里指涉一类（class）要素，例如土地，并比较该类别中不同要素的不同品质（qualities）。因为仅仅被勉强地使用了，所以收入近乎零的地块乃是"边际的"。

在一个进步的经济中，人均资本供给是增长的。① 所有级别资本财货供给的增长 561
都引起资本财货边际价值生产力的降低，从而资本财货的价格便会下降。总体而
言，土地和劳动要素的相对（relative）边际价值产品倾向于上升，从而，如果不
以货币因素衡量而以实际价值计算的话，其收入将会上升。

　　要是资本的供给保持不变，同时劳动或土地要素的供给发生变化，情况会怎
样？比如，假设，在保持同一资本结构的情况下，人口增长了，于是劳动要素的
总供给扩大了。结果会是劳动的边际价值产品的普遍降低和土地边际价值产品的
普遍上升。这一上升将会使之前处于边际以下、无法获租的地块能够赚取租金，
并被新增加的劳动所耕种。这便是李嘉图特别强调的过程：人口推动土地供给。
但是，劳动的边际价值生产力下降趋势会被其边际物质产品（MPP）表的增加所
抵消，因为人口增长会容纳对分工和专业化之优势的更大程度的利用。持续的资
本供给将不得不转而适应被改变的条件，但是恒量的货币资本将会生产更多的实
物产品。因此，对于劳动的边际价值生产力的补偿趋势将会加强。对于任何时点
任何给定条件下的资本和生产过程，都会有一个"最优"（"optimum"）人口水平
使得经济中的人均消费财货总产出最大化。一个较低的人口水平将无法利用劳动
分工和劳动机会，从而使劳动要素的边际物质产品低于最优点；一个较高的人口
水平则会降低劳动的边际价值生产力，从而降低人均真实工资率。②

　　认定在给定的土地和资本情况下，存在能使人均真实产出最大化的理论上 562
的"最优"人口规模，将会成功终结经济理论中晦暗的马尔萨斯主义论调。因为
在任一时点既定的人口增长是否会导致人均真实产出的增长或减少是一个经验问
题，取决于具体的条件。这无法由经济理论回答。③

　　有人也许会疑问，关于人口增长能提升边际物质产品和边际价值生产力的陈
述如何能与上文所说的要素总是用于实物回报递减的领域相协调？然而，此处的
条件迥然不同。在之前的问题中，我们假设了不同要素的总供给是给定的，并考

---

① 我们在这里把进步经济体的定义转换为人均资本的增长，以便比较某一类要素供给的变化与另一
　类要素供给的变化。

② 当然，没有理由假设人均最大真实收入必定是符合伦理的理想；对于一些人来说，理想的状态
　或许是最大真实收入加最大人口规模。在一个自由社会，父母们将自由地选择关于此事的伦理
　原则。

③ 对于人口及其规模，经济学能说的很少。将"人口理论"著作包含到经济学而非生物学或心理
　学，不过是历史偶然事件的不幸结果。这个事件就是早期的经济学家们恰巧率先钻研了人口统计
　问题。

察它们相对安排的最佳途径。此处，我们处理的不是特定生产过程和给定的要素供给，而是通常使用的含糊的"生产"概念以及某一要素的总供给的变化造成的效应。再者，我们讨论的也不是某一真实要素（在其供给中是同质的），而是某一"要素的种类"，例如全部土地（land-in-general）或全部劳动（labor-in-general）。抛开问题的含糊性不论，我们现在讨论的问题的条件显然是完全不同的。因为，假如某一要素的总供给改变了，而且对劳动要素的生产力产生影响，这将等价于边际物质产品曲线（the MPP curve，或种类）的变化而不是如我们上文考察过的沿着曲线的某一运动。[①]

563　　由于我们习惯于隐含地认定劳动比土地要素稀缺，我们会谈论零租金土地。假如情况倒转过来，土地比劳动要素稀缺，我们就不得不谈论零工资劳动者、边际以下的劳动等等。就理论而言这确实是可能的，可以说在这种市场遭到制度性限制的静态社会里，例如古代的斯巴达、中世纪或中世纪后的欧洲，事实上曾达致这一条件，以至于"剩余劳动"（"surplus labor"）在生产中仅能挣得低于生存水平的工资。那些"剩余"的而且没有投入资本（invested capital）的人，只好通过杀婴予以限制或落入赤贫。

　　边际以下的土地无法赚取租金的情况造成了一种不幸的趋势，即把租金概念视为一种"级差"（"differential"）——尤指不同要素之间的品质差异（differences in quality）。有时"绝对"（"absolute"）或纯租金的概念被抛弃了，我们仅仅听说"级差意义"（"differential sense"）上的租金，正如下面的描述一样：

　　如果 A 地块每个月可以得到 100 盎司黄金，B 地块挣得零，那么 A 地块就获得 100 级差租金。

　　如果 A 劳动者每个月能挣得 50 盎司黄金，B 劳动者能挣得 30 盎司黄金，那么 A 就获得 20 盎司"能力租金"（"rent of ability"）。

　　恰恰相反，租金是绝对的，而且不依赖于同一类别中更贫瘠的要素的存在。租金的"级差"基础完全依赖于并且也来自绝对租金。这不过是一个算术减法的

---

①　用洛桑（瓦尔拉斯和帕累托）学派描述这一区别的方式可以说，在前一情况下（当我们沿着曲线运动），我们是在隐含假设"品味（tastes）、技术和资源（的供给）在经济中是给定的"。在目前的例子中，我们考察的是某一资源的变化（例如，劳动供给的增长）。做出修正后，我们可以说，只有品味和资源可被视为给定。正如我们在前文中看到的，技术并非生产变化的直接决定因素。技术必须通过储蓄和投资才能被使用。事实上，假如把时间偏好包括在"品味"当中，我们就可以单独探讨品味和资源。

问题。比如，A 地块挣得 100 租金，B 地块挣得零租金。显然，100 和 0 之间的级差是 100。然而在劳动者的例子里，A 劳动者的"租金"，也即工资是 50，而 B 劳动者的工资是 30。如果我们打算比较这两份收入，我们就可以说 A 比 B 多挣 20。不过，使用这一意义的"租金"除了增加了混乱以外，毫无任何意义。

"级差租金"（"differential rent"）概念也能用来比较同一个要素用于此用途与用于另一用途之间的收入。比如，如果一个要素，不论是土地还是劳动，在一种用途中每个月能挣得 50 盎司，在其他用途中本来可以挣得 40 盎司，那么其"租金"即为 10 盎司。此处，"级差租金"意指真实的折现边际价值产品（DMVP）与被放弃的机会或在次优用途中的折现边际价值产品之间的差别。有时，10 盎司级差不被认为在某种方式上构成了对企业家而言的成本的"真实"部分，而是被认作一种剩余甚或是要素"未能赚取的"租金。对个别公司而言，抬价取得边际价值生产力为 50 的要素并非不需要成本。然而，人们却臆想从"行业的观点"来看，它无须成本。但是并不存在所谓的行业的"观点"。不是"行业"而是公司在买和卖并追逐利润。

其实，关于租金是否是"无成本的"，是否会进入成本的讨论是毫无价值的。它属于有关租金是"已决定价格"还是"正决定着价格"的古典争论。认为任何成本都决定着价格乃是陈旧的生产成本价值和价格理论的产物。我们已经知道，成本并不决定价格，反亦反之。或者说得更精确些，消费财货的价格经由市场过程决定了生产要素的价格（最终决定土地和劳动要素的价格），并且价格变化引发的冲击被不同领域的专用要素承担。

B. 劳动的本质

如同我们稍早时所提及的那样，"劳动"是一个包括了大量不同性质服务的范畴。概而言之，劳动就是投入生产过程中的纯粹人类能量的耗费。交换学上说，劳动是被企业家–资本家所雇佣的。[①] 非常不科学的做法是把劳动者武断地划分为不同的类别，并将其中一个群体称作"劳工"和"工人"，而给其他群体赋予各种其他名称。赋予他们不同的名称意味着其贡献与其他人的贡献是不同类

---

① 如果一个所有人也进行一项他同样可以作为一名雇员进行的实质性的劳动，并从中获得收入，（例如，自有经营者［ownermanager］）这收入是隐含的工资。关于"劳动"的定义，参见斯宾塞·希思（Spencer Heath），《堡垒、市场和圣坛》（*Citadel, Market, and Altar*）（巴尔的摩：科学基金会，1957），第 235–236 页。

（kind）的，然而这一区别并不存在。比如，通常习惯于称呼某些雇佣劳动者为"工人"，而把其他的称作"经理"（"managers"）、"总经理"（"executives"）等等。"管理人员"（"management"）与"工人"相对照是一个特别流行的分类，而我们听闻了大量有关"劳资关系"（"labor-management relations"）的说法。但是这些分类毫无价值可言。"管理人员"被一群或一个所有人雇佣以领导生产；经理们则须听从上级的命令——他们同意这样做的是其工作的一部分。比所谓"劳动者"更低层级的低能力工人（lower-quality workers）则被这些作者当作另一个不同的类别。[1] 他们的作用不应该是去遵守命令和参与生产过程，而是以某种不同的方式——作为独立的实体行动，维护自己的"权利"，与"管理人员"争吵，等等。

然而，并不存在"工人"和"管理人员"之间的类别差异。一家公司的副总裁如果是被其所有者所雇佣，和一受雇的技工一样有充分理由或没有充分理由加入一个工会。两人都应该遵守他们的工作合同，也就是说遵守其上级的相关命令。两人都可以自由在任何时点就其工作条件讨价还价，正如在市场上的任何其他的自愿交易一样。两人都是在生产中花费其人类能量的劳动者。没有什么特殊的能力属于这一组或另一组劳动者以使之有或多或少的理由加入工会。

工会问题将在后面第十章讨论垄断和竞争时探讨。此处，我们应该注意到"劳方—资方"的虚假二分以一种有趣的方式突然出现在有关工头工会的斗争之中。[2] 因为同样的理由，甚至最热心的工会支持者都认为将副总裁吸收进工会是荒谬的。对工会更多批评的人则认为如果工会试图将居于"经理人员"的较低层级的工头们组织进来是奇怪的，而且当然会对工会吸收副总裁感到恐怖。不过，要是并不存在真实的二分而且所有雇员都是劳工，那么我们对工会的看法就必须相应改变。因为，如果每个都认为工会吸收副总裁是荒谬的或邪恶的，那么同样的形容词也可以用于将任何工人组织进工会这件事。

---

① 我们在此处和其他的行动学分析中使用"能力"（"quality"）这个术语的时候，并未从某种形而上学意义或依照某种更高级的（"higher"）伦理学观点出发。我们说的能力指的是市场的选择所表达的那样，即是指更高的边际价值生产力从而获得更高的工资。

② 例如，在虚假的劳资二分基础之上与工会讨价还价是一件有趣的工作。参见李·H. 希尔（Lee H. Hill）和小查尔斯·R. 胡克（Charles R. Hook, Jr.），《谈判桌上的经理人员》（Management at the Bargaining Table）（纽约：麦格劳-希尔公司，1945）。关于工头工会，参见西奥多·R. 埃瑟尔曼（Theodore R. Iserman），《工业和平和瓦格纳法》（Industrial Peace and the Wagner Act）（纽约：麦格劳-希尔公司，1947），第49-58页。

C. 土地供应

我们已经弄清楚了，对土地和劳动的单位服务（unit services）的价格确定过程是一样的。两组要素都趋于赚取其边际价值生产力；两者还都获得资本家－企业家以现钱支付的预付款；等等。对原初的或"永久性"（"permanent"）要素之单位服务的定价的分析可以同等地适用于每一个要素。然而，在土地和劳动的条件之间有三个基本区别，这使二者的区分变得重要。第一个区别我们已经详细地加以解析：（在自由经济中）土地可以通过其作为"完整要素"（"whole factor"）的价格而被资本化，进而只是赚取利息与企业家活动造成的资产价值的变化；而劳动（labor）却无法资本化。第二个区别我们已经考查过——即劳动比土地要素更稀缺的经验事实。其必然推论是，劳动显然不是什么专用要素，而这适用于所有生产过程，只不过土地趋于变得更加专用。第三个区别来自这一事实，劳动者是人而且——这也是个经验事实——闲暇总是一件消费财货。结果就是，存在一个劳动对闲暇的底线价格（reserve prices），相反，土地——在最广泛的意义上——则没有底线价格。现在我们就来探究这一区别的后果。

567

劳动更为稀缺但又并非专用这一事实意味着总是存在荒地（unused land）。只有最好的、最有生产力的土地才会被利用，这就是说，这块地拥有最高的折现边际价值产品（DMVPs）。同样，在具有不确定性的真实世界中，出现错误的地方就会有未被利用的资本财货（capital goods），即已经做出的错误投资将被证明无利可图。

现在，我们可以探究一下土地要素的供给和需求曲线。我们在上文中已经揭示出，任何一种要素用于任意用途的特定需求曲线，即一种要素用于那用途的特定边际价值产品曲线，都会在这个要素起作用的领域向下倾斜。我们也已经知道，该要素在其所有用途的范围内的总需求曲线都向下倾斜。土地要素的供给曲线是什么样子的呢？如果我们考虑总供给曲线（考虑该要素相关的全部用途），就会发现确实并不存在土地的留存需求曲线（reservation demand curve）；至少在均匀轮转经济中这将是真的。每一种用途的特定的供给曲线都依赖于一个地块具备的替代用途。如果它有任何可取舍的用途，当其价格上升时，其关于每一种用途的供给曲线就会向上倾斜，因为当一种用途能产出更高的租金回报时，它就可以从一种用途转向另一种用途。

在其特定用途中，地主也拥有留存需求，因为他可以将土地转向别的用途以获得更高回报。替代用途的范围越大，每一条特定需求曲线就越趋于平缓。

568

在图 9.1 中，左图描述了土地要素的总体使用（包括所有用途）的供给和需求曲线。供给曲线将会是库存量——一条垂直线。右图描述了一种特定用途的典型的需求与供给曲线；此处，因为可以转出或转入某一用途，供给曲线便向上倾斜。在每一个案例中，供给和需求曲线的交叉都提供了租金价格，与全部可用要素折现边际价值产品相等。总体使用的价格 OC 将与 OE 等任何一种特殊用途的价格相同，因为在均衡条件下，在所有用途中的要素价格都必定相同。整个图示中显示了将被出租的全部数量 OS_1，它与可用土地要素全部供给相等。供给各种特定用途的均衡数量（例如图中 EB 所示）的总和则会与用于全部用途的供给总量 OS_1 相等。

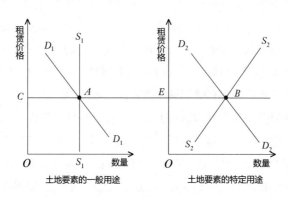

图 9.1　土地的供求

569　　我们已经知道，消费财货的价格是由消费者的需求表决定的，同样被他们的价值表（value scales）所决定，也就是说，通过消费者对生产者（第一级资本家）供应的量给予评值的方式决定。在一个变化着的经济中，当生产者具备投机性的留存需求时，价格就会随时受到给定库存的总需求的决定，而这一点总是会趋近于真实的消费者需求价格。同样的情形也发生在土地上。土地要素的价格将受到折现的要素边际价值产品的总体情况决定，而且也根据可用要素的总量或库存与其折现的边际价值产品表的交点而被设定。相应地，正如我们已经详细了解的那样，折现边际价值产品（DMVP）是由这一要素满足消费者的程度决定的。边际价值产品（MVP）直接决定于一项要素对消费者做了多大程度的贡献，其折现率则决定于消费者在多大程度上选择储蓄－投资而非即时消费。因而，给定原初要素的库存，消费者的价值表便会决定市场经济的各种后果，而这些后果需要得到解释：原初要素的价格，原初要素的配置，原初要素的收入，时间偏好和利率，被使用的生产过程的长度，以及最终产品的数量和类型。在我们这个不停变化的真实世界里，自由市场经济的美丽有序的结构借由企业家追求利润和规避亏损的努力而实现。[①]

　　在此，让我们来考查一下亨利·乔治主义者的大妖怪——土地投机，即不将有生产力的土地投入使用。根据乔治主义者的看法，包括商业周期中的萧条在内的大量经济魔怪都源自投机性地抑制土地使用，此举导致了人为的稀缺和在用地块的高租金。我们已经在上文中看到，消费财货的投机活动（同样适用于资本品）在加速调整以最好地满足消费者需求方面发挥了极大作用。然而奇怪的是，与其他经济财货的情形相比，土地投机更少发生也较不重要。因为并非永久存在的消费财货或资本财货既可以现在就使用，也可以稍晚一些再使用。在即期使用或在未来某个时刻使用之间需要做出选择。如果财货所有者估计到对其财货的需求将会在未来走高，从而价格将会上涨，而且就时间偏好和贮存而言等待时间长度的成本也不算太高昂的话，那么他就会把财货留在手中（在存货里）直到该出手的时候。将财货从即期的使用中撤出以转向未来更有价值的用途给消费者做出了贡献。

　　但是，正如我们所知，土地是一种永久性资源。它可以在任何时候使用，既可以是现在也可以是未来。因此，所有者限制土地使用就是纯粹的愚蠢之举；只能意味着他毫无必要地拒绝了货币租金。一位地主会预期其土地的价值在未来几年中将上升（因为未来租金会上涨）。这一事实并没有提供理由让所有者拒绝在此期间获得租金。因而，如果一块土地撂荒只能是因为它在生产中只能获得零租金。不过，在许多情况下，一块土地一旦被投入一个生产线，就不能轻易地或不付出大量成本便转作他用。在地主预期土地能很快用于更好的生产线，或者他对最好地使用土地心存犹豫的情况下，如果他节省的"转换成本"（"change-over

570

571

[①]　这一消费者评值的"统治"限于企业家和要素所有者追求最大货币收入的范围之内。考虑到他们放弃更高的货币收入以追求非货币目标（nonmonetary ends）（例如，欣赏自己的未开垦土地或享受闲暇）的程度，生产者的评值才会具有决定性。从行动学的一般观点来看，这些生产者在那种程度上也作为消费者在行动。因此，消费者价值表的统治甚至在这里也起作用。然而，出于对市场的交换学分析的目的，即便考虑到既生产又消费的同一个人的完整性，将作为生产者的个人与作为消费者的个人划分开来也是方便之举。在这件事上，我们可以说，就非货币目标参与其间的程度而言，不是消费者的评值而是社会中所有个人的评值在起决定作用。关于"消费者主权"问题的进一步讨论请参见本书第十章。

cost"）超过其继续等待和保持现有可得租金的机会成本，他就会限制土地的使用。因而，投机性的土地所有者不把土地投入更低生产能力的用途，就是在给消费者和市场做出巨大的贡献。通过等待将土地投入更高生产效能的用途的机会，他把土地配置到了消费者最需要的用途上去。

导致乔治主义者发生混乱的，可能是许多地块摞荒却又在市场上要求一个资产价格的事实。地块在保持闲置时，其资本价格甚至还会上涨。然而这并不意味着，某种邪恶的事情正在发生。这只是意味着这块土地预期在最初的几年中不会获得租金，尽管之后它将赚得正租金。如我们所知，土地的资本价值合计等于折现后的未来租金总额，并且根据利率水平，这些租金的总额会从很长远的未来产生实际的影响。因而，关于一块闲置土地的资产价值或其升值并不存在什么奥秘。地块并不是被邪恶地阻挡在了生产之外。[①]

现在让我们来考察土地要素供给发生变化所引起的后果。假定土地的总体供给上升，劳动和储蓄的供给保持稳定。假如新增土地处于当前正在使用的土地的边际以下，很明显，新增土地不会被使用，反倒是会加入处于边际以下的闲置土地的行列。如果相反，新增土地品质较好，因而可以赚得正租金，那就会被使用。不过由于劳动和资本没有增加，以至于这些要素被投入到比之前更大数量的土地上时无利可图。新增的有生产力的土地要与原有的土地竞争，因而会把之前处于边际上的土地挤到边际以下的行列之中。劳动将总是在最好的土地上使用资本，因此新获得的边际以上的土地将把之前处于边际地位的土地逐出生产。因为新增土地比其所取代的原来处于边际地位的土地更有价值生产力，这一变化便提高了该社会的财货总产出。

D. 劳动的供给

在劳动要素方面，关于其用途的特定需求曲线将是向下倾斜的，而关于劳动专门用途的特定供给曲线则向右上方倾斜。事实上，因为劳动相对来说是非专用的要素，其特定的供给曲线比（通常更为专用的）土地要素的供给曲线更趋于平缓。所以劳动要素的特定的供给和需求曲线可以表示为图9.2。

[①] 在自由社会，如我们在上文中表明的那样，除非以某种形式——例如被整理、开垦等等——被"使用"，土地不可能原初地成为任何人的财产。不过，除非能获得租金，它也不会得到后续使用。

　　劳动要素的总需求曲线在相关区域内将向下倾斜。对劳动的分析中的一个复　　
杂之处就是"劳动的向后供给曲线"（"backward supply curve of labor"）的所谓发
生率。当工人减少其劳动时间的供给以对更高的工资率做出反应，例如将其较高
工资的一部分视同为增加了的闲暇时，就会发生这种情况。这当然会发生，但是
它无关于对一项要素的报酬的决定。首先，我们发现，一项要素的特定供给曲线
因为替代性用途的竞争而变得平缓。但是甚至一项要素的总供给曲线也会"向前
倾斜"（"forward-sloping"），也即向右倾斜。因为，尽管几乎没有同质性，劳动
仍是一项特别非专用性的要素。因此，一组要素的较高报酬率往往会刺激其他劳
动者训练自己或促使他们进入这个特定的"市场"。因为技能是不同的，这意味
着所有工资不会均等化。不过这意味着，一项劳动要素的总供给曲线也将会是向
前倾斜的（forwardsloping）。我们可以如图 9.3 那样来排列不同劳动要素的总供
给和需求曲线。

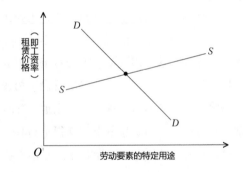

图 9.2　特定用途劳动的供求

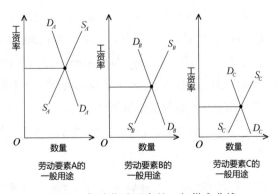

图 9.3　各种劳动要素的一般供求曲线

只有在涉及全部劳动要素的总供给的情况下才会出现向后倾斜的供给曲线，574 并且由于这些要素并非同质，此处的原理便显得如此不精准，以至于示意图的分析用处甚小。然而这是一个重要的问题。当工资率普遍上升时，在各个特定劳动力市场的相互关联中，根据相关个人的价值表，全部劳动（即劳动时间的总量）的供给既可能上升也可能下降。上升的工资可能吸引不工作的人进入劳动力市场，并吸引人们加班或从事额外的兼职工作。相反，这也可能导致更多闲暇并减少总的劳动时间。上升的工资还会导致人口增长，同时"在总体上"（"in general"）增加劳动的总供给，或者使人口减少，并且以增加闲暇的方式来扣除增加的工资的一部分收益，从而提高了全体人口的人均生活水平。[①] 劳动总库存或总供给的变化在库存减少时将所有特定表向左移动，或在库存上升时向右移动，并以此影响特定的市场。

当所有者对享受土地（交换学意义上）的闲置状态的美有较高的留存需求时，关于土地要素的一条向后倾斜的供给曲线的出现就是可以想见的。在那种情况下，土地就会有放弃的视觉享受的边际递增负效用，正如在消耗劳动的过程中闲暇被放弃了一样。在土地的情况中，由于土地要素之间不存在非专用的劳动要素之间才存在的巨大的联系性，这一情况事实上会对市场上的租金价格产生更明显的影响。这一点可以通过向后倾斜的土地要素的总供给曲线来揭示。因而，给予土地的更高租金价格将诱使土地所有者保留更多土地，同时部分以不可交换的消费财货的形式，部分通过得到更多货币的形式获得更高收入。不过，这种情况575 在实践中是罕见的，只是个人自己的自由选择的评值才会导致。

因而，某座纪念碑或某个公园的自诩的保护人没有理由抱怨市场对待其珍爱之物的方式。在自由社会中，这些生态保护主义者拥有完全的自由去购买这些土地并原封不动地加以保护。他们将从此类保护行动中有效地得到消费性服务。

我们已经涉及工资率中的另一个成分，以回到劳动问题上来。这个成分就是任何一个特定行业的心理收入（psychic income）或心理负效用（psychic disutility）。特定类型的工作或被特定的公司所雇佣会产生正面的心理收入和满足。同样地，心理负效用也与特定的工作相关联。

这些心理因素会被纳入特定用途的曲线之中。为了分离出这类因素，让我们

---

① 如果当劳动被以更高货币价格售出时，货币的边际效用下降得足够大，而且被放弃的闲暇的边际负效用上升得足够大，就会出现这种向后供给曲线。

暂时假设所有的劳动者都具有相同的价值生产力，而劳动则是一种同质的要素。在这样的世界中，所有职业的工资率都将相同。要产生这种结果，所有产业不必有相同的价值生产力。因为，作为劳动的相互关联也即其非专用性的结果，劳动者能够进入广阔的职业范围。如同我们暂时做的那样，如果我们假设所有劳动者都具有相同的价值生产力，那么他们就将进入一个高薪行业，从而使该行业特定的劳动供给曲线向下倾斜，而离开的工人则抬高了低薪产业的劳动供给曲线。

　　这一结论来自市场上任一产品的价格均等化的一般趋势。如果所有劳动都是同质的，进而一项要素的价格（工资率）就会在行业中均等，正如纯利率趋于一致。

　　现在让我们放宽我们假想建构的条件。① 现在，在保留所有劳动生产力均等的假设的同时，让我们引入特定工作中工人获得的心理收益或心理负效用的可能性。有些工作备受大多数人喜爱，另一些则备受厌恶。这些工作常见于某些行业，或者更严格地说，常见于人们特别乐意或不乐意为之工作的单个公司。不同职业的货币工资率和劳动供给会出现什么情况？一方面，在普遍不受喜爱的职业或公司中，必须以较高的货币工资率吸引和保留劳动者待在岗位上。另一方面，会有如此之多的劳动者竞争普遍受人喜爱的工作，因此他们会要求更低的工资率。换言之，我们修正后的结论是，通过使心理工资率等同于加上或减去了心理收益或心理负效用之后的货币工资率，心理工资率而非货币工资率将会被均等化。

　　许多经济学家都曾或明或暗地假设过劳动者之间内在的同质性质。而且他们并不像我们所做的那样，将这一假设作为纯粹的暂时性概念，而是试图以之描绘真实世界。这是一个经验问题。本书的一项得自经验的基本假设是，在劳动技能、预见未来、能力和智力等方面，人们之间存在巨大的差异。从经验上看很清

576

577

---

① 值得注意的是我们避免了把非常时髦的术语"模型"（"model"）用于本书的分析当中。"模型"这个术语是一个不幸偏见的例子，表现了因为偏好物理学和工程学方法而将其用于人的行动科学。建构都是假想的，因为它们的不同成分从未在现实中同时存在过；然而，对于通过演绎推理和假设其他条件不变（ceteris paribus）来把握住真实世界中的趋势和因果关系，它们是必要的。相反，工程学"模型"只是机械地建构了一个缩微，其所有部分能够并且必须在现实中同时存在。对想象建构（imaginary construct）和模型之间的差别的理解，笔者受惠于路德维希·冯·米塞斯教授。

楚，事实就是如此。① 对这一点的否定意见看起来是基于一个简单的信念，即所有人在所有方面都"真正"平等，或者在适当的条件下能实现平等。总的来说，关于一致性或均等性的假设，与其说是明示的不如说是隐含的，因为这一假设的荒谬和明显错误将马上变得一清二楚。谁会否认并非每一个人都能成为歌剧演员或棒球冠军？

一些作者试图通过证明工资差异只是缘于特定工作需要昂贵的培训成本（cost of training）来挽救这一同质性假设。比如，一位医生比一位店员挣得多，乃是因为基于工作的性质，医生需要承担长年培训的花费（这些花费包括实际的货币成本以及被放弃的充当店员从事此类工作而挣钱的机会成本）。从而，在长期均衡中，两个行当中的货币工资率不会一致，但是在医疗行业中的更高收入率将足以补偿其损失，因而以个人的整个一生来考虑，净工资或收入率将是相同的。

确实，培训成本通过这种方式被包含在市场工资率当中。但是，无论如何它们也不能解释所有的工资级差。个人能力方面的内在差异也是至关重要的。长年培训也无法把一个普通人变成一位歌剧明星或棒球冠军。②

许多作者将其分析置于所有工人的同质性假设之上。结果，当他们发现普遍受到追捧的工作，例如电视导演，其报酬比诸如开挖渠道之类不受欢迎的工作要多时，他们就倾向于假定其中存在不正义和欺骗。然而，承认劳动生产力中的差异就会消除这种杞忧。③ 在这类情况中，心理成分仍然存在并相对降低了更受人喜爱的工作的工资，但是它也被更高的边际价值产品和关联于后者的技能所抵消。因为电视导演比开挖渠道需要更多技能，更准确地说，更少人拥有这项技能，所以这两份工作的工资率就不可能相等。

578

---

① 关于人类差异性的哲学讨论，请参见哈珀（Harper），《自由》（*Liberty*），第 61–83 页，第 135–141 页；罗杰·J. 威廉姆斯（Roger J. Williams），《自由与不平等》（*Free and Unequal*）（奥斯汀：得克萨斯大学出版社，1953）；乔治·哈里斯（George Harris），《不平等与进步》（*Inequality and Progress*）（波士顿：修顿·米夫林公司，1898）；赫尔伯特·斯宾塞（Herbert Spencer），《社会静力学》（*Social Statics*）（纽约：D. 艾普顿公司，1890），第 474–482 页；A. H. 霍布斯（A. H. Hobbs），《社会学声明》（*The Claims of Sociology*）（宾夕法尼亚州哈里斯堡：斯塔克波尔公司，1951），第 23–64 页；A. H. 霍布斯，《社会问题与唯科学主义》（*Social Problems and Scientism*）（宾夕法尼亚州哈里斯堡：斯塔克波尔公司，1953），第 254–304 页。

② 请比较范·西克尔（Van Sickle）和罗格（Rogge），《经济学导论》（*Introduction to Economics*），第 178–181 页。

③ 关于工资率和地理的研究，请参见《区位与空间关系的经济学》（"The Economics of Location and Spatial Relations"）中的相关部分。

E. 生产力和边际生产力

在探讨生产力概念时需要特别小心。特别是，当使用诸如"劳动者的生产力"（"productivity of labor"）这样的术语时，存在某种危险。例如，假设我们说，"劳动者的生产力在 20 世纪有了进步"，其含义便是这一增长的原因来自劳动本身，即是说，因为目前的劳动力比之前的更有能量或更富技能。然而，事情并非如此。是一个进步之中的资本结构提高了劳动力的边际生产力，因为劳动力供给的增长慢于资本财货供给的增长。但是，劳动力边际生产力的增长，并非源于在耗费劳动能量方面的某些特别提升，而是源于新增的资本财货的供给。所以，在一个扩张着的经济当中，提升工资率的动因首先不是工人自身，而是投资于资本财货的资本家－企业家。工人们获得更多更好的工具，因此与其他要素相比，他们的劳动才变得相对地更为稀缺。①

每个人都得到其边际价值产品意味着，支付给每个人的是其为消费者生产之所值。但是这并不是说，若干年中其所值的提升必然只是由于他自己的改进。相反，正如我们所知，这一提升首先要归因于资本家提供的资本财货的丰裕程度的提高。

因此要把绝对的"生产力"归属于某一个或某一类要素当然就是不可能的。在绝对的意义上，试图将生产力归属于某一要素毫无意义，因为对产品而言所有要素都不可或缺。给定其他要素后，根据某一单位的一项要素的生产贡献，我们只能在边际条件下讨论生产力。这恰恰是企业家在市场上所做的，添加或削减一定量的要素以争取达成最有利可图的行动。

在试图将增长的"生产力"归因于工人自身时的另一个错误例证，发生在劳动力市场的各个部分。如同我们已经知道的，在劳动力市场上所有职业之间存在一种明确的关联性（connexity），因为劳动是终极的非专用性要素。结果是，在工资率不均等化的同时，在长期看来心理工资率却趋于一同变化并在每一种职业之间造成技能级差。因而，当一个工业部门扩张其资本和生产时，折现边际价值产品以及工资率的增长就不会被限制在特定部门。由于劳动供给的关联性，劳动者往往会抛弃别的行业而进入新的行业，一直到劳动力市场上的所有工资率在保持以前一样级差的同时，最后都上升为止。

---

① 要完全理解的是，当我们提到一个扩张着的经济当中工资率或地租的上升时，我们指的是真实水平，而不必定在指货币工资率或货币地租。

例如，假设钢铁工业中发生了资本扩张。① 钢铁工人的边际价值产品上升了，其工资率也水涨船高。然而，工资率的上涨，受制于这一上涨将会从报酬较差的行业中吸引到工人的事实。举例来说，假定钢铁工人每小时能挣得 25 格令黄金，而家中仆人每小时能挣得 15 格令。现在，在扩张势头的推动下，钢铁工人的边际价值产品和工资率会涨至 30 格令。级差也得到了提高，吸引了家中仆人转入钢铁产业，从而降低了钢铁业的工资，特别地也提升了仆人的工资，这一直要持续到级差被重新确立起来为止。因而钢铁产业中资本投资的增长将提升家政服务业内工人的工资。后一种提升明显不是由于家政服务人员的"生产力"或产出的品质的提升。相反，是由于服务行业劳动力有了更大的稀缺性，他们的边际价值产品才上升了。

在实践中，由于不断变化的投资和方法改变了经济所需技能的类型，级差当然就不会严格地保持恒定。

劳动力供给的转移不总是会像我们举的例子中一样突然。总而言之，它将发生在从一种职业或一个级别转向相近的类似职业或级别时。例如，更多的沟渠挖掘工人会变成工头，更多的工头会变成管理者，依此类推，结果转移就在从一级到另一级的过程中发生。这就好像是劳动力市场由相互联系的各部门组成，一个部门的变化会顺着链条从一个环节向下一个环节传导。

F. 对名义和总工资率的解释

在市场上被决定的是"总工资率"。在市场中，它们趋于均等化，并且由工人的折现的边际价值产品所设定。总工资率乃是由雇主为劳动者的劳务支付的货币。它们并不必然与工人的"拿回家的钱"一致。后者可能被称作"名义工资率"（"overt wage rates"）。例如，我们可以假设两位雇主竞争雇佣同一类别的劳动者。雇主 A 先生不是以直接工资的形式，而是以养老金或其他"福利"好处的形式支付一定额度的货币。必须明白的是，这些好处不会被雇主作为馈赠额外给予工人。它们不会被外加在总工资率上。A 先生支付的名义工资率反而相对地低于其对手 B 先生支付的，而 B 先生则不必在"福利"好处方面破费。

换言之，对雇主而言，工人以何种形式耗费他的货币并无区别，不管是以

---

① 这当然是假设在其他地方不存在有抵消作用的资本削减。如果存在这种减少的情况，就不会有工资的普遍上涨。

"拿回家的钱"还是以福利好处的形式。但是，他的支付不可能多过工人的折现边际价值产品；也就是说，工人的总工资收入是由这一数量确定的。实际上，是工人在选择其所喜欢的支付形式以及净工资率与"福利"好处之间的比例。这些好处中的一部分是雇主用来为其全部或部分雇员提供怡人或漂亮的工作条件的货币。该成本是全部工资的一部分，并且是从雇员的名义工资率中扣除的。

我们的分析完全不关心支付工资率的制度形式的问题。例如，尽管"计件工资"或"计时工资"在某些行业中可能更为便利，但它们之间并不存在实质性差别；两者都是支付给一定数量工作的工资率。在计时工资下，雇主心里有一个他期望工人达到的绩效标准，并据此付薪。[1]

G. 失业"问题"

我们这个时代的一个经济忧虑就是"失业"。这不仅仅被认为是"商业周期"中的"萧条"的重大问题；它还被普遍认作"资本主义制度"，也即发达的自由市场经济的首要"问题"。"好吧，至少社会主义解决了失业问题"的说法被当作支持社会主义最具说服力的理由。

582

我们特别感兴趣的是"失业问题"一下子在经济理论中涌现。20世纪30年代的凯恩斯主义者们开创了时髦的抨击：新古典经济学在其特定领域内尚算有效，但是它却假设了"充分就业"。既然"正统"经济学"假设了充分就业"，那么只有真的有"充分就业"其理论才成立。如果不是这样，我们便会进入削弱或颠倒了所有经济学真理的凯恩斯主义幻境。

"充分就业"被假定为没有失业的状态并因而成为每一个人的目标。

首先，必须强调经济理论并不"假设"充分就业。其次，事实上经济学没有任何"假设"。关于所谓"假设"的整个讨论反映了物理学认识论的偏见。物理学中，起初在并不知道其有效性的情况下提出"假设"，然后最终依靠实验来检验其结果是否正确。经济学家并不"假设"；他知道他基于自明性的公理得出的逻辑推导得出结论，而公理在逻辑和经验上都是不可辩驳的。

那么经济学家关于失业问题或"充分就业"问题能得出什么结论呢？首先，并不存在有关土地或资本财货要素的失业"问题"。（后者的状态常常被称作"闲置"或"未利用的生产能力"。）我们在上文已经知道，土地与劳动之间的一个重

---

[1]　关于这些问题的讨论，请参见米塞斯，《人的行动》，第598-600页。

要区别就是劳动相对稀缺。因此，总是存在未被利用或"失业"的土地要素。^①

其次，更进一步说，在劳动者意愿范围内，劳动要素在自由市场上总是充分就业的。因为土地撂荒必有一个充分的理由，所以不存在"失业土地"问题。事实上，如果事情不是这样（可以假想某一天会如此），情况就会非常令人不快。如果将有一个时点，土地比劳动稀缺，那么土地就会被全部使用，而某些劳动要素就要么得到零工资要么得到低于最低生活水平的工资。这是担心人口压力导致食物供给低于生存水平的古典的杞人忧天，这在理论上可能在未来发生。

这也许是自由市场里"失业问题"唯一适用的例子了。但是即便在这里，如果我们仔细思考一下问题就会发现，本质上并不存在失业问题。比如，假如一个人所需求的仅仅是一份"工作"，他就可以拿零工资干活，或者给"雇主"付钱好为其工作。换言之，他可以挣"负工资"（"negative wage"）。当然，这种事永远不会发生，原因是劳动产生了负效用，特别是与闲暇或"玩乐"相比。然而，关于"充分就业"的所有担心却使得看上去"工作"而不是从工作中挣得的收入成了人们最想得到的东西。如果这是实情，那么就会存在负工资，并且也不会再有失业问题。没有人愿意为了零工资或负工资工作的事实，意味着不管得到了什么样的享受，劳动者都想从其工作中挣得货币收入。因此，工人想要的不是"工作"（他总是能够用最后一个办法，就是付钱来得到它）而是以某一工资水平被雇佣。

不过，一旦承认这一点，对就业问题的整个现代的和凯恩斯主义的强调就必须重新评价。因为他们在讨论失业问题时缺失的最重要环节恰好就是工资率。不联系工资率谈论失业或就业问题，就像谈论"供给"或"需求"时不提到价格一样毫无意义。二者完全可以相提并论。对一种商品的需求只有在涉及某一价格时才有意义。显然，在一个财货市场上，不管提供多少库存的供给，它都将在由消费者需求所决定的价位上被"出清"，即售出。如果卖家真想卖，就没有商品会卖不出去；卖家需要做的就是充分降价，在极端的情况下，如果不存在对商品的需求而他又想出手，甚至可以降到低于零价格。情况与此处完全一样。在此，我们讨论的是劳动服务问题。在市场上，不管劳动服务的供给有多少都能被卖掉，但只有在工资设在市场能够出清的任何水平才行。

我们的结论是，在自由市场上不可能存在失业问题。如果某人希望被雇佣，

---

① 由于之前企业家所犯的错误，也即由于在错误的资本财货上的投资，资本财货将处于失业状态。

他将获得根据其折现边际价值产品做出调整后的工资率。但是由于没人会只是想"就业"而不获得他想要的足够的工资，所以我们可以得出结论，工作本质上并非人类行动渴望的目标，更别说是一个"问题"。

因而，问题并不是就业，而是工资高于生存线之上的就业。在自由市场上无法保证总是可以达到这种情况。上文提及的情况——与劳动相比土地稀缺——会导致一名工人折现边际价值产品低于其维持生存的最低工资的情况。也可能只有很少的资本可以投给每个工人，以至于许多人的工资将低于生存线水平。甚至在一个相对繁荣的社会，也可能出现个人工人身体太弱或缺乏技能，从而其才能无法要求一个高于最低生活水平的工资的情况。在那种情况下，他们只有通过能挣到高于最低生活水平的工资的人的赠予过活。

但是，会出现身强力壮的工人"找不到工作"的情况吗？这种情况不会出现。当然，在那种情况下，如果一位工人坚持要求某种工作或某个最低工资率，他就会保持"失业"状态。但是，他这样做是遵循其个人意志和自我负责的原则。例如，假设一半的劳动者突然坚持要求除非能在纽约市的电视行业里就业，否则就拉倒不干了。显然，"失业"会突然变严重。这只是一直发生着的事情的一个更大量级的例子。存在产业从某一城市或地区转向其他地方的情况。一名工人也许会决定继续待在原来的城市并坚持在那里找份工作。不过，要是他失败了，责任并不在"资本主义制度"身上，而在他自己。对一个坚持要在电视行业就业的职员，或拒绝转向电视行业并坚持只在广播业就业的广播业雇员，情况也是相同的。我们并不是要在这里谴责这些劳动者。我们只是想说，由于他们的决定，他们主动选择了不被雇佣。

在一个发达经济中，身强力壮的人总是能找到工作，而工作也会给予其超过最低生活水平之上的工资。之所以如此乃是因为劳动比土地稀缺，而且有足够的资本投入以充分提高劳动者的边际价值产品来支付这样的工资。但是尽管在整个劳动力市场上是这样，绝不是说对特定劳动力市场、特定地区或行业也会是这样，正如我们刚刚看到的那样。如果一位工人能够为坚持从事某一类工作或在某一地点工作而退出劳动力市场，他也能为了坚持某一最低工资收入而退出。假设某人坚持除非在任一工作中得到每年500盎司的黄金报酬，否则他就不工作。如果其折现边际价值产品的最大值是100盎司黄金每年，那么他就会保持失业状态。无论何时，某人坚持其工资高于其折现边际价值产品，他就将无活可干，也就是说，在其坚持的工资率上他将无活可干。但是，这种失业并不是一个"问

585

题"，不过是懒惰者的自主选择。①

自由市场提供的"充分就业"是指在工人们愿意就业的范围内的就业。如果他们拒绝在某些地方之外、某些行业之外或他们希望得到的工资率之外被雇佣，那么他们就是自愿选择长期失业。②

工人们经常不知道有什么样的工作机会在等着他们，这或许会作为反对理由被提出来。然而，这也同样适用于任何一种待售商品的所有人。市场营销的功能就是获取和传播与待售的商品或劳务有关的信息。有些作者假想了一个空想世界，当中的每一个人都拥有关于全部相关数据的"完美知识"，恰恰相反，营销功能是生产结构的一个重要方面。借助于代理人或其他手段去发现某项专用劳务潜在的买家和卖家是谁或在哪里，营销功能也能在劳动力市场和任何其他市场上得到运用。在劳动力市场上，已经通过刊登在报纸上的"招聘广告"（"want ads"）做到了这一点，雇主和雇员双方都使用职业介绍所，等等。

在一个闲暇是个好东西的世界上，作为绝对理想的"充分就业"当然是荒谬的。一个人可能选择无所事事以获得闲暇；他从中获得的益处（或相信他获得的益处）超过了从一份工作中获得的益处。③如果我们考虑一下我们每周工作的小时数，就能更加清晰地看到这一真理。有什么人认为每周工作 80 小时必定比每周工作 40 小时好吗？然而前者确实比后者代表更充分的劳动就业状况。

哈耶克教授曾经提出过一个所谓在自由市场上可能的非自愿失业的例子。④

哈耶克认为，当出现从投资向消费的转变因此市场上的生产结构缩短时，就必然会出现工人被抛出较高的生产阶段的暂时性失业，并将持续到他们能够被更短的生产过程的稍后阶段重新吸纳为止。确实，向一个更短的生产过程转变时，收入会有损失，资本也同样会有损失。同样确实的是，缩短生产结构意味着会有一个转变时期，在此期间在最终工资率水平上，就会存在从更长生产过程中退出来的失业者。然而，在这一转换时期，这些工人也没有理由不能压低工资率直至它们

---

① 参见米塞斯，《人类行为》，第 595-598 页。如米塞斯所说，"无妨碍市场上的失业始终是自愿的。"特别推荐米塞斯对"摩擦性失业"理论的批判。

② 经济学并不"假设劳动的流动性"。它只是分析劳动者有关"流动"或"不流动"的决定的后果，而后一种选择会增加哪怕是自愿的临时性失业。

③ "无所事事"（"idleness"）在此是指交换学意义上的，而非指总体上的。换言之，它意味着某人没有寻求出售其劳务以换取货币，并因此不进入社会的劳动力市场。他很可能在为自己的嗜好"忙碌"，等等。

④ 哈耶克，《价格与生产》（*Prices and Production*），第 91-93 页。

足够低从而使得所有工人在转变期间都有活可干。这一转换工资率将低于新的均衡工资率。但是绝不存在失业的必然性。

被反复重复的"技术性失业"的教条——人被机器所替代——几乎不值得展开分析。只要看看发达经济并将其与原始的经济做一番比较，其荒谬便显而易见了。在前一经济中，有大量完全不为后者所知的机器和过程；然而在前一种经济中，对于多得多的人口而言生活水平要高得多。有多少工人因为铁锹的发明而被"排挤"掉？用"节省劳动的工具"（"labor-saving devices"）这一术语来指代资本品助长了技术性失业的主题，在某些人看来，它虚构了劳动者被解雇的幻象。劳动需要被"节省"，因为它是特别稀缺的财货，而且人对可交易（exchangeable）财货的需求远未得到满足。此外，如果资本品的结构无法维系，那么这些需求就无法得到满足。劳动被"节省"得越多就越好，因为之后劳动将使用更多更好的资本品在更短的时间内满足其需求。

当然，如果像我们所说的那样，工人坚持他们自己的工作条件，并且这些条件无法被满足，那么就会出现"失业"。这适用于技术性变革以及其他情况。出于某种理由，一个坚持在现在只能为铁匠或要在一家老式杂货铺工作的职员很有可能选择无所事事。任何一个坚持在童车行业工作或不在任何行业工作的工人，毫无疑问地发现汽车发展起来后自己失业了。

如果对其产品的需求是向下有弹性的，某一产业中的技术改进往往会提升该行业的就业水平，以至于其产品的更大供给量将引起消费者更多的花费。相反，如果对其产品的需求是向下无弹性的，某一个产业中的一项创新就会使消费者在更丰富的产品上花费更少，同时使该产业的就业率缩水。简言之，技术创新的过程导致工人从需求无弹性的行业转向需求有弹性的行业。新的就业需求的一个主要源泉乃是制造着新机器的行业。[①]

3. 企业家精神与收入

A. 企业的成本

我们已经看到了决定生产要素的价格和利率的基础。从单个企业家的角度来

[①] 请比较弗雷德·R. 费尔柴尔德（Fred R. Fairchild）和托马斯·J. 谢利（Thomas J. Shelly），《理解我们的自由经济》（*Understanding Our Free Economy*）（纽约：D. 范·诺斯特兰德公司，1952），第478–481 页。

看，对要素的支付是货币成本（costs）。很清楚，我们不能株守陈旧的古典经济学法则，认为从长远来看生产价格趋同于其生产成本。成本并不被某只"看不见的手"所固定，而仅仅被对生产要素的企业家需求的总的力量所决定。从根本上说，正如庞巴维克和奥地利学派的人指出的那样，成本顺应价格而不是相反。困惑仍可能出现，因为从单个企业而不是经济学家的观点来看，成本（至少是在要素价格的意义上）是给定的，且超出了个人掌控。[①] 如果一家公司要求到的售价能够涵盖其成本，它就将活在所在行业中；如果不能，它就得出局。普遍存在有关成本由外部决定的错觉，因为正如我们将要看到的，大多数要素如果不是在不同产业中也可以在各种各样的企业中被使用。但是，如果我们从经济学家更开阔的观点来看，各种"成本"也即要素价格，都是由其在各种不同用途中的各种折现后的边际价值产品决定的，并最终只由消费者对所有用途的需求决定。与此同时，绝不应该忘记，需求和售价的变化将在同一方向上改变专用要素（specialized factors）的价格和收入。目前风靡于经济学的"成本曲线"假设固定要素价格，从而忽视其变动性，甚至于对单个企业的变动性。应该注意到，在这本书中，不存在过剩和一团乱麻的"成本曲线"，而它们充塞于几乎每一本新近出版的"新古典"经济学著作。[②] 这是深思熟虑的忽视，因为我们的观点认定成本曲线往好了说是累赘（因此违背了奥卡姆剃刀的精简原则），往坏了说是误导性的和错误的。

作为一种对要素定价和产出配置的解释，很明显地，成本曲线对有关边际生产力的讨论没有添加任何新东西。二者充其量是互为表里的（reversible）。这可以在 E. T. 魏勒（E. T. Weiler）的《经济制度》（*The Economic System*）和乔治·J. 斯蒂格勒（George J. Stigler）的《价格理论》（*Theory of Price*）一类的教科书中清楚地看到。[③] 但是，除此之外，这一转换会带来重大的缺陷和错误。在斯蒂格勒解释从对生产力的肤浅讨论转向对它的啰唆处理的原因的段落中，这一点

---

① 因此，当经济学家只考虑单个企业（就像最近一些年一样），他将无视经济相互作用的一般性，从而完全进入歧途。为了从逻辑上分析手段－目的关系，正如经济学所做的那样，需要考虑所有的关系。疏于这么做，而是只考虑单个企业或并不真实的总量总和，或者求庇于洛桑"一般均衡"学派不相干的数学方法，即是放弃经济学。

② 许多初学者由于形成了一种对经济学的印象而离开，即，经济学是由必须死记硬背并在黑板上规整地作图才能记住的难以理解的"成本曲线"组成的。

③ E. T. 魏勒，《经济制度》（*The Economic System*）（纽约：麦克米伦公司，1952），第141-146页；斯蒂格勒，《价格理论》（*Theory of Price*），第126页及之后。

暴露无遗：

> 比例变动定律现在已经得到了充分研讨，从而可以转向讨论单个企业的成本曲线。当然，讨论中完全新加的因素是引入了生产性服务的价格。此处的转换是为了讨论竞争的情况——也就是说，生产性服务的价格是恒定的，因为单个企业的购买并不足以影响任何一种服务的价格。[①]

但是借由引入生产性服务的给定价格，当代理论家却放弃了解释这些价格的任何尝试。这正是目前流行的企业理论中的一个基本错误。它太过肤浅。这种肤浅的一个表现就是假设生产性服务的价格是给定的，而不再尝试解释它们。要提供一个解释，边际生产力分析是必需的。

边际生产力分析和利润动机足以解释生产要素的价格及其在经济中不同企业和产业中的配置。再者，在生产理论中，有两个重要而有趣的概念都涉及了时期（periods of time）。第一个重要的概念我们称之为"即期"（"immediate run"）——在给定消费者评值、给定库存和投机性需求的基础上商品和要素的市场价格。由于即期概念提供了任一时刻所有财货的真实市场价格，因此它是重要的。另一个重要的概念是"最终价格"（"final price"）或长期均衡价格，即将在均匀轮转经济中确立的价格。它重要是因为它揭示出了即期市场价格变动的方向。这也使得在分析上可以把利息从企业家收入中分离出来，正如与利润和亏损相比较。在均匀轮转经济中，所有的要素都会获得其折现边际价值产品，利息则将是纯粹的时间偏好；利润和亏损则不会存在。

因此即期和长期是值得关注的阶段。然而成本曲线分析几乎只处理被称作"短期"（"short run"）的混合性的中间阶段。在短期当中，"成本"被严格划分成了两个部分：固定的（与生产总量无关必须发生的）和可变的（随产出变化）。这整个的建构都是高度人为的。并不存在成本的真正的"不变性"（"fixity"）。任何所谓的不变性都完全依赖于耗时的长短。事实上，可以假设产量为零。"成本曲线理论家们"就会让我们相信即使产出为零，也存在发生地租、管理费用等等的固定成本。然而很明显的是，如果数据被冻结——如同它们在这种分析中那样——并且企业家预期零产出状况将无限期持续，那么这些"固定"成本就将变

591

① 斯蒂格勒，《价格理论》（*Theory of Price*），第 126 页。

成"可变的"并很快消失。租地合同将终止，管理人员将被解散，同时企业也将关门大吉。

不存在"固定"成本；相反，不同的生产要素有不同程度的可变性。某些要素在一定产出范围内的某一数量上得到最好的使用，而其他的要素在其他产出范围的生产效果最好。结论并不是在"固定"和"可变"成本之间做二分，而是分析各种要素的不同程度的可变性的情况。[①]

592　　即便不存在这些困难，也难以明白，既然"短期"只是即期和长期两个重要时段之间的一个站点或者是一系列站点，为什么它应该被挑出来做详细分析。就分析而言，成本曲线方法再怎么说意义也不大。[②]

有了这些警告之后，我们现在再转向对企业成本的分析。让我们考虑一下，在假想的产出水平上，成本会出现什么情况。有两种因素决定着平均成本，也即每单位产出的总成本的状况。

（a）"有形成本"——必须购买以便达到某一有形总产出的要素的总量。存在"有形生产力"的对应物——能够用各种数量的要素生产出的有形产品的数量。这是一个技术问题。此处，问题并不在于边际生产力，即其他要素数量恒定，而一种要素数量变化。我们关注的是当允许所有要素数量都变动时产出的

---

① 罗宾斯（Robbins）指出，生产活动的某一时段的长度取决于企业家对变化的持续性和阻碍变化的技术障碍的预期。罗宾斯，《对成本理论某些方面的评论》（"Remarks upon Certain Aspects of the Theory of Costs"），第 17-18 页。

② 关于对成本曲线理论的批判，请参见上文引用的罗宾斯、瑟尔比（Thirlby）、加博（Gabor）和皮尔斯（Pearce），尤其是加博和皮尔斯，《通向企业理论的新方法》（"A New Approach to the Theory of the Firm"）。也可以参见米尔顿·弗里德曼（Milton Friedman），《关于规模经济学的经验证据考察：一个评论》（"Survey of the Empirical Evidence on Economies of Scale: Comment"），载《企业合并与价格政策》（*Business Concentration and Price Policy*）（新泽西，普林斯顿：国家经济研究局，1955），第 230-238 页；阿尔门·阿尔钦（Armen Alchian），《成本与产出》（"Costs and Outputs"），载于《经济资源的配置》（*The Allocation of Economic Resources*）（斯坦福：斯坦福大学出版社，1959），第 23-40 页；F. A. 哈耶克（F. A. Hayek），《工会、通货膨胀和价格》（"Unions, Inflation, and Prices"），载于菲利浦·D. 布拉德利（Philip D. Bradley）编辑的《工会权力中的公共股权》（*The Public Stake in Union Power*）（夏洛特斯维尔：弗吉尼亚大学出版社，1959），第 55 页及以下；哈耶克，《纯粹资本理论》（*Pure Theory of Capital*），第 14 页，第 20-21 页；哈罗德（Harrod），《非完全竞争理论修正》（"Theory of Imperfect Competition Revised"），载于《经济学随笔》（*Economic Essays*），第 139-187 页；G. 沃伦·纳特（G. Warren Nutter），《竞争：直接和见不得人的》（"Competition: Direct and Devious"），载于《美国经济评论，论文与记录》（*American Economic Review, Papers and Proceedings*），1954 年 5 月，第 69 页及以下；斯科特（Scott），《自然资源：环保经济学》（*Natural Resources: The Economics of Conservation*），第 5 页。

规模。在所有要素和产品完全可分的情况下，全部要素数量的成比例变化就必定导致有形产出的同比例变化。[①] 这可以被称作"规模回报不变"规律（the law of "constant returns to scale"）。

（b）平均成本的第二个决定因素是要素价格。"完全竞争"理论家假设这些价格在产出规模变化时可以保持不变，但是这是不可能的。[②] 当任何一家企业的产出规模增加时，它就必定在争取从其他企业那里获得生产要素，在此过程中也就提高了生产要素价格。对于劳动和土地要素来说，尤其如此，因为它们不可能通过新增生产来增加供给。要素价格随产出增加而上升，这与不变的有形成本，共同提高了每单位产出的平均货币成本。我们因而可以得出结论，如果要素和产品是完全可分的，平均成本就总是会上升。

在一个生产性的世界中，并不总是甚或并不经常可以获得完全可分性。首先，要素和产出的单位是不可分的，即是说，它们不能被彻底分割为非常小的单位。首先，产品也许可以分。比如，假设有 3 个单位要素 A+2 个单位要素 B 可以合起来生产出一台冰箱。那么，根据我们的规模回报规律，6A+4B 就可以生产出两台冰箱。但同样真实的是，4A+3B 并不能生产出一台外加一部分的冰箱。由于单位产品在技术上的不可分性，必然存在一种要素的供给增加并不会导致一种产品的增加的区间（gaps）。

在区间内，由于新的要素投入并没有带来产品产出，平均成本便快速上升；于是，当在要素方面的花费充分增长从而产出了更多产品时，相较于区间内的情况，平均成本就会急剧下降。结果是，没有商人愿意刻意在区间范围内进行投资。投入更多却不能产出一件产品就是纯粹的浪费，因此商人只会在区间范围之外的波谷点进行投资。[③]

其次，也是更重要的，生产要素也可能是不可分的。因为这种不可分性，就不可能同时把生产性服务的每一种投入数量翻番或减半。每一种要素都有其技术

[①] 这一规律来自每一个在数量上可观察到的因果关系都可以被复制的自然规律。例如，如果 $x+2y+3z$ 既充分又必要地产生 $1p$，另一个等式就产生另一个 p，以使 $2x + 4y + 6z$ 会产生 $2p$。

[②] 请参见本书第十章以更多了解完全竞争理论。

[③] 例如，假设在要素方面投资 1000 盎司黄金，产出 100 单位产品，投资 1100 盎司黄金产出 101 单位产品。在 1000 盎司和 1100 盎司之间的区间中的所有各点，都无法产出超过 100 单位的产品。超出 1000 盎司且低于 1100 盎司的投资显然就是纯粹的浪费，没有商人会在这一区间内进行投资。相反，在平均成本是 1000 盎司和 1100 盎司这样的低谷点，就会有投资。

上的单位规格。结果是，几乎所有的商业决策都发生在当某些要素（更具可分性的那些要素）变化时很多要素不得不保持不变的区域以内。这些相对可分性和不可分性不取决于在不同时段的变化，而是取决于不同单位的技术规格。在任何一种生产作业中，都将存在许多各不相同的不可分性。

斯蒂格勒教授举了铁路轨道这种要素作为例子，它可以每天承载 200 趟列车。[①] 当列车每天运行 200 趟时，铁轨便得到最充分的利用。这是技术上"理想的"产出，而且也可能是铁轨设计拟达到的产出。现在，当产出低于 200 趟时会发生什么呢？假设产出仅为每天 100 趟。生产中的可分要素就会被铁路的所有者削减一半。比如，如果工程师是可分的，铁路方面就会雇佣一半的工程师或者雇佣其工程师通常劳动时间的一半。但是（这是此处最重要的地方）铁路方面不可能将铁轨削减一半从而只在一半铁轨上运营。"铁轨"的技术单位就是它本来的样子，铁轨的数量仍然保持不变。反过来，当产出又提升到 200 趟时，其他的生产性服务都会翻番，但铁轨的数量仍保持不变。[②]

当产出增长到每天 250 趟列车——即超过计划数量 25% 的增长——会发生什么？可分的要素，例如工程师会增长四分之一；但是铁轨仍将保持原样——并且将被过度使用——或者增加到两条。如果真的增加了，列车就会因为 250 趟的运量再度陷入利用不足的状态，因为从使用铁路的观点来看现在"理想的"产出应该是 400 趟。

当一项重要的不可分要素利用不足变得愈来愈少时，趋势就会是"回报递增"（"increasing returns"），因为在产出增加时平均成本在不断下降。当一项不可分要素利用得愈来愈过度时，就会出现平均成本增长的趋势。

在某些生产领域中，不可分性可能使得必须充分利用所有要素才能充分利用某一项不可分要素。[③] 在那种情况下，所有非可分要素就会一起变化并聚集起来以服务于我们的目标；它们便等同于单一的不可分要素，例如铁轨。还是在这种情况下，平均成本首先会随产出的增加而降低，因为增加的产出补救了聚集起来的不可分要素未得充分利用的情况。但是，当达到了技术上最有效率的那一点之

① 斯蒂格勒，《价格理论》，第 132 页及以下。
② 我们当然不是在讨论通过将更少或更多的地理区域囊括进其服务之中，铁路方面可以削减或增加铁轨的英里数。这个例子假设铁路运营的地理区域是给定的。
③ 请参见米塞斯，《人类行为》，第 338-340 页。这是教科书中的"成本曲线"所隐含地假设的非真实条件。

595

后，给定不可分要素，成本就会上升。此外，成本下降的趋势会被产出增加所导致的要素价格的上升所抵消。

然而，在绝大多数情况下，每一个要素的可分性的规格和程度都不同于其他要素。结果就是，选择任何一种规格或组合都可能最有效地利用一种不可分的要素，不过这要以对其他不可分要素的利用无法达到效率顶点为代价。假设我们考查一个假想的各种产出水平上的平均货币成本表。当我们从相当低的产出水平开始时，所有的不可分要素都得不到充分的利用。然后，当我们扩大生产时，平均成本就会下降，除非被扩张生产所需的那些可分要素的价格上涨所抵消。只要有一种不可分要素被充分利用并且被过度使用，平均成本就会迅速上升。之后，当其他未被充分利用的要素被利用得更加充分时，降低成本的趋势就会到来。结果是，随着产出增加，平均成本就会交替出现下降和上升。最后，将达到更为不可分的要素从利用不足转向过度利用的那一点，之后当产出增加时，平均成本的一般变化趋势就是朝上的。在那一点之前，这一趋势会是向下的。

要素价格的持续上涨混杂着来自成本的技术方面的影响，当产出增加时，要素价格的持续上涨就变得更加重要。

概言之，正如米塞斯所言：

> 其他条件不变，某一物品生产增加得越多，生产要素就越是必须从其他用途中被抽出来。而在其他用途中，它们本来可以用来生产别的物品。因此——其他条件不变——平均生产成本就会随生产数量的增加而增加。但是这一一般规律会部分作废。这是由于一个现象：不是所有要素都是完全可分的，即便某些要素是可分的，它们的可分也不会以它们当中某一项的充分使用将导致其他不完全可分的要素得到充分利用的方式而可分，就此而言，并非所有生产要素都是完全可分的。[①]

某些不可分要素，例如铁轨，只能在一种特定的规格下才可用。其他不可分要素，例如机器，可以以不同规格制造出来。那么，一家小型工厂就不能使用与大型工厂所用的大型机器相同效率的小型机器，从而以此消除不可分性并导致固

[①] 米塞斯，《人类行为》，第 340 页。

定成本吗？不，因为在这里，一种特定的规格可能会是最有效率的。低于最有效率的规格，运转机器就会成本更高。因此，如斯蒂格勒所言，"把十马力发动机的零件组装在一起并不需要组装一台一马力发动机所需劳动的十倍。同样地，一台卡车只需要一位驾驶员，不管其载重是半吨还是两吨"。[1]

一台过大的机器会比一台最合适的机器更费钱，这同样是真的。但是，因为一家大企业可以仅使用几台（更小的）规格最合宜的机器来取代一台巨型机器，所以并不存在对企业规模的限制。

劳动常常被视为一种完全可分的要素，如同可以直接随产出规模而变化的要素。但是这不是真的。如我们所知，卡车司机不能被分成各部分。而且经理人员也往往是一种不可分的生产要素。因此，推销员、广告、借款成本、研究费用甚至精算风险的保险，也是如此。借款时会因调查工作、文书工作等等发生一些基本成本。这些都倾向于规模越大，按比例算越小——这是另外一种不可分性，即在一定范围内回报递增。同样，保险的范围越大，保险费率就会越低。[2]

598　　于是出现了众所周知的伴随更多的产出的分工增长带来的收益。劳动分工带来的好处可以被认为是可分的。它们来自首先必须被用于更大产量的专门化的机器，同样也来自因专业化而提高的劳动技能。然而，这里也存在一个分界点，越过此点进一步专业化就是不可能的，或者专业化受制于不断增长的成本。管理一直被强调为尤其受制于过度使用。更加重要的是做出最终决定的能力因素，它不能被扩展至管理所能达到的程度。

任一给定企业的规模和产出受制于许多相互冲突的决定性因素，一些会对规模施加限制，一些会促使规模扩张。任何企业规模将达到的点取决于真实情况的具体数据，不可能由经济分析来决定。只有真实处境中的企业家才会经由与市场的磨合，判定最大利润规模在哪里并让企业运作于那一点之上。这是商人而非经济学家的任务。[3]

此外，教科书中的成本曲线示意图是如此简单和平滑，以至于曲解了真实的

---

[1]　斯蒂格勒，《价格理论》，第136页。

[2]　尤其重要的是不要限制从大规模生产到狭窄的技术要素例如"工厂的规模"的可能的效率。也存在源自拥有多家工厂的企业组织的效率，例如，管理运用、专业化、大规模购销的效率、研究费用等等。请比较乔治·G.哈格登（George G. Hagedorn），《集中化研究》（Studies on Concentration）（纽约：全国制造商协会，1951），第14页及以下。

[3]　请参见弗里德曼，《关于规模经济学的经验证据考察：一个评论》，第230-238页。

状况。我们已经知道，在任何时候都有大量的决定性因素倾向提高和降低成本。当然，一位企业家会寻求在利润最大的那一点即剔除成本后的净回报最大的那一点上生产。但是影响其决策的因素太多，而且其相互作用也太过复杂，以至于无法在成本曲线图中捕捉到。

对几乎每一个人而言，很清楚，在某些行业中的最优企业规模要大于其他行业。一家钢铁厂的经济最优规模大于理发店的最优规模。然而，在大型企业显示出了最高效率的行业中，许多人曾经非常担忧一种所谓的成本永久性地降低下去进而使永远大下去的企业带来"垄断"的趋势。然而很明显，并没有一种规模永远大下去的无限趋势；事实很清楚，每一家企业在任何时候总是有一个有限的规模，因而一个经济上的限制一定会从某个方面施加给它。此外，我已经知道，在每一个要素的边际生产力递减的区域中运营的一般规律，以及随着产出增加，产品价格下降、要素价格上涨的趋势，给每一家企业的规模设定了限度。而且，我们应该看到被忽略的一点，每一种生产要素都必须存在市场以使企业能够计算其利润与亏损，这为企业的相对规模设定了最终限度。[①]

只有在商人计划在要素上进行一项投资时，货币成本才会等于对他而言的机会成本。任何生产过程中他的货币成本都是"沉没"成本，在这个意义上，它们不可撤销地发生了，而且任何未来的计划都必须将它们视作已经不可挽回地花掉了的。[②] 商人的市场供给曲线取决于其目前的机会成本，而非其过去的货币成本。因为，为了售出其产品将必然产生新增成本，而商人会在任何可以覆盖新增成本的价位上出售其产品。当资本财货在生产结构的任何一个阶段朝最后产出逼近，越来越多的投资就沉没到了这个过程之中。因此，随着产量逼近最终产出和销售，继续生产的边际成本（大致上即是机会成本）变得更低。这就是通常的成本曲线的一团乱麻的简单含义。例如，当一些成本不是"固定的"而是从进一步的短期生产的角度来看无法挽回的时，它们就不再被商人纳入对这种继续生产的

599

600

[①] 要了解对企业规模的一项主要是经验性的优秀研究，请参见乔治·G. 哈格登（George G. Hagedorn），《商业规模和公共利益》（*Business Size and the Public Interest*）（纽约：全国制造商协会，1949）。也可以参见同一作者的《关于集中化的研究》（*Studies on Concentration*），和约翰·G. 麦克里恩（John G. McLean）与罗伯特·W. 海（Robert W. Haigh），《商业公司如何成长？》，载于《哈佛商业评论》（*Harvard Business Review*），1954 年 11 月—12 月，第 81-83 页。

[②] 不仅在均匀轮转经济中，而且在资本财货被耗损或荒废失修时，所有事关是维修还是替代，抑或追加资本财货的决策中，各种计划都是相互关联的。

估计成本之中。我们在上面已经知道，出售完全为销售预备好了的即期库存几乎是"无成本的"，因为在即期的意义上，它们的生产已经不会新增成本。[1] 当然，在均匀轮转经济中，所有成本和投资都将得到调整，并且无可挽回地投入的成本现在将不再是个问题。在均匀轮转经济中，所有企业的平均货币成本都将等于减去资本家－企业家所得的纯利息回报后的产值，而且正如我们知道的那样，还要减去"所有者的折现边际生产力"，而这个因素不会进入企业的货币成本。[2] [3]

601　　B. 商业收入

经济活动中的净收入以工资的形式归属于劳动，以地租的形式归属于地主（工资和地租都是"租金"，即生产要素的单位价格［unit-prices］），以利息的形式归属于资本家——在均匀轮转经济中这一切仍将如此——而利润和亏损则归属于企业家，但在均匀轮转经济中这一情形却不会存在。（地租以土地资产价值的形式被资本化，进而在均匀轮转经济中挣得利率。）但是，所有者的情况又怎么样

---

① 只有在不远的未来财货的价格被预期不会上涨，它才是无成本的。如果是这样，那么放弃一个更高的价格的机会成本就会上升。因此，如果无法期望一个更高的价格，企业家就会出货，无论多低的价格（按减去了持续储存成本后的销售成本来调整）。

② 传统的"成本曲线"分析描述了在均匀轮转经济中平均成本和需求曲线的切线关系——也即，价格＝平均成本。但是（撇开对平滑曲线而非不连续的角度的假设不说），利息回报——以及对所有者决策能力的回报——甚至在均匀轮转经济中仍然属于企业家。因此，不存在诸如此类的切线关系。请参见第十章有关对"垄断竞争"理论所做修正的含义的论述。

③ 有关成本问题的进一步阅读，请参见 G. F. 瑟尔比（G. F. Thirlby），《边际成本的争论：对科斯模型的一个注释》（"The Marginal Cost Controversy: A Note on Mr. Coase's Model"），《经济学》（*Economica*），1947 年 2 月，第 48-53 页；F. A. 费特（F. A. Fetter）经典的《旧式租金概念的死亡》（"The Passing of the Old Rent Concept"），第 439 页；R. H. 科斯（R. H. Coase），《商业组织与会计人员》（"Business Organization and the Accountant"），《会计师》（*The Accountant*），1938 年，10 月 1 日—11 月 26 日；以及《完全成本、成本变化和价格》（"Full Costs, Cost Changes, and Prices"），载于《商业集中与价格政策》，第 392-394 页；约翰·E. 霍奇斯（John E. Hodges），《附加成本定价法的一些经济学含义》（"Some Economic Implications of Cost—Plus Pricing"），《西南社会科学季刊》（*Southwestern Social Science Quarterly*），1954 年 12 月，第 225-234 页；I. F. 皮尔斯（I. F. Pearce），《价格政策研究》（"A Study in Price Policy"），《经济学》（*Economica*），1956 年 5 月，第 114-127 页；I. F. 皮尔斯和劳埃德·R. 艾梅（Lloyd R. Amey），《品牌产品的价格政策》（"Price Policy with a Branded Product"），《经济学研究评论》，第 24 卷（1956—1957 年），第 1 期，第 49-60 页；詹姆斯·S. 厄尔利（James S. Earley），《成本会计与'边际分析'的新进展》（"Recent Developments in Cost Accounting and the 'Marginal Analysis'"），《政治经济学杂志》，1955 年 6 月，第 227-242 页；以及小大卫·格林（David Green, Jr.），《直接成本争论的道德寓意》（"A Moral to the Direct—Costing Controversy"），《商业杂志》，1960 年 7 月，第 218-226 页。

呢？他们的收入是否会被企业家利润和亏损所消耗光——这一点我们已经在第八章中研究过——或仍然在均匀轮转经济中继续挣得超过利息的收入？

目前，我们看到的是商业生意的所有者发挥企业家功能：在一个永恒变动的世界中承担不确定性的功能。所有者也是资本家，他们向劳动和土地要素投入当下资金以赚取利息。他们还可能是经理；在那种情况下，他们便挣得隐含的管理者工资，因为他们进行的工作也可以由雇员来完成。[1] 我们已经知道，从交换学的角度来讲，劳动是生产过程中没有所有者的个人能量，这一要素获得工资。当其所有者为自己劳动时，他也会挣得隐含的工资。当然，这一工资也将在均匀轮转经济中存在。

但是，在预付资本或可能的管理工作之外，拥有资本的商人是否存在而且在均匀轮转经济中仍然存在某种功能？答案是，他们确实担负着他们无法雇佣其他要素来担负的其他功能。它超出了单纯的预付资本的功能，而且在均匀轮转经济中仍旧存在。因为缺少更好的术语，所以它可以被称作决策功能，或所有权功能。受雇的经理人员也许可以成功地主导生产或选择生产过程。但是生产的最终责任和控制却不可避免地依赖于所有者，而商人的产品在未售出前就一直是他的财产。正是所有者做出了向某一特定过程投入多少资本的决策。尤其是，所有者本人必须亲自挑选经理人员。因而，关于使用其财产和选择经理人的最终决定必须由所有人而不是其他人做出。这是生产中不可或缺的功能，而且，由于即使在均匀轮转经济中也需要雇佣合适的经理人并在最有效的过程中进行投资的技能，所以它也存在于均匀轮转经济之中；而且即便这些技能是固定的，一家企业与另一家企业在运用它们时的效率也会不同，并且获得的回报也会相应地不同。[2]

对每一家企业来说，决策要素都必定是专用的。我们不能将其所获得的称作工资，因为它不能被雇佣，因而也不能挣得隐含工资。从而，我们可以称这一要素获得的收入为"决策能力的租金"（"rent of decision-making ability"）。[3] 很清

<hr/>

[1] 这一隐含的工资将等于所有者管理服务的折现边际价值产品。而这则往往等于"被放弃的机会工资"，即他作为经理在别处也可挣得的报酬。

[2] 在庞巴维克极其丰富但却被忽视了的诸多提示之一中，他写道："但是甚至在他［商人］没有亲自参与运行生产的时候，他仍然在促成耗费智识的管理方面贡献了大量的个人精力——比如，进行商业筹划，或至少将其生产手段用于一个有把握的事业时意志决断。"（庞巴维克，《资本与利息》，第8页。）

[3] 关于一个与此处的理论并不一致但对商业收入理论的有趣贡献，请参见哈罗德（Harrod），《利润理论》（"Theory of Profit"），《经济随笔》，第190–195页。另请参见弗里德曼，《关于规模经济学的经验证据考察：一个评论》。

603　楚，这一租金将等于要素折现边际价值产品，即它贡献给企业收入的数额。由于在一个所有者与其余所有者之间这一能力是不同的，租金也相应地会不同。这一差异导致了在某一行业中"高成本"和"低成本"企业的现象，也表明企业间效率方面的差异不是暂时不确定性的唯一功能，而甚至是会永远存在于均匀轮转的经济之中。

假定一个行业中"边际以上"（即较低成本）的企业为其所有者挣得决策能力租金，那么该行业中"边际上"的企业，即勉强待在行业中的"高成本"企业又会怎么样？它们的所有者能挣到决策能力租金吗？许多经济学家都相信，这些边际上的企业挣不到这种收入，正如他们相信边际土地只能挣得零租金。然而，我们已经知道，边际土地也挣得一些租金，哪怕只是"接近于"零租金。同样，边际上的企业也挣得一些决策能力租金。我们不能从数量上说出它是多，而只能说它们低于边际以上的企业相应的"决策租金"。

相信边际上的企业挣不到决策租金，看来是源于两个错误：（1）有关数学连续性的假设使得逐次相继的各点都被混为一谈；（2）假设"租金"总的来说是级差性质的，因此最劣质的在用土地或企业必然挣得零租金，从而才能确立级差。然而，我们已经知道，租金是"绝对的"——是要素的收入和边际价值产品。因此，最差的要素必然挣得的不是零租金，当我们明白工资是租金的一小类并且显然没有人会挣得零工资，我们就会理解这一点。因此，边际上的企业也不会挣得零额的决策租金。

604　如果我们考察一家决策租金仅仅为零的企业，边际上的企业挣得的决策租金必定是正的、非零的就变得明显了。其所有者因而将履行某一功能——即做出有关其财产和选择高级管理人员的最终决策并承担责任——却只能获得零回报。在均匀轮转经济状态下，它不可能仅仅是企业家所犯错误的无法预料的后果！但是所有者将没有理由不得到回报却继续履行这些功能。他不会继续下去以挣得心理上负面的回报，因为当他坚持其事业时，他仍需在所有权方面持续付出精力却得不到任何回报。

总而言之，在一个不断变化的经济中，属于商业所有者的收入将由四种要素构成：

　　　　　┌（a）所投入的资本的利息（在均匀轮转经济中完全一致）
在均匀轮

转经济中　├（b）当所有者自主管理时的管理工资（根据折现的边际价值
产品确定）

　　　　　└（c）所有权决策的租金（根据折现的边际价值产品确定）

从均匀轮

转经济中　　（d）企业家利润或亏损

消失掉的

　　到目前为止，我们已经几乎是专门地研究了资本家－企业家问题。因为企业家是与自然的不确定性有关系的行动人、雇佣并预付其他要素的投资者，发挥着异常重要的企业家功能。在对投资多少、向何处投资进行决策时，他就是现代经济的推动力量。在预测市场的劳动需求和选择相应地进入某一市场方面，劳动者也是企业家。因预期更高的工资而从一个国家移民到另一个国家的人在这个意义上就是一个企业家，并且可能会从其行动中得到货币利润或损失。资本家－企业家和劳动者－企业家之间的一个重要区别是，只有前者会遭受生产中的负收入。即使一个劳动者移民进入的国家报酬低于其预期，他承受的仅仅是相对于他在其他地方本该挣得的收入中的级差或"机会"损失。但是，他仍然能够从生产中挣得正工资。甚至在不大可能出现的劳动相对土地过剩的情况下，劳动者也挣得到零工资而非负工资。但是雇佣其他要素的资本家－企业家可能而且确实会从其企业家努力中遭受真实的货币损失。

605

C. 个人消费服务

　　一类极其重要的劳动者－企业家是向消费者出售个人劳动的卖家。这些劳动者也是一般意义上的资本家。此类服务的卖家——医生、律师、音乐演奏家、仆人等等——是自我雇佣的商人，除了他们已经投入的不论何种资本的利息之外，他们可以挣得其劳动的隐含的"管理"工资。[1][2] 因此，他们挣得一类特别的收入：几乎仅包含劳动收入的商业回报。我们可以称这种类型的工作为直接劳动，

---

[1]　因为与其劳动服务相比，其企业财产和决策的范围相对地无足轻重，此处我们便可以忽略其决策租金。

[2]　尽管唯一的雇员可能是所有者自己，它仍然是管理性工资。将家政服务人员归类为"自我雇佣"者显得奇怪，但在后者是将其服务出售给消费者而非资本家的意思上，事实上他与医生或律师并无差别。

因为这种劳动直接地作为消费财货而非一个受雇的生产要素来提供服务。而且因为它是消费财货，所以这种劳动服务就直接由市场定价。

这些财货的价格决定在需求侧与任何消费财货相同。消费者依照其价值表来评值服务的边际单位，并决定如果要购买一些的话，应该购买多少。然而，在供给侧存在差别。大多数消费财货的市场供给曲线都是垂直线，因为一旦生产出来，对企业家而言产品的销售就是无成本的。他没有可选用途。然而，个人服务的情况有所不同。首先，对工作而言，闲暇是一个明确的替代选项。其次，由于劳动力市场的关联性，如果其工作的收入难孚人意，工人可以在生产结构中进一步转入较高报酬的工作。结果是，对这种类型的消费财货而言，供给曲线倾向于更加平缓且向前倾斜。

如同所有要素所做的那样，服务的卖家或直接劳动者挣得其售予消费者的折现边际价值产品。他会将其劳动配置到其折现的边际价值产品最高因而其工资率最高的地方，不论其为什么部门，在生产结构中地位是高还是低。因此，生产时在直接劳动和非直接劳动之间进行配置的原则与在非直接用途的不同部门之间的配置原则是一样的。

D. 市场计算和隐含性收益

我们已经看到，一位音乐家或一位医生无须成为员工即挣得工资；他们每个人的工资都隐含于其所获得的收入之中，即便它们是直接地从消费者那获得的。

在真实的世界中，每一个功能都不必然地由不同的个人履行。同一个人可以是地主和工人。同样，一家特定的企业，更确切地说其所有人，会拥有土地并且参与到资本财货的生产过程中来。所有者也可以管理他自己的企业。在实践中，不同的收入源泉只能通过将这些收入作为市场决定的价格来参考才能被区分开来。例如，我们可以假设，一个人拥有一家企业，他投入其资本，拥有自己的土地，且生产资本财货，并且他还自己经营这家工厂。他在一年的周期中获得1000盎司黄金的净收入。他怎样才能估算其收入的不同来源呢？假设他在其业务中投入了5000盎司黄金。他环顾经济并发现他可以相当稳妥地赚得经济正倾向于达到的一致利率为5%。那么他就可以得出结论，其净收入中的250盎司黄金是隐含的利息。接着，他可以大致地估算出，如果他去一家竞争中的企业工作而不是投身于这桩生意的话，他将从管理性工资中赚得多少。假设他估算出了他本来应该挣得500盎司黄金。于是他就可以再打量一下他的土地了。如果他将其租出去而不是自己在生意中使用，他本来可以得到什么？让我们假设，他本来可以从土地租金收入获得 400 盎司黄金。

现在，我们的所有者作为土地所有者资本家 – 劳动者 – 企业家，在这一年中获得了一笔 1000 盎司黄金的净货币收入。因此他可以以货币方式来估算一下他的成本是多少。这些成本并非其被扣除掉以算出其净收入的显见的货币花费，而是其隐含的花费，即他为经营其生意而放弃掉的机会。将这些成本加总后，他发现它们总共为：

250 盎司黄金	利息
500 盎司黄金	工资
400 盎司黄金	租金
——————	——————
1150 盎司黄金	全部机会成本

因此这位企业家在这一时段中遭受了 150 盎司黄金的亏损。如果他的机会成本低于 1000 盎司，他才会获得企业家利润。

确实这种估算并不精确。对他本该获得多少的估算不可能完全准确。但是这一事后计算（ex post calculation）的工具却是不可或缺的。这是一个人可以指引其事前（ex ante）决策和未来行动的唯一途径。利用这一计算手段，他会意识到他正从其生意中遭受亏损。如果亏损持续得更久，他就将被迫将他的各种资源转向其他生产线。也只能是靠着这一估算，一位在企业中拥有不止一种要素的所有者才能判定在任何一种情况下他的收益或损失，并进而配置其资源以力争最大的收益。

这种对隐含收入的估算的一个非常重要的方面被忽略了：没有一个显见的市场就不可能有隐含的估算！换言之，当一位企业家获得收入时，他得到的是一堆不同功能的收入的复合物。为了通过计算将它们分离出来，就必须存在一个企业家能够参考的外部市场。这是一个极端重要的要点，因为正如我们将要详细了解的，这对市场上单个企业的潜在的相对规模是一个最重要的限制。

例如，假设我们暂时回到我们假想过的一个例子上去，其中每一个企业都是由其全部的要素所有者共同拥有的。在那种情况下，根本不存在工人、地主、资本家和企业家的区分。因而，也就没有办法将得自利息或租金收入或所得利润的工资收入区分出来。现在，我们终于认识到了经济不可能完全由这类企业（被称作"生产者联合体"）组成的原因。① 因为，缺少一个有关工资率、租金和利息的外部市场，企业家就没有理性的办法按照消费者的愿望来配置要素。没有人会知道他能把他的土地或劳动配置到何处以获得最大货币收益。没有企业家会知道如何以其最富价值生产力的组合来安排要素，以挣得最大利润。生产也不会有效率，因为将会缺乏必需的知识。生产系统将陷入完全的混乱之中，每个人，不论其身份是作为消费者还是生产者，都将因此而受到伤害。很清楚，一个生产者联合体构成的世界都会瓦解为众多最原始的经济，因为它无法进行计算从而无法配置生产要素以满足消费者的欲求并因此为生产者获取最高收入。

E. 纵向一体化与企业的规模

在自由经济中，存在一个明确的时间市场、劳动力市场和土地租赁市场。很清楚，在混乱将随生产者联合体接踵而至的同时，甚至在此之前的其他的关键点——如其所是的那样——将一点点混乱引入了生产系统。比如，假设工人与资本家相分离，但是所有的资本家都拥有他们自己的土地。进一步，再假设，出于这样或那样的原因，没有资本家能够将其土地出租给其他企业。在那种情况下，土地和一种特定资本和生产过程不可分解地彼此紧密结合在一起。于是将不存在在生产过程中配置土地的理性办法，因为它在任何情况下都不具备明确的价格。由于生产者将遭受巨大的亏损，自由市场永远也不会造成这种局面。因为自由市场总是倾向于引导事态，以便企业家通过最好且最有效率地服务于消费者来获得最大利润。由于缺乏计算便造成了系统中严重的无效率，它也导致了严重的亏损。这种情况（缺乏计算）因而将无法建立在自由市场之上，尤其是在一个先进经济已经发展出了计算和一个市场之后。

如果对于生产者联合体和缺失租赁市场的情况是真的，那么在较小的规模上，对"纵向一体化"和企业规模而言这也将是真的。当一家企业不仅在生产的一个阶段而且在两到三个阶段上进行生产时，纵向一体化就会发生。例如，一家企业大得可以购买劳动、土地和资本财货等第五级财货，然后加工这些资本财货，生产其他第四级资本财货。然后在另外一个工厂加工第四级资本财货，直到生产出第三级财货。之后企业出售第三级产品。

---

① 由生产者联合体组成的经济不可能进行计算的另一个理由是，每一个原初要素都不可分解地与某一特定的生产线相关联。所有要素都完全是专用的地方便不存在计算。

　　当然，纵向一体化延长了任何一家企业的生产周期，就是说它在企业能够回收其对生产过程的投资之前延长了时间。利息回报因此将覆盖两个或三个阶段所需的时间而非一个阶段。[①] 然而，这里还涉及了一个更加重要的问题。那就是，一家纵向一体化的企业的隐含收入和计算所起的作用。让我们以示意图 9.4 中提到的企业作为例子。

　　图 9.4 描述了一家纵向一体化的企业；箭头代表财货和服务（而非货币）的运动。这家企业在第五和第四阶段购买劳动和土地要素；它也生产第四阶段的资本财货并用之于另外的工厂中以制造更低级阶段的财货。这一内在于企业之中的运动用虚线箭头来表示。

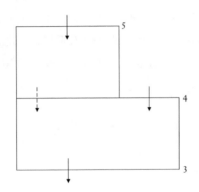

图 9.4　垂直整合企业中的财货和服务移动

　　这样的一家企业是否会在其内部进行计算，如果进行，又会怎么做？当然会。企业假定它将第四级资本财货卖给自己。它将自己作为第四级资本生产者所得的纯收入与作为第三级资本生产者的角色区分开来。它计算其企业的各个分立的部门的净收入，并根据每个部门的利润和亏损来配置资源。只有企业能够参照第四级资本财货的明确存在的市场价格，它才能进行这种内部计算。换言之，一家企业只有通过发现其内部产品的隐含的价格才能精确地估算其在某一阶段产生的利润或亏损，并且也只有在那种产品的外部市场价格在某个地方确定得到的条

611

---

① 我们要注意到，纵向一体化往往会减少对货币（在不同阶段间"变换"）的需求，从而减少了货币单位的购买力。关于纵向一体化对有关投资和生产结构之分析的影响，请参见哈耶克，《价格与生产》（*Prices and Production*），第 62–68 页。

件下，它才能这么做。

为方便说明，可以假设一家企业在两个生产阶段上进行了纵向一体化，其中每一个阶段都需要一年时间。经济中的一般利率接近于 5%（每年）。这家企业，比方说琼斯制造公司以图 9.5 所示的方式购买并销售其要素。

这家纵向一体化的企业在第五级上购买 100 盎司黄金的要素，并在第四级上购买 15 盎司黄金的原初要素；它以 140 盎司黄金的价格售出最终产品。看起来它在经营中创造了漂亮的企业家利润，但是它能发现哪一个或哪几个阶段创造了这个有利可图的表现吗？如果存在一个该企业一体化的阶段（第四阶段）的产品的外部市场，那么琼斯公司就能计算其经营活动特定阶段的收益率。例如，假定第四级资本在外部市场的价格是 103 盎司黄金。因而，琼斯公司会考虑如果中间产品被售出将会带来什么，以估算这一中间产品的隐含价格。这一价格大约为 103 盎司黄金。[①] 假设价格被估计为 103，那么琼斯公司较低层级工厂在要素上所耗费的货币总额即为 15（明确的，用于原初要素）加 103（隐含的，用于资本品）等于 118。

612

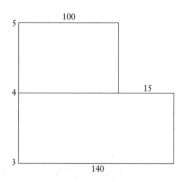

图 9.5　垂直整合企业内的经济计算

现在琼斯公司能够计算在其经营的每一个阶段产生的利润或亏损的数额。"较高"阶段以 100 盎司黄金的价格购买要素，然后以 103 盎司的价格"售出"它们。琼斯公司在其投资中获得了 3% 的回报。较低的阶段则以 118 盎司购得其要素，然后以 140 盎司的价格售出其产品，取得 29% 的回报。显然，琼斯公司

---

① 自我销售的隐含价格或机会成本也许小于市场现行价格，因为琼斯公司进入市场可能会把财货的价格降低到 103 盎司。然而，假如不存在外部市场和外部价格的话，可能根本就没有办法来估算隐含价格。

在其较早阶段遭受了 2% 的企业家亏损，然后在其较晚阶段获得了 24% 的利润，而不是获得了一般的收益率。明乎于此，于是它便将资源从较高阶段转用于较低阶段，以与其各自的收益率相一致——进而与消费者的欲求相一致。也许它会完全放弃较高阶段，而从外部企业那里购买资本财货并将其资源集中于更有利可图的较低阶段。

相反，假定不存在外部市场，即琼斯公司是中间产品的唯一生产者。在那种情况下，它就没有办法知道哪一个阶段经营获利而哪个阶段不获利，同时也没有办法知悉如何将要素配置给各个阶段，同样也没有办法估算在某一特定阶段上，资本财货的任何隐含价格或机会成本。任何估算都将完全是武断的，而且与经济状况没有有意义的关系。

简言之，如果不存在产品市场，所有的交换也都是内部的，那企业或任何其他人就无法判定财货的价格。当一个外部市场存在时，一家企业才能估算一个隐含的价格；但是当市场不存在时，财货就没有价格，不管是明确的还是隐含的。任何数字都只能是一个武断的符号。由于不能计算价格，企业也不能理性地把要素和资源从一个阶段配置到另一个阶段。

因为自由市场总是倾向于达成最有效率、最有利可图方式的生产（不管是关于财货类型、生产方法、要素配置还是企业规模），我们就必然要得出结论，一种资本财货产品的完全纵向一体化绝不会在自由市场（高于原始水平）上达成。对每一种资本财货而言，都必定存在一个企业在其中买卖那种财货的明确的市场。显然，这一经济规律给在自由市场上的任何一个特定企业的规模设定了明确的最大限度。[①] 因为这一规律，企业不可能够过合并或卡特尔化在生产阶段或产品方面实现完全的纵向一体化。因为这一规律，绝不可能存在一个垄断整个经济的巨无霸企业，也不可能通过合并直到一个巨无霸拥有经济中的所有生产性资产。由于经济的疆域在增长，还由于无法计算的混乱之岛膨胀成大块乃至大陆的规模，这一规律的力量就成倍增加了。由于无法计算性的范围扩大，非理性、错

613

614

---

① 关于企业的规模，请参见 R. H. 科斯（R. H. Coase）挑战性的文章《企业的性质》，载于乔治·J. 斯蒂格勒（George J. Stigler）和肯尼思·E. 布尔丁（Kenneth E. Boulding）编，《价格理论读物》（*Readings in Price Theory*）（芝加哥：理查德·D. 厄文公司，1952），第 331-351 页。在一个富于启发性的段落中，科斯指出，国家"计划被加诸产业之上，而与此同时，因为企业代表了一种更有效率的组织生产的方法，企业便自发地出现。在一个竞争性体系中，存在着计划的一个'最优'数量"。同上，第 335 页。

误配置、亏损和贫困化等等的程度都会加大。在垄断了整个生产体系的唯一所有者或唯一卡特尔的统治下，根本就不会存在可能计算的范围，因而完全的经济混乱将蔓延开来。①

随着市场经济的发展和进步，资本财货类型与多样性的复杂程度以及生产阶段的增加，经济计算变得愈益重要。因此，对于维护一个先进的经济而言，更加重要的是维续所有资本财货和生产资料的市场。

我们的分析拓展了 40 年前由路德维希·冯·米塞斯教授发起的关于社会主义条件下经济计算可能性的著名讨论。② 米塞斯在这场争论中第一个发言，最后一个收声，他无可辩驳地证明了社会主义经济制度不能进行计算，因为它没有市场，因此也没有生产资料，特别是资本财货的价格。③ 现在我们知道，似乎矛盾而正确的是社会主义经济不能够进行计算的原因并不特别地因为它是社会主义的！社会主义制度中国家强制性地控制了经济中的所有生产手段。社会主义中计算之不可能的原因是，一个机构拥有或管理着经济中所有资源的使用。必须明确，不论这个机构是国家还是一个人抑或私人卡特尔，都没有区别。不管出现哪一种情形，在生产结构中的任何地方都不存在计算的可能性，因为生产过程只能是内在的而没有市场。不论单个的所有者是国家还是个人，都不可能有计算，因此完全的经济非理性和混乱会蔓延开来。

国家和个人情况的差别在于，我们的经济规律阻止人们在自由市场社会中极力建成这样一种制度。远远小得多的弊害阻止了企业家建立不可计算性（incalculability）的孤岛，更不用说借由全面消除可计算性而使这种错误无限复

---

① 资本财货在此被强调，是因为对资本财货而言，计算问题相当重要。消费财货本身不是问题，因为总是有许多消费者购买商品，因而消费财货总是有一个市场。

② 请参见路德维希·冯·米塞斯对这一立场的经典陈述，《社会主义国家中的经济计算》（"Economic Calculation in the Socialist Commonwealth"），重印本，载于 F. A. 哈耶克编，《集中主义经济计划》（*Collectivist Economic Planning*）（伦敦：乔治·劳特里奇父子公司，1935），第 87–130 页。另请参见哈耶克此书中由哈耶克、皮尔森（Pierson）和霍尔姆（Halm）撰写的其他文章。米塞斯在《社会主义》（*Socialism*）（第二版；纽黑文：耶鲁大学出版社，1951）中坚持了自己的主张，第 135–163 页，并且驳斥了最近对其《人的行动》的批评，第 694–711 页。这些著作之外，关于社会主义条件下经济计算这一主题最好的著作是特里格维·J. B. 霍夫（Trygve J. B. Hoff），《社会主义社会中的经济计算》（*Economic Calculation in the Socialist Society*）（伦敦：威廉·霍奇公司，1949）。另请参见 F. A. 哈耶克，《社会主义计算 III，作为一种"解决办法"的竞争》，载于《个人主义与经济秩序》，第 181–208 页，以及亨利·哈兹利特（Henry Hazlitt）以虚构形式所写的卓越的随笔《伟大的理念》（*The Great Idea*）（纽约：艾普顿－世纪－克罗夫茨公司，1951）。

③ 值得注意的是，如此之多的反社会主义作家都从来没有注意到这个关键之点。

615

加。但是国家既做不到也不能够遵循利润和亏损的引导；它的官僚也不会因为对亏损的恐惧而停止建立囊括一切的卡特尔以将一个或更多的产品纵向一体化。国家可以自由地搞社会主义而不必考量此类问题。因而，虽然不存在单一企业经济和单一企业对产品纵向一体化的可能性，但是在国家对社会主义的尝试中却有许多危险。关于国家和国家干预的更进一步讨论见于本书第十二章。

　　在此次经济计算的争论中支持社会主义一方面的作者里面相当流行一个奇特传说。事情是这样发生的：米塞斯在其最初的文章中声称"理论上"社会主义中不可能存在经济计算；巴伦（Barone）从数学上证明，这一点是错的，相反计算是可能的；哈耶克和罗宾斯（Robbins）承认了这一证明，但随即宣称计算是不"实际的"。推论就是，米塞斯的论点已经被驳倒，社会主义所需要的只是一些可行的装置（也许是计算机）或经济顾问以促成经济计算和"求解方程"。 616

　　这个传说几乎彻头彻尾地全错了。首先，在"理论的"和"实际的"之间做二分就是一个错误。其次，在经济学中，所有的观点都是理论的。并且，由于经济学讨论的是真实的世界，这些理论观点本质上也就是"实际的"。

　　驳倒了错误的二分法，巴伦"证明"的真实本质也就显而易见了。它既非多么理论化，也是毫不相干的。罗列数学方程式的证明根本不是证明。它至多能被用于均匀轮转经济。显然，我们对计算问题的整个讨论适用于且只适用于真实世界。均匀轮转经济中不可能存在计算问题，因为计算毫无必要。当未来的所有数据从一开始都已知时，在没有利润与亏损的地方，就没有计算利润与亏损的需要。在均匀轮转经济中，资源的最优配置是自动进行的。对巴伦而言，证明计算难题不存在于均匀轮转经济并不是一个解答；它只不过是对显而易见之事的一堆数学冗言。[1]计算难题只出现在真实世界。[2]

---

[1]　米塞斯远远没有被驳倒，而是已经在其最初的文章里驳倒了这个观点。请参见哈耶克，《集体主义经济计划》（*Collectivist Economic Planning*），第 109 页。此外，巴伦的文章写于 1908 年，比米塞斯的文章早 12 年。事实上，仔细阅读米塞斯最初的文章，便可揭示他在其中驳倒几乎所有所谓的"解答"。而这些解答几十年后被发表出来作为驳斥米塞斯的"新"尝试。

[2]　一部分混淆源自米塞斯在这场争论中的两位继承人——哈耶克和罗宾斯所采取的不幸立场。他们坚决主张一个社会主义政府不可能计算，仅仅因为它不能计算成百上万个必然存在的方程式。这让他们对明显的反驳保持开放，而如今由于高速计算机被运用于政府，这一实践上的反驳就不再有重大意义了。事实上，理论计算的工作与运算方程式没有任何关系。除了数理经济学家，没有人必须担忧真实生活中的"方程式"。试比较莱昂纳尔·罗宾斯（Lionel Robbins）的《大萧条》（*The Great Depression*）（纽约：麦克米伦公司，1934），第 151 页，与哈耶克在《集体主义经济计划》中的论述，第 212 页及以下。

617 ## 4. 区位经济学与空间关系

一个非常流行的经济学分支曾经是"国际贸易"。在一个纯粹的自由市场上，恰如我们正在本书大部分地方分析的那样，不可能存在像"国际贸易"问题这样的事情。因为国家（nations）也许仍将保留为文化表述，但并非有经济意义的单元。因为在国家之间既不存在贸易也不存在其他障碍，也没有通货差异（currency differences），"国际贸易"将仅仅成为跨空间（interspatial）贸易研究的附属。贸易是否发生在国家之内或国家之外是无关紧要的。[①]

因此，我们已经清晰指明的自由市场的规律适用于整个市场范围，即"世界"或"文明世界"。在一个完全孤立的国家，规律将贯穿于那一地域。所以，纯利率在全世界将倾向于一致，同样财货的价格也倾向普遍一致，因此同类型的劳动的工资亦将如此。

在不同的地理区域，相同劳动的工资率将趋于一致的方式与从行业到行业或从企业到企业的方式完全相同。任何暂时的级差都将诱导劳动者从低工资地区转移到高工资地区，诱导商业从后者移向前者，直至达到均衡。再者，正如我们在上文中深思熟虑的更加一般化的例子一样，工人在某一特定地区工作就会获得正

618 的或负的特定附加，就像他们在某一特定行业中工作时我们所看到的那样。在一个特定地方生活和工作可能有某种综合性的心理收益，而在其他地方工作则会有某种心理负效用。因为正是心理的而非货币工资率被均等化了，所以货币工资率通过加上正的或扣除了负的心理附加成分而将在全世界均等化。

每一种财货价格在全世界的趋同依赖于对"财货"术语的准确定义。例如，假定小麦产自堪萨斯州，而小麦的主要消费者在纽约。堪萨斯的小麦即便在准备外运时，也是与纽约的小麦不同的财货。虽然它可能是同样的物理－化学物质，但对消费者来说，对于客观的使用价值而言，它并不是同样的财货。简言之，堪萨斯的小麦是一种比纽约（当消费者在纽约而不在堪萨斯的时候）的小麦更高阶段的资本财货。将小麦运输到纽约是生产过程的一个阶段。堪萨斯小麦的价格因此将等同于扣除了从堪萨斯到纽约的运费后的小麦价格。

是什么决定了人们和行业在地球表面的分布？显而易见，主要的因素是劳动

---

① 请参见戈特弗里德·冯·哈伯勒（Gottfried von Haberler），《国际贸易理论》（*The Theory of International Trade*）（伦敦：威廉·霍奇公司，1936），第3–8页。

的边际生产力。与自然资源的分布和从前人那里继承的资本设备的配置相适应，劳动的边际生产力处处不同。如我们在上文所见，影响地点的另一个因素是特定地域所获得的正的或负的附加。地球表面上真实的分布状况主要由地球表面上的肥沃土地和自然资源的分布所造成。这是限制工业集中、企业规模和纯粹工业化地带人口数量的主要因素之一。[①]

出于对工业区位的考量，企业家必须考虑从原材料产地到消费者聚居中心的运输成本。世界上一些特定区域往往比其他地区有更高的运输成本。小麦离纽约比离堪萨斯远，而剧院则离堪萨斯更远。某些区域可以享有运输大宗消费财货的更低廉的运输成本，而其他区域则要付出更高的运输成本。例如，阿拉斯加运输消费财货的成本就比不那么遥远的区域例如旧金山要高。因而，为了得到同样的产品，阿拉斯加的消费者必定乐意支付比旧金山更高的阿拉斯加价格，虽然购买力和价格在全世界都是一致的。结果，对在阿拉斯加工作的任何一个人，"成本部分"将是一个确定的正数量。由于运输问题，阿拉斯加同样的货币工资会比在旧金山买到更少的财货。这一上涨的"生活成本"确定了工资中的一个正的成本部分，所以在阿拉斯加工作的工人就比其他地方的工人，会对同样的劳动要求更高的货币工资。

如果与某一地理区域相联系的成本特别的高或低，一个正的或负的成本部分就会被附加到该地区的工资率当中。即便不说同类劳动的货币工资率在全世界将会趋同，我们也必须承认，存在货币工资率加上或扣除附加部分以及加上或扣除成本部分后会均等化的趋势。[②]

货币单位的购买力也会在全世界均等化。这一情况将在后面的第十一章讨论货币时予以处理。

首先，一个进步中的市场经济的趋势当然是越来越低的运输成本，即提高运输领域的劳动生产率。其次，其他条件不变，在经济进步时，成本部分倾向于变得相对越来越不重要。

我们已经知道，一件"财货"必须被认为在使用价值上同质，而不是在物理

---

① 请参见米塞斯，《人的行动》："原材料和食物的生产不可能被集中化，并且迫使人们分散到地球表面的不同地区。这一事实也使得制造工业在一定程度上分散化。这使得有必要将运输问题作为生产成本中一个特殊要素来考量。运输成本必须与对经济的更加彻底的专业化的预期进行权衡。"（第341-342页）

② 请参见米塞斯，《人的行动》，第622-624页。

性质上同质。① 堪萨斯的小麦是不同于纽约的小麦的财货。一些经济学家接受一条规律，认为所有财货在全世界的经济中价格趋于均等意味着所有物理上同质的事物价格将会相同。但是，消费者的立场差异会使一件物理上同质的东西成为一件不同的财货。例如，假设两家企业都在生产同一种产品，比如说水泥，其中一种产自罗切斯特，另一种产自底特律。让我们假设水泥的主要消费者来自纽约市。

让我们把罗切斯特生产的水泥称为 Cr，把底特律生产的称作 Cd。现在，在均衡状态下，Cr 在纽约市的价格将等同于 Cr 在罗切斯特的价格加上从罗切斯特到纽约的运输成本。同样，在均衡条件下，Cd 在纽约市的价格将会等同于 Cd 在底特律的价格加上从底特律到纽约的运输成本。哪一个水泥价格会在均衡条件下彼此相等？许多作者坚持认为 Cr 在罗切斯特的价格将会等同于 Cd 在底特律的价格，即两个产地的水泥的"出厂价"或"离岸价"在均衡条件下将会相同。但是很清楚，这些作者犯了将"财货"在技术上而不是在使用价值的意义上看待的混淆。②

简言之，我们必须采取消费者——商品的使用者——的视角，并且他还生活在纽约市。从他的观点来看，底特律的水泥是大大不同于罗切斯特的水泥的财货，因为罗切斯特更靠近他，而且从底特律运来的运输成本更大。从他的观点来看，同质的财货是：在纽约市的 Cr 和在纽约市的 Cd。不管它来自何处，在消费者必须使用它的地方的水泥对他而言才是同质财货。

因而，在均衡条件下，恰恰是在纽约市的 Cr 将会等同于在纽约市的 Cd——

621

---

① 关于这一对"国际贸易"理论的"米塞斯式"分析的重要含义，请比较米塞斯的《货币与信用理论》(*Theory of Money and Credit*)，以及杰出的但却被忽视了的伍启元 (Chi-Yuen Wu) 的《国际价格理论纲要》(*An Outline of International Price Theories*)（伦敦：乔治·劳特里奇父子公司，1939），第 115，233-235 页，以及各处。

② 这一错误发源于对一些行业在定价方面的"基点制度"（"basing-point system"）的攻击。批评者假设一种财货的统一定价意味着在各个工厂都进行统一定价，然而这意味着在任何一个给定的消费者中心的不同企业的统一"交货价"（"delivered prices"）。关于基点问题，也可以参见《美国钢铁公司文件》(*United States Steel Corporation T. N. E. C. Papers*)（纽约：美国钢铁公司，1940），第二卷，第 102-135 页。

并且这是给消费者的水泥的"交货价"。① 代换掉在上述方程式中的这一相等，我们就会看到，它暗示着，罗切斯特的 Cr 的价格加上从罗切斯特到纽约的运输成本后将等于底特律的 Cd 的价格加上从底特律到纽约的运输成本。运输成本在任何时候都易于计算，而且在其他条件不变（ceteris paribus）时，距离越远它们就会越大。换言之，在自由市场的一般均衡条件下，罗切斯特的 Cr 的价格等于底特律的 Cd 的价格加上在运输成本方面对消费者而言的较远距离相对于较近距离的级差。普遍地说，离消费者的距离较近的水泥的"出厂价"将等于距离较远的水泥的"出厂价"外加运输级差。这一点不仅适用于水泥，而且适用于经济体系中的每一种产品，不仅适用于服务于最终消费者的产品，而且也适用于较低资本家所"消费"的产品。

622

按照企业区位离消费者距离的远近，除非它们出厂的平均成本有效地低于其竞争者的平均成本，从而可以补偿上涨后的运输成本，它们就不可能继续经营。就像可能被认为的那样，这不是一个基于较远的企业之"技术优越性"的"惩罚"，因为后者在区位这个重要的经济要素方面较为劣势。恰好是这一机制帮助确定了企业的区位，并确保企业在经济上保持与消费者的联系。区位差异这一要素对产品价格的影响当然依赖于运输成本对生产财货时其他成本的比例。比例越高，影响越大。

因而，位置更加靠近消费者市场的企业便由于其位置而拥有空间上的有利地位。考虑到其竞争者在其他领域的同样的成本，它因其较好的位置而获得一份利润。位置收益将归属于工厂土地的地皮价值。地皮的所有人获得其边际价值产品。从而，一家企业随位置上的有利地位的提升而来的收益，并随位置上的不利地位而来的亏损，如同地租和资本价值变化一样，归属于特定地皮的所有者，不管这个所有者是企业本身还是其他人。

5. 对"分配"谬误的评注

甚至早在古典经济学的早期，许多作者就已经讨论过"分配理论"，仿佛它

623

---

① 出于简化的目的，我们删除了在罗切斯特、底特律和其他的消费者，但是同样的规律也适用于他们。对在罗切斯特和底特律的消费者来说，在均衡条件下：

罗切斯特的 P（Cr）= 罗切斯特的 P（Cd），并且

底特律的 P（Cr）= 底特律的 P（Cd），等等。

完全分离并独立于生产理论。[①] 但是我们已经看到，"分配"理论不过就是生产理论。获得收入的人赚取工资、租金、利息和增长的资本价值；而这些收益都是生产要素的价格。市场理论决定了归属于生产要素的价格与收入，从而也同时决定着要素的"职能分配"（"functional distribution"）。"个人分配"（"Personal distribution"）——每一个人从生产体系中获得多少货币——相应地决定于其人或其财产在那一体系中履行什么职能。生产与分配之间不存在分割，作者们将生产体系视作仿佛是生产者把他们的产品倾倒进库存，然后以某种方式"分配"给社会中的人们，这种看法是错的。"分配"只不过是市场中的生产这枚硬币的另一面。

许多人像下面这样批判自由市场：是的，我们同意说生产和价格在自由市场上以某种方式被配置到最能满足消费者需求的地方。但是，这一规律必然建基于消费者的一个给定的初始收入分配之上；某些消费者起初只有很少一点货币，其他人则拥有很多。只有在收入的初始分配正好符合我们的要求时，市场生产体系才能被赞扬。

然而，这一初始收入（确切地说是货币资产）分配并非是凭空决定的。它也是对价格和生产进行市场配置的必然后果。它是满足之前的消费者需求的结果。它不是武断给定的分配，而是从对消费者需求的满足中自动产生的。它与生产不可避免地紧密结合在一起。

正如我们在第二章看到的，一个人目前拥有的财产最终只能得自下述途径中的一个：通过个人的生产，通过自愿交换获得别人的产品，发现并第一个使用未被占用的土地，或者盗窃生产者。在一个自由市场上，只有前三种方式可以获得，因而生产者提供的任何"分配"本身都是自由的生产与交换的结果。

但是，可以假设一下，阔绰的消费者之前通过盗窃而不是服务于自由市场上的其他消费者，获得了他们的财产。由于未来的生产者必须满足由不公正收入带来的需求，这岂非在市场经济里面安放了一种"内置的偏见"（"built-in bias"）吗？

答案是，在经过了初始阶段之后，不公正收入的影响就会变得越来越不重

[①] 有关对"新福利经济学"中这一分离的某些方面的批判，请参见 B. R. 雷立卡尔（B. R. Rairikar），《福利经济学与福利标准》（"Welfare Economics and Welfare Criteria"），《印度经济学杂志》（*Indian Journal of Economics*），1953 年 7 月，第 1–12 页。

要。为了保持和增值他们非法获得的收益，一旦自由经济被建立起来，之前的抢劫者们就不得不投资并收获其资金以正确地服务于消费者。假如他们不能胜任这一任务，并且他们在掠夺中的剥削所得也不能把他们训练得胜任于此，那么企业家亏损就会侵蚀他们的资产，并使之转入更有能力的生产者手中。

6. 对市场的一个总结

对自由经济体系的解释构成了一幢宏伟的建筑大厦。由人的行动及其推论出发，进展至个人价值表以及货币经济，我们证明了产成财货数量、消费财货的价格、生产要素的价格、利率、利润和损失，全部都可以用相同的演绎工具（deductive apparatus）加以解释。给定土地和劳动要素的库存，给定从过去继承下来的现存资本财货，给定个人的时间偏好（以及更加广泛地，技术知识），资本财货结构和总生产就可以被确定。个人偏好设定了各种消费财货的价格，生产过程中的各种要素的替代性组合则设定了这些要素的边际价值产品表。最终，归属于资本财货的边际价值产品分解为对土地、劳动的回报和给时间的利息。一项土地和劳动要素在其折现边际价值产品表上选定的那个点将由可用的库存来决定。因为每一种要素都将在实物回报递减，也必然在价值回报递减的范围内起作用，而且在其他情况相同的条件下，要素库存的任何增加都将达到一个更低的折现边际价值产品的点。折现边际价值产品表上相交的各点将确定要素的价格，即所谓"租金"和"工资率"（就劳动要素而言）。纯利率将由经济中所有个人的时间偏好表决定。其主要的表现不是在借贷市场，而是在不同生产阶段的价格之间的折现率。借贷市场上的利息是对"自然"利率的反映。在整个市场上，每一种财货的价格以及利率都将到处一致。如果折现率等于利率的话，每一种耐久品的资产价值都将等于其来自财货的未来租金总额的折现价值。

所有这一切是一幅均匀轮转经济的图景——真实经济一直努力向其逼近的均衡状态。如果消费者的评值和资源供给保持不变，相应的均匀轮转经济就会达成。朝向均匀轮转经济的驱动力是追逐利润的企业家，他们一马当先地面对真实世界的不确定性。通过发现现存条件与均衡状态之间的矛盾并弥合它们，企业家挣得利润；那些不知不觉地加剧了市场失调的商人则遭到亏损的惩罚。因此，在生产者期待挣得货币的意义上，他们推动了对消费者欲求更加有效率的满足——将资源从价值生产力最低的地域配置到最有价值生产力的地域。一系列行动的

（货币）价值生产力依赖于其满足消费者需求的程度。

626　　但是消费者的评值和资源的供给总是在变化，因此均匀轮转经济的目标也总是在变化而且绝不会达到。我们已经分析了经济中不断变化的因素的含义。劳动供给的增长会降低劳动的折现边际价值产品以及工资率，或者由于劳动分工的进一步好处以及一个更加扩展的市场而提升它们。哪一种情况会发生，取决于最优人口水平。因为劳动比起土地来相对稀缺，也相对不那么专用，所以总是存在闲置和零租金土地，而非自愿失业的或零工资的劳动者则绝不会有。"边际以下的"土地供给的增长或减少对生产没有影响；边际以上的土地的增长则会提升生产，并使迄今处在边际上的土地转入边际以下。

　　较低的时间偏好将会增加资本投资并拉长生产结构。如此延长生产结构，增加资本财货的供给，是人类从两手空空、土地不毛进步到日益文明的生活水准的唯一途径。这些资本财货是通往更高的总产量的中间站。但是如果人们希望在任意长的时期保持其较高标准，它们必须像最初被生产出来那样得到保养和替换。

　　更大的资本投资而不是技术改进才是扩展生产时的重要考量。投资资本绝不会耗尽可用的最好技术机遇。许多企业仍然使用陈旧的、未改进的工艺流程和技术只是因为它们没有资本投入新的当中。如果有资本可用，它们知道如何改进其工厂。因此，虽然技术状态从根本上说是一个非常重要的考量，任何时候它也不会发挥直接作用，因为对生产更严苛的限制是资本供给。

　　在一个进步着的经济中，给定货币的稳定供给，增加的投资和更长的资本结构将带来较低的要素货币价格以及更低的消费财货价格。"真实的"要素价格
627　（根据货币单位购买力变化修订后）上涨了。按净额计算，则意味着真实的地租和真实的工资率在一个进步着的经济中将会上升。当时间偏好率下降并且对消费的总投资比例增长时，利率则会下降。

　　如果租金是由耐久要素赚取的，它们就在市场上被"资本化"，即是说，它们将具有与其折现未来预期租金相等的资产价值。因为土地恰如企业的股份一样也是市场上的一种投资形式，其未来租金就将被资本化，从而土地往往会和其他投资一样挣得同样的利率。在一个进步着的经济中，土地的真实资产价值会上升，尽管以货币计算的价值将会下降。土地价值未来的变化若可预测，它们会立即被并入其当前资产价值之中。因此，土地的未来所有者将会从其真实资产价值未来的上涨中得利，当然只有先前的所有者未预期到这一上涨才会如此。当这一上涨被预期到了，未来的所有者就会在其购买价格中为之埋单。

　　而在一个退步的经济中，一连串的变化将是相反的。在一个静态的经济中，总产量、资本结构、人均真实工资、土地的真实资产价值和利率将保持不变，而生产要素的配置和各种产品的相对价格则会变化。①

---

① 过去几年中已经看到了"奥地利学派的"生产理论——这些内容就是按这一传统撰写的——复兴的迹象。在上文所引著作之外，请参见路德维希·M. 拉赫曼（Ludwig M. Lachmann），《资本及其结构》（*Capital and Its Structure*）（伦敦：伦敦政治经济学院，1956），以及同一作者，《罗宾逊先生论资本积累》（"Mrs. Robinson on the Accumulation of Capital"），《南非经济学杂志》（*South African Journal of Economics*），1958 年 6 月，第 87-100 页。罗伯特·多夫曼（Robert Dorfman），《等待与生产时段》（"Waiting and the Period of Production"），《经济学季刊》（*Quarterly Journal of Economics*），1959 年 8 月，第 351-372 页，及其《庞巴维克利息理论图说》（"A Graphical Exposition of Böm-Bawerk's Interest Theory"），《经济学研究评论》（*Review of Economic Studies*），1959 年 2 月，第 153-158 页，这些都是引导数理经济学家们返回奥地利学派道路的有趣尝试。关于对多夫曼的深刻批判，请参见埃贡·诺伊伯格（Egon Neuberger），《等待与生产时段：一个评论》（"Waiting and the Period of Production: Comment"），《经济学季刊》，1960 年 2 月，第 150-153 页。

第十章　垄断与竞争

1. 消费者主权的概念

A. 消费者主权 VS 个人主权

我们已经知道，在自由市场经济中，人们倾向于生产消费者最需求的财货。[①]一些经济学家把这一制度称为"消费者主权"（"consumers' sovereignty"）。不过这里并没有强制性。选择完全是由生产者独立做出的；他对消费者的依从完全是自愿的，是其为了效用"最大化"而自主选择的结果，并且这是一个他可以在任何时刻自由取消的选择。我们已经多次强调，只有在其他条件相同的情况下，每个人才会追求货币回报（消费者需求的结果）。这些"其他条件"是个体生产者的心理评值，它们可能会抵消货币性影响。例如，一位劳动者或其他要素的所有者参与某项货币回报比其他地方少的工作。他从事这份工作是因

为他从特定的工作与产品中感觉到快乐，并且/或者他厌恶其他选择。较之"消费者主权"，更准确的表述是，在自由市场中存在个人主权（sovereignty of the individual）：个人拥有对自身和行动以及对他所拥有的财产的主权。[②] 这可以称为

---

① 这不仅适用于特定类型的财货，也适用于依据消费者的时间偏好在现在与未来财货之间所做的配置。

② 当然，我们可以通过宣称所有这些心理因素和评值构成了"消费"，从而在形式上挽救"消费者主权"的概念，并且这一概念因此仍然有效。但是，在市场的交换学语境（the catallactic context of the market）下看起来保留"消费"概念用于指称对可交换财货（exchangeable goods）的享受是更恰当的。自然，在最终意义上，每一个人都是——既是可交换的也是不可交换的财货的——最终消费者。然而，市场只处理可交换的财货（根据定义），而且，当我们从市场的角度区分开消费者和生产者时，我们区分的供给和需求的对象是可交换财货。在这种特定情境下，不将不可交换的财货视作一个消费对象更为合适。这一点对讨论如下的观点很重要：个体生产者以某种方式受其他个人——即"消费者"的主权统治的支配。

个人自我主权（individual self-sovereignty）。为了赚得货币回报，个体生产者必须满足消费者的需求，但是他在多大程度上遵循这种预期的货币回报，在多大程度上追求其他事情，即非货币因素，完全是他自己的自由选择。

"消费者主权"这个术语是经济学中滥用仅适用于政治领域的术语（"主权"）的典型例子，因而也是从其他学科借用比喻的危险的一个例证。"主权"是指最高政治权力的能力；它是依赖于暴力使用的权力。在一个完全自由的社会，每个人都对自身及其财产拥有主权，并且这就是从自由市场中获得的自我主权（self-sovereignty）。没有人对任何其他人的行动或交易拥有"主权"。因为消费者无权强迫生产者从事各种职业和工作，所以前者对后者不拥有"主权"。

B. 赫特教授和消费者主权

有关"消费者主权"的比喻性用语甚至误导了最好的经济学家。许多著作家曾经以之为理想（ideal），用来跟所谓不完全自由市场体系做比较。开普敦大学的 W. H. 赫特（W. H. Hutt）教授便是一个例子。他为消费者主权概念做了最细致的辩护。[1] 由于他是这一概念的创始人并且他的这一术语广泛用于文献中，他的论文便尤其值得关注。下面将以它为基础对消费者主权概念及其关于竞争与垄断问题的推论加以批判。

在他的论文的第一部分，针对有关他忽视了生产者欲求的批评，赫特对他的消费者主权概念进行了辩护。他的做法是，声称如果一位生产者将一种手段作为目的本身来欲求，那么此人就是在"进行消费"。在这一形式的（formal）意义上，如我们所知，依照定义，消费者主权总是存在的。从形式上看，这个定义没有任何问题，因为我们在本书中一直强调，个人基于价值表来评估目的（消费）并且，他对手段（指生产）的评值取决于前者。因此，消费在这一意义上支配着生产。

但是这种形式的意义对于分析市场上的状况没有太大用处。并且赫特和其他人恰好是在后一种意义上进行分析的。比如，假设 A 生产者将其劳动或土地或资本从市场中撤出。不管出于什么理由，他都是在行使他对自身及其财产的主权。

---

[1] W. H. 赫特，《消费者主权的概念》（"The Concept of Consumers' Sovereignty"），《经济学杂志》（*Economic Journal*），1940 年 3 月，第 66-77 页。赫特在 1934 年的一篇论文中创造了这一概念。有关对一个相似概念的有趣用法，请参见查尔斯·科奎林（Charles Coquelin），《政治经济学》（"Political Economy"），载于《拉洛尔百科全书》（*Lalor's Cyclopedia*），第三卷，第 222-223 页。

632　相反，如果他把它们提供给市场，他就是根据其追求货币回报的程度，让自己听命于消费者的需求。在上述的一般意义上，"消费"在任何情况下都居于支配地位。但是关键的问题是：哪个是"消费者"？是花钱购买可交换财货的市场消费者，还是出售可交换财货以赚得货币的市场生产者？要回答这个问题，就必须区分"可交换财货的生产者"和"可交换财货的消费者"，因为按照定义，市场只能交易这类财货。概言之，我们可以把人们称作"生产者"和"消费者"，尽管每一个人都必然作为消费者而行动，并且每一个人也必须在其他情境下作为生产者（或作为从生产者那里得到馈赠的人）而行动。

对此加以区分后，我们便发现，与赫特所说的相反，在自由市场上，每个人都对自身及其财产拥有自我主权（self-sovereignty）。生产者，而且是生产者独自决定是否将其财产（包括他自身）闲置或在市场上出售以换得货币，其生产的成果因而就在与消费者的货币进行的交换中转移给了消费者。这一决定——涉及有多少将被配置到市场上，有多少将被保留——是由个体生产者并且只由他独自做出的决定。

然而，赫特隐含地承认了这一点，因为他很快就转换他的主张，并开始前后矛盾地坚持把"消费者主权"视为自由市场中的活动据以得到评判的道德理想。消费者主权变成了几乎是绝对的善，生产者对这一理想构成阻力的任何行动几乎都被视为道德上的背叛。摇摆于将消费者主权视为必然事实（*necessary fact*）和可被违背的理想的自相矛盾的概念之间，赫特试图建立起各种标准来判定这一主权在什么时候正在遭到侵犯。例如，他坚持主张，当一个生产者出于得到享受的欲求以作为消费者财货使用而保留其自身和财产，那么这就是一个合法的行为，
633　且与消费者的支配相一致。相反，当生产者保留其财产以图获得更多货币收入而不是相反（尽管赫特并未说明，但可以推测是利用了其产品的非弹性的需求曲线），那么他就是在恶意违背消费者的意志。他可以通过将生产限于为他自己生产个人产品，或者假如他和其他生产者生产相同产品的话，也可以通过与其他生产者合作来限制生产以图提高价格，来做到这一点。这就是垄断价格的学说，而且正是这一垄断价格据说是生产者借以滥用其合法功能的工具。

赫特承认在任何具体情况中区分生产者动机的巨大困难。将其劳动保留的个人这样做可能是为了取得闲暇；甚至土地或资本的所有者将其保留可能是为了从观赏其闲置的财产中获得，比如说，审美愉悦。假设两种情况下确实存在动机的混合。那么赫特一定会倾向于对生产者疑罪从有以解决这些困难，尤其是涉及财

产的情况。

但是困难远远超过了赫特的想象。每一个生产者都总是努力最大化其"心理收入"（"psychic income"），以达到其价值表中的最高位置。为此，他要按照自己具体的评值在这个表上权衡货币收入和各种非货币因素。首先让我们把生产者视为一个劳动的出售者。在决定出售多少劳动，以何种价格出售时，生产者将考虑会赚得的货币收入、工作类型和"工作条件"产生的心理回报以及所放弃的闲暇，同时依照他各种边际效用的计算来权衡它们。当然，假如他能干得更少，挣得更多，他就会这么做，因为他这样也能得到闲暇。于是问题出现了：这为什么就不道德呢？

此外，（1）这不仅是不可行的，而且是不可能在此处把对闲暇和货币的考量 634
分开来的，因为两个因素都被涉及，只有个人自己才会知道其各种评值的错综复杂的权衡。（2）更重要的是，这一行动并不与生产者只有服务于消费者才能赚钱的真理相抵触。为什么他可以通过限制自己的生产来获取"垄断价格"？只是因为对其服务的需求（或者直接来自消费者，或者经由更低层级生产者间接地来自他们）是非弹性的，因此减少财货的生产和更高的价格将使在其产品上的支出增加因而提高他的收入。然而这一非弹性的需求表（demand schedule）完全是消费者自愿需求（voluntary demands）的结果。如果消费者真的愤怒于这一"垄断行径"，通过抵制生产者并/或将其需求提升到"竞争性"生产水平，他们可以轻而易举地使他们的需求曲线变为弹性的。他们不这样做的事实意味着，他们对现存的状态感到满意，并且还表明，他们和生产者一样，受益于产生的自愿交易。

作为"反垄断价格"学派的主要攻击目标，身为财产售卖者的生产者的生产能力又是怎么回事呢？首先，原理在实质上是相同的。个体生产者可以要么个别地要么共同地（通过"卡特尔"）限制生产以及他们的土地和资本财货的出售，以提高预期从销售中得到的货币收入。其次，此类行动没有什么特别不道德之处。其他条件相同，生产者们努力最大化从他们的生产要素中获得的货币收入。这并不比任何其他最大化货币收入的努力更不道德。再次，只有为消费者服务他们才能做到这些，因为销售是生产者和消费者双方自愿的。最后，要么由个人要么由多人以卡特尔方式一道合作来建立的这种"垄断价格"，只有需求曲线 635
是非弹性的才是可能的，而这一非弹性是消费者在最大化其满足时完全自愿的选择的结果。因为这个"非弹性"只是一个标签，用来标志消费者在更高而不是更低的价位上花掉更多的钱来购买某一财货的情况。如果消费者确实反对卡特尔行为，并且产生的交易真的伤害了他们，他们就会抵制某一家或许多家"垄断的"企业，他们还会减少他们的购买以使需求曲线变得有弹性，从而企业将被迫再度提高产量并降低其价格。如果多家企业组成的某一卡特尔采取了"垄断价格"的行为，而该卡特尔对于提高生产效率没有其他好处，因为需求表现在所显示的弹性，那它将不得不解散。

但是，有人可能还会问，难道消费者不是偏好更低的价格因而一个"垄断价格"的实现不就构成了"挫败消费者主权"吗？答案是：当然，消费者偏爱更低的价格；他们总是如此。事实上，价格越低，他们就越喜欢。这是否意味着，对所有的商品，理想的价格是零或接近于零，因为这将表明生产者为消费者的愿望做出了最大程度的牺牲？

在扮演消费者角色时，人们总是喜欢以更低的价格购物；而作为生产者时，人们便总是喜欢他们的商品能有更高的价格。如果自然最初就提供了一个物质的乌托邦，那么所有可交换的财货都将免费获取，并且也不需为赚得货币回报而进行任何劳动。这个乌托邦当然也是被"偏好"的，但它也只是完全的空想的状态。人类必须在给定的承继得来的土地和耐久资本的现实的环境中工作。

在此岸世界，有且只有两种方式来解决商品的价格应该是多少。其一是自由市场方式，价格由每一位参与其中的个人自愿地设定。在这种情况下，交易在使所有交易者都受益的条件下达成。另一个方式就是用暴力干预市场，即用霸权关系来反对契约的方法。这种霸权地确定价格的做法意味着宣布自由交易为非法，并建立人剥削人的制度——因为只要强制交易发生就会出现剥削。如果自由市场路线——也就是互利的路线——被采用，那么除了自由市场价格之外将不会存在别的正义标准，这当中包括所谓的"竞争性"和"垄断性"价格以及组成卡特尔的行动。在自由市场中，消费者和生产者在自愿合作中调整他们的行动。

在物物交换的情况下，这一结论显而易见；各个生产者－消费者要么在自由市场上自愿决定他们彼此交易的比率，否则就用暴力来决定比率。在任何情况下，都看不出有任何理由说鱼用马表示的价格高于或低于自由市场上的价格，或者换个说法，马用鱼表示的价格更高或更低，为什么更加或更不"道德"。然而，为什么任何货币价格应该高于或低于其市场价格是一样没有理由的。①

---

① 如果逻辑一致，目前时髦的理论肯定会将鲁滨孙和星期五控诉为邪恶的"双边垄断者"，忙于彼此指责对方搞"垄断价格"，并因此水到渠成地引导出国家干预！

2. 卡特尔及其后果

A. 卡特尔和"垄断价格"

但是，垄断行动不是一个限制生产的行动吗？并且这一限制不是一个明显的反社会行为吗？让我们首先考虑一下，这种行动看起来最坏的可能情况是什么：一个卡特尔实际毁掉部分产品。这么做是要利用非弹性的需求曲线以提高价格来给整个团体获得更大的货币收入。例如，我们可以想象，一个咖啡卡特尔烧掉大部分咖啡的情形。

首先，这种行动肯定罕有发生。甚至对卡特尔而言，实际毁掉它的产品都明显是极度浪费的行为；显然，种植者在生产咖啡时消耗掉的生产要素就白白花掉了。很清楚，全部咖啡产量的生产被证明本身是一个错误，烧掉咖啡只是这一错误的后果和反映。然而，正是因为未来的不确定性，才常常会犯下错误。人可以在一件财货的生产中连续多年投入劳动和资金，最后可能证明消费者几乎完全不需要它。例如，如果消费者的品位改变了，无论什么价位，咖啡都没人要，那么不管有没有卡特尔，它都还是会被毁掉。

错误当然是不幸的，但是它不能被认为是不道德或反社会的；没人会故意犯错。[①]如果咖啡是耐久财货，卡特尔显然就不会毁掉它，而是会囤积起来以在未来慢慢销售给消费者，这样便可从"过剩的"咖啡中赚得收入。在均匀轮转经济中，根据定义不存在错误，也没有毁弃，因为用来赚取货币收益的最优库存量会预先生产出来。起初会生产较少数量的咖啡。咖啡的过度生产会造成浪费，其代价是其他本来可能被生产出来的财货。浪费并非发生在实际焚烧咖啡之时。在咖啡产量降低之后，本将投入咖啡生产的其他要素就不会被浪费掉；其他土地、劳动等等将会转入其他更有利可图的用途。多余的专用要素确实会保持闲置；但是，当消费者需求不再支撑他们在生产中的使用的现实出现时，这总是专用要素的宿命。例如，假如消费者对一种财货的需求突然缩减，劳动与特定专用机器的结合便无利可图，这种"生产能力闲置"并非社会浪费，而是对社会有益的。机器被生产出来被证明是一个错误；而现在机器已经被生产出来了，使用它们被证明不如使用其他的土地和机器生产一些其他的产品更有利可图。因此，划算的选择是任其闲置或将其原材料转为其他用途。当然，在一个不犯错的经济中，不会

637

638

---

① 请参见第八章。

生产出多余的专用资本财货。

例如，假设在咖啡卡特尔运行之前，X 数量的劳动和 Y 数量的土地合作每年生产 1 亿磅咖啡。但是咖啡卡特尔决定，最能获利的生产规模是 6000 万磅并且把年产量降低到这一水平。仍旧很浪费地生产 1 亿磅再烧掉 4000 万磅，那当然是荒谬的。但是现在过剩的劳动和土地又该怎样处置呢？生产者转投于，比方说生产 1000 万磅橡胶，提供 5 万小时的丛林向导的服务，等等。谁会说第二种生产结构、第二种要素配置比第一种不"合理"？事实上，我们可以说这更合理，因为新的要素配置将会更有利可图，并且因此对消费者更有价值－生产力（value-productive）。因此，就价值意义而言，整个生产现在是扩展了，而不收缩了。很明显，我们不能说全部生产都被限制了，因为咖啡之外的财货产出提高了，并且在一种财货减产和另一种财货增产之间的唯一的比较只能在这一宽泛的评值的意义上来进行。比起之前将要素转用于咖啡生产对更早前的财货生产的限制，将要素转用于生产橡胶和进行丛林向导对咖啡生产的限制其实并不更大。

所以，当"限制生产"的整个概念被用于自由市场时，它就是一个谬误。在现实世界中稀缺资源都与可能的目的相联系，所有的生产都涉及选择和配置要素以服务于评值最高的目的。概言之，任何产品的生产必然总是会被"限制"的。这种"限制"只是缘于要素的普遍稀缺以及任何一种产品边际效用递减的规律。但是，这样再说"限制"就是完全荒谬的。①

因而，我们不能说卡特尔"限制了生产"。当最终的配置消除了生产者的错误，卡特尔的行动就将通过服务于消费者而给生产者带来收益的最大化，如同其他所有的自由市场配置一样。这是市场上的人们所趋向于获得的结果，是与他们作为有预见性的企业家的技能相一致的，而且这也是作为消费者的人与作为生产者的人和谐共存的唯一情形。

---

① 用米塞斯教授的话来说就是：由于生产扩张所需的互补要素正被用于其他商品的生产，商品 p 的产量不会大于其真实产量……p 的生产者也没有限制 p 的生产。每一个企业家的资本都是有限的；他将其用于那些他预期通过满足公众的最迫切的需求而获得最高利润的项目。例如，一位企业家手头有 100 个单位的资本，其中 50 个单位用于生产 p，50 个单位用于生产 q。如果两条生产线都有利可图，谴责他不将更多单位，例如将 75 个单位的资本用于生产 p，就是古怪的。他唯有相应缩减 q 的产量才能够提高 p 的产量。但是，关于 q，牢骚人士可以同样吹毛求疵。假如有人指责企业家没生产出更多的 p，肯定也有人指责他没有生产出更多的 q。这意味着：某人对企业家的指责乃是出于如下事实，生产要素是稀缺的而且这个世界并非世外桃源。（米塞斯，《为自由而计划》，第 115–116 页。）

由我们的分析可知，生产者最初生产 1 亿磅咖啡是一个不幸的错误，之后由
他们自己予以了修正。削减咖啡产量并非是损害消费者的邪恶的生产限制，相 640
反，是对之前错误的修正。由于只有自由市场才能按照货币盈利的要求配置资源
以服务于消费者，因此，在之前的情况下，是生产了"太多"的咖啡和"太少"
的橡胶、丛林向导服务等等。卡特尔的行动减少了咖啡的产量并提升了橡胶的产
量，因而提升了生产性资源满足消费者欲求的能力。

如果有反卡特尔人士不同意这一意见并且相信之前的生产结构对消费服务得
更好，他们总是有完全的自由可以从丛林向导机构和橡胶生产者那里竞买土地、
劳动和资本要素，并且自己着手生产所谓"不足的"4000 万磅咖啡。由于他们并
没有这样做，他们就几乎不可以批评现在的咖啡生产者没有这样做。正如米塞斯
简洁陈述的：

> 那些从事钢铁生产的人当然不该为其他人没有同样进入这一生产领域的
> 事实而负责……如果有人该为加入志愿民防组织的人数不够多这一事实而被
> 谴责，那么也不应该是已经加入的那些人而是没有加入的人。[1]

反卡特尔人士的立场暗示着其他某些人生产了太多的某些其他产品；然而除
了他们自己武断的判定，他们没有提供确定哪一种产品过多的标准。

批评钢铁业主没有生产"足够"的钢铁或咖啡业主没有生产"足够"的咖啡
也暗示着存在一种种姓制度，一个特定的种姓命中注定永远生产钢铁，另一个种 641
姓永远种植咖啡，等等。只有在这样的种姓社会中此类批评才讲得通。然而自由
市场是种姓制度的反面；事实上，在不同选项之间选择意味着在这些选项之间的
灵活取舍，而这一灵活性明显适用于企业家或借款人将货币投资于生产之中。

此外，正如上文所述，一条无弹性需求曲线完全是消费者选择的结果。例
如，假设 1 亿磅咖啡已经被生产出来并且囤积起来了，有一群种植者一致认为烧
掉其中 4000 万磅咖啡将会，比方说，将价格翻倍，从每磅 1 格令黄金涨到每磅 2
格令黄金，联合行动因此给他们带来更高的总收入。假如种植者明白在最高价位
上，他们将面临消费者有效的抵制，这就是不可能的事。而且，如果消费者如此
欲求，他们还有另外一种方式来阻止财货的摧毁。各个消费者或者分别地或者联

---

[1]　米塞斯，《为自由而计划》，第 115 页。

合地行动，可以在比目前价格更高的价位上购买现存的咖啡。他们这么做可能是出于对咖啡的欲求，也可能是出于对有用的财货遭摧毁的怜惜，还可能是兼有这两种动机。无论如何，如果他们这么做了，他们就会阻止生产者的卡特尔削减市场上出售的供给量。在更高价位上的抵制和／或在更低价位上提高开价都会改变需求曲线，并使其在目前库存水平上有弹性，从而消除任何组建卡特尔的动机或需要。

　　因而，将一个卡特尔视作不道德的或是视作妨害了某种消费者主权完全没有根据。甚至在我们可以假定的仅仅为"限制"性目的而组建的卡特尔，因为之前的错误和产品的易朽而发生实际毁损这一看似"最糟"的情况下，也是这样的。

642　假如消费者真的希望阻止此类行动，他们只需改变他们对该产品的需求表，或者是真正改变其对咖啡的口味偏好，或者是抵制和发善心结合。在任何给定的环境下这都未发生的事实，意味着生产者仍然在对消费者的服务中最大化了他们的货币收入，通过卡特尔行动与通过任何其他行动是一样的。一些读者可能会反对说，对现有库存提供更高的需求，消费者将会贿赂生产者，并且这构成了一种来自生产者一方的毫无道理的勒索。但是这一指控是站不住脚的。生产者受到最大化其货币收入的目标的指引；他们并不是在勒索，而只是通过生产者与消费者双方自愿达成的交易，进行着获得最大化收入的生产。比起一名劳动者从报酬较低的工作转向报酬更高的工作，或者一位企业家在他认为将获得更多而不是更少收益的项目中投资，这并不更加或更不是一个"勒索"的情况。

　　必须承认，一旦已经犯下一个错误，恰如上述情况一样，理性的对策不是哀叹于既往，也不是企图"挽回"历史成本，而是最好（其他条件相同［ceteris paribus］，赚最多的钱）地利用当下情况。当之前生产出来的机器或其他资本财货面临着对其产品的需求减少的局面时，我们必须接受这一点。在生产过程中，正如我们所看到的那样，劳动能量劳作于自然的和产成的要素，以生产出最急需的消费财货。由于错误是不可避免的，这一过程就注定会导致在任何时候都有相当数量的"闲置"资本财货。同样，因为现有劳动在其他土地上劳作可以更加有利可图，许多原始土地仍将保持闲置。简言之，"闲置"的咖啡是预测错误的结果，并不比其他类型的资本财货的"闲置产能"更令人震惊或更该遭到谴责。

　　我们的论证适用于生产具有非弹性需求的独特产品的单一企业，也同样适用于一个企业的卡特尔。拥有非弹性需求的产品的单一企业在犯了一个预测错误之

643　后，也会摧毁其库存中的一部分。我们对"反垄断价格"和消费者主权学说的批

判同样适用于这种情况。

　　B. 卡特尔、合并体和公司

　　一个常见的观点认为，卡特尔行动涉及互相勾结（collusion）。对于一家企业它可以凭其自然能力或消费者对其特定产品的热衷而实现"垄断价格"，而许多企业组成的卡特尔据说涉及"互相勾结"和"阴谋"。然而这些说法不过是故意诱发负面反应的意气之辞。这里真正涉及的是为了提高生产者收入的合作（co-operation）。卡特尔行动的实质是什么呢？个体生产者同意将其资产汇集于一个共同的储备，这个单独的集中组织为其全部所有者决定其生产和定价政策，然后在他们之间分配货币收益。但是这一过程与任何一种联合合伙企业或一家单独的公司的成立不是一样的吗？当一家合伙企业或一家公司成立时发生了什么呢？个人同意将其资产汇集于集中管理之下，这一集中的指挥机构为所有者制定政策并在他们之间分配货币收益。在两种情况下，汇集资产、权力结构和货币收益的分配都遵循所有参与人一开始同意的规则。所以，在一个卡特尔和一家普通公司或合伙企业之间不存在实质性差异。有人可能反对说普通公司或合伙企业仅包括一家企业，而卡特尔却囊括了整个"行业"（即生产某一产品的所有企业）。但是这种区别并不必然成立。很多公司可能拒绝加入某一卡特尔，而相反，某一家单独的企业却可能在销售其特有的产品方面是一个"垄断者"，因此它也可能囊括了整个"行业"。

　　当我们考虑各个企业的合并体的情况，一个合作的合伙企业或公司——被普遍认为是不应被谴责的——和卡特尔之间的一致性就被进一步加强了。合并体被公开指责为"垄断性的"但不像卡特尔那样强烈。合并企业将其固定资产汇集，而各个公司的所有者现在变成了这一家合并企业的所有者之一。他们将商定有关不同公司股票之交换比率的规则。如果合并企业囊括了整个行业，那么一家合并体就仅仅是一家永久形式的卡特尔。然而很明显，一家合并体与初设形成的一家单一公司的唯一区别，是合并体是把现有的固定资产进行汇集，而初设的公司则是把货币资产进行汇集。很清楚，二者在经济上只有很小的差别。合并是拥有一定数量的已经生产出来的资本财货的多个人的行动，通过合作的合资资产调整自己以适应其当前和预期的未来状况。组成一家新公司就是调整通过合作的合资资产以适应预期的未来状况（在对资本财货的任何特定投资做出之前）。实质性的相同之处在于，自愿将财产置于一个更加集权的组织中都是为了实现提高货币收

644

入的目的。

攻讦卡特尔和垄断的理论家们不承认两种行动的同一性。因此，一方面，一家合并体被认为不像卡特尔那样应受谴责，而一家单一的公司也远不如一家合并体那样有威胁。不过，一家覆盖全行业的合并体事实上就是一家永久性的卡特尔，一个永久性的组合和融合。另一方面，一个由分离的各家企业自愿协议维持的卡特尔本质上是一个高度暂时和临时的安排，而且像我在后面将要看到的那样，一般都倾向于在市场上解体。事实上，在许多情况下，卡特尔可被视为朝向永久性合并的尝试性步骤。如我们所知，合并和一家公司的初设成立并没有实质性的不同。前者是一个行业中的企业规模和数量对新的条件的适应，或者是对之前预测中错误的修正。后者则是适应目前和未来的市场状况的重新（de novo）尝试。

645   C. 经济学、技术和企业规模

我们并不知道，经济学也不能告诉我们，在任何给定的行业中一个企业的最优规模。最优规模取决于每一种情况下的具体技术条件，一样也取决于与这个行业和其他行业中各种要素的给定的供给状况相对的消费者需求的状况。所有这些复杂的问题都要影响生产者，而最终是消费者的关于在不同生产结构中企业应该有多大规模的决策。与消费者需求和各种要素的机会成本相一致，要素所有者和企业家会在那些他们能最大化其货币收入或利润（其他心理因素情况相同）的行业和企业中进行生产。由于做预测是企业家的职能，成功的企业家就是最小化其所犯的错误因此也一样最小化其损失。结果是，自由市场上的任何现状都倾向于是消费者需求满足所最欲求的（当中包括生产者的非货币性愿望）。

经济学家和工程师都不能决定任何情况下最有效率的企业规模。只有企业家自己才能判断什么样的企业规模运行起来最有效率，经济学家或任何其他外部观察者试图指挥是专横和靠不住的。在这件事或其他事情上，消费者的愿望和需求通过价格体系被"传递"，因此产生的最大化货币收入和利润的驱动力总是倾向于带来最优的配置和定价，并不需要经济学家的外部建议。

当成千上万个人决定不进行生产并且分别拥有各自的钢铁厂，而宁愿将他们的资本汇集于一家有组织的公司——该公司将购买生产要素、进行投资和安排生产，并销售产品，之后在所有者之间分配货币收益——很明显他们是在大幅提升
646   他们的效率。与成百上千家的小型工厂的生产相比，每一给定要素的产出数量将会大幅提高。大型企业将能够购置耗费大量资本的机器设备，并有资金进行更好

的市场营销和批发销售。当成千上万的个人将其资本汇集建立一家钢铁企业时，所有这一切都变得显而易见。但是，当数家小的钢铁企业合并为一家大公司时，为什么事情就不是这样了呢？

可能得到的回答是，在后一种合并的情况下，尤其是在结成卡特尔的情况下，采取联合行动不是要提升效率，而只是要通过限制销售来提高收入。然而，外部观察者并没有办法来区分一个"限制性"的行动和一个提升效率的行动。首先，我们不能认为车间或工厂是效率可以得到提升的唯一生产性要素。市场营销、广告推广等等也是生产要素；因为"生产"不仅仅是一件产品的有形变化，也包括运输和配售到使用者手上。后者意味着告知使用者产品的存在及其性质和将其销售给他的费用。由于卡特尔总是进行联合市场营销，谁又能否认卡特尔会使营销更有效率呢？因此，效率又如何能从经营活动的"限制性"一面分出来呢？[①]

再者，生产中的技术要素绝不能被视作乌有。技术知识告诉我们可供我们使用的大量选项。但是关键的问题——投资于什么？投资多少？选择何种生产方法？——只能由经济的，也即财务考量予以回答。它们只能在一个被追求货币收入和利润所激励的市场上得到回答。比如，在开掘地铁隧道时，一位生产者如何决定在建设中使用什么材料呢？从完全技术的观点来看，坚固的铂金会是最佳选择，也最耐用，等等。这是否意味着他就应该选择使用铂金呢？只有通过比较生产的预期的货币收入和必需的货币费用（等于要素从其他用途可以赚得的收入），他才能在生产的要素、方法、财货等等中做出选择。只有通过最大化货币收益，要素才能在服务于消费者的过程中得到配置；否则，在完全技术意义上，没有任何东西可以阻止修筑用铂金内衬的横贯大陆的地铁隧道。在目前条件下不能这么做的唯一理由是将要素和资源从满足更为紧迫的消费需求的用途中抽出的浪费会产生的昂贵的货币"成本"。然而这一急迫的替代性需求的事实——以及浪费的事实——只有通过被生产者对货币收入的追求所激励的价格体系记录下来，才能

647

[①]　如果经济学家们留意到阿瑟·拉瑟姆·佩里（Arthur Latham Perry）的话，许多错误本来可以避免：每一个努力满足其他人欲求并预期得到回报的人，都是……生产者。拉丁语词语 producere 意指将某物进行销售……我们必须在一开始就使自己摆脱如下观念，即它只适用于物质（matter）形式，它意味着……只是让某物变换形式（transform）……在拉丁语和英语中，这一词根的基本含义都是有关销售的努力。产品就是可以提供的服务。生产者是任何使某物可供销售和售出它的人。（佩里，《政治经济学》[*Political Economy*]，第 165–166 页。）

被发现。也只有借助于对市场的经验观察才能向我们揭示此类横跨大陆的地铁工程的荒谬。

此外，并不存在我们可以用来比较不同类型的有形要素和有形产品的有形单位。例如，假设一位生产者试图决定如何最有效率地使用他两个小时的劳动。在某个浪漫的时刻，他试图通过从"肮脏的"货币得失的考量中完全抽身来判定这一效率。假定他面临着三种技术上已知的选择。这些可以用表格表示如下：

648

要素	产品
A 2 小时劳动 5 磅黏土 1 小时烘烤	1 只罐子
B 2 小时劳动 1 块木头 1 小时烘烤	1 只烟斗
C 2 小时劳动 1 块木头 1 小时烘烤	1 只模型船

在 A、B 或 C 这些选项中，哪一个才是最有效率、在技术上最"有用"的配置他的劳动的方式？很明显，"理想主义"的、自我牺牲的生产者是没有办法知道的！他没有决定是否要生产罐子、烟斗或模型船的理性的方法。只有"自私"的、追逐钱财的生产者才拥有理性的方法来决定如何进行配置。通过追求最大化货币收益，生产者将各种要素的货币成本（必需的费用）与产品的价格进行比较。例如，考虑 A 和 B，如果购买黏土和烘烤要花费 1 盎司黄金，一只罐子可以售得 2 盎司黄金，他的劳动就将挣得 1 盎司黄金。另一方面，如果木头和烘烤要

花费 1.5 盎司黄金，烟斗可以售得 4 盎司黄金，他两小时的劳动就会挣得 2.5 盎司黄金，他就会选择生产这一产品。两种产品和要素的价格反映了消费需求，也反映了生产者通过其服务赚得货币的努力。生产者能够决定生产何种产品的唯一办法就是比较预期的货币收益。如果模型船能售得 5 盎司黄金，他就会生产模型船而不是烟斗，从而满足更急迫的消费者需求以及他对货币收益的欲求。

因此，是无法从财务考量中分离出技术效率。我们判断一个产品是否比另外一个更被需求或一个过程比另一个更有效率的唯一办法，就是通过自由市场上的具体的行动。

例如，我们可能认为一家钢铁厂的最优效率规模大于一家理发店是不言自明的。但是我们并不是像经济学家那样通过先验的或行动学的推理，而完全是通过对自由市场的经验观察而知道这一点的。经济学家或任何外部观察者都没有办法能为任何一家工厂或企业设定技术最优条件。这只能由其在市场上完成。但是如果总体上是这样，那么在合并体和卡特尔的特定情况下，也会是这样。当我们想起重要的问题并非工厂的规模而是企业的规模时，将技术因素抽离出来的不可能性就会更加清楚了。二者绝非同义词。确实，无论其运营规模如何，企业都会考虑最优规模的工厂，进而一家较大规模的工厂在其他条件一样（ceteris paribus）时就需要一家较大规模的企业。但是，其决策范围包含一个更加广阔的领域：投资多少，生产什么产品或财货，等等。一家企业可能包括一个或多个工厂或者产品，并且总要包括营销机构、财务部门等等，而在仅仅考虑工厂时这是被忽视掉的。[①]

这些考量恰巧可用于反驳非常流行的对"为使用而生产"和"为利润而生产"的区分。所有生产都是为了使用；否则就不会进行。在市场经济中，这几乎总是意味着产品是为了供其他人——消费者——使用的。只有通过使用产成品来服务消费者，才能赚得利润。相反，基于脱离货币收益的技术或功利考量，就不可能存在超过原始水平的理性生产。[②]

649

650

---

① R. H. 科斯（R. H. Coase）在一篇极富启发性的文章中曾经指出，在企业之内或之间发产交易的程度取决于使用价格机制的必要成本与在一家企业中组织一个生产结构的成本之间的权衡。科斯，《企业的性质》（"The Nature of the Firm"）。

② 由于索尔斯坦·凡勃伦（Thorstein Veblen），这一虚假的区分广为流传，并持续于 20 世纪 30 年代早期短命的"技术专家治国"运动中。据他的传记所载，这一区分是凡勃伦所有著作的主旨。请比较，约瑟夫·多夫曼（Joseph Dorfman），《美国文明中的经济头脑》（The Economic Mind in American Civilization）（纽约：维京出版社，1949），第 III 卷，第 438 页及以下。

意识到在这一部分哪些是我们没有说的是很重要的。我们没有说卡特尔总是会比单独的企业更有效率或"大"企业总是会比小企业更有效率。我们的结论是，除了不管我们是考量一家企业的规模还是生产的任何其他方面，自由市场会尽其可能地为消费者提供最大的服务，除此以外，关于一家企业的最优规模，经济学家能做的正确表述非常少。生产中的所有具体问题——企业的规模、行业的规模、区位、价格、产出的规模和性质等等——都是要由企业家，而非经济学来解决的。

如果不考察经济学著作家当中一个共同的担忧，我们就不能将企业规模的问题放在一边，这个担忧是：如果一家企业的平均成本曲线无限制地下降会怎么样呢？一家企业不会成长得非常大从而构成"垄断"吗？对竞争在这种情况下"失败"有许多哀悼。然而，首先，对这一问题的很多强调都源自"完全竞争"情形的偏见，如我们在下文中将看到的那样，该情形是一个不可能存在的虚构。其次，很明显，没有企业曾经或者能够无限制大，从而起限制作用的障碍——成本的上升或不那么快地下降——必定在某处出现，并且对每一家企业有确切影响。[1]再次，如果一家企业借助更高的效率确实在其所在行业中实现了某种意义上的"垄断"，在我们考虑（平均成本不断下降）的情况下，它显然是通过降低价格和使消费者受益才做到的。此外，假如（就像所有批评"垄断"的理论家们认为的那样）"垄断"的毛病是限制生产和价格上涨，那么通过追求恰好相反的道路所实现的"垄断"显然就毫无问题。[2]

D. 卡特尔的不稳定性

分析表明，卡特尔是一个天生不稳定的运营形式。一方面，如果在一项共同事业中合作运营资产被证明长期来看对卡特尔的每一个成员都有利可图，那么他们就会正式地合并为一家企业。卡特尔也就随之消失在合并体中了。另一方面，如果联合行动被证明对某一个或更多成员无利可图，不满意的一家企业或多家企业就将从卡特尔中退出，而且如我们将看到的那样，任何此类独立行动几乎总是会破坏卡特尔。因而，卡特尔这种形式注定是非常短暂和不稳定的。

---

[1] 关于对成本限界的"正统"忽视，请参见罗宾斯，《评成本理论的某些方面》（"Remarks upon Certain Aspects of the Theory of Costs"）。

[2] 参见米塞斯，《人的行动》，第 367 页。

如果对每一个成员来说，联合行动都是最有效率和有利可图的做法，一个合并体就会很快诞生。每一家成员企业在卡特尔中都保持了潜在的独立性这一事实，意味着解体在任何时候都可能发生。卡特尔必须给每个成员企业分派生产的总量和份额。这可能首先导致成员企业在配额分派方面的大量争议，因为每一家成员企业都力图在分派配额时得到更大的份额。不论配额基于什么分派都必将是武断的，而且还总是会受到一个或更多成员的挑战。[①] 在一个合并体或在一家公司的设立中，股东们通过多数投票来组成一个决策机构。然而在卡特尔的情况下，独立的所有者主体之间将出现争议。

在强加的联合行动下特别容易感到焦躁不安的会是更有效率的生产者，他们急于扩张其业务而不愿被用来保护他们的效率较低的竞争者的规约和配额束缚住手脚。很明显，更有效率的企业将促使卡特尔解体。随着时间流逝以及自卡特尔最初组成以来情况的变化，将变得越来越如此。所谓配额，也就是怀着戒备之心达成的协议之前似乎对所有人都是合理的，现在则变成了对更有效率的企业来说难以容忍的限制，因而卡特尔会很快解体；因为一旦一家企业退出，扩大其产量并且降价，其他企业一定会效仿。

假如卡特尔不从内部解体，它就更有可能从外部解体。视其所赚取的不寻常的垄断利润，外部的企业和外部的生产者将进入同一个生产领域。简言之，外来者蜂拥而至以攫取更高的利润。然而，一旦一个强大的竞争者崛起并做出挑战，卡特尔就难逃覆亡了。因为，既然组成卡特尔的企业受制于生产配额，它们只能眼睁睁看着新来的竞争者扩张并加速从他们手中抢走销售量。结果是，卡特尔在

652

653

---

① 正如边汉姆（Benham）教授所说："以前曾经生产了相对较大份额的产出的企业会要求在未来有同样的份额。扩张的企业，例如，由于不同寻常的高效管理，将要求比其过去曾有过的更大的份额。以其……工厂的规模来衡量，拥有更大生产"能力"的企业会要求相应的更大的份额。"（边汉姆，《经济学》[*Economics*]，第 232 页。）

有关卡特尔面临的困难，请参见比亚克·佛格（Bjarke Fog），《卡特尔价格是如何决定的？》（"How Are Cartel Prices Determined?"），《 工 业 经 济 杂 志 》（*Journal of Industrial Economics*），1956 年 11 月，第 16–23 页；唐纳德·杜威（Donald Dewey），《经济学与法律中的垄断》（芝加哥，兰德·麦克纳利公司，1959），第 14–24 页；以及维塞尔（Wieser），《社会经济学》（*Social Economics*），第 225 页。

新来者竞争的压力下必然解散。①

E. 自由竞争和卡特尔

卡特尔的反对者们还有别的主张用来谴责卡特尔行动。一个主张断言，之前相互竞争的企业现在联合起来搞，例如，"限制竞争"或"限制贸易"是邪恶的。这种限制被认为是伤害了消费者的选择自由。正如赫特在之前引用的他的论文中所说的："消费者是自由的……而且消费者主权只是在替代能力存在的程度上是可实现的。"

但是，无疑这是有关自由之含义的完全错误的观念。鲁滨孙和星期五在一个荒岛上讨价还价时，只有非常小的选择的范围或能力；他们的替代能力是有限的。然而，如果两人都不互相干涉另一方的人身或财产，那么每一方都是绝对自由的。其他主张就是采纳混淆自由与选择的丰富及范围的谬误。任何个体生产者都不对或不能对其他人的替代能力负责。不论是单独的还是联合的，没有咖啡种植者或钢铁生产者因为他选择不生产更多而需对任何人负责。如果 X 教授或 Y 消费者相信，存在的咖啡生产者不够多或者生产者生产得不够多的话，这些批评者可以自由地进入他们认为合适的咖啡或钢铁行业，因此便会增加竞争者的数量以及产成财货的数量。

654　　　如果消费需求支持更多的竞争者或更多的产品或更多种类的产品，那么企业家就已经会通过满足这一需求抓住了赢利的机会。在任何给定情形下这都没有发生的事实表明不存在此类未满足的消费者需求。但是，如果这是成立的，那么就可以推知，没有人为的行动可以比不受妨害的市场上更能提升对消费者需求的满足。错误地混淆自由与丰裕性（abundant）是因为无法区分自然赋予的条件和改变自然的人为行动。在原生态的自然状态中，并不存在丰裕性；事实上，如果真有一些的话，也只有很少的财货。鲁滨孙是绝对自由的，依然处于饥饿状态。当

---

① 关于卡特尔的历史中的不稳定性的例证，请参见费尔柴尔德（Fairchild）、福尼斯（Furniss）和巴克（Buck），《国民经济学原理》（*Elementary Economics*），第 II 卷，第 54–55 页；查尔斯·诺曼·费伊（Charles Norman Fay），《政府太大，税收太多》（*Too Much Government, Too Much Taxation*）（纽约：双日、佩吉公司，1923），第 41 页，以及《大生意与政府》（*Big Business and Government*）（纽约：双日、佩吉公司，1912）；A. D. H. 卡普兰（A. D. H. Kaplan），《竞争性体系中的大企业》（*Big Enterprise in a Competitive System*）（华盛顿，D. C.：布鲁金斯研究所，1954），第 11–12 页。

然了，如果自然赋予的条件能丰裕得多，那么每一个人都会更加愉快，但这不过是徒劳的幻想。对于我们面对的自然，这是所有可能世界中最好的，因为它是唯一可能的世界。人类在地球上的状况就是，他必须利用给定的自然条件劳作并凭借人的行动来改善它们。每个人都"有挨饿的自由"正是自然的反映，而不是自由市场的反应。

经济学证明，投身于自由社会中的自由市场中的相互关系——而且只能是在这种关系——的个人才能为他们自己和整个社会提供丰裕（abundance）。（正如贯穿于本书的，"自由"一词使用的意义是不受他人人际的困扰。）将自由视同于丰裕性阻碍了对这些真理的理解。

在生产的世界中的自由市场可以被称为"自由竞争"或"自由进入"，指在一个自由市场中，任何人都能自由地参与其所选择的任意领域中的竞争和进行生产。"自由竞争"是自由应用于生产领域：购买、销售以及在不受外力暴力干涉的情况下转变自己的财产的自由。

我们已经在上文看到，在自由竞争的体制下，消费者的满足在任何时候都倾向于达到给定自然条件下的最大可能水平。最优秀的预测者将会成为有支配力的企业家，而且如果有人眼看着机会被人错过的话，他可以自由地利用其超人的先见之明。因此，倾向于最大化消费者的满足的机制不是"纯粹竞争"或"完全竞争"或"没有卡特尔行动的竞争"，[①] 或者任何其他不同于简单的经济自由的东西。

有一些批判人士指责说，自由市场上不存在"真正"自由的进入或自由竞争。因为，当需要巨额的货币才能投资于一家有效率的工厂或企业时，一个人如何才能进入或参与某一领域的竞争？"进入"手推车小贩的"行业"其实很容易，因为只需要很少的资本，但是由于其对资本的巨大要求，建立一家新的汽车厂却几乎不可能。

这一观点只是盛行的对自由与丰裕的混淆的一个变体。在这一情形中，丰裕是指一个人所能聚集的货币资本。每个人都有完全的自由成为棒球运动员；但是这一自由并不意味着他会成为和其他人一样好的棒球手。一个人的行动范围和能力依赖于他的能力以及其财产的交换价值，与他的自由是完全不同的东西。如我们所说的，一个自由社会在长期将带来普遍丰裕并且是达成这一丰裕的必要条

---

① 这些术语将在下文中予以解释。

件。但是，二者必须在概念上保持区分，而且不能用诸如"真实的自由"或"真正的自由"来加以混淆。因此，每一个人都可以自由进入某一行业并不意味着每一个人（要么就个人能力而言要么就货币资本而言）都能够这样做。在需要较多资本的行业中，比起需要较少资本的，更少人能够运用他们的自由建立一家新的企业，正如比起低端职位，在需要高水平技能的职业中，更少劳动者能够更好地利用其进入的自由。两种情形都没有任何神秘之处。

656　　事实上，这种无能为力在劳动者那里比在商业竞争中作用更为重要。除拥有更多或更少财富的人将资本汇集共用的方法之外，诸如公司这样的现代工具是什么？投资于一家新的汽车企业的"困难"不是就其总投资需要成百上千万美元而是就购买其每支股份所需的 50 美元左右而言来加以考量。但是虽然资本可以由最小单位开始汇集共用，劳动能力却不能被汇集共用。

　　有时候这种主张甚至到了荒谬的程度。例如，现在常常有观点主张，在现代世界，企业大得让新手"不能够"与之竞争或进入行业之中，因为无法筹集资本。这些批判者似乎并没有看到，合计的个人的资本和财富会随着开设一家新企业所需的财富的增加而增加。其实，这只是同一枚硬币的两面。没有理由认为在许多世纪前募集资本开设一家新的零售店，会比今天募资开设一家汽车企业更容易。如果有充足的资本支持目前存在的大型企业，那么就有足够的资本来支持更多的企业；事实上，只要有需要，资本就可以从现存的大型企业中抽出然后转投于新的企业。当然，如果新的企业无利可图因而无法服务消费者，就很容易明白为什么在自由市场中有人对从事新的商业冒险犹豫不决。

　　自由市场上存在能力或货币收入的不平等不该让任何人吃惊。正如我们上文已知，人们在他们的口味、兴趣、能力和位置方面并不"平等"。资源也不是"平等地"分布于地球上的。①这一能力方面和资源分布的不平等或多样性促成了
657　自由市场中收入的不平等。由于某一个人的货币资产来自他自己或其祖先在市场上服务于消费者的能力，货币财富方面一样存在不平等并不值得大惊小怪。

　　"自由竞争"这个术语，除非被解释成自由行动，即按照个人意愿自由地进行竞争或不进行竞争，将被证明是存在误导性的。

　　上述讨论可以清楚显示，在建立"垄断价格"或卡特尔行动中，没有什么东

---

①　很明显，此处并不适用"平等"（"equal"）这个词。说律师琼与教师史密斯的能力"平等"意味着什么呢？

西是特别应该受到谴责或破坏消费者自由的。一个卡特尔行动如果是自愿的，就不会伤害到竞争的自由，而如果被证明是获利的，那就使消费者受益而不是伤害消费者。个人的自我主权（self-sovereignty）和通过服务消费者来赚钱是与自由社会高度一致的。

正如本杰明·R. 塔克（Benjamin R. Tucker）在谈论卡特尔和竞争问题时精彩地总结的那样：

> 合作的权利和竞争的权利一样是不容置疑的；竞争的权利涉及不参与竞争的权利；合作常常是一种竞争的方法，而从更广阔的眼光来看，竞争总是一种合作的方法……每一个都是在平等自由的社会法律之下，对个人意志的合法的、有规则的、非侵犯性的行使……
>
> 依照这些无可辩驳的命题来看，如同每一种其他行业联合一样，托拉斯竭力要共同地去做的事不过是该联合体中每一个成员都会尽全力地分别去做的，它本身是一种无可指责的机构。以它本身是对竞争的否定为借口，攻讦、限制或否定这一联合的形式是荒谬的。因为它让人受不了，所以它就是荒谬的。说托拉斯是对竞争的否定并不比说竞争本身是对竞争的否定更有意义。（楷体为笔者所加）托拉斯只有通过比托拉斯之外的企业更加便宜地生产和销售才能否定竞争；但是在那种意义上，每一个成功的个别的竞争者都是在否定竞争……事实是，有一种对竞争的否定是所有人的权利，还有一种对竞争的否定不是任何人的权利。我们所有人，不论在托拉斯之中还是不在其中，都有权用竞争来否定竞争，但是我们当中无人，不论是在托拉斯之中还是不在其中，有权用武断的命令，通过干涉自发的努力以及对主动性的强迫压制，来否定竞争。①

658

---

① 摘自他在 1899 年 9 月 13—16 日在芝加哥举行的托拉斯问题公民联盟会议（the Civic Federation Conference on Trusts）上的致辞，第 253—254 页，重印于本杰明·R. 塔克（Benjamin R. Tucker），《个人自由》（New York: Vanguard Press, 1926），第 248-257 页。一位律师在会议上说："如同挑战竞争一样，控制价格永远只有通过生产方法上的这种优势地位才能实现。通过联合而确立任何价格以使竞争者能获得合理利润，会迅速鼓舞此类竞争，正如降价一样。"（阿泽尔·F. 哈奇［Azel F. Hatch］，《芝加哥会议》［*Chicago Conference*］，第 70 页。）

还可以参见 A. 列奥·威尔（A. Leo Weil）的杰出论文，同上，第 77-96 页，同上，第 299-305 页；F. B. 瑟尔伯（F. B. Thurber），同上，第 124-136 页；霍拉肖·西摩尔（Horatio W. Seymour），同上，第 188-193 页；J. 斯特林·莫顿（J. Sterling Morton），同上，第 225-230 页。

当然，这并不是说，联合合作或组合必然"好于"企业间的竞争。我们仅仅得出结论说，在自由市场上的各企业之内或之间的领域的相对范围将恰好是那个最有益于消费者及生产者的福利的比例。这符合我们之前的结论，企业的规模会建立在对消费者最有好处的那个水平之上。①

659

F. 独大卡特尔的问题

邪恶卡特尔的神话大大地受到了"独大卡特尔"的噩梦的助长。"这都还好，"某个人会说，"但是假如一个国家的所有企业融合为一或者合并为独大卡特尔。那会有多恐怖？"

我们能够在上面第九章第 612 页及之后处找到答案，我们会看到，自由市场为企业规模设置了明确的限度，也即市场中的可计算性的限度。为了计算每一个分支的利润和损失，对于各种要素和中间产品的每一个，一家企业内部的运行都必须能够参考外部市场。当任何这些外部市场消失时，由于全都被吸纳到了一家企业的范围之内，可计算性就会消失，企业也不再有办法理性地配置要素于特定领域。这些限度越是遭到侵犯，非理性的范围就会变得越来越大，而且也会更加难以避免损失。独大卡特尔将根本无法理性地配置生产资料，因此也无法避免严重的亏损。因此，它绝不可能真正地被建立起来，而且如果尝试建立，也会很快分崩离析。

在生产领域，社会主义就等同于独大卡特尔，由国家强制地组织起来并加以操纵。② 将社会主义"中央计划"鼓吹成能更有效率地满足消费者需求的生产方

660

法的人必须回答一个问题：如果这一中央计划真的更有效率，为什么它没有在自由市场中被追逐利润的人们建立起来？独大卡特尔从来都未自发形成，而是需要由国家的强制性力量来组成的事实表明，它不可能是满足消费者欲求的最有效率

---

① 我们的讨论是否像多夫曼（Dorfman）曾经指责的那样（J. Dorfman，《美国文明中的经济头脑》，第 III 卷，第 247 页）意味着，"不管怎么样，都是对的"？在这里，我们不能进入经济学与伦理学的关系的讨论，但是我们可以扼要地说，我们的答案，适用于自由市场，是有条件的肯定。具体而言，我们的表述会是：给定每个人（正如其真实行动所表明的）价值表上的目的，每一个人的这些目的的最大满足只有在自由市场上才能实现。个人是否拥有"适当的"目标完全是另外一个问题，不能由经济学来决定。

② 如果所有要素和资源都由国家绝对地控制，那么，如果国家合法地拥有这些资源，也只有很小的差别。因为所有权意味着控制，而且假如名义所有人被强制地剥夺了控制权，正是控制者才是资源的真正所有者。

的方法。①

让我们暂时假设独大卡特尔能够在自由市场中建立起来，并且不会出现可计算性问题。其经济后果会是什么？卡特尔能够"剥削"任何人吗？首先，消费者不会遭到"剥削"。因为消费者需求曲线仍将会是有弹性的或没有弹性的，这要视情况而定。因为，正如我将在下文所见，在自由市场的均衡价格之上一家企业的消费者需求曲线总是有弹性的，这意味着卡特尔无法提高其价格或从消费者那里赚得更多。

那么要素呢？它们的所有者不会被卡特尔剥削吗？首先，全面的卡特尔要想发挥作用，就不得不包括基本土地所有者；否则不管他们赚到了什么收益都得归属于土地。那样，用最严苛的话来说，拥有全部土地及资本财货的全面卡特尔将会通过系统性地支付给劳动者少于其折现的边际价值产品来"剥削"他们吗？卡特尔的成员们不会同意支付给这些工人们一个非常低的工资总额吗？不过，如果事情发生了，会有巨大的机会被创造出来，以使企业家不是在卡特尔之外崛起就是退出卡特尔并以更高薪水雇佣工人以赚得利润。这一竞争会产生双重效果，（a）解散全面的卡特尔以及（b）转而再度将劳动者的边际产品让步给他们。只要竞争是自由的，不受政府限制的妨害，全面的卡特尔就既不能剥削劳动者，也不能长时间地存在下去。②　661

3. 垄断价格的幻觉

到目前为止，我们已经确认，不管是由一家企业还是由一个卡特尔设定，垄断价格并没有什么"不对"；事实上，自由市场（不受暴力或暴力威胁妨害）确立的无论什么价格都是"最优"价格。我们还表明，不可能将卡特尔行动中的"垄断"从效率考量分开来，也不可能将一般的技术从营利性分开来；而且我们还看到了卡特尔这种形式巨大的不稳定性。

在这部分，我们将研讨一个更深入一步的问题：假设垄断价格没有任何"不对"，自由市场上的"垄断价格"概念本身怎么能站得住脚？它能够与它的对立

---

① 据我们所知，唯一将自发的独大卡特尔视为潜在理想的作者是希斯（Heath），《避难所、市场和圣坛》（*Citadel, Market, and Altar*），第 184–187 页。

② 请比较米塞斯，《人的行动》（*Human Action*），第 592 页。

面——"竞争性价格"彻底区分开来吗？要回答这个问题，我们必须研究垄断价格理论究竟说的是什么。

A. 垄断的定义

在研讨垄断价格理论前，我们必须先定义垄断。尽管垄断问题充斥于相当大部分的经济学著作中，其定义却不大清晰或者完全不清晰。[①] 事实上，关于这一主题有大量的模糊和含混。很少有经济学家表述过一个合乎逻辑的、有意义的垄断定义。

662   这种混乱定义的一个通常的例子是："当一家企业对它的价格有控制时就存在垄断。"这一定义是混乱和荒谬的混合体。首先，自由市场上的交换中并不存在对价格的"控制"这样的东西；在任何一次交换中销售价格都是双方自愿达成的。每一方都没有实施"控制"；唯一的控制是每个人对自己行动的控制——源自他的自我主权——因而是他对自己在任何假想价位上参与还是不参与一桩交易的决定的控制。因为价格是一种相互（mutual）现象，因此不存在对价格的直接控制。其次，每个人都绝对地控制着他自己的行动并控制着他为得到某一具体财货而试图开出的价格。任何人都可以为其所销售的任意数量的财货设定所想要的任意价格；问题只在于他是否能够在那个价格找到任何买家。同样，任何买家当然也可以设定他购买某一特定财货的任意价格；问题只在于他们能否在那一价格找到卖家。事实上正是这一相互要价和还价的过程产生了市场上的日常价格。

然而，存在一个太过普通的假设，如果我们比较一下，比方说亨利·福特和一位生产小麦的小农场主，那么二者在他们各自的控制能力方面将会有巨大的差异。人们相信，生产小麦的小农场主发现他的价格是由市场"给定"给他的，而福特则能"管理"或"自主设定"价格。生产小麦的农场主据称从属于市场的非人格力量，并且最终从属于消费者，而福特则在或大或小的程度上，如果不是消费者的真正的统治者的话，也是他自己的命运的主人。更进一步，人们还相信福特的"垄断权力"源自他在汽车市场上的"大块头"，而农场主则是一个"完全

[①] 同样的混淆也存在于有关垄断的法律中。尽管宪法对模糊性的警告，谢尔曼反托拉斯法案仍宣布"垄断"的行为是违法的，却没有先定义这个概念。直到今天，关于什么是非法的垄断行动仍然没有一个清晰的立法判定。

的竞争者"，因为他与全部小麦供应量相比是"小不点"。通常，福特不被当作一个"绝对的"垄断者，而是被视为一个拥有模糊"程度的垄断权力"的人。

首先，说农场主和福特对价格的控制方面有所不同是完全错误的。两人在控制和无力控制方面的程度是完全相同的，也即两人都对其生产的数量和想要取得的价格有绝对的控制；[①] 对最终发生的交易中的价格和数量则绝对无法控制。农场主可以自由地叫出他想要的任何价格，正如福特一样，而且还可以自由地寻觅能接受这个价格的买家。如果他能在其他地方做得更好，他一点也不被强迫向有组织的"市场"销售其农产品。在一个自由市场社会，每一种产品的每一位生产者都是自由的，可以生产他想要的尽可能多的他所拥有的任何产品，或可以购买再力图出售，并以他能取得的无论任何价格卖给他能找到的任何人。[②] 自然，如我们反复说过的那样，每一个销售者都力图在尽可能最高的价格上卖出他的产品；同样，每一个购买者都力图以尽可能最低的价格购买财货。正是这些卖家与买家的自愿交易构建起了消费者财货和生产者财货的整个供需架构。控诉福特或一家自来水厂或任何一位生产者"索要情况允许的最高可能价格"，并且以此作为垄断的信号，完全是无意义的废话。因为这正好是经济生活中每一个人的行为：生产小麦的农场主、劳动者、地主等等"索要情况允许的最高可能价格"只不过是索取能自由获得的高价的更富感情色彩的同义语。

在任何交易活动中谁正式"设定"价格是一个完全无关紧要且不相关的技术问题——有关制度性便利而不是经济分析的问题。梅西百货每天公布其价格并不意味着梅西百货拥有某种超乎消费者之上的对其价格的神秘"控制权"；[③] 同样，原材料的大宗的行业购买者常常公布其报价也不意味着他们在实施某种对种植者可得到的价格的额外控制。事实上，公布价格只是给所有潜在购买者和/或销售者提供必需的信息，而非作为控制的手段。与市场安排的具体细节和制度条件无

663

664

---

① 在这里，我们当然不考虑农业受气象等影响的独有的不确定性问题。

② 进一步阅读，请参见穆雷·N. 罗斯巴德（Murray N. Rothbard），《被管制的价格的妖怪》（"The Bogey of Administered Prices"），《自由人》（*The Freeman*），1959 年 9 月，第 39-41 页。

③ 相反，商店在多大程度上欲求货币收入，消费者就在多大程度上控制着梅西百货。请比较约翰·W. 斯科威尔（John W. Scoville）和诺尔·萨金特编辑（Noel Sargent）的《T. N. E. C. 论文中的事实与幻想》（*Fact and Fancy in the T. N. E. C. Monographs*）（纽约：全国生产商协会，1942），第 312 页。

关，通过价值表的互动决定价格的过程恰恰是以同样的方式发生的。①

所以，各个单独的生产者都对自己的行动拥有主权；他可以自由地购买、生产并销售他喜欢的任何东西给任何愿意购买的人。如果福特并不情愿（比如，他能在其他地方获得更高的价格），他不必被迫向约翰·布朗出售，相比之下，农场主也一样无须被迫向任何特定的市场或任何特定的公司销售。但是，正如我们已知的，只要一个生产者希望最大化其货币回报，他就要将自己置于消费者的控制之下，并依此确定其产出量。这对农场主，对福特，对整个经济中的其他任何一个人——地主、劳动者、服务生产商、产品所有者等等，都是这样。所以，福特并不比农场主对消费者有更多"控制"。

一个常见的反驳是，福特能够获得"垄断权力"或"垄断性的权力"，因为他的产品有一个被认可的品牌或商标，而这是生产小麦的农场主所没有的。然而这确实是一个把大车放在马之前的说法。品牌以及对品牌的广泛认知源于消费者对于与那个独特品牌有关的产品的欲求，因而也是消费者需求的结果，而非获得某种对消费者的"垄断性权力"的预先存在的手段。事实上，农场主希拉姆·琼斯完全有自由给自己的产品打上"希拉姆·琼斯小麦"的商标，并尝试在市场上出售它。他没有这么做的事实意味着，在其产品所处的具体的市场条件下这不是有利可图的一步。要点在于，在某些情况下，消费者和较低生产层级的企业家将每一个单独的品牌都视为代表了一个独特的产品，而在别的情况下，购买者把一家企业——某一产品的所有者或一组联合运营的产品所有者——的产品看作在使用价值方面与其他企业的产品是相同的。哪一种情形会发生完全取决于购买方在每一具体情境中的评值。

在本章稍后的地方，我们将更加详细地分析各种"垄断竞争"理论所涉及的一团乱麻般的谬误；在此，我们试图给垄断本身一个定义。开始进行：存在三种对垄断的合乎逻辑的定义。第一种源自它的语言学词根：*monos*（唯一）和 *polein*（出售），即，任何给定财货的唯一售卖者（定义 1）。这无疑是一个最合理的定义，但也是一个十分宽泛的定义。它意味着，无论何时，只要各个产品之间存在任何差别，个别的生产者和销售者就是一个"垄断者"。约翰·琼斯，一位律师，

---

① 将"对价格的控制"归咎于福特而不是小的生产小麦的种植商的一个常见理由是福特块头足够大，他的行为影响到了其产品的市场价格，而农场主则很小，其行为不足以影响价格。关于这一点，请参见下文对"垄断竞争"理论的批判。

就是约翰·琼斯法律服务业务的一个"垄断者"；汤姆·威廉斯，一位医生，就是其提供的独特的医疗服务的一个"垄断者"，依此类推。帝国大厦的所有者就是其大厦的租赁服务的一个"垄断者"。因而，这一定义将消费者对个别产品之间的所有区别都标示为获得了"垄断"。

必须记着，只有消费者能判定市场提供的两件商品是一种财货还是两种不同的财货。这个问题不可能通过对产品的物理检验来解决。财货的基本的物理性质可能只是其属性中的一个；而在绝大多数情形中，在它的许多顾客看来，一个品牌、一家具体公司的"商誉"或者商店里一种更令人愉悦的氛围都会将产品与其对手产品区别开来。对于消费者，该产品因而变成了不同的财货。没有人能在事前确定——经济学家最是不能——由 A 销售的一件商品在市场上是否会被当成是与由 B 销售的基本物理性质相同的财货是同质的。[1][2] 666

因此，对"垄断"的定义 1 几乎没有任何办法能够有效地使用。因为这一定义取决于我们如何选择一件"同质财货"，而这不可能由一位经济学家来判定。什么构成一件同质商品（即一个行业）——是领带、带圆点花纹的蝴蝶结等等，还是琼斯制造的蝴蝶结？只有消费者才能做出判断，而且作为不同的消费者，在不同的具体情况下他们会倾向于做出不同的判断。因此，使用定义 1 可能会导致一个关于垄断的贫乏的定义，即每个人对其所有的财产的排他的所有权——而这 667

---

[1] 例如，经济学家们经常控诉说，在一家氛围更为愉快的商店里为同一种财货支付更高价格的消费者是在"非理性地"行动。事实上，他们绝不是在这么做，因为消费者购买的并不只是作为实物的一罐豆子，而是由某个售货员在某一家商店销售的一罐豆子，而且这些因素可能会（也可能不会）对他们产生影响。商人很少被这种"非有形的"考量所激励（尽管商誉也会影响他们的购买），并不是因为他们比消费者"更加理性"，而是因为按照他们决定其购买行为的价值表，商人不像消费者那样关心这些。如我们上文所见，商人一般来说只受市场上财货将带来预期收益所激励。有关"同质产品"的定义的一个精彩论述，请参见 G. 沃伦克·纳特（G. Warren Nutter），《高原需求曲线和效用理论》（"The Plateau Demand Curve and Utility Theory"），《政治经济学杂志》（*Journal of Political Economy*），1955 年，第 526-528 页。另请参见阿勒克斯·亨特（Alex Hunter），《产品区分和福利经济学》（"Product Differentiation and Welfare Economics"），《经济学季刊》（*Quarterly Journal of Economics*），1955 年 11 月，第 533-552 页。

[2] 劳伦斯·阿波特（Lawrence Abbott）教授在近年来最杰出的一部理论著作中也证明了，随着文明与经济的进步，产品会变得越来越具有差异性，而越来越少同质性。这是因为同一个东西，在消费者那里比在生产者那里有更加巨大的差异性，而不断扩展的经济会越来越大比例地接手生产曾经由消费者自己制造的产品，因而与之前相比给消费者提供了更多制成品而非原材料（面包而非面粉，毛衣而非毛纱，等等）。因而，差异化的机会更多了。（转下页）

会很荒谬地让每一个人都成为垄断者! [①]

668 　　因而，定义 1 是合乎逻辑的，但却是极不合适的。其有用性非常有限，而且这一术语从其以前意义完全不同的用法中获得了极其强烈的情感内涵。出于下文中详述的理由，"垄断"这个术语对大多数人来说具有不祥和邪恶的内涵。一般来说"垄断者"是一个骂人的词；将"垄断者"这一术语运用于至少是大部分人口甚而可能是每一个人将导致混乱甚至荒唐的后果。

　　第二个定义与第一个有关联，但又有非常值得注意的差异。实际上，它就是垄断的原初定义，而且正是这个定义要对其在公众心目中的不祥含义负责。让我

（接上页）此外，对于有关商业广告往往在消费者的观念中创造了并非"真实"的差异化的耳熟能详的指控，阿波特敏锐地回击道，真实情况更有可能是相反的，而且进步着的文明提升了消费者的对之前被忽略的差异性的感受和识别的能力。阿波特写道："随着人类越来越文明，他发展了对于品质差异的更强的感受能力。甚至当客观的同质并不存在时主观的同质性也会存在，因为购买者不能或不愿感觉几乎相同的产品之间的差异并将其加以区别……随着一个社会成熟了，教育提升了，人们便学会了发展更加灵敏的区别能力。他们的需求变得更加精细。他们开始……发展出偏好，比如，不但单纯地喜欢白葡萄酒，而且嗜好 1948 年份的沙布利葡萄酒……人们总的来说往往会低估他们并非专家的那些领域中看似微小的差异的意义。一个不通音律的人不会承认一架斯坦韦（Steinway）钢琴和一架奇克林（Chickering）钢琴之间音色有什么差别，因为他自己不能洞察这一点。一位不懂高尔夫球的人比一位熟练的运动者更容易认为，所有品牌的高尔夫球实质上都是一样的。"（劳伦斯·阿波特，《品质与竞争》[Quality and Competition]［纽约：哥伦比亚大学出版社，1955］，第 18–19 页，以及第一章。）另见同上书，第 45–46 页 和 Edward H. Chamberlin,《产品异质性与公共政策》（"Product Heterogeneity and Public Policy"）于《建立一个更一般的价值理论》（Towards a More General Theory of Value）（纽约：牛津大学出版社，1957 年），第 96 页。

① 非常奇怪，虽然有关于垄断问题的大量文献，却很少有经济学家劳神费力去定义垄断，这些问题因此也被忽略了。罗宾斯夫人在其著名的《非完全竞争经济学》的开端看到了这一困难，并在该书的剩余部分回避了这一问题。她承认，按照严格的分析，要么垄断可以被定义为每一个生产者对其产品的控制，要么自由市场中根本不存在垄断。因为竞争存在于争夺消费者钱包的所有产品之间，而很少有物品是严格同质的。因而罗宾斯夫人试图通过回归"常识"以规避这一问题，并将垄断定义为存在于产品与消费者可以购买的其他替代品之间存在"明显差距"的地方。但是这并不会解决问题。首先，经济学不能建立定量规律，因而关于差距的大小我们没什么可以表态的。什么时候这一差距会变得"明显"？其次，即使这种"规律"是有意义的，也没有办法度量需求的交叉弹性（crosselasticities），产品之间的替代弹性（the elasticity of substitution），等等。这些替代弹性每时每刻都在变化而且不能被成功地度量，哪怕它们总是保持恒定，因为供给条件总是在变化。没有实验室可以用来将全部经济因素加以固定。在这之后的讨论中，罗宾斯夫人实际上完全遗忘了产品的异质性。琼·罗宾逊（Joan Robinson），《不完全竞争经济学》（Economics of Imperfect Competition）（伦敦：麦克米兰公司，1933），第 4–6 页。另请比较，亨特（Hunter），《产品差异化与福利经济学》（"Product Differentiation and Welfare Economics"），第 547 页及以下。

们转向 17 世纪伟大的大法官科克爵士（Lord Coke）对此的经典表述：

> 垄断是一种国王以其许可、委任或其他途径……给予任何个人或人们、国家或法人的制度或默许权，以独占地（sole）购买、销售、制造、制作或使用任何东西，同时试图限制任何个人或人们、国家或法人之前所拥有的自由或阻碍他们的合法贸易。①

669

换言之，按照这一定义，垄断就是一种由国家授予的特殊的特权，将某一特定的生产领域保留给特定的个人或团体。其他人被禁止进入这一领域，而且这一禁令由国家宪兵强制执行。

这一垄断定义可以追溯到普通法并在 16 世纪和 17 世纪的英格兰获得了极大的政治重要性，当时自由意志主义者和国王之间发生了关于与生产和企业的自由截然相反的垄断问题的历史性斗争。按照这一术语的定义，"垄断"在公众的心目中的含义成了危险的利益和暴政也就毫不奇怪了。大量的生产和贸易限制以及国家所建立的垄断阶级成为数世纪被激烈攻击的对象。②

这一定义在经济学分析中曾经是重要的，这一点从下文出自美国第一批经济学家之一的弗朗西斯·魏兰德（Francis Wayland）的引文中可以看得一清二楚：

670

> 垄断权就是授予某人或一群垄断者的排他性权利，从而以某种特定的方

---

① 引自理查德·T. 厄利（Richard T. Ely）等人，《经济学大纲》（*Outlines of Economics*）（第三版；纽约：麦克米兰公司，1917），第 190-191 页。布莱克斯通（Blackstone）给出了几乎相同的定义，并且将垄断称之为一种"由国王许可的牌照或特权"。另请参见 A. 列奥·威尔（A. Leo Weil），《芝加哥会议》（*Chicago Conference*），第 86 页。

② 女王伊丽莎白一世（Queen Elizabeth I）和查理一世（Charles I）授予垄断权的狂潮甚至引发了来自国王的马屁精法官的抵制，并在 1624 年由议会宣布"所有的垄断权都与本王国的法律相违背，是且应该是无效的"。这一反垄断的精神在美国更是根深蒂固，而且最初的马里兰州宪法宣称垄断是"丑恶的"而且"与商业的原则……恰相抵牾"。厄利，《经济学大纲》（*Outlines of Economics*），第 191-192 页。另请参见弗朗西斯·A. 沃克尔（Francis A. Walker），《政治经济学》（*Political Economy*）（纽约：亨利·霍尔特公司，1911），第 483-484 页。

式使用他们的劳动或资本。[1]

在一个不受国家干涉妨害的自由市场上，这种类型的垄断显然永远不会出现。因而，按照这一定义，在自由经济中，不可能有"垄断问题"。[2] 许多著作家反对说，普遍被视为自由市场一部分的品牌和商标实际上构成了国家授予的特殊特权。其他公司都不能生产并把自己的巧克力也称作好时巧克力来与好时巧克力公司（Hershey chocolates）"竞争"。[3] 这是否是国家对自由准入强加的限制呢？在这样的情况下怎么会存在"真正的"准入自由呢？

671

然而，这一主张完全误解了自由和财产的本质。自由市场中的每一个人都有权利拥有他自身（his own self）并排他性地使用自己的财产。其财产包括他的姓名（name），即专属于他并被视为等同于他的语言标识。姓名是一个人的身份因此也是其财产权的基本部分。说他是其姓名的"垄断者"不如说他是其个人意志或财产的"垄断者"，而把"垄断者"一词扩展到世界上的每一个人那里则是对这一术语的荒谬使用。只要任何人有侵犯他人人身和财产的倾向，对自由社会的存在至关重要的保护他们的"政府"职能，就会包括保护每一个人的特定姓名或商标免遭伪造或冒名（forgery or imposture）的欺诈行为。这意味着，约翰·史密斯冒充约瑟夫·威廉斯律师，并向顾客宣称他在提供威廉斯所提供的法律咨询乃是非法的。欺诈不仅指对消费者的隐性窃取，而且还侵犯了约瑟夫·威廉斯对其独特姓名和个人特征的财产权。某些其他巧克力企业使用好时公司的标签就等同

① 弗朗西斯·魏兰德（Francis Wayland），《政治经济学原理》（波士顿：古尔德和林肯公司，1854年），第116页。参见亚瑟·拉瑟姆·佩里（Arthur Latham Perry）这一较晚的定义："垄断，正如这个词的引申义所指的，乃是一种由政府强加于特定服务的销售活动的禁令。"佩里，《政治经济学》（Political Economy），第190页。近年来，这一定义差不多要灭绝了。罕见的当前的例子是："当政府使用其强制性权力来专门授予特定的人或组织以及他们的联合，以销售特定财货或服务的权利的时候，垄断便会存在……它是对谋生权利的侵犯。"希思（Heath），《避难所、市场和圣坛》（Citadel, Market, and Altar），第237页。
② 如威尔（Weil）所言："联合与协议并不能创造垄断。我们现在并没有授予排他权利的专利证书……因此，将垄断这个术语用于产业合并的影响是完全没有道理的。"威尔，《芝加哥会议》（Chicago Conference），第86页及以下。
③ 例如，爱德华·H. 张伯伦（Edward H. Chamberlin），《垄断竞争理论》（第七版；剑桥：哈佛大学出版社，1956），第57页及以下，第270页及以下。

于是一种盗用和造假的侵犯行为的犯罪。[①]

　　在将这一垄断定义采纳为适当的定义之前，我们必须考查最后一个选项：将垄断者定义为实现了垄断价格的人（定义3）。这一定义从未被明确提出过，然而它隐含于有关这一主题的最有价值的新古典经济学的著作之中。它的优点是将注意力集中于垄断价格及其性质和后果这一重要的经济学问题。在这一方面，我们现在将探讨新古典的垄断价格理论并追问它是否真的拥有最初乍看上去那样的实质内容。

B. 新古典垄断价格理论[②]

672

　　在前面的内容里，我们已经将垄断价格视为要么是由垄断者要么是由生产者组成的卡特尔确立的垄断价格。在这里，我们必须更加细致地探讨这一理论。米塞斯曾经提供了一个对垄断价格的简洁的定义：

> 假如垄断者通过在较高价格、较少数量销售他的产品能获得的净收益高于他以较大数量、较低价格销售的，那么这种情况下就会出现比在没有垄断的情况下会出现的潜在市场价格更高的垄断价格。[③]

　　垄断价格的学说可以概述如下：一定数量的某种财货，在被生产或销售时，在市场上取得竞争性价格。如果在竞争性价位上需求曲线是没有弹性的，一个垄断者或一个由企业组成的卡特尔就可以通过限制销售并抬高价格，达到最大化收益的价格。相反，如果需求曲线如其本身对垄断者或卡特尔所显示的那样，在竞

---

① 可能有人会反对说这些概念暧昧不清因而容易引发问题。问题确实会出现，但是它们并不是不可克服的。比如，某人名为约瑟夫·威廉斯，这是否排除了任何其他人拥有同样的姓名，并且任何未来诞生的约瑟夫·威廉斯都应该被当作罪犯呢？答案很清楚：不，只要无人试图扮演其他人。概言之，重要的不是每一个人拥有的姓名本身，而是作为他本人之关联物的名称。

② 对垄断价格理论的清晰阐述请参见米塞斯，《社会主义》（*Socialism*），第385-392页，以及《人的行动》（*Human Action*），第278页，第354-384页；门格尔，《国民经济学原理》（*Principles of Economics*），第207-225页；费特（Fetter），《国民经济学原理》（*Economic Principles*），第73-85页，381-385页；哈里·冈尼森·布朗（Harry Gunnison Brown），《竞争性和垄断性的价格形成》（"Competitive and Monopolistic Price-Making"），《经济学季刊》，第XXII卷（1908年），第626-639页；以及维塞尔，《社会经济学》（*Social Economics*），第204，211-212页。在这一特例中，"新古典"包含着"奥地利学派"。

③ 米塞斯，《人的行动》，第278页。

争性价位上是有弹性的，垄断者就不会限制销售以实现较高的价格。因此，如米塞斯指出的那样，没有必要担心"垄断者"（在上文的定义 1 的意义上）；他是否是某种商品的唯一生产者对于交换学问题既无意义也不相干。只有在其需求曲线的形状使之限制销售并在垄断性价格下实现了更高收入时，它才变得重要。[①] 假如他是在错误地生产了太大的库存量之后才了解无弹性的需求曲线，那么他就必须毁掉或存留他的一部分库存；之后，他要将商品的生产限制在最有利可图的水平上。

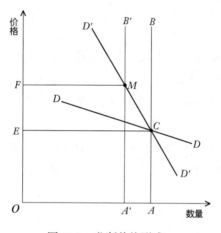

图 10.1 垄断价格形成

图 10.1 描述了垄断价格分析。通常仅仅是隐含的基本假设是，存在一些可辨识的库存，比如 *OA*，和一些可辨识的市场价格，比如 *AC*，它们是竞争性条件的结果。*AB* 代表了"竞争"条件下的库存线。那么，根据该理论，如果需求曲线在这一价格之上是有弹性的，就没有机会限制销售并实现更高的或"垄断"的价格。这样的需求曲线是 *DD*。相反，如果需求曲线在竞争性价位之上是无弹性的，如 *D′ D′* 所示，就会有利于垄断者将销售限制于比如 *OA′*（库存线由 *A′ B′* 表示），

---

① 因此：仅仅存在垄断并不意味着什么。一本版权著作的出版商就是一位垄断者。但是不管他开出的价格有多低，他都有可能无法卖出一本。并非垄断者销售一种垄断商品的任何价格都是垄断价格。垄断价格只是垄断者限制销售总量比将销量扩大到竞争性市场所允许的界限更有利的价格。（米塞斯，《人的行动》，第 356 页。）

673

674

并将实现垄断价格 $A'M$。这将会给垄断者带来最大货币收益。[①]

　　无弹性的需求曲线带来了垄断的机会，它可能呈现的对象或者是某一给定产品的单一的垄断者，或者当不同生产者组织成一个卡特尔时的"作为整体的行业"。在后一种情况下，需求曲线如其呈现给每一个企业时一样，是有弹性的。在竞争性价格上，如果一家企业提高价格，大部分顾客就会转而从其竞争者那里购买。相反，如果企业组成了卡特尔，在许多情况下，消费者较少的替代空间会使需求曲线像呈现给卡特尔的那样，是非弹性的。这一情况会作为一股动力推动形成上文所研究的卡特尔。

675

　　C. 垄断价格理论的后果

　　（1）竞争性环境

　　在批判性地分析垄断价格理论本身之前，我们应该探究一下它的后果，其中有些是有些不是由其推断而来的。在这一部分，我们暂且假定垄断价格理论是成立的。[②] 首先，说"垄断者"（此处在定义 3 的意义下使用——一个垄断价格的获得者）不受竞争的影响或可以随意支配消费者并不准确。最好的垄断价格理论家承认垄断者和其他企业一样都受到竞争的压力。垄断者不可能把价格定到他希望的任意高，而是受消费需求的结构的限制。按照定义，呈现给垄断者的需求曲线实际上是在垄断性价位之上变成有弹性的。著作家们有一种令人遗憾的倾向，提到"弹性需求曲线"或"无弹性需求曲线"时却不指出每一条曲线都有不同的范围（ranges），沿着它会有不同程度的弹性或非弹性。依据定义，垄断性价位能最大化企业或卡特尔的收益；在此价位之上，任何对生产和销售的进一步"限制"都会

[①] 此处我们抛开了有关货币费用或"货币成本"的考虑。当生产者考虑销售已经生产出来的库存时，这些过去的货币费用就完全无关了。当他为未来的销售而考虑目前和未来的生产时，当下的货币成本考量就变得重要了，生产者将努力追求最大化净回报。无论如何，不论实际的货币成本结构是什么，A' 点都将被确定下来，除非平均货币成本在这一区域下降得足够快从而使得最后"竞争点"成为最有利可图的。奇怪的是恰恰是平均成本不断下降的情况最让反垄断著作家们忧虑，他们担心任一行业中的某一家企业会因为这一情况而成长到"垄断"规模。然而，如果特别重要的是"垄断价格"而非垄断的话，这种担忧显然是毫无根据的。关于垄断理论中的成本考量之没有意义，请参见张伯伦（Chamberlin），《垄断竞争理论》（*Theory of Monopolistic Competition*），第 193-194 页。

[②] 我们之所以花费篇幅分析垄断价格理论及其后果，是因为这一理论尽管在自由市场上是不成立的，却会证明非常适用于分析政府授予的垄断权的后果。

降低垄断者的货币收益。这意味着，需求曲线在此价位之上会变得有弹性，正如当竞争性价位在市场上确立时，之上的需求曲线也会变得有弹性一样。消费者替代性地购买其他财货的能力使得曲线富有弹性。许多其他财货在其对消费者的使用价值方面"直接地"参与竞争。例如，假如某些企业或企业联合获得了块皂的垄断价格，家庭主妇们就能转而使用洗涤剂并因此限制了垄断价格的水平。但是此外，所有财货都没有例外地在竞争着消费者的钱或黄金。如果游艇的价格变得太高，消费者就能代之以在房子上支出，或者他可以用书来代替电视机，等等。①

676

其次，随着市场推进，由于资本的投入，市场变得越来越专业化，每一种产品的需求曲线也都倾向于越来越有弹性。随着市场的发展，可用消费品的范围也极大地扩大。可用消费财货越多，消费者能买到的财货就越多，在其他条件不变的情况下，每一种财货的需求曲线会趋向于越有弹性。结果是，随着市场及"资本主义"方法的发展，获得垄断价格的机会趋于减少。

677

（2）垄断利润 VS 垄断收益

许多垄断价格理论家都曾宣称获得垄断价格意味着垄断者能够获得永久的"垄断利润"。之后，这与"竞争性"的利润和损失对比，而后者如我们所见在均匀轮转经济中会消失。在"竞争"情况下，如果一家企业被发现从特定的生产过程中获得了巨大利润，其他企业就是蜂拥而至以利用预期的机会，然后利润就会消失。但是在垄断者的情况下，据称，他的独特地位使他可以永久地持续获取这些利润。②

使用此类术语是对"利润"和"损失"的性质的误解。利润和损失完全是企业家行为的结果，而这类行为又是未来之不确定性的后果。企业家精神就是在市场上行动以利用要素的售价与购买价之间预估的偏差。更好的预测者获得利润，而错误的则会遭受亏损。在均匀轮转经济中，每一个人都安于一个不变的行为循环之中，由于市场上不存在不确定性，因而也不会有利润和损失。对垄断者来

---

① 正如米塞斯所告诫的那样："从垄断性价格和竞争性价格之间的对立出发推导出垄断性价格是缺乏竞争的结果将是严重的错误。市场上始终存在交换性竞争。交换性竞争是确定垄断价格的一个因素，也一样是确定竞争性价格的一个因素。需求曲线的形状使得垄断价格的出现成为可能，并使垄断者的行为受其他争夺买家货币的商品之间的竞争决定。垄断者将其准备出售的价格定得越高，就有越多的买家把他们的钱花在其他畅销的财货上。在市场上，每一种商品都与所有其他商品进行竞争。"（米塞斯，《人的行动》，第 278 页。）

② 我们在这里并没有讨论普遍承认的观点，即垄断利润以资本收益的方式被资本化为企业的股份。

说，同样如此。在均匀轮转经济中，他不是作为企业家而是作为其所销售的产品的所有者，获得他的"特定的垄断收益"。他的垄断收益是其垄断的产品上的额外收益（income）；不管是对于个人还是卡特尔，通过限制其供应而赚得更多收益的都是这个产品。

问题出现了：为什么其他企业家就不能抓住有利可图的机会并进入这种产品的生产，从而使机会趋于消失呢？在存在卡特尔的情况下，这恰好就是一直存在并导致垄断价格状态瓦解的趋势。即使新进入行业的企业通过在原来的卡特尔中被给予配额地位从而被"收买"，并且新老企业能够就生产与收益的分配达成一致，这种行为仍然不足以维持卡特尔。因为新来的企业将禁不住要在垄断收益中得到一份，并且还将创造更大份额，直至整个卡特尔行动变得无利可图，有太多要分一杯羹的企业了。在这种情况下，更有效率的企业将有越来越大的压力要摆脱卡特尔，并拒绝继续为大批的无效率企业提供舒适的保护伞。

在单一垄断者的情况下，要么是他的品牌和独有的消费者信誉阻止了其他人拿走他的垄断收益，否则他就是来自政府的垄断特权的接收者，在这种情况下，其他生产者被强制阻止不能生产相同的商品。

我们对垄断收益的分析必须进一步深入。我们已经说过，这一收益来自销售特定产品的收入。但是这一产品必然是由要素生产出来的，并且我们已经知道，任何产品的回报都会转变为生产出这一产品的各种要素的回报。在市场上，这种"归属"一定也发生在垄断收益中。例如，比方说，斯当顿洗衣机公司（the Staunton Washing Machine Company）能够为其产品获得垄断价格。显然垄断收益不能归于生产洗衣机的机器、工厂等等。如果斯当顿公司是从其他生产者那里购买的这些机器，那么在长期任何垄断收益都将归于机器的生产者。在均匀轮转经济中，企业家利润和损失消失了，产品的价格等于其要素价格的总和，所有的垄断收益都将归于要素而非产品。进而，除时间收入外，没有收入可以被归于资本财货的所有者，因为每一件资本财货都是相应地由高级（higher-order）要素生产的。最终，所有资本财货都被分解为劳动、土地和时间要素。但是，如果斯当顿洗衣机公司不能自己获得来自垄断价格的垄断收益，那么显然，它就不可能从为获得这一收益而对生产进行的限制中受益。因此，正如在均匀轮转经济中收入不会被特别地归于资本财货的所有者，特定的垄断收益也一样不会。

因此，垄断收益必须被归属给劳动或土地要素。例如，在品牌的情况下，某种类型的劳动要素是被垄断的。如我们所知，一个姓名就是某个人（或合作行动的一群人）独有的识别标志，并且因此也是其人身和能力的特征。一般认为，劳动是用于指称个人能力的生产性努力的术语，无论其具体内容是什么。因此，一个品牌就是一种劳动要素，特别是其所有者或企业的所有者的特征，或者，从交易的角度来看，品牌代表着归属于所有者及其姓名的决策租金（the decision-making rent）。如果垄断价格是由米奇·曼托（Mickey Mantle）高超的棒球技术所取得的，这就是归于劳动要素的特有的垄断收益。那么，在这两种情况下，垄断价格都不仅仅来自对最终产品的独一占有，而是，更根本地说，来自对最终产品所必不可少的一个要素的独一占有。

垄断收益也可以归属于对一项独特的自然资源或"土地"要素的所有权。因而，钻石的垄断价格可以归于对钻石矿的垄断，因为钻石最终必然产自于此。

那么，按照对垄断价格的分析，在均匀轮转的体系中，不可能存在任何"垄断利润"之类的东西；只有属于劳动或土地要素所有者的特定的垄断收入。垄断收益不能被归属于资本财货的所有者。如果垄断价格是由于国家授予的垄断特权而获得的，那么显然垄断收益就要归属于这一特权。①

（3）一个全是垄断价格的世界？

在垄断价格理论的架构内，断言自由市场上的所有价格都是垄断价格是可能的吗？② 所有的销售价格可以都是垄断价格吗？

我们有两种方式来分析这个问题。其一是将我们的注意力集中于垄断化的行业。如我们所知，有垄断价格的行业限制了该行业的生产（要么被卡特尔，要么被单个的企业），从而将非专用要素释放到其他生产领域。但是想象一个全是垄断价格的世界明显是不可能的，因为这意味着大量闲置的非专用要素。由于总有需要始终得不到满足，劳动及其他非专用要素就会被用于某些地方，而需要更多要素并且生产得也更多的行业不可能会是垄断价格的行业。它们的价格将会低于竞争性价格水平。

我们也可以考查消费者需求。我们已经知道，获得垄断价格的必要条件是在竞争性价位之上的消费需求表没有弹性。显而易见，每一个行业都有这样无弹性

---

① 要获得垄断价格，要素所有者必须满足两个条件：（a）他必然是要素的垄断者（在定义1的意义上）；如果他不是，垄断收益就会被进入其领域的竞争者抢走。（b）要素的需求曲线在竞争性价位之上必须是非弹性的。

② 这是琼·罗宾逊夫人（Mrs. Joan Robinson）的《不完全竞争经济学》（*Economics of Imperfect Competition*）中基本的假设。

的需求表是不可能的。因为非弹性的定义是说当价格变得更高时，消费者会在商品上花更多的钱。但是消费者在任何时候都拥有一个给定总库存的货币资产且货币收入金额也一样是给定的，他们可以将其用于消费性支出。如果他们在某一种商品上花费了更多，他们就不得不在其他商品上花得更少。因而，他们不能在每一种商品上都花得更多，不可能所有的价格都是垄断价格。

　　因而，即使假定垄断价格理论成立，也不可能存在一个全是垄断价格的世界。因为消费者货币库存的固定性和对被移走的要素的使用，不可能在经济中约半数以上的行业中获得垄断价格。

　　（4）"你死我活的"竞争

　　文献中的一个流行主题就是所谓的"你死我活的竞争"之邪恶。奇怪的是，你死我活的或"过度的"竞争是与对获得垄断价格的批评联系在一起的。例如，常见的指控称，一家"大"企业处心积虑地在最有利可图的价格以下销售，甚至达到了遭受损失的程度。这家企业这样做就是为了迫使其他生产同样产品的企业也降低价格。有资本资源承受亏损的"更强大的"企业从而逼得"较弱的"企业破产并获得了在该领域的垄断。

　　但是，首先，这种垄断（定义1）有什么问题吗？当消费拒绝惠顾无效率的企业，而在服务消费者方面更有效率的企业仍在营业，这有什么问题吗？一家企业遭受损失意味着它在服务消费者欲求方面不如其他企业成功。要素因而从无效率的企业转到有效率的企业。一家企业破产并没有伤害其所使用的任何一种要素的所有者，而仅仅伤害了在做扩大生产的决策时做出错误计算的企业家。一家企业破产恰恰是因为它遭受了企业家损失，即，它从对消费者的销售得到的货币少于之前支付给要素所有者的货币。但是，必须支付给要素如此之多的货币，即成本如此之高，是因为这些要素可以在其他地方赚得同样多的货币。如果这位企业家不能有利可图地在给定的要素价格上使用要素，原因就是要素所有者可以将他们的服务出售给其他企业。至于要素对企业是专用的，当企业产品的价格降低时，根据要素所有者能接受的价格和收入降低的幅度，总货币成本可以相应降低而企业仍可保持运营。因此，企业的失败仅仅是由于在预测时所犯的企业家错误，以及企业家无法通过比在服务消费者方面更加成功的企业出更高价格以获得生产要素。[①] 因而，淘汰无效率的企业不会伤害要素所有者或导致其"失业"，因

681

682

---

① 竞价存在于许多行业的无数企业之间，而不仅仅在同一行业的不同企业之间。

为他们的失败恰恰是由于其他企业更有吸引力的竞争性叫价（或者，在某些情况下，是由于有闲暇可供选择或市场之外的生产）。他们的失败通过将资源从浪费的转到有效率的生产者，也帮助了消费者。主要是企业家承担了自己所犯的错误，由他们自己自愿进行的冒险所导致的错误。

奇怪的是"你死我活的竞争"的批评者们与抱怨市场颠覆了"消费者主权"的人总体上是同一批人。因为以极低的价格甚至以短期亏损为代价销售产品，对消费者来说乃是一笔横财，并且也没有理由为什么给予消费者的这份馈赠应该被谴责。再者，如果消费者真的愤慨于这种竞争形式，他们可以充满鄙夷地拒绝接受这份馈赠并继续惠顾所谓"受害的"竞争者。当他们并不这么做而是蜂拥着去捡便宜时，他们就是在表明他们对这种情势完全满意。从消费者主权或个人主权的观点来看，"你死我活的竞争"根本没有什么问题。

683　　唯一可以想象的问题是经常被提及的那个：在单独一家企业通过持续地以极低价格销售逼得所有其他企业破产之后，最后的垄断者于是就会限制销售并将价格提高为垄断价格。哪怕暂时承认垄断价格概念站得住脚，这看起来也不是很有可能发生的事情。首先，在垄断价格获得之后总是有足够的时间抱怨，尤其是因为我们已经知道，我们不能把"垄断"本身（定义1）视为一种罪恶。[1] 其次，一家企业不会总是能够成功获得垄断价格。在所有这类情况中，包括（a）不是所有的其他企业都可以被逼破产，或（b）需求曲线使得垄断者无法获得垄断价格，"你死我活的竞争"因而是没有不良影响的纯粹福利。

顺带说一下，大企业在"价格战"（"price-cutting war"）中总是最强势的说法绝不是真的。因为受制于具体条件，常常是更小、更灵活且没巨额投资负担的企业能够"削减其成本"（特别是当其要素对它都更为专用，例如其管理方面的劳动）并胜出大企业。当然，在这种情况下，就不存在垄断价格之类的任何问题。数百年来，卑贱的手推车小贩遭到听命于比其更傲慢的、资本更雄厚的竞争

684

---

[1]　这种顾虑中一个有趣的例子是对西德工业家们强制性的合法化卡特尔的争论："所谓不受限制的竞争会导致灾难，强大的产业将摧毁弱小的，并且自己建立起垄断。"现在就创建一个没效率的垄断者吧，以免今后出现一个有效率的垄断者！M. S. 韩德勒（M. S. Handler），《德国工会主义支持卡特尔》（"German Unionism Supports Cartels"），《纽约时报》（*New York Times*），1954年3月17日，第12版。关于其他的此类例子，请参见查尔斯·F. 菲利普斯（Charles F. Phillips），《竞争？是的，但是……》（*Competition? Yes, but...*）（Irvington-on-Hudson, N. Y.：Foundation for Economic Education，1955）。

者的政府的暴力攻击的事实，便是这种情形的实际可能性的证明。[①]

但是，假设在这一冗长而昂贵的过程之后，企业最终能够通过"你死我活的竞争"的办法成功获得垄断价格。那么有什么能阻止这一垄断收益不会吸引其他企业家努力抢现存企业的生意并为自己赢得一些收益呢？什么能阻止新企业进入并将价格再次拉低到竞争性价格？企业会继续"你死我活的竞争"并再来一次处心积虑的失败过程吗？在那种情况下，我们容易发现商品的消费者会更经常地收到馈赠而不是面对垄断价格。[②]

利曼教授曾指出[③]，被"你死我活的竞争"赶出局的较小的企业可能会停业以等待较大的企业获得其来自更高"垄断价格"的预期收益，然后再重新开张！更重要的是，即使小企业被逼入破产境地，其有形的厂房设备仍然完好无缺，而且可以被一位新来的企业家廉价购买。结果是新的企业将会以非常低的成本进行生产并相当程度上损害"得胜的"企业。为避免这一威胁，大企业就不得不长时间地延迟提价以使小企业精疲力竭或被淘汰。

利曼也证明，大企业无法借助仅仅是你死我活的竞争的威胁使新来的小企业无法进入。因为（a）新企业可能会把"垄断者"开出的高昂价格理解为无效率的信号，提供了一个成熟的赢利机会；并且（b）"垄断者"仅能通过实际的长期低价销售来令人信服地显示其能力。所以，只有减缩其成本并压低其价格，即不获取垄断价格，"胜出的"企业才能排除潜在的对手。但是这意味着你死我活的竞争远不是达成垄断价格的办法，而是给消费者的纯粹馈赠和"胜出者"的纯粹

---

① 那么，能使一家大企业对成本无动于衷的它的所谓强大的"财力"（"financial power"）又是怎么回事呢？威恩·利曼（Wayne Leeman）教授在一篇精彩的论文中指出，一家大企业拥有较大的体量，并因而在以低于成本进行销售时要承受更大的亏损。有更大的体量，就有更大的损失。因此，相关的不是相互竞争的企业财力的绝对规模，而是与销售数量和费用有关的资源的规模。而这彻底地改变了通常的局景。威恩·黎曼，《作为准入壁垒的局部降价之局限》（"The Limitations of Local Price-Cutting as a Barrier to Entry"），《政治经济学杂志》（*Journal of Political Economy*），1956 年 8 月，第 331–332 页。

② 一位经济学家在研究了汽油零售业的情况后（一个属于所谓"你死我活的"竞争的行业）宣称：
有些人认为领先的市场参与者有时会减价以驱赶竞争以便后来可以享有垄断权。但是，正如一位石油人所言，"那就像抽干大海，为了找个干地方一屁股坐下来……"［竞争者］……从不害怕，从不有片刻犹豫，而是当价格恢复并为某个市场参与者弥补损失提供了些许机会时立刻行动。（哈罗德·弗莱明［Harold Fleming］：《油价和竞争》［*Oil Prices and Competition*］［美国石油研究所，1953］，第 54 页。）

③ 黎曼，《作为准入壁垒的局部降价之局限》，第 330–331 页。

损失。①

　　但是你死我活的竞争的批评者们提出的标准问题又如何呢？大企业就不能够仅仅通过购买新对手的工厂并将其排除于生产之外而抑制有效率的小企业进入吗？也许短时间你死我活的价格战会使新的小企业相信出售的好处并且使垄断者避免刚才提到的长时期损失。

686　　然而，似乎没有人意识到，这种收购所要支付的高昂成本。利曼指出，真正有效率的小企业可以为其资产开出高价以使整个程序昂贵得离谱。更进一步，之后大企业开出垄断价格以弥补其亏损的任何尝试，都将吸引其他企业的进入并一而再而三地使收购程序变得更加昂贵。从而，收购竞争者将比单纯的你死我活的竞争更加代价高昂，而我们已经知道后者也是无利可图的。②③

687　　最后一个反对"你死我活的竞争"的理由是不可能判定它是否正在发生。随后产生垄断者的事实甚至不能带来动机而且肯定不是你死我活的程序的标准。一个被提议的标准是"低于成本"销售——准确地说，就是低于通常所说的"可变成本"，即假设之前的沉没投资投入于固定厂房设备而在生产中使用要素的费用。

---

① 一位重要的石油业总经理告诉黎曼："我们在这一地区的工厂和设备方面投资得非常多，不想用高价格的保护伞吸引竞争者。"黎曼，《作为准入壁垒的局部降价之局限》，第331页。
② 黎曼在对我们这个时代的神话之一的有力驳斥中指出，这恰恰是发生在约翰·D. 洛克菲勒（John D. Rockefeller）身上的事。
　按照一种广泛接受的观点，他通过一段时期集中的价格竞争使石油业中的小规模竞争对手软化了，极便宜地收购了他们的公司，然后对消费者提高价格以弥补其损失。事实上，这一软化过程并没起作用……因为洛克菲勒最后总是支付……如此大方，以至于卖家常常破坏已经做出的承诺，转而建立另外一家工厂以给对手造成麻烦，以图再次从他们的施惠者那里获得回报……洛克菲勒不久就疲于应付支付……"敲诈勒索"并……认定维持他所希望的优势地位的最好办法就是在任何时候都保持小额利润边际。（同上，第332页。）
　亦参见马里安·V. 西尔斯（Marian V. Sears），《世纪转折点的美国商人》（"The American Businessman at the Turn of the Century"），《商业历史评论》（The Business History Review），1956年12月，第391页。此外，麦克基（McGee）教授曾揭示，在一次严格的调查之后，没有一次标准石油公司（Standard Oil）曾力图"掠夺性地降价"，因而一劳永逸地摧毁了标准石油公司的神话。约翰·S. 麦克基（John S. McGee），《掠夺性降价：标准石油公司（新泽西）案例》（"Predatory Price-Cutting: The Standard Oil [New Jersey] Case"），《法与经济学杂志》（The Journal of Law and Economics），1958年10月，第137-169页。
③ 黎曼相当正确地得出结论说，大企业而非小企业主导了许多市场，不是胜利的你死我活的竞争和垄断定价的结果，而是通过利用大得多的规模化生产的低成本和出于对潜在和真实的对手的畏惧而保持低价。黎曼，《作为准入壁垒的局部降价之局限》（"The Limitations of Local Price-Cutting as a Barrier to Entry"），第333-334页。

但这根本不是一个标准。如我们已经指出的，一旦存货被生产出来，就不存在成本之类的东西（除了在更高的未来价格上的投机活动之外）。成本循着做出生产决策的路径发生——每一步都遵守（货币和努力）投资于要素的路径。因为必须做出未来生产的决定而且必须兑现承诺，资源的配置、机会的放弃便发生在每一个步骤。然而，一旦存货被生产出来，销售就是无成本的，因为销售产品（此处所考量的实施销售的成本出于简化的目的可以忽略不计）并不会放弃什么利益。因而，存货将会在任何可以达成的价格上售出。所以在已经生产出来的存货上不存在诸如"低于成本销售"的事情。至于"你死我活的"竞争，削价可以同样被归因于无法以任何更高的价格处理存货，观察者亦不可能将两种因素区分开来。

D. 不受妨害的市场上的垄断价格的幻觉

到此为止，我们已经解释了新古典的垄断价格理论，并指出了关于其后果的各种谬误观念。我们还揭示了垄断价格并无任何不好，而且它并不违背对个人主权甚至消费者主权的任何合理解释。然而在经济学文献中有关这一问题存在着巨大的缺陷：无法意识到整个垄断价格理论是个幻觉。[①] 如果我们转到上文的垄断价格定义，或图 10.1 中的图表解释，我们就会发现，有一个假定存在着的"竞争性价格"，与之相比作为限制行为之结果的"垄断价格"更高。然而，如果我们仔细分析此事，这整个对比是一个幻觉就变得显而易见了。在市场中，并无可识别的、可辨认的竞争性价格，因而也没有办法即使在概念上将任何给定的价格辨别为"垄断价格"。所谓的"竞争性价格"既不能由生产者自己也不能由利益无关的观察者辨认出来。

让我们以一家正在考虑生产某种商品的企业为例。就其生产一种独一无二的商品的意义而言，这家企业是一个"垄断者"，或者是少数企业中的一家"寡头垄断企业"。不管其状态如何，都是毫不相关的，因为我们感兴趣的仅仅是它能否获得与竞争性价格相对的垄断价格。这进而取决于需求曲线在一定范围内呈现给这家企业的弹性。让我们假设这家企业发现自己有一条这样的需求曲线（图 10.2）。

[①] 我们在文献中只找到发现这一幻觉的一条线索：斯柯维尔（Scoville）和萨金特（Sargent），《T. N. E. C. 论文中的事实与幻想》（*Fact and Fancy in the T. N. E. C. Monographs*），第 302 页。亦可参见布拉德福德·B. 史密斯（Bradford B. Smith），《垄断与竞争》（"Monopoly and Competition"），《自由理念》（*Ideas on Liberty*），第 3 期，1955 年 11 月，第 66 页及以下。

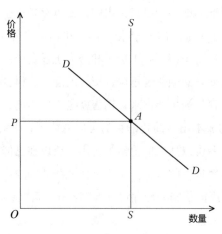

图 10.2　自由市场的价格形成

　　生产者必须决定在未来一段时间（即在这条需求曲线变得相关的时段）要生产和销售多少商品。他会将其产量设定在预期能最大化其货币收入的无论什么点上（其他心理因素相同），同时考量每一产量的生产所必需的货币费用，即每一金额投入的货币所能生产出来的金额。作为企业家他会努力最大化利润，作为劳动所有者最大化其货币收入，作为土地所有者最大化其从该要素获得的货币收入。

689　　在这一行动逻辑的基础上，生产者设定其投资以生产一定的库存，或作为要素所有者出售一定量的服务，比如说是 OS。假定他正确地预估了他的需求曲线，两条线的交叉点会确定市场均衡价格，OP 或 SA。

　　关键问题是：市场价格 OP 是一个"竞争性价格"还是一个"垄断性价格"？答案是无法得知。与该理论的假设相反，并不存在在某处清晰地确立的且我们可以与 OP 相比较的"竞争性价格"。需求曲线弹性也没有确立任何标准。即使把发现和辨别需求曲线的所有困难都抛在脑后（当然，这种辨别只能靠生产者自己——而且只能以试探的方式完成），我们已经知道，如果被准确地预估了，价格总是会被卖方设定的位置会使市场价格之上的范围将是有弹性的。包括生产者自己在内的任何人是如何知道这一市场价格是否是竞争性的或垄断性的呢？

690　　假设，在生产出 OS 后，生产者判断，如果他在接下来的时期生产较少的商品将赚更多的钱。从这种减产中得到的更高的价格就一定是"垄断价格"吗？为什么它不会是一个从低于竞争性的（subcompetitive）价格向竞争性价格的移动呢？在真实世界，需求曲线不是简单地"给定"给生产者的，而是必须被预估和发现的。如果生产者在某一时期生产得太多，为了赚得更多收入而在接下来的时期生产得更少，关于该行动没有什么可以额外解释的了。因为没有一个标准来判定他是否是在从低于所谓"竞争性价格"的价格移动还是正在这一价格以上移动。因此，我们不能用"限制生产"来检验是垄断性还是竞争性价格。当然，从低于竞争性转向竞争性价格也涉及对该商品生产的"限制"，并伴随被释放的要素引起的其他领域生产的扩张。不存在任何一种办法来辨识这种"限制"和所谓的"垄断价格"情况下的必然的扩张。

如果"限制"伴随着劳动要素所有者闲暇的增加而不是市场上其他商品生产的增加，那么它就仍旧是在扩大一种消费品——闲暇——的产出。仍然没有办法来判定"限制"是否导致"垄断性"或"竞争性"价格，或在何种程度上涉及了增加闲暇的动机。

将垄断价格定义为以更高的价格销售更少数量的某种产品从而获得的价格因而是毫无意义的，因为同样的定义也适用于与低于竞争性的价格相对比的"竞争性"价格。没有办法定义"垄断价格"，因为同样没有办法定义它必然借用到的"竞争性价格"。

许多著作家曾经试图建立某些用以区分垄断价格与竞争性价格的标准。一些人将垄断价格称为那种为一家企业获得永久性的长期"垄断利润"的价格。这被拿来与"竞争性价格"相对比。而在均匀轮转经济中，在后一价格下利润消失。然而，正如我们已经知道的，绝对没有永久性的垄断利润，而是只有归于土地或劳动要素的垄断收益。在均匀轮转经济中，企业家必须购买生产要素，他们承担的货币成本趋向于等于货币收入，无论价格是竞争性的还是垄断性的。然而，垄断收益是作为劳动或土地要素的收入获得的。所以绝不存在任何可辨识的元素，能够为不存在垄断收益提供一个标准。包含垄断收益，要素的收入就较大；不包含，则较小。但是将这与由于"合理的"供需原因的要素收入变化加以区分的标准又在哪里呢？如何才能将"垄断收益"与要素收入的单纯增加区分开来？

另一种理论试图将垄断收益定义为高于其他相似要素所得的要素收入。比如，假如米奇·曼托尔获得了比其他外场手更高的货币收入，这个差异就代表着来自他对独特才能的自然垄断的"垄断收益"。这一方法的关键困难是它隐含地采纳了将所有各种劳动要素以及所有各种土地要素视为某种程度同质化的古老的古典谬误。如果所有劳动要素都是某种程度上的同一种财货，那么归于每种财

691

货的收入的多样化就必须要借助于某种"垄断的"或其他神秘的因素来解释。然而，如果有着同质供给的一种财货的所有单位都是可以互相代替的，那么它就只是一种财货，正如我们在本书开头看到的那样。但是曼托尔和其他外场手在市场上被区别对待的确切事实表明，他们是在出售不同的而非同样的财货。如同在有形财货中一样，在个人劳动服务方面也是如此（无论是出售给其他生产者还是直接出售给消费者）：每一个卖家可能都在销售一种独特的财货，然而他也在与其他为消费者购买（或较低层级的生产者）的卖家进行或多或少的替代性的"竞692争"。但是由于每一种财货或服务都是独特的，我们不能说任何两种之间的价格差异表明任何一种"垄断价格"；垄断性价格与竞争性价格只能是指相同商品的不同价格。米奇·曼托尔可能实际上是一个具备独特才能的人并且是发挥其自我天赋的"垄断者"（正如其他每一个人一样），但是他是否从其服务获得了一个"垄断价格"（因而获得垄断收益）则永远无法判断。

　　这一分析同样适用于土地。将帝国大厦和乡村杂货店的收入差异杜撰为"垄断收益"，与将同样的概念运用于米奇·曼托尔的额外收入是同样不合理的。比起米奇·曼托尔和普通人（Joe Doakes）都是棒球运动员，或在更广义上讲都是劳动者的事实来，两个地区都是土地的事实并不使它们在市场上更加同质。每一方都从不同的价格和收入中获得收益的事实表明，他们在市场上被认定为不同。将不同财货的不同收益视为"垄断收益"的例证就是要使这一术语完全丧失意义。

　　试图将闲置资源的存在确立为判断垄断性"保留"要素的标准也一样不成立。闲置的劳动资源总是意味着闲暇增加了，因而闲暇的动机总是会与任何所谓的"垄断性"动机纠缠在一起。要分开它们因而是不可能的。闲置土地的存在总是要归因于与可用土地相比劳动相对稀缺这一事实。这一相对的稀缺性使得将劳动投资于某些区域的土地而不是别的地方更能服务消费者，因此也更有利可图。产生潜在收益能力最低的土地将被迫闲置，其数量取决于可用的劳动供给有多少。我们必须强调，这里涉及所有的"土地"（即，每一种自然赋予的资源），693包括城市地点和自然资源以及农业区域。将劳动配置于土地可与鲁滨孙必须决定在哪一块地上建筑其居所或在哪条溪流里捕鱼相比。由于自然的同样也是自愿的对其劳动努力的限制，他可以生产出最大效用的土地将会被耕作，其余的则保持闲置。这一因素也不能跟任何所谓的垄断性因素区分开来。因为，假如有人反对说"被保留的"土地与被使用的土地具有相同的品质因而垄断性限制正在发生，对此总是可以回答说两块土地必然不同——如果不是在别的属性方面那也在位置方面——并且两块土地在市场上受到区别对待的确切事实也倾向于证实这一不同。那么，按照什么样的神秘标准，局外人能断言两块土地在经济上是完全相同的呢？在资本财货的情况中，也是如此，对可用的劳动供给的限制经常会使此类财货闲置，因为这些财货被认为与可以被劳动使用的其他资本相比实现的回报更少。此处的区别是闲置的资本财货总是生产者之前所犯错误的结果，因为如果目前的结果——需求、价格、供给——都被所有生产者准确地预计到了，这样的闲置就是不必要的。但是，尽管错误总是不幸的，将无利可图的资本保持闲置状态仍然是最好的出路；这是最好地利用当前的情况，而不是指望有了完美的预见才能达到的情形。在均匀轮转经济中，当然绝不会存在闲置的资本财货；而只会有闲置的土地和闲置的劳动（到了闲暇比货币收入更被人们自愿偏好的程度）。在任何情况下都不可能辨识完全"垄断性的"保留行为。

关于区分垄断性价格与竞争性价格的一个类似的建议标准是这样的：在竞争性情况下，边际要素不生产租金；然而在垄断性价格的情况下，对垄断要素的使用是被限制的，从而其边际使用确实会产生租金。我们可以回答说，首先没有理由说，在竞争性情况下，每一种要素总是会被利用到它不产生租金为止。相反，每一种要素都是在递减的正边际产品而非零产品的范围内得到利用。实际上，正如我们在上文所表明的，如果一种要素的单位价值产品为零，它就完全不会被使用。要素的每一单位被使用，都是因为它能产生价值产品；否则，它就不会被用于生产。而且，如果它产出了价值产品，它就会在收入中赚得折现的价值产品。

更进一步，很明显，这一标准绝不能用于垄断的劳动要素。在竞争性市场中什么样的劳动要素赚得零工资呢？然而，许多垄断（定义1）要素都是劳动要素——例如品牌、独家服务、商业中的决策能力等等。土地比劳动更充裕，因而有些土地会被闲置并得到零租金。然而即使在这里，也只有边际以下的（submarginal）土地才挣得零租金；无论多么少，被使用的边际土地都得到一定的租金。

此外，即使边际土地真的得到零租金，这与我们的讨论也无关。它只适用于比更有生产力的土地"更贫瘠"或"更劣等的"土地。但是垄断性的或竞争性的价格的标准必须适用的，不是不同品质的要素，而是同质的要素。垄断价格问题涉及的是一种同质要素的各个单位的供给，而不是在一个广阔范畴（即土地）内不同要素的供给。在这种情况下，如我们所说的，每一种要素都会在递减的范围内赚得一些而非零价值产品。①

由于在"竞争性"情况下，所有被使用的要素都赚得一些租金，所以仍然没有基础来区分"竞争性"和"垄断性"价格。

695 另一个区分竞争性和垄断性价格的非常常见的尝试基于所谓的"边际成本定价"的理想。未能将价格设定的等于边际成本被视为"垄断"行为的一个例子。在这一分析中有几个致命的错误。首先，如我们在下文中将要进一步看到的，不可能存在"纯粹竞争"这回事，这种假想的状态中一家企业产出的需求曲线具有无限的弹性。只有在这片想象中的土地上，价格才会在均衡状态下等于边际成本。另外，在均匀轮转经济中边际成本等于"边际收入"，即给定的成本增加将会带给企业的收入。（只有在需求曲线是完全弹性的时候，边际收入才会简化为"平均收入"或价格。）现在没有办法区分"竞争性"和"垄断性"的情况，因为边际成本在所有情况下都趋向等同于边际收入。

其次，这一相等只是一种竞争导致的趋势；它并非是竞争的先决条件。它是市场经济一直趋向但永远不能达到的均匀轮转经济的均衡特征。以其为真实世界的"福利理想"（"welfare ideal"），用于评估现存状况，如许多经济学所做的那样，则完全误解了市场和经济学本身的性质。

再次，企业没有理由应该小心翼翼地回避受边际成本考量的引导。他们对最大化净收入的追求将会认识到那一点。但是并不存在一个简单而确实的"边际成本"，因为正如我们在上文看到的，不存在一个可辨识的、如目前的理论假设的"短期"的时期。企业面临着投入和使用要素的各个时期的全部范围，而其定价和产量的决定则基于其所考虑的未来时期。它是购置一台新机器，还是出售库存中堆积的原来的产出？在两种情况下，边际成本的考量将会不同。

696 从企业的角度来看，显然不可能区分竞争性或垄断性行为。更不可能在有一个卡特尔的情形下说存在垄断性价格。首先，当一家卡特尔为下一个时期预先设定生产数量时，它就和单独一家公司处在完全相同的位置：它将其产量设定在它确认会最大化其货币收益的那个点上。仍然没有办法可以将垄断性的价格与竞争性的或低于竞争性（subcompetitive）的价格区分开来。

---

① 在可耗竭的自然资源的情况下，任何使用的分配都必然涉及在目前使用某些资源（即使认定资源是同质的）和"保留"剩余的资源以配置于未来的使用。但是，没有办法从概念上区分这种限制与"垄断性"的限制，因而也没有办法讨论"垄断价格"。

　　此外，我们已经知道，在一个卡特尔和一家合并体之间，或在拥有货币资产的生产者组成的合并体与拥有之前已有的资本资产以组成合伙企业或公司的合并体之间，并不存在实质性的差别。以单独一位企业家或生产者来识别一家企业的传统，在文献中仍然显而易见，其结果就是，我们仍然倾向于忽视一个事实，大多数现存的企业都是通过自愿合并货币资产而组织起来的。为了进一步弄清这种相似性，让我们假设 A 企业希望扩大其生产。该企业购置新的土地并建设新的工厂，与其购买其他企业拥有的旧工厂之间有什么实质性区别吗？然而，如果工厂构成了 B 公司的所有资产，后一种情况就会事实上涉及两家企业的合并。合并的程度或生产系统中不同部分的独立程度完全取决于对有关的生产者来说哪种方法是最有利可图的。这也会是最好服务消费者的方法。而且还是没有办法区分一个卡特尔、一个合并体和一家大型企业。

　　在此，有人可能会反对说，有许多有用的、事实上不可或缺的理论概念在真实世界中几乎无法以其纯粹形式分离出来。比如，利率事实上不可能与利润严格地分离开来，而且利率的不同成分事实也是不可分开的，但它们在分析中可以加以区分。但是，这些概念每一个都可以不彼此依赖也不受所研究的复杂现实的影响用术语加以定义。因此，"纯粹"利率绝不会在现实中存在，但是市场利率可以在理论上分解为其组成成分：纯粹利率、价格预期成分、风险成分。因为这些成分中的每一个都可以受复杂的市场利率的影响独立地定义，而且还可以独立地从行动学公理演绎出来，因此它们是可以分析的。纯粹利率的存在和决定是从人的行动的原理、时间偏好等等严格演绎出来的。每一个这样的成分因而与具体的市场利率的关系都是先验的（a priori），而且可以从之前确立的有关人的行动的真理中演绎出来。在所有这类情况中，这些成分都能通过独立确立的理论标准加以定义。然而在垄断的例子里，如我们已知的，不存在我们可以定义"垄断性价格"并将其与"竞争性价格"区分开来的独立方法。没有先在的规则可以指导我们来构想这种区分。认为当需求结构在竞争性价位之上为非弹性时便形成了垄断性价格等于什么都没说，因为我们没有办法独立地定义"竞争性价格"。

　　再次重申，在经济学理论的其他领域中看起来无法辨识的成分是可以从人的行动的公理中独立推导出来的。时间偏好、不确定性、购买力变化等等，都能够独立地通过先验推理建立起来，而且它们的交互关系是通过思想建构的办法加以分析的。通过我们对行动方向的分析，均匀轮转经济可以被视为市场的始终变动着的目标。但在此处，我们从对人的行动的先验分析中所认识到的一切只是不同

　　　　　　　　　697

的个人在市场合作以出售和购买要素，将其转变为产品并期待着将产品售予其他人——最后是最终消费者；还有要素被售出，企业家从事生产则是为了从销售其产品中挣得货币收入。在其他心理考量一样的情况下，任何给定的个人将生产多少任何一种给定的财货或服务是由他对最大的货币收入的预期所决定的。但是在对这类行动的分析当中，从概念上区分开所谓的"限制性"的和非限制性的行动是不可能的，也不可能以任何不同于自由市场价格的方式来定义"竞争性价格"。同样，也没有办法从概念上将"垄断性价格"与自由市场价格区分开来。但是，如果一个概念不可能基于现实，那么它就是空洞和虚幻的，而且也是没有意义的概念。在自由市场上没有办法将"垄断性价格"和"竞争性价格"或"低于竞争性的价格"（"subcompetitive price"）区分开来，也无法确定从一种向另一种转变时的任何变化。无法为做出这样的区分找到任何标准。因此，当与竞争性价格区分时，垄断性价格的概念是站不住脚的。我们唯一能谈论的只是自由市场价格。

698

因而，我们不但认为"垄断性价格"没有任何"问题"，而且认为这整个概念毫无意义。在单个所有者拥有唯一的财货或服务（定义1）的意义上，存在着大量"垄断"。但是我们已经知道，这是一个不恰当的术语，进而它在交换学上是没有意义的。只有在导致了垄断性价格时，"垄断"才有意义，而我们已经看到，市场上并没有垄断性价格或竞争性价格之类的东西。有的只是"自由市场价格"。

E. 垄断价格幻觉理论中的一些问题

（1）位置垄断

有人可能会反驳说，在位置垄断（location monopoly）的案例中，垄断性价格就能与自由市场上的竞争性价格区分开来。让我们考察水泥的例子。有些水泥的消费者，比如说居住在罗切斯特市。罗切斯特的一家水泥企业可以竞争性地开出出厂价为每吨 X 克黄金的价格。最近的竞争者位于阿尔巴尼市，而从阿尔巴尼到罗切斯特的运输费用是3克黄金每吨。罗切斯特的企业因此能够将其对罗切斯特的消费者的价格提高到每吨（$X+2$）克黄金。这一位置优势不会赋予它垄断，

699

并且这一更高的价格不是垄断价格吗？

首先，如我们在上文所知，我们考察的财货必须是交到消费者手上的财货。对罗切斯特市场来说，罗切斯特的企业在位置上有优势；阿尔巴尼的企业无法与之竞争的事实并不能怪罪于罗切斯特的企业。位置也是一种生产要素。此外，如

果愿意的话，其他的企业也可以在罗切斯特落脚进行竞争。

　　然而，让我们大方地对待位置垄断理论家们并且承认，在某种意义（定义1）上这一垄断是任何财货和服务的所有销售者都享有的。这要归因于人的行动而且事实上也是所有事情的永恒规律，某一时刻在某一个地方只能有某一事物。第五大道上的杂货零售店享有在那条街上销售杂货的垄断权；第四大道上的杂货零售店则享有在其所在大街提供杂货服务的垄断权，依此类推。在众多商店，比如无线电商行，麇集于同一街区的情况下，每一家无线电商行仍对数英尺的人行道拥有位置垄断权。位置如同能力对于个人一样专属于一家企业或工厂。

　　在市场上这一位置因素是否会具有任何重要性取决于消费者需求的结构以及在具体情况下何种销售策略对每一个卖家是最有利可图的。在某些情况下，例如一家杂货店，依靠其对街区的垄断地位，可以为其商品叫出比其他商人更高的价格。在那种情况下，它对于"在第五大道可得的鸡蛋"这种财货拥有的垄断权对其街区的消费者会具有如此大的重要性，使它能够为之开出高于第四大道杂货店的价格，并且仍能保有它们的惠顾。在其它情况下，它不能这样做，因为如果邻近的杂货店价格更低，大多数顾客会抛弃它而转向它们。

　　现在，如果消费者以同样的方式评值其各个单位的话，一种商品就是同质的。假如这一条件成立，其各个单位将以统一的价格在市场上出售（或者迅速地趋于以统一价格出售）。如果现在各个杂货店必须遵守统一的价格，那么就不会存在位置垄断。

700

　　但是第五大道的杂货店能比他的竞争对手开出更高价格的情况又是怎么回事？这里我们有的不是一个可辨识的垄断价格的清晰案例吗？我们不能说为同样的财货能比其竞争对手开出更高价格的第五大道的杂货店已经发现其产品的需求曲线在"竞争性价格"之上的特定范围内是非弹性的，而竞争性价格被认为是与其邻铺所开出的价格是相同的吗？即便我们承认，因为它缘于其消费顾客的特殊口味，这一行动中不存在"对消费者主权的侵犯"，我们就不能这么说吗？答案是加重语气的不。原因在于经济学家绝不能把财货等同于某种有形实体。一方面，我们还记得，一种财货是可以分解为同质单位供应的一定量的事物。重复一下，这一同质性必须只存在于消费者心目中，而不是其有形构造。如果在小餐馆消费的麦乳晶在消费者心目中与在时尚餐厅中消费的麦乳晶是相同的东西，那么麦乳晶的价格在两个地方就会是相同的。另一方面，我们已经看到，消费者购买的不仅仅是有形的财货，而且也是一件东西的所有属性，包括其名号、包装以及消费时的氛围。如果大多数消费者对餐厅消费的食物和在小餐馆消费的食物做出有效的区分，从而在一种情况下就比在其他情况下能要求更高的价格，那么食物就是各自情况下不同的财货。对大部分消费者而言，在餐厅消费的麦乳晶就与在小餐馆消费的麦乳晶是不同的财货了。甚至在少数消费者将几个品牌视为"事实上"相同财货的情况下，同样的情况也发生在品牌那里。只要大部分消费者将它们视为不同的财货，那么它们就是不同的财货，而且它们的价格就会不同。同样，财货可能在物理意义上不同，但只要它们被消费者认为是相同的，它们就是相同的财货。[①]

同样的分析也适用于位置的情况。当第五大道的消费者们认为第五大道的杂货店比第四大道的杂货店要好得多，因而他们就愿意花更多的钱而不是步行额外的距离的情况下，两家店就会是不同的财货。在位置的情况下，总是有将两者视为两种财货的趋势，但在市场上这通常并不重要。因为一位消费者可能会而且几乎总是会更喜欢本街的杂货店而不是邻近街区的杂货店，但这一偏好通常不足以克服前一财货的任何更高的价格。如果大批消费者在更高的价格上转向后一财货，在市场上二者就会是相同的财货。而我们感兴趣的是市场上的行动，真实的行动，而不是他们自己做出的没有意义的纯粹的评价。在行动学中，我们感兴趣的只是由真正的选择所表现出来并造成了真正的选择的偏好，而不是偏好本身。

一件财货不可能与市场上的消费者偏好分离开而独立地确立。对第五大道的消费者来说，第五大道的杂货店的价格可能比第四大道的杂货店贵。如果是这样的话，那会是因为对消费者来说前者是不同的财货。按照同样的道理，对罗切斯特市的消费者来说，罗切斯特的水泥可能比阿尔巴尼的水泥在阿尔巴尼市花费更多，但是由于它们所处的不同位置，两者便是不同的财货。而且没有办法来判断在罗切斯特或第五大道的价格是不是"垄断性价格"或"竞争性价格"，也没有办法判断"竞争性价格"该是什么。它当然不可能是其他地方的其他企业开出的价格，因为这些价格确实是对于两种不同财货的。我们可据以区分归属于地点的位置收入和归属于地点的所谓"垄断"收入的理论上的标准是不存在的。

还有另外一个放弃任何有关位置垄断价格理论的理由。如果所有的地点在位置价值上都是完全独特的，说它们赚得"垄断租金"就毫无意义。因为根据理论，垄断性价格只有通过销售更少的财货并要求更高的价格才能获得。但是一个

---

① 见参考书目阿波特（Abbott），《品质与竞争》（*Quality and Competition*），注释第 28 以上。

地点的所有位置特征在性质上都是不同的，因为它们在位置上不同从而也不可能限制对一个地点的部分销售。要么一个地点被用于生产，要么它被闲置。但是闲置的地点必然在位置方面不同于被使用的地点从而处于闲置状态，因为它们的价值生产力较为低下。它们闲置是因为它们处于边际以下（submarginal），而非由于它们是同质供应中被"垄断性地"保留起来的那一部分。

因而，位置垄断性价格的理论家们无论采取何种方法都会被驳倒。如果他采取有关位置性垄断（在定义 1 的意义上）的有限观点，并且将其限制于诸如罗切斯特与阿尔巴尼之类例子的范围内，他就绝不可能为垄断性价格确立一个标准。因为其他企业也能够要么实际地要么潜在地进入罗切斯特市，以攫取（bid away）第一家企业会赚得的位置利润。因为它们在销售不同的财货，所以它的价格就不可能与其竞争者相对比。如果理论家采取有关位置性垄断的更宽泛的观点——认为每一个位置必然互不相同的事实——并比较相隔数英尺之远的各个地点，那么采纳"垄断性价格"概念就毫无意义，因为（a）一个地方的产品的价格不可能准确地与其他地方的做比较，因它们是不同的财货，而且（b）每一个地点在位置品质上是不同的，从而没有地点可以在概念上被剖分为不同的同质单位——有些被出售，有些则保留于市场之外。每一个地点本身就是一个单位。但是这种剖分对于建立一个垄断性价格理论却是至关重要的。

（2）自然垄断

"垄断"的批评者最喜爱攻击的目标就是所谓的"自然垄断"或"公用事业"，"那里竞争理所当然是不可行的"。一个常常被援引的例子是城市供水。技术上被认为可行的安排是只有一家水务公司存在以服务于一个城市。因而没有别的企业能够与之竞争，而为了抑制这项公用事业的垄断定价，据说特殊的干预是必需的。

首先，这种"空间有限的垄断"只是在一个领域只有一家企业能够有利可图的一个案例。在任何一个生产领域，有多少企业会有利可图是一个制度性问题，而且取决于诸如消费需求的程度、所销售的产品的类型、生产过程的有形生产力、要素的供给与定价、企业家的预测等等。其次，空间限制可能并不重要；例如在杂货店的例子里，空间限制可能只允许最轻微的"垄断"——对卖家所拥有的一小段人行道的垄断。相反，情况可能是在行业当中只有一家企业可能存在。但是我们已经知道，这一点是不相干的；除非能够获得垄断价格，"垄断"便会是一个毫无意义的说法，而且，再一次，没有办法判断对财货所要求的价格是否

703

是"垄断价格"。而且这一点适用于所有情况，包括全国性的电话公司、地方水务公司或一位杰出的棒球运动员。所有这些人或企业在他们所在的"行业"内都会是"垄断者"。在所有这些情况中，"垄断性价格"与"竞争性价格"的二分仍然是一个幻觉。此外，并不存在理性的理由让我为"公用事业"保留一个独立的空间并给予其特殊的干预。"公用事业"行业在概念上并不与其他的行业不同，而且也不存在不武断的办法能让我们给特定的行业"披上公共利益的外衣"，而其他行业却不能如此。①

704   因此，在自由市场上，不存在"垄断性价格"能够在概念上与"竞争性价格"区别开来的情况。自由市场上的所有价格都是竞争性的。②

4. 工会

A. 对劳动的限制性定价

有人可能会声称，通过在自由市场上强索更高的工资率，工会正在获得可辨识的垄断价格。因为这里存在着两种可辨识的不同状况：（a）个人出卖自己的劳动的情况；和（b）他们是为其劳动议价的工会的成员的情况。此外，很明显虽然卡特尔要成功就必须在服务消费者方面在经济上更有效率，对于工会却找不到这样的辩护理由。因为工作的总是个人劳动者，而且因为组织的效率源自为完成

① 关于被用于电力行业的"自然垄断"理论，请参见迪安·罗素（Dean Russell），《田纳西河管理局的理念》（*The TVA Idea*）（Irvington-on-Hudson, N. Y. : Foundation for Economic Education，1949），第 79-85 页。对公用事业管制的一个精彩讨论，请参见杜英（Dewing），《公司的金融政策》（*Financial Policy of Corporations*），第 I 卷，第 308-368 页。

② 请参见米塞斯：
价格是一个市场现象……它们是一系列市场条件、行动的产物，还是市场社会成员的反应。玄想假如它们的某些决定因素有所不同，那么价格会是什么样，乃是徒劳的……思考价格应该是什么样子同样是徒劳的。如果他想买的东西的价格下降了，他想出售的东西的价格上升了，那么每一个人都会满意……市场上决定的任何价格都是运转着的力量，也就是需求与供给，相互作用的必然产物。不管造成这一价格的市场状况是什么，就此而言，价格总是充分的、纯粹的和真实的。如果没有出价人开出更高的价格升幅，它就不可能更高，而如果没有卖家打算提供更低的价格升幅，它就不可能更低。只有这一类打算购买或销售的人出现才能改变价格。经济学……并不发展出能使任何计算一个不同于在市场上由买家和卖家相互作用达成的价格的"正确"价格……这也涉及垄断性价格……所谓的"实况调查"和脱离实际的玄思并不能发现另一个使需求与供给相等的价格。为公用事业的受限的空间内的垄断寻找满意的解决之道的所有尝试都失败了，这清楚地证明了这一真理。（米塞斯，《人的行动》，第 392-394 页）

任务所雇用的管理，所以组成工会永远不会提升一个劳动者工作的生产力。

工会确实创造了一种可辨识的情况。然而，说工会的工资率可以被称作垄断价格是不对的。[①] 因为垄断者的特征准确地说是他垄断了一种要素或商品。为获得垄断价格，他只销售其供给中的一部分，并且保留销售其他部分，因为销售较少数量会提高在非弹性需求曲线上的价格。然而，在自由社会中劳动的独特特性使之无法被垄断。每个人都是自我所有者且不能被其他个人或团体所拥有。因而，在劳动领域，没有一个人或团体能够拥有全部供给并将其一部分保留在市场之外。每个人都拥有其自身。

让我们用 P 表示一个垄断者的产品的全部供给。当他保留 W 单位的产品以获得对 P–W 的垄断时，他从 P–W 得到的增加的收入必须要多于补偿其因为不出售 W 而蒙受的收入损失。垄断者的行动总是被其保留供给所造成的收入损失所限制。但是在存在工会的情况下，这一限制并不适用。因为每个人都拥有其自身，"保留的"的供给者与得到增加的收入的是不同的人。如果一个工会以这样那样的方式获得了比其成员在单独出卖劳动时所应得的更高的价格，那么其行动就不受"保留的"的劳动者承受的收入损失的制约。如果工会获得了更高的工资，那么一些工人赚得更高的价格，与此同时其他人则被排挤出了市场并损失了他们本来可以得到的收入。这样的更高的价格（工资）被称作限制性价格（restrictionist price）。

按照任何有意义的标准，限制性价格都"坏"于"垄断价格"。因为限制性的工会并不会关心被排挤掉并因此而承受收入损失的劳动者，限制性行动并不受到劳动力需求曲线的弹性的限制。因为工会只需要最大化其工作成员的或事实上工会官僚自己的净收入。[②]

706

[①] 是米塞斯教授第一个指出了关于工会的"垄断工资率"的老生常谈中的错误。请参见他在《人的行动》，第 373–374 页上的精彩讨论。另请参见 P. 福特（P. Ford），《集体谈判的经济学》（*The Economics of Collective Bargaining*）（Oxford: Basil Blackwell, 1958），第 35–40 页。福特也驳斥了近来由"芝加哥学派"推进的命题，即工会就像劳动力的出售者一样在提供服务；但是一个工会本身并不生产或销售商品、劳动，也不因此而获得支付……它可以被更恰当地描述为……锁定工资和其他条件，以使其每一个成员都有资格能向各个雇主出售其服务。（同上，第 36 页。）

[②] 因为劳动者的数量比单个劳动者的劳动时间的可能变化更重要以至后者可以被忽略掉，一个限制性的而非垄断性的价格才可以获得。然而，假如整个劳动供给起初限于很少一些人，那么强加的较高工资率就会减少从在职工人那里购买的小时数，甚至于会使得限制性价格对他们来说无利可图。在这种情况下，谈论垄断价格才更为合适。

工会怎样才能获得限制性价格呢？图 10.3 将加以展示。需求曲线是某一行业的劳动要素的需求曲线。*DD* 是该行业的劳动需求曲线；*SS* 是供给曲线。两条曲线中横轴表示劳动者数量，纵轴表示工资率。在市场均衡状况下，在该行业中提供了工作的劳动者的供给将与劳动需求曲线相交，交点劳动力的数量是 *OA*，工资率则是 *AB*。现在，假定一个工会进入这一劳动力市场，并且决定其成员将坚持高于 *AB* 的工资，比如说 *OW*。工会的所作所为事实上就是要坚持一个特定的工资率作为最低工资，低于此他们就不会在该行业中工作。

707

工会所做决定的影响是将可供给该行业的劳动供给曲线转变为在工资率 *WW'* 水平的直线，在其与 *SS* 曲线在 *E* 点会合后保持上升。该行业的劳动最低留存价格也上升了，而且上升的是全部劳动者，所以不再有更低留存价格的劳动者愿意为更低的工资工作。伴随着供给曲线偏向 *WE*，新的均衡点 *C* 将会代替 *B*。被雇佣的工人的数量将会是 *WC*，而工资率则是 *OW*。

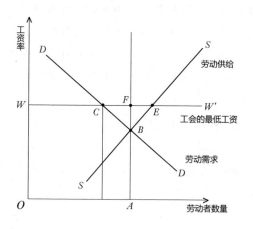

图 10.3　限制性工资率的形成

这样工会获得了一个限制性的工资率。它能够做到这一点无须顾及需求曲线的形状，只要它是下降的。由于要素折现后的边际价值产品是递减的（diminishing DMVP）且产品的边际效用是递减的，需求曲线会下落。但是牺牲已经做出——具体而言，现在更少的劳动者被雇佣，减少的数量是 *CF*。他们遭遇了什么呢？这些被解雇的劳动者是这一过程的主要受损者。由于工会代表了仍然在职的劳动者，它不会像垄断者那样，关心这些劳动者的命运。充其量，他

708

们必须转向（作为一个非特定要素，他们能这样做）其他的——没有组织工会的——行业。然而，麻烦在于劳动者们并不是很适合新的行业。他们已经就职于目前已经组织起了工会的行业意味着他们在那一行业中折现的边际价值生产力高于他们必须转入的行业；因此，他们的工资率现在更低了。此外，他们进入其他行业会压低已就职其中的劳动者的工资率。

因此，工会充其量能够以降低经济中所有其他劳动者的工资率为代价，来为其成员获得一个更高的限制性的工资率。经济中的生产努力也被扭曲了。但此外，经济中的工会行动与限制主义的范围越广，工人们就越难以变换其地点与职业以寻找到没有工会组织的工作避风港。被替换掉的工人将越来越趋向于永久或半永久性地失业，急于工作却不能找到不受限制的工作机会。工会主义的范围越大，永久的失业大军就越是趋于增加。

工会尽其所能地堵上反工会主义的所有"漏洞"，以关闭被撵走的工作者找 709
到工作的所有出路。这被称作"结束非工会、低工资劳动的不公平竞争"。普遍的工会控制和限制主义意味着永久性的群体性失业，且随工会要求其限制措施的程度而成比例地增大。

一个常见的"神话"称，只有处心积虑地将其职业群体限制在成员相对很少的精细技艺行业的老式"同业"工会，才能限制住劳动的供给。他们常常坚持苛刻的资格标准和大量的措施以减少进行其行业的劳动供给。这一对供给的直接限制无疑使仍然在职的工人更容易得到更高的工资率。但是相信新式的"行业"工会不限制供给是非常误导的。他们欢迎尽可能多的某一行业中的成员的事实遮掩了其限制主义的政策。要点在于工会坚持的最低工资率高于在没有工会的条件下给定的劳动要素所能获得的工资率。正如我在图 10.3 中看到的，他们这样做就必然会削减雇主能雇佣的人员的数量。因此（*Ergo*），其政策的后果是限制了劳动供给，而与此同时，他们仍能道貌岸然地坚持认为，与同业工会势利的"贵族老爷"相比，他们既包容又民主。

事实上，行业工会的后果比那些同业工会更具破坏力。因为同业工会范围很小，替代和降低的只是很少一部分工人的工资。行业工会则要大得多也更广泛得多，能在很大的规模上压制工资和替代工人，而更重要的则是会引起永久性的群体性失业。①

----

① 请比较米塞斯，《人的行动》，第 764 页。

　　一个开放式的限制主义工会会比一个更自由的工会造成更低的失业率，还有另一个理由。因为限制其成员资格的工会为被禁止加入工会但又希望进入行业的工人提供了公开示警。因此，他们将迅速转向可以找到工作的其他地方。然而，假定工会是民主的并对所有人开放。其行为可以以上图来加以描述；它为其成员获得了一个更高的工资率 OW。但是这个工资率，如在 SS 曲线上看到的，会吸引更多工人进入该行业。换言之，当 OA 的工人被该行业以之前（无工会）的工资 AB 雇佣，现在工会则得到了工资 OW。在这一工资水平，只有 WC 工人能够在该产业中被雇佣。但是这一工资也吸引比以前更多的工人，也就是 WE。因此，仅仅 CF 工人由于工会的限制性工资率而失业的情况，变成了更多的工人 CE 在这一行业中失业。

　　因此，开放式的工会并不拥有封闭式工会的一个优点——迅速排斥从组织了工会的行业中转移出来的工人。相反，它吸引了甚至更多的工人进入该行业，因而加剧并增大了失业数量。由于市场信号被扭曲了，工人将要花费更长时间才能意识到该行业中没有工作可做。开放式工会在经济中的范围愈大，其限制性的工资率与市场工资率之间的差异就愈大，失业问题将会变得愈益危险。

　　由限制性工资率导致的劳动力的失业和从事不恰当行业，并不总是可以直接看得见的。比如，一个行业可能会特别地有利可图和繁荣，或者是因为其产品的消费需求上升，或者是因为生产过程中降低成本的发明创造。没有工会，该行业会扩张并雇佣更多的工人以应对新的市场状况。但是，如果工会强加限制性工资率，它不会导致该产业中的任何现有的工人失业；相反，它只是阻止该行业回应消费需求的要求和市场状况的扩张。在这里，简言之，工会摧毁了创造中的潜在工作并且因阻止扩张而造成生产的错误配置。确实，没有工会，该行业就会在扩张过程中竞价提高工资；但是如果工会一开始便强加了更高的工资率，扩张就不会发生。[①]

---

① 请参见查尔斯·E. 林德布洛姆（Charles E. Lindblom），《工会与资本主义》（Unions and Capitalism）（New Haven: Yale University Press, 1949），第 78 页及以下，第 92-97, 108 页，121, 131-132, 150-152, 155 页。也可参见亨利·C. 西蒙斯（Henry C. Simons），《对工团主义的一些反思》（"Some Reflections on Syndicalism"），载于《自由社会的经济政策》（Economic Policy for a Free Society）（Chicago: University of Chicago Press, 1948），第 131 页及以下，第 139 页及以下；马丁·布隆芬布伦纳（Martin Bronfenbrenner），《集体谈判的发生》（"The Incidence of Collective Bargaining"），《美国经济评论，论文与会议记录》（American Economic Review, Papers and Proceedings），1954 年 5 月，第 301-302 页；弗里茨·马赫卢普（Fritz Machlup），（转下页）

一些工会主义的反对者走向一个极端，坚持认为工会绝不可能是一自由市场 711
现象，而总是"垄断性的"或强制性的机构。尽管在实际中这也许是这样，但它
不必然是这样。工会可能崛起于自由市场甚至获得限制性的工资率是非常可能
的事。

工会如何才能在自由市场上成功获得限制性的工资率呢？考虑到被排挤掉
的工人便能找到答案。关键的问题是：为什么工人会让自己被工会的最低工资
WW 排挤呢？既然他们之前愿意为更低的报酬工作，为什么他们现在就要逆来顺
受地同意被解雇并寻觅一份报酬更差的工作呢？为什么一些人仍然满意于继续
待在某一行业中半永久性失业的困境，同时等待着以极高的工资率被雇佣？在没
有强制的情况下，唯一的答案是他们把不削减工会工资率的目标置于其价值表上
一个非常高的位置。自然，工会会急于劝服不论是工会的还是非工会的工人以及
公众相信削减工会工资率是罪恶的。在工会成员拒绝继续以低于某一特定最低工
资（或在其他条件下就业）的工资率为企业工作的情况下，这一点得到了最清
晰的呈现。这一情况就是众所周知的罢工。罢工中最奇怪的事情就是工会竟能
向整个社会广泛散布其信念，即，甚至在罢工的成员处心积虑并傲慢地拒绝工
作时，他们仍然"实际上"在为公司工作。当然，雇主的回应自然是转向别的
地方并雇佣确实愿意在其所开出的条件下工作的工人。但工会还在整个社会中
极为成功地广泛传播了这一理念，任何接受这些开价的人——即"罢工破坏者" 712
（"strikebreaker"）——都是人类生活的最低级形式。

因而，到了非工会工人为"破坏罢工"或以其他方式削减工会主张的工资表
而感到耻辱或有罪的程度，被排挤的或失业的工人只好接受他们的命运。实际上
这些工人都自愿地被排挤到了更贫困和更不让人满意的工作中，并且自愿地长时
期保持失业状态。之所以是自愿的，乃是因为那是他们自愿接受了"不要越过罢
工警戒线"或别充当罢工破坏者的神秘力量的结果。

仅以经济学家的身份无法与自发得出结论说保持工会团结比拥有一份好工作
更重要的人争吵。但是有一件事是经济学家能做的：他可以向工人指出其自愿决
定的后果。无疑有数不清的工人还意识不到他们拒绝越过罢工警戒线和"忠于工

（接上页）《作为垄断一般问题之一部分的垄断性工资的决定》（"Monopolistic Wage Determination
as a Part of the General Problem of Monopoly"），载于《工资决定和自由主义经济学》（*Wage
Determination and the Economics of Liberalism*）（Washington, D. C. : Chamber of Commerce of the
United States, 1947），第 64–65 页。

会"会使他们失去其工作并一直失业。他们不明白这些是因为这需要一连串行动学推理（正如我们这里正在进行的）的知识。直接购买令人愉快的服务的消费者不需要经济学的启蒙；他不需要一连串冗长的推理就知道他的衣物或汽车或食物是令人愉快的或有用的。他能亲眼看到各种商品提供其服务。同样，资本家—企业家也不需要经济学家告诉他什么样的行动有利可图或无利可图。借助利润和损失的手段他能够观察并检验。但是对于理解政府对市场的干预行动或工会活动的后果，行动学的知识是必要的。[1]

713　　　经济学本身并不能做出伦理判断。但是任何人为了要理性地进行伦理判断，他就必须知道其各种可选行动的后果。在政府干预或工会行动的问题上，经济学可以提供这些后果的知识。因而，要在这些领域进行理性的伦理判断，经济学知识尽管并不充分却是必不可少的。对于工会，当其行为的后果被发现（例如自己或其他人被排挤或失业）时，许多人就会认为它是不幸的。因此，可以确定的是，当有关这些后果的知识广为传播以后，就会有更少的人"支持工会"或敌视"非工会"的竞争者。[2]

　　　当人们了解了工会行动的另一个后果——限制性工资推高了该行业中企业的生产成本——时，这一结论会得到加强。该后果意味着该行业的边际企业——这些企业的企业家只能赚得裸租金（bare rent）——会被逐出行业，因为他们的成本已经高过了其在市场上最有利可图的价格，即已经达成的价格。它们被从市场上驱离和行业中平均成本的普遍上升意味着生产力和产量的普遍下降，因此也是消费者的损失。[3] 被排挤和失业当然也会削弱消费者生活的一般水准。

714　　　工会还会有其他重要的经济后果。工会并不是进行生产的组织；它们并不为资本家工作以改进生产。[4] 他们试图劝服工人，他们可以以雇主为代价提高他们的分配份额。因此，他们总是尽最大可能试图建立阻挠管理者指令的工作规则。这些工作规则相当于阻止管理者根据觉得合适的方式安排工人和设备。换言之，

---

[1]　请参见穆雷·N. 罗斯巴德，《米塞斯的〈人的行动〉：一个评论》（"Mises' Human Action: Comment"），《美国经济评论》（American Economic Review），1951 年 3 月，第 183–185 页。

[2]　政府市场干预的措施同样如此，只是程度更大。请参见第十二章及以下。

[3]　请参见詹姆斯·伯克斯（James Birks），《工团主义与工资》（Trade Unionism in Relation to Wages）（London, 1897），第 30 页。

[4]　请参见詹姆斯·伯克斯（James Birks），《工团主义：批评和警告》，（Trades' Unionism: A Criticism and a Warning）（London, 1894），第 22 页。

不是同意服从管理者的工作指令以在交换中赚得报酬，工人现在设定了最低工资，还设定了不满足就拒绝工作的工作规则。这些规则的后果是降低了所有工会工人的边际生产力。边际价值产品表的降低有双重效果：（1）它本身建立起了带来各种后果的限制性的工资表，因为边际价值产品已经下降了，而工会仍坚持保持工资率不变；（2）生产力和生活水准的普遍降低让消费者蒙受损失。限制性的工作规则因此也降低了产出。然而，假如工会没有使用任何强制力，这就完全符合一个个人主权的社会。

鼓吹强制性地废除这些工作规则意味着工人受交易的消费者命令的字面意义上的奴役。但是，再一次，有关工会行动的这些各种后果的知识会削弱大量工人及其他人等对工会主义神秘力量的自发忠诚。[①]

因此，在理论上工会与完全自由市场的存在是兼容的。不过在事实上，对任何力能胜任的观察者来说，显而易见的是工会经由使用武力，特别是针对罢工破坏者和雇主财产的武力来索求几乎所有的权力。默许工会对罢工破坏者采取暴力事实上很普遍。警察通常要么在罢工破坏者遭到骚扰时保持"中立"，要么指责罢工破坏者"激起"了对他们的攻击。无疑地，少数人伪称工会实施的群众纠察制度只是一种向路人广告罢工事态的方法。然而，这些事实是一个经验的而非理论的问题。在理论上，我们可以说在自由市场上可能存在工会，尽管在经验上我们可以追问，它们的范围会有多大。

依照分析，我们也可以说，当工会被允许诉诸暴力时，国家或其他强力机构就是悄悄地授予强制权给工会。因而，工会也就变成了"私人国家"（"private states"）。[②]

715

[①]　此处，我们将只处理劳动者的工会主义的直接的交易学后果。工会主义也有其他后果，会被许多人认为更应受到谴责的。将有能力的和不能胜任的人并入一个团体的做法颇有影响。例如，论资排辈的做法是工会始终如一的偏好。它们为没有能力的工人设立了高工资，也降低了所有人的生产力。但是它们也会减少更有能力的工人们的工资——这些工人必定为争取工作和升迁而被论资排辈的徒劳进程所束缚。资历也削弱了工人的流动性并通过其依照雇员工龄授予工作上的既得权利而造成了一种工业奴隶制。试比较戴维·麦科德·赖特（David McCord Wright），《规制工会》（"Regulating Unions"），载于布拉德雷（Bradley），《工会权力中的公共利害》（Public Stake in Union Power），第113~121页。

[②]　工会的研究者几乎普遍忽视了工会对暴力的系统性运用。关于一个广为关注的例外，请参见西尔维斯特·佩特罗（Sylvester Petro），《无限权力》（Power Unlimited）（New York: Ronald Press, 1959年），也可以比较 F. A. 哈耶克（F. A. Hayek），《工会、通胀和利润》（"Unions, Inflation, and Profits"），第47页。

在这一部分，我们研究了工会获得限制性价格带来的后果。然而这并不意味着工会总是能在集体谈判中获得这类价格。其实因为工会并不拥有工人从而也不能出售它们的劳动，工会的集体谈判只不过是对劳动力市场上平稳运作的"个人谈判"的人为替代。鉴于没有工会的劳动力市场上的工资率总是以平稳和谐的方式趋向于均衡，集体谈判对它的替代则让方向感很弱或者没有方向感的谈判者也难以获知恰当的工资率会是多少。哪怕双方都极力寻觅市场工资率，参与谈判的每一方都没法确知一项给定的工资协议是太高、太低或近似正确。此外，工会几乎总是不会尝试发现市场工资率，但却施加各种决定工资的武断"原则"，例如"跟得上生活成本"、"生存工资"、其他企业或产业可比劳动的"现行工资率"、年均"生产率"增长、"合理级差"等等。①

B. 关于工会的一些争论：一个批判

（1）无法确定性②

工会鼓吹者对上述分析最爱做的回应是这样的："噢，那相当不错，但是你忽略了工资率的无法确定性。工资率是由一个范围（zone）而非一个点上的边际生产力决定的；在那一范围内工会有为提高工资进行集体谈判的机会，而不会有工人遭受失业或转入更差的工作的不愉快结果。"奇怪的是，许多著作家平稳地进行严格的价格分析，直到他们遇到工资率问题，他们突然加重地强调无法确定性，一个价格在其中没有影响的广大的范围，等等。

首先，在现代世界中无法确定性的范围非常小。我们在前面已经看到，在两人物物交换的情况下，对一定数量的财货，买家的最高需求价格和卖家的最低供给价格之间可能存在一个无法确定性的广阔范围。在这一范围内，我们只能把价格的决定交给讨价还价。然而，一个发达的货币经济的特性恰好是这些范围变得越来越窄并失去其重要性。这一范围只存在于买家与卖家之间的"边际对"（"marginal pairs"）之中，而且由于市场中人数和选择的数量的增长，这一范围一直在缩小。因此成长着的文明总是在缩小无法确定性的重要性。

其次，没有任何理由解释为什么无法确定性的范围在劳动力市场上比在其他

---

① 关于决定工资的这些五花八门的标准的性质和后果，请参见福特（Ford），《集体谈判的经济学》（*Economics of Collective Bargaining*），第85—110页。

② 请参见赫特（Hutt）的精彩批判，《集体谈判的理论》（*Theory of Collective Bargaining*）书中各处。

任何一种财货的价格市场更重要。

再次，假定存在劳动力市场的无法确定性的范围，并让我们假设也不存在工会。这意味着存在一个确定的区域，其范围（length）可以被认为等于折现的要素边际价值产品的范围。顺便说一句，比起消费品的无法确定性范围的存在，这远不可能，因为前一种情况下存在一个特定的数量，一个可以被估算的折现的边际价值产品量。但这一假定的区域的最大值（maximum）便是工资等于折现的边际价值产品的最高点。现在，雇主之间的竞争趋于提升要素价格到利润消失的那个高度。换言之，工资会趋于被提高到折现的边际价值产品的任何范围的最大值（maximum）。

并非工资惯常地处于该区域的底部使得工会拥有将工资提到顶部的黄金机遇，真相恰好相反。假定几乎不可能存在任何这种区域的情况，工资便会趋于达到顶端（top），从而剩下的唯一的无法确定性就会衰减。工会将没有在那一范围内提升工资的余地。

（2）买方独家垄断和买方寡头垄断

据称，劳动的购买者——即雇主——拥有某种垄断并赚得垄断收益，因而工会有空间来提高工资率而不会伤害其他劳动者。然而，这种对劳动购买的"买方独家垄断"必须包括社会中的所有企业家。如果它做不到，那么劳动这一非专用要素就会转入别的企业和行业。我们已经看到，独大卡特尔不能存活于市场。因而"买方独家垄断"也不可能存在。

"买方寡头垄断"的"问题"——即只有"少数"劳动的买家——是一个伪问题。只要不存在买方独家垄断，相互竞争的雇主就趋向于抬高工资率至等于其折现的边际价值产品（DMVPs）。竞争者的数量与此无关；这取决于具体的市场条件。下面，我们将会看到"垄断的"或"不完全"竞争的概念的谬误。简言之，"买方寡头垄断"的情况依赖于其中存在着据称是水平的——具有无限弹性的——劳动力供给曲线的"纯粹"或"完全"的竞争状况，与"不完全"买方寡头垄断的据称较少弹性的供给曲线之间的差别。事实上，由于人们不会全体（en masse）同时行动，供给曲线也绝不会具有无限的弹性，这一区别便与此无关。除了自由竞争之外，任何诸如纯粹竞争与买方寡头垄断这样的二分都不能成立。此外，供给曲线的形状不影响这一事实，即劳动或任何其他要素都倾向于在市场上得到其折现后的边际价值产品。

（3）更高的效率和"李嘉图效应"

支持工会的一个常见的理由是工会通过向雇主强索更高的工资而使经济受

718

益。在这些更高的工资水平上，工人会变得更有效率，其结果是他们的边际生产力也会上升。然而，如果真是这样，就不再需要任何工会了。盼望更大利润的雇主会看到这一点并在现在支付更高的工资以求在未来获得据说的更高的生产力的收益。事实上，雇主常常会培训工人，同时支付高于其目前的边际产品支持的工资，为了获取以后年份中其生产力增长所带来的收益。

719   这一命题的更复杂的变体是由李嘉图推进并由哈耶克复兴的。这一学说认为工会确立的更高的工资率鼓励了雇主用机器替代劳动。这些额外的机器提高了每位工人的资本量，并提高了劳动的边际生产力，从而支付更高的工资率。此处的谬误在于，只有提高储蓄才能提供更多可用资本。资本投入受制于储蓄。工会工资的增长不会提高可用资本的总供给。因而，劳动生产力不可能有普遍的提升。相反，资本的潜在供给被从别的行业转移（而非提高）到那些有更高工资率的产业。其所转入的行业本来在无工会的条件下赢利更差。较高工资率使资本转入该行业的事实并不意味着经济进步，而毋宁说是一种从未取得过完全成功的抵消经济退步——即更高的产品生产成本——的尝试。因此，这一转移是"不经济的"。

        一个相关命题是更高的工资率会刺激雇主创造更新的技术方法以使劳动更有效率。然而，资本财货的供给受到可用储蓄的限制，并且无论如何总是有大量技术机会等待更多资本。此外，竞争的刺激和生产者保持并增加其顾客的欲求也足以成为提高其企业生产力的有效激励，且没有额外的工会负担。[1]

720   ## 5. 垄断性或不完全竞争理论

A. 垄断性竞争价格

        垄断价格理论在文献中普遍被"垄断性"或"不完美"竞争理论取代了。[2] 与更老的理论相比，后者拥有的优势是为其范畴确立了可辨识的标准——如关于

---

[1]   关于李嘉图效应，请参见米塞斯，《人的行动》，第 767-770 页。也可参见福特（Ford）所做的详细批判，《集体谈判的经济学》（*Economics of Collective Bargaining*），第 56-66 页，他还指出了工会通过施加限制性工作规则和迅速从新设备中赚取任何可能的收益阻挠机械化的记录。

[2]   尤其请参见爱德华·H. 张伯伦（Edward H. Chamberlin），《垄断性竞争理论》（*Theory of Monopolistic Competition*），和琼·罗宾逊夫人的《不完全竞争经济学》（*Economics of Imperfect Competition*）。对这两部著作的清晰讨论和比较，请参见罗伯特·特里芬（Robert Triffin），《垄断性竞争和一般均衡理论》（*Monopolistic Competition and General Equilibrium Theory*）（Cambridge: Harvard University Press, 1940）。"垄断性"和"不完全"的架构之间的差别在此处并不重要。

纯粹竞争的完全弹性需求曲线。不幸的是，这些标准被证明完全是错误的。

　　根本上来说，不完全竞争理论的主要特征在于它们将"纯粹竞争"状态而不是"竞争"或"自由竞争"奉为它们的"理想"（"ideal"）。纯粹竞争被定义为一种经济中的每一家企业的需求曲线有完全的弹性，即呈现给企业的需求曲线完全保持水平的状态。在这一假想的纯粹状态中，没有公司能够靠其行动对其产品的价格发挥任何影响。因而其价格是由市场"设定"的。它所生产的任何数量的产品都能够而且也将在这一支配性的价格下被出售。总而言之，近年来得到精细分析的正是这一状态或者说这一没有不确定性的状态（"完全竞争"）。对于相信纯粹竞争准确代表了真实经济的人和他们的反对者，即认为它只是一个用来与真实的"垄断"状态相比较的理想的人来说，都是如此。然而，与偏离纯粹竞争世界会出现的各种模糊不清的"垄断"状态相比，两个阵营一致将纯粹竞争作为追求一般福利的理想制度。

　　但是纯粹竞争理论是一个严重谬误。它假想了一种荒谬的状态，在现实中绝无可能实现，而且如果实现了，也绝非田园牧歌。首先，根本不可能存在对其价格没有影响的企业这回事。垄断性竞争的理论家将这一理想企业与那些能对价格决定产生影响因而在某种程度上是"垄断性"的企业相比较。但显而易见的是，一家企业的需求曲线不可能自始至终是完全弹性的。由于供给的增加趋向于降低市场价格，在某些时刻，它必定会倾斜向下。事实上，从我们对需求曲线的建构来看，很明显的是无论多短，需求曲线都没有水平的伸展，尽管存在非常短的垂直的延伸。通过合计市场需求曲线，我们发现，对每一个假想价格，消费者都会决定购买某一确定的数量。如果生产者试图销售更大数量，他们就不得不在更低的价格上完成销售，以吸引增加的需求。甚至供给的非常微小的增加也会导致或许是非常小幅的降价。单个企业不管有多小，总是会对总供给产生看得见的影响。在小型小麦农场的行业（一个隐含的"纯粹竞争"模型）中，每一家小农场都贡献了总供给的一部分，而没有来自每一家农场的贡献也不会有总量。因而，每一家农场都会产生哪怕是非常微小的看得见的影响。所以，即使在这种情况下，完全弹性的需求曲线也不能被假设。笃信"完全弹性"的错误源自对"二阶的小"（"second order of smalls"）这样的数学概念的使用，以此概念便能够假设无穷可忽略的步骤。但是经济学分析真实的人的行动，而这样的真实行动必然总是要涉及非连续的看得见的步骤，而绝非"无穷小"的步骤。

　　其次，当然，每一个小型小麦农场的需求曲线都倾向于有非常的、几乎完全

721

的弹性。可是它并非"完全"的这一事实摧毁了纯粹竞争的整个概念。因为，假
722 如好时巧克力公司的需求曲线也是弹性的，这一情况与之有多么不同呢？一旦承
认所有企业的需求曲线必然会而下倾斜，垄断性竞争的理论家就不能做出进一步
的在分析上的区分。

我们不能基于弹性的程度对曲线进行比较或分类，因为一旦纯粹竞争的情况
被摒弃，在张伯伦－罗宾逊垄断竞争分析中或关于此的行动学的任何一部分中，
便没有什么东西允许我们这样做。因为行动学不能建立起定量规律，而只能建立
起定性规律。事实上，垄断性竞争的理论家仅有的退路就是诉诸"无弹性"需求
曲线与"弹性"需求曲线相对比的概念，而这又恰好使他们陷入了原来的垄断性
价格与竞争性价格的二分。他们不得不和垄断价格的理论家们一样，说如果企业
的需求曲线在均衡点上大于单位弹性，那么企业就仍然在"竞争性"价格上；如
果曲线是非弹性的，它就会上升到垄断性价格的位置。但是，正如我们已详知
的，垄断性－竞争性价格的二分法是站不住脚的。

按照垄断性竞争的理论家们的说法，摧毁了纯粹竞争的可能存在的两个影响
是"产品差异化"和"寡头垄断"（"oligopoly"），或少数企业，其中一家企业能
左右其他企业的行动。关于前者，生产者被指控在公众的头脑中创造了产品之间
的人为差异，从而为他们自己攫取了一部分垄断。张伯伦起初试图区分销售"轻
度"差异化产品的生产者"团体"与生产相同产品的企业组成的老式"行业"。
这些尝试一点都不成功。如果生产者制造的是不同于其他生产者的产品，那么他
就处在一个独特的"行业"中；没有任何合理的基础将不同的生产者组合到一
起，特别是合计他们的需求曲线。此外，消费大众是基于其价值表来判定产品的
723 差异的。关于差异化没有什么"人为的"（"artificial"），而且实际上这一差异化
有助于更密切地满足各式各样的消费者需求。[①] 当然，很明显的是，福特公司在
销售福特汽车上拥有垄断；但这是完全的"垄断"而非"垄断性"的趋势。从生

---

① 最近，张伯伦（Chamberlin）教授承认了这一点，而且在一系列引人注目的文章中让他的追随
者大吃一惊，他否认了将纯粹竞争作为一个福利理想的概念。张伯伦现在宣称："福利理想本
身……可以被正确地描述为垄断性竞争的理念……［这］看起来非常直接地源于承认人类是个体
的，他们的品位和欲求多种多样，而且在空间上广泛散布。"张伯伦，《建立更一般的价值理论》
（*Towards a More General Theory of Value*），第 93-94 页；另，同书，第 70-83 页；E. H. 张伯
伦（E. H. Chamberlin）和 J. M. 克拉克（J. M. Clark），《讨论》（"Discussion"），《美国经济学评
论，论文与会议记录》（*American Economic Review, Papers and Proceedings*），1950 年 5 月，第
102-104 页；亨特（Hunter），《产品差异化与福利经济学》（"Product Differentiation、（转下页）

产相同产品的企业数量看出什么差异来是困难的，特别是一旦我们抛弃了纯粹竞争和完全弹性的神话以后。关于寡头垄断之间的战略、"冲突"（"warfare"）等等确实是造成了很多纷扰，但是这些讨论却完全不得要领。要么企业是独立因而相互竞争，要么它们共同行动因此卡特尔化。不存在第三种选项。

一旦完全弹性的神话被摒弃掉，显然，关于企业和团体的数量与规模以及差异化等等所有冗长乏味的讨论都变得文不对题。它变得只与经济史有关，而与经济分析没有关系。

有人会反对说，存在实质的寡头垄断问题：在寡头垄断情况下，每一家企业都不得不考虑与之竞争的企业的反应，反之在纯粹竞争或不存在寡头垄断的差异化产品的情况下，每一家企业都可以在无忧无虑地意识到没有竞争者会考虑其行动或相应地改变其行动的情况下经营。希拉姆·琼斯（Hiram Jones），这位生产小麦的小农场主可以为其产品设定销售策略，而无须考虑当埃兹拉·史密斯（Ezra Smith）发现了琼斯的销售策略时，他会做什么。相反，福特则必须考虑通用汽车公司的反应，反之亦然。事实上，许多著作家甚至于坚持认为经济学能够简单地运用于这些"寡头垄断"的情况，还认为这些都是未确定的状况，其中"任何事情都可能发生"。他们将购买者需求曲线定义为呈现给企业而假定相互竞争的企业没有任何反应。因而，由于"少数企业"存在，而且每一家企业都要考虑其他企业的反应，他们得出结论说，在真实世界一切都是混乱的，经济分析是难以理解的。

然而，这些所谓的困难并不存在。没有任何理由可以说明为什么一家企业的需求曲线不能包括预期的其他企业的反应。[②] 一家企业的需求是这家企业的一组

724

（接上页）and Welfare Economics"），第533-552页；哈耶克，《竞争的意义》（"The Meaning of Competition"），载于《个人主义与经济秩序》（*Individualism and the Economic Order*），第99页；以及马歇尔·I. 戈德曼（Marshall I. Goldman），《产品差异和广告：苏联经验的一些教训》（"Product Differentiation and Advertising: Some Lessons from Soviet Experience"），《政治经济学杂志》（*Journal of Political Economy*），1960年8月，第354-357页，请参见注释28以上。

② 对企业的需求曲线的这一定义是罗宾逊夫人的杰出贡献，不幸的是最近被她抛弃了。特里芬（Triffin）严厉批评了罗宾逊夫人对"市场垄断供应的无法确定性"（"oligopolistic indeterminacy"）问题的回避，相反，事实上她已经利落地解决了这一伪问题。请参见罗宾逊，《不完全竞争经济学》，第21页。关于寡头垄断的其他方面，请参见威拉德·D. 阿兰特（Willard D. Arant），《众多之中的少数者竞争》（"Competition of the Few Among the Many"），《经济学季刊》（*Quarterly Journal of Economics*），1956年8月，第327-345页。

预期，在任何时候都是对消费者会在供选择的一系列价格上购买多少单位的产品的预期。生产者关心的是在每一个价格上假想的消费者需求。他并不关心在各种不存在的条件下的消费者的需求会是什么。他的预期将基于他对如果开出不同的供选择价格，会发生什么样的价值判断。如果他的对手对其开出较高或较低的价格做出确定方式的反应，那么在其会影响购买者对其特定产品的需求的程度上预测并考虑这一反应就是每个企业的分内之事。如果这些反应与对其产品的需求有关却忽视它们，或者，如果无关反而将它们考虑进来，都是没有意义的。因此，一家企业预估的需求曲线已经包括了预期的对手的反应。

725

相关的考虑并不是企业太少或现有企业之间是敌对还是友好状态。以适用于扑克游戏或军事冲突的术语来讨论寡头垄断的那些著作家完完全全地错了。生产中的基本事务是为获得货币收益而服务于消费者，而不是某种"博弈"或"冲突"或发生在生产者之间的任何其他斗争。在多个企业都生产相同产品的"寡头垄断"中，不可能始终存在一家企业开出比其他企业更高价格的情况，因为总是存在着为每一种统一的产品确立统一价格的趋势。不论 A 企业在什么时候试图以比之前流行的市场价格更高或更低的价格出售其产品，它都是在尝试"发现市场"以找出与目前的消费需求相一致的均衡市场价格是什么。如果在产品的某一价格上，消费需求高于供给，企业就会趋向于提高价格，如果生产出来的库存没有被售出，那么情况就会相反（vice versa）。在这一常见的达至均衡的路径中，企业希望售出的所有库存在可以获得的最高价格上"出清了市场"。发生在"寡头垄断"的行业中的价格操纵、提价和降价并非某种神秘形式的冲突，而是试图发现市场均衡价格——在这一价格上供给数量与需求数量正好吻合——的可见过程。事实上，同样的过程发生在所有市场上，例如"非寡头垄断"的小麦或草莓市场。在后面这些市场上，对于观察者来说，该过程看起来是"非人格的"，因为任何个人或企业的行动并不像在更加"寡头垄断"的行业中一样重要或同样引人注目。但是过程在本质上是相同的，我们一定不要被诸如"市场的自动机制"或"市场上没有感情的非人格的力量"之类常常是不恰当的比喻误导而以不同的方式思考。市场上的所有行动必然是个人的；机器会运转，但它们不能有目的地行动。而且在寡头垄断的情况下，竞争，一个生产者对其竞争者的态度，从历史角度看是激动人心的，但是对于经济分析并不重要。

726

对于仍然有兴趣把在任何一个领域的生产者数量当作竞争性优点的检验的人，我们可以问（将证明同质性的问题搁在一边儿）：市场怎么才能创造出足够的数量？如果荒岛上的鲁滨孙用鱼交换星期五的木材，他们是否都受益了，或者他们是否是彼此剥削并彼此要求垄断价格的"双边垄断者"吗？但是，如果国家没有理由游荡过去逮捕鲁滨孙和 / 或星期五，强制一个显然存在更多竞争者的市场又怎么会有合理的理由呢？

综上所述，经济分析无法为分解某一产品的自由市场价格的任何成分确立任何标准。诸如一个行业中的企业数量、企业规模、每家企业制造的产品类型、企业家的个性与动机、工厂的位置等等之类的问题完全是由特定情况下的具体条件和数据决定的。经济分析对此无话可说。[①]

B. 过剩生产能力的悖论

垄断性或完全竞争理论的最重要的结论可能是，垄断性竞争的真实世界（其中每一家企业的需求曲线必定向下倾斜）要劣于纯粹竞争的理想世界（其中没有企业可以影响其价格）。这一结论是由比较两个最终均衡状态而被简单有效地表达出来的：纯粹竞争情况下和垄断性竞争情况下（图 10.4）。　　727

AC 是一家企业的平均总成本曲线——其每一单位的供选择的货币成本——横轴表示产量，纵轴表示价格（包括成本）。为绘出平均成本曲线我们需要的唯一假设是，对于任何生产部门中的任何一家企业，都会有生产的某个最优点，即在某一水平的产量上平均单位成本最小。所有低于或高于最优点的生产水平都有更高的平均成本。在任何企业的需求曲线即 D_p，都是完全弹性的纯粹竞争中，每家企业最终都将调整到使其曲线 AC 在均衡状态中与 D_p 相切；在这一情况下，相　　728
切于 E 点。因为，如果平均收益（价格）大于平均成本，那么竞争就会吸引别的企业，直到曲线相切为止；如果成本曲线不可挽救地高于需求，企业就会破产。在 E 点相切，价格就处于 OG，产量则在 OK。与对最终均衡的任何定义一样，每一家企业的总成本都等于总收入，利润则为零。

[①] 关于对垄断性竞争理论的一个尖锐的批判，请参见 L. M. 拉赫曼（L. M. Lachmann），《关于 1933—1953 年经济思想的一些评论》（"Some Notes on Economic Thought, 1933–1953"），《南非经济学杂志》（*South African Journal of Economics*），1954 年 3 月，第 26 页及以下，特别是第 30–31 页。拉赫曼指出，经济学家一般将"完全的"或"垄断的"竞争类型视为静态市场形式，然而竞争其实是一个动态过程。

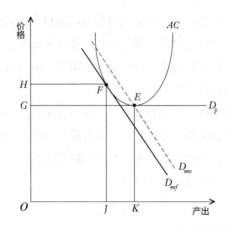

图10.4 纯粹和垄断竞争条件下的最终均衡状态

现在将这一张图与垄断性竞争做一比较。由于需求曲线（Dmf）现是朝右向下倾斜，给定同样的曲线AC，它必然在某个点（F）上与之相切，而在这个点上，比起纯粹竞争来，价格会更高（JF）而产出将更低（OJ）。简言之，与纯粹竞争的状态相比，垄断性竞争导致了更高的价格和更低的产出——即，更低的生活标准。此外，在最小平均成本点——显然是社会"最优点"上产出将不会发生，每一家工厂则会在低于最优的水平上生产，即，它有了"过剩产能"。这是垄断性竞争的理论家们的"福利"理由。

通过近年来的修正过程——其中一些是由这一学说的创始人本身所做的，这一理论实际上已经被筛除而非被修补了。如我们所知，张伯伦（Chamberlin）和其他人已经表明，如果我们将消费者对多样性的欲求当作应予满足的财货，那么这一分析将是无法运用的。[1] 其他许多有效且正确的批判来自不同的方面。一个基本的论点是，纯粹的和垄断性的竞争状况不能加以比较，因为曲线AC事实上不可能是相同的。张伯伦在这一领域也追求修正主义，宣称这一比较是完全不合

729

---

[1] 与向下倾斜的需求曲线相关的产品差异化会把分配和检查（同样改进消费者的知识）的成本降低到不仅仅是抵消生产成本假定的增加。概言之，曲线AC之上的实际上是忽略掉分配成本后的生产成本曲线而非总成本曲线。请比较戈德曼（Goldman），《产品差异化和广告》（"Product Differentiation and Advertising"）。此外，一条真正的总成本曲线并非不依赖企业的需求曲线，因此会削弱通常的"成本曲线"分析。请参见杜威（Dewey），《经济学与法学中的垄断》（*Monopoly in Economics and Law*），第87页。也可以参见C部分及以下。

理的，将纯粹竞争的概念用于现存的企业意味着，例如假定有大量相似的企业生产相同的产品。如果将这一比较加之通用汽车（General Motors），那将意味着要么通用汽车必须在概念上被分解为若干部分，要么它被成倍扩大。如果通用汽车被分解了，那么单位成本无疑会更高，那么"竞争性企业"将要承受更高的成本并不得不在更高的价格上才能维持生存。这显然会损害消费者和降低生活水准；所以张伯伦接受了熊彼特（Schumpeter）的批评，"垄断性"企业将会而且也可能会使其成本低于其"纯粹竞争性"的对手。相反，如果我们想象翻倍的许许多多现存规模的通用汽车公司，那么我们就不可能将其与现存世界联系起来，而整个比较就会变得荒谬。[①]

此外，熊彼特强调了"垄断性"企业对于创新和进步的优越性，而克拉克（Clark）则用各种手段揭示出了这一静态理论不可能被用于动态的真实世界。最近他揭示了有关价格与质量的谬误的不对称的争论。如我们在上文中所示，哈耶克和拉赫曼（Lachmann）也曾指出过这对动态现实的扭曲。[②]

第二个主要的攻击方法已经表明这一比较没有它们从常规范式看起来那么重要，因为成本曲线在经验上要比它们在教科书中显示的要平缓得多。克拉克曾经强调企业做长期考量，而长期成本和需求曲线都比短期的更有弹性；因此，E 点和 F 点之间的差别可以被忽略掉，而且也许就不存在。克拉克和其他人也曾强调过，对于任何垄断价格的可能的受惠者，来自行业内外的潜在竞争以及不同行业之间的竞争的相互替代都是极其重要的。一个进一步的论点是，哪怕不考虑长期

730

① 请参见张伯伦（Chamberlin），《度量垄断与竞争的程度》（"Measuring the Degree of Monopoly and Competition"）和《再论垄断性竞争》（"Monopolistic Competition Revisited"），载于《建立一个更一般的价值理论》（*Towards a More General Theory of Value*），第 45–83 页。

② 请参见 J. M. 克拉克（J. M. Clark），《竞争和政府政策的目标》（"Competition and the Objectives of Government Policy"），载于 E. H. 张伯伦（E. H. Chamberlin）主编，《垄断、竞争及其管制》（*Monopoly and Competition and Their Regulation*）（London: Macmillan & Co., 1954 年），第 317–327 页；克拉克，《关于切实可行的竞争的概念》（"Toward a Concept of Workable Competition"），载于《关于工业的社会控制的读物》（*Readings in the Social Control of Industry*）（Philadelphia: Blakiston, 1942），第 452–476 页；克拉克，《讨论》（"Discussion"）；阿波特（Abbott），《质量与竞争》（*Quality and Competition*）中各处；约瑟夫·A. 熊彼特（Joseph A. Schumpeter），《资本主义、社会主义和民主》（*Capitalism, Socialism and Democracy*）（New York: Harper & Bros., 1942 年）；哈耶克，《竞争的意义》（"Meaning of Competition"）；拉赫曼（Lachmann），《关于 1933—1953 年经济思想的一些注释》（"Some Notes on Economic Thought, 1933–1953"）。

与短期问题，从经验上来说，成本曲线在相关的范围内也是平缓的。[①]

所有这些论点，加上我们在上文中所做的分析，已经有效地摧毁了垄断性竞争的理论，然而还有更多需要说的。甚至根据其自己的条件，抛开谬误的"成本曲线"方法不论，关于整个建构有些东西也是非常特别的，而且实际上没有人曾经指出过理论中的这些其他重大瑕疵。在一个几乎完全是"垄断性竞争"的经济中，每一家企业如何才能生产得极少而要得极多？过剩要素会发生什么？它们在做什么呢？不能提出这一问题乃是因为对奥地利学派的综合分析的现代忽略，并对于孤立的企业或行业的过分集中关注。[②] 过剩要素必定要转向某处，而且在那种情况下它们就必须要转向其他垄断性竞争的企业吗？在这种情况下，这一命题会因自相矛盾而破产。但是支持者们准备好了出路。首先，他们采纳了 E 点的均衡条件下纯粹竞争的情况。从而，他们假定在企业的需求曲线现在向下倾斜时突然转向垄断性竞争条件。需求曲线现在从 D_p 转向 D_{mo}。其次，企业限制其生产并相应地提高其价格，获得利润，吸引新的企业进入该行业，新的竞争减少了每一家企业的可售的产出，并且需求曲线向下向左偏转，直到它在 F 点与曲线 AC 相切。因此，垄断性竞争的理论家会说，不但垄断性竞争从每一家企业的很少的产量和过高成本和价格中遭受损失；它还因每一个行业中有太多的企业而遭到损失。这就是过剩要素所发生的事：它们被困于太多不经济的企业之中。

这看起来貌似有理，直到我们明白整个例子都是构想出来的小把戏。假如我们将一家企业或一个行业孤立出来，就如例子中一样，我们正好就可以在 F 点的垄断性竞争的地方出发，然后突然转向纯粹竞争的状态。这无疑是进行比较的正好合理或者更毋宁说不合理的基础。那么这又如何呢？如我们在图 10.5 中看

731

---

① 请参见上文引用的克拉克的著作；和理查德·B. 赫夫勒波尔（Richard B. Heflebower），《建立一个工业市场和价格的理论》（"Toward a Theory of Industrial Markets and Prices"），载于 R. B. 赫夫勒波尔和 G. W. 斯托金（G. W. Stocking）编，《工业组织和公共政策读物》（*Readings on Industrial Organization and Public Policy*）（Homewood, Ill. : Richard D. Irwin, 1958），第 297-315 页。一个更加含糊的论点——在相关范围内企业的需求曲线是平缓的——曾受到其他经济学家的强调，值得注意的是 A. J. 尼柯尔（A. J. Nichol），《边际购买者对垄断性竞争的影响》（"The Influence of Marginal Buyers on Monopolistic Competition"），《经济学季刊》（*Quarterly Journal of Economics*），1934 年 11 月，第 121-134 页；阿尔弗雷德·尼柯尔斯（Alfred Nicols），《纯粹竞争正名》（"The Rehabilitation of Pure Competition"），《经济学季刊》，1947 年 11 月，第 31-36 页；以及纳特（Nutter），《高原需求曲线和效用理论》（"Plateau Demand Curve and Utility Theory"）。
② 但请比较阿波特（Abbott），《质量与竞争》（*Quality and Competition*），第 180-181 页。

到的，每一家企业的需求曲线现在从 D_{mf} 转向了 D_{po}。对每一家企业来说现在提高其产量都是有利可图的，而且它随后会获利。新的企业随后会被吸引进入该行业，需求曲线将垂直地下落，直到它再度在 E 点与曲线 AC 相切。我们现在是在"证明"在纯粹竞争中比在垄断性竞争中，一个行业中会有更多企业吗？[①]　此处的　732　基本谬误是没有看到，在通过假设所构造出来的条件下，任何产生利润的改变都会将新的企业吸引进一个行业。然而理论家们是在将纯粹的和垄断性竞争这两种静态的均衡加以比较，而不是从其中一个转向另一个的路径。因而，垄断性竞争的理论家们就没有办法解决过剩要素的问题。

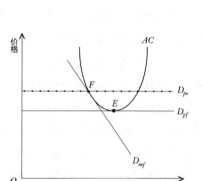

图 10.5　从垄断到纯粹竞争的结果

但是，抛开此点不论，在该理论中还有更多困难，罗伊·哈罗德爵士作为其提出者之一，是唯一一位抓住了仍然存在的核心困难的本质的人。正如哈罗德所说：

> 如果企业家预见到了事态的趋势，而它将在一定时候限制他的有利可图的产出为 $x-y$ 个单位，为什么他就不会去计划拥有一座会以最低花费生产出 $x-y$ 个单位的工厂，而是用超额产能来阻挠他自己呢？在知道唯一可能的是维持 $x-y$ 个单位的产出的同时，却规划一座工厂以生产 x 个单位产品　733就无疑会从这一矛盾做法中吃到苦头。

然而，哈罗德困惑地坚持说，"公认的学说"明显认为"作为企业家而不承

[①]　本书作者是在亚瑟·F. 伯恩斯（Arthur F. Burns）教授的课堂讲授中第一次学到了这一特殊分析的，据我们所知，它从未被印刷出版。

受这一矛盾的折磨是不可能的！"① 简言之，该理论假设了，从长远来看，不得不以 F 价格进行生产的企业会再以 E 点的最小成本建设工厂。显然，此处与现实之间存在着明显的矛盾。错在哪里呢？哈罗德的答案通过将"长期"视作企业家计划中一直存在的一个因素，对长期和短期需求曲线的区别做了卓越而新颖的探讨，但他并没有精到地回答这个问题。

当我们完全明白这一悖论完全因为数学术语时，它就变得"越来越奇怪"。企业不可能在最优成本点上进行生产的原因在于：（a）它必须在均衡状态中需求曲线与平均成本曲线的切点上进行生产；（b）如果需求曲线下降，它就会与 U 形的成本曲线相切于高于最低点并在其左边的某一点。现在我们要添加两项考量。其一，不存在成本"曲线"事实上必定是弯曲的理由。在以往时日，教科书中的需求曲线总是弯曲的，而现在它们常常是直线；甚至有更多理由相信成本曲线是一系列的折角线。若是连续曲线当然（a）会更便于图解，并且（b）对数学表达式也是必需的，但是我们永远也不应该为了使其符合数学的细节而伪造事实。事实上，生产是一系列非连续的选择，就像全部人的行动都是非连续的一样，而734 且不可能是平滑连续的，即不是以无穷小的步骤从一种生产水平变化至另一种水平。但是，一旦我们承认了成本曲线的非连续性、折角线性质，过剩产能的"问题"就会焕然冰释（图 10.6）。因此，对"垄断性"企业的下降的需求曲线 D_m，现在可以与曲线 AC"相切"于 E 点，即最小成本点，并在最终的均衡状态下也是如此。

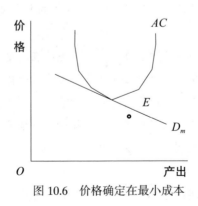

图 10.6　价格确定在最小成本

① 哈罗德（Harrod），《经济学随笔》（*Economic Essays*），第 149 页。

其二，还有另一种办法让这个伪问题消失掉，那就是质疑曲线相切的整个假设。平均成本与需求在均衡条件下相切是从均衡状态特性产生出来的：企业的总成本与总收入将相等，因为利润和亏损将是零。但是一个关键的问题不是被忽视掉了就是被错误地处理了。如果企业从生产一样东西中不赚到什么，它究竟为什么要这样做呢？然而，它在均衡条件下会赚钱，而那将是利息回报（interest return）。现代正统学说陷入这一错误，是由于一个原因：因为它没有意识到，企业家也是资本家，而且即便在一个均匀运转经济中不再需要最严格意义上的企业家功能，扩展资本的功能仍旧明显是必不可少的。 735

现在的理论也倾向于将利息回报视为企业的成本。自然，如果这样做到了，那么利息的存在也不能改变事实。但是（在此我们请读者参见前面的各章）利息并非是企业的成本；而是由企业挣到的收益。相反的学说依赖于一知半解地关注借贷利息和对企业家与资本家毫无根据的区分。其实借贷并不重要，而只是企业家－资本家投资的另外一种法律形式。概言之，在均匀轮转经济中，企业赚得的是由社会的时间偏好所支配的"自然"利息回报。因此，图 10.6 必须被改得像图 10.7 中的示意图（先搁置是曲线还是折角线的问题）。企业会生产 *OK*，其最优产出水平处于最小成本 *KE*。其需求曲线和成本曲线不会彼此相切，但会给均衡利 736
息回报以空间，如 *EFGH* 所示。（如一些人所反对的，价格不会比这一修订版的垄断性竞争更高；因为该曲线 *AC* 低于之前的同类曲线，后者包括包含在成本中的利息回报。如果它们不包括利息，而是假设利息在均匀运转经济中为零，那么它们就错了，正如我们在上文中指出的那样。）[①] 这样一来，垄断性竞争理论的悖

[①] 达到这一结论之后，笔者偶然发现一篇精彩但却遭忽视的文章指出了利息是一种回报而非成本，并揭示了这一事实对成本曲线理论所具有毁灭性的含义。但是这篇文章没有将这一理论令人满意地运用到垄断性竞争的问题上。请参见加博（Gabor）和皮尔斯（Pearce），《关于企业理论的一种新方法》（"A New Approach to the Theory of the Firm"），和同一作者，《货币资本的地位》（"The Place of Money Capital"）。虽然存在一些相似之处，杜威（Dewey）教授对"过剩产能"学说的批判仍然在实质上不同于我们的批判，并且植根于更加"正统的"思考。杜威，《经济学与法学中的垄断》（*Monopoly and Economics in Law*），第 96 页及以下。

论就最终被完全埋葬了。[①]

C. 张伯伦和销售成本

张伯伦教授最重要的贡献之一是他对"销售成本"与"生产成本"的所谓的敏锐区分。[②]"生产成本"被认为是为满足给定消费需求表而提高供给从而发生的合理费用。相反，"销售成本"被假定为用于影响消费者并扩展其对企业产品的需求表。

737

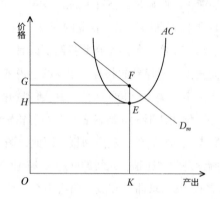

图 10.7 作为价格一部分的均衡利息回报

这一区分是完全谬误的。[③]为什么一位商人要投入金钱并引起无论任何成本呢？是为了供给对其产品所期望的需求。每一次他改进产品，他都是在希望消费者提高

---

① 尽管 J. K. 加尔布雷思（J. K. Galbraith）提出的谬误但却流行的"均等势力"理论（theory of "countervailing power"）同垄断性竞争理论一样式微了，此处没有必要予以讨论。关于对其无数错谬之处的更为详尽的批判，请参见西蒙·N. 惠特尼（Simon N. Whitney），《均等势力概念的错误》（"Errors in the Concept of Countervailing Power"），《商业杂志》（*Journal of Business*），1953 年 10 月，第 238-253 页；乔治·J. 斯蒂格勒（George J. Stigler），《经济学家与集团势力一道起舞》（"The Economist Plays with Blocs"），《美国经济评论，论文与记录》（*American Economic Review, Papers and Proceedings*），1954 年 5 月，第 8-14 页；和大卫·麦科德·赖特（David McCord Wright），《讨论》，同上，第 26-30 页。

② 张伯伦，《垄断性竞争理论》（*Theory of Monopolistic Competition*），第 123 页及以下。张伯伦在销售成本中包括进了广告、销售费用和商店展示费用。

③ 请参见米塞斯，《人的行动》，第 319 页。另请参见凯米特·戈登（Kermit Gordon），《竞争与垄断的概念——讨论》（"Concepts of Competition and Monopoly—Discussion"），《美国经济评论，论文与记录》（*American Economic Review, Papers and Proceedings*），1955 年 5 月，第 486-487 页。

其需求以作回应。事实上，花在原材料上的所有成本都是在试图将消费需求提高到超过没有这些成本的情况下它本来会有的水平时发生的。因此，每一种生产成本都是"销售成本"。

相反地，销售成本并不是垄断性竞争的理论家们通常假定的完全的浪费甚至专横。被认定为"销售成本"的各种费用为公众提供了明确的服务。从根本上来说，它们为公众提供了关于卖家的商品的信息。在我们所生活的世界中，任何人——特别是面对着无数可用产品的消费者——都不拥有关于产品的"完全知识"。因此在提供有关产品及企业的信息方面，销售成本就很重要了。在某些情况下，例如展示当中，"销售成本"本身直接地改善了消费者心目中的产品品质。必须一直记住，消费不仅仅是购买一件有形产品；他也是在购买"氛围"、声望、服务等等，所有这些对他而言都是可感知的真实事物，并相应地得到了评价。[①]

将销售成本在某种意义上认作"垄断性竞争"的产物的观点仅仅源自关于"纯粹竞争"的特殊假设。在纯粹竞争的"理想"世界中，我们还记得，每一家企业的需求都被视为具有无限弹性从而给定给它，从而它能够在市价上出售其想出售的任何东西。自然，在这种情况下，销售成本就不是必要的，因为一种产品的市场自动地确立起来了。然而在真实世界中，不存在完全知识，需求曲线既不是给定的也不具备无限的弹性。[②]因而，企业不得不力图提高对其产品的需求并为自己攫取市场范围。

张伯伦陷入了另一个错误，暗示销售成本例如广告"创造"了消费需求。这就是决定主义的谬误。每一个人作为自我所有者都自由地决定他自己的价值表。在自由市场上，没有人能强迫他人选择其产品。也没有其他个人能"创造"某个人自己的评值；他必须自己接受评值。[③]

---

① 在把用于装饰销售商品的商店的白色饰带称作"销售"成本的同时，又把已包装好的商品上的白色饰带称作"生产成本"显然是极其武断的。

② 请比较阿尔弗雷德·尼科尔斯（Alfred Nicols），《垄断性竞争与垄断问题的发展》（"The Development of Monopolistic Competition and the Monopoly Problem"），《经济学与统计学评论》（*Review of Economics and Statistics*），1949 年 5 月，第 118-123 页。

③ 请参见米塞斯：
消费者，据……传说，对"高压式"广告几乎没有防御能力。如果这是真的，商业上的成功或失败就会仅仅取决于做广告的方式。然而没有人相信，任何一种广告都会成功地使蜡烛制造者掌控其市场份额从而战胜电灯，使骑手战胜汽车……但是这意味着被宣传的商品的品质有助于成功地进行广告宣传活动……广告宣传的把戏和巧计对更好的产品的买家的帮助不少于对更劣质的产品的卖家。但是只有前者能享有来自其产品的更优良品质的优势。（米塞斯，《人的行动》，第 317-318 页。）

739   ## 6. 多重价格与垄断

截至目前，我们一直得出结论，在任何给定的时点上，在竞争或垄断条件下，市场都倾向于为任何商品建立一个统一的市场价格。然而有时候会发生的一种现象是持续存在的价格多重性。（当然，我们必须考查真正同质的商品；否则就只会有不同商品的价格差异。）那么，多重性怎么会出现，并且它会在某种意义上侵害自由市场社会的运转或伦理吗？

我们首先必须将财货区分为两种类型：可再出售的和不可再出售的。在后一范畴下，包括了所有要么直接消费掉要么在生产过程中被耗尽的无形服务；在任何一种情况下，它们本身都不能被第一购买人再度出售。不可再出售的服务也包括有形财货的租赁使用，因为被购买的不是财货本身，而是其一段时间的单位服务。例如，"租赁"货运车厢的空间。

还是让我们首先考虑可再出售的商品。什么时候才会存在此类商品的持续性的多重定价呢？一个必要的条件显然是某些卖家或买家的无知（ignorance）。例如，某种钢材的市场价格可能是每吨 1 盎司黄金；但是有一位卖家出于纯粹的无知，坚持以每吨 0.5 盎司黄金的价格销售。会发生什么呢？首先，一些有企业家精神的人会从这位落伍者那里买入钢材然后再以市场价格售出，因而建立起了实实在在的价格一致性。其次，其他买家会蜂拥上门来以高过第一位买家的价格做交易，因而使卖家明白他定价过低。最后，一直无知的卖家也不会留在行业中。（当然，卖家出于"慈善"理由，会有强烈的欲求以低于市场的价格出售。但是
740   如果他坚持这样做，那么就仅仅是将消费者的慈善作为——对他而言的——商品加以购买并以较低的收入作为其支付价格。在这里，他是作为消费者而非企业家在行动，正如如果他以利润损失为代价雇佣他的百无一用的侄子时所做的那样。因而，在商品必定总是同质的情况下，这并不是多重定价的真正的例子。）

买家在不同的情况下也是一样的。如果一位买家无知，坚持以每吨 2 盎司黄金购买钢材，而此时钢材的市场价格是 1 盎司黄金，那么其他的卖者会提出以更低的价格向其出售钢材从而很快地使之明白其错误。如果只有一位卖家，那么便宜的买家仍能向开出更高价格的买家转手并获得利润。而一位一直无知的买家也同样会破产。

只有一种情况下可再度出售的商品的多重价格才可能被建立起来：商品是被出售给消费者——即最终购买者。因为，虽然有企业家精神的买家会对价格的差

异警觉，而且以较低价格购得一种商品的买家能够开出更高的价格将其售予别的买家，但是最终消费者一旦购买了，通常就不会考虑转手。一个经典的例子是，美国游客在中东的巴扎上的经历。[①] 游客既没有时间，也没有打算要全面研究消费市场，因而每一个游客对任何商品的市价都是无知的。因此，卖家就能分离开同一种商品的每一位买家，并向最急切的买家喊出最高的价格，对次急切的买家叫出次高的价格，对边际购买者叫出低得多的价格。这位卖家通过这种方式成功地实现了所有卖家通常没有实现的目标：更多地攫取买家的"消费者剩余"。此处需要满足两个条件：消费者对于市价无知而且不会在市场上转手。

多重定价会像经常被指责的那样扭曲生产结构，而且它还在某种意义上是不道德的和剥削性的吗？它怎么不道德了？卖家像平常一样专注于在自愿交易中最大化其收入，而且他无疑不能对买家的无知负责。如果买家并不费心去了解市场情况，他们必定就是准备好了某种心理上的剩余以供卖家讨价还价获取。因为我们必定从买家宁愿保持其无知而不是努力或花钱去了解市场状况的行动中做出推断。为获得任何市场领域的知识要花费时间、精力，常常还有金钱，而对于在任何给定的市场中的个人而言，情愿在价格上碰碰运气而将其稀缺的资源用于其他方面乃是完全明智的。这一选择在假日游客的情况中一清二楚，但在其他任何给定的市场中也是可能的。宁可支付较高价格而不费时费钱地去了解市场的不耐烦的游客，和花费数日以详细研究巴扎市场的伙伴，都在实践他们的偏好，行动学无法声称其中一个或另一个更加理性。而且，没有办法度量在这两位游客的例子中损失或得到的消费者剩余。因而我们的结论是，在可转手的商品的情形中进行多重定价根本不会扭曲生产要素的配置，因为，正好相反，它与消费者偏好的满足相一致，而且在游客的例子中，唯一的定价行为也与消费者偏好的满足相一致。

此处必须强调，不管卖家在巴扎上攫取了顾客多少心理剩余，他都没有拿走全部；否则，销售就根本无法实现。因为交易是自愿的，双方仍旧能从做成交易中受惠。

商品如不能转手又会如何？在那种情况下，多重定价就会有更大的空间，因为无知并不是必要的。一位小贩可以对 A 开出比 B 高的价格以出售其无形的服

---

① 请参见威克斯蒂德（Wicksteed），《政治经济学常识及论文选集》（*Common Sense of Political Economy and Selected Papers*），第 I 卷，第 253 页及以下。

742 务，而不必害怕 B 可能将其转手给 A 以用廉价销售的手段打败他。因此，最真实的多重定价的情形发生在无形财货的领域。

现在假设卖家 X 设法面向其顾客确立多重价格。例如，他可能是一位律师，为其服务向一位富裕的顾客开出了比向一位贫穷的顾客更高的服务费。因为在卖家当中仍然存在竞争，为什么 Y 律师就不会进入这一领域并降低 X 向富裕顾客开出的价格呢？事实上这是经常发生的事，而任何在顾客中确立"分开的市场"（"separate markets"）的尝试都将导致其他竞争者侵入更多利润、更高价格的市场领域，最后迫使价格下降，减少收入，并重新确立一致的定价。如果一位卖家的服务不同寻常，而普遍认为他没有有能力的竞争对手，那么他也许就能够维持一个多重的结构。

要建立多重定价机制必须得满足的一个很简单但却非常重要的条件我们还没有提到：来自多重价格的总收益必须大于来自单一价格的。在一位买家只能购买一个单位的商品的地方，这不会是一个问题。如果一种不可转手的商品有且仅有一个卖家，而且每一位买家只能购买一个单位的此种商品，那么多重定价就可能建立起来（同时阻止竞争者削价抢生意），因为借由抽取每一个买家的大部分消费者剩余，卖家所得的总收入总是会更大些。[①] 但是，如果一个买家能够购买超过一个单位的商品，收益就变成了一个问题。因为每一个买家，面对更高的价格时，会限制自己的购买。这会导致未售出的库存，卖家随后会通过把价格削减到

743 假定的统一价格之下进行抛售，从而抓住迄止目前仍在边际以下（submarginal）的买家的需求。比如，假定一种商品的统一价格是每单位 10 格令黄金，在这一价格下售出了 100 个单位。卖家现在决定要分开每一个买家，将其当作分开的市场，从而攫取更多的消费者剩余。从而，除掉完全的边际购买者以外，其他所有买家都会发现他们的价格上涨了。他们将限制自己的购买，比如说限制为总共购买 85 个单位，而另外 15 个单位将会以降低后的价格出售给迄今为止仍处于边际以下的新的买家。

价格多重性只有在总收益大于单一价格所提供的收益时才会被建立起来。但现实并不总是这样，因为边际以上的（supramarginal）买家会以超过边际以下的

---

① 事实上很难想象出一种情形，在其中这种施加于买家的限制（被称作"完全的价格歧视"）会得到实践。罗宾逊夫人举过一个绑匪索要赎金的例子，但这当然不会在自由的、不受妨害的市场上得到，因为在市场上绑架行不通。罗宾逊，《不完全竞争经济学》（*Economics of Imperfect Competition*），第 187 页注释。

买家所能补偿的程度来限制自己的购买。[①]

　　经济学家和非专业人士对多重定价的态度是让人莫名其妙的。在某些情况下，它被认为是对消费者邪恶的剥削；在其他情况下（例如，医疗和教育）它又被认为是值得赞扬的和人道的。事实上，两种情形都不是。最急切的人必须按他们的急切程度（事实上，通常是按他们的健康水平来估计的）成比例地付钱，这无疑不是定价的规则，因为那样的话，每一个人都会为了任何事情而依照其健康程度成比例地付钱，从而整个货币和经济体系就会崩溃；货币也就不再发挥作用了。（请参见后面第十二章。）一方面，如果这一点大体上是清楚的，那么就难以先验地看清为什么特定的商品会为了这一做法而被挑拣出来。另一方面，如果存在价格多重性，消费者就没有被"剥削"。显然边际买家和边际以下（submarginal）的买家并未受到剥削：后者显然得利了。那么得到较少消费者剩余的边际以上（supramarginal）的买家又如何呢？在某些情况下，他们会得利，因为没有"价格歧视"所提供的较大的收益，商品根本就不会有供应。例如，想象一位乡村医生，如果他不得不在统一价格所提供的较低的收入水平下挣扎求存，那么他就会离开所在地区。而且，即便商品仍然有供给，边际以上的买家仍旧惠顾卖家的事实也表明，他们满意于貌似是歧视性的安排。否则，他们就会很快开始抵制卖家，要么是个别地要么是一起，并惠顾其他竞争者。他们会干脆地拒绝比边际以上的买家支付得更多，而这很快会诱使卖家降低其价格。他们并不这样做，这表明在特定情况下，他们更偏好价格多样性而不是统一的价格。以私立学校教育为例，其中成绩好但贫穷的年轻人常常依靠奖学金才能就读——而要支付全额学费的富裕的父母们显然不认为这一规则是不公平的。然而，假如卖家得到了政府授予的垄断特权，使之能够对服务于边际以上的买家的竞争加以限制，那么他们就能够建立起价格多重性，而不用考虑这些买家的偏好：因为在此处，政府的强制限制了对偏好的自由表达。[②]

744

　　迄今为止，我们已经讨论了在攫取消费者剩余的消费者市场上的卖家们所造成的价格歧视。生产者市场上会存在这样的歧视吗？只有在商品是不可再出售的，总收益大于价格多重条件下的收益，而且边际以上的买家愿意付钱才可以。

---

① 请参见米塞斯，《人的行动》，第 385 页及以下。

② 例如医疗行业，其中政府帮助限制供给并进而阻止降价。请参见鲁伊本·A. 凯瑟尔（Reuben A. Kessel），《医疗行业中的价格歧视》（"Price Discrimination in Medicine"），《法与经济学杂志》，1958 年 10 月，第 20–53 页。另请参见第十二章及以下有关垄断特权授予的内容。

当这些买家在他们的企业中拥有高于其他买家在其企业中的折现后的边际价值产品（DMVP）时，后者才会发生。在这种情况下，具有多重价格的商品的卖家就是在获得原先在边际以上买入商品的企业所挣得的租金。这种定价行为中最值得关注的是铁路货运，当中有些企业运输的货物单位价值高于其他企业，它们因此"遭到歧视"。当然，在长期中铁路并没有留住收益，而是被其土地和劳动要素所获取。

当商品是不可再出售的（而且也没有假设卖家无知），会存在买家的价格歧视吗？不，不可能存在，因为比方说一位劳动者要求的最低保留价格是由他在别处放弃的机会成本决定的。简言之，如果某人每周为 A 企业提供劳务从而挣得 5 盎司黄金，他就不会接受每周 2 盎司的报酬（尽管比起压根儿什么都挣不到，他会接受 2 盎司的报酬），因为他在别处能够挣到将近 5 盎司。针对卖家的价格歧视的意义在于，对于同样的商品，某一买家能够支付的比卖家在别处挣得的（忽略了迁移成本［cost of moving］等等）更少。因此，不可能存在针对卖家的价格歧视。如果卖家无知，那么就像巴扎市场上无知的消费者的情形一样，我们必定可以推断，他们一定是宁愿接受较低的收入而不愿承受更多地了解市场所必需的成本和麻烦。

7. 专利与版权

现在转入讨论专利权和版权，我们要问：如果非要选一个，两者中哪一个与完全自由市场是一致的，哪一个是由国家授予的垄断特权？在这一部分，我们已经分析了完全自由市场的经济学，其中每个人及其财产都不受妨害。因此，判断在完全自由的、非侵犯的社会中是否会出现专利权或版权，或它们是否是政府干预的功能就是重要的。

几乎所有著作家都把专利权和版权归为一类。绝大多数人都认为二者是国家授予的排他性的垄断特权；少数人认为二者是自由市场上财产权利不可或缺的一部分。但是几乎每一个人都将专利权和版权等同：一个是在机械发明领域授予的排他性的财产权利，另一个是在文学创作领域授予的排他性权利。[1] 然而

---

[1]　亨利·乔治（Henry George）是一个值得注意的例外。请参见他在《进步与贫困》（*Progress and Poverty*）（New York: Modern Library，1929），第 411 页注释中的精彩讨论。

这样将专利权和版权混为一谈的做法完全是错误的；二者与自由市场的关系迥然不同。

确实，专利权和版权都是排他性的财产权，而且同样确实的是，它们都是创新方面的财产权。但是在它们的法律执行（legal enforcement）方面存在关键性的差别。如果一位作家或作曲家认为他的版权正受到侵害，而且他要采取法律行动，他就必须"证明被告'使用'了据称受到侵害的作品。如果被告完全偶然地创造出了与原告的作品相同的某些东西，就不存在侵权"。[①] 换言之，在检控隐性的窃取时，版权有其事实基础。原告必须证明被告通过自己复制和销售偷窃了他的创作因而侵害了原告或其他人与原初卖家的合同。但是如果被告是独立地完成了同样的创作，原告就没有版权特权来阻止被告使用和销售其产品。

相反，专利权则完全不同。例如：

> 你已经为你的发明取得专利权却在报纸上读到一条消息，离你所在的小镇 2000 英里远的地方住着的约翰·窦发明了一种与你的发明相同或相似的装置，他还已经授权给 EZ 公司制造它……不论窦还是 EZ 公司……都未曾听说过你的发明。大家都认为窦是这种新的原创装置的发明人。他们都可能因为侵犯你的专利而获罪……他们的侵权是不知道上述确凿事实而且不是故意的，这一事实将无法构成辩护。[②]

因而，专利权与隐性窃取毫无关系。它将排他性的特权授予了第一位发明者，而且如果其他任何人哪怕是完全独立地发明了相同或类似的机器或产品，后者将受到暴力的阻止，而无法将之用于生产。

我们已经在第二章中知道，我们借以判断某种特定的实践或法律究竟是否与自由市场保持一致的决定性检验（acid test）是这样的：被定为不合法的做法是否是隐性的或公开的盗窃？如果是，那么自由市场会将之定为非法；如果不是，那么它被定为非法本身就是政府对自由市场的干预。让我们考虑一下版权。某人写了一本书或创作了一首乐谱。当他出版这本书或乐谱时，他在首页上印上"版

747

---

① 理查德·温柯尔（Richard Wincor），《怎样保护版权》（*How to Secure Copyright*）（New York: Oceana Publishers, 1950），第 37 页。

② 厄文·曼德尔（Irving Mandell），《如何保护并为你的发明获得专利权》（*How to Protect and Patent Your Invention*）（New York: Oceana Publishers, 1951），第 34 页。

权所有"的字样。这标志着任何同意购买这一产品的人也同意，作为交易的一部分，将不会拷贝或复制这一作品用于销售。换言之，作者并没有把财产权整个出售给购买者；他出售作品的前提条件是买家不会复制作品用于销售。因为买家并没有购买全部财产，而是仅仅在这一条件下，任何对他或后来的买家所订立的合同的侵犯都会是隐性的窃取行为，而且将在自由市场上受到与之相应的对待。因此，版权是自由市场上财产权的合乎逻辑的机制。

现在，发明人对专利权的部分保护在自由市场上可以通过一种"版权"保护的形式得以实现。比如，发明人现在必须将他的机器标示为已经获得专利权。这一标志使买家注意到该发明获得了专利权，他们不能销售这些商品。但是在没有专利权的情况下，也可以这么做来扩展版权制度。在完全自由市场，发明人可以为其机器标示版权，那么任何购买机器的人都是在他同意不会复制和销售这种机器以牟利的条件下进行购买的。任何对这一契约的违反都构成了隐性的窃取因而在自由市场上被相应地起诉。

748 专利权超出版权制度的范围恰恰是它与自由市场不相容的地方。在自由市场上，没有购买机器和独立地做出了同样发明的人将完全能够使用和销售自己的发明。专利权阻止了一个人使用自己的发明，即使全部财产权都是他的，而且他也没有或公开或隐性地窃取第一位发明人的发明。因此专利权就是国家授予的排他性的垄断特权，而且也是对市场上的财产权利的侵害。

那么，专利权与版权的关键性区别并不是一个涉及机器而另一个涉及文学。它们被以那样一种方式运用的事实是一个历史偶然，并没有揭示它们之间的决定性的差别。① 关键性的区别在于，版权是自由市场上的财产权利的合乎逻辑的属性，而专利权则是对那种权利的垄断性的侵害。

将专利权运用于机械发明，将版权运用于文学作品，是极其不恰当的。如果恰好反过来会更与自由市场相一致。因为文学创作是个人的独特的产品；它们几乎不可能被其他人独立地复制。因而将文学生产当作专利而非版权实际上只会导致很小的差别。相反，机械发明则是对自然规律的发现而非个人创造，因而相似

① 这可在设计领域见到，它要么被注册为版权要么被注册为专利权。

的独立发明一直在发生。^① 发明的同时出现是常见的历史事实。因而，如果要维 749
续自由市场，允许对机械发明的版权而非专利权存在是特别重要的。

普通法通常是与自由市场相一致的法律的一个好的指引。因此，毫不令人意
外，普通法的版权概念适用到了未出版的文学手稿上，但却不存在普通法专利权
这样的东西。在普通法中，发明人也有权让他的发明不予发表且免于被盗窃，也
即他对未发表的发明拥有一样的版权保护。

因此，在自由市场上不存在专利权这样的东西。然而，会存在任何一位发明
人或创作者都运用的版权，而且版权将是永久的，不受特定年限的限制。显然，
要完全成为个人的财产，一件财货必然永久是某个人、其继承人及其受让人的财
产。如果国家命令此人的财产权在特定日期终止，这就意味着国家才是真正的所
有者，而它只是授权此人在一定时期内使用这项财产罢了。^②

一些专利权的辩护人坚称它们不是垄断特权，而仅仅是发明甚或"想法"的
财产权。但是正如我们已知的，每个人的财产权在没有专利权的自由意志主义法
律下都可以受到保护。一方面，如果某个人有了一个想法或计划并且将其做成了
一项发明，而它又被人从他家中偷走了，在一般法下，偷走就是一个不合法的盗
窃行为。另一方面，专利权事实上侵害了在专利持有人之后那些想法或发明的独
立发现者。因而，专利权侵害了而不是保护了财产权。并非全部而仅仅是某些类 750
型的原创观念、某些类型的创新才被视为是可授予专利权的事实也证明了，认为
专利权保护了原创想法的财产权的主张是似是而非的。

支持专利权的另一个常见的理由是，"社会"与发明人订立了契约以购买他
的秘密，这样"社会"才能使用他的发明。首先，"社会"可以对发明人给予直
接补贴或出价；这不会阻止所有后来的发明人在这一领域中推销他们的发明。其
次，在自由经济中没有什么能阻止任何个人或个人组成的团队从发明的创造者那

---

① 关于版权与垄断的正当区分的一个合理的暗示，请参见 F. E. 斯孔·詹姆斯（F. E. Skone James），
《版权》（"Copyright"），载于《大不列颠百科全书》（*Encyclopedia Britannica*）（第 14 版；London,
1929），第 VI 卷，第 415-416 页。关于 19 世纪经济学家对专利权的论述，请参见弗里茨·马赫
鲁普（Fritz Machlup）和伊迪斯·T. 彭罗斯（Edith T. Penrose），《19 世纪的专利权争论》（"The
Patent Controversy in the Nineteenth Century"），《经济史杂志》（*Journal of Economic History*），1950
年 5 月，第 1-29 页。另请参见马赫鲁普，《对专利制度的经济学评论》（*An Economic Review of
the Patent System*）（Washington, D. C.: United States Government Printing Office, 1958）。

② 当然，假如创造者或其继承人要自愿地放弃这项财产权并将其置于"公共领域"，那么没有什么
能阻挡他们这么做。

购买保密的发明。垄断性的专利权是不必要的。

经济学家中支持专利权最流行的理由是功利主义的，即必须以一定年限的专利权鼓励向生产过程和产品的发明创新投入足够数量的研究支出。

这是一个莫名其妙的理由，因为马上就会碰到问题：你按什么标准来判断那些研究支出"太多"、"太少"或刚刚足够？这是政府对市场生产的每次干预都要面对的问题。资源——更好的土地、劳动力、资本财货、时间——在社会中是有限的，而且它们可以用于难以计数的可选目的。按什么标准，某个人才会声称某一类用途"过剩"，某一类用途"不足"等等？有人观察到，在亚利桑那州投资很少，在宾夕法尼亚州却有大量投资；他愤愤不平地宣称，亚利桑那州才配得到更多投资。但是他又能用什么标准来做此主张？市场确实拥有理性的标准：最多的货币收入和最多的利润，因为这些只有通过最大地服务于消费者欲求才能实现。这一最大服务消费者（生产者也一样，因此是所有人）的原则支配着看似神秘的市场对资源的配置：投入多少给一家企业还是另一家企业，给这一地区还是另一地区，给现在还是未来，给一种商品还是其他商品，给产品研发还是其他形式的投资。但是批评这一配置方式的观察者不可能有理性的决策标准；他只有武断的奇想。这对于有关生产关系（production-relations）的批评尤其真实。有人责备消费者购买了太多化妆品，他的批评拥有某种或对或错的理性基础。但是认为一种资源或多或少应该被以某种特定方式加以运用，或者认为厂商"太大"或"太小"，或者认为在研发或投资于新型机器上花费了太多或太少的人，他们的批评不可能有理性基础。简言之，企业为了市场而生产，受到该市场上的消费者的最终评值的指引。外部观察者如果选择，可以批评消费者的最终评值——虽然，他们如果干预基于这些评值的消费，就会给消费造成效用损失——但是他们不可能合理地批评那些手段：生产关系、要素配置等等，通过它们目的才得以实现（served）。

资本基金是有限的，它必须被配置到不同用途中，其中一个就是研发支出。在市场上，按照对不确定的未来所做的最优的企业家预期，在安排研发支出上会做出理性的决策。强制性地鼓励增加研发支出会扭曲和妨害市场上消费者和生产者的满足。

许多专利权支持者认为，市场的一般竞争状况不足以鼓励采用新的工艺流程，因此创新必须由政府强制促进。但是市场决定新工艺流程的引入速率，与它决定一个新的地域的工业化的速率是一样的。事实上，支持专利权的这一理由极其类似于以幼稚产业为理由支持关税——市场过程不足以引入值得采用的新的生产工艺流程。对这两种理由的回答一模一样：人们必然会在先进生产工艺流程的更优越的生产力与装备它们的成本之间，也就是说，与已经建立起来并且仍然存在的旧的生产工艺流程所具有的优势之间进行权衡。强制性地授予创新发明以特权会毫无必要地报废已经存在的工厂，并给消费者增加额外负担。因为消费者的欲求将无法以最经济的方式得到满足。 752

专利权会激励研发支出绝对数量的增长，这绝非不言自明的。但是专利无疑会扭曲进行着的研发支出的类别（type）。因为，虽然第一位发现者确实从特权中获益，他的竞争对手却也确实会在许多年间从该专利所涉及的生产领域中被排挤出去。而且，由于一项专利权依赖于在同一领域的相关专利权，竞争对手在被专利权所控制的整个领域中进一步投入研发支出时常被无限期地阻止了。此外，专利权所有者自己也被阻止在这一领域进一步展开研发，因为特权让他在专利权存续的整个时期内吃老本，因为自信无人能闯入他的禁地。进一步展开研发的竞争激励被消除了。研发支出因而在任何人获得专利权之前的早期阶段受到了过度刺激，而在取得专利权之后的时期当中又被过度限制。此外，有些发明被认为可以授予专利权，而其他的则不能。专利权制度在人为限制不可授予专利权的领域的研发的同时，则会更进一步影响到在可授予专利权的领域中人为刺激投入研发费用。

制造商绝不会全体一致地赞同专利权。19 世纪英格兰声势浩大的废除专利权运动领导人 R. A. 麦克菲（R. A. Macfie）是利物浦商会（the Liverpool Chamber of Commerce）的主席。[①] 制造商 I. K. 布鲁内尔（I. K. Brunel）在上院（the House of Lords）的一个委员会面前曾谴责过专利权在刺激将资源浪费在寻觅未曾尝试 753 过但却可取得专利权的发明上的影响，而这些资源本来可以被更好地用于生产当中。奥斯丁·罗宾逊曾经指出，许多产业无须专利权都能正常发展：

> 实际上，执行专利权垄断常常是如此困难……以至于相互竞争的制造商在某些行业中宁愿共用专利；并且寻求从技术创新中获得足够的回报……通

---

① 请参见马赫鲁普（Machlup）和彭罗斯（Penrose）颇富启发性的论文，《19 世纪的专利权争论》（"Patent Controversy in the Nineteenth Century"），第 1—29 页。

过利用较早一步的尝试通常能带来的领先优势以及从中产生的后续商誉。[①]

正如阿诺德·普兰特（Arnold Plant）对竞争性的研发支出和创新所做的总结：

> 如果企业家丧失了对其发明的垄断，也没人能假定发明者就不再会被雇佣。企业今天为了提供不会被授予专利权的发明而雇佣他们，他们不这样做则仅仅是为了获得领先地位所带来的利润。在活跃的竞争中……没有企业能容忍落后于其竞争对手。一家企业的声誉取决于其保持领先的能力，即通过产品的新的改进和其价格新的降低以位居市场第一。[②]

最后，对于那些发现在特定方向上支出投入不足的人，市场本身当然会为他们提供简单有效的措施。他们可以自己来做这种投入。因而，愿意看到更多发明被创造出来并得到开发利用的人能自由地加入其中，并以任何一种他们认为是最好的方式资助这种尝试。以这样一种方式，如同消费者一样，他们会向研究和发明事业增加资源投入。而他们也不会通过垄断授权和扭曲市场配置而迫使其他消费者损失效用。他们自愿进行的支出将成为市场的一部分，并且传达消费者的最终评值。发明创造的朋友能成功地实现他们的目标，而无须号召国家并使很多人遭受损失。

———————————

[①] 引自伊迪斯·彭罗斯（Edith Penrose），《国际专利权制度的经济学》（*Economics of the International Patent System*）（Baltimore: Johns Hopkins Press, 1951 年），第 36 页；并请参见同上书，第 19-41 页。

[②] 阿诺德·普兰特（Arnold Plant），《关于发明专利权的经济理论》（"*The Economic Theory concerning Patents for Inventions*"），《经济学》（*Economica*），1934 年 2 月，第 44 页。

第十一章　货币及其购买力

1. 导论

此前的所有讨论几乎均涉及货币。在第三章，我们了解了经济是如何从物物交换演进为间接交换的。我们理解了间接交换的模式和货币性经济中所做的收入分配和开支的类型。在第四章，我们讨论了货币价格及其形成，分析了货币的边际效用，并用货币回溯定理证明了货币理论同样遵循效用理论。在第六章，我们明白了市场中的货币计算对于一个复杂、发达的经济来说是多么的重要，也分析了时间市场上，取得收入前后对货币的供给和需求结构。从第二章起，我们的讨论一直研究货币－交换经济。

现在是时候完成我们对货币以及货币关系变动在经济体系中的影响的研究，从而将我们对于市场的分析的种种线索串联起来。在本章中，我们将继续在自由市场经济的框架下展开分析。

2. 货币关系：货币的供给和需求

货币是作为一般交换媒介的一种商品；因此货币的交换遍及整个经济体系。尽管它的特殊的情况使之有许多独有的特征，但与所有商品一样，它有一个市场需求和市场供给。我们在第四章中知道，它的"价格"在市场上并没有唯一的表达。其他商品则都可用货币单位表达，因此也就有了唯一相同单位的价格。然而，货币商品只有通过所有其他商品（即货币在市场上可以购买的所有财货和服务）的一个数组才能得到表达。这个数组没有唯一的表示单位，而且它内部的变动无法度量，这一点我们后面会了解。尽管如此，货币的"价格"或者"价值"，或者"货币单位的购买力"的概念也依然是真实并且重要的。我们只需要记得，就像我们在第四章所了解的，没有单一的"价格水平"或者可度量的单位，可以用于表达货币的价值数组（value-array）。货币的这一交换价值同样具有独特的重要性，因为货币商品与其他商品不同，它的首要目的是在现在或者未来用于交换可以直接消费的或者生产性的商品。

市场上的货币总需求包括两个部分：货币的交换需求（所有其他财货的出售者希望购买货币）以及货币的留存需求（那些已经持有货币的人持有货币的需求）。货币是一个遍及市场的商品，每个人都在不断供给和需求货币，而且，现有货币库存有很大一部分投入到新的生产当中，所以根据第二章所提出的总需求－库存分析来分析货币的供求会比较合适。[①]

757　　市场上的每个人对于货币都既有一个交换需求，又有一个留存需求，这与其他商品不同。交换需求是他的取得收入前需求（见上面第六章）。作为劳动、土地、资本财货或者消费者财货的出售者，他必须供给这些财货，要求货币作为交换，以获取货币收入。我们已经知道，除却投机性的考量，制成财货的出售者往往有完全无弹性（垂直）的供给曲线，因为留存财货对他没有用处。但是，一种财货对货币的供给曲线，等同于货币以将要供给的财货来表示的（部分的）需求曲线。因此，以土地、资本财货和消费者财货表示的货币的（交换）需求曲线往往完全无弹性。

对于劳动服务，情况更为复杂一些。我们知道，劳动的确有留存的用途——满足休闲需要。我们已经看到，一种劳动要素的总供给曲线，根据个人的货币边际效用以及放弃休闲的边际负效用，可能是"向上倾斜"也可能是"向下倾斜"的。然而，在决定劳动对货币的需求曲线时，我们可以更加确信。要理解这一点，我们不妨假想有一条（一般用途的）劳动要素的供给曲线。在每小时 5 格令黄金的工资率上，会有每周 40 个小时的劳动服务出售。现在假设工资率提升到每小时 8 格令黄金。有些人也许会工作更多小时数，因为有更大的货币吸引力让他们牺牲休闲去劳动。他们也许会每周工作 50 个小时。另一些人则会决定，收入的增加让他们可以牺牲一些钱，用增加的一些收入获取更大的休闲。他们也许

---

① 参照 Edwin Cannan, "The Application of the Theoretical Analysis of Supply and De-mand to Units of Currency" in F. A. Lutz and L. W. Mints, eds., *Readings in Monetary Theory*（Philadelphia: Blakiston, 1951），第 3–12 页，以及 *Cannan, Money*（第六版；London: Staples Press, 1929），第 10–19，65–78 页。

会工作 30 个小时。两者分别代表的是在这个价格范围内"向上倾斜"和"向下倾斜"的劳动供给曲线。但是，这两者都有一个共同点。我们将小时数与工资率相乘，得到不同情形下劳动者的总货币收入。在最初那个例子里，劳动者每周赚40 乘以 5 等于 200 格令黄金的收益。供给曲线向下倾斜的人每周将赚得 30 乘以 8 等于 240 格令。供给曲线向上倾斜的那个人则会赚得 50 乘以 8 等于 400 格令的收入。两个例子里的人在更高的工资率上都赚取了更多的货币。

これ这一点始终为真。在第一个例子中，显然，更高的工资率吸引人出售更多劳动。但后一个例子也是如此。因为更高的货币收入让他得以满足他对更多休闲的欲求，这正是因为他的货币收入增加了。因此，一个人向下倾斜的供给曲线不可能"向下倾斜"到让他在更高工资率上赚得更少货币的地步。

因此，一个人在更高的工资率上总能够赚取更多货币，更低则收入也更少。但是，我们所说的赚钱，不也就是购买货币的另一种说法吗？这其实正是人们所做的事。人们出售自己拥有或者能够创造的财货和服务，来购买货币。我们现在尝试得出相对于各种供选择的购买力或者货币的"交换价值"的需求表。货币交换价值降低等于说是以货币计的财货价格上涨。相反，货币的交换价值升高等于说是财货的价格降低。在劳动市场上，更高的货币交换价值意味着更低的工资率，反亦反之。

所以在劳动市场上，我们的规律也许可以表述如下：货币交换价值越高，需求的货币量越低；货币的交换价值越低，需求的货币量越高（即工资率越低，赚取的钱越少；工资率越高，赚取的钱越多）。因此，在劳动市场上，货币需求表不是垂直的，而是随着货币交换价值的提升而递减，与任何需求曲线的情况相同。

将其他交换市场中货币的垂直需求曲线与劳动市场递减的需求曲线相加，我们得出了下降的货币的交换需求曲线。

持有货币的留存需求，由于波动更大，在市场的货币总需求中更为重要。这是每个人的取得收入后需求。我们已经知道，每个人取得了收入之后，都必须决定如何将他的货币资产分配往三个方向：消费开支，投资开支，以及增加他的现金余额（"净积存"）。此外，他还可以选择削减他的现金余额（"净去积存"）。他决定在他的现金余额中保留多少货币，是由他的价值表上，现金余额中货币的边际效用所单独决定的。至此我们已经详细讨论了消费者财货和生产者财货的效用和需求的来源。我们现在要看一下尚未讨论的财货：现金余额中的货币，及其效用和需求。

不过，在讨论对现金余额的需求从何而来之前，我们不妨确定一下货币留存（或者"现金余额"）需求曲线的形状。让我们假设一个人的边际效用使他想要在某一时期持有 10 盎司货币作为现金余额。现假设货币的交换价值（即一个货币单位的购买力）上升，其他条件保持不变。这意味着相比货币购买力变化之前，他的 10 盎司黄金能做更多的事情。所以，他倾向于从他的现金余额中释放这 10 盎司中的一部分，用于购买财货，财货的价格现在已经下降了。因此，货币购买力（货币的交换价值）越高，现金余额中的货币需求量越低。相反，货币购买力降低将会意味着先前的现金余额的真实价值较之前下降，而财货价格的提升抑制了购买。其结果是，货币购买力越低，现金余额中的货币需求量越高。

于是，现金余额中的货币留存需求曲线随着货币的交换价值增加而下降。这条下降的需求曲线，加上下降的货币交换需求曲线，得出了市场的总货币需求曲线——也是以与每种商品所常见的方式下降。

还有第三种货币商品的需求曲线值得一提，也就是对于货币金属的非货币性用途的需求。这在发达的货币经济中相对没有那么重要，但它仍然是存在的。以黄金为例，这种需求指的就是消费用途，比如用于装饰品；或者生产用途，比如用在工业目的上。不论如何，这条需求曲线同样随着货币购买力的增加而下降。随着货币的"价格"（货币购买力）上升，花销 1 单位货币能够取得更多的财货；于是，将黄金用于非货币性目的的机会成本上升，对此目的的需求也就减少了。反过来，随着货币购买力下降，就会鼓励人们更多地将黄金用于直接的用途。这条供给曲线与货币的总供给曲线相加，得到了货币商品的总供给曲线。[1]

在任意时点，货币商品都有一个给定总库存（given total stock）。在任意时点，这个库存都由某人所有。因此，采用欧文·费雪以来的美国经济学家的习惯，认为货币是在"流通"云云，乃至将之划分为"流通中的货币"和"闲置货币"的做法，具有十分危险的误导性。[2] 这个概念将前者想象为一直在向某处移动，而后者则积存闲置。这是一个严重的错误。实际上根本就没有"流通"这回事，也没有什么神秘的场所让货币在里面"移动"。在任何时点，所有货币都是由某些人所拥有，也就是包含在他们的现金余额当中。因此，不论货币库存有多少，人们的行动必须使之与持有货币的总需求（即我们刚讨论过的总货币需求）相一

---

① 从此刻起，我们为方便起见，将这个非货币性需求归入"总货币需求"当中。

② 参照欧文·费雪，*The Purchasing Power of Money*（第二版；New York: Macmillan & Co., 1913）。

致。因为即便是交换中取得收入前货币，在转移到他人的余额之前，也必须至少暂时性地以货币形式留存在某人的现金余额之中。因此总需求都是持有需求，这也与我们在第二章对总需求的分析相符。

因此在市场上总库存必然与需求货币的总数量相一致。这个情况的图示见图 11.1。

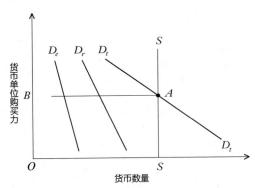

图 11.1 货币交换价值之均衡点的决定

纵轴是货币单位购买力，越往上越高。横轴是货币数量，越往右越多。D_e 是货币的总交换需求曲线，递减且无弹性。D_r 是货币的留存或者现金余额需求。D_t 是持有货币的总需求（为方便起见，这里忽略黄金的非货币性需求）。给定货币数量为 OS，SS 垂直曲线（社会中的货币总库存）在某点与 D_t 曲线相交。后两条曲线相交决定了社会中货币交换价值的均衡点，A。交换价值，或者货币购买力，将被定于 OB。

一方面，现在假设货币购买力比 OB 略高。在那个点上的货币需求会少于库存。人们将不愿在交换价值上持有货币，急于将之出售，换取其他财货。这些出售会提升财货的价格，降低货币购买力，直到达到均衡点。另一方面，假设货币购买力低于 OB。那样的话，会有更多的人需求货币，用于交易或者留存，需求量超过了可得的库存。这导致的供不应求会再度将货币购买力提升至 OB。

3. 货币关系中的变动

货币购买力因此由两个要素所决定：持币总需求表（the total demand schedule for money to hold）以及现有货币库存（the stock of money in existence）。我们很容

易从图示上看出，当任一决定性因素发生改变时，会出现什么样的情况。比如，假设总需求表增加（向右移动），那么（见图 11.2）总货币需求曲线从 $D_t D_t$ 移至 $D_t' D_t'$。在先前的货币购买力均衡点 A，现在的货币需求超过了可得库存，两者相差 AE。需求推高货币购买力，直到它抵达均衡点 C。总需求曲线向左移动会出现相反的情况——总需求表的下降。那么，货币购买力也会相应下降。

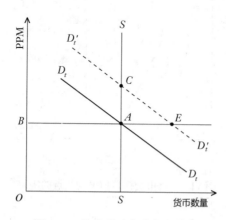

图 11.2　总货币需求改变的效应

　　图 11.3 表示了需求曲线保持不变，总库存变化所带来的影响。总库存从 OS
763　增长到 OS'。在新的库存水平上，库存比货币总需求多出了 AF 的量。货币会在较低的货币购买力上出售，吸引人们持有。货币购买力会一直下降，直至新的均
764　衡点 G。反之，如果货币库存减少，在现有货币购买力上，货币会供不应求，于是其购买力上升，直至达到新的均衡点。

　　我们的分析和图示至此很容易就得出了货币数量对于其交换价值的影响。

　　将货币理论归入相互排斥的分支（例如"供给需求理论""数量理论""现金余额理论""商品理论""收入和开支理论"），这种做法的荒谬性现在应该是显而易见的了。[①] 因为在这个分析中，所有这些因素皆有涉及。货币是一种商品；其供给或数量对于决定其交换价值十分重要；保持现金余额的货币需求对此同样十分重要；而且，分析适用于收入和开支的情形。

─────────────

① 典型的归类在 Lester V. Chandler 的书中可以看到，参见他的 *An Introduction to Monetary Theory*（New York: Harper & Bros., 1940）。

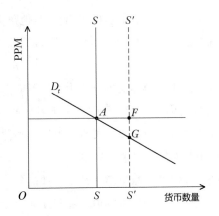

图 11.3 总货币库存改变的效应

4. 货币库存的效用

就消费者财货而言，我们并不深入人们价值表上的主观效用背后，去探究他们的偏好的原因；经济学必须止步于排序确定之处。然而，关于货币，我们面对的是一个不同的问题。因为货币效用（除却货币商品的非货币性通途）仅取决于其作为一般交换媒介的预期用途。因此，货币的主观效用取决于货币的客观交换价值，我们也必须比无此考虑情形下更进一步地分析货币需求。[①] 上面的图示中我们将货币需求与其购买力联系在一起，因此也就与我们的分析尤为契合。对于其他财货，市场中的需求是将商品送入他们的消费者手中的一个手段。而对于货币，它的"价格"恰恰是需求表所依赖的那个变量，而且几乎整个货币需求也是由它来锁定的。换个方式来讲：没有价格或者一个客观的交换价值，任何其他财货都会被当作是免费的礼品而被一抢而空；但货币，没有一个价格的话，人们就根本不会使用，因为其全部用途就在于统帅市场上的其他财货。货币的唯一用途就是交换财货，而如果它没有价格，因而也就没有交换价值的话，它就不可能被用于交换，也就不可能再被使用了。

现在，我们即将要发现一条伟大的经济规律；考虑到贯穿历史，人们忽视它所造成的损害，这条真理我们再怎么强调也不为过。其他条件保持不变，一种生

765

[①] 参见米塞斯，《货币与信用原理》，第 98 页。整本书对于分析货币而言都是不可或缺的。亦可见米塞斯，《人的行动》，第十七章和第二十章。

产者财货的供给增加，会增加消费者财货的供给。（其他财货的供给没有下降时）消费者财货供给的增加显然有益于社会；因为有些人的"真实收入"增加，而没有人减少。①

与之相反，货币唯一的用途就是交换。货币本身不能消费，也不能作为生产者财货在生产过程中直接使用。货币本身因此是不具生产性的；它是死的库存，不生产任何东西。土地或者资本总是以某种具体财货、某种具体的生产工具为形式出现。货币总是存在于某人的现金余额当中。

财货有用而且稀缺，任何财货数量增加都是一种社会效益。但货币并不是直接可用的，它只能用于交换。我们也刚知道，随着社会的货币库存变动，则货币的客观交换价值发生逆向的变动（尽管并非必然同比例变动）直到货币关系再度进入均衡状态。当货币变少时，货币单位的交换价值增加；当货币变多时，货币单位的交换价值下降。我们的结论是货币没有什么"过少"或者"过多"之说，不论社会货币库存有多少，货币的效益总是被利用到极致。货币供给量增加不论怎样也不会带来社会效益；它只是以另外一些人为代价而有益于某些人，这一点我们后面会详细讨论。同样，货币库存减少并不会引发社会损失。原因在于货币只是因为它在交易中有购买力而被人们所使用，货币库存的增加只不过是稀释了每个货币单位的购买力。相反，货币库存下降增加了每个单位的购买力。

对于货币库存变动的影响，大卫·休谟著名的例子给了我们一个过于简化的看法，但在当前的语境下，它可以有效地体现货币供给量增加会带来社会效益或者缓解任何经济稀缺性这一信念的荒谬性。设想这样一个神奇的情况：一天早上每个人醒来时都发现自己的货币资产变成了原来的两倍。社会的财富，或者说真实收入也翻倍了吗？当然没有。实际上，真实收入——实际供给的财货和服务——保持不变。改变的只是货币单位，它已经被稀释了，而货币单位的购买力会有足够的下降（即财货价格会上升），以使新的货币关系重回均衡。

因此，一条最为重要的经济学规律是：任一货币供给总是被最大程度地利用，因此增加货币供给不会产生任何社会效用。

有些作者从这个规律中推论道，任何投入到开采黄金的要素，都是用在了没有生产力的行业，因为货币供给的增加不会带来社会效益。他们由此得出政府应当限制黄金开采的数量。不过，这些批评家没有意识到，黄金这个货币–商品，

---

① 有关社会效益或者社会效用概念的讨论，参见后面的第十二章。

并不仅仅用作货币，它还有非货币的用途，或是用于消费，或是用于生产。所以，黄金供给量的增加，尽管没有带来货币性的效益，却通过增加了供直接使用的黄金供给而产生了社会效益。

767

5. 货币需求

A. 均匀轮转经济和市场中的货币

正如我们已经说过的，货币确实只有在交换中有用。不过，我们从这一点并不能像某些作者那样，推出这交易一定是当即的。一个人对于货币有留存需求，要保存货币余额的理由，其实就是这个人在留存为了未来的交易而留存货币。这是现金余额的功能——等待合适的时机进行交易。

假设实现了均匀轮转经济。在这样一个确定性的世界中，投资不会有损失的风险，也无须在手头保留现金余额，以备消费者开支的紧急需求出现。每个人因此会将自己的货币库存完全分配，依照自己的时间偏好，用于购买现在财货或者未来财货。没有人会让自己的钱闲置为现金余额。一个人知道他会在六个月以后将一笔钱用于消费，因此他会在此期间将钱借出，正好在要花钱的时候收回。但如果没人愿意让现金余额保留哪怕超过一刹那，就不会出现被持有的货币，货币库存也是无用的。简言之，在确定性的世界里，货币或是完全失去用处，或是几乎如此。

在充满不确定性的真实世界里，与均匀轮转经济相反，即便是保留在现金余额当中的"闲置"货币，对于它的所有者也起着自己的作用。实际上，如果它没有起到这种作用，它也就不会保留在现金余额里了。我们知道，个人并不确定未来他会花钱购买什么，也不知道其具体时间。"闲置"货币的用途正是基于这一事实。

经济学家一直机械地尝试将货币需求归结为各种来由。[①] 但是，这样一种机械的决定机制是不存在的。每个人都根据自己的标准，自己决定他的全部现金余额需求，我们只能探索不同交换事件对于需求可能有的各种影响。

768

B. 投机需求

货币交换价值中对于未来变动的预期是对货币需求的一个最为明显的影响。

[①] J. M. 凯恩斯的《货币论》（New York: Harcourt, Brace, 1930）就是这类分析的典型例子。

因此，假设在未来某个时点，人们预期货币购买力会迅速下降。货币需求表如何反应取决于有多少人持有这样的预期，以及他们的坚定程度。它也同样取决于未来这个变动预期要发生的遥远程度。任何经济事件，预期发生的时间离当下越远，它的影响就要越多地在当前按利率折现。不过，不论影响的程度如何，预期货币购买力未来要下降总是会降低现在的货币购买力。预期购买力下降意味着当前的货币单位比它们在未来要更值钱，这样的话，货币需求表会随着人们倾向于在现在而非未来花费更多货币而下跌。人们普遍预期货币购买力即将下降会降低现在的货币需求表，因此导致货币购买力在当前下降。

反过来讲，预期货币购买力在不远的将来会上升，则往往会提升货币需求表，因为人们预期货币单位的交换价值在未来会上升，所以就决定将货币"积存"（向他们的现金余额增加货币）。结果就是当下货币购买力提升。

769　　因此，未来货币购买力下降的预期会降低当前的货币购买力，预期的上升则导致当前货币购买力上升。货币的投机需求与任何财货的投机需求发挥作用的方式相同。对于未来某时点的预期加速了经济向那个未来时点的调整。就如同财货的投机性需求加速了向均衡位置的调整，货币购买力变动的预期也会加速市场调整到那个位置。此外，与任何财货的情况相同，这种投机性预期所犯的错误会"自我纠正"。许多作者相信，就货币而言这种"自我纠正"是不存在的。他们宣称，尽管财货有"真实的"或者根本的需求，但货币没有被消费，因此就没有这样一种根本的需求。他们断言，货币购买力，以及货币需求，只能被解释成一种永恒的、十分没有意义的猫捉老鼠比赛，每个人都只不过是在尝试预测其他每个人的预测。

可是，"真实"或者根本的货币需求是确实存在的。货币也许不是用于有形消费，但人们使用它，因此在一现金余额中有它的效用。这种效用不仅仅在于投机货币购买力会上升。即便预期货币购买力将要下降，人们仍然持有现金这一事实即可以证明这一点。此时人们可能减少持币数量，但他们仍然保留了一部分现金；而我们已经知道，在一个不确定性的世界中，人们必然会这样做。实际上，如果没有了持币的意愿，也就根本不会有货币交易经济。

投机需求因此预测了潜在的非投机需求（不论这些需求的来源或者动机为何）。那么，假设人们普遍预期货币购买力要上升（价格下跌），但潜在的供求关系并不支持这种预期。确实，在一开始，这一普遍的预期在其他条件保持不变的情况下，提升货币需求以及货币购买力。但这一过程并不持续。因为虽然市场到达了一个假的"均衡",但投机性的预测者并没有"真的"增加对货币的需求，他们出手货币（购买财货）以赚取利润。但这意味着起作用的是潜在的需求，它是小于在那个货币购买力上的货币库存的。支出的压力于是降低了货币购买力，使之重新回到真正的均衡点。这个过程我们不妨用图 11.4 来表示。

770

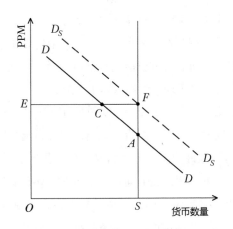

图 11.4 货币需求的投机性预期的自我纠正

货币库存是 *OS*；真实或者潜在的货币需求是 *DD*，真正均衡点在 *A* 点。现假设市场上的人们错误地预期，不久的将来，真实需求会变动，致使货币购买力提升到 *OE*。总货币需求曲线于是移至 D_sD_s，新的总需求曲线包括投机需求。货币购买力的确像预测的那样移到了 *OE*。但现在，投机者开始将他们的获利变现，因为他们的真实货币需求反映的是 *DD*，而非 D_sD_s。在新的价格 *OE*，货币库存事实上供过于求，多的数量为 *CF*。卖家急于出手他们的货币库存，购买财货，然后货币购买力重新回到均衡。可见，货币领域与其他特定财货领域一样，投机性的预期会自我纠正，而不是"自我实现的"（self-fulfilling）。它们加速了市场的调整过程。

771

C. 对货币需求的长期影响

进步经济中，货币需求所受到的长期影响是多方面的，而且增减两个方向的影响都存在。一方面，在进步经济中，随着越来越多的商品进入市场以及生产的阶段增多，交易的机会总是越来越多。这些更多的机会将极大地增加货币需求表。另一方面，如果经济变差，交易机会减少，那么由此而来的货币需求也会下降。

抵消这一趋势，使货币需求趋于下降的主要长期因素，是清算系统（clearing system）的发展。[①]清算是节约货币，发挥其交换媒介作用而不需要在交易中有形地出现的一种设计。

两人之间也许会有一种简化形式的清算。比如，A 可能用 3 盎司黄金向 B 购买了一块手表；与此同时，B 用 1 盎司向 A 购买了一双鞋。他们并不需要做两笔货币转移（也就是一共有 4 盎司黄金转手），而可以选择做一下清算操作。A 支付 B 2 盎司货币，然后他们交换手表和鞋。因此，他们做了清算以后，需要实际转移的只是货币的差额，所有各方就能进行价格相同的相同交易，但他们所要使用的现金大大减少。他们对于现金的需求趋于下降。

不过，如果所有交易都是现金交易，清算的使用范围显然就十分有限。因为那样的话，人们需要同时相互交换财货。但当信用交易出现以后，清算的范围就大大增加了。这些信用也许期限十分短暂。比如，我们假设 A 和 B 在一年或一个月中往来交易十分频繁。假设他们同意，不向对方立即支付现金，而是给对方信用，一直到月底都无须支付。那么，某天 B 也许在 A 那里买了鞋，而另一天 A 则向 B 买了表。当这个期间结束时，债务被抵消、清算，然后净债务人向净债权人一次性付清所欠款项。

一旦有了信用，只要清算系统是方便的，它就会延伸至尽可能多的人。参与清算操作（通常在我们称为"清算所"的场所）的人越多，抵消就越多，能节约的货币也越多。比如，在一周结束时，也许有 5 个人参与清算。A 欠 B 10 盎司，B 欠 C 10 盎司，C 欠 D 也是 10 盎司，等等，直到最后 E 也欠 A 10 盎司。这样的话，50 盎司的债务交易以及潜在的现金交易，根本不需要使用 1 盎司就能解决。

因此，清算是相互抵消货币债务的过程。它使得巨量的货币交易得以发生，而无须实际占有和转移那么多货币，因此极大地减少了对货币的需求。不过，清算不可能是万能的，因为仍然必须有一些可以用于完成交易的有形货币，而且在没有 100% 抵消——100% 抵消的情况是非常之少的——的时候，必然要有有形货币来了结交易。

D. 货币需求无限？

一个流行的谬误反对"货币需求"这个概念，因为据说它总是无限的。这个

[①] 有关清算系统，参见米塞斯，《货币与信用原理》，第 281–286 页。

看法误解了需求这个概念本身的性质，也将货币与财富或者收益混为一谈。它基于"人们总想要尽可能多的钱"的观点。首先，这个观点对于所有财货皆为真。人们都希望获得比现在他所能获得的更多的财货。但市场上的需求并不指人们价值表上所有可能的选项；它指的是有效的需求，指的是因为受到"需求"（即有另外某些东西在为之做"供给"）而变得有效的欲求。抑或，它指的是留存需求，以持有财货而不出售的形式出现。显然，货币的有效需求不是，也不可能是无限的；它受到一人能够在交易中出售的财货的估计价值，以及他想要从现金余额中取出，用于购买财货的货币数量这两方面的约束。

除此之外，他要的、需求的当然不是"货币"本身，而是货币所拥有的购买力。我们或者可以说，他想要的是"真实"货币，也就是根据它可以购买的东西所表达的货币。（我们会在后面看到，这种货币购买力是无法度量的。）如果货币的购买力同时被稀释，那么更多的货币对他而言是没有任何好处的。

E. 货币购买力和利率

我们一直都在讨论货币，在本节我们还将继续。我们现在要做的是比较各种均衡位置，但还不是时候一步步去探究从一个位置到另一个位置的转变是如何发生的。我们很快就会看到，就货币的价格而言，与其他所有财货的价格不同，其通往均衡的路径本身，就必然引发变动，导致均衡点改变。这一点在理论上意义非凡。不过，我们现在仍可以在讨论中把货币当作是"中性的"（即它不会造成这样的变动），因为这个假设在讨论到目前为止所分析的问题时完全是有效的。本质上讲，之所以能够这样做，是因为我们能够用一个宽泛的"货币购买力"的概念，还没有试图具体地根据明确的财货数组来定义它。由于货币购买力的概念，即便其具体内容发生改变，而且不可以度量，也依然对于我们的主题而言十分相关和重要，所以假设货币中性并无大碍，只要我们不需要使用更为精确的货币购买力的概念。

我们已经看到，货币关系的变动是如何改变货币购买力的。现在，在我们讨论利率的决定时，我们需要修正先前在第六章的讨论，把分配一个人的货币库存，也就是增减他的现金余额考虑进来。一个人可以分配他的钱用于消费、投资或者增加现金余额。他的时间偏好决定了一个人将钱用于当下和未来财货（即消费与投资）的比例。现假设一人的货币需求表增加，他因此决定分配他的一部分货币收入以增加现金余额。没有理由认为这种增加会根本上影响消费/投资比率。

它确实可以产生影响，但如果那样的话，这会意味着他的时间偏好表以及货币需求也发生了改变。

如果货币需求增加，我们也没有理由认为，货币需求的变动会丝毫影响利率。货币需求增加并不必然导致利率上升（前者减少与后者下降的关系亦然）——它们之间没有相反的关系。事实上，两者没有因果联系；决定前者的是对货币的评值，决定后者的，则是时间偏好的评值。

让我们回到第六章中有关时间偏好以及个人的货币库存的一节。我们当时不就已经知道，一个人货币库存的增加沿着时间偏好表降低实际的时间偏好率，以及相反的货币库存下降提升时间偏好率？为什么这个结论在这里并不适用？这只不过是因为，我们当时讨论的是每个人的货币库存，并且假设每个货币单位的"真实"交换价值保持不变。他的时间偏好表与"真实"货币单位相关，而不仅仅与货币本身有关。如果社会货币库存改变，或者如果货币需求改变，一种货币单位的客观交换价值（货币购买力）也同样会改变。如果货币购买力下降，那么一人手头较先前更多的货币并不一定会降低他价值表上的时间偏好，因为新增加的这些钱也许刚好只够弥补他货币购买力的下降，他的"真实货币库存"因此也许与过去相同。这再次证明了，货币关系对于时间偏好以及纯粹利率是中性的。

所以说，货币需求增加能够降低普遍的价格，而不改变时间偏好或者纯粹利率。比如，假设总社会收入是100，其中70分配到投资，30分配到消费。货币需求增加，于是人们决定积存总共20的收入。现在，开支会是80，而不是100，现金余额增加了20。下一个时间段的收入将只有80，因为一个时间段的开支会作为相同数量的收入分配到下一个时间段。[①]如果时间偏好保持不变，那么社会中投资与消费的比例仍会基本保持不变，即投资56，消费24。价格和名义货币价值，以及收入随着开支的下降而下降，资本结构、真实收入、利率等等则都与之前相同。唯一改变了的是名义价格（已经下降）以及总现金余额（已经上升）货币收入比。

货币需求的下降拥有相反的效应。去积存会增加开支，提高价格，并在其他条件保持不变的情况下，维持真实收入和资本结构不变。唯一发生的其他变动是现金余额对货币收入的比率降低。

那么，货币需求表变动唯一的结果就是总现金余额总货币收入比和现金余额

---

① 这是因为只有他人在其服务上有货币开支，一个人才能取得一笔货币收入。（参见上面第三章。）

的真实价值的同方向增减。货币库存给定，人们更为激烈地竞争货币只会使货币收入降低，直到真实现金余额增加到人们所欲求的那么多为止。

　　如果货币需求下降，会发生相反的运动。减少现金余额的欲求导致货币收入增加。总现金保持不变，但它对收入的比例，及其实际价值都下降了。[①]

776

F. 积存和凯恩斯体系

（1）社会收入，开支和失业

　　对于一大批作者来说，"积存"一词——货币需求增加——是作为彻底的灾难而出现的。"积存"一词本身用在经济学里就是非常不恰当的，因为它带有邪恶的反社会行动的内涵。但不论"积存"还是"去积存"，都根本没有什么反社会的东西。"积存"只不过是货币需求的增加，这一评值上的变动，结果是人们得到了他们想要的东西，即使他们的现金余额以及货币单位的真实价值增加。[②]相反，如果人们欲求减少他们的真实现金余额或者货币单位的价值，他们可以通过"去积存"实现。没有其他任何显著的经济关系——真实收入，资本结构，等等——因此必须发生改变。那么，积存和去积存的过程，只不过意味着人们想要增加或减少他们的真实现金余额或者货币单位的真实价值，而且他们有能力实现这一结果。这有什么错呢？我们在这里看到的，只不过是在自由市场上消费者或者个人"主权"的另一种体现。

777

　　此外，"积存"仅仅是一人的现金余额在一定时间段内增加，理论上没有办法赋予它更多的定义。不过，大多数作者都是以规范性的方式使用这个词语的，暗示有某种虚幻的标准，低于这个标准的现金余额是合理的，而高于标准的现金余额则是反社会的、邪恶的。但任何设置在货币需求表上的数量限制都会是完全武断且毫无根据的。

[①]　严格意义上讲，其他条件保持不变的这个条件往往会被打破。增加了的货币需求总是会降低货币价格，因此也就会降低黄金开采的货币成本。这会刺激黄金生产，直到淘金的利息回报再次与其他行业相同。因此，货币需求的增加会引起新的货币生产来满足需求。货币需求减少会提升黄金开采的货币成本，且至少会降低生产新货币的速率。它实际上不会降低总货币库存，除非新的生产率低于损耗的速率。参照雅克·鲁厄夫，"The Fallacies of Lord Keynes' General Theory" in Henry Hazlitt, ed., *The Critics of Keynesian Economics*（Princeton, H. J.：D. Van Nostrand, 1960），第228-263页。

[②]　参见 W. H. Hutt 的特别精彩的文章，"The Significance of Price Flexibility" in *Hazlitt, Critics of Keynseian Economics*，第383-406页。

　　凯恩斯体系（很高兴它在20世纪30和40年代横扫经济界后现在开始衰落）的两大支柱之一，即是宣称储蓄等于投资的唯一办法就是通过降低社会收入这条可怕的途径。凯恩斯主义的（隐含的）基础，是宣称在一定的总社会收入水平上，出自这笔收入的总社会开支会低于收入，剩余部分被积存。这会降低下一时段的总社会收入，因为，如我们所见，一"天"的总收入等于前一"天"的总开支，并受之决定。

　　在确立一条所谓的规律时——即存在有一定水平的总收入，比如A，高于它，则开支会低于收入（净积存），而低于它，开支会大于收入（净去积存）——凯恩斯的"消费函数"概念发挥了作用。但是，凯恩斯主义基本的担忧是积存，因为它必然导致总收入下降。这个情况也许可以用图11.5表示。

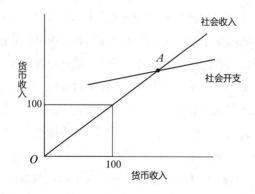

图 11.5　凯恩斯理论中社会收入与社会支出的关系

注：凯恩斯十字的图通常并不如此标记。作者这种不同于常规的做法，其理由可见于他在第863页第二段和第864页脚注71中的讨论。

　　在这张图中，货币收入已在横轴和纵轴上标出。可见，两轴之间45度的直线等于社会收入。① 用图来说明就是：100数量的社会收入在横轴上会对应于并等于纵轴上100数量的社会收入。这些数目的坐标会重合于与两轴距离相等的一点上。凯恩斯主义的规律宣称在A点以上社会开支低于社会收入，而在A点以下

779

---

① 通常使用的术语是"国民"收入。不过，在市场经济中，国家相比村镇或者地区，算不上是一个更为重要的经济范围。所以，更方便的是将区域问题留给其他分析，把注意力集中到总社会收入上；这是尤其正确的，因为在政府还没有开始干预自由市场的时候，区域并不构成经济学理论中的问题。

社会开支低于社会收入，故而 A 点会是社会收入等于开支的均衡点。因为如果社会收入高于 A，那么社会开支会低于收入，然后收入会因此每天趋于下降，直到达到均衡点 A。如果社会收入低于 A，去积存会发生，开支会高于收入，直到最后再次到达 A 点。

下面，我们要探究一下这所谓的规律，以及它所依据的"消费函数"概念，究竟是否具有有效性。但是，我们现在先假设这条规律是有效的；但对此我们只能很无礼地评价一句：那又怎样呢？如果国民收入下跌了怎么样呢？既然下跌只是以货币表示的，真实收入、真实资本等等也许保持不变，那又有什么可担忧的呢？唯一的变动只是积存者们实现了他们增加现金余额、增加货币单位真实价值的目标。的确，向均衡转移的过程，其实要复杂得多，这我们后面会讨论（尽管我们最终的结论会是相同的）。但凯恩斯的体系试图论定这均衡位置的有害性，而这是不可能的。

因此，凯恩斯主义者们证明自由市场的开支会受到限制——消费受到"函数"的制约，投资受到机会的滞止和"流动性偏好"的制约——这一精心尝试是在做无用功。因为即便他们是正确的（实际上不是），他们的结论也是不得要领的。不论是积存还是去积存，抑或是"低"或者"高"水平（不论这究竟是什么意思）的社会货币收入，都没有什么错。

凯恩斯主义者挽回他们的学说的一点意义的尝试，就剩且只剩下一根救命稻草了——他们体系的第二大支柱。这也就是社会货币收入与就业水平相互关联，且后者是前者的一个函数这一论点。它假设有某个社会收入的"完全就业"水平存在，越是低于这一水平，相应的失业也就越多。图 11.6 展示了这个论点。

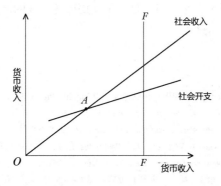

图 11.6　凯恩斯理论中充分就业与社会收入、社会开支的关系

在先前的图示上又叠加了一条垂直的直线 *FF*，它代表了所谓"完全就业"社会收入的那个点。如果交点 *A* 低于线 *FF*（在它的左边），那么就一直会有对应于 *A* 与 *FF* 相差的那段距离的失业。

凯恩斯主义者也曾尝试（一点也不成功）解释 *A* 落在 *FF* 右边时的均衡位置，将之认定为通货膨胀。我们后面会看到，通货膨胀是动态过程，其实质是变动的。凯恩斯体系围绕的是均衡位置，因此难以较好地用于分析通货膨胀的形势。

凯恩斯批判自由市场经济，指出它的症结因此就在于非自愿失业，这据说是过低的社会开支和收入水平造成的。但我们先前已经解释了，自由市场中不可能存在非自愿失业，这又怎么可能发生呢？答案已经明了（而且最聪明的凯恩斯主义著作中也承认）：凯恩斯主义的"未充分就业均衡"只有在货币工资率陡峭向下，即低于"完全就业"的劳动供给曲线具有无限弹性的时候才会发生。[1] 比如，假设出现了"积存"现象（货币需求增加），社会收入下降。结果是劳动要素的货币需求曲线，以及所有其他货币需求曲线下降。我们可以预期劳动要素的总供给曲线是垂直的。因为当只有货币工资率发生改变，而真实工资率（以购买力计）保持不变时，劳动/休闲偏好才不会改变，向市场提供的劳动总量会保持恒定。不论怎么说，肯定不会出现非自愿失业。

那么，凯恩斯主义的观点是怎样形成的？劳动供给在旧的货币工资率上如何能保持水平呢？只有两个办法：（1）如果人们自愿同意工会的做法，即不在低于旧的货币工资率的水平上雇佣任何人。由于出售价格在下跌，维持旧的货币工资率就等于要求更高的真实工资率。我们在上面已经看到，工会提高真实工资率导致失业。但现在这里我们所说的失业是自愿的，因为工人们默许工会向企业要求最低实际工资，而低于这个底线，他们则不会跳出工会接受雇佣。（2）工会或者政府强制推行最低工资率。但这是一个受妨碍的市场的例子，而不是我们这里的分析所局限的自由市场。

---

[1] 因此，参见 Franco Modigliani 剖析真相的论文，"Liquidity Preference and the Theory of Interest and Money"in *Hazlitt, Critics of Keynesian Economics*，第 156-169 页。亦可见 Erik Lindahl 的论文，"On Keynes' Economic System-Part I,"*The Economic Record, 1954* 年 5 月，第 19-32 页；1954 年 11 月，第 159-171 页；以及 Wassily W. Leontief，"Postulates: Keynes' General Theory and the Classicists" in S. Harris, ed., *The New Economics*（New York: Knopf, 1952），第 232-242 页。凯恩斯主义所假设的总产出与就业之间的联系，一个经验批判参见 George W. Wilson，"The Relationship between Output and Employment," *Review of Economics and Statistics*，1960 年 2 月，第 37-43 页。

我们不妨用图 11.7 表示办法（1）或者（2）。

原来的劳动需求曲线是 DD（为了展示的简洁，我们假设笼统的"劳动需求"的概念是有意义的）。社会中总劳动库存为 OF，或者至少这是推向市场的库存。现在，货币需求增加，所有货币价格下跌，需求曲线向下移动。如果工资率可以自由下跌，那么交点会从 H 移至 C，名义工资率也相应从 FH 减少到 FC。在 OF 水平仍然有"完全就业"。不过，我们再假设有一个工会规定最低货币工资率为 OB（或者 FH）。那么劳动供给曲线变成了 BHG；在 FG 之前水平，在 FG 之后垂直。新的需求曲线 D'D' 现在会与劳动供给在 E 点而不是 C 点相交。现在雇佣的劳动总量下降到 BE，EH 是工会活动导致的失业。

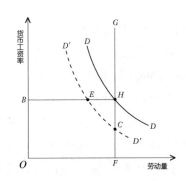

图 11.7　规定的货币工资高于自由市场工资率所导致的失业

凯恩斯自己倾向于依照真实而非货币数量来讨论问题——真实社会收入，真实开支，等等。[1]这样的一个分析妨碍了动态的考量，因为在市场上，交易至少表面上是以货币形式进行的。不过，如果我们以真实的意义直接进行讨论，我们的分析的实质结论依然不变。真实意义上的需求曲线现在不会下降，而是保持不变。劳动市场也是如此。工会活动的效果应该是强制施加的实际工资率的水平增长（这是保持货币工资率恒定而同时出售价格下降的结果），而不应该像图 11.7 中画的那样，是一条在现有工资率上的水平直线。相关的图示见图 11.8。这张图示中描述的事实与先前那张图相同：工会坚持过高的货币工资（因此也是过高的真实工资）而导致失业（EH）。

[1]　凯恩斯对"工资单位"的讨论即与此相同。可参照 Lindahl, "On Keynes' Economic System—Part I," 第 20 页。

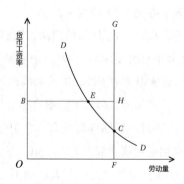

图 81　规定的真实工资高于自由市场工资率所导致的失业

　　"凯恩斯革命"的要点和实质即自由市场上可能存在一个失业均衡这个论点。如我们所见，这个论点只有在一种意义上才是正确的，而且这已是早凯恩斯许多年的发现：工会广泛地维持过高的工资率会导致失业。

　　凯恩斯相信，尽管经济体系的其他因素（包括价格），基本上是以真实单位设定的，但工人的谈判最终只是根据货币工资进行的——也就是，工会要求最低货币工资率不能下降，但却会被动地接受以价格上涨同时货币工资率保持不变为形式造成的真实工资下降。凯恩斯主义消除失业的处方因此明确地建立在"货币幻象"（money illusion）的基础上——工会会推行最低货币工资率，但太愚蠢以至于不会强制设定真实的最低工资率。然而，工会已经知道了购买力的问题，以及货币和真实工资率之间的关系；要把握这样一种区分实际上并不需要多少推理能力。讽刺的是，凯恩斯鼓吹基于"货币幻象"的通货膨胀，依靠的是历史经验（这一点我们后面会更详细讨论），即通货膨胀时，出售价格上涨比工资率要快。可一个工会推行最低工资率的经济，也正是一个工会对于任何真实以及货币工资率的损失都十分敏感的经济。因此，通货膨胀并不能用于欺骗工会以减少失业。[1] 凯恩斯主义一直都至少被称为"可行的"理论体系。不论其理论有多少缺陷，据说它适用于工会主义的现代世界。可正是在这个现代世界，凯恩斯的学说

784

————————

[1]　况且，通货膨胀最多也只是灵活工资率无效且有扭曲性的替代品。这是由于通货膨胀影响整个经济及其价格，而具体工资率只会降低到为具体劳动要素市场"出清"所必需的程度。因此，自由波动的工资率只会在那些需要消除失业的具体领域下跌。参照 Henry Hazlitt, *The Failure of the New Economics*"（Princeton, N. J.: D. Van Nostrand, 1959），第 278 页及之后。

才显得最不符合、最不可行。①

凯恩斯主义者否认让刚性的货币工资率可以灵活下跌进一步降低对财货的货币需求，并因此降低货币收入。但这完全将工资率与总工薪（或者说流向工资的总收入）混为一谈。② 前者下降并不意味着后者也下降。相反，我们已经看到，总收入是先前时段的总开支决定的。较低的工资率会使之前过高工资率造成的失业者得到雇佣。劳动现在相对土地要素更为廉价的事实，会导致投资者们在劳动上比以前开支更多的比例。失业劳动得到雇佣可以增加生产，总真实收入也因之增加。进一步说，即便工薪总额同样下降了，价格和工资率也能够调整——但这一点将在有关流动性偏好下一小节来处理了。

（2）"流动性偏好"

那些意识到他们的体系有严重困难的凯恩斯主义者只能依靠他们最后一根救命稻草——"流动性偏好"。聪明的凯恩斯主义者会承认非自愿失业是"特殊"或者罕见的情况，林达尔进一步认为，它只能是短期而非长期的均衡现象。③ 不过，不论莫迪利亚尼（Modigliani）还是林达尔，他们对凯恩斯体系的批判还不够彻底，尤其是对于"流动性偏好"学说。

凯恩斯体系，一如其门徒用数理方式所清楚描绘的，饱受数理经济学"相互决定"之病的折磨。可以随意可逆转换的数学函数，适用于我们并不知道所观察运动的原因的物理学。由于我们不知道原因，任何解释或者描述运动的数理规律都是可逆的，而且就我们而言，函数中任意变量都可以与其他变量一样是"原因"。但是，在行动学这门研究人的行动的科学当中，我们知道初始的原因——个人有动机的行动。这一知识为我们提供了正确的公理。从这些公理我们演绎出正确的规律，这是从逻辑的因果关系一步步演绎出来的。由于第一因已知，它们随后的结果我们也能知道。经济学因此是在描绘单线性的因果关系，而不是不明确的"相互决定"关系。

这一方法论上的提醒，尤其适用于凯恩斯主义的利息理论，因为凯恩斯主义

---

① 参照 L. Albert Hahn, *The Economics of Illusion*（New York: Squier Publishing Co., 1949），第50页及之后，第166页及之后以及其他各处。

② 参照 Hutt, "Significance of Price Flexibility"。

③ 参照 Lindahl 对 Lawrence Klein 的 *The Keynesian Revolution* 的批判，见于 "On Keynes' Economic System—Part I," 第162页。亦可见 Leontief, "Postulates: Keynes' General Theory and the Classicists"。

者认为利息（a）决定投资以及（b）被为"投机性目的"（流动性偏好）持币的货币需求所决定。但实践当中，他们并不把后者当作是决定了利率，反而认为它是受利率所决定的。"相互决定"的方法论完全遮掩了这个花招。凯恩斯主义者也许反对所有供求曲线对价格而言都是"相互决定"的。但这个轻巧的断言是不正确的。需求曲线是由效用表所决定的，供给曲线由投机和给定劳动和土地要素所生产的库存决定，根本上也就是由时间偏好所决定的。

凯恩斯主义者因此并不像他们想象的那样，将利率看作是由流动性偏好所决定的。他们事实上把利率当成了某种神秘的、无法解释的力量，将自己强加到经济体系其他成分之上。因此，凯恩斯主义对流动性偏好的讨论以利率升降伴随的"持币诱惑"（inducement to hold cash）为核心。根据流动性偏好的理论，利率下降增加因"投机性目的"而需求的现金的数量（流动性偏好），利率上升则降低流动性偏好。

787 　　这个概念的第一个错误在于它武断地将货币需求分成了两个割裂的部分：一个是"交易需求"，被认定由社会收入的规模所决定，还有一个是"投机性需求"，由利率决定。我们已经看到货币需求所受到的各种影响。但这些影响只有通过个人的价值表才发挥作用。货币的最终需求只有一个，因为每个人都只有一个价值表。我们没有办法将需求一分为二，把它们当作独立的实体来讨论。更何况，影响需求的因素远远不止两个。总而言之，货币需求，如同所有效用一样，不可能被归结为简单的一些决定因素；它是个人价值表上自由、独立的决策造成的结果。因此，也就不存在由收入规模所单独决定的"交易需求"。

"投机性需求"更是神秘绝顶。莫迪利亚尼如此解释这个"流动性偏好"：

> 我们应该预期，利率的任何下降……都会诱使数量增多的潜在投资者以货币而不是证券形式保有他们的资产；也就是说，我们应当预期，利率的下降会增加对作为一种资产的货币的需求。[①]

我们已经看到，这一点饱受责难，因为这里的利率是决定性的，而它本身的原因却没有得到解释。此外，这个表述是什么意思呢？根据凯恩斯主义者的说法，利率下降意味着债券收取的利息减少，因此持有货币的诱惑变大。这一点是

---

① Modigliani, "Liquidity Preference and the Theory of Interest and Money," 第 139–140 页。

正确的（只要我们允许自己相信利率是具有决定性，而非被决定的因素，并按照
这个思路思考），但还远远不足。如果较低的利率"吸引"更多的现金持有，它
也将吸引更多的消费，因为消费同样变得更有吸引力。实际上，流动性偏好这个
思路的一大严重缺陷是，凯恩斯主义者从不从三个"边际"同时被决定的思路进
行思考。他们只同时考虑了两个"边际"。所以莫迪利亚尼写道："个人在定好
了他的消费－储蓄计划之后，需要对他所拥有的资产做出决定。"即，他随后将
资产分配为货币和证券。[①]换言之，人们首先在消费和储蓄（在不消费的意义上）
之间做出决定；然后他们决定是投资还是积存这些储蓄。但这是一个荒谬的人为
建构。人们是在三个选项中做出决定，权衡各选项的利弊。硬说人们首先在消费
和不消费之间做出决定，然后才在积存和投资中进行选择，就如同说人们首先选
择积存多少资产然后决定消费还是投资一样，具有误导性。[②]

788

因此，人们是在消费、投资和积存之间选择分配他们的货币。消费和投资之
间的比重反映了个人的时间偏好。消费反映了对现时财货的欲求，投资则是对未
来财货的欲求。如果消费和投资之间的比重（即时间偏好）保持不变，货币需求
表的增加并不会影响到利率。

我们必须重申，利率是由时间偏好决定的，后者同时也决定消费和投资的比
重。认为利率"吸引"储蓄或者积存变多变少是完全误解了这个问题。[③]

789

那么，既然承认时间偏好决定消费和投资的比例，货币需求决定了积存收入
的比例，货币需求是否发挥了决定利率的作用？凯恩斯主义者宣称，利率与现金
的"投机性"需求相关。一旦后者的需求表上升，前者也同样上升。但这并不
是必然的。积存资金的比重增加，可以有三个不同来源：（a）取自先前进入消费
的资金；（b）取自进入投资的资金；（c）两者兼取而保持旧的消费－投资比重不
变。条件（a）会使利率下降，条件（b）使利率上升，条件（c）会使利率保持
不变。因此，利率可能因为积存而上升、下降或者不变，这取决于时间偏好是否

---

① Modigliani, "Liquidity Preference and the Theory of Interest and Money," 第 137 页。

② 参见 Tjardus Greidanus 对凯恩斯主义理论的批判, *The Value of Money* (2nd ed.; London: Staples
Press, 1950), 第 194-215 页，以及 D. H. Robertson 对流动性偏好理论的批判, "Mr. Keynes and
the Rate of Interest" in *Readings in the Theory of Income Distribution*, 第 439-441 页。针对凯恩斯
那句著名的话，即利率是"放弃流动性的奖励"，Greidanus 指出，购买消费者财货（或者甚至在
凯恩斯的"利息"意义上的生产者财货）牺牲流动性，但却不能赚取利息"回报"。Greidanus,
Value of Money, 第 211 页。亦可见 Hazlitt, *Failure of the New Economics*", 第 186 页及之后。

③ 米塞斯，《人的行动》，第 529-530 页。

同时上升、下降或者保持不变。

凯恩斯主义者主张，投机性现金需求以这种方式取决于并且决定了利率：如果人们预期在不久的将来利率会上升，那么他们的流动性偏好会上升，以等待这一过程的发生。可是，这很难成为凯恩斯试图建立的长期均衡理论的一部分。投机，就其本质而言，在均匀轮转经济中是不可能出现的，因此也就不可能有根本性的因果理论以它为基础。而且，利率究竟是什么？凯恩斯主义的一个严重而且根本性的错误在于坚持把利率看作是贷款的约定比率，而不是各个生产阶段之间的价格差。我们已经知道，前者只是后者的反映。对利率快速上涨的强烈预期意味着对价格差或者净回报率增加的强烈预期。价格下跌意味着企业家们普遍预期要素价格在不久的将来会比它们的出售价格下跌更多。但这个现象不需要凯恩斯主义的迷宫来解释；我们这里碰到的情况，只不过是企业家们预期要素价格不久就会下跌，因而停止投资，等待这个好事发生，那样他们就可以有更大的回报。这不是"流动性偏好"，而是对价格变动的投机。它让我们有必要修正先前有关价格和货币需求之间的关系的讨论，它的原因是我们很快就要详细探究的一个事实，即价格变动并不是均等、成比例的。

要素价格下跌的预期加速了走向均衡的运动，因此也使利率更接近于时间偏好所决定的纯粹利率关系。[1]

比如说，如果工会人为地将工资率保持在过高的位置，随着工会将工资率保持在高于能够维持"完全就业"的均衡率的水平，"积存"会增加。这诱发的积存降低对要素的货币需求，进一步增加失业，但这只是工资率刚性的缘故。[2]

凯恩斯主义的最后一个幽灵，是认为人们的货币需求也许是无限的，因此积存会无限增加。这被称为"无限"流动性偏好。这也是新凯恩斯主义者（如Modigliani）相信非自愿失业可以与价格和工资自由变动同时出现的理由。凯恩斯主义担忧人们会因为害怕证券价格下跌而放弃购买债券，把货币积存起来。用

---

[1] Hutt 的结论是，均衡在所有服务和产品都以如下方式定价之后实现：（i）人们口袋里的钱能够支付得起（即，现有的货币收入是能够购买它们的）或者（ii）与预测价格的关系足以保证不会吸引人们去推迟在它们上面的开支。例如，投资财货生产过程中的产品和服务，其定价必须让预期未来货币收入有能力支付这些服务以及新设备的折旧或者更新换代的费用。（Hutt, "Significance of Price Flexibility," 第 394 页。）

[2] "推迟（购买）之所以发生，是因为人们判断，成本（或者其他价格）的减少小于最终应发生的程度，或者是因为成本下降的速率还不够快。"同上，第 395 页。

更"自然"的表述，这句话也就是说，不投资的原因是预期自然利率即将上升。不过，这个预期非但没有起到阻碍作用，反而加速了随之发生的调整。更何况，货币需求不可能是无限的，因为不论人们的预期如何，他们总是必然要继续消费的。因此，货币需求从来不可能是无限的。现有的消费水平自然会要求有一定水平的投资。只要生产活动在继续，那么不论积存的程度如何，持续的失业是既无必要，也没有可能的。①

持有货币的需求来自市场的普遍不确定性。不过，凯恩斯主义者并没有将流动性偏好归咎于普遍的不确定性，而是将之归咎于未来债券价格具体的不确定性。这当然是一个十分片面、十分狭隘的看法。

首先，他们所说的流动性偏好的原因，只有在十分不完善的证券市场才会出现。拉赫曼数年前在一篇被人们忽视的论文中就曾指出，凯恩斯的因果模式——"看空"导致"流动性偏好"（现金需求）以及高利率——只有在没有一个有组织的证券远期或者期货市场的条件下才会发生。如果这样一个市场存在，那债券市场上看多和看空的人都可以 792

> 用不需要任何现金的远期交易表达他们的预期。只要证券市场一直组织完备，预期利率会上升的持有年率 4% 的债券的人就没有把它们换成现金的动机，因为他总是可以通过在远期市场将它们出售来"对冲"。②

看空会造成远期债券价格下跌，现货价格也随之立即下跌。因此，投机性看空当然会至少暂时地导致利率上升，但与此同时现金需求并没有增加。因此，任何将流动性偏好（或者现金需求）与利率联系起来的尝试都是失败的。

人们还没有组建起这样一个完备的证券市场的事实表明，交易者们并不像凯恩斯所相信的那样，担心上升的利率。如果他们真的有此担忧，而且这种恐惧呈现为一种重要的现象，那么一个证券期货市场肯定会发展起来。

此外，如我们已经知道的，贷款的利率只不过是价格差的一个反映，所以预

---

① 正如 Hutt 所指出的，如果我们设想一个流动性偏好具有无限弹性的情况（这样的情况从来没有存在过），那么"我们可以想见价格迅速下跌，与价格预期的变动保持一致，但从来不可能变成 0，因为整个过程中还依然维持着对资源的充分利用"。Hutt, "Significance of Price Flexibility," 第 398 页。

② L. M. Lachmann, "Uncertainty and Liquidity Preference," *Economica*, 1937 年 8 月，第 301 页。

期利率升高实际上等于说是预期价格（尤其还有成本）将要下降，这会导致人们对货币的需求增大。在自由市场上，所有投机都是自我纠正、加速调整的过程，而不导致经济问题。

G. 购买力和利率中贸易条件的成分

从欧文·费雪开始的许多经济学家声称，市场利率除了包含附加在纯粹利率上的一定的风险成分，还包含有一个"价格"或者"购买力成分"。该理论声称，当人们普遍预期货币购买力将要上升时，市场利率会相应地下跌；如果人们预期货币购买力将会下降，该理论宣称市场利率会相应上升。

这些经济学家的错误在于把注意力集中在贷款利率而不是自然利率（回报利率）上。这个理论背后的推理是这样的：如果人们预期货币购买力会发生变动，那么（由时间偏好所决定的）纯粹利率在"真实意义"上就不再是与原先相同的了。假设 100 盎司黄金可以交换 1 年之后的 105 盎司黄金——即利率是 5%。现在，我们假设突然人们普遍预期货币购买力会增加。这样的话，一笔较低的回报（比如 102 盎司）就可以带来根据购买力来计算的 5% 的真实利息。普遍预期购买力上升因此会降低当前市场的利率，而普遍预期购买力下降则会提升利率。[1]

这个人们普遍接受的思路有一个致命的缺陷。比方说，我们假设人们普遍预期价格在明年会下跌 50%。是否有人会出借 100 盎司黄金，交换一年之后的 53 盎司？他们为什么不这么做？这无疑会将真实利率保持在 5%。但为什么这些潜在的放贷者不能简简单单地持有他们的货币，让他们的真实资产因为价格下跌而翻倍？这正是他们会去做的；他们当然不会把货币拱手让人，即便他们的真实资产会比以前更多。费雪声称购买力上升永远不会使利率变负，轻巧地摆脱了这个问题。但这一缺陷使整个理论失去了效力。

问题的根源就在于忽视了自然利率。让我们根据他们所说的那样来考察利率。那么，假设一人为要素支付 100 盎司，这些要素一年之后会被改造成一个售价 105 盎司的产品，以获得 5 盎司利息所得，即 5% 的利息回报。现在，人们普遍预期一年之后价格会普遍下降至当前的一半。一年之后该产品的出售价格将会是 53 盎司。现在会发生什么？企业家们是否会仅仅因为可以维持真实利率而购买

---

[1] 欧文·费雪，*The Rate of Interest*（New York, 1907），第五章，第十四章；同作者，*Purchasing Power of Money*，第 56-59 页。

100 盎司的要素，然后再以 53 盎司的价格出售？当然不会。除非他们完全没有预期到购买力的这一变化才会这样做。但只要预期到了，他们就会持有货币而非购买要素。这会立即将要素价格降低至他们预期的未来水平，比如从 100 降至 50。

贷款利率会怎样变动在分析上是很次要的内容。它只不过是反映了自然利率，它取决于人们对贷款市场和股权还有其他市场比较情况的预期和判断。对于自由经济而言，单独分析贷款市场是没有意义的。我们分析费雪的问题——利率对价格变动的关系——应当集中在自然利率上。讨论价格运动与（自然）利率之间的关系应当分两个部分：第一，假设"货币中性"——即所有价格变动都在同一时间均等地发生——以及第二，分析要素和产品价格以不同比率变动的情况。而分析这些变动又首先应该不考虑市场上它们已经被人们预期的情况。

首先，假设所有价格在同一时间均等地变动。我们考虑的是自然利率，而不要考虑贷款市场上借来的 100 盎司。一位投资者在期间 1 购买了要素，然后在比如期间 3 出售产品。我们已经知道，时间是生产结构的本质。所有生产过程都需要时间，资本家在生产和销售之前向要素所有者支付货币。由于要素是在产品出售之前买好的，有一个期间价格普遍上涨（即下降的货币购买力）会造成什么影响？结果是企业家赚取了一笔显见的额外利润。假设他通常用 100 盎司购买原始要素，然后在两年后以 120 盎司出售产品，以获取每年 10% 的利息回报。现在，假设货币需求的下降或者货币库存的增加驱使价格普遍走高，并且在两年的时间里所有价格都翻了一番。那么，一位当初以 100 盎司购买要素的企业家只是因为时间的推移，就可以在两年后以 240 盎司出售。这样他获得的是 140 盎司的净回报，也就是每年 70% 的回报率，而不是 20 盎司，即每年 10% 的回报率。

价格上涨似乎创造了一种内在的倾向，让企业家获得大量的利润，而不仅仅是个人做了更准确的预测所得的回报。不过，做更仔细的分析即可发现，这根本不是什么额外利润。因为两年后的 240 盎司按照购买力来算，与现在的 120 盎司大致相等。净回报的真实比率，基于货币所能提供的服务来算，依然是 10% 不变。显然，净回报的降低等于说是真实回报的下降。例如，仅仅取得 120 盎司的回报，会等于取得了严重的负真实回报，也就是投资了 100 盎司却取得了与仅仅 60 盎司相等的总回报。一个价格上涨的期间使商人误以为他们增加的货币利润也是真实的收益，而事实上他们只是维持了真实的回报率，这一点屡见不鲜。例如，试想"重置成本"的情况——商人们现在需要为要素支付的价格。用 100 盎司投资赚取了 240 盎司的资本家不幸忽视了，他的要素组合现在需要 200 盎司而不仅仅是 100 盎司才能购买。商人们在这种情况下会把他们的货币性利润当作真实利润，在消费掉之后不久就发现他们实际上是在消费自己的资本。

796　　　价格下跌，则出现相反的情况。资本家在期间 1 购买要素，在期间 3 出售产品，此时价格已经普遍下降了。如果价格在两年中下跌一半，那么投资 100 盎司，之后以 60 盎司出售产品，并未出现像表面上看的那样可怕的亏损。因为以综合购买力和要素重置费用计算，60 盎司的回报实际上都等同于先前的 120 盎司。他的真实回报率保持不变。结果是商人们很有可能在价格收缩的时段里夸大他们的亏损。大多数商人有这样一个根深蒂固的信念，相信他们在价格普遍扩张的时段总是盈利，而在普遍收缩的期间总是亏损。也许上述即是这个信念的成因，但这个信念纯粹是幻觉而已。

　　　在这些例子中，市场上的自然利率包含有一个购买力成分（purchasing-power component），用于纠正真实利率，在普遍扩张的时期使人们收获更多的货币，在收缩的时期减少收获的货币。贷款利率只不过是反映了自然利率正在发生的变化。到目前为止，我们的讨论与费雪的相似，只不过我们所说的是实际的而非预测的影响，而且费雪的论点无法解释利率为负的情况。我们看到，企业家不愿蒙受货币上的损失，即便他们的真实回报是相同的，他们也会推迟购买要素，直到要素价格立即下跌到它们未来的较低水平。但这个预测性的价格运动的过程，不只在预期回报为"负"的极端情况下发生。只要人们预期到价格的变动，它就会发生。因此，假设所有企业家都普遍预期价格会在两年内翻倍。预期的上涨会导致现在的价格水平上升，立即趋近于翻倍的价格水平。预期的下跌会导致要素价格即刻下跌。如果每个人都预期到了所有变动，那么购买力成分也就没有施展的空间了。价格会很简单地立即下跌到它们未来的水平。

797　　　所以说，并不像人们想象的那样，购买力成分并非对于购买力变动的预期的一种反映。它反映的是变动本身；确实，如果变动被完全预测到，购买力会立即改变，利率当中也就没有购买力成分存在的余地。实际上，部分的预测加速货币购买力向改变了的条件做调整。

　　　到目前为止我们已经辨别出自然利率的三个组成部分（都反映在了贷款利率当中）。第一个是纯粹利率——个人时间偏好的结果，在整个经济中趋同。第二个是具体的风险利率。这因不同企业而异，因此是不一致的。人们在事前预期这些利率的高低，它们是一位投资者在进入这个领域前预期取得的回报率。因此一个特别"有风险"的项目，如果能够成功的话，往往会比预期"安全"的项目有更高的净回报。自然利率的第三个组成部分是购买力成分，它因普遍的货币购买力变动（这是因为生产中不可避免的时间差造成的）而调整。它在价格扩张时为正，收缩时为负，但这都是很短暂的事。人们越全面地预测到了货币购买力的变动，购买力成分也就越不重要，货币购买力本身的调整也会更为迅速。

自然利率中还有第四个组成部分。只要货币变动不是在中性的条件下它就会存在（货币变动从来不是中性的）。有时候，产品价格升降快于要素价格，有时候却又较慢，又有时候它们的行为是混杂的，某些要素价格以及某些产品价格上升更快。只要产品和原始要素的变动速率存在普遍差异，自然利率中就出现了贸易条件成分。

历史上，通常可见产品价格的上升、下降比原始要素的价格要迅速。在前面这个情况中，资本家在这个转变的时期的一般经营，有了更有利的贸易条件。这是因为出售价格增长比购买原始要素的价格更快。这会增加一般回报率，构成了自然利率中积极的贸易条件成分。这当然会在贷款利率上有所反映。在价格收缩时，要素价格下跌缓慢，造成了利率中有一个普遍为负的贸易条件成分。当要素价格比产品价格变动更快，贸易条件的成分正好与之前那种情况相反。只要资本家–企业家的"贸易条件"没有普遍的变动，利率中也就不会出现贸易条件成分。

这里我们讨论的贸易条件变动，只是纯粹由对变动的条件的反应速度不同所造成的。它们并不包括由于时间偏好变动（就如我们上面所讨论过的）所导致的基本的贸易条件变动。

显而易见，所有利率的组成部分，除了纯粹利率以外——风险、购买力和贸易条件——都是"动态的"，是不确定性的结果。在均匀轮转经济中，这些成分没有一个会存在，因此均匀轮转经济的市场利率会等于唯独由时间偏好所决定的纯粹利率。在均匀轮转经济当中，唯一的净收入会是统一的纯粹利息回报以及劳动的工资（土地租金被资本化，变成了一项利息回报）。

6. 货币供给

A. 货币商品的库存

一个社会中的总货币库存即可用货币商品的总盎司数。本书通篇我们之所以故意选择用"黄金盎司"而不用"美元"或者任何其他货币的名称，正是因为在自由市场上，用后者指称黄金或者白银的重量单位会是令人费解的。

从一个时段到另一个时段，新的生产会增加总库存，而使用的消耗会减少总库存——或是作为非货币要素投入工业生产，或是因为钱币的磨损。由于货币商品的特性之一是它的耐久性，所以长期来看货币供给的通常趋势是上升的，这又导致了货币购买力在长期的下降。但只有在更多的黄金或者白银现在可以用于非货币性目的的意义上，这样的趋势才可以说是增加了社会效用。

我们在第三章中看到，货币商品的物理形式无关紧要。它可以被做成珠宝，派上非货币性的用途，可以做成条状或者块状形式，也可以做成硬币。在自由市场上，将黄金从一种形状转变为另一种只是一个普普通通的行当，为其服务收取市场价格，在均匀轮转经济中赚取一笔纯粹利息回报。由于黄金一开始都做成金条，最终被打造成硬币，所以后者相比相同重量的金条（金条此时是金币的资本财货），似乎会要求收取一小点溢价。不过，有时候硬币被重新熔铸成金条，用于较大额的交易，所以金币对金条有溢价并非必然。正如通常发生的那样，如果铸造硬币的成本高于熔铸，金币会对金条拥有相同的溢价。这个溢价被称为铸造货币费（brassage）。

经济学不可能预测出任何市场的结构的细节。私人发行的金块或者金币也许会发展成同质通用的形式，就像小麦市场一样；或者，金币也有可能铸上印记，标上铸币商的商标，作为对产品质量的认证。也许公众只会购买有商标的金币，以确保其精准的质量。

有一种反对私人自由铸币的观点是，强制性地将钱币面额规范化比自由市场中会出现的钱币多样性更为便利。但是，如果市场真的发现这样更为便利，私人铸币厂会受到消费者需求的驱使，去铸造某些标准的面额。相反，如果消费者偏好更大的多样性，那么他们会需求并获得更多种类的钱币。①

---

① 有关私人铸币可行性的说明，参见 Spencer, *Social Statics*, 第 438-439 页；Charles A. Conant, *The Principles of Money and Banking*（New York: Harper & Bros., 1905），第一卷，第 127-132 页；Lysander Spooner, *A Letter to Grover Cleveland*（Boston: B. R. Tucker, 1886），第 79 页；B. W. Barnard, "The Use of Private Tokens for Money in the United States," *The Quarterly Journal of Economics*, 1916-1917, 第 617-626 页。

新近赞同私人铸币的作者包括：Everett Ridley Taylor, *Progress Report on a New Bill of Rights*（Diablo, Calif.：作者，1954）；Oscar B. Johannsen, "Advocates Unrestricted Private Control over Money and Banking," *The Commercial and Financial Chronicle*，1958 年 6 月 12 日，第 2622 页及之后；以及 Leonard E. Read, *Government—An Ideal Concept*（Irvington-on-Hudson, N. Y.：Foundation for Economic Education, 1954），第 82 页及之后。一位反对货币商品由市场控制的经济学家最近承认了在一个商品本位下私人铸币的可行性。米尔顿·弗里德曼，*A Program for Monetary Stability*（New York: Fordham University Press, 1960），第 5 页。

B. 货币要求权：货币仓库

第二章讲述了"现在财货要求权"与"未来财货要求权"之间的差异。相同的分析不仅适用于物物交换，也适用于货币。一个对未来货币的要求权是一张汇票——信用交易的一个证明。汇票的持有者——债权人——在赎回日将之赎回为债务人所支付的货币。不过，对现在货币的要求权是一个完全不同的财货。它不是一笔未完成交易的证明，不是汇票那样的现在财货换未来财货的交易；它只不过是对一现在财货的所有权的证明。它不是未完成的，也不是时间市场上的一笔交易。因此，出示这一证明要求赎回，并不是完成了一笔交易，也不等同于债权人要求还债；这样做只是重新占有（repossess）了某人自己的财货。在第二章中我们给出的例子是对现在财货仓库收据以及股份的要求权。不过，股份不能赎回成公司的一部分固定资产，这是企业本身在它们的合作项目中制定的所有权规则所规定的。此外，无法保证这种资产有一个固定的货币价值。我们因此会将讨论限制在仓库收据（warehouse receipts）上，它与货币供给更为相关。

801

当一个人在仓库存放财货时，他取得了一张收据，并向仓库所有者支付一定数量的仓储服务费。他仍然保留着对财产的所有权；仓库所有者只不过是代为保管而已。当此人向仓库的所有者出示仓库收据时，仓库的所有者有义务归还此人所存放的财货。专门存放货币的仓库被称为"银行"。

在市场上，财货的要求权通常被当作财货本身来看待。如果人们没有怀疑存在诈骗或者盗窃，那么人们将对一财货的所有权证明看成是财货本身的对等物。在很多情况中，人们会发现，交易要求权或者证明——财货替代品（goods-substitutes）——比交易财货本身更为有利。纸质的凭证在人与人之间转让起来更为方便，而且也无须移动财货的花费。因此，琼斯向史密斯出售小麦时，他们无须将小麦从一地运送到另一地；他们很有可能同意，只需将仓库收据本身从琼斯转让给史密斯即可。这些财货仍然留在相同的仓库当中，直到史密斯需要使用，或者这个收据又转让给了另外某人。当然出于各种各样的原因，史密斯可以选择将财货存放在自己的仓库里，那样，这些财货就从一地转移到了另一地。

让我们举一个仓库为例。它由托管仓库公司所有，在其仓库中持有各种财货，履行其保管的服务。假设这个公司逐渐赢得了可靠而且免于盗窃的声誉，人们会因此倾向于长时间把他们的财货存放在托管仓库中，而且，对于他们并不经常使用的那些财货，他们甚至会开始转让财货凭证（goods-certificates，仓库收据或者财货所有权证明），而无须赎回财货本身。因此，财货凭证在交易中扮演了

802

财货替代品的角色。假设托管公司看到了这个情况的发生，它意识到现在是欺诈的大好时机。它可以把储户的财货，也就是它代为看管的财货在市场上向人们出借。它可以从这些贷款收取利息，只要任何时间都只有少部分储户要求赎回他们的凭证，也就没人能发现。或者，换一种方法，它可以发行假的仓库收据，它没有对应的财货，但还是将这些收据在市场上借出。这是一种更为巧妙的办法。假的收据会像真的收据一样在市场上流通，因为单从它们的外表看，人们无法区分哪些是合法的，哪些是非法的。

应当明确的是，这种做法是彻底的欺诈。仓库使用了他人的财产为自己牟利。这笔财产不是它借来的，因为它并不为使用这笔钱支付利息。或者，如果它印制了假的仓库收据，它也就是在根本没有财货存在的情况下发行并出售或借出了财货证明。

货币是最受这些做法影响的财货。因为我们已经看到，货币通常并不直接使用，而只是用于交换。而且，它是非常同质的财货，因此1盎司黄金可以与任何其他1盎司黄金互换。由于在交易中转让纸质凭证比运送黄金更为便利，建立起公众信任的货币仓库（或者说银行）会发现很少有人赎回他们的凭证。这些银行则尤其会受到进行欺诈，发行假的货币凭证，将之作为可接受的货币替代品与真的货币凭证一同流通的诱惑。货币是同质财货的事实，意味着人们并不在乎他们赎回的货币是不是最初存进去的货币。这使得银行欺诈更容易实施。

"欺诈"是一个严厉的词语，但用在描述这种做法上是准确的，即便法律或者那些做此勾当的人并不承认这一点。事实上，要区分发行假收据和侵占他人财产或者明显的挪用公款，或者造假币这种更为直接的做法之间的经济或者道德差异是困难的。当前的法律体系，大多数没有禁止这一做法，而事实上把它当作是银行基本的运作程序。但是，自由市场的自由意志主义法律会禁止这种行为。根据定义，纯粹自由市场中盗窃和欺诈（隐性盗窃）是非法且不存在的。

即便法律允许，挪用托管的财货或货币，或者发行假的仓库收据，当然是一项危险的生意。仓库一旦没能履行其契约义务，人们就会发现它的欺诈行为，随后会发生该仓库或者银行的大恐慌性"挤兑"。然后它很快就陷入破产。不过，这种破产与普通的投机性商业经营失败并不相似。它更接近于潜逃者在归还他所"借"资金前被抓住的情况。

即便收据表面上没有说，保证财货保存在仓库当中，发行收据本身就隐含了这样的协定。因为很显然，只要发行了任何假的收据，银行就立即无法完全偿付它们，因此也就立即犯下了欺诈的罪行。如果一个银行仓库中有 20 磅黄金，由其储户所有，而它发行的立即可赎回黄金凭证有 30 磅，那么价值 10 磅的单据是欺诈性质的。哪些具体收据是欺诈性质的，这只能在银行挤兑发生之后才能确定，后至索偿人的兑换要求银行是无法满足的。

在一个纯粹的市场经济中，根据定义，欺诈不可能发生，所以所有银行收据都会是真的，即它们只能代表仓库中实际有的黄金或者白银。那样的话，所有银行的货币替代品（仓库收据）将同样是货币凭证，即每张收据都真实地证明了仓库中货币的实际存在。银行仓库中保有的、供赎回的黄金数量称作"准备金"，只发行真实收据的政策因此是现金对需求债务（必须应需支付的债务）"百分之百准备金"的政策。[①] 不过，"准备金"是一个带有误导性的词语，因为它假设银行拥有黄金，独立地决定在手边要保留多少。事实上，拥有黄金的，并非银行，而是它的储户。[②]

已经涌现出大量文献探讨货币收据的物理形式，而货币的物理形式对于经济学来说没有什么重要性。货币收据的形式可以是纸券、辅币（本质上是铸成钱币而不是印成纸的银行券）或者银行的账户（活期存款）。所有者并没有实际持有活期存款，但他可以给银行书面指令，将之转让给他想要的人。这个指令称作支票。储户可以根据自己的便利选择使用哪种形式的收据。他选择什么形式在经济上没有差异。

C. 货币替代品和货币供给

由于在市场上，货币替代品可以当作货币一样交易，我们必须将它们当作

804

805

---

① 法律上讲，定期存款是未来要求权，因为银行拥有推迟 30 天支付的法律权利。此外，这些存单并不作为最终交换媒介流通。不过，后面这个事实并不具有决定性，因为对货币替代品的一个安全的要求权，本身就是货币供给的一部分。"闲置"现金余额以"定期存款"形式储存起来，就如金条是金币更为"闲置"的货币形式。决定性的因素也许在于，30 天的界限几乎是形同虚设的，因为如果一个"储蓄"银行要强行实施这个政策，就会导致这个银行发生让它破产的"挤兑"。另外，实际的支付有时候是用银行开出的定期存款支票进行的。因此，"定期"存款现在起到的是活期储蓄的功能，应当被当作是货币供给的一部分。如果银行希望充当真正的储蓄银行的角色，从事信用的借贷，它们可以发行具有一定期限的借据，在未来确定的日期偿还。这样的话，就不会出现混淆或者"造假币"的可能性。

② 诸如提货单、当票以及码头仓单之类的物品，都是保存具体物件的仓库收据，它们与宽泛的"一般储蓄"（可以归还同质财货）有明显差异。参见 W. Stanley Jevons, *Money and the Mechanism of Exchange*（第 16 版；London: Kegan Paul, Trench, Trübner & Co., 1907），第 201–211 页。

是货币供给的一部分。于是就有必要区分（广义上的）货币——通用的交换媒介——和真正货币（money proper）。真正货币即终极的交换媒介或者说本位货币——在这里就是货币商品。而货币供给含义更广，包括所有本位货币，加上个人现金余额中持有的货币替代品。在我们上面引用的例子中，黄金是真正货币，而收据——对黄金的要求权——则是货币替代品。

这些元素之间的关系，也许可以展现如下：设想一个三人社会，有 A，B，C 三人，以及三个货币仓库，X，Y，Z。假设每个人都拥有 100 盎司黄金，而在任何一个仓库都没有储蓄。那么，对于这个社会：

本币总供给量 = 300 盎司（A 的 + B 的 + C 的）

货币替代品总供给量 = 300 盎司

（广义）货币总供给量 = 300 盎司

这里的货币总供给量等于真正货币总供给量。

现假设 A 和 B 各自在仓库 X 和 Y 中储存了 100 盎司黄金，而 C 把黄金留在手头。货币总供给量总是等于个人总现金余额。它现在的构成为：

A——100 盎司的 X——货币替代品

B——100 盎司的 Y——货币替代品

C——100 盎司的黄金真正货币

（广义的）总货币供给 = 总现金余额 = 200 盎司货币替代品 + 100 盎司真正货币。

806　　　将真正货币存入仓库或者银行，结果是改变了现金余额中的总货币供给的构成；但总量保持在 300 盎司不变。不同银行的货币替代品在个人的现金持有中取代了大部分本位货币。类似地，如果 A 和 B 要去取回他们的存款，总量会保持不变，而构成会变回原来的模式。

那存在银行仓库里的 200 盎司黄金是怎么回事？它们已不再是货币供给的一部分了；它们被储备起来，对应于有待偿还的货币替代品。作为储备，它们不属于任何人的现金余额；现金余额并不包括黄金，而包括的是拥有黄金的凭证。只有银行储蓄以外的真正货币才构成了个人现金余额，因此也是社会的货币供给的一部分。

因此，只要所有货币替代品都是完全的货币凭证，现有货币替代品的增加或者减少都不会影响总的货币供给。受到影响的只有货币供给的构成，而且这种构成中的变化没有经济意义。

但是，当法律允许银行放弃 100% 准备金政策，发行假的收据，其产生的经济影响就十分不同了。我们不妨将那些并不是真正的货币凭证的货币替代品称为无准备货币替代品，因为它们并不真实地代表一笔货币。发行无准备货币替代品可以加入个人的现金余额，因此也就增加了货币的总供给。无准备货币替代品并没有被新的货币存款所抵消，因此构成了总供给的净增量。无准备货币替代品的供给，其任何上升或者下降都会以相同程度增减（广义）货币的总供给。

因此，总货币供给量由如下成分构成：储备外真正货币的供给量＋货币凭证的供给量＋无准备货币替代品的供给量。货币凭证的供给量不会影响货币供给量的规模；这个因素增加只会使第一个因素的规模减少。真正货币的供给量，以及决定其规模的因素，我们已经讨论过了。它取决于与使用损耗相比每年的产量，因此在不受妨碍的市场，真正货币供给量只会缓慢地改变。至于无准备货币替代品，由于它们本质上不是自由的而是被妨碍的市场的现象，所以决定它们的供给的因素，我们会在后面的第十二章中做进一步讨论。

不过，现在让我们略为细致地分析一下 100% 准备金银行和部分准备金银行之间的差异。我们假设斯塔银行是 100% 准备金银行；它的股东投资了 100 盎司黄金的资本，用于购置房屋和设备，然后成立了这家银行。在我们熟悉的资产负债表上，左边是资产，右边是负债和资本，这家银行的情况表现如下：

（1）斯塔银行

资产	负债
设备……100盎司	资本……100盎司

斯塔银行已经做好了运营准备。现在有些人前来，将黄金存入这家银行，而它则发行了仓库收据，承诺在任何时刻见票兑付，让储户（黄金的真正所有者）取回他们的财产。让我们假设几个月后，5000 盎司黄金储存到了银行的仓库里。它的资产负债表现为如下所示：

808   （2）斯塔银行

资产	负债
黄金……5000盎司	仓库收据……5000盎司
设备……100盎司	
5100盎司	资本……100盎司
	5100盎司

　　仓库收据作为货币替代品发挥作用并用于交换，这是对银行中储存的黄金的替代而非增加。所有的仓库收据都是货币凭证，该银行维持了100%准备金，因此没有发生侵害自由市场的行为。仓库收据也许以印制票（银行票据）或者账户贷项（活期储蓄）的形式出现，货币所有者做出书面指令或者"开支票"可以将之转让。在经济上，这两者是相同的。

　　但现在在假设执法宽松，银行看到它可以通过欺诈（即将储户的一些黄金借给想要借款的人，或者发行假的仓库收据，声称存有其实并不存在的黄金，并将这些收据借出）轻而易举地获利。[①] 让我们假设斯塔银行不满足于收取仓储服务费仅仅能赚取的利息回报，所以印了1000盎司假仓库收据，在信用市场上将它们出借给想要借钱的企业和消费者。斯塔银行现在的资产负债表如下：

809   （3）斯塔银行

资产	负债
黄金…………5000盎司	仓库收据……6000盎司
债务人借条……1000盎司	
设备…………100盎司	资本……100盎司
5100盎司	6100盎司

　　仓库收据在市场上仍然作为货币替代品在使用。而且我们看到，银行像变魔术一般凭空创造出了新钱。这个货币创造的过程也被称为"债务货币化"

[①]　我们也许会问，为什么银行的所有者不独吞赃物，把钱借给自己。答案是，这种做法曾经十分普遍，早期美国银行业的历史也展现了这一做法。后来法律规范迫使银行放弃这种做法。

（monetization of debt），这是一个贴切的术语，因为它描述了负债可以转化为货币（终极的资产）的唯一情况。显然，银行创造的货币越多，它就会赚取更多的利润，因为新创造的货币所赚取的任何收入，都是完全的纯粹收益（unalloyed gain）。我们知道，在自由市场中，货币只有通过购买、采矿或者赠予才能获得。这些途径的每一种，都需要有生产性服务——这来自某人自己或者他的祖先或者他的捐助者——才能取得货币。但现在银行有能力改变自由市场体系的条件。银行的通胀性干预创造了获得货币的另一条途径：为不存在的黄金发行收据，从而凭空创造新钱。[1][2]

D. 关于一些对 100% 准备金制度批判的评论　810

批判 100% 准备金制度的一个流行的看法认为，银行会因此无法获取任何收入，或者无法抵偿仓储、印刷等等的成本。现实恰恰相反，银行完全能够像其他财货仓库那样运作，即向其顾客收取服务费用，以其经营运作赚取通常的利息回报。

另一种流行的反对观点是，100% 准备金政策会消灭所有信贷。商人如何为短期投资借取资金呢？回答是，商人仍然可以向任何个人或者机构借取储蓄资金。"银行"还可以出借它们自己的储蓄资金（资本库存和积累的剩余），或者，它们可以向个人借取资金，再将之出借给企业，赚取利差。[3] 借入货币（比如发行债券）是一笔信用交易；个人将自己当前的货币与一个债券交换，后者是对未来货币的要求权。借入资金的银行为这笔贷款向他支付利息，转而再将这笔收到的钱与商业借款者在未来支付这笔钱的承诺交换。这又是一个信用交易，此时银行是借方而企业是贷方。银行的收入来自两种类型的信用交易的利差；这笔钱用于支付银行所做的中介服务，将公众的储蓄引导到投资中去。此外，没有特别的理由能够支持，为什么只有短期，而不是其他信用市场应当得到货币创造的补贴。

---

[1]　这个讨论并非有意暗示银行家，尤其是现在的银行家，都总是有意地参与到欺诈行为当中。实际上，这些行为，加上通常与之相伴随的法律规范以及复杂但谬误的经济理论，已经变得根深蒂固，以至于很少有银行家会把自己标准的职业过程看作是欺诈性的。

[2]　有关部分准备金银行业的一个出色讨论，参见 Amasa Walker, *The Science of Wealth*（第三版；Boston: Little, Brown & Co., 1867），第 138–68, 184–232 页。

[3]　瑞士的银行一直以来都在成功地向公众发售期限不同的公司债券，比利时和荷兰的银行最近也开始了这项业务。在纯粹的自由市场，这种业务无疑会大大地拓展。参照 Benjamin H. Beckhart, "To Finance Term Loans," *The New York Times*, 1960 年 5 月 31 日。

811　　　　最后，还有一个对政府强制推行100%准备金制度的批判，它认为这种措施，尽管就其本身而言是有益的，但是会为其他政府干预货币体系创造先例，包括用政府命令改变这一要求本身。这些批评者鼓吹"自由银行业"，即除了维护偿付义务以外，政府不干预银行事务，银行可以根据自己的意愿造假。可是，自由市场并不意味着造假或者以任何其他形式盗窃的自由。它恰恰反对这些犯罪的行为。要消除这一批评，我们不妨反驳，推行100%准备金的要求，并不是武断的政府行政法令，而是防范诈骗、保护财产的整体法律保护中的一部分。正如杰文斯所说："任何当前的授予或者让渡，如果所涉及的财货并不存在，则为无效。这曾被视为一条普遍的法律规则。"① 这条普遍规则只需要再度生效并得到推行，从而禁止货币替代品造假。那样的话，银行业就会保持完全自由，而且也不会脱离100%准备金制度。②

7. 货币关系变动期间的收益与损失

　　货币关系变动必然带来收益与损失，因为货币是非中性的，价格变动也并非同步发生。让我们假设——这在实际当中是极为罕见的——某次货币关系变动造

812 成最终均衡位置与先前的均衡在任何方面都完全相同（包括相对价格、个人评值等等），除了货币购买力发生了改变。我们将会看到，实际上，新的均衡形势中，这些因素无疑会发生很多变化。但即便它们没有变动，不同价格从一个均衡位置向下一个的运动不会平缓、即刻发生。它不会像大卫·休谟和约翰·斯图亚特·密尔所给的著名的例子那样，每个人醒来都发现自己的货币供给一夜之间翻了一倍。货币需求或者货币库存的变动是一步一步进行的，首先在经济的一个领域发生影响，然后在下一个领域。因为市场是一个复杂的交互网络，而且，一些人比另一些人反应更快，所以价格的变动会因为对已经变动了的形势的反应速度不同而有差异。

　　上面我们已经暗示，有如下规律可以宣示：当货币关系的变动导致价格上

---

① 杰文斯，*Money and the Mechanism of Exchange*，第211-212页。

② 杰文斯写道：

如果货币保证总是具有其特殊性，那么允许完全自由地发行保证凭证也就不可能有什么害处。发行者只不过会使自己成为一位仓库保管者，必然要保管每堆不同的钱币，准备好支付每张对应的票据。（同上书，第208页。）

升，出售价格先于其购买价格上涨的人获益，购买价格先上涨的人受到损失。转变期间，出售价格最先上涨而购买价格最后上涨的那个人获益最多。反过来，当价格下跌时，购买价格先于出售价格下跌的人获益，出售价格先于购买价格下降的人受到损失。

首先应该显而易见的是，价格上升有益，价格下跌有害是无稽之谈。在任何一个情形中，因为价格变动有些人获益，有些人损失，那些出售和购买价格之间有最大、最长的正差值的人是获益者，而这些变动中有最大、最长负差值的人是损失者。任何给定的变动中，哪些人会受益，哪些人蒙受损失是一个经验问题，取决于货币关系要素变动的位置、制度条件、预期以及反应速度等等。

让我们试想一下因货币库存增加而出现的受益与损失。假设我们从一个货币均衡位置开始。每个人的货币关系都处于均衡状态，他的货币库存与货币需求相等。现在，假设琼斯先生发现了一些之前无人知晓的黄金。琼斯的数据发生了改变。他的现金余额中，相比于他对货币的需求，有了过多的黄金库存。琼斯采取行动将他多余的现金余额花掉。我们假定这笔新钱用在了史密斯的产品上。史密斯现在发现他的现金余额超过了他的货币需求，于是他用多余的货币去购买另外某人的产品。 813

琼斯增加了的货币供给也增加了史密斯的出售价格和收入。史密斯的出售价格在其购买价格之前上升。他把钱花在了罗宾逊的产品上，提升了后者的出售价格，而大多数购买价格都还没有上涨。随着货币不断转手，购买价格不断上升。比如说，罗宾逊的出售价格上升了，但他购买的产品已经有一样——史密斯的产品——变贵了。随着这个进程继续，越来越多的购买价格上涨。那些离得到新货币的行列越远的人因此会发现他们的购买价格都上涨了，而他们的出售价格还没有上涨。

当然，货币供给以及价格的变动，也许是无关紧要的。但不论货币库存变动是多是少，这个过程必然会发生。显然，其他条件保持不变，货币库存增加越多，它对价格的影响就越大。

我们在上面已经看到，货币库存增加导致货币购买力下降，货币库存减少导致货币购买力上升。不过，货币购买力并不是简单地、均匀地升降。因为货币库存的变动并不会自动同时发生。新货币在某个具体点进入经济体系，然后以这种方式扩散到整个经济。最先收到新货币的人是货币增加最大的受益者，最后接收到新货币的人是最大的受损者，因为他们所有的购买价格都已先于他们的出售价 814

格而上涨。很明显，从货币上看，差不多前一半新货币的获得者，他们的受益刚好被后面一半人的损失抵消。反过来，如果货币因为损耗或者遗失之类的事情，而从经济体系中消失的话，那么最早的损失者减少他的开支，蒙受最大的损失，而最后感受到货币供给量减少的影响的人受益最大。这是因为货币供给减少导致第一位所有者蒙受损失，他的出售价格先于购买价格下跌，而最后一位受益，是因为他的购买价格先于他的收入下跌。[①]

这个分析证明了我们上面的论述，即货币供给量增加不会带来社会效用，供给量减少也不会造成社会负效用。这在转变期间仍然有效。只有在黄金增加可以满足非货币性的、直接使用黄金的需求的情况下，对于社会而言才是有益的（即对于某些人有益但没有明确伤及其他人）。

如果像我们一直假设的那样，相对价格和评值在整个过程中保持不变，那么除了整体价格改变之外，新的均衡会与旧的相同。那样的话，收益与损失都只是暂时的，会随着新的均衡到来而消失。不过，实际上这从来没有发生过。因为即便人们的评值冻结不变，相对货币收入在转变过程中所发生的变化本身就改变了需求结构。这个转变期间的财富获得者会与财富损失者有不同的偏好和需求结构。这就导致需求本身的结构会发生变动，新的均衡将有不同的一系列相对价格。同样，这个变动很可能对于时间偏好并不中性。一直收益的人无疑会有与一直以来的损失者不同的时间偏好结构，所以一般时间偏好也有可能处于不断的变动当中。至于变动究竟会怎么样，或者向哪个方向，经济学当然不可能预测。

我们不妨注意，即便在想象中的那种情况，每个人的现金余额中的货币供给在一夜之间自动翻倍，货币变动仍然有着这种"驱动力"（driving force）。这是因为，就算每个人的货币库存翻倍，它也并不意味着所有价格都会自动翻倍！每个人都有形状不同的货币需求表，我们不可能预测每个表的具体形状。有些人会用掉他们更多比例的新钱，另外一些人会在他们的现金余额中保留更多的比例。很多人倾向于把他们新的现金余额用于购买与他们以前用旧钱所购买的不同财货。所以，需求结构会改变，下降了的货币购买力不会使所有价格翻倍；有些价格上涨高于一倍，还有些则不到一倍。[②]

---

① 参见米塞斯，《货币与信用原理》，第 131–145 页。
② 参见米塞斯，《人的行动》，第 413–416 页。

8. 价格的决定：财货侧和货币侧

我们现在即将要把所有决定财货价格的线索串在一起。从第四章到第九章，我们分析了具体财货价格的所有决定因素。在本章我们已经分析了货币购买力是如何决定的。现在我们可以看到，这两套决定性因素将合二为一。

正如我们所知，一个具体的价格是由财货的总需求（交易和留存）以及财货库存所决定的，它随着前者的增加而增加，也随着后者的减少而增加。所以，我们不妨称需求为价格的"增加因素"，库存为"减少因素"。每个财货的交换需求——交换财货将会用到的货币数量——等于社会中的货币库存减去下列项目：所有其他财货的交换需求以及货币的留存需求。简而言之，花在财货 X 上的货币数量，等于总货币供给量减去花在其他财货以及保留在现金余额中的货币数量。

假设我们忽视涉及的困难而设想"所有财货"的价格，也就是货币购买力的倒数。一般财货价格现在会由对所有财货的货币需求（上升因素）以及所有财货的库存（下降因素）所决定。现在，当我们考虑的是所有财货时，财货的交换需求等于货币库存减去货币的留存需求。（与任何具体财货不同的是，这里我们无须减去人们在其他财货上的开支。）总财货需求于是就等于货币库存减去货币的留存需求，加上所有财货的留存需求。

所有财货的价格的终极决定因素有：货币库存以及财货的留存需求（上升因素），还有所有财货的库存和货币的留存需求（下降因素）。现在让我们考虑一下与此相对的一面：货币购买力。货币购买力，就如我们所知，是由货币需求（上升因素）与货币库存（下降因素）所决定的。货币的交换需求等于所有财货的库存减去所有财货的留存需求。因此，货币购买力最终的决定因素是：所有财货的库存以及货币的留存需求（上升因素），还有货币库存以及财货的留存需求（下降因素）。我们看到，这些因素正好与决定所有财货的价格的因素相反，所有财货的价格是货币购买力的倒数。

因此，对于价格的货币侧以及财货侧的分析是完全和谐一致的。这里也就不再需要武断地把分析一分为二，分别以物物交换类型分析相对财货价格，以及对货币购买力做整体性的分析。不论我们讨论的是一个财货还是所有财货，其他条件保持不变，价格或者所有价格都会随着货币库存的增加而上升，随着财货库存的增加而下降，随着货币留存需求的增加而下降，还随着财货留存需求的增加而上升。对于每件财货，当对此件财货的具体需求增加时，它的价格也会上升；但

816

817

除非这是社会的货币留存需求下降的反映，否则这一变化了的需求将同时意味着其他某些财货的需求下降，它们的价格继而下跌。所以，具体需求的变动并不会影响货币购买力的价值。

在进步经济中，四个决定性要素的长期趋势很有可能是：随着新产黄金加入到先前的总库存中，货币库存逐渐增加；财货库存随着资本投资积累而增加；短期投机在长期中消失，所以财货的留存需求也趋于消失（短期投资也是这种需求的主要原因）；货币的留存需求未知，比如，清算使这一需求可以在一段时间内减少，而更多数量的交易倾向于使之增加。所以，我们难以准确地说出在进步经济中，货币购买力会如何运动，不过我们也可以做最简略的猜想，货币购买力因为财货库存增加的影响而增加。无疑，财货侧的影响是指向价格下降的；货币侧我们则无法预测。

因此，货币购买力以及具体价格的终极决定性因素，是个人的主观效用（需求的决定因素）以及财货给定的客观库存——这也就证实了奥地利－威克斯蒂德的价格理论适用于经济体系的所有方面。

818　　　　最后要提醒一点：一定不能忘记，货币从不可能是中性的。一系列倾向于提升货币购买力的条件，从不可能精确地与另一系列降低它的条件相抵消。比如，假设财货库存增加，趋向于抬升货币购买力，而与此同时，货币供给量增加，趋向于将之降低。其中一项变动从不可能抵消另一项；因为一项变化会使某个系列的价格降低更多，而另一项则会使整个价格数组当中一个不同系列的价格上涨。两者变动的程度取决于具体财货以及受影响的个人，也取决于他们具体的评值。因此，即便我们可以从历史上判断（并非经济科学的判断），货币购买力大致保持不变，价格关系在价格数组中已经发生了变动，所以我们的判断从不可能准确。

9. 地区间交易

A. 货币购买力的地理一致性

任意商品的价格，在整个使用它的区域是趋于相同的。我们已经看到，佐治亚的棉花比纽约的棉花定价低，但这并没有打破这条规律。当纽约的棉花是一种消费者财货时，佐治亚的棉花相对于前者而言是资本财货。佐治亚的棉花与纽约的棉花并不是同一种商品，因为财货必须首先在一地加工，然后运输到它们被消费的地方。

每种商品的价格在整个使用它的地区趋于一致的规则，货币也不例外。事实上，货币商品的使用范围更广。其他商品在某些中心生产，必须运输到其他中心以供消费。所以，不同地理位置的相同商品并非相同的"财货"；在生产中心它们是资本财货。货币确实也要首先被开采出来，然后被运送到使用的地方。但货币商品一旦被开采出来，就仅仅用于交易。出于交易的目的，它从此之后便开始在整个世界市场上来回运送。因此，对于货币而言，并没有与消费者财货位置隔离开来的真正重要的资本财货位置。其他所有财货都是首先被生产，然后被移至使用和消费它们的地方，而货币在整个市场区域通用，它们可以互换，不断来回移动。因此，货币购买力趋于地理一致的倾向，对于黄金或者白银这些物理商品而言是存在的，我们无须将这种商品在不同地点区别对待。

货币购买力因此会在整个区域相同。要是纽约的货币购买力低于底特律，那么财货交易用的货币供给，会在纽约减少，在底特律增加。纽约的财货价格要比底特律的高，所以相比从前，人们在纽约会减少花费，在底特律花费更多，货币的移动反映了这一变动。这个行动将提升纽约的货币购买力，降低底特律的货币购买力，直到两地的货币购买力相等。这样，货币购买力会在货币被使用的所有地方保持均等，不论是否有国家边界的干扰。

有些人反对称，不同地区购买力确实存在永久性差异。比如，他们指出纽约餐馆的食品价格比皮奥利亚贵。不过，对于大多数人而言，纽约相对皮奥利亚具有某种绝对的优势。消费者在纽约可以买到的财货和服务要多得多，包括剧院、音乐会、大学、高品质的珠宝和服饰，以及证券交易所。两种商品——"纽约的餐馆服务"和"皮奥利亚的餐馆服务"之间有着巨大的差别。前者允许购买者留在纽约，享受其各种优势。因此，这两者是不同的财货，纽约的餐馆服务价格更高，说明市场上绝大多数人评值前者比后者要高，而且认为前者是有更高品质的商品。①

不过，运输成本的确为本分析引入了一个限定。假设底特律的货币购买力略高于罗切斯特。我们会预期黄金从罗切斯特流向底特律，人们在罗切斯特花费更多的钱用于购买财货，直到两地的货币购买力均等。但如果底特律的货币购买力

819

820

---

① 米塞斯在阐明这个问题上的贡献得到了认可，参见 Wu, *An Outline of International Price Theories*，第 127 页，第 232–234 页。

高出来的部分小于从罗切斯特运送黄金的运输成本，那么相对货币购买力在黄金的运输成本区间内会出现差异。于是，向底特律运输黄金过于昂贵，也就无法利用其更高的货币购买力了。地区间货币购买力也许会在这个运输成本边际的范围内出现正负差异。[①]

　　许多批评家声称，货币购买力不可能在全世界都具有一致性，因为有些财货不可能从一个地方运到另一个地方。比如，时代广场或者尼亚加拉大瀑布就不可能运输到其他地区；它们是当地所特有的。因此，他们宣称，均等化的过程，只有可能发生在那些"地区间贸易涉及"的财货；它并不适用于一般货币购买力。

　　这个反驳看似在理，但其实完全是错误的。首先，异质的财货，比如时代广场和其他大街是不同的财货，因此没有理由期望它们有相同的价格。其次，只要有一个商品可以交易，货币购买力就能够均等化。货币购买力的构成很有可能发生改变，但这并不能否定均等化的事实。即便如我们将要看到的，货币购买力不能被度量（因为它的构成并没有保持一致），但均等化的过程可以从人的行动的事实推演得知。

　　最后，由于任意财货都可以被交易，所以又有什么可以阻止，比如说奥什克什（Oshkosh）的资本家去购买时代广场上的一座建筑呢？奥城的资本家不需要原原本本地将财货运回奥城，就能将之买下，并通过他们的投资获利。那么，每件财货都"进入地区间贸易"；"本地"和"跨地区"（或者"国际"）财货之间是不可能做出区分的。

　　比如，假设奥什克什的货币购买力高于纽约。纽约人会倾向于在奥什克什购买更多，奥什克什人在纽约购买更少。这不仅意味着纽约会购买更多的奥什克什小麦，或者奥什克什会减少购买纽约的服饰。它同样意味着纽约人会在奥什克什投资房地产或者剧院，而奥什克什人会出售他们在纽约的一些资产。

B. 地区间交易中的清算

　　清算对于地区间交易而言尤其适用，因为从一地向另一地运输货币的成本很有可能比较高昂。每个城市的汇票（即每个城市所欠的借据）可以相互抵消。一方面，假设底特律有两个交易者 A 和 B，罗切斯特有两个交易者 C 和 D。A 以200 克黄金的价格将一台冰箱出售给 C，D 以 200 克黄金的价格将一台电视机出

---

① 不过，我们后面将会看到，地区间的清算可以显著缩小这些约束。

售给 B。这两笔债务可以清算掉，也就无须从一地向另一地运输货币。另一方面，D 出售的电视机，价格也许是 120 克黄金。现在假设他们是这两个社区中唯一的交易者，那么有 80 克黄金需要从罗切斯特送往底特律。在后面这个情况中，底特律的公民决定在他们的净余额上增加他们的现金持有，而罗切斯特人决定减少他们的现金持有。

经济学家通常使用"黄金输出点"和"黄金输入点"来描述地区间贸易。不过这种表述假设，即便两个地方都使用黄金货币，说一个地方对另一个地方的货币"汇率"是有意义的。这个汇率定在货币运输成本——"黄金输入"和"黄金输出"点——所确定的边界之间。可是，这在自由市场上并不适用。在这样一个市场上，所有钱币和金块都以黄金重量为单位来表达，不论怎么样，讨论一个地方的货币对另一个地方相同的货币的"汇率"没有任何意义。1 盎司黄金与 1 盎司黄金之间怎么可能有"汇率"？自由市场上不会有法定货币法或者其他法律，将一个地区的钱币价值与其他地区的割裂开来。因此，各地的货币购买力也许有轻微的差异（处于黄金运输成本的界限内），但地区间"汇率"不可能有本质上的差异。自由市场上不存在汇率，除非存在两种或者多种并存的货币商品。

10. 收支平衡

在第三章，我们详细分析了个人的收支平衡。我们知道，一个人的收入可以被称为他的出口，他的收入的物理来源，即是他的出口财货；而他的开支可以被称为他的进口，他所购买的财货是他的进口财货。[①] 我们也知道了，因为一个人选择把他的一些收入用于增加现金余额而说他的贸易平衡"有利"，或者反之因为他决定减少现金余额，以至于开支大于收入而说他的贸易平衡"不利"纯属荒谬之谈。每一个行动和交易，从进行这次行动和交易的人的角度看，都是有利的；否则他就不会参与其中。进一步的结论是，任何人都不需要担心别人的收支平衡。

一人的收入和开支构成了他的"贸易平衡"，而他的信用交易，添加到这一平衡上，就形成了他的"收支平衡"。信用交易也许会使平衡变得复杂，但它们没有改变其实质。当一个债权人借出一笔贷款，他根据贷款的数量，将之加到他

822

823

---

① 人们所说的"出口支付进口"（exports pay for imports），只不过是在说收入支付开支。

的"已付货币"一栏——为了购买在未来归还的承诺。他将自己当前现金余额的一部分转移给债务人，以此作为交换购买了债务人的归还承诺。债务人将这笔钱加入到他的"已收货币"一栏——这笔钱来自他出售在未来归还的承诺。这些归还的承诺也许在未来任意日期到期，这取决于债权人与债务人的决定；通常它们的期限范围从1天到若干年不等。在到期日，债务人偿还贷款，将自己的部分现金余额转移给债权人。这会出现在债务人的"已付货币"一栏——这笔钱用于偿付债务——以及债权人的"已收货币"一栏——来自债务人偿还的债务。债务人向债权人所做的利息支付，也会类似地反映在各自的收支平衡上。

相比任何其他经济学领域，有关收支平衡的论述充斥着几乎最多的胡言乱语。这是经济学家未能将他们的分析建立、发展在个人的收支平衡的基础上所致。相反，他们采用了诸如"国民"收支平衡之类笼统、整体论的概念，而没有将它们建立在个人行动和平衡的基础之上。

我们可以将若干个人的收支平衡合并到一起，也可以做出无数种分组。但在这些情况下，收支平衡只记录了一个群组中的个人与其他个人之间的货币交易，而未能记录群组内部人们的交易。

824 　　例如，假设我们在一个时期内将安特勒斯宿舍的收支平衡合并在一起。宿舍有3名成员，A，B和C。假设他们的个人收支平衡如表11.1所示。

在合并后的安特勒斯宿舍资产负债表中，成员之间的货币支付必然要相互抵消掉，因此，

合并后的安特勒斯宿舍收支平衡

从"外人"获得的货币收入（出口）……75盎司	向"外人"购买财货的货币支出
从"外人"转移来的现金余额变动……………3盎司 　　　　　　　　　78盎司	进口……………………78盎司

合并后的平衡相比个人的平衡，在揭示群组成员的活动方面更为粗略，因为群组内部的交易在这张表上没有显现。这一差异随着纳入合并平衡表的人数增加而扩大。一个大国（比如美国）公民的合并平衡，传递的有关他们经济活动的信息，相比较小国家的合并平衡所展示的要少。最后，如果我们把全世界的公民并

到一起，他们的合并收支平衡正好是 0。所有交易都是在群组内部发生，合并平衡并不传递有关这些交易活动的任何信息。把世界所有人放到一起，他们从"外部"获得的收入为 0，在"外部"的开销也是 0。[①]

表11.1

	A	B	C	总计
从其他宿舍会员获得的货币收入	5盎司	2盎司	3盎司	10盎司
从"外人"获得的货币收入	20盎司	25盎司	30盎司	75盎司
总货币收入	25盎司	27盎司	33盎司	85盎司
其他宿舍成员购买财货的货币开销	2盎司	8盎司	0盎司	10盎司
"外人"购买财货的货币开销	22盎司	23盎司	33盎司	78盎司
总货币开销	24盎司	31盎司	33盎司	88盎司
现金余额变动	+1盎司	−4盎司	0盎司	−3盎司

如果我们将收支平衡仅仅理解为合并后的个人交易，将国家平衡理解为不过是个人平衡与为零的世界收支平衡之间一个随意的中间点，思考对外贸易也就不会陷入谬误之中。比如，人们一直担心贸易平衡会持续"不利"，以至于该地区黄金会流失直至一无所剩。不过，黄金流失并非什么上帝的神秘行为。它是民众的意愿，它们在净平衡上，出于这样或那样的原因，希望缩减他们的黄金现金平衡。平衡的状况只不过是一地区或者一群体自愿减少现金余额的明确体现。

对国家收支平衡的担忧，是国家边境内交易数据比其他地方更容易获取的这个巧合的错误遗留。应当明确的是，对美国使用的收支平衡原理，对于美国一个地区、一个州、一个城市、一个街区、一处住宅乃至一个人都是同样适用的。显然，没有人或者群体会因为"不利"的平衡而受到损害；他或者群体只会因为低水平的收入或者资产而受损。看似有道理的呼声，比如让货币"留在"美国，美

---

① 依据这条思路思考收支平衡，米塞斯有出色的、原创性的分析，参见米塞斯，《人的行动》，第447–449 页。

国人不应该被"外国廉价劳动的产品"所淹没之类，如果我们将之应用到一个有琼斯三兄弟的家庭，采取一个新的视角。想象一下，每个兄弟都劝告他人"购买琼斯家的东西"，"保持货币在琼斯家内部流通"，杜绝向收入低于琼斯家的人购买产品！可这些论点的原理，在两个例子中正是相同的。

另一个流行的论点是，一个债务群体或者国家，因为它的"收支平衡处于根本的不均衡状态，其本身就是不利的"，不可能还清它的债务。这个论点在国际事务中受到认真对待；但个人债务者用这个借口抵赖债务，我们又会怎么看呢？债权人完全有理由直截了当地告诉债务人，他所说的一切，其实也就是在说，与其还债，他更愿意把他的收入和资产花在可享受的财货和服务上。抛弃通常的整体主义分析，我们就会明白，这一点对于一笔国际债务来说也是如此。

11. 财货的货币属性

A. 准货币（quasi money）

我们在第三章中看到，一种或若干种适销商品，如何被市场选作交换媒介，因此大大地增加了它们的适销性，并得到越来越普遍的使用，直到它们可以被称为货币。我们的隐含假设是，有一种或者两种媒介是完全适销的——总是能够出售——而其他商品都只对货币出售。我们还未提及这些财货的适销性的程度。一些财货比其他财货更易出售。有一些财货非常容易出售，以至于它们实际上上升到了准货币的地位。

准货币并不是国家货币供给量的一部分。要决定它们是不是货币，可以看它们是否用于清偿债务，或者它们是否能以面值作为这种支付手段。不过，人们把它们作为资产持有，认为它们易于出售，所以市场上对它们有了额外的需求。它们的存在降低了货币需求，因为持有者可以通过将它们作为资产持有而节约货币。这些财货的价格因为准货币的地位而比没有这个地位的情况要高。

珠宝在东方国家传统上被当作准货币。在发达国家，准货币通常是短期债务或者证券，它们有广阔的市场，可以轻易地在市场中以可实现的最高价格出售。准货币包括高等级债券、某些股票，以及某些大宗商品。被用作准货币的公司债券会有更高的价格，它的利息收益因此也会比其他投资的低。[1]

---

[1] 参照米塞斯，《人的行动》，第459-461页。

B. 汇票

在前面的小节中我们知道汇票不是货币替代品而是信用工具。货币替代品是对当前货币的要求权，等同于仓库收据。但一些批评家认为，19世纪之交的欧洲，汇票确实是作为货币替代品流通的。它们在到期日之前作为最终支付的手段流通。不过，这些汇票并不是货币替代品。汇票持有者是债权人。每个票据承兑人都必须背书其支付，而每个背书人的信用状况都必须被检查，以判断汇票是否具有偿付能力。简言之，就如米塞斯所说：

> 汇票背书事实上不是最终支付；它只是在有限程度上解放了债务人。如果汇票没有偿付，那么他的负债以比以前更严重的程度重新出现。[①]

因此，汇票不能被归入货币替代品一类。

12. 并存货币的汇率

至此我们都是根据单一货币及其购买力分析市场的。这个分析适用于市场上存在的每一种类型的交换媒介。但如果市场上并存着一种以上的媒介，各种媒介之间的汇率，是由什么决定的？尽管在不受妨碍的市场上，有逐渐确立起单一货币的倾向，这个倾向的进展是十分缓慢的。如果有两种或更多商品为人们提供很好的便利，而且都非常适销，那它们也许会作为货币而在市场上并存。每一种都会被人们当作交换媒介来使用。

许多世纪以来，黄金和白银是作为货币并存的两种商品。两者在稀缺性、非货币目的上的可欲性、可携带性还有耐久性等等方面都有相似的优势。不过，黄金由于它每个重量单位的价值相对来说比白银高得多，所以在大额的交易中更为有用，白银则适用于小额的交易。

我们不可能预测出，市场本来究竟会一直使用黄金白银，还是一种会逐渐将另一种的一般交换媒介地位排挤下去。因为在19世纪晚期，大多数西方国家都

---

① 米塞斯，《货币与信用原理》，第285-286页。

发动了反对白银的政变，用强制手段确立了单一金属本位制度。[①]黄金和白银能
够也确实在同一个国家或者整个世界市场并存；或者可以是其中一种在某个国家
发挥货币的作用，而另一种是另一个国家的货币。我们对汇率的分析对于这两种
情况而言是相同的。

什么决定了两种（或者更多）货币之间的汇率？两种不同货币相互兑换有一
个比率，这个比率与用其他所有经济财货表示的每种货币的购买力的比值相对
应。比如，假设有两种并存的货币，黄金和白银，且黄金的购买力是白银的两
倍，即每件商品用白银计的货币价格是用黄金计的两倍。1盎司黄金兑换50磅奶
油，1盎司白银兑换25磅奶油。1盎司黄金于是就倾向于交换2盎司白银；黄金
和白银的汇率会趋向于1∶2。如果某个时间比率偏离了1∶2，市场力量会在购
买力和两者的汇率之间重新建立平衡。两种货币之间的这个均衡汇率被称为购买
力平价。

比如，假设黄金与白银之间的汇率是1∶3，3盎司白银兑换1盎司黄金。与
此同时，1盎司黄金的购买力是1盎司白银的两倍。现在，将商品出售换得黄金，
将黄金换成白银，然后用白银再换成商品的人可以赚取明确的套利收入。例如，
人们会出售50磅奶油，换取1盎司黄金，用它换取3盎司白银，然后用白银与
75磅奶油交换，从而赚取25磅奶油。人们还能从对其他所有商品的这种套利行
为中赚取类似收益。

套利会修正白银和黄金的汇率，使之回到购买力平价。黄金持有者增加了他
们的白银需求，以通过套利行为获利。他们这样做会使白银相对黄金变得更为昂
贵，反过来也就是说，黄金对于白银变得更为便宜。汇率向1∶2的方向转变。
而且，商品的持有者越来越多地需求黄金，以此借套利获利。这抬升了黄金的购
买力。白银的持有者也在购买更多的商品从而获取套利利润，这个行动降低了白
银的购买力。所以购买力的比率从1∶2向1∶3的方向移动。这个过程直到汇率
重新回到购买力平价才会停止，此时已经无法套利。套利的收益有自我消除、产
生均衡的倾向。

应该注意到的是，长期而言，购买力的运动在均衡化的过程中也许并不重

---

① 最近的证据表明，美国的这一行动是故意的"构陷白银的犯罪"，而不是简单的事故，参见 Paul
M. O'Leary，"The Scene of the Crime of 1873 Revisited," *Journal of Political Economy*，1960年8月，
第388-392页。有一种支持这种做法的观点认为，政府由此简化了经济中的记账。但是，市场早
就能够用黄金记账从而轻而易举地实现这一点。

要。随着套利收益的消失，需求很有可能回到它们原来的情况，原始的货币购买力比率重新建立起来。就上面这个例子而言，均衡比率很有可能保持在 1：2 的水平。

因此，任意两种货币之间的汇率倾向于处在购买力平价的水平。偏离平价往往会自我消除，重新确立平价比率。对于任何货币而言都是如此，包括那些主要用在不同地理区域中的货币。无论货币交易是发生在相同还是不同地区的居民之间，除了有运输成本外，没有经济差别。当然，如果两种货币分别在两个完全分隔的地理区域使用，两地住户没有任何交易，那么两种货币之间也就没有汇率。不过，一旦出现了交易，汇率总会趋于定在购买力平价上。

经济学不可能宣告，如果货币市场保持自由，黄金和白银本来是否会继续作为货币并行流通。货币史上，对于是否要允许货币以自由波动的汇率流通，人们有着奇怪的犹豫。但究竟是一种还是两种货币作为记账单位使用，是市场根据自己的便利决定的。[①]

831

13. 交易方程的谬误

我们一直用来解释货币购买力以及货币现象的变动和结果的基础，是对于个人行动的分析。总体的行为，例如货币总需求和总供给，则根据它们的个人的成分建构起来。这样，货币理论被整合到了一般的经济学理论当中。然而，除了我们其他地方讨论的凯恩斯体系，美国经济学的货币理论是以完全不同的术语出现的——准数理的、整体的交易方程，尤其是欧文·费雪的理论，是这一方面建树的源头。这种错误的方法普遍流行，所以值得我们做详细的批判。

[①]　参见米塞斯，《货币与信用原理》，第 179 页及之后，以及杰文斯，*Money and the Mechanism of Exchange*，第 88-96 页。支持这种并行本位的观点，参见 Isaiah W. Sylvester, *Bullion Certificates as Currency*（New York, 1882）；以及 William Brough, *Open Mints and Free Banking*（New York: G. P. Putnam's Sons, 1894）。支持 100% 硬币准备货币的 Sylvester 是美国检验局的官员。

有关并行本位成功运作的历史记录，参见 Luigi Einaudi, "The Theory of Imaginary Money from Charlemagne to the French Revolution," in F. C. Lane and J. C. Riemersma, eds., *Enterprise and Secular Change*（Homewood, Ill.: Richard D. Irwin, 1953），第 229-261 页；Robert Sabatino Lopez, "Back to Gold, 1252," *Economic History Review*，1956 年 4 月，第 224 页；以及 Arthur N. Young, "Saudi Arabian Currency and Finance," *The Middle East Journal*，1953 年夏，第 361-380 页。

欧文·费雪的《货币购买力》一书经典地展示了交易方程的理论。[①]费雪称他的作品的主要目的是探究"决定货币购买力的那些原因"。货币是普遍接受的交换媒介，货币购买力所以定义为"一定量货币可以购买的其他财货的数量"。[②]他解释道，财货价格越低，一定量货币可以购买的数量就越多，因此货币购买力也就越大。如果财货价格上涨则反亦反之。推理至此是正确的；但随后的推论却明显地不合逻辑："简言之，货币购买力是价格水平的反面；因此，研究货币购买力也就是研究价格水平。"[③] 从这之后，费雪着手探究"价格水平"的成因；也就是说，用一个简单的"简言之"，费雪从包含了无数具体财货的一个价格数组的真实世界，跳跃到了具有误导性的"价格水平"这一虚构之中，而没有讨论这种概念必然面对的严重困难。"价格水平"概念的谬误我们会在后面进一步讨论。

"价格水平"据说是由三个总和的因素决定的：流通中的货币数量，其"流通速度"——一段时间内一个货币单位用于交易财货的平均次数——以及货币交易的财货总量。这些都表现在著名的交易方程式中：MV=PT。费雪以如下方式建立起了这个交易方程式：设想一个单个的交易——史密斯以 7 分钱 1 磅的价格购买 10 磅糖。[④] 交易达成，史密斯给琼斯 70 美分，琼斯把 10 磅糖转让给史密斯。从这个事实，费雪不知怎的得出，"10 磅糖与 70 美分被认为是相等的，这个事实可以如下表示：70 美分 =10 磅乘以 7 美分 / 磅"。[⑤] 这个不协调的相等假设并非像费雪明显假设的那样是不言自明的道理，而是一团谬误和牵强附会。谁"认为"10 磅糖和 70 美分是相等的？一方面，肯定不是史密斯，糖的购买者。他购买糖恰恰是因为他认为两者的价值不相等；对于他而言，10 磅糖的价值大于 70 美分的价值，这也是为什么他做了这笔交易。另一方面，琼斯，糖的出售者，则正是因为两种财货不相等的方向相反而交易，即，他认为 70 美分的价值大于 10 磅糖的价值。因此，交易的两个参与者从不可能有相等的价值评值。一笔交易必然意味着某种相等的假设，自亚里士多德以来一直欺骗着经济学理论；费雪在很多方面是主观价值论的支持者，他竟然陷入这个古老的陷阱之中，着实令人惊讶。被交换的两个财货（或者，在这个例子中的货币和

[①] 费雪，*Purchasing Power of Money*，尤其是第 13 页及之后。
[②] 同上，第 13 页。
[③] 同上，第 14 页。
[④] 我们这里不用黄金重量，而用"美元"和"美分"，是因为费雪本人用的就是这些表达。
[⑤] 费雪，*Purchasing Power of Money*，第 16 页。

财货）肯定在价值上不相等。还有其他什么东西具有等同性，而发现了这种等同性就可以拯救费雪的学说？显然没有；重量、长度还是其他度量都没有等同性。但在费雪看来，这个等式代表着"货币侧"和"财货侧"的价值相等；因此，费雪写道：

> 支付的总货币，其价值与已购财货的总价值相等。这个方程式因此有一个货币侧和一个财货侧。货币侧是支付了的总货币……被交换的财货数量乘以各自价值的结果构成了财货侧。[①]

不过，我们已经看到，即便抛开整体论的"总交易"问题，对于单个交易而言，根本不存在告诉我们任何有关经济生活的事实的这种"相等"。没有"财货侧价值"等于"货币侧价值"。费雪方程式里的等号是非法的。 834

那么，人们普遍接受了这个等号和方程，又该如何解释？回答是，数理上，这个等式当然是不言自明的道理：70 美分 =10 磅糖 ×7 美分 / 磅糖。换言之，70 美分 =70 美分。但这个道理不能传达任何有关经济事实的知识。[②]其实，我们可以发现无数个这种等式，用它们来发表高深的论文和著作。比如：

$$70\ \text{美分} =100\ \text{粒沙子} \times \frac{\text{班上同学人数}}{100\ \text{粒沙子}}$$

$$+70\ \text{美分} - \text{班上同学人数}$$

那么，我们可以说，决定货币数量的"因果因素"是：沙子的数量，班里学生的数量和货币的数量。简言之，费雪方程式中有的是两个货币侧，它们是彼此等同的。事实上，这不是等式而是同一性（identity）。这样一个等式，显然没有多少教益。它告诉我们有关经济生活的知识只不过是，一交易中收入的总货币等于一交易中放弃的总货币——无疑是一个无趣的老生常谈。

让我们在价格决定因素的基础上（因为这是我们兴趣所在），再次思考这个等式中的成分。费雪的交易方程式，对于单独一笔交易而言，可以重新整 835

[①] 费雪，*Purchasing Power of Money*，第 17 页。
[②] Greidanus 公道地称这类等式"充斥了荒谬性，是等价论者所设定的等式的原型"，它们使用的是"簿记员而非经济学家的经济学"的模式。Greidanus，*Value of Money*，第 196 页。

理如下：

$$\frac{7\text{ 美分}}{1\text{ 磅糖}} = \frac{70\text{ 美分}}{10\text{ 磅糖}}$$

费雪认为这个等式得出了重要的信息，即价格由总支出货币除以售出财货的总供给所决定。当然，实际上，这个等式作为一个等式，无法告诉我们任何有关价值决定因素的知识；比如，我们还能写出一个同样不言自明的等式：

$$\frac{7\text{ 美分}}{1\text{ 磅糖}} = \frac{70\text{ 美分}}{100\text{ 蒲式耳小麦}} \times \frac{100\text{ 蒲式耳小麦}}{10\text{ 磅糖}}$$

数理上，这个等式与其他的一样为真，而且，用费雪本人的数学根据，我们可以中肯地立论，费雪"在这个公式中忽视了重要的小麦价格。"我们可以轻易地用上数量无限的"决定"价格的复杂因素，写出无数种公式。

有关货币决定因素，我们能够拥有的唯一知识，是从行动学公理逻辑推导出来的。数学最多只能将我们先前的知识翻译成相对难以理解的形式；或者，它通常会误导读者，就如同现在这个例子。我们可以让白糖交易中的价格，等于任意一种不言自明的公式；但这个价格是由参与者的供求决定的，而供求又是由两个财货在交易参与者的价值表上的效用所决定。这才是经济学理论中的有效方法，而不像数理方法那样毫无意义。如果我们认为交易方程式揭示了价格的决定因素，那我们会发现费雪肯定是在暗示，价格的决定因素是"70 美分"和"10 磅糖"。但东西不可能决定价格，应当是很明确的道理。东西，不论是一些钱还是糖还是其他任何东西，从不可能行动；它们不能设定价格，也不能设定供求表。所有这些，都只是人的行动的结果：只有个人行动人才能决定是否购买；只有他们的价值表可以决定价格。费雪的交易方程式的谬误，其根源正是在于这个深刻的错误：人的行动被从图景中抽象出去，东西被假定为掌控经济生活的因素。因此，这个交易方程式或是不值一提的老生常谈——这样的话，它并没有比其他万千类似方程高明，在强调简洁性和方法经济的科学中是没有地位的——或是被认为传达了有关经济学还有价值决定方面某些重要真理。那样的话，它用基于物品行动的错误假设，取代了对基于人的行动的因果的正确的逻辑分析。尽管费雪本人相信，他的方程式传达了重要的因果真理，其实费雪方程式最多也不过是多余而且微不足道的；而往最坏说，它是错误的、有误导性的。

因此，费雪的交易方程式，即使对于单个交易也妨碍了人们的正确理解。费雪将之延伸到"整个经济"，麻烦就不知还要大多少！在费雪看来，这也是一个简单的步骤。"交易方程式只不过是（在一段时间内）所有单个交易的等式的总和"[①]。现在，为了论证，我们假设费雪的单个等式没有错误，然后考虑一下他所说的"加总"单个等式，用于得出整个经济的总方程式。我们也忽略发现任意给定历史情况的程度在统计学上的困难。让我们看一看费雪试图构建一个总交易方程式时所用到的若干单个交易：

A 用 70 美分交换 10 磅糖
B 用 10 美元交换 1 顶帽子
C 用 60 美分交换 1 磅奶油
D 用 500 美元交换 1 台电视

对于这个四个人组成的社会，"交易方程式"是什么？显然，将支出的货币总量加总起来没有问题：511.30 美元。但是，方程式的另一侧怎么办？当然，如果我们希望这个方程式是毫无意义的废话，我们可以简单地在等式的另一侧写上 511.30 美元，根本无须费力地建构。但如果我们仅仅是这样做，整个过程也就没有意义了。此外，由于费雪想要探讨价格的决定，或者"价格水平"，所以他不能满足于这个微不足道的阶段。不过，他在这个不言自明的层面继续讨论：

837

$$\$511.30 = \frac{7\ 美分}{1\ 磅糖} \times 10\ 磅糖 + \frac{10\ 美元}{1\ 顶帽子} \times 1\ 顶帽子$$

$$+ \frac{60\ 美分}{1\ 磅奶油} \times 1\ 磅奶油$$

$$+ \frac{500\ 美元}{1\ 台电视} \times 1\ 台电视$$

[①]　费雪，*Purchasing Power of Money*，第 16 页。

这就是费雪所做的论证，它与"总货币开支等于总货币开支"这个累赘的道理没有区别。就算我们讨论 $p \times Q$，$p' \times Q$ 等等，用 p 指代一个价格，Q 指代一种财货的数量，因此 E= 总货币开支 $=pQ+p'Q'+p''Q''+$……等等，这还是在做烦琐的赘述。用这种符号形式书写方程式，并没有增加它的意义和有用性。

尝试发现价格水平的原因的费雪需要再进一步探讨。我们已经知道，即便对于单个交易，方程式 $p=(E/Q)$（价格等于总货币开支除以已售黄金数量）也只是赘述而已，而且将之用于分析价格的决定因素会是错误的做法。（这可见于采用费雪式符号形式所表达的白糖价格的方程式。）更糟糕的是，费雪尝试为整个社会推导出一个方程式，用它来发现一种神秘的"价格水平"的决定因素！简化起见，我们只采用两人交易的例子，A 和 B 用白糖交易帽子。总货币开支 E 显然等于 10.70 美元，它当然等于总货币收入 $pQ+p'Q'$。但费雪寻找的是一个解释价格水平的公式；他因此在概念中引入了"平均价格水平" P，以及售出财货总量 T。他于是假设 E 等于 PT。但从烦絮的 $E=pQ+p'Q'$……转变到 $E=PT$ 这个等式，并不能像费雪相信的那样不费吹灰之力。其实，如果我们的目的是解释经济生活的话，他的这个推导根本不能成立。

比如，对于这两笔交易（或者对于这四笔交易）来说，T 是什么呢？10 磅糖如何能与一顶帽子或者一磅奶油相加得到 T？显然，将它们相加是不可能的，因此，费雪整体论的 T，被交换的所有财货的总物理数量，是一个没有意义的概念，不能用于科学的分析。如果 T 是没有意义的概念，那么 P 必然也是，因为在 E 保持恒定的条件下两者被假定成反比。那 P 究竟又是怎么一回事呢？这里，我们有价格的一整个数组，7 美分 1 磅，10 美元 1 顶帽子，等等。价格水平是什么？显然，这里不存在价格水平；有的只是具体财货的单个价格。但这里错误很有可能顽固不化。价格难道不能以某种方式"平均"一下，给价格水平一个有效的定义吗？这就是费雪的做法。各种财货的价格被用某种方式平均之后得出了 P，于是 $P=(E/T)$，剩下的就是复杂的"统计"任务，用来得出 T。不过，价格的平均数这一概念是一个常见的谬论。不同商品的价格不可能平均是很容易证明的；我们只需要举一个简单的平均价格为例，但同样的结论适用于费雪或者其他人所建议的任何种类的"加权平均"算法。

什么是平均数？我们可以思考得出，若干东西要一起平均，首先必然要加总。而为了要能加在一起，它们必然拥有某个共同单位，相加的也必然是这个单位。只有同质的单位可以加在一起。所以，如果一个东西有 10 码长，第二个 15 码，第三个 20 码，我们可以通过把码数加总然后除以 3 来得出平均长度，也就是 15 码。现在，货币价格是以单位的比率表示的：美分 / 磅糖，美分 / 顶帽子，美分 / 磅奶油，等等。假设我们取出前两个价格：

$$\frac{7\ 美分}{1\ 磅糖} \quad 和 \quad \frac{1000\ 美分}{1\ 顶帽子}$$

有什么方式可以将这两个价格平均一下？我们是否可以将 1000 和 7 相加，得到 1007 美分，然后除以某个值，得出平均价格水平？显然不可以。简单的算数就可证明，用美分为单位（无疑没有其他可用的共同单位）将这些比率相加，唯一办法如下：

$$\frac{（7\ 顶帽子和\ 1000\ 磅糖）美分}{（帽子）（磅糖）}$$

显而易见，分子分母都毫无意义；这些单位都不可约分。

费雪提出了更为复杂的加权平均数概念，根据每种售出财货数量的权重平均价格。但他这个办法解决了分子单位的问题，但没有解决分母中的单位问题：

$$P = \frac{PQ + P'Q' + P''Q''}{Q + Q' + Q''}$$

这些 pQ 都是货币，但分母中的 Q 仍然是不同的单位。因此，任何平均价格水平的概念，都需要将完全不同的财货单位（诸如奶油、帽子、糖等等）的数量相加或者相乘，因此是没有意义、没有道理的。即便是糖的磅还有奶油的磅，也不能相加在一起，因为糖和奶油是两种不同的财货，人们对它们的评值也完全不同。如果有人想尝试用磅作为数量的共同单位，那么，一场音乐会、一次医疗或者法律服务的磅重量，又是什么意思呢？[①]

----

① 即使可约分的单位确实存在，求取平均数也会造成混乱的结果。对此的精彩讨论，参见 Louis M. Spadaro, "Averages and Aggregates in Economics," in *On Freedom and Free Enterprise*，第 140–160 页。

840   显然，总交易方程式中的 PT 是一个完全错误的概念。尽管对于单个交易而言，方程式 $E=pQ$ 至少还是烦絮的老生常谈（不过没有什么教益），对于整个社会来说的 $E=PT$ 是错误的。P 和 T 都不能得到有意义的定义，而这是这个方程式取得任何有效性所必须具备的。留给我们的只有这个公式：$E=pQ+p'Q'$ 等等，它只能告诉我们这个无用的赘论：$E=E$。①

  既然 P 这个概念完全是错误的，显然费雪使用这个方程式揭示价格决定因素的做法同样是错误的。他声称如果 E 翻倍，T 保持不变，P——价格水平——必然翻倍。在整体论的水平上看，这甚至连赘论都不是；它的错误在于，无论 P 还是 T 都不能有意义地定义。我们最多只能说，当 E 翻倍的时候，E 翻倍了。对于单个交易而言，这个方程式至少是有意义的；如果一个人现在在 10 磅糖上花费了 1.40 美元，价格显然从每磅 7 美分增加到了 14 美分。这仍然还只是一个数理赘论，并没有告诉我们任何有效的真实因果力量。但费雪从未尝试用这个单个方程式解释单个价格的决定因素；他意识到对供求的逻辑分析在这里要更为优越。他仅仅用了整体论的方程式，因为他觉得这个方程式解释了价格水平的决定因素，而且也唯一适用于这样的解释。不过，整体论的方程式是错误的，价格水平仍完全是一团谜，一个无法定义的概念。

  让我们思考一下方程式的另一侧，$E=MV$，一段时间内流通的平均货币数量，
841 乘以流通的平均速率。V 是一个荒谬的概念。即使是费雪，虽然他在其他数量上认识到总体必须要从单个交易建构起来，但他并没有能成功地从单个的 Q 建构起 T，从单个的 p 建构起 P，等等。不过，他至少尝试了去这样做。但对于 V，什么是个人交易的速率？速率并非一个有独立定义的变量。事实上，费雪只能推导出，在每个时刻，每个时段，V 等于 E/M。如果我在某小时内花费 10 美元购买了一顶帽子，且那个小时我的平均现金余额（或者 M）为 200 美元，那么根据定义，我的 V 等于 1/20。我现金余额中货币的平均数量为 200 美元，每个美元以每段时间平均二十分之一的速度流动，因此我在这个时段花了 10 美元。但 V 这个数量并没有脱离于方程式其他变量而独立地定义，因此在方程式中赋予它一个地位是荒谬的。费雪把 M 和 V 设定为 E 的独立的决定因素，从而得出他想要的结

---

① 参 见 Clark Warburton, "Elementary Algebra and the Equation of Exchange," *American Economic Review*, 1953 年 6 月，第 358-361 页。亦可见米塞斯，《人的行动》，第 396 页；B. M. Anderson, Jr., *The Value of Money* (New York: Macmillan & Co., 1926)，第 154-164 页；以及 Greidanus, *Value of Money*，第 59-62 页。

论，即如果 M 翻倍，且 V 和 T 保持不变，P——价格水平——也会翻倍。他这样做使推论的荒谬性更为严重。既然他定义 V 与 E/M 相等，我们实际得到的方程式是：$M \times (E/M) = PT$，或者简单的 $E = PT$，也就是我们的原始方程式。因此，我们又用了另一条路径证明，费雪尝试推导出价格大致与货币数量成比例的数量方程式是徒劳无益的。

一批剑桥经济学家——庇古、罗伯特森等等——尝试修复费雪的方程式。他们的做法是去掉 V，用货币总供给等于货币总需求的观念替代。不过，他们的方程式没有什么特别的进步，因为他们维持了 P 和 T 这两个错误的整体论概念，他们的 k 只不过是 V 的反面，也具有后者的缺陷。

事实上，由于 V 并非得到独立定义的变量，M 也必须和 V 一样从方程式中排除，费雪（还有剑桥）式的方程式于是就不能用于证明"货币的数量理论"。既然 M 和 V 必须消失，就会有无数其他的"交易方程式"，我们可以出于同样的荒谬性支持它们作为"价格水平的决定因素"。因此，不妨将经济中白糖的总库存写作 S，E 对白糖总库存的比率称为"平均白糖周转率"或者 U。这个新的"交易方程式"将会是：$SU = PT$，白糖库存会突然变成价格水平的一个主要决定因素。或者，我们用 $A =$ 该国售货员数量，$X =$ 平均每个售货员的开支（或者称之为"售货员周转率"），在一个新的方程式中，得出一套新的"决定因素"。依此类推。

这个例子应该已经揭示了经济学理论中使用方程式的谬误。费雪的方程式之所以能流行多年，是因为它被认为传达了有用的经济学知识。它表面上证明了看似有道理的（基于其他原因）货币的数量理论。实际上，它一直只是在误导人们。

对于费雪的理论还可以做其他中肯的批判：他使用指数，但指数充其量只能衡量变量的变动，但绝不可能定义其实际的位置；他使用根据 P 定义的指数 T，以及根据 T 定义的指数 P；他否认货币是商品；他在一个不可能有常量，因此无法做数量预测的领域使用了数理公式。特别地，即使交易方程式在其他所有方面都是有效的，它最多也只能静态地描述一个平均期间的条件。它不可能描述一个静态条件向另一个的转变路径。费雪本人甚至也认同这一点，因为他承认，M 的变动总是会影响 V，所以 M 对 P 的影响不可以孤立出来。他认为，这个"转变"时期之后，V 会恢复为常量，P 会受到成比例的影响。不过，没有理由支持这个断言。无论如何，我们已经有了足够多的推导，有充足的理由将交易方程式从经济学文献中去除。

14. 度量和稳定货币购买力的谬误

A. 度量

在古代，经济科学还没发展起来以前，人们天真地认为货币价值总保持不变。他们以为"价值"是一个客观的数量，内在于事物及其关系之中，而货币是度量财货价值及其变动的固定的尺度。人们以为货币单位的价值，其相对于其他财货的购买力，是固定的。①自然科学所熟悉的固定的度量标准（重量、长度等等），被不假思索地运用于分析人的行动。

然后，经济学家发现并阐明了，货币价值并不是稳定不变的，货币购买力并不是固定的。货币购买力可以也确实随着货币供求的变动而变动。这些进一步可以由财货库存和货币总需求来解释。单个货币价格，如我们上面在第8节看到的，由货币库存和需求，以及每种财货的库存和需求决定。那么，显然货币关系以及每种单个财货的需求和库存在每个具体的价格交易中交缠在一起。比如，当史密斯决定是否以2盎司黄金购买一顶帽子时，他用帽子的效用与2盎司的效用相权衡。所以，具体到每个价格来说，它包含了财货库存、货币库存以及货币和财货的需求（两者归根结底都基于个人的效用）。货币关系包含在具体价格供求之中，且实际当中也不能脱离于它们。所以，如果货币供求发生改变，变动不会

是中性的，而会以不同比例影响具体不同的财货需求和不同的价格。不可能分别度量货币购买力变动以及财货具体价格的变动。

使用货币作为交换媒介的事实，使我们得以计算与货币做交易的不同财货之间的相对兑换比率，但却让某些经济学家误以为单独度量货币购买力的变动是可能的。比如，我们可以说，一顶帽子"值"或者可以交换为100磅糖，或者一台电视机可以换50顶帽子。这于是诱惑他们犯错，忘记了这些交换比率是纯粹假想的，在现实当中只有通过货币交易才能实现，以为它们构成了它们自己的某个物物交换世界。在这个神秘的世界里，各种财货的兑换比率，不知怎的，是独立于货币交易而决定的。于是，他们看似更有道理地声称，可以找到某种方法，将货币的价值从这些相对价值中分离出来，然后将前者定为恒定的度量衡。实际

---

① 习惯上的会计做法是以货币单位的价值固定为基础的。

上，这个物物世界纯属臆构；这些相对比率只是对过去交易的历史表述，它们唯有借助于货币才能实现。

现在让我们假设，第一天的货币购买力中的价格数组如下：

每磅白糖 10 美分

每顶帽子 10 美元

每台电视机 500 美元

律师琼斯先生的法律服务每小时 5 美元

现假设相同财货在第二天的价格数组如下：

每磅白糖 15 美分

每顶帽子 20 美元

每台电视机 300 美元

律师琼斯先生的法律服务每小时 8 美元

这两个时段间货币购买力发生的变化，经济学对之有何说法呢？我们有理有据地说的只是，现在 1 美元能买 1/20 顶帽子，而不是 1/10 顶，1/300 台电视机而不是 1/500 台，等等。因此，（如果我们知道数字）我们可以描述市场数组中的每个价格发生了什么变化。但帽子的价格上涨，究竟多少是因为它的需求上涨，多少是因为货币需求下降呢？我们无法回答这样一个问题。我们甚至不能确知货币购买力是上升还是下降了。我们所知道的一切只是，货币购买力以白糖、帽子和法律服务计下跌了，以电视机计上升了。即便数组中的所有价格都上升了，我们也无从知晓货币购买力究竟下跌了多少，我们也不会知道这一变动有多少是由于货币需求的上升多少是由于库存的变动所致。如果这期间货币的供给变化了，我们也不知道价格的变化有多少是归因于增加的供给，有多少是归因于其他决定因素。

这些决定因素中，每一个都在无时无刻地变化。在人的行动的真实世界，我们无法将任何决定因素当作是固定的尺度；整个形势随着资源和产品库存，以及市场上所有个人的评值的变动而不断变动。事实上，在思考各个数理经济学家派

845

别的主张时，有一个教训尤其不能忘记：人的行动中不存在常数。[1]必然的推论是，所有行动学－经济学规律是定性的，而不是定量的。

度量货币购买力变动的指数方法，尝试拟构出某种由一系列财货组成的总体；这些财货互相之间的交换比率保持恒定，所以通过一种普遍平均的办法，它就可以单独度量货币购买力本身的变动。不过，我们已经知道，这种分离还有度量都是不可能的。

看似唯一有道理的使用指数的尝试，是在一个基期建构固定数量权重。每个价格根据在这个基期中出售财货的数量进行加权，这些加权后的数量代表了在那个时期不同被购买的财货在典型的"市场篮子"（market basket）中所占的比重。不过，这种"市场篮子"的概念，其困难是难以克服的。且不提上面提到的那些考量，我们首先就应当注意到，并不存在平均买家或者家庭主妇。市场上只有个人买家，每个买家购买不同份额、不同类型的财货。如果一个人购买了一台电视机，另一个人去电影院，他们各自的活动是不同的价值表的结果，各自对于不同商品有不同的影响。并不存在去看一半电影，去买半个电视机的"平均人"。因此也没有购买某种总体财货的一定给定份额的"平均家庭主妇"。财货并非以其总体与货币交换，而是被个人在单个交易中进行交换，因此不存在将它们归并在一起的科学方法。

其次，即便市场篮子的概念有意义，篮子中财货的效用，以及篮子中的份额本身都一直在变化，这就完全消除了存在有意义的、用于度量价格变动的常量的可能性。拥有不变的评值的典型家庭主妇也属子虚乌有，在变动的真实世界不可能存在。

人们发明了各种各样的指数，徒劳地尝试克服这些困难：他们选用了数量权重，它在其涵盖的每年都有所变化；算数、几何以及调和平均数用在了变动和固定权重上；他们也探究了"理想的"公式——但他们都没意识到这些做法纯属徒劳。使用指数，试图分离并度量价格与数量的做法不可能有效。[2]

---

[1] 米塞斯教授已经指出，数理经济学家宣称人类行动中存在的"诸多变量"加大了他们任务的难度，这大大掩盖了问题的严重性；因为问题在于经济学领域所有决定因素全都是变量，而且与自然科学相反，这个领域并不存在常量。

[2] 参见米塞斯对指数的精彩批判，《货币与信用原理》，第 187–194 页。亦可见 R. S. Padan, "Review of C. M. Walsh's Measurement of General Exchange Value," *Journal of Political Economy*，1901 年 9 月，第 609 页。

B. 稳定

知道货币购买力可能改变使得一些经济学家试图以某种方式，创制一种购买力可以保持稳定不变的货币单位，从而在自由市场上做出改良。所有这些稳定购买力的方案，当然都不约而同地涉及对黄金或者其他商品本位的攻击，因为黄金的价值，由于黄金供求不断变化而处于波动之中。稳定论者希望政府保持某个武断的物价指数恒定，在其下降时向经济注入货币，上升时抽出货币。在下面这个自传性的段落中，"稳定货币"的杰出支持者欧文·费雪解释了他鼓吹稳定化的理由："我日益意识到创制一种稳定的价值标准势不容缓。我从数理物理转入经济学，在数理物理领域，固定的度量单位是其必要的出发点。"① 很明显，费雪没有意识到，物理科学与有意识的人的行动这两者之间有本质差异。

其实，货币价值稳定究竟有何好处很令人费解。比如说，最频繁提及的好处，有一条是债务人不会再因为未预见的货币价值上升而受损，债权人则不会再因为未预见的货币价值下跌而受损。可是，如果债权人和债务人希望对未来变动做对冲，他们在自由市场有更容易的办法。当他们在订立合同的时候，他们可以同意，偿还的货币数量根据某个议定的货币价值变动指数做修正。让商业合同都按照这样一种自愿的按物价指数确定币值的贷币制度（tabular standard）操作，一直以来都备受稳定论者鼓吹，但他们十分不解，为什么这个看似如此有益的做法，在商业实践中几乎从不使用。尽管这些经济学家推出了各种各样的指数和其他方案，但债权人和债务人不知怎么却没有利用它们。可是，尽管稳定化的方案在原假定最能受益的群体中并不吃香，稳定论者不屈不挠，一直热衷于通过国家强制的手段在整个社会推行他们的方案。

商界未能采用按物价指数确定币值的贷币制度，似乎有两个基本的理由：（a）第一个理由是，我们已经看到，度量货币价值变动没有科学、客观的手段。科学地讲，任何一个指数与其他指数都一样的武断、一样的劣质。因此，至今为止，个人债权人和债务人还未能协定遵循哪个指数作为货币购买力变动的度量。每个人都会根据自己的利益，坚持在指数中以不同比重加入不同的商品。因此，如果债务人是麦农，他会在他的货币购买力指数中赋予小麦的价格以很大的权重；经常光顾夜店的债权人会想用它对冲夜店娱乐的价格；等等。（b）第二个理由是，商人显然更倾向于在投机世界寻求机会，而不是协定某种武断的对冲机

848

---

① 欧文·费雪，*Stabalised Money*（London: George Allen & Unwin, 1935），第 375 页。

制。股票和商品交易投机者一直在试图预测未来的价格，而且所有企业家也确实参与到了预测市场不确定条件的活动当中。显然，商人们乐意做企业家，热衷于预测未来货币购买力的变动以及其他一切变动。

849   商界没有自愿采用任何种类的按物价指数确定币值的货币制度似乎证明了，强制性的稳定计划完全没有任何价值。不过，我们且撇开这个论点，先考察一下稳定论者所持的论点。他们认为，他们能够以某种方式，为货币购买力创造确定性，而同时让具体财货的价格自由波动且保持不确定性。这个想法有时候是这样表述的："应当让个别价格自由变动；应当让价格水平固定不变。"这个论点立足于一个神话之上，即存在某种一般货币购买力或者某种类型的价格水平，它独立于具体交易中的具体价格。我们已经知道，这纯属谬误。"价格水平"并不存在，而且除了在具体购买财货（即有具体价格）时以外，根本没有办法展现货币的交换价值。两个概念是无法分离的；任何一个价格数组，都在相同的一个时间，在一个财货与另一个财货，以及货币与财货之间，建立起了交易关系或者客观交换价值，我们是无法在数量上将这些元素分开的。

因此，货币的交换价值显然不能在数量上与财货的交换价值割裂开来。由于货币的一般交换价值（或者货币购买力）不能做量化的定义，不能脱离于其历史情况，其变化不能定义和度量，所以它显然不能保持稳定。如果我们根本不知道某样东西是什么我们也就不可能很好地行动，使之保持不变。[①]

850   我们已经知道，稳定货币价值的想法不可能实现，甚至不可能定义。不过，即便它可以实现，其结果又会是什么样呢？比如，假设货币购买力上升，且让我们忽略如何度量这次上升的问题。如果这是不受妨碍的市场的运作结果，我们为什么要认为这是坏的结果呢？如果社会中的总货币供给保持不变，那么价格下跌将是货币需求普遍上升，或者生产率提升造成的财货供给量增加的结果。货币需求增加是因为众多个人的自由选择，比如他们预期未来前景堪忧，或者未来价格会下降。稳定化会剥夺人们以自由、相互协定的行动增加他们的真实现金余额和美元的真实价值的机会。就如自由市场其他任何方面一样，那些成功预见到了需求上升的企业家会获益，那些投机失误的企业家遭受损失。但即便是后者的损

[①]   货币单位购买力没有量化的定义，并不否认它存在的事实。因为它的存在是先验的行动学知识所确立的。它因此不同于（比如说）"竞争价格－垄断价格"这个二分法。行动学推理不能独立地将后者确立为自由市场的条件。

失，也纯粹是他们自愿承担的风险的结果。而且，生产率提升造成的价格下跌有益于所有人，也正是工业进步的果实得以在自由市场上散布的手段。阻挠价格下跌也就是妨碍进步经济的果实惠及所有人；于是，真实工资只能在某些具体行业增加，而不能向自由市场上那样，在整个经济中增加。

类似地，（如果他们的货币需求下降）稳定化会剥夺人们降低真实现金余额和美元真实价值的机会。它禁止人们根据他们对未来价格上涨的预期行动。而且，如果财货供给量下降的话，货币稳定政策会阻碍各个市场出清所必需的价格上涨。

一般购买力与具体价格的交织，引发了另一个思考。为了对抗假想的货币价值上升而注入货币到经济体系当中，且同时不会扭曲先前各种财货之间的交换价值是不可能的。我们已经知道货币相对于财货无法保持中性，因此任何货币供给量的变动都会导致整个价格结构的变动。所以，稳定论者固定货币价值或者价格水平而且同时不扭曲相对价格的方案，注定要一败涂地。它是一项不可能的任务。 851

因此，即便有可能定义和度量货币购买力的变动，稳定这一价值尚且一定会造成其许多鼓吹者认为并不希望的结果。而现在程度甚至根本难以定义，稳定化将取决于某种武断的指数。不论这个指数包括了哪些商品，各有多少权重，它都会扭曲定价和生产。

稳定论者的理想，根本上是出于他们对货币本质的误解。货币在他们看来只不过是计价标准或者价值的尺度。他们忘记了货币作为一种有用的商品（即使它只是作为交换媒介使用）受到人们的需要和需求的这个真相。当一个人在其现金余额中持有货币，他正从中获取效用。那些忽视这一事实的人嘲讽金本位为一种原始的遗存，而未能意识到，"积存"发挥着一项有用的社会功能。

15. 商业波动

在真实世界中，经济活动的模式会处于不断变动之中。这些变动源于消费者的品位和需求，可用的资源、技术知识等等的改变。因此，价格和产出发生波动是必然的，没有波动才是超乎寻常的现象。具体价格和产出会受到需求和生产条件变动的影响而改变；生产的整体水平会根据个人的时间偏好而改变。一旦货币关系发生变动，价格趋于向同一方向运动，而不是不同财货的价格向不同方向转变。只有货币供求的改变会将其动能传导到整个货币经济，致使价格向相似的方向变 852

动，即使变动的速率不尽相同。我们只有分析货币关系才能理解普遍价格波动。

可是，简单的波动和变化还不足以解释最近一个半世纪来如此显著而可怕的现象——"商业周期"。商业周期有某些确定的特征，周而复始地展现出来。首先，有一个繁荣期，此时价格和生产活动扩张。资本财货密集以及较高层级的行业——诸如原材料、机器财货以及建筑等行业，以及交易这些财货的市场，如证券和房地产市场——出现较大的繁荣。然后，没有任何预警，经济突然"崩溃"。随后爆发了金融恐慌，银行发生挤兑，价格急剧下跌，未售出的存货突然积累起来，尤其是较高层级的资本财货行业，产能大量过剩。随之而来的是痛苦的清算和破产期，伴随着严重的失业，直到经济逐渐恢复到正常状态为止。

这是我们经验中的现代商业周期模式。历史事件可以用剥离出因果联系的行动学规律来解释。这些事件中，有一些可以用我们已经学过的规律解释：货币供给量上升或者货币需求下降会导致价格普遍上涨，坚持要维持实际价值已经突然上升的工资率导致失业，真实工资率下降减少失业，等等。但是，有一点是任何有关自由市场的经济学所不能解释的。而这正是危机的关键现象：为什么商业错误在突然之间显露出来？突然之间，所有或者几乎所有商人发现，他们的投资和估计是错误的，他们无法以他们预期的价格出售产品。这是商业周期的核心问题，是任何完备的周期理论所必须解释的。

853   真实世界中，没有商人具备完美的预见能力；所有人都会犯错。但是，自由市场的机制正是奖励那些犯最少错误的商人。为什么会突然出现一大批的错误？此外，为什么这些错误主要集中在资本财货行业？

有些时候，剧烈的变动——比如人们突然热衷于积存，或者时间偏好突然上升进而导致储蓄下降——可能会在人们没有预期的情况下到来，导致判断错误的危机。但自18世纪以来，在繁荣和货币及价格扩张之后，总会跟随有性质相同的一大批错误，这几乎已经成了常规的模式。在中世纪以及17、18世纪以前，商业危机很少像这样紧随繁荣之后降临。当时，商业危机在正常的活动中突然发生，是某些显著的、可辨识的外部事件的结果。比如，斯科特历数的16和17世纪英国的危机，是非常规的危机，由某些显著的事件导致：饥荒、瘟疫、战争的掠夺、坏收成、王室操纵所造成的布业贸易危机、国王攫取金银等等。① 但在17

---

① 引用自 Wesley C. Mitchell, *Business Cycles, the Problem and Its Setting*（New York: National Bureau of Economic Research，1927），第76-77页。

世纪晚期、18 世纪以及 19 世纪，前述商业周期模式发展成型，于是，危机和随后的萧条就显然不再能归咎于单纯某个外部事件或者单个政府行为。

由于没有单个事件可以解释危机和萧条，观察者们开始推测，认为自由市场经济内部必然有某种深刻的缺陷，导致了这些危机和周期。问题肯定出在"资本主义体系"本身。他们提出了许多精巧的理论，将商业周期解释为自由市场经济的副产品，但他们无一有能力解释关键的问题：繁荣后出现的大批错误。事实上，这种解释不可能站得住脚，因为自由市场上不可能出现这样大量的错误。

854

离问题核心最接近的解释，强调商业社会当中"过度乐观主义"和"过度悲观主义"之间的大幅摇摆。但如此表述，这个理论看上去很像是上帝在外操纵。为什么冷静的、精于最大化利润的商人，会突然之间成为这种心理摆动的受害者？事实上，不论具体企业家的情绪状态如何，危机都会带来破产。我们将在第十二章中看到，乐观主义的感觉的确发挥着作用，但它们是某种客观经济条件所促使的。我们必须寻求导致商人变得"过度乐观"的客观理由，这在自由市场上不可能找到。[①] 因此，我们将商业周期的有效解释推迟到下一章。

16. 熊彼特的商业周期理论

约瑟夫·熊彼特的商业周期理论是极少数将对商业周期的解释与整个经济体系的分析结合起来的尝试。这个理论的精要展现在他在 1912 年出版的《经济发展理论》一书中。这本书的分析构成了他更为精致的商业周期理论的"雏形"（first approximation），他随后在 1936 年出版的两卷本《商业周期》中详细呈现了他的理论。不过，后一卷书比前一卷有明显退步，因为它尝试通过描述三种人为叠加上去的周期（每种根据他的"雏形"都可以得到解释）来解释商业周期。他假定这些周期每个的长度都有大致的期间。熊彼特将它们称为 3 年的"克钦短"周期，9 年的"朱格拉尔中"周期，以及非常长（50 年）的"康德拉捷夫"周期。

855

---

① 参见 V. Lewis Bassie:

整个商业周期的心理理论似乎难逃本末倒置之嫌。更应该是客观条件造成了预期，而不是相反……使经济景气的，并非乐观主义的浪潮。经济景气几乎必然会带来乐观主义的浪潮。另一方面，衰落的降临，也不是因为人们丧失了信心，而是因为基本的经济力量正在发生变化。（V. Lewis Bassie, "Recent Development in Short-Term Forecasting," *Studies in Income and Wealth*, XVII [Princeton, N. J. : National Bureau of Economic Research, 1955]，第 10–12 页。）

在熊彼特的构想中，这些周期是独立的实体，以多种方式组合起来，而生成总的周期模式。[1] 任何这类"多周期"的思路，必须因其神秘地应用了概念实在论的谬误而被弃之一旁。这些所谓独立的"周期"既不存在，也无意义。市场是一个独立的单位，它越为发展，市场元素之间的相互关联也就越强。因此，数个或多个独立的周期作为自足的单位而并存的情况不可能出现。遍及所有市场活动正是商业周期的特点。

许多论者假设定期的周期存在，每个连续周期的长度相同，甚至可以精确到多少个月。寻求周期性是执着于物理学规律；在人的行动当中不存在常数。行动学规律本质上只能是定性的。因此，商业周期的长度不可能是固定的。

856 　于是，我们最好完全抛弃熊彼特的多周期方案，而探讨他更为有趣的单周期"雏形"（如他在前一本书中的展示），这是他试图从他的一般经济学分析所得出的结果。熊彼特在研究伊始设定经济处于"循环流转"（circular flow）均衡的状态，相当于我们所说的均匀轮转经济。这样做并无不妥，因为只有通过在假设中探究扰动想象中的均衡状态的因素，我们才能在思维中将商业周期的原因要素分离出来。首先，熊彼特描述了均匀轮转经济，所有预期都已实现，每个人和经济元素皆处于均衡，利润与亏损为零——一切都以给定的评值和资源为基础。其次，熊彼特问道，什么可以推动这个设定发生变动？第一，消费者的品位和需求可能改变。但熊彼特傲慢地认为它并不重要。[2]第二，人口可能变动，因此劳动供给也会变动；但这些变动是渐进的，企业家可以轻易地适应。第三，可能有新的储蓄和投资。熊彼特明智地看出，储蓄－投资率的变动并不意味着经济危机；新的储蓄会产生持续的增长。如果储蓄率突然变动，而市场没有预期到的话，这就当然会像任何突然的、出人意料的变动一样，造成资源配置的错位。但这些影响没有什么周期性和神秘性。熊彼特本应该就此得出结论，即自由市场不可能有商业周期。但他转向了第四个元素，对他而言这是所有增长以及商业周期的发动机——生产技术的创新。

---

[1] Warren 和 Pearson，还有 Dewey 和 Dakin 认为，商业周期由每个生产活动领域独立的、定期的周期相叠加而形成。参见 George F. Warren 与 Frank A. Pearson, *Prices*（New York: John Wiley and Sons, 1933；E. R. Dewey 与 E. F. Dakin, *Cycles: The Science of Prediction*（New York: Holt, 1949）。

[2] 有关忽视消费者在创新中的角色的倾向，参照 Ernst W. Swanson, "The Economic Stagnation Thesis, Once More," *The Southern Economic Journal*，1956 年 1 月，第 287–304 页。

我们在上面已经知道，创新不能被认为是经济的首要推动力，因为创新只有通过储蓄和投资才能发挥作用，而且，总是有许许多多的投资，可以在现有知识体系内完善技术，但却因为缺乏足够的储蓄而作罢。单凭这个考量就能否定熊彼特的商业周期理论的有效性。

另一个进一步的考量是，熊彼特本人的理论明确地基于依赖新扩张的银行信贷和银行发行的新钱来融资的创新。我们这里无须深入挖掘熊彼特的银行信贷理论及其后果，便能清楚看到，他这里假设了一个受到妨碍的市场——因为我们看到，自由市场上不可能有任何货币信贷扩张。因此，熊彼特未能建立纯粹不受妨碍的市场的商业周期理论。

最后，熊彼特将创新解释为商业周期的触发器，必然假定了在每个繁荣时期均会周而复始出现一大批创新。为什么一定会有这样一大批创新呢？为什么创新不是像我们一般设想的那样多少具有连续性？熊彼特无法令人满意地回答这个问题。勇敢的少数开始创新，之后其他人竞相模仿，并不能产生一大批的创新，因为这个过程可以是连续的，完全可能出现新的创新者。对于繁荣后期创新活动放缓（这是他理论的关键），熊彼特给出了两个解释。一方面，新投资所生产的新产品投入市场，给旧的生产者造成困难，导致了一个不确定性的时期，经济需要"休养生息"。相比之下，在均衡时期，失败的风险以及不确定性小于其他时期。但这里熊彼特误把均匀轮转经济这个辅助性的建构用到了真实世界。从来不可能存在任何实际的确定性时期；所有时期都是不确定的，生产增加会导致更多的不确定性形成，或者产生某种含糊其辞的"休养生息"的需要，完全没有道理。企业家总是在寻求获利的机会，经济体系中不可能突然出现某个"等待"或者"收获"的时期。

熊彼特第二个解释是，创新群只成批出现在一个或少数行业，所以这些创新机会是有限的。过了一段时间，这些机会耗竭，这批创新中断。这显然在以下方面与汉森的停滞理论有所联系，两者都认为，某个时间的"投资机会"——这里是创新机会——据说数量有限，一旦它们耗竭，暂时就没有投资或者创新的空间。不过，"机会"这整个概念，在这一联系中毫无意义。只要有需求未得到满足，"机会"就没有限制。唯一限制投资或者创新的其他因素，是开启投资项目可用的储蓄资本。但这与含糊的所谓可用机会"耗竭"没有任何关系；储蓄资本的存在是一个连续的要素。至于创新，没有理由认为创新不能持续或者在许多行业发生，也没有理由相信创新的步伐不得不减慢。

库茨涅兹（Kuznets）已经证明，一批创新的出现必然意味着一样有成批的企业家冒险能力的存在，这是毫无根据的。熊彼特的门生克莱门斯（Clemence）和杜迪（Doody）反驳称企业家的冒险能力因为建立新企业的行为而耗竭了。[①] 他们将企业家精神简单地视作创建新企业，但这是完全错误的。企业家精神不仅仅是创建新企业，不仅仅是创新；它是"调整"：对未来不确定的、变动的条件做调整。[②] 这一调整必然随时都在发生，不可能在某个投资行动中耗竭。

熊彼特试图从一般经济学分析得出一个商业周期理论。这是一个值得称赞的尝试。但我们必须断定，他的这一努力是失败的。熊彼特指出，其他可以解释商业周期的理由只能是，企业家成批的错误造成了商业周期；但他认为没有理由、没有客观因素可以导致这样一种成批错误的出现。他在说这些话的时候，几乎命中了正确的解释。对于自由、不受妨碍的市场来说，这是完全正确的！

17. 凯恩斯体系更多的谬误

在上文中，我们知道，即便凯恩斯主义的函数正确，社会开支在某个点之上会低于收入（反之亦然），这也不会给经济造成什么不幸的结果。国民货币收入水平，及其所引发的对积存的担忧，只不过是假想的幽灵。在这一节中，我们将继续分析凯恩斯主义体系，进一步证明体系本身存在的严重谬误。换言之，我们将看到，消费函数和投资，不是决定社会收入的终极因素（而在上面我们证明了，不论它们究竟是不是，都不会有什么特别的影响）。

A. 利息与投资

投资尽管是凯恩斯体系中动态、变动的要素，却也饱受凯恩斯主义的冷落。凯恩斯主义者在投资的成因上观点各不相同。最早，凯恩斯通过与资本边际效率或者净回报预期相比的利率来决定投资。他认为利率由货币关系决定；我们已

---

① S. S. Kuznets, "Schumpeter's Business Cycles," *American Economic Review*, June, 1940, 第 262-263 页；以及 Richard V. Clemence 和 Francis S. Doody, *The Schumpeterian System*（Cambridge: Addison-Wesley Press, 1950），第 52 页及之后。

② 只要创新是企业研发固定的商业程序，企业中的研发人员会通过创新活动取得租金，而不是在赚取企业经营利润。参照 Carolyn Shaw Solo, "Innovation in the Capitalist Process: A Critique of the Schumpeterian Theory," *Quarterly Journal of Economics*，1951 年 8 月，第 417-428 页。

经证明这种观点是错误的。实际上，均衡的净回报率就是利率，也就是贷款利率 860
所遵照的自然利率。我们前面已经知道，造成投资变动的，并非利率的变动；消
费—投资决策变动所反映的是时间偏好的变动。利率与投资的变动是一枚硬币的
两面，都由个人评值和时间偏好所决定。

　　称利率为投资变动的原因，称它由货币关系决定的错误，也为凯恩斯体系的
"批评者"（如庇古）所采用。庇古宣称，价格下跌会释放足够的现金使利率降
低，刺激投资，最终因此恢复完全就业的状态。

　　现代凯恩斯主义者倾向于抛弃利息与投资之间错综复杂的关系，而只是简单
地宣称自己不知道什么因素决定了投资。他们的理由基于的是所谓的消费的决定
因素。[①]

B. "消费函数"

　　虽说凯恩斯主义者对于投资并不十分确定，但他们直到最近，一直都在强调
消费。投资是一笔变动、不确定的开支。而总消费是刚刚之前的社会收入消极而
稳定的"函数"。总净开支包括投资和消费，它决定并等于一个时期的总净收入
（各个生产阶段之间的总开支不幸从讨论中消失了）。此外，消费的活动方式是，
在某个收入水平以下，消费会高于收入，在某个水平以上，消费会低于收入。图
11.9 描绘了消费、投资、社会开支和社会收入之间的关系。

861

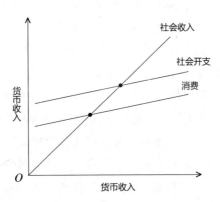

图 11.9　凯恩斯体系中消费、投资、社会开支和社会收入之间的关系

[①]　有些凯恩斯主义者用"加速原理"（见后文）解释投资。汉森的"停滞"理论——人口增长、技
术进步速率等决定投资——似乎轻易地成了陈年旧事。

收入与开支的关系与图 11.5 所示相同。现在我们看到了为什么凯恩斯主义者假设开支曲线的斜率小于收入曲线。他们认为消费的斜率与开支相同；因为投资由于决定因素未知而与收入无关。这样，他们所描述的投资与收入没有函数关系，被表示为开支和消费曲线之间恒定的差额。

消极消费函数的稳定性，与积极投资的变动性相反，是凯恩斯体系的基石。这个假设充满了严重的谬误，我们必须将它们一并连根拔起。

（a）凯恩斯主义者如何论证消费函数稳定而且形状如图 11.9 所示的假设？有一个思路是通过"预算研究"（budget studies）——在一个给定年份，对家庭收入和收入群体开支之间的关系做剖面研究。诸如国家资源委员会（National Resources Committee）在 20 世纪 30 年代所做的预算研究得出了类似的"消费函数"，某个点以下去积存增加，该点之上积存增加（即低于某点收入低于开支，高于该点开支低于收入）。

他们认为这暗示了那些进行"去储蓄"（即去积存）的人是处在温饱水平以下的穷人，他们的预算因为借入货币而出现赤字。但这会持续多久？怎么可能会出现持续的赤字？谁会持续向这些人借钱？更合情合理的假设是，去积存者在减少他们先前积累的资本，即，他们是当年生意亏损的富人。

（b）撇开他们错误地解释了预算研究的事不提，凯恩斯体系还有更为严重的谬误。预算研究所给出的曲线与凯恩斯主义的消费函数根本没有关系！前者最多只是给出了某一年不同群体家庭开支与收入关系的剖面；凯恩斯主义的消费函数试图确立任意给定年份，总社会收入与总社会消费之间的关系，适用于所有假定的社会收入范围。最多我们只能汇总出一条总的预算曲线，而它只能得出一个时点的凯恩斯主义消费函数。因此，预算研究绝不可能证明凯恩斯主义的假设。

（c）另一个证明消费函数十分流行的工具，其流行程度在第二次世界大战中达到了顶峰。它就是一定时期内（通常以 20 世纪 30 年代为例）国民收入与消费的历史-统计的相关性分析。这一相关性等式然后被认为是"稳定"的消费函数。这个分析过程的错误众多。首先，即便是假设存在这样一个稳定关系，这也不过是一个历史结论，而不是理论规律。在物理学中，一条实验确立的规律，在其他相同情境中也许可以假设它为不变的；但在人的行动领域，历史情境从没有相同，因此就不可能有常数！条件和评值可以随时变动，于是"稳定"的关系发生改变。没有证据可以证明稳定的消费函数存在。根据这个假设而做出的预测（例如预测战后会出现大规模失业）记录惨淡不应该令人感到惊讶。

其次，这个论点甚至还是不能确立起稳定的联系。它让收入与消费和投资关联。由于消费在数量上远远大于（净）投资，难怪它对回归方程的百分标准偏差更小！此外，这里它使收入与自己的 80%—90% 相关联；"稳定性"自然也是巨大的。如果使收入与储蓄（规模与投资类似）相关，收入—储蓄函数就不会比"收入—投资函数"有更大的稳定性了。

再次，一方面，消费函数必然是一个事前的关系；凯恩斯主义者认为它可以表明消费者在给定某个总收入的条件下，会决定花费多少。而另一方面，历史统计数据仅仅记录事后的数据，给人们的是一个完全不同的故事。比如说，对于任意给定时间段，不可能在事后记录积存和去积存。事实上，在复式会计记录上，事后总社会收入总是等于总社会开支。可是，在动态的、事前的意义上讲，正是总社会收入和总社会开支之间的差异（积存或者去积存）在凯恩斯主义理论中发挥着关键作用。但凯恩斯主义者们相信，这些偏差是研究事后数据所无法揭示的。实际上，事后看储蓄总是等于投资，社会开支总是等于社会收入，所以事后开支线与收入线重合。[①]

（d）事实上，稳定的消费函数的整个理念，现在已经失去了它的声誉，尽管还有很多凯恩斯主义者没有完全认识到这个事实。[②] 其实，凯恩斯主义者们自己也承认，长期来看，消费函数不是稳定的，因为总消费随着收入的上升而上升；而在短期，它也不是稳定的，因为它受到各种变动的要素影响。但如果它在短期并不稳定，在长期也不稳定，那它又有何稳定性可言？这稳定性又有何用？我们看到，真正重要的期限，只有近期和长期，它们展现的是当下正在趋近的方向。而某种单独的"中间"形势是毫无用处的。

864

---

① 参见 Lindahl, "On Keyes' Economic System—Part I," 第 169 页脚注。Lindahl 展示了将事后的收入线与事前的消费和开支线混合起来的窘境，这也就是凯恩斯主义者们的做法。Lindahl 也证明了，如果预期和现实收入之间的差距影响收入而不是库存的话，开支和收入线就会重合。可是，它不可能影响库存，因为，与凯恩斯主义的断言相反，不存在什么积存或者其他出人意料的事件会导致"非预期中的存货增加"。存货增加从来都是有意为之，因为出售者有另外一个选择，即以市场价格出售财货。他的存货增加的事实，意味着他自愿地投资于扩大存货，希望其在未来价格上涨。

② 有两篇重要的论文总结了消费函数理论的破灭：Murray E. Polakoff, "Some Critical Observations on the Major Keynesian Building Blocks," *Southern Economic Journal*, 1954 年 10 月，第 141–151 页；以及 Leo Fishman, "Consumer Expectations and the Consumption Function," 同上，1954 年 1 月，第 243–251 页。

（e）现在我们把目光转向凯恩斯本人对于他假设稳定消费函数所给出的理由，这会给我们一些启发，他的理由与他的追随者不同。他着实给出了一个令人费解的解释。[1] 根据凯恩斯的说法，来自给定收入的"消费倾向"由两套因素所决定，分别是"客观"和"主观"的因素。不过，这些因素似乎显然只是主观的决定，因此也就没有独立的客观决定因素。在给主观因素分类时，凯恩斯误将积存和投资动机分别归入不同"原因"的范畴：预防，远见，改进，等等。而其实，我们已经知道，货币需求归根结底由每个人出于各种理由而决定，而这些理由都与不确定性联系在一起；投资的动机在于维持和增加未来的生活水平。凯恩斯完全没有用事实或者论据佐证，而是耍了一个花招，轻巧地认定，所有这些主观的因素在短期都是给定的，尽管他承认，它们在长期会变动。（如果它们在长期变动，他的体系又怎能产生一个均衡位置？）他简单地将主观动机归结为当前的经济组织、习惯、生活标准等等所致，认定它们是给定的。[2] 他承认"客观因素"（其实是主观的因素，诸如时间偏好的变动、预期、等等）可以导致消费函数的短期变动（如资本价值的大幅度波动）。对未来收入变动的预期可以影响一个人的消费，但凯恩斯没有讨论就断言，这个因素"在整个社会中很有可能达到平衡"。他讨论时间偏好的方式也极为令人费解，认为利率和时间偏好不同于且影响着消费倾向。这里，凯恩斯再次假定短期波动影响很小，然后简单地跳到了结论，称消费倾向在短期是一个"十分"稳定的函数。[3]

（f）消费函数理论的失败并不只是一个具体理论的失败。它也是深刻的认识论上的失败。消费函数的概念在经济学中根本没有立锥之地。经济学属于行动学，即它的命题在公理——最基本的公理即人的行动存在本身——的存在给定的条件下是绝对正确的。因此，经济学不是，也不可能是实证主义意义上的"经验"科学，即它不能确立某种可真可假，最多也只是近似真理的经验假设。定量的、经验－历史性质的"规律"，在经济学中一文不值，因为它们也许只是复杂现象的巧合，而不是可以分离、重复起效的规律，它们也许在未来就会失去效力。消费函数的观点不仅在很多步骤上是错误的，它还根本与经济学

---

① 凯恩斯，《通论》，第 89-112 页。

② 同上，第 109-110 页。

③ 他所说的"十分"是什么意思？一个理论性的规律，怎能建立在这个"十分"的稳定性上？是指比其他函数更稳定？这个假设，尤其是作为一条有关人的行动的规律，其理由何在？同上，第 89-96 页。

无关。

此外，"函数"这个词语本身就并不适用于研究人的行动。函数暗示一种定量的、固定的关系，而这种数量决定论其实并不存在。人们在行动，也可以随时改变他们的行动；对于行动，不可能存在有因果性的、恒定的、外在的决定因素。"函数"只适用于没有意识、重复运动的无机事物。

总之，没有任何理由假定在某个点，开支会低于收入，而在比这个点更低的位置，它会高于收入。经济学不知道，也不可能知道，事前的开支相对于收入的关系如何；在任何点上，两者也许相等，也有可能出现净积存或者去积存。最终的决定，来自诸多个人，而非科学所能决定。因此，根本不存在什么稳定的开支函数。

C. 乘数

以前一度备受尊敬的"乘数"，现在已经不那么流行了。经济学家逐渐认识到，它只不过是稳定消费函数一枚硬币的另一面。不过，人们还没充分意识到乘数这个概念完完全全的荒谬性。"投资乘数"理论大致是这样讲的：

社会投资 = 消费 + 投资

根据统计相关性等等显示，消费是关于收入的一个稳定函数。简洁起见，我们假设消费总是 0. 80（收入）。[1]那样的话，

收入 = 0. 80（收入）+ 投资。

0. 20（收入）= 投资；或者

收入 = 5（投资）。

这里的"5"就是"投资乘数"。因此显而易见，如果我们需要增加一定数量的社会货币收入，我们就只需要增加这个数量的 1/5 的投资即可；乘数的魔法会搞定剩下的事情。早期的"刺激经济论者"（pump primers）相信可以通过刺激私人投资实现这个目标；后来的凯恩斯主义者意识到，如果说投资是一个"积极"变动的因素，政府开支的积极性也毫不逊色，而且更具确定性，因此必须依靠政府提供经济所需的乘数效应。创造新钱会是最有效的手段，因为这样做政府就可以确保私人资金不被削减。所以，将所有政府开支称为"投资"的根本理由是：

---

[1]　实际上，凯恩斯函数的形式一般都是"线性的"，比如消费 = 0. 80（收入）+20。文中我们给出的形式有所简化，但没有改变其实质。

它并没有被动地与收入捆绑在一起。

下面还有更为有效的"乘数"，它在凯恩斯主义的理论中甚至比投资乘数还要有效，而且在凯恩斯主义的理论中，它是不容置疑的。这是一个归谬法，但它不仅仅是一个拙劣的模仿，因为它符合凯恩斯主义的方法。

社会收入 =（任意某人的姓名，比如读者）的收入 + 其他每个人的收入

我们用符号表示：

社会收入 = Y

读者的收入 = R

其他人的收入 = V

868
我们发现，V 是一个关于 Y 的完全稳定的函数。将两个变量在坐标系上标出，我们就会发现两者之间历史上是一一对应的。这是一个非常稳定的函数，比"消费函数"要稳定得多。另一方面，描绘 R 对 Y 的关系，我们发现，波动的读者收入与社会收入之间只有极为遥远的联系，而不是完全的相关性。因此，读者的收入是社会收入中积极的、变动的、不确定的因素，而其他人的收入则是消极而稳定的，由社会收入所决定。

假设我们得出的等式是：

$V = 0.99999Y$

那么 $Y = 0.99999Y + R$

$0.00001Y = R$

$Y = 100000R$

这是读者个人的乘数，其威力比投资乘数要大得多。想要增加社会收入，并以此治疗萧条和失业，只需让政府印一笔钱，发放给本页的读者即可。读者的开支会刺激国民收入增长 100000 倍。[1]

18. 加速原理的谬误

一些凯恩斯主义者采用"加速原理"（acceleration principle）来解释投资，然后将之与"乘数"结合，产生各种有关商业周期的数理"模型"。不过，加速原理先于凯恩斯主义即已出现，我们不妨对之做单独的考量。人们几乎总是用它解

---

[1]　亦可见 Hazlitt，*Failure of the "New Economics"*，第 135–155 页。

释商业周期中的投资行为。

加速原理的实质也许可以用下面的例子来概括。 869

让我们以某个企业或者行业，最好是消费者财货的第一级生产者为例。假设这家企业在某个时间段正在生产 100 个单位的某种财货，且这个生产过程需要 10 台机器。如果这个时段是一年，消费者每年需求和购买 100 单位的产出。这家企业有 10 台机器的库存。假设 1 台机器的平均寿命是 10 年。在均衡状态，这家企业每年购买 1 台机器用于重置（假设他先前每年购买了 1 台新机器，直到 10 台）。① 现假设消费者对于此企业的产出的需求增加了 20%，希望购买 120 个单位的产出。假设资本投资对产出的比率固定，现在这家企业需要有 12 台机器（每台机器的产出维持不变：每年生产 10 个单位产品）。为了拥有 12 台机器，它今年必须额外购买 2 台机器。将这个需求与它通常的需求（1 台机器）相加，我们看到它对机器的需求增加了 200%。对于那件产品的需求增加了 20%，引起对于资本财货的需求增加 200%。因此，加速原理的支持者称，消费需求的普遍上升，导致资本财货的需求急剧扩大。或换句话说，它导致"固定"的、拥有较高耐久性的资本财货需求急剧增加。显然，只能使用一年的资本财货无法获取这种放大效应。加速原理的实质，是增加了的需求，与一种耐久财货低水平的重置需求之间的关系。财货越耐久，对它的需求就越大，而加速效应因此也越大。

现假设后一年消费者对产出的需求保持在 120 个单位。消费者需求从第二 870 年（此时它从 100 变为 120）到第三年没有发生变化。可是，加速论者指出，固定资本需求正发生着可怕的事情。因为现在企业已经无须在重置所需之外购买新的机器。每年需要重置的只是 1 台机器了。所以，当消费者财货需求没有发生改变的时候，对固定资本的需求下跌了 200%。前者是后者的原因。当然，长期看来，情况会稳定为均衡状态，产出为 120 单位，置换为 1 个单位。但在短期，消费需求仅仅 20% 的增长，就会先导致固定资本需求 200% 的增长，然后 200% 的下降。

对于加速原理的支持者而言，这个例子给出了解释商业周期的一些主要特征的关键：固定资本财货行业与消费者财货行业相比波动更大，以及危机往往揭示出投资财货行业有大规模的错误。加速原理大胆地从单个企业的例子跳跃到了对

---

① 人们通常忽视了，这个重置的模式，虽然对于加速原理是必要的，但只适用于那些规模在迅速和持续扩张的企业或者行业。

总消费和总投资的讨论。其鼓吹者称，每个人都知道在繁荣期消费增加。这增加的消费加速并放大了投资的增加。然后，消费增长率下降，固定资产投资发生下降。而且，如果消费需求下降，那么固定资产就会出现"产能过剩"的情况——这是萧条的另一特征。

首先，加速原理漏洞百出。哈特教授揭示了处于这个原理核心的一个严重谬误。[①] 我们看到了，消费需求增加了 20%；但为什么这额外的两台机器必然在一年内购买？年数究竟与此有什么关系？如果我们仔细地分析这个问题，我们发现，甚至就这个例子本身而言，年份也纯粹是武断、无关的单位。我们也可以轻易地取一周为时间段。那么我们将不得不说，消费者需求（它毕竟是延续的现象）在第一周内增加了 20%，因此造成第一周对机器的需求增加 200%（甚或是这一需求无限增加，如果重置没有刚好在第一周发生的话），随后是需求在下一周下降 200%（或者无限），再之后进入稳定状态。加速论者从来不使用一周作为时间段，因为这样的话，他们的例子就明显不符合真实生活了。在真实生活中我们从未在短短几周的过程中看到如此剧烈的波动。但选用一周举例并不比用一年更为武断。实际上，他们选择的唯一非武断的时间段，只能是机器的寿命（比如 10 年）。在一个 10 年的时间段内，之前（也就是在此之前 10 年）的机器需求为 10 台，在当前和随后的 10 年中，该需求会是 10 台加上额外两台，即 12 台。简言之，在 10 年的期间里，对机器的需求会与消费者财货需求以相同的比率增长——而根本没有什么放大效应。

由于企业在覆盖它们设备寿命的计划期间购买和生产，所以没有理由认为，市场不会适当、平稳地规划生产，以避免加速原理模型所编造出来的错误波动。事实上，没有理由认为增加了的消费要求机器生产立即增加；相反，只有在企业家严格根据预期利润选择的时间点上，储蓄以及对机器的投资增加，才使未来的消费者财货得以增产。

其次，加速原理从单个企业或者行业跳跃到整个经济的做法完全没有依据。某一个地点上消费需求增加 20% 必然意味着其他某地的消费下降 20%。之所以如此，是因为整体消费需求不会上升。整体消费需求只有通过减少储蓄才能上升。但如果储蓄减少，那么可用于投资的资金就减少了。如果投资可用的资金变

---

① 他对加速原理的精彩批判，参见 W. H. Hutt, *Co-ordination and the Price System*（未出版，但已在经济教育基金会发表，Irvington-on-Hudson, N. Y., 1955），第 73–117 页。

少，投资又怎么可能比消费增加更多呢？事实上，消费上升使得投资可用的资金减少。这些资金对于消费和投资而言是此消彼长的。

另一条重要的考量是，加速原理的证明，是以物理的，而非货币的单位表示的。实际上，消费需求，尤其是总消费需求，以及对资本财货的需求，不可以用物理单位表示，而必须用货币单位表示，因为财货需求是市场上用于交易的货币供给的反面。如果一个财货或者所有财货的消费者需求增加，这一增加以货币为单位，也就是提升消费者财货的价格。可是，我们注意到，在加速原理中，没有任何有关价格或者价格关系的讨论。它对于价格关系的忽视就足以否定整个原理。①加速原理仅仅从物理单位的证明就跳到了货币单位的结论。

此外，加速原理假设"固定"资本和产出之间具有恒定的关系，而忽视了可替代性、产出的多样性以及要素或多或少强度奏效。它还假设新机器是瞬间生产出来的，因此也忽视了生产必需的期间。

事实上，整个加速原理是错误的机械论原理，假设企业家对当前数据做自动的反应；它因此忽视了有关企业家精神最为重要的事实：即它的投机性，它的实质是估计不确定的未来的数据。它因此涉及商人们对未来条件的判断，而不仅仅是对过去数据的盲目反应。成功的企业家是那些最准确预测未来的人。为什么企业家不能预见推想之中的需求疲软，然后相应地调整他们的投资？这其实正是他们会做的事情。如果经济学家拥有了加速原理的知识，认为他可以比普遍成功的企业家获取更多的经营利润，为什么他不去做企业家，亲自去收获成功的奖励？所有尝试证明商业周期的原因是自由市场上发生普遍经营错误的理论，遇到这个问题都难免于崩溃。它们没有回答关键的问题：为什么一群最善于判断未来的人，会突然陷入预测失误当中？

在所有商业周期理论的某一个脚注或者一小句话中，埋藏着这样一个假设，即货币供给在繁荣期扩张，尤其是通过银行的信用扩张。从中我们可以看出正确的商业周期理论的端倪。货币与信用扩张是所有理论的必要条件。这将引导我们进一步探讨这个因素：也许它也是所有理论的充分条件。但是，正如我们在上面了解的，自由市场上不可能有银行信用扩张，因为此举等同于发行欺诈性的仓库收据。对商业周期理论的明确讨论，我们推迟到下一章，因为自由市场不可能出现商业周期。

873

---

① 忽视价格和价格关系是众多经济学谬误的症结所在。

874 　　商业周期的理论家，通常总是以比一般经济学理论家更为"实际"自诩。除了米塞斯、哈耶克（正确）和熊彼特（错误）外，没有人曾试图从一般经济学分析推演自己的商业周期理论。[1] 我们应该已经清楚地知道，要令人满意地解释商业周期，就需要从一般经济学分析开始。有些论者，在他们对商业周期的研究当中，事实上公然无视经济学分析，而大多用了总体"模型"，它与有关个人行动的一般经济学分析没有任何关系。所有这些人都犯了"概念实在论"（conceptual realism）的谬误——即，使用总体概念，任意摆弄，与现实的个人行动完全脱节，还自以为在讨论真实世界的事情。商业周期理论家钻研正弦曲线、数理模型，和其他各种类型的曲线；他摆弄公式和相互关联，而自以为他在讨论有关经济体系或者人的行动的事情。事实上，他所说的东西与现实无关。当前这一大批商业周期理论，根本算不上是经济学，而是在毫无意义地操纵数理公式和几何图示。[2]

---

[1] 参见米塞斯，《人的行动》，第 581 页及之后；S. S. Kuznets, "Relations between Capital Goods and Finished Products in the Business Cycle," *Economic Essays in Honor of Wesley Clair Mitchell* (New York: Columbia University Press, 1935)，第 228 页；以 及 Hahn, *Commonsense Economics*，第 139-143 页。

[2] Harrod 和 Domar 的新停滞论凯恩斯主义"增长经济学"使用了这个加速原理。可参见 Leland B. Yeager 对此理论的精彩批判。Yeager, "Some Questions on Growth Economics," 第 53-63 页。

第十二章 暴力干预市场的
经济学

1. 导论

至此为止，我们一直都假设，社会中不存在对人身或者财产的暴力侵犯；我们一直推进着对自由社会、自由市场的经济学分析。在这种情境下，个人之间和平地打交道，从来不使用暴力。这就是纯粹自由市场的建构（或者说"模型"）。这个模型，虽然也许还没有得到完备的考量，但应该说贯穿整个学科的历史，它一直以来都是经济分析的主要研究对象。

不过，为了完整地描绘我们这个世界的经济图景，经济学分析必须扩展，探讨社会中暴力的行动及人际关系——包括市场干预和暴力地废除市场（"社会主义"）——的性质和后果。关于干预和社会主义的经济学分析，其最近的发展远远胜于有关自由市场的分析。① 本书由于篇幅所限，我们无法像我们讨论自由市场经济学一样详尽地讨论有关干预的经济学。不过在这最后一章，我们将更为简要地概述对于干预的经济学这一领域的研究。

经济学一直倾向于集中关注自由市场的原因之一，在于这里有个从看似"无政府""无计划"的行动中如何形成秩序的问题。我们知道，自由市场并不会出现没有经济学训练的人眼中的那种"生产的无政府状态"，而会出现一种有序的模式，其构造有助于满足所有个人的欲求，而且尤其善于适应变动的条件。以这种方式，我们已经知道了，个人自由、自愿的行动是如何结合起来，有序地决定价格形成、收入、货币、经济计算、利润与亏损以及生产等等这些看似神秘的

---

① 一些经济学家，尤其是 Edwin Cannan，否认经济学分析适用于暴力干预的行动。但恰恰相反，由于经济学是对人的行动的行动学分析，我们同样能够分析暴力关系这种行动形式。

过程。

　　每个人在追求自己的利益时也促进了其他人的利益，这一事实是经济学分析的**结论**，而不是开展分析所依赖的**假设**。许多批评家指责经济学家支持自由市场经济是一种"偏见"。但经济学的这个结论，以及其他任何结论，都不是偏好或者偏见，而是一种"后判"（post-judice，这里我们借用 E. Merrill Root 教授提出的这个欢乐的术语）——即在探究之后而非之前所做的判断。[①] 而且，分析过程的有效性与个人偏好完全无关。经济科学对于分析者的个人偏好没有任何兴趣；它关注的是方法本身的有效性。

877　2. 干预的类型学

　　以侵略性的物理力量侵入社会，即是干预；它意味着用强制取代了自愿行动。我们必须记住，**行动学上讲**，哪个人或者群体使用这种力量并无区别；这种行动的经济学本质和结果是相同的。

　　根据我们的经验判断，大规模的干预是由国家实施的，因为国家是社会中唯一可以合法地使用暴力的组织，是唯一可以合法地通过强制征收取得收入的代理机构。因此，方便起见，我们的讨论仅局限于**政府**干预——不过，请不要忘记，私人也有可能非法使用暴力，或者，政府可以公开或者暗中允许特殊利益群体使用暴力侵犯他人的人身或者财产。

　　个人或者群体可以实施**哪些**类型的干预？在对干预进行系统性的分类上，人们做得还远远不够。经济学家仅仅讨论了诸如价格管制、特许经营、通货膨胀等等看似不和谐的行动。不过，我们可以将干预归入三个大的范畴。首先，**干预者**（intervener），或者"侵犯者"或"侵略者"——也就是发起暴力干预的个人或者群体——可能命令某个受害人去做或者不要做某些事情，而这些行动**仅仅**直接

---

① 早期的经济学家无不是宗教人士。他们惊讶于他们划时代的发现——自由市场遍布和谐。他们倾向于将这个益处归功于"看不见的手"或者神圣的和谐，这有什么值得惊奇的吗？我们更容易去嘲弄他们的热情，而较难意识到，这并没有妨碍他们分析的有效性。

　　一般的作家指责，比如法国 19 世纪的"乐观主义"学派，认为他们在搞天真的**和声学**（Harmonielehre）——有关一种神所规定的和谐状态的神秘理念。但这一指责忽略了这样一个事实，即法国乐观主义者们是以非常健全的"福利经济学"洞见为基础的。他们相信，自由市场上的自发交易和谐地为所有人造福。例如，参见 About, *Handbook of Social Economy*，第 104-112 页。

涉及那个人的人身或者财产。简而言之，在没有涉及与他人交换的情况下，干预者可能限制那个受害人对自身财产的使用。我们不妨称它为**封闭性干预**（autistic intervention），某个指令或者命令只涉及受害人本人。其次，干预者可能强迫个体受害人与他**交易**或者向他赠送"礼物"。我们不妨称此为**二元干预**（binary intervention），因为它确立了两人（干预者与受害人）之间的霸权关系。再次，侵犯者可能强制或者禁止对个人之间的交易（交易总是发生于**两人**之间）。这是 878 **三元干预**（triangular intervention）的情况，它在侵犯者及一对实际或者潜在交换者之间建立了霸权关系。所有这些干预都是霸权关系的例子（参见上面第二章），也就是命令与服从的关系，它与自愿双赢的契约性自由市场关系相反。

因此，封闭干预就是，干预者强迫一个受害人，而不以任何财货或者服务回报他。杀人就是一个简单的例子；另一个例子可以是强制推行或者禁止某种信仰、言论或者宗教仪式。即便国家是干预者，向社会所有成员发布命令，这命令本身也仍然是**封闭性的**，因为暴力线可以说是从国家向单独每个人辐射的。干预者强迫受害人与前者交换或者给他送礼的二元干预，典型的例子有税收、征兵以及强制性的审判服务。奴役是主人与奴隶之间二元、强制性交易的另一个例子。

三元干预是指干预者强制或者禁止**其他**两个人之间的交易，其例子有价格管制和特许经营。在价格管制下，国家禁止任何一对个人低于或者高于某个固定的价格而进行交易。着实奇怪的是，政治经济学的作者们都只认识到第三个范畴的案例属于"干预"。经济学家忽视了封闭干预尚且情有可原，因为经济学对于货币交换关系以外的事件并不熟悉。但忽视了二元干预可没有那么多理由了。

3. 干预对效用的直接影响

考察干预的影响，我们必须探究其直接和间接的后果。一方面，干预对那些参与者的效用会有直接的、立即的后果。而当他们处于没有干预的自由社会，每 879 个人总是会以他相信能最大化自身效用（即将他抬升到自己价值表尽可能高的位置）的方式行动。简言之，事前每个人的效用都会被"最大化"（这样说的前提是我们小心不要用基数的方式解释"效用"一词）。自由市场上的任何交易，其实可以说自由市场上的一切行动，都因为人们预期它有利于有关的各方才发生。如果我们用"社会"一词来描述所有个人交换的模式、数组的话，那么我们可以说，自由市场使社会效用最大化，因为每个人都从他自由的行动中收获效用。[①]

在另一方面，强制干预本身就意味着，个人或者若干个人**将并非出于自愿地做干预者现在强迫他们做的事情**。一个人被强迫说或者不说某些话，或者与干预者或第三方交易或者不交易，他的行动也就因为暴力的威胁而改变。因此，受到强迫的人，**其效用总是因为干预而损失**，因为他的行动被干预的影响强制性地改变了。在封闭和二元干预中，每个受害人都有效用损失；在三元干预中，受到干预的那对潜在交易者中，至少有一方（有时是两方）损失效用。

事前谁获得了效用？显然是干预者；否则他就不会施行干预了。在二元干预的情况下，他本人牺牲其受害者的利益，直接获得了可交易的财货或者服务。[②]在封闭和三元干预中，他从强行管制他人（也有可能是为其他二元干预提供看似合理的支持）而取得心理上的良好感觉。

因此，与自由市场相反，所有干预的情形，都为某一批人提供收益，而以**损害另一批人为代价**。在二元干预当中，直接收益与损失是"有形"的可交易财货或者服务；在其他情况下，直接收益是干预者得到的不可交易的满足，而直接的损失是受到强制而去参与较不满意（如果它不带来明显痛苦的话）的活动。

在经济科学尚未发展以前，人们通常认为，交易与市场总是以一方为代价而对另一方有利。这是重商主义对市场的看法的根源，米塞斯将之称为"蒙田谬误"。经济学已经证明这是谬误，因为在市场上交易**双方都会获益**。[③]因此，在市场上**并不存在这种所谓的剥削**。但只要国家或者其他任何人采用暴力干预市场，利益发生内在冲突的论点就必然为真。因为这样的话，干预者牺牲受害者的效用

880

881

[①] 干预或者不干预对效用的直接影响是"福利经济学"专门研究的领域。对福利经济学的批判，及其重建的纲领，参见罗斯巴德，"Toward a Reconstruction of Utility and Welfare Economics"。

[②] 也许这里我们不妨注意一下德国社会学家弗朗茨·奥本海默对自由市场与二元干预的区分。在他看来，前者之于后者，也就是满足一人所求的"经济"手段之于"政治"手段：
人需要维持生计，有两种根本上对立的手段，以获取满足自身欲求所必要的手段。这两种手段即工作与掠夺，一种依靠自己的劳动，一种强迫占有他人的劳动……我提议……用满足需求的"经济手段"称呼人自己的劳动以及用自己劳动与他人劳动做对等交换，而用"政治手段"称呼强占他人劳动而不给回报的行为……国家是实行政治手段的组织。（奥本海默，《论国家》，第24-27页。）

[③] 这个谬误的根源之一在于相信交易中，两个被交易的东西是或者应该是价值"相等"的，而价值"不对等"则表明存在"剥削"。与此恰恰相反，我们已经看到，任何交易中买方与卖方对每个财货的评价必然不等，而且正是因为有价值的双重不对等，交易才得以发生。强调这一谬误的例子是 Yves Simon 著名的著作，*Philosophy of Democratic Government*（Chicago: University of Chicago Press, 1951），第四章。

而获利。市场上一切都处于和谐当中。可是一旦干预出现，它便创造出了冲突，因为每个人或者群体都有可能参与到这场竞争当中，想要做一个净获利者，而不是净损失者——也就是成为这样的干预集团的一部分，而不要做它的受害者。税收制度本身就确保了某些人会进入净获利阶级，另一些人进入净损失阶级。[①] 由于所有国家行动都依赖于税收这一根本的二元干预，所以任何国家行动都不能增进社会效用，即增进所有受影响的个人的效用。[②]

对于自由市场与干预成鲜明对比，增进社会中每个人的效用这一结论，一种常见的反驳指出，那些产品突然过时的企业家命运十分悲惨。以马车制造商为例，他面对着公众需求从马车向汽车的转变。**他难道没有因为自由市场的运作而损失了效用吗？** 不过，我们必须认识到，我们只关注制造商的行动所**表现**的效用。[③] 无论是在第一个时间段，消费者们需求马车，还是在第二个时间段，消费者转向汽车，制造商都在自由市场上为最大化自己的效用而行动。从事后回顾发

882

883

---

① 现在人们流行称约翰·C.卡尔洪预示了马克思主义阶级剥削理论，但实际上，卡尔洪的"阶级"指的是**社会等级**（caste）：是国家干预本身的产物。具体而言，卡尔洪看到，税收这个二元干预手段总是必然要花出去，使社会中的某些人成为税金净支付者，另外一些人则成了净接受者。卡尔洪将后者定义为"统治阶级"，前者定义为"被统治阶级"。因此：

政府代理人和雇员，虽然相比之下人数较少，却构成了社会中独家获取税收收益的那部分人……但既然接收税金者只构成了社会的一部分，所以……（财政过程）的行动，在税收支付者与税收收益接收者之间必然是不平等的。它不可能有别的形式；除非从个人收取的税金又通过支付退还给个人，但如果这样做，这个过程会是无用、荒谬的……它必然意味着，社会中的某一部分人支付的税金，必然多于他从支付所收取的，而另一部分人从支付中收取的钱多于他们所支付的税金。所以，显而易见……实际上，对于收取支付大于其所纳税金的那部分人而言，税收必然是对他们的奖赏，而对于纳税大于收取支付的那部分人，税收则是真正的税收——是负担而不是奖赏。这是不可避免的结果。它是这个过程的本质使然，不论税负的分配再怎么平均……

那么，不平等的政府财政行动必然导致社会被划分为两大阶级：一个由那些实际上支付税金，也当然单独承担了支撑政府的负担的那些人组成；另一个阶级，由那些通过政府支付获取收益的人组成，他们实际上是受政府供养的；或者，这一情况的结果是将他们置于对立的关系，分别反对或者支持政府的财政行动……因为税收和政府支付越多，一方的收益和另一方的损失就越大，反亦反之……（约翰·C.卡尔洪，*A Disquisition on Government*［New York: Liberal Arts Press, 1953］，第 16-18 页。）

② 参见罗斯巴德，"Toward a Reconstruction of Utility and Welfare Economics"。对于国家行动的分析，参见 Gustave de Molinari, *The Society of Tomorrow*（New York: G. P. Putnam's Sons, 1904），第 16 页及之后，第 65-96 页。

③ 我们在上面已经看到，行动学只讨论从具体人类行动推导而得的效用。在其他地方我们将此概念命名为"表现偏好"（demonstrated preference），追溯了它的历史，并批判了与之竞争的概念。罗斯巴德，"Toward a Reconstruction of Utility and Welfare Economics,"第 224 页及之后。

现他更喜欢第一个时间段的结果，对于历史学家来说也许是有趣的数据，但对经济学理论家来说是不相关的。因为制造商已经**不再**生活在第一个时间段了。他总是生活在**当下**的条件之下，与其他人现在的价值表发生关系。在任意给定的时间段内，自愿交易会增进每个人的效用，并因此最大化社会效用。马车制造商不可能复原第一个时间段的条件或者结果，除非他使用暴力强制他人交易。但如果这样的话，社会效用，因为他的侵犯行为，就不再是最大化的了。

就如有某些作者尝试否认自由交换的自愿本质和互利性，也有一些作者认为国家行动具有自愿的性质。一般而言，这一尝试的基础，或是认为存在一种名叫"社会"的实体，它热烈地赞同和支持国家的行动，或是认为大多数人赞同这些行动，这又不知怎的，**意味着**全体同意，再或者是，他们认为，即便是反对的少数，在内心深处也赞同国家的行动。从这些谬误的假设出发，他们断言国家可以增加社会效用，至少可以与市场做得一样好。[1][2]

884 　　讨论了自由市场的一致同意性、和谐性，以及干预所导致的冲突与效用损失之后，我们不妨提问，如果用政府限制私人罪犯（即强制交易的私人执行者）干预市场会怎么样？已经有人提问：这个"警察"职能难道不是干预行为的一种，自由市场本身难道不是必然依赖于这样一种干预的"框架"的吗？因此，自由市场的存在难道不就必然要求被政府惩罚的罪犯这部分人的效用损失吗？[3]首先，我们必须记住，纯粹自由市场是一个两组人之间自愿交换的数组。如果市场上不存在犯罪干预的威胁——比如每个人都感到有义务尊重他人的私有财产——也就不需要任何反干预的"框架"。因此，"警察"职能只是次要的衍生问题，而不是自由市场的先决条件。

---

① 对第一个假设的批判，参见穆雷·N. 罗斯巴德，"The Mantle of Science，"in Helmut Schoeck and James W. Wiggins, eds., *Scientism and Values*（Princeton, N. J. : D. Van Nostrand, 1960）；有关后面几个论点，参见罗斯巴德，"Toward a Reconstruction of Utility and Welfare Reconstruction，"第 256 页及之后。

② 对于认为国家行动有自愿性质的谬误，我们应当留意熊彼特的洞见：

……自从君主的封建收入不再具有重要意义以来，国家赖以生存的收入，是私人领域为私人目的生产的，它们因为政治力量而偏离了这些目的。有理论把税收类比为俱乐部会费或者购买某种服务（比如医生的服务），只能证明社会科学的这个部分离科学的思维习惯有多么遥远。（熊彼特，《资本主义，社会主义与民主》，第 198 页及 198 页脚注。）

③ 我十分感激路德维希·M. 拉赫曼教授，L·D·Goldblatt 先生以及拉赫曼教授在南非 Witwatersrand 大学经济学荣誉研讨班上的其他成员在讨论我上面引用的"重建"一文，而提出这些问题。

　　其次，如果人们使用政府——或者从事此业的私人代理机构——限制和反对罪犯对社会的干预，那显而易见的是，这一斗争必然会迫使罪犯的效用受损。但这些防卫的行动很难算是我们所说意义上的"干预"。因为效用损失只是反过来强加在那些一直试图将效用损失强加给和平居民的人。简言之，警察机构为捍卫个人自由所使用的武力——即用于保护居民人身与财产的武力——纯粹是**抑制性**（inhibitory）武力；它是反干预性质的，对抗真正的、初始的干预。虽然警察机关这种反制行动，无法最大化"社会效用"——社会中涉及人际行动的**每个人**的效用——但它确实使非**罪犯**（即那些和平地最大化自己的效用，而没有造成他人损失的人）的效用最大化。如果这些防卫机构能够完美地完成任务，消灭一切干预，那么它们的存在也就与社会效用最大化完全相容了。

4. 事后效用：自由市场与政府

　　至此我们看到，个人在自由市场上最大化他们的事前效用，而如果受到干预他们便无法做到这一点，因为此时干预者只有牺牲受害者表现效用损失才能为自己取得效用。但事后效用又是怎样的情况呢？当人们做决定的时候，他们也许**预期**从中获益，但他们从这些决定的结果中是否**真的**获益了呢？从事前到事后这一重要过程中，自由市场与干预如何比较呢？

　　对于自由市场，答案是市场的建构就是为了将错误减少到最小。首先，自由市场有运作迅速、高度准确、容易理解的检验告诉着企业家以及收入取得者，他们在满足消费者欲求的任务上是成功还是失败的。企业家肩负根据不确定、波动的消费者欲求做调整的重任。对于他们而言，检验尤为迅速和明确——盈利或者亏损。大额利润是表示他走在正确的路上的信号，损失表示他走了错路。利润与亏损激发企业家迅速地根据消费者需求做调整；其次，它们还发挥着将货币从无效率的企业家手中转移到优秀的企业家手里的功能。优秀的企业家获得成功，资本增加，而拙劣的企业家遭到驱逐，这就确保了市场可以更为平滑地针对条件的变动而调整。类似地，略逊于此的，是土地与劳动力要素根据它们追求更高收入的所有者的欲求而移动，具有较高价值生产力的要素取得相应的奖励。

　　消费者在市场上同样要承担企业家风险。许多自由市场的批评家，虽然愿意承认资本家–企业家的专长，但却感叹消费者的普遍无知，因而无法取得他们事前预期的事后效用。比较典型的如 Wesley C. Mitchell，他有篇著名的论文题为

《花钱的落后艺术》（"The Backward Art of Spending Money"）。米塞斯教授已经敏锐地指出了干预主义者的悖论：他们既坚持消费者过于无知或者没有能力明智地购买产品，又同时宣扬民主的好处，但恰恰是同样这群人，在民主制度下为他们根本不认识的政客以及几乎不理解的政策投赞成或反对票。换言之，干预论的拥护者假定，个人没有能力打理自己的事务或者雇佣专家为他们提供建议，但他们同时又假定，同样的这些人**有能力**为这些专家投票。他们进而假设，他们想象中的那些能力不足的消费者所构成的大众，不仅有能力选择谁来统治自己，选择的人还要统治社会中有能力的那些人。可惜这种荒谬而自相矛盾的假设，是每个针对人民事务的"民主"干预项目的根基。①

事实上，真相恰恰与这个流行的意识形态相反。消费者当然不是全知全能的，但他们有直接的检验，可以让他们获取和检查自己的知识。他们购买某个品牌的早餐食品，发现自己并不喜欢，于是他们就不会再买了。他们购买某种类型的汽车，喜欢它的性能，于是就再买一辆。而在这两个例子中，他们都会告诉他们的朋友这新近获得的知识。其他消费者也许会赞助消费者研究组织，它们可以预先向他们发布警告或者建议。但不论如何，消费者都由直接检验的结果来引导自己的行动。满足了消费者的企业扩张、繁荣，并因此取得了"商誉"，而无法满足消费者的企业只能倒闭。②

相反，为政治家和公共政策投票完全是另一回事。这里根本不可能直接地检验成功或者失败，既没有盈利和亏损，也没有满意或者不满意的消费。为了把握其结果，尤其是政府决策间接的交换学结果，我们就必须理解行动学推理的复杂链条。很少有选民有能力或者兴趣去做这样的推理，而且正如熊彼特指出的，这一点在大众理解政治形势方面尤为突出。由于每个人对于结果都只有微小的影响，而且政府行动看似离人们十分遥远，所以人们对于政治问题或者争论就难以有多大兴趣。③ 由于难以直接检验成功或者失败，选民倾向于选择的，并不是那

---

① 抛弃民主支持独裁也无法消除这些矛盾。因为即便大众在独裁制度下没有投票权，他们仍然必须同意独裁者及他选定的专家的统治。因此，仍然存在这样的假设，大众在政治领域比日常生活的其他领域具有独特的能力。

② 参见罗斯巴德，"Mises' Human Action: Comment，"第 383–383 页。亦可参见 George H. Hildebrand，"Consumer Sovereignty in Modern Times，"*American Economic Review, Papers and Proceedings*，1951 年 5 月，第 26 页。

③ 参见熊彼特在《资本主义，社会主义与民主》中关于日常生活与政治对比的精彩讨论，第 258–260 页。

些政策最能成功的政客，而是那些最能"出售"政治宣传能力的政客。普通的选民，因为不能把握逻辑的推理链条，所以永远也不可能发现他的统治者所犯下的错误。举一个本章后面一个小节的例子，假设政府膨胀货币供给量，因此不可避免地导致物价上涨。政府可以将物价上涨归咎于可恶的投机者或者国外的黑市商人。除非公众懂得经济学的道理，否则他们就不能看穿统治者的说法的谬误。

我们还惊讶地看到，正是那些抱怨广告充满欺诈和诱惑的作者，从不将他们的批判用在真正正确的地方：政客们的广告。正如熊彼特所说：

> 把世界上最美丽的女孩印在香烟盒上，在长期也无力维持一款劣质香烟的销售额。但就政治决策而言，同样有效的保障却并不存在。许多具有重大意义的决策，其性质决定了公众根本不可能花费适度的成本随意进行试验。即便进行试验是可能的，做出判断也不像香烟的情况那么容易，因为决策的效果相对更不容易解释。①

乔治·J. 舒勒（George J. Schuller）为了反驳这个论点，写道："消费者需要复杂的推理链条才能明智地选择一辆汽车或者一台电视机。"② 但是，这种知识**并不是**必需的；因为我们整个论点在于，消费者总是有现成的一种简单而实用的对成功的检验：产品可以用吗？好不好用？在公共的经济事务中，人们不可能做这种检验，因为人们如果不了解**先验的**经济学推理，就不能够知道一项具体的政策"有效"与否。

也许有人会反对说，尽管一般选民可能没有能力决定需要行动学推理链条的事务，但挑选**专家**——政客——他们是胜任的。政客们会决定这些事务，就如同个人也许会在众多领域中的任意一个选择他自己的私人专家顾问。但关键的问题正是在于，对于政府的成功与失败，个人无法像在市场中那样，对他所雇用的专家做直接的、亲自的检验。市场上，人们倾向于雇用那些建议最成功的专家。优秀的医生或者律师在自由市场上收获奖励，而差的只能歇业；私人雇用的专家凭借自己的能力而发达。而在政府，对于专家的成功与否并没有市场检验。既然政府中没有直接的检验，而且选民与政客或者专家也着实很少或者没有私人的交流

① 熊彼特，《资本主义，社会主义与民主》，第263页。
② 舒勒，"Rejoinder,"第189页。

或者关系，选民也就根本没有办法估计他所投的人真正的**专业能力**如何。事实上，现代的民主类型是非具体事务选举（issueless election），选民要在所有根本问题意见一致的候选人中做出选择，而不是对具体事务投票，这使他们投票更为困难。毕竟，事务是可以推敲的；如果有意愿、有能力，选民能够对事务进行研究并做出决定。但选民们，即便是最为聪明的选民，对于每个候选人的真正**专业能力**或者实力，又能知道些什么？——尤其是当选举根本不涉及任何重要事务的时候。选民唯一可以参考的是纯粹外在的、广告包装过的候选人的"个性"，他们富有魅力的笑容等等。这也就导致纯粹给候选人投票必然比对事务投票还要缺乏理性。

不仅政府在选择合适的专家时缺乏成功的检验，不仅选民必然比消费者更为无知，政府本身有其他内在的机制可以导致对专家和官员的较差的选择。有一点即可解释：政客和政府专家不是从市场上自愿购买服务而获得收入；他们的收入是从居民那里强制征收的。因此，这些官员完全缺乏直接的金钱激励去关心如何恰当、称职地服务大众。而且，政府与市场一样，也是"适者"获得相对更高的

890 地位，但这"适者"的标准在这里是非常不同的。在市场上，适者是最能够服务消费者的人。在政府中，适者，或是（1）最善于运用强制的人，或者（2）如果他是官僚，那就是最善于赢取上级欢心的人，抑或是（3）如果他是政客，就是最善于讨好广大选民的人。①

市场行动与民主投票另一个关键的差异在于：选民比如说只有数亿分之一的权力在他可能的统治者之间选择，而统治者反过来会做出影响到他的决策，在下一次选举之前不受限制。在市场上行动的个人，相反则拥有绝对的主权对自己的财产做出决定，而不仅仅是投完票就消失的那数亿分之一的权力。而且，个人通过对他的财产做绝对的决定，不断表现自己购买或者不购买，出售或者不出售的选择。选民为某位候选人投票只能表现他对于一两位潜在统治者的相对偏好——而且他必须这样做，因为不要忘了，在强制统治的框架内，不论他是否投票，这些人中都会有一位在接下来的几年中统治他。（我们也不应忘记，如果采用无记名投票，选民甚至没有机会表现这个十分受限而且有限的偏好。）

有些人可能会反对称，股东在一个企业中投票也面临类似的困难。其实不

---

① 这个见地的基础可以说是哈耶克《通往奴役之路》当中著名的一章，"Why the Worst Get on Top"（Chicago: University of Chicago Press，1944），第十章。亦可见最近 Jack Hirshleifer 简要的讨论，"Capitalist Ethics—Tough or Soft?" *Journal of Law and Economics*，1959 年 10 月，第 118 页。

然。且不说公司并不通过强制征收获取它的资金，股东通过在自由市场上出售自己的股票仍然对自己的财产拥有绝对的权力，这显然是民主制选民做不到的。此外，股东在公司的投票权与他对公司资产的所有权程度成正比。[①]

因此，我们看到，自由市场有一种平稳有效的机制，使预期的事前效用变成事后的实现与结果。自由市场总是最大化事前的社会效用；它也总是倾向于最大化事后的社会效用。相反，政治行动的领域，即大部分干预发生的领域，却没有这种机制；政治过程实际上有推迟和阻挠预期收益实现的内在倾向。因此，自由市场和干预的事后结果之间的差异，甚至比两者事前预期效用的差异还要大。实际上，差异还不止我们展示的这些。因为，随着我们在本章后面部分分析干预的间接结果，我们将会发现，在每个例子当中，干预的后果都会使干预在许多它原本的支持者眼中变得糟糕。比如，我们将会发现，价格管制的间接结果是导致超乎预期的产品短缺。在事后，许多干预者本人都会感到，他们非但没有取得效用，反而损失了。

总而言之，自由市场总是惠及每个参与者，最大化事前的社会效用；它同样倾向于最大化事后的社会效用，因为它包含有一套有效的机制，可以快速将预期转变为现实。通过干预，一个群体直接获利，而牺牲了另一个群体，因此社会效用没有最大化，甚至没有增加；它没有迅速将预期转变为成果的机制，而其实恰恰起到相反的效果；最后，正如我们将要看到的，干预的间接结果会导致很多干预者自己也**丧失**事后效用。本章接下去的部分会探究不同形式干预的本质及**间接**后果。

5. 三元干预：价格管制

一个干预者强迫两个人进行交易或者禁止他们交易，是为三元干预。强制可以施加的范围有：交易的**条件**，被交换的一件或者两件产品的性质，或者进行交易的人。前一种类型的三元干预称为"价格管制"，因为它具体涉及进行交易的条件，也就是价格；后一种类型的三元干预称为"产品管制"，具体涉及产品或者生产者的性质。价格管制的一个例子是政府规定任何人皆不得以高于（或者低于）每磅 X 盎司黄金的价格购买或出售某种产品；产品管制的一个例子是禁止出售某种产品或者禁止某些政府规定的以外的人出售这种产品。显然，两种形式的

[①]　参照 Heath 对"民主"的有趣定义，*Citadel, Market and Alter*，第 234 页。

管制对于价格和产品的性质都有各种影响。

价格管制也许有效，也许无效。如果管制没有影响市场价格，那么它是无效的。比如，如果汽车的市场价是 100 盎司黄金，而政府规定汽车价格不得超过300 盎司，违者惩罚的话，当前这个法令完全脱离实际，是无效的。[①] 然而，如果有一个顾客希望定制一辆汽车，卖家要收 300 盎司以上的价钱，那么政府的管制现在变成有效的了，它改变了自由市场上本会发生的交易。

有效的价格管制有两种类型：禁止某种财货高于某个价格的任何交易，即实行**最高价格管制**，同时它所规定的价格**低于**市场均衡价格；禁止低于某一价格的交易，即实行**最低价格管制**，且规定的价格**高于**市场均衡。一个受到最高价格管制的财货，其供求曲线我们用图 12.1 表示：*DD* 和 *SS* 是该财货的供给与需求曲线。*FP* 是市场决定的均衡价格。我们假设政府规定了最高价格管制 *OC*，在此价格以上的任何销售皆为非法。在管制价格的位置，市场不再均衡，需求数量比供给数量多 *AB*。这样也就人为地创造了该财货的短缺现象。在任何短缺的情形中，消费者竞相购买在当前价格并不出售的财货。有些人必然买不到，另外一些必然会去光顾"黑市"，为卖家承担的遭到处罚的风险支付一笔溢价。限定最高价格的主要特征就是排队，供给不足以满足队尾的人的财货会出现无休止的"排队"。人们会发明各种伪装，绝望地寻求让供求回到市场曾提供的均衡。"桌下"（under-the-table）交易、贿赂、偏爱老顾客等等，都是受到最高价格管制桎梏的市场不可避免的特征。[②]

我们必须注意，即便某一财货的库存在可预测的未来不会改变，且供给曲线是垂直的，这个人为的短缺仍会形成，继而引发所有这些后果。供给的"弹性"越强，即从生产转移出来的资源越多，在其他条件不变的情况下短缺的问题就会越严重。那些离边际最近的企业放弃生产。如果价格管制具有"选择性"，即施加于某个或者某些产品之上，经济不会像普遍最高价格管制下那样出现普遍错乱，但某些产品中人为制造出来的短缺甚至会显得更为严重，因为企业家和要素可以转移去生产和销售其他财货（更有可能是替代品）。由于"多余"的需求被导向替代品，替代品的价格会上升。根据这个事实可以看出，政府实施选择性

---

① 当然，即便是完全无效的三元干预，也很有可能增加相关政府官僚的编制，因此增加了纳税人头上的二元干预总量。但这一点我们将在后面做更多的阐述。

② "贿赂"只是买家支付了市场价格。

价格管制典型的理由——"只要这个必需品持续短缺，我们就必须推行价格管制"——是一个可笑的错误。因为真相恰恰相反：价格管制人为地创造短缺，只要控制存在，它也会持续下去——事实上，情况会变得更坏，因为这样资源就有时间转移到其他产品。如果政府真的担忧某些产品供给短缺，它就不应该对它们实施最高价格管制。

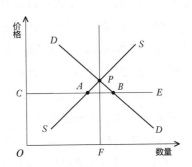

图 12.1　最高价格管制的后果

　　在进一步探究普遍最高价格管制的效果以前，让我们分析一下**最低价格管制**（即规定价格高于自由市场价格）的后果。我们不妨用图 12.2 描绘它的情况。*DD* 和 *SS* 分别是供给和需求曲线。*OC* 为管制价格，*FP* 为市场均衡价格。在 *OC* 点，需求数量低于供给的数量，两者相差 *AB*。因此，最高价格的效果是制造人为的短缺，而最低价格人为地创造了未出售的剩余 *AB*。即便 *SS* 线垂直，未出售剩余仍然存在，但在其他条件不变的情况下，供求越有弹性，剩余就越严重。市场再次没有出清。人为的高价首先吸引资源进入这个领域，而同时又在打消买家的需求。在选择性价格管制下，资源会从其他对它们和消费者更有利的领域离开，转移到受管制的领域，它们过度生产，最终蒙受损失。

895

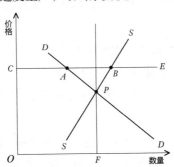

图 12.2　最低价格管制的后果

　　这向我们提供了一个干预损害市场，造成企业家损失的有趣例子。企业家基于一定的标准运营企业：自由市场决定的价格，利率等等。对这些信号的干预性影响摧毁了市场持续调整的倾向，导致用于满足消费者需要的资源的损失和错误配置。

　　普遍的、整体性的最高价格，使整个经济错乱，妨碍了消费者享受替代品。通常，政府实施普遍的最高价格管制，其宣称的目的是"抑制通货膨胀"——与此同时政府一定正在大量膨胀货币供给。整体最高价格管制等于是规定了最小货币购买力（见图12.3）：OF（或 S_mS_m）是社会中的货币库存；D_mD_m 是货币的社会需求；FP 是市场定下的均衡货币购买力（货币单位的购买力）。强制规定高于市场水平的最小货币购买力损害市场的出清"机制"。在 OC，货币库存超过了货币需求。结果是，人们拥有的货币数量中有 GH 是"未出售的剩余"。他们试图通过购买财货来出售他们的货币，但他们无法成功。他们的货币已经被麻醉了。只要政府的整体最高价格是有效的，有一部分人的钱就因为无法交易而变得没有用处。但每个人都希望自己的钱可以使用，于是就不可避免地引发疯狂的争夺。[①] 偏爱、排队、贿赂等等现象必然出现，"黑市"（也就是市场）也要承担巨大的压力，为剩余货币提供渠道。

896

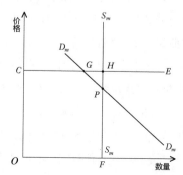

图 12.3　实施整体最高价格管制的后果

　　普遍最低价格等同于**最大**货币购买力管制。这导致对现有货币库存未满足的、过度的货币需求——具体说来，这以各个领域未售财货为形式出现。

897 　　最高与最低价格管制的原理，适用于任何价格，而不论它具体为何。它适用

---

①　讽刺的是，政府总是在向市场注入新货币，服务于自己的目的**之后**推行管制，摧毁人们手中的部分货币。政府对公众施加的伤害是双重的：（1）它通过膨胀货币（见后文）从公众抽取资源；以及（2）在货币向下分散至公众手中以后，摧毁一部分货币的有用性。

于消费者财货价格、资本财货价格、土地或者劳动服务价格，或者，如我们所知道的，以其他财货表示的货币的"价格"。比如，它可用于分析最低工资法。当最低工资法有效，即它所规定的最低工资高于某一等级劳动的市场价格（高于劳动者的贴现边际价值产出）时，劳动服务的供给超出了需求，劳动服务"未售出剩余"意味着**非自愿失业**。相对于普遍管制而言，选择性的最低工资率在一些行业创造失业，并倾向于将劳动力吸引到更高工资率的行业，使失业延续。劳动力最终被迫进入回报较低、价值生产率较低的生产线上。不论是政府还是工会实施最低工资，这一分析都适用。

读者不妨回顾一下上面第十章，当时我们分析了由**自愿的**工会实施最低工资这一罕见的例子。我们看到，这导致失业，将劳动力转移到回报和价值生产率较低的就业部门，但这些结果必须当作是人们自愿接受的来看待。禁止人们加入工会、自愿同意工会的工资尺度和**神秘的**工会原则，会迫使工人服从于消费者的支配，使前者福利受损。不过，正如我们已在上面提到的，随着行动学知识在工人中间普及，当他们意识到工会团结导致许多工人失业、工资降低时，工会有可能会显著削弱。而从经验上看，几乎所有有效的工会主义的例子，都是通过工会实行强制（即通过工会对市场的**干预**）而实施的。[①] 工会干预的效果因此与政府干预的效果程度相当。我们已指出，我们对干预的分析适用于**任何使用暴力的机**构，无论它是政府还是私人机构。在这种情况下，可以再次看到，工人失业，许多工人被配置到较低效率、较低报酬的工作中去，而且同样不是出于自愿。

我们对价格管制的后果的分析，也适用于分析管制一种货币对另一种货币的价格（"汇率"）的情况，这一点米塞斯已经有精彩的证明。[②] 从最早发现的经济

898

---

① 在当今美国，许多强制的任务由政府代表工会执行。这就是1935年以来实施的《瓦格纳法案》（Wagner Act）的实质。（《塔夫特－哈特利法案》［Taft-Hartley Act］只不过是《瓦格纳法案》一个相对而言并不重要的修正案，它一直具有效力。）该法案关键性的条目有：（1）如果大多数工人同意，即强迫某个生产单位（这个概念是由政府专门为此而武断定义的）的所有工人在与雇主议价时由某个工会代表；（2）禁止雇主拒绝雇佣工会成员或者工会组织者；（3）强迫雇主与这个工会议价。这样，工会被赋予了政府权威，政府使用强制手段，迫使工人和雇主都要同工会打交道。有关授予工会的特别的强制特权，亦可见罗斯科·庞德，"Legal Immunities of Labor Unions," in *Labor Unions and Public Policy*（Washington, D. C. : American Enterprise Association, 1958），第145-173页；以及弗兰克·H·奈特，"Wages and Labor Union Action in the Light of Economic Analysis," in *Bradley, Public Stake in Union Power*，第43页。亦可见 *Petro, Power Unilimited*，以及本书第十章。

② 米塞斯，《人的行动》，第432页脚注，第447、469、776页。

学法则之一的格雷欣法则，我们可以**部分地看到这种管制**的后果。很少有人意识到，这个法则只不过是价格管制的普遍结果的个例。也许这是格雷欣法则的表述带有误导性的缘故。它通常的表达是："劣币驱逐良币。"从字面意思来理解，这是一个违背了市场一般法则——满足消费者的最好方法趋于胜过较差的方法——的悖论。即使是那些大体支持自由市场的人，也错误地将这句话用于支持国家垄断黄金和白银铸币。事实上，格雷欣法则应该这样解读："国家定价过高的货币驱逐国家定价过低的货币。"一旦国家设定以一种货币表示另一种货币的武断的价值或价格，它便对一种货币建立起了有效的**最低**价格管制，并对另一种货币建立起了**最高**价格管制，这里的"价格"是两种货币分别相对于对方而言的。比如，这就是复本位制的实质。在复本位制下，一国承认黄金与白银为货币，但在两者之间设定了武断的价格或者汇率。当这一武断的价格与自由市场的价格产生偏差时（往往如此，而且这随着时间的流逝和自由市场价格的变迁、政府武断的定价却保持不变而越有可能发生），政府使得一种货币定价过高，另一种定价过低。比如，假设一国以黄金和白银为货币，政府设定两者之间的比率为 16 盎司白银：1 盎司黄金。在一开始实施价格管制的时候，市场价格也许是 16：1，它随后变为 15：1。这样的话会有什么样的结果？政府现在武断地为白银规定了过低的价格，而黄金价格过高。换言之，以黄金计的白银规定价格，比市场上的实际价格更为低廉，而相比实际情况而言，以白银计的黄金价格被迫变得过于昂贵。政府规定了分别以两者互相计量的白银的最高价格和黄金的最低价格。

任何有效的价格管制都会产生相同的后果。由于白银有最高价格的限制，用黄金换白银的需求现在超过了用白银换黄金的需求（反过来，如果黄金有最小价格，用白银交换黄金的需求会小于用黄金交换白银的需求）。争相想要换成白银的黄金出现大量剩余，而白银变得稀缺，从流通中消失。白银的消失是去了另外的国家或者地区，在那里它可在自由市场的价格上交易。反过来，黄金则流入该国。如果在全球推行复本位制度，那么白银消失，进入"黑市"，而官方或者公开的交换只是以黄金为媒介。因此，实践当中没有国家能够维持复本位体系，因为总有一种货币的价格相对于另一种而言过高或者过低。定价过高的总会驱逐定价过低的另一种货币，后者变为稀缺。

诸如对法令性货币设定武断的汇率（详见后文）以及规定新旧钱币等值而不顾它们有明显重量差异等价格管制都会引发类似后果。

总结一下我们对价格管制的分析：直接后果是，至少有一批交易者的效用会受到管制的损害。而正如我们进一步分析发现，间接后果是隐性的，但可以肯定，它伤害到数量显著的、**以为**他们会因为实施管制而取得效用的人们。最高价格管制所宣传的目的是使消费者以更低的价格取得供给而获益；可是，客观的效果是阻碍了许多消费者获取财货。最低价格管制所宣传的目的是确保卖方可以在更高的价格出售；可它的实际效果将是使许多卖家无法出售剩余。而且，价格管制必然扭曲生产以及经济中的资源和要素配置，因此再次损害到众多消费者。而且我们一定不能忽略必须要用税收这一二元干预养活的官僚大军，必定是他们来管理和执行数不胜数的管制。这支大军本身就从生产性劳动中吸取了大量工人，而让其余生产者负担他们——因此这有利于官僚，但损害了其余的民众。

6. 三元干预：产品管制

对交易进行三元干预可以改变交易条件，或者以某种方式改变交易的产品的性质或交易的人。后一种干预叫作产品管制，既可以管制产品本身（例如禁酒令），也可以管制出售或者购买产品的人（例如禁止伊斯兰教徒出售——或者购买——酒水的法律）。

产品管制显然伤害到交易所涉及的所有各方：消费者因为无法购买产品，满足他们最迫切的需要而损失了效用；生产者也因为被禁止在这个领域获取报酬，必须因此转移到回报较低的别处而效用受损。生产者的损失主要由该行业的劳动者和土地所有者承担，他们必须**永久性地**接受低于从前的收入。（企业家利润毕竟是转瞬即逝的，整个经济的资本家趋于赚取一致的利率。）在价格管制的情况下，表面上看至少有一部分交易者因为管制而获益（购买价格被推至自由市场价格**以下**的消费者以及价格被**推高**时的生产者），但在产品管制的情况下，交易**双方**同样蒙受损失。那么，产品管制的直接受益者就是管理这些管制的政府官僚：他们的利益，一部分来源于管制所创造的食税职位，另一部分也许来源于对他人施加强制而取得的满足。

当然，在许多产品禁令的案例中，就像价格管制的情形一样，会不可避免地出现非法地重建市场（即"黑市"）的压力。黑市由于其非法性，总是面临着艰难险阻。"黑市"上的产品稀缺而且昂贵，以补偿生产者违反法令的风险以及贿赂政府官员的成本；禁令与惩罚越为严苛，产品就会越稀缺，价格也越高。而且，非法性大大地阻碍了向消费者传播市场信息的过程（例如通过广告）。所以，市场组织的效率会低得多，向消费者提供的服务质量变差，而且价格也仅仅因为这个原因比合法市场的更高。"黑市"为其秘密活动而收取溢价，对大规模企业也有不利影响，因为后者往往更可见，因此更容易受到法律执行的影响。很矛盾的是，产品或价格管制，很容易演变成向黑市商人授予垄断特权（见后文）。黑市商人很有可能与本会在合法市场里这个行业成功的企业家有很大的不同（黑市奖励违反法律、贿赂政府官员等等的技能）。①

产品禁令或是**绝对的**（如美国 20 世纪 20 年代的禁酒令），或是**部分的**。强制**配额**是部分禁令的一个例子，它禁止消费超过某个数额。配额的明显后果，就是损害消费者，降低每个人的生活水平。由于配额对具体消费品设置法定最大数量，它也扭曲了消费者的开支模式。消费者开支被强制性地从配额严格的财货转移到较不严格的财货。此外，配额券通常不能转让，这进一步扭曲了消费者开支的模式，因为不想要某种商品的人无法将这些配额券与他人不需要的财货交换。简而言之，不吸烟的人不能用他的香烟券交换分配给那些没有汽车的人的汽油券。配额券向整个体系引入了一种新类型的、极为低效率的准"货币"，在购买财货时，除了支付常规的货币以外，还需要用上配额券。这也因此降低了整个体系的效率。②

部分产品禁令的一种形式是只允许**某些选定**企业出售一具体产品。这样一种部分排斥意味着政府向这些企业授予**特权**。如果这项特权被赋予一个人或者企业，我们不妨称此为**垄断授权**；如果授予若干人或企业，则是**准垄断授权**。③两种类型的授权皆可称为**垄断性的**。**特许经营**是这种类型授权的一个例子，所有政府拒绝授予或者出售特许状的人和企业被禁止从事贸易或者经营。另一个例子是保护性关税（protective tariff）或者进口配额（import quota），它防止来自一国地理边界外的竞争。当然，直接授权一家企业垄断，或者强制将某个行业卡特尔化都是明确的授予垄断性特权的行为。

显然，垄断性授权直接而且立即使垄断者或者准垄断者受益，他们的竞争对手被暴力排除在该领域之外。同样显而易见的是，潜在竞争者受到损害，被迫进

① 禁酒令创造的私酒商这个阶层是美国反对废除该法令的主要群体之一就是众所周知的例子。
② Henry Hazlitt 在《伟大理念》（*The Great Idea*）中最为生动地描述了配额制（以及一般社会主义体系）的运作。
③ 我们不妨称后者为**寡头授权**，但这必然会导致它与现有的寡头理论混淆起来。关于寡头理论，参见之前第十章。

入较为低效、较低价值生产率的领域，接受较低的回报。消费者也明显受到损害，因为他们不能向他们本会自由选择的竞争者购买产品。应当注意到的是，这损害是在授权对价格没有任何影响的情况下就发生的。

在第十章，我们埋葬了垄断价格理论；现在我们必须要让它复活。当时所推导的垄断价格理论，当用于分析自由市场时是完全无效的，但它完全适用于垄断和准垄断授权的情况。因为**在这里**我们有一个明确的区别：这并不是"竞争性"价格与"垄断"或者"垄断性"价格之间虚假的区别，而是**自由市场价格**和**垄断价格**之间的区别。"自由市场价格"在概念上可辨、可定义，而"竞争性价格"则不然。因此，垄断价格理论自然而然要与自由市场价格理论区别开来，读者不妨回顾一下第十章所描述的理论，它现在可以应用到这里来分析。如果垄断者的需求曲线在自由市场价格以上没有弹性，他便能够以垄断价格出售产品。我们在上面已经看到，在自由市场，企业的**每条**需求曲线在自由市场价格以上都有**弹性**；不然这家企业会有提升价格从而增加收益的激励。但授予垄断特权禁止消费者从其他潜在竞争者那里购买替代产品，因而使消费者需求曲线的弹性减弱。弹性减弱是否足以让企业的需求曲线变成无弹性（那样的话，更高价格上的总收益会大于自由市场价格所带来的收益）取决于各个案例具体的历史数据，而不是由经济学分析决定的。

一方面，当对企业的需求曲线保持弹性（所以价格高于市场价格时总收益会下降）时，垄断者便不会从他的授权当中收获任何**垄断收益**（monopoly gain）。消费者和竞争者仍然会因为他们的贸易遭到禁止而受损，但垄断者不会获益，因为他的价格和收入不会比以前更高。而另一方面，如果他的需求曲线无弹性，那么他设定垄断价格，从而最大化收益。他需要限制生产，以确保高价。限制生产，以及更高的产品价格都损害到消费者。这里，我们必须把第十章的论点颠倒过来。我们不能再说，限制生产（例如一个自愿组成卡特尔的情形）通过达到最有价值生产力的点而使消费者获益；相反，由于消费者的自愿选择本会产生自由市场价格，他们现在受到了损害。由于政府的强制力，他们无法自由地向乐意出售给的人购买财货。换言之，任意财货只要向自由市场均衡价格以及产出点**靠近**，消费者便能受益，生产者也因此受益。只要**偏离**自由市场价格和产出，消费者便会受损。授予垄断特权产生的垄断价格偏离自由市场价格；相比让消费者和生产者自由交易而确定的价格与产出，它降低了产出，提升了价格。

而且，**这里**我们不能说，因为消费者自己使自己的需求曲线无弹性，所以限

904

905

制生产是自愿的。因为消费者只对于他们在**自由市场**上的需求曲线负有**完全**责任；只有**这条**需求曲线可以完全被视为表达了他们的自愿选择。一旦政府介入，禁止交易，授予特权，那就不再有完全的自愿行动。消费者被迫之下，勉强向垄断者购买某一范围的财货。

因此，垄断价格论者错误地归咎于自愿卡特尔的种种恶果，用于描述政府垄断授权**确实**十分贴切。生产受到限制，要素被释放到其他生产中。但现在我们能说，这种生产相比自由市场条件下的生产，满足消费者的程度更小；而且，那些要素在其他行业只能赚取更少的收益。

如我们在第十章中所见，不可能有永久的垄断**利润**，因为利润是短暂的，最终都会归结为一致的利息回报。长期来看，垄断回报归属于某些**要素**。在这里的例子中，被垄断化的要素是什么？显然这个要素是进入该行业的**权利**。在自由市场，这一权利对所有人开放，因此不为任何人所有。这项权利在市场上并不要求人们支付价格，因为每个人都已经拥有它了。但在这里，政府授予了进入该行业和出售产品的特权；也正是这些特权或者**特别的**权利，造成了垄断者可以从垄断价格获取额外的垄断收益，是这种收益的来源。因此，垄断者之所以赚取垄断收益，并不是因为他拥有什么真正的生产要素，而是因为拥有政府授予的特权。只要特权还在，消费者评值保持不变，这个收益就不会像利润那样在长期的均匀轮转经济中消失。

当然，垄断收益完全可以资本化为企业的资产价值，那样的话，在资本化以后投资这家企业的所有者们，便只能赚取平均利息回报。垄断（更确切地说是准垄断）权利资本化的一个著名的例子，是纽约的出租汽车行业。每辆出租车必须有营运牌照，但纽约市在若干年前决定，不再增发任何牌照（也叫作"圆牌"），所以任何新的出租车所有者必须从先前的所有者那里购买圆牌。市场上圆牌的（高）价格于是即垄断特权资本化之后的价值。

我们已经知道，这些论点既适用于准垄断者，也适用于垄断者，因为前者的竞争对手的数量也受到特权授予的限制，这使他的需求曲线较无弹性。当然，当其他条件保持不变时，垄断者比准垄断者的处境更为优越，但他们各自能获益多少，完全取决于具体情况的数据。在诸如保护性关税等一些情况下，长期看来准垄断最终不会有任何收益。因为关税只限制了国外企业进入市场的自由，新近受到关税保护的企业取得更高的回报，因而会吸引更多国内资本进入该行业。因此，新的资本最终会驱使收益率降低至所有行业的通常利率，垄断收益会因为竞争而消失。①

垄断性授权可以是直接的、公开的，如强制性卡特尔或者特许经营；也可以 　907
是较不直接的，如关税；还可以是高度间接的，但它的力量仍然不减。法律可以
强制性地排除竞争，从而授出垄断特权，比如命令在某个时间段停业，或者禁止
手推车小贩和上门推销员。类似地，**反托拉斯法**以及相应的起诉，尽管看似是为
了"打击垄断"，"鼓励竞争"，实际上却是逆行其道。这是因为这些法律强制性
地惩罚和打压有效的市场结构及活动的形式。即便是征兵这一看似关系十分遥远
的行动，其结果是强制性地将年轻人从劳动力市场抽出，因此给了他们的竞争者
垄断工资（更确切地说是**限制性**工资）。②可惜，这里我们没有空间探讨这些以及
其他颇有启发的例子。

7. 二元干预：政府预算

我们已经知道，当干预者强迫某人将财产转让给他，即发生了二元干预。所
有政府都依赖于强制征收的**税收**而维持，因此这是二元干预的一个首要的例子。 　908
所以，政府干预不仅有类似价格管制的三元干预，也有如税收这种二元干预。二
元干预因此包含在政府以及政府活动的本质当中。

许多年来，公共财政的论者一直在寻找"中性税收"，即可以不影响自由市
场的税收体系。此举纯属缘木求鱼。例如，经济学家经常寻求税收统一，那样，
每个人，或者至少相同收入篮子里的每个人支付相同数量的税金。但这本身就是

---

① 垄断特权是由政府授予，而后者仅对自己的地理区域享有权力。因此，一个区域中出现的垄断价
　格，在市场上总会受到来自其他国家的毁灭性竞争。随着文明的进步以及交通成本的下降，这一
　点日益明显，因此也就使地区垄断面临来自其他区域越来越大的竞争威胁。所以，任何国内垄断
　都会倾向于限制外来竞争，阻碍有效的地区间贸易：难怪关税曾被称为"托拉斯之母"。我们不
　妨注意，在真正的自由市场上，不可能需要任何独立的"国际贸易理论"。国家只在存在政府干
　预（货币干预或者贸易壁垒）时才具有经济意义。
② 一方面，根据企业的需求曲线的弹性，授予**商业**的垄断特权**也许**会产生一个垄断价格。另一方
　面，授予工人的特权**总是**会在低于自由市场产出的水平上形成一个更高的、限制性的价格。其中
　原因在于，一个行业可以随意扩张或者收缩生产；那么，如果一些企业在某个领域获得了生产特
　权，在条件成熟的时候，它们也许会扩大生产，而不是减少总供给。除了并不十分灵活的工作时
　间外，对于一个劳动力市场实施准入限制必然总是会减少该行业总的劳动力供给，因此形成一个
　限制性价格。当然，**直接**约束生产的干预，如生物保护法（conservation laws），总是减少供给，
　因而产生限制性价格。

不可能的。我们已经知道，卡尔洪证明了社会中必然分为纳税人和**食税**人，后者根本算不上支付了税金。我们重复一下卡尔洪犀利的分析："除非从个人收取的税金又通过支付退还给个人，否则不可能有其他形式，但如果这样做，这个过程会是无用、荒谬的。"简言之，政府官僚**并不纳税**；他们**消费**税收收入。如果一位居民赚取 10000 美元收入要支付 2000 美元的税，赚取 10000 美元的官僚并没有真正缴纳这 2000 美元的税；他所谓的纳税只不过是记账的花招。[①] 他实际上取得了 8000 美元的收入，而根本没缴纳任何税金。

不仅仅官僚是食税者，而且社会中其他私人成员在较少程度上也在食税。例如，假设政府从私人收取 1000 美元税金，那些人本会把这笔钱花在珠宝上，但现在政府将其用于购买政府办公用纸。这致使需求从珠宝转移到纸，珠宝价格下跌，以及资源从珠宝行业流失；反过来，纸的价格趋于上涨，资源涌入纸业。珠宝业的收入下降，而纸业的收入上升。[②] 所以，一方面，纸业在某种程度上是政府预算的受益者：即政府收税并以之开支的这个过程的受益者。但受益的不仅仅是纸业。因为造纸企业收到的新钱，会被用于支付它们的供应商和原始要素所有者，如此这个波浪影响到经济的其他部分。另一方面，珠宝行业收益受损，降低了其对要素的需求。因此，收税与开支的过程，其负担与效应自行扩散到了整个经济，最初接触的几个点——珠宝和纸——受到的影响最为强烈。[③]

社会中的每个人都在不同程度上是净纳税人或食税人，至于某个具体的人或者行业在此分配过程当中的位置，则需要根据具体情况决定。唯一确定的是，在任的官僚或者政客 100% 的政府收入来自税收收入，而不相应为此缴纳真正的税金。

因此，收税并以之开支的过程会不可避免地扭曲自由市场上本会形成的生产要素配置，生产的财货类型，以及收入模式。税收与开支的水平越高——即政府越算越大——扭曲程度也越严重。此外，预算相对于市场活动越庞大，政府对经济造成的负担也越重。负担越重意味着有越多的社会资源从生产者那里被吸到政

---

① 在本小节，用美元而不是黄金盎司更为便利；但我们仍然假定美元与黄金重量完全对等。在本章末尾我们才会考虑**货币性**干预。

② 这并不意味着资源会直接从珠宝行业流向纸业。资源更有可能在职业上和地理上相似的行业流入流出，它会一步步从一个行业调整到下一个行业。

③ 当然，在长期均匀轮转经济中，所有行业的所有企业赚取相同的利息回报，大量收益或损失都归属回具体的原始要素上。

府、向政府出售、受政府补贴者的腰包。简言之，政府的相对水平越高，生产者的基数越小，那些征收生产者财产的人就有越大的"收成"（take）。政府水平越高，为了满足那些为生产做出贡献的消费者的欲求，可用的资源就越少，而有更多的资源用于满足不参与生产的消费者的欲求。

在经济学家中，就如何分析税收一直有很多争议。过时的马歇尔派坚称用"部分均衡"的方法，只孤立地考察某一具体类型的税收，然后分析其影响；今日更流行的瓦尔拉斯派（以最近意大利公共财政专家 Antonio De Viti De Marco 为代表人物）坚称税收根本不能孤立看待，它们只能够与政府用税金做了什么相联系起来分析。在所有这些讨论中，本可以称作"奥地利学派"方法（如果它发展成形了的话）备受忽视。奥地利学派的方法认为，要完整地分析税收过程，两种方法都是合法、必要的。简言之：我们可以分析税收与开支水平，也可以讨论其必然导致的再分配以及扭曲性的结果；然后在这个税收总体的框架内，我们可以单独分析税收的个体类型。部分和总体的方法都不应该受到忽视。

有关**哪种**政府活动——**税收**还是**政府开支**——对私人部门造成负担，也有很多无用的争议。实际上将它们分割开来是没有意义的，因为它们是征税与再分配这个相同过程的两个阶段。比如，假设政府对槟榔行业征收 100 万美元的税，用于购买政府办公用纸。有价值 100 万美元的资源从槟榔转移到纸。这是在**两个阶**段完成的，是一种对自由市场的二连击（one-two punch）：首先，槟榔产业因为钱被夺走而变得更差；其次，政府用这笔钱从市场中抽取出纸张供自己使用，因此它在第二个阶段吸取了资源。整个过程的这两个方面都是一种负担。从某种意义上说，槟榔行业被迫**支付**从社会抽取纸张的代价；至少，它承受了需要立即支付税负的打击。不过，即便我们暂且不考虑，这种税收如何或者是否被槟榔产业"转嫁"到其他人头上，我们也应该注意到，付出的并不是它一家；纸张的消费者必然也要为此支付，因为他们发现纸价对他们而言上涨了。

如果我们考虑税收和政府开支**不相等**，即当两者并不简单是一枚硬币相反两面的时候，我们便能更清晰地理解这个过程。当税收低于政府开支（暂时忽略政府向公众借款），政府创造了新钱。显然，在这里政府开支是主要的负担，因为政府吸取的是这个更多数量的资源。事实上，我们之后探讨**通货膨胀**这一二元干预时会知道，创造新钱无论如何都是税收的一种形式。

但如果发生税收高于政府开支这种罕见情形呢？假设剩余积存在政府的黄金供给中，或者政府通过通缩将这笔钱摧毁（见下文）。比如，假设政府从槟榔行

911

业收取了 100 万美元，但只花了 60 万美元购买纸张。这样的话，税收是更大的负担，它不仅支付了政府吸取的纸张，还支付了积存或者摧毁的货币。尽管政府只从经济中征收了 60 万美元价值的资源，槟榔行业损失了 100 万美元的潜在资源，在加总政府预算过程对经济造成的负担时，不应该忘记这笔损失。简言之，

912　当政府开支和收入不相等时，可以用更大的那个总数来大致估算政府对经济造成的"财政负担"。

　　由于税收不可能真正做到普遍一致，政府在其征税-开支的预算过程中必然强制性地征收张三的东西给李四（"李四"当然包括政府本身）。因此，除了扭曲资源配置外，预算过程还对收入进行了再分配（或可以说是**分配**）。自由市场并不分配收入；那里的收入是从市场的生产和交易过程中自然、平稳地出现的。因此，仿佛是脱离于生产和交易的"分配"这个概念本身，只可能产生于政府的二元干预。比如说，有很多人指责，自由市场只有在"给定某个现有收入分配"的条件下才能最大化所有人的效用，最大程度地满足所有消费者。但这个常见的谬论是不对的；**自由市场上不存在脱离于每个人自愿的生产和交易活动而存在的"既定分配"**（assumed distribution）。自由市场上唯一的给定条件是每个人对自己人身以及他找到、生产或创造，或者交易或受赠所得的资源拥有**财产权**。

　　而另一方面，政府预算的二元干预损害了每个人对自己产品的财产权，**创造了独自的过程，以及分配的"问题"**。收入和财富不再纯粹因市场上人们提供的服务而产生；它们现在流向国家创制的特权，流出那些特别承担税负的领域。

　　有许多经济学家认为免于三元干预的市场就是"自由市场"；他们不认为税收这种二元干预干扰了"自由市场"的纯洁性。芝加哥学派的经济学家——以弗兰克·H. 奈特为首——一直以来都十分擅长于将人的经济活动割裂开来，将"市

913　场"局限于狭隘的范围。这样，他们得以在支持"自由市场"的同时（因为他们反对价格管制之类的三元干预），却鼓吹大规模的二元干预，用税收和补贴"再分配"市场所决定的收入。简言之，市场在一个领域还是"自由的"，但不断受到外部强制的骚扰和整治。这个概念假设人是不完整的，"市场人"与"服从于政府"的人的处境无关。这无疑是站不住脚的迷思，我们不妨将之称为"税收幻觉"——即以为人们只考虑他们的税前收入而不会考虑他们税后所得多少。简言之，如果 A 在市场上每年赚取 9000 美元，B 为 5000 美元，C 为 1000 美元，且政府决定持续进行收入再分配，从而使每个人都赚取 5000 美元。得知此事的人

不会愚蠢地以为他们的收入还是像以前一样。他们会把税收和补贴考虑在内。[1]

　　因此我们看到，政府预算过程，是强制性地将资源与收入从市场上的生产者转移到非生产者；它也是组成政府的那些人对个人自由选择的强制性干扰。后面我们会更细致地分析政府开支的性质和后果。但现在，我们要强调重要的一点，即政府不可能成为资源的源泉；它的所有花销，它大方地分配掉的资源，都必须先从收入中取得，即它必须先榨取"私人部门"，这是第一种方法。税收构成了大部分政府收入，是其权力与实质的根结。对此我们在下一节中便会讨论。第二种方法是通货膨胀，也就是创造新的货币，这我们会在更后面讨论。第三种方法是向公共借款，我们将在后面附录 A 中做简要讨论。[2]　914

8. 二元干预：税收

A. 所得税

　　如我们所知，税从生产者收取，然后给予其他人。税收的任何增加都会使那些寄生于生产者的人取得更多的资源、收入，通常也会增加这群人的数量，而同时减少其他人所赖以维系生计的生产基础。显然，这是一个最终自我毁灭的过程：超过了某个限度，数量锐减的生产者将不再能承担过高的负担。税收带来的逆激励（disincentive）效应也会设下更为狭隘的限度。生产者——纳税人——所承担税负数量越大，工作的边际效用就越低（因为工作的回报被强制性缩减），而被放弃的闲暇的边际效用越大。不仅如此：从背负重担的纳税人行列转入食税人（或是做全职官僚，或是接受政府补贴）行列的激励也会越大。结果是生产进一步缩减，人们纵情享乐或者更为卖力地要加入特权食税者的行列。[3]　在市场经济中，净收入来源于工资、利息、地租和利润；一旦税收指向从这些资源获取的　915

---

① 有关税收的经济效应的进一步讨论，参见下一小节。

② 第四种方法是通过出售政府财货或者服务取得收入。它是税收的一种特殊形式；至少，政府需要税收来取得这笔"生意"的原始资产。

③ 在货币经济仍然在从物物交换中萌发出来的较不发达国家，任意数量的税收都会有更为剧烈的后果：因为它会使货币收入价值锐减，人们不再努力赚取货币，而是会回到不用缴税的物物交换安排。税收因此能够决定性地推迟从物物交换向货币经济的发展，甚至逆转整个过程。参见 C. Lowell Harriss, "Public Finance," in Bernard F. Haley, ed., *A Survey of Contemporary Economics* (Homewood, Ill.: Richard D. Irwin, 1952), 第 264 页。实际运用参见 P. T. Bauer, "The Economic Development of Nigeria," *Journal of Political Economy*, October, 1955, 第 400 页及之后。

所得，赚取这些收入的努力会减少。工资被课税的劳动者，卖力工作的意愿也减少了；面对自己的利息或者利润回报被课税，资本家更有意愿消费，而不是储蓄和投资。对地租课税，土地所有者就不会那么积极地去有效分配土地。

如果政府收**实物**税，那么税收与从私人部门征收有形资源就是同时发生的了。两者在同一行动中发生。

有人反对称，既然一个人的货币资产边际效用随着他持有的货币库存减少而增加，那么货币收入降低会意味着收入的边际效用增加。因此，对货币收入课税，既会造成减少工作，增加休闲（或减少储蓄，增加消费）的"替代效应"，又会造成起到反方向作用的"收入效应"。确实如此，而且在罕见的一些经验案例当中，后一种效用会更突出。用直白的话来讲，这也就是说当政府将额外的惩罚置于人的努力之上时，他通常会懒散下来；但在某些情况下，他会更努力工作，试图抵消这些负担。不过，在后一种情形中，我们必须记住，他会损失"闲暇"，而"闲暇"也是有价值的消费财货；他现在拥有比他仍然可以自由选择时更少的闲暇。在惩罚下更努力地工作，单纯从食税者的角度看才会是令人愉快的，他们因此可以从税收中获益。而工作者的生活水平（必然包括休闲）却因此下降了。

916　所得税对投资所得课税，将投资回报降低至自由市场的时间偏好所决定的水平以下，所以缩减了储蓄与投资。净利息回报降低，导致人们让他们的储蓄－投资与新的现实相协调；简言之，高于回报率的边际储蓄与投资，现在会因为评值低于消费而将不再进行。

之所以所得税会特别地惩罚储蓄与投资而不是消费，还有另外一个未被承认的理由。也许有人会认为，既然所得税只是征收了一个人收入中的一部分，而让他能把剩余的收入自由地在消费与投资之间分配，而且既然时间偏好表仍然是给定的，那么消费对储蓄的比例仍然会保持不变。但这个看法忽视了这样一个事实，即因为缴纳税款，纳税人的真实收入及其货币资产的真实价值已经降低了。我们已在第六章知道，给定一个人的时间偏好表，其真实货币资产水平越低，其时间偏好率就越高，因此他的消费投资比也越大。纳税人的位置可见于图 12.4，它本质上是颠倒了第六章中个人时间市场的图示。在当下这个例子里，货币资产向右递

917　**增**，而在第六章中货币资产是递减的。我们假设纳税人的原始位置是拥有 OM 的货币库存；tt 是他给定的时间偏好曲线。决定他消费投资比的**有效时间偏好率**为 t_1。现假设政府征收一笔所得税，将他开支伊始的初始货币资产降为 OM'。他的有

效时间偏好率，也就是 *tt* 与直线 *M'* 的交点，现在上升至 t_2。他转向更高比重的消费，更低比重的储蓄与投资。[1]

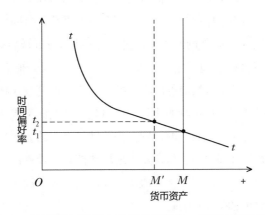

图 12.4　所得税对纳税人的消费对储蓄—投资比率的影响

　　我们现在有两条理由解释，为什么所得税会增加社会中消费的比重而降低储蓄与投资的比重。也许有人反对，时间偏好这条理由是无效的，因为政府官员和他们补贴的人会收到税收收入，发现他们的货币库存增加了（在纳税人的货币库存减少的同时）。但是，我们将在后面看到，无论是政府、其雇员还是其补贴的收入者，都不可能做出真正具有生产性的储蓄与投资。[2]

　　一些经济学家认为，所得税减少社会中的储蓄与投资，还有第三种方式。他们声称，所得税从本质上讲，是对储蓄－投资征收的"双重"（double）税。他们的推理如下：储蓄与投资并不真的对称。所有储蓄为的都是未来享受更多的消费；否则储蓄就完全没有意义。储蓄是放弃当下可能的消费，以换来未来某个时间增加消费的预期。人们需要资本财货并不是为了它们本身。它们只代表在未来增加了的消费。鲁滨孙为了在未来某时取得更多苹果而打造木棍即是储蓄－投

918

──────────

① 要发生这种转变，个人的**真实货币资产**必须降低，而不仅仅是以货币为单位的名义数量。那么，如果不征收此税，而是社会出现通缩，货币单位的价值几乎在各地成比例上升的话，每个人的货币库存**名义上**的下降不会是**真实的**下降，所以有效时间偏好率会保持不变。就征收所得税而言，它不会引发通缩，因为政府会花掉收入而不会收缩货币供给。（即便出现了罕见的情形，政府销毁了所有税收入货币，被课税的个人仍然会比他人损失更大，所以会损失一些真实货币资产。）

② 因此，参照欧文和赫伯特·W. 费雪，*Constructive Income Taxation*（New York: Harper & Bros., 1942）。"双重"一词的意义是**两次**而不是算数上的两倍。

资；它的成果就是后来有更高的消费。所以，征收所得税是对消费的"双重"征税，并且过度地惩罚了储蓄与投资。①

这条思路正确地解释了投资–消费的过程，但它存在着一个严重的缺陷：它与税收问题无关。的确，储蓄是变得以后更多产的手段。但问题是每个人都知道这一点；这也正是人们储蓄的原因。可是，即便他们知道储蓄是变得更多产的手段，他们也并不会储蓄他们全部的收入。为什么？因为他们有对当下消费的时间偏好。每个人，给定其当前的收入与价值表，将那笔收入在消费、投资以及增加货币余额之间分配至最可欲的比重。任何其他分配都不能这么好地满足他的欲求，因此降低了他在价值表上的位置。储蓄增加产出的力量，他在做分配时**便已考虑在内**。因此没有理由说所得税双重地惩罚储蓄–投资；它惩罚的是个人的整个生活水平，包括当前消费、未来消费以及他的现金余额。它**本身**对储蓄的惩罚，并不比其对于其他收入分配途径严重。

919　　费雪的这个论点反映了自由市场经济学家当中一个奇特的倾向：相比阻碍消费的政府举措，他们更关注惩罚储蓄与投资的政府举措。无疑，支持自由市场的经济学家必然认为市场的自愿消费/储蓄分配是最优的，政府对此比例的任何干扰，**不论从哪个方向**，都扭曲了市场，扭曲了满足消费者需求的生产。毕竟，储蓄没有什么特别神秘的地方；它们只不过是通往未来消费的途径。但是，由于两者的分配由所有人的时间偏好决定，储蓄显然并不比当前消费更为重要。更为反对干扰自由市场储蓄，而放过对自由市场消费的侵犯的经济学家因此在暗中鼓吹相反方向的国家干预。他们在暗中呼吁强制扭曲资源，降低消费，增加投资。②

B. 中性税收的尝试

到目前为止，我们讨论了税从其自身角度看对于个人的影响。但税收扭曲市场的要素价格与收入的**模式**也同样重要，这是税收由不同人承担的方式所致。自由市场形成了一个复杂、几乎无限的价格、比率和收入的数组及结构。征收不同的税干扰这些模式，妨碍市场分配资源和产出的活动。比如说，如果 A 企业每年

---

① 这些经济学家通常得出的结论是，只应该对消费而不是收入课税，因为消费才是"真实"收入。

② 支持投资，或者"增长"而反对当前消费的偏见，类似于资源保护主义者对当前消费的攻击。为什么**未来消费**那么有价值，当前消费又那么没价值？也许，这里我们遇到的是"新教伦理"较不理性的方面偷偷潜入了经济科学。许许多多相关问题当中，我们这里不妨提出一个：一旦自由市场的决策被撤销，经济学家又能为节俭确立什么非武断的数量标准？

为某种类型的劳动支付 5000 美元，B 企业支付 3000 美元，那么劳动者会倾向于　920
从 B 转移到 A，以此更为有效地服务消费者的需要。但如果 A 企业赚取的收入每
年被课税 2000 美元，而 B 的收入被微不足道地征税甚至完全免税，市场中 B 向 A
的导向会完全或者几乎完全消失，使得生产性资源的错误配置持续下去，损害到
企业 A 的增长乃至生存。

　　我们在上面已经知道，追求中性税收——对于市场中性，使市场大致保持
在税前状况的税收——是没有希望的冒险。因为当社会中必然有某些人是纳税
人，另一些人是有特权的食税人，缴税就不可能有统一性。但即便我们不顾这些
反驳，也没有考虑到政府支出税收收入的再分配效应，我们也无法找到一个中性
税收的体系。[①]许多作者认为，所有人统一比率的所得税会产生中性税收；因为
这样的话，社会中收入的相对比率会与之前保持不变。比如，如果 A 一年收入
6000 美元，B 收入 3000 美元，C 收入 2000 美元，对每个人收 10% 的所得税会
形成这样一个"分配"：A，5400 美元，B，2700 美元，C，1800 美元——与先前
的相互比率相同。（这当然假设了税收对于不同个人没有逆激励效应，或者是税
收对社会中每个人有均等的逆激励效应——这基本上不可能发生。）但麻烦的是，
这个"解决办法"误解了中性税收的性质。因为真正对自由市场中性的税收，并
不是让收入模式与以前相同的税收；**它会以仿佛这项税收真的是一个自由市场价
格一样的方式，影响收入模式，以及经济所有其他方面。**

　　这是一条非常重要的纠正；因为我们必须认识到，当一项服务在市场上以某个　921
价格出售时，这笔出售断然**不会**使收入"分配"仍然与之前相同。正常来讲，市场
价格相对于每个人的收入或者财富而言比例不同。但在它**对所有人都相等**，而不论
他的收入或者财富甚或是他对产品的热衷程度如何。从这个意义上讲，市场价格
是一致的。一块面包卖给亿万富翁也不会比常人贵好几千倍。如果市场真的如此
运作，那么很快它就会消失，因为赚钱是根本没有好处的。一个人赚钱越多，每
种财货的价格也会同比例上升。因此，整个文明的货币经济以及在此基础之上的
生产和劳动分工体系会崩溃。所以，比例所得税完全谈不上对自由市场"中性"，
它所依据的原理，如果推理到极致，会毁灭市场经济以及整个货币经济本身。

　　所以，对每个人统一征税——所谓的"人头税"或者"居民税"——显然是

---

① 如果我们同样忽视在解释一户家庭完成的工作或者若干年中平均的波动收入等等的归属的货币价
值时，定义"收入"所存在的严重的概念性困难，这一点也仍然正确。

离中性目标十分接近的思路。但即便是这里，我们完全撇开不可避免的纳税人—食税人的二分法不提，这里所谓的中性也有着严重的缺陷。我们只消提一点，自由市场上的财货与服务，只有那些有自由意愿在自由市场价格获得它们的人会购买。既然税收是强制征收而不是自由购买，我们绝不可以假设社会中的每一个成员都会在自由市场中向政府支付相同的这笔钱。实际上，税收的强制性本质，其本身就意味着，如果事情以自愿方式进行，政府的收入会少得多。因此，统一税并非中性，它至少过度地向三类居民征收了税金，因此会扭曲市场结果：他们是穷人、无利害关系的人，以及反对收税的人（这些人出于各种原因，**本不会**自愿向政府支付这笔统一的税金）。

922   以为统一税类似于自由市场价格的想法，还有另一个严重的问题。我们不知道人们会"购买"政府的哪些"服务"。例如，如果政府用税收补贴某个特殊利益集团，我们难以得知缴纳人头税的纳税人从政府此举可以取得什么样的"服务"。但我们以看似无疑是纯粹服务的警察保护为例，假设为了这笔开支人们缴纳人头税。自由市场的规则是一分钱一分服务；但这里的"一分服务"是什么？无疑，警察保护的服务在城市犯罪中心肯定比在某个死气沉沉、少有犯罪的穷乡僻壤要重要得多。警察保护服务在犯罪潜伏的区域成本肯定更高；所以，如果该服务由市场供给，那里支付的价格会比在穷乡僻壤的高。而且，受到某种犯罪威胁的人，以及需要更多监护的人，也应该在自由市场中支付更高的警察费用。统一税在危险的地方会低于市场价格，而又高于安全地方的价格。那么，要接近中性，税收应当根据服务的**成本**来定，而不是追求一致。[①] 这是备受忽视的税收的**成本原则**（cost principle）。

      不过，成本原则也很难说是中性的。除了无法回避的纳税人－食税人问题外，还有"服务"如何定义和区别的问题。从张三向李四再分配提供了什么"服务"，张三所要评估的"成本"又是什么？即便我们仅仅局限于讨论警察保护这样的常见服务，严重的缺陷仍然存在。首先，政府的成本，如我们将在后文所

923 见，必然比自由市场的成本高出许多。其次，国家无法很好地计算，因此难以准确估计其成本。再次，只有在均衡当中，成本才等于价格；而由于经济从来没有

---

① 我们这里没有承认"成本"决定"价格"。是最终价格的整体数组决定了成本价格的整体数组，但**在这之后**，人们会为具体产品支付的价格，是否足以收回成本（这是整个市场决定的），决定了企业的生存能力。

均衡，成本从不会是对自由市场价格的准确估计。最后，与统一税相同，而与自由市场相反，纳税人不可能**表现**他从政府行为获得的益处；成本原则只不过是轻易地假设了纳税人会自愿在这个价格购买服务。

　　还有一种中性税收的尝试是**受益原则**（benefit principle），称一项税收应当等于个人从政府服务所得的益处。人们通常没有意识到这条原则会意味着：比如，接收福利的人得为这些好处支付全部成本。每个政府福利接收者这样的话得支付比他所收到的福利**更多**的税，因为他同样需要支付政府官僚制度的"管理"成本。显然，如果坚持受益原则，也就不会有任何福利或者其他补贴支付了。即便我们再次把讨论局限于警察保护服务，我们仍然不难看出此原则的严重缺陷。我们再次忽略仍然存在的纳税人－食税人二分法。致命的问题在于，我们无法度量受益程度，甚至不知道其是否存在。与人头税和成本原则一样，这里不存在自由市场，可以让人们**表现**他们从交易中获得的利益大于他们所付出的财货的价值。事实上，既然税是依靠强制征收的，显然人们从政府获得的好处显著低于他们被要求支付的数量，因为如果他们有自由，他们就会向政府贡献更少的钱。所以，"受益"只不过是政府官员武断的假设。

　　况且，即便人们可以自由地表现他们是否受益，**受益原则**仍不会接近于自由市场的过程。我们再次强调，个人在自由市场上为服务支付**统一的价格**，而不论他们主观受益程度。通常，那些愿意"走一里路买一包骆驼烟"（walk a mile for a Camel）的人，并不需要比无意抽烟的人支付更多的钱。根据每个人获得的益处征税所以恰好与市场原则相反。最后，如果每个人的益处都被税收征走，那他就没有理由进行交易，或者接收政府服务。在市场上，要支付所获益处的足量的，不是所有人，**甚至**不是边际买家。边际以上（supramarginal）买家取得了无法度量的剩余利益，边际买家**亦然**。如果没有这样一种剩余他们便不会购买产品。除此之外，对于警察保护之类的服务，受益原则会要求穷人以及弱者比富人和能者缴纳**更多**税金，因为前者可以说从保护受益更多。最后，我们应当注意到，如果每个人从政府获得的益处被税收征走，从政府取得他们全部收入的官僚们，将不得不向政府归还他们的全部薪水，而因此需要无薪服务。①

924

---

① 亚当·斯密以降，经济学家错误地尝试用受益原则论证比例，乃至累进税的合理性。他们的理由是，人们"从社会"所获益处与他们的收入成比例，甚至大于后者。但显然，警察保护的服务，富人比穷人受益更少，因为相比穷人，他们能够为自己的安全支付更多的钱。富人也无法从福利开支获益。因此，富人从政府得到的益处绝对少于穷人，不能用受益原则支持比例或者累进税。

925　　但有人会反对说，为什么我们不能说，每个人的收入有一定比重是得益于"社会"而不是政府呢？首先，这是无稽之谈。事实上，相反的论点才更为准确：由于 A 和 B 都参与社会，享受其利益，A 与 B 之间的收入差异必然源于他们自身**具体的**价值，而不应归因于社会。无疑，不能用每个人都从社会获益这一点推出比例税的合理性。而且，即便这种说法是正确的，又怎样变戏法说明"社会"就等同于国家呢？A，B，C 这市场上的三位生产者，对于一人而言另两人的存在就是"社会"。如果他们从这个"社会"中获益，G，政府，又如何能够利用这个事实确立它对他们的财富的要求权呢？

　　至此我们看到没有任何税收原则对市场是中性的。收入越多缴税**越多**的累进税，当然没有想要税收中性。如果说比例税体现的是一条摧毁整个市场经济和货币经济本身的原则，那么累进税的危害更为严重。因为累进税甚至以更大的比重惩罚有能力的、有效率的人。累进税率对于那些特别善于工作或者具有企业家才能的人来说，是一个特别逆激励性的因素。而由于那些人的专长是为了服务消费者，累进税也向消费者征收了特别的税负。

　　除了上面讨论过的所得税惩罚储蓄两种方式以外，累进税是另一种变本加厉的方式。因为从经验上看，在大多数情况下，富人的收入中用于储蓄和投资的比重高于收入低于他们的群体。不过，没有先验的、行动学理由说明为什么总是如此。例如，在富人购置珠宝而穷人节俭地储蓄与投资的国度，这条规则就被打破了。

　　虽说累进原则无疑对市场有高度的破坏性，但是最保守、最支持自由市场的经济学家大多夸大了它的后果，而低估了比例所得税的破坏性后果。比例所得税有着许多相同的后果，所以所得税的**水平**对于市场而言通常比累进的程度更为重要。比如，社会 A 也许实行的是比例所得税，要求每个人缴纳 50% 的收入；社会 B 有很激进的累进税，要求每个穷人缴纳收入的 0.25%，富人 10%。富人当然会偏好社会 B，**即便**它推行的是累进税——这一点说明，更能加重富人税负的，不是税收的累进程度，而是税负的水平。

　　我们顺便提一下，贫穷的生产者也会因为税负较轻而偏好社会 B。这证明
926 了，保守主义者常见的抱怨，指责累进税是"穷人抢劫富人"是错误的。因为在我们的例子里，穷人和富人都选择了累进税！这是因为，在累进税制下，并不是"穷人抢劫富人"，而事实上是国家"抢劫"了他们两者，不论税制是比例所得税还是累进税。

　　也许有人反对称，穷人从来自国家税入的开支和补贴中受益，因此间接地

"抢劫"了富人。但这忽略了国家能够以许多不同方式进行开支的事实：它可以消费具体行业的产品；它可以补贴某些或者所有富人；它可以补贴某些或者所有穷人。**单凭累进的事实我们不能推出大批"穷人"正在受到补贴的结论。**其实，如果某些穷人得到补贴，而其他没有，那后面这批净纳税人也会和富人一道遭到"抢劫"。事实上，由于穷人往往比富人多很多，大多数穷人倒真有可能承担即便是累进税体系的最大税负。

税收所有可能的类型当中，最有计划地损害和摧毁市场运作的是**暴利税**（excess profits tax）。所有生产性收入当中，利润虽然数额相对较小，但意义与影响重大；利润是整个市场经济的马达、驱动力。利润与亏损信号推动企业家和资本家，以尽可能最好的方式和组合，引导以及重新引导社会的生产性资源，用于变动条件下变动的消费者欲求。当利益驱动受损时，利润与亏损就不再能作为有效的激励，或因此不再作为市场经济中经济计算的手段。

奇怪的是，在战时这个正是迫切需要维持一个有效的生产体系的时候，"将利润赶出战争"的呼声却越来越响。这种热情似乎从来不针对那些显然因战争必然带来的"利润"而工资提升的钢铁工人——它只针对企业家的利润。确实没有什么比这更好地阻碍战备的方法了。此外，"暴利"的概念需要预设某一种标准，在此标准之上的利润可以课税。这个标准或是某个利润率（这牵扯到在每个企业计量利润与资本投资的种种困难），或是指在战前某个基期的利润。人们通常偏向选择后者，因为它具体针对的就是**战争**利润。但它使得经济更为混乱。因为它意味着，当政府拼尽全力增加战时生产时，暴利税创造了各种降低和减缓**战时**生产的激励。简言之，暴利税趋向于将生产过程冻结在基期的和平时期的水平。战争持续越长，基期结构就变得越为过时，越为无效率与荒谬。

927

C. 转嫁与影响：行业税

不论再怎么简略，讨论税收都不能忽略税收"转移与影响"的著名问题。简而言之，税由谁付？被征收该税的人，还是他能够将税收"转嫁"给的其他人？难以置信的是，仍然有经济学家执迷于19世纪陈旧的税收"均衡扩散"（equal diffusion）理论。这种理论仅仅宣称"所有税都转嫁到每一个人"，就终结了这个问题，所以就没了具体分析每一种税的必要。①太过宽泛地讨论"转嫁"滋

① 对于此理论的批判，参见 E. R. A. Seligman, *The Shifting and Incidence of Taxation*（New York: Macmillan & Co., 1899），第122-136页。

生了这种蒙昧倾向。比如，如果对琼斯征收 80% 的所得税，这**不仅仅**会伤害琼斯，也会通过减少琼斯的激励以及能力，进而减少琼斯的工作与储蓄，而损害到其他消费者。因此，税收的**效应**是从目标中心向外扩散的。但这并不是说，琼斯可以轻而易举地将税负转嫁到他人头上。"转嫁"的概念这里仅限于税金支付可以直接从原始支付者转移至他人的情况；而税收对原始纳税人**以外**，对他人造成的损害，不能用"转嫁"一词。后一种情况不妨称为税收的"间接效应"。

928

转嫁的第一条规则是，**所得税不能转嫁**。这条规则先前是经济学中的公认真理，但现在受到流行假设的挑战——比如人们认为，因为工资税会刺激工会要求更高的工资以补偿税收，所以工资税转嫁给雇主，而雇主进而将之转嫁到消费者身上。可是，这个人们通常宣称的过程，其中的每一步推理几乎都是惊人的错误。首先，认为工人或者工会会静静等待税收出现来刺激他们提出要求是荒谬的。工人们总是想要更高的工资；工会**总是**有更高的要求。问题是：他们会得到更多吗？没有理由认为他们可以。工人只能得到其劳动的贴现边际生产力的价值。吵闹不能提升生产力，因此就不可能提升他从其雇主处取得的工资。工会的要求也会像惯常那样处理，即，它们只有以该行业中的某些劳动力失业为代价才能满足。但不论是否有工资税，这一直都是条真理；税与市场最终的工资设定没有任何关系。

认为雇主会把增加的成本转嫁给消费者的看法，也许是有关税收最广为流传的谬误的一个例证：仅仅以更高价格的形式，商人就能够将他们变高的成本转嫁给消费者。本书中所论述的全部经济学理论揭示了这一学说的错误。因为，给定产品的价格是由消费者的需求表所决定的。成本或者税收变高**本身**，并没有什么因素可以增加这些表；所以，出售价格的**任何**变动（不论变高变低），都会**减少**所涉企业的收益。因为市场上每个行业，在任何时候，都趋近于其相对于消费者的"最大利润点"。价格已经在企业的最大回报点上；因此，更高的税收或

929

者其他强加于企业的成本，都会降低它们的净收入，而不会顺利、轻易地转嫁给消费者。我们因此得出了这个重要的结论：任何税收（不仅仅是所得税）**都不可转嫁**。

假设对某一个行业——比如说酒业——征收一项极重的税（不论何种类型）。

这会有什么样的效果？我们已经注意到，税收不能轻易地"转嫁"给消费者。①相反，酒的价格会保持不变；企业的净收入会降低。这将意味着酒业的资本与企业的回报率低于经济中其他行业；边际上的酒厂便会亏损破产；而且，通常各种类型的生产性资源会从酒业流出，流入其他行业。长期效应因此是减少酒水的供给，并因此在供求规律的作用下，推高市场上酒水的价格。不过，正如我们在上面所说，这个过程——损失在整个经济扩散——很难说是"转嫁"。因为税不是被简单地"转嫁"掉了；它只是**通过损害被课税的行业而波及**消费者。最后结果是生产要素的扭曲；现在酒业生产的财货，少于消费者本来偏好的数量；相对于酒来说，其他行业正在生产过多的财货。

简言之，税收更容易"向后转嫁"而不是向前。严格意义上讲，转嫁是不可 930能的，因为它不是一个毫无痛苦的过程。但显然，向后的过程（向后转嫁到生产要素）比对消费者的影响发生得更迅速和直接。这是因为，酒厂亏损或者利润减少会立即降低他们对土地、劳动和资本生产要素的需求；需求表的这一下降会降低酒业中赚取的工资和租金；这些降低了的收益会引发劳动、土地和资本从酒向其他行业转移。迅速地"向后转嫁"与本卷书中发展的"奥派"消费与生产理论没有冲突；因为要素价格由要素所生产的财货的出售价格决定，反之则不然（否则就会得出天真的"向前转嫁"学说的结论）。

应当注意到，在某些情况下，行业自身可能会欢迎对它征税，目的是向边际以上企业提供间接但有效的垄断特权。因此，统一的"特许经营"税会赋予能够更轻易负担支付税金的资本密集型企业特别的特权。

D. 转嫁与影响：统一销售税

统一销售税被认为是税收向前转嫁最为流行的例子。无疑，比如说，如果政府对所有零售统一征收20%的税，而且如果我们出于简化目的，假设这项税可以在各处得到同等有效地执行的话，那么，商家会简单地将所有价格20%的增加"转嫁"给消费者。但实际上，价格根本没有办法增加！就一个具体行业而言，价格是先前定好的（或几乎如此），处在企业获取最大净回报的那个点上。

---

① 商人们尤为倾向于这个"转嫁"论——显然这是在尝试让消费者相信，他们才真的在支付对那个行业征收的税。可是，这个论点显然有悖于各个行业都要求减税、反对增税的热情。如果税收真的可以轻易转嫁而商人只不过是不收政府薪酬的税务代理的话，他们就根本不会反对对他们行业课税。（这也许就是为什么，几乎没有商人抗议他们代为扣缴员工所得税的原因吧！）

财货或者要素的库存还没有改变，需求表也没有改变。那样的话，价格又怎能上
931　涨呢？况且，如果我们检查一下价格的整体数组（此举在讨论统一销售税时是合
适的），决定这些价格的，是财货和货币侧形成的货币供给与需求。价格数组要
整体上升，就必须要有货币供给量增加，或是货币需求表减少，或者两者兼具。
统一销售税不会导致这些决定因素中任何一个的变化。[1]

　　此外，统一销售税对价格的长期效应会小于均等的部分特许行为税的情况。
针对某一个行业的税收（如酒），会将资源从这个行业赶出，引入其他行业，因此
932　被课税的商品的相对价格最终会上涨。不过，普遍的、统一推行的销售税，没有
为这种资源转移留出空间。[2]

　　销售税可以向前转嫁的迷思，堪比认为工会要求工资普遍上涨可以更高价格
的形式转嫁给消费者，进而"导致通货膨胀"的迷思。整体价格数组不可能上
升，这样一种加工资的做法，唯一可能的结果就是大规模失业。[3]

　　在考虑统一销售税时，消费者支付的价钱里必然包括了税的事实误导了很多
人。如果某人去看电影，付了1美元门票，且如果他看到了公开张贴的信息称这
包括85美分的价格和15美分的税，那么他会倾向于认定，税是简简单单叠加到
"价格"上的。但价格是1美元，而不是85美分，后者只是企业税后取得的收
益。实际上，企业为了支付税金，**削减**了它的收益。

　　这正是统一销售税的后果。其直接影响是降低企业的总收益，税收的数量即
为降低的数量。当然，长期来看企业并不支付这笔税，总收益的损失归属到资本
家的利息收入以及原始要素（劳动力和土地）所有者赚取的工资和租金。零售企

---

① 有人会反对称，因为销售税是针对所有企业的，所以它们能够将之转嫁。且不说相关整体因素
（供给，货币需求）并没有增加，个体企业仍然只关心其个体的需求曲线，而这些曲线没有变动。
增加税收不可能使一个更高的价格比它在先前**更具营利性**。

② 资源现在可以从工作转为闲置（或者进入物物交换）。这当然是有可能发生的；因为，如我们还
会进一步看到的，销售税是针对收入课税，休闲的机会成本上升，也许会促使一些工人喜好安
逸，从而降低财货产量。到了这个程度，价格最终会上涨——尽管很少以顺利、立即、成比例
的"转嫁"为形式。参见 Harry Gunnison Brown 具有开创性的论文，"The Incidence of a General
Output or a General Sales Tax," reprinted in R. A. Musgrave and C. S. Shoup, eds., *Readings in the
Economics of Taxation*（Homewood, Ill.：Richard D. Irwin, 1959），第330-339页。尽管这是现代第
一篇批评销售税向前转嫁这一谬论的文章，布朗不幸在论文最后弱化了这方面的含义。

③ 当然，如果货币供给在工资上涨后增加，信用扩张，那么价格可以提升，使得货币工资再次不高
于它们的折现边际价值产品。

业总收入减少反映为所有较高等级企业的财货需求下降。统一销售税的主要结果是使原始要素赚取的净收益普遍降低。销售税被向**后转嫁**至原始要素回报——转嫁至利息以及所有工资和地租。现在不再是每个原始生产要素都赚取其折现边际产品。原始要素现在的收益**低于**他们的折现边际价值产品，降低的部分包括向政府支付的销售税。

现在让我们把对统一销售税的分析，与我们之前对税收的受益及负担的分析整合到一起。在这样做的时候，我们要牢记税收的收入反过来是由政府花掉的。不论政府把钱花在购买自身活动所用的资源上，还是简单地把钱转让给它补贴的人，其后果都是将消费和投资需求从私人手中**转移**到政府或者政府支持的个人手上，税入的金额即转移的数量。从根本上讲，税收是对原始要素的**收入**征收的，货币从它们手中转让给了政府。政府以及那些受政府补贴的人的收入，以纳税人为代价而增加。所以，市场上的消费和投资需求以税收的数量，从生产者转移到了征收者。结果是，货币单位的价值会保持不变（不考虑纳税人与食税人的货币需求之间的差异），但价格**数组**会根据需求的变动而变动。因此，如果市场在服装上有大量开支，而政府的税收收入主要用于购买军备，那么服装价格会下跌，武器价格上涨，非专用要素趋于从服装生产流出，进入武器生产。

结果是，最终不会像人们想象的那样，由于征收 20% 统一销售税所有原始要素收入相应地下降 20%。行业中的专用要素由于需求上从私人向政府的转变，而失去了用武之地，因此相应地损失更多的收入；行业中的增加了需求的专用要素相对损失较小——有些甚至会因为这次变动而获得绝对收益。非专用要素不会受到如此程度的影响，但由于需求的具体转移造成它们边际价值生产力的差异，它们也会根据这一差异而有盈亏。

应当细心地注意到，统一销售税凸显了**对消费课税的失败**。人们通常以为销售税是为了惩罚消费，而不是惩罚收入或者资本。可是我们发现，销售税不仅仅减少了消费，还削减了原始要素的收入。**统一销售税因此是一项所得税**——尽管是相当随意的一种。许多"右翼"经济学家鼓吹统一销售税，而反对所得税，理由是前者对消费而不对储蓄－投资课税；许多"左翼"经济学家出于相同的理由反对销售税。双方都错了；销售税就是一种所得税，尽管它的影响更随意，更不确定。统一销售税的主要效应与所得税相同——减少纳税人的消费及储蓄－投

933

934

资。① 实际上，正如我们所知，由于根据所得税的性质，储蓄－投资所要承担的负担比消费所要承担的重，所以，我们得出了矛盾而重要的结论，即一种针对**消费**的税，其最终的影响，更多地落在**储蓄－投资**，而不是消费上。

E. 土地价值税

一旦税收降临，它们便开始破坏、妨碍和扭曲市场的生产活动。显然，对工资征税会扭曲劳动努力的配置，对利润征税会损坏利润－亏损这一经济的发动
935 机，对利息征税会消费资本，等等。人们通常承认这条规则有一个例外，那就是亨利·乔治的学说，认为土地所有者并不起到生产性的功能，因此政府可以安全地对土地价值征税，而不用担心因此会减少市场上的生产性服务供给。这是支持著名的"单一税"的**经济**理由，它有别于其道德理由。可惜的是，尽管出于纯粹实用（"实践中，没有办法将土地与土地改良价值相区分"）或者保守（"土地已经得到了如此多的投资，现在不应该去征收土地所有者的财产"）的理由，单一税的建议通常都遭到否决，但极少经济学家曾去挑战这一基本假设。②

可是，这一乔治主义的核心论点完全是错误的。土地所有者承担着非常重要的生产性服务。他发现、利用土地，然后将之分配给最有生产力的买家。我们一定不能被土地的有形库存一直固定的事实所误导。就土地而言，它与其他物质财货一样，被出售的不仅仅是有形财货，而且还包括它所带来的全部服务——
936 其中包括将所有权从卖家转让给买家的服务，而且进行得十分有效。土地并不是现成的；所有者必须将它提供给使用者服务（当然，当土地已经"垂直整合"以

---

① Frank Chodorov 先生在他的 *The Income Tax—Root of All Evil*（New York: Devin-Adair，1954）一书中，未能指出从自由市场的观点看，还有其他什么类型的税比所得税"更好"。从我们的讨论中显而易见，从自由市场的观点看，不像所得税那么坏的税着实罕见。无疑，不论是消费税还是特种行为税都不符合。

② 所以，即便是像哈耶克那样的知名经济学家，最近也写道：
这个土地社会化的方案（单一税），在逻辑上，也许是所有社会主义方案中最有吸引力，看似最可行的一个。如果它基于的事实假设是正确的话，即，如果有可能区分土地之"永久和不可摧毁力量"……和……改进所带来的价值的话，采用这一方案的论点会是极为有利的。F·A·哈耶克，《自由宪章》（Chicago: University of Chicago Press, 1960），第 352–353 页。
亦可参见奥地利经济学家冯·维塞尔颇为相似的让步。Friedrich Freiherr von Wieser, "The Theory of Urban Ground Rent," in Louise Sommer, ed., *Essays in European Economic Thought*（Princeton, N. J.: D. Van Nostrand, 1960），第 78 页及之后。

后，一个人可以同时扮演这两种角色）。[1]土地所有者通过将土地分配到它们最具价值生产力的用途（即最受消费者需要的用途）而赚取最高的地租。我们也尤其不能忽视，**位置**以及土地所有者在确保土地各尽其用中提供的生产性服务的重要性。

认为将地皮利用起来、决定它们的位置并不具有真正的"生产性"的观点，是古典观点的残留，即认为并不实质上"创造"什么东西的服务不具备"真正的"生产性。[2]实际上，这个功能与其他的一样具有生产性，而且还是一项十分重大的功能。阻碍和摧毁这个功能都会损害市场经济。[3]

937

F. 对"过剩购买力"课税

在本章对主要的税收理论的必然十分匆忙的纵览中，现在我们只有再做一个评论的篇幅了。我们将批判下面这种十分常见的看法：在经济景气时，政府应当增加税收，"从而吸走过剩购买力"，以此制止通货膨胀并稳定经济。我们会在后面讨论通货膨胀、稳定化以及商业周期；但这里我们要注意，假设一项**税**更多

---

[1] Spencer Heath 先生作为前乔治主义者，是我知道的最清晰地指出土地所有者的生产性的人。参见 Spencer Heath, *How Come That We Finance World Communism?*（mimeographed MS., New York: Science of Society Foundation, 1953）；　同　上，*Rejoinder to "Vituperation Well Answered" by Mr. Mason Gaffney*（New York: Science of Society Foundation, 1953）同上，*Progress and Poverty Reviewed*（New York: The Freeman，1952）。

[2] Spencer Heath 如是评论亨利·乔治：
每当涉及土地所有者的服务时，他都坚守自己的格言，即所有价值都是有形的……在（土地所有者）执行的交易服务当中，他们向社会分配了土地与资源，但没有发生有形生产；所以他看不出他们为何有权取得有形物品分配的份额，并且认为他们收取的租金……只不过是补偿他们非强制性的分配或者交易服务……他否认通过自由契约与交易进行（土地）分配所提供的服务可以创造价值，而这种方式是暴力而无序或者武断而专制的土地分配之外的唯一选择。（Heath, *Progress and Poverty Reviewed*，第 9-10 页。）

[3] "单一税"的效应及其他批判，参见穆雷·N. 罗斯巴德, *The Single Tax: Economic and Moral Implications*（Irvington-on-Hudson, N. Y. : Foundation for Economic Education, 1957）；罗斯巴德，"A Reply to Georgist Criticisms"（mimeographed MS., Foundation for Economic Education, 1957）；以及弗兰克·H·奈特，"The Fallacies in the 'Single Tax, '"*The Freeman*, August 10, 1953，第 810-811 页。一个更为有趣的反驳来自乔治主义经济学家掌门人 Harry Gunnison Brown。尽管大多数乔治主义经济学论述的基础建立在严格区分土地所有权与土地上的改良的所有权之上，布朗却试图通过隐含地假设土地和改良由同样的人所有，来否认单一税破坏性的经济效应。当然，事实上，破坏效应仍然存在；个人或者企业的垂直整合并没有将经济学原理从任何一个整合后的生产阶段中排除出去。参见 Harry Gunnison Brown, "Foundations, Professors and 'Economic Education '," *The American Journal of Economics and Sociology*，1958 年 1 月，第 150-152 页。

938　的是一个**价格**而不是社会成本或负担的荒谬性。因此，假设在繁荣时期，有 A，B，C 三位先生，他们手头有钱，会花费一些钱在某个商品上——比如烟斗——以一定的市场价格，比如 10 美元每把。政府认为这是极为不幸的情况，市场价格——根据某种武断的、未说明的标准来判断——"太高了"，因此它要帮助它的百姓，就必须对他们课税，从而降低价格。假设三人真的被征以足够的税，让烟斗价格下降到 8 美元。既然税收的增加正等于他们的货币资金的减少，他们的生活怎么会变得更好了呢？简言之，这是提高"税收价格"，从而让其他财货价格下降。一个自愿的价格，买家愿付，卖家也接受，它又怎么会是"有害"于购买者，或者成了他们的负担呢？而与此同时，强制针对这些买家征收一个"价格"，用于支付他们没有表现出需求的政府服务，又怎么会对他们是"好事"呢？为什么高价格对他们构成负担而高税收却不然？

9. 二元干预：政府开支[①]

A. 政府开支的"生产性贡献"

政府开支是强制将资源从私人生产者处转移到政府官员偏好的用途。习惯上我们将政府开支分为两个范畴：**资源使用型**（resource-using）和**转移支付**（transfer）。资源使用型开支直截了当地将资源从社会中的私人转移为政府使用：形式可以是雇佣官僚为政府工作——这直接地转移劳动力资源——也可以是从商业企业购买产品。转移支付纯粹是补贴性开支——政府征收张三的钱支付给李四。的确，在后一种情况下，政府给了"李四"货币，让他随意决定如何分配，

939　而且在某种意义上我们可以分别分析这两种开支类型。但是，这里的相似性大于差异。因为就两者而言，资源都是从私人生产者那里被征收，然后转移到政府官员认为最好的用途当中。毕竟，当官僚收到他的政府薪金时，这笔支付与从纳税人那里取得了一笔"转移支付"具有相同的意义。而且官僚也能够自由地决定，下一步该如何分配他所支配的收入。就两种情况而言，货币和资源都从生产者转

[①]　政府开支来自政府收入。在前面小节，我们讨论了政府收入的主要来源——税收。后面我们将讨论通货膨胀，或者货币创造，而本节中也包括了有关政府"企业"的讨论。最后一个主要的政府收入来源——向公众借款——我们会在后面的附录 A 中简要讨论。

移到了非生产者，供他们消费或者使用。①

对政府的这种类型的分析一直以来备受忽视，因为经济学家和统计学家往往十分天真地假设，政府开支可以衡量政府对社会的生产性贡献。在经济的"私人部门"，生产性产出的价值，可以用消费者自愿对此产出花费的货币数量明确地判定出来。相反，奇怪的是，政府的"生产性产出"不是根据人们**对政府**的开支，而竟然是根据政府本身的开支来判定的！难怪总是有冠冕堂皇的说法，鼓吹政府开支独特的生产性力量，仅凭政府开支增加，就可以提升政府对经济的"生产性贡献"。②

那么，究竟什么是政府的生产性贡献呢？既然政府的价值不可能在市场上判定，而且向政府支付税金不是出于自愿，所以就不可能判定。我们不可能知道，如果纯粹以自愿形式，会有多少税金会支付给政府，我们也根本不知道，每个地理区域是否会有一个中央政府存在。那样的话，我们能知道的只是，征税和开支这个过程转移了收入和资源本会在"私人部门"发挥的作用，我们只能断定，政府对经济的生产性贡献正好为零。而且，即便有人反对说，政府服务是有点价值的，但我们也应当注意，这又犯了巴斯夏所指出的错误：只强调看得见的，而忽略了看不见的。我们也许看到政府的水电大坝在运转；但我们看不到私人本会用这些钱做的事情——不论是购买消费者财货还是投资生产者财货——他们不得不因税收而放弃。事实上，由于私人消费者本会用这笔钱去做另外的事，他们更想做的事，因此从他们的角度看更有生产力，我们可以肯定，政府的税收与开支所造成的生产力损失大于它所贡献的任何生产力。简言之，从严格意义上讲，政府的生产力非但不是零，而且还是负的，因为它给社会强加了生产力损失。③

940

---

① 也许有人会反对：虽然官僚也许不是生产者，但有时候其他接受补贴的"李四"基本算得上是市场上的生产者。不过，只要他们从政府接受补贴，他们这样做就是非生产性的，依靠强制寄生于生产者。简言之，重要的是他们相对于他们的同胞，在多大程度上处于一种**国家的关系**（relation of State）。我们不妨补充一句，在本书中，"国家"一词不带有拟人色彩。"国家"真正指的是以一种系统性的"国家式的"关系与他人打交道的人。
"国家关系"的概念受到芝加哥大学 Ralph Raico 先生的启发。
② 最初，Simon Kuznets 教授主张只应该用**税收**判定政府的生产性产出，这样就能与私人企业通过收入判定产出一样。但税收是强制实施，不可以用于判定生产性。与当前国民收入核算方法不同的是，Kuznets 会将所有政府赤字从它的"生产性贡献"当中排除出去。
③ 即便对于那些不接受这一分析的人而言，只要他们相信经验上，政府开支中的浪费超出了50%，他们便不得不同意我们的假设比通行的政府生产力为100%的假设更准确。

941   政府开支通常被称为形成"资本"的"投资"。我们近几年也常常听到，苏联和其他各种多年计划正忙于用政府行动积累"资本"。可是，用"资本"一词描述政府开支是不合理的。资本是通向最终消费的道路上，生产性财货的状态。在任何一种劳动分工的经济中，资本财货不仅仅是投资者为了自己积累的，而是为了使用它们生产较低等级的和最终的消费者财货。简言之，投资开支的一个特征是，相关财货并不用于满足投资者的需求，而是用于满足他人——消费者。可是，当政府从私人市场经济征收资源时，它正是无视了消费者的需求；当政府投资某个财货时，它这样做为的是服务于政府官僚的兴致，而不是消费者的欲求。因此，任何政府开支都不能被看作是真正的"投资"，任何政府所有的资产也都不能被看作是资本。政府开支可以分为两个部分：一方面是政府官员、政府补贴的受益者，以及其他非生产性接收者的**消费**开支；另一方面是**浪费**的开支，而政府官员却以为他们是在"投资"于"资本"。这些浪费的开支导致**浪费资产**（waste assets）。[①] 政府特权消费当然与私人消费属于不同范畴，因为它必然以牺牲生产者的私人消费**为代价**。因此我们不妨称前者为"反生产性消费"。[②]

942   **B. 补贴和转移支付**

    让我们再略进一步探究政府开支的类型学。转移支付或者补贴，强制性地惩罚有效率的人，而使无效率的人获益，因而扭曲了市场。（即便对于补贴前有效率的企业或者个人也是如此，因为其活动现在受到鼓励偏离了它们最为经济的点。）补贴延长了无效率企业的生命，阻碍了市场为了完全满足消费者需要而应当具备的灵活性。政府补贴规模越大，市场运作也就越受到阻碍，越多资源被冻结在无效率的地方，每个人的生活水平会比不干预要低。此外，政府干预、补贴得越多，就会在社会中创造越多的阶层冲突，因为个人和群体只有**牺牲他人**才能获利。税收和补贴的过程覆盖越广，便会引诱越多的人放弃生产，加入到靠强制征收生产

---

① 如果政府将其拥有的浪费资产出售给私人企业，那么其全部或者部分也许会变成一个资本财货。但是，这一潜在可能性并不能使该财货在政府使用时变成资本。也许有人反对，认为当在市场上开价的政府"企业"使用这些财货时，政府购买可以看作是真的投资。不过，我们会看到，这并不是真正的企业，而是**假装的**企业。

    有关浪费资产所涉及的浪费更为细致的讨论见后文。

② 这应当与传统的"非生产性消费"区别开来。"非生产性消费"指的是高于维持劳动者生产能力所需的一切消费。

过活的大军中。随着精力从生产转向政治，随着政府在一个正在缩小的生产基础上增加日益加重的养活国家特权阶级的负担，生产和生活水平会渐次降低。这一过程会不断加速，因为在任何活动当中成功的人往往是最善于做该项活动的人。因此，市场上最为兴旺发达的，往往会是最具有生产和服务同胞的能力的人；那些在政治当中争夺补贴十分成功的，则会是最善于实行强制或赢得实施强制者的偏爱的人。通常，不同的人依据普遍的技能专业化，会在不同的领域中取得成功。而且，对于两者兼长的人，征税再补贴的体系会鼓励和发展他们的掠夺性技能，惩罚他们的生产性技能。

直接转移补贴的常见例子是政府**济贫**（poor relief）。政府济贫是明确的对**贫困的补贴**，因为现在人们由于他们的贫穷，自动有权从国家取得货币。所以，休闲所放弃的收入的边际负效用减少，懒散和贫困趋于进一步增加，这反过来又增加了必须从纳税人处榨取的补贴数量。因此，法律规定补贴贫困的体系，往往会加重它本来要缓解的贫困。如果（这也是通常情况）补贴的数量直接取决于穷人拥有儿童的数量，那么穷人会有更大的动机去生养更多的儿童，进而使穷人的数量成倍增加——而且是更具依赖性的穷人。[1]政府的两种恒存的打击和驱赶，也许可以用来判定政府欲求推进慈善的诚意：打击"慈善诈骗"（charity rackets）以及驱赶街头乞丐（由于"政府已经向他们提供了充分的保障"）。[2]这两种措施的后果，都是损害了个人慈善，迫使公众将他们的善款输送到政府官僚圈子批准并与之有联系的渠道。

943

944

---

① 正如 Thomas Mackay 巧妙地写道："国家愿意支付给多少人，我们就会有多少穷人。"Thomas Mackay, *Methods of Social Reform*（London: John Murray, 1896），第 210 页。相反，私人慈善救济穷人不会造成这样的恶性循环，因为穷人对富人不会有持续的、强制性的要求权。如若私人慈善只救济"值得"的穷人，则这一点犹然。有关 19 世纪"值得救济的穷人"的概念，参照 Barbara Wootton, *Social Science and Social Pathology*（London: George Allen & Unwin, 1959），第 51, 55 页，第 268 页及之后。

② 读者也许可以通过这种驱赶的赞美者提供的下面这个轶事判定，**究竟谁**是贫穷的街头手风琴师真正的朋友——他的顾客还是政府：
在一次类似的清理街头手风琴师（他们中大多数只不过是得到许可的乞丐）的运动中，一位女性在一次社会活动上找到城管，乞求他不要没收她心爱的手风琴。
"你住哪儿？"他问道。
"公园街！"
城管不顾贫民窟蚁族的乞求，成功地实施了他那个清除街头手风琴师和小贩的计划（Newbold Morris and Dana Lee Thomas, *Let the Chips Fall*［New York: Appleton-Century-Crofts, 1955］，第 119-120 页）。

　　类似地，政府的失业救济，往往旨在消除失业，但恰恰造成了相反的后果：它补贴和强化了失业。我们已经知道，劳动者或者工会设定高于他们可以在不受妨碍的市场所能够获取的最低工资会导致失业。税收援助帮助他们维持这一不现实的最低工资，因此延长了失业的时间，加重了整个问题。

C. 资源使用型活动

　　我们现在转向政府的资源使用型活动，在这个方面，国家宣称是在向公众提供某种类型的服务。政府"服务"既可以免费提供，也可以出售给使用者。"免费"服务最具有政府特色。浮现在我们脑海中的例子有警察和军事保护、消防、教育、公园以及供水。当然，我们要注意的第一点是，这些服务不是，也不可能是真正免费的。如我们之前在本书所知，免费财货将不会是财货，因此不是人的行动的对象；它仅仅极为充裕地面向所有人存在。如果一财货并不对所有人都充裕，资源就是稀缺的，要供给它就需要社会放弃其他财货。所以它不可能免费。供给免费政府服务所需要的资源，是从其他生产活动中征收而来的。不过，使用者并不根据他们的自愿购买而支付税金，税是对纳税人强制征收的。支付与获取服务因此被割裂开来，这是所有政府活动的内在特性。

　　两者的割裂，以及"免费"服务，引发了许多严重的后果。就如所有价格低于市场价格的情况一样，它们刺激起了人们对该财货巨大的、过度的需求，远远超过了可得的服务供给。于是，免费财货总会出现"短缺"，人们一直抱怨它的供给不足，人满为患，等等。人们不断抱怨警力不足（尤其在犯罪高发地带），公立学校体系内的教师短缺，政府所有的道路和高速公路拥堵不堪，等等都是例证。自由市场中没有一块领域像这样，人们不断抱怨短缺、低效和服务质量差。在所有私人企业的领域，企业试图讨好、说服消费者购买更多它们的产品。而政府所有和运作的企业，无不呼吁消费者要耐心和牺牲，短缺和缺陷的问题层出不穷。很难想象会有私人企业像纽约市政府和其他政府那样，告诫消费者们**减少用水**。当水出现短缺时，受到责备的是**消费者**而不是政府"经营者"——这也是政府运营的特征。压力是让消费者做出牺牲，减少使用，而对于私人行业，（受欢迎的）压力在于让企业家增加供给。[①]

---

① 参见穆雷·N·罗斯巴德，*"Government in Business," in Essays on Liberty*（Irvington-on-Hudson, N. Y.：Foundation for Economic Education, 1958），第 4 卷，第 186 页及之后。因此，政府所有以及政府"企业"的特征是，消费者成了会用尽"社会"产品的麻烦，而不是需要讨好的"上帝"。

政府经营的无效率人尽皆知。这并非是经验上的巧合，而很可能是由于缺乏行政服务的传统所致。无效率为所有政府经营所**固有**，免费和其他价格过低的服务催生出来过度需求，只是造成此状况的众多理由之一。

免费供给不但以不使用此财货或服务的纳税人为代价，补贴使用者；它还未能将服务供给到人们最需要的地方，所以也错配了资源。只要价格低于市场价格，都会出现这一结果，只不过程度小些。自由市场上，消费者能够决定价格，因此确保了生产性资源有最好的配置来满足他们的需要。在一家政府企业当中，这不可能实现。我们再次以免费服务为例。由于没有定价，不能排除边际以下的使用，所以政府没有办法将它的服务分配到最重要的用途、分配给最迫切的买家（即便它真想这样做）。所有买家，所有用途，都人为地处在同一个平面上。结果就是，大多数重要的用途都遭到忽视。政府所面对的无法克服的分配难题，甚至在它自己看来都**难以满意地解决**。因此，政府会遇到这样的问题：应该是在 A 地还是 B 地修建公路？它做决策根本没有任何理性的依据。它无法以最好的方式帮助公路的私人消费者。它只能根据当权的政府官员的喜好来做出决定，也就是说，它需要依靠**政府官员**（而非公众）的"消费"。[1]政府要做最有益于公众的事情，是一项不可能的任务。

D. 政府基于"商业原则"运作的谬误

政府既可以通过免费给出服务，有意地进行补贴，也可以真心地尝试去寻找真正的市场价格，也就是说，"基于商业原则（business basis）运作"。保守主义者常常呼吁采用后一种方式——政府企业与私人企业当一视同仁，消灭赤字，等等。这种方式总是意味着提升价格。不过，它是否是一个理性的解决办法呢？人们常说，一个政府企业，如果在自由市场的范围内运作，从市场购买资源，它便能够有效率地为其服务定价，分配其资源。但是，这并不正确。任何可以想见的政府经营方案都**存在致命的缺陷**，阻止它理性定价和有效分配资源。由于这一缺陷，政府经营**绝不可能**基于"商业"原则运作，不论政府对此有多大的热情。

这一致命缺陷是什么呢？政府通过强制征税的权力，几乎可以取得无限的资源（即只受到社会总资源的限制）。私人企业必须从私人投资者那里获得资金。

946

947

---

① 比如，政府官员也许会选择一条会给他自己或者他的盟友带来更多选票的公路。

这一投资者所做的资金分配，基于他们的时间偏好和远见，将资金和资源"配给"到最有利润，因此服务性最强的用途。私人企业**只能够**从消费者和投资者处获取资金；换言之，他们只能从那些看重并且购买他们服务的人，以及为了预期的利润、愿意承担投资储蓄资金的风险的人那里获取资金。简言之，我们要重申，支付与服务，在市场上有不可分割的联系。但相反，政府可以取得它想要的任何数量的货币。自由市场因此提供了一种"机制"来分配未来和当前消费的资金，将资源引导到对所有人而言最具价值生产力的用途中——这个机制我们已有详细的分析。它以此向商人们提供了分配资源、服务定价的手段，确保它们的最优利用。可是，政府却不具备对自身的约束，即，它无须面对盈亏或者评值的消费者对服务的检验，以使之取得资金。私人企业只能从满足的、评值好的消费者，以及受到当前和预期未来盈亏所指引的投资者那里获取资金。政府则可以随意获取更多的资金。

948　　　没有了约束，政府也就不可能理性地分配资源。它该如何知道，是修建道路A还是道路B，是"投资"修路还是建学校——实际上，它所有活动应该花费多少钱？它没有理性的办法分配资金，甚或是决定拥有多少资金。当教师或者教室或者警察或者道路出现短缺时，政府及其支持者们只有一个答案：更多资金。民众必须把更多的钱交给政府。为什么自由市场上从来不会提出这种答案呢？因为货币总是必须从消费或者投资的其他某个用途中**抽取**出来——而且必须理由充分地抽取。市场上，盈亏检验提供了这个理由——它表示一项生产活动是否正在满足消费者最为迫切的需要。如果一家企业或者一个产品为其所有者赚取高额利润，且预期这些利润还会持续，便会有更多的货币涌入；如果不然，企业发生了损失，货币则会从该行业**流出**。盈亏检验是引导生产性资源流动的关键。政府则没有这样的引导，因此它就没有理性的方式来决定总共或者在每条具体的生产线上花费**多少**货币。它花费越多的货币，当然就能生产越多的服务——但何时是个头呢？①

　　政府企业的支持者们也许会反驳说，政府只需要告诉它的官员，把它**当作**一个以盈利为目的的企业来运作，像私人企业一样设立它。这一理论有两个基本的错误：（1）**假装**企业是不可能的。经营意味着拿一个人自己的钱在投资中冒险。官僚管理者和政客没有发展企业家技能的激励，从而真正根据消费者需求做出调

---

① 参照路德维希·冯·米塞斯，《官僚主义》（New Haven: Yale University Press, 1946），第50，53页。

整。他们在政府企业中没有损失自己的钱的风险。（2）除了激励的问题以外，即便是最热切的管理者，**也不能**像在企业中一样行使职责。因为，不论政府企业在成立之后其经营受到何种对待，它在**一开始**就是依靠政府资金（因此也就是靠强制征税）启动的。有武断的因素"植入"到了企业的生命当中，这正是致命的一点。此外，未来的开支决策使用的是税收资金，因此也会受制于同样的缺陷。能够轻而易举地获取货币，必然会扭曲政府企业的运作。再者，假设政府"投资"一家企业 E。如果让自由市场来决定，它要么投资相同的这家企业，要么不投资。如果它会投资，那么经济至少因为中间的官僚机构的"雁过拔毛"而蒙受损失。如果不然（这几乎是必然的情况），那么我们立刻可以得知，投资于 E 扭曲了市场的私人效用——即某些其他开支本可以带来更大的货币回报。由此我们再度得出结论，政府企业不能复制私人企业的条件。

　　此外，组建政府企业对私人企业构成了"不公平"的竞争优势，因为它至少有一部分资本是通过强制而非服务取得。显然，政府通过补贴可以将一家私人企业赶出市场。在这个领域中的私人投资会大幅受限，因为未来的投资者预期，受到拥有特权的政府竞争者影响，私人投资会出现亏损。而且，由于所有服务都为消费者的钱而竞争，所有私人企业和私人投资都会受到某种程度的影响与妨碍。当一家新的政府企业开动，其他行业会因此担忧它们是否会是下一个受害者，遭到征收或者被迫与政府补贴的企业竞争。这一担忧倾向于进一步压抑生产性投资，因此更大程度地降低了普遍生活水平。

　　政府所有权的"左派"支持者还十分正确地使用了另外一个论点，即：商业运作真的这么好的话，为什么政府要采用如此多此一举的路径？为什么不废弃政府所有权，将其整个运营转给私人企业去做？为什么要费这么大的周章模仿这个显见的理想（私人所有权），而其实它是可以直接做到的？因此，政府中采用商业原则没有意义，即便这种呼声可能取得认可。

　　相关论者提供了许多"标准"来指导政府服务定价。有一项标准赞同根据"边际成本"定价。不过，我们已经在上文指出，这根本算不上是什么标准，犯了根据成本决定价格的古典谬误。根据调查的时间段，"边际"在不断变化。成本事实上不是静态，而是动态的；它们根据价格变动，所以不能用于指导定价。此外，价格只有在最终均衡中等于平均成本，且均衡不能被认为是真实世界的理想。市场只是**趋向**这个目标。最后，政府运作的成本会高于自由市场上的相似运作。①

政府企业不仅会妨碍和压制同一行业当中的私人投资和经营，进而影响到整个经济；它还会扰乱整个劳动力市场。因为政府（a）吸取潜在的生产性劳动，送入官僚体制，因而会降低社会的生产与生活水平；（b）利用征收来的资金，它
951 将能够支付高于市场的劳动费率，因此激发寻求在政府工作的人要求扩张非生产性的官僚机器的呼声；以及（c）政府的税收支持的高工资率很有可能误导工人，以为这反映了私人行业的市场工资，因此造成不必要的失业。

政府运作的无效率还复合了其他若干因素。如我们所知，在一个行业中竞争的政府企业通常可以赶走私人所有者，因为政府可以通过多种方式补贴自己，在需要时供给自己无限的资金。在即便有这些条件它也无法竞争的情况下，它可以占据强制垄断的地位，暴力消灭竞争。美国的邮局正是这么做的。②政府如此授予了自己垄断特权之后，它可能走向相对于免费服务的另一个极端；它可能会收取垄断价格。收取垄断价格——现在它与自由市场价格有了清晰可辨的差别——再度扭曲资源，人为地造成某个具体财货的稀缺状态。它同样会导致服务质量大幅下降。政府垄断无须担忧顾客流失，无效率也不会引来毁灭性的打击。③当政府企业实行垄断运营的时候，呼吁"商业原则"是尤其荒谬的事情。
952 比如，不时有人呼吁邮局应当基于"商业原则"运营，消除其必须由纳税人支付的亏损。但是，消除一家本质上必然无效率的政府运营的亏损，并不意味着

---

① 人们为区分私人和国家行动，提出了各种错误的标准。有一条常用的原则是，将"边际社会成本"和效益与"边际私人成本"和效益相权衡。且不说其他缺陷，脱离于构成它的个人而存在的"社会"这种实体根本不存在，所以这条人们偏好的标准也不过是无稽之谈。

② 可见 Frank Chodorov 有趣的小册子，*The Myth of the Post Office*（Hinsdale, Ill. : Henry Regnery Co. 1948）。在英国发生的类似情况，参见 Frederick Millar, "The Evils of State Trading as Illustrated by the Post Office," in Thomas Mackay, ed., *A Plea for Liberty*（New York: D. Appleton Co., 1891），第 305-325 页。对于系统性地扭曲了美国邮政费率设置中的经济考量的政治因素，具体描述参见 Jane Kennedy, "Development of Postal Rates: 1845-1955," *Land Economics*, 1957 年 5 月，第 93-112 页；以及 Kennedy, "Structure and Policy in Postal Rates," *Journal of Political Economy*，1957 年 6 月，第 185-208 页。

③ 只有政府能够趾高气扬地宣布削减服务从而实现节约。在私人企业，节约必须以改善服务为前提。政府削减服务——其他大多数领域，私人服务都在不断改进——最近的一个例子是美国的邮政投递，从每天两次减少到一次，当然还伴随着常年要求提高收费的呼声。法国在 1908 年将重要的西部铁路系统收归国有之后，货物损坏增多，火车减速，事故频发，以至于一位经济学家刻薄地写道，法国政府把铁路事故也添加到了它日益庞大的垄断目录当中。参见穆雷·N·罗斯巴德，"The Railroads of France," *Ideas on Liberty*, September, 1955，第 42 页。

它就走上了商业模式。为了弥补成本，价格必须上涨到垄断价格的水平，以此掩饰和补偿政府的无效率。垄断价格会给邮政服务的使用者添加额外的负担，特别是当垄断是强制性的时候。相反，我们知道，垄断者必须遵循消费者的需求表。如果需求表有足够的弹性，垄断价格很有可能降低收益，或者减少增加的收益，以至于更高的价格将**增加**而非减少亏损。最为显著的例子，就是近年纽约市的地铁系统。①

E. 经济计算混乱的中心

我们在上面的第十章里看到，一个卡特尔或者一家企业不可能拥有经济中的所有生产手段，因为它不能以理性的方式计算价格并分配要素。我们已经知道，这就是为什么国家社会主义同样无法理性地计划或者分配的原因。我们进一步注意到，市场上的两个或者多个阶段不能完全垂直地整合起来——因为完全整合会消除整个市场部门，建立起计算和分配混乱的孤岛，妨碍人们最优地进行计划，使得它们不能利润最大化，最大程度地满足消费者。

953

就简单的政府所有权而言，还能发现这一理论的另一个延伸。因为每个政府企业都将它自己的混乱孤岛注入经济中；**混乱并不需要等到社会主义完全降临便可产生影响**。没有政府企业能够以理性的、福利最大化的方式决定价格或者成本，分配要素或者资金。没有政府企业能够基于"商业原则"组建，即便有这样的欲求。因此，任何政府运作都在经济当中注入了一个混乱点；而且，由于所有市场在经济当中都有相互联系，每个政府活动都会干扰和扭曲定价、要素分配以及消费/投资比率等等。每个政府企业不仅通过强制将资金分配到不同于公众所需要的目的，因而降低了消费者的社会效用；它也通过扭曲市场，传播经济计算上的混乱而降低了每个人的效用（包括某些政府官员的效用）。政府所有权的程度越高，这个影响的威力也就越大。

F. 冲突与命令中心（command posts）

除了纯粹的经济后果以外，政府所有权对社会还有另一种影响；它必然用冲

---

① 足够讽刺的是，车票涨价驱使许多顾客买车驾驶，因此进一步加重了持续的交通问题（政府道路空间短缺）。另一个政府干预为自己制造和增加麻烦的例子！有关地铁，参见路德维希·冯·米塞斯，"The Agony of the Welfare State," *The Freeman*，1953 年 5 月 4 日，第 556-557 页。

突取代自由市场的和谐。由于政府服务意味着某一批决策者提供服务，所以它也就等于说是等齐划一的服务。对于所有那些被迫直接或间接地为政府服务付钱的人，他们的欲求得不到满足。政府机构只能或只会生产某些形式的服务。所以，政府经营在居民当中造成了严重的阶级冲突，因为每个人对于服务的最好形式都意见不一。最终，政府企业不得不将自己的价值观，或者某些顾客的价值观强加给其他所有的人。政府往往会提供适合自身口味或对自身便利的服务，人为地将之标准化，而且服务质量较差。相比之下，自由市场供给的服务适合于多种多样的个人的口味，服务多元化，而且质量较高。

近几年，美国的政府学校便揭示了这种问题与冲突。有些家长偏好种族隔离的学校；有些则喜欢混合教育。有些家长希望学校给他们的孩子讲授社会主义；其他的希望学校有反社会主义教育。政府没有办法解决这些冲突。它只能强制性地推行某一个群体的意志，其他人则没有得到满足，心中不悦。不论选择了哪种类型的学校，总有某些家长群体会受到折磨。而在自由市场上就不存在这种冲突，因为它提供各种人们所需的服务类型。市场上，不论是想要隔离还是混合、支持社会主义还是自由主义的学校，都能够使家长的愿望得到满足。因此，政府（与私人相对立）提供服务显然会降低很大部分人口的生活水平。

政府所有权在经济当中的比重因各国而异，但在**所有**国家都不例外的是，国家确保了它拥有和垄断重要的中枢、社会的命令中心。它对这些命令中心取得了强制垄断所有权，并且常常毫无证据地宣称，私人所有权和私人企业在这些领域必然是不可行的。

这些重要的命令中心包括防卫、货币（铸币以及当代的纸币发行）、河道与海岸、街道、高速公路，通常还有土地（"公有土地"和"征用权"），以及邮局。防卫功能对于国家的存在尤为紧要，因为它向居民征税的能力依靠的是它对暴力的垄断。国家掌握的另一个关键的命令中心（虽然并非总是完全垄断）是教育。政府办学得以影响年轻一代的心智，让他们接受政府赖以生存的理由，以及政府干预的原则。保守主义者常常攻击公办学校传播"社会主义"，但他们并没有击中要害，因为公办学校存在，因此被假设是件好事的事实本身，就以自身为例告诉其小顾客们政府所有权的理由。如果政府所有权在办学领域是好的，甚至是更可取的，那为什么不让政府也介入其他教育媒介，比如报纸——或者其他重要的社会服务呢？

即使政府没有办学的强制特权，它也可以通过强制所有儿童上公办学校或者政府认可的私人学校来接近这一理想。义务教育将那些不想要或者不能从学校获益的人搬到了学校，强迫他们放弃与此竞争的领域的活动，比如休闲和接受企业雇佣。

G. "公共"所有权的谬误

最后，政府所有权通常被称为"公共"所有权（"公共土地""公立学校""公共部门"）。它暗示的是，当政府拥有某样东西时，公众当中的每个成员，都对于那个财产拥有均等的权益。但是，我们已经知道，所有权重要的特征，并不在于法律形式，而在于实际的规则；在政府所有权下，实施控制和指挥的是政府官僚，他们因此"拥有"那个财产。任何"公众"的一员，如果认为自己拥有该财产的话，不妨尝试去占有他自己应得的那部分政府财产，将之用于自己的目的——这样他便可以亲身验证这一理论。[①][②]　956

尽管政府的统治者拥有"公共"财产，但他们并不能确保长期的所有权，因为他们总是有可能在选举中失利或者被罢免。所以，政府官员往往会把自己看作是"公共"资源暂时的所有者。私人所有者稳定地拥有他的财产及其资本价值，所以他可以在未来较长的时段计划如何使用自己的资源；而相反，政府官员必须尽快地利用"他的"财产，因为他没有稳定的持有权。而且，即便是最为固定的行政服务也必然集中于当前的使用，因为政府官员通常不能像私人所有者那样，出售他们财产资本化后的价值。简言之，除非是继承君主制的那种"私有财产"，政府官员拥有当前的资源**使用权**，但不拥有它们的资本价值。但是，如果一种资源本身是无法所有的，而只能拥有当前的用益权，那么这种资源就会快速地、非经济地耗竭，因为长期保存这种资源不对任何人有利，快速将之用尽符合每个所有者的利益。所以，令我们感到尤为惊讶的是，几乎所有作者都执着地认为，私人所有者，由于有时间偏好，必然在使用他们的资源时是"短视"的，而只有政　957

---

① 有人会反对称，企业的个人股东也不能做到这一点，比如说，通用汽车的股东并不能占用一辆汽车以替代现金分红或是交换他的股份。可是，股东们**确实**拥有他们的公司，而且这个例子恰好证明了我们的看法。因为个人股东可以跳出与他的公司的合约；他可以将自己在通用汽车的股份出售给他人。相反，政府的百姓不能与政府解约，不能出售他在邮局的"股份"，因为他根本没有这种股份。F. A. 哈珀敏锐地指出："所有权的必然推论是去所有权。所以，如果我不能出售一样东西，它显然就不属于我。"哈珀，*Liberty: A Path to Its Recovery*，第 106, 132 页。亦可见 Isabel Paterson, *The God of the Machine* (New York: Putnam's, 1943)，第 179 页及之后，以及 T. Robert Ingram, *Schools: Government of Public?* (Houston: St. Thomas Press, n. d.)。

府官员拥有"远见卓识"。真相恰恰相反。私人有稳定的资本所有权，着眼于维护他的资源的资本价值，所以需要做出长期的规划。相反，赚一笔就走的正是政府官员，他们必须在自己还能控制的时候迅速地榨取财产。[1]

H. 社会保障

在我们结束有关具体政府活动的讨论之前，我们也许在讨论的过程中注意到，有一种形式的政府开支惊人地流行——"社会保障"。社会保障征收挣工资者的收入，然后——大多数人以为——它比他们更明智地将这笔钱用于投资，等挣工资者老了之后将钱返还给他们。这种做法被认为是"社会保险"，是政府企业的典型例子：溢价和效益之间没有关系，后者每年受到政治压力的影响而变动。在自由市场上，任何有需要的人都可以投资于保险年金或者股票或者房地产。强迫每个人都将自己的资金转让给政府迫使他损失了效用。因此，即便从其表面上看，我们也难以理解，为什么社会保障的方案会如此流行。但这个方案的真实本质与大众的观感大相径庭。政府并不将它从税收中取得的资金投资出去，而只是将它们花掉，给了自己许多自己的债券，它所许诺的利益到期时将之变现。当然，要变现就只有进一步征税。因此，为了获得社会保障这一笔支付，公众必须向政府支付**两次**。这个方案本质上只是为了使向低收入、工薪阶层普遍征税显得更容易接受罢了。

I. 社会主义与中央计划

当政府所有权或者控制，拓展到整个生产体系时，那个经济体系便叫作社会主义。社会主义，简而言之，是国家废除市场，强制性地垄断整个生产领域。任何经济，有且只有两种组织方式。一种是自由和自愿选择——也就是市场的方式。另一种依靠暴力和独裁——也就是国家的方式。在那些对经济学无知的人看来，市场的方式也许只是无政府的混乱状态，而政府的方式才算得上是真正的组

---

[2] 我们不妨注意一下，即便是全盘承认亨利·乔治的理论结构的谬误，从其前提我们仍然不能推导出单一税的方案。正如 Benjamin Tucker 数年前精彩地证明的，我们最多可以确立的是，对于每小块土地，每个人对自己那部分的地皮价值拥有"权利"——而不像国家那样，对整个价值拥有权利。Tucker, *Individual Liberty*，第 241–243 页。

[1] 还有一种意见认为，私人会死，而"政府不死"。持有这种观点的人深陷概念实在论谬误的泥淖。"政府"与其说是一个真实行动的实体，不如说是现实中的个人采取的一种人际行动类型。

织以及"中央计划"。事实恰恰相反。我们在本书中已经看到，市场具有一种惊人的、灵活的机制，来满足所有个人的需要。而国家运作或者干预，效率要低得多，自身便创造了许多干扰性的、积累性的问题。此外，一个社会主义国家，由于没有了真实的市场，及其生产者财货价格决定机制，因此**无法**进行经济计算，而只能使生产体系陷入混乱。社会主义的经济学——自立门户的经济学分支——我们这里只能点到即止；我们可以说，米塞斯对于社会主义经济计算的不可能性的证明，还没有得到成功的反驳。[①]

这里我们仅列举几个社会主义经济学的观点。其一，由于所有权即事实上对资源的掌控，各种"中央计划"体系与正式将财产国有化的共产主义都是"社会主义"。[②] 其二，当今世界，社会主义的程度在诸如美国之类的国家被**低估**，而在苏联被**高估**。之所以说是低估了，是因为美国政府向私人企业贷出资金的规模在不断膨胀，而我们知道，贷款人，不论其法律地位如何，也同样是企业家和部分所有者。而之所以说社会主义的程度被高估，是因为大部分作者忽视了这样一个事实，即俄国再怎么社会主义，只要它依然能够参考世界其他地方相对自由的市场，它也就不能拥有完全的社会主义。简言之，单个社会主义国家或者阵营，尽管在计划中不可避免地遇到巨大的浪费，仍然可以参考世界市场进行出售和购买，因此至少可以通过从外界市场的情况进行推算，大致接近于生产者财货的某种理性定价。相比一个世界性的社会主义国家**完全的**计算混乱，现在这种部分的

959

960

① 参见上面第十章所提及的论述社会主义经济学的文献。亦可见 John Jewkes, *Ordeal by Planning* (New York: Macmillan & Co., 1948)。将之运用到分析苏联实践，参见 Boris Brutzkus, *Economic Planning in Soviet Russia* (London: Routledge, 1935) 以及新近的材料 G. F. Ray, "Industrial Planning in Hungary," *Scottish Journal of Political Economy*, 1960 年 6 月；E. Stuart Kirby, "Eonomic Planning and Policy in Communist China," *International Affairs*, 1958 年 4 月；P. J. D. Wiles, "Changing Economic Thought in Poland," *Oxford Economic Papers*, 1957 年 6 月；Alec Nove, "The Politics of Economic Rationality," *Social Research*, 1958 夏；尤其还有 Nove, "The Problem of 'Success Indicators' in Soviet Industry," *Economica*, 1958 年 2 月。社会主义计划经济与增长和欠发展的联系见下文。
② 主要的差异是，正式的共产主义式征用使得它在后来更难**非社会化**。

社会主义计划所导致的世人皆知的混乱和错误还是小巫见大巫。①

减少社会主义国家经济计划程度的另一个受到忽略的因素是"黑市"活动，尤其是容易隐藏的商品"黑市"（糖、香烟、药品、袜子等等）。即便是更大宗的商品，伪造记录和大量的贪污受贿都会催生某种有限的市场——违背一切社会主义计划的市场。②

此外，应当注意的是，中央"计划"经济是一个中央**禁止**经济。"社会工程学"的概念是一个带有欺骗性的比喻，因为在**社会**领域，受到计划的更多的是人，而不是工程蓝图中没有生命的机器。而由于每个人本质上（如果不总是法律上）是自我所有者和自我发动者——即自我激发器（self-energizer），这也就意味着，武力和暴力支持下的中央命令（在社会主义国家必然如此），有效地**禁止**所有个人做他们最想做，或者他们认为自己最适合做的事情。简言之，如果中央计划局命令 X 和 Y 到品斯克（Pinsk）去当卡车司机，这意味着 X 和 Y 实际上被强制禁止他们本会自愿去做的事：也许 X 本想去列宁格勒做港口工人，也许 Y 本想在他的作坊里敲敲打打，发明一种新的、十分有用的设备。

后面这点引出了中央计划另一个严重的缺陷：发明、创新、技术发展在本质上、定义上是不可能预测的，因此也不可能受到中央的、官僚主义的**计划**。人们不仅不知道**何时**会发明何物；他们也不知道**谁**会有创造发明。显然，一个中央禁止的经济，在任何时间，对于**给定**的目的和给定的手段及技术来说，都非常的非理性、无效率，尤其是当社会希望出现发明和新的发展时，它变得更为力不从心。官僚主义在计划静态经济体系时就已足够差劲，就更不用说去计划一个进步

---

① 路德维希·冯·米塞斯在他的《人的行动》中第一个指出了这一点，第 698-699 页。尤为有趣的是，我们发现 Wiles 在讨论共产主义计划时是做如下经验上的肯定的：
实际中的情况是，"世界价格"，即**资本主义世界价格**，在所有苏维埃阵营内部贸易中使用。它们被转译为卢布……进入双边清算账户。对于这个问题："如果没有了资本主义世界，你们会怎么做？"能够得到的回答仅只是"船到桥头自然直"。就电力而言，桥头已经到了；由于没有世界市场，电力领域一直存在着定价困难。（Wiles, "Changing Economic Thought in Poland," 第 202-203 页。）
有关苏维埃阵营使用世界市场价格时遇到的困难，尤其可参见 Horst Mendershausen, "The Terms of Soviet-Satellite Trade: A Broadened Analysis," *Review of Economics and Statistics*，1960 年 5 月，第 152-163 页。

② 有关最近苏联的有组织私人企业的成长（非法，但受到地方贪污受贿的保护），有一个有趣的叙述，参见 Edward Crankshaw, "Breaking the Law in a Police State: Regimentation Can't Curb Russians' Anarchic Spirit," *New York Herald-Tribune*, 1960 年 8 月 17 日。

经济了。[①][②]

10. 增长，富裕，与政府

A. 增长问题

最近几年，经济学家和记者们都非常强调一个新的概念——"增长"，许多经济学著作就做起了"数字游戏"，讨论"我们"明年或者下一个十年应该有百分之多少的"增长率"。讨论中充斥着数字的比较，某个国家增长率更高，"我们"必须迎头赶上，等等。但是，尽管人们对增长热情高涨，却还有很多严重的问题根本没被触及。最首要的问题很简单："增长有什么好？"经济学家用科学术语对增长高谈阔论，却不合理地将伦理判断掺杂到了他们的科学当中——这个伦理判断尚未得到分析，仿佛它是不言自明的。但是，为什么增长应该是我们所能追寻的最高价值呢？对此的伦理理由是什么？无疑，增长，作为一个从生物学引入的模糊的比喻，让大多数人听上去是"好的"，但这难以构成充分的伦理分析。人们认为很多东西好，但自由市场上，每个人都必须在不同数量以及放弃财货的价格中做出选择。类似地，增长，正如我们现在将要看到的，必然要与与之竞争的价值相平衡和权衡。通过充分思考我们便可明白，只有很少人会把增长当作**唯一**的、绝对的价值。如果真是那样的话，为什么增长每年要定在 5% 或者

---

① 有一种常见的看法认为，现代的发明以及应用性的技术发展，只有可能在非常大规模，甚至中央计划的实验室里才能出现。最近的研究已经证明了这个观点的谬误。尤其参见 John Jewkes, David Sawers 和 Richard Stillerman 的精彩著作，*The Sources of Invention*（London: Macmillan & Co., 1958）。亦可见 John R. Baker, *Science and the Planned State*（New York: Macmillan & Co, 1945）。这个领域的一篇有用的文献综述，参见 Richard R. Nelson, "The Economics of Invention: A Survey of the Literature," *The Journal of Business*, April, 1959，第 101-127 页。苏联的科学当然可以复制西方的技术成就；可是，有关苏联科学的无效率，参见 Baker, *Science and the Planned State*，以及 Baker, *Science and the Sputniks*（London: Society for Freedom in Science, December, 1958）。胡佛委员会特别报道关注了政府军事研究固有的无效率：*Subcommittee of the Commission on Organization of the Executive Branch of Government, Research Activities in the Department of Defense and Defense-Related Agencies*（Washington, D. C.：April，1955）。有关原子能与政府，除了 Jewkes, Sawers 和 Stillerman 之外，参见 Alfred Bornemann, "Atomic Energy and Enterprise Economics," *Land Economics*, August，1954。

　哈耶克《自由宪章》的主旨，基本上就是在最广泛的意义上，自由对于创新和进步的重要性。

② 为了支持政府活动的意义，经济学家最喜欢的两个论点是"集体财货"和"外部效益"。对此的批判参见下面的附录 B。

8%？为什么不要增长 50%？

仅凭支持增长就成为经济学家，是完全不合理的。他能够做的是在不同社会条件中对比增长的意义。比如，在自由市场，每个人都在未来增长和**当前消费**之间权衡。"增长"，即未来生活水平提升，只有通过少数明确的方法实现，这一点是我们贯穿全书隐含阐明的。经济增长，或是因为发现了更多、更好的资源，或是因为有更多、更好的人出生，或是因为技术进步，或是因为资本结构延长，资本增加。实践中，由于寻找和开发资源需要资本，由于技术进步只有通过资本投资才能应用到生产当中，由于企业家才能只能通过投资起效，而且由于劳动力供给量增加对于短期经济考量而言相对独立，并且可能降低人均产出，导致出现马尔萨斯式的经济倒退，所以实现增长**唯一**可行的办法就是增加储蓄与投资。自由市场上，每个人都在决定储蓄多少——以增加未来的生活水平——以及在当下消费多少。所有这些自愿的个人决策，最终产生的结果即是国家或者世界的资本投资率。整体反映的是每个消费者、每个人自愿、自由的选择。因此，赞同将"增长"作为目的并非经济学家的本行；如果他这样做，他也就是在注入一种不科学的、武断的价值判断，尤其是如果他没有给出一个伦理理由的话。他只应该说，在自由市场中，每个人都得到他所选择得到的"增长"量；而且除此之外，人们作为一个整体，从进行储蓄和投资的他人的自愿储蓄当中获益匪浅。

如果政府决定通过补贴或者直接的政府所有权来刺激社会增长率，又会怎样？那样的话，经济学家应该指出，整个情形改变了。现在，每个人不再能够以自己认为最好的方式"增长"。现在，国家强制人们储蓄和投资，所以投资只能以某些个人的被迫储蓄**为代价**而实现。简言之，如果 A，B 和 C 因为强制投资提升了他们的生产水平而"增长"，他们能做到这一点以 D，E 和 F，那些被迫储蓄的人为代价。那样我们就不再能够说，社会生活水平，或者每个行动个人的生活水平增长了；在政府强迫增长的情形中，某些人——被迫储蓄者——显然蒙受明确的**损失**。他们逆"增长"了。我们这里可以用一个原因，解释为什么政府干预**绝不可能**提升社会的"增长"率。当个人在市场上自由行动时，他们的每个行动都惠及每一个人，所以增长是真正意义上的"社会增长"，即由社会中的每个人所参与的增长。但如果政府采取强迫增长的行动，只有**某些人**以另一些人的**倒退**为代价增长了。对此，价值中立的经济学家根本不能说"社会"有什么增长。

因此，我们可以证明，增长并非所有人的唯一、绝对价值。市场上的人们都要权衡当下消费，就如他们在闲暇与工作之间做出权衡一样，而且他们也在各个财货之间权衡。如果我们充分认识到，所谓"社会"，并不是一个脱离于个人而存在的实体，我们就可以清楚看到，"社会"的增长，不可能以将损失强加给某些或者大部分成员为代价。例如，假设存在一个社会，其中大部分人都不**想要**"增长"；他们不愿意十分辛苦地工作，或者是大量储蓄；相反，他们会选择懒懒地躺在树下，捡捡草莓，做做游戏。鼓吹让政府介入这个场面，强迫这些人工作和储蓄，从而使经济在未来某个时候"增长"，这就意味着鼓吹让政府强制降低这么大一批人当前和最近的未来的生活水平。这种方案下所得到的任何生产，不论多么壮观，也不会是社会的"增长"；相反，它不仅对某些人，而且对大多数人而言是倒退。一个经济学家在**科学上**因此不能鼓吹强制增长，因为他这样做实际上是在尝试把自己的伦理观用武力强加给社会的其他成员（比如，他认为努力工作和储蓄比休闲和草莓更好）。这些成员的效用最终将大大受损。

此外，我们必须再次强调，就强迫储蓄而言，**储蓄者**从他的牺牲当中无法收获任何好处，好处恰恰是为政府官员或者其他受益者所得。这与自由市场大相径庭。自由市场中人们正因为会收获某些有形的、他们所需的奖励才进行储蓄与投资。

在强制增长的制度下，"社会"无法增长，其条件也与自由市场完全相反。其实，我们在这里看到的，是反对自由市场，支持政府干预的"搭便车"论；不同的"搭便车者"聚集到一起，强迫**他人**节俭生活，从而使自己获益。[①]

即便我们抛开这些问题不谈，我们还发现，这些实行强迫的搭便车者，从这些举措中能获益多少仍是存疑的。上面讨论过的许多考量现在发挥了作用。首先，强制搭便车者的增多与成功会阻碍生产，将越来越多的人和精力从生产转移到剥削生产（即强制搭便车）之中。其次，我们已经看到，如果政府本身通过征收他人的储蓄进行"投资"，那么出于许多理由，它产生的不是真正的投资，而是**浪费资产**。那么，通过强迫储蓄打造出来的资本，非但不能使消费者受益，反而在很大程度上被浪费。即使政府只使用货币补贴各种私人投资，结果仍然是严重的；因为这些投资，相对于真正的消费者需求和市场的盈亏信号而言是不经济

---

① 这是后面附录 B 所分析的支持政府干预的论点中的第一条思路。

的，所以会构成**错误投资**。一旦政府取消补贴，让所有资本平等地服务消费者，这样的投资还能存活多少令人怀疑。

966　　尽管我们这里无意讨论诸如苏联经济增长之类的经验问题，我们不妨评价一下近年来对所谓苏联经济增长迅速的喧闹之音，来阐明我们的分析。奇怪的是，我们发现，苏联的"增长"似乎只包括了资本财货（诸如钢和铁、水电大坝等等）的增长，而这个增长似乎很少惠及普通苏联消费者的生活水平。不过，消费者的生活水平是整个生产过程的出发点和着眼点。如果不是作为实现**消费**的手段，生产便没有意义。投资资本财货，意义不外乎**增加消费所必需的中转站**。自由市场中所发生的资本投资，并不剥夺任何人的财货消费；因为那些储蓄的人是自愿选择不在当下消费，进行投资。没有人被要求必须违背自己的意愿，牺牲当下的消费。结果是，每个人的生活水平都持续、平稳地随着投资增加而提升。但是，苏维埃或者其他强制投资的体系，都会**降低**几乎所有人的生活水平，这在最近的将来是毫无疑问的。而且种种迹象都能证明，天上掉馅饼的那天，也就是生活水平最终上升的日子永远不会到来。简言之，如我们先前所注意到的，政府"投资"其实是政府官员铺张浪费的"消费"的特殊形式。①

967　　有另一个考量可以支持我们的结论。拉赫曼教授一直致力于提醒我们经济学家普遍忘却了的东西："资本"绝不只是同质的块，可以对之做加减运算。资本是资本财货复杂的、精致的、相互交织的**结构**。这个结构中的每一条精致的分支都应该合适，且要是准确的契合，否则就出现了错误投资。自由市场是这种契合的一种几乎自动的机制；而贯穿全书我们看到，自由市场如何通过它的定价体系和盈亏标准，调整产出和不同生产线的多样性，防止任何一条偏离队

---

① 在许多例子里，这些"投资"不仅仅是官僚错误；它们也许会使政府官员的"声望"得到可喜的提升。比如，每个"欠发达"的政府，似乎都在强调它的炼钢厂或者大坝，而不管它是否经济（因此它通常**并非如此**）。正如弗里德曼教授敏锐地指出：
为了建造金字塔，法老们聚集了数量巨大的资本；这是一场大规模的资本形成；在根本意义上，这无疑没有推动经济发展，因为它无法推动埃及民众的生活水平持续增长。现代埃及在政府赞助下建造了一座炼钢厂；这涉及资本形成；但它消耗了埃及的经济资源……因为埃及的炼钢成本比从其他地方购买的成本要大得多；这只不过是金字塔的现代翻版，除了维持费用更高以外。（米尔顿·弗里德曼，"Foreign Economic Aid: Means and Objectives," *Yale Reviews*, Summer，1958，第505页。）

伍。①但在社会主义或者大规模政府投资的情况下，并不存在这种契合和和谐的机制。没有了自由的价格体系以及盈亏标准，政府只能一路犯错，盲目地投资，而不能投资到正确的领域、正确的产品和正确的地方。也许政府会建造一条漂亮的地铁，但列车会没有车轮可用；建造了一座大坝，但却没有输电铜缆，等等。这些突然的过剩和短缺是政府计划的鲜明特征，是政府大规模错误投资导致的结果。②

　　在某种意义上说，当前有关增长的争议，是"右翼"经济学家在不断与"左翼"经济学家辩论时犯下了关键性错误。右派经济学家没有强调，自由和自由选择是他们最高的**政治**目标，而是强调了自由在鼓励储蓄、投资，因此还有经济增长方面，**作为一种功利的手段**所具有的重要性。我们在上面已经看到，反对累进所得税的保守主义者通常陷入的误区是，不知不觉地把储蓄和投资当作是比消费更重要、更高级的行动，因此不经意间批判了自由市场的储蓄/消费比率。这里我们有另外一个相同的例子，也是不经意间武断地批判了市场。现代支持强制增长的"左派"，他们所做的是以其人之道还治其人之身，实际上也就是跟他们的论敌说："很好。你们一直认为储蓄与投资至关重要，因为它们带来了增长与经济进步。这点不错；但是，你们自己已经在不经意间承认了，自由市场的储蓄投资比实在是太低了。所以为什么不依靠强制呢？为什么不使用政府强制更多储蓄和投资，进一步加快资本形成，从而加快增长呢？"显然，保守主义者无法用他们的老生常谈反驳这个论调。我们所展示的分析才是正确的答复——简言之：（a）你有什么权利声称人们应当比他们自愿的增长速度更快地增长？（b）强制增长不像自由选择的增长那样可以惠及整个社会，因此算不上是"社会增长"；有些人会获利——以及在某个遥远的时候获益——而这是以他人的倒退为代价的。（c）政府投资或者政府补贴的投资既不是错误投资，也不算是投资，而只不过是浪费资产，或者说

968

969

----

① 参照 L. M. 拉赫曼，*Capital and Its Structure*。亦可见 P. T. Bauer 和 B. S. Yamey，*The Economics of Under-Developed Countries*（London: James Nisbet and Co., 1957），第 129 页及之后。

② 有关强制储蓄和政府投资的主题，参见 P. T. Bauer 值得注目的论文，"The Political Economy of Non-Development," in James W. Wiggins and Helmut Schoeck, eds., *Foreign Aid Re-examined*（Washington, D. C.: Public Affairs Press, 1958），第 129-138 页。Bauer 写道：
……如果发展意味着一个欲求的过程，它必然指的是欲求的产出增加。政府征收资金和储蓄投资影响生产，并不受在市场价格自愿购买的检验……通过这种方法增加的产出最多只是经济进步的模糊不清的表现……如果资本不是自愿供给的，这就意味着民众偏好以另一种方式使用资源，不论是在当前消费，还是做其他形式的投资。（同上，第 133-134 页。）

是为了政府官员的声望而进行的浪费"消费"。

那究竟什么是经济"增长"呢？任何正确的定义，都必然要包括一条，即满足人们目的可得的经济手段增多——简言之，人们的需求更多地得到了满足，或者像 P. T. Bauer 所说的，"向人们开放的实际选择范围增加"。根据这样的定义，强制储蓄由于它强制性地减少和约束了人们实际的选择，显然无法刺激经济增长；而且政府"投资"，由于它没有把自愿的私人消费当作自己的目标，很难说是增加了人们的选择。事实恰恰相反。[①]

970　　最后，"增长"这个术语本身就是错误地从生物学引入行动学的一个比喻。[②]"增长"和"增长率"暗示了某种自主的必然性或者不可避免性，而且对于许多人而言，带有价值意涵，似乎它的可欲性不言自明。[③]

经济学家们围绕增长争论不休，与此相伴随的，是出现了一大批有关"欠发达国家经济学"的文献。我们这里仅给出少数几个考查。首先，与普遍印象相反的是，"新古典"经济学对所有国家，包括欠发达国家都适用。事实上，正如 P. T. Bauer 常常强调的，经济学这个学科从某些方面看，在落后的国家更为犀利，因为许多人还有额外的选项，即从货币经济退回物物交换的经济。欠发达国家，只能以与发达国家相同的那些方式增长：主要是通过资本投资。我们贯穿全书在描绘的经济规律，独立于任何社会或者国家的经济的具体内容，因此独立于其发展水平。其次，欠发达国家尤其易于出现浪费的、引人注目的、享有声望的政府"投资"，例如炼钢厂或者大坝这样的投资工程。与经济的但不引人注目的用于改

[①] P. T. Bauer, *Economic Analysis and Policy in Underdeveloped Countries*（Durham, N. C.: Duck University Press, 1957），第 113 页及之后。针对苏联经济增长，Bauer 和 Yamey 做了如下有益的评论：
国民收入、工业产出和资本形成的意义，在一个如此大部分产出不由市场中的消费者选择所支配的经济当中，也是值得争论的；考虑到政府进行的大量资本开支没有参考消费者对产出的评值，解释的困难就尤为突出了。（Bauer 和 Yamey, *Economics of Under-Developed Countries*，第162 页。）
亦可见弗里德曼，"Foreign Economic Aid,"第 510 页。
[②] 对于各种非法、误导性地从自然科学引入经济学的比喻的批判，参见罗斯巴德，"The Mantle of Science"。
[③] 比如，癌细胞可能的过度增长，通常是被忽视了的。

善农业工具的私人投资形成了鲜明对比。[1][2] 再次，"欠发达"一词无疑带有价值　971
判断，暗示的是某些国家发展"太少"，低于某种强制规定的标准。正如 Wiggins
和 Schoeck 所指出的，"不发达"（undeveloped）会是更客观的词语。[3]

　　鉴于其可观的流行度，这里我们必须说一说最近罗斯托教授的"经济增长　972
阶段"学说，它作为"对马克思的回答"（仿佛马克思之前从未被"回答"过一
样）而受到高度推崇。罗斯托将经济增长分为五个阶段，是每个现代国家都要经
历的；这些阶段围绕着"起飞"而展开，包括起飞的"前提条件"，起飞到"成
熟期"的动力以及作为最终阶段的"高度大量消费"。[4] 罗斯托假设有某种自动的
"增长"率，除了这个常见的谬误以外，他还添加了许多自己的谬误，其中包括：
（a）延续了对于子虚乌有的"历史规律"的徒劳的现代求索；（b）犯了 19 世纪
晚期德国思想的古老谬误，发现了这种"历史各个阶段"的"规律"，声称每个

---

① Bauer 教授多产的著作，对于分析欠发达国家问题来说是极为有益的资源。除了上面引用到的著作之
外，尤其可参见 Bauer 精彩的《美国援助与印度经济发展》一书（*United States Aid and Indian Economic
Development*, Washington, D. C. : American Enterprise Association, November, 1959）；他的 *West African Trade*
（Cambridge: Cambridge University Press, 1954）；"Lewis' Theory of Economic Growth," *American Economic
Review*, September, 1956，第 632–641 页；"A Reply," *Journal of Political Economy*, October, 1956，第 435–441
页；以及 P. T. Bauer 和 B. S. Yamey, "The Economics of Marketing Reform," *Journal of Political Economy*, June,
1954，第 210–234 页。
下面这段话引用自 Bauer 的研究，它对于中央计划以及发展的分析都颇有启发：
把经济当中很大的（并且在增多的）部门保留给政府，也就意味着印度人和外国人的私人企业和
投资被禁止参与一个较大范围的工业和商业活动。这些限制和壁垒不仅影响到印度的私人投资，
也影响到了外国资本、企业和技能的进入，不可避免地阻滞了经济发展。这种措施因此从所谓的
强调经济进步的角度看是自相矛盾的。（Bauer, *United States Aid*，第 43 页。）Bauer 主要的缺陷在
于有低估资本在经济发展中所扮演的角色的倾向。
② 1925—1926 年，在苏联还没有实现完全的社会主义和强制工业化之前，苏联领导人和经济学家
曾攻击中央计划和强迫工业，呼吁在经济上依靠私人农民。这是一个激动人心的发现。但是，
1926 年以后，苏联计划经济为了建立起一个自给自足的社会主义，刻意**非经济地**计划，强制发展
重工业。参见 Edward H. Carr, *Socialism in One Country*, 1921–1926（New York: Macmillan & Co.,
1958），I，第 259 页及之后，第 316, 351, 503–513 页。有关匈牙利的经验，参见 Ray, "Industrial
Planning in Hungary,"第 134 页及之后。
③ Wiggins 和 Schoeck, *Scientism and Values*, 第 5 页。这个研讨会围绕整个欠发达的问题有许多启发
性的论文。除了上面引用到的 Bauer 的论文以外，尤其可参见 Rippy, Groseclose, Stokes, Schoeck,
Haberler 和 Wiggins 的论文。对于欠发达这个概念的批判，亦可见于 Jacob Viner, *International
Trade and Economic Development*（Glencoe, Ill. : Free Press, 1952），第 120 页及之后。
④ W. W. Rostow, *The Stages of Economic Growth*（Cambridge: Cambridge University Press, 1960）。也许
其部分流行度应该归因于"起飞"一词，它无疑与我们当今这个航空和空间意识的时代合拍。

武断的阶段注定会自动演进到下一个；（c）过分强调单纯的技术（这里与其他一些方面一样，与马克思十分接近，大多数批评者并未意识到）作为经济增长的源泉与起源；（d）故意将政府与私人企业混为一谈，认为它们的"企业家才能"相同；（e）依靠了"社会管理资本"（social overhead capital）这一错误概念，认为它在实现"起飞"之前必须主要靠政府供给。实际上，如我们所知，根本不存在每个阶段都有自身规律的不同经济阶段。只有适用于所有发展水平，可以解释所有"增长"程度的经济学规律。罗斯托"高度大量消费"的最终阶段尤其值得质疑。还有比在英国工业革命早期"起飞"阶段，生产转向大量消费廉价、工厂制造的纺织品更为典型的现象吗？大量消费从一开始便是工业革命的一个特征；与流行的谬见相反的是，它并非 20 世纪 50 年代才出现的某种新情况。[1][2]

973

B. 加尔布雷斯教授与富裕之罪

在 20 世纪早期，资本主义制度，主要受到知识分子诟病的是所谓的充满"垄断"。在 20 世纪 30 年代，大规模失业和贫困（"三分之一人口"）走到了前台。当前，不断增长的财富和繁荣，使得贫困和失业的论调黯然无光，而严重

974

---

[1] 寻求"历史规律"中涉及的各种复杂的谬论，参见路德维希·冯·米塞斯，《理论与历史》（New Haven: Yale University Press, 1957）；对于早期经济史的"阶段理论"的批判，参见 T. S. Ashton, "The Treatment of Capitalism by Historians,"in F. A. Hayek, ed., *Capitalism and the Historians*（Chicago: University of Chicago Press, 1954），第 57-62 页。Wilson Schmidt 反驳了"社会管理成本"概念的一些谬误，"Social Overhead Mythology," in Wiggins and Shoeck, *Scientism and Values*，第 111-128 页，不过 Schimidt 本人也中了几招。有关私人对政府经营和创新的优越性，以及对于发展的重要性，参见 Yale Brozen, "Business Leadership and Technological Change," *American Journal of Economics and Sociology*, 1954，第 13-30 页；以及 Brozen, "Technological Change, Ideology and Productivity," *Political Science Quarterly*, December，1955，第 522-542 页。

　　罗斯托的另一个错误在于采用了德国 19 世纪晚期的理论，认为强大的中央政府是西方资本主义兴起的必要条件。部分的批判参见 Jelle C. Riemersma, "Economic Enterprise and Political Powers After the Reformation," *Economic Development and Cultural Change*，1955 年 7 月，第 297-308 页。

　　最后，对于强迫发展的诸多方面犀利而且开创性的讨论，参见 S. Herbert Frankel, *The Economic Impact of Under-Developed Societies*（Oxford: Basil Balckwell, 1953）。相比之下，自由市场的发展之路的案例研究，参见 F. C. Benham, "The Growth of Manufacturing in Hong Kong," *International Affairs*, October, 1956，第 456-463 页。

[2] 对于罗斯托的机械历史观及其忽视了观念在创造技术和政治制度当中的重要性的技术决定论，参见 David McCord Wright 对此着重的批判，"True Growth Must Come Through Freedom," *Fortune*，1959 年 12 月，第 137-138，209-212 页。

的"垄断"似乎只来自劳工工会主义。不过，我们不要以为对资本主义的批判已经消亡。现在盛传的是两种看似相互矛盾的指责：（a）资本主义"增长"不够迅速，（b）资本主义的问题是让我们过于"富裕"。过多的财富突然取代贫困，成了资本主义的悲剧性缺陷。①初看来，这些指责似乎是自相矛盾的，因为人们同时指责资本主义生产了太多财货，和它生产财货的速度不够快。批评者同时拥有着两条攻击的思路，使得这一自相矛盾尤为显著，就如富裕之罪的首要批判者加尔布雷斯教授。②但是，《华尔街日报》已敏锐地指出，这根本不是自相矛盾；因为过度充裕都出现在"私人部门"，是消费者所享受的财货过度充裕；不足或者"饥饿"出现在"公共部门"，其仍需要进一步增长。③

尽管《富裕的社会》充斥着谬误，采用的是教条主义学说和俗套的修辞技巧，而不是逻辑严密的论证④，但鉴于这本书巨大的流行度，我们需要对之做些讨论。　　975

如同大部分攻击经济科学的"经济学家"一样，加尔布雷斯教授是历史主义者，相信经济学理论并非建立在有关人类本质的永恒事实之上，而是相对于不同历史时代而言的。他宣称，"传统"的经济学理论在现在之前，也就是"贫困"的时代有效。而现在，我们已经从几世纪的贫困状态走入了一个"富裕"的年代，对于这样一个年代，需要有完全崭新的经济学理论。加尔布雷斯相信，观念　　976
本质上是可以"被事件所反驳"的，这是他犯下的一个哲学错误；恰恰相反，与自然科学不同的是，在人的行动领域，观念只有可能被**其他**观念驳倒；事件本身是复杂的结果，需要用正确的观念来解释。

---

① 这种表现使人相信熊彼特所说的话是正确的：
……资本主义接受审判，而在它面前的法官们，口袋里都有一张死刑判决书。不论他们听到怎样的辩护，他们都将判它死刑；成功的辩护只能改变起诉的内容。（熊彼特，《资本主义，社会主义与民主》，第144页。）
② John Kenneth Galbraith, *The Affluent Society* (Boston: Houghton Mifflin Co., 1958)。
③ "Fable for Our Times," *Wall Street Journal*, 1960年4月21日，第12页。因此，加尔布雷斯在《富裕的社会》一书中，既指责政府未能在科学家和科学研究领域"投资更多"以推动增长，又攻击了美国的富裕。而事实上，加尔布雷斯想要的，正是有更多那种不可能有商业应用价值的研究。
④ 加尔布雷斯主要的修辞手段可以称作是"持续嘲讽"（the sustained sneer），包括：（a）将对立的论点非常讽刺地呈现出来，使之看上去明显就是荒谬的，而不需要推理去反驳；（b）创造和重复带有轻蔑性质的凡勃伦式的名词比如"传统智慧"；（c）通过心理上的人身攻击进一步嘲讽反对者，即指控反对者对于他们荒谬的学说有心理上的癖好——这种攻击方式现在比以前对经济腐败的指控更为流行。"传统智慧"几乎涵盖了加尔布雷斯所不同意的一切意见。

加尔布雷斯最为严重的问题，在于他所划分的"贫困"与"富裕"范畴过于武断，而这贯穿了他的整部作品。他没有用任何篇幅定义这些词语，因此也就没有给出一个标准——即便在理论上，我们能够判断是否已经渡过了"贫困"与"富裕"的边界，并推论出我们因而需要有完全崭新的经济学理论。本书和大多数其他经济学著作都证明了，经济科学并不取决于某种武断的财富水平；交换经济基本的交换学规律不论何时何地发生交换皆可适用。

加尔布雷斯认为，财货的边际效用随着一个人收入的增加而减少，因此一个人最后的 1000 美元价值不及最初的那 1000 美元（也就是温饱的边际）。他自以为这是重大的发现，但其实这个知识对于大多数经济学家而言都已十分熟悉，比如本书就将之包括在内。财货的边际效用无疑随着收入增加而减少；但人们继续为那最终的 1000 美元工作，并且在有机会的时候为更多的钱工作的事实，就能决定性地证明财货的边际效用仍然大于放弃闲暇的边际负效用。加尔布雷斯的**定量假设**是一个隐藏的谬误：单凭财货边际效用随着一人收入和财富的增加而下降这个事实，加尔布雷斯不知怎的就推论道，边际效用**已经基本**降到，**或者完全降到 0** 了。可是，边际效用下降的事实无法告诉我们下降的**程度**，但加尔布雷斯却武断地认为是完全下降为 0 了。所有经济学家，即便是最为"传统"的那些，也都知道随着现代世界人们收入的提升，工作者们越来越多地选择闲暇为形式的收入。这也应当足以证明，经济学家早已熟知这个加尔布雷斯认为被压制的真相，即财货的边际效用随着其供给的增加而普遍下降。但是，加尔布雷斯反驳说，经济学家所承认的是，闲暇是一种消费者财货，但他们**没有**承认，其他财货随着其供给的增加而价值下跌。可这无疑是错误的论点；经济学家所知的是，随着文明扩张了财货的供给，财货的边际效用下降，且人们所放弃的闲暇的边际效用（劳动的机会成本）增加，所以人们会以闲暇的形式"接受"越来越多的收入。这个我们熟悉的事实，根本没有什么令人惊讶、颠覆性或者革命性的东西。

根据加尔布雷斯的看法，经济学家有意忽视了物欲横流这个幽灵。可是他们这样做没有不妥，因为当欲望（或更确切地说，对可交易财货的欲望）真的完全满足之后，我们立即就会知道；因为到那时，每个人都会停止工作，都会停止尝试将土地资源改造为最终消费者财货。人们不需要继续生产，因为所有消费者财货的需求都得到供给——或者至少对于所有能够生产和交易的消费者财货而言。此时，每个人都会停止工作，市场经济——其实是**所有经济**——会终结，相对于目的而言，手段再也不稀缺了，每个人都愉快地在天堂中生活。我想，很显然这个时候还未降临，也没有将要降临的迹象；如果某天它真的降临，经济学家，还有其他大多数人，迎接它的将不是诅咒而是欢呼。尽管经济学家常常被尊为在从事"沉闷的科学"，他们对于稀缺性没有任何特殊的心理或其他癖好。

但与此同时，我们现在仍然生活在一个稀缺性的世界；人们得将稀缺的手段用于不同的目的；劳动仍然是必要的。人们仍然会为了他们最后的 1000 美元工作，仍然乐于接受赠送给他的另一个 1000 美元。我们大可以做另一个预测：做一项非正式的调查，询问人们是否会接受额外的每年几千美元（真实）收入，或者知道怎么用这笔钱，我们会发现几乎没人会因为过于富裕或者满足（或者因为其他什么原因）拒绝这笔钱。很少有人会捧着新增加的财富不知所措。当然，加尔布雷斯教授对这些都有回答。他说，这些欲望不是真实的欲望；它们是广告家及其邪恶的顾客，也就是生产的商人们，在民众中"创造"出来的。通过这种广告，生产这个事实本身"创造"了它所供给的假想的欲望。

加尔布雷斯宣称，消费者需求是由商业本身人为创造出来的。他的整个过度 　978
富裕理论就建立在这个脆弱的看法之上。他只是重复宣称这一点，但没有给出任何证据——除了加尔布雷斯个人显然十分厌恶清洁剂和后挡板。此外，攻击邪恶的广告创造需求，使消费者堕落，无疑是反资本主义兵工厂的传统智慧中最传统的一个。

除了邪恶的广告之外，在加尔布雷斯看来，需求也是由邻居间的模仿人为创造出来的："跟上琼斯家的脚步。"但是，我们首先要问，除了加尔布雷斯没有依据的伦理判断以外，这种模仿有什么**错**？加尔布雷斯声称自己的理论并非基于他个人的伦理判断，而是基于所谓的生产创造需求。可是，简单的模仿可不是生产者的功能，而是消费者本身的做法——除非模仿也是受到广告所激发。但这就可以归结为本书讨论过的对广告的批判。而其次，最初这个**琼斯**是在哪里满足他的欲望的？不论有多少人他们的欲望纯粹是模仿他人，总有**某个或者某些人**最初是出于真实的个人所需而拥有这些需求的。否则，这个论点是无可救药的循环论证。如果承认这个论点，经济学就不可能决定，每种需求在多大程度上是通过模仿而流行的。

加尔布雷斯对广告的常规攻击有许多谬误。首先，广告并不在消费者一方"创造"欲望或者需求。它当然试图说服消费者购买产品；但它不能创造欲望或者需求，因为每个人必须自行**采用**行动所依据的观念和评值——不论这些观念和评值是否合理。加尔布雷斯在这里采用了一种形式天真的决定论——广告对消费

者的决定论；并且，就像所有决定论者一样，他暗中给像自己那样的人留下了免
979 于决定的余地，他这样的人就莫名其妙地可以**不受**广告的决定。如果广告决定论
存在，怎么某些人可能决定蜂拥抢购产品，而加尔布雷斯教授尚能愤怒地抵制广
告，写一本谴责广告的书呢？[①]

其次，加尔雷斯没有给我们任何标准去判断，哪些欲望是"创造"出来
的，哪些又是合理的。根据他对贫困的强调，我们也许会以为，所有超过温饱水
平的欲望都是广告创造出来的虚假欲望。当然，他对此没有任何论证。但是，我
们将在后面看到，这与他有关公共或者政府引导的需求的观点很难兼容。

再次，加尔布雷斯未能区分以更好的方式实现给定欲望和诱导新欲望。除非
我们采用极端的、毫无论证的观点即所有高于温饱线的欲望皆系"创造"，我们
必须注意到加尔布雷斯的假设会使得商人的行为十分怪异。商人大可以更为轻松
地寻找更好或者更便宜的满足消费者**既有**欲望的方法，为什么还要花大价钱、精
力，承担不确定性，去尝试创造**新的**欲望？比如说，如果消费者对于"无摩擦清
洁剂"已经有了可觉察的、可发现的欲望，生产然后推广一种无摩擦清洁剂显然
比创造完全新颖的欲望（如蓝色清洁剂），然后费尽力气，花大价钱投放广告，
980 试图说服消费者他们需要蓝色清洁剂，因为蓝色"是天空的颜色"或是其他什么
人为的理由要简单得多，成本低廉得多。[②] 简言之，加尔布雷斯对商业和市场体
系的观点少有或者根本没有正确之处。与其从事成本高昂、不确定而且最坏的情
况下是无用的任务——为消费者发现新欲望，企业更倾向于满足那些消费者已经
有的欲望，或者十分确定如果产品可得，消费者便会有的欲望。因此，广告是用
于下述目的的方法（a）向消费者传达信息，告诉他们产品上市，以及产品的功
能；（b）尤其是，试图说服消费者，这个产品会满足他们给定的欲望——比如它
会是一种无摩擦清洁剂。

企业在市场研究中花费越来越多的钱，对此，我们的观点是唯一合理的解
释。如果广告可以轻而易举地为消费者"创造"欲望，为什么还要不厌其烦详细

[①] 有关决定论以及人的行动科学的更多讨论，参见罗斯巴德，"Mantle of Science，"以及米塞斯，
《理论与历史》。

[②] 阿伯特教授在其论述竞争、产品质量和商业体系的重要著作中，这样写道：
生产者通常发现，通过尽可能地将产品调整到现有的品位，以及向那些它已经完全有能力满足
其需求的人投放广告，比试图让人们向产品做调整更为容易也更为廉价。（阿伯特，*Quality and
Competition*，第74页。）

调查消费者真正欲望什么？事实上，如果生产真的像加尔布雷斯所说的那样，通过广告创造自己的需求，企业就再也不用担心亏损或者破产或者产品难以销售了。它武断地选择生产的商品会自动销售出去。那就当然不需要市场研究，也不必思考消费者会买什么了。真实世界与这个图景正好相反。正是由于人们的生活水平超出温饱线越来越多，所以商人们才更为密切地关注消费者的欲望和他们会买的产品。正是由于消费者可以购买的财货范围，在数量、质量和替代品广泛度方面急剧扩大，远远不止温饱所需的那些日常必需品，所以商人们必须面对前所未有的竞争，讨好消费者，以期取得他们的注意：简言之，也就是在广告中竞争。日益增多的广告，是获取消费者喜好的有效竞争范围扩大的体现。[①]

981

　　商人不仅会为了满足他们所认为的消费者给定欲望而生产，消费者，相反作为选民，也如我们上面所见的那样，对他们见到的每条广告都进行直接的市场检验。如果他们购买了清洁剂，但发现还是要搓，那么这产品很快就会被遗忘。因此，任何广告所宣传的市场产品，都能够，而且受到消费者快速而容易的检验。面对这些事实，加尔布雷斯只能论断，反对摩擦**本身**就是商业广告以某种神秘的、邪恶的方式产生的。[②]

　　加尔布雷斯奇怪地、明显自相矛盾地区别对待私人企业与政府活动，广告就是其中一个领域。比如，他认为企业是通过广告"创造"消费者欲望，从而产生人为的富足，而同时备受忽视的"公共部门"日益受到饥饿与贫困的侵袭。很显然，加尔布雷斯从没听说，或拒绝承认政府宣传的存在。他根本没有提到有一大群报刊机构、政治评论家和**宣传家**在为政府机构服务，用宣传轰炸消费者，而后者**被迫**支持。由于宣传的绝大部分是为了不断增加具体的政府部门活动，这意味

982

---

① 最近，营销专家在他们讨论正在大行其道的"市场革命"的著作中，正是强调了这种为了赢得消费者喜好和习惯而进行的日趋激烈的竞争。比如，参见 Robert J. Keith, "The Marketing Revolution," *Journal of Marketing*, 1960 年 1 月，第 35-38 页；Goldman, "Product Differentiation and Advertising: Some Lessons From Soviet Experience"，以及 Goldman, "Marketing—a Lesson for Marx," *Harvard Business Review*，1960 年 1—2 月，第 79-86 页。

② 有关商业广告所谓的威力，我们不妨看看路德维希·米塞斯的这些犀利的评论：
巧妙的广告能够说服消费者购买广告者想要他们购买的一切商品是一个流传甚广的谬论……然而，没人会相信，广告可以成功让蜡烛制造商战胜电灯，马车夫战胜汽车，鹅毛笔战胜钢笔，以及后者战胜水笔。（米塞斯，《人的行动》，第 317 页。）对"隐藏的说服者"这一概念的批判，参见 Raymond A. Bauer, "Limits of Persuasion," *Harvard Business Review*，1958 年 9—10 月，第 105-110 页。

着 G，政府官员，征收 T，广大的纳税人，以雇佣更多的宣传家 G，去说服纳税人允许政府向他们征收更多的资金。如此反复。奇怪的是，加尔布雷斯教授虽然对于电视上的清洁剂还有汽车广告大为光火，却从没有对政府推广给他的无聊的"公共服务商业"感到不耐烦。我们也许可以看一看，有影响力的私人组织，作为政府对草根宣传的"传声筒"，在华盛顿开会，还有"内部简报"也起到了同样的功能，它们由纳税人补贴，大规模付印，然后由政府发行，不一而足。

其实，加尔布雷斯非但并不认为政府宣传是在人为创造欲望（我们要记得，这是一个消费者对产品**没有市场检验**的领域），而且他的主要倡议之一就是他所说的"人本投资"（investment in men），这个巨大的项目说白了就是大规模政府"教育"，以提升居民的欲望和品位。简言之，加尔布雷斯希望社会以刻意扩张"新兴阶层"（大致也就是天真地以为自己是唯一真正享受工作的人的知识分子）为目标，"强调教育及其对智力、文学、文化和艺术需求的最终影响……"①

983　　显而易见，加尔布雷斯指责自由市场和企业人为创造消费者需求，其实恰好是搬起石头砸自己的脚。急于想要剥夺和压制消费者自由选择出来的欲望，鼓吹政府进行大规模强制，创造人为欲望，通过"教育"消费者把他们的欲望引导到那些加尔布雷斯教授极其赞赏的精致的、艺术性的领域，也就是进行"人本投资"的，正是**加尔布雷斯教授**本人。每个人都将不得不放弃他的偶像，然后被强迫去……读书（比如去读《富裕的社会》？）

加尔布雷斯对于政府的看法还有其他严重的、根本性的错误。尤其是，在费劲论证了贫困被消灭使得继续获得财货的边际效用变低之后，他发现一切都朝着"政府需求"的反方向运作。他以某种神秘的方式，让政府需求脱离于这条边际欲望递减规律；相反，令人大跌眼镜的是，随着社会变得更为富裕，政府需求急速增加。从这个显然的、未决的矛盾，加尔布雷斯跳到了他的结论，称政府必须强迫资源大规模地从过剩的私人需求转移到饥饿的公共需求。但仅仅根据边际效用递减的规律，这种转移根本没有理论依据，因为**所有**欲望，在更高的真实收入水平上，其效用都会低于贫困水平的欲望。而当我们意识到，如果我们真要讨论什么"创造出来的"欲望的话，政府宣传比商业更为接近于"创造"需求，我们因此甚至可以用加尔布雷斯自己的思路，提出恰好相反的观点：资源应当从政府

---

① 加尔布雷斯，《富裕的社会》，第 345 页。在强调大规模创建这样一个知识阶层的同时，加尔布雷斯几乎忽略了，超越于人们的兴趣、能力或者可得的工作机会之上的教育也具有人为性。

部门转移到私人部门。最后，加尔布雷斯在悲叹饥饿、穷困的公共部门时，也忘了告知他的读者，任何统计数据都清楚地表明，在近半个世纪，政府活动的增加远胜于私人。相比过去，政府现在吸收和征用的国民生产，其份额已大大提升。用加尔布雷斯的话来说，它的"效用"已经降到多么的低，**从政府转移至私人活动的理由是多么的充分**！

984

　　加尔布雷斯也同样和其他许多作者一样，轻率地假设政府服务是"集体财货"，因此**不可能**由私人企业供给。虽然我们不深入探究私人企业在这些领域的可欲性的问题，但我们必须注意到加尔布雷斯的看法是十分错误的。他的论点只是一个空洞的断言，没有事实的支撑，而且每种通常被认为是**只有**政府能够供给的服务，在历史上都曾由私人活动供给。这包括诸如教育、道路修建及维护、铸币、邮政投递、消防、治安、审判决定以及军事防卫等服务——通常，人们认为所有这些领域不言自明，必然需要政府独家管控。①

　　加尔布雷斯的书中还有许多其他重要的谬论，但我们已经讨论了《富裕的社会》的主要论点。比如，加尔布雷斯之所以从当前的高消费看出巨大的危险，是因为其很大一部分是消费信贷提供的资金，这在加尔布雷斯看来（出于传统的看法）具有"通胀性质"，会导致不稳定和萧条。不过，如我们将在后面看到的，消费信贷如果不增加货币供给量，就不具备通胀性质；它只不过是允许消费者**重新定向**他们的消费模式，从而购买更多他们需要的财货，在价值表上上升得更高。简言之，他们可以将开支从不耐久的财货引导至耐久财货。这只是开支能力的**转移**，而不是可以导致通胀的开支能力上升。消费贷款机制是具有高度生产力的发明。

985

　　可以想见，加尔布雷斯对于用供求解释通胀大加嘲讽，尤其是对于正确的货币解释，他将之称为"神秘"的解释。他对萧条的看法完全是凯恩斯主义的套路，假定萧条是由于总需求不足导致的。"通胀"即价格上涨，要消灭它就只能够通过高税收、减少总需求，或者是用强制的裁断，选择性的管制和固定某些重要的工资和价格。如果选择前一条路径，加尔布雷斯，作为一名凯恩斯主义者，相信它会引发失业。但加尔布雷斯并不十分担忧，因为他可以走出革命性的一

———————————

① 由于继续讨论下去会离题太远，我们这里只提一篇引用：18 世纪英国通过私人道路、运河以及航道改善公司，成功地开发了道路和运河网络。参见 T. S. Ashton, *An Economic History of England: The 18th Century*（New York: Barnes and Noble, n. d.,1959），第 72–81 页。有关"集体财货"只能由政府供给的理论的谬误，参见后面的附录 B。

步，把收入与生产割裂开来。（我们先前看到，在政府活动中，这两者已经显著地分离开来。）他建议政府提供一种规模浮动的失业保险，在萧条时比在繁荣时支付更多，**几乎**上升到普遍工资的水平（出于某种原因，加尔布雷斯没有让它上升到与普遍工资水平一样高，因为他担忧这会对失业者找工作产生某些逆激励效应）。他似乎并没有认识到，这只不过会加重和延长萧条中的失业并间接地补贴工会工资水平，使之高于市场水平。我们没必要再着重讨论这位作者其他的种种异想天开，比如他采用了传统的保守主义观点，担忧稀有资源耗竭——这个立场当然符合加尔布雷斯对私人消费者的一贯攻击。[①]

986　　我们已在之前指出，"公共部门"存在着一个问题；在而且只在政府服务的领域，稀缺和冲突层出不穷，比如青少年犯罪、交通堵塞、人满为患的学校、停车位缺乏等等。我们已经看到，政府活动的支持者能给出的唯一的解决办法是将更多的资金从私人活动引入公共活动。[②]不过，我们已经证明，这种稀缺和无效率是政府运作任何活动所固有的。作者如加尔布雷斯，非但没有从政府产出的无效率获得警告，反而把矛头从政府引向纳税人和消费者，就如同政府自来水官员会典型地指责**消费者**导致了水的短缺一样。加尔布雷斯压根没有想到，通过**公共部门私有化**来挽救这个千疮百孔的部门的可能性。

　　加尔布雷斯如何才能**知道**他所期望的"社会均衡"实现了呢？他设定了什么标准来指引我们判断应当**有多少**资源从私人转移至公共活动呢？回答是，**没有**；加尔布雷斯愉快地承认，没有办法发现最佳的均衡点："检验是无法进行的，因987　为根本不存在。"但毕竟，精确的定义，"精确的均衡"并不重要；因为对于加尔布雷斯而言不言自明的是，我们现在必须从私人转移到公共活动，而且要在"显

---

① 加尔布雷斯还有一堆谬论和错误没有讨论。我们这里不妨再说一个：他荒诞地暗示，冯·米塞斯教授是商人。一开始，加尔布雷斯讨论了商人与知识分子之间由来已久的敌对，引用了米塞斯批判许多知识分子的话作为引证，而到后来他又承认，"大多数商人"会认为米塞斯"过于极端"。但米塞斯无疑不是商人，所以用他的论述来佐证商人与知识分子之间的仇恨十分奇怪。加尔布雷斯，《富裕的社会》，第184-185页。这个奇特的错误也为加尔布雷斯在哈佛的同事们所分享。他们的著作，加尔布雷斯是赞同地加以引用的，而且他们也不断引用不是商人的亨利·哈兹利特以及 F.A.哈珀博士，作为"经典商业信条"的代言人。参见 Francis X. Sutton, Seymour E. Harris, Carl Kaysen 和 James Tobin, *The American Business Creed*（Cambridge: Harvard University Press, 1956）。
《富裕的社会》是一部极易为自己引来讽刺的著作，可见于 "The Sumptuary Manifesto," *The Journal of Law and Economics*，1959年10月，第120-123页。
② 参见本章。

著的"程度上。我们抵达这个目的地的时候我们就会知道了，那时候，公共部门会沉浸在富足当中。通货膨胀的货币解释是完全健全、符合逻辑的理论，在他看来，不过是"神秘的""未被揭穿的魔法"！[①]

在放下有关富裕的问题，以及最近对消费（整个经济体系的本身目的）的攻击之前，让我们看一看近年来两个激动人心的学术贡献，它们讨论的是奢侈消费，尤其是"富人"的奢侈消费隐藏着的重要功能。哈耶克指出，富人的奢侈消费具有的功能是，在任意给定的时间，开创了新的消费方式，因而为后来这种"消费创新"向大众消费者普及铺垫了道路。[②] 贝特朗·德·儒文内勒则强调，精致的审美和文化品位恰恰集中于社会更为富裕的成员；他同样指出，这些居民能够自由地、自愿地为他人提供很多免费服务，而这些服务由于是免费的，并没有

988

---

① 加尔布雷斯的论点更为简洁（因此更为贫瘠）的表述见约翰·肯尼斯·加尔布雷斯，"Use of Income That Economic Growth Makes Possible…," in *Problems of United States Economic Development*（New York: Committee for Economic Development, January, 1958），第 201−206 页。同样在这本论文集中，Moses Abramovitz 教授提出了这一立场在某些方面更为极端的表述，他甚至于更进一步，谴责**闲暇**有剥夺我们那"一点点赋予我们生活以口味的……有目的、有纪律的行为"的威胁。Moses Abramovitz, "Economic Goals and Social Welfare in the Next Generation," 同上书，第 195 页。也许我们可以顺便注意一下，强制剥夺闲暇与奴役之间的相似性；我们可以评价，能够真正"人本投资"的社会只有是充满奴役的社会。事实上，加尔布雷斯出于这个原因，对于奴隶制的描述几乎是充满渴望的。《富裕的社会》，第 274−275 页。

这次研讨会上，除了加尔布雷斯和 Abramovitz 以外，David Riesman 教授，尤其还有 Roy Harrod 勋爵也提交了"加尔布雷斯派"的论文。Harrod 勋爵对于"兜售者"（touts，这是广告商在英国的称呼）大为恼火。与加尔布雷斯一样，Harrod 也希望发起大规模的政府教育计划，"教导"民众如何以精致、美学的方式利用他们的闲暇。这与 Abramovitz 有所不同，因为亚氏会用令人鼓舞的工作纪律替代日益扩张的闲暇。但与之前一样，我们不得不怀疑，强制性的哈罗德美学也会是管制性的。加尔布雷斯，*Problems of United States Economic Development*, I, 第 207−213, 223−234 页。

② 哈耶克，《自由宪章》，第 42 页及之后。哈耶克写道：

富人很大一部分开支，尽管并非有意为之，却也起到了支付试验新鲜事物的成本的功能，所以这些东西后来也能为穷人所用。

重要的不仅仅是我们逐渐学习廉价地、大规模地制造我们现在已经知道昂贵地、少量地生产的东西，更为重要的是，只有从较为先进的位置，才能看到下一个欲求和可能性的范围，这样，选择新目标，以及实现它们的努力会早在产品普及大众之前便已开始。（同上书，第 43−44 页。）

也可参见米塞斯 30 年前提出的类似观点。路德维希·冯·米塞斯，"The Nationalization of Credit," in *Sommer, Essays in European Economic Thought*，第 111 页。以及参见 Bertrand de Jouvenel, *The Ethics of Redistribution*（Cambridge: Cambridge University Press，1952），第 38 页及之后。

被计入国民收入统计当中。[1]

989 ## 11. 二元干预：通货膨胀与商业周期

A. 通货膨胀与信用扩张

在第十一章，我们描绘了纯粹自由市场的货币体系是如何运作的。自由的货币市场采用贵金属，或是黄金、白银，或是两者并行，作为"本位"或者**真正货币**。货币单位只不过是货币原料的**重量**单位。新的生产（采矿）增加货币商品的总库存，而损耗以及工业用途的使用使之减少。通常而言，货币库存会缓慢长期地增长，其效应我们之前已有分析。某些人的财富会增加，而其他人的财富减少，货币供给量（其货币用途的供给量）增加不会带来任何社会效益。不过，库存增加会通过更好地满足货币金属的**非货币性**需求而提升社会生活水平。

干预这个货币市场，往往是以发行作为货币替代品使用的虚假仓库收据为形式。如我们在第十一章所见，活期负债，如储蓄或者纸币，可能会在自由市场中流通，但它的数额只能等于储蓄在银行的金属的实际价值或者重量。那样，活期负债才是真正的仓库收据，或者真正的货币凭证，在市场上代表真实货币（即作为货币替代品）流通。超出实际存有的金属重量而发行的即是虚假仓库收据。自然，发行这种收据可以是一门获益颇丰的生意。尽管它们没有对应的金属货币，但它们看似与真实的凭证无异，也同样作为货币替代品使用。由于它们答应按照面值偿付金属货币，而如果所有储蓄持有者同时要求赎回自己的财产，它是不可能兑现承诺的，所以这些收据属诈骗性质。只有公众保持信心和无知，这种形式才能继续下去。[2]

990 宽泛地说，这种干预可以由政府，或是扮演"银行"或货币仓库的个人或企业来实行。发行虚假仓库凭证的过程，或更确切地说，**超越金属货币库存的增**

---

[1] 德·儒文内勒，*Ethics of Redistribution*，尤其见第 67 页及之后。如果所有家庭主妇突然停止做自家家务，而是把自己雇出去，到邻居家做工，统计上衡量出来的国民生产会有大幅增加，尽管实际的增加是零。对于这点的更多论述，参见德·儒文内勒，"The Political Economy of Gratuity," *The Virginia Quarterly Review*，1959 秋，第 515 页及之后。

[2] 尽管这种类型的干预显然可以影响到第三人，但它本质上属于二元干预，因为发行者（或者干预者）以合法货币的个人持有者为代价而获利。"力线"从干预者辐射到每个蒙受损失的人。

量而发行货币的过程可以称为是**通货膨胀**。①现有货币供给量在任意时间段的收缩（除了货币金属可能的净减少以外）称为**通货紧缩**。显然，**通货膨胀**是货币干预的首要事件和首要目的。在先前某个时间段如果没有发生通货膨胀就不可能有通货紧缩。先验地说，几乎一切干预都会具有通胀性。这不仅仅是因为一切货币干预必然从通货膨胀**开始**；而且还是因为，将新货币投入流通的发行者会获取通货膨胀所产生的巨大收益。这种利润几乎没有成本，因为，尽管其他所有人必须出售财货或者服务来购买或开采黄金，政府或商业银行却基本上是在凭空创造货币。它们无须购买货币。使用这种魔法般的货币，其所产生的任何利润对于发行者来说都是明明白白的收益。

如同新的货币金属进入市场，发行"无保证"的货币替代品同样有扩散效应：首先收到新货币的人获益最大，其次次之，依此类推，直到到达中间点，然后每个等待新货币的接收人损失越来越大。这是因为，第一批个人的出售价格上涨而购买价格几乎保持不变；但对于后面的人，购买价格已经上升，但出售价格保持不变。不过，有一个重要的情形将此与货币金属增加的情况区别开来。新的纸币或者新的活期储蓄没有任何社会功能；它们不能在不伤害到市场社会中的其他人的情况下，明显地惠及某些人。增加中的货币供给只是一种社会浪费，只能以其他人为代价使某些人获益。效益和负担的分配我们刚才已有描述：先到者获利，后到者受损。无疑，向银行借款的企业和消费者（也就是银行的客户），由于是最先收到新钱的人，因而从中获利颇丰（至少在短期）。

如果说通货膨胀是货币供给量的增长与可得的黄金或白银库存的增长不相匹配，那么我们刚才描述的通胀手段可以称为**信用扩张**——创造新的货币替代品，**从信用市场**进入经济。我们在后文将会看到，尽管银行的信用扩张看似比直接全部花掉新钱要有节制、有体面得多，但它实际上对经济体系有更为严重的后果，是大部分人都特别不想看到的后果。这种通胀性质的信用叫作流通信用（circulating credit），有别于出借**储蓄资金**的**商品信用**（commodity credit）。本书中，"信用扩张"一词只会用于指代流通信用的增加。

信用扩张当然具有与任何类型的通货膨胀相同的效应：价格随着货币供给

991

---

① 在本书中，我们明确地将货币金属库存增加排除在通货膨胀的定义之外。尽管货币金属增加与提高财货价格有类似的效应，两者在其他效应上有鲜明的差异：（a）仅仅是货币金属增加，并不会构成对自由市场的干预，并不会惩罚某一个群体而去补贴另一个；（b）它并不会导致商业周期的过程。

量的增加而趋于上升。与任何通货膨胀一样，它是一个再分配的过程，通胀者以及经济中向他们出售的部门，借此以那些最后进入开支过程的人受损为代价而受益。这就是通胀的魅力（对于其受益者而言）所在，这也是为什么它一直如此流行；现代银行业的操作，将通胀对那些远离银行运作的损失者的影响掩藏起来，使之更为猖獗。通胀者的收益显而易见而且激动人心；其他人的损失则是隐蔽的、看不见的，但程度与前者完全相同。就如同经济中有一半是纳税人，一半是食税人，经济中也有一半是通胀支付者（inflation-payers），剩下的是通胀消费者（inflation-consumers）。

992   这些收益和损失大部分会是"短期"或者"一次性"的；它们会在通胀的过程中发生，但会在实现新的货币均衡之后停止。通胀者赚取了收益，但新的货币供给扩散到整个经济之后，通胀收益和损失便结束了。不过，如我们在第十一章中所见，通胀也会产生**永久**的收益与损失。因为新的货币均衡不会是原来的均衡的所有关系和数量简单根据货币供给的增量成倍上升。这是古老的"数量理论"经济学家所做的假设。暂时取得收益或者蒙受损失的个人会有不同的评值。因此，每个人都会对他的收益和损失有不同的反应，并相应地改变他的相对开支模式。此外，新货币形成的对现有现金余额的比率对某些人会更高，对另外一些人则较低，这将会导致开支模式的各种变动。因此，所有价格在新的均衡中**不会整齐划一**地上升；货币单位的购买力已经下降，但在整个交易价值数组上，下降并不是比例均等的。由于某些价格比其他价格上涨更多，因此某些人会是通货膨胀的永久获益者，某些人则是其永久受损者。①

受通货膨胀打击尤其大的，当然是收入相对"固定"的群体，他们只有在很长一段时间之后，乃至根本不能解除他们的损失。比如，订立契约，每个时间段获取一笔固定货币收入的养老金或年金领取者就既是永久也是短期的受损者。人寿保险的收益也永久地受到削减。保守主义的反通胀论者因为抱怨通胀使"寡妇和孤儿"生活困难，通常遭到嘲笑，可这不是开玩笑的事情。因为正是寡妇和孤

993 儿承受了通胀的一大部分打击。② 同样蒙受损失的是有些债权人，他们已经发放了贷款，发现已经来不及在他们的利率上额外收取购买力溢价。

---

① 参照米塞斯，《货币与信用原理》，第 140–142 页。

② 凯恩斯的通胀方案，其公开的目的是"食利者的安乐死"。凯恩斯是否认识到，他在鼓吹的，其实是并不那么仁慈地将整个人口中最不适合劳动的群体（他们的边际价值生产率几乎完全由他们的储蓄构成）赶尽杀绝？凯恩斯，《通论》，第 376 页。

通胀还改变市场的消费／投资比。表面上看，信用扩张似乎大大增加了资本，因为新货币作为可供出借的新储蓄的替代品而进入市场。由于新的"银行货币"显然增加了信用市场上的储蓄供给量，企业现在可以在更低的利率上借款；所以，通胀性的信用扩张看似是摆脱时间偏好的理想手段，也是增加资本的无尽源泉。但事实上，这个效应只是幻觉而已。与表面看来恰恰相反，通胀减少储蓄与投资，因此降低社会的生活水平。它甚至可能导致大规模的资本消费。首先，如我们刚才所见，现有的债权人受损。这会阻碍未来的放贷，因此阻碍储蓄—投资。其次，如我们在第十一章中所见，通胀性的过程会为商人产生一种固有的购买力利润，因为他先购买要素，然后在所有价格都变高之后出售。商人因此或许可以与价格上涨保持一致（这里我们忽略价格增长带来不同的交易条件的成分），既不从通胀中获益，也不因之受损。但传统的商业会计适合于货币单位的价值保持稳定的世界。购买的资本财货以"成本价"（即为它们所支付的价格）被计入资产一栏。当企业后来出售产品时，额外的通胀收益其实根本不是收益；因为它必然会在以更高价格购买重置资本财货时被吸收。因此，通胀欺骗商人：它损毁了商人一个主要的指路牌，使他以为自己赚取了额外的利润，而实际上他刚好只能够重置资本。所以，他无疑会受到将这些利润的一部分用于消费的诱惑，因而不经意间也消费了资本。因此，通胀既会压制储蓄－投资，也会导致资本消费。

994

　　通胀产生的会计错误还有其他经济上的后果。在价格最低的时候购买更大比重的资本设备的企业，是错误程度最严重的企业。如果通胀已经持续了一段时间，错误最严重的会是设备最陈旧的企业。它们表面上取得的巨大利润会吸引其他企业进入这个领域，在这个看似高利润的领域于是会出现完全没有理由的投资扩张。反过来，其他地方会出现投资缺乏的状况。因此，错误扭曲了市场的资源分配体系，降低了其在满足消费者方面的有效性。那些有更大比重的资本财货用于生产的企业也会出现最严重的错误，类似的扭曲效应会通过"资本"密集行业的投资过热（与其他地方投资缺乏相抵消）而发生。[1]

---

[1]　针对这个会计错误的某些方面，W. T. Baxter 做了有趣的讨论，参见 "The Accountant's Contribution to the Trade Cycle," *Economica*，1955 年 5 月，第 99–112 页。亦可见米塞斯，《货币与信用原理》，第 202–204 页；以及《人的行动》，第 546 页及之后。

B. 信用扩张与商业周期

我们已经在第八章中看到，净投资－储蓄会带来什么样的影响：经济中总投资对消费的比率增加。一方面，消费开支下降，消费者财货的价格下跌。而另一方面，生产结构延长，专用于较高阶段的原始要素价格上涨。资本财货的价格变动就如中间有一个支点的杠杆；消费者财货的价格下跌最多，第一级的资本财货下跌少些；最高级的资本财货上涨最多，其他则次之。因此，生产阶段之间的**价格差异**都缩减了。原始要素的价格在较低的阶段下跌，在较高的阶段上涨，非专用的原始要素（主要是劳动）部分地从较低向较高阶段转移。投资趋于向更长的生产过程集中。我们已经知道，价格差异下跌**等同于**自然利率下跌，这当然进而会导致贷款利率的下跌。一段时间之后，更有生产力的技术结成了果实；每个人的真实收入上升。

因此，时间偏好下跌所导致的储蓄增加，会使利率下降，产生另一个稳定的均衡形势，它具有更长、更狭窄的生产结构。但是，如果投资增加**并非**由于时间偏好和储蓄的变动，而是商业银行的信用扩张所致，又会出现什么样的情况？这是否是个神奇的方法，可以在轻易、无成本地扩张资本结构的同时不削减当前消费？假设在某个时间段，有 600 万黄金盎司用于投资，400 万用于消费。先假设经济中的银行扩张信用，增加了 200 万的货币供给。此举的后果是什么？新货币被贷给了诸多企业。[1] 现在能够在更低的利率上借钱的这些企业，进入资本财货和原始要素的市场，竞价将资源收为己有。在任意给定时刻，财货库存固定，200 万新的盎司因此起到了提升生产者财货价格的作用。资本财货价格的上升会转嫁到原始要素的价格上。

信用扩张降低市场利率。这意味着价差降低，而如我们在第八章中所知，较低的价差会提升生产最高阶段的价格，将资源转移到这些阶段，并且还会增加阶段的数量。这就导致生产结构延长。借钱的企业误以为有足够的资金让他们开展先前无利可图的项目。在自由市场上，人们总会投资于那些满足消费者最迫切需要的项目，然后满足下一个最为迫切的需要，依此类推。利率根据项目的迫切程度，安排着项目选择的时间次序。市场利率降低是表明可以开展更多有利可图的项目的信号。自由市场上储蓄的增加导致在更低的利率水平上出现稳定的生产均衡。但信用扩张不然：因为**原始要素现在收到了更多的货币收入**。在自由市场的

---

[1] 只要新钱是贷给**消费者**而不是企业，本小节讨论的周期效应就不会发生。

例子中，总货币收入保持不变，**较高等级的开支增加与较低等级的开支减少相抵消**。生产结构"长度增加"有"宽度减少"作为补偿。但信用扩张将新钱注入生产结构：总货币收入增加而不是保持不变。生产结构延长，但它仍然**保持了宽度**，消费开支没有收缩。

原始要素的所有者有了更多的货币收入，自然急于花掉他们的新钱。他们根据自己的时间偏好，把这笔开支在消费和投资之间做了分配。我们假设人们的时间偏好表保持不变。这个假设合乎情理，因为它们没有理由因为通胀而改变。生产现在已不再反映自愿的时间偏好。企业受到信用扩张的引导，去投资更高的阶段，**仿佛**有了更多储蓄可用。由于储蓄并没有增多，企业在较高阶段投资过度，而在较低阶段投资不足。消费者迅速地行动，重建他们的时间偏好——也就是他们偏好的投资/消费比率以及价格差异。**价差**会建立在旧的、更高的数量上，即利率会回归其自由市场水平。这就导致生产的更高阶段的价格会大幅下跌，较低层级的价格会再度上涨，较高阶段的所有新投资都将不得不被抛弃或者赔本出售。

一改我们过于简单、只讨论**两个阶段**的例子，我们在这里看到，最高阶段，一开始以为有利可图，最后被证明不能盈利。反映消费者欲求的纯粹利率，**实际上**一直处在更高的水平。银行的信用扩张扰乱了那个告诉商人们有多少储蓄可用、多长的项目可以盈利所不可或缺的"信号"——利率。在自由市场中，利率是时间维度上不可或缺的指引，告诉企业家消费者需求的迫切程度。但银行干预市场打破了这一自由价格，使企业家无法正确满足消费者欲求，以及估计生产最为有利的时间结构。一旦消费者有了能力（即一旦新钱进入了他们手中），他们便会抓住时机重建他们的时间偏好，因此也就是重建旧的价差和投资-消费比。在最高阶段**投资过度**，在较低阶段**投资不足**，现在也就原形毕露了。情况类似于蒙受误导的包工头，他以为有足够的建材，但在建造了一个宽阔的地基（较高阶段）之后才猛然发现他已用尽了所有材料，根本没有材料建造房屋了。[1]显然，银行信用扩张根本不能增加一丁点资本投资。投资仍只能来源于储蓄。

市场倾向于回到其偏好的比率，应当是不足为奇的。如我们所知，所有的价格，在货币库存变动之后，都会出现同样的过程。增加了的货币总是从经济的一个领域开始，提升那里的价格，最终渗透和扩散到整个经济。经济随后大致地回

997

998

---

[1] 参见米塞斯，《人的行动》，第557页。

归到一个符合货币价值的均衡模式。如果市场随后趋向于在货币供给变动之后回归到其偏好的价格比率的话，显然这也**包括**回归到其偏好的、反映社会时间偏好的储蓄－投资比率。

当然，时间偏好在此期间的确可能改变，这或是因为每个人自身的，或是变动期间的再分配的结果。获益者多少会比受损者储蓄更多的钱。因此，市场不会精确地回归旧的自由市场利率以及投资/消费比率，恰如它不会精确地回归到其价格模式。它会恢复到自由市场**现在**的利率，这由当前的时间偏好决定。某些鼓吹强制市场做更多储蓄和投资的人，认为信用扩张能够导致"强迫储蓄"，从而增加资本财货结构。但它**并非**信用扩张的直接后果，而只是因为实际的时间偏好已经向那个方向转变（即，时间偏好表改变，或现在那些低时间偏好的人手中有相对更多的货币）。信用扩张很有可能引发相反的效应：获利者也许会有更高的时间偏好，这就会使自由市场利率比以前更高。因为信用扩张的这些效应完全不确定，取决于具体情况的具体数据，所以使用**税收**过程实现他们的再分配，对于鼓吹强迫储蓄的人来说更切实际。

999   因此，市场对于扭曲自由市场利率的反应，恰恰是回归到那个利率。信用扩张导致的扭曲欺骗商人，使他们以为有更多储蓄可用，致使他们做**错误投资**——也就是投资那些如果消费者有机会重新表明他们的真实偏好的话，并不会具有营利性的项目。一旦要素所有者收到了他们增加的收入并将之花掉，消费者很快便会重新表明偏好。

这个理论使我们得以解决一个经济学家之间长期具有争议的问题：货币供给量的增加是否能够降低市场利率。对于重商主义者——以及凯恩斯主义者——而言，增加了的货币库存显然永久性地降低了利率（货币需求给定）。在古典经济学家看来，货币库存的变动显然只能影响货币单位的价值，而不影响利率。对此问题的答案是，货币供给量的增加，当作为信用扩张而进入市场时，**的确会降低**利率，但这只是暂时的。长期来看（这个长期并不很"长"），市场会重新确立自由市场的时间偏好利率，并消除变动。货币库存的改变在长期只会影响货币单位的价值。

此外，这个过程——市场回归到其偏好的利率，消除信用扩张导致的扭曲——**正是商业周期**！我们的分析因此不仅解决了货币与利息之间有何关系的理论性问题，也解决了折磨社会一个半世纪之久的问题——可怕的商业周期。而且，我们可以将商业周期理论作为我们的一般经济学理论的一个分支予以解释。

请注意一下这个扭曲—恢复过程的特征。首先，货币供给量通过信用扩张而增加；然后企业被吸引去做错误的投资——在较高阶段和耐久生产过程中过度投资。其次，原始要素的价格和收入上升，消费上升，企业意识到较高阶段的投资是浪费，无法盈利。第一个阶段是"繁荣"的主要特点；第二个阶段——发现投资是浪费的错误投资——即为"危机"。萧条是再下一个阶段，此时错误投资的企业破产，原始要素必须立即回到较低的生产阶段。不健康的企业、错误投资的工厂的"过剩产能"被清算，必须突然并且大规模转移到较低生产阶段的"摩擦性"失业出现——这些是萧条阶段的主要特征。

我们在第十一章中知道，商业周期未得到解释的主要特征是，出现大量的、集中的错误，以及资本财货行业的扰动。我们的商业周期理论解决了这两个问题。企业家突然揭示出来的大批错误，起源于对一项关键市场信号——利率——的干预性扭曲。繁荣期人们急于做无利可图的较高层级的投资，这一点可以解释资本财货行业出现的集中扰动。而我们刚也看到，这个理论可以解释商业周期的其他特征。

有一点我们需要强调：**萧条**阶段其实是**恢复**阶段。大多数人希望繁荣期持续下去，因为此时他们看得到通胀性的收益，但损失是隐蔽的、模糊的。通胀通过虚假的会计利润所推动的资本消费，更是加深了这种繁荣的陶醉感。人们抱怨的是危机和萧条的阶段。但是，应当明确的是，后面这两个阶段并不造成问题。问题出现在繁荣期，此时发生了错误投资和扭曲；危机－萧条阶段是人们在被迫认识到经济中出现的错误投资之后的治疗期。萧条期因此是必要的恢复期；这是清算坏的投资，犯错的企业家离开市场的时期——是"消费者主权"和自由市场重申自己，再度建立最大程度惠及每个参与者的经济的时刻。当自由市场均衡恢复，消除了扩张性的扭曲之后，萧条期便结束了。

显而易见，政府干预萧条过程只会延长萧条，使得事情从几乎每个人的角度看变得更糟。由于萧条的过程即是恢复的过程，制止或者减缓这个过程的行为都会阻碍经济恢复的到来。萧条的重新调整必须自发实现，才会出现完全的恢复。越是延迟这些再调整，萧条就会延续越长的时间，完整恢复也就推迟得越久。比如，政府保持高工资率会造成长期的失业；维持高价格会造成商品积压。如果它再度鼓励信用扩张，那么它便会酝酿新的错误投资和以后的萧条。

许多19世纪的经济学家用生物学的比喻来描述商业周期，把萧条比作戒除酒瘾或者烟瘾（即繁荣）的痛苦但却必要的治疗手段。他们宣言，任何阻碍萧条

1000

1001

的做法都会延缓经济恢复。他们普遍被今日的经济学家所嘲笑。不过，这种嘲笑并不在理，因为在这个例子当中，生物学的类比是正确的。

从我们的分析中可以得出一个显而易见的结论，即"消费不足论"解决萧条的办法是荒谬的——这种观点认为危机由消费不足导致，治疗萧条的办法即刺激消费开支。显然，真相与此相反。导致危机的正是企业家投资错误地超越于储蓄的增长，而消费者通过再度确立他们所欲求的消费比率，揭示了这个错误。"过度消费"或者"储蓄不足"导致了危机，但把罪过归咎于消费者并不公平，因为他们只不过是试图在银行扭曲了市场之后重建自己的偏好。要加速萧条的治疗过程，唯一的办法就是人们储蓄和投资**更多**，而消费**更少**，这样便可以最终矫正某些错误投资，缓和不得不做的调整。

还有一个问题没有解释。我们看到，逆转期很短，要素收入增加相当之快，并开始重建自由市场的消费/储蓄比率。但历史上，繁荣为什么都持续好几年呢？是什么阻碍了逆转的进程？这是因为，银行注入信用扩张后，繁荣就开始消散，但此时银行再度注入了一个剂量。简言之，**扭转萧条–调整过程的唯一办法是继续膨胀货币和信用**。因为只有在信贷市场上不断注入新钱，繁荣才会继续下去，新的阶段才会有盈利。此外，只有**不断增加的剂量**才能加快繁荣，进一步降低利率，扩张生产结构，这是由于随着价格上涨，完成相同数量工作将需要越来越多的货币。一旦信用扩张停止，市场比率重建，看似光彩的新投资变成了错误的投资，建基在流沙之上。

我们在后面会讨论繁荣可以持续多久，它在不同情况下受到哪些限制。但显而易见，用更大剂量的信用扩张延长繁荣只会有一种结果：使不可避免的危机更长、更深重。繁荣期错误投资的范围越广，萧条中进行重新调整的任务就越重，需要的时间也越长。所以，防止萧条的办法很简单：避免开启繁荣。而要避免开启繁荣，就必须实行真正的自由市场货币政策，即，银行和政府实行100%存款准备金。

信用扩张总是产生商业周期过程，即便有其他趋势掩盖它的运作。比如，许多人认为，只要价格不上涨或者当前记录的利率不下跌，就万事大吉。但价格不上涨很有可能是因为反方向的作用力——比如财货供给增加或者货币需求增加。可这并不意味着繁荣—萧条周期没有发生。繁荣的核心过程——扭曲的利率、错误投资、破产等等——仍在不受制约地继续。这也就是为什么，那些从统计学角度分析商业周期，试图以此得出一个理论的人犯了无可救药的错误。任何历史–

统计的事实是许多因素影响的复杂结果，不能当作一个简单的元素来使用，以此建构一个因果性的理论。关键在于，信用扩张**把价格提升到了高于自由市场的水平**，从而创造了商业周期。同样，信用扩张并不必然使利率降低到**先前记录的利率之下**；它使利率**低于自由市场本会形成的水平**，因此导致扭曲和错误投资。繁荣中记录下来的利率通常会**上升**，这事实上是因为市场利率中的**购买力成分**。如我们所知，价格上涨使自然利率（即市场上的商人赚取的回报率）中出现正的购买力成分。在自由市场，这会迅速反映在贷款利率上，后者如我们已经看到的，完全取决于自然利率。但流通信用不断流入阻止了贷款利率赶上自然利率的水平，因此产生了商业周期的过程。[①] 这个银行创造的贷款利率与自然利率之间的差异，还有一个进一步的推论，即贷款市场上的债权人蒙受损失，债务人获益：前者如证券市场上的资本家或者那些拥有自己企业的人。后者通过贷款利率与自然利率之间的利差在繁荣时期获利，而债务人（除了自行创造货币的银行）蒙受同等程度的损失。

繁荣期结束后，错误投资怎么办？答案取决于进一步使用它们是否能够盈利，即取决于犯错的程度。有些错误投资只能弃置，因为它们从消费者需求取得的收益甚至不能支付它们当前的运作成本。其他的一些，尽管也是失败的纪念物，但能够产生高于当前成本的利润，不过在它们耗损之后予以重置会是得不偿失。暂时来说，使用它们满足于即便是坏的买卖，也要尽最大程度利用的经济原则。

不过，由于错误投资，繁荣总是会导致普遍**贫困化**，即如果没有繁荣，生活水平本会更高。这是因为，信用扩张导致人们挥霍了稀缺的资源和稀缺的资本。有些资源被完全浪费，即便是仍可利用的错误投资，满足消费者的水平也会低于没有信用扩张的情况。

C. 商业周期的进一步发展

在前面的小节我们呈现了商业周期的基本过程。通常，周期还引发了其他的，或者说"进一步"发展，深化了这一过程。扩张中的货币供给量以及上升中

[①] 由于克努特·维克塞尔是这种商业周期分析方法的创始人之一，我们这里有必要强调，我们所说的"自然利率"与他的不同。维克塞尔的"自然利率"近似于我们的"自由市场利率"；我们的"自然利率"是企业在现存市场上赚取的回报率，而不考虑贷款利息。它对应于"正常利润率"这一带有误导性的术语，但实际上是基本利率。参见上面第六章。

1005　的物价很有可能降低货币需求。许多人开始预测物价会节节攀高，因此会减少积存。降低了的货币需求进一步提升物价。由于扩张的动能首先出现在资本财货开支，然后在消费开支，所以货币需求降低所造成的这个"副效应"也许首先出现在生产者财货行业。这进一步降低价格与利润差异，因而使利率在繁荣时期下跌到离自由市场利率更远的水平。其效应是加重了在萧条期间进行再调整的需要。无论如何，调整都会导致生产者财货价格出现一些下跌。额外的扭曲就要求生产者财货在恢复完成之前有更为剧烈的下跌。

　　事实上，货币需求通常在通胀伊始**上升**。人们习惯于以为，货币单位的价值不受侵犯，价格总会保持在某个"标准的"水平。因此，当物价刚开始上升时，大多数人相信这纯粹是暂时的进展，物价不久就会回落。这种信念可以在一定时间内减缓物价上涨的程度。不过，到最后，人们意识到信用扩张一直在持续，并且毋庸置疑仍会继续下去，于是他们的货币需求缩减，变到原始水平以下。

　　危机降临，萧条开始之后，通常会带来进一步的发展。尤其是，出于我们后面将会进一步讨论的理由，危机的特征通常并不是信用扩张**终止**，而是实际出现**通货紧缩**——货币供给量收缩。通缩进一步导致物价下跌。货币需求的任何增加都会加速向较低物价的调整。此外，当通缩最初在贷款市场发生的时候（也就是**银行信用收缩**）——情况也通常如此——这会带来有利的效应，加速危机–调整过程。这是因为信用收缩导致了更高的价格差。而经济所需的调整，实质上正是回归到较高的价格差，即，较高的"自然"利率。此外，通缩还会以另一种方式

1006　加速调整：通缩可以逆转通胀所造成的会计错误，相比实际情况而言，商人们会以为他们损失得多而盈利得少。所以，相比他们根据正确记账做出的决策，他们此时会储蓄更多，增加的储蓄会弥补储蓄的缺失，从而加速调整。

　　通缩的过程很有可能超过了市场均衡点，使价差和利率都在其水平之上。但这样并无害处，因为信用收缩不会造成错误投资，因此不会产生另一个繁荣—萧条周期。① 市场将会迅速纠正错误。当经济出现这种过度收缩、消费相比储蓄过高时，商人的货币收入减少，他们在要素上的开支下降——尤其是较高层级的要

---

① 如果有些读者忍不住要问，为什么信用收缩不会导致与繁荣相反类型的错误投资——较低等级资本财货投资过度，较高等级财货投资不足——我们的回答是，投资无法武断地选择进入较高等级或者较低等级。增加的投资必然是针对较高等级的财货——也就是延长生产结构。投资数量减少只不过是削减了较高等级投资。因此，较低等级不可能出现过度投资，而只不过是出现了比原本更短的结构。与扩张不同，收缩不会导致实际的错误投资。

素。原始要素的所有者现在的收入降低，因此会减少消费开支，价差和利率会再度降低，自由市场的消费/投资比率将迅速地恢复。

正如通货膨胀因为其麻醉效应通常受到欢迎一样，通缩总是出于相反的理由十分不受欢迎。货币收缩是可见的；那些购买价格最先下跌、最后损失货币的人，他们所获得的利益是隐性的。通缩造成虚幻的会计损失，使得企业以为它们的损失比实际的更大，或者利润比实际的更小。这则会加重商业悲观主义。　1007

确实，通缩与通胀一样，将一群人的财富给予另一群人。可是，信用收缩不仅加速经济恢复，修正繁荣期的扭曲，也在广义上，夺走原始强制利得者的财富，而使原来受强制的亏损者受益。尽管这并非必然而然，但在广义上，基本上要获益和受损的是相同的两个群体，只不过颠倒了信用扩张的再分配效应的次序。固定收入群体，寡妇和孤儿，会获利，先前从通胀中获益的企业和原始要素所有者会损失。当然，通胀持续的时间越长，将要得到补偿的人就更不会是同一批人。[①]

有人也许反对说，通缩"造成"失业。不过，如我们已经知道的，只有政府或者工会将工资率维持在劳动的折现边际价值产出以上，通缩才会导致持久的失业。如果工资率可以自由下跌，就不会出现持续的失业。

最后，通缩性的信用收缩，必然是受到严格约束的。尽管信用可以几乎无限地扩张（除了后面我们将要讨论的多种经济约束），流通信用只能收缩到流通中的货币总量。简言之，它最大的限度就是消除所有先前的信用扩张。

这里呈现的对商业周期的分析，本质上属于"奥地利"学派的理论，由米塞斯及他的一些学生创始与发展。[②] 对于这个理论，最为知名的批判是它"假设充分就业存在"，或者它的分析只有在"充分就业"实现之后才有效。批评者称，在到达充分就业点之前，信用扩张会有益地将这些要素运转起来，而不会产生错　1008

[①] 如果这是一个金本位或银本位经济，那么自由市场的拥护者还会有如下额外的理由支持信用收缩：（a）维持偿付契约义务的原则；（b）惩罚银行的信用扩张，迫使它们退回到100%准备金政策。

[②] 米塞斯最早在他的《货币与信用原理》中一个值得注意的内容呈现了他的"奥派理论"（第346-366页）。发展更为成熟的论证，参见他的《人的行动》，第547-583页。哈耶克的重要贡献，尤其可参见他的《价格与生产》，以及他的《货币理论与贸易周期》（London: Jonathan Cape, 1933），以及《利润，利息，与投资》。其他与米塞斯一脉相承的著作包括 Robbins, *The Great Depression*，以及弗里茨·马赫鲁普，*The Stock Market, Credit, and Capital Formation*（New York: Macmillan & Co., 1940）。

误投资或者商业周期。但是，首先，通胀不会使未被起用的要素运转起来，除非它们的所有者即使坚持比它们的边际价值产品更高的货币价格，也要盲目地接受必然更低的真实价格（此时它以"生活成本"上升作为伪装）。而信用扩张不论是否有未起用的要素，都会产生商业周期。它会创造更多的扭曲和错误投资，无限期地推迟经济从先前的繁荣中恢复的过程，最终使经济不得不经历更为严苛的恢复，将新旧错误投资一并调整。如果闲置资本财货现在被动用起来，这种"闲置产能"是先前浪费的错误投资的残留效应，所以其实是低于收入标准，不值得投入生产的。将资本重新运作起来只会增加扭曲的程度。①

D. 信用扩张的限度

探究了信用扩张的后果之后，我们必须讨论这个重要的问题：如果部分准备金银行业合法，银行的信用扩张是否有某些自然的**限度**？最基本的限度当然是银1009 行必须见票偿付它们的货币替代品。在黄金或白银本位下，它们必须偿付货币金属；在政府法定纸币本位（见后文）下，银行必须偿付政府纸币。也就是说，不论如何，它们都必须用本位货币或者其有效的对等物进行偿付。因此，每个部分准备银行，都要靠说服公众——尤其是它的**客户**——一切都好，它可以随时按照客户的需求偿付银行券或者储蓄，来维持自己的存在。由于这通常与事实不符，所以心理上人们难以持续对银行抱有信心。② 无疑，行动学知识在大众中普及，会大大减弱人们对银行体系的信心，因为银行本质上处于弱势地位。只要有少数客户丧失信心，开始要求银行偿付，就会引起其他客户的跟风，确保自己在银行还开着的时候拿到自己的储蓄。银行一旦发生"挤兑"，就会出现显而易见的——而且合乎情理的——恐慌，吸引其他客户同样这么做，更进一步加重"挤兑"。不论如何，银行挤兑都能够造成巨大的冲击；当然，如果持续挤兑的话，它可以在几天之内关停国内所有银行。③

因此，挤兑，还有它再度爆发的持续威胁，是信用扩张的首要约束之一。挤

---

① 参见米塞斯，《人的行动》，第 577-578 页；以及哈耶克，《价格与生产》，第 96-99 页。
② 也许人们对银行体系保持信心的一个原因是他们普遍相信，政府会惩罚欺诈，因此任何不受惩罚的行为必然是可靠的。而其实（如我们将在后文所见），政府总是越过自己的职能去支持银行体系。
③ 当然，所有这一切都假设政府此后不干预银行业，而不是允许部分准备金银行业存在。比如，自从新政期间出现储蓄"保险"以来，这一特权行为几乎已经消除了银行挤兑的约束。

兑通常发生在商业周期的危机时期，此时债务违约比比皆是，投资失败显而易见。挤兑，以及对挤兑的担忧有助于加速通缩性的信用收缩。　　　1010

　　挤兑也许是一直存在的威胁，但它们通常不会作为实际的约束而活动。当挤兑确实发生的时候，它们通常会摧毁银行。银行存在的事实就意味着挤兑还没有形成。银行客户群的相对**狭窄的范围**构成了积极的、日常的约束。银行的客户包括愿意持有其储蓄券或者银行券（其货币替代品）而不是本币的那些人。在几乎所有案例中，我们都可以看到一个经验事实，即在市场社会中，所有人并不会只光顾一家银行，甚至对于那些偏好使用银行货币而非金属货币的人来说亦然。显然，存在的银行越多，每家银行的客户就越有限。人们选择使用哪家银行，系出于多种理由；诚实的声誉，友好低廉的服务，以及位置的便利都会起到影响。

　　银行客户这一狭窄的范围，如何限制其通货膨胀的可能性？新发行的货币替代品当然是贷给银行客户的。客户然后用新钱购买财货和服务。新钱开始扩散到整个社会。最终——通常也很快——它被用于购买使用不同银行的人所提供的财货或服务。假设斯塔银行扩张信用；新发行的斯塔银行银行券或者储蓄券到了琼斯先生手中，而他使用的是城市银行。此时会有两种情况出现，而两者都有相同的经济效应：（a）琼斯接受斯塔银行的银行券或者储蓄券，将之储蓄到城市银行，后者要求斯塔银行偿付；（b）琼斯拒绝接受斯塔银行的银行券，坚持要向他购买了某些东西的斯塔银行客户——比方说史密斯先生——去兑现银行券，用可接受的本位货币支付给琼斯。

　　因此，尽管黄金或者白银在整个市场通用，银行的货币替代品只对于自己的客户通用。显然，单个银行的信用扩张受到了约束，而且约束在下面情况下会更　　　1011
强：（a）客户的范围越小；（b）相对于其他银行，它所发行的货币替代品越多。为了阐明第一点，让我们假设每家银行只有一个客户。那么，显然信用扩张的空间会很小。在另一个极端，如果有一家银行受到经济当中每个人的使用，也就不会因为客户从非客户处的购买而产生偿付需求。显然，其他情况保持不变，数量更小的客户对于信用扩张更具约束力。

　　至于第二点，任何一家银行的相对信用扩张程度越高，偿付以及可能破产的日子也就越为迫近。假设斯塔银行扩张信用，而其他与之竞争的银行都没有这样做。这意味着斯塔银行客户的现金余额显著增多；这导致持有每个货币单位的边际效用对于他们而言下降，促使他们把一大部分新钱花掉。这一增加的开支有些会发生在他们相互之间，但显而易见的是，信用扩张越大，他们的开支"溢出"

到非客户的财货和服务上的倾向也越大。一旦客户花更多的钱购买其他客户的财货与服务，提升了它们的价格，这种溢出或者"外流"的倾向就越为显著。因为在此期间，非客户出售的财货价格保持不变。这就促使该银行客户减少相互之间的买卖，而更多地向非客户购买。这就导致了客户对非客户"不利"的贸易平衡。① 显然，货币追求在整个市场拥有统一的交易价值水平的这个倾向，是新钱（在此案例中是新的货币替代品）如何通过市场扩散的一个例子。银行的相对信用扩张越为庞大，则外流就会越多、越迅速，后果是扩张中的银行面临越来越多的偿付压力。

现在，我们可以明白银行在它们的仓库里保留一定现金储备的目的（假设没有法定准备金要求）。它并不是为了应对挤兑——因为任何一家部分准备银行都无法承受住挤兑。它是为了满足必然会来自非客户的偿付需求。

米塞斯已经精彩地说明了，这个过程的一个分支是由英国货币学派和19世纪古典"国际贸易"理论家发现的。这些老派的经济学家假设，某个区域或者国家的所有银行一同扩张信用。这样做的结果是该国财货的价格上升。进一步的结果是"不利"的贸易均衡，即本位币流向他国。由于其他国家并不光顾扩张信用的国家的银行，这就导致了该国"金属流失"，其银行面临更大的偿付压力。

就像所有夸大的、过度阐释的"国际贸易"理论一样，这个分析同样只不过是"一般"经济学理论的一个特殊分支。而如米塞斯所说明的，将之归为"国际贸易"理论低估了其真实意义。②③

因此，银行竞争越自由、数量越多，它们扩张信用媒介的能力就越弱，即便它们有这样做的自由。我们已经在第十一章指出，这样的一个体系称为"自由银行业"。④ 反对这个自由银行业分析的意见主要集中在银行"卡特尔"的问题上。如果银行聚在一起，协定同时扩张信用，那么竞争银行的客户约束会被消除，每个银行的客户实际上就会将所有银行使用者包括在内。不过，米塞斯指出，稳健

① 客户的总收支平衡表中，向非客户（出口）出售财货与服务的货币收入会减少，购买非客户的财货与服务的货币开支（进口）会增加。客户过剩的现金余额转移到了非客户手中。

② 老派经济学家也区分了"内部流失"与"外部流失"这两个概念，但前者只包括货币从银行使用者流向那些坚持接收本位货币的人的过程。

③ 参见《人的行动》，第434-435页。

④ 有关自由与中央银行制度的不同观点，参见 Vera C. Smith, *The Rationale of Central Banking* (London: P. S. King and Son, 1936)。

的银行拥有更高的准备金率，它们不希望损失它们在自己客户中的声誉，而冒着银行挤兑的风险与较弱的银行达成串通协议。[①] 这种考量虽然能够为这种协议设置约束，但并不能完全将之消除。因为，毕竟部分准备银行不可能是真正稳健的，如果可以引导公众相信，比如80%的现金准备是稳健的，公众也同样可以相信60%甚至是10%的准备金银行都是稳健的。其实，公众允许较弱的银行存在的事实就表明了，更为保守的银行与它们协定一同扩张可能不会有多少声誉上的损失。

米塞斯已经证明，从反对通胀和信用扩张的观点来看，自由银行业无疑优越于中央银行体系（见下文）。但正如阿马沙·沃克尔（Amasa Walker）写道：

> 人们常在不同时候探讨自由银行业的可欲性。无疑，任何一个人都应该能够自由地从事银行业，就像从事农业或者其他商业的分支一样。但是，由于当前银行业意味着发行不可兑现的纸币，它最好是受到严格的防范与约束。但当银行发行纸币被完全禁止时，唯一能发行的是等同于一定数量钱币的凭证的纸币，那么银行也许可以像经纪业一样自由。唯一要确保的事情是，除非银行手头拥有现金，否则不允许发行任何纸币。[②]

1014

E. 政府作为信用扩张的推动者

历史上，政府很大程度上催生和鼓励了信用扩张。它们通过**减弱**市场对银行信用扩张的约束来做到这一点。一种方法是免除银行受到挤兑的威胁。在19世纪的美国，政府曾允许银行在遇到商业危机时延期支付现金而继续运营。它们暂时得以免除偿付债务的契约义务，而可以继续放贷乃至强迫它们的债务人用它们自己的银行券还款。这是消除信用扩张的约束的一个强大的做法，因为银行知道，如果它们过度扩张，也有政府给它们撑腰，无须支付它们的契约义务。

在法令货币本位下，当本位货币发行越来越多时，政府（或者它们的中央银行）也许会承担起为陷入困境的银行或者主要银行纾困的义务。在19世纪晚期，中央银行必须成为"最后贷款人"（lender of last resort），可以自由地向有破产危险的银行贷款成了普遍接受的原则。最近美国还有另外一种机制消除对银行信用

---

① 米塞斯，《人的行动》，第444页。
② Amasa Walker, *Science of Wealth*，第230—231页。

的信心约束，即"储蓄保险"，政府保证提供银行偿付活期债务所需的纸币。这些和类似的机制消除了市场对猖獗的信用扩张的约束。

1015 第二种机制是中央银行。现在人们认为它是非常正当的，以至于没有中央银行的国家被视为是无可救药的"落后"国家。中央银行虽然常常名义上由私人或者私人银行所有，却是由国家政府直接运作的。其目的虽然常常并不明说，但并不难看出——也就是消除多家独立银行提供银行信用所存在的竞争约束。它的目的在于确保国家中的所有银行协调一致，因此可以根据政府意愿一同扩张或收缩。而我们已经看到，协调扩张可以大大减弱市场的约束。

授予某家银行在国内**垄断发行纸币的特权**，是政府建立中央银行控制商业银行体系的关键方式。如我们所见，银行可能以纸币或者存折的形式发行货币替代品。从经济学上讲，这两种形式并无二致。不过，国家发现将两者区分开来，禁止私人银行发行纸币较为便利。这种纸币发行行业的国有化，迫使商业银行在它们的客户想要用活期储蓄兑换纸币的时候找中央银行办理。为了取得要供给给自己客户的纸币，商业银行必须向中央银行购买。它们要购买，就只有通过出售自己的黄金硬币或者其他本位货币，或是从自己在中央银行的储蓄账户中提取。

由于公众总是希望以纸币和活期储蓄形式持有一些货币，商业银行为了保障纸币供应，必须与中央银行建立起持续的联系。最为便捷的办法就是在中央银行创建活期储蓄账户，后者因此便成了"银行家的银行"。这些活期储蓄（与它们仓库中的黄金一道）变成了银行的准备金。中央银行还能够更自由地创造没有 100% 黄金储备的活期债务，这些增加的债务，或是增加到银行持有的准备和活期储蓄当中，或是增加流通中的中央银行银行券。整个国家的银行有了更多准

1016 备之后，会变本加厉地扩张信用，而这些准备一旦减少，就会导致信用的普遍收缩。

中央银行有三种方式增加一国银行的准备金：（a）简单地向它们出借准备金；（b）购买它们的资产，以此直接增加那些银行在中央银行的储蓄账户；（c）购买公众债券，公众随后将央行的汇票储蓄到直接为公众服务的各家银行，从而使它们可以利用央行的信用增加自己的准备金。第二个过程叫作**贴现**（discounting）；后一种叫作**公开市场购买**（open market purchase）。贷款到期后贴现消失，会降低准备金，**公开市场出售**（open market sales）也会如此。在公开市场出售中，人们会购买中央银行的资产，他们使用的是自己在银行账户中取出的支票；央行通过降低其账面上银行的准备金收取他们的支付。在大多数情况下，

公开市场购买或出售的资产是政府债券。①

　　就这样，银行体系在政府的保护之下协调了起来。政府作为中央银行的创建者，总是赋予它极大的声望。政府通常会把央行的银行券定为法定货币。在金本位下，政府所掌控的广阔资源，加之整个国家又是其客户，通常会使中央银行可以无视任何用黄金偿付债务的问题。此外，无疑没有政府会让自己的央行（也就是它自己）破产；它总是会允许央行在严重困难时期延迟现金支付。因此，它可以膨胀和扩张信用（通过再贴现和公开市场购买），并通过增加银行准备（增加绝对额而非比率——译者注），在整个经济中刺激起**多重**银行信用扩张。效应之所以是多重的，是因为银行——基于对非客户偿付需求的估计——通常会保持一定的准备金负债比，它们的准备金普遍增加会引发信用媒介的多重扩张。事实上，由于知道所有银行都协调一致，一同扩张，这就减少了非客户兑现的可能性，因此也就会降低每家银行希望保留的准备金比重。这样的话，放大的效应甚至会更为可观。

1017

　　一旦政府"脱离"金本位，那么中央银行券便成了法定货币，基本上也成了本位货币。于是，它便不可能垮台，这当然也就实际上消除了其信用扩张的约束。比如今日美国基本上推行法令性本位（也被称为"受约束的国际黄金本位"），几乎消除了偿付的压力，而中央银行供给的现成的准备金以及储蓄保险消除了银行失败的威胁。② 为了确保政府对银行信用的集中管制，美国对银行实施最低存款准备金制度（这里的准备金几乎完全是各家银行在中央银行的存款）。

　　只要一国推行任何意义的"金本位"，央行和银行体系就必然会担忧，一旦通胀过猛，货币会向外流失。在不受约束的金本位下，它还要担忧那些不使用银行的人，他们的需求会导致内部流失。公众的喜好从储蓄转向银行券会使商业银行十分尴尬（尽管不是中央银行）。不过，不懈地鼓吹银行业的便利，已经将那些不使用银行的人仅局限于少数"不高兴"。所以，现在信用扩张唯一的约束来自外部。政府当然一直急于清除约束，好肆无忌惮地货币扩张。消除外部威胁的一种方式即促成国际合作，那样的话，所有政府和央行都会在同一的速率上扩张

1018

① 中央银行增加银行准备金还可以有第四种办法：在银行必须维持法定存款准备金率的国家（如美国），央行只需要降低规定比率即可。

② 外国央行和政府仍可以兑现黄金，但这无论是对外国**居民**还是美国人，都很难算得上是一种慰藉。其结果是，黄金仍然是各国政府之间终极的"平衡"项目，因此也就是**政府**和中央银行在国际交易中的一种媒介。

它们的货币供给量。不受约束的通货膨胀，"理想"条件当然是有一种世界性的法令纸币，由一个世界央行或者其他政府权威发行。在国家规模上推行纯粹法令性货币，几乎有同样的效果，但它也会面临国家货币对其他货币贬值，进口越来越昂贵的尴尬。①

F. 终极约束：失控的繁荣

国家或者世界国家创设了法令性货币之后，信用扩张或者通胀的一切约束似乎都被消除了。央行可以发行无限数量名义单位的纸币，而不受从地下挖掘贵金属商品的必要性所限。央行可以将之供给给银行，让它们根据政府的喜好扩张信用，而且不存在内部或者外部流失的问题。如果真的有世界国家或者国家之间合作的卡特尔存在，建立起一个世界银行和世界性的纸币，并禁止黄金白银货币的流通，这个世界国家就能够随意扩张货币供给量，而不会碰上外汇或者外贸的困难？它就能够永久地将财富从市场的选择再分配给它自己偏好的人，从自愿的生产者再分配给统治阶级？

许多经济学家，还有其他大部分人，都以为国家可以实现这个目标。实际上，它做不到，这是因为通胀受到终极的约束。确实，这是一个很宽泛的约束，但却也是最可怕的约束，它最终将征服一切通货膨胀。矛盾的是，这个现象称作**失控的通货膨胀**（runaway inflation），或者说**恶性通货膨胀**（hyperinflation）。

当政府和银行体系开始通胀时，公众通常会不知情地协助它们。公众并不知道这个过程的真实性质，相信价格上涨之势是暂时的，物价很快就会回归"正常"。如我们在上面注意到的，人们因此会积存更多的货币，即以现金余额形式保留他们收入中更大的一部分。简言之，货币的社会需求增加。这导致物价上涨相对于货币数量的增加而言程度较小。政府从公众处获得了**更多真实**的资源，因为公众对这些资源的需求下降了。

最终，公众逐渐意识到究竟发生了什么。政府似乎在尝试把通胀当作是一种永久性的税收形式。不过，公众有对付这种掠夺的武器。一旦人们意识到政府会继续通胀，因此价格会持续上升，他们便会竞相购买财货。因为他们意识到，现

---

① 如果国家之前就已经不用盎司、克、格令和其他重量单位来命名其货币单位，而用特别的名称替代（诸如美元、马克、法郎等等），那么黄金向法令性货币的转变会顺畅得多。于是乎公众就不会将货币单位与重量联系起来，教导大家**以名字本身**来确定价值。此外，如果每个国家的政府都支持各自独特的货币名称，每个国家就能更容易地对法币发行进行绝对的掌控。

在购买更有利，而不是等到货币单位价值降低、物价上涨的未来某个日期才购买。换言之，货币的社会需求下降，从现在开始，价格的上升比货币供给量的增加更为迅速。当这种情况发生时，政府的征收，或者说通胀的"税收"效应，会低于政府预期，因为增加了的货币会抬高物价，因而降低货币购买力。通胀的这个阶段即是恶性通货膨胀、失控的繁荣的开端。①

较低的货币需求，使政府能够抽取的资源减少，但只要市场继续使用货币，它就依然能够获取资源。价格上涨加速实际上会导致人们开始抱怨"钱荒"，刺激政府更不遗余力地通胀，从而造成更迅速的价格上升。不过，这个过程不会持续很长时间。随着物价不断攀升，公众开始"逃离货币"，尽快避开货币，购置实物财货——几乎**任何**实物财货——为未来储存价值。人们疯狂地逃离货币，将货币需求降低至几乎为零，导致物价以天文数字的比率上升。货币单位的价值几乎下跌为零。失控的繁荣给人们造成的破坏和损害十分巨大。收入相对固定的群体蒙受浩劫。由于人们丧失了工作的激励——因为他们必须花很多的时间来出手货币——生产巨幅下降（进一步推高价格）。人们主要的愿望变成了获取和持有实物财货（不论是什么财货），一收到货币就花费出去。当经济到了这个失控的阶段时，它实际上也就是崩溃了，市场基本终止运转，社会差不多退回到了物物交换的状态，人们的福利普遍受损。②商品然后逐渐累积起来，用作交换的媒介。公众使用自己的终极武器，摆脱了通货膨胀的重负：大幅减少货币需求，以至于政府的货币失去价值。当所有其他约束和说服失败的时候，这是人们——通过混乱和经济崩溃——迫使政府回到自由市场的"硬"商品货币的唯一办法。

1923年的德国经历了最为著名的恶性通货膨胀。这个例子尤其具有启发意义，因为它发生在一个世界最为先进的工业化国家。③但德国恶性通货膨胀以及其他加速的繁荣所制造的乱象，相比世界国家下发生的通胀而言会黯然失色。德国能够快速地恢复，回归到完全的货币市场经济，因为它可以根据与其他既存货币（黄金或者外国纸币）的汇率，发行一种新的货币。而正如我们已经知道的，米塞斯的回溯定理表明，要在市场上创立货币，只有在它可以与一种既存货币兑

---

① 参照约翰·梅纳德·凯恩斯的分析，*A Tract on Monetary Reform*（London: Macmillan & Cp., 1923），第二章，第1节。

② 有关失控的通货膨胀，参见米塞斯，《货币与信用原理》，第227–231页。

③ Costantino Bresciani-Turroni, *The Economics of Inflation*（London: George Allen & Unwin, 1937），这是有关德国通胀的一部精彩而且终结性的著作。

换的条件下才可以实现，而那种既存货币最终又必须与物物交换中的某种商品相联系。如果是世界国家禁止了黄金和白银，创制一种单一的法令性货币，将之膨胀直至恶性通货膨胀而毁灭，**此时市场上并不会存在既存货币**。重建的任务于是也就艰巨得多。

G. 通货膨胀和补偿性财政政策

近年来，通胀普遍被定义为物价的上升。这个定义极不完备。物价是极为复杂的现象，受到多种不同的因果因素触发。物价也许因为财货侧的原因而上升或下降——即它可能是市场上财货供给改变的结果。持有货币的社会需求改变也会改变物价；它也会随着货币供给量的变动而升降。把所有这些原因混为一谈具有误导性，因为这样做忽视了不同的影响，而科学的目标正是将不同的因素抽取出来。比方说，货币供给量也许在上升，而与此同时，财货侧，货币的社会需求正在以财货供给增加的形式上升。两者可能相互抵消，所以整体价格不发生变动。尽管如此，两种过程都在发挥它们的作用。资源仍然会由于通货膨胀而转移，信用扩张仍然会导致商业周期。因此，把通货膨胀定义为物价上涨是极不恰当的。

财货供给以及货币需求表的运动，都是市场上的偏好自愿变化的结果。黄金或者白银供给增加也是同样的原因。但是，信用或者法定媒介的增加，是干预市场的欺诈行为，扭曲自愿的偏好以及自愿决定的收入和财富模式。因此，"通胀"最贴切的定义即是我们上面提出的：货币供给量的增量超过了货币金属的增量。[1]

政府的各种"抑制通胀"的项目，其荒谬性现在变得显而易见。多数人相信，拥有各种"控制"计划来遏制通胀大敌的政府官员，必须不断地筑起防范壁垒。可是，真正需要做的，只不过是让政府和银行（如今几乎完全处于政府控制下）停止通货膨胀。[2]"通胀压力"这种说法的荒谬性也十分明白了。政府和银

---

[1] 这里，我们定义通胀是任何大于货币金属增量的货币供给量的增加，而不是货币供给量**整体的**增加。因此，这里所定义的"通胀"与"通缩"是行动学里的范畴。参见米塞斯，《人的行动》，第 419-420 页。亦可见米塞斯在 Aaron Director 编辑的 *Defense, Controls and Inflation*（Chicago: University of Chicago Press, 1952）当中的评论，第 3 页脚注。

[2] 参见 George Ferdinand, "Review of Albert G. Hart, Defense without Inflation," *Christian Economics*, Vol. III, No. 19（1951 年 10 月 23 日）。

行在**通胀**与**不通胀**之间只能择其一；根本不存在"通胀压力"这回事。[①]

认为政府有责任对公众课税，从而"吸收过剩购买力"的观念，更是滑天下之大稽。[②] 如果通胀一直持续，这"过剩购买力"正是先前政府通胀的结果。简言之，他们认为政府应该让公众承担两次重负：一次是通过膨胀货币供给侵占社会资源，然后再次向公众征税收回新货币。那么，这样做不能"控制通胀压力"，繁荣时的税收盈余只不过是为公众增加了额外的负担。如果税收被用在增加政府开支，或者偿还公债上，那么这种做法甚至不会产生通缩效应。如果这笔税收用于偿付银行所持的政府债务，通缩效应不会是信用收缩，因此不能矫正先前通胀带来的错误调整。实际上，它会制造进一步的错配和扭曲。

凯恩斯主义和新凯恩斯主义的"补偿性财政政策"主张政府在"通胀"的时期通缩，然后用通胀（从银行借取资金推行赤字财政）克服萧条。显然，政府通胀，只有在这一过程能够欺骗工人接受较低的真实价格或者工资的条件下，才可能缓解失业。这一"货币幻觉"能够起效，前提是这些劳动者足够无知，以至于无法认识到他们的真实收入已经下降——对于一种对策来说，这个前提条件过于苛刻了。况且，通胀会使一部分人受益，而牺牲其他人的利益；而信用扩张只会开动下一个"繁荣—萧条"周期。凯恩斯主义者将自由市场的货币－财政体系描述成与方向盘相似，所以，经济即便有其他方式可以容易地调整，在他们看来却是一直走在钢丝之上，一面是萧条和失业，另一面是通货膨胀。于是乎，政府就应该自作聪明地介入市场，为经济掌舵，使之平稳发展。不过，我们既然已经完成了对货币和商业周期的分析，真实的图景恰恰与此相反是显而易见的。不受妨碍的自由市场不会有遭受通胀、通缩、萧条和失业的危险。但政府干预为经济创造了这根钢丝，而且还不断地（有时候也许是不经意地）将经济推入这些泥淖。

12. 结论：自由市场与强制

至此，我们的分析告一段落。自由市场中自愿、自由的行动及其后果，以及经济干预中的暴力、强制行动**及其**后果，我们都已分析论述。在很多人眼中，自

[①] 参见米塞斯在 Director 书中的评论，*Defense, Controls, and Inflation*，第 334 页。
[②] 参见上面 8F 一节。

由市场似乎是一个混乱无序的地方，而政府干预则是在这无政府状态上推行秩序和社会的价值。但实际上，行动学——经济学——向我们证明了，真相恰恰与此相反。我们可以将分析划分为这两种原则各自的直接或显见的效应，以及间接的、隐性的效应。就直接效应而言，自愿行动——自由交换——使交换双方共赢。间接而言，如我们的探究已经证明的，社会中的这些自由交换的网络——被称为"自由市场"——产生了精致的，甚至是令人肃然起敬的和谐、调整以及精确分配生产性资源的机制。资源分配取决于价格，柔和但迅速地引导经济体系去尽最大可能满足所有消费者的欲求。简言之，自由市场不仅直接使所有各方获益，让他们自由、不受强制；它还为维护社会秩序提供了有力、有效的工具。当普鲁东说"自由乃秩序之母，而非其女"时，他要比自己意识到的讲得还好。

1025　　　　而强制有完全对立的特征。直接的方面，强制让一方获益只能牺牲另一方的利益。强制交换是人剥削人的体系，这一点与自由市场相反，因为后者是协作交换体系，人们只开发**自然资源**，而不相互盘剥。强制交换不仅意味着某些人靠他人而生存，在间接的方面，如我们刚才观察到的，还会导致更多的问题：它没有效率，混乱无序，妨碍生产，导致积累性的、看不见的麻烦。强制看似有序，实则不仅具有剥削性质，而且处于严重的**无序状态**。

　　　　行动学——即经济学——的主要功能，是将有关不同形式的人的行动的这些间接、隐性的后果的知识告诉世人。自愿交易隐藏的秩序、和谐还有效率，强制和干预隐藏的无序、冲突还有极度无效率——这些都是经济科学的伟大真理，从不言自明的公理出发，做演绎分析，然后揭示给我们。行动学本身不能做伦理判断，也不能做出政策决定。行动学通过其价值中立的规律，告诉我们自愿原则如何运作，告诉我们自由市场必然带来自由、繁荣、和谐、效率和秩序；而强制和政府干预，必然导致霸权、冲突、人剥削人、无效率、贫困和混乱。至此，行动学就退出了舞台；而采取何种政治路线，要取决于大众——伦理学家——根据自己所持有的价值观来选择。

附录 A　政府借款

　　　　政府主要的收入来源是税收。另一个来源是政府借款。政府向银行业借款实际上是通货膨胀的一种形式：它创造新的货币替代品，首先进入政府手中，然后随1026　着开支的每个步骤，在社会当中扩散。上文已经讨论了通货膨胀。这个过程与向公众借款完全不同，后者不具有通胀性质，因为它没有创造新的资金，而是将私人储蓄的资金转移到政府手中。其经济效应是将储蓄从消费者最为欲求的领域引出，转移到政府官员欲求的用途当中。所以，从消费者的角度来看，向公众借款是在浪费储蓄。这种浪费造成的结果是社会的资本财货结构减弱，当前和未来的普遍生活水平降低。转移和浪费本可用于投资的储蓄，导致利率比本会出现的水平更高，这是因为现在私人使用必须与政府需求竞争。公共借款对于个人**储蓄**的打击，甚至比税收更为有效，因为它明确地吸引了**储蓄**，而没有对收入进行普遍征税。

也许有人反对说，把钱借给政府是自愿行为，因此与其他自愿向政府做的贡献意义相同；资金"转移"（diversion）符合于消费者（因此也是社会）的欲求。[①]可是，这个过程只有一个方面是"自愿"的。我们务必不能忘了，政府进入时间市场时，它是强制的执行者，并且保证它会使用这种强制来获取偿还债务的资金。政府有权强制，这是市场上所有其他人都被禁止获取的重大权力；不论是通过税收还是通胀，它的资金总是拥有保障。因此，政府能够从储蓄者那里转移大量的资金，并且支付比其他地方都要低的利率——这是因为政府所支付的利率中，风险成分会比其他任何债务人都要低。[②]

因此，就算把钱借给政府是自愿的，但如果我们考虑到整个过程，就很难说它是自愿的。还不如说，这是自愿参与政府未来将要实施的征收活动。实际上，把钱借给政府涉及两次将私人资金转移给政府的过程：一次是进行贷款之时，私人储蓄转移到政府开支；第二次是政府征税或通胀（或者再次借款），取得偿还贷款的钱。这样的话，政府再度强迫私人生产者将钱转移给政府，除了一部分用于支付官僚的运作服务，其余收益都由政府公债持有者获得。后者因此成了国家机器的一部分，对纳税的生产者有了一种"国家关系"。[③]

1027

---

① 这种类型的反驳，最近可见于詹姆士·M. 布坎南，*Public Principles of Public Debt*（Homewood, Ill. : Richard D. Irwin, 1958），尤其是第 104–105 页。
② 不过，称政府贷款"无风险"，因此政府债券的利息收入可以视作是纯粹利率的说法并不正确。只要政府希望，它就随时可以拒付自己的债务，或者，政府可能被推翻，其后继者拒绝偿付欠款。
③ 因此，尽管有布坎南的批判，古典经济学家（如密尔）是正确的：公债是加诸自由市场的双重负担；在当下，造成负担的原因，是资源从私人抽出，转移到了没有生产力的政府用途；在将来，私人居民又要被征税来还债。其实，只有符合两个极端的条件，布坎南才会是正确的，公债才不会是负担：（1）债券持有者得撕毁他的债券，这样贷款才会变成真正的向政府捐赠；（2）政府必须是一个完全自愿的机构，只依靠自愿支付维持（不仅仅是对于这具体的债务，而且它与社会的所有交易都应该出于自愿）。参照布坎南，*Public Principles of Public Debt*。

公债的宣传口号再怎么精致，也无济于事，因为"公债是我们欠自己钱"的说法显然是荒谬的。我们必然要提出一个关键的问题："我们"是谁，"自己"是谁？我们分析世界必须采用个人主义而不是整体主义的视角。我们观察到，是某些人欠另外某些人钱，而正是这个事实，使得政府借款与税收的过程同样重要。因为如果按照整体主义的思路，我们还可以出于同样原因，说税收也无关痛痒。[①]

不过，公共借款的许多"右翼"反对者却大大夸大了公债的危险，不断发出国家行将"破产"的警告。显然，政府不可能像私人那样"失去偿还能力"——因为它总是能够用强制取得货币，私人居民则无法做到。此外，不时有激荡的呼声要求政府"削减公债"，但他们普遍忘记了——除了完全拒付债务以外——至少在一段时间内，政府只有通过增加社会的税收以及/或者通胀来削减债务。因此，削减债务不能增加社会效用，**唯一的办法是拒付债务**——这是降低公债，同时不增加财政强制的唯一办法。从自由市场的立场看，拒付债务此外还有一个好处，即它将葬送政府未来的一切信用，这样政府就不再能轻易地将储蓄转移到政府用途。因此，政治经济学思想史上最令人惊讶和感到矛盾的特征，正是这些被认为支持自由市场的"右翼人士"，他们在最为激烈地反对拒付债务，坚持尽可能迅速地偿还公共债务。[②]

1029 附录 B "集体财货"与"外部效益"：支持政府活动的两个理由

伦理学究竟是一门理性的学科，还是纯粹主观臆断的、非科学的一套个人价值观？这是近几个世纪以来极为重要的哲学问题之一。无论对此持何种立场，人们普遍认为经济学，或者行动学单凭自身并不足以建立一套有关伦理，或者政治伦理的学说。因此，经济学本身是价值中立（wertfrei）的科学，并不涉及伦理判断。虽然，经济学家们普遍同意这一目了然的陈述，奇怪的是，他们仍然花了大量精力，以某种委婉的、自以为科学和价值中立的方式，试图为政府的各种活动和支出进行辩护。这导致了大量**未经分析**、未被证实的伦理判断被偷偷混入本应

---

① 同理，我们将不得不宣称，二战中纳粹杀害的犹太人实际上是自杀："他们对自己做了这件事。"
② 自由意志主义者从自由市场的观点认识到拒付债务的优点，也有极个别例外，参见 Frank Chodorov, "Don't Buy Bonds," *Analysis*, Vol. IV, No. 9（1948 年 7 月），第 1–2 页。

保持**价值中立**的经济学体系中。①②

　　最常用来解释政府活动与政府经营企业的两个看似科学的辩护：（a）我们可　　1030
以称之为"外部效益"的理由；（b）"集体财货"或"集体需要"的理由。然而
剥去看似科学或者准数理的外衣，我们发现第一个理由可归结为：A，B 和 C 做
某事肯定会使 D 受益，而 D 可能会逃避支付他的"合理份额"。我们将简要讨论
这个以及其他"外部效益"的论证。"集体财货"的论证，表面上看甚至更为科
学；经济学家们直接断言，由于其本身的特性，某些财货或者服务必须以"集
体"的方式供给，并"因此"，政府必须以税收收入来供给它们。

　　然而，这个看似简单实在的陈述却掩盖了大量未经分析的政治 - 伦理假设。
首先，即使存在"集体财货"，这也绝不能推论出：（1）必须由某一机构提供集
体财货；（2）集体中的每个人必须被迫购买这些财货。简言之，假设集体财货 X
被某一社区的绝大部分人所需要，而且 X 只能供应给全体社区成员，这绝不意
味着必须强迫每个受益者购买 X，很有可能个别的受益者根本并不想要 X。简言
之，这恰好回到了关于"外部效益"的伦理问题，我们将在下文中予以讨论。经
过分析，我们发现"集体财货"理由反而会削弱"外部效益"理由。此外，即使
必须只有一个机构供应财货，这也不能证明供给那种财货的只能是政府，而不能
是某个自愿机构乃至某个私人企业。③

　　其次，"集体财货"这一概念本身非常模棱两可。"集体"怎么会有需求、思
想和行动？存在的只是个人，而且也只有个人才能做这些事。被认为需要并在之
后接收财货的"集体"实际上并不存在。尽管如此，许多学者仍试图拯救"集
体财货"这一概念，为政府运作提供看似严谨、科学的解释。比如莫利纳里　　1031
（Molinari）试图论证防卫是一种集体财货，他声称"一个警察局保卫着它管辖的

---

①　亚当·斯密曾提出税收的"正义规则"（canons of justice）。这是一个受人尊敬、经常被用在公共
　　财政（一个伦理判断特别容易伪装的领域）的教科书上的例子。对于这些据称"不证自明的"规
　　则的批判，参见 Rothbard, "Mantle of Science"。
②　本书中关于政府所有制的经济性质和后果的分析是价值中立的，不包含伦理判断。比方说，认为
　　任何人理解了那些证明政府所有制巨大无效率的经济规律之后，必定会选择私有制而不是政府所
　　有制的想法是错误的，尽管人们当然有可能这样做。例如，那些给社会冲突、贫困或者无效率很
　　高道德价值的人，或者那些强烈渴望在他人头上行使官僚权力的人（或者喜欢看到别人被官僚权
　　力欺压的人），他们可能会更加充满热情地选择政府所有制。终极的伦理学原理和选择超出了本
　　书的范围。这当然并不是说笔者反对它们的重要性。相反，笔者相信伦理学是一门理性的学科。
③　对此，可参见 Molinari, *Society of Tomorrow*, 第 47–95 页。

社区的每一个成员，但仅靠一家面包店却无法安抚居民的饥饿感"。但恰恰相反的是，一个警察局并没有绝对的必要来保卫**每个**居民，或者更进一步说，给每个人提供同等**程度**的保护。此外，一个绝对的和平主义者，一个完全非暴力的信仰者，在那里生活，**并不会**认为自己处于当地警力的保护之中，或者得到了他的防卫服务，他反而会将所有当地警力视为对他的损害。因此，防卫并不是一种"集体财货"或者"集体需要"（collective wants）。同样地，我们也不能简单地认为大坝之类的项目可使当地的每位成员受益。[①]

Antonio De Viti Marco 定义"集体需要"包含两个范畴：个人处于非孤立状态时出现的需求，以及与利益冲突相联系的需求。不过，第一个范畴的范围十分宽泛，囊括了绝大多数的市场产品。比如说，表演只有当存在一定数量观众时才有意义，而报纸的出版，也只有当存在一定的读者市场时才具有意义。难道所有这些行业因此必须被国有化，由政府所垄断吗？防卫看似属于第二个范畴，其实不然。防卫本身反映的是对需要防卫者的**侵犯**的威胁，而非与他的利益冲突。而且，称对于防卫的需求为"集体的"是非常无法理解的，因为这恰恰是最不可能一致的，因为没有一个劫匪会想抢所有人！[②] 根据其他经济学家的说法，防卫必然是集体的，因为它是非物质服务，不同于可实体分配、出售给个人的面包、汽车等等。但是，对个人的"非物质"服务在市场中比比皆是。难道仅仅因为音乐会是无形的，它就必须由国家垄断？

近几年，萨缪尔森教授在所谓的政府支出的"纯粹"理论中对"集体消费财货"（collective consumption goods）给出了他自己的定义。他认为，集体消费财货是指那些"就以下意义而言必须共同享用的商品，每个人对此商品的消费并不会减少其他人对此商品的消费"。出于某种原因，这些（或至少是这些）被认为

---

① Molinari, *Society of Tomorrow*，第 63 页，p. 63。关于集体财货的谬误，参见 S. R., "Spencer As His Own Critic," *Liberty*, June, 1904, and Merlin H. Hunter and Harry K. Allen, *Principles of Public Finance*（New York: Harpers, 1940），第 22 页。Molinar 并非一直相信"集体财货"的存在，这能从他著名的"De la production de la sécurité"中看出，*Journal des Economistes*, February 15, 1849, and Molinari, "Onzième soirée," in *Les soirées de la Rue Saint Lazare*（Paris, 1849）。

② Antonio De Viti De Marco, *First Principles of Public Finance*（London: Jonathan Cape, 1936），第 37-41 页。类似于 De Viti 第一范畴的是 Baumol 尝试的为"共同"融资财货确定的标准，对此的一个批判，参见 Rothbard, "Toward A Reconstruction of Utility and Welfare Economics,"第 255-260 页。

是应该由政府，而不是自由市场来提供的商品。[1] 萨缪尔森的定义受到了应有的激烈攻击。例如恩克（Enke）教授指出，绝大多数政府服务完全不符合萨缪尔森的定义，如高速公路、图书馆、司法服务、警察、火警、医院和军事保护等。实际上，我们可以进一步指出**没有任何商品满足萨缪尔森的"集体消费财货"范畴**。又如，马戈利斯（Margolis）在批判萨缪尔森的同时，承认国防和灯塔属于"集体消费财货"这一范畴。但是"国防"肯定不是一种只有一单位供给的绝对财货。它由用于某些明确、具体的方面的特定资源组成——而且这些资源必然是稀缺的。比如说，在纽约周围建立防卫圈，会减少旧金山周围可能动用的防卫资源。此外，一座灯塔只能照亮固定的区域。不仅这个区域中的一艘船会阻碍其他船同时进入这个区域，而且在某地建造一座灯塔也会限制在别处建造灯塔。事实上，如果某件商品在技术上真如萨缪尔森所言确实是"集体的"，那么它实际上**根本不是一个财货**，而是人类福利的自然条件，比如空气，对于所有人都极为充裕，因此也就**不为任何人所有**。确实，在航道空闲的情况下，"集体消费财货"**是海洋本身**而不是灯塔，海洋也因此始终是无主的。显然，一般来说并不需要政府或者其他任何人来生产和分配海洋。[2]

1033

蒂伯特（Tiebout）尽管承认并没有所谓"纯粹"的方式来确定政府开支的最佳水平是多少，但仍试图挽救为地方政府量身定做的这套理论。意识到征税，甚至投票程序排除了政府领域内消费者选择的自愿表现，他认为权力下放和内部移民自由化能使地方政府支出多少处于最优水平——正如我们可以说企业的自由市场支出是"最优的"——因为居民可以随心所欲地进出。当然，对消费者来说，若能容易地从高税收地区迁入低税收地区，他的生活自然会更好一些。但是这仅

1034

---

[1]　Paul A. Samuelson, "The Pure Theory of Public Expenditures," *Review of Economics and Statistics*, November, 1954, 第 387-389 页。

[2]　Stephen Enke, "More on the Misuse of Mathematics in Economics: A Rejoinder," *Review of Economics and Statistics*, May, 1955, 第 131-133 页；Julius Margolis, "A Comment On the Pure Theory of PublicExpenditures," *Review of Economics and Statistics*, November, 1955, 第 347-349 页。在对批评者的回应中，萨缪尔森先是急切地否定他希望将政府限制于集体财货的范围内的任何可能的暗示，声称他的分类是一个真正的"极"（polar）的概念。真实世界的财货被假定为不过是公共财货和私人财货这两种"极端"的混合物。但是这些概念，甚至在萨缪尔森自己的术语中，也绝不是两个极的，而是穷尽了其他的可能。要么 A 消费一件财货减少了 B 可能的消费，要么相反：这两种对立的情况相互排斥并且穷尽了所有的可能。事实上，萨缪尔森已经不再将他的范畴作为理论或者实用工具而使用。Paul A. Samuelson, "Diagrammatic Exposition of a Theory of Public Expenditure," *Review of Economics and Statistics*, November, 1955, 第 350-356 页。

仅在一定程度上帮助了消费者，它并没有解决政府支出的问题，这个问题仍然悬而未决。确实存在政府以外的因素影响人们对住处的选择，而且有很多人出于各种原因，也许不愿离开某个地理区域，使得政府可以大量掠夺，直到他们被迫离开。再者，一个主要的问题是世界陆地总面积是固定的，各国政府普遍都先占了所有的土地进而普遍地加重了消费者的负担。①

1035 　　我们下面讨论外部效益的问题——这是经济学家为政府支出提出的主要辩解②。当个人通过行动使自己受益，许多作者承认，自由市场可能是安全不受妨害的。但人的行动可能经常地，甚至无意间地，使他人受益。虽然一个人可能会认为这是一件令人愉悦的事，但批评家却指责这带来了大量的罪恶。自由的交易，A 和 B 相互都能获益，这可能都很好，这些经济学家们说；但要是 A 自愿做了某事，既有利于己，又有利于 B，而 B 却没给以任何回报，那会怎样呢？

　　使用外部效益作为批评的论点攻击自由市场，大致有两条思路。结合起来看，这些反对市场和支持政府干预的理由会互博抵消，但我们公平起见，在这里将每一个论点分开来检讨。第一类批评是**攻击 A 为 B 做得不够多**。施恩者实际上被指责只考虑自己的私利，因而忽略了潜在的、间接的、在一旁默默等待的受益者③。第二条攻击的思路是**谴责 B 得到了好处却没给 A 回报**。受益者因为接受了

---

① Charles M. Tiebout, "A Pure Theory of Local Expenditures," *Journal of Political Economy*, October, 1956, 第 416–424 页。在某点上，Tiebout 似乎承认仅当每个人能以某种方式做"他自己的自治政府"时，他的理论才成立。
在尖锐地批判政府之间的竞争的想法时，科罗拉多斯普林斯的《电讯报》写道：
如果纳税人能像消费者那样自由行动，只购买那些他认为对他有用和价格在他承受范围的服务，那么这种政府之间的竞争会是一件美好的事情。但是因为纳税人不是消费者，而仅仅是被统治者，他无法自由选择。他只能被强迫支付……与政府不存在生产者－消费者关系，只有统治和被统治的关系。被统治者永远不能自由地拒绝统治者的产品……政府之间的竞争建立在征税的基础上，而不是看哪个政府能够最好地服务被统治者……这种竞争的受害者总是纳税人。他们现在面对着联邦、州、学校、郡和市政府。每个政府都在争夺纳税人拥有的最后一块钱。
（*Colorado Springs Gazette-Telegraph*, July 16, 1958.）
② "外部成本"问题，通常与外部收益对称地讨论，但两者实际上是不相关的：它是未能完全执行财产权利的结果。如果 A 的行动损害了 B 的财产，而政府拒绝阻止 A 的行动并执行赔偿，那么财产权和自由市场并没有被充分保护和维护。那么，外部成本（例如烟气损害）就是对自由市场维护的失败，而不是市场的缺陷。参见 Mises, *Human Action*, 第 650–653 页；以及 de Jouvenel, "Political Economy of Gratuity," 第 522–526 页。
③ 由于一些未得到解释的原因，上面担忧的那些效益仅是间接的，即 B 不经意间从 A 的行动中获益。直接的赠予，或者说慈善，即 A 单纯地捐钱给 B，不在外部获益的范畴中而没有受到攻击。

免费的赠予而被指责为忘恩负义，几乎与小偷无异。自由市场于是被两类攻击 1036
者谴责为不公平和扭曲的：前者认为人性的自私使得 A 对 B 做的有利的事太少，
后者又说 B 没有任何付出就得到了太多"不劳而获的收益"。不管是哪种思路，
都是为了呼吁政府的补救行动；一方面，使用暴力迫使或诱使 A 去做更多能够帮
助 B 的事；另一方面，迫使 B 回报 A 的恩惠。

　　一般来说，这些伦理学的观点穿上了"科学的"观点的外衣，认为在这些问
题上，自由市场的行动不再是最优的，而应该通过政府的行动来纠正回到最优。
这样的观点完全误解了经济学宣称的自由市场行动总是最优的这种说法的方式。
它是最优的，不是基于经济学家个人的伦理观点，而是从全体参与者自由、自愿
的行动，以及满足消费者自由表达的需求的角度来看的。政府干预因而必然并且
总是使市场**偏离**这种最优。

　　尽管各条进攻思路是如此广泛传播，有趣的是，其中任何一个却都能被另一
个的根本论点所推翻！举个例子，第一个——**攻击施恩者**。谴责施恩者和暗中呼
吁政府惩罚那些不够好的行为，是将受益者的道德主张凌驾于施恩者之上。本书 1037
中我们不打算讨论终极价值。但是我们应该明白，采取这样的立场等于是说 B 有
资格不容分说地要求 A 为 B 做有益于 B 的事，而 B 不用还以任何回报。我们不
必全部引述第二条批判的思路（"搭便车者"的思路），但或许可以用第二条思路
的论点说，搭便车者声称自己有权发号施令是狂妄至极的。而第一条批判的思路
所断言的，正是 B 向 A 索要赠予，必要时可以采取武力的道德权利。

　　强制节俭，或者说批判潜在储蓄者储蓄和投资不足，即是这条攻击思路的例
子。另一个例子是批判即将枯竭的自然资源的使用者。任何使用这类资源的人，
无论何种程度，都是在"剥夺"某些未来后代去使用它们。"自然资源保护者"
于是呼吁为了未来更重要的用途而降低目前对这类资源的使用。这种强制的施恩
不但是第一条思路的例子，而且如果这种论点被接受，逻辑上讲所有可能枯竭的
资源都永远不会再被使用了。因为当未来下一代长大成人，他们也要面对他们的
下一代。因而这个论证的整个思路是极其荒谬的。

　　第二条思路形式相反——谴责受益者接受恩惠。受益者被指责为"搭便车
者"，邪恶地享受着他人的生产活动带来的"不劳而获的收益"。这也是个莫名
其妙的攻击思路。只有将之用于批判第一种思路，即反对**要求强制搭便车**的搭便
车者时，它才具有说服力。但是这里我们的情况是，A 采取行动纯粹是因为这么
做能使他自己获益，同时又具有利于他人的令人愉快的效果。我们会因为快乐扩

散到全社会而愤慨吗？我们会因为不止一个人从某个人的行动中获益而提出批评吗？毕竟，搭便车者并没有主动要求搭便车。由于 A 从自己的行动中获得了好处，搭便车者并未要求就得到了好处，就像恩赐一样。如果采用第二条攻击思路，就要召集警察来使用刑罚，因为社会上快乐的人太多了。简而言之，我是不是要因为欣赏了我邻居家精心打理的花园而被征税呢？[①]

1038　　第二条攻击思路的一个引人注目的例子是亨利·乔治主义立场的要点：对土地资本价值上涨引起的"不劳而获的收益"的攻击。我们上面已经看到，随着经济的发展，真实地租将会随着真实工资率上涨，结果土地的真实资本价值也随之上涨。增长的资本结构、劳动分工及人口，倾向于使厂址地（site land）相对更加稀缺进而导致涨价。乔治主义的论点是，地主对于涨价在道德上并没有贡献，因为这来自其土地持有的外部事件；但是他收获了涨价的好处。地主因而是一个搭便车者，他的"不劳而获的收益"理应属于"社会"。且不谈社会的实在性以及"它"是否能够拥有财货的问题，这里我们看到的是对搭便车情况的道德批判。

　　这个论点的困难在于它证明了太多的东西。如果不是从他人的行动中获取的外部收益，我们中的哪一个能够挣得像我们现在这样的真实收入呢？具体而言，现代之所以能积累起如此可观的资本财货，是我们从祖先的净储蓄那里继承过来的。不管我们的道德品质如何，没有这些资本财货的积累，我们恐怕还生活在原始丛林中。继承祖先处得来的货币资本，当然仅仅是继承的这个资本结构当中的一部分。因此，我们都搭了过去的便车。我们也搭了现在的便车，因为我们从同胞们的持续投资，以及他们在市场中的专业技能中获益。当然，我们工资的大部分，如果也做如此归属的话，恐怕也要归功于我们搭便车的这些遗产。地主得到的不劳而获的收益并不比我们中的任何一个多。是不是我们所有人都要遭到征税，要为我们的快乐而被课税呢？而其后找**谁**来接收这些战利品呢？是我们的施恩者，投资这些资本的死去的祖先吗？[②]

---

① "如果我的邻居们雇佣了私人警卫，他们间接地和意外地使我受益了。如果我的邻居盖了漂亮的房子或者建了花园，他们间接地充实了我的休闲时光。他们是不是有资格因为我不能'返还'这些得到的好处而向我征税呢？"（S. R., "Spencer As His Own Critic".）

② Benjamin Tucker 有十分公正、率直的批判："是什么让土地拥有价值？" Hugh O. Pentecos 牧师问道（一个乔治主义者）。他自问自答道："是社会全体——人口的存在。那么地租，亦即土地的价值，在道德上属于社会全体。"是什么让 Pentecost 先生的讲道拥有价值？是人口——社会全体的存在。那么 Pentecost 先生的薪水，或者说，他讲道的价值，在道德上属于社会全体。（Tucker, *Instead of a Book*, 第 357 页。）

外部效益的一个重要例子是"外部经济"，其能够通过投资于特定的行业获得，但是不能成为企业家的利润。尽管外部经济明显无足轻重，关于这些外部经济实际范围的文献却有很多冗长的讨论，这里我们没有必要详述。不断有人建议政府补贴这些投资，以便"社会"能够收获外部经济。这就是庇古支持补贴外部经济，以及古老而仍然盛行的对"新兴产业"实行保护性关税的理由。

呼吁政府补贴外部经济，算得上是**第三条攻击自由市场的思路，即应当迫使潜在的受益者 B 补贴施恩者 A，后者从而将为前者生产效益。**第三条攻击思路是一些经济学家们特别喜爱的理由，他们以此提议政府资助修建大坝或者垦荒（受益者为他们的获益而交税）或者义务教育（纳税人会逐渐从他人受到的教育中获益），等等。受益者再次为政策买单；但在这条思路当中他们没有因为搭便车而受到批评。现在，他们被从原本不会获得某些效益的处境中"拯救"出来。由于他们本就不会为这些效益花钱，很难理解他们到底是从**什么**之中被拯救出来的。因此，第三条攻击思路与第一条一样，认为由于人类的自私，自由市场不会产生足够的外部经济行动；但它将纠正这个情形的成本加诸十分不情愿的受益者，这与第二条思路相同。有了这种补贴，很明显受益者就不再是搭便车者；的确，他们不过是被迫购买了那些收益，而如果可以自由选择的话，他们是不会付钱的。

路线的荒谬性可以通过考虑如下问题而揭露出来：谁从这些建议的政策中获益？施恩者 A 收到了补贴，是事实。但是他究竟是否获益常常还存有疑问。这是因为，如果没有补贴他可能早就向其他方向行动并投资获利。政府不过补偿了他本可能遭受的损失，并且调整了收益，使他的收益和他放弃的机会相等。因此如果 A 是家商业公司，就没有从中获益。至于受益者，他们被政府强迫支付他们本不愿花钱购买的效益。我们怎么能说他们"获益"了呢？

第一，一个标准的回答是，受益者原本"不能"受益——即使他们本就想要自愿出钱。对此我们首先要问，批评家通过什么神秘的过程得知受益者本来就会购买这种"效益"。要了解偏好表的内容，我们仅有的方法就是看它们在具体选择中的体现。既然具体地看，人们选择**不**买这种效益，外人也就没有正当理由断言 B 的偏好表"真的"不同于他行动中展现出来的。

第二，没有理由表明可能的受益者**无法**购买这种效益。在所有情况下产生出来的效益都能在市场上售出并使消费者赚取其价值产品。如果生产这种效益并不会让投资者盈利，这就意味着消费者对于它的评价低于它对于在其他生产线使用非专用要素的评价。成本高于预期出售价格意味着非专用要素在**其他**生产渠道赚

1039

1040

得的更多。再者，一些消费者有可能不满足于某些效益的市场生产的程度，他们有完全的自由去**自行补贴投资人**。这样的自愿补贴等于是为该效益付出了更高的市场价格，并会表示他们是自愿支付那个价格的。无论如何，这一补贴没有出现的事实排除了为政府强制进行补贴的任何辩解。事实上，强制补贴非但不是为被课税的"受益者"提供效益，反而是强加给他们的损失，因为他们原本可以把自己的钱花在具有更大效用的财货和服务上。①

1041

---

① 正如米塞斯所述：……为了运行亏损的工厂或者补贴不盈利的工程，政府需要的手段必然是从纳税人的开支和投资能力中，或是从贷款市场拿走钱财……政府花费越多的东西，大众花费就越少。公共工程……所用的资金取自公民。如果没有政府的干预，市民原本会雇人实施有盈利前景的工程，这些工程仅仅因为政府干预而被忽略了。然而这个未实现的工程本该是盈利的，也就是说它本该根据消费者最迫切的需求来利用稀缺的生产资料。从消费者的观点来看，把这些生产资料用在不能盈利的工程上就是浪费。它剥夺了他们更希望得到的满足，而不得不接受政府资助工程提供的服务。（Mises, *Human Action*, 第 655 页。）

Ellis 和 Fellner 在他们关于外部经济的讨论中，忽略了一个至关重要的事实，即这些经济补助必定花费了用在别处可以获得更大满足的资金。Ellis 和 Fellner 没有意识到，他们对于庇古成本递增行业过度膨胀论点的驳斥摧毁了补贴成本递减行业的任何可能的基础。Howard S. Ellis and William Fellner, "External Economies and Diseconomies," in *Readings in Price Theory*（Chicago: Blakiston Co., 1952），第 242–263 页。

参考文献

Abbott, Lawrence. *Quality and Competition*. New York: Columbia University Press, 1955.

About, Edmond. *Handbook of Social Economy*. London: Strahan & Co., 1872.

Abramson, A.G. "Permanent Optimistic Bias—A New Problem for Forecasters." *Commercial and Financial Chronicle* (February 20, 1958).

Alchian, Armen. "Costs and Outputs." In Moses Abramovitz, ed., *The Allocation of Economic Resources*. Stanford, Calif.: Stanford University Press, 1959. Reprinted in Alchian *Economic Forces at Work*. Liberty Press, 1977.

Alexander, George J. *Honesty and Competition*. Syracuse, N.Y.: Syracuse University Press, 1967.

Anderson, Benjamin M., Jr., *The Value of Money*. New York: Macmillan, 1926. Reprinted by Libertarian Press, n.d.

Anderson, Martin. "Discussion." *American Economic Review* (May 1967).

Arant, Willard D. "Competition of the Few Among the Many." *Quarterly Journal of Economics* (August 1956).

Aristotle, *Ethica Nicomachea*, Bk. I.

Arrow, Kenneth J. "Review of Oliver's *A Critique of Socioeconomic Goals*." *Political Science Quarterly* (September 1955).

Ashton, T.S. *An Economic History of England: The 18th Century*. New York: Barnes and Noble, n.d. Reprinted by Methuen & Co., 1959.

——. "The Treatment of Capitalism by Historians." In F.A. Hayek, ed., *Capitalism and the Historians*. Chicago: University of Chicago Press, 1954. Paperback edition 1963.

Baker, John R. *Science and the Planned State*. New York: Macmillan, 1945.

——. *Science and the Sputniks*. London: Society for Freedom in Science, December, 1958.

Barber, Thomas H. *Where We Are At*. New York: Charles Scribners' Sons, 1950. Reprinted by Ayer Publishing, 1972.

Barnard, B.W. "The Use of Private Tokens for Money in the United States." *Quarterly Journal of Economics* (1916–1917).

Bassie, V. Lewis. "Recent Development in Short-Term Forecasting." In *Studies in Income and Wealth* XVII. Princeton, N.J.: National Bureau of Economic Research, 1955.

Bastable, C.F. *The Theory of International Trade*, 2nd ed. London: Macmillan, [1897] 1903.

Bastiat, Frédéric. *Economic Sophisms*. Princeton, N.J.: D. Van Nostrand, 1964. Reprinted by the Foundation for Economic Education, 1996.

——. *Harmonies of Political Economy*. Santa Ana, Calif.: Register Publishing Co., 1944.

Bauer, P.T. *Economic Analysis and Policy in Underdeveloped Countries*. Durham, N.C.: Duke University Press, 1957.

——. "The Economic Development of Nigeria." *Journal of Political Economy* (October 1955).

——. "The Political Economy of Non-Development." In James W. Wiggins and Helmut Schoeck, eds., *Foreign Aid Re-examined*. Washington, D.C.: Public Affairs Press, 1958.

——. "Lewis' *Theory of Economic Growth*." *American Economic Review* (September 1956).

——. "A Reply." *Journal of Political Economy* (October 1956).

——. *United States Aid and Indian Economic Development*. Washington, D.C.: American Enterprise Association (November), 1959.

——. *West African Trade*. Cambridge: Cambridge University Press, 1954.

Bauer, P.T., and B.S. Yamey. "The Economics of Marketing Reform." *Journal of Political Economy* (June 1954).

——. *The Economics of Under-Developed Countries*. London: James Nisbet and Co., 1957.

Bauer, Raymond A. "Limits of Persuasion." *Harvard Business Review* (September–October 1958).

Baxter, W.T. "The Accountant's Contribution to the Trade Cycle." *Economica* (May 1955).

Beckhart, Benjamin H. "To Finance Term Loans." *New York Times* (May 31, 1960).

Benham, F.C. "The Growth of Manufacturing in Hong Kong." *International Affairs* (October 1956).

Benham, Frederic. *Economics*. New York: Pitman Publishing, 1941. Sixth edition reprinted by Sir Isaac Pitman & Sons, 1960.

Bernardelli, Harro F. "The End of the Marginal Utility Theory." *Economica* (May 1938).

——. "A Reply to Mr. Samuelson's Note." *Economica* (February 1939).

——. "What has Philosophy to Contribute to the Social Sciences, and to Economics in Particular?" *Economica* (November 1936).

Bicanic, Rudolf. "Economics of Socialism in a Developed Country." *Foreign Affairs* (July 1966).

Birks, James. *Trade Unionism in Relation to Wages*. London, 1897.

——. *Trades' Unionism: A Criticism and a Warning*. London, 1894.

Blitz, Rudolph C., and Millard F. Long. "The Economics of Usury Regulation." *Journal of Political Economy* (December 1965).

Block, Walter, and Walter Grinder. "Rothbard Tells All: Interview with

Murray Rothbard" (December 1972). Rothbard Papers.

Blum, Walter J., and Harry Kalven, Jr. *The Uneasy Case for Progressive Taxation.* Chicago: University of Chicago Press, 1963.

Böhm-Bawerk, Eugen von. *Capital and Interest.* New York: Brentano's, 1922. Reprinted by Libertarian Press, 1959.

——. *The Positive Theory of Capital.* New York: G.E. Stechert, 1930. Reprinted by Books for Libraries Press, 1971.

——. "The Positive Theory of Capital and Its Critics, Part III." *Quarterly Journal of Economics* (January 1896).

Boétie, Etienne de la. *Anti-Dictator.* New York: Columbia University Press, 1942. Second edition reprinted as *The Politics of Obedience: The Discourse of Voluntary Servitude* by Black Rose Books, 1997.

Boulding, Kenneth E. *Economic Analysis*, 1st ed. New York: Harper & Bros., [1941] 1966.

Bowley, Marian. *Nassau Senior and Classical Economics.* New York: Augustus M. Kelley, 1949. Reprinted by Octagon Books, 1967.

Brehm, C.T., and T.R. Saving. "The Demand for General Assistance Payments." *American Economic Review* (December 1964).

——. "Reply." *American Economic Review* (June 1967).

Bresciani-Turroni, Costantino. *The Economics of Inflation.* London: George Allen and Unwin, 1937. Reprinted by Augustus M. Kelley, 1968.

Brough, William. *Open Mints and Free Banking.* New York: G.P. Putnam's Sons, 1894.

Bronfenbrenner, Martin. "The Incidence of Collective Bargaining." *American Economic Review, Papers and Proceedings* (May 1954).

Brown, Harry Gunnison. "Competitive and Monopolistic Price-Making." *Quarterly Journal of Economics* XXII (1908).

——. "Foundations, Professors and 'Economic Education.'" *American Journal of Economics and Sociology* (January 1958).

——. "The Incidence of a General Output or a General Sales Tax." Reprinted in R.A. Musgrave and C.S. Shoup, eds., *Readings in the Economics of Taxation.* Homewood, Ill.: Richard D. Irwin, 1959.

Brozen, Yale. "Business Leadership and Technological Change." *American Journal of Economics and Sociology* (1954).

——. "Technological Change, Ideology and Productivity." *Political Science Quarterly* (December 1955).

——. "Welfare Without the Welfare State." *Freeman* (December 1966).

Brozen, Yale, and Milton Friedman. *The Minimum Wage: Who Pays?* Washington, D.C.: Free Society Association, 1966.

Brutzkus, Boris. *Economic Planning in Soviet Russia.* London: Routledge, 1935. Edited by F.A. Hayek.

Buchanan, James M. *Public Principles of Public Debt.* Homewood, Ill.: Richard D. Irwin, 1958. Reprinted as volume two of the *Collected Works of James M. Buchanan*. Liberty Fund, 2000.

Cairnes, J.E. *The Character and Logical Method of Political Economy*, 2nd ed. London: Macmillan, 1888. Reprinted by Batoche Books, 2001.

Calhoun, John C. *A Disquisition on Government*. New York: Liberal Arts Press, 1953. Reprinted by Mercer University Press, 2000.

Cannan, Edwin. "The Application of the Theoretical Analysis of Supply and Demand to Units of Currency." In F.A. Lutz and L.W. Mints, eds., *Readings in Monetary Theory*. Philadelphia: Blakiston, 1951. Reprinted by George Allen and Unwin, 1956.

——. *Money*. 6th ed. London: Staples Press, 1929. Reprinted in *Collected Works of Edwin Cannan*, Alan Ebenstein, ed., Routledge/ Thoemmes Press, 1998.

Carr, Edward H. *Socialism In One Country, 1921–1926*. New York: Macmillan, [1958] 1959.

Carver, T.N. *The Distribution of Wealth*. New York: Macmillan, [1904] 1919.

Chamberlin, Edward H. "Product Heterogeneity and Public Policy," "Monopolistic Competition Revisited," and "Measuring the Degree of Monopoly and Competition." In *Towards a More General Theory of Value*. New York: Oxford University Press, 1957.

——. *Theory of Monopolistic Competition*, 7th ed. Cambridge: Harvard University Press, [1956] 1962.

Chamberlin, E.H., and J.M. Clark. "Discussion." *American Economic Review, Papers and Proceedings* (May 1950).

Chandler, Alfred D. *The Visible Hand: The Managerial Revolution in American Business*. Cambridge, Mass.: Harvard University Press, 1977.

Chandler, Lester V. *An Introduction to Monetary Theory*. New York: Harper & Bros., 1940.

Childs, R.A. "Review of Murray N. Rothbard, *Power and Market*." *Libertarian Forum* 2, nos. 22–23 (November 15–December 1, 1971).

Chodorov, Frank. "Don't Buy Bonds." *analysis* IV, no. 9 (July 1948).

——. *The Economics of Society, Government, and the State*. Mimeographed Manuscript., New York, 1946.

——. *From Solomon's Yoke to the Income Tax*. Hinsdale, Ill.: Henry Regnery, 1947.

——. *The Income Tax—Root of All Evil*. New York: Devin-Adair, 1954.

——. *The Myth of the Post Office*. Hinsdale, Ill.: Henry Regnery Co., 1948. Reprinted in Chodorov, *One Is A Crowd*. New York: Devin-Adair, 1952.

——. *Taxation is Robbery*. Chicago: Human Events Associates, 1947. Reprinted in Chodorov, *Out of Step*. New York: Devin-Adair, 1962.

Clark, J.M. "Competition and the Objectives of Government Policy." In Edward H. Chamberlin, ed., *Monopoly and Competition and Their Regulation*. London: Macmillan, 1954.

Clemence, Richard V., and Francis S. Doody. *The Schumpeterian System.* Cambridge: Addison Wesley Press, 1950. Reprinted by Augustus M. Kelley, 1963.

Coase, Ronald H. "Business Organization and the Accountant." *Accountant* (October 1– November 26, 1938).

——. "The Federal Communications Commission." *Journal of Law and Economics* (October 1959).

——. "Full Costs, Cost Changes, and Prices." In *Business Concentration and Price Policy.* Princeton, N.J.: National Bureau of Economic Research, 1955.

——. "The Nature of the Firm." In George J. Stigler and Kenneth E. Boulding, eds. *Readings in Price Theory.* Chicago: Richard D. Irwin, 1952.

Coleman, D.C. "Labour in the English Economy of the Seventeenth Century." *Economic History Review* (April 1956).

Colm, Gerhard. "The Corporation and the Corporation Income Tax in the American Economy." *American Economic Review, Papers and Proceedings* (May 1954).

Conant, Charles A. *The Principles of Money and Banking.* New York: Harper & Bros., 1905.

Cooley, Oscar W., and Paul Poirot. *The Freedom to Move.* Irvington-on-Hudson, N.Y.: Foundation for Economic Education, 1951. Reprinted in the *Freeman* 36, no. 1 (January 1986).

Coquelin, Charles. "Political Economy." In *Lalor's Cyclopedia,* III.

Cox, J.H. "Organization of the Lumber Industry in the Pacific Northwest, 1889–1914." Ph.D. dissertation, University of California, 1937.

Crankshaw, Edward. "Breaking the Law in a Police State: Regimentation Can't Curb Russians' Anarchic Spirit." *New York Herald-Tribune* (August 17, 1960).

Culbertson, J.M. "The Term Structure of Interest Rates." *Quarterly Journal of Economics* (November 1957).

Curtiss, W.M. *The Tariff Idea.* Irvington-on-Hudson, N.Y.: Foundation for Economic Education, 1953.

Dewey, Donald. *Monopoly in Economics and Law.* Chicago: Rand McNally, [1959] 1966.

——. "A Reappraisal of F.O.B. Pricing and Freight Absorption." *Southern Economic Journal* (July 1955).

Dewey, E.R., and E.F. Dakin. *Cycles: The Science of Prediction.* New York: Holt, 1949. Reprinted by the Foundation for the Study of Cycles, 1964.

Dewing, Arthur S. *The Financial Policy of Corporations,* 5th ed. New York: Ronald Press, 1953.

Director, Aaron, ed. *Defense, Controls, and Inflation.* Chicago: University of Chicago Press, 1952.

Donisthorpe, Wordsworth. *Law in a Free State.* London: Macmillan, 1895.

Dorau, Herbert B., and Albert G. Hinman. *Urban Land Economics.* New York: Macmillan, 1928.

Dorfman, Joseph. *The Economic Mind in American Civilization.* New York:

Viking Press, 1949. Reprinted by Augustus M. Kelley, 1966.

Dorfman, Robert. "A Graphical Exposition of Böhm-Bawerk's Interest Theory." *Review of Economic Studies* (February 1959).

———. "Waiting and the Period of Production." *Quarterly Journal of Economics* (August 1959).

Downs, Anthony. "An Economic Theory of Political Action in a Democracy." *Journal of Political Economy* (April 1957).

Due, John F. *Government Finance.* Homewood, Ill.: Richard D. Irwin, [1954] 1977.

Earley, James S. "Recent Developments in Cost Accounting and the 'Marginal Analysis.'" *Journal of Political Economy* (June 1955).

Einaudi, Luigi. "The Theory of Imaginary Money from Charlemagne to the French Revolution." In F.C. Lane and J.C. Riemersma, eds., *Enterprise and Secular Change.* Homewood, Ill.: Richard D. Irwin, 1953.

Ellis, Howard S. "Review of Schumpeter's *Ten Great Economists*." *Journal of Political Economy* (October 1952).

Ellis, Howard S., and William Fellner. "External Economies and Diseconomies." In *Readings in Price Theory.* Chicago: Blakiston Co., 1952.

Ely, Richard T., et al. *Outlines of Economics.* New York: Macmillan, 1917. Sixth edition, 1938.

Enke, Stephen. "More on the Misuse of Mathematics in Economics: A Rejoinder." *Review of Economics and Statistics* (May 1955).

Ettinger, K.E., ed. *Co-operatives in the Petroleum Industry.* New York: Petroleum Industry Research Foundation, 1947. Part I: Ludwig von Mises, "Observations on the Co-operative Movement."

Fairchild, Fred R., Edgar S. Furniss, and Norman S. Buck. *Elementary Economics.* New York: Macmillan, [1926] 1948.

Fairchild, Fred R., and Thomas J. Shelly. *Understanding Our Free Economy.* New York: D. Van Nostrand, [1952] 1962.

Farrer, Lord. *Studies in Currency 1898.* London: Macmillan, 1898.

Fay, Charles Norman. *Big Business and Government.* New York: Doubleday, Page, 1912.

———. *Too Much Government, Too Much Taxation.* New York: Doubleday, Page, 1923.

Ferdinand, George. "Review of Albert G. Hart, *Defense without Inflation.*" *Christian Economics* III, no. 19 (October 23, 1951).

Fetter, Frank. "Capitalization Versus Productivity, Rejoinder." *American Economic Review* (1914).

———. "Davenport's Competitive Economics." *Journal of Political Economy* (1914).

———. *Economic Principles.* New York: The Century Company, [1915] 1918.

——. "Interest Theories, Old and New." *American Economic Review* (March 1914).

——. "The Passing of the Old Rent Concept." *Quarterly Journal of Economics* (May 1901).

——. "Recent Discussions of the Capital Concept." *Quarterly Journal of Economics* (November 1900).

——. "The Roundabout Process of the Interest Theory." *Quarterly Journal of Economics* (1902).

Fisher, Irving. *The Purchasing Power of Money*, 2nd ed. New York: Macmillan, [1913] 1926. Reprinted as volume 4 of *The Works of Irving Fisher*, William J. Barber and James Tobin, eds. Pickering, 1997.

——. *The Rate of Interest*. New York, 1907. Reprinted as volume 3 of *The Works of Irving Fisher*, William J. Barber and James Tobin, eds. Pickering, 1997.

——. *Stabilised Money*. London: George Allen and Unwin, 1935.

Fisher, Irving, and Herbert W. *Constructive Income Taxation*. New York: Harper & Bros., 1942. Print on Demand edition, 2002.

Fishman, Leo. "Consumer Expectations and the Consumption Function." *Southern Economic Journal* (January 1954).

Fleming, Harold. *Oil Prices and Competition*. American Petroleum Institute, 1953.

Fog, Bjarke. "How Are Cartel Prices Determined?" *Journal of Industrial Economics* (November 1956).

Ford, P. *The Economics of Collective Bargaining*. Oxford: Basil Blackwell, 1958.

Frankel, S. Herbert. *The Economic Impact of Under-Developed Societies*. Oxford: Basil Blackwell, [1953] 1959.

Friedman, Milton. *A Program for Monetary Stability*. New York: Fordham University Press, [1960] 1992.

——. *Capitalism and Freedom*. Chicago: University of Chicago Press, 1963. Reprinted by University Press of Virginia, 1975.

——. "Foreign Economic Aid: Means and Objectives." *Yale Review* (Summer 1958).

——. "Survey of the Empirical Evidence on Economies of Scale: Comment." In *Business Concentration and Price Policy*. Princeton, N.J.: National Bureau of Economic Research, 1955.

Gabor, André, and I.F. Pearce. "A New Approach to the Theory of the Firm." *Oxford Economic Papers* (October 1952).

——. "The Place of Money Capital in the Theory of Production." *Quarterly Journal of Economics* (November 1958).

Gaffney, Mason. "Vituperation Well Answered." *Land and Liberty* (December 1952). Reprinted in Spencer Heath, *Progress and Poverty Reviewed*, 2nd ed. New York: The Freeman, 1953.

Galbraith, John Kenneth. *The Affluent Society*. Boston: Houghton Mifflin Co., [1958] 1998.

——. "Fable for Our Times." *Wall Street Journal* (April 21, 1960).

——. "The Sumptuary Manifesto." *Journal of Law and Economics* (October 1959).

——. "Use of Income That Economic Growth Makes Possible . . ." In *Problems of United States Economic Development*. New York: Committee for Economic Development, 1958.

Gellhorn, Walter. *Individual Freedom and Governmental Restraints*. Baton Rouge: Louisiana State University Press, 1956. Reprinted by Greenwood Publishing, 1969.

George, Henry. *Progress and Poverty*. New York: Modern Library, 1929. Reprinted by Robert Schalkenbach Foundation, 1992.

——. *Protection or Free Trade*. New York: Robert Schalkenbach Foundation, [1946] 1992.

Gilbert, Milton, and George Jaszi. "National Product and Income Statistics as an Aid in Economic Problems." In W. Fellner and B.F. Haley, eds., *Readings in the Theory of Income Distribution*. Philadelphia: Blakiston, 1946. Reprinted by Richard D. Irwin, 1963.

Goldman, Marshall I. "Marketing—A Lesson for Marx." *Harvard Business Review* (January–February 1960).

——. "Product Differentiation and Advertising: Some Lessons From Soviet Experience." *Harvard Business Review* (January– February 1960).

——. "Product Differentiation and Advertising: Some Lessons from Soviet Experience." *Journal of Political Economy* (August 1960).

Goode, Richard. "Direct versus Indirect Taxes: Welfare Implications." *Public Finance/Finance Publique* XI, no. 1 (1956).

Goodman, Paul. *Compulsory Mis-Education and the Community of Scholars*. New York: Vintage Books, [1964] 1966.

Gordon, Kermit. "Concepts of Competition and Monopoly—Discussion." *American Economic Review, Papers and Proceedings* (May 1955).

Grampp, William D. "Adam Smith and the Economic Man." *Journal of Political Economy* (August 1948).

Grant, Phil. *The Wonderful Wealth Machine*. New York: Devin-Adair, 1953.

Green, David, Jr. "A Moral to the Direct-Costing Controversy." *Journal of Business* (July 1960).

Greidanus, Tjardus. *The Value of Money*. 2nd ed. London: Staples Press, 1950.

Groves, Harold M. *Financing Government*. New York: Henry Holt, 1939. Reprinted by International Thomson Publishing, 1973.

Haberler, Gottfried von. *The Theory of International Trade*. London: William Hodge, 1936. Reprinted by Augustus M. Kelley, 1968.

Hagedorn, George G. *Business Size and the Public Interest*. New York: National Association of Manufacturers, 1949.

——. *Studies on Concentration*. New York: National Association of Manufacturers, 1951.

Hahn, L. Albert. *Common Sense Economics*. New York: Abelard-Schuman, 1956.

——. *The Economics of Illusion.* New York: Squier Publishing Co., 1949. Reprinted by Fraser Publishing, 1997.

Handler, M.S. "German Unionism Supports Cartels." *New York Times* (March 17, 1954).

Hansbrough, H.C. *The Wreck: An Historical and a Critical Study of the Administrations of Theodore Roosevelt and William Howard Taft.* New York: Neale Publishing, 1913.

Harper, F.A. "The Greatest Economic Charity." In Mary Sennholz, ed. *On Freedom and Free Enterprise: Essays in Honor of Ludwig von Mises.* Princeton, N.J.: D. Van Nostrand, 1956. Reprinted by the Foundation for Economic Education, 1994.

——. *Liberty: A Path to Its Recovery.* Irvington-on-Hudson, N.Y.: Foundation for Economic Education, [1949] 1993.

——. "Try This on Your Friends." *Faith and Freedom* (January 1955).

Harris, George. *Inequality and Progress.* Boston: Houghton Mifflin, 1898. Reprinted by Ayer Publishers, n.d.

Harriss, C. Lowell. "Public Finance." In Bernard F. Haley, ed., *A Survey of Contemporary Economics.* Homewood, Ill.: Richard D. Irwin, [1952] 1970.

Harrod, Roy F. "Theory of Profit." In *Economic Essays.* New York: Harcourt, Brace & Co., 1952.

Hayek, F.A. "Carl Menger." In Henry W. Spiegel, ed., *The Development of Economic Thought.* New York: John Wiley, [1952] 1964.

——, ed. *Collectivist Economic Planning.* New York: Augustus M. Kelley, [1935] 1967.

——. *The Constitution of Liberty.* Chicago: University of Chicago Press, [1960] 1978.

——. *The Counter-Revolution of Science.* Glencoe, Ill.: Free Press, 1952. Reprinted by Liberty Fund, 1980.

——. "The Facts of the Social Sciences," "The Meaning of Competition," and "Socialist Calculation III, the Competitive 'Solution'." In *Individualism and Economic Order.* Chicago: University of Chicago Press, [1948] 1996.

——. *Monetary Theory and the Trade Cycle.* London: Jonathan Cape, 1933. Reprinted by Augustus M. Kelley, 1966.

——. "The Mythology of Capital." In W. Fellner and B.F. Haley, eds., *Readings in the Theory of Income Distribution.* Philadelphia: Blakiston, 1946. Reprinted by Richard D. Irwin, 1963.

——. "The 'Paradox' of Saving." In *Profits, Interest, and Investment.* London: Routledge and Kegan Paul, 1939. Reprinted by Augustus M. Kelley, 1969.

——. *Prices and Production,* 2nd ed. London: Routledge and Kegan Paul, 1935. Reprinted by Augustus M. Kelley, 1967.

——. *The Pure Theory of Capital.* Chicago: University of Chicago Press, [1941] 1975.

——. "Unions, Inflation, and Prices." In Philip D. Bradley, ed. *The Public Stake in Union Power.* Charlottesville: University of Virginia Press, [1959] 1965.

——. "Why the Worst Get on Top." In *The Road to Serfdom.* Chicago: University of Chicago Press, [1944] 1994.

Hays, Samuel P. *Conservation and the Gospel of Efficiency.* Cambridge, Mass.: Harvard University Press, 1959. Reprinted by Atheneum Publishers, 1975.

Hazlitt, Henry. "The Economics of Freedom." *National Review* 13 (September 25, 1962).

———. *The Failure of the "New Economics."* Princeton, N.J.: D. Van Nostrand, 1959. Reprinted by University Press of America, 1984.

———. *The Great Idea.* New York: Appleton-Century-Crofts, 1951. Reissued as *Time Will Run Back.* New Rochelle, N.Y.: Arlington House, 1966.

———. "Income Without Work." *Freeman* (July 1966).

Heath, Spencer. *Citadel, Market, and Altar.* Baltimore: Science of Society Foundation, 1957.

———. *How Come That We Finance World Communism?* Mimeographed Manuscript. New York: Science of Society Foundation, 1953.

———. *Progress and Poverty Reviewed.* New York: The Freeman, 1952.

———. *Rejoinder to 'Vituperation Well Answered' by Mr. Mason Gaffney.* New York: Science of Society Foundation, 1953.

———. *The Trojan Horse of "Land Reform."* New York: n.d.

Heck, Victor C. "Review of Murray N. Rothbard, *Man, Economy, and State.*" *American Economic Review* 53, no. 5 (June 1963).

Heflebower, Richard B. "Toward a Theory of Industrial Markets and Prices." In R.B. Heflebower and G.W. Stocking, eds., *Readings on Industrial Organization and Public Policy.* Homewood, Ill.: Richard D. Irwin, 1958.

Herbert, Auberon. "A Cabinet Minister's Vade Mecum." In Michael Goodwin, ed., *Nineteenth-Century Opinion.* London: Penguin Books, 1951.

Herbert, Auberon, and J.H. Levy, *Taxation and Anarchism.* London: Personal Rights Assn., 1912.

Hildebrand, George H. "Consumer Sovereignty in Modern Times." *American Economic Review, Papers and Proceedings* (May 1951).

Hill, Lee H., and Charles R. Hook, Jr. *Management at the Bargaining Table.* New York: McGraw-Hill, 1945.

Hill, Lewis E. "Review of Murray N. Rothbard, *Man, Economy, and State.*" *Southern Economic Journal* 29, no. 3 (January 1963).

Hirshleifer, Jack. "Capitalist Ethics—Tough or Soft?" *Journal of Law and Economics* (October 1959).

Hobbs, A.H. *The Claims of Sociology.* Harrisburg, Pa.: Stackpole Co., 1951.

———. *Social Problems and Scientism.* Harrisburg, Pa.: Stackpole Co., 1953.

Hodges, John E. "Some Economic Implications of Cost-Plus Pricing." *Southwestern Social Science Quarterly* (December 1954).

Hoff, Trygve J.B. *Economic Calculation in the Socialist Society.* London: William Hodge, 1949. Reprinted by Liberty Fund, 1981.

Hoover Commission Task Force Report: Subcommittee of the Commission on Organization of the Executive

Branch of Government. *Research Activities in the Department of Defense and Defense-Related Agencies.* Washington, D.C. April, 1955.

Hoover, Edgar M. "Some Institutional Factors in Business Decisions." *American Economic Review, Papers and Proceedings* (May 1954).

Hume, David. *Essays, Literary, Moral and Political.* London, n.d. Reprinted by Liberty Fund, 1987.

Hunter, Alex. "Product Differentiation and Welfare Economics." *Quarterly Journal of Economics* (November 1955).

Hunter, Merlin H., and Harry K. Allen. *Principles of Public Finance.* New York: Harpers, 1940.

Hutchison, T.W. *A Review of Economic Doctrines, 1870–1929.* Oxford: Clarendon Press, 1953. Reprinted by Thoemmes Press, 1996.

Hutt, W.H. "The Concept of Consumers' Sovereignty." *Economic Journal* (March 1940).

——. *Co-ordination and the Price System.* Uunpublished, but available from the Foundation for Economic Education, Irvington-on-Hudson, N.Y., 1955.

——. "The Factory System of the Early Nineteenth Century." In F.A. Hayek, ed., *Capitalism and the Historians.* Chicago: University of Chicago Press, 1954. Paperback edition, 1963.

——. "The Significance of Price Flexibility." In Henry Hazlitt, ed., *The Critics of Keynesian Economics.* Princeton, N.J.: D. Van Nostrand, 1960. Reprinted by University Press of America, 1983.

——. *Theory of Collective Bargaining.* Glencoe, Ill.: Free Press, 1954. Reprinted by the Cato Institute, 1980.

Ingram, T. Robert. *Schools: Government or Public?* Houston: St. Thomas Press, n.d.

Ischboldin, Boris. "A Critique of Econometrics." *Review of Social Economy* (September 1960).

Iserman, Theodore R. *Industrial Peace and the Wagner Act.* New York: McGraw-Hill, 1947.

James, F.E. Skone. "Copyright." In *Encyclopedia Britannica.* 14th ed. London, 1929.

Jevons, W. Stanley. *Money and the Mechanism of Exchange.* 16th ed. London: Kegan Paul, Trench, Trübner & Co., 1907. Reprinted by University Press of the Pacific, 2002.

——. *The Theory of Political Economy,* 3rd ed. London: Macmillan, 1888. Reprinted by Augustus M. Kelley, 1965.

Jewkes, John. "The Economist and Economic Change." In *Economics and Public Policy.* Washington, D.C.: Brookings Institution, 1955.

——. *Ordeal by Planning.* New York: Macmillan, [1948] 1949.

Jewkes, John, David Sawers, and Richard Stillerman. "Atomic Energy and Enterprise Economics." *Land Economics* (August 1954).

——. *The Sources of Invention*. London: Macmillan, [1958] 1969.

Johannsen, Oscar B. "Advocates Unrestricted Private Control over Money and Banking." *Commercial and Financial Chronicle* (June 12, 1958).

Jouvenel, Bertrand de. *The Ethics of Redistribution*. Cambridge: Cambridge University Press, 1952. Reprinted by Liberty Fund, 1990.

——. *On Power*. New York: Viking Press, 1949. Reprinted by Greenwood Publishing, 1981.

——. "The Political Economy of Gratuity." *Virginia Quarterly Review* (Autumn 1959).

Kaplan, A.D.H. *Big Enterprise in a Competitive System*. Washington, D.C.: Brookings Institute, [1954] 1964.

Kauder, Emil. "Genesis of the Marginal Utility Theory." *Economic Journal* (September 1953).

——. "Intellectual and Political Roots of the Older Austrian School." *Zeitschrift für Nationalökonomie* XV, no. 4 (1958).

——. "The Retarded Acceptance of the Marginal Utility Theory." *Quarterly Journal of Economics* (November 1953).

Keith, Robert J. "The Marketing Revolution." *Journal of Marketing* (January 1960).

Kennedy, Jane. "Development of Postal Rates: 1845–1955." *Land Economics* (May 1957).

——. "Structure and Policy in Postal Rates." *Journal of Political Economy* (June 1957).

Kessel, Reuben A. "Price Discrimination in Medicine." *Journal of Law and Economics* (October 1958).

Keynes, John Maynard. *The General Theory of Employment, Interest and Money*. New York: Harcourt, Brace & Co., 1936. Reprinted by Prometheus Books, 1997.

——. *A Tract on Monetary Reform*. London: Macmillan, 1923. Reprinted by Prometheus Books, 2000.

——. *Treatise on Money*. New York: Harcourt, Brace, 1930. Reprinted by AMS Press, 1976.

Kirby, E. Stuart. "Economic Planning and Policy in Communist China." *International Affairs* (April 1958).

Klausner, Manuel S. "Book Note: *Man, Economy, and State*." *New York Law Review* 38, no. 4 (June 1963).

Knight, Frank H. "An Appraisal of Economic Change: Discussion." *American Economic Review, Papers and Proceedings* (May 1954).

——. "The Fallacies in the 'Single Tax.'" *Freeman* (August 10, 1953).

——. "Freedom as Fact and Criterion." In *Freedom and Reform*. New York: Harper & Bros., 1947. Reprinted by Liberty Fund, 1982.

——. *Risk, Uncertainty, and Profit*, 3rd ed. London: London School of Economics, 1940. Reprinted by the Beard Group, 2002.

——. "Wages and Labor Union Action in the Light of Economic Analysis." In Philip D. Bradley, ed. *The Public Stake in Union Power*. Charlottesville: University of Virginia Press, [1959] 1965.

Kolko, Gabriel. *Railroads and Regulations, 1877–1916.* Princeton: Princeton University Press, 1965. Reprinted by W.W. Norton, 1970.

———. *The Triumph of Conservatism.* Glencoe, Ill.: Free Press, [1963] 1985.

———. *Wealth and Power in America.* New York: Frederick A. Praeger, 1962. Reprinted by Greenwood Publishing, 1981.

Kuznets, Simon S. *National Income: A Summary of Findings.* New York: National Bureau of Economic Research, 1946.

———. "Relations between Capital Goods and Finished Products in the Business Cycle." In *Economic Essays in Honor of Wesley Clair Mitchell.* New York: Columbia University Press, 1935.

———. "Schumpeter's *Business Cycles.*" *American Economic Review* (June 1940).

Lachmann, Ludwig M. *Capital and Its Structure.* London: London School of Economics, 1956. Reprinted by New York University Press, 1981.

———. "Mrs. Robinson on the Accumulation of Capital." *South African Journal of Economics* (June 1958).

———. "Some Notes on Economic Thought, 1933–1953." *South African Journal of Economics* (March 1954).

———. "Uncertainty and Liquidity Preference." *Economica* (August 1937).

Laughlin, J. Laurence. *A New Exposition of Money, Credit, and Prices.* Chicago: University of Chicago Press, 1931.

Leeman, Wayne A. "The Limitations of Local Price-Cutting as a Barrier to Entry." *Journal of Political Economy* (August 1956).

———. "Review of Paul Giddens' *Standard Oil Company* (Indiana)." *American Economic Review* (September 1956).

Leoni, Bruno. *Freedom and the Law.* Princeton, N.J.: D. Van Nostrand, 1961. Reprinted by Liberty Fund, 1991.

Leontief, Wassily W. "Postulates: Keynes' *General Theory* and the Classicists." In S. Harris, ed., *The New Economics.* New York: Knopf, 1952. Reprinted by Augustus M. Kelley, 1973.

Letwin, William L. "The English Common Law Concerning Monopolies." *University of Chicago Law Review* (Spring 1954).

Lindahl, Erik. "On Keynes' Economic System—Part I." *Economic Record* (May 1954).

Lindblom, Charles E. *Unions and Capitalism.* New Haven, Conn.: Yale University Press, 1949. Reprinted by Shoe String Press, 1970.

Lippmann, Walter. *The Good Society,* 3rd ed. New York: Grosset and Dunlap, 1943.

Locke, John. "An Essay Concerning the True Original Extent and End of Civil Government, Second Treatise." In Ernest Barker, ed., *Social Contract.* London: Oxford University Press, [1948] 1997.

Lopez, Robert Sabatino. "Back to Gold, 1252." *Economic History Review* (April 1956).

Luckett, Dudley G. "Professor Lutz and the Structure of Interest Rates."

Quarterly Journal of Economics (February 1959).

Lutz, Friedrich A. "The Structure of Interest Rates." In W. Fellner and B.F. Haley, eds., *Readings in the Theory of Income Distribution*. Philadelphia: Blakiston, 1946. Reprinted by Richard D. Irwin, 1963.

Lyon, Hastings. *Corporations and their Financing*. Boston: D.C. Heath, 1938.

Machlup, Fritz. "The Consumption of Capital in Austria." *Review of Economic Statistics* II (1935).

———. *An Economic Review of the Patent System*. Washington, D.C.: United States Government Printing Office, 1958.

———. "Monopolistic Wage Determination as a Part of the General Problem of Monopoly." In *Wage Determination and the Economics of Liberalism*. Washington, D.C.: Chamber of Commerce of the United States, 1947.

———. *The Political Economy of Monopoly*. Baltimore: Johns Hopkins Press, [1952] 1967. Print on Demand version, 2002.

———. *The Stock Market, Credit, and Capital Formation*. New York: Macmillan, 1940.

Machlup, Fritz, and Edith T. Penrose. "The Patent Controversy in the Nineteenth Century." *Journal of Economic History* (May 1950).

Mackay, Thomas. *Methods of Social Reform*. London: John Murray, 1896.

Mandell, Irving. *How to Protect and Patent Your Invention*. New York: Oceana Publishers, 1951.

Marco, Antonio de Viti de, *First Principles of Public Finance*. London: Jonathan Cape, 1936.

Margolis, Julius. "A Comment On the Pure Theory of Public Expenditures." *Review of Economics and Statistics* (November 1955).

Marshall, Alfred. *Principles of Economics*, 8th ed. London: Macmillan, 1920. Reprinted by Prometheus Books, 1997.

Martin, James J. *Men Against the State*. DeKalb, Ill.: Adrian Allen Associates, 1953. Reprinted by Ralph Myles, 1970.

McCulloch, J.R. *Principles of Political Economy*. New York: Augustus M. Kelley, [1864] 1965.

———. *A Treatise on the Principle and Practical Influence of Taxation and the Funding System*. London, 1845. Reprinted by Thoemmes Press, 1999.

McCulloch, John Ramsay, and John S. McGee. "Predatory Price-Cutting: The Standard Oil (New Jersey) Case." *Journal of Law and Economics* (October 1958).

McLean, John G., and Robert W. Haigh. "How Business Corporations Grow." *Harvard Business Review* (November–December 1954).

Meek, Ronald L. "Adam Smith and the Classical Concept of Profit." *Scottish Journal of Political Economy* (June 1954).

Mendershausen, Horst. "The Terms of Soviet-Satellite Trade: A Broadened Analysis." *Review of Economics and Statistics* (May 1960).

Menger, Carl. *Principles of Economics*. Glencoe, Ill.: Free Press, 1950. Reprinted by Libertarian Press, 1994.

Milenkovitch, Deborah D. "Which Direction for Yugoslavia's Economy?" *East Europe* (July 1969).

Millar, Frederick. "The Evils of State Trading as Illustrated by the Post Office." In Thomas Mackay, ed., *A Plea for Liberty.* New York: D. Appleton Co., 1891. Reprinted by Liberty Fund, 1982.

Miller, James C., III, ed. *Why the Draft?* Baltimore: Penguin Books, 1968.

Milliman, Jerome W. "Commonality, the Price System, and Use of Water Supplies." *Southern Economic Journal* (April 1956).

——. "Water Law and Private Decision-Making: A Critique." *Journal of Law and Economics* (October 1959).

Mises, Ludwig von. "The Agony of the Welfare State." *Freeman* (May 4, 1953).

——. *Bureaucracy.* New Haven, Conn.: Yale University Press, 1946. Reprinted by Libertarian Press, 1994.

——. "Comments about the Mathematical Treatment of Economic Problems." *Studium Generale* VI, no. 2 (1953); Springer Verlag: unpublished translation by Helena Ratzka.

——. "Economic Calculation in the Socialist Commonwealth." Reprinted in F.A. Hayek, ed., *Collectivist Economic Planning.* London: George Routledge & Sons, 1935. Reprinted by Augustus M. Kelley, 1967.

——. *Human Action : A Treastise on Economics.* New Haven, Conn.: Yale University Press, 1949. Reprinted by the Ludwig von Mises Institute, 1998.

——. "The Nationalization of Credit." In Louise Sommer, ed., *Essays in Euro-pean Economic Thought.* Princeton, N.J.: D. Van Nostrand, 1960.

——. "A New Treatise on Economics." *New Individualist Review* 2, no. 3 (Autumn 1962).

——. "Profit and Loss." In *Planning for Freedom.* South Holland, Ill.: Libertarian Press, [1952] 1980.

——. *Socialism,* 2nd ed. New Haven, Conn.: Yale University Press, 1951. Reprinted by Liberty Fund, 1995.

——. *The Theory of Money and Credit.* New Haven, Conn.: Yale University Press, 1953 and 1957. Reprinted by Liberty Fund, 1995.

Mises, Richard von. *Probability, Statistics, and Truth,* 2nd ed. New York: Macmillan, 1957. Reprinted by Dover Publications, 1981.

Mitchell, Wesley C. *Business Cycles, the Problem and Its Setting.* New York: National Bureau of Economic Research, 1927. Reprinted by Ayer Publishing, 1975.

Modigliani, Franco. "Liquidity Preference and the Theory of Interest and Money." In Henry Hazlitt, ed., *The Critics of Keynesian Economics.* Princeton, N.J.: D. Van Nostrand, 1960. Reprinted by University Press of America, 1983.

Molinari, Gustave de. "De la production de la sécurité." *Journal des Economistes* (February 15, 1849).

——. "Onzième soirée." In *Les soirées de la Rue Saint Lazare.* Paris, 1849.

——. *The Society of Tomorrow.* New York: G.P. Putnam's Sons, 1904. Reprinted by Taylor & Francis, 1972.

Morris, Newbold, and Dana Lee Thomas. *Let the Chips Fall.* New York: Appleton-Century-Crofts, 1955.

Morse, Sidney H. "Chips from My Studio." *Radical Review* (May 1877).

Nelson, Richard R. "The Economics of Invention: A Survey of the Literature." *Journal of Business* (April 1959).

Neuberger, Egon. "Waiting and the Period of Production: Comment." *Quarterly Journal of Economics* (February 1960).

Nichol, A.J. "The Influence of Marginal Buyers on Monopolistic Competition." *Quarterly Journal of Economics* (November 1934).

Nicols, Alfred. "The Development of Monopolistic Competition and the Monopoly Problem." *Review of Economics and Statistics* (May 1949).

——. "The Rehabilitation of Pure Competition." *Quarterly Journal of Economics* (November 1947).

Niksa, Vladimir. "The Role of Quantitative Thinking in Modern Economic Theory." *Review of Social Economy* (September 1959).

Nock, Albert Jay. *Our Enemy, the State.* Caldwell, Idaho: Caxton Printers, 1946. Reprinted by Fox & Wilkes, 1994.

Nove, Alec. "Planners' Preferences, Priorities, and Reforms." *Economic Journal* (June 1966).

——. "The Politics of Economic Rationality." *Social Research* (Summer 1958).

——. "The Problem of 'Success Indicators' in Soviet Industry." *Economica* (February 1958).

Nurkse, Ragnar. "The Schematic Representation of the Structure of Production." *Review of Economic Studies* II (1935).

Nutter, G. Warren. "Competition: Direct and Devious." *American Economic Review, Papers and Proceedings* (May 1954).

——. "The Plateau Demand Curve and Utility Theory." *Journal of Political Economy* (December 1955).

Oliver, Henry M., Jr. *A Critique of Socioeconomic Goals.* Bloomington: Indiana University Press, 1954.

Oppenheimer, Franz. *The State.* New York: Vanguard Press, [1914] 1928. Reprinted by Transaction Publishers, 1998.

Padan, R.S. "Review of C.M. Walsh's *Measurement of General Exchange Value.*" *Journal of Political Economy* (September 1901).

Painlevé, Paul. "The Place of Mathematical Reasoning in Economics." In Louise Sommer, ed., *Essays in European Economic Thought.* Princeton, N.J.: D. Van Nostrand, 1960.

Parsons, Talcott. *The Structure of Social Action.* Glencoe, Ill.: Free Press, [1949] 1990.

Paterson, Isabel. *The God of the Machine.* New York: Putnam's, 1943. Reprinted by Transaction Publishers, 1993.

Patinkin, Don. *Money, Interest, and Prices.* Evanston, Ill.: Row, Peterson & Co., 1956. Reprinted by HarperCollins, 1998.

Pearce, I.F. "A Study in Price Policy." *Economica* (May 1956).

Pearce, I.F., and Lloyd R. Amey. "Price Policy with a Branded Product." *Review of Economic Studies* XXIV (1956–1957).

Peffer, E. Louise. *The Closing of the Public Domain*. Stanford, Calif.: Stanford University Press, 1951. Reprinted by Ayer Publishing, 1972.

Peltzman, Sam. "CAB: Freedom from Competition." *New Individualist Review* (Spring 1963).

Pen, J. "A General Theory of Bargaining." *American Economic Review* (March 1952).

Penrose, Edith T. "Biological Analogies in the Theory of the Firm." *American Economic Review* (December 1952).

——. *Economics of the International Patent System*. Baltimore: Johns Hopkins Press, 1951.

Perry, Arthur Latham. *Political Economy*, 21st ed. New York: Charles Scribner's Sons, 1892. Print on Demand version, 2002.

Peterson, John M., and Charles T. Stewart, Jr. *Employment Effects of Minimum Wage Rates*. Washington, D.C.: American Enterprise Institute, August, 1969. Print on Demand version, 2002.

Petro, Sylvester. *Power Unlimited*. New York: Ronald Press, 1959. Reprinted by Greenwood Publishers, 1979.

Philbrook, Clarence E. "'Realism' in Policy Espousal." *American Economic Review* (December 1953).

Phillips, Charles F. *Competition? Yes, but . . .* Irvington-on-Hudson, N.Y.: Foundation for Economic Education, 1955.

Plant, Arnold. "The Economic Theory concerning Patents for Inventions." *Economica* (February 1934).

Poirier, René. "Sur Logique." In André Lalande, *Vocabulaire technique et critique de la philosophie*. Paris: Presses Universitaires de France, 1951.

Poirot, Paul L. "Property Rights and Human Rights." In *Essays on Liberty*. Irvington-on-Hudson, N.Y.: Foundation for Economic Education, 1954.

Polakoff, Murray E. "Some Critical Observations on the Major Keynesian Building Blocks." *Southern Economic Journal* (October 1954).

Pollock, Frederick. "Contract." In *Encyclopedia Britannica*, 14th ed. London, 1929.

Pound, Roscoe. "Legal Immunities of Labor Unions." In *Labor Unions and Public Policy*. Washington, D.C.: American Enterprise Association, 1958.

Rairikar, R.R. "Welfare Economics and Welfare Criteria." *Indian Journal of Economics* (July 1953).

Ray, G.F. "Industrial Planning in Hungary." *Scottish Journal of Political Economy* (June 1960).

Read, Leonard E. *Government—An Ideal Concept*. Irvington-on-Hudson, N.Y.: Foundation for Economic Education, 1954.

Renshaw, F. "Utility Regulation: A Reexamination." *Journal of Business* (October 1958).

Richman, Sheldon L. "Commentator on Our Times: A Quest for the Historical Rothbard." In Walter Block and

Llewellyn H. Rockwell, Jr., eds., *Man, Economy, and Liberty: Essays in Honor of Murray N. Rothbard*. Auburn, Ala.: Ludwig von Mises Institute, 1988.

Rickenbacker, William F. *Wooden Nickels*. New Rochelle, N.Y.: Arlington House, [1966] 1968.

Riemersma, Jelle C. "Economic Enterprise and Political Powers After the Reformation." *Economic Development and Cultural Change* (July 1955).

Robbins, Lionel. *An Essay on the Nature and Significance of Economic Science*, 2nd ed. London: Macmillan, 1935. Reprinted by St. Martin's Press, 1969.

——. *The Great Depression*. New York: Macmillan, 1934. Reprinted by Books for Libraries, 1976.

——. "Interpersonal Comparisons of Utility." *Economic Journal* (December 1938).

——. "On a Certain Ambiguity in the Conception of Stationary Equilibrium." In Richard V. Clemence, ed., *Readings in Economic Analysis*. Cambridge: Addison Wesley Press, 1950.

——. "Remarks upon Certain Aspects of the Theory of Costs." *Economic Journal* (March 1934).

Robertson, D.H. "Mr. Keynes and the Rate of Interest." In W. Fellner and B.F. Haley, eds., *Readings in the Theory of Income Distribution*. Philadelphia: Blakiston, 1946. Reprinted by Richard D. Irwin, 1963.

——. *Utility and All That*. London: George Allen and Unwin, [1952] 1954.

Robinson, Joan. *Economics of Imperfect Competition*. London: Macmillan, [1933] 1976.

Rogers, Lindsay. "'The Mind of America' to the Fourth Decimal Place." *Reporter* (June 30, 1955).

Rolph, Earl. "The Discounted Marginal Productivity Doctrine." In W. Fellner and B.F. Haley, eds., *Readings in Theory of Income Distribution*. Philadelphia: Blakiston, 1946. Reprinted by Richard D. Irwin, 1963.

Rommen, Heinrich. *The State in Catholic Thought, a Treatise in Political Philosophy*. London, 1950. Reprinted by Greenwood Publishing, 1970.

Rostow, W.W. *The Stages of Economic Growth*. Cambridge: Cambridge University Press, [1960] 1994.

Rothbard, Murray N. *America's Great Depression*. Princeton, N.J.: D. Van Nostrand, 1963. Reprinted by the Ludwig von Mises Institute, 2000.

——. *An Austrian Perspective on the History of Economic Thought*. Vol. 1: *Economic Thought before Adam Smith*. Aldershot, U.K.: Edward Elgar, 1997.

——. *An Austrian Perspective on the History of Economic Thought*. Vol. 2: *Classical Economics*. Aldershot, U.K.: Edward Elgar, 1997.

——. "Bertrand de Jouvenel e i diritti di proprietá." *Biblioteca della Liberta* 2 (1966).

——. "The Betrayal of the American Right." Unpublished book manuscript.

——. "The Bogey of Administered Prices." *Freeman* (September 1959).

——. "Concerning Water." *Freeman* (March 1956).

——. "The Edict of Diocletian." *Faith and Freedom* 1, no. 4 (March 1950).

——. "Egalitarianism as a Revolt Against Nature." *Modern Age* (Fall 1973). Reprinted as *Egalitarianism as a Revolt Against Nature and Other Essays*, by the Ludwig von Mises Institute, 2000. Includes: "The Anatomy of the State" and "War, Peace, and the State."

——. "Government as a Promoter of Monopoly" (October 1959). Rothbard Papers.

——. "Government in Business." In *Essays on Liberty*. Irvington-on-Hudson, N.Y.: Foundation for Economic Education, 1958.

——. "Fisher's Equations" (1953). Rothbard Papers.

——. "Frank S. Meyer: The Fusionist as Libertarian Manqué." *Modern Age* 25, no. 4 (Fall 1981).

——. *For A New Liberty: The Libertarian Manifesto*. New York: Collier Books, 1973.

——. "Human Rights Are Property Rights." In *Essays on Liberty*. Irvington-on-Hudson, N.Y.: Foundation for Economic Education, 1959.

——. "In Defense of 'Extreme Apriorism.'" *Southern Economic Journal* (January 1957). Reprinted in *Austrian Economics*, Vol. 1, Stephen Littlechild, ed. Brookfield, Vt.: Edward Elgar, 1990. Translated into French as "*L' apriorisme extreme*" by Francois Guillaumat in *Economistes et charlatans*. Paris: Les Belles Lettres, 1991. Reprinted in *The Logic of Action One: Money, Method, and the Austrian School*, by Edward Elgar, 1997.

——. "Life on the Old Right." *Chronicles* (August 1994). Reprinted in Joseph Scotchie, ed., *The Paleoconservatives: New Voices of the Old Right*. New Brunswick, N.J.: Transaction Publishers, 1999.

——. *Ludwig von Mises: Scholar, Creator, Hero*. Auburn, Ala.: Ludwig von Mises Institute, 1988.

——. *Man, Economy, and State*. Princeton, N.J.: D. Van Nostrand, 1962. Reprinted as *Man, Economy, and State with Power and Market*, by the Ludwig von Mises Institute, 2004.

——. "The Mantle of Science." In Helmut Schoeck and James W. Wiggins, eds., *Scientism and Values*. Princeton, N.J.: D. Van Nostrand, 1960. Reprinted in Rothbard, *The Logic of Action One: Money, Method, and the Austrian School*, by Edward Elgar, 1997.

——. "Mises' *Human Action*: Comment." *American Economic Review* (March 1951).

——. *Monopolio y Competencia*. Buenos Aires: Centro de Estudios Sobre la Libertad, 1965. Published by Alberto Benegas Lynch.

——. "Monopoly and Competition" (March 1957). Rothbard Papers.

——. "The Monopoly Problem" (August 1959). Rothbard Papers.

——. "A Note on the Economics of Slavery" (May 1960). Rothbard Papers.

——. "Not Worth a Continental." *Faith and Freedom* 1, no. 3 (February 1950).

——. "On Freedom and the Law." *New Individualist Review* (Winter 1962).

——. *Power and Market: Government and the Economy*. Menlo Park, Calif.: Institute for Humane Studies, 1970.

Reprinted and included in this edition, 2004.

———. "Praxeology."*Analysis* (May 1950).

———. "Praxeology: Reply to Mr. Schuller." *American Economic Review* (December 1951).

———. "The Railroads of France." *Ideas on Liberty* (September 1955).

———. "A Reply to Georgist Criticisms." Mimeographed Manuscript. Foundation for Economic Education, 1957. Reprinted in Rothbard, *The Logic of Action Two: Applications and Criticism from the Austrian School*, by Edward Elgar, 1997.

———. "Review of *Human Action*." *Faith and Freedom* (September 1950).

———. *The Single Tax: Economic and Moral Implications*. Irvington-on-Hudson, N.Y.: Foundation for Economic Education, 1957. Reprinted in Rothbard, *The Logic of Action Two: Applications and Ctiticism from the Austrian School*, by Edward Elgar, 1997.

———. "Stable Money" (1953). Rothbard Papers.

———. "Textbook or Treatise?" (February 1954). Rothbard Papers.

———. "Toward a Reconstruction of Utility and Welfare Economics." In Mary Sennholz, ed. *On Freedom and Free Enterprise: Essays in Honor of Ludwig von Mises*. Princeton, N.J.: D. Van Nostrand, 1956. Reprinted in Rothbard, *The Logic of Action One: Method, Money, and the Austrian School*, by Edward Elgar, 1997.

———. "The Uneasy Case for Degressive Taxation: A Critique of Blum and Kal-ven." *Quarterly Journal of Austrian Economics* 4, no. 1 (Summer 2001).

———. "What McCulloch did for Ricardo" (1951). Rothbard Papers.

Rousiers, Paul de. *Les Industries Monopolisées aux Etats-Unis*, as quoted in Gustave de Molinari, *The Society of Tomorrow*. New York: G.P. Putnam's Sons, 1904.

Roy, Ralph L. *Apostles of Discord*. Boston: Beacon Press, 1953.

Rueff, Jacques. "The Fallacies of Lord Keynes' General Theory." In Henry Hazlitt, ed., *The Critics of Keynesian Economics*. Princeton, N.J.: D. Van Nostrand, 1960. Reprinted by University Press of America, 1983.

Russell, Dean. *The TVA Idea*. Irvington-on-Hudson, N.Y.: Foundation for Economic Education, 1949.

Samuelson, Paul A. "Diagrammatic Exposition of a Theory of Public Expenditure." *Review of Economics and Statistics* (November 1955).

———. "The Pure Theory of Public Expenditures." *Review of Economics and Statistics* (November 1954).

Schmidt, Wilson. "Social Overhead Mythology." In Helmut Schoeck and James W. Wiggins, eds., *Scientism and Values*. Princeton, N.J.: D. Van Nostrand, 1960. Reprinted by Arno Press, 1972.

Schuller, G.J. "Rejoinder." *American Economic Review* (March 1951).

Schumpeter, Joseph A. *Business Cycles*. New York: McGraw-Hill, 1939. Reprinted by Porcupine Press, 1982.

——. *Capitalism, Socialism and Democracy*. New York: Harper & Bros., 1942. Reprinted by Perennial, 1984.

——. "Eugen von Böhm-Bawerk, 1851–1914." In *Ten Great Economists*. New York: Oxford University Press, [1951] 1985.

——. *History of Economic Analysis*. New York: Oxford University Press, [1954] 1996.

——. *The Theory of Economic Development*. Cambridge: Harvard University Press, 1936. Reprinted by Transaction Publishers, 1982.

Scott, Anthony. "Conservation Policy and Capital Theory." *Canadian Journal of Economics and Political Science* (November 1954).

——. "The Fishery, A Sole Resource." *Journal of Political Economy* (April 1955).

——. *Natural Resources: The Economics of Conservation*. Toronto: University of Toronto Press, 1955.

Scoville, John W. and Noel Sargent, eds. *Fact and Fancy in the T.N.E.C. Monographs*. New York: National Association of Manufacturers, 1942.

Sears, Marian V. "The American Businessman at the Turn of the Century." *Business History Review* (December 1956).

Seligman, E.R.A. *Progressive Taxation in Theory and Practice*, 2nd ed. New York: Macmillan, 1908.

——. *The Shifting and Incidence of Taxation*, 2nd ed. New York: Macmillan, 1899. Reprinted by Augustus M. Kelley, 1969.

Silberman, Charles E. *The Myths of Automation*. New York: Harper & Row, 1967.

Simon, William M. "The Case Against the Federal Trade Commission." *University of Chicago Law Review* (1952).

Simon, Yves. *Philosophy of Democratic Government*. Chicago: University of Chicago Press, 1951. Reprinted by the University of Notre Dame Press, 1994.

Simons, Henry C. "Some Reflections on Syndicalism." In *Economic Policy for a Free Society*. Chicago: University of Chicago Press, 1948.

Smith, Adam. *The Wealth of Nations*. New York: Modern Library, 1937. Reprinted by Bantam Books, 2003.

Smith, Bradford B. *Liberty and Taxes*. Irvington-on-Hudson, N.Y.: Foundation for Economic Education, n.d.

——. "Monopoly and Competition." *Ideas on Liberty* 3 (November 1955).

Smith, Vera C. *The Rationale of Central Banking*. London: P.S. King and Son, 1936. Reprinted by Liberty Fund, 1990.

Solo, Carolyn Shaw. "Innovation in the Capitalist Process: A Critique of the Schumpeterian Theory." *Quarterly Journal of Economics* (August 1951).

Spadaro, Louis M. "Averages and Aggregates in Economics." In Mary Sennholz, ed. *On Freedom and Free Enterprise: Essays in Honor of Ludwig von Mises*. Princeton, N.J.: D. Van Nostrand, 1956. Reprinted by the Foundation for Economic Education, 1994.

Spencer, Herbert. *Social Statics*. New York: D. Appleton & Co., 1890. Reprinted by Thoemmes Press, 2003.

Spooner, Lysander. *A Letter to Grover Cleveland.* Boston: B.R. Tucker, 1886.

S.R. "Spencer As His Own Critic" *Liberty* (June 1904).

Stigler, George J. *Production and Distribution Theories.* New York: Macmillan, 1946. Reprinted by Transaction Publishers, 1994.

———. *The Theory of Price.* New York: Macmillan, 1946. Reprinted by Prentice Hall, 1987.

Sutton, Francis X., Seymour E. Harris, Carl Kaysen, and James Tobin. *The American Business Creed.* Cambridge, Mass.: Harvard University Press, 1956. Reprinted by Schocken Books, 1962.

Swanson, Ernst W. "The Economic Stagnation Thesis, Once More." *Southern Economic Journal* (January 1956).

Sylvester, Isaiah W. *Bullion Certificates as Currency.* New York, 1882.

Taussig, Frank W. *Principles of Economics*, 2nd ed. New York: Macmillan, [1911] 1939.

Taylor, Everett Ridley. *Progress Report on a New Bill of Rights.* Diablo, Calif.: Everett Taylor, 1954.

Thirlby, G.F. "Economists' Cost Rules and Equilibrium Theory." *Economica* (May 1960).

———. "The Marginal Cost Controversy: A Note on Mr. Coase's Model." *Economica* (February 1947).

Tiebout, Charles M. "A Pure Theory of Local Expenditures." *Journal of Political Economy* (October 1956).

———. "The Subjective Theory of Value and Accounting 'Cost.'" *Economica* (February 1946).

Toy, Eckard Vance. "Spiritual Mobilization: The Failure of an Ultraconservative Ideal in the 1950's." *Pacific Northwest Quarterly* 61 (April 1970).

Triffin, Robert. *Monopolistic Competition and General Equilibrium Theory.* Cambridge, Mass.: Harvard University Press, [1940] 1962.

Tucker, Benjamin R. *Individual Liberty.* New York: Vanguard Press, 1926. Reprinted by Revisionist Press, 1972.

———. *Instead of a Book*, 2nd ed. New York: B.R. Tucker, 1897. Reprinted by Haskell House Publishers, 1969.

Tullock, Gordon. *The Fisheries.* Columbia: University of South Carolina Bureau of Business and Economic Research, February, 1962.

Van Sickle, John V., and Benjamin A. Rogge. *Introduction to Economics.* New York: D. Van Nostrand, 1954.

Viner, Jacob. *International Trade and Economic Development.* Glencoe, Ill.: Free Press, 1952. Reprinted by Clarendon Press, 1957.

———. *Studies in the Theory of International Trade.* New York: Harper & Bros., 1937. Reprinted by Augustus M. Kelley, 1965.

Vining, Rutledge. *Economics in the United States of America.* Paris: UNESCO, 1956.

Walker, Amasa. *The Science of Wealth*, 3rd ed. Boston: Little, Brown & Co., 1867. Print on Demand edition, 2002.

Walker, Charls E. "Federal Reserve Policy and the Structure of Interest Rates on Government Securities. *Quarterly Journal of Economics* (February 1954).

Walker, David. "The Direct-Indirect Tax Problem: Fifteen Years of Controversy." *Public Finance/Finance Publique* X, no. 2 (1955).

Walker, Francis A. *Political Economy*. New York: Henry Holt & Co., 1911. Reprinted by Elibron Classics, 2001.

Warburton, Clark. "Elementary Algebra and the Equation of Exchange." *American Economic Review* (June 1953).

Warren, George F., and Frank A. Pearson. *Prices*. New York: John Wiley & Sons, 1933.

Wayland, Francis. *The Elements of Political Economy*. Boston: Gould & Lincoln, 1854. Reprinted by Sheldon, 1886.

Weiler, E.T. *The Economic System*. New York: Macmillan, [1952] 1957.

Weinstein, James. *The Corporate Ideal in the Liberal State: 1900–1918*. Boston: Beacon Press, 1968. Reprinted by Greenwood Publishing, 1981.

Whitney, Simon N. "Errors in the Concept of Countervailing Power." *Journal of Business* (October 1953).

Wicksell, Knut. *Lectures on Political Economy*. London: Routledge and Kegan Paul, 1934. Reprinted by Augustus M. Kelley, 1967.

Wicksteed, Philip H. *The Common Sense of Political Economy and Selected Papers*. Vol. 1. Lionel Robbins, ed. London: Routledge and Kegan Paul, [1910] 1933. Reprinted in *Collected Works of Philip Henry Wicksteed*, 5 vols., edited by Ian Steedman. Thoemmes Press, 1999.

Wieser, Friedrich F. von. *Social Economics*. London: George Allen and Unwin, 1927. Reprinted by Routledge, 2003.

——. "The Theory of Urban Ground Rent" (1909). In Louise Sommer, ed., *Essays in European Economic Thought*. Princeton, N.J.: D. Van Nostrand, 1960.

Wiles, P.J.D. "Changing Economic Thought in Poland." *Oxford Economic Papers* (June 1957).

Williams, Roger J. *Free and Unequal*. Austin: University of Texas Press, 1953. Reprinted by Liberty Fund, 1979.

Wilson, George W. "The Relationship between Output and Employment." *Review of Economics and Statistics* (February 1960).

Wincor, Richard. *How to Secure Copyright*. New York: Oceana Publishers, 1950.

Wolowski, Léon, and Émile Levasseur. "Property." In *Lalor's Cyclopedia of Political Science, etc.* Chicago: M.B. Cary & Co., 1884.

Wootton, Barbara. *Social Science and Social Pathology*. London: George Allen and Unwin, 1959. Reprinted by Greenwood Publishing, 1978.

Wormser, René, ed. *Foundations: Their Power and Influence*. New York: Devin-Adair, 1958.

——. *The Intellectuals: A Controversial Portrait*. Glencoe, Ill.: The Free Press, 1960.

Wright, David McCord. "Regulating Unions." In Philip D. Bradley, ed. *The Public Stake in Union Power*. Charlottesville: University of Virginia Press, [1959] 1965.

——. "True Growth Must Come Through Freedom." *Fortune* (December 1959).

Wu, Chi-Yuen. *An Outline of International Price Theories*. London: George Routledge & Sons, [1939] 2003.

Yeager, Leland B. "The Methodology of George and Menger." *American Journal of Economics and Sociology* (April 1954).

——. "Some Questions on Growth Economics." *American Economic Review* (March 1954).

Yeager, Leland B. Yeager, and David Tuerck. *Trade Policy and the Price System*. Scranton, Pa.: International Textbook Co., [1966] 1969.

Young, Arthur N. "Saudi Arabian Currency and Finance." *Middle East Journal* (Summer 1953).

Zarnowitz, Victor. *An Appraisal of Short-Term Economic Forecasts*. New York: Columbia University Press, 1967.

主题索引表 *

* 本索引采用的页码为本书边码，即原书英文版页码。

图书在版编目（CIP）数据

人，经济与国家/（美）穆雷·N.罗斯巴德
（Murray N. Rothbard） 著；董子云，李松，杨震译.—
杭州：浙江大学出版社，2020.9
书名原文：Man, Economy and State
ISBN 978-7-308-20048-6

Ⅰ.①人… Ⅱ.①穆… ②董… ③李… ④杨… Ⅲ.
①奥地利学派－研究 Ⅳ.①F091.343

中国版本图书馆 CIP 数据核字〔2020〕第035809号

人，经济与国家
[美] 穆雷·N. 罗斯巴德 (Murray N. Rothbard) 著 董子云 李松 杨震 译

责任编辑　叶　敏
责任校对　牟杨茜　杨利军
装帧设计　罗　洪
出版发行　浙江大学出版社
　　　　　（杭州天目山路148号　邮政编码310007）
　　　　　（网址：http:// www.zjupress.com）
排　　版　北京大观世纪文化传媒有限公司
印　　刷　河北华商印刷有限公司
开　　本　710mm×1000mm　1/16
印　　张　53
字　　数　920千
版 印 次　2020年9月第1版　2023年10月第4次印刷
书　　号　ISBN 978-7-308-20048-6
定　　价　168.00元